Blohm † · Beer · Seidenberg · Silber
Produktionswirtschaft

NWB Studium Betriebswirtschaft

Produktionswirtschaft

- Kontrollfragen
- Aufgaben mit Lösungshinweisen
- Mehr als 250 Abbildungen

Von
Professor Dr. Hans Blohm †
Dr. Thomas Beer
Professor Dr. Ulrich Seidenberg
Dr. Herwig Silber

4., vollständig überarbeitete Auflage

▶ nwb STUDIUM

ISBN 978-3-482-**63024**-8-4., vollständig überarbeitete Auflage 2008

© Verlag Neue Wirtschafts-Briefe GmbH & Co. KG, 2002
  www.nwb.de

Alle Rechte vorbehalten.

Dieses Buch und alle in ihm enthaltenen Beiträge und Abbildungen sind urheberrechtlich geschützt. Mit Ausnahme der gesetzlich zugelassenen Fälle ist eine Verwertung ohne Einwilligung des Verlages unzulässig.

Satz und Druck: Griebsch & Rochol Druck GmbH & Co. KG, Hamm

VORWORT

Vorwort zur 4. Auflage

Der Begründer dieses Lehrbuchs, unser verehrter akademischer Lehrer Prof. Dr.-Ing. Hans Blohm, ist im April 2005 verstorben. Wir haben uns entschlossen, das Werk in seinem Sinne fortzuführen. Herwig Silber ist bis auf Weiteres aus dem Autorenteam ausgeschieden, weil er sich auf die Fertigstellung seines ersten Romans konzentrieren wollte. Für die vorliegende Neuauflage zeichnen somit Ulrich Seidenberg und Thomas Beer verantwortlich.

Der gesamte Text wurde gründlich durchgesehen, inhaltlich und formal aktualisiert, an vielen Stellen gestrafft und soweit erforderlich ergänzt. Nach wie vor soll das Buch nicht nur eine Einführung in die Spezielle Betriebswirtschaftslehre „Produktion und Logistik" bieten, sondern auch in ausgewählten Lehrveranstaltungen der Allgemeinen Betriebswirtschaftslehre einsetzbar sein.

Aus technischen Gründen mussten sämtliche Abbildungen neu erstellt werden. Diese umfangreiche Arbeit haben uns Herr Dipl.-Kfm. Jan Valenthon, Frau Jasna Kos-Grabar und in einer späteren Phase Frau Anna-Lena Baecker weitgehend abgenommen, wofür ihnen an dieser Stelle besonders gedankt sei. Herr Valenthon hat auch darüber hinaus tatkräftig zum Gelingen der 4. Aufl. beigetragen.

Barsinghausen, Siegen und Berlin, im Februar 2008
                Thomas Beer
                Ulrich Seidenberg
                Herwig Silber

Vorwort zur 3. Auflage

Ein produktionswirtschaftlicher Grundriss soll in das Fach einführen, die übergeordneten Zusammenhänge verdeutlichen und Weichen zur Behandlung von Spezialfragen stellen. Dazu muss er sich in seinem Umfang beschränken.

In einer Zeit sich ständig verschärfenden internationalen Wettbewerbs, des Kampfes kleiner und mittlerer Unternehmen um ihre Selbständigkeit und ihr Überleben sowie erheblicher Fortschritte der Informationstechnologie ist die Forderung, das Lehrbuch in einem angemessenen Umfang zu halten, besonders schwierig zu erfüllen. Bieten doch Praxis und Wissenschaft weltweit ständig neue Ideen und Lösungsansätze zur Rationalisierung der Produktion an, denen auch grundlegende Bedeutung zukommt.

So gesehen hängt der Nutzen dieser Neuauflage für den interessierten Leser in starkem Maße von der geeigneten Auswahl der Erweiterungen und Ergänzungen ab. Wir hoffen, mit der vorliegenden Lösung die Vorzüge des Buches gewahrt und zugleich dem Fortschritt Rechnung getragen zu haben.

Allen, die durch konstruktive Kritik und Mitarbeit zu der Neuauflage beigetragen haben, sei an dieser Stelle gedankt. Herrn Dipl.-Kfm. Urs Müller-Ortolf danken wir besonders für wertvolle Hinweise bei der Endredaktion des Manuskripts.

Im August 1997
                Hans Blohm
                Thomas Beer
                Ulrich Seidenberg
                Herwig Silber

Vorwort zur 1. und 2. Auflage

Produktionswirtschaftslehren sind in den letzten Jahren in größerer Zahl erschienen. Vergleicht man diese Bücher miteinander, so stellt man fest, die Grenzen zu den unmittelbar mit der Produktion verbundenen Aufgabenfeldern, wie Forschung und Entwicklung, Produktgestaltung, Beschaffung und Lagerwesen, sind unterschiedlich gezogen, die Kerngebiete, wie Produktions- und Kostentheorie, Produktionsplanungssysteme, Überwachungs- und Steuerungsinstrumente, werden unterschiedlich betont, und die einzelnen Beiträge orientieren sich schwerpunktmäßig an verschiedenen Branchen. Die Verhältnisse der Einzel- und Kleinserienfertigung des Maschinenbaues stehen häufiger im Vordergrund als Fließfertigungssysteme, wie man sie z. B. in der Nahrungs- und Genussmittelindustrie findet, obwohl das Schlachthaus von Chicago Modell für die Fließfertigung bei Ford war. Traditionsgemäß überlässt man – wie in der Zeit der „Industriebetriebslehren" – land- und forstwirtschaftliche Betriebe den Fachwirten und behandelt in der Regel Baubetriebe nur am Rande. Die Großindustrie findet mehr Beachtung als Klein- und Mittelbetriebe oder gar der Dienstleistungsbereich, dessen Leistungen man ebenfalls als Ergebnisse von Produktionsprozessen verstehen kann.

Bei der Stoffauswahl des vorliegenden Grundrisses wurde solchen grundlegenden Aussagen aus der Produktionswirtschaft Vorrang eingeräumt, die repräsentativ oder typisch für weite Bereiche sind und im steten Wandel der Dinge einigen Bestand aufweisen dürften. Die Grundlagen aus anderen Teilbereichen der Betriebswirtschaftslehre werden dabei soweit vermittelt wie notwendig, um dieses Buch verstehen zu können, auch ohne andere Quellen heranzuziehen. Einzelheiten sind als Beispiele gedacht, sie sollen das Allgemeine veranschaulichen; weitere Einzelheiten gehören zum Spezialstudium.

Auch für Ingenieure und Interessenten aus anderen Berufsfeldern als dem des Wirtschaftsingenieurs, des Betriebs- und Volkswirtes kann die so vollzogene Stoffauswahl einen Einblick und Einstieg in die Betriebswirtschaftslehre ermöglichen. Eine allgemeinverständliche Darstellung hat deshalb Vorrang vor der Fachterminologie der Spezialisten, die freilich im unbedingt erforderlichen Umfange nicht entbehrt werden kann.

Verfasser eines Grundrisses, der auf zahlreiche Quellen aufbaut, stehen vor der Frage, wie sie sich zu den sachlichen Widersprüchen der verschiedenen Denksysteme und zu der begrifflichen Vielfalt verhalten sollen. Die Begriffsvielfalt ist in der Produktionswirtschaftslehre besonders ausgeprägt, weil sie von verschiedenen Wissenschaftszweigen beeinflusst wird, wie den Ingenieurwissenschaften, der Arbeitswissenschaft, der Volkswirtschaftslehre. Dazu kommt noch ein ausgeprägter Branchen-Sprachgebrauch. Nicht oder schlecht übersetzte angloamerikanische Bezeichnungen machen das Maß voll. So müssen Kompromisse geschlossen werden. Zugänglichkeit zu den Einzelfragen und Vergleichbarkeit mit der jeweiligen Spezialliteratur sollen dabei Vorrang vor einer völlig widerspruchsfreien und begrifflich einheitlichen Darstellung haben.

Zitate dienen in erster Linie dem Verweis auf Quellen, die eine Vertiefung ermöglichen, anknüpfend an die grundlegenden, vorwiegend bereits zum Allgemeingut gewordenen und deshalb so wenig wie möglich mit Zitaten belasteten Aussagen dieses Buches. Eine Bewertung ist mit der Quellenauswahl keinesfalls beabsichtigt.

Das vorliegende Buch ist eine echte Gemeinschaftsarbeit, die Bearbeitungsschwerpunkte der einzelnen Verfasser sind vorstehend auf Seite 4 verzeichnet. Die Vorlesungsunterlagen von H. Blohm zur Produktionswirtschaft an der Technischen Universität Berlin wurden ohne Quellenhinweis verwertet.

Frau Ingeborg Elsholz danken wir für die Ausführung der umfangreichen Schreibarbeiten.

Berlin, im Dezember 1986

Hans Blohm
Thomas Beer
Ulrich Seidenberg
Herwig Silber

INHALTSVERZEICHNIS

	Seite
Vorwort	5
Inhaltsverzeichnis	7
Abbildungsverzeichnis	15
Verzeichnis der Aufgaben und Lösungshinweise	23
Abkürzungsverzeichnis	25

A. Einführung 27

- I. Grundlagen der Produktionswirtschaftslehre — 27
  1. Gegenstand — 27
  2. Entwicklung und Charakteristik der Industrie- und Produktionswirtschaftslehre — 31
- II. Ziele produktionswirtschaftlicher Betätigung — 33
  1. Ziele des Betriebes und seiner Anspruchsgruppen — 33
  2. Interne und externe Wirtschaftlichkeit — 38
  3. Produktionswirtschaftliche Teilziele — 42
- III. Berichts- und Rechnungswesen im Produktionsbereich — 44
  1. Grundlagen — 44
  2. Ausgewählte Einzelheiten zu produktionswirtschaftlich wichtigen Teilen des konventionellen Rechnungswesens — 48
     - 2.1 Der Betriebsabrechnungsbogen — 48
     - 2.2 Kalkulationsmethoden — 49
     - 2.3 Deckungsbeitragsrechnung — 53
  3. Wege zu einem zielorientierten Informationswesen — 54

B. Produktions- und kostentheoretische Grundlagen 59

- I. Grundbegriffe und Kostenverläufe — 59
- II. Produktionsfunktion vom Typ A (Ertragsgesetz) — 67
  1. Eigenschaften des Ertragsgesetzes — 67
  2. Prämissen und kritische Würdigung des Ertragsgesetzes — 70
  3. Ertragsgesetzliche Kostenfunktion — 71
- III. Produktionsfunktion vom Typ B (Gutenberg-Produktionsfunktion) — 73
  1. Eigenschaften der Produktionsfunktion vom Typ B — 73
  2. Kritische Würdigung der Produktionsfunktion vom Typ B — 79
  3. Kosteneinflussgrößen und Anpassungsformen auf der Basis der Produktionsfunktion vom Typ B — 81

		Seite
	3.1 Beschäftigung	81
	3.2 Faktorqualitäten	85
	3.3 Faktorpreise	86
	3.4 Betriebsgröße	87
	3.5 Produktionsprogramm	88
IV.	Leontief-Produktionsfunktion	90
	1. Eigenschaften der Leontief-Produktionsfunktion	90
	2. Kostenfunktion auf Basis der Leontief-Produktionsfunktion	93
	3. Kritische Würdigung der Leontief-Produktionsfunktion	94
V.	Produktionsfunktion vom Typ C (Heinen-Produktionsfunktion)	95
	1. Elementarkombinationen	95
	2. Wiederholungen der Elementarkombinationen	100
	3. Kritische Würdigung der Produktionsfunktion vom Typ C	103

C. Die produktiven Faktoren — 106

I.	Systeme produktiver Faktoren	106
II.	Produktionsfaktor Arbeit	111
	1. Gesetzliche Bestimmungen	111
	2. Grundfragen der Arbeitsgestaltung	116
	2.1 Leistungsfähigkeit und -bereitschaft	116
	2.2 Vorgehensweise bei der Arbeitsgestaltung	117
	2.3 Gestaltungsbereiche	119
	3. Entwicklungsschritte der Arbeitsgestaltung	124
	3.1 Wissenschaftliche Betriebsführung	124
	3.2 Human-Relations-Lehre	125
	3.3 Konzept der sozio-technischen Systeme	126
	3.4 Motivationstheorie und Zweifaktorentheorie der Arbeitszufriedenheit	126
	3.5 Arbeitsstrukturierung	129
	3.6 Forschungs- und Entwicklungsprogramme	131
	3.7 Ausblick	133
	4. Arbeitsentgelt	135
	4.1 Überblick	135
	4.2 Verfahren der Arbeitsbewertung	139
	4.3 Lohnformen	145
	4.4 Verfahren der Vorgabezeitermittlung	150
III.	Produktionsfaktor Betriebsmittel	158
	1. Betriebsmittelarten	158
	2. Anlagenlebenszyklus	159
	3. Eigenschaften von Betriebsmitteln	161

		Seite
3.1	Flexibilität	161
3.1.1	Dimensionen der Flexibilität	161
3.1.2	Flexible Automatisierung	163
3.2	Kapazität	168
4. Nutzungsdauer und Abschreibung		172
5. Investition		175
5.1	Begriff und Investitionsarten	175
5.2	Statische Investitionsrechenverfahren	178
5.2.1	Kostenvergleichsrechnung	178
5.2.2	Gewinnvergleichsrechnung	182
5.2.3	Rentabilitätsrechnung	182
5.2.4	Amortisationsrechnung	183
5.3	Dynamische Investitionsrechenverfahren	184
5.3.1	Kapitalwertmethode	184
5.3.2	Interne-Zinssatz-Methode	185
5.3.3	Annuitätenmethode	186
5.4	Investitionsmodelle (Verfahren für Programmentscheidungen)	187
6. Instandhaltung		188
6.1	Aufgaben der Instandhaltung	188
6.2	Ausfall- und Störungsverhalten	190
6.3	Instandhaltungsplanung	194
IV. Produktionsfaktor Stoffe		201
V. Der dispositive Faktor Organisieren		203
1. Gliederungsprinzipien		203
1.1	Verrichtungsprinzip	204
1.2	Objektprinzip	206
1.3	Matrixprinzip	208
2. Abwandlungen der Grundmodelle		209
2.1	Produktmanager	209
2.2	Zentralstellen	210
2.3	Stabsstellen	210
2.4	Kollegien	210
2.5	Q-Funktionsträger	211
3. Dezentrale Organisation des Produktionsbereichs		212
VI. Der dispositive Faktor Führen		214
1. Führung, Leitung, Management		214
2. Typologien von Führungsstilen		215
2.1	Die entscheidungsorientierte Typologie von Tannenbaum/Schmidt	216
2.2	Das Verhaltensgitter von Blake/Mouton	218
2.3	Typologie aufgrund der Feldstudien der Ohio-Gruppe	218
3. Innovationsmanagement als Führungsprozess		219

		Seite
3.1	Innovationsbegriff	219
3.2	Funktion des Innovationsmanagements	220
3.3	Spezielle Funktionsträger im Innovationsmanagement	221
3.4	Innovationsmanagement in kleinen und mittleren Unternehmen	222

- 4. Qualitätsmanagement — 222
  - 4.1 Qualitätsbegriff — 222
  - 4.2 Qualitätsprobleme und Instrumente des Qualitätsmanagements — 225
    - 4.2.1 Statistische Qualitätssicherung — 226
    - 4.2.2 Quality Function Deployment — 228
    - 4.2.3 Fehlermöglichkeits- und Einflussanalyse — 230
    - 4.2.4 Ursache-Wirkungs-Diagramm — 232
  - 4.3 Qualitätsmanagement auf Basis der DIN EN ISO 9000-Reihe — 233
  - 4.4 Total Quality Management — 235
- 5. Lean Management — 236

VII. Der dispositive Faktor Planen — 239
- 1. Grundlagen der Planung — 239
  - 1.1 Begriff und Arten der Planung — 239
  - 1.2 Abstimmung betrieblicher Teilpläne — 240
- 2. Strategische Planung — 242
  - 2.1 Grundlegende Zusammenhänge — 242
  - 2.2 Methoden der strategischen Planung — 243
    - 2.2.1 Erfahrungskurven-Analyse — 243
    - 2.2.2 Markt-Portfolio — 245
    - 2.2.3 PIMS-Programm — 248
    - 2.2.4 Technologie-Portfolio — 250
    - 2.2.5 Balanced Scorecard — 253
- 3. Prognosemethoden — 255
  - 3.1 Eignung von Prognoseinstrumenten für die strategische Planung — 255
  - 3.2 Szenario-Technik — 257
  - 3.3 Delphi-Methode — 258
  - 3.4 Morphologische Methode — 259
  - 3.5 Relevanzbaumanalyse — 261
  - 3.6 Simulation technischer Entwicklungen — 262
  - 3.7 Cross-Impact-Methode — 264

VIII. Substitution der Produktionsfaktoren — 269

D. Der Produktionsprozess — 274

I. Gestaltung von Produktionsprozessen — 274
- 1. Typologie der Produktion — 274

		Seite
2. Organisations- und Leistungstypen der Produktion		277
II. Grundlagen der Materialwirtschaft		283
1. Aufgaben der Materialwirtschaft		283
2. Materialwirtschaftliche Analysen		288
3. Stücklisten, Rezepturen, Teileverwendungsnachweise		292
4. Materialdisposition		297
4.1 Materialbedarfsplanung		298
4.1.1 Deterministische Bedarfsermittlung		298
4.1.1.1 Dispositionsstufenverfahren		299
4.1.1.2 Gozintoverfahren		301
4.1.2 Stochastische Bedarfsermittlung		306
4.1.2.1 Bedarfsermittlung bei konstantem Verbrauch		308
4.1.2.2 Bedarfsermittlung bei trendförmigem Verbrauch		310
4.1.2.3 Bedarfsermittlung bei saisonal schwankendem Verbrauch		311
4.1.2.4 Beurteilung der Prognosequalität		312
4.1.3 Bereitstellungsprinzipien		313
4.2 Bestands- und Bestellrechnung		315
4.2.1 Bestellmengenrechnung		315
4.2.2 Bestellterminrechnung (Bestellpolitiken)		319
5. Lagerhaltung		323
6. Innerbetrieblicher Transport		329
III. Planung und Steuerung von Produktionsprogrammen und -prozessen		338
1. Aufgabenüberblick		338
2. Produktionsprogrammplanung		342
2.1 Aufgaben der Produktionsprogrammplanung		342
2.2 Lösungsansätze zur Bildung von kurzfristigen Produktionsprogrammen		343
2.2.1 Ermittlung des gewinnmaximalen Produktionsprogramms ohne Kapazitätsbeschränkungen		344
2.2.2 Ermittlung des gewinnmaximalen Produktionsprogramms bei Kapazitätsbeschränkungen		344
2.2.3 Ermittlung des gewinnmaximalen Produktionsprogramms unter Berücksichtigung der Fremdvergabe von Produktionsaufträgen		350
3. Strategische und taktische Produktionsplanung		351
3.1 Aufgaben im Überblick		351
3.1.1 Fertigungsablaufplanung		351
3.1.2 Bedarfsplanung		353
3.2 Arbeitsplanung		354
3.3 Durchlaufzeitenplanung (Fristenplanung)		356
3.4 Ablaufplanung bei der Fließfertigung		357
3.4.1 Fließbandabstimmung		358
3.4.2 Dimensionierung von Pufferkapazitäten		363

		Seite
4. Operative Produktionsplanung und Produktionssteuerung		364
4.1 Zielsystem		364
4.1.1 Kostenziele		364
4.1.2 Zeitziele		365
4.1.3 Zielbeziehungen		366
4.2 Statische Losgrößenplanung		367
4.2.1 Problembeschreibung		367
4.2.2 Statisches Grundmodell der Losgrößenplanung		368
4.2.3 Erweiterung des Grundmodells		370
4.2.4 Gewinnmaximale Losgröße		372
4.3 Dynamische Losgrößenplanung		372
4.3.1 Wagner/Whitin-Algorithmus		373
4.3.2 Gleitende wirtschaftliche Losgröße		375
4.3.3 Silver-Meal-Verfahren		376
4.4 Terminplanung		377
4.4.1 Durchlaufterminierung		379
4.4.2 Kapazitätsterminierung		389
4.5 Planung der Auftragsreihenfolge (Maschinenbelegungsplanung)		393
4.5.1 Problemüberblick		393
4.5.2 Minimierung reihenfolgeabhängiger Rüstkosten		394
4.5.2.1 Heuristische Verfahren		395
4.5.2.2 Ein exaktes Verfahren (Branch and Bound)		397
4.5.3 Minimierung der Zykluszeit bei zweistufiger Fertigung (Johnson-Algorithmus)		403
4.5.4 Reihenfolgeplanung mit Prioritätsregeln		405
4.6 Werkstattsteuerung		409
5. Konzepte der Produktionsplanung und -steuerung		412
5.1 Kanban-System		416
5.2 Conwip-Steuerung		418
5.3 Belastungsorientierte Auftragsfreigabe		420
5.4 Fortschrittszahlenkonzept		424
5.5 Input/Output-Control		427
5.6 Optimized Production Technology (OPT)		429
5.7 Retrograde Terminierung		432
6. Integration der Planungsbereiche		433
IV. Einsatz EDV-gestützter Systeme		438
1. PPS-Systeme		438
1.1 Referenzmodell		438
1.2 Aufbaustruktur		441
1.3 Ablaufstruktur		444
2. MRP-II-Konzept und Weiterentwicklungen		448

	Seite
3. SCM- und APS-Systeme	449
4. Computer Integrated Manufacturing (CIM)	453
V. Überwachung der Produktion	457
1. Produktionscontrolling	457
2. Technische Revision	462

E. Das Produkt — 466

I. Grundlegende Begriffe und Zusammenhänge	466
1. Bedeutung und Arten von Produkten	466
2. Produktions- und Absatzprogramm	467
3. Produktlebenszyklus	471
II. Produktgestaltung	477
1. Einflussgrößen und Wirkungen der Produktgestaltung	477
2. Produkteigenschaften als Objekte der Produktgestaltung	479
III. Produkthaftung	484
1. Rechtliche Grundlagen	484
2. Ursachen und Handhabung des Produkthaftungsrisikos	486
IV. Produktbezogener Umweltschutz	491
1. Umweltschutz als produktionswirtschaftliche Zielsetzung	491
2. Gesetzliche Bestimmungen	494
2.1 Kreislaufwirtschafts- und Abfallgesetz	494
2.2 Verpackungsverordnung und duales System	497
2.3 Überblick über weitere einschlägige Rechtsvorschriften	499
3. Recycling	502
3.1 Formen des Recyclings	502
3.2 Bewertung von Recyclingmaßnahmen	505
3.3 Probleme des Recyclings	507
4. Umweltschutzbezogene Anforderungen an Produkte	507
V. Produkt- und programmbezogene Strategien und Instrumente	512
1. Integrations-, Konzentrations- und Kooperationsstrategie	512
2. Produktinnovation	516
2.1 Ideensuche	517
2.2 Auswahl und Bewertung von Produktideen	520
2.3 Forschung und Entwicklung (F&E)	524
2.4 Schutzrechte für neue Produkte	527
3. Produktvariation	531
3.1 Formen der Produktvariation	531
3.2 Wertanalyse	532
3.3 Problem der Variantenvielfalt	541
3.4 Standardisierung	543
4. Produktelimination	549

Seite

F. Standorte und Produktionsstrukturen — **552**

    I. Hierarchische Struktur der Produktionssysteme — 552
    II. Standortplanung — 553
        1. Problemstellung — 553
        2. Aspekte der Standortwahl — 554
        3. Überblick über Modelle der Standortwahl — 555
        4. Nutzwertanalyse als Instrument der Standortwahl — 556
            4.1 Zielkriterienbestimmung — 556
            4.2 Zielkriteriengewichtung — 557
            4.3 Teilnutzenbestimmung — 558
            4.4 Nutzwertermittlung — 559
            4.5 Beurteilung der Vorteilhaftigkeit — 560
    III. Werke — 561
    IV. Unternehmensübergreifende Strukturen — 564
        1. Gründe für Unternehmensverbindungen — 564
        2. Ausprägungen von Unternehmensverbindungen — 564
        3. Kooperative Unternehmensverbindungen — 565

Anhang 1: Problemstellungen und Lösungsmethoden im Produktionsbereich — 568

Anhang 2: Verfahren des Operations Research und angrenzender Gebiete — 570

Anhang 3: Heuristische Verfahren — 573

Lösungshinweise zu den Aufgaben — 576

Literaturverzeichnis — 607

Stichwortverzeichnis — 627

ABBILDUNGSVERZEICHNIS

		Seite
ABB. 1:	Produktion als Kombinations- und Transformationsprozess	27
ABB. 2:	Die Wirtschaftlichkeit in Abhängigkeit von der Leistungsmenge	39
ABB. 3:	Interne und externe Wirtschaftlichkeit	42
ABB. 4:	Zahlenbeispiel zum Betriebsabrechnungsbogen (gerundete Werte; Vierteljahresrechnung)	49
ABB. 5:	Kalkulationsverfahren	50
ABB. 6:	Zahlenbeispiel zur Zuschlagskalkulation	52
ABB. 7:	Analogie von Regelkreis und Betrieb: Beispiel eines einfachen Regelkreises (Lager)	55
ABB. 8:	Die Konzeption des Target Cost Management	57
ABB. 9:	Fixkosten	61
ABB. 10:	Aufspaltung der Fixkosten in Nutz- und Leerkosten	61
ABB. 11:	Kostenverläufe (Bezugsgröße: Verhalten der Durchschnittskosten)	64
ABB. 12:	Kostenverläufe (Bezugsgröße: Verhalten der Grenzkosten)	65
ABB. 13:	Grafische Darstellung des Ertragsgesetzes	67
ABB. 14:	Vierphasenschema des Ertragsgesetzes	69
ABB. 15:	Kostenfunktion als Umkehrfunktion der Ertragsfunktion	72
ABB. 16:	Kraftstoffverbrauch eines Lieferwagens in den einzelnen Getriebegängen (Verbrauchsfunktionen)	75
ABB. 17:	Verbrauchsfunktionen	76
ABB. 18:	Faktoreinsatzfunktionen bei verschiedenen, jeweils konstanten Intensitäten	78
ABB. 19:	Beispiel für die grafische Bestimmung der optimalen Leistung eines Aggregats	79
ABB. 20:	Gesamtkostenverlauf beim Übergang von zeitlicher zu intensitätsmäßiger Anpassung	82
ABB. 21:	Lohnkostenverlauf bei zeitlicher Anpassung	83
ABB. 22:	Gesamtkostenverlauf bei kombinierter rein quantitativer und zeitlicher Anpassung (unveränderter Potenzialfaktorbestand)	84
ABB. 23:	Gesamtkostenverlauf bei kombinierter selektiver und zeitlicher Anpassung (unveränderter Potenzialfaktorbestand)	85
ABB. 24:	Gesamtkostenverlauf bei multipler Betriebsgrößenvariation (und zeitlicher Anpassung)	87
ABB. 25:	Gesamtkostenverlauf bei mutativer Betriebsgrößenvariation (und zeitlicher Anpassung)	88
ABB. 26:	Prozessstrahl und Isoquanten (Leontief-Produktionsfunktion)	91
ABB. 27:	Kostenisoquanten und Prozessstrahl (Leontief-Produktionsfunktion)	93
ABB. 28:	Typen von Elementarkombinationen	96
ABB. 29:	Beispiel eines Zeitbelastungsbildes	98

VERZEICHNIS Abbildungen

		Seite
ABB. 30:	Grafische Herleitung der ökonomischen Verbrauchsfunktion	99
ABB. 31:	Strukturbild eines Produktionsprozesses	101
ABB. 32:	Produktionsfaktorsystem von Gutenberg	106
ABB. 33:	Gegenüberstellung von Potenzial- und Repetierfaktoren	107
ABB. 34:	Produktionsfaktorsystem von H. K. Weber	107
ABB. 35:	Abgrenzung knapper und nichtknapper Produktionsfaktoren	109
ABB. 36:	Systematik des Arbeitsrechts	112
ABB. 37:	Beteiligungsrechte des Betriebsrats	114
ABB. 38:	Felder der Mitwirkung und Mitbestimmung des Betriebsrats	115
ABB. 39:	Arbeitssystem	117
ABB. 40:	Gestaltung von Arbeitsmethode und Betriebsmitteln	119
ABB. 41:	Gestaltung der Arbeitsumgebung	121
ABB. 42:	Hierarchie der Bedürfnisse („Bedürfnispyramide") nach Maslow	126
ABB. 43:	Ursachen besonderer Zufriedenheit und Unzufriedenheit bei der Arbeit	128
ABB. 44:	Auswirkungen neuer Techniken auf die Arbeitssituation und Arbeitsgestaltung	134
ABB. 45:	Gliederung des Lohnes nach betriebswirtschaftlich-kostenrechnerischen Gesichtspunkten	135
ABB. 46:	Zusammensetzung des Arbeitsentgelts	138
ABB. 47:	Grundmethoden der Arbeitsbewertung	139
ABB. 48a:	REFA-Rangreihe der Anforderungsart „Kenntnisse"	144
ABB. 48b:	REFA-Rangreihe der Anforderungsart „Umgebungseinflüsse"	144
ABB. 49a:	Bewertungstafel für die Einstufung der Anforderungshöhe (Anforderungsart „muskelmäßige Belastung")	145
ABB. 49b:	Tafel zur Bestimmung der Wertzahl bei zusätzlicher Berücksichtigung der Anforderungsdauer	145
ABB. 50:	Lohnkosten in Abhängigkeit von der Arbeitsleistung bei Zeitlohn	146
ABB. 51:	Lohnkosten in Abhängigkeit von der Mengenleistung bei Akkordlohn	147
ABB. 52:	Beispiele für Lohnkostenverläufe bei Prämienlohn	149
ABB. 53:	Gliederung der Auftragszeit	152
ABB. 54:	Aufgaben der Anlagenwirtschaft im Anlagenlebenszyklus	161
ABB. 55:	Dimensionen der Flexibilität von Betriebsmitteln	162
ABB. 56:	Zielsetzungen flexibler Automatisierung in Abhängigkeit von der Mengenleistung	163
ABB. 57:	Flexible Fertigungszelle (schematisiertes Beispiel)	165
ABB. 58:	Flexibles Fertigungssystem (schematisiertes Beispiel)	166
ABB. 59:	Formen der flexiblen Automatisierung	167
ABB. 60:	Ausprägungen des Kapazitätsbegriffs	169
ABB. 61:	Gliederung der Betriebsmittelzeit	170
ABB. 62:	Abschreibungsmethoden (Berechnungsbeispiel)	174
ABB. 63:	Investitionsarten/-zwecke	176

Abbildungen VERZEICHNIS

Seite

ABB. 64:	Überblick über die wichtigsten Investitionsrechenverfahren (Entscheidung unter Sicherheit)	177
ABB. 65:	Beispiel 1 zum Auswahlproblem: Vergleich der durchschnittlichen Kosten je Zeitabschnitt (gleiche Auslastung)	178
ABB. 66:	Beispiel 2 zum Auswahlproblem: Ermittlung der kritischen Auslastung	180
ABB. 67:	Grafische Bestimmung der kritischen Auslastung	180
ABB. 68:	Beispiel zum Ersatzproblem: Vergleich der durchschnittlichen Kosten je Zeitabschnitt (gleiche Auslastung)	181
ABB. 69:	Beispiel zur Rentabilitätsrechnung	183
ABB. 70:	Beispiel zur Amortisationsrechnung	183
ABB. 71:	Beispiel zur Kapitalwertmethode	185
ABB. 72:	Beispiel zur Interne-Zinssatz-Methode	186
ABB. 73:	Gliederung der Investitionsmodelle nach dem Umfang des Entscheidungsfeldes	187
ABB. 74:	Kapitalwertmodell für vier Investitionsanträge	188
ABB. 75:	Aufgaben der Instandhaltung	189
ABB. 76:	Einflussgrößen des Ausfall- und Störungsverhaltens	191
ABB. 77:	Kombinierter Verlauf der Ausfallrate eines Verschleißbauteils („Badewannenkurve")	193
ABB. 78:	Teilbereiche der auftragsunabhängigen Instandhaltungsplanung	195
ABB. 79:	Gliederung der Stoffe nach technischen und wirtschaftlichen Kriterien	201
ABB. 80:	Gliederung nach dem Verrichtungsprinzip	205
ABB. 81:	Gliederung nach dem Objektprinzip	207
ABB. 82:	Gliederung nach dem Matrixprinzip	208
ABB. 83:	Querschnittskoordination mittels Q-Funktionseinrichtungen für Beschaffung, Konstruktion und Vertrieb	212
ABB. 84:	Dezentrale Organisationskonzepte des Produktionsbereichs	213
ABB. 85:	Managementfunktion	215
ABB. 86:	Entscheidungspartizipation nach Tannenbaum/Schmidt (1958)	217
ABB. 87:	Verhaltensgitter nach Blake/Mouton (1968)	218
ABB. 88:	Entwurfs- und Ausführungsqualität	224
ABB. 89:	Qualitätskreis	225
ABB. 90:	Regelkreismodell der statistischen Prozesskontrolle (Beispiel)	226
ABB. 91:	Prinzipieller Aufbau einer Qualitätsregelkarte	227
ABB. 92:	QFD-Matrix	230
ABB. 93:	Beispiel für ein Ursache-Wirkungs-Diagramm (Ishikawa-Diagramm)	233
ABB. 94:	Merkmale der Planung	240
ABB. 95:	30%iger Erfahrungskurven-Effekt (70%-Erfahrungskurve) durch Verdopplung der kumulierten Produktionsmengen	245
ABB. 96:	Grundschema der Portfoliomatrix	247
ABB. 97:	Technologie-Lebenszyklus	251

VERZEICHNIS Abbildungen

Seite

ABB. 98:	Transformation der gegenwärtigen Technologieposition in die Zukunft (Beispiel nach Pfeiffer u. a. (1982))	252
ABB. 99:	Beispiel für eine Ursache-Wirkungs-Kette in der Balanced Scorecard	254
ABB. 100:	Morphologischer Kasten für eine portable Audio-Komponente	260
ABB. 101:	Beispiel für einen Relevanzbaum	261
ABB. 102:	Ereigniseintrittswahrscheinlichkeiten	265
ABB. 103:	Wechselwirkungsmatrix	265
ABB. 104:	Wechselwirkungsdiagramm	267
ABB. 105:	Beispielrechnung zur Cross-Impact-Methode	268
ABB. 106:	Realtypische Substitutionsvorgänge	270
ABB. 107:	Gegenüberstellung von menschlicher Arbeitsleistung und Betriebsmittelnutzung unter dem Aspekt gegenseitiger Substituierbarkeit	272
ABB. 108:	Typisierung von Produktionsprozessen	275
ABB. 109:	Systematik der Fertigungsverfahren	276
ABB. 110:	Organisationstypen der Produktion	278
ABB. 111:	Leistungstypen der Produktion	279
ABB. 112:	Bearbeitungsreihenfolge und Kapazitätsinanspruchnahme zweier Teile im Werkstättensystem	280
ABB. 113:	Portlandzement-Herstellungsgang (Trockenverfahren)	281
ABB. 114:	Kosten der Materialbeschaffung	284
ABB. 115:	Teilprobleme des materialwirtschaftlichen Optimums	285
ABB. 116:	Beispiel zur ABC-Analyse: Ausgangsdaten	289
ABB. 117:	Beispiel zur ABC-Analyse: Gruppierung der Materialarten	290
ABB. 118:	Beispiel zur ABC-Analyse: Grafische Darstellung des Ergebnisses	291
ABB. 119:	XYZ-Klassifikation mit Hilfe des Variationskoeffizienten des Bedarfs	292
ABB. 120:	ABC- und XYZ-Klassifikation	292
ABB. 121:	Übersicht einiger wichtiger Stücklistenarten	293
ABB. 122:	Beispiel für einen Erzeugnisstrukturbaum	295
ABB. 123:	Stücklistenarten (Grundformen)	296
ABB. 124:	Schematische Darstellung einer Rezeptur	296
ABB. 125:	Teileverwendungsnachweise	297
ABB. 126:	Darstellung einer Erzeugnisstruktur nach Fertigungs- und Dispositionsstufen	299
ABB. 127:	Beispielrechnung für die Nettobedarfsermittlung nach dem Dispositionsstufenverfahren (Ausschnitt)	301
ABB. 128:	Gozinto-Graph	302
ABB. 129:	Beispiel für eine Bruttobedarfserrechnung mit dem Gozinto-Graphen	303
ABB. 130:	Beispiel für das Gozintolistenverfahren	306
ABB. 131:	Idealtypische Bedarfsverläufe	307
ABB. 132:	Übersicht Vorhersageverfahren	308

		Seite
ABB. 133:	Beschaffungsmengen bei Preisstufen	317
ABB. 134:	Bestellpunktsystem mit konstanter Bestellmenge (Bestellpunkt-Bestellmenge-System/s,q-Politik)	320
ABB. 135:	Bestellpunktsystem mit variabler Bestellmenge (Bestellpunkt-Sollbestand-System/s,S-Politik)	320
ABB. 136:	Bestellrhythmussystem mit fester Bestellmenge (Bestellrhythmus-Bestellmenge-System/t,q-Politik)	321
ABB. 137:	Bestellrhythmussystem mit variabler Bestellmenge (Bestellrhythmus-Sollbestand-System/t,S-Politik)	322
ABB. 138:	Bestellpolitiken	323
ABB. 139:	Morphologische Lagersystematik	325
ABB. 140:	Bestimmung des Sicherheitsbestands bei stochastischem Bedarf	327
ABB. 141:	Förderhilfsmittel	330
ABB. 142:	Übersicht über Transportsysteme: Stetigförderer	333
ABB. 143:	Übersicht über Transportsysteme: Unstetigförderer	334
ABB. 144:	Überblick über die Aufgaben der Produktionsplanung und -steuerung	339
ABB. 145:	Aufgaben der operativen Produktionsplanung und -steuerung	341
ABB. 146:	Ermittlung der relativen Deckungsspanne bei einem Engpassaggregat	345
ABB. 147:	Stückzeiten der Erzeugnisse und Kapazitätsangebot	346
ABB. 148:	Simplextableau I (Ausgangstableau)	347
ABB. 149:	Simplextableau II	349
ABB. 150:	Simplextableau III (Endtableau)	349
ABB. 151:	Produktions- und Absatzdaten	350
ABB. 152:	Ermittlung der relativen Deckungsspannendifferenz	351
ABB. 153:	Entscheidungskriterien der Wahl zwischen Eigenfertigung und Fremdbezug	353
ABB. 154:	Arbeitsplan (schematisiertes Beispiel)	355
ABB. 155:	Zusammensetzung der Durchlaufzeit	357
ABB. 156:	Vorranggraph zur Leistungsabstimmung einer Fließfertigung (mit Bearbeitungszeiten)	360
ABB. 157:	Rangwertermittlung der einzelnen Arbeitselemente	362
ABB. 158:	Beispiel für eine Leistungsabstimmung nach dem Rangwert-Regel-Verfahren (Vorrangregel)	363
ABB. 159:	Kosten in Abhängigkeit von der Losgröße beim klassischen Losgrößenmodell	368
ABB. 160:	Lagerbestandsentwicklung eines Produkts bei endlicher Produktionsgeschwindigkeit und gleichzeitigem Absatz- und Produktionsbeginn	371
ABB. 161:	Maschinenbelegungs- und Auftragsfortschrittsdiagramm (Beispiele)	378
ABB. 162:	Gantt-Terminplan für den Auftragsablauf einer Kolbenringfertigung – Vorwärtsterminierung	380

VERZEICHNIS Abbildungen

		Seite
ABB. 163:	Gantt-Terminplan für den Arbeitsablauf einer Kolbenringfertigung – Rückwärtsterminierung	381
ABB. 164:	Splittung im Gantt-Diagramm (Beispiel)	382
ABB. 165:	Überlappung im Gantt-Diagramm (Beispiel)	383
ABB. 166:	Übergangszeitverkürzung im Gantt-Diagramm (Beispiel)	384
ABB. 167:	Grobarbeitsplan für die Fertigung einer Sondermaschine	387
ABB. 168:	Aufbaustruktur der Netzplansymbole	387
ABB. 169:	Netzplan für das Fallbeispiel Sondermaschinenbau	389
ABB. 170:	Zeitanalyse des Beispiels	389
ABB. 171:	Belastungsprofil einer Fertigungseinrichtung	390
ABB. 172:	Kapazitätsabgleich durch Nutzung von Pufferzeiten	392
ABB. 173:	Lösungsverfahren für das Maschinenbelegungsproblem	394
ABB. 174:	Umrüstkostenmatrix (Angaben in € pro Umrüstvorgang)	395
ABB. 175:	Rechenaufwand beim Verfahren der sukzessiven Einbeziehung von Stationen	396
ABB. 176:	Verzweigung der Lösungsmenge	398
ABB. 177:	Reduzierte Rüstkostenmatrix I und Verzweigungsbaum	399
ABB. 178:	Reduzierte Rüstkostenmatrix II und Verzweigungsbaum	400
ABB. 179:	Reduzierte Rüstkostenmatrix III und Verzweigungsbaum	401
ABB. 180:	Reduzierte Rüstkostenmatrix IV und Verzweigungsbaum	402
ABB. 181:	Reduzierte Rüstkostenmatrix V	402
ABB. 182:	Reduzierte Rüstkostenmatrix VI und Verzweigungsbaum	403
ABB. 183:	Bearbeitungszeiten der Aufträge	404
ABB. 184:	Gantt-Diagramm des Aufgabenbeispiels	404
ABB. 185:	Auswahl elementarer Prioritätsregeln	405
ABB. 186:	Die Produktion im Regelkreis-Modell (Beispiel: kurzfristige Kapazitätsanpassung)	411
ABB. 187:	Spezielle Konzepte der Produktionsplanung und -steuerung	415
ABB. 188:	Eignung von PPS-Konzepten	415
ABB. 189:	Informations- und Materialfluss beim Kanban-System	417
ABB. 190:	Informations- und Materialfluss beim Conwip-System	420
ABB. 191:	Trichtermodell der belastungsorientierten Auftragsfreigabe	421
ABB. 192:	Durchlaufmodell der belastungsorientierten Auftragsfreigabe	423
ABB. 193:	Fortschrittszahlenentwicklung eines Kontrollblocks	425
ABB. 194:	Soll- und Ist-Fortschrittszahlen eines Kontrollblocks	426
ABB. 195:	Beispiel zur Input/Output-Control	427
ABB. 196:	OPT-Regeln	430
ABB. 197:	Produkt-Netzwerk (Beispiel)	431
ABB. 198:	Aufgabensicht des Aachener PPS-Modells	439
ABB. 199:	Funktionsreferenzsicht des Aachener PPS-Modells	440
ABB. 200:	Adressverkettung mittels Stücklistenprozessor	443
ABB. 201:	Schema der Aufgabenabwicklung im PPS-System	447
ABB. 202:	Schematische Darstellung einer Supply Chain	450
ABB. 203:	Planungsebenen des Supply Chain Management	451

		Seite
ABB. 204:	Computer Integrated Manufacturing	454
ABB. 205:	Überwachungssystem im Produktionsbereich	458
ABB. 206:	Aufgaben des Produktionscontrollings	461
ABB. 207:	Ablauf einer Technischen Revision	463
ABB. 208:	Prüfungs- und Kontrollhandlungen im Rahmen der Technischen Revision	464
ABB. 209:	Absatz- und Produktionsprogramm im Zweikreismodell	468
ABB. 210:	Beispiele für Zielsetzungen der einzelnen Funktionsbereiche bei der Programmplanung	471
ABB. 211:	Idealtypischer Produktlebenszyklus (5-Phasen-Modell)	472
ABB. 212:	Phasen des Produktlebenszyklus (Marktzyklus)	473
ABB. 213:	Optionen im Spannungsfeld zwischen Produktlebenszyklusdauer und technologischer Dynamik im Betriebsmittelbereich	474
ABB. 214:	Phasenmodell des integrierten Produktlebenszyklus	476
ABB. 215:	Einflüsse und Wirkungen der Produktgestaltung	478
ABB. 216:	Eigenschaften materieller Produkte	480
ABB. 217:	Eigenschaften immaterieller Produkte	482
ABB. 218:	Rechtliche Grundlagen der Produkthaftung	486
ABB. 219:	Fehlerarten in Bezug auf die Produkthaftung	488
ABB. 220:	Beziehungsgeflecht im Bereich der Produkthaftung	490
ABB. 221:	Systematik stofflicher Rückstände	493
ABB. 222:	Abfallgruppen im Wortlaut des Anhangs I Kreislaufwirtschafts- und Abfallgesetz	495
ABB. 223:	Umgang mit Abfällen nach dem Kreislaufwirtschafts- und Abfallgesetz	496
ABB. 224:	Produktverantwortung nach § 22 Kreislaufwirtschafts- und Abfallgesetz	497
ABB. 225:	Synopse ausgewählter Umweltgesetze	500
ABB. 226:	Recyclingformen in morphologischer Darstellung	503
ABB. 227:	Stoffflüsse bei den verschiedenen Recyclingformen	504
ABB. 228:	Ziele des Recyclings	506
ABB. 229:	Strategien bezüglich der Fertigungstiefe	513
ABB. 230:	Aktionsrichtungen der Produktplanung	516
ABB. 231:	Übersicht über Kreativitätstechniken	518
ABB. 232:	Charakteristika ausgewählter Kreativitätstechniken	519
ABB. 233:	Auswahl- und Bewertungsprozess für neue Produkte	521
ABB. 234:	Punktbewertungsmodell für Produktideen (Beispiel)	522
ABB. 235:	Scoringmodell zur Produktbewertung (Beispiel)	523
ABB. 236:	Teilbereiche der Forschung und Entwicklung	525
ABB. 237:	Produktbezogene Schutzrechte	529
ABB. 238:	Funktionskategorien bei Wertverbesserungen von Produkten	533
ABB. 239:	Wertanalyse-Arbeitsplan	538
ABB. 240:	Schema einer Funktionskostenmatrix für materielle Produkte	539
ABB. 241:	Formen der Standardisierung	545

		Seite
ABB. 242:	Arten produktbezogener Normen (inhaltliche, nicht überschneidungsfreie Gliederung)	547
ABB. 243:	Systemebenen der Produktion	552
ABB. 244:	Überblick über Verfahren der Layoutplanung	554
ABB. 245:	Zielkriterien und Transformationsfunktionen	559
ABB. 246:	Matrix der Zielerfüllungswerte	559
ABB. 247:	Matrix der Teilnutzenwerte	560
ABB. 248:	Matrix der gewichteten Teilnutzen und Gesamtnutzen	560
ABB. 249:	Eine repräsentative Auswahl von Optimierungsproblemen im Produktionsbereich	568
ABB. 250:	Übersicht zu Verfahren des Operations Research und angrenzender Gebiete	571
ABB. 251:	Systematik der Heuristiken	573

AUFGABEN UND LÖSUNGSHINWEISE

lfd. Nr.	Seite	
	Aufgabe	Lösungshinweis
1	53	576
2	53	576
3	53	576
4	66	576
5	73	577
6	89	577
7	89	578
8	90	579
9	95	579
10	105	581
11	111	581
12	157	581
13	157	582
14	157	582
15	158	583
16	158	583
17	197	583
18	197	584
19	198	584
20	199	586
21	200	586
22	203	586
23	214	587
24	239	587
25	239	588
26	269	588

VERZEICHNIS — Aufgaben und Lösungshinweise

lfd. Nr.	Seite	
	Aufgabe	Lösungshinweis
27	273	588
28	283	588
29	283	588
30	336	589
31	336	590
32	337	591
33	337	591
34	337	592
35	435	594
36	435	595
37	435	595
38	436	596
39	436	598
40	437	599
41	437	599
42	477	600
43	510	600
44	511	602
45	550	603
46	561	604
47	567	605

ABKÜRZUNGSVERZEICHNIS

AG	Arbeitgeber
AN	Arbeitnehmer
AV	Arbeitsvorbereitung
BFuP	Betriebswirtschaftliche Forschung und Praxis
BR	Betriebsrat
FB/IE	Fortschrittliche Betriebsführung und Industrial Engineering
GE	Geldeinheiten
HBW	Handwörterbuch der Betriebswirtschaft
HWFü	Handwörterbuch der Führung
HWO	Handwörterbuch der Organisation
HWProd	Handwörterbuch der Produktionswirtschaft
io	Industrielle Organisation
LE	Leistungseinheiten (mengenmäßiger Output)
ME	Mengeneinheiten
MLA	REFA-Methodenlehre des Arbeitsstudiums
SzU	Schriften zur Unternehmensführung
UWF	UmweltWirtschaftsForum
VDI-Z	Zeitschrift des Vereins Deutscher Ingenieure
WiSt	Wirtschaftswissenschaftliches Studium
WiSu	Das Wirtschaftsstudium
Wt-Z	Werkstattechnik Zeitschrift für industrielle Fertigung
ZA	Zeitabschnitt
ZE	Zeiteinheiten
ZfB	Zeitschrift für Betriebswirtschaft
zfbf	Zeitschrift für betriebswirtschaftliche Forschung
ZfO/zfo	Zeitschrift für Organisation / Zeitschrift Führung + Organisation
ZIR	Zeitschrift Interne Revision
ZWF	Zeitschrift für wirtschaftliche Fertigung

A. Einführung

I. Grundlagen der Produktionswirtschaftslehre

1. Gegenstand

Unter Produktion sei die methodische Erstellung von *Sachgütern und Dienstleistungen* verstanden. „Methodisch" bedeutet: Der Planung, Steuerung und Überwachung der Produktion und der Auswahl der Mittel sind nachvollziehbare *Ziele* vorgegeben. Damit fallen Prozesse, die ohne Zutun des Menschen „von selbst" ablaufen, etwa die Erzeugung von Biomasse in der Natur, nicht unter den betriebswirtschaftlichen Produktionsbegriff.[1] Formal kann der Produktionsprozess je nach Betrachtungsschwerpunkt als Kombinationsprozess produktiver Faktoren oder als Transformationsprozess dieser Faktoren in Produkte angesehen werden (s. Abb. 1). Die Produktionswirtschaft befasst sich mit allen betriebswirtschaftlichen Fragen der Produktion, sie dient der Erreichung und Sicherung wirtschaftlicher Produktionsstrukturen und -abläufe.

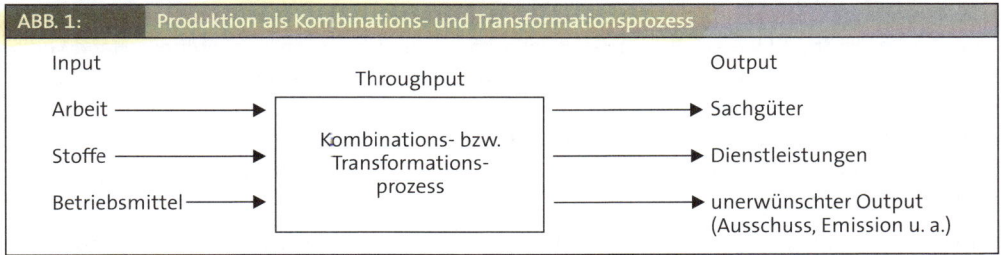

ABB. 1: Produktion als Kombinations- und Transformationsprozess

Man kann den Betrieb, in dem sich die Produktion vollzieht, als System auffassen; genauer, als ein *„Wirksystem"*, d.h. als eine Gesamtheit von Elementen, die in einem Wirkzusammenhang stehen (auf Ziele hinwirken) und gegen die Umwelt abgegrenzt sind. Die Elemente des Systems „Betrieb" sind Menschen und Sachmittel (Betriebsmittel und Stoffe). Das Zusammenwirken – als Austausch von Informationen und Leistungen – wird auf die Erreichung wirtschaftlicher Ziele (z. B. Erreichung eines Plangewinns) ausgerichtet. So gesehen ist der Produktionsbetrieb eine Leistungsgemeinschaft.

Die Unternehmung (das Unternehmen) ist der Betrieb als Finanz-, Risiko- und Rechtseinheit im volkswirtschaftlich-politischen System der Markt-(Verkehrs-)Wirtschaft. Da in der Marktwirtschaft die *Betriebe* – soweit sie nicht Bestandteil der öffentlichen Verwaltung sind – in die Form von *Unternehmen* gekleidet sind, können hier die Begriffe Betrieb und Unternehmen weitgehend synonym verwendet werden. Industriell produzierende, örtlich zentralisierte Betriebseinheiten werden vielfach als *Werke* bezeichnet. Dabei sind Werke in der Regel rechtlich unselbstständig und nehmen neben der Produktionsfunktion nicht alle betrieblichen Funktionen wahr. Verwaltung, Vertrieb, Forschung und Entwicklung, auch Beschaffung und Lagerwesen können anderenorts, z. B. am Sitz der Hauptverwaltung, zentralisiert sein. Das gilt entsprechend im Dienstleistungsbereich für Filialen und andere örtliche Einheiten.

---

[1] Bedient sich jedoch der Mensch planmäßig solcher Prozesse, um wirtschaftliche Ziele zu erreichen, z. B. in der Land- und Forstwirtschaft, handelt es sich selbstverständlich um Produktion im hier verstandenen Sinne.

KAPITEL A
Teil I

Einführung

Der Industriebetrieb ist der in der Produktionswirtschaftslehre vorrangig behandelte Betrieb. Er ist durch seinen Leistungsprozess und auch durch die Besonderheit seiner Leistungen charakterisiert. Er bringt durch Gewinnung von Rohstoffen, durch Bearbeitung, Verarbeitung, chemische oder mechanische Umwandlung von Stoffen unter weitgehender Arbeitsteilung und unter Anwendung von Maschinen und Regelungseinrichtungen ein mittelbar (Produktionsgüterindustrie) oder unmittelbar (Konsumgüterindustrie) zur Bedürfnisbefriedigung geeignetes Produkt hervor, um es auf dem Markt zu verwerten. Kernfunktion des Industriebetriebes ist also der Produktionsprozess im engeren Sinn. In einem weiteren Sinn, und dem folgt die Abgrenzung der folgenden Ausführungen, umfasst die Produktion neben dem eigentlichen Produktionsprozess alle vor- und nach gelagerten Funktionen wie Forschung und Entwicklung, Beschaffung, Lagerung, Innenverkehr und die unmittelbar zur Produktion gehörende Verwaltung (Betriebsbüros, Werkleitung u. Ä.).

Mit der obigen Definition sind die Grenzen der Industrie insbesondere gegenüber dem Handwerk und dem Handel nicht klar bestimmt. Abgrenzungskriterien wie Betriebsgröße (messbar am Betriebsmittel- bzw. Kapitaleinsatz, an der Zahl der Mitarbeiter, am Umsatz), Kundennähe, Mitwirkung des Unternehmers (Handwerkers) sind je nach Branche von unterschiedlicher Bedeutung. So können kleinere Industriebetriebe handwerkliche Züge und größere Handwerksbetriebe industrielle Züge aufweisen. Durch die Abrundung des Vertriebsprogramms der Industrie- und Handwerksbetriebe mit fertig bezogenen Waren (Handelswaren) ist auch die Grenze von Industrie und Handwerk gegenüber dem Handel nicht scharf zu ziehen. Durch Auslagerung einzelner Funktionen (z. B. Gebäudereinigung) ist die Abgrenzung zum Dienstleistungsbereich ebenfalls unscharf.

Formelles Erkennungsmerkmal von Industriebetrieben, das eine Einstufungsentscheidung bereits voraussetzt, ist die Zugehörigkeit der Industriebetriebe zu den Industrie- und Handelskammern als regionale Organisationen und zu den Fachverbänden gegenüber den Handwerkskammern und Innungen als entsprechende örtliche und fachliche Institutionen des Handwerks. Wichtiger als die formelle Zuordnung des einzelnen Betriebes zu Industrie oder Handwerk sind aus der Betriebsgröße, der Betriebsaufgabe und den Umfeldbedingungen erwachsende Besonderheiten. Man unterscheidet deshalb zur Betriebscharakterisierung z. B. Großbetriebe von den Klein- und Mittelbetrieben und nimmt diese Abgrenzung branchenorientiert vor. Mit der Bezeichnung „mittelständischer Betrieb" wird ein weiteres Merkmal eingefügt, die gesellschaftliche Zuordnung der Eigner.

Eine umfassende Produktionswirtschaftslehre müsste außer Industrie und Handwerk aller Branchen und dem Bergbau sämtliche produzierenden Betriebe behandeln, also alle land- und forstwirtschaftlichen Betriebe, Fischereibetriebe, Bergbau- und Dienstleistungsbetriebe. In der Entwicklung der Betriebswirtschaftslehre sind aber für die letztgenannten Arten von Produktionsstätten eigene spezielle Betriebswirtschaftslehren aufgebaut worden. Das lässt es zweckmäßig erscheinen, den Schwerpunkt der vorliegenden Betrachtung weiterhin auf Industriebetriebe zu legen und auf Besonderheiten der nicht vorrangig behandelten Typen von Produktionsbetrieben an geeigneter Stelle hinzuweisen.

Das Produzieren als Kombinationsprozess der produktiven Faktoren weist in der Wirklichkeit eine große Gestaltungsbreite auf. Dies lässt sich veranschaulichen, wenn man etwa die Erstellung einer Dienstleistung in Form einer Rechtsberatung dem Bau eines Kraftwerks oder dem Abfüllen von Erfrischungsgetränken oder einer Reparaturleistung am Fernsehgerät gegenüber-

Grundlagen der Produktionswirtschaftslehre

KAPITEL A

Teil I

stellt. Es ist deshalb kaum möglich, zu allgemeingültigen produktionswirtschaftlichen Aussagen mit einigem Informationswert zu gelangen. Für den Bereich der Industrie sei der Vorgang des Produzierens deshalb etwas tiefer untergliedert, weil es nachfolgend vielfach zweckmäßig sein wird, nur einen repräsentativen Spezialvorgang (z. B. „die Fertigung") an die Stelle des Ganzen treten zu lassen, um den Aussagen mehr konkreten Gehalt zu verleihen.

So kann nach technischen Merkmalen des Produktionsprozesses unterschieden werden:

- Gewinnung,
- Umwandlung,
- Verarbeitung,
- Fertigung,
- Bearbeitung,
- Veredelung von Gütern,
- Zusammenfügung von Teilerzeugnissen zu zusammengesetzten Produkten (Montage),
- Reparatur, Wartung, Instandhaltung.

Diese Begriffe werden keineswegs einheitlich verwendet. Es ist auch weder beabsichtigt noch möglich, die einzelnen Erzeugungsarten streng voneinander zu trennen; sie überdecken sich teilweise und lassen viele Fragen der Zuordnung offen.

Verhältnismäßig eindeutig ist der Begriff *„Gewinnung"*. Dabei werden vorhandene Rohstoffe ohne Änderung ihrer stofflichen Eigenart aus der Urlage gelöst und durch Ortsveränderung für die weitere Verwendung bereitgestellt (Bergbau, Erdölförderung). Im weiteren Sinne wird unter Gewinnung die jeweils erste Stufe eines Produktes auf dem Weg zum fertigen Erzeugnis verstanden, die auch eine chemische oder physikalische Veränderung des Stoffes einschließen kann (Stickstoffgewinnung). Meistens ist mit der Gewinnung eine Aufbereitung des Stoffes im eigenen Betrieb verbunden. Die industrielle Gewinnung naturgegebener Stoffe findet in Betrieben des Bergbaus und der Industrien der Steine und Erden statt. Es handelt sich dabei um Massenerzeugung.

Die *Stoffumwandlung* durch chemische oder physikalische Prozesse ist die Domäne der chemischen, der Glas erzeugenden, der Zellstoff-, der Zementindustrie und anderer Industrien. Die Erzeugnisse sind überwiegend Massenerzeugnisse, geringerenteils Einzelprodukte.

Der Begriff der *Stoffverarbeitung* deckt sich zum Teil mit dem der Stoffumwandlung. Unter der verarbeitenden Industrie können z. B. die Gießereiindustrie, die Baustoffindustrie, die Papier-, Pappen- und Holzstoffindustrie, die Sägeindustrie, Spinnereiindustrie, Mühleniundustrie, Brauereiindustrie, Tabakindustrie zusammengefasst werden. Unter *Stoffbearbeitung* wird eine Veränderung der Form oder bestimmter Eigenschaften materieller Objekte verstanden.

Klarer umreißen lässt sich das Gebiet der *Fertigung*. Darunter soll die Stoffbearbeitung und Zusammenfügung von Vorfabrikaten zu Fertigprodukten verstanden werden. Die Fertigungsindustrie wird repräsentiert durch die Stahl- und Eisenindustrie, den Maschinenbau, die Elektroindustrie, die Fahrzeugindustrie, die feinmechanische und optische Industrie, die Holz und Leder verarbeitende Industrie, die Papier-, die Glas-, die Weberei- und die Bekleidungsindustrie. In diesem Produktionszweig gibt es alle Typen der Auftragsvergabe, beginnend beim Einzelauftrag für Spezialerzeugnisse über Aufträge für kleine, mittlere und größere Stückzahlen (Klein- und Großserien typisierter Erzeugnisse) bis zur Massenfertigung (Automobilbau mit als kostengünstig angesehenen Stückzahlen z. B. in der Größenordnung von 1000 Stück pro Tag und Werk).

Im weitesten Sinne könnte man z. B. unter „*Veredelung*" jede Stufe bezeichnen, die ein Erzeugnis auf dem Weg vom Urprodukt zum Endprodukt durchläuft. Unter „Veredelungsindustrie" wird im engeren Sinne eine spezielle Ausprägung der Fertigungsindustrie verstanden. Während die Fertigungsindustrie im Allgemeinen die für die Herstellung erforderlichen Materialien und Vorfabrikate käuflich erwirbt und die fertigen Erzeugnisse am Markt absetzt, führt die Veredelungsindustrie (z. B. Färberei- und Bleichindustrie) Lohnaufträge an Fabrikaten aus, die im Eigentum des Bestellers verbleiben und von diesem als veredelte Produkte vertrieben werden (im Umsatzsteuerrecht auch als „Lohnveredelung" bezeichnet). Am Beispiel der Veredelung wird deutlich, dass eine umfassende wirtschaftliche Interpretation von Produktionsprozessen nicht bei der Untersuchung der (technischen) Transformationsprozesse stehen bleiben darf. Obwohl die Eigentumsverhältnisse bezüglich der Produktionsfaktoren und Produkte für die Planung, Steuerung und Überwachung des Transformationsprozesses keine Rolle spielen, sind sie entscheidend für die Definition des Produkts und damit der am Absatzmarkt gegen Entgelt zur Verfügung gestellten Leistung: Im Fall der Veredelung besteht die ausgetauschte Marktleistung lediglich in der Eigenschaftsveränderung der vom Kunden zur Verfügung gestellten materiellen Objekte, im Fall Fertigung schließt die Marktleistung die Eigentumsübertragung an den Objekten ein. Offensichtlich sind die Austauschbeziehungen zwischen den beteiligten Marktpartnern (Interaktionen)[2] für eine produktionswirtschaftliche Würdigung von Bedeutung

Als Beispiel der *Montageindustrie* diene die Bauindustrie mit ihrer Baustellenfertigung. Ihre Erzeugnisse sind Hoch- und Tiefbauten. Letztere sind ausnahmslos, erstere bis auf serienmäßig hergestellte, typisierte Wohnhäuser individuelle Sondererzeugnisse für Einzelkunden. Mit Ausnahme der fabrikmäßig hergestellten Teilerzeugnisse findet die Herstellung am Aufstellungsort statt. Die fabrikmäßige Herstellung von Teilerzeugnissen gehört zum Gebiet der Fertigung. Reine Zusammenbaubetriebe gibt es auch in anderen Industriezweigen, z. B. in der Fabrikation von Fahrrädern („Kellerfabriken"). Handelt es sich wie hierbei um serienmäßig hergestellte typisierte Erzeugnisse, so findet in der Regel die Erzeugung nicht am Verwendungsort, sondern am Standort des Produzenten statt (Ausnahme: Aufstellung und Erprobung von Großmaschinen beim Abnehmer).

Um die produktionswirtschaftlichen Zusammenhänge besser würdigen zu können, ist es zweckmäßig, sich einige Größenordnungen zu eigen zu machen, wobei die Industrie als wichtigster Bereich der produzierenden Wirtschaft im Vordergrund stehen soll.[3]

Die deutsche Industrie (verarbeitendes Gewerbe) zählt gegenwärtig rund 47.000 Betriebe. Diese beschäftigen 5,9 Mio. Personen und erzielen einen Umsatz von 1,5 Billionen €, das sind 252.000 € pro Kopf und Jahr. Die großen Industriebranchen sind Maschinen- und Anlagenbau, Elektrotechnik und Elektronik, Straßenfahrzeugbau, Ernährungsgewerbe und die Chemieindustrie. Fast 98 % aller Unternehmen beschäftigen weniger als 500 Mitarbeiter, sind daher als klei-

---

2 Mit „Interaktionen" werden Aktivitäten bezeichnet, bei denen materielle oder immaterielle Objekte zwischen Wirtschaftseinheiten ausgetauscht werden, während sich die mit „Transformationen" bezeichneten Aktivitäten durch eine qualitative, räumliche oder zeitliche Veränderung von Objekten auszeichnen (vgl. Dyckhoff (2003), S. 2 f.).

3 Zahlenangaben sind der jährlich erscheinenden Übersicht „Deutschland in Zahlen", Hrsg.: Institut der deutschen Wirtschaft, Köln, bzw. den Veröffentlichungen des Statistischen Bundesamtes zu entnehmen.

ne oder mittlere Unternehmen zu bezeichnen, die 41,6 % der industriellen Arbeitsplätze bereit stellen und 33 % der Industrieumsätze erwirtschaften.

Für das Handwerk mit seinen 560.000 Betrieben ergeben sich andere Größenordnungen. Hier liegt der Umsatz mit ca. 70.000 € pro Kopf deutlich unter dem Industriewert. Auf den Handwerksbetrieb kommen im Schnitt etwa 11 Beschäftigte. Steigende Bedeutung zeigt der Dienstleistungssektor mit etwa 635.000 Beschäftigen und einem Jahresumsatz von über 600 Milliarden €. Nur ein Viertel dieser Unternehmen hat einen Umsatz von über 250.000 €. Diese Unternehmen beschäftigen aber 84 % der Mitarbeiter dieses Sektors und realisieren 94 % des Dienstleistungsumsatzes.

2. Entwicklung und Charakteristik der Industrie- und Produktionswirtschaftslehre

Die Industriebetriebslehre kann als Vorläuferin der Produktionswirtschaftslehre angesehen werden. Die Industriebetriebslehre als Spezielle Betriebswirtschaftslehre hat das Ziel, die Besonderheiten dieses Wirtschaftsbereiches zu untersuchen, darzustellen und zu lehren. Auf gleicher Gliederungsebene stehen die Speziellen Betriebswirtschaftslehren des Handels, der Banken, der Versicherungen, des Verkehrs und der Dienstleistungen.

Ältere Arbeiten aus dem frühen 18. Jahrhundert (Marperger, 1704) und spätere von Ludovici, Leuchs, Jung-Stilling, v. Justi, Emminghaus u. a. stehen nur in loser Beziehung zu der neueren Industriebetriebslehre, die etwa zur Zeit der Veröffentlichung von E. Heidebroek[4] aus der Taufe gehoben wurde und bald eine explosionsartige Entwicklung nahm. Exemplarisch erwähnt sei das Werk von Hermann Funke[5]. Die Beschränkung auf den Maschinenbau und verwandte Industrien ist in vielen Produktionswirtschafts- und Industriebetriebslehren bis heute gängige Praxis, um die interessantesten Teilaspekte des Themas herauszustellen. Eines der herausragenden, klassischen Werke ist das von E. Gutenberg[6] (1951 in erster Auflage erschienen).

Die funktionale Abgrenzung spezieller Betriebswirtschaftslehren, wie hier mit dem Teilgebiet Produktion, war noch vor wenigen Jahrzehnten weniger gebräuchlich als die Abgrenzung nach Institutionen. Die Zweckmäßigkeit, ja Notwendigkeit, die Produktion als Funktion zusammenhängend abzuhandeln, wurde aber frühzeitig erkannt.[7]

Die Industriebetriebslehre ebenso wie die Produktionswirtschaftslehre ist teils theoretische, teils angewandte Wissenschaft. Theoretische Wissenschaft ist sie insoweit, als sie die Erforschung von Erfahrungstatsachen und -zusammenhängen zur Ableitung von Gesetzmäßigkeiten und zu Optimabestimmungen betreibt. Sie ist insoweit eine angewandte Wissenschaft, als sie die Ergebnisse der theoretischen Forschung auf praktische Anwendungsmöglichkeiten hin entwickelt, um der Praxis Entscheidungsregeln, Verfahrensweisen, Formeln und vielleicht auch „Rezepte" zur Verfügung zu stellen. Theoretische und angewandte Wissenschaft stehen in enger Wechselbeziehung und sind praktisch nicht zu trennen, denn die Wissenschaft ist auf Rückmeldungen aus der Praxis angewiesen.

---

4 Siehe Heidebroek (1923).
5 Siehe Funke (1957).
6 Siehe Gutenberg (1983).
7 Vgl. z. B. Prion (1935), S. 156.

KAPITEL A — Einführung
Teil I

In der Industriebetriebslehre hat das „*Industrielle Rechnungswesen*" – die Buchhaltung und Bilanz, Kosten- und Leistungsrechnung, Statistik und Planung (mit den Daten des Rechnungswesens) – stets eine bedeutende Stellung eingenommen. Knüpft man an die Beschreibung des Betriebes als eines Systems an, und erklärt man die Wirkzusammenhänge als einen Austausch von Informationen und Leistungen innerhalb des Unternehmens und mit der Umwelt, wobei der Informationsaustausch primär der Überwachung und Steuerung (analog dem kybernetischen Begriff „Regelung") des Leistungsprozesses dient, so erkennt man leicht die Bedeutung des Rechnungswesens als eines wesentlichen Teils des Informations- bzw. Berichtswesens.

Das *Informations-* oder *Berichtswesen* geht über den Rahmen des Rechnungswesens hinaus; es umfasst alle Einrichtungen, Vorgänge und Maßnahmen zur Erarbeitung, Speicherung, Übertragung, Verarbeitung und Auswertung von Informationen, die der Regelungsprozess erfordert. Die grundlegende Problematik besteht in der Auseinandersetzung mit dem zweckgerechten Informationsaustausch zur Überwachung und Steuerung des Betriebes. Für die Produktionswirtschaftslehre gilt das in den Grenzen des Funktionsbereichs Produktion (einschließlich der angrenzenden Funktionen). Dabei tritt allerdings die Bedeutung von Buchhaltung und Bilanz zurück gegenüber der Kosten- und Leistungsrechnung und der Erfassung und Verarbeitung aller erforderlichen Daten zur Überwachung und Steuerung der Produktion (Betriebsdatenerfassung und -verarbeitung). Die Betriebsdaten gehören nur teilweise zum Rechnungswesen; nicht dazu gehört z. B. eine Ausschussstatistik in technischen Einheiten (Anzahl, Gewicht, Fläche, Rauminhalt usw.).

Die neuere Konzeption des Gesamtgebäudes der Wissenschaften geht davon aus, dass sich die einzelnen Teilgebiete nicht scharf voneinander trennen lassen, sich vielmehr überschneiden, und dass diese Überschneidungen im Sinne einer ganzheitlichen Sicht notwendig, ja erwünscht sind. Grundlagen-, Grenz- und Überschneidungsgebiete der Industriebetriebslehre und der Produktionswirtschaftslehre sind:

- Technik, einschließlich Informations- und Kommunikationstechnik, Arbeitswissenschaft,
- Mathematik, insbesondere Statistik und Optimierungsrechnung (Operations Research), die wesentliches methodisches Rüstzeug liefern,
- Soziologie, Psychologie, Recht, z. B. Arbeits-, Patent- und Umweltrecht,

und selbstverständlich das gesamte übrige Gebiet der Betriebswirtschaftslehre und auch die Volkswirtschaftslehre.

Mit der Technik, vor allem mit der Fertigungstechnik, ist die Produktionswirtschaftslehre besonders eng verknüpft; sie kann als Synthese technischen und wirtschaftlichen Denkens angesehen werden und ist deshalb auch ein bevorzugtes Lehr- und Lerngebiet für Wirtschaftsingenieure.

KONTROLLFRAGEN

(1) Inwiefern lässt sich „Produktion" als Kombinations- bzw. Transformationsprozess begreifen?

(2) Anhand welcher Kriterien lassen sich industrielle und handwerkliche Produktion abgrenzen?

(3) Welche Beispiele können für die Abgrenzung spezieller Betriebswirtschaftslehren nach Institutionen einerseits und Funktionen andererseits angeführt werden?

II. Ziele produktionswirtschaftlicher Betätigung

1. Ziele des Betriebes und seiner Anspruchsgruppen

In der arbeitsteiligen Marktwirtschaft arbeitet der Produzent für die Bedarfsdeckung fremder Wirtschaften. Er tauscht für seine Leistung Geld ein zur Beschaffung der produktiven Faktoren und zur Erzielung von Gewinn zwecks Sicherung der Existenz. Aufgrund des in der Marktwirtschaft bestehenden Autonomieprinzips können die Unternehmen Art und Umfang der Produktion selbstständig festlegen. Obwohl die in dem Produktionsprozess erbrachte Leistung, d. h. das *Sachziel* des Betriebes, volkswirtschaftlich gesehen den eigentlichen Zweck, nämlich den Beitrag des einzelnen Betriebes zur Deckung des Bedarfs darstellt, ist die Erbringung der Leistung betriebswirtschaftlich als abgeleitete Zielsetzung anzusehen, der das primäre *Formalziel* der Gewinnerzielung vorgelagert ist. Eine wesentliche Voraussetzung zur Erzielung der erstrebten Gewinne ist normalerweise das Bemühen, das Verhältnis zwischen dem Einsatz an produktiven Faktoren einerseits und der Leistung andererseits so günstig wie möglich zu gestalten, also im Regelfall nach dem Prinzip der Wirtschaftlichkeit zu handeln.

Betriebswirtschaftliche Modellvorstellungen gehen häufig von der aus der Nationalökonomie überlieferten Zielsetzung der „Gewinnmaximierung" aus. Das Prinzip der *Gewinnmaximierung* unterstellt, dass der Unternehmer in der freien Marktwirtschaft allein und um jeden Preis bestrebt sei, einen möglichst hohen Gewinn zu erwirtschaften. Diese Annahme ist für einige theoretische Betrachtungen zweckmäßig, indem sie alle anderen Aktions- bzw. Entscheidungsmotive der Unternehmer ausblendet, die Annäherung an das Ziel mit einer einfachen Größe (Geldeinheit im Zeitabschnitt) messbar macht, die Anwendung bestimmter mathematischer Kalküle und Prognosen des unternehmerischen Verhaltens ermöglicht. Das Ziel lautet: „Mache die Differenz zwischen Erträgen und Aufwendungen so groß wie möglich!" Gegen diese Vereinfachung ist eine Reihe von *Einwänden* erhoben worden, insbesondere wird argumentiert:

(1) Der Gewinn habe nur *in Beziehung zu dem eingesetzten Kapital* einen Aussagewert; es komme darauf an, eine möglichst hohe Verzinsung des Kapitals (Rentabilität) zu erreichen. Dabei ist die *Eigenkapital*rentabilität

$$r_e = \frac{Gewinn}{Eigenkapital} \cdot 100 \, (\% \, p.a.)$$

zu unterscheiden von der *Gesamtkapital*rentabilität

$$r_g = \frac{Gewinn + Fremdkapitalzins}{Gesamtkapital} \cdot 100 \, (\% \, p.a.)$$

Bei der Gesamtkapitalrentabilität ist der Fremdkapitalzins als Ertrag des Fremdkapitaleinsatzes dem Gewinn zuzurechnen.

(2) Die *Länge des Betrachtungszeitraums*, für den eine Maximierung des Gewinns (bzw. der Rentabilität) erstrebt wird, sei zu berücksichtigen, da Maßnahmen, die kurzfristig zu einer Gewinnerhöhung führen, langfristig Gewinn mindernd wirken können. So führt eine Quali-

KAPITEL A
Teil II

Einführung

tätsverschlechterung der Erzeugnisse durch Verarbeitung billiger, minderwertiger Rohstoffe kurzfristig vielleicht zu einer Erhöhung des Gewinns; langfristig wird aber eine negative Tendenz ausgelöst, da die Abnehmer verärgert werden. Andererseits können kurzfristig Gewinn mindernde Maßnahmen langfristig die Gewinnlage verbessern, ja Voraussetzung der Gewinnsicherung sein. So macht sich die zunächst Gewinn mindernde Forschung und Entwicklung erst bezahlt, wenn Ergebnisse vorliegen und verwirklicht werden können, was – bezogen auf ein bestimmtes Objekt – mehrere Jahrzehnte dauern kann. Ohne ausreichende Forschungs- und Entwicklungsaktivitäten ist aber ein Produktionsbetrieb auf längere Sicht nicht existenzfähig. Aus diesen Gründen erweiterte man die Forderung der Gewinnmaximierung auf „langfristige Gewinnmaximierung".

(3) Man bezeichnete die Annahme einer einheitlichen Zielsetzung im Unternehmen als eine grobe Vereinfachung und deshalb als unrealistisch. Die Praxis zeige doch deutlich, dass *zahlreiche andere Ziele*, wie Sicherung der Arbeitsplätze, Sicherung der Liquidität (Zahlungsbereitschaft) und Restriktionen wie Maßnahmen zum Umweltschutz, zu berücksichtigen seien, ja das Gewinnziel sogar verdrängen könnten. Auch sei die Sicherung des Unternehmens, die Stärkung seiner Wettbewerbsfähigkeit oft bedeutsamer als die Erzielung von Spitzengewinnen. Das letztgenannte Argument führt wieder zu der langfristigen Betrachtung zurück, da schließlich „Sicherung" nicht Selbstzweck ist, sondern als Sicherung der Gewinnerzielung aufgefasst werden kann.

Aus dem dritten Einwand ergibt sich die Frage nach der *tatsächlichen* Zielsetzung im Unterschied zu der Modell-Zielsetzung der Betriebe. Die Beantwortung dieser Frage ermöglicht ein Urteil über die Wirklichkeitsnähe der Modellaussage „Gewinnmaximierung". Die tatsächliche Zielsetzung ist im Unterschied zu derartigen Modellzielen die Resultierende aller wirkenden Kräfte in einem Betrieb, soweit sie einen tatsächlichen Einfluss auf Entscheidungen und Handlungen haben. Eine korrekte Aussage ist nur für den Einzelfall möglich, einiges lässt sich jedoch auch allgemein feststellen.

Man kann sich – zunächst ohne Rücksicht auf die Praktikabilität dieses Verfahrens – die Ermittlung der wirklichen Ziele so vorstellen, dass die „Richtung" der tatsächlichen Handlungsweisen, die im Betrieb zu beobachten sind, extrapoliert werden, um damit festzustellen, welchen Zielen diese Handlungsweisen zustreben. Es ist ohne weiteres einzusehen, dass man mit so vielen Einzelzielsetzungen im Betrieb zu rechnen hat, wie es Personen oder Personengruppen inner- und außerhalb des Betriebs gibt, die das Geschehen wirksam zu beeinflussen vermögen. Freilich richtet sich die Chance zur Verwirklichung der Ziele nach den Möglichkeiten, die eigenen Ideen offen oder verdeckt durchzusetzen, z. B. danach, wieweit die Erreichung der eigenen Ziele durch gesetzliche oder satzungsmäßige Bestimmungen unterstützt oder gehemmt wird. Zu beachten ist in diesem Zusammenhang, dass die Bestrebungen der verschiedenen Personen und Personengruppen wiederum von Modellvorstellungen geleitet werden können. Setzt sich z. B. eine bestimmte Art der Investitionsrechnung mit dem Ziel maximaler Rentabilität bei gegebenem Kapital im Betrieb durch und wird diese Art von den handelnden Personen anerkannt, so wirken die Modellzielsetzungen zurück auf diese Personen. Daraus ergibt sich: Die tatsächlichen Ziele sind nicht nur Ausgangspunkte für die Festlegung von Modellzielen, sondern es wirken sich auch umgekehrt die Modellziele auf die tatsächlichen Ziele aus.

Strebt man eine konkretere überbetriebliche Aussage über die tatsächlichen Ziele an, so bietet sich der Weg an, eine gewisse Gruppierung der im und mit dem Betrieb wirkenden Personen und Personengruppen vorzunehmen und aus ihren „Rollen" die speziellen Interessen und damit typische Einzelziele abzuleiten. Für eine Analyse der Interessen aller am wirtschaftlichen Geschehen eines Betriebes beteiligten Personen und Personengruppen (Stakeholder) lässt sich das folgende Gliederungsschema zugrunde legen:

(1) Die *Kapitalgeber*, die dem Betrieb finanzielle Mittel als Eigenkapital (z. B. Aktienkapital) oder als Fremdkapital (z. B. Obligationen, Darlehen) zur Verfügung stellen.

(2) Die *Beschäftigten* oder Mitarbeiter des Betriebes, die wieder in zwei Untergruppen zu unterteilen sind:

   a) Beschäftigte, die Arbeitgeberfunktionen wahrnehmen, obwohl sie dem Betrieb nicht notwendigerweise eigene Kapitalanteile zur Verfügung stellen (z. B. die angestellten Geschäftsführer einer Gesellschaft mit beschränkter Haftung),

   b) die Arbeitnehmer im engeren Sinn, die in einem gewissen Abhängigkeitsverhältnis zu der ersten Gruppe stehen.

(3) Eine weitere Gruppe ist die der *Lieferanten* von Waren und Dienstleistungen. Im Einzelfall können Lieferanten eng an den Produktionsbetrieb gebunden sein. Einige Methoden der Produktionskostensenkung beruhen auf der exakten Terminierung der Anlieferung, um Lagerbestände zu senken oder zu vermeiden. Bei der Qualitätssicherung ist die enge Verbindung mit den Lieferanten unabdingbar. Die Existenz einer großen Zahl mittelständischer Betriebe hängt von den Eigenerstellungs- bzw. Fremdleistungs-Entscheidungen der Großbetriebe ab.

(4) Die vierte Gruppe umfasst die Abnehmer oder *Kunden*. Die Abhängigkeit der Abnehmer vom Betrieb bzw. der Betriebe von ihren Abnehmern richtet sich danach, wieweit Verkäufer oder Käufer das Geschehen auf dem Markt bestimmen (Verkäufer- oder Käufermarkt).

(5) Die fünfte Gruppe ist schließlich die *Öffentlichkeit* schlechthin, wobei diese Gruppe, je nach Lage des Einzelfalls, in Untergruppen mit verschiedener Interessenrichtung gegliedert werden muss (z. B. Staat, Gemeinden, Bürgerinitiativen usw.).

Es stört den Aussagewert dieses Gliederungsschemas nicht, dass eine Person oder Interessengruppe mehrere Rollen gegenüber dem Betrieb innehaben kann. So kann ein Beschäftigter zugleich Abnehmer sein; er ist stets zugleich ein Teil der Öffentlichkeit und damit an der Bildung der öffentlichen Meinung beteiligt.

Welche Erwartungen können den einzelnen Gruppen aufgrund ihrer Rollen im Betrieb (Eigenkapitalgeber, Beschäftigte) oder gegenüber dem Betrieb (Gläubiger, Lieferanten, Kunden, Öffentlichkeit) unterstellt werden?

Die *Kapitalgeber* (Eigenkapitalgeber und Gläubiger) erwarten, dass ihr Geld sicher angelegt wird und dass eine Rentabilität erreicht wird, die ihren Zielvorstellungen und den gegebenen Möglichkeiten entspricht. Zwischen den verschiedenen Kapitalgebern bestehen Unterschiede erstens in der Bereitwilligkeit, das betriebliche Risiko mit zu tragen (Eigen- und Fremdkapital) und zweitens in der gewünschten Bindungsdauer (kurz- und langfristiges Kapital). So haben die Gesellschafter einer GmbH normalerweise ein mehr auf die langfristige Entwicklung gerichtetes Interesse an der Gesellschaft als Gläubiger, die ein kurzfristiges Darlehen gegeben haben. Aufgrund dieser unterschiedlichen Interessen ergibt sich eine unterschiedliche Bereitwilligkeit, im

Interesse langfristiger Zielsetzungen auf die kurzfristige Realisierung eigener Ziele ganz oder zum Teil zu verzichten.

Die *Mitarbeiter* erwarten ein angemessenes Entgelt, gute Arbeitsbedingungen, Anerkennung, Aufstiegsmöglichkeiten und Sicherheit ihres Arbeitsplatzes, kurz das, was man mit „humanen Arbeitsbedingungen" charakterisiert. Die Einhaltung ergonomischer Forderungen ist dabei fast schon zur Selbstverständlichkeit geworden. Auch hier ist wieder die Bindung (im Sinne einer persönlichen Verbundenheit und Interessenübereinstimmung) an den Betrieb unterschiedlich. Mitarbeiter, die bereits längere Zeit einem Unternehmen angehören, fühlen sich in der Regel stärker gebunden als Personen, die erst kurze Zeit im Betrieb tätig sind. Auch das Lebensalter ist schon im Hinblick auf die Möglichkeiten eines Stellungswechsels bedeutsam. Daraus ergeben sich unterschiedliche „Leidensgrenzen". Das bedeutet nichts anderes, als dass auch hier eine unterschiedliche Bereitwilligkeit vorliegt, kurzfristig auf die Durchsetzung persönlicher Zielsetzungen zu verzichten, um den langfristigen Zielen des Betriebes zu dienen.

Die *Gewerkschaften* und der *Betriebsrat* sind als Träger von Arbeitnehmerinteressen anzusehen. Sie haben aber auch ein Eigeninteresse, das sich von dem der Mitarbeiter des einzelnen Betriebes unter Umständen unterscheiden kann (Prinzipal-Agent-Problem).

Die Beschäftigten mit Arbeitgeberfunktion – die *leitenden Angestellten* – haben, da auf ihre Tätigkeit in besonderem Maße der Erfolg zurückgeführt wird, ein besonders starkes Interesse am Schicksal des Betriebes, was durch eine Gewinnbeteiligung gefördert werden kann. Oft wird die Bindung zum Betrieb bewusst so eng gestaltet, dass der private Lebensbereich ohne scharfe Trennung in den betrieblichen Bereich übergeht. Firmenwagen, Firmenhäuser der Direktoren und andere Gehaltssurrogate zeigen diese Verschmelzung. Mit solchen Anreizen soll die Kapitaleigner-Manager-Beziehung als einer typischen Prinzipal-Agent-Relation so gestaltet werden, dass die leitenden Angestellten möglichst keine eigenen Ziele zu Lasten der Eigentümer verfolgen.

Die *Lieferanten* wollen ihren Absatz sichern und an dem Wachstum des von ihnen belieferten Betriebes durch steigende Lieferungen teilhaben. Sie erwarten pünktliche Bezahlung und Erlöse, die ihnen Kostendeckung und einen angemessenen Gewinn auf lange Sicht sichern. Auch die Gruppe der Lieferanten kann man nach der Fristigkeit ihrer Erwartungen gliedern. So kann man zwischen Lieferanten unterscheiden, die gelegentlich diese Rolle gegenüber dem Betrieb einnehmen und Lieferanten, die in ihrer Absatzplanung dem belieferten Betrieb auf längere Sicht eine bedeutende Stelle einräumen. Im Fall der langfristigen Lieferanten-Abnehmer-Beziehungen werden die zugehörigen Material-, Informations- und Finanzströme zunehmend unternehmensübergreifend im Sinne einer Supply Chain gestaltet, um für die Beteiligten Vorteile in Form von Zeitverkürzungen, Kosteneinsparungen und Leistungsverbesserungen, etwa bei der Servicequalität, zu erreichen.

Das für die Lieferanten Gesagte gilt sinngemäß für die *Kunden* des Betriebes. Die Abnehmer erwarten, dass ihnen innerhalb ihrer Preisvorstellungen Leistungen zum erwarteten Termin in der gewünschten Qualität bei entsprechendem Service geboten werden. Auch hier kann wieder unterschieden werden zwischen Abnehmern, die für relativ kurze Zeitabschnitte mit dem Betrieb in Geschäftsverbindung treten, und Abnehmern, die eine langfristige Geschäftsbeziehung eingegangen sind. Der produktionswirtschaftlich bedeutsame Sachverhalt, dass der Kunde an der Leistungserstellung des Betriebs mehr oder minder intensiv mitwirkt, sodass Nachfrager und

Anbieter eine Leistung kooperativ erstellen, wird als „Kundenintegration", „Customer Integration" oder „Integrativität" bezeichnet.[8] Das Phänomen der Kundenintegration verdeutlicht, dass Lieferant und Abnehmer nicht nur die Rolle von Marktpartnern im Sinne der oben hervorgehobenen Interaktionsprozesse spielen, sondern auch Wertschöpfungspartner in gemeinsam abzuwickelnden Transformationsprozessen sind.[9]

Von der in der Übersicht an letzter Stelle genannten Gruppe der *Öffentlichkeit* ist insbesondere der *Staat* zu nennen. Der Staat sieht in dem Betrieb ein Element der gesamten Volkswirtschaft, das zum Sozialprodukt sowie zur Schaffung von Arbeitsplätzen beiträgt und sich als Steuerzahler an der Deckung der Staatsausgaben beteiligt. Auf Gemeindeebene können sich darüber hinaus noch weitere Aufgaben im Sinne einer unmittelbaren, gestaltenden Mitwirkung am Leben der Gemeinde ergeben. Der Betrieb kann einen erheblichen Beitrag zur Deckung der Gemeindeausgaben leisten, z. B. über die Gewerbesteuer. Er kann einen erheblichen Teil der in der Gemeinde lebenden Personen beschäftigen. Er kann eine dominierende Stellung einnehmen, sodass die Gemeinde mehr von dem Betrieb als der Betrieb von der Gemeinde abhängig ist. Er kann aber auch wegen möglicher Umweltbelastung als Störer empfunden werden, was zu einem verschuldeten oder auch unverschuldeten Aufbau eines Feindbildes führen kann.

Wie und in welchem Umfang ein Unternehmen einerseits soziale Leistungen der Gesellschaft gegenüber erbringt (z. B. Umweltschutzmaßnahmen, Förderprogramme für benachteiligte Personenkreise etc.) und ihr andererseits soziale Lasten aufbürdet (z. B. gesundheitliche Beeinträchtigungen der Beschäftigten), versuchen *Sozialbilanzen* unter monetären, aber auch nicht-monetären Aspekten zu erfassen. Ein auf monetären Größen basierendes Element einer Sozialbilanz stellt die Quantifizierung des Beitrags dar, den der Produktionsbetrieb zum Nettoproduktionswert[10] seiner Branche bzw. zum Sozialprodukt leistet sowie der Ausweis, welche Anteile dieses erwirtschafteten Wertzuwachses auf welche Beteiligten entfallen. Dabei besitzt die Größe *Wertschöpfung* (GE/ZA) eine zentrale Stellung. Im Grunde wird hierunter ein erweiterter Erfolgssaldo der Gewinn- und Verlustrechnung verstanden. Die linke Seite einer Gewinn- und Verlustrechnung in Kontoform wird nicht wie üblich in Aufwand und Jahresüberschuss zerlegt, sondern in Vorleistungen – im Wesentlichen bestehend aus dem Materialeinsatz, bezogenen Dienstleistungen und Abschreibungen – und einen Saldo, der als Wertschöpfung bezeichnet wird. Dieser umfasst neben dem Gewinn die Personalaufwendungen und manchmal auch Zinsen und Steuern. Der Wertschöpfungsanalyse liegen zwei alternative Rechnungen zugrunde: Die Entstehungsrechnung (Subtraktionsmethode) und die Verwendungs-(Verteilungs-)Rechnung (Additionsmethode):

---

8 Vgl. hierzu Fließ (2001), S. IX, 16 f. und die dort angegebene Literatur.
9 Vgl. Seidenberg (2003), S. 22.
10 Nettoproduktionswert = Bruttoproduktionswert abzüglich der Kosten für Material, Energie, Handelswaren und Lohnarbeiten; Bruttoproduktionswert = Umsatz ± Bestandsveränderungen an Fertig- und Zwischenprodukten.

a) Entstehungsrechnung (Subtraktionsmethode):

Unternehmensleistung
./. Aufwendungen für Roh-, Hilfs- und Betriebsstoffe
./. bezogene Leistungen
./. Abschreibungen
./. sonstige Aufwendungen (nicht Personalaufwendungen)
Wertschöpfung

b) Verwendungsrechnung (Additionsmethode):

Löhne, Gehälter, Sozialleistungen (Mitarbeiter)
+ Steuern (Öffentliche Hand)
+ Fremdkapitalzinsen (Darlehensgeber)
+ Dividende/Entnahmen (Eigentümer)
+ Rücklagenzuführung (Unternehmen)
Wertschöpfung

Die Zielanalyse der betrieblichen Anspruchsgruppen zeigt *Interessenunterschiede* auf hinsichtlich

▶ der Fristigkeit der Bindung an den Betrieb, woraus eine unterschiedliche Bereitwilligkeit abzuleiten ist, kurzfristige Ziele im Interesse langfristiger Ziele zurücktreten zu lassen,

▶ der Intensität der Interessen in Abhängigkeit von der Bedeutung des Betriebes für den Einzelnen bzw. die Gruppe und umgekehrt,

▶ der rechtlichen, satzungsmäßigen und tatsächlichen Möglichkeiten, die eigenen Ziele gegebenenfalls gegen die Ziele anderer durchzusetzen.

Die Möglichkeiten, die Einzelziele zu realisieren, werden von Gesetzen und Satzungen, die den einzelnen Gruppen unterschiedliche Möglichkeiten des Einwirkens auf das Betriebsgeschehen eröffnen, vom Durchsetzungsvermögen der einzelnen Gruppen und Personen und von der Gunst der Lage bestimmt.

Eine einheitliche, eindimensionale Zielsetzung, die sich z. B. ausschließlich in Kostenminimierung oder der Steigerung des Unternehmenswertes ausdrückt, hat, das dürften die Ausführungen gezeigt haben, stets nur Modellcharakter. Insbesondere das Ziel „Gewinnmaximierung" ist im Modell nicht mehr als *eine* Grundlage für rationale Entscheidungen. Andere Ziele können als Nebenbedingungen formuliert werden. In einem konsistenten Zielsystem werden die verschiedenen Ziele nicht sukzessiv, sondern simultan – ausgerichtet auf ein Gesamt- oder Oberziel, zu dem die Einzelziele ihren Beitrag leisten – berücksichtigt. Auf diese Weise entsteht zwischen Ober- und Unterzielen eine Ziel-Mittel-Hierarchie.

2. Interne und externe Wirtschaftlichkeit

Im Produktionsbereich dient das *Wirtschaftlichkeitsprinzip* als vorrangiges Orientierungsziel. Das bedeutet, dass das Verhältnis von wertmäßiger Leistung L – als bewertetem Output – und Kosten K – als dem bewerteten Mengengerüst des Faktoreinsatzes – zu maximieren ist:

(1) Bei gegebenen Kosten ist die Wirtschaftlichkeit W maximal, wenn die größtmögliche Leistung hervorgebracht wird (Maximumversion des Wirtschaftlichkeitsprinzips):

$$W = \frac{L}{K} \quad \rightarrow \quad \text{Maximum für } K = \text{const.}$$

(2) Bei gegebener wertmäßiger Leistung maximieren die geringst möglichen Kosten die Wirtschaftlichkeit (Minimumversion des Wirtschaftlichkeitsprinzips):

$$W = \frac{L}{K} \quad \rightarrow \quad \text{Maximum für } L = \text{const.}$$

(3) Die Wirtschaftlichkeit ist in Abhängigkeit von der mengenmäßigen Leistung m zu maximieren:

$$W = \frac{L(m)}{K(m)} \quad \rightarrow \quad \text{Maximum}$$

Die Wirtschaftlichkeit erreicht dann ihr Maximum, wenn das Streckenlängen-Verhältnis $\frac{AC}{BC}$ (Abb. 2) maximal ist.

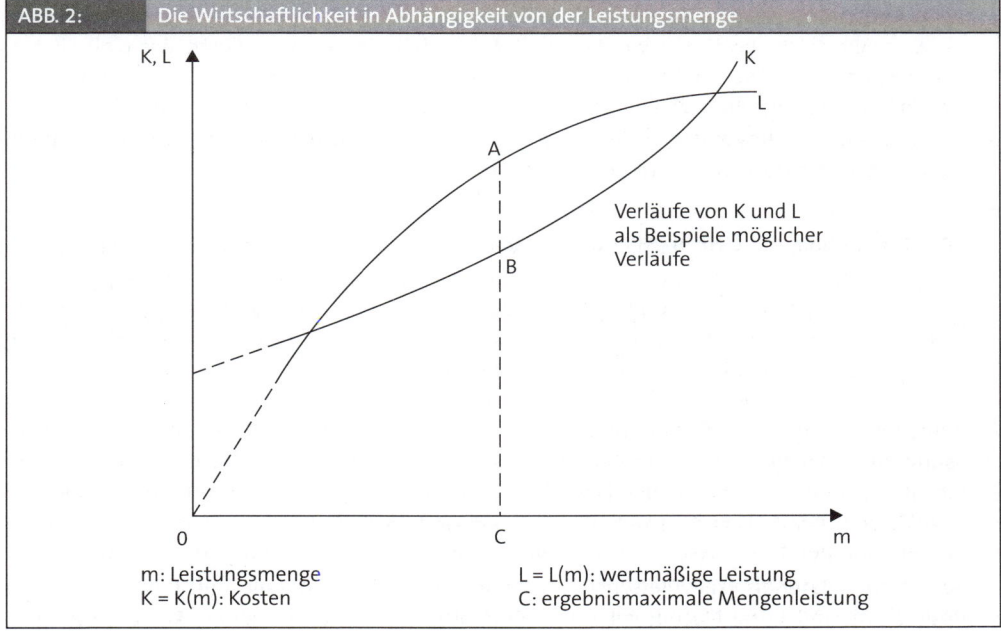

ABB. 2: Die Wirtschaftlichkeit in Abhängigkeit von der Leistungsmenge

m: Leistungsmenge
K = K(m): Kosten
L = L(m): wertmäßige Leistung
C: ergebnismaximale Mengenleistung

Werden die Forderungen (2) und (3) kombiniert, so stellt K die Minimalkostenkurve bei gegebener Leistung dar. Werden die Forderungen (1) und (3) kombiniert, so ist L die Kurve maximaler Leistung bei gegebenen Kosten.

(4) Will man die produktionswirtschaftlich wesentlichen Einflussfaktoren isolieren, also die Markteinflüsse auf der Leistungsseite ausschalten, so kann man die Wirtschaftlichkeit W als Verhältnis von Sollkosten S zu Istkosten K ausdrücken:

$$W = \frac{\text{Sollkosten}}{\text{Istkosten}} = \frac{S}{K}$$

Die Wirtschaftlichkeit ist dann ein Ausdruck der *technisch-organisatorischen Effizienz* der Produktion bei gegebener mengenmäßiger Leistung, d. h. die mengenmäßige Leistung wird mit Sollkosten und nicht mit Marktwerten bewertet. Die Höhe der ermittelten Wirtschaftlichkeit ist von der Höhe der Sollkosten und damit wiederum von dem Wirtschaftlichkeitsgrad abhängig, der bei der Ermittlung der Sollkosten zugrunde gelegt wurde. Es handelt sich also um eine „relative" Wirtschaftlichkeit. Praktisch sind die Sollgrößen zu konstruieren, indem man von der gegebenen oder angenommenen Betriebsgröße, den technischen Einrichtungen, dem unter bestimmten Bedingungen erreichbaren Leistungs- und Beschäftigungsgrad sowie von einem bestimmten Preisniveau der Produktionsfaktoren ausgeht und die Kosten zur Erreichung einer vorgegebenen Leistungsmenge errechnet. Sollkosten dieser Art sind also „konstruierte" Kosten, die unter bekannten Voraussetzungen – es muss insbesondere, zumindest implizit, ein gewisser Wirtschaftlichkeitsgrad zugrunde gelegt werden – bestimmt werden. Zweckmäßig ist es, eine Minimalkostenkombination anzunehmen, soweit eine solche bestimmt werden kann. Man erhält dann eine Aussage, wie weit die tatsächlichen Kosten den unter den gegebenen Bedingungen minimalen Kosten angenähert wurden. Zeitvergleiche auf dieser Basis können wertvolle Informationen darstellen. Soweit vergleichbare Bedingungen vorliegen, gilt das nicht nur für den Soll-Ist-Vergleich, sondern auch für den Vergleich verschiedener Betriebe, Werke oder Betriebsteile (Betriebsvergleiche).

Die hier definierte Wirtschaftlichkeit als Verhältnis von Soll- und Istkosten weist eine gewisse Ähnlichkeit mit dem aus den Ingenieurwissenschaften bekannten *Wirkungsgrad* auf. Bei einem technischen Wirkungsgrad handelt es sich um einen Quotienten, dessen Zähler die Nutzenergie als Prozess-Output und dessen Nenner die in dem Prozess eingesetzte Energie abbildet und insofern ein Maß für die Qualität des Prozesses bzw. technischen Aggregats darstellt. Die Analogie wird besonders augenfällig, wenn die Sollkosten nicht als unter günstigen Umständen zumindest theoretisch erreichbare Minimalkosten ($W \leq 1$), sondern als Idealkosten[11] festgelegt werden. Idealkosten bilden die Faktorverbräuche einer idealisierten Produktion ab, die dadurch gekennzeichnet ist, dass sämtliche überhaupt nur denkbaren „Unwirtschaftlichkeiten" eliminiert sind. Im Einzelnen lässt sich die idealisierte Produktion durch folgende Eigenschaften charakterisieren:[12] vollständige Nutzung des eingesetzten Materials (kein Verschnitt, Schwund usw.), keine Abfälle und Emissionen, kein Ausschuss und keine Nacharbeit, keine Prüfvorgänge, keine Rüstzeiten, keine Störungen, keine Lagerhaltung, keine Fehlmengen. Die unter Zugrundelegung dieser Bedingungen ermittelten Idealkosten sind praktisch niemals und theoretisch in der Regel nicht erreichbar ($W < 1$), besitzen jedoch den Vorteil eines absoluten Maßstabs.

---

[11] Vgl. zum Begriff und zur Vorgehensweise Letmathe (2002), S. 190 ff., der einen entsprechenden Kostenwirkungsgrad einführt.

[12] Vgl. Letmathe (2002), S. 147 f.

(5) Bewertet man die mengenmäßigen Leistungen mit Marktwerten (= Betriebsertrag E), dann lautet die Formel für die Wirtschaftlichkeit

$$W = \frac{\text{Betriebsertrag}}{\text{Istkosten}} = \frac{E}{K}.$$

Bei diesem Wirtschaftlichkeitsbegriff ist der Nachteil des technisch-organisatorischen Wirtschaftlichkeitsbegriffes – die Schwierigkeit bei der Festlegung der Sollkosten – ausgeschaltet; dafür wirken sich aber die Marktpreise der Leistungen auf die Wirtschaftlichkeits-Kennzahl aus.

(6) Für die Überwachung und Steuerung der Wirtschaftlichkeit des Betriebes ist es bedeutsam zu wissen, ob Wirtschaftlichkeitsänderungen innerbetrieblich oder außerbetrieblich bedingt sind. Unter diesem Gesichtspunkt scheint es zweckmäßig zu sein, die Wirtschaftlichkeit in eine betriebsinterne und eine betriebsexterne Komponente aufzuspalten:

$$W = \frac{\text{Sollkosten}}{\text{Istkosten}} \cdot \frac{\text{Betriebsertrag}}{\text{Sollkosten}} = \frac{S}{K} \cdot \frac{E}{S} = i \cdot e$$

i = interne Wirtschaftlichkeit
e = externe Wirtschaftlichkeit

Die Probleme bei der Festlegung der *Sollkosten* bestehen auch hier, die Höhe der Sollkosten wirkt sich aber nicht mehr auf die Gesamtwirtschaftlichkeit aus. Andererseits ist ersichtlich, ob Wirtschaftlichkeitsänderungen durch außerbetriebliche Faktoren – z. B. Preiserhöhungen oder -senkungen der Produkte – oder durch innerbetriebliche Faktoren, z. B. Erhöhungen oder Verminderung der Verbrauchsmengen zur Erbringung der vorgegebenen Leistungsmenge, verursacht worden sind. Allerdings kann die interne Wirtschaftlichkeit Markteinflüsse durch Preisänderungen der Produktionsfaktoren enthalten, wenn die Istkosten nicht auf der Basis von Plan-, sondern von Istpreisen ermittelt werden.

Die Gesamtwirtschaftlichkeit W kann wie folgt grafisch dargestellt werden (Abb. 3): In ein Koordinatensystem mit den Achsen i und e werden Kurven gleicher Wirtschaftlichkeit eingezeichnet. Anhand dieser Diagramme lassen sich Zeit-, Betriebs- und Soll-Ist-Vergleiche durchführen.

Wenn die Sollkosten als Minimalkosten vorgegeben werden, kann die betriebsinterne Wirtschaftlichkeit i den Wert von 1,0 nicht überschreiten. Werden die Sollkosten als Idealkosten angesetzt, kann i den Wert 1,0 nicht erreichen.

KAPITEL A
Teil II
Einführung

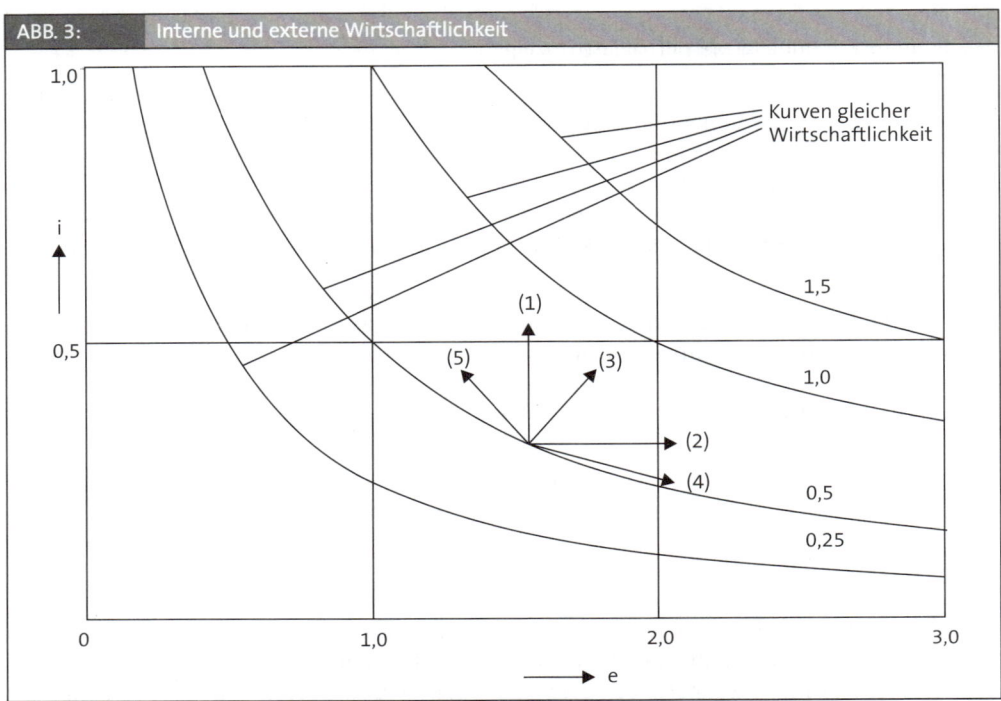

ABB. 3: Interne und externe Wirtschaftlichkeit

Es sei darauf hingewiesen, dass auch die im vorhergehenden Abschnitt definierte Kennzahl Rentabilität

$$r = \frac{\text{Gewinn}}{\text{Kapital}} \cdot 100\,\%$$

nach dem bekannten Du-Pont-Schema in ähnlicher Weise in Umsatzrentabilität und Häufigkeit des Kapitalumschlages zerlegt werden kann, um ihren Informationswert zu erhöhen. Hierzu werden Zähler und Nenner mit dem Umsatz multipliziert:

$$r = \frac{\text{Gewinn}}{\text{Umsatz}} \cdot \frac{\text{Umsatz}}{\text{Kapital}} \cdot 100\,\%$$

Auch in dieser Formel kann der Gewinn auf das Eigenkapital oder – dann zuzüglich Fremdkapitalzinsen – auf das Gesamtkapital bezogen werden. Während sich das Du-Pont-Schema normalerweise auf die Gesamtkapitalrentabilität bezieht, gipfelt ein vom Zentralverband der Elektro- und Elektronikindustrie (ZVEI) entwickeltes Kennzahlensystem in der Eigenkapitalrentabilität.[13]

3. Produktionswirtschaftliche Teilziele

Dem Streben nach Gewinn, Rentabilität und Wirtschaftlichkeit dienen einige, zumeist nicht-monetäre Teilziele, deren Erfüllung mehr oder weniger große Beiträge zu den genannten überge-

---

[13] Vgl. ZVEI (1989).

ordneten Zielen erbringen. Entsprechende Kennzahlen als Elemente eines Berichtssystems sind geeignet, die Erfüllungsgrade der Ziele anzuzeigen.

Vorrangig im Produktionsbereich ist das Bemühen um eine hohe *Produktivität*. Im Idealfall ist damit das Input-Output-Verhältnis in mengenmäßigen Größen – also nicht in Geldeinheiten bewertet – angesprochen. Eine Produktivitätskennzahl hat allgemein folgenden Aufbau:

$$\frac{\text{Leistungsmenge (in Stück, Gewichtseinheiten usw.)}}{\text{Faktoreinsatzmenge (Lohnstunden, Materialmengen usw.)}}$$

Da jedoch ohne einen gemeinsamen Nenner, wie ihn die Bewertung in Geldeinheiten verschafft, verschiedene Leistungen und verschiedene Einsatzfaktoren nicht addierbar sind, hilft man sich mit Teilaussagen, wie *Faktorproduktivitäten*:

Arbeitsproduktivität: $\quad\dfrac{\text{Leistungsmenge}}{\text{mengenmäßiger Arbeitseinsatz}}$

Betriebsmittelproduktivität: $\quad\dfrac{\text{Leistungsmenge}}{\text{mengenmäßiger Betriebsmitteleinsatz}}$

Materialeinsatzproduktivität: $\quad\dfrac{\text{Leistungsmenge}}{\text{mengenmäßiger Materialeinsatz}}$

Solche Kennzahlen werden insbesondere im Zeitvergleich verwendet, wobei sich Leistungen bzw. Einsatzfaktoren nicht qualitativ, sondern nur mengenmäßig verändern sollen. So wird z. B. der Fortschritt in der Montage eines bestimmten Automobiltyps ausgedrückt, indem man die Senkung der Arbeitsstunden pro Fahrzeug von 32 auf 25 ausweist. Meist werden bei dieser Art Angaben Zähler und Nenner der Kennzahl vertauscht, d. h. die entsprechenden Produktionskoeffizienten verwendet. Zu beachten bei diesem Vergleich ist, dass der Einfluss der anderen Produktionsfaktoren hierbei nicht ausgeschaltet ist. So kann der Produktivitätszuwachs auf erhöhtem Betriebsmitteleinsatz, auf besser handhabbaren Bauteilen oder mehreren Einflüssen beruhen. Keinesfalls darf also die Entwicklung in dem Beispiel isoliert auf eine Effizienzsteigerung des Faktors Arbeit zurückgeführt werden. Derartige Überlegungen sind bei Lohnverhandlungen auf der Basis nachgewiesener Fortschritte der Arbeitsproduktivität bedeutsam.

Weitere produktionswirtschaftliche Ziele, deren Erfüllungsgrad mit entsprechenden Kennzahlen belegt werden kann, beruhen auf Zeitgrößen:

▶ Termineinhaltung;

▶ kürzest mögliche Liefertermine;

▶ kürzest mögliche Durchlaufzeiten, insbesondere durch Vermeidung von Warte- und Liegezeiten;

▶ geringst mögliche Leerzeiten der Betriebsmittel, was dem Streben nach hoher Kapazitätsauslastung entspricht.

Die Ziele entwickeln sich z. T. gegenläufig. So ist eine hohe Kapazitätsauslastung tendenziell mit Warte- und Liegezeiten der Aufträge zu erkaufen. Andere Teilziele sind:

▶ Mengen- und Qualitätsziele: Geringer Ausschuss, wenig Reklamationen aufgrund von Qualitätsmängeln;

▶ das Streben nach Flexibilität, geringer Umweltbelastung, Vermeidung politischer Risiken (Streik, Eigentumsbeschränkung, Auflagen, Verbote).

Mengen- und Zeitziele stellen im Produktionsbereich in der Regel *Ersatzziele* für die monetären Zielgrößen dar, da der Zusammenhang zwischen Letzteren und den Steuerungsparametern, durch die sie beeinflusst werden können (z. B. Auftragsreihenfolge), nicht exakt bekannt ist.

Alle Teilziele leisten zwar nur einen Beitrag zu den übergeordneten Zielen; sie können im Einzelfall allerdings so bedeutsam sein, dass sie alle anderen Ziele verdrängen (Beispiel: Verzicht auf Errichtung einer Produktionsstätte in einem Land mit einem labilen Rechtssystem). Die hohen Lohn- und Lohnfolgekosten haben die Arbeitsproduktivität immer mehr in den Vordergrund gerückt.

KONTROLLFRAGEN

(1) Welche Einwände können gegen die Gewinnmaximierung als alleinige betriebliche Zielsetzung der Produktion erhoben werden?

(2) Wie kann die tatsächliche Zielsetzung eines Unternehmens abgeleitet werden?

(3) Was sagt das Wirtschaftlichkeitsprinzip aus?

(4) Wie kann die Kennzahl Wirtschaftlichkeit in eine betriebsinterne und eine -externe Komponente zerlegt werden, und was sagen die beiden Komponenten aus?

(5) Warum wird bei Errechnung der Gesamtkapitalrentabilität dem Gewinn der Fremdkapitalzins zugeschlagen?

(6) Wodurch unterscheiden sich Wirtschaftlichkeits- und Produktivitätskennzahlen?

III. Berichts- und Rechnungswesen im Produktionsbereich

1. Grundlagen

Bei der Behandlung der betriebswirtschaftlichen und wirtschaftlich-technischen Probleme der Produktion ist es unumgänglich, Begriffe des industriellen Rechnungswesens zu verwenden. Es erscheint deshalb zweckmäßig, einige grundlegende Erläuterungen an den Anfang zu stellen und Besonderheiten des Rechnungswesens im Produktionsbereich zu erläutern.

(1) Das Rechnungswesen ist ein Teil des betrieblichen Berichts- oder Informationswesens. Dieses umfasst den gesamten Informationsaustausch innerhalb des Betriebes und zwischen Betrieb und Umfeld sowie den Informationsbestand des Betriebes. Im Produktionsbereich gehören also etwa die Bestände an Stücklisten, Rezepturen und Arbeitsplänen ebenso dazu wie die gespeicherten Zeitvorgaben als Grundlage der Akkordentlohnung.

(2) Zweck des *Berichtswesens* (und damit auch des Rechnungswesens) ist es, Informationen zu erarbeiten, zu verarbeiten, zu speichern und auszuwerten für:

▶ die Unterrichtung nach außen zwecks Erfüllung gesetzlicher Vorschriften (z. B. Steuerbilanz zur Ermittlung der Steuerbemessungsgrundlage, Geschäftsbericht zur Unterrichtung der Aktionäre), zur Abrechnung mit Kunden, Lieferanten usw., zu sonstigen Zwecken wie der Meinungspflege usw.

▶ die betriebsinterne Verwendung zur Planung, zum Vollzug und zur Überwachung und Steuerung (= „Regelung") des Betriebsgeschehens (z. B. Kosten- und Leistungsrechnung für spezielle Entscheidungsunterlagen), zur Abrechnung mit Arbeitnehmern, zur Pflege des Betriebsklimas (z. 3. Werkzeitschrift)

▶ sonstige Unterrichtungszwecke (z. B. betriebliche Fortbildung).

(3) Das *Rechnungswesen* kann wie folgt gegliedert werden:

▶ die eher extern orientierte Geschäftsbuchhaltung mit Bilanz und Gewinn- und Verlust-(Erfolgs-)rechnung sowie Teile der Finanzplanung und -kontrolle; Adressaten: vorrangig die Eigen- und Fremdkapitalgeber und der Fiskus.

▶ die intern ausgerichtete Kosten- und Leistungs-(Erlös-)rechnung, die üblicherweise gegliedert ist in:

– Kostenartenrechnung,

– Kostenstellenrechnung,

– Kostenträgerrechnung,

– Leistungs-(Erlös-)rechnung,

– Ergebnisrechnung.

Ergänzt werden diese Rechnungssysteme durch die Betriebsstatistik (häufig in Form von Kennzahlensystemen), die Investitionsrechnung, das Planungs- und Budgetierungssystem einschließlich der entsprechenden Teile der Finanzplanung und -kontrolle. Diese Aufgaben werden verbunden mit dem internen Berichtssystem häufig von Controllingstellen wahrgenommen.

(4) Die Statistik und Planung nicht in Geldeinheiten ausgedrückter Größen (Personalstärke, Fluktuation, Kapazitätsauslastung, Materialverbrauch, Ausschuss, Durchlaufzeiten, Lagerbestände usw.) ergänzen das Rechnungswesen. Im Produktionsbereich werden Daten des Rechnungswesens häufig in Kennzahlen mit anderen Daten verbunden, z. B. Leistung pro Kopf der Belegschaft, Deckungsbeitrag je Zeiteinheit einer Engpassmaschine usw.

(5) Die einzelnen Zweige des Rechnungswesens arbeiten mit folgenden Begriffen:

▶ Einnahmen - Ausgaben = Einnahmen- bzw. Ausgabenüberschuss,

▶ Erträge - Aufwendungen = Erfolg (Gewinn bzw. Verlust),

▶ Leistungen - Kosten = (Betriebs-)Ergebnis.

Erläuterungen:

Einnahmen (€/ZA) sind Zugänge an Zahlungsmitteln (Bargeld, Giralgeld, Schecks, Wechsel).

Ausgaben (€/ZA) sind Abgänge von Zahlungsmitteln.

Die ersten beiden Begriffe gehören zur *Liquiditätsrechnung*. Eine weitere Differenzierung in Einzahlungen und Auszahlungen erübrigt sich für den produktionswirtschaftlichen Bereich. In der Praxis haben sich diese Unterscheidungen ohnehin nur wenig durchgesetzt.

Erträge (€/ZA) sind die dem Rechnungszeitabschnitt zugerechneten Werte der erbrachten Sachgüter und Dienstleistungen. Die Gliederung erfolgt nach Ertragsarten. Hier handelt es sich, ebenso wie bei dem folgenden Begriff, um Kategorien der Bilanzierung und Erfolgsrechnung.

Aufwendungen (= Aufwand) (€/ZA) sind die dem Rechnungszeitabschnitt zugerechneten Werte für den Verbrauch von Gütern und die Inanspruchnahme von Diensten. Die Gliederung erfolgt nach Aufwandsarten.

Entsprechend der handelsrechtlichen Gliederung der Gewinn- und Verlustrechnung setzt sich der Erfolg wie folgt zusammen: Jahresüberschuss bzw. Jahresfehlbetrag = Ergebnis der gewöhnlichen Geschäftstätigkeit + außerordentliches Ergebnis - Steuern; Überleitung zum Bilanzgewinn: Bilanzgewinn bzw. Bilanzverlust = Jahresüberschuss bzw. Jahresfehlbetrag ± Gewinnvortrag bzw. Verlustvortrag aus dem Vorjahr - Entnahmen aus Rücklagen + Einstellung in Gewinnrücklagen. Der Bilanzgewinn und der von diesem zu unterscheidende steuerliche Gewinnbegriff liegen außerhalb des engeren produktionswirtschaftlichen Begriffssystems.

Leistungen (€/ZA oder €/LE) sind Werte (und Mengen) der in Erfüllung des Betriebszweckes erstellten Güter und Dienste; sie werden gegliedert nach Leistungsarten.

Wert der Leistung (€/ZA) = Umsatzerlös + innerbetriebliche Leistung ± Bestandsänderung

Umsatzerlös = Wert der abgesetzten Leistung

Nettoerlös = Bruttoerlös abzüglich Erlösschmälerung

Kosten (€/ZA bzw. €/LE) sind Werte (und Mengen) der für die Leistungserstellung verbrauchten Güter und in Anspruch genommenen Dienste.

Kosten = Aufwand - neutraler Aufwand + kalkulatorische Kosten

Kosten und Leistungen sind die zentralen Begriffe der produktionswirtschaftlich bedeutsamen Kosten- und Leistungsrechnung.

(6) Die *Geschäftsbuchhaltung* erarbeitet insbesondere Informationen, die einen Einblick in die sachliche und finanzielle Struktur der Unternehmung und in Größe und Quellen des Geschäftserfolges (Bilanz und Gewinn- und Verlustrechnung) vermitteln. Weitere Aufgaben der Geschäftsbuchhaltung sind die Abrechnung (z. B. mit Kunden, Lieferanten, Belegschaftsmitgliedern) und die Erfüllung gesetzlicher Auflagen. Die grundlegende Gliederungssystematik der Buchhaltung ist der Kontenplan, der sich in der Industrie vorwiegend am so genannten Gemeinschaftskontenrahmen (GKR) orientiert. Der GKR genügte aufgrund der Entwicklungen im Bilanzrecht und – was für den Produktionsbereich insbesondere zu beachten ist – in der Kostenrechnung nicht mehr in vollem Umfang den Anforderungen. Es wurde deshalb der Industriekontenrahmen (IKR) entwickelt.

(7) Die *Kostenartenrechnung* informiert darüber, welche Kosten entstanden sind (z. B. Löhne, Gehälter, Mieten). Von Bedeutung im Produktionsbereich sind „zusammengesetzte" Kostenarten, welche insbesondere in Maschinenstunden-Verrechnungssätzen auftreten. Sie

setzen sich aus mehreren Kostenarten wie Zinsen, Abschreibungen, Instandhaltungs-, Energiekosten usw. zusammen und werden auf die Maschinen-Laufstunde bezogen.

Die *Kostenstellenrechnung* informiert darüber, wo, d. h. in welchen Bereichen des Betriebes (z. B. Fertigungsabteilung X, Entwicklungsabteilung, Werksverwaltung), die Kosten angefallen sind. Zur Durchführung der Kostenstellenrechnung bedient man sich in der Regel des Betriebsabrechnungsbogens (BAB), der auch grundlegende Informationen für die Kostenträgerrechnung liefert (z. B. Gemeinkostenzuschlagssätze).

Die *Kostenträgerrechnung* informiert, für welche Leistung in welcher Höhe je Einheit und je Periode die Kosten entstanden sind. Der Ermittlung der Kosten je Leistungseinheit dienen verschiedene Kalkulationsmethoden wie einfache und stufenweise Divisionskalkulation, Äquivalenzzahlenrechnung, Zuschlagskalkulation, Kuppelkalkulation.

Die *Leistungsrechnung* gliedert die Leistungen nach Arten (z. B. nach Produktgruppen) und stellt sie in der Ergebnisrechnung den Kosten gegenüber, um das Ergebnis für jede Produktgruppe (oder eine andere Untergliederung) und insgesamt auszuweisen.

(8) Die *Betriebsstatistik* dient dem Sammeln, Ordnen und Inbeziehungsetzen von zahlenmäßig ausdrückbaren Tatbeständen und Entwicklungen. Die Form der Betriebsstatistik kann ohne Rücksicht auf gesetzliche Vorschriften und Handelsbrauch ganz von den Auswertungszwecken her bestimmt werden.

(9) Die *Planung* setzt Ziele und Teilziele und legt Maßnahmen zur Erreichung dieser Ziele fest. Die Informationen als Resultat der Planung haben Vorgabecharakter. Die Planziele werden auf der Grundlage von Informationen mit Prognosecharakter vorgegeben. In dem Vergleich der Vorgaben und Prognosen mit dem „Ist" zur Ermittlung der Abweichungen, deren Analyse hinsichtlich der Ursachen sowie der Einleitung entsprechender Maßnahmen liegt der Kern der Überwachung und Steuerung (= „Regelung") des Betriebes und damit der Funktion Controlling. Für die Produktion ist die Plankostenrechnung, die Sollkosten vorgibt und die Abweichungen vom Ist nach Ursachengruppen aufspaltet, ein wichtiges Regelungsinstrument. Zur Planung im Produktionsbereich gehören weiterhin die Planung des Produktionsprogramms, der Materialbereitstellung, der Kapazitätsbelegung und der Produktionsabläufe. Der Einsatz von Produktionsplanungs- und -steuerungssystemen (PPS-Systemen) ist ein wesentlicher Teil der Produktionswirtschaft – wieder unter besonderer Berücksichtigung des Maschinenbaus und der ihm verwandten Produktionsbetriebe.

(10) Maßgebend für die Gestaltung des Rechnungswesens sind die *Gestaltungsprinzipien des Berichtswesens*. Die wichtigsten Prinzipien sind:

▶ Der Inhalt, die Zeitpunkte, Zeiträume und der Empfängerkreis der Berichterstattung sollen sich nach den Auswertungszwecken richten.

▶ Die Genauigkeit der Zahlenangaben soll sich nach dem Auswertungszweck und nicht nach der maximal möglichen Genauigkeit richten (z. B. Kostenrechnung in runden 100 €).

▶ Die Form der Informationsvermittlung soll dem Inhalt und der Bedeutung der vermittelten Informationen entsprechen und den Bedürfnissen der Empfänger angepasst sein, also z. B. elektronische Übermittlung statt Schriftform für Informationen auf Abruf.

KAPITEL A Einführung
Teil III

2. Ausgewählte Einzelheiten zu produktionswirtschaftlich wichtigen Teilen des konventionellen Rechnungswesens

2.1 Der Betriebsabrechnungsbogen

Der *Betriebsabrechnungsbogen* (BAB) ist das „klassische" Steuerungs- und Überwachungsinstrument der Kostenstellen in der Produktion. Schon zu Beginn der 1920er Jahre hat die Wirtschaftsgruppe VDMA (Maschinenbau) ein Verfahren entwickelt, um die Kostenarten-Kostenstellenrechnung außerhalb der Doppik in einem Betriebsabrechnungsbogen durchzuführen. Der BAB ist eine Matrix, deren Zeilen die (Gemein-)Kostenarten und deren Spalten die Kostenstellen (Orte der Kostenentstehung) enthalten. Die in den Kostenstellen direkt anfallenden Gemeinkosten werden als Kostenstellen-Einzelkosten, die für mehrere Kostenstellen gemeinsam anfallenden Gemeinkosten als Kostenstellen-Gemeinkosten bezeichnet. Letztere sind mit Hilfe von Schlüsselgrößen auf die Kostenstellen zu verrechnen. Das folgende schematisierte Beispiel möge den Aufbau und die Funktion des BAB verdeutlichen.

Aufgaben des BAB:

1. Verteilung der Gemeinkosten auf die Hauptkostenstellen (Verursachungsprinzip).
2. Überwachung und Steuerung der Kostenentwicklung in den Betriebsabteilungen (Kostenstellen).
3. Verrechnung innerbetrieblicher Leistungen.
4. Ermittlung der Zuschlagssätze für die Zuschlagskalkulation (Proportionalisierungsprinzip).

Technik des BAB (vgl. Abb. 4):

a) Die Summen der Gemeinkostenarten aus der Buchhaltung werden senkrecht untereinander gesetzt.
b) Die Schlüsselgrößen für die Kostenarten (Kostenartengruppen) werden angegeben.
c) „Im Kopf" schließen sich die allgemeinen, die Haupt- und Hilfs-Kostenstellen an. (Nebenkostenstellen sind im Beispiel nicht enthalten.)
d) Die Kostenarten werden entweder direkt nach Belegen (wie Lohn- und Gehaltslisten, Materialscheine) oder nach Maßgabe der Schlüsselgrößen auf die Kostenstellen verteilt.
e) Die Kosten der allgemeinen Kostenstellen werden mittels besonderer Schlüssel auf die Haupt- und Hilfskostenstellen umgelegt.
f) Bei der Verrechnung der innerbetrieblichen Leistungen von Kostenstelle zu Kostenstelle besteht das Problem, dass die gleichen Kostenstellen simultan mehrmals zu belasten und zu erkennen sind. Für die Lösung gibt es Computerprogramme.
g) Die Kosten der Hilfskostenstellen werden auf die Hauptkostenstellen umgelegt.
h) Den Gemeinkostensummen der einzelnen Hauptkostenstellen werden repräsentative Einzelkosten (unter Umständen auch Mengengrößen wie Stück, kg, m, usw.) gegenüber gestellt unter der Voraussetzung, dass ein linearer Zusammenhang zwischen dieser Einzelkostenart und den Gemeinkosten der Kostenstelle besteht (z. B. in Fertigungstellen die Fertigungslöhne, in Materialstellen die Materialkosten). Der Quotient

$$\frac{\text{Gemeinkosten der Kostenstelle}}{\text{Einzelkosten}} \cdot 100\,\%$$

ergibt den prozentualen Zuschlagsatz, der auf die Einzelkosten für die anteiligen Gemeinkosten in der Zuschlagskalkulation verrechnet wird.

ABB. 4:	Zahlenbeispiel zum Betriebsabrechnungsbogen (gerundete Werte; Vierteljahresrechnung)							
Kto. Nr.	Kostenstellen → Kostenarten ↓	Gesamt- betrag	Allgem. Bereich	Fertigung	Fertigungs- hilfsstelle	Material	Verwaltung u. Vertrieb
41	Hilfsstoffe	15 000	–	5 400	6 400	1 200	2 000
431	Hilfslöhne	65 500	–	22 200	28 300	4 600	10 400
439	Gehälter	90 000	10 000	40 000	12 000	8 000	20 000
44	Sozialkosten	32 000	2 800	12 600	8 000	3 600	5 000
460	Steuern	170 000	40 000	18 000	4 000	2 000	106 000
469	Versicherung	13 000	13 000	–	–	–	–
47	Verschiedene Kosten	148 000	7 000	65 000	30 000	14 000	32 000
480	Verbrauchsbedingte Abschreibung	70 000	5 000	38 000	16 000	6 000	5 000
481	Betriebsbed. Zinsen	43 000	11 000	22 000	6 000	1 000	3 000
482	Betriebsbed. Wagnisse	20 000	2 000	7 000	–	4 000	7 000
483	Unternehmerlohn	76 000	76 000	–	–	–	–
		742 500	166 800	230 200	110 700	44 400	190 400
	Umlage der KSt. „Allg. Bereich"			90 000	16 100	11 600	49 100
				320 200	126 800	56 000	239 500
	Umlage der Fertigungshilfsstelle			126 800			
	Effektive Gemeinkosten			447 000	–	56 000	239 500
	Zuschlagsbasis			368 000	–	217 000	1 088 000
	Effektiver Zuschlagssatz			121,47 %	–	25,8 %	22,01 %
	Verrechnete Gemeinkosten			48 500	–	5 960	21 000
	Kostenüber- bzw. -unterdeckung			+ 38 000	–	+ 3 600	-29 500

Einzellöhne = Basis für Fertigungs-Gemeinkosten
Einzelmaterial = Basis für Material-Gemeinkosten
Herstellkosten = Basis für Verwaltungs- und Vertriebs-Gemeinkosten

2.2 Kalkulationsmethoden

Die Aufgabe der Kalkulation besteht in der Ermittlung der Kosten je Leistungseinheit (€/LE). Es werden üblicherweise unterschieden:

- ▶ nach dem *Zeitpunkt der Rechnung*: Vor-, Zwischen-, Nachkalkulation
- ▶ nach der *Vollständigkeit der Kosten, die auf die Leistungseinheit bezogen werden*: Vollkostenrechnung, Teilkostenrechnung (z. B. Direct Costing)
- ▶ nach der *Verrechnung der Gemeinkosten*: Zuschlags-, Prozesskostenkalkulation

KAPITEL A — Einführung
Teil III

- nach der *Art der Kostenplanung*: Klassische Verfahren mittels Addition der entstehenden Plankosten; Zielkostenrechnung oder Target Costing mittels retrograder, vom gewünschten Zielpreis ausgehender Kostenplanung

Die „klassischen" Verfahren der Kalkulation seien in der folgenden Übersicht skizziert.

ABB. 5: Kalkulationsverfahren

Bezeichnung	Erläuterung	Anwendung
a) Einstufige Divisionskalkulation	Die Kosten K je Zeitabschnitt werden gesammelt und durch die Anzahl l der Leistungseinheiten, für welche die Kosten angefallen sind, geteilt: $$k\ (\text{€/LE}) = \frac{K\ (\text{€/ZA})}{l\ (\text{LE/ZA})}$$	Einproduktbetriebe oder Kostenstellen mit einem einheitlichen Erzeugnis, z. B. Zementfabrik
b) Mehrstufige Divisionskalkulation	Die Kosten werden von Stufe zu Stufe entsprechend den je Stufe bearbeiteten Mengen übertragen und durch Division auf die Leistungseinheiten jeder Stufe – wie unter a) – bezogen.	Vertikal gestaffelter Herstellungsprozess mit Zwischenlager, Verkauf oder Zukauf von Zwischenprodukten, z. B. Herstellung von Normfässern mit Verzinkerei, Lackiererei und Anbau von Armaturen.
c) Äquivalenzzahlenrechnung	Bei der Äquivalenzzahlenrechnung wird eine Sorte oder ein Typ des Produktionsprogramms als Basistyp angenommen. Man stellt dann das Kostenverhältnis der anderen Sorten bzw. Typen zur Basis fest und drückt dieses Verhältnis durch Zahlen der Kostenwertigkeit aus; diese Zahlen nennt man Äquivalenzzahlen. Die Kosten eines Zeitabschnitts werden dann – wie bei der Divisionskalkulation – durch die Leistung des Zeitabschnitts geteilt; nur wird hier als Leistung die Summe der so genannten Verhältniswertzahlen eingesetzt. Die Verhältniswertzahlen ergeben sich durch die Multiplikation der Stückzahl bzw. Menge je Sorte oder Typ mit der jeweiligen Äquivalenzzahl. Mit Hilfe der Verhältniszahlen werden die verschiedenen Leistungseinheiten auf den Basistyp umgerechnet und damit addierbar gemacht. Die Kosten der Einheit je Sorte oder Typ ergeben sich aus den – durch die Division ermittelten – Kosten des Basistyps multipliziert mit der jeweiligen Äquivalenzzahl.	Herstellung mehrerer ähnlicher Produkte mit verwandter Kostenstruktur, Sortenproduktion, z. B. Bierbrauerei, Glühlampenherstellung *Beachte:* Äquivalenzzahlen sind auch zur „Gleichnamigmachung" differenzierter Produkte für die Statistik, verschiedener Räume für die „Umlage" im BAB („Normalquadratmeter") usw. geeignet. Statt der Kostenrelation können auch technisch bedingte Relationen (z. B. Raumhöhe) gewählt werden. Manipulationsgefahr!

Bezeichnung	Erläuterung	Anwendung
d) Zuschlagskalkulation Weitere Gliederung: ▶ Betriebszuschlagskalkulation (einheitlicher Zuschlag für den Gesamtbetrieb) ▶ Kostenstellenzuschlagskalkulation (Zuschlag für Kostenstelle) Vgl. Beispiel (Abb. 6)	Es werden unterschieden solche Kosten, die primär auf den einzelnen Kostenträger bezogen erfasst werden (Einzelkosten) und solche, die nicht auf den Kostenträger bezogen erfasst werden (Gemeinkosten). Die „Verrechnung" der Gemeinkosten auf die Kostenträger erfolgt in der Weise, dass man die in einem Zeitabschnitt entstandenen Gemeinkosten zu bestimmten, im gleichen Zeitabschnitt angefallenen Einzelkosten ins Verhältnis setzt. In dem festgestellten Verhältnis werden der „Zuschlagsbasis" für jede einzelne Leistungseinheit anteilige Gemeinkosten (der „Gemeinkostenzuschlag") zugerechnet. An die Stelle der Kostenbasis (Einzellohn, Einzelmaterial, Summe aus Einzellohn und Einzelmaterial u. a.) können auch für die Leistungseinheit feststellbare ME (wie Stück, Gewicht, Volumen usw.) treten. Bei Anwendung von Kosten als Zuschlagsbasis wird der Gemeinkostenzuschlag in Prozenten der Basis ausgedrückt, bei Anwendung von Mengen in €/Maßeinheit, also z. B. €/Stück, €/kg, €/m³ usw.	Herstellung unterschiedlicher Produkte, z. B. Maschinenfabrik mit Einzelfertigung oder Kleinserienfertigung; Dienstleistungsbetriebe, Baubetriebe. In fast allen größeren Betrieben gibt es Bereiche, in denen die Zuschlagskalkulation sinnvoll anwendbar ist (z. B. Reparaturwerkstatt, Vorrichtungsbau). Mit zunehmender Mechanisierung und Automatisierung ist die Zuschlagskalkulation nur mit Maschinenstunden-Verrechnungssätzen ausreichend aussagefähig.

Weitere Methoden sind: Kuppelkalkulation, Kalkulation zu Grenzkosten und Kombinationen der skizzierten Methoden.

KAPITEL A — Einführung
Teil III

ABB. 6: Zahlenbeispiel zur Zuschlagskalkulation

Summarische Zuschlagskalkulation:

1	Fertigungsmaterial (x)	€	160
2	Fertigungslohn (x)	€	400
3	Summe Einzelkosten (1 + 2)	€	560
4	Gemeinkosten (160 % von 3) oder Geldbetrag pro Stück oder pro m, pro kg usw. oder X % von 1, 2	€	896
5	Selbstkosten (3 + 4)	€	1456

Grundform einer Zuschlagskalkulation auf der Grundlage des BAB:

1	Fertigungsmaterial (x)	€	160
2	Materialgemeinkosten (25 % von 1)	€	40
3	Materialkosten (1 + 2)	€	200
4	Fertigungslohn (x)	€	400
5	Fertigungsgemeinkosten (120 % von 4)	€	480
6	Fertigungskosten (4 + 5)*	€	880
7	Herstellkosten (3 + 6)	€	1080
8	Verwaltungsgemeinkosten (25 % von 7)	€	270
9	Vertriebsgemeinkosten (10 % von 7)	€	108
10	Verwaltungs- und Vertriebsgemeinkosten (8 + 9)**	€	378
11	Selbstkosten	€	1458

* Falls vorhanden zuzüglich Sondereinzelkosten der Fertigung (x)
** Falls vorhanden zuzüglich Sondereinzelkosten des Vertriebs (x)
(x) Diese Beträge werden „einzeln" mittels Beleg (Lohnscheinen, Materialscheinen usw.) erfasst.

Steigender Betriebsmitteleinsatz bewirkt eine laufende Steigerung der Gemeinkostenzuschlagssätze, soweit diese Maschinenkosten enthalten. Im Interesse einer genaueren Zurechnung behandelt man deshalb die Maschinenkosten wie Einzellöhne, indem man *Maschinenstunden-Verrechnungssätze* (MSV) ermittelt, den Maschineneinsatz stück- bzw. auftragsbezogen in Zeiteinheiten erfasst und entsprechend zurechnet.

Das Grundschema der MSV-Errechnung enthält folgende Positionen (einschließlich Maschinenbedienung):

a)	Kalkulatorische Abschreibungen (€/Jahr)	80.000
b)	Zinsen (p % auf halben Anschaffungswert, €/Jahr)	20.000
c)	Feste Instandhaltungskosten (€/Jahr)	12.400
d)	Sonstige feste Kosten (z. B. Raumkosten) (€/Jahr)	3.600
e)	Feste Maschinenkosten (a bis d) (€/Jahr)	116.000
f)	Laufzeit (Stunden/Jahr)	2.000
g)	Feste Kosten, verrechnet auf die Laufstunden (e : f) (€/Stunde)	58
h)	Proportionale Kosten (z. B. Energie) je Stunde Laufzeit (€/Stunde)	12
i)	Maschinenstunden-Verrechnungssatz (g + h) (€/Stunde)	70

Durch Indizierung (orientiert am Preisniveau) kann bei den Abschreibungen und Zinsen den Preissteigerungen der Betriebsmittel Rechnung getragen werden. Es ist ein wesentlicher Vorteil der Kosten- und Leistungsrechnung gegenüber der Aufwands- und Ertragsrechnung, nicht an den Anschaffungswert für die Berechnung der kalkulatorischen Abschreibungen und kalkulatorischen Zinsen gebunden zu sein. Allerdings besteht bei einer pauschalen Preisindizierung die Gefahr, dass überhöhte kalkulatorische Abschreibungen angesetzt werden. Beruhen nämlich Preissteigerungen der Betriebsmittel nicht (ausschließlich) auf einer inflationären Preisentwicklung, sondern infolge des technischen Fortschritts auf einer Erhöhung der qualitativen und/oder quantitativen Leistungsfähigkeit, so ist es nicht sachgerecht, die derzeitigen Betriebsmittelleistungen mit den Kostenwerten verbesserter Maschinen zu belasten.[14]

2.3 Deckungsbeitragsrechnung

Die *Deckungsbeitragsrechnung*, auch Grenzkostenrechnung, Proportionalkostenrechnung, Direct Costing oder Marginal Costing genannt, beruht auf der Trennung der fixen (von der Leistungsmenge unabhängigen) und der variablen Kostenbestandteile. Nur die Letzteren werden den Kostenträgern zugerechnet. Eine positive Differenz zwischen Umsatzerlös und variablen Kosten, d. h. der Deckungsbeitrag, steht zur Deckung der Fixkosten zur Verfügung und erhöht den Gewinn bzw. reduziert einen Verlust. Bei den variablen Kosten wird im Regelfall ein proportionaler Verlauf zur Beschäftigung angenommen („proportionale Kosten"); daraus folgt: Durchschnittskosten = Grenzkosten = const.

Bei Anwendung der *Vollkostenrechnung* können selbst bei sehr einfacher Betriebsstruktur ohne Spezialuntersuchung viele für betriebspolitische Entscheidungen aufschlussreiche Fragen nur fehlerhaft oder gar nicht beantwortet werden, die eine *Deckungsbeitragsrechnung* leicht beantwortet, z. B.:

- ▶ Wieviel Leistungseinheiten welcher Produkte sind bei unveränderlicher Betriebsmittelausstattung herzustellen und abzusetzen, damit der Periodengewinn maximiert wird?
- ▶ Wieviel Leistungseinheiten müssen in einem gegebenen Zeitabschnitt hergestellt und zu einem gegebenen Preis abgesetzt werden, um ein bestimmtes Ergebnis zu erzielen?
- ▶ Auf wieviel Leistungseinheiten in einem gegebenen Zeitabschnitt müssen Herstellung und Absatz erhöht werden, um im Falle einer Herabsetzung des Preises das gleiche Ergebnis wie vor der Preissenkung zu erwirtschaften?

Erzeugnisbestände werden häufig zu proportionalen Kosten bewertet, da die Bestandszu- oder -abnahmen die Fixkosten der Periode nicht beeinflussen.

In Betrieben mit verzweigten und vielgestaltigen Fertigungen und hohem Fixkostenanteil ist es unter Umständen zweckmäßig, außer den variablen Kosten auch die Fixkosten stufenweise in die Rechnung einzubeziehen (stufenweise Fixkostendeckungsrechnung). Zu diesem Zweck muss der Fixkostenblock aufgegliedert werden, z. B. in Fixkosten, die sich

- ▶ direkt einzelnen Arbeitsplätzen (z. B. Maschinen),
- ▶ einzelnen Kostenstellen (z. B. Meistergehalt),
- ▶ Teilbereichen (z. B. Kosten der Verwaltung eines Betriebsteils),

---

[14] Vgl. Hahn/Laßmann (1993), S. 381.

KAPITEL A
Teil III

Einführung

▶ dem Betrieb als Ganzem (z. B. allgemeine Verwaltungskosten) zurechnen lassen.

Ein Problem der Deckungsbeitragsrechnung besteht darin, die Gesamtkosten eindeutig in einen fixen und einen variablen Teil aufzuspalten. Auch die Bewertung der Warenbestände mit Grenzkosten ist zumindest unter steuerlichem Aspekt bedenklich; sie erfordert im Regelfall eine parallele Rechnung mit Wertansätzen, die Fixkostenbestandteile beinhalten.

3. Wege zu einem zielorientierten Informationswesen

Die Kosten- und Leistungsrechnung, wie sie von Schmalenbach u. a. entwickelt wurde, hat einen entscheidenden Beitrag zur Gestaltung einer leistungsfähigen Produktionswirtschaft geleistet. Die heutigen Anforderungen an aussagefähige Daten als Grundlage für Entscheidungen und Handlungen mit dem langfristigen Ziel der Erhaltung und Stärkung der Wettbewerbsfähigkeit erzwingen jedoch eine Neugestaltung. Es gilt, ein zielorientiertes Informationswesen zu entwickeln, in das die Kosten- und Leistungsrechnung als ein Baustein integriert ist. Die einzelnen Gründe für diese Forderung sind zugleich die Gestaltungsansätze:

(1) Der Betrieb wird als ein *lernendes System* gesehen, das nach dem Modell eines kybernetischen Regelkreises schrittweise zu immer höherer Effizienz geführt wird. Dazu sind Informationen in Form von Zielvorgaben (Führungsgrößen) erforderlich, die als Ansatzpunkte für zu treffende Maßnahmen fungieren (Stellgrößen; s. Abb. 7). Rückmeldungen über die Wirkung der Maßnahmen ermöglichen Soll-Ist-Vergleiche als Auslöser[15] weiterer Maßnahmen. Das klassische Rechnungswesen ist im Wesentlichen vergangenheitsorientiert und zu sehr an bestimmte, für die Zwecke eines Regelungsprozesses zu lange Zeitabschnitte (wie monatliche Gehaltszahlungen, Mieten, Steuerperioden, Zinsperioden) gebunden. Es ist in der Regel nur mittels zusätzlicher Operationen in der Lage, auswertungsgerechte Informationen zu liefern. Die Anforderungen beziehen sich auf eine stärkere Maßnahmenorientierung, den Entscheidungsnotwendigkeiten entsprechende Zeitabschnitte und auf eine mengen- und leistungsgerechte Gliederung.

(2) Infolge zunehmender Kapitalintensität der Produktion wächst die Bedeutung der fixen, d. h. von der Menge der Ausbringung weitgehend unabhängigen Kosten. Eine mehr oder minder willkürliche Schlüsselung oder „Umlage" vermag den Anforderungen in der Regel nicht voll gerecht zu werden.

(3) Die klassische Kosten- und Leistungsrechnung ist primär kostenorientiert. Es bedarf einer stärkeren Leistungsorientierung: Ausrichtung nach Leistungsarten, Leistungsmengen, Qualitäten, Terminen.

(4) Die Kosten- und Leistungsgrößen des Rechnungswesens allein sind nicht in der Lage, das Produktionsgeschehen im Sinne des Regelungsprozesses umfassend abzubilden. Zur Steuerung und Überwachung der Produktion sind Mengen- und Zeitgrößen unerlässlich. Die zwischen den monetären und den nicht-monetären Größen sowie jeweils untereinander bestehenden kausalen Beziehungen müssen aufgedeckt und in einem übergreifenden Kennzahlensystem integriert werden. Als praktikables Instrument bietet sich die Balanced Scorecard[16] an, die in Teil C.VII. 2.2.5 näher erläutert wird. Hierbei handelt es sich um ein Füh-

---

15 Vgl. Seidenberg (1989), S. 88 ff., 153 ff.
16 Vgl. hierzu Kaplan/Norton (1997).

rungsinstrument, das Wechselwirkungen der Teilziele und Auswirkungen der einzelnen Aspekte auf die übergeordneten strategischen Ziele des Unternehmens berücksichtigen soll. Ziel ist es, das Augenmerk der Entscheidungsträger auf die wesentlichen erfolgsbeeinflussenden, insbesondere auch nicht-monetären Zielgrößen zu lenken.

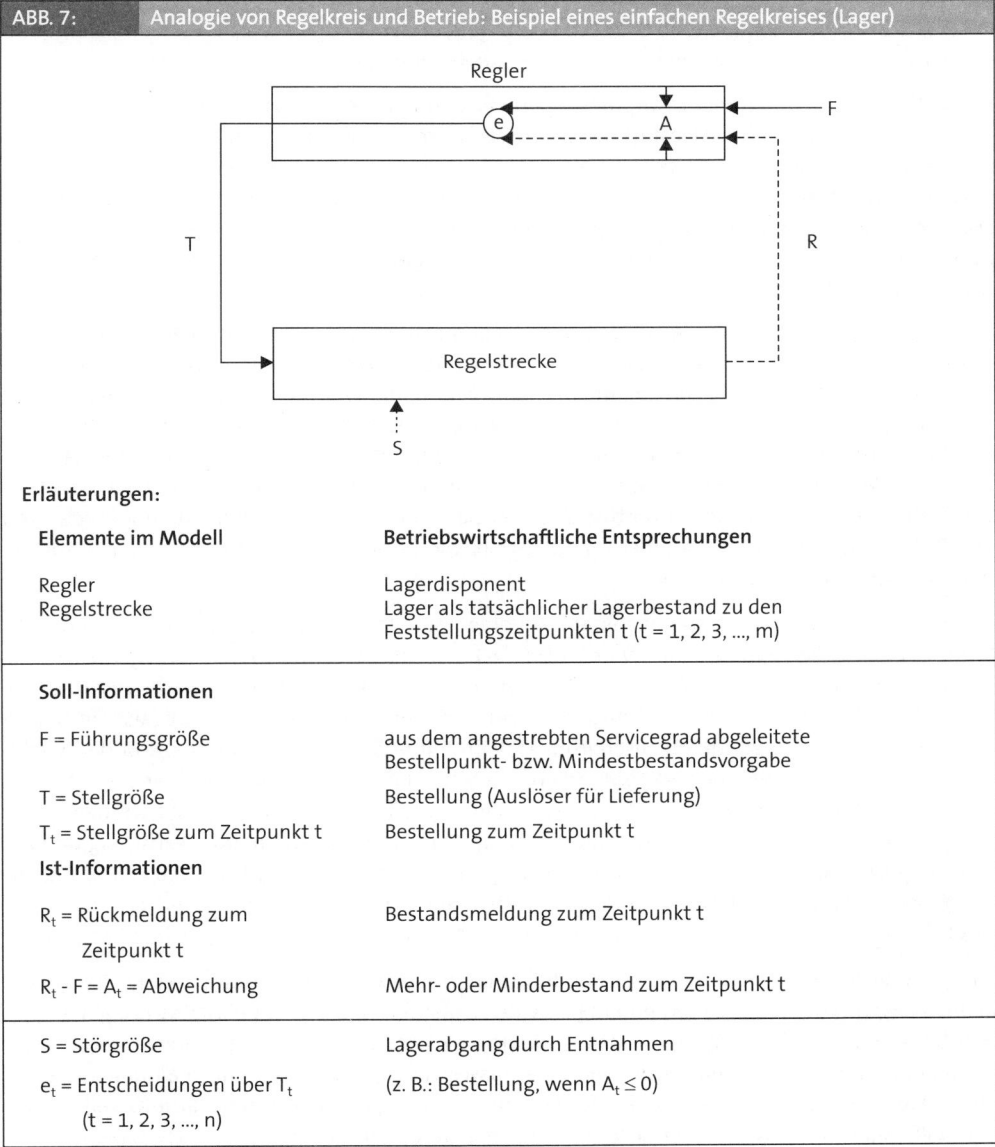

ABB. 7: Analogie von Regelkreis und Betrieb: Beispiel eines einfachen Regelkreises (Lager)

Erläuterungen:

Elemente im Modell	Betriebswirtschaftliche Entsprechungen
Regler	Lagerdisponent
Regelstrecke	Lager als tatsächlicher Lagerbestand zu den Feststellungszeitpunkten t (t = 1, 2, 3, ..., m)
Soll-Informationen	
F = Führungsgröße	aus dem angestrebten Servicegrad abgeleitete Bestellpunkt- bzw. Mindestbestandsvorgabe
T = Stellgröße	Bestellung (Auslöser für Lieferung)
T_t = Stellgröße zum Zeitpunkt t	Bestellung zum Zeitpunkt t
Ist-Informationen	
R_t = Rückmeldung zum Zeitpunkt t	Bestandsmeldung zum Zeitpunkt t
$R_t - F = A_t$ = Abweichung	Mehr- oder Minderbestand zum Zeitpunkt t
S = Störgröße	Lagerabgang durch Entnahmen
e_t = Entscheidungen über T_t (t = 1, 2, 3, ..., n)	(z. B.: Bestellung, wenn $A_t \leq 0$)

KAPITEL A
Teil III — Einführung

(5) Die sich ständig verbessernden Möglichkeiten der automatischen Datenverarbeitung sind voll auszuschöpfen, um schneller, zuverlässiger, auswertungsgerechter und mit „weniger Papier" die für die Überwachung und Steuerung der Produktion erforderlichen Daten zu liefern.

(6) Das klassische Rechnungswesen ist mehr rückschauend und überwachungsorientiert angelegt; die vorausschauenden Prognose- und Planungskomponenten müssen verstärkt werden, um Soll-Ist-Vergleiche als Grundlage von Regelprozessen zu ermöglichen.

Einige Wege zur Erfüllung der Anforderungen wurden bereits aufgezeigt; sie sind Ergebnis der laufenden Fortentwicklung der Kosten- und Leistungsrechnung, ohne den Rahmen des Bewährten zu verlassen. So ist die Deckungsbeitragsrechnung ein Schritt, die Fixkostenproblematik zu beherrschen. Maschinenstundenverrechnungssätze dienen der besseren Zuordnung von Maschinenkosten, Kennzahlen(systeme) der Vorgabe und Überwachung. Die Prozesskostenrechnung ermöglicht eine exaktere Verrechnung von Gemeinkosten entsprechend der Inanspruchnahme von Leistungen.

Die Entwicklung zu steigenden Lohn- und vor allem Lohnnebenkosten hat insbesondere in den unter besonders starkem Wettbewerbsdruck stehenden Industrien wie der Automobilindustrie dazu geführt, ein Kostenmanagement methodisch aufzubauen. Schon die Bezeichnung drückt aus, dass es hierbei nicht so sehr um die Feststellung des Ist, sondern mehr um die aktive Gestaltung der Kosten geht. Es soll ein marktorientiertes Regelkreissystem geschaffen werden, das Informationen, Entscheidungen und Handlungen umfasst zur Gestaltung des Kosten- und Leistungsverhältnisses über die Gesamtlebensdauer der Produkte. Eine enge Zusammenarbeit mit den Zulieferern und den Abnehmern ist geeignet, die Erfolgsaussichten eines solchen Kostenmanagements weiter zu erhöhen.

Ein in Japan perfektioniertes, von seiner Grundidee bereits seit längerem bekanntes Konzept[17] hat unter den Bezeichnungen *Target Cost Management* und *Target Costing* besondere Beachtung gefunden. Es geht um die Senkung der Kosten eines Produktes während dessen gesamter Lebensdauer. Ein für die Produkteinführung verantwortliches Team legt auf der Basis von Marktforschungsdaten die Produkteigenschaften fest im Sinne der Kundenwünsche und der Marktstrategie des produzierenden Unternehmens. Es wird dann festgestellt, welcher Preis den erwünschten Markterfolg verspricht. Von diesem Zielpreis (Target Price) ausgehend werden Target Costs ermittelt. Diese Zielkosten sind die Grundlage für Design, Konstruktion, Fertigung und Zukauf des Produktes. Es bestehen also von Anfang an strenge Kostenvorgaben. Die Forderung, die Kostenrechnung als Planungs- und Vorgabeinstrument einzusetzen, wird damit erfüllt. Abb. 8 zeigt den wesentlichen Unterschied dieser Vorgehensweise zu dem herkömmlichen Vorgehen.

Ein weiterer Aspekt eines zielorientierten Informationssystems ist der Aufbau einer geeigneten *Kennzahlenstruktur*. Im Zusammenhang mit der Darstellung produktionswirtschaftlicher Ziele wurde bereits auf die Möglichkeit des Aufbaus von Kennzahlensystemen hingewiesen. Diese verdienen ihren Namen erst dann, wenn sie auswertungsgerecht alle entscheidungswesentlichen Daten zur rechten Zeit in der erforderlichen Genauigkeit liefern bzw. abrufbereit halten. Das ZVEI-Kennzahlensystem versucht, diesen Anforderungen auf der Ebene des Gesamtunternehmens zu genügen. Für die Darstellung des laufenden Produktionsgeschehens sind verschie-

---

[17] Vgl. Orth (1968), S. 36 f.

dene Modelle vorgestellt worden. So dient z. B. das Modell von K. Kaiser im Bereich automatisierter Produktionsprozesse der operativen, d. h. auf eine Schicht oder einen Tag bezogenen Kennzahlenrechnung.[18]

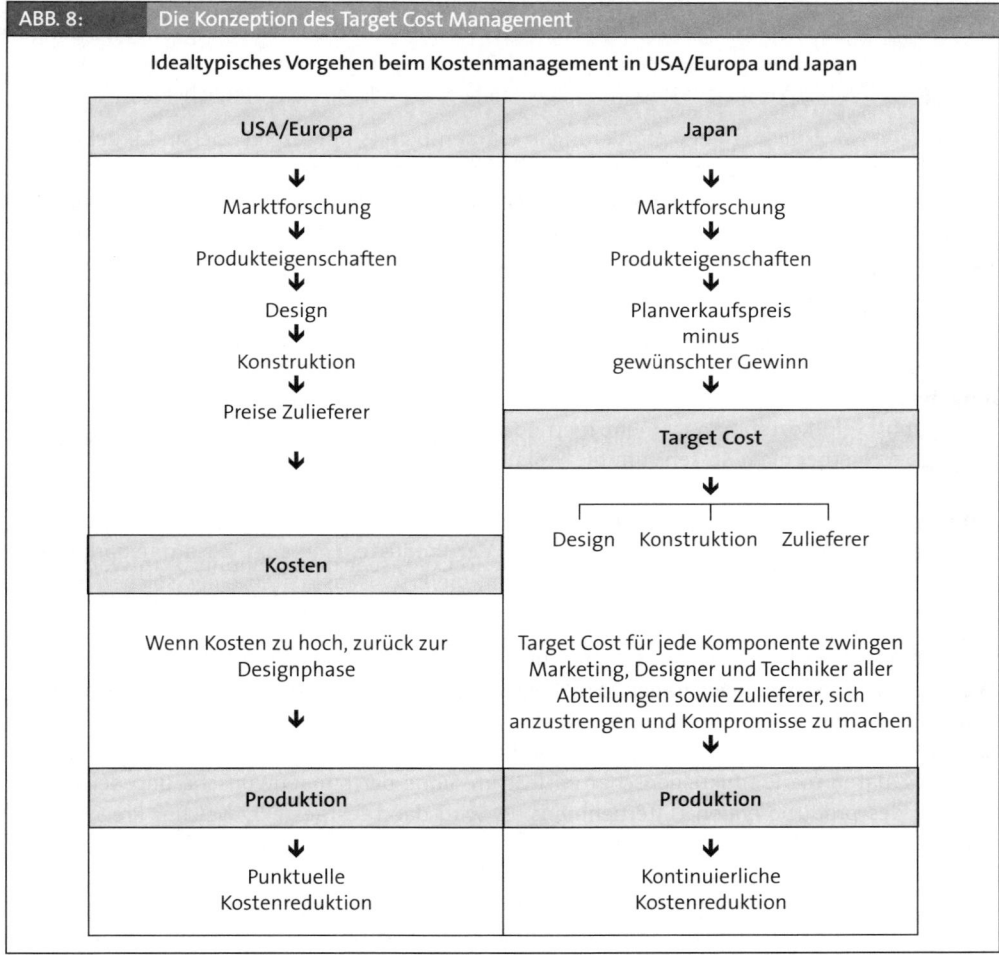

(Quelle: Klingler (1993), S. 202)

Die Zwecksetzung der operativen Kennzahlenrechnung ist von der der periodischen Kosten- und Leistungsrechnung verschieden; beide Rechnungen sollen jedoch zur gegenseitigen Ergänzung aufgebaut werden. Als formale Zwecke werden der operativen Kennzahlenrechnung Planung und Vorgabe zur Prozesssteuerung zugewiesen. Auch soll sie als Kontrollrechnung der betriebswirtschaftlichen Prozessrechnung dienen, indem nach Durchführung von Maßnahmen Rückkopplungsinformationen über die Einhaltung der Vorgaben ausgewiesen werden.

---

[18] Vgl. Kaiser (1994), S. 751 ff.

KAPITEL A
Teil III

Einführung

Aufgabe des betrieblichen Informationswesens ist es, den Entscheidungsträgern im Unternehmen rechtzeitig die für die jeweilige Entscheidungssituation erforderlichen Informationen in der geeigneten Weise aufbereitet zur Verfügung zu stellen. Dazu bedarf es des Einsatzes der „passenden" Informations- und Kostenrechnungsmodelle, die vielfach auch kombiniert angewendet werden.

KONTROLLFRAGEN

(1) In welchem Verhältnis stehen Berichts- und Rechnungswesen?
(2) Welchen Aufgaben dient das konventionelle Rechnungswesen im Bereich der Produktionswirtschaft?
(3) Wozu dient ein Betriebsabrechnungsbogen?
(4) Aus welchen Gründen reichen die vom traditionellen Rechnungswesen bereitgestellten Informationen für die Überwachung und Steuerung der Produktion nicht aus?

Aufgabe 1

Erläutern Sie, welche Vorteile Maschinenstunden-Verrechnungssätze bieten. Wie werden sie errechnet?

Aufgabe 2

Stellen Sie dar, welche speziellen Fragen mittels Deckungsbeitragsrechnung beantwortet werden können.

Aufgabe 3

Skizzieren Sie, worin die wiederentdeckte, richtungweisende Idee des Target Costing besteht.

B. Produktions- und kostentheoretische Grundlagen

I. Grundbegriffe und Kostenverläufe

Die *Produktionstheorie* bildet die Beziehungen zwischen den in den Produktionsprozess eingehenden Mengen an Produktionsfaktoren (Input) und den Ausbringungsmengen an erzeugten Gütern (Output) in *Modellen* ab. Nach ihrer Funktion werden Beschreibungsmodelle (Deskriptionsfunktion), Erklärungs- bzw. Prognosemodelle (Explikationsfunktion) und Entscheidungsmodelle (Gestaltungsfunktion) unterschieden.[1] Input-Output-Modelle werden in mathematischer Schreibweise als *Produktionsfunktionen* formuliert:

$x_e = f(r_1, r_2, \ldots, r_n)$

mit $x_1, x_2, \ldots, x_e, \ldots x_s$ Ausbringungsmengen der Güter $X_1, X_2, \ldots, X_s$

und $r_1, r_2, \ldots, r_n$ Einsatzmengen der Produktionsfaktoren $R_1, R_2, \ldots, R_n$.

Erscheinen – wie in obiger Gleichung – die Faktoreinsatzmengen als unabhängige, die Ausbringungsmengen als abhängige Variablen, spricht man von einer *outputorientierten* Produktionsfunktion. Sie beantwortet die Frage: Wie entwickelt sich der Output, wenn die Faktoreinsatzmengen variiert werden? Typisch für die betriebliche Praxis ist die umgekehrte Fragestellung, auf die die *inputorientierten* Produktionsfunktionen der Form $r_i = g(x_1, x_2, \ldots, x_s)$ eine Antwort geben: Welche Mengen an Einsatzgütern werden zur Herstellung einer geplanten Menge an Erzeugnissen benötigt? (Input als abhängige, Output als unabhängige Variable.) Allerdings werden in der Praxis kaum Produktionsfunktionen in Form mathematischer Gleichungen verwendet; man arbeitet mit speziellen, auf den jeweiligen Verwendungszweck zugeschnittenen Instrumenten wie Stücklisten u. Ä. (diese werden in Kap. D. II. behandelt).

Produktionsfunktionen beschränken sich im Regelfall, also bei Vorliegen knapper Faktoren, auf die Abbildung *technisch effizienter* Produktionsverhältnisse, d. h. solcher Faktorkombinationen, bei denen das ökonomische Prinzip eingehalten wird, mithin keine Verschwendung von Produktionsfaktoren auftritt. Eine allgemeinere Form der Darstellung von Input-Output-Beziehungen stellen sog. *Technologien* dar. Eine Technologie ist als Menge aller Input-Output-Kombinationen (sog. Aktivitäten) definiert, die ein Produktionssystem alternativ realisieren kann (Produktionsmöglichkeiten).[2]

Unter dem Begriff „Kosten" – auf eine Diskussion verschiedener Kostenbegriffe[3] wird hier verzichtet – sind die mit Preisen bewerteten, also in Geldeinheiten ausgedrückten Faktoreinsatzmengen zu verstehen. Der Zusammenhang zwischen den Kosteneinflussgrößen (z. B. der Ausbringungsmenge x) und der Kostengröße K wird mathematisch durch *Kostenfunktionen* dargestellt: $K = f(x)$.

---

[1] Vgl. etwa Ellinger/Haupt (1996), S. 3.
[2] Vgl. hierzu etwa Wittmann (1975), Sp. 3133 ff., Fandel (1985), Fandel (2005), S. 25 ff.
[3] Vgl. zum wertmäßigen Kostenbegriff bspw. Hoitsch/Lingnau (2004), S. 16 ff., zur Abgrenzung von pagatorischem und wertmäßigem Kostenbegriff Busse von Colbe/Laßmann (1991), S. 207 f., Fandel (2005), S. 219–221, Rieper/Witte (2005), S. 45 f.

KAPITEL B
Teil I

Produktions- und kostentheoretische Grundlagen

Wegen des engen Zusammenhangs zwischen der rein mengenmäßigen Betrachtungsweise der Produktionstheorie und der wertmäßigen der Kostentheorie wird häufig umfassend von Produktions- und Kostentheorie gesprochen.

Als wichtigste Kosteneinflussgröße wird im Regelfall der Beschäftigungsgrad (kurz die Beschäftigung) angesehen. Dieser ist definiert als Grad der Kapazitätsausnutzung, d. h. als Verhältnis von tatsächlicher Leistung und Leistungsfähigkeit des Produktionssystems. Eine eindeutige Bestimmung des Beschäftigungsgrades ist mit Schwierigkeiten verbunden, da eine Definition der Kapazität vorausgesetzt werden muss, die sich ihrerseits auf problematische Annahmen stützt. Als Ersatzgröße findet die Ausbringung – gemessen in Mengen-, Gewichtseinheiten u. Ä. – Verwendung.

In der Kostentheorie werden mit $K = f(x)$ [GE/ZA = Geldeinheiten pro Zeitabschnitt] die Kosten bezeichnet, die während einer Rechnungsperiode angefallen sind (Abschnitts- oder Gesamtkosten). Bezieht man die Gesamtkosten K auf die entsprechende Ausbringungsmenge x, so erhält man die Durchschnittskosten (Kostenrate) $k(x)$, d. h. den auf eine Leistungseinheit (LE) entfallenden Kostenbetrag (auch als Stückkosten bezeichnet, wenn die Ausbringung in Stück angegeben werden kann):

$$k(x) = \frac{K}{x} \left[\frac{GE}{ZA} : \frac{LE}{ZA} = \frac{GE}{LE} \right]$$

Grenzkosten sind als 1. Ableitung der Gesamtkosten definiert: $K'(x) = \frac{dK}{dx}$; sie geben für jede Ausbringungsmenge x (jeden Beschäftigungsgrad) den Anstieg der Gesamtkostenkurve an. Mit der dimensionslosen Größe

$$\eta = \frac{K'}{k} = \frac{dK}{dx} : \frac{K}{x} = \frac{dK}{K} : \frac{dx}{x}$$

wird die Elastizität der Gesamtkostenfunktion bezeichnet. Sie gibt als Verhältnis der relativen Änderung der Gesamtkosten zur verursachenden relativen Änderung der Ausbringung an, wie stark die Gesamtkosten auf eine kleine Outputänderung reagieren.

Von E. Schmalenbach (1873–1955) stammt die Einteilung der Gesamtkosten in die Kostenkategorien fixe, proportionale, degressive, progressive und regressive Kosten. *Fixe Kosten* wie Zinsen, zeitabhängige Abschreibungen, Mieten, Gehälter usw. werden durch das Herstellen und Aufrechterhalten der Betriebsbereitschaft verursacht und sind insofern unabhängig von der Ausbringung. Die Stückkosten nehmen – asymptotisch zur x-Achse verlaufend – ab; die Grenzkosten sind Null (s. Abb. 9).

Grundbegriffe und Kostenverläufe — KAPITEL B, Teil I

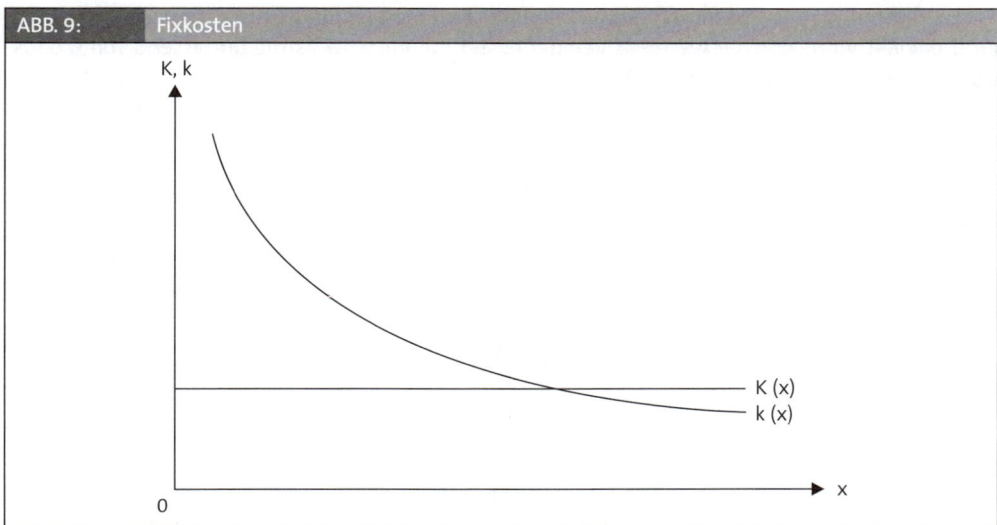

ABB. 9: Fixkosten

E. Gutenberg (1897–1984) hat vorgeschlagen, die Fixkosten K_F einer Anlage oder eines Betriebes gedanklich entsprechend der Kapazitätsausnutzung in *Nutzkosten* K_N und *Leerkosten* K_L aufzuspalten:[4]

$$K_F = K_N(x) + K_L(x)$$

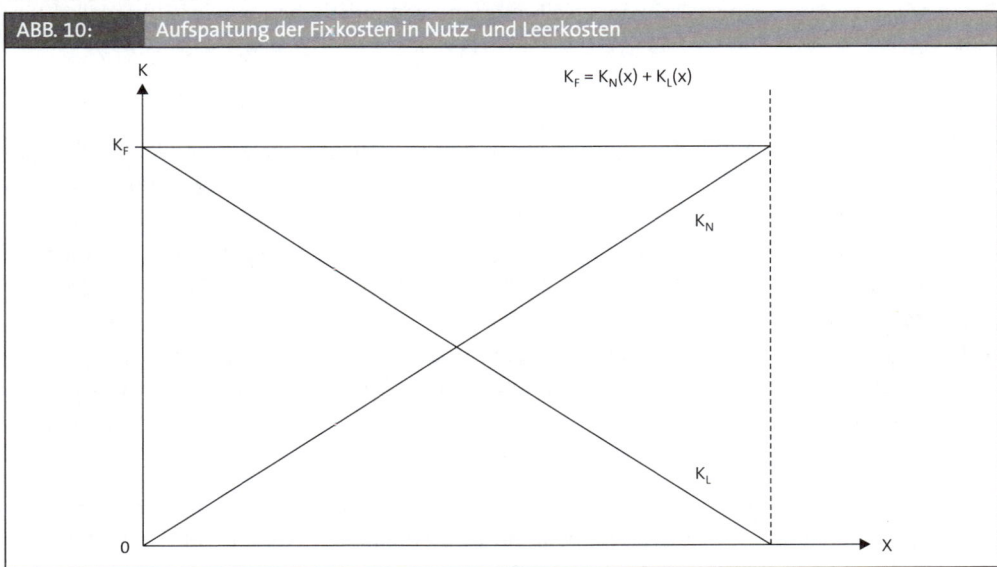

ABB. 10: Aufspaltung der Fixkosten in Nutz- und Leerkosten

---

4 Vgl. Gutenberg (1983), S. 348 f.

KAPITEL B
Teil I
Produktions- und kostentheoretische Grundlagen

Als Leerkosten wird der Anteil der fixen Kosten bezeichnet, der auf die nicht beanspruchte Kapazität entfällt. Arbeitet eine Anlage bzw. ein Betrieb mit dem höchstmöglichen Beschäftigungsgrad $x = x_{max}$, so nehmen die Leerkosten den Wert Null an, d. h. die gesamten Fixkosten sind Nutzkosten. Zwischen diesen Größen gelten die folgenden äquivalenten Beziehungen:

$$\frac{K_L(x)}{x_{max} - x} = \frac{K_F}{x_{max}}$$

$$\frac{K_L(x)}{K_F} = \frac{x_{max} - x}{x_{max}}$$

$$K_L(x) = (x_{max} - x) \cdot \frac{K_F}{x_{max}} = \left(1 - \frac{x}{x_{max}}\right) \cdot K_F$$

$$K_N(x) = x \cdot \frac{K_F}{x_{max}} = \frac{x}{x_{max}} \cdot K_F$$

Für die Entstehung von Fixkosten, insbesondere von Leerkosten, werden drei Ursachenkomplexe angegeben:

„1. die mangelnde Teilbarkeit des technischen und dispositiven Apparates des Betriebes,

2. betriebspolitische Entscheidungen aufgrund bestimmter Erwartungen über die spätere Ausnutzung der Produktionsapparatur,

3. beschränkte Anpassungsgeschwindigkeit aufgrund von juristischen und institutionellen Bindungen."[5]

Zu 1.: Beispielsweise kann eine Anlage, die für eine bestimmte Ausbringung pro Zeitabschnitt ausgelegt ist, bei einem Beschäftigungsrückgang nicht einfach entsprechend verkleinert oder geteilt werden, um Leerkosten abzubauen. Verteilt sich die Ausbringung jedoch auf mehrere technisch selbstständige Anlagen, so lassen sich die Fixkosten schrittweise zurückführen, sofern die Möglichkeit besteht, einzelne Anlagen nacheinander stillzulegen. Es treten *sprungfixe* Kosten auf, d. h. Kosten, die sich in Abhängigkeit von der Beschäftigung intervallweise fix verhalten und bei Überschreiten (Unterschreiten) von Schwellenwerten sprunghaft ansteigen (bzw. zurückgehen).

Zu 2.: Wird der Produktionsapparat gegenwärtig aufgrund eines sich zukünftig ausweitenden Auftragsvolumens vergrößert, so verursacht das „auf Vorrat" geschaffene Produktionspotenzial zunächst Leerkosten. Gleichzeitig erhöht sich die Basis zur Normierung der in Prozenten ausgedrückten Beschäftigungsgrade.

Zu 3.: Vertragliche Bindungen oder gesetzliche Vorschriften (z. B. Kündigungsschutz) können die Anpassung durch Fixkostenabbau an eine bereits eingetretene oder erwartete veränderte Beschäftigungslage erschweren.

---

5 Heinen (1983), S. 518.

Grundbegriffe und Kostenverläufe **KAPITEL B**
Teil I

Reagieren die Kosten [GE/ZA] auf Beschäftigungsänderungen, spricht man von *variablen Kosten*[6]. Die Begriffe „Degression", „Proportionalität" und „Progression" zur Beschreibung von Kostenverläufen werden je nachdem, welche Bezugsgröße (entweder Steigung der Grenzkosten oder der Durchschnittskosten) gewählt wurde, mit unterschiedlichem Inhalt verwendet. Mit den Abbildungen 11 und 12 wird eine Übersicht über mögliche Kostenverläufe in Abhängigkeit von der Beschäftigung gegeben.

Regressive Kosten – Kosten, die mit steigender Ausbringung abnehmen bzw. mit sinkender Ausbringung ansteigen – wurden nicht in die Abbildungen aufgenommen, da sie als atypisch anzusehen sind. „Praktisch kommen derartige ungewöhnliche Fälle vor z. B. bei hochhitzigen Öfen mit sehr hitzebeständigen, aber gegen Schwankungen höchst empfindlichen feuerfesten Steinen. Eine Produktionsreduktion oder eine Stillsetzung einzelner Öfen oder Batterien bringt sofort erhebliche Verluste an solchen Steinen."[7] Als weiteres Beispiel für regressive Kosten werden in der Literatur Heizkosten im Kino angegeben. Die Stückkostenkurve verläuft stark degressiv, die Grenzkosten sind negativ.

---

6 Fixe und variable Kosten lassen sich nicht immer eindeutig trennen. Zwar ist die Höhe der fixen Kosten nicht unmittelbar vom aktuellen Ausbringungsniveau abhängig, wohl aber von Investitions- und Desinvestitionsentscheidungen, die die gegenwärtige Ausbringung erst ermöglichen. Die erwartete Ausbringung beeinflusst also die Dispositionen und diese determinieren die Fixkosten; insofern besteht ein indirekter Zusammenhang zwischen Output und Kostenhöhe. Während die *fixen* Kosten durch den *Aufbau* und die *Aufrechterhaltung* der Produktionspotenziale verursacht werden, entstehen die *variablen* Kosten durch die *Nutzung* dieser Potenziale.
7 Schmalenbach (1963), S. 72.

KAPITEL B
Teil I
Produktions- und kostentheoretische Grundlagen

ABB. 11: Kostenverläufe (Bezugsgröße: Verhalten der Durchschnittskosten)

Kostengruppe	Merkmal	Gesamtkosten K(x) [GE/ZA]	Durchschnittskosten k(x) [GE/LE]
1. *Degressive* (unterproportionale) Kosten 1.1 Linearer Verlauf	*Sinkende* Durchschnittskosten, $\eta < 1$		
1.2 Nicht-linearer Verlauf			
2. *Proportionale* Kosten	*Konstante* Durchschnittskosten, $\eta = 1$	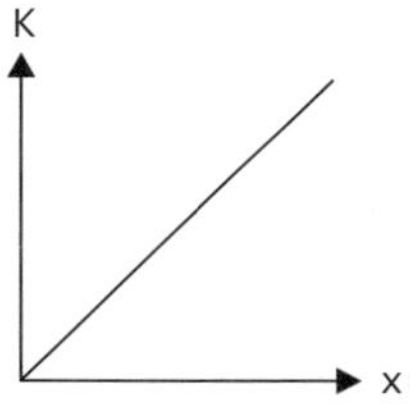	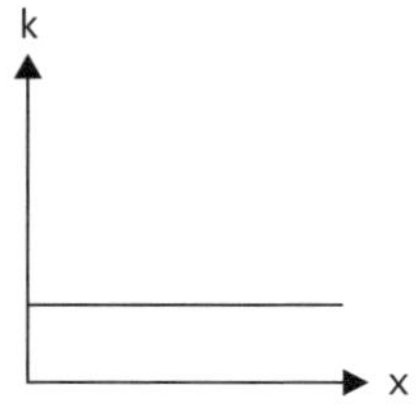
3. *Progressive* (überproportionale) Kosten 3.1 Linearer Verlauf	*Steigende* Durchschnittskosten, $\eta > 1$		
3.2 Nicht-linearer Verlauf			

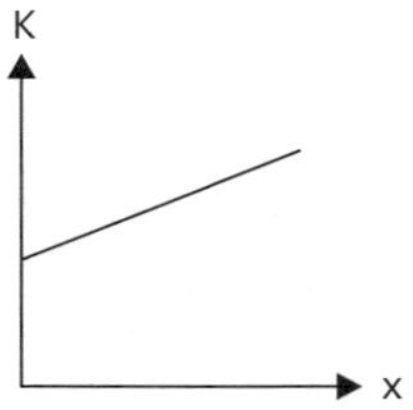

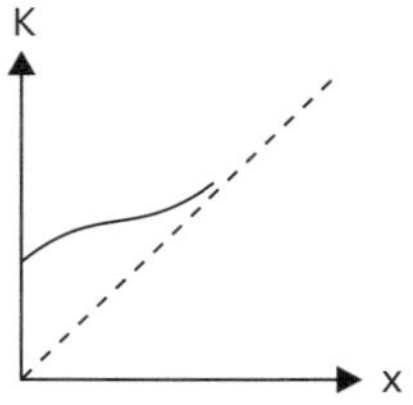

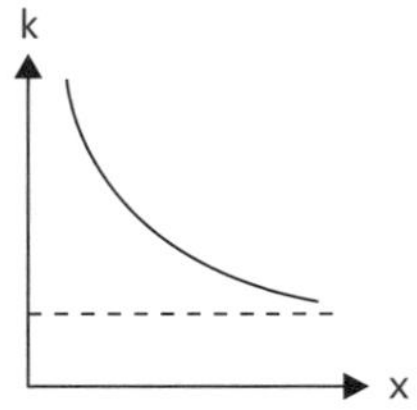

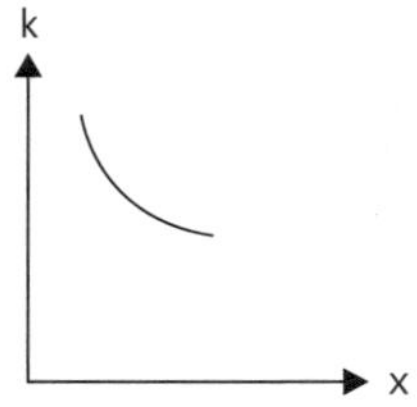

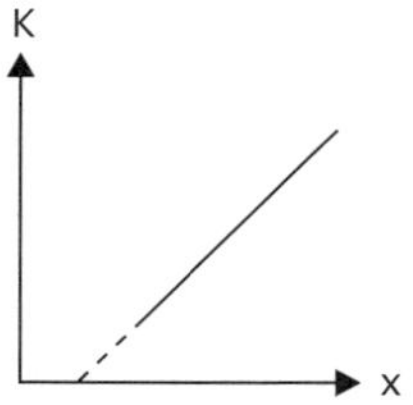

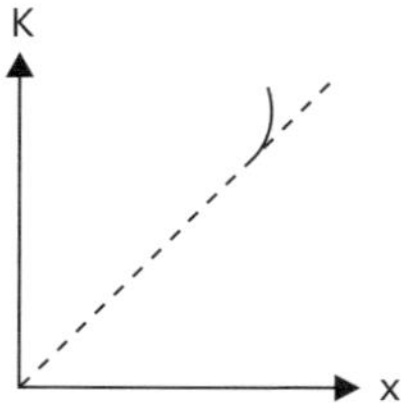

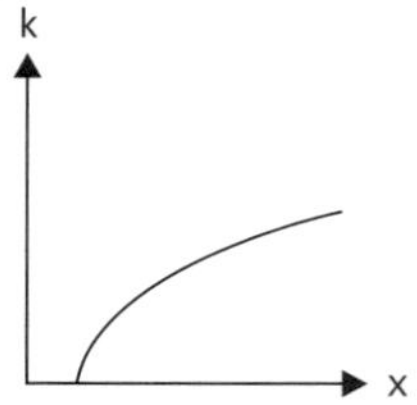

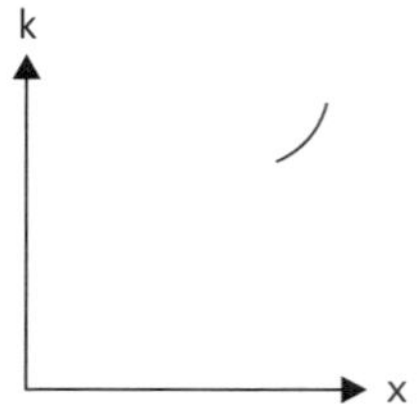

Grundbegriffe und Kostenverläufe

KAPITEL B
Teil I

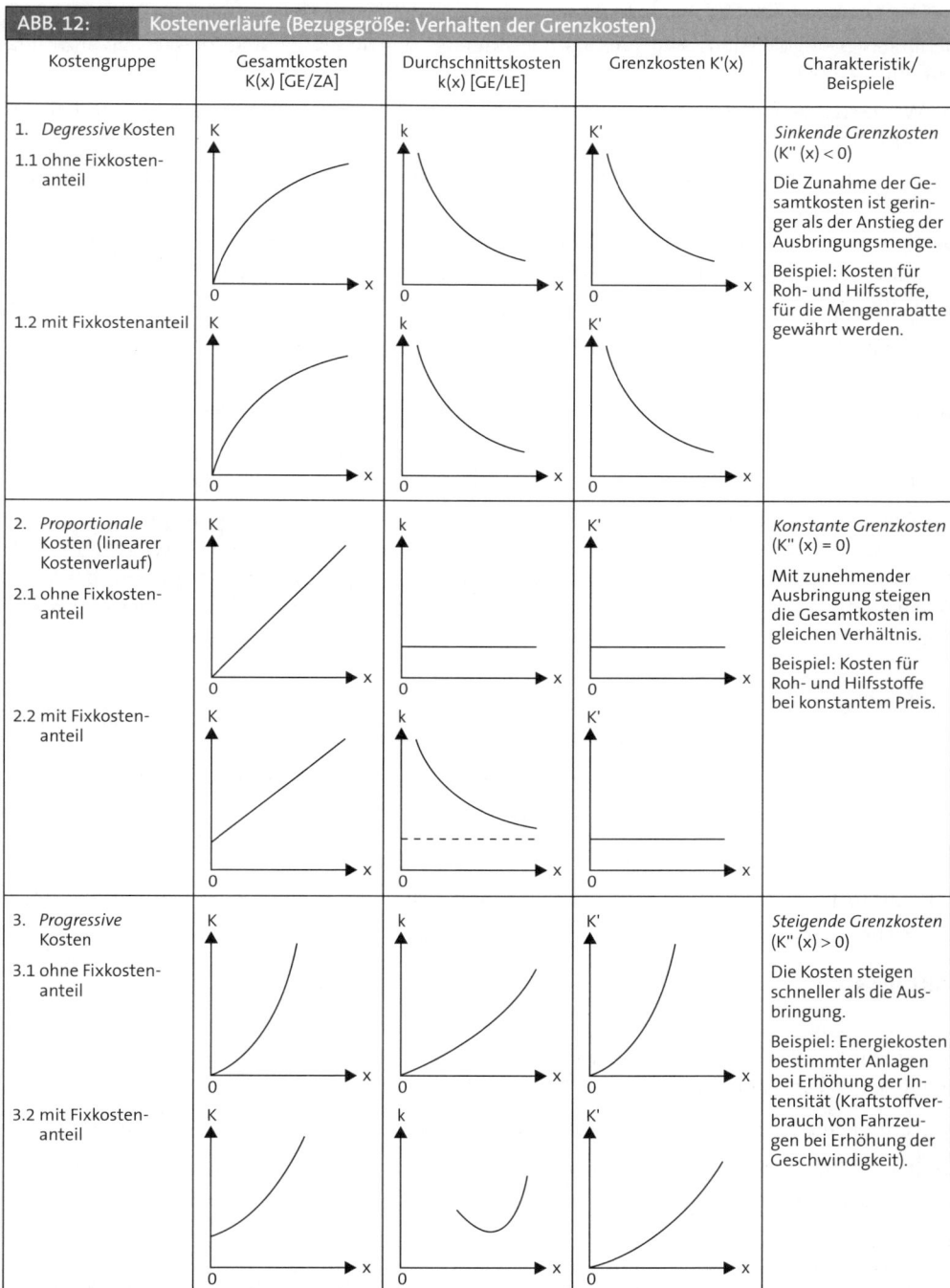

ABB. 12: Kostenverläufe (Bezugsgröße: Verhalten der Grenzkosten)

Um festzustellen, welche der dargestellten Kostenverläufe zur Beschreibung der realen Gegebenheiten geeignet sind, sind empirische Untersuchungen[8] notwendig, deren Durchführung mit einer Reihe von Schwierigkeiten verbunden ist:

- Wahl einer geeigneten Bezugsgröße für die Messung des Beschäftigungsgrades (nur bei einheitlicher Massenproduktion unproblematisch);
- Veränderungen der Auftragszusammensetzung, des Verhältnisses von Laufzeit und Umstellzeit, Veränderungen der Arbeitssysteme;
- Remanenz der Kosten, d. h. bei rückläufiger Beschäftigung sinken die Kosten in geringerem Maße als sie bei entsprechender Erhöhung des Beschäftigungsgrades gestiegen sind;
- Abhängigkeit der Gesamtkosten von dem jeweiligen Grad der Betriebsbereitschaft;
- mangelnde Ausrichtung des betrieblichen Rechnungswesens auf die Ermittlung von Kostenfunktionen;
- Vergleichbarkeit von Ergebnissen (keine einheitliche Beschaffenheit des Rechnungswesens, unterschiedliche Rechnungsperioden usw.);
- mangelnde Bereitwilligkeit von Betrieben, Zahlenmaterial zur Verfügung zu stellen.

Für Zwecke der Kostenrechnung (Grenzkosten-, Deckungsbeitragsrechnung) werden in der Regel lineare Gesamtkostenverläufe unterstellt. Die Annahme eines geradlinigen Kostenverlaufs dürfte für nicht allzu große Schwankungen des Beschäftigungsgrades insbesondere dort der Wirklichkeit sehr nahe kommen, wo die Kapazität der Betriebe durch das Fassungsvermögen von Öfen, Behältern usw. sowie den Querschnitt von Rohrleitungen u. a. starr begrenzt ist.

KONTROLLFRAGEN

(1) Welcher Zusammenhang wird durch eine Produktionsfunktion wiedergegeben?
(2) Wodurch sind Fixkosten gekennzeichnet?
(3) Wie sind Grenzkosten definiert?
(4) Mit welchen Schwierigkeiten ist die empirische Überprüfung von Kostenverläufen verbunden?

Aufgabe 4

Eine Werkzeugmaschine, mit der ausschließlich ein bestimmtes Bauteil bearbeitet werden kann, hat eine maximale Ausbringung von 10.000 Stück/Jahr. Bei dieser Stückzahl fallen variable Kosten (linearer Verlauf) in Höhe von 15.000 € an. Die Fixkosten betragen 20.000 €/Jahr.

a) Formulieren Sie die zugehörige Gesamtkosten- und die Durchschnittskostenfunktion.
b) Berechnen Sie die Funktionswerte (Gesamtkosten und Durchschnittskosten) für die Beschäftigungsgrade 0 %, 25 %, 50 %, 75 % und 100 %.

---

8 Zu den Ergebnissen empirischer Kostenuntersuchungen vgl. die bei Kilger (1958), S. 115 ff. und Schweitzer/Küpper (1997), S. 329 f. angegebene Literatur. In der Mehrzahl der Fälle wurden lineare oder annähernd lineare Kostenverläufe beobachtet. Als besonders intensiv untersuchte Branche kann die Zementindustrie gelten, für die schon früh die gerade Kostenlinie bestätigt wurde; vgl. Kühn (1927) und Ehrke (1933).

II. Produktionsfunktion vom Typ A (Ertragsgesetz)[9]

1. Eigenschaften des Ertragsgesetzes

Die Produktionsfunktion vom Typ A – diese Bezeichnung stammt von Gutenberg – geht auf das ursprünglich für die landwirtschaftliche Produktion entwickelte Ertragsgesetz (Gesetz vom abnehmenden Ertragszuwachs) zurück. Die erste Formulierung des Ertragsgesetzes wird A. R. J. Turgot (1727 – 1781) zugeschrieben, weiterentwickelt wurde es u. a. von J. H. v. Thünen (1783 – 1850).

ABB. 13: Grafische Darstellung des Ertragsgesetzes

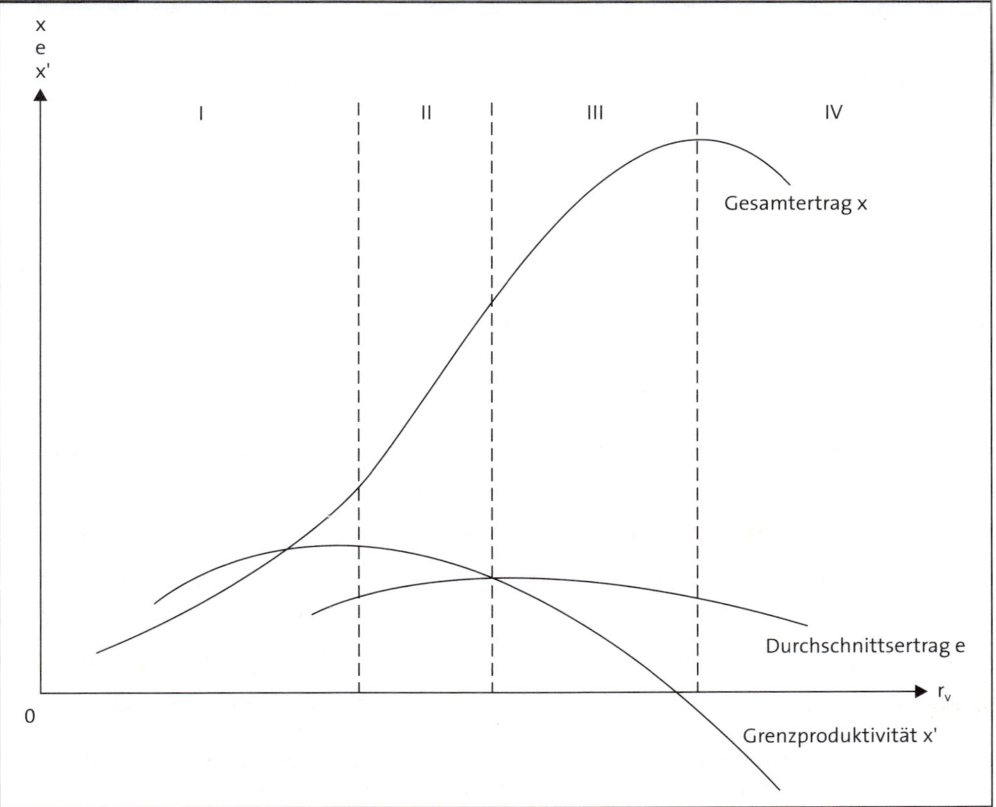

Das Ertragsgesetz unterstellt, dass ein bestimmter mengenmäßiger Ertrag[10] x mit verschiedenen Kombinationen der Einsatzmengen der Faktoren R_1 bis R_n erzielt werden kann. Die Verringerung der Einsatzmenge eines Faktors kann durch den verstärkten Einsatz eines anderen kompensiert werden. Für diesen Sachverhalt wurde der Begriff *Substitutionalität* geprägt. Im Fall der

---

9 Vgl. Gutenberg (1983), S. 303 ff. und Heinen (1983), S. 192–212.
10 „Ertrag" ist hier gleichbedeutend mit Ausbringungsmenge und darf nicht mit dem monetären Ertragsbegriff des Rechnungswesens verwechselt werden.

Produktionsfunktion vom Typ A ist ein Austausch der Faktoren nur innerhalb gewisser Grenzen möglich (*periphere* oder Rand-Substitution). Im Gegensatz dazu bedeutet *alternative* Substitution die Möglichkeit, einen Faktor vollständig durch einen anderen zu ersetzen (ein Faktor weist die Einsatzmenge Null auf).

Variiert man die Einsatzmenge eines Faktors R_v und hält die Einsatzmengen aller übrigen zu R_c zusammengefassten Faktoren konstant, so lautet die Produktionsfunktion $x = f(r_v, r_c)$. Nach dem Ertragsgesetz führt ein vermehrter Einsatz des variablen Faktors zunächst zu progressiv steigenden Gesamterträgen (vgl. Abb. 13). Mit weiterer Erhöhung der Faktoreinsatzmenge nimmt der Ertrag nur noch degressiv zu bis das Ertragsmaximum erreicht ist. Ein darüber hinausgehender Faktoreinsatz hat einen Rückgang des Ertrages zur Folge (ineffizienter Bereich).

Abbildung 13 zeigt außerdem den Verlauf der Durchschnittsertrags- und der Grenzproduktivitätskurve. Der *Durchschnittsertrag e* des variierten Faktors R_v ist das Verhältnis zwischen Gesamtertrag und Einsatzmenge des Faktors:

$$e = \frac{x}{r_v}$$

Die Änderung des Gesamtertrages Δx, die von einer kleinen Änderung der Faktoreinsatzmenge Δr_v hervorgerufen wird, lässt sich durch den Differenzenquotienten $\frac{\Delta x}{\Delta r_v}$ darstellen. Durch Grenzwertbildung ($\Delta r_v \to 0$) erhält man die 1. Ableitung der Gesamtertragsfunktion:

$$x' = \lim_{\Delta r_v \to 0} \frac{\Delta x}{\Delta r_v} = \frac{dx}{dr_v} = \tan \alpha.$$

Dabei bezeichnet α den Winkel, den die Tangente an die Gesamtertragskurve in dem jeweiligen Punkt mit der positiven Richtung der r_v-Achse bildet. ($\tan \alpha$ ist die Tangentensteigung in dem betreffenden Punkt.) Der Differentialquotient $\frac{dx}{dr_v}$ wird als *Grenzproduktivität* bezeichnet; er gibt das Verhältnis zwischen Ertragsänderung und infinitesimal kleiner Änderung der Faktoreinsatzmenge an. Soll hervorgehoben werden, dass R_v zu einer Kombination mehrerer Faktoren gehört, stellt man den Differentialquotienten als partielle Grenzproduktivität $\frac{\partial x}{\partial r_v}$ dar. Der *Grenzertrag dx (das Grenzprodukt)* ist als das Differential der Ertragsfunktion definiert: $dx = x' \cdot dr_v$.[11]

Die Verläufe der Gesamtertrags-, Durchschnittsertrags- und Grenzproduktivitätskurven können in einem Vierphasenschema (Abb. 14) dargestellt werden (vgl. auch Abb. 13).

---

11 Die Begriffe „Grenzertrag" und „Grenzproduktivität" werden in der Literatur zuweilen synonym verwendet oder nicht streng unterschieden.

Produktionsfunktion vom Typ A (Ertragsgesetz)

KAPITEL B
Teil II

ABB. 14: Vierphasenschema des Ertragsgesetzes

Phase	Gesamtertrag x	Durchschnittsertrag e	Grenzproduktivität	obere Bereichsgrenze
I	⇑ +	⇑ +	⇑ +	Wendepunkt der Gesamtertragskurve, Grenzproduktivitätsmaximum
II	⇑ +	⇑ +	$x' \geq e$ ⇓ +	Durchschnittsertragsmaximum, $x' = e$
III	⇑ +	⇓ +	$x' \leq e$ ⇓ +	Gesamtertragsmaximum, $x' = 0$
IV	⇓ +	⇓ +	⇓ −	

Erläuterungen:

⇑ Kurvenverlauf steigend   + Funktionswerte positiv

⇓ Kurvenverlauf fallend   − Funktionswerte negativ

Wird die Annahme, dass nur ein Produktionsfaktor variierbar ist und alle übrigen konstant sind, aufgehoben, so erhält die Produktionsfunktion bei zwei variablen Faktoren die Form $x = f(r_1, r_2)$. Ein bestimmter Ertrag lässt sich durch verschiedene Kombinationen der Einsatzmengen r_1 und r_2 erzeugen.

Das ökonomische Problem ergibt sich aus der Einbeziehung der Preise der Produktionsfaktoren, d. h. der Kosten des Faktormengeneinsatzes, in die Betrachtung. Man will wissen, welche Kombination der Faktoreinsatzmengen bei gegebener Ertragsmenge die geringsten Kosten verursacht bzw. welche Kombination bei gegebener Kostensumme die größte Ertragsmenge liefert *(Minimalkostenkombination)*. Es ist also zu bestimmen, unter welcher Bedingung die *Kostenfunktion* $K = r_1 \cdot q_1 + r_2 \cdot q_2$ (mit q_1 und q_2 als Faktorpreise pro Mengeneinheit) bei gegebenem Ertrag ihr Minimum annimmt, d. h. $x = f(r_1, r_2) = $ const. und $K \rightarrow $ Min.!

Konstanz des Gesamtertrages ist gleichbedeutend mit $dx = 0$, d. h. das totale Grenzprodukt dx als Summe der partiellen Grenzprodukte muss Null sein:

$$dx = \frac{\partial x}{\partial r_1} \cdot dr_1 + \frac{\partial x}{\partial r_2} \cdot dr_2 = 0$$

Umformung ergibt $\frac{\partial x}{\partial r_1} \cdot dr_1 = -\frac{\partial x}{\partial r_2} \cdot dr_2 \Leftrightarrow$

$$\frac{dr_1}{dr_2} = -\frac{\partial x}{\partial r_2} : \frac{\partial x}{\partial r_1} \quad \text{oder}$$

$$-\frac{dr_2}{dr_1} = -\frac{\partial x}{\partial r_1} : \frac{\partial x}{\partial r_2}$$

Das Verhältnis der Faktormengenänderungen $\frac{dr_1}{dr_2}$ bzw. $\frac{dr_2}{dr_1}$ – die *Grenzrate der Substitution* – ist demnach gleich dem umgekehrten Verhältnis der Grenzproduktivitäten beider Faktoren. Die Grenzrate der Substitution gibt also an, um wie viel man die Einsatzmenge des einen Faktors erhöhen (reduzieren) muss, um bei einem Minder-(Mehr-)Einsatz des anderen denselben Ertrag wie zuvor zu erhalten.

Durch die Überprüfung der notwendigen Bedingung[12] für das Vorliegen eines Minimums der Kostenfunktion lässt sich zeigen, dass die Minimalkostenkombination dann erreicht ist, wenn sich die partiellen Grenzproduktivitäten wie die Faktorpreise verhalten:

$$\frac{\partial x}{\partial r_1} : \frac{\partial x}{\partial r_2} = q_1 : q_2$$

Dieses Ergebnis lässt sich verallgemeinern; für n variable substitutionale Produktionsfaktoren gilt

$$\frac{\partial x}{\partial r_1} : \frac{\partial x}{\partial r_2} : \frac{\partial x}{\partial r_3} : \ldots \frac{\partial x}{\partial r_n} = q_1 : q_2 : q_3 : \ldots q_n$$

2. Prämissen und kritische Würdigung des Ertragsgesetzes

Dem Ertragsgesetz liegen folgende *Prämissen* (Voraussetzungen, unter denen es Gültigkeit beansprucht) zugrunde:

- Es wird nur eine einzige Produktart hergestellt; die einzelnen Produkte weisen keinerlei Qualitätsunterschiede auf.
- Die Einsatzmengen eines Faktors (bzw. eines Teils der Faktoren) können konstant gehalten werden.
- Die Einsatzmengen des variablen Faktors (bzw. der variablen Faktoren) sind beliebig teilbar.
- Die variablen Produktionsfaktoren sind peripher substituierbar.
- Die Qualität der Produktionsfaktoren ist konstant.
- Produktionstechnik, -dauer und -intensität sind unveränderlich.

Eine empirische Überprüfung der Aussagen der Produktionsfunktion vom Typ A hat bei ihren Prämissen anzusetzen. Es wäre zu untersuchen, ob bzw. in welchem Maß die Anwendungsvoraussetzungen tatsächlich vorliegen. Für in der Realität beobachtete Produktionsprozesse, die

---

12 Die ersten partiellen Ableitungen der Kostenfunktion nach r_1 und r_2 müssen den Wert Null annehmen (s. Aufg. 5).

die Prämissen erfüllen, müssten dann die tatsächlichen Input-Output-Relationen mit der vom Ertragsgesetz behaupteten verglichen werden.

Gutenberg sieht insbesondere die beiden wesentlichen Prämissen der peripheren Faktorsubstitution und der Konstanz von Faktoreinsatzmengen (bei Variation anderer Faktoren) in der industriellen Produktion als nicht erfüllt an.[13] Für industrielle Produktionsprozesse, die durch intensiven Einsatz technischer Anlagen gekennzeichnet sind, sind eher limitationale Faktoreinsatzverhältnisse charakteristisch. *Limitationalität* bedeutet, dass die Faktoreinsatzmengen bei gegebener Ausbringung in einem festen, technisch bedingten Verhältnis stehen. Der zusätzliche Einsatz nur eines Faktors erbringt keine Steigerung des Outputs. Werden beispielsweise an einer Werkzeugmaschine von einer Person 20 Werkstücke pro Stunde bearbeitet, dann könnte ein zusätzlicher Maschinenbediener nicht dazu beitragen, den Ausstoß zu steigern; es sei denn, die Maschinenlaufzeit oder -intensität und der Materialeinsatz würden entsprechend erhöht.

Das Beispiel verdeutlicht, dass auch die zweite essentielle Voraussetzung für die Gültigkeit des Ertragsgesetzes nicht als gegeben angesehen werden kann. Die Einsatzmengen einzelner Faktoren lassen sich normalerweise nicht konstant halten, wenn ein anderer Faktor variiert wird. Dabei bezieht sich Konstanthaltung hinsichtlich der Potenzialfaktoren (z. B. Maschinen) nicht auf den Bestand, sondern auf die Leistungsabgabe. Um den Ertrag zu steigern, müssen also alle Faktoren variiert werden, womit die Möglichkeit entfällt, Ertragssteigerungen einem Faktor zuzurechnen.

Aufgrund seiner sehr restriktiven Prämissen kann das Ertragsgesetz keine Allgemeingültigkeit für Produktionsprozesse beanspruchen. Dies bedeutet jedoch nicht, dass das Ertragsgesetz völlig obsolet wäre. So sind Produktionsvorgänge – insbesondere chemische und biologische sowie in der Lebensmittelindustrie – bekannt, die sich zumindest in Grenzen durch Substitutionsmöglichkeiten auszeichnen.[14] Darüber hinaus finden auf lange Sicht, d. h. bei Aufhebung der Prämisse unveränderlicher Produktionsbedingungen, laufend Faktorsubstitutionen im Betrieb statt. Im Rahmen von Rationalisierungsmaßnahmen wurde und wird beispielsweise menschliche Arbeitskraft durch den Einsatz von Maschinen ersetzt. (Substitutionsvorgänge dieser Art werden in Kap. C.VIII. behandelt.)

Gutenberg kommt zu dem Schluss, dass die Produktionsfunktion vom Typ A „für die industrielle Produktion nicht als repräsentativ anzusehen ist".[15] Zuverlässige empirische Befunde, ob das Ertragsgesetz die Input-Output-Beziehungen in den Fällen zutreffend abbildet, in denen substitutionale Faktoreinsatzverhältnisse tatsächlich vorliegen, stehen bis heute aus.

3. Ertragsgesetzliche Kostenfunktion

Die ertragsgesetzliche Kostenfunktion kann als Umkehrfunktion der Produktionsfunktion vom Typ A dargestellt werden. Bewertet man die Faktoreinsatzmengen r_c und r_v mit den Faktorpreisen je Mengeneinheit q_c bzw. q_v, so erhält man aus der ursprünglichen Produktionsfunktion $x = f(r_c, r_v)$ die Funktion $x = f(r_c \cdot q_c, r_v \cdot q_v) = f(K)$. Durch Vertauschen der abhängigen und unabhängigen Variablen ergibt sich die Kostenfunktion $K = f(x)$.

---

[13] Vgl. Gutenberg (1983), S. 321 ff.
[14] Vgl. Gälweiler (1960), S. 134 ff. und Heinen (1983), S. 210 ff.
[15] Gutenberg (1983), S. 325.

Grafisch kann die Kostenkurve durch Spiegelung der Ertragskurve an der 45°-Achse erzeugt werden (s. Abb. 15). Der Kostenverlauf in Abhängigkeit von der Produktmenge lässt sich analog dem Verlauf der Ertragskurve in einem Vierphasenschema analysieren.[16]

ABB. 15: Kostenfunktion als Umkehrfunktion der Ertragsfunktion

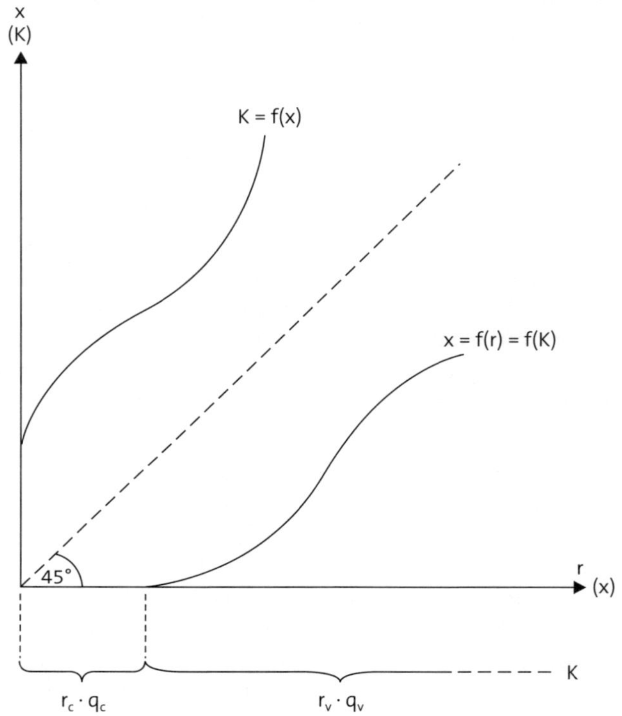

Die von K. Mellerowicz (1891–1984) angegebene Kostenfunktion[17], ein Polynom dritten Grades der allgemeinen Form $K(x) = A + B \cdot x + C \cdot x^2 + D \cdot x^3$, entspricht dem ertragsgesetzlichen Verlauf.

KONTROLLFRAGEN

(1) Was bedeuten die Begriffe „Substitutionalität" und „Limitationalität"?

(2) Wie verläuft nach dem Ertragsgesetz die Gesamtertragskurve (ein variabler Faktor, alle anderen Faktoren konstant) bei zunehmendem Einsatz des variablen Faktors?

(3) Welche Prämissen liegen dem Ertragsgesetz zugrunde?

(4) Wie ist das Ertragsgesetz bezüglich der Abbildung industrieller Produktionsprozesse zu beurteilen?

---

16 Vgl. hierzu bspw. Schweitzer/Küpper (1997), S. 300 ff.
17 Vgl. Mellerowicz (1973), S. 293 ff., 387 f.

Aufgabe 5

Bei substitutionalen Produktionsbedingungen stellt sich die Frage, in welchem Mengenverhältnis die beteiligten – hier zwei – Produktionsfaktoren einzusetzen sind, damit eine festgelegte Ausbringungsmenge zu minimalen Kosten produziert werden kann. Notwendige Bedingung für das Vorliegen des Minimums der Kostenfunktion ist, dass ihre ersten partiellen Ableitungen nach r_1 und r_2 den Wert Null annehmen. Weisen Sie nach, dass sich daraus die Bedingung der Minimalkostenkombination in der Form

$$\frac{\partial x}{\partial r_1} : \frac{\partial x}{\partial r_2} = q_1 : q_2$$

herleiten lässt.

III. Produktionsfunktion vom Typ B (Gutenberg-Produktionsfunktion)[18]

1. Eigenschaften der Produktionsfunktion vom Typ B

Von der Kritik am Ertragsgesetz ausgehend, entwickelte Gutenberg die Produktionsfunktion vom Typ B, die folgendermaßen charakterisiert ist:

▶ Die Annahme freier Variierbarkeit der Faktoreinsatzmengen (Substitutionalität) wird zugunsten fester Faktoreinsatzrelationen (Limitationalität) aufgegeben.

▶ Die Untersuchung der Input-Output-Beziehungen setzt nicht global am Gesamtbetrieb, sondern an kleinsten Einheiten wie einzelnen Maschinen und Arbeitssystemen an.

▶ Es werden zwei Arten von Input-Output-Relationen – unmittelbare und mittelbare – unterschieden.

Unmittelbare Input-Output-Beziehungen liegen dann vor, wenn die Faktoreinsatzmengen s_i aller Faktorarten i (i = 1, 2, ..., n) direkt und eindeutig von der Ausbringung x abhängig sind. Das ist vor allem bei Werkstoffen der Fall. Der Zusammenhang lässt sich durch die Funktionen $s_i = g_i(x)$ beschreiben.

Kennzeichnend für die Produktionsfunktion vom Typ B sind die schwieriger zu bestimmenden *mittelbaren* Input-Output-Beziehungen. Die Einsatzmengen bestimmter Faktoren (z. B. Betriebsstoffe wie Schmiermittel und Energie sowie Wartungs- und Instandhaltungsleistungen) gehen physisch nicht in die Erzeugnisse ein. Ihr produktiver Beitrag erfolgt quasi über den Umweg der Potenzialfaktoren[19], von denen sie direkt verbraucht werden. Nach Gutenberg hängen die Einsatzmengen dieser Verbrauchsfaktoren von den technischen Eigenschaften (der sog. z-Situation) und der Intensität d (der Arbeitsgeschwindigkeit) der Potenzialfaktoren ab.

---

18 Vgl. zum Folgenden Gutenberg (1983), S. 326 ff., Heinen (1983), S. 212 ff., Kilger (1958), S. 53 ff.
19 Potenzialfaktoren (z. B. Maschinen) werden im Produktionsprozess nicht *ver-*, sondern *gebraucht*, d. h. sie stellen Nutzungspotenziale dar, die längerfristig zur Verfügung stehen.

Für jedes Aggregat j (j = 1, 2, ..., m) und jede Faktorart i (i = 1, 2, ..., n) beschreibt eine *Faktoreinsatzfunktion*

$$r_{ij} = f_{ij}(z_1, z_2, \ldots, z_v; d_j)$$

den Zusammenhang zwischen den Faktorverbrauchsmengen r_{ij}, den technischen Parametern $z_1, z_2, \ldots, z_v$ und der von dem betrachteten Aggregat verlangten Intensität d_j. Am Beispiel eines Schmelzofens verdeutlicht Gutenberg, welche Eigenschaften unter dem Begriff z-Situation subsumiert werden: das Fassungsvermögen (z_1), die Art der Ofenausmauerung (z_2), die Feuerbeständigkeit und Härte der hierzu verwendeten Steine (z_3), die Art der zugeführten Energie (z_4). Die *Intensität (Produktionsgeschwindigkeit)* ist als die Anzahl b der während einer bestimmten Laufzeit t hervorgebrachten Arbeitseinheiten definiert:

$$d_j = \frac{b_j}{t_j}$$

Mit b wird zunächst die Arbeit im physikalisch-technischen Sinn, z. B. gemessen in kWh oder Nm, bezeichnet. Für die Intensität d_j (Arbeit pro Zeit, gemessen in W) wird daher auch die Bezeichnung Leistung verwendet. Unter bestimmten Voraussetzungen[20] kann die technische Leistung direkt in eine ökonomische Leistungsgröße transformiert werden. In diesem Fall ist unter der Leistung eines Aggregats die Ausbringung pro Laufzeit (gemessen z. B. in Stück pro Stunde, Meter pro Minute usw.) zu verstehen.

Bezieht man den Faktorverbrauch auf die Anzahl der erzeugten Arbeitseinheiten, und nimmt man die z-Situation als konstant an, so erhält man *Verbrauchsfunktionen* der Form

$$\frac{r_{ij}}{b_j} = \rho_{ij} = f_{ij}(d_j).$$

Die Anzahl der Verbrauchsfunktionen für jedes der m Aggregate stimmt mit der Anzahl n der Einsatzgüter überein.

Für einen Lieferwagen sei der Verbrauch des Einsatzfaktors „Kraftstoff" pro 100 km Fahrstrecke (sog. Streckenverbrauch) in Abhängigkeit von der gefahrenen Geschwindigkeit betrachtet (s. Abb. 16). Die zurückgelegte Fahrstrecke ist hier als ökonomische Arbeitsgröße, die Geschwindigkeit als Leistungsgröße zu interpretieren. Ein Wechsel des Getriebeganges entspricht einer Änderung der z-Situation. Die technischen Parameter sind jeweils konstant.

---

[20] Vgl. dazu im Einzelnen Heinen (1983), S. 219 f.

Produktionsfunktion vom Typ B (Gutenberg-Produktionsfunktion)

KAPITEL B
Teil III

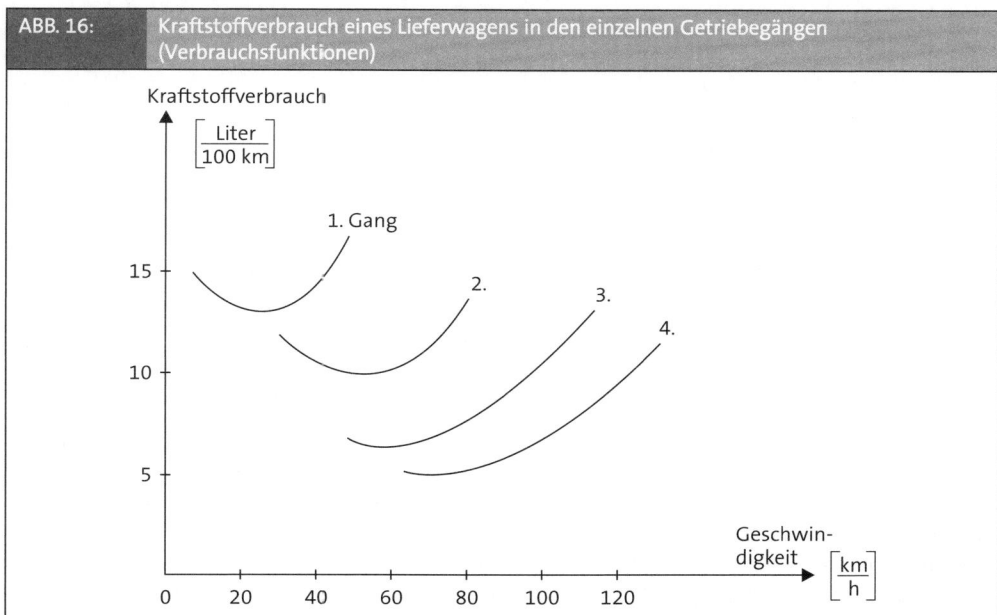

ABB. 16: Kraftstoffverbrauch eines Lieferwagens in den einzelnen Getriebegängen (Verbrauchsfunktionen)

Je nach der Art des Einsatzfaktors und den technischen Bedingungen können sich auch Verbrauchsfunktionen mit anderen als u-förmigen Kurvenverläufen ergeben (Abb. 17). Darüber hinaus ist die Intensität der meisten Potenzialfaktoren nach unten und oben hin begrenzt: $d_{min} \leq d \leq d_{max}$ (Beispiel: Leerlauf- und Höchstdrehzahl eines Verbrennungsmotors).

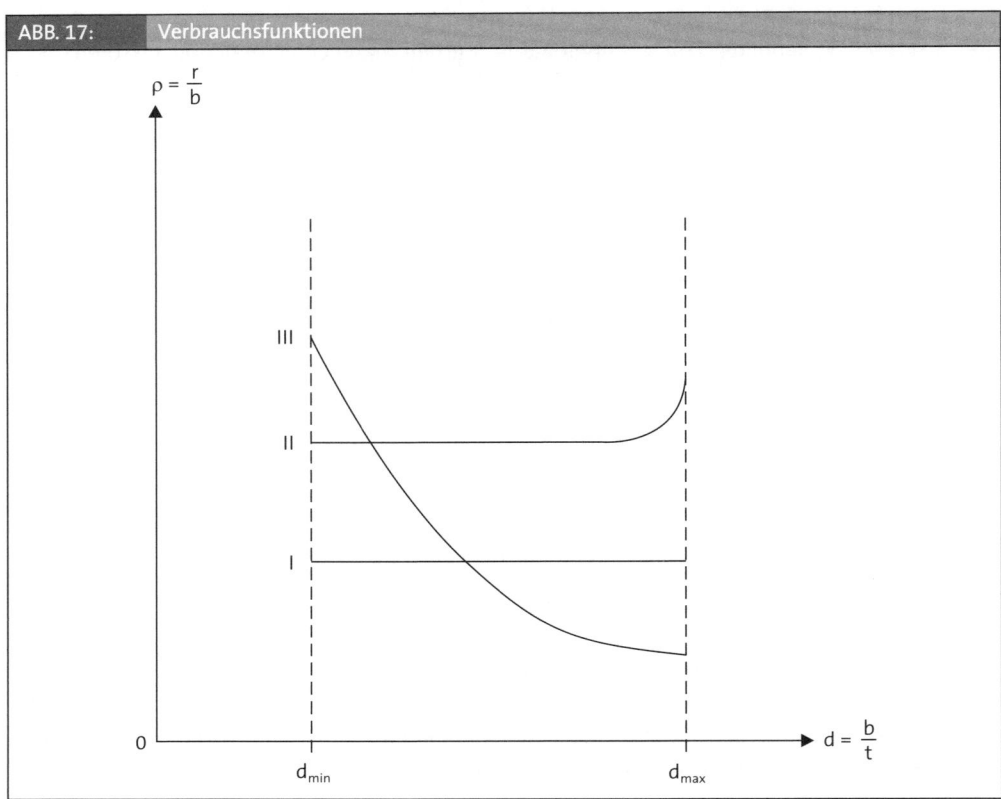

ABB. 17: Verbrauchsfunktionen

Der spezifische, d. h. auf den Output bezogene Materialverbrauch ist in der industriellen Fertigung in der Regel unabhängig von der Produktionsgeschwindigkeit (Abb. 17, Verlauf I); es ist aber auch möglich, dass der spezifische Materialverbrauch ab einer bestimmten Intensität infolge von zunehmendem Ausschuss ansteigt (Abb. 17, II). Bei Zeitlohnarbeit (die Lohnhöhe schwankt nicht mit der tatsächlichen Leistung) verläuft die Verbrauchskurve in Form einer Hyperbel (Abb. 17, III). Der Quotient r/b lässt sich durch den auf eine geleistete Mengeneinheit (LE) umgerechneten „Verbrauch" an bezahlter Arbeitszeit (z. B. in min/LE) ausdrücken. Die Arbeitsgeschwindigkeit d entspricht der pro Zeiteinheit (ZE) erzeugten Menge (in LE/ZE). Je höher die Arbeitsgeschwindigkeit ist, desto geringer ist der auf die Ausbringungsmenge bezogene Verbrauch an Arbeitszeit.

Das Beispiel des von der Intensität unabhängigen spezifischen Materialverbrauchs (Abb. 17, I) zeigt, dass auch unmittelbare Input-Output-Beziehungen formal durch Verbrauchsfunktionen dargestellt werden können. Die Quotienten $\rho_{ij} = \frac{r_{ij}}{b_j}$, d. h. die Produktionskoeffizienten, sind in diesem Fall Konstanten. Bei der *Leontief-Produktionsfunktion*, die unter B. IV. erläutert wird, handelt es sich um eine Produktionsfunktion, deren Produktionskoeffizienten für alle n Faktoren konstant sind ($b = r_i \cdot \rho_i^{-1}$ mit ρ_i = const.).

Produktionsfunktion vom Typ B (Gutenberg-Produktionsfunktion)

KAPITEL B
Teil III

Somit lassen sich sämtliche Input-Output-Relationen eines Betriebes durch ein System von Verbrauchsfunktionen abbilden. Für das Aggregat j = 1 erhält man bei n Produktionsfaktoren

$\rho_{11} = f_{11}(d_1)$

$\rho_{21} = f_{21}(d_1)$

...

$\rho_{n1} = f_{n1}(d_1)$;

entsprechend für die Maschine j = 2

$\rho_{12} = f_{12}(d_2)$

$\rho_{22} = f_{22}(d_2)$

...

$\rho_{n2} = f_{n2}(d_2)$.

Nach Umformung der Verbrauchsfunktionen $\rho_{ij} = \frac{r_{ij}}{b_j} = f_{ij}(d_j)$ in die zugehörigen Faktoreinsatzfunktionen $r_{ij} = \rho_{ij} \cdot b_j = f_{ij}(d_j) \cdot b_j$ lässt sich die Produktionsfunktion vom Typ B als System von Faktoreinsatzfunktionen darstellen, wobei die Faktorverbrauchsmengen aller m Aggregate zu summieren sind, und zwar für jede der n Faktorarten:

$$r_i = \sum_{j=1}^{m} f_{ij}(d_j) \cdot b_j \quad (i = 1, 2, \ldots, n).$$

Die hergeleitete Produktionsfunktion gibt den Faktorverbrauch in Abhängigkeit von physikalisch-technischen Arbeitseinheiten b_j wieder. Sofern diese nicht unmittelbar ökonomisch interpretierbar sind, hat eine Transformation in eine ökonomische Outputgröße x (in der Regel die Anzahl der erzeugten Produkte) zu erfolgen. Für diese Umrechnung wird von W. Kilger ein linearer Zusammenhang unterstellt: $b_j = a_j \cdot x$.[21] Die Produktionsfunktion erhält damit die Form

$$r_i = \sum_{j=1}^{m} f_{ij}(d_j) \cdot a_j \cdot x \quad (i = 1, 2, \ldots, n).$$

Für den Mehrproduktbetrieb ergibt sich

$$r_i = \sum_{j=1}^{m} f_{ij}(d_j) \cdot (a_{j1} \cdot x_1 + a_{j2} \cdot x_2 + \ldots + a_{js} \cdot x_s) \quad (i = 1, 2, \ldots, n),$$

wobei $x_1, x_2, \ldots, x_s$ die Ausbringungsmengen der einzelnen Produktarten bedeuten.

Während das ökonomische Problem bei substitutionalen Faktoreinsatzverhältnissen in der Bestimmung der Minimalkostenkombination besteht, stellt sich bei der Gutenberg-Produktionsfunktion die Frage nach der optimalen Intensität: Mit welcher Produktionsgeschwindigkeit soll eine Anlage betrieben werden, sodass der auf die Ausbringung bezogene Faktoreinsatz minimal wird? Die Problematik sei am Einproduktfall erläutert.

---

21 Vgl. Kilger (1958), S. 55 und 65.

Für eine konstante Intensität ist der Faktorverbrauch r_{ij} der Ausbringung b_j proportional (s. Abb. 18). Für $\alpha = \alpha_0$ hat die Faktoreinsatzfunktion die geringste Steigung, der spezifische Faktorverbrauch ist minimal, d.h. das Aggregat arbeitet mit der optimalen Intensität d_{j0}. Auf diese Weise ist für jede Faktorart (z. B. Energie, Werkzeugverschleiß, Schmiermittelverbrauch usw.) die jeweils optimale Intensität einer Maschine bestimmt.

Das Ziel ist jedoch die Bestimmung der optimalen Leistung bezüglich *aller* Faktorarten. Zu diesem Zweck müssen die Faktorverzehrsmengen mit Hilfe der Faktorpreise q_i vergleichbar gemacht werden. Die optimale Intensität ist dann erreicht, wenn die Summe der mit ihren Preisen bewerteten Faktoreinsatzmengen pro Ausbringungseinheit, also die Summe der Stückkosten, ein Minimum bildet:

$$k_j = \rho_{1j} \cdot q_1 + \rho_{2j} \cdot q_2 + \ldots + \rho_{nj} \cdot q_n = \sum_{i=1}^{n} \rho_{ij} \cdot q_i \to \text{Min!}$$

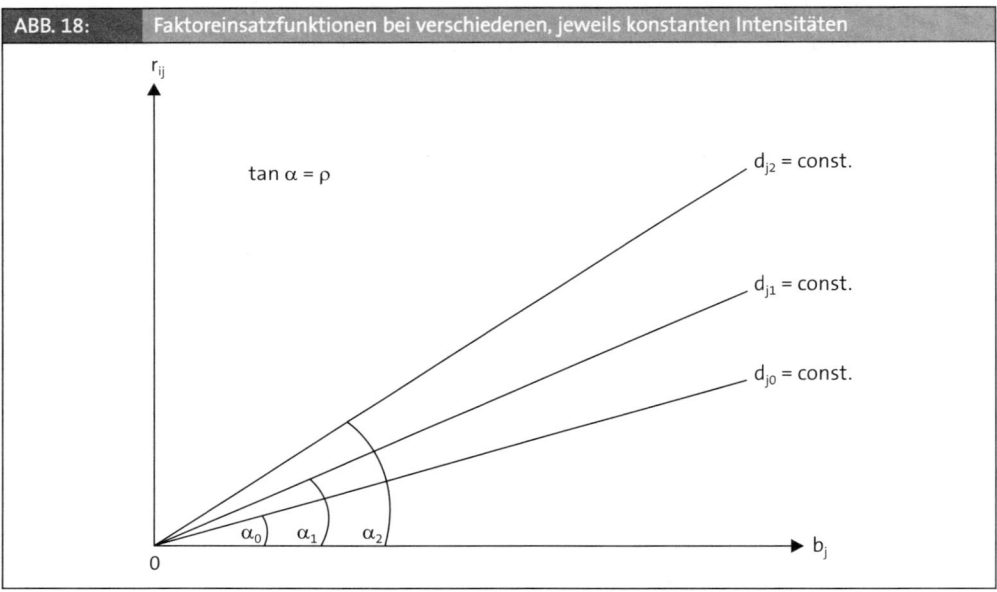

ABB. 18: Faktoreinsatzfunktionen bei verschiedenen, jeweils konstanten Intensitäten

Aus der Bedingung $k'_j(d_j) = 0$ erhält man für den Fall, dass nur zwei Faktoren eingesetzt werden, nach Umformung die Gleichung[22]

$$\partial \rho_{1j} \cdot q_1 = -\partial \rho_{2j} \cdot q_2.$$

Da q_1 und q_2 nur positive Werte annehmen können, muss bei der wirtschaftlich günstigsten Leistung – sofern die Verbrauchsfunktionen ihre Minima nicht zufällig bei der gleichen Leistung haben – die monetäre Verbrauchsfunktion (Stückkostenkurve) des einen Faktors fallen und die des anderen Faktors steigen, und zwar mit betragsmäßig gleichem Steigungsmaß (vgl. Abb. 19).

---

22 Obwohl nach nur einer Variablen abgeleitet wird, wird das Symbol ∂ für die partielle Differentiation verwendet, um eine Verwechselung mit dem Formelzeichen d für die Intensität zu vermeiden.

Mit anderen Worten: Die optimale Intensität liegt dann vor, wenn bei einer Intensitätsänderung um eine Einheit die Kosten des einen Produktionsfaktors um den gleichen Betrag steigen (sinken), um den sich die Kosten des zweiten Faktors vermindern (erhöhen).

Rein formal weist die Bedingung für die optimale Leistung eine gewisse Ähnlichkeit mit der Bedingung für die Minimalkostenkombination der Produktionsfunktion von Typ A auf (s. oben B. II. 1.). Inhaltlich handelt es sich jedoch um völlig verschiedene Sachverhalte. Während mit Hilfe des Ertragsgesetzes das kostenminimale Mengenverhältnis substituierbarer Faktoren ermittelt wird, geht es bei der Gutenberg-Produktionsfunktion um die kostenminimale Produktionsgeschwindigkeit, von der der jeweilige Verbrauch der limitationalen Faktoren gemäß ihren Verbrauchsfunktionen abhängt.

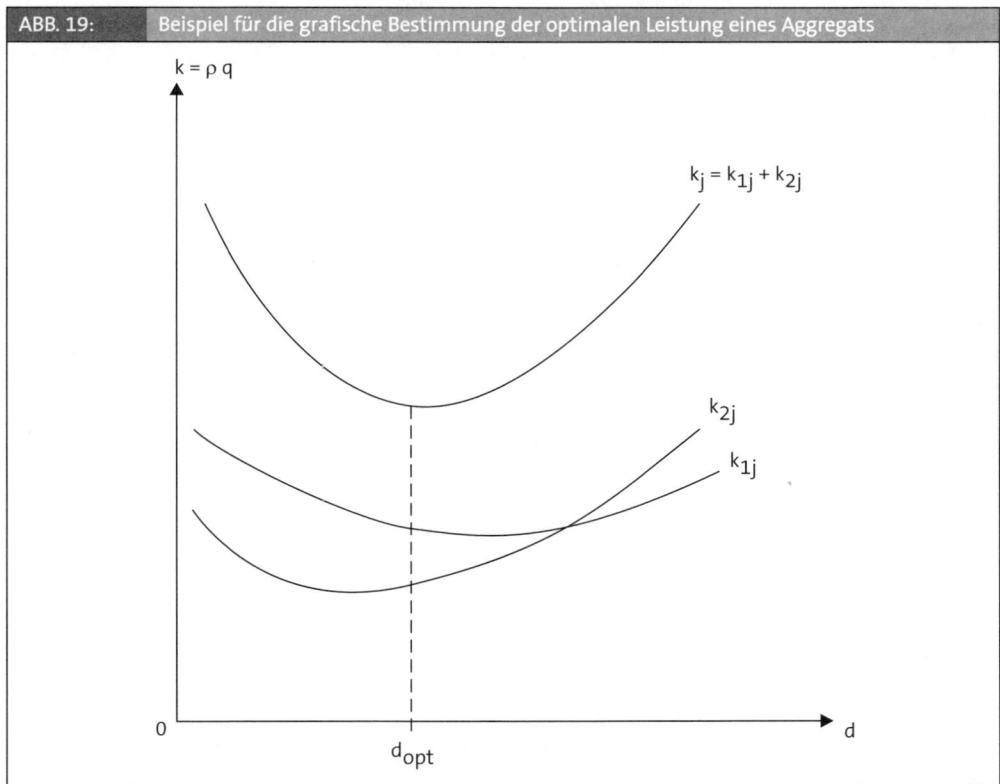

ABB. 19: Beispiel für die grafische Bestimmung der optimalen Leistung eines Aggregats

2. Kritische Würdigung der Produktionsfunktion vom Typ B

Da die Produktionsfunktion vom Typ B die in der Industrie sehr viel häufiger anzutreffenden limitationalen Produktionsprozesse abbildet, ist ihr Anwendungsbereich gegenüber dem Ertragsgesetz wesentlich weiter. Substitutionale Prozesse werden allerdings nicht erfasst, sodass auch die Gutenberg-Produktionsfunktion keine universelle Gültigkeit beanspruchen kann.

Eine im Vergleich zum Ertragsgesetz größere Realitätsnähe resultiert aus der Betrachtung betrieblicher Teileinheiten und der technischen Fundierung der produktionstheoretischen Aussagen (Einbeziehung der technischen Eigenschaften der Produktionsfaktoren, Zugrundelegung leistungsabhängiger Faktoreinsatz- bzw. Verbrauchsfunktionen). Als Bestimmungsgröße für den Faktorverbrauch wird nicht mehr nur der Output angesehen, als weitere Variable tritt die Potenzialfaktorintensität hinzu.

Dennoch wird die Zahl der berücksichtigten Variablen der Vielzahl von Möglichkeiten zur Beeinflussung des Faktorverbrauchs, über die die betriebliche Praxis verfügt (beispielsweise Bestimmung von Auftragsreihenfolgen und Losgrößenvariation), nicht gerecht. Das zeitliche Moment wird zwar über die Produktionsdauer implizit berücksichtigt, doch macht die Gutenberg-Produktionsfunktion u. a. keine Aussagen darüber, wie sich Veränderungen im Verhältnis von Rüst- und Ausführungszeiten oder Betriebs- und Stillstandszeiten (z. B. aufgrund von Wartungs- und Reparaturarbeiten) auf Ausbringung und Faktoreinsatz auswirken.

Bei der Umrechnung von technischen in ökonomische Leistungsgrößen wird vereinfachend zumeist ein proportionaler Zusammenhang unterstellt. Für das oben herangezogene Lieferwagen-Beispiel würde diese Annahme bedeuten, dass eine Verdopplung der Motorleistung auch zu einer Verdopplung der Geschwindigkeit führen müsste. Dies ist jedoch u. a. wegen des überproportional zunehmenden Luftwiderstands nicht der Fall. Proportionalität zwischen ökonomischer und technischer Leistung ist vielmehr als – besonders einfacher – Sonderfall anzusehen.[23]

Alle technischen Parameter einer Maschine mit Ausnahme der Intensität werden im Rahmen der Gutenberg-Produktionsfunktion global zur z-Situation zusammengefasst, die darüber hinaus als konstant angenommen wird. „Eine solche, aus methodischen Gründen vorgenommene Konstantsetzung ist allerdings nicht in allen Fällen möglich, da eine Veränderung der Intensität auch eine Veränderung der z-Situation erforderlich machen kann. Zum Beispiel lässt sich bei manchen maschinellen Aggregaten eine wesentliche Erhöhung der Laufgeschwindigkeit nur erreichen, wenn andere Gangeinstellungen, also andere Übersetzungsverhältnisse zwischen Motor und Getriebe, gewählt werden."[24]

Aber auch für den Fall, dass eine solche Beschränkung nicht vorliegt, kann die pauschale Behandlung der technischen Eigenschaften aus theoretischen und praktischen Gründen nicht befriedigen. Da neben der Intensität auch die anderen technischen Parameter eines Aggregats den Faktorverbrauch beeinflussen, wäre es für Zwecke der Planung und Steuerung der Produktionsprozesse wichtig zu wissen, welche Parameter beeinflussbar sind und welche Beziehungen zwischen den Faktoreinsatzmengen und der Variation dieser Parameter bestehen. Im Rahmen der Produktionsfunktion vom Typ B ist eine Änderung der technischen Daten als Übergang zu einer anderen z-Situation zu interpretieren. Jeder z-Situation liegt ein spezifisches System von Verbrauchsfunktionen zugrunde, sodass die Berücksichtigung sämtlicher Beeinflussungsmöglichkeiten je nach Art des Aggregats zu einer unüberschaubaren Zahl von Verbrauchsfunktionen führen müsste. Dass die Verbrauchsfunktionen mit vertretbarem Aufwand ermittelt[25] und für die Beherrschung der Produktion in der betrieblichen Praxis nutzbar gemacht werden können, muss bezweifelt werden.

---

[23] Eine ökonomische Verbrauchsfunktion φ_{ij} wäre daher durch eine Funktion der technischen Verbrauchsfunktion, d. h. eine verkettete Funktion, darzustellen: $\varphi_{ij} = h_{ij}(\rho_{ij}) = h_{ij}(f_{ij}(d_j))$.
[24] Haberbeck (1967), S. 19 f.
[25] Zu Lösungsversuchen für dieses Problem vgl. ebenfalls Haberbeck (1967), S. 19 f.

Die produktionstheoretischen Untersuchungen Gutenbergs konzentrieren sich auf den Verbrauch an Werk- und Betriebsstoffen. Die Erfassung von Verschleiß und technisch-wirtschaftlicher Überholung maschineller Anlagen wird nicht näher behandelt. Probleme wirft auch die Einbeziehung des menschlichen Arbeitseinsatzes in die Produktionsfunktion auf.[26] Zwar lassen sich bei rein muskulärer Arbeit Verbrauchsfunktionen für den Energieumsatz angeben;[27] diese Vorgehensweise versagt jedoch in dem Maße, wie der Anteil nichtmuskulärer Arbeit zunimmt. Oben (Abb. 17, III) wurde zur Messung des Arbeitseinsatzes auf die Ersatzgröße „bezahlte Arbeitszeit pro Leistungseinheit" zurückgegriffen; über das tatsächlich erforderliche Maß an Arbeit in Mengeneinheiten kann jedoch auf diese Weise keine Aussage gemacht werden.

3. Kosteneinflussgrößen und Anpassungsformen auf der Basis der Produktionsfunktion vom Typ B[28]

Während die ertragsgesetzliche Kostenfunktion mit der Ausbringungsmenge nur *eine* Kosteneinflussgröße berücksichtigt, unterscheidet Gutenberg fünf *Haupt-Kosteneinflussgrößen*:

- ▶ Beschäftigung
- ▶ Betriebsgröße
- ▶ Faktorqualitäten
- ▶ Produktionsprogramm.
- ▶ Faktorpreise

3.1 Beschäftigung

Schwankungen des Beschäftigungsgrades, d. h. der Inanspruchnahme der Kapazität, verändern die Faktoreinsatzmengen und rufen Verschiebungen in den Proportionen zwischen den Einsatzmengen hervor, was sich in entsprechenden Kostenänderungen niederschlägt. Gemäß der Produktionsfunktion vom Typ B wird die Ausbringung x von der Intensität d der Potenzialfaktoren, der Betriebszeit t und der Anzahl m der eingesetzten Potenzialfaktoren bestimmt: $x = d \cdot t \cdot m$. Demnach kann sich ein Betrieb im Rahmen des vorhandenen Potenzialfaktorbestandes einer Beschäftigungs- bzw. Outputänderung

- ▶ intensitätsmäßig,
- ▶ zeitlich oder
- ▶ quantitativ

anpassen. Außerdem sind Kombinationen der drei Anpassungsformen möglich und vielfach auch zwingend.

Intensitätsmäßige Anpassung liegt vor, wenn bei konstanter Anzahl der Aggregate und konstanter Betriebszeit die technische Leistung variiert wird. Sofern die technischen Voraussetzungen für eine Variation der Produktionsgeschwindigkeit vorliegen, erhöht jede Abweichung von der optimalen Geschwindigkeit den spezifischen Faktorverbrauch und damit die variablen Kosten. Die intensitätsmäßige Anpassung ist daher insbesondere in den Fällen von Bedeutung, in denen aus technisch-wirtschaftlichen Gründen keine andere Anpassungsart anwendbar erscheint (z. B.

---

[26] Vgl. Reichwald (1977), S. 43 ff.
[27] Solche Verbrauchsfunktionen weisen wie die maschineller Anlagen typischerweise einen u-förmigen Kurvenverlauf auf; vgl. etwa den Verlauf des Energieaufwands einer Bewegung in Abhängigkeit von der Geschwindigkeit des bewegten Körperteils bei REFA (1992), S. 135, Bild 53.
[28] Vgl. zum Folgenden Gutenberg (1983), S. 344 ff. und Heinen (1983), S. 490 ff.

beim Hochofenprozess). Darüber hinaus lässt sich plötzlich auftretenden Engpässen, die eine sehr kurzfristige Anpassung erfordern, oft nur mit Intensitätsänderungen begegnen.

Rein intensitätsmäßige Anpassung führt bei u-förmig verlaufenden Verbrauchskurven zu einem s-förmigen Kurvenverlauf der Gesamtkosten $K(x) = k(d) \cdot x$, der insofern qualitativ mit dem ertragsgesetzlichen übereinstimmt. Weitere Aussagen über den Verlauf der Gesamtkostenkurve bei intensitätsmäßiger Anpassung lassen sich in allgemeingültiger und zugleich eindeutiger Weise nicht treffen. Je nach Art der Verbrauchskurven und damit des Durchschnittskostenverlaufs können sich gekrümmte oder geradlinige Gesamtkostenkurven ergeben.

Der in Abb. 20 dargestellte Kostenverlauf ist zu erwarten, wenn unter der Voraussetzung u-förmiger Verbrauchskurven und bei Einhaltung der optimalen Leistung d_{opt} bis zur maximal möglichen Betriebszeit t_{max} – dies entspricht der Ausbringungsmenge $x_1 = d_{opt} \cdot t_{max}$ – zeitlich angepasst wird und größere Mengen als x_1 durch Intensitätssteigerung erzeugt werden. Dieser Anpassungspfad ermöglicht die kostenminimale Herstellung der jeweils verlangten Erzeugnismenge:

$$K_{min}(x \leq x_1) = k(d_{opt}) \cdot x = k_{min} \cdot x \text{ bzw.}$$
$$K_{min}(x > x_1) = k(d) \cdot x = k(x/t_{max}) \cdot d \cdot t_{max}$$

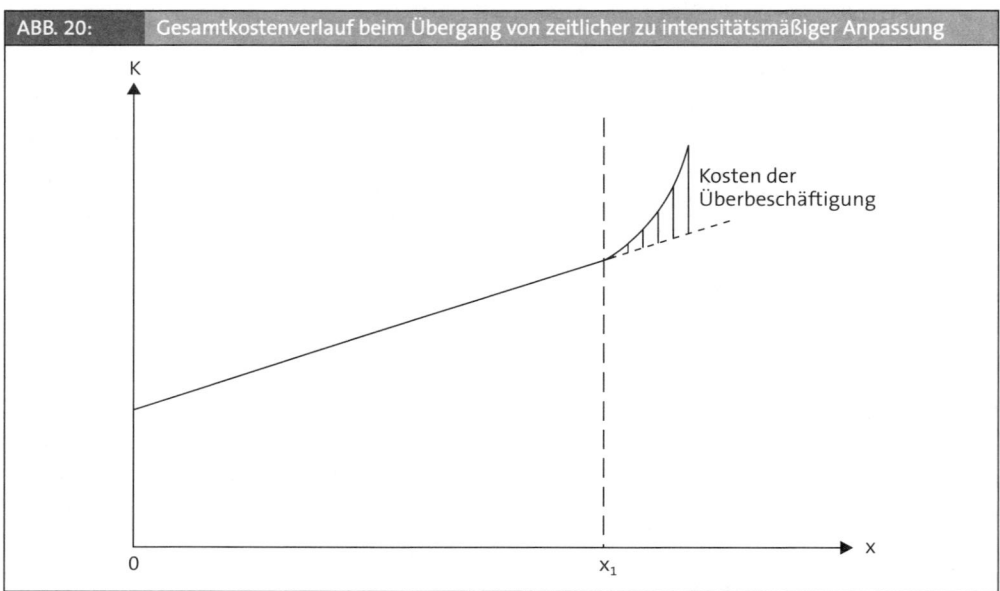

ABB. 20: Gesamtkostenverlauf beim Übergang von zeitlicher zu intensitätsmäßiger Anpassung

Zeitliche Anpassung bedeutet Variation der Betriebszeit, während Leistung und genutzter Bestand der Potenzialfaktoren konstant bleiben. Instrumente zeitlicher Anpassung sind Überstunden bzw. Kurzarbeit und Sonder- bzw. Feierschichten. Aus der angenommenen Konstanz der Leistung resultiert ein linearer Kostenverlauf. Infolge von Überstundenzuschlägen steigen die Lohnkosten jenseits der Normalarbeitszeitzone stärker, jedoch weiterhin linear an (Abb. 21).

Produktionsfunktion vom Typ B (Gutenberg-Produktionsfunktion)

KAPITEL B
Teil III

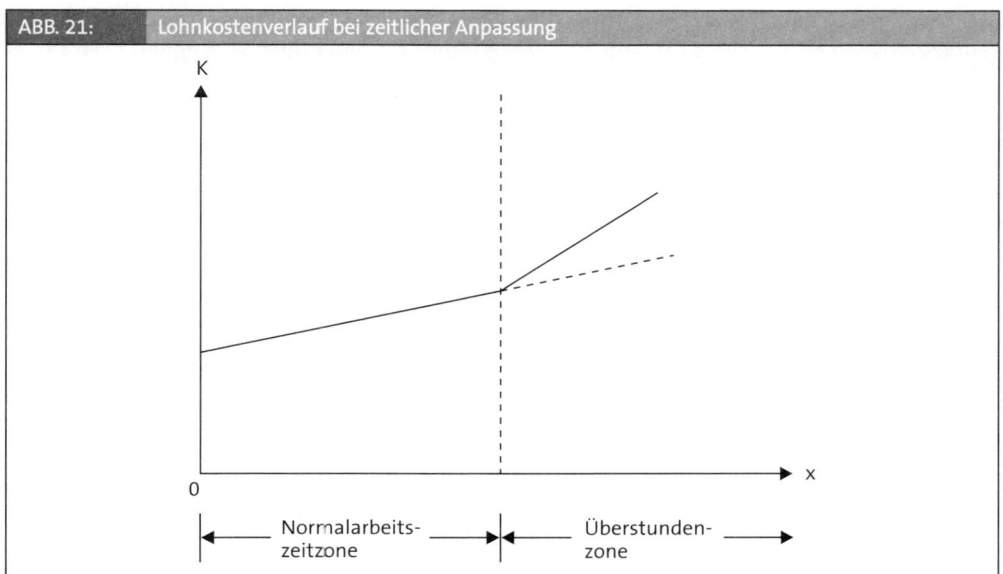

ABB. 21: Lohnkostenverlauf bei zeitlicher Anpassung

Erreichen Beschäftigungsänderungen eine Größenordnung, die die zeitlichen Anpassungsmöglichkeiten übersteigt, kann der Betrieb die *quantitative Anpassung* einsetzen; Betriebszeit und Potenzialfaktorleistung bleiben dabei unverändert. Bei zurückgehender Beschäftigung werden beispielsweise einzelne Maschinen oder Betriebsteile stillgelegt und Arbeitskräfte umgesetzt. Nimmt die Beschäftigung zu, kann die quantitative Anpassung durch Wiederinbetriebnahme stillgelegter Betriebsteile und Wiederbeschäftigung anderweitig eingesetzter Arbeitskräfte erfolgen.[29]

Zwei Fälle lassen sich unterscheiden: Verfügt der Betrieb über gleichartige Aggregate, kann ein beliebiges von ihnen stillgesetzt bzw. in Betrieb genommen werden. Der Betrieb führt eine *rein quantitative* Anpassung durch. Von *selektiver* Anpassung wird gesprochen, wenn bei einem hinsichtlich Leistungsvermögen, Kostenstruktur etc. heterogenen Maschinenbestand diejenigen Maschinen auszuwählen sind, die bei Beschäftigungsänderungen als erste aus der Produktion genommen bzw. wieder eingesetzt werden sollen. Bei rückläufiger Beschäftigung werden zuerst die weniger wirtschaftlich arbeitenden Aggregate, dann zunehmend die „besseren" ausgeschieden. Weitet sich die Beschäftigung aus, werden zuerst die kostengünstigeren wieder in Betrieb gesetzt.

Im Gegensatz zur zeitlichen und intensitätsmäßigen Anpassung kann die Ausbringung im Fall quantitativer Anpassung nicht kontinuierlich, sondern nur stufenweise variiert werden. Dementsprechend ergeben sich bei ausschließlich quantitativer Anpassung diskrete Kostenpunkte. Zu einem zusammenhängenden Kostenverlauf führt die in der Praxis häufig angewandte Kombination zeitlicher und quantitativer Anpassung (Abb. 22 und 23).

---

29 Nach Gutenberg schließt die quantitative Anpassung auch die Veräußerung von Betriebsmitteln bzw. Entlassung von Arbeitskräften ein (s. Gutenberg (1983), S. 380). Dadurch ändert sich jedoch der Potenzialfaktorbestand, sodass auch die Kosteneinflussgröße „Betriebsgröße" variieren würde (vgl. Heinen (1983), S. 506). An dieser Stelle wird nur die quantitative Anpassung bei *gegebenem* Bestand an Potenzialfaktoren behandelt.

KAPITEL B
Teil III
Produktions- und kostentheoretische Grundlagen

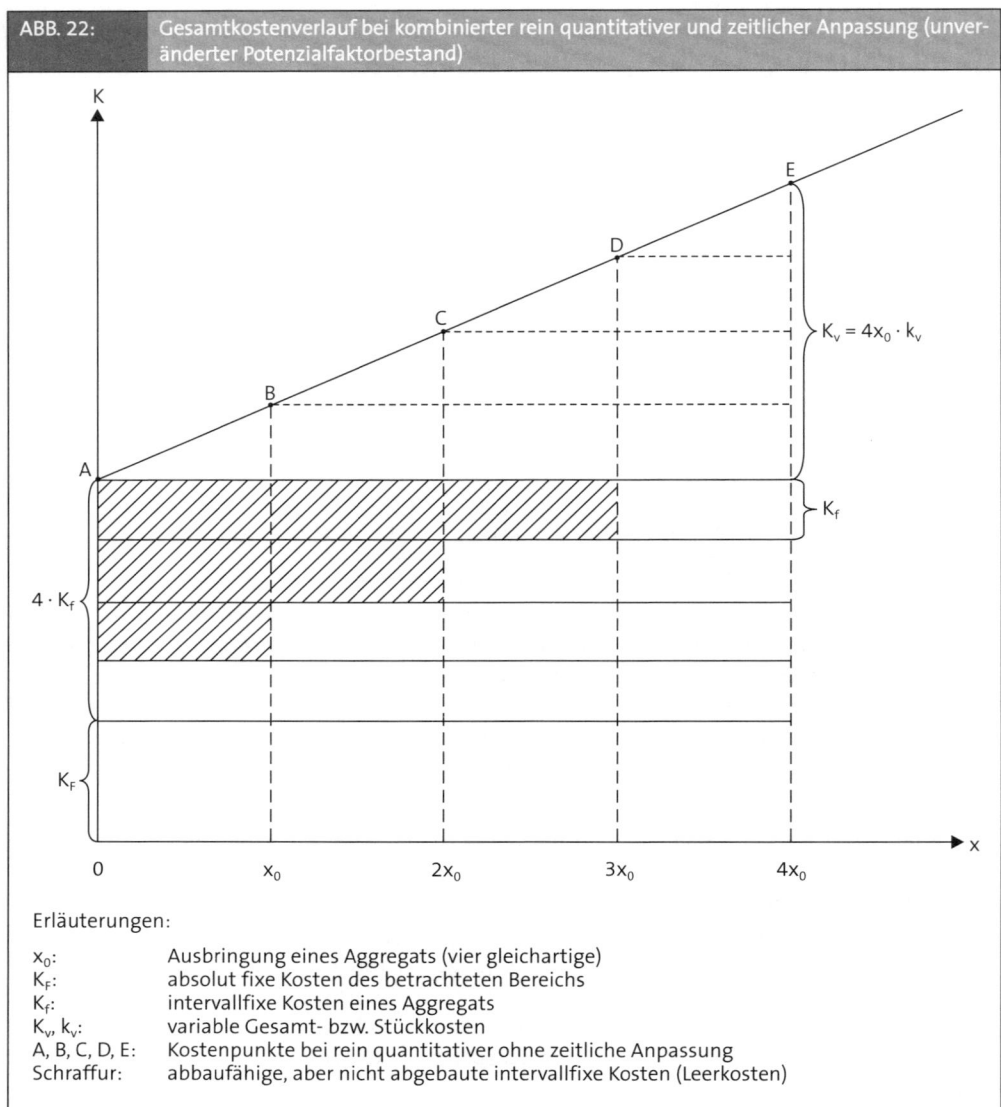

ABB. 22: Gesamtkostenverlauf bei kombinierter rein quantitativer und zeitlicher Anpassung (unveränderter Potenzialfaktorbestand)

Erläuterungen:

- x_0: Ausbringung eines Aggregats (vier gleichartige)
- K_F: absolut fixe Kosten des betrachteten Bereichs
- K_f: intervallfixe Kosten eines Aggregats
- K_v, k_v: variable Gesamt- bzw. Stückkosten
- A, B, C, D, E: Kostenpunkte bei rein quantitativer ohne zeitliche Anpassung
- Schraffur: abbaufähige, aber nicht abgebaute intervallfixe Kosten (Leerkosten)

Analog ergeben sich die in Abb. 23 dargestellten kostenmäßigen Konsequenzen, wenn die Annahme qualitativ gleichwertiger Aggregate aufgegeben wird. Die jeweils unwirtschaftlicheren Aggregate sind in der Abbildung durch höhere Indizes bezeichnet. Ihre Leistungsfähigkeit ist geringer, die variablen Kosten und die Summe aus variablen und intervallfixen Kosten sind höher als bei den wirtschaftlicheren Maschinen.

Produktionsfunktion vom Typ B (Gutenberg-Produktionsfunktion)

KAPITEL B
Teil III

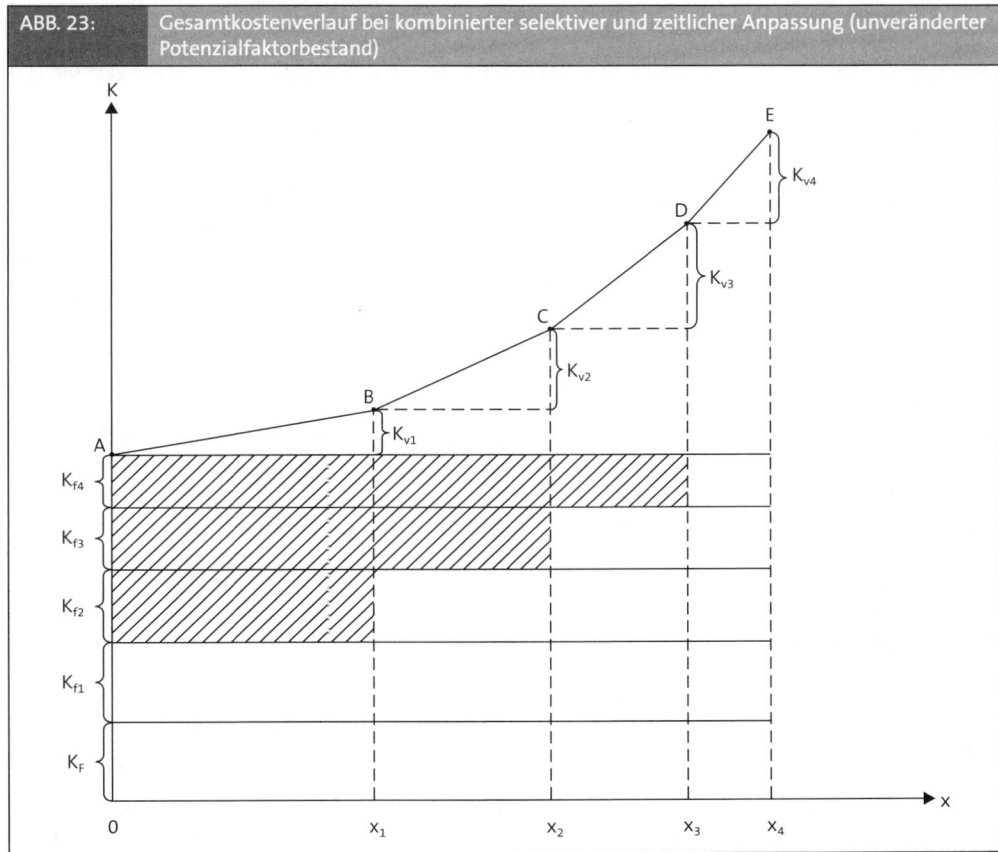

ABB. 23: Gesamtkostenverlauf bei kombinierter selektiver und zeitlicher Anpassung (unveränderter Potenzialfaktorbestand)

3.2 Faktorqualitäten

Über die Auswirkungen von Änderungen der Faktorqualitäten – von Gutenberg als „technisch-organisatorische Produktionsbedingungen" umschrieben – auf die Kosten lassen sich kaum präzise und allgemeingültige Aussagen machen. Die Problematik soll daher anhand einiger Beispiele aufgezeigt werden.

Idealtypisch können unterschieden werden:

► vom Betrieb *nicht beeinflussbare Änderungen* der Faktorqualität, z. B. Qualitätsschwankungen bezogener Rohstoffe,

► *beeinflussbare* Änderungen, z. B. infolge von Fehlentscheidungen des Managements; dazu gehört der Einsatz überqualifizierter Arbeitskräfte oder die Verwendung von teureren Universalmaschinen, wenn Spezialmaschinen für einen bestimmten Zweck ausgereicht hätten.

Hinsichtlich der Art der Änderung von Faktorqualitäten unterscheidet Gutenberg oszillative Schwankungen, stetige und mutative Änderungen.[30]

---

30 Vgl. Gutenberg (1983), S. 344 f.

Mit *oszillativen* Schwankungen werden um einen Mittelwert schwankende und sich langfristig ausgleichende Veränderungen bezeichnet, sodass sie die Kostensituation im Durchschnitt nicht beeinflussen. So ist die menschliche Arbeitsleistung von einer Vielzahl von Einflussfaktoren abhängig; über einen längeren Zeitraum gesehen kompensieren sich bei einer Arbeitskraft leistungssteigernde und -mindernde Einflüsse. Auch die Qualifikation des gesamten Personalbestands ändert sich durch Personalzugänge und -abgänge laufend; im Mittel gleichen sich solche Schwankungen c. p. aus. Ebenso verhält es sich mit den Schwankungen der Betriebsmittelqualität. Auch Rohstoffe unterliegen zufälligen Qualitätsschwankungen (insbesondere landwirtschaftliche Erzeugnisse, Holz, Leder u. Ä.), die jedoch im Mittel nicht kostenwirksam werden, insbesondere wenn sich durch Mischen ein einheitliches Qualitätsniveau einstellen lässt (was allerdings bei der Partieproduktion nicht der Fall ist).

Stetige und *mutative* Änderungen senken (heben) das Kostenniveau, wenn es sich um qualitative Verbesserungen (Verschlechterungen) handelt. Während stetige Veränderungen einem längerfristigen Trend folgen, erfolgen mutative Änderungen sprunghaft, trendbruchartig; beide Änderungsformen können oft nicht scharf voneinander abgegrenzt werden. Technischer Fortschritt (Einsatz neuartiger Werkstoffe, Verfahrensänderungen usw.) kann sich sowohl durch kontinuierliche Weiterentwicklung vollziehen, als auch plötzliche und gravierende Qualitätsschübe hervorrufen. In beiden Fällen erfolgt ein Übergang zu einer anderen Produktionsfunktion.

3.3 Faktorpreise

Da sich die Kosten als Produkt von Faktoreinsatzmengen und -preisen ergeben, müssen sich Faktorpreisänderungen auf die Kostenhöhe auswirken, wobei Gutenberg eine direkte und eine indirekte Beeinflussung unterscheidet.[31]

Die Bewertung des Mengengerüsts mit veränderten Preisen bedeutet einen *direkten* Einfluss auf die Kosten; Mengenänderungen sind damit nicht verbunden. Für den Fall, dass der Faktorpreis unabhängig von der beschafften Menge ist, wird der Verlauf der Kostenkurve eindeutig durch die Produktionskurve bestimmt (technische Kostenkurve). Steigende (fallende) Faktorpreise führen zu steileren (flacheren) Kostenkurven, wobei deren Extremwerte ihre Lage nicht ändern, d. h. bei derselben Ausbringung anfallen. Sind die Preise dagegen eine Funktion der nachgefragten Faktoreinsatzmenge (z. B. bei Gewährung von Mengenrabatten), dann wird die Kostenfunktion nicht mehr nur von der Produktionsfunktion determiniert (pretiale Kostenkurve).

Faktorpreisänderungen können aber auch *indirekt* auf die Kostenhöhe einwirken, indem sie „... zu Änderungen in der qualitativen Zusammensetzung der zur Produktion verwandten Faktoren führen".[32] In diesem Fall erfährt auch das Mengengerüst eine Veränderung. Die Faktorpreisänderungen induzieren so Substitutionsvorgänge, die andere Produktions- und damit auch Kostenfunktionen zur Folge haben.

---

31 Vgl. Gutenberg (1983), S. 346.
32 Gutenberg (1983), S. 420.

3.4 Betriebsgröße

Eine Änderung der Betriebsgröße (des Potenzialfaktorbestands und damit der Kapazität) ist als langfristige Anpassungsmaßnahme anzusehen. Gutenberg unterscheidet zwei Arten: multiple und mutative Betriebsgrößenvariation.[33]

Multiple Betriebsgrößenvariation liegt vor, wenn die Zahl der als gleichartig vorausgesetzten Potenzialfaktoren verändert wird. Durch Kauf bzw. Verkauf von Aggregaten und Einstellung bzw. Entlassung von Arbeitskräften werden im Unterschied zur quantitativen Anpassung die intervallfixen Kosten erhöht bzw. abgebaut (vgl. Abb. 24).

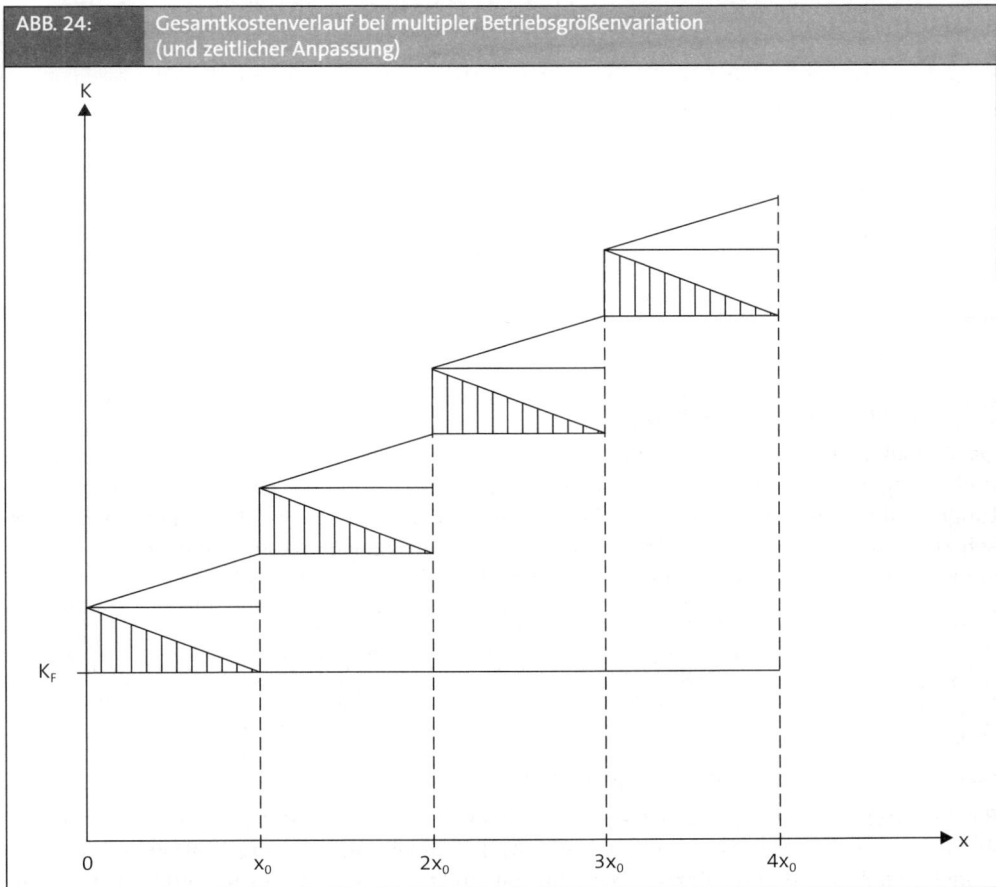

ABB. 24: Gesamtkostenverlauf bei multipler Betriebsgrößenvariation (und zeitlicher Anpassung)

Im Fall der *mutativen* Betriebsgrößenvariation ändert sich der Potenzialfaktorbestand nicht nur zahlenmäßig, sondern auch qualitativ. Mit dem Übergang auf ein kapitalintensiveres Produktionsverfahren zum Beispiel ist eine Änderung der Kostenstruktur verbunden, die zu höheren Fixkosten bei geringerem Anstieg der variablen Kosten führt (vgl. Abb. 25).

---

33 Vgl. Gutenberg (1983), S. 423 ff.

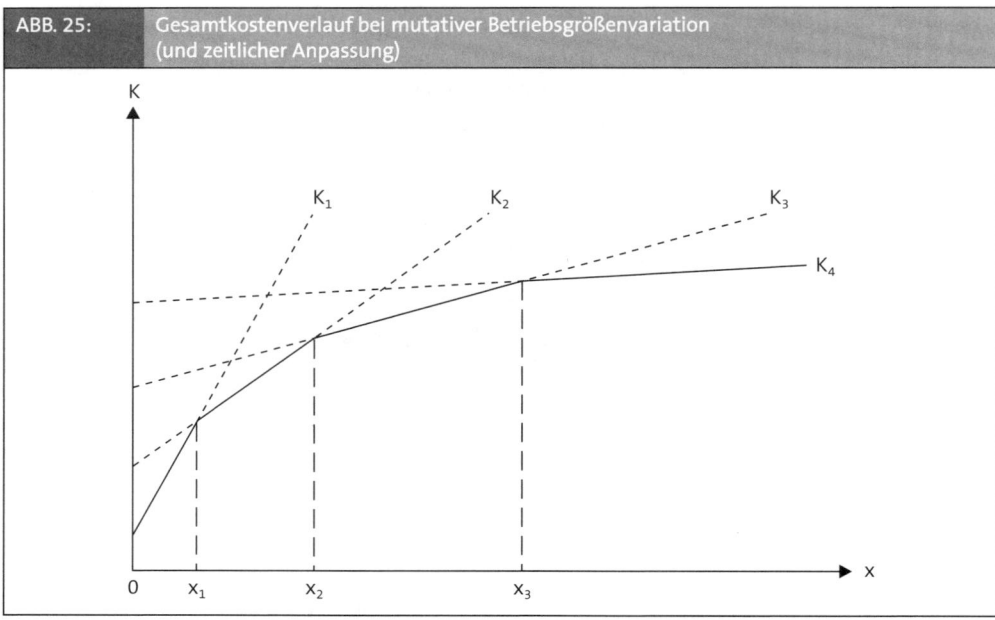

ABB. 25: Gesamtkostenverlauf bei mutativer Betriebsgrößenvariation (und zeitlicher Anpassung)

3.5 Produktionsprogramm

Das Produktions- oder Fertigungsprogramm, d. h. die für eine Periode geplanten Erzeugnisarten und -mengen, stellt eine weitere Kosteneinflussgröße dar. Sind die gesamten Betriebseinrichtungen auf ein bestimmtes Fertigungsprogramm ausgerichtet, so erzeugen Änderungen in dessen Zusammensetzung Diskrepanzen zwischen dem Fertigungsprogramm und der Eignung des vorhandenen Betriebsmittelbestandes, wodurch das Kostenniveau beeinflusst wird.

Durch Standardisierungsmaßnahmen, Anwendung des Baukastenprinzips usw. kann versucht werden, Forderungen des Vertriebsmanagements nach einer Ausweitung und des Produktionsmanagements nach Einschränkungen des Produktionsprogramms zu einem Ausgleich zu bringen. Hier wie bei dem zweiten von Gutenberg in diesem Zusammenhang diskutierten Problemkreis, der fertigungstechnischen Elastizität (Flexibilität), ergeben sich Überschneidungen mit anderen Kosteneinflussgrößen (Faktorqualitäten und Beschäftigung).

Bei der sukzessiven Herstellung mehrerer Erzeugnisgruppen tritt das Problem der optimalen Auftrags- bzw. Losgröße (wird in Kap. D. III. 4.2 f. behandelt) auf. Es ist zu bestimmen, wie viele Einheiten auf einem bestimmten Betriebsmittel direkt nacheinander bearbeitet werden sollen, bevor es auf eine andere Erzeugnisart umgerüstet wird.

KONTROLLFRAGEN

(1) Durch welche Merkmale ist die Produktionsfunktion vom Typ B charakterisiert?

(2) Welchen Zusammenhang bildet eine Verbrauchsfunktion ab?

(3) Wie lautet allgemein die Bedingung für die optimale Intensität eines Aggregats bei zwei Faktorarten?

(4) Welche Haupt-Kosteneinflussgrößen unterscheidet Gutenberg?

(5) Auf welche Weise kann sich ein Betrieb an Beschäftigungsänderungen anpassen?

(6) Inwiefern lässt sich bei intensitätsmäßiger Anpassung keine generelle Aussage über den Verlauf der Gesamtkostenkurve machen?

(7) Wodurch unterscheiden sich rein quantitative und selektive Anpassung?

Aufgabe 6

Für einen leichten Lkw soll die „optimale Intensität" bestimmt werden, d. h. die Geschwindigkeit v, bei der die Kosten des Faktoreinsatzes minimal sind. Es werde eine definierte Nutzlast bei konstanter Geschwindigkeit transportiert; als „ökonomische Arbeitseinheit" b ist die zurückgelegte Strecke (in 100 Autobahn-km) anzusehen. Weitere Daten:

r_1: Verbrauch an Dieselkraftstoff [Liter]

r_2: Arbeitseinsatz des Fahrers [h]

$v_{min} = 80$ km/h; $v_{max} = 120$ km/h

Verbrauchsfunktionen:

$\rho_1 = r_1/b = 0{,}004\, v^2 - 0{,}5\, v + 27$ [Liter/100 km]

$\rho_2 = r_2/b = \dfrac{100}{v}$ [h/100 km]

Faktorpreise:

$q_1 = 1{,}30$ €/Liter

$q_2 = 30$ €/h

Hinweis: Die bei der Rechnung auftretende Gleichung 3. Grades kann durch Probieren („Iterationen") gelöst werden.

Aufgabe 7

Für die drei Repetierfaktoren (i = 1, 2, 3) einer Maschine sind die nachstehenden Verbrauchsfunktionen a_i [ME/LE] ermittelt worden (mit d [LE/ZE] als Intensität):

$$a_1 = \frac{2}{3} \qquad a_2 = 3 - \frac{1}{2} \cdot d + \frac{1}{10} \cdot d^2 \qquad a_3 = \frac{1}{6} \cdot d + \frac{1}{30} \cdot d^2$$

Die Preise der Produktionsfaktoren betragen: $q_1 = 9$ GE/ME, $q_2 = 5$ GE/ME, $q_3 = 3$ GE/ME.

a) Ermitteln Sie die Durchschnittskostenfunktion (Stückkostenfunktion).

b) Bestimmen Sie die optimale Intensität d_{opt}.

c) Formulieren Sie die Gesamtkostenfunktion K = K(x) (mit x in LE) für den Fall, dass die Maschine mit optimaler Intensität betrieben wird.

d) Bestimmen Sie die Ausbringungsmenge, wenn die Maschine 6 Zeiteinheiten bei optimaler Intensität eingesetzt wird.

Aufgabe 8

Diskutieren Sie Vor- und Nachteile der einzelnen Anpassungsformen.

IV. Leontief-Produktionsfunktion[34]

1. Eigenschaften der Leontief-Produktionsfunktion

Die nach W. Leontief (1906–1999) benannte Produktionsfunktion ist wie die Produktionsfunktion vom Typ B *limitational*, weist jedoch im Gegensatz zu dieser für alle Produktionsfaktoren i = 1, 2, ..., n *konstante Produktionskoeffizienten* $\rho_i = \frac{r_i}{x} =$ const. auf. Zwischen den Faktoreinsatzmengen r_i und der Ausbringungsmenge x eines Erzeugnisses besteht jeweils ein *proportionaler Zusammenhang*:

$$r_i = \rho_i \cdot x \text{ (Faktoreinsatzfunktion des Faktors i)}$$

Wegen dieser Charakteristika wird die Leontief-Produktionsfunktion als *linear-limitationale* Produktionsfunktion klassifiziert. Sie eignet sich insbesondere zur Abbildung von *Mischungs-* und *Montageprozessen*.

Wird etwa ein Produkt aus zwei Komponenten zusammengesetzt, so gilt für den technisch effizienten Produktionsprozess

$$x = \frac{r_1}{\rho_1} = \frac{r_2}{\rho_2} \text{ und damit}$$

$$\frac{r_1}{r_2} = \frac{\rho_1}{\rho_2} \Leftrightarrow r_1 = \frac{\rho_1}{\rho_2} \cdot r_2 \Leftrightarrow \frac{r_2}{r_1} = \frac{\rho_2}{\rho_1} \Leftrightarrow r_2 = \frac{\rho_2}{\rho_1} \cdot r_1$$

Im r_1/r_2-Koordinatensystem lässt sich der Zusammenhang $r_2 = \frac{\rho_2}{\rho_1} \cdot r_1$ grafisch als *Prozessstrahl* darstellen (Abb. 26). Auf dieser Ursprungsgeraden mit der Steigung ρ_2/ρ_1 liegen alle *effizienten*, d. h. verschwendungsfreien, Faktoreinsatzkombinationen von r_1 und r_2.

---

[34] Vgl. zum Folgenden bspw. Schweitzer/Küpper (1997), S. 59 ff., Fandel (2005), S. 90 ff., Rieper/Witte (2005), S. 51 ff.

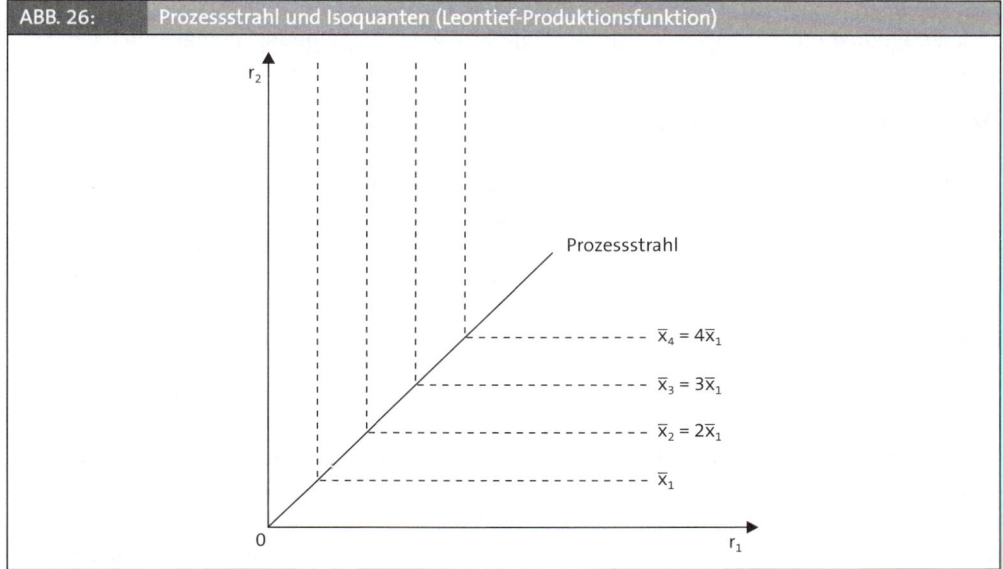

ABB. 26: Prozessstrahl und Isoquanten (Leontief-Produktionsfunktion)

Eine Mengenisoquante, also die Linie, die in der r_1/r_2-Ebene, die *gleiche* Erzeugnismenge repräsentiert, besteht im Fall der Leontief-Produktionsfunktion lediglich aus einem Punkt auf dem Prozessstrahl. Bezieht man in die grafische Darstellung *ineffiziente* Faktorkombinationen mit ein, d. h. solche, bei denen ein Faktor nicht mit dem Minimum der benötigten Einsatzmenge eingesetzt wird, ergeben sich als Isoquanten (die in Abb. 26 gestrichelt eingezeichneten) Halbgeraden parallel zu den Achsen.

Der Übergang zu einer *anderen* Ausbringungsmenge $x_1 \rightarrow x_2$ bewirkt eine Verschiebung der Isoquante auf dem Prozessstrahl. Die Isoquante ist umso weiter vom Ursprung entfernt, je größer die Ausbringungsmenge ist, wobei „die Isoquanten bei Outputsteigerungen in gleich großen Schritten auch in gleichen Abständen aufeinander folgen"[35]. Bei einer Verdopplung des Outputs ist der effiziente Isoquanten-Eckpunkt auf dem Prozessstrahl also doppelt so weit vom Nullpunkt entfernt wie ursprünglich, bei einer Verdreifachung der Ausbringung dreimal so weit usw. (vgl. nochmals Abb. 26). Entsprechend den Eigenschaften der Leontief-Produktionsfunktion resultiert allgemein aus einem λ-fachen Faktoreinsatz auch die λ-fache Ausbringungsmenge:

$$\lambda^t \cdot x = f(\lambda \cdot r_1, \lambda \cdot r_2, \ldots, \lambda \cdot r_n) \text{ mit dem Homogenitätsgrad } t = 1$$

Die Leontief-Produktionsfunktion gehört also zu den *linear-homogenen* Produktionsfunktionen.

Da der Engpassfaktor – d. h. derjenige Faktor, von dem bezogen auf die Input-Output-Relationen die relativ geringste Menge verfügbar ist – die maximal mögliche Ausbringung begrenzt, erhält die Leontief-Produktionsfunktion im Einprodukt-Fall die Formulierung

$$x = \text{Min}\left(\frac{r_1}{p_1}, \frac{r_2}{p_2}, \ldots, \frac{r_n}{p_n}\right).$$

---

35 Fandel (2005), S. 94.

Wegen fehlender Substitutionsmöglichkeiten kann auch ein noch so großes Überangebot der anderen Produktionsfaktoren nichts an der Limitierung der Ausbringungsmenge durch den Engpassfaktor ändern; eine gewünschte Produktionsausweitung muss am Engpassfaktor ansetzen.[36]

Die Minimumformulierung der Produktionsfunktion beinhaltet – abgesehen von dem Fall, dass sämtliche n Quotienten $\frac{r_1}{\rho_1}, \frac{r_2}{\rho_2}, \ldots, \frac{r_n}{\rho_n}$ gleich und damit alle Faktoren Engpassfaktoren sind – auch ineffiziente Faktoreinsätze. Dies ist insofern nicht unproblematisch, als der *Verbleib der verschwendeten Einsatzmengen* offen bleibt. Zur Beurteilung der ökonomischen Konsequenzen wäre eine Fallunterscheidung hinsichtlich der Frage erforderlich, ob die verschwendeten Faktormengen unwiederbringlich verloren sind oder noch in einem anderen Produktionsprozess eingesetzt werden können. Der erste Fall ist typisch für den Potenzialfaktoreinsatz[37] (Bsp.: Zur Bedienung einer bestimmten Maschine wird die Arbeitsleistung einer einzigen Person benötigt, es werden jedoch zwei Maschinenbediener eingesetzt.), kann aber auch bei Repetierfaktoren auftreten (Bsp.: Für einen Fertigungsauftrag zuviel bestelltes spezielles Material muss entsorgt werden.). Teilbarkeit und Lagerfähigkeit der Repetierfaktoren ermöglichen in vielen Fällen – insbesondere bei unspezifischen Faktoren – eine anderweitige Verwendung (Bsp.: Zuviel bestelltes Standardmaterial lässt sich in einem anderen Produktionsprozess einsetzen.). Dies gilt jedoch nicht, wenn Mischungsprozesse dazu führen, dass die verschwendeten Rohstoffmengen physisch in das Produkt eingehen (Bsp.: Bei der Herstellung eines Fruchtsaftgetränks wird zuviel Wasser zugesetzt.). Da ein anders beschaffenes (möglicherweise gar nicht mehr verwertbares) Produkt erzeugt wird, ergibt sich auch eine andere Produktionsfunktion.

Zur Herstellung eines Produkts können *mehrere effiziente Verfahren* zur Verfügung stehen, die dann durch jeweils einen Prozessstrahl charakterisiert sind. Beispielsweise ist es möglich, dass ein arbeits- und alternativ ein kapitalintensives Produktionsverfahren einsetzbar sind oder dass eine Produktionsaufgabe mit verschiedenen Arten von Betriebsmitteln (flexibles Fertigungssystem oder Einzelmaschine) erfüllt werden kann. Lässt sich eine Maschine mit verschiedenen Intensitäten betreiben, so können die bei jeweils konstanter Intensität unveränderlichen Faktoreinsatzrelationen durch je einen Prozessstrahl abgebildet werden.

Zwei Fälle sind zu unterscheiden, falls mehr als ein effizientes Produktionsverfahren existiert: Die Verfahren sind entweder nicht kombinierbar oder kombinierbar. Bei *nicht kombinierbaren* Prozessen muss die gesamte Ausbringungsmenge mit *einem* der alternativen Prozesse erzeugt werden. Welcher der günstigste ist, hängt, da alle effizient sind, von den Faktorpreisrelationen ab. Mit anderen Worten: Die Frage nach dem „besten" Verfahren kann – wie die nach der Minimalkostenkombination bei substitutionalen Faktoreinsatzverhältnissen und die nach der optimalen Intensität bei mehr als zwei Verbrauchsfaktoren – nicht allein mit produktionstheoretischen Mitteln, sondern nur unter Einbeziehung von Kostengrößen geklärt werden. Von *kombinierbaren* Prozessen wird gesprochen, wenn ein Teil der Ausbringungsmenge gleichzeitig oder nacheinander mit einem Verfahren und der Rest mit (dem) anderen produziert wird.[38]

---

36 Es handelt sich grundsätzlich um denselben Sachverhalt, den Gutenberg (1983), S. 163 ff., in einem anderen inhaltlichen Zusammenhang unter dem Begriff „Ausgleichsgesetz der Planung" beschrieben hat.
37 Zur Unterscheidung von Potenzial- und Repetierfaktoren vgl. Teil C.I.
38 Zur formalen Darstellung dieses Falls vgl. bspw. Manz/Müller (1993), S. 36 f.

Mit der Leontief-Produktionsfunktion lassen sich darüber hinaus mehrstufige Produktionsprozesse und Mehr-Produkt-Fälle abbilden, indem für jede Über-/Unterordnungsbeziehung innerhalb einer Erzeugnisstruktur eine Faktoreinsatzfunktion formuliert wird. Die Produktionskoeffizienten werden dann in einer Matrix, der Direktbedarfsmatrix, in einer definierten Ordnung aufgeführt (im Einzelnen in Teil D. II. 4.1.1.2 dargestellt). Auf diese Weise ist es möglich, für ein vorgegebenes Erzeugnisprogramm den Bedarf an Vorprodukten über sämtliche Produktionsstufen hinweg zu bestimmen.

2. Kostenfunktion auf Basis der Leontief-Produktionsfunktion

Aus der Gesamtkostenfunktion für den Zweifaktorenfall $K = r_1 \cdot q_1 + r_2 \cdot q_2$ erhält man durch Umformung (hier nach r_2 aufgelöst) die Bestimmungsgleichung für die *Kostenisoquante*:

$$r_2 = \frac{K}{q_2} - \frac{q_1}{q_2} \cdot r_1$$

Eine Kostenisoquante (s. Abb. 27) ist der geometrische Ort aller Einsatzmengenkombinationen, die zu gleich hohen Kosten führen (Isokostenlinie). Ein gestiegenes Kostenbudget $K_2 > K_1$ führt zu einem größeren r_2-Achsenabschnitt $K_2/q_2 > K_1/q_2$, während die negative Steigung $-q_1/q_2$ der Geraden konstant bleibt, solange sich die Faktorpreisrelation nicht ändert. Die Schnittpunkte der Kostenisoquanten mit dem Prozessstrahl repräsentieren diejenigen Einsatzmengenkombinationen, die zu den jeweils erlaubten Kosten die maximale Ausbringung ermöglichen.

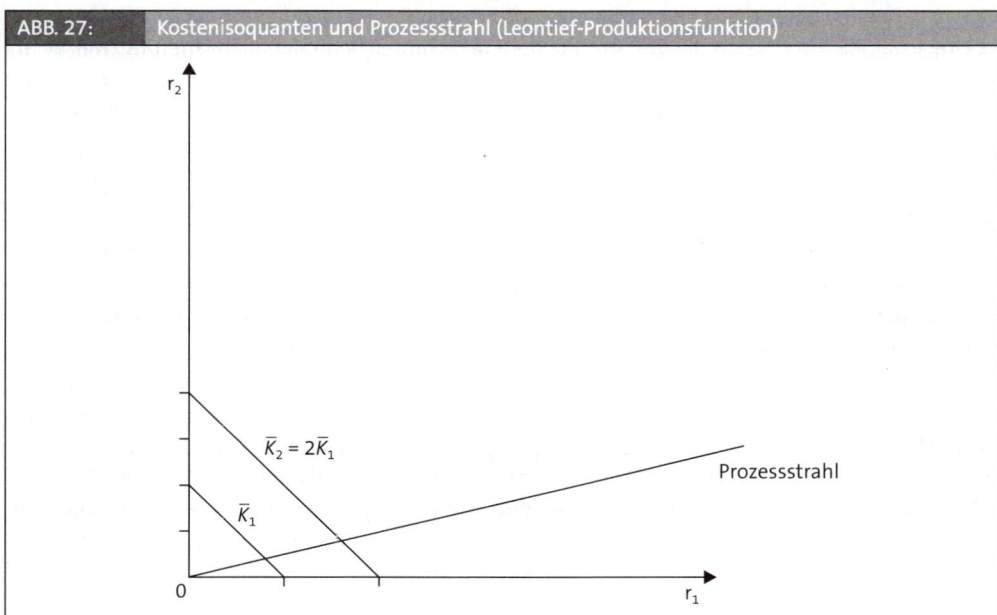

ABB. 27: Kostenisoquanten und Prozessstrahl (Leontief-Produktionsfunktion)

Wegen $r_i = \rho_i \cdot x$ lässt sich die Gesamtkostenfunktion schreiben als

$$K(x) = \rho_1 \cdot q_1 \cdot x + \rho_2 \cdot q_2 \cdot x + \ldots + \rho_n \cdot q_n \cdot x$$
$$= (\rho_1 \cdot q_1 + \rho_2 \cdot q_2 + \ldots + \rho_n \cdot q_n) \cdot x$$
$$= \left(\sum_{i=1}^{n} \rho_i \cdot q_i\right) \cdot x = k \cdot x$$

Bei gegebenen Produktionskoeffizienten und Faktorpreisen stellt der Klammerausdruck eine Konstante, die Durchschnittskosten k, dar. Die Gesamtkosten verhalten sich proportional zur Ausbringung.

Im Fall von m effizienten nicht kombinierbaren Prozessen erhält man entsprechend m Kostenfunktionen. Der Prozess, für den die Durchschnittskosten minimal sind, ist zu bevorzugen.[39]

3. Kritische Würdigung der Leontief-Produktionsfunktion

Die Leontief-Produktionsfunktion besitzt mit ein- und mehrstufigen Produktionen sowie der Ein- und Mehrprodukterstellung einen großen Anwendungsbereich. Den Schwerpunkt bilden industrielle Produktionsprozesse, in denen aus Komponenten komplexere Produkte zusammengesetzt werden. So lässt sich die Sekundärbedarfsplanung bei konvergierenden Fertigungsprozessen als typischer Anwendungsfall der Leontief-Produktionsfunktion auffassen. Selbst in den Fällen, in denen keine streng linearen Input-Output-Beziehungen vorliegen, liefert die unterstellte Linearität häufig eine für die Bedürfnisse der Praxis hinreichend genaue Näherung. Mit Bezug auf die Kostenfunktionen wurde dies oben (in Teil B.I.) bereits hervorgehoben. Zudem lassen sich nicht-lineare Produktions- und Kostenfunktionen durch abschnittsweise lineare annähern.

Die vorausgesetzte Limitationalität der Faktoreinsatzverhältnisse stellt allerdings auf „gegebene", d. h. als unveränderlich angesehene Produktionsbedingungen ab. Demzufolge können technischer Fortschritt bei den Betriebsmitteln, kontinuierliche Verbesserungsprozesse usw. wenn überhaupt nur dadurch erfasst werden, dass jeweils neue Produktionsfunktionen formuliert werden. Wegen der unterstellten strengen Proportionalität zwischen Ausbringung und Faktoreinsatz (und der direkten Abhängigkeit der Kosten vom Faktoreinsatz) sind Fixkosten auf Basis der Leontief-Produktionsfunktion nicht erklärbar.

KONTROLLFRAGEN

(1) Welche Aussage macht die Leontief-Produktionsfunktion hinsichtlich der Produktionskoeffizienten?

(2) Welchen Sachverhalt bildet ein Prozessstrahl ab?

(3) Inwiefern lässt sich die Leontief-Produktionsfunktion als Spezialfall der Gutenberg-Produktionsfunktion auffassen?

---

39 Zur Kostenfunktion für den Fall mehrerer effizienter kombinierbarer Prozesse vgl. Fandel (2005), S. 272.

Aufgabe 9

Zur Zubereitung des in der Mensa angebotenen Desserts „Schokopudding" verwendet der Chefkoch ein speziell für Großküchen vorbereitetes Konzentrat. Die Herstellung von 100 Portionen erfordert 0,8 kg des Konzentrats (p_1 = 0,8 kg/100 Portionen) und 10 Liter Milch (p_2 = 10 l/100 Portionen). (Alle anderen Einsatzfaktoren bleiben hier außer Betracht.) Derzeit stellt der Lieferant für einen Beutel des Konzentrats (Inhalt: 10 kg) 40 Geldeinheiten in Rechnung (q_1 = 4 GE/kg). Ein Liter Milch kostet 1 GE (q_2 = 1 GE/l).

a) Formulieren Sie die Faktoreinsatzfunktionen und ermitteln Sie sodann die Faktorverbräuche für den Fall, dass 350 Portionen Schokopudding hergestellt werden sollen.

b) Bestimmen Sie die maximal herstellbare Menge, wenn dem Chefkoch noch 5 kg Konzentrat und 45 Liter Milch zur Verfügung stehen.

c) Formulieren Sie die Kostenfunktion. Berechnen Sie die anfallenden Kosten für die Produktion von 600 Portionen des Schokopuddings.

d) Formulieren Sie die Bestimmungsgleichung der Kostenisoquante für ein Kostenbudget von 100 GE und zeichnen Sie die Kostenisoquante in ein Koordinatensystem ein.

e) Wie wirkt sich eine Preissenkung für das Konzentrat um 25 % auf die Isokostenkurve aus? Formulieren Sie die Gleichung der Kostenisoquante unter Berücksichtigung dieser Preissenkung und zeichnen Sie die Isoquante ebenfalls in das Koordinatensystem aus Teilaufgabe d) ein.

f) Formulieren Sie die Gleichung des Prozessstrahls und zeichnen Sie diesen ebenfalls in das Koordinatensystem von Teilaufgabe d) ein.

V. Produktionsfunktion vom Typ C (Heinen-Produktionsfunktion)[40]

1. Elementarkombinationen

Die von E. Heinen (1919 – 1996) vorgestellte Produktionsfunktion (Typ C) stellt eine Weiterentwicklung der Produktionsfunktion vom Typ B dar. Ihre Grundlage ist der Begriff der *Elementarkombination* (E-Kombination), die folgendermaßen gekennzeichnet ist:

Der gesamte betriebliche Leistungserstellungsprozess wird so in Teileinheiten (Partialprozesse) zerlegt, dass

▶ sich erstens mit Hilfe technischer Verbrauchsfunktionen eindeutige Beziehungen zwischen Faktorverbrauch und technisch-physikalischer Leistung darstellen lassen und

▶ zweitens zwischen technischer und ökonomischer Leistung eine eindeutige Beziehung besteht, eine Umrechnung also sichergestellt ist.

Die Produktionsfunktion vom Typ C erfasst sowohl substitutionale als such limitationale Faktoreinsatzverhältnisse. Auf der Seite der Ausbringung unterscheidet Heinen outputfixe und outputvariable E-Kombinationen. Ist die Menge der Zwischen- oder Fertigprodukte bei einmaligem

---

[40] Vgl. zum Folgenden Heinen (1983), S. 244 f.

Vollzug einer E-Kombination eine feste, nicht variierbare Größe, liegt eine *outputfixe* E-Kombination vor. Dies ist die Regel bei Montagevorgängen und tritt unter bestimmten Bedingungen bei Kuppelproduktion auf.[41]

Ist die Ausbringung einer E-Kombination variierbar, handelt es sich um eine *outputvariable* E-Kombination. Beispiele sind Transportvorgänge – in gewissen Grenzen kann die Beladung eines Transportmittels variiert werden – und die Chargenproduktion. Durch Verändern der Chargengröße – beispielsweise bei der Beschickung von Brennöfen – lassen sich pro Arbeitsgang unterschiedliche Ausbringungsmengen erzeugen. Auch Kuppelproduktion kommt in outputvariabler Form vor, wobei die Kuppelprodukte in konstantem Mengenverhältnis oder in variierbaren Mengenverhältnissen anfallen können; lediglich der Output bei Durchführung einer E-Kombination muss beeinflussbar sein.

Damit ergeben sich vier Typen von E-Kombinationen (s. Abb. 28).

ABB. 28:	Typen von Elementarkombinationen		
		\multicolumn{2}{c}{Mengenverhältnisse der Einsatzfaktoren}	
		fest	variierbar
Output einer E-Kombination	fest	outputfix, limitational	outputfix, substitutional
	variierbar	outputvariabel, limitational	outputvariabel, substitutional

Nach Heinen besitzt in der industriellen Produktion der Fall der outputfixen, limitationalen E-Kombination die größte Bedeutung. Die Typisierung von Elementarkombinationen ist insofern bedeutsam, als die einzelnen Arten Unterschiede hinsichtlich der Einflussgrößen aufweisen, die für die Faktoreinsatzmengen bestimmend sind.

Während Gutenberg alle technischen Eigenschaften einer Anlage zur z-Situation zusammenfasst, bezeichnet Heinen mit den Symbolen $z_1, z_2, z_3, \ldots$ nur diejenigen Merkmale, die konstruktiv festgelegt sind und nicht ohne Weiteres verändert werden können (Beispiele: Hubraum eines Verbrennungsmotors, Tragfähigkeit eines Kranes). Technische Daten, die im Betriebsablauf von Zeit zu Zeit variiert werden (durch Umrüsten einer Maschine, Wechsel von Getriebegängen etc.), bilden die sog. u-Situation. Mit $l_1, l_2, l_3, \ldots$ werden technische Daten bezeichnet, die laufend situationsabhängigen Schwankungen unterliegen (Prozessparameter wie Druck und Temperatur, Laufgeschwindigkeiten, Drehzahlen etc.). Die von einem Aggregat abgegebene Leistung ist die wichtigste Größe der l-Situation. Die technische Verbrauchsfunktion der Faktorart i erhält somit die Form

$$r_i = f_1(z_1, z_2, z_3, \ldots; u_1, u_2, u_3, \ldots; l_1, l_2, l_3, \ldots).$$

---

41 Vgl. Steffen/Schimmelpfeng (2002), S. 106.

Produktionsfunktion vom Typ C (Heinen-Produktionsfunktion) — KAPITEL B, Teil V

Hält man alle Parameter mit Ausnahme der Leistung konstant, so hängt der Verbrauch eines betrachteten Aggregats j nur noch von der im Zeitablauf schwankenden Leistung ab, die Heinen als *Momentanleistung*

$$L_j = \lim_{\Delta t \to 0} \frac{\Delta b_j}{\Delta t} = \frac{db_j}{dt}$$

definiert (mit b als physikalischer Arbeit). Entsprechend ergibt sich für den *Momentanverbrauch* des Faktors i die *technische Verbrauchsfunktion*

$$\rho_{ij} = f_i(L_j) = \lim_{\Delta t \to 0} \frac{\Delta r_{ij}}{\Delta t} = \frac{dr_{ij}}{dt}.$$

Der Verlauf der Momentanleistung (Momentanbelastung) über der Zeit lässt sich in einem *Zeitbelastungsbild* (Abb. 29) darstellen.

Fünf Prozessphasen werden unterschieden:

(1) Stillstandphase: Vom Aggregat wird keine Leistung verlangt, d. h. die Belastung ist Null.

(2) Anlaufphase: Zur Überwindung von Massenträgheit und Haftreibungskräften steigt die Leistung zunächst stark an.

(3) Leerlaufphase: Annähernd konstante Belastung zur Überwindung der inneren Reibungswiderstände.

(4) Bearbeitungsphase (Beispiel Werkstückbearbeitung): Zu der inneren Reibung treten die Widerstände bei der Bearbeitung des Werkstückes hinzu. Je nach Werkstoff und Arbeitsverfahren ergeben sich Belastungen in unterschiedlicher Höhe. Auch kann die Belastung während der Bearbeitung schwanken.

(5) Bremsphase: Je nach Art des Potenzialfaktors kann die Abnahme der Belastung abrupt oder allmählich erfolgen. Unter Umständen ist das Abbremsen mit einer zusätzlichen Belastung verbunden (z. B. Überwindung der Trägheitskräfte bei Transportmitteln).

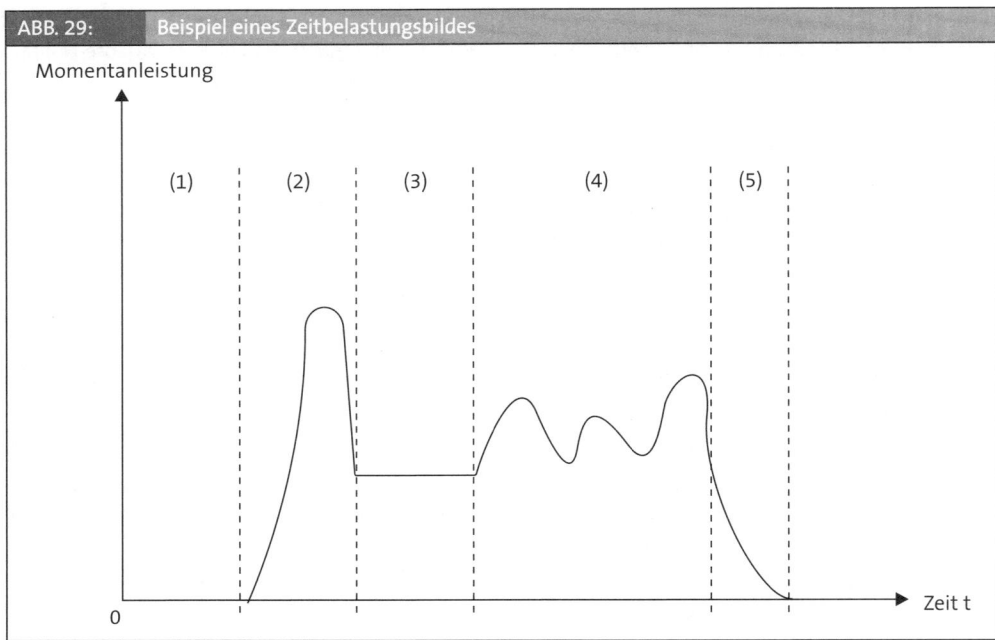

ABB. 29: Beispiel eines Zeitbelastungsbildes

Zeitbelastungsbilder sind grafische Darstellungen von Belastungsfunktionen oder Teilen von Belastungsfunktionen. Unter einer *Belastungsfunktion* ist ein System von Funktionen zu verstehen, das den Zusammenhang zwischen der Belastung (Momentanleistung) und ihren Bestimmungsgrößen abbildet. Um ökonomische Verbrauchsfunktionen (Funktionen, die die Beziehungen zwischen Faktorverbrauch und ökonomischer Leistung beschreiben) ermitteln zu können, sind für jeden der oben genannten Typen von E-Kombinationen Belastungsfunktionen zu bestimmen. Da bei outputfixen, limitationalen E-Kombinationen der Output pro Vollzug einer E-Kombination (das Outputniveau) konstant und keine Faktorsubstitution möglich ist, hängt der Verlauf der Momentanleistung allein von der Zeitdauer der E-Kombination (Kombinationszeit) ab:

$$\frac{db_j}{dt} = f_j(t)$$

Mit abnehmender Kombinationszeit (steigender Intensität) nimmt die Belastung des Aggregats zu.

Bei outputvariablen, limitationalen E-Kombinationen kann neben der Kombinationszeit auch das Outputniveau λ_j verändert werden. Die zugehörige Belastungsfunktion lässt sich als ein System von Gleichungen der Form

$$\frac{db_j}{dt} = f_j(\lambda_j, t)$$

darstellen.

Die Verhältnisse bei outputfixen, substitutionalen E-Kombinationen seien an einem Beispiel erläutert. In einem chemischen Produktionsprozess kann ein bestimmtes Outputniveau durch alternative Einstellungen der Parameter Druck und Temperatur erreicht werden (z. B. 100 bar und 300 °C oder 150 bar und 270 °C ...). Die Momentanleistungen der Druck und Wärme erzeugenden Aggregate sind also voneinander abhängig. Demnach enthält die Belastungsfunktion als unabhängige Variable nicht nur die Kombinationszeit, sondern auch die Belastung des jeweils anderen Potenzialfaktors. Für n (n > 2) beteiligte Aggregate gilt Entsprechendes.

Bei outputvariablen, substitutionalen E-Kombinationen tritt das Outputniveau als weitere unabhängige Variable hinzu.

Im Folgenden soll die ökonomische Verbrauchsfunktion für die nach Heinen am häufigsten anzutreffende outputfixe, limitationale E-Kombination hergeleitet werden. In diesem Fall ist die Kombinationszeit die einzige die Aggregatbelastung determinierende Variable, sie sei mit t_{jc} als gegeben angenommen. Die Belastung ihrerseits bestimmt den Faktorverbrauch.

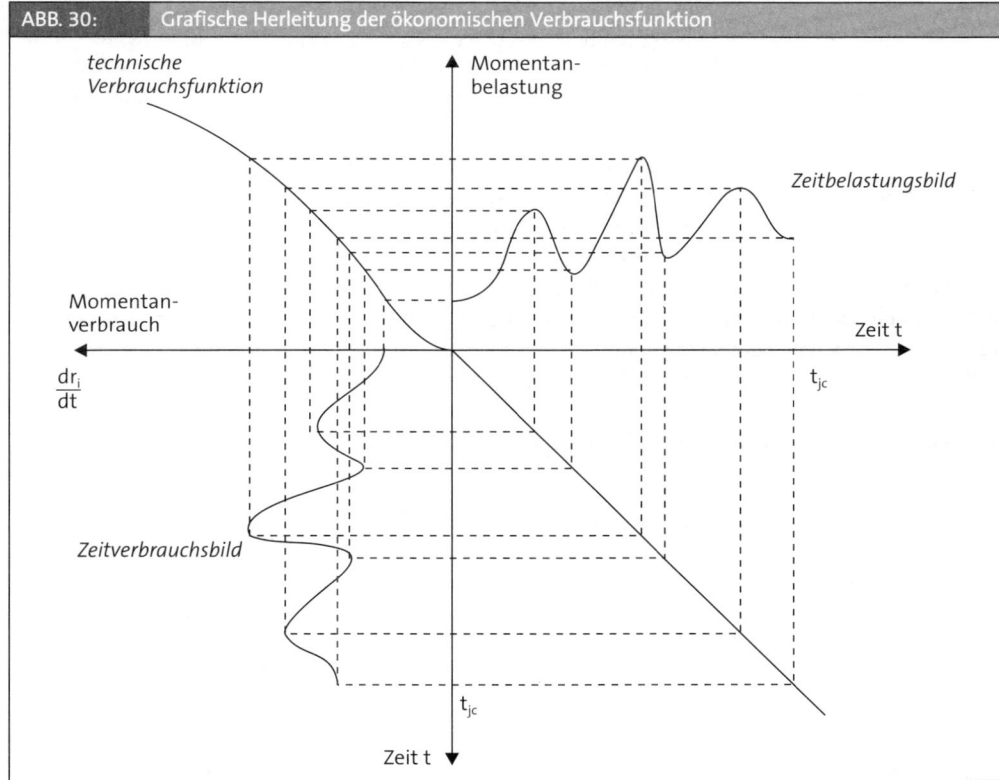

ABB. 30: Grafische Herleitung der ökonomischen Verbrauchsfunktion

Im ersten Quadranten der Abb. 30 ist das Zeitbelastungsbild des Aggregates j für die Kombinationszeit t_{jc} dargestellt. Jeder Momentanbelastung entspricht gemäß der technischen Verbrauchsfunktion (2. Quadrant) ein bestimmter Momentanverbrauch der Faktorart i. Daraus lässt sich ein sogenanntes *Zeitverbrauchsbild* (3. Quadrant) ableiten, das den Momentanverbrauch als Funktion der Zeit wiedergibt:

$$\frac{dr_{ij}}{dt} = f_{t_{jc}}(t)$$

Der Gesamtverbrauch r_{ij} bei einmaliger Durchführung der E-Kombination während der Kombinationszeit t_{jc}

$$r_{ij} = \int_{t=0}^{t_{jc}} f_{t_{jc}}(t)$$

entspricht der von der Zeitachse und dem Zeitverbrauchsbild eingeschlossenen Fläche im 3. Quadranten. Damit ist jeder Kombinationszeit t_j eine bestimmte Faktoreinsatzmenge eindeutig zugeordnet:

$$r_{ij} = f_{ij}(t_j).$$

Sind an einer E-Kombination mehrere Aggregate und/oder mehrere Verbrauchsfaktoren beteiligt, so sind jeweils ökonomische Verbrauchsfunktionen zu ermitteln, sodass sich für jede E-Kombination ein System von ökonomischen Verbrauchsfunktionen ergibt.

Der Verbrauch potenzialfaktorunabhängiger Einsatzgüter (Werkstoffe, bestimmte Hilfs- und Betriebsstoffe) lässt sich direkt als Funktion der Ausbringung angeben. Dieser unmittelbar outputabhängige Verbrauch wird von Heinen als in der Regel proportional zur Ausbringungsmenge angesehen.

Besondere Probleme wirft die Einbeziehung des „Verbrauchs" von Potenzialfaktoren in die produktionstheoretische Analyse auf. Die Abnutzung von Betriebsmitteln könnte durch anteilige Verrechnung der betreffenden E-Kombinationszeit an der Gesamtlaufzeit näherungsweise erfasst werden. Bezüglich der Bestimmung des Mengenverzehrs beim Produktionsfaktor Arbeit weist Heinen darauf hin, „dass die Maßgrößen ... den jeweils geltenden arbeitsrechtlichen Bestimmungen sowie den vertraglichen Abmachungen zu entnehmen sind."[42] Je nach Art der Festsetzung des Arbeitsentgelts (zeit- oder leistungsabhängig) ist die Einsatzmenge des Faktors Arbeit eine Funktion der vergüteten Arbeitszeit oder der Ausbringung.

2. Wiederholungen der Elementarkombinationen

Bisher wurde der Faktorverbrauch bei einmaliger Durchführung einer E-Kombination untersucht. Ziel ist es jedoch, den Faktorverzehr zu bestimmen, der für die Erzeugung einer bestimmten Menge an Fertigprodukten notwendig ist. Demzufolge ist die erforderliche Anzahl von Wiederholungen der einzelnen E-Kombinationen zu ermitteln. Da die Bestimmungsgrößen für die Zahl der Wiederholungen je nach Art der E-Kombination sehr verschieden sein können, unterscheidet Heinen drei *Wiederholungstypen:*

▶ *Primäre* E-Kombinationen vollziehen die eigentlichen Bearbeitungsvorgänge; es handelt sich „um solche Produktionsvorgänge, auf Grund deren die fertigungstechnische Reife der Absatzprodukte unmittelbar zunimmt."[43] Die Zahl der Wiederholungen dieser E-Kombinationen hängt direkt von der Produktmenge ab.

▶ Anlauf- und Rüstvorgänge an Maschinen stellen Beispiele für *sekundäre* E-Kombinationen dar. Die Zahl der Wiederholungen ist nicht unmittelbar vom Output abhängig, sondern ergibt sich aus der Zahl der entsprechenden primären E-Kombinationen, dividiert durch die jeweilige Auflagengröße (Serien-, Los-, Auftragsgröße etc.).

---

42 Heinen (1983), S. 281.
43 Heinen (1983), S. 285.

Produktionsfunktion vom Typ C (Heinen-Produktionsfunktion)

KAPITEL B
Teil V

▶ Alle übrigen E-Kombinationen, also solche, deren Wiederholungszahl nicht oder nur in geringem Maße von der Ausbringung abhängt, werden zur Gruppe der *tertiären* E-Kombination zusammengefasst. Dazu gehören Heizungs- und Reinigungsvorgänge, in festgelegten Zeitabständen durchgeführte Wartungen usw.

Für primäre E-Kombinationen soll im Folgenden die sog. Wiederholungsfunktion hergeleitet werden. Als *Wiederholungsfunktion* wird eine Funktion bezeichnet, die die Bestimmungsgrößen angibt, von denen die Zahl der erforderlichen E-Kombination-Wiederholungen abhängt. Die wichtigste Einflussgröße ist die Menge der Zwischenprodukte x_k auf der jeweiligen Produktionsstufe k (vgl. das Strukturbild Abb. 31).

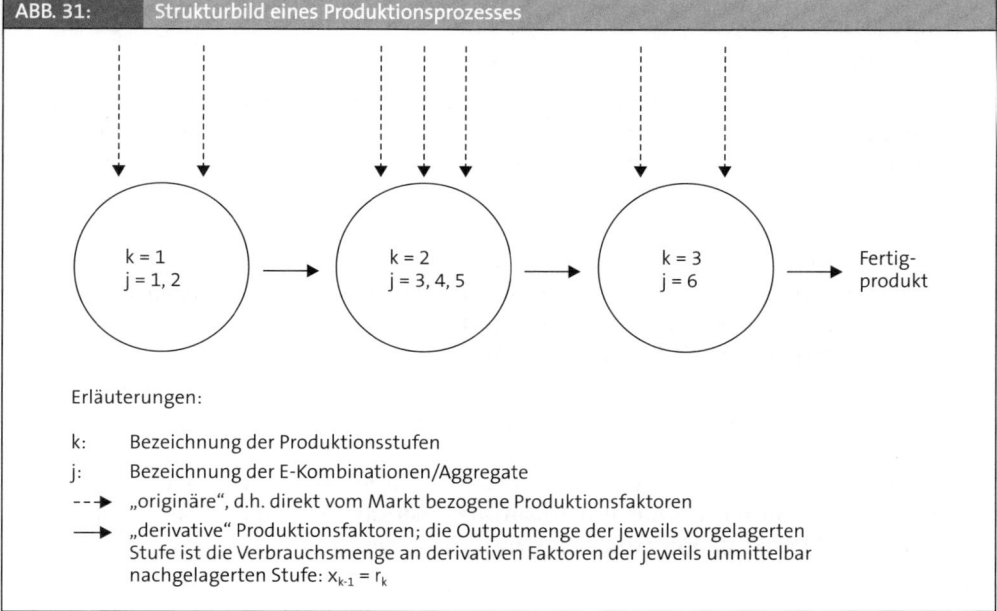

ABB. 31: Strukturbild eines Produktionsprozesses

Erläuterungen:

- k: Bezeichnung der Produktionsstufen
- j: Bezeichnung der E-Kombinationen/Aggregate
- --▶ „originäre", d.h. direkt vom Markt bezogene Produktionsfaktoren
- ▶ „derivative" Produktionsfaktoren; die Outputmenge der jeweils vorgelagerten Stufe ist die Verbrauchsmenge an derivativen Faktoren der jeweils unmittelbar nachgelagerten Stufe: $x_{k-1} = r_k$

Je größer das Outputniveau λ_k einer E-Kombination ist, desto geringer ist die Zahl w_{jk} der erforderlichen Durchführungen dieser Kombinationen:

$$w_{jk} = \frac{x_k}{\lambda_{jk}}$$

Sind auf einer Produktionsstufe mehrere funktionsgleiche Aggregate vorhanden, sodass gleichartige E-Kombinationen parallel erfolgen können, ist der Verteilungsparameter v_{jk} zu berücksichtigen. Dieser gibt die prozentuale Aufteilung der Zwischenproduktmenge auf die einzelnen Maschinen an; die Wiederholungsfunktion lautet dann:

$$w_{jk} = \frac{x_k \cdot v_{jk}}{\lambda_{jk}} \text{ (mit } 0 \leq v_{jk} \leq 1 \text{ und } \sum_{j=1}^{m} v_{jk} = 1\text{)}$$

Ausschuss erhöht die Zahl der erforderlichen Wiederholungen; bei Berücksichtigung eines Ausschusskoeffizienten $a_{jk} \geq 1$ erhält die Wiederholungsfunktion die Form

$$w_{jk} = \frac{v_{jk} \cdot a_{jk}}{\lambda_{jk}} \cdot x_k.$$

Durch Multiplikation mit der oben hergeleiteten ökonomischen Verbrauchsfunktion ergibt sich der Verbrauch des derivativen Faktors i am Aggregat j auf der k-ten Produktionsstufe:

$$r_{ijk} = f_{ijk}(t_{jk}) \cdot w_{jk}$$

Prämissen:

▶ kein Zu- oder Verkauf von Zwischenprodukten,
▶ keine Bestandsänderungen in den Zwischenlagern.

In einem letzten Schritt ist noch zu klären, in welcher Weise die Zwischenproduktmengen x_k jeder Produktionsstufe vom Produktionsprogramm (den Mengen $X_1, X_2, \ldots, X_s$ der einzelnen Fertigprodukte) abhängen. Diese Verbindung stellen *Programmfunktionen* her (die Zahl der Programmfunktionen entspricht der Zahl der Produktionsstufen):

$$X_k = p_{k1} \cdot X_1 + p_{k2} \cdot X_2 + \cdots p_{ks} \cdot X_s$$

Die Programmkoeffizienten $p_{k1}, p_{k2}, \ldots, p_{ks}$ geben für jedes der s Fertigprodukte an, wie hoch der auf eine Fertigprodukteinheit entfallende Verbrauch an Zwischenprodukten ist. Damit lässt sich die Wiederholungsfunktion wie folgt formulieren:

$$w_{jk} = \frac{v_{jk} \cdot a_{jk}}{\lambda_{jk}} \cdot (p_{k1} \cdot X_1 + p_{k2} \cdot X_2 + \cdots p_{ks} \cdot X_s)$$

Der Gesamtverzehr des Faktors i ist gleich der Summe der mathematischen Produkte aus dem Verzehr r_{ij} pro einmaligem Vollzug aller E-Kombinationen, an denen dieser Faktor beteiligt ist, und der Zahl w_j der Durchführungen dieser E-Kombinationen:

$$r_i = \sum_{j=1}^{m} r_{ij} \cdot w_j$$

Unter Berücksichtigung des zeitabhängigen Faktorverbrauchs erhält man für den gesamten Einsatz des Faktors i

$$r_i = \sum_{j=1}^{m} r_{ij} \cdot w_j + r_i(t).$$

Die Bewertung der Einsatzmengen der originären Faktoren mit den zugehörigen Preisen q_i ergibt die *Gesamtkostenfunktion*

$$K = \sum_{i=1}^{n} q_i \cdot r_i = \sum_{i=1}^{n} q_i \cdot \left(\sum_{j=1}^{m} r_{ij} \cdot w_j + r_i(t) \right).$$

Wegen der Vielzahl der Einflussgrößen, die als unabhängige Variable in die Produktions- und damit auch Kostenfunktion des Typs C eingehen, ist eine grafische Darstellung nicht möglich.

3. Kritische Würdigung der Produktionsfunktion vom Typ C

Im Gegensatz zu den Produktionsfunktionen vom Typ A und B ist der Geltungsbereich der Produktionsfunktion vom Typ C nicht auf bestimmte Produktionsformen beschränkt. Denn obwohl sie explizit nur für outputfixe, limitationale Elementarkombinationen konzipiert ist, wird der Weg aufgezeigt, wie die anderen E-Kombinationstypen in das Modell integriert werden können. Ein- und Mehrstufigkeit der Produktion wird ebenso erfasst wie Ein- und Mehrproduktfertigung.

Infolge der statischen Formulierung der Produktionsfunktion werden zeitliche Abhängigkeiten in der Produktion nicht oder unzureichend abgebildet. Beispielsweise sind keine Aussagen der Art möglich, „dass die zu einem bestimmten Zeitpunkt in einer Fertigungsstelle eingesetzte Menge an derivativen Gütern in den vorgelagerten Fertigungsstellen zeitlich vorher erstellt sein müssen."[44] Ähnlich wie bei der Produktionsfunktion vom Typ B kann die lediglich formale Einbeziehung des menschlichen Arbeitseinsatzes und des übrigen Potenzialfaktorverzehrs nicht befriedigen.

Wie die nachträgliche Berücksichtigung von Lern- bzw. Erfahrungskurven[45] zeigt, kann das Modell Heinens je nach gewünschtem Detaillierungsgrad der produktionstheoretischen Analyse formal ausgebaut werden. Einem Rückgang des Faktorverzehrs pro E-Kombination, der Verkürzung der Zeiten für den Vollzug von E-Kombinationen und der Verminderung des Ausschusskoeffizienten mit der Zunahme der kumulierten Ausbringungsmenge wird durch eine Dynamisierung einzelner Elemente der Produktionsfunktion Rechnung getragen.

Von der formalen Vervollkommnung der Produktionsfunktion bleibt die Frage nach der materiellen Geltung, der inhaltlichen Ausfüllung, unberührt. Zwar werden Einflussgrößen für den Faktorverbrauch angegeben und deren Beziehungen allgemein aufgezeigt, die empirische Überprüfbarkeit des Aussagesystems wird aber dadurch erschwert, wenn nicht unmöglich gemacht, dass *Aussagen über die tatsächlichen Ausprägungen dieser Beziehungen fehlen*. „Beispielsweise wird nur ein genereller Zusammenhang zwischen dem Momentanverbrauch potenzialgutabhängiger Einsatzgüter und der Momentanleistung der Potenzialgüter postuliert. Aussagen über den exakten Verlauf dieser Funktion werden nicht gemacht."[46] Es liegt daher nahe, Produktionsprozesse durch Typisierung zu konkretisieren und auf diese Weise z. B. *branchenspezifische* Produktionsfunktionen zu formulieren. In diese Richtung weisen die Vorschläge von W. Kilger (Differenzierung nach Produkttypen) und H. Müller-Merbach (Typologie von Input-Output-Prozessen).[47]

Die Produktionsfunktion vom Typ C bildete den Ausgangspunkt für die Entwicklung weiterer Produktionsfunktionen – Typ D (J. Kloock), Typ E (H.-U. Küpper) und Typ F (W. Matthes),[48] die sich vor allem in ihren Prämissen und ihrem Geltungsbereich unterscheiden. Beschränkungen der je-

---

44 Schweitzer/Küpper (1997), S. 158.
45 Vgl. zu Einzelheiten Heinen (1983), S. 332 ff., zum Konzept der Erfahrungskurven Kap. C.VII. 2.2.1 dieses Buches.
46 Schweitzer/Küpper (1997), S. 325.
47 Siehe Kilger (1982), S. 111 f. und Müller-Merbach (1981), S. 19 ff.
48 Vgl. den Überblick bei Heinen (1983), S. 339 ff. und die dort angegebene Literatur.

weils älteren produktionstheoretischen Modelle wurden durch Erweiterungen und Ergänzungen teilweise aufgehoben, sodass diese als Spezialfälle in den neueren Ansätzen enthalten sind.

Die Produktionsfunktion vom Typ D basiert – ähnlich wie die des Typs C – auf einer Zerlegung des betrieblichen Produktionsprozesses in Teilprozesse, für die gesonderte Produktionsfunktionen (Transformationsfunktionen) aufgestellt werden. Mit Hilfe des aus der Volkswirtschaftslehre entlehnten Konzepts der Input-Output-Analyse erfolgt eine Aggregation der Transformationsfunktionen zur Produktionsfunktion des Betriebes, wobei der Einfluss der Produktionsstruktur, d. h. das Geflecht der Lieferbeziehungen zwischen den Teilprozessen, abgebildet wird. Die Einbeziehung der zeitlichen Struktur der Produktion, wie Lagerbestandsveränderungen, ist Gegenstand der dynamischen Produktionsfunktion vom Typ E. Weitere Einflüsse (ablauforganisatorischer und finanzwirtschaftlicher Art) sucht die Produktionsfunktion vom Typ F zu erfassen.

Abschließend sei auf zwei Tendenzen hingewiesen, die bei der Beschäftigung mit der Entwicklung der Produktions- und Kostentheorie deutlich werden. Zum einen resultiert aus einem vergrößerten Anwendungsbereich und einer größeren Realitätsnähe produktions- und kostentheoretischer Modelle eine Zunahme der zu berücksichtigenden Anzahl an Variablen und damit der Modellkomplexität. Diese erschwert aber zugleich Akzeptanz und Handhabbarkeit der theoretisch verbesserten Modelle in der Unternehmenspraxis, sodass diese weiterhin auf erfahrungsgestützte und pragmatische Lösungen zurückgreift. Mit anderen Worten: Fortschritte bei der Erfüllung der explikativen Funktion der Produktions- und Kostentheorie bewirken nicht automatisch Fortschritte hinsichtlich der Gestaltungsfunktion. Zum anderen erschwert die zu beobachtende Komplexitätssteigerung innerhalb der Realwelt die modellhafte Abbildung von Input-Output-Beziehungen. So nimmt mit der verstärkten Integration externer Faktoren, zunehmender Individualisierung von Produkten, vergrößertem Anteil immaterieller Produktbestandteile sowie der Bedeutungszunahme informationeller Inputs und Outputs die Inhomogenität der Produktionsfaktoren und des Outputs zu. Dies führt zu Schwierigkeiten bei der Quantifizierung und Messung der Mengengrößen, die für quantitative Modelle unerlässlich sind.

KONTROLLFRAGEN

(1) Wodurch ist eine Elementarkombination der Produktionsfunktion vom Typ C gekennzeichnet?

(2) Welche Typen von E-Kombinationen unterscheidet Heinen, und welchem wird in der industriellen Produktion die größte Bedeutung zugemessen?

(3) Was sind primäre, sekundäre und tertiäre E-Kombinationen, und wozu dient diese Unterscheidung?

(4) Welche Größen gehen in die Wiederholungsfunktion primärer E-Kombinationen ein?

Aufgabe 10

Kreuzen Sie die jeweils zutreffende Aussage an, und geben Sie eine kurze Begründung.

a) Die Produktionsfunktion vom Typ C unterscheidet sich von den Produktionsfunktionen des Typs A und B dadurch, dass sie

☐ ausschließlich limitationale

☐ ausschließlich substitutionale

☐ sowohl limitationale als auch substitutionale

☐ weder limitationale noch substitutionale

Faktoreinsatzverhältnisse erfasst.

b) Der Verlauf der Momentanleistung (alle übrigen Parameter der z-, u- und l-Situation konstant) hängt bei einmaliger Durchführung einer outputfixen, limitationalen E-Kombination ab

☐ vom Outputniveau und der Kombinationszeit

☐ nur von der Kombinationszeit

☐ nur vom Outputniveau

☐ von der Anzahl der eingesetzten Arbeitskräfte.

c) Ein Zeitbelastungsbild gibt den Verlauf

☐ des Momentanverbrauchs eines Faktors

☐ der Wiederholungen der E-Kombination an einem Aggregat

☐ der Momentanleistung eines Aggregats

☐ der Änderung der z-Situation

über der Zeit wieder.

C. Die produktiven Faktoren

I. Systeme produktiver Faktoren

Unter dem Begriff produktive Faktoren (Produktionsfaktoren) wird der materielle oder immaterielle *Input* von Produktionsprozessen verstanden. Zur Klassifikation der Produktionsfaktoren ist eine Reihe von Faktorsystemen entwickelt worden, die sich je nach Untersuchungsgegenstand und -zweck vor allem im Detaillierungsgrad und Abstraktionsniveau unterscheiden.

In der volkswirtschaftlichen Produktionstheorie ist die Unterscheidung der Faktoren

- Arbeit,
- Kapital und zumeist auch
- Boden

üblich. Für die Betriebswirtschaftslehre ist diese Einteilung zu grob und führt darüber hinaus zu Abgrenzungsproblemen (z. B. zwischen Kapital und Boden).

Im Begriffssystem der Kybernetik werden

- Energie,
- Materie und
- Information

unterschieden. Diese logisch klare und überschneidungsfreie Einteilung ist für die Analyse produktionswirtschaftlicher Sachverhalte jedoch zu wenig differenziert; sie lässt sich auch nicht in die gebräuchlichen Systeme der betrieblichen Kostenrechnung integrieren.

Von den betriebswirtschaftlichen Produktionsfaktorsystemen[1] ist Gutenbergs System[2] wohl das bekannteste. Den drei *Elementarfaktoren* objektbezogene, d. h. nicht dispositiv-anordnende, menschliche Arbeitsleistung, Betriebsmitteln (wie Grundstücke, Maschinen, Werkzeuge, auch Betriebsstoffe) und Werkstoffen (Rohstoffe, Halbzeuge und Fertigteile) steht der *dispositive Faktor* Geschäfts- und Betriebsleitung gegenüber. Dieser vierte Faktor hat die Aufgabe, die Elementarfaktoren im Sinne der betrieblichen Ziele zu kombinieren. Aus dem dispositiven Faktor lassen sich Planung und Betriebsorganisation als derivative Faktoren ableiten. Soweit die Tätigkeit der Geschäfts- und Betriebsleitung nicht zu den beiden derivativen Faktoren gehört, bildet sie zusammen mit den elementaren Faktoren die Gruppe der originären Faktoren (vgl. Abb. 32).

ABB. 32:	Produktionsfaktorsystem von Gutenberg			
dispositiver Faktor (Betriebs- und Geschäftsleitung)			elementare Faktoren		
Planung	Organisation		objektbezogene menschliche Arbeitsleistung	Betriebsmittel	Werkstoffe
derivative Faktoren			originäre Faktoren		

---

[1] Vgl. die Übersichten bei Bohr (1979), Sp. 1481–1493; Weber (1980), S. 1056–1071 und Corsten (1985), S. 36 ff.
[2] Vgl. Gutenberg (1983), S. 2 ff.

Systeme produktiver Faktoren **KAPITEL C**

Teil I

Für die produktionstheoretische Analyse hat es sich als zweckmäßig erwiesen, zwischen Potenzialfaktoren (Bestandsfaktoren) und Repetierfaktoren (Verbrauchsfaktoren) zu unterscheiden:[3]

ABB. 33:	Gegenüberstellung von Potenzial- und Repetierfaktoren	
	Potenzialfaktoren	**Repetierfaktoren**
1. Charakteristik	stellen längerfristig verfügbare Nutzungspotenziale bereit (*Gebrauch*)	gehen im Produktionsprozess physisch-mengenmäßig unter (*Verbrauch*)
2. Bestimmung des Verzehrs	schwer bestimmbar (technischer Verschleiß, wirtschaftliche Veralterung)	in der Regel leicht messbar
3. Teilbarkeit	in der Regel nicht (beliebig) teilbar	in der Regel (beliebig) teilbar
4. Beispiele	materielle: maschinelle Anlagen, Gebäude immaterielle: Rechte (Patente, Lizenzen), bestimmte Informationen (z. B. Software)	Werkstoffe, Energie

Bei dem in Abb. 34 dargestellten sehr differenzierten Faktorsystem[4] wird davon ausgegangen, dass für die Produktion mittelbar nur *Geld* erforderlich ist. Unmittelbar für die Produktion erforderlich sind *Güter*, die wie folgt gegliedert werden:

ABB. 34:	Produktionsfaktorsystem von H. K. Weber								
freie Güter (ohne Entgelt verfügbar): natürliche Ressourcen wie Licht, Luft ...	knappe Güter (gegen Entgelt zu erwerben)								
	öffentliche Güter (staatliche Leistungen)	private Güter							
		immaterielle Güter		materielle Güter					
				Gebrauchsgüter			Verbrauchsgüter		
		Dienstleistungen (Versicherungs-, Speditionsleistungen etc.)	Arbeitsleistungen	Immaterialgüterrechte (Patente, Lizenzen)	nicht abnutzbare Gebrauchsgüter (Grundstücke)	abnutzbare Gebrauchsgüter		zu Produktionsbestandteilen bestimmte Verbrauchsgüter	nicht zu Produktionsbestandteilen bestimmte Verbrauchsgüter
						Gebäude	Werkzeuge	Maschinen	Rohstoffe	Hilfsstoffe	Betriebsstoffe, Büromaterial

Auch wenn sich Volks- und Betriebswirtschaftslehre lange Zeit darauf beschränkt haben, ausschließlich Kombinationen *knapper* Faktoren zu untersuchen, ja nach traditioneller Auffassung ohne Knappheit überhaupt kein ökonomisches Problem vorliegt, deutet sich in dieser Hinsicht – wie bereits die Einbeziehung freier Güter in das in Abb. 34 dargestellte Faktorsystem zeigt –

---

3 Vgl. u. a. Heinen (1983), S. 215.
4 Vgl. Weber (1980), S. 1061 ff.

eine Perspektivenerweiterung an. Die Vorstellung, dass Inputgüter stets knapp und nur gegen Entgelt verfügbar seien, ist ebenso revisionsbedürftig wie die, dass der Output von Produktionsprozessen in seiner Gesamtheit erwünscht sei und zu Einnahmen führe. Einige Beispiele mögen die angesprochene Thematik verdeutlichen.

Den knappen Produktionsfaktoren lassen sich die *Füllefaktoren* gegenüberstellen, die dadurch gekennzeichnet sind, dass sie in Relation zum bezweckten Output in praktisch unbegrenzter Menge zur Verfügung stehen, ihr Wert mithin vernachlässigt werden kann.[5] Ihr Einsatz orientiert sich entweder allein an den Ausbringungszielen der Produktion; eine Verbrauchsbegrenzung ergibt sich dann in der Regel aus limitationalen Faktoreinsatzbeziehungen zu knappen Faktoren (Beispiel: Verbrauch von Luftsauerstoff zur Oxidation in chemischen Produktionsprozessen). Oder der Verbrauch von Füllefaktoren ist – etwa bei der Verwertung von Reststoffen – das erklärte Sachziel des Produktionsprozesses, sodass der Faktoreinsatz durch die Aufnahmefähigkeit der Märkte für die daraus hergestellten Produkte oder durch Kapazitätsgrenzen bei der Verarbeitung beschränkt wird.

Zu den Füllefaktoren gehört insbesondere die Gruppe der *natürlichen* Füllefaktoren wie z. B. die Sonneneinstrahlung, die zu Beleuchtungs- und Heizungszwecken oder in der landwirtschaftlichen Produktion unentgeltlich genutzt wird. Da diese Art des Verbrauchs natürlicher Umweltressourcen weder zu einer Beeinträchtigung der Umwelt selbst noch der Interessen Dritter führt, soll von *echten* Füllefaktoren gesprochen werden. Um echte Füllefaktoren handelt es sich auch, wenn und solange der Verbrauch natürlicher Ressourcen durch alle Produzenten die Regenerationsfähigkeit der Natur nicht übersteigt, beispielsweise bei geringfügiger Entnahme und Rückführung von Oberflächenwasser zu Kühlzwecken (Schiffsantrieb), dem Verbrauch von Luftsauerstoff für Verbrennungsmaschinen oder bei stofflichen Emissionen (Abwässer, Abgase, Abfälle) in vernachlässigbar kleinen Mengen. Obwohl die Emissionen in physischer Hinsicht Output darstellen, lassen sie sich in Planungsüberlegungen als Input, nämlich als – in diesem Fall unentgeltliche – Inanspruchnahme von Entsorgungsleistungen, auffassen.[6]

Neben den natürlichen kommen auch *technische* Füllefaktoren zum Einsatz. Diese sind das Ergebnis zeitlich vorgelagerter Produktionsprozesse und durch praktisch vernachlässigbare Grenzkosten ihrer Verwendung gekennzeichnet. Ihrer Erzeugung sind in der Regel hohe Ausgaben für Forschung, Entwicklung und die Investition der Produktionsanlagen vorausgegangen. Beispiele hierfür sind zum einen zu produktiven Zwecken eingesetzte Massenprodukte, deren Anschaffungswert im Verhältnis zum Nutzenpotenzial verschwindend gering ist (z. B. Taschenrechner), zum anderen insbesondere die Nutzung bestehender Infrastruktureinrichtungen, die zu minimalen Grenzkosten möglich ist (Straßenverkehrs-, Datennetze usw.). Darüber hinaus stellen unterbeschäftigte Produktionspotenziale generell technische Füllefaktoren dar, für die eine ökonomisch sinnvolle Nutzung zu finden ist.

Werden tatsächlich knappe Güter fälschlicherweise wie Füllefaktoren eingesetzt, weil sie keinen Marktwert besitzen oder dieser die ökologische Knappheit nur ungenügend widerspiegelt, so kann von *unechten* Füllefaktoren gesprochen werden. Dabei handelt es sich typischerweise um nicht-regenerative Umweltressourcen, deren Bestand mittel- bis langfristig gefährdet ist

---

5 Vgl. hierzu Blohm (1988), S. 40 ff.
6 Vgl. Wicke u. a. (1992), S. 132 sowie den Begriff „Outputfaktor" bei Adam (1993), S. 135.

("Raubbau") und damit auf lange Sicht letztlich auch die Erreichung der eigenen Unternehmensziele. Um den Interessengegensatz zwischen kurzfristigem einzelwirtschaftlichem Nutzen und langfristigen gesamtwirtschaftlichen Kosten aufzulösen, kann der Staat Maßnahmen ergreifen (Abgaben/Steuern, Zuteilung handelbarer Emissionsrechte), deren Ziel die Internalisierung der durch die Umweltbeanspruchung hervorgerufenen negativen externen Effekte ist. Auf diese Weise wird die Umweltinanspruchnahme beim jeweiligen Unternehmen kosten- und damit entscheidungswirksam. Bisher ungelöste Mess- und Bewertungsprobleme stehen einer konsequenten Internalisierung externer Effekte entgegen.

Zur Bedeutung der Fülleproblematik für die Produktionswirtschaft sei zusammengefasst: Der wichtigste Sachverhalt ist die Bewegung der Grenze zwischen freien und knappen Gütern. Freie Güter verknappen und verursachen Kosten-, Standort- und andere Probleme. Neue (fast) freie Güter entstehen im Zuge der technischen Entwicklung, insbesondere der Informationstechnik. Sie begünstigen jene Unternehmen, die die neuen quasi freien Güter für Forschung und Entwicklung, Marketing usw. zu nutzen verstehen. Wettbewerbsvorteile können so erlangt, aber auch verpasst werden. Die Entwicklungen sind aber absehbar und erlauben Planungen.

Neben den unechten Füllefaktoren zählen zu den Sonderfällen knapper Faktoren die sog. *externen* Faktoren, die besonders in der Dienstleistungsproduktion eine Rolle spielen und sich dadurch auszeichnen, dass sie vom Produzenten nicht beschafft werden können, sondern vom Abnehmer des Dienstleistungsprodukts in den Produktionsprozess eingebracht werden müssen (zu reparierendes Fahrzeug, zu behandelnder Patient usw.).[7] In der industriellen Produktion finden sich externe Faktoren in Form „beigestellter" Materialien[8], die Eigentum des Kunden bleiben. Beistellungen sind vor allem in Veredelungsbetrieben (vgl. Teil A.I.1.) und in der chemischen Industrie anzutreffen.

Abb. 35 gibt einen zusammenfassenden Überblick.

ABB. 35:	Abgrenzung knapper und nichtknapper Produktionsfaktoren					
	nichtknappe Faktoren (echte Füllefaktoren)				knappe Faktoren	
„Übel" („Ungüter"), z. B. Schadstoffe, Abfälle usw. als materielle Einsatzfaktoren von Entsorgungs-, Verwertungsbetrieben und Deponien oder Risiken als immaterielle Faktoren in der Versicherungswirtschaft	Füllefaktoren i. e. S.			Sonderfälle		Regelfall: die in herkömmlichen Faktorsystemen dargestellten entgeltlich zu erwerbenden Produktionsfaktoren
	natürliche Füllefaktoren		technische Füllefaktoren, z. B. bestimmte Massenerzeugnisse (Datenspeicher-Kapazität), Infrastrukturleistungen (Nutzung von Telekommunikationsnetzen per Flatrate, des Internets usw.)	unechte Füllefaktoren, z. B. nichtregenerative Umweltressourcen	externe Faktoren: Mitwirkung des Kunden bei der Dienstleistungsproduktion, Beistellungen usw.	
	regenerierbare Rohstoffe	Nutzung der Umwelt als Aufnahmemedium für abbaubare Emissionen				
Marktpreis < 0 (Produzent *erhält* Zahlung für Faktoreinsatz.)	Marktpreis (bzw. Grenzkosten des Einsatzes) = 0 oder ≈ 0					Marktpreis > 0

---

7 Vgl. Maleri (1997), S. 148 ff. Zu Problemen des Konstrukts „externer Faktor" vgl. Seidenberg (2003), S. 24 ff.
8 Vgl. Kern (1992), S. 13.

KAPITEL C — Die produktiven Faktoren
Teil I

In Anlehnung an das Faktorsystem Gutenbergs, das wegen seiner Einfachheit und Klarheit auch heute noch von Bedeutung ist, werden im Folgenden die elementaren Faktoren objektbezogene (menschliche) *Arbeit*, *Betriebsmittel* und *Stoffe* und die dispositiven Faktoren *Organisieren*, *Führen* und *Planen* unterschieden und hinsichtlich ihrer Charakteristika und Einsatzbedingungen näher untersucht.

Die idealtypische Trennung zwischen dispositiver und objektbezogener Arbeit dient der Analyse des Faktoreinsatzes und der Faktorsubstitution auf hohem Abstraktionsniveau insbesondere in der Produktionstheorie. Eine Unterscheidung in ausführend und dispositiv tätige Personen oder eine Bewertung des Qualifikationsniveaus ist damit nicht verbunden. Kaum eine Arbeitsaufgabe ist rein objektbezogen, ausführend; stets sind – wenn auch in unterschiedlichem Ausmaß – dispositive Anteile enthalten.[9]

Hilfs- und Betriebsstoffe werden hier – anders als bei Gutenberg – mit den Werkstoffen zum Faktor „Stoffe" zusammengefasst; zu den „Betriebsmitteln" zählen hier nur Bestandsfaktoren. Energie könnte als eigenständiger produktiver Faktor aufgefasst werden. Da sie jedoch in sehr unterschiedlichen Erscheinungsformen benötigt wird (an feste, flüssige oder gasförmige Materie gebunden oder in Form elektrischer Energie), wird sie hier den Stoffen zugeordnet.

Insbesondere mit der zunehmenden Bedeutung der Informations- und Kommunikationstechniken wird begründet, dass *Information(en)* als eigenständiger Produktionsfaktor behandelt werden sollte(n).[10] Dagegen sprechen jedoch u. a. folgende Gründe:[11]

- ▶ Die im Einzelnen benötigten Informationen lassen sich weder qualitativ-inhaltlich noch quantitativ hinreichend konkret bestimmen, um sie in produktionstheoretischen Modellen berücksichtigen zu können. Andererseits sind für die Planung, Steuerung und Überwachung der Produktion in der Praxis klassifikatorische Systeme ohnehin nur von geringer Bedeutung.
- ▶ Ein Produktionsfaktor Information ist ausschließlich mit dem oben erwähnten kybernetischen Begriffssystem, das zur Dreiteilung in Energie, Materie und Information führt, verträglich. In betriebswirtschaftlich orientierten Faktorsystemen, die auf Gutenbergs Systematik beruhen, treten Überschneidungen auf, da Informationen in dispositiven und ausführenden Arbeitsleistungen sowie im Betriebsmitteleinsatz (Hardware, Software) untrennbar enthalten sind.

Ein eigenständiger Faktor Information ist lediglich dann erforderlich, wenn und soweit Informationen nicht bereits implizit in anderen Faktorkategorien enthalten sind. Dies trifft insbesondere auf die Fälle zu, in denen Informationen, die nicht an andere Faktoren gekoppelt sind, als *Objektfaktoren* eingesetzt werden. Objektfaktoren sind allgemein dadurch gekennzeichnet, dass der Produktionsprozess, in den sie eingehen, bezweckt, ihre Eigenschaften zu verändern.[12] Informationelle Objektfaktoren – als Beispiel sei ein zu übersetzender Text angeführt – treten bei der Dienstleistungsproduktion häufiger auf als bei der Sachgüterproduktion.

---

9 Eine „ausgewogene" Zusammensetzung beider Komponenten zu finden, ist ein Hauptproblem des Einsatzes menschlicher Arbeit; vgl. die Ausführungen zur Arbeitsstrukturierung in Kap. C. II. 3.5.
10 Vgl. beispielsweise Grauer/Merten (1997), S. 22–24; Zahn/Schmid (1996), S. 118. Zu Stellungnahmen zu einem Produktionsfaktor Information bzw. Wissen vgl. die Literaturübersicht bei Seidenberg (1998), S. 3–5.
11 Vgl. zu Einzelheiten Seidenberg (1998), S. 31 ff.
12 Vgl. Kern (1992), S. 14 f.

KONTROLLFRAGEN#

(1) Welche produktiven Faktoren unterscheidet Gutenberg?

(2) Wodurch unterscheiden sich Potenzial- und Repetierfaktoren?

Aufgabe 11

Nehmen Sie zu folgender These Stellung: „Ein Produktionsfaktorsystem sollte für alle Wirtschaftszweige und Branchen Gültigkeit besitzen."

II. Produktionsfaktor Arbeit

Die menschliche Arbeit nimmt gegenüber den anderen produktiven Faktoren eine *Sonderstellung* ein. Im Unterschied zu den sachlichen Produktionsfaktoren lässt sich die Rolle des Menschen im Betrieb nicht auf einen Kostenfaktor, dem eine bestimmte Leistungsabgabe gegenübersteht, reduzieren. In der betriebswirtschaftlichen und arbeitswissenschaftlichen Literatur besteht Einigkeit darüber, dass dem Einsatz menschlicher Arbeit *zwei Zielkomplexe* zugrunde zu legen sind: *Wirtschaftlichkeit* und *Humanität*.

1. Gesetzliche Bestimmungen

Bezüglich der humanen Zielsetzung hat der Gesetzgeber Mindeststandards in Form von technischen und sozialen Schutzrechten der Arbeitnehmer festgelegt. Darüber hinaus ist bei der Gestaltung der Arbeitsverträge eine Reihe rechtlicher Vorschriften zu beachten.

Das Arbeitsrecht[13] ist zu einem großen Teil durch die Rechtsprechung entwickelt worden *(Richterrecht)*. Soweit es in Form von Gesetzen und Verordnungen niedergelegt ist, besteht es aus einer *Vielzahl einzelner Regelungen;* ein einheitliches Arbeitsgesetzbuch gibt es in der Bundesrepublik Deutschland bisher nicht. Die Systematik des Arbeitsrechts gibt Abb. 36 wieder. Neben dem zum *Individual*arbeitsrecht gehörenden Recht des Arbeitsverhältnisses und Arbeitsschutzes steht das *kollektive* Arbeitsrecht, das die Rechtsbeziehungen zwischen einem einzelnen Arbeitgeber oder einem Arbeitgeberverband und einem Zusammenschluss von Arbeitnehmern (Betriebsrat bzw. Gewerkschaft) regelt. Hierzu zählen das Tarifvertrags- und Arbeitskampfrecht (Letzteres ausschließlich Richterrecht auf der Grundlage der in Art. 9 Abs. 3 Grundgesetz garantierten Koalitionsfreiheit), das Betriebsverfassungs- und Mitbestimmungsrecht. Im Mitbestimmungs- und Montan-Mitbestimmungsgesetz ist die Teilhabe der Arbeitnehmer an den Beschlüssen der obersten Aufsichts- und Entscheidungsebene festgelegt (durch Entsendung von Arbeitnehmervertretern in den Aufsichtsrat, Bestellung eines Arbeitsdirektors als Vorstandsmitglied). Die Bestimmungen des Betriebsverfassungsgesetzes betreffen unmittelbar die Ebene des betrieblichen Leistungsvollzugs. Weitere Rechtsquellen stellen *Tarifverträge* (Regelungen zu Form und Inhalt von Tarifverträgen finden sich im Tarifvertragsgesetz) und *Betriebsvereinbarungen* dar.

---

13 Einführungen in das Arbeitsrecht geben beispielsweise Lieb (2003), Schaub (2005), Schmid/Trenk-Hinterberger (1994), Söllner (2003).

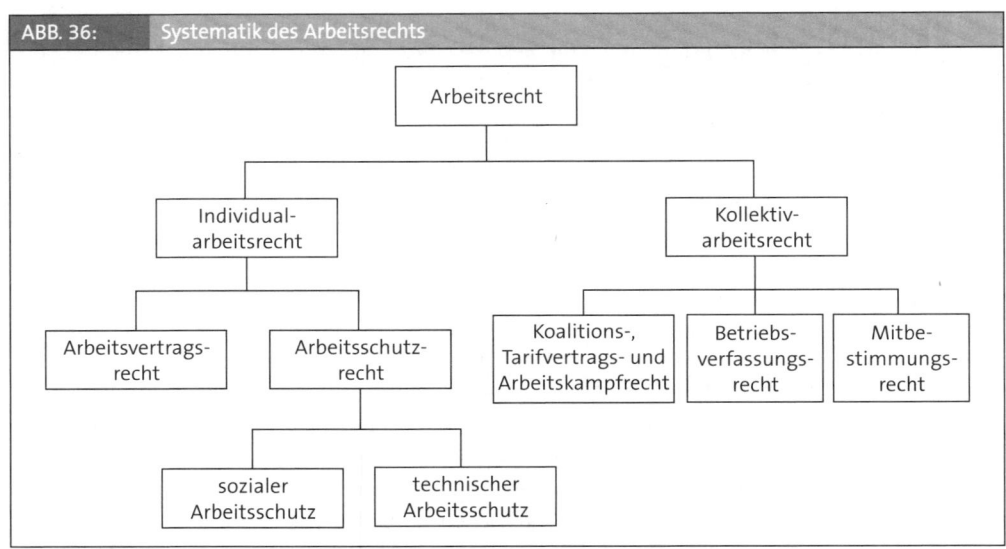

ABB. 36: Systematik des Arbeitsrechts

Das *Arbeitsvertragsrecht* regelt die gegenseitigen Rechte und Pflichten im Arbeitsverhältnis zwischen Arbeitgeber und Arbeitnehmer. Im Folgenden wird eine Auswahl der wichtigsten gesetzlichen Grundlagen des Arbeitsvertragsrechts kurz angesprochen. Hierzu gehört das *Bürgerliche Gesetzbuch* (BGB), dessen Vorschriften über den Dienstvertrag jedoch nur insoweit Anwendung finden, als keine spezielleren Regelungen bestehen. Zu nennen sind ferner das *Handelsgesetzbuch* (HGB) sowie die *Gewerbeordnung* (GewO), das älteste Gesetz, das sich mit dem Arbeitsverhältnis befasst. Das *Teilzeit- und Befristungsgesetz* (TzBfG) enthält Vorschriften über Teilzeitarbeit und befristete Arbeitsverträge sowie Bestimmungen über Arbeit auf Abruf und das Jobsharing (Arbeitsplatzteilung). Im *Entgeltfortzahlungsgesetz* ist die Entgeltfortzahlung an Feiertagen, bei unverschuldeter Krankheit und bei medizinischen Vorsorge- und Rehabilitationsmaßnahmen geregelt. Nach dem *Bundesurlaubsgesetz* (BUrlG) hat jeder Arbeitnehmer im Kalenderjahr Anspruch auf bezahlten Erholungsurlaub von mindestens 24 Werktagen. Große Bedeutung sowohl für den Arbeitnehmer als auch den Arbeitgeber besitzt das *Kündigungsschutzgesetz* (KSchG).

Das *Arbeitsschutzrecht* dient dem technischen Arbeitsschutz (Gefahrenschutz) und dem sozialen Arbeitsschutz (vor allem Arbeitszeitschutz) des Arbeitnehmers. Von den zahlreichen Vorschriften des *technischen* Arbeitsschutzes seien das Arbeitsschutzgesetz (ArbSchG), die Bildschirmarbeitsverordnung, die Betriebssicherheitsverordnung (BetrSichV), das Arbeitssicherheitsgesetz (ASiG), die Arbeitsstättenverordnung (ArbStättV) und die Gefahrstoffverordnung (GefStoffV) hervorgehoben. Das *Arbeitsschutzgesetz* „dient dazu, Sicherheit und Gesundheitsschutz der Beschäftigten bei der Arbeit durch Maßnahmen des Arbeitsschutzes zu sichern und zu verbessern." (§ 1 Abs. 1 ArbSchG) Hierzu zählen Maßnahmen zur Verhütung von Arbeitsunfällen und Gesundheitsgefahren sowie der menschengerechten Arbeitsgestaltung. Die *Bildschirmarbeitsverordnung* enthält u. a. einen detaillierten Anforderungskatalog für Bildschirmarbeitsplätze (Bildschirmgerät und Tastatur, sonstige Arbeitsmittel, Arbeitsumgebung, Zusammenwirken von Mensch und Arbeitsmitteln). Die *Betriebssicherheitsverordnung* gilt für die Bereitstellung von Arbeitsmitteln, d. h. Werkzeugen, Geräten, Maschinen und Anlagen, durch den Arbeitgeber und die Benutzung von Arbeitsmitteln durch die Beschäftigten. Die Verpflichtung des Arbeitgebers, Betriebsärzte und Fachkräfte für Arbeitssicherheit (Sicherheitsingenieure, -techniker, -meister) zu bestellen, regelt das *Arbeitssicherheitsgesetz*. Die *Arbeitsstättenverordnung* enthält allgemeine Anforderungen an das Einrichten und Betreiben von Arbeitsstätten; hierzu gehören Arbeitsplätze, -räume, Verkehrswege, Sanitär-, Pausen- und Bereitschaftsräume. Der Zweck der *Gefahrstoffverordnung*, „den Menschen vor arbeitsbedingten und sonstigen Gesundheitsgefahren und die Umwelt vor stoffbedingten Schädigungen zu schützen," (§ 1 GefStoffV) geht über den Arbeitsschutz hinaus. Arbeitsschutzrechtliche Bestimmungen betreffen die Festlegung umfangreicher Pflichten des Arbeitgebers im Zusammenhang mit Gefahrstoffen, die Bestimmung einer Rangfolge von Schutzmaßnahmen sowie Beschäftigungsverbote und -beschränkungen bei besonders gefährlichen krebserzeugenden Gefahrstoffen. Rechtlich verbindlich sind auch die von den Berufsgenossenschaften erlassenen und vom zuständigen Bundesministerium genehmigten *berufsgenossenschaftlichen Vorschriften (Unfallverhütungsvorschriften)*. Sie spezifizieren, konkretisieren und ergänzen das staatliche Gesetzes- und Verordnungswerk zum Gesundheits- und Unfallschutz.

Wichtige gesetzliche Bestimmungen des *sozialen* Arbeitsschutzes sind das Arbeitszeitgesetz (ArbZG), das Mutterschutzgesetz (MuSchG), das Bundeserziehungsgeldgesetz (BErzGG) und das Jugendarbeitsschutzgesetz (JArbSchG). Das *Arbeitszeitgesetz* begrenzt die werktägliche Arbeitszeit auf grundsätzlich acht Stunden (unter bestimmten Bedingungen sind bis zu 10 Stunden zulässig), legt die Mindestdauer von Ruhepausen fest, schreibt eine Ruhezeit von mindestens 11 Stunden nach Beendigung der täglichen Arbeitszeit vor und enthält Schutzvorschriften für Nacht- und Schichtarbeit. Das *Mutterschutzgesetz* bezweckt einen besonderen Gesundheitsschutz für schwangere Frauen und sieht einen Kündigungsschutz während der Schwangerschaft und der folgenden vier Monate vor. Einen Anspruch auf „Elternzeit" bis zu drei Jahren und einen besonderen Kündigungsschutz gewährt das *Bundeserziehungsgeldgesetz*. Das *Jugendarbeitsschutzgesetz* verbietet die Beschäftigung von Kindern, d. h. unter 15-Jährigen. Für Jugendliche (unter 18-Jährige) gelten besondere Vorschriften hinsichtlich der Arbeitszeit (Dauer und Lage) und Urlaubsdauer. Mit gefährlichen Arbeiten und Akkordarbeit dürfen Jugendliche nicht betraut werden.

Neben dem Arbeitsvertrags- und dem Arbeitsschutzrecht gehört das Betriebsverfassungsrecht zu den Rahmenbedingungen, die Entscheidungen im Produktionsbereich beeinflussen. Gemäß dem *Betriebsverfassungsgesetz* (BetrVG) kann in Betrieben mit mindestens fünf volljährigen Arbeitnehmern (AN) ein *Betriebsrat* (BR) gewählt werden (1, 7)[14]. Die Wahlen finden alle vier Jahre statt (13); die Anzahl der Betriebsratsmitglieder ist abhängig von der Zahl der Beschäftigten (9). Arbeitgeber (AG) und BR sind zur vertrauensvollen Zusammenarbeit zum Wohl der AN und des Betriebs verpflichtet (2). In Betrieben mit mehr als 100 AN wird zusätzlich ein *Wirtschaftsausschuss* gebildet, dessen Mitglieder vom BR bestimmt werden (106 f.). Dieser hat die Aufgabe, wirtschaftliche Angelegenheiten (finanzielle Lage, Absatzlage, Produktionsprogramm, Rationalisierungsvorhaben, Einführung neuer Arbeitsmethoden usw.) mit dem AG zu beraten und den BR zu unterrichten (106). Zur Beilegung von Meinungsverschiedenheiten zwischen AG und BR ist eine paritätisch besetzte *Einigungsstelle* mit einem unparteiischen Vorsitzenden zu bilden

---

14 Die Zahlen in Klammern bezeichnen hier und im Folgenden die betreffenden Paragraphen des BetrVG.

(76). Das BetrVG findet grundsätzlich keine Anwendung auf leitende Angestellte (5 Abs. 3). Diese können aufgrund des Sprecherausschussgesetzes in Betrieben mit mindestens zehn leitenden Angestellten Sprecherausschüsse bilden (§ 1 SprAuG). Im Unterschied zum BetrVG sieht das Sprecherausschussgesetz kein echtes Mitbestimmungsrecht vor.

Dem BR stehen Beteiligungsrechte unterschiedlicher Intensität zu (vgl. Abb. 37).

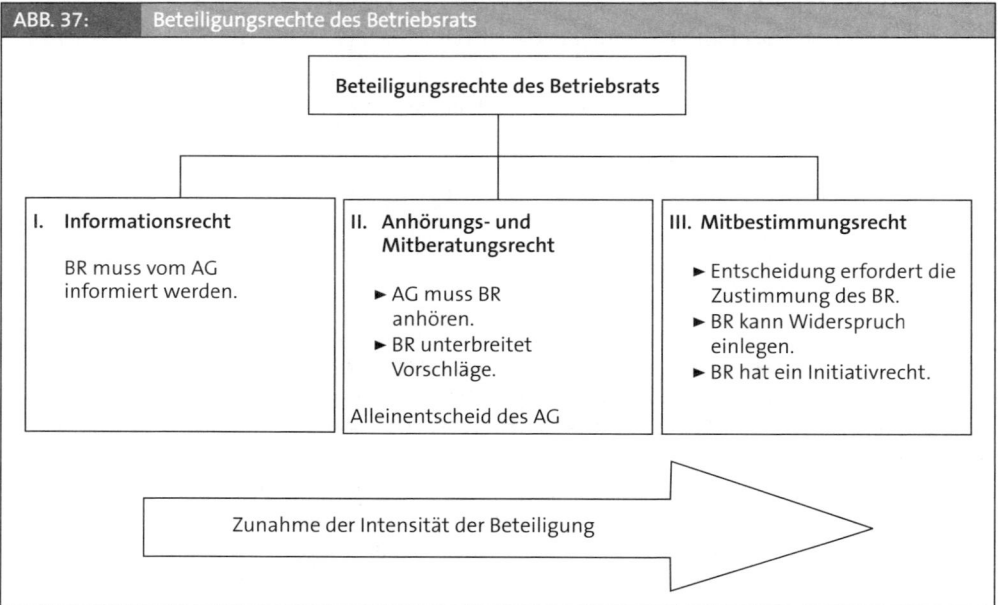

ABB. 37: Beteiligungsrechte des Betriebsrats

Mitwirkung und Mitbestimmung des BR erstrecken sich nach dem BetrVG auf die vier in Abb. 38 näher bezeichneten Bereiche.

ABB. 38:	Felder der Mitwirkung und Mitbestimmung des Betriebsrats (Die römischen Zahlen in [] geben die Intensität der Beteiligung – I: Informationsrecht, II: Anhörungs- und Mitberatungsrecht, III: Mitbestimmungsrecht – an; vgl. Abb. 37.)		
Soziale Angelegenheiten (§ 87) [III]	Gestaltung von Arbeitsplatz, -ablauf und -umgebung (§§ 90 f.)	Personelle Angelegenheiten (§§ 92 – 105)	Wirtschaftliche Angelegenheiten (§§ 106 – 113)
▶ Betriebliche Ordnung ▶ Arbeitszeit-, Pausen- und Urlaubsregelungen ▶ Einführung und Anwendung technischer Einrichtungen zur Überwachung des Verhaltens oder der Leistung der AN ▶ Verhütung von Arbeitsunfällen und Berufskrankheiten ▶ Sozialeinrichtungen ▶ Werkswohnungen ▶ Lohngestaltung (Entlohnungsgrundsätze und -methoden, Festsetzung der Akkord- und Prämiensätze) ▶ Grundsätze des betrieblichen Vorschlagswesens	▶ Planung von baulichen Maßnahmen, von technischen Anlagen, Arbeitsverfahren, -abläufen und Arbeitsplätzen [I, II] AG und BR sollen dabei „die gesicherten arbeitswissenschaftlichen Erkenntnisse über die menschengerechte Gestaltung der Arbeit berücksichtigen." (§ 90) ▶ Abwendung, Milderung oder Ausgleich von Belastungen, die durch Änderungen der Arbeitssituation entstanden sind, welche den „gesicherten arbeitswissenschaftlichen Erkenntnissen" offensichtlich widersprechen [III]	▶ Allgemeine personelle Angelegenheiten: Personalplanung [I, II], innerbetriebliche Ausschreibung zu besetzender Stellen, Personalfragebögen, allgemeine Beurteilungsgrundsätze, Auswahlrichtlinien bei Einstellungen, Versetzungen etc. [III] ▶ Berufsausbildung: Einführung [II] und Durchführung [III] betrieblicher Berufsbildungsmaßnahmen ▶ Personelle Einzelmaßnahmen: Jede Einstellung, Eingruppierung, Umgruppierung und Versetzung erfordert die Zustimmung des BR [I, III]; BR darf Zustimmung nur aus bestimmten Gründen (§ 99 Abs. 2) verweigern. Vor jeder Kündigung ist der BR zu hören [II]; Unwirksamkeit der Kündigung ohne Anhörung des BR; unter bestimmten Voraussetzungen Widerspruchsrecht des BR [III]	Geplante Betriebsänderungen, die wesentliche Nachteile für die Belegschaft zur Folge haben können [I, II], z. B.: ▶ Betriebsstilllegungen, -verlagerungen und -zusammenschlüsse ▶ grundlegende Änderungen der Betriebsorganisation, des Betriebszwecks oder der Betriebsanlagen ▶ Einführung grundlegend neuer Arbeitsmethoden und Fertigungsverfahren In diesen Fällen Interessenausgleich, z. B. durch Sozialplan [III].

Nicht um Betriebsräte im Sinne des BetrVG, sondern um Informations- und Konsultationsgremien handelt es sich bei den *Europäischen Betriebsräten (Euro-Betriebsräten)*. Das Gesetz über Europäische Betriebsräte (EBRG) sieht vor, dass in Unternehmen, die in der EU mindestens 1000 und in wenigstens zwei EU-Staaten jeweils mindestens 150 Mitarbeiter beschäftigen, ein Europäischer Betriebsrat eingerichtet werden kann. Dessen Ausgestaltung – Anzahl der Mitglieder, Zusammensetzung, Zuständigkeit, Aufgaben, Sitzungsmodalitäten – unterliegt der Gestaltungsfreiheit der zentralen Unternehmensleitung und der Arbeitnehmerseite. Können sich die Parteien nicht einigen, gelten die für diesen Fall vorgesehenen Regelungen des EBRG. Demnach hat die Unternehmensleitung den Europäischen Betriebsrat einmal jährlich über die Entwicklung der Geschäftslage und die Perspektiven des Unternehmens (wirtschaftliche und finanzielle

Lage, geplante Investitionen, grundlegende Organisationsänderungen, Einführung neuer Arbeits- und Fertigungsverfahren, Produktionsverlagerungen, Zusammenschlüsse, Spaltungen, Stilllegungen von Betrieben usw.) zu unterrichten und ihn anzuhören. Über außergewöhnliche Umstände, die erhebliche Auswirkungen auf die Interessen der Arbeitnehmer haben, wie die Verlegung und Stilllegung von Betrieben sowie Massenentlassungen, hat die zentrale Unternehmensleitung den Europäischen Betriebsrat rechtzeitig zu informieren und auf Verlangen anzuhören.

Abschließend sei bemerkt, dass der Umfang des deutschen Arbeits- und Sozialrechts das Bemühen widerspiegelt, das Verhältnis von Arbeitgeber und Arbeitnehmer zu klären und die Position des Arbeitnehmers zu stärken. Mit der Öffnung der Grenzen für den freien Güter- und Kapitalverkehr gewinnt die internationale Harmonisierung von Recht und Rechtsprechung an Bedeutung. Ohne eine solche Harmonisierung drohen Arbeitsplätze in Länder mit geringerer Reglementierung abzuwandern. Diese Entwicklung ist bereits im Gang und das Ergebnis eines globalen Wettbewerbs um Produktionsstandorte; sie ist nur zum Teil ein Kostenproblem.

2. Grundfragen der Arbeitsgestaltung

2.1 Leistungsfähigkeit und -bereitschaft

Bezieht man ein quantitativ und qualitativ bestimmtes Arbeitsergebnis auf die dazu benötigte Arbeitszeit, so lässt sich die entsprechende Arbeitsleistung angeben. Die Höhe der Arbeitsleistung eines Menschen wird von seiner Leistungsfähigkeit (man unterscheidet Höchst- und Dauerleistungsfähigkeit) und seiner physischen wie psychischen Leistungsbereitschaft bestimmt, die ihrerseits von einer Fülle von Einflussfaktoren determiniert werden. *Leistungsfähigkeit* bezeichnet das maximal zur Verfügung stehende Leistungspotenzial eines Menschen, *Leistungsbereitschaft*, in welchem Maß er fähig und bereit ist, dieses Potenzial unter gegebenen Bedingungen zu aktivieren und für eine Arbeitsaufgabe nutzbar zu machen.

Einige Determinanten der Leistungsfähigkeit und -bereitschaft können durch betriebliche Maßnahmen beeinflusst werden, andere stellen für den Betrieb ein Datum dar. Zur ersten Gruppe zählen z. B. die Arbeitsbedingungen im weitesten Sinne sowie Leistungsanreize in Form des Arbeitsentgelts oder nicht-monetärer Motivatoren. Zumindest teilweise lassen sich Fachwissen und -können durch Aus- und Weiterbildungsmaßnahmen, Ermüdung und Erholung durch Arbeits- und Pausengestaltung steuern. Zu den vom Betrieb nicht oder nur begrenzt beeinflussbaren Bestimmungsgrößen gehören der Ernährungs- und Gesundheitszustand, biorhythmische – insbesondere tageszeitliche – Schwankungen der Leistungsbereitschaft (dargestellt in physiologischen Leistungskurven) und Einflüsse aus der privaten Sphäre des Mitarbeiters.

Die Arbeitsgestaltung soll die Voraussetzungen dafür schaffen, dass Menschen und Betriebsmittel als Elemente des Arbeitssystems (vgl. Abb. 39) und die Arbeitsgegenstände im Hinblick auf die gestellte Arbeitsaufgabe möglichst optimal zusammenwirken können.[15] Dies wird durch eine zielentsprechende Auswahl, Kombination und/oder Veränderung der Elemente bzw. Struktur des Arbeitssystems zu erreichen versucht. Die Arbeitsgegenstände können materieller oder immaterieller (Informationsverarbeitung) Art sein.

---

15 Vgl. REFA (1991c), Teil 1, S. 82.

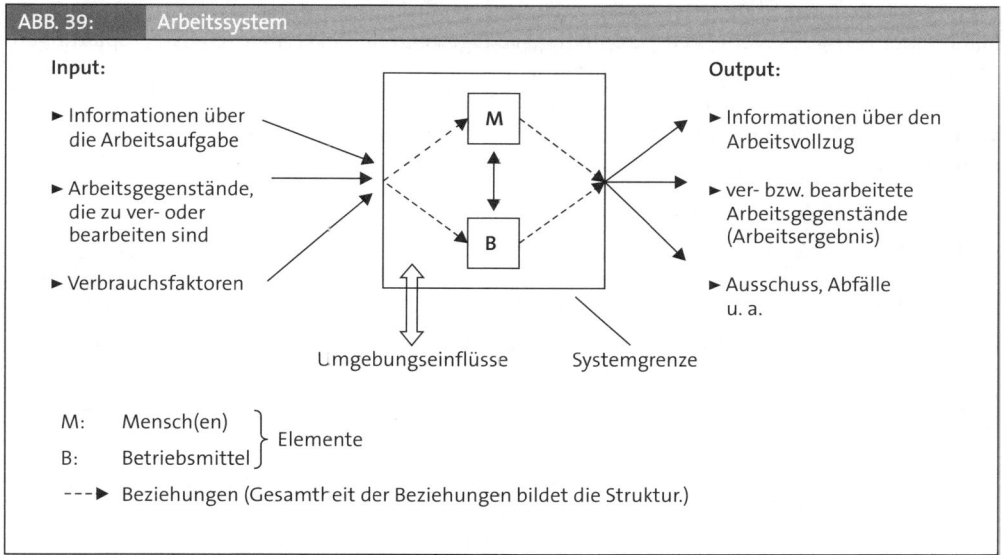

ABB. 39: Arbeitssystem

Input:
- Informationen über die Arbeitsaufgabe
- Arbeitsgegenstände, die zu ver- oder bearbeiten sind
- Verbrauchsfaktoren

Output:
- Informationen über den Arbeitsvollzug
- ver- bzw. bearbeitete Arbeitsgegenstände (Arbeitsergebnis)
- Ausschuss, Abfälle u. a.

Umgebungseinflüsse Systemgrenze

M: Mensch(en) } Elemente
B: Betriebsmittel

---▶ Beziehungen (Gesamtheit der Beziehungen bildet die Struktur.)

Ein wichtiges Teilziel menschengerechter Arbeitsgestaltung ist der Abbau von Arbeitsbelastungen. Unter *Belastung* werden die Einflüsse verstanden, die im Arbeitssystem durch die Arbeitsobjekte, die Betriebsmittel, die Arbeitsumgebung usw. auf den Menschen einwirken. Belastende Einflüsse sind teils messbar, wie das Gewicht einer zu hebenden Last oder die Umgebungstemperatur, teils nur qualitativ bestimmbar, wie beispielsweise das Kommunikationsverhalten von Vorgesetzten und Kollegen. Das Ausmaß einer Belastung hängt insbesondere von ihrer Höhe und Dauer ab.

Von der Arbeitsbelastung wird die Arbeits*beanspruchung* unterschieden, die als individuelle psycho-physiologische Reaktion auf die einwirkende Belastung anzusehen ist und von der Leistungsfähigkeit und jeweiligen -bereitschaft des Arbeitenden abhängt (Belastungs-Beanspruchungs-Konzept). Demzufolge führt dieselbe Belastung, die etwa von einer körperlich schweren Arbeit ausgeht, bei einem älteren leistungsgeminderten Arbeitnehmer zu einer höheren Beanspruchung als bei einer jüngeren leistungsfähigeren Person. Die Arbeitsbeanspruchung kann sich je nach Art der zugrunde liegenden Belastung sowie der individuellen Fähigkeiten und Disposition einseitig auf einzelne Beanspruchungsarten (Beanspruchung des Muskel-Bänder-Skelett-Systems, des Kreislaufs, der Sinnesorgane, mentale, emotionale Beanspruchung usw.) konzentrieren oder kombinierter Art sein. Als Maß für die Arbeitsbeanspruchung wird häufig die Pulsfrequenz (in Form der Differenz zwischen Ruhe- und Arbeitspuls) herangezogen.

2.2 Vorgehensweise bei der Arbeitsgestaltung

Für die Vorgehensweise bei der Arbeits(system)gestaltung sind unterschiedliche Methoden vorgeschlagen worden, von denen die Planungssystematik nach REFA[16] hier exemplarisch vor-

---

16 Vgl. die ausführliche Darstellung bei REFA (1993b), S. 197 ff.

gestellt werden soll. Danach vollzieht sich der Gestaltungsablauf als Problemlösungsprozess idealtypisch in den folgenden sechs Stufen, wobei Rücksprünge möglich sind:

► Stufe 1 *(Ausgangssituation analysieren):* Zunächst sind die Analyseschwerpunkte festzulegen. Auf dieser Grundlage ist – sofern es sich nicht um eine Neuplanung handelt – eine Istanalyse des betreffenden Arbeitssystems durchzuführen, die die Stärken und Schwächen des gegenwärtigen Systems aufdecken soll. Die Ergebnisse werden dokumentiert.

► Stufe 2 *(Ziele festlegen, Planungsaufgaben abgrenzen):* Von den Ergebnissen der Istzustandsanalyse ausgehend, werden die organisatorischen, technischen, personellen und monetären Ziele des Arbeitssystems konkretisiert und gewichtet. Die Systemgrenzen des zu gestaltenden Bereichs müssen definiert, die Schnittstellen zur Umgebung beschrieben werden.

► Stufe 3 *(Arbeitssystem konzipieren):* Für diesen Schritt wird folgende Vorgehensweise empfohlen:
– Alternativen für den Arbeitsablauf erarbeiten, wobei insbesondere die kapazitativen Anforderungen sowie die räumlichen, zeitlichen und organisatorischen Aspekte der Struktur des Arbeitssystems zu berücksichtigen sind,
– alternative Arbeitssysteme entwickeln,
– Qualifikationsanforderungen abschätzen und Personalbedarf planen,
– Arbeitsbelastungen abschätzen,
– Entgelt- und Arbeitszeitregelungen planen bzw. vereinbaren,
– Lösungsvarianten bewerten und auswählen.

► Stufe 4 *(Arbeitssystem detaillieren):* In dieser Feinplanungsphase sind die nachstehenden Teilschritte durchzuführen:
– arbeitsgestalterische Regeln (bezüglich Ergonomie, Arbeitssicherheit usw.) umsetzen,
– Betriebsmittel planen, d. h. insbesondere einen Anforderungskatalog für zu beschaffende Betriebsmittel aufstellen,
– Personal planen, d. h. Istqualifikation und Qualifikationsanforderungen abgleichen,
– Realisierungsplan erstellen.

► Stufe 5 *(Arbeitssystem einführen):* Die erforderlichen Betriebsmittel sind zu beschaffen. Das Personal muss eingestellt bzw. qualifiziert werden. Nachdem das Arbeitssystem installiert ist, wird es im Probebetrieb getestet, um mögliche Störungsursachen zu ermitteln und auszuschalten. Das neue Arbeitssystem wird dokumentiert, wobei auch die Arbeitsbelastungen zu analysieren sind. Im Rahmen des Probebetriebs können bereits Daten als Grundlage für spätere Vorgaben ermittelt werden (z. B. Zeiten für die einzelnen Ablaufabschnitte usw.).

▶ Stufe 6   *(Arbeitssystem einsetzen):* Es ist zweckmäßig, eine Abschlussdokumentation zu erstellen, damit gegebenenfalls in späteren ähnlichen Projekten auf die gesammelten Erfahrungen zurückgegriffen werden kann. Aus der Kontrolle des Einsatzes ergeben sich Hinweise auf Verbesserungen des Systems, die einen erneuten Gestaltungszyklus anstoßen können.

2.3 Gestaltungsbereiche

Das Aufgabenfeld der Arbeitsgestaltung umfasst drei Hauptgestaltungsbereiche:[17]

▶ Gestaltung von Arbeitsmethode und Betriebsmitteln (Abb. 40),

▶ Gestaltung der Arbeitsumgebung (Abb. 41) und

▶ Gestaltung der Arbeitsorganisation.

Die beiden erstgenannten Bereiche werden auch unter dem Begriff ergonomische Arbeitsgestaltung zusammengefasst. Detaillierte Hinweise für die Lösung spezieller Aufgaben der Arbeitsplatz- und Arbeitsumgebungsgestaltung geben *DIN-Normen* und *VDI-Richtlinien*.

ABB. 40:	Gestaltung von Arbeitsmethode und Betriebsmitteln
Gestaltungsbereich	Gestaltungsaufgaben (Beispiele)
1. Anthropometrische Arbeitsgestaltung	Anpassen der Betriebsmittel an die Körpermaße des Menschen und an seine Körperhaltung bei der Arbeit (Sitzen, Stehen, Liegen usw.) ▶ Festlegen von Arbeitsplatzmaßen, wie Greifraum (begrenzt durch Reichweite der Arme), Wirkraum der Beine und Arbeitshöhe ▶ Gestaltung von Griffen und Stellteilen hinsichtlich Form, Abmessungen, Stellweg und -kraft etc.
2. Physiologische Arbeitsgestaltung	Anpassen der Arbeitssituation an die Eigenarten und Fähigkeiten des Menschen ▶ Vermeiden von Bewegungen mit Kraftaufwand nach oben (gegen die Schwerkraft) ▶ Vermeiden statischer Haltearbeit z. B. durch Haltevorrichtungen, Armstützen etc. ▶ Vermeiden einseitiger Belastungen und körperlicher Zwangshaltungen (wie Knien, Bücken, Überkopfarbeit) ▶ informationstechnische Arbeitsgestaltung (Begrenzung der zu verarbeitenden Daten auf das notwendige Maß, Gestaltung von Anzeigegeräten etc.)
3. Sicherheitstechnische Arbeitsgestaltung	Beseitigung von Unfallgefährdungen ▶ Beheben technischer Mängel ▶ Überwachung der Einhaltung von Unfallverhütungsvorschriften, Beseitigen von Mängeln bei der Personalaufsicht und Arbeitsunterweisung etc.

Während sich die Arbeitsgestaltung ursprünglich auf den Fertigungsbereich konzentrierte, wird den Bürotätigkeiten zunehmend Aufmerksamkeit geschenkt; hervorgehoben seien hier nur die

---

17 Vgl. Dörken (1979), Sp. 122.

Bemühungen um die menschengerechte Gestaltung von Bildschirmarbeitsplätzen und die Softwareergonomie (vgl. Bildschirmarbeitsverordnung).

Die *Arbeitsorganisation* befasst sich mit der Festlegung des Arbeitsinhalts der einzelnen Arbeitssysteme, insbesondere der Aufteilung eines Aufgabenkomplexes auf die Aufgabenträger (Arbeitsteilung) und dem zeitlichen Aspekt der Arbeit (Arbeitsablauf- und Arbeitszeitgestaltung). Die Einbeziehung motivationaler, individual- und gruppenpsychologischer Erkenntnisse führte zu Arbeitsstrukturierungsmaßnahmen, die in Teil C. II. 3.5 behandelt werden.

Zwei Formen der Arbeitsteilung sind zu unterscheiden: *Artteilung* bedeutet die Unterteilung einer Arbeitsaufgabe in inhaltlich unterschiedliche Teilaufgaben und deren Zuordnung zu Arbeitspersonen; *Mengenteilung* die Verteilung des Arbeitsumfangs in der Weise, dass jede Person die gleichen Teilaufgaben ausführt. Beispiel: Ein Montagevorgang bestehe aus drei Arbeitsgängen, für die drei Arbeitskräfte zur Verfügung stehen. Im Fall der Artteilung ist jeder Arbeiter auf einen Arbeitsgang spezialisiert, bei Mengenteilung werden von jeder Person alle Teilvorgänge – bei entsprechend geringerer Stückzahl pro Person – ausgeführt. Kurzen Einarbeitungszeiten, hohem Übungsgrad und sonstigen Spezialisierungsvorteilen der Artteilung stehen Nachteile wie einseitige Beanspruchung und Monotonieerscheinungen gegenüber. Bei der Wahl des Organisationstyps der Fertigung (s. Teil D. I. 2) sind diese Gesichtspunkte zu berücksichtigen.

Der Gestaltungsspielraum bei Arbeitszeitregelungen ist durch gesetzliche und tarifvertragliche Bestimmungen eingeengt. Im Einzelnen gehören zur *Arbeitszeitgestaltung*, die der Mitbestimmung (s. Teil C. II. 1) unterliegt, folgende Aufgaben:

▶ Festlegung des täglichen Arbeitsbeginns und -endes einschließlich der Entscheidung über feste oder gleitende Arbeitszeit;

▶ Festlegung der Lage und Dauer der Arbeitspausen; da der Erholungswert einer Pause mit zunehmender Pausenlänge stark sinkt, sind häufigere Kurzpausen günstiger als wenige von längerer Dauer.

▶ Regelung der Schicht-, insbesondere Nachtschichtarbeit, da Letztere mit gesundheitlichen Risiken verbunden ist; bei Wechselschichten Festlegung des Wechselzyklus.[18]

---

[18] Empfehlungen zur Schichtplangestaltung aus arbeitswissenschaftlicher Sicht geben Knauth/Hornberger (1997), S. 58 ff.

ABB. 41:	Gestaltung der Arbeitsumgebung
Gestaltungsbereich	**Gestaltungsaufgaben**
Gestaltung der Arbeitsumgebung	Zweck: Verhinderung gesundheitlicher Gefährdungen und Steigerung der Leistungsbereitschaft

1. Lärm	▶ Verhinderung der Lärm*entstehung* (primäre Lärmminderungsmaßnahmen)
	▶ Verhindern der Lärm*ausbreitung* (sekundäre Lärmminderungsmaßnahmen) durch:
	  – Schall*dämmung* (Behinderung der Schallausbreitung durch reflektierende Hindernisse)
	  – Schall*dämpfung* (Umwandlung der Schallenergie mit Hilfe absorbierender Materialien).

2. Klima	Beeinflussung der vier Parameter *Lufttemperatur, -feuchtigkeit, -geschwindigkeit* und *Wärmestrahlung*. Die Lage der Minimal-, Optimal- und Maximalwerte hängt u. a. von der Art der Arbeit ab und kann Tabellen oder Nomogrammen entnommen werden.
3. Beleuchtung	▶ Sicherstellen einer der jeweiligen Arbeitsaufgabe angemessenen *Beleuchtungsstärke* (Zu geringe Beleuchtungsstärke kann zu schneller Ermüdung, Leistungsminderung und Zunahme der Unfallgefahr führen.) ▶ Anstreben einer harmonischen *Helligkeitsverteilung* (ausgewogenes Verhältnis der Leuchtdichten im Gesichtsfeld) ▶ Begrenzung der *Blendung* ▶ Einstellen der *Lichtrichtung* (das Licht soll seitlich von oben einfallen) und Schattenbildung (Optimum zwischen diffuser Beleuchtung ohne Schatten und zu tiefer Schattenbildung) ▶ Wahl der *Lichtfarbe* (warmweiß, neutralweiß, tageslichtweiß) und Farbwiedergabe (vier Qualitätsstufen).
4. Schädliche Arbeitsstoffe	▶ Vermeiden fester und flüssiger Schadstoffe, schädlicher Gase, Dämpfe und Stäube durch Verwendung ungefährlicher Arbeitsstoffe oder Änderung des Produktionsverfahrens, soweit dies möglich ist ▶ Unterrichtung der Arbeitspersonen über die Gefährlichkeit von Schadstoffen und die Handhabung von Schutzmaßnahmen ▶ Bereitstellen persönlicher Schutzausrüstungen (wie Augen-, Atemschutz), wenn keine anderen Maßnahmen durchführbar oder wirksam sind Hilfsmittel zur Beurteilung schädlicher Arbeitsstoffe: MAK-Werte (maximale Arbeitsplatz-Konzentrationen)
5. Sonstige Umgebungseinflüsse	▶ Maßnahmen gegen Vibrationen (mechanische Schwingungen) und Strahlung ▶ Fördern der Leistungsbereitschaft durch Farbgestaltung, Grünpflanzen, Musik am Arbeitsplatz u. a. m.

Seit dem Beginn der Industrialisierung ist die tägliche, wöchentliche und jährliche Arbeitszeit immer weiter reduziert worden. Die Rationalisierungsanstrengungen, die diese Entwicklung ermöglichten, ließen die Produktion gleichzeitig immer kapitalintensiver werden. In der Regel hatten Arbeitszeitverkürzungen einen entsprechenden Rückgang der Betriebsmittelnutzungszeiten zur Folge. Um einerseits die damit verbundenen negativen Auswirkungen auf Wirtschaftlichkeit, Rentabilität und Wettbewerbsfähigkeit zu verhindern und andererseits den Bedürfnissen der Arbeitnehmer (größere Wahlmöglichkeiten hinsichtlich Dauer und Lage der Arbeitszeit) zu entsprechen, werden seit den 1980er Jahren unter dem Begriff *Flexibilisierung der Arbeitszeit*[19] Möglichkeiten diskutiert und praktiziert, *die individuelle Arbeitszeit und die Betriebszeit zu entkoppeln.*

Hinzu kommt, dass sich im Zuge rückläufiger Arbeitszeiten und zugleich steigender Personalkosten traditionelle Anpassungsmaßnahmen an tageszeitlich, jahreszeitlich, konjunkturell usw. bedingte Schwankungen des quantitativen Personalbedarfs – wie bezahlte Mehrarbeit und das Vorhalten personeller Kapazitätsreserven – als zunehmend unwirtschaftlich erwiesen haben. Allerdings sind es nicht nur Kostengründe, die zur Verbreitung der Arbeitszeitflexibilisierung beigetragen haben, sondern auch Notwendigkeiten auf der Leistungsseite. So erhöhen Just-in-time-Produktionskonzepte, Verkürzungen der Lieferzeiten, gestiegene Kundenansprüche hinsichtlich der Termineinhaltung und eine zunehmende Serviceorientierung mit längeren Öffnungs- und Ansprechzeiten den Flexibilitätsbedarf. Darüber hinaus wurde von der Arbeitszeitflexibilisierung ein Beitrag zur Lösung der Arbeitsmarktprobleme erwartet (hohe Arbeitslosigkeit insbesondere bei gering Qualifizierten, Arbeitskräftemangel bei Fachkräften, zusätzlich überlagert von regionalen und branchenspezifischen Unterschieden).

Arbeitszeitflexibilisierung besteht im intensiven Einsatz folgender Instrumente, wobei auch deren Kombination möglich ist:

► *Versetzte (gestaffelte) Arbeitszeiten:* Ein erster Schritt in Richtung Flexibilisierung kann bei festen Arbeitszeiten in der Weise erfolgen, dass Arbeitsbeginn und -ende einzelner Mitarbeiter, Arbeitsgruppen, Abteilungen usw. um z. B. eine halbe Stunde versetzt sind. Dadurch erhöht sich die Betriebszeit um eine halbe Stunde pro einbezogener Mitarbeitergruppe zuzüglich der ebenfalls zeitlich verschobenen Pausen, was insbesondere in Dienstleistungsbereichen von Vorteil ist. Allerdings muss während der sich nicht überlappenden Zeitabschnitte eine entsprechend reduzierte Personalkapazität in Kauf genommen werden.

► *Gleitzeitarbeit* und *flexible Pausenregelung*: Der Mitarbeiter kann Beginn und Ende seiner täglichen Arbeitszeit bzw. der Pausen und damit auch den Umfang der Arbeitszeit in gewissen Grenzen selbst bestimmen. Während einer Kernzeit besteht Anwesenheitspflicht. Die Modalitäten der Übertragung eines monatlichen Zeitsaldos in den Folgemonat (z. B. Begrenzung eines Zeitguthabens auf eine bestimmte Stundenzahl) sowie des Zeitausgleichs durch so genannte Gleittage werden in Betriebsvereinbarungen festgelegt. Das monatliche Entgelt ist unabhängig von der jeweils tatsächlich angefallenen Arbeitszeit konstant. Wird eine Kernzeit nicht festgelegt, liegt als Grenzfall der gleitenden Arbeitszeit *variable Arbeitszeit* vor.

Als Weiterentwicklung der variablen Arbeitszeit kann die *Vertrauensarbeitszeit*[20] aufgefasst werden, sofern die Mitarbeiter nicht nur Lage und Dauer ihrer täglichen Arbeitszeit eigenverantwortlich in Abhängigkeit von den betrieblichen Erfordernissen bestimmen können, sondern der Arbeitgeber auch auf die Erfassung und Kontrolle der Arbeitszeiten (im Rahmen des rechtlich Zulässigen) verzichtet. Dieses hoch flexible Arbeitszeitmodell ist letztlich am Arbeitsergebnis orientiert und relativiert damit die Bedeutung der vertraglichen Arbeitszeit.

---

19 Vgl. etwa Schusser (1983), Gaugler (1983), Blohm (1985).
20 Vgl. hierzu Opitz (2006), S. 185.

- *Teilzeitarbeit:* Arbeitgeber und Arbeitnehmer vereinbaren ein Arbeitsverhältnis mit einer kürzeren als der üblichen Arbeitszeit. Teilzeitarbeit lässt sich in den unterschiedlichsten Formen anwenden:
  - Verkürzte Arbeitszeit an allen Arbeitstagen (z. B. Vormittags- oder Nachmittagsarbeit) oder nur an einzelnen Arbeitstagen;
  - Wechsel von Vollzeitarbeit- und Freizeitblöcken (z. B. drei Tage Vollzeitarbeit pro Woche und zwei Tage frei oder zwei Wochen Vollzeitarbeit, eine Woche frei);
  - *Jobsharing*[21] als Sonderform: Zwei oder mehr Mitarbeiter teilen sich einen Vollzeitarbeitsplatz, wobei sie die Dauer und Lage ihrer Arbeitszeit in gegenseitiger Abstimmung festlegen können.
- *Schichtarbeit:*
  - Aufteilung der bisherigen Betriebszeit in Teilzeitschichten;
  - Verlängerung der bisherigen Betriebszeit durch zusätzliche Vollzeit- oder Teilzeitschichten, gegebenenfalls unter Einbeziehung des Samstags und Sonntags.
- *Arbeit auf Abruf:* Kapazitätsorientierte variable Arbeitszeit (KAPOVAZ), d. h. relativ kurzfristige Anpassung der individuellen Arbeitszeit an den Arbeitsanfall; Ausgleich der Arbeitszeit über einen längeren Zeitraum (Monat, Quartal oder Jahr).

Maßnahmen, die auf eine Veränderung der *Lage* der individuellen Arbeitszeiten abstellen, wie gestaffelte Arbeitszeiten, gleitende Arbeitszeit und Schichtarbeit, werden als *chronologische* Arbeitszeitmodelle bezeichnet, und Maßnahmen, die, wie Teilzeitarbeit, eine Veränderung der *Dauer* der Arbeitszeit bewirken, als *chronometrische* Arbeitszeitmodelle.

Entscheidende Impulse zur Einführung von Flexibilisierungsmodellen in der betrieblichen Praxis sind von den Verkürzungen der tarifvertraglichen wöchentlichen Arbeitszeiten ausgegangen, insbesondere in der Metallindustrie (auf 38,5 Stunden ab Frühjahr 1985 und 35 Stunden seit Oktober 1995). Zunehmend enthalten die Tarifverträge Öffnungsklauseln, die den Betriebsparteien Flexibilisierungs- und Gestaltungsmöglichkeiten eröffnen, um unternehmensspezifischen Gegebenheiten besser Rechnung tragen zu können. Je nach der Tragweite dieser Optionen können entsprechende betriebliche Vereinbarungen dem Zustimmungsvorbehalt der Tarifvertragsparteien unterliegen (z. B. im Fall von Arbeitszeitverkürzungen ohne Lohnausgleich).

Die tarifvertraglichen Regelungen zur Arbeitszeit sind im Einzelnen je nach Tarifgebiet recht unterschiedlich; im Folgenden werden daher in allgemeiner Form grundlegende, in Tarifverträgen vorgesehene Gestaltungsmöglichkeiten dargestellt. Die Ausfüllung des jeweiligen tarifvertraglichen Spielraums erfolgt in Form von Betriebsvereinbarungen.

- *Differenzierung der Arbeitszeit für einzelne Abteilungen, Arbeitnehmergruppen oder Arbeitnehmer:* Beispielsweise arbeiten Mitarbeiter in Engpassbereichen oder in Bereitschaftsdiensten länger als es der tariflichen Arbeitszeit entspricht, während für andere Mitarbeiter eine kürzere wöchentliche Arbeitszeit vereinbart ist. Die Bandbreite, innerhalb derer die Arbeitszeiten von der tariflichen Regelarbeitszeit abweichen dürfen, wird tarifvertraglich als *Arbeitszeitkorridor* festgelegt.

---

21 Vgl. z. B. Heymann/Seiwert (1982).

- *Flexible Verteilung der Arbeitszeit* (z. B. entsprechend einem schwankenden Arbeitsanfall): „Plus-" und „Minusstunden" werden auf einem *Arbeitszeitkonto* verbucht. Mehrarbeitszuschläge fallen nicht an. Die regelmäßige individuelle Wochenarbeitszeit muss im Durchschnitt innerhalb eines Verteilzeitraums von z. B. höchstens sechs oder 12 Monaten erreicht werden. Verteilzeiträume von mehr als 12 Monaten (z. B. in der chemischen Industrie möglich) werden über Langzeitkonten abgewickelt.

- *Reduzierung der Wochenarbeitszeit mit Entgeltkürzung*: Mit dem Ziel der Arbeitsplatzsicherung kann in wirtschaftlichen „Härtefällen", z. B. bei schwacher Auftragslage, die Arbeitszeit ohne Lohnausgleich verkürzt werden (zuerst in der Automobilindustrie praktiziert). Dadurch lassen sich bei angespannter Beschäftigungslage kurzfristig Personalkosten abbauen, ohne dass hohe einmalige Aufwendungen für Abfindungen und Sozialpläne entstehen und das Know-how der Mitarbeiter verloren geht.

3. Entwicklungsschritte der Arbeitsgestaltung

3.1 Wissenschaftliche Betriebsführung

1911 veröffentlichte *F. W. Taylor* (1856 – 1915) „The Principles of Scientific Management"[22]. *Wissenschaftliche Betriebsführung*[23] bedeutete, dass das menschliche Arbeitsverhalten erstmalig Gegenstand systematischer Planung wurde, indem die Arbeitsinhalte qualitativ beschrieben und zeitlich erfasst wurden.

Hauptanliegen Taylors war, *Harmonie im Verhältnis zwischen Unternehmer und Arbeiter* herzustellen: „Das Hauptaugenmerk einer Verwaltung sollte darauf gerichtet sein, gleichzeitig die größte Prosperität des Arbeitgebers und des Arbeitnehmers herbeizuführen und so beider Interessen zu vereinen."[24] Unstimmigkeiten zwischen Arbeitern und der Leitung sollten durch objektive, sich am naturwissenschaftlichen Vorbild orientierende Methoden wie *Zeitstudien* und *Zeitvorgaben* vermieden werden. An die Stelle bis dahin üblicher „Faustregeln" sollten wissenschaftlich begründete Prinzipien zur Bestimmung der zu verlangenden Arbeitsleistung, der Pausengestaltung und Entlohnung treten.

Neben Arbeitgebern und Arbeitern berücksichtigte Taylor als dritte Interessengruppe die Verbraucher bzw. die gesamte Gesellschaft. Diese habe ein Recht auf größtmögliche Produktion zu niedrigen Preisen. Voraussetzung dafür sei, dass der Mensch seine volle Arbeitskraft einsetzt (Vermeidung bewusster Leistungszurückhaltung) und mit möglichst hoher Effizienz arbeitet. Um diese Ziele zu erreichen, schlug Taylor folgende Maßnahmen vor:

- Sorgfältige Auswahl und Ausbildung der Arbeiter
- Arbeitszerlegung in Arbeitselemente
- besonders starke Leistungsanreize durch ein spezielles Entlohnungssystem (Differentiallohnsystem)
- Maßstab für die Arbeitsleistung sind die Bestzeiten der Bestarbeiter.

---

22 Taylor (1911).
23 Vgl. zum Folgenden u. a. Rühl (1976), Sp. 4462 – 4673 und Waller (1999), S. 192 ff.
24 Taylor (1995), S. 7.

- Arbeitsteilung zwischen Leitung und Arbeitern: Für die zweckmäßige Arbeitsmethode ist die Leitung verantwortlich; der Arbeiter ist ein Fachmann der Geschicklichkeit, nicht der Organisation.
- Arbeitsteilung auch innerhalb der Leitung: Ein Arbeiter untersteht bis zu acht Funktionsmeistern, die Spezialisten ihres jeweiligen Fachgebiets sind.

Einen weiteren Beitrag zur Wissenschaftlichen Betriebsführung leisteten F. B. Gilbreth (1868–1924), der als Begründer des Bewegungsstudiums gilt, und seine Frau L. Gilbreth (1878–1972). Auf der Suche nach „dem einen besten Weg" eine Arbeit zu verrichten, setzten sie u. a. Filmaufnahmen ein, um Bewegungsabläufe zu analysieren. Alle überflüssigen Bewegungen sollten aus einem Arbeitsablauf eliminiert werden.

Hervorzuheben ist ferner H. Ford (1863–1947), der wie Taylor an einer Harmonisierung der Arbeitgeber-/Arbeitnehmer-Beziehungen interessiert war. Ford setzte die Massenfertigung in Form der Fließfertigung (vgl. Teil D. I. 2) im Automobilbau ein. Der Produktivitätszuwachs infolge extremer Arbeitsteilung mit kurzen Anlernzeiten, Abtaktung und Verkettung von Fließbändern ermöglichte drastische Preissenkungen und Lohnsteigerungen.

Aus heutiger Sicht sind vor allem zwei Postulate des Scientific Management als überholt anzusehen:
- die extreme Arbeitsteilung (die Nachteile überwiegen gegenüber den Vorteilen sowohl in humaner als auch in wirtschaftlicher Hinsicht),
- Bestleistungen als Norm (als Leistungsmaßstab fungieren heute Normalleistungen, wie sie etwa REFA definiert).

Dagegen sind Bewegungs- und Zeitstudien auch heute noch von Bedeutung.

3.2 Human-Relations-Lehre[25]

In den Jahren 1927 bis 1932 wurden von E. Mayo (1880–1949) und anderen in den Hawthorne-Werken der Western Electric Company, Chicago, Untersuchungen über den Einfluss der Arbeitsbedingungen auf die Arbeitsleistung durchgeführt (Hawthorne-Experimente). Es stellte sich heraus, dass die Leistungen von Testgruppen, deren Arbeitsbedingungen (Beleuchtung) verbessert wurden, erwartungsgemäß stiegen. Aber auch die Arbeitsleistung von Kontrollgruppen, die unter unveränderten Bedingungen arbeiteten, nahm zu. Selbst nach Rücknahme der Verbesserungen wurde ein weiterer Leistungszuwachs beobachtet. Die Auswertung von Interviews ergab, dass vor allem die Aufmerksamkeit und das Interesse von Seiten der Forscher und Vorgesetzten sich positiv auf die Leistung ausgewirkt hatten.

Die aus den Hawthorne-Experimenten hervorgegangene Human-Relations-Bewegung entwickelte die These, dass die *psychischen* und *sozialen* Faktoren der Arbeitssituation (Gruppenbeziehungen, Führungsstil, Betriebsklima) die *Zufriedenheit* des arbeitenden Menschen beeinflussen und erhöhte Zufriedenheit zu besseren Arbeitsleistungen führt. Inzwischen haben empirische Untersuchungen gezeigt, dass erstens die Arbeitszufriedenheit auch von einer Reihe anderer Faktoren abhängt (vgl. die Ausführungen zur Zweifaktorentheorie weiter unten) und zweitens zwischen Zufriedenheit und Arbeitsleistung kein eindeutiger Zusammenhang besteht.

---

25 Vgl. etwa Berthel/Becker (2007), S. 15 f.

3.3 Konzept der sozio-technischen Systeme

Der Einseitigkeit der Taylorschen Konzeption, die sich auf die technische und ökonomische Seite der Arbeit beschränkte, und der Überbetonung der sozialpsychologischen Komponente durch die Human-Relations-Bewegung stellt das Konzept der sozio-technischen Systeme eine Synthese technischer und sozialer Aspekte gegenüber. Dieser bis heute richtungweisende Ansatz geht auf Untersuchungen des Tavistock Institute for Human Relations, London, im englischen Kohlebergbau in den 1950er Jahren zurück.[26]

Sozio-technische Systeme werden aufgefasst als Verknüpfung eines sozialen Systems (Elemente sind die arbeitenden Menschen mit ihren Fähigkeiten und Bedürfnissen) mit einem technischen System (Betriebsmittel als Elemente). Der sozio-technische Ansatz bildete die Grundlage für Experimente mit neuen Arbeitsstrukturen (vgl. die Ausführungen zur Arbeitsstrukturierung unten).

3.4 Motivationstheorie und Zweifaktorentheorie der Arbeitszufriedenheit

Die motivationstheoretischen Arbeiten A. H. Maslows, der grundlegende Beitrag von F. Herzberg und anderen zur Theorie der Arbeitszufriedenheit und die Weiterentwicklung durch G. Rühl und K. J. Zink stellen die individuellen Bedürfnisse des Menschen in den Mittelpunkt. Während Taylor im Einkommenstreben das einzige das Arbeitsverhalten beeinflussende Motiv (zielgerichtete Verhaltensdisposition) sah, hat *Maslow* (1908 – 1970) *fünf Gruppen von Grundbedürfnissen*[27] unterschieden (vgl. Abb. 42). Die Bedürfnisse stehen nach Maslow in einer Art *hierarchischer Beziehung*.

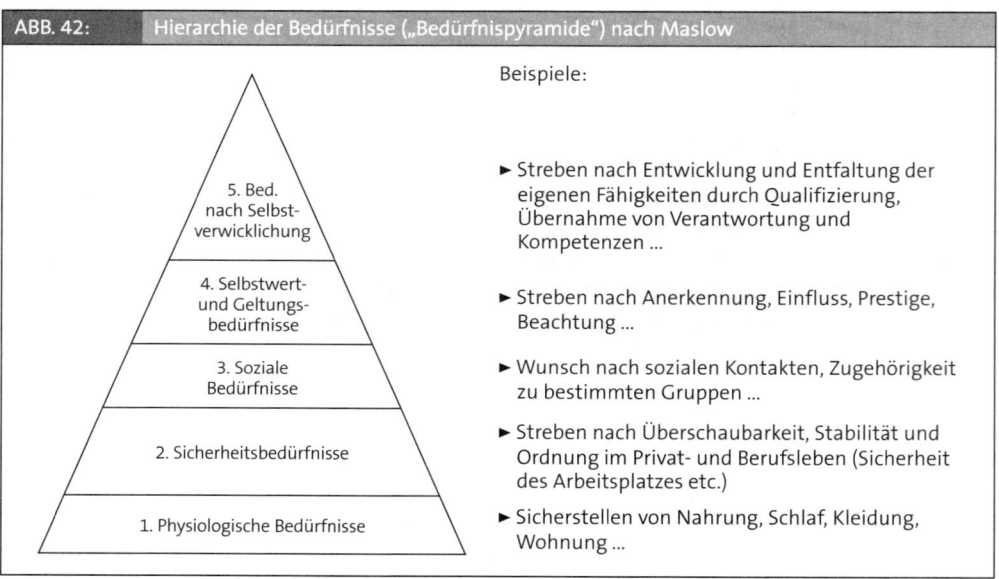

ABB. 42: Hierarchie der Bedürfnisse („Bedürfnispyramide") nach Maslow

---

26 Vgl. Trist/Bamforth (1951).
27 Vgl. Maslow (2005), S. 62 ff.

Bedürfnisse einer höheren Stufe gewinnen für eine Person in dem Maße an Bedeutung, wie die der niedrigeren Stufen befriedigt werden. Es ist nicht notwendig, dass die Bedürfnisse der jeweils unteren Ebene vollständig befriedigt sein müssen. Eine vollständige Sättigung ist auf den höheren Ebenen nicht mehr erreichbar. Welche Bedürfnisschichten jeweils wirksam sind und damit auch motivierend wirken können, hängt u. a. vom technisch-wirtschaftlichen Entwicklungsstand eines Landes (Unterschiede zwischen Industrie- und Entwicklungsländern) und der hierarchischen Stellung des Betreffenden im Betrieb ab.

Nach *Herzberg* (1923 – 2000) besitzt der Mensch ein *zweidimensionales Bedürfnissystem*.[28] *Vermeidungsbedürfnisse* sind darauf gerichtet, störende, belastende und unangenehme Ereignisse zu vermeiden. Bedingungen, die Vermeidungsbedürfnisse befriedigen, werden *Hygienefaktoren* genannt. Sie besitzen in der Regel keine motivierende Wirkung, sondern werden als selbstverständlich betrachtet und rufen, wenn sie fehlen, *Arbeitsunzufriedenheit* hervor. Beispiele für Hygienefaktoren im Betrieb sind eine reibungslose Organisation, eine nach arbeitswissenschaftlichen Erkenntnissen gestaltete Arbeitsumgebung, das Fehlen von Führungsschwächen.

Die zweite Gruppe bilden die *Entfaltungsbedürfnisse*, die zur Persönlichkeitsentwicklung beitragen. Chancen zur Befriedigung von Entfaltungsbedürfnissen – *Motivatoren* – beeinflussen überwiegend die *Arbeitszufriedenheit* und -motivation. Als Motivatoren wirken z. B. die Herausforderung durch die Aufgabe, Möglichkeiten zur Selbstbestätigung (Erfolgserlebnisse), Aufstiegschancen und Verantwortungszuwachs.

In einer als Pittsburgh-Studie bekanntgewordenen Untersuchung befragten Herzberg und seine Mitarbeiter Ingenieure und Betriebswirte nach Erlebnissituationen, die zu besonderer Unzufriedenheit oder Zufriedenheit bei der Arbeit geführt hatten (Datenerhebung durch Critical-Incident-Methode). Es wurden 16 Faktoren ermittelt, die teils als „Zufriedenmacher", teils als „Unzufriedenmacher" wirkten; die Zuordnung erfolgte nach der überwiegenden Häufigkeit der Nennungen. Da sich einige Faktoren, wie die „Bezahlung", nicht eindeutig zuordnen lassen, hat *Rühl* vorgeschlagen, für solche Einflussgrößen eine *Zwischenkategorie* zu bilden.[29]

In einer umfangreichen empirischen Untersuchung hat *Zink* die *Zweifaktorentheorie von Herzberg für verschiedene deutsche Zielgruppen überprüft*.[30] Die Methodik entsprach dabei bis auf einige Modifikationen der Herzbergs. Ausgehend von der Art der Tätigkeit wurden folgende sechs Zielgruppen definiert: Angelernte im Fertigungsbereich, Facharbeiter, ausführend Tätige im Verwaltungsbereich, vorwiegend dispositiv Tätige, vorwiegend kreativ Tätige und Vorgesetzte.

---

28 Vgl. Herzberg/Mausner/Snyderman (1962).
29 Vgl. Rühl (1980), Sp. 168 f.
30 Vgl. Zink (1975), S. 102 ff.

KAPITEL C
Teil II Die produktiven Faktoren

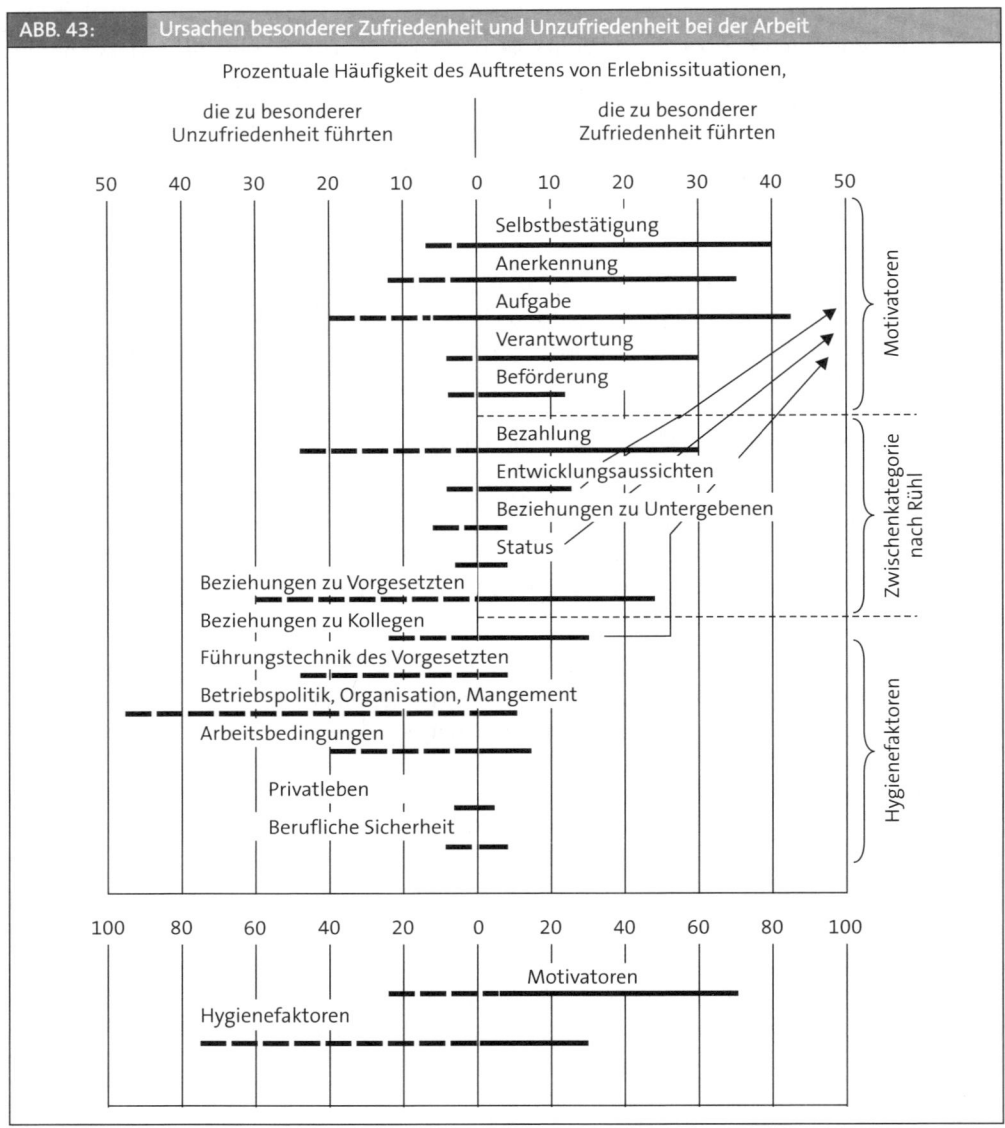

ABB. 43: Ursachen besonderer Zufriedenheit und Unzufriedenheit bei der Arbeit

(sechs deutsche Zielgruppen)
(Quelle: Rühl (1980), Sp. 168)

Die ermittelten Ergebnisse (vgl. Abb. 43) haben die Zweifaktorentheorie Herzbergs grundsätzlich bestätigt. Allerdings wurden einige wesentliche kulturspezifische (d. h. unabhängig vom Tätigkeitsniveau auftretende), situative (insbesondere tätigkeitsniveauabhängige) und personenspezifische (z. B. geschlechtsspezifische) Unterschiede festgestellt.[31] So tritt beispielsweise bei

---

31 Zu Einzelheiten vgl. Zink (1975), S. 113 ff.

allen deutschen Zielgruppen (ohne Vorgesetztenfunktion) die „Aufgabe" als häufigste Ursache für besondere Arbeitszufriedenheit auf, während dies in Amerika „Selbstbestätigung" ist. Außerdem spielen in Deutschland die Beziehungen zu Kollegen als Motivator eine größere Rolle.

3.5 Arbeitsstrukturierung[32]

Der Begriff „work structuring" (Arbeitsstrukturierung) wurde 1964 von der Firma Philips, Eindhoven, für verschiedene arbeitswissenschaftliche Experimente und Maßnahmen geprägt. Arbeitsstrukturierung bedeutet die Gestaltung der gesamten Arbeitssituation (Arbeitsbedingungen und Arbeitsorganisation) mit dem Ziel der weitestmöglichen Entsprechung des Arbeitsinhalts mit den Fähigkeiten und Interessen der einzelnen Mitarbeiter, wobei die Leistungsfähigkeit des Betriebs erhalten oder gesteigert werden soll.

Auslöser für Arbeitsstrukturierungsaktivitäten waren zum einen gesellschaftliche Veränderungen, die zur Forderung nach mehr Freiheit und Selbstständigkeit des Einzelnen im Arbeitsleben führten. Zum anderen hatte die zunehmende Mechanisierung und Automatisierung einen Anstieg einförmiger Arbeiten mit geringen Anforderungen an Aufmerksamkeit und fachliches Können zur Folge. Daraus resultierten Monotonieerscheinungen und Arbeitsunzufriedenheit, die sich in deutlichem Leistungsabfall, höheren Unfallzahlen, erhöhter Fluktuation, hohem Krankenstand und Absentismus niederschlugen; bei hoch arbeitsteiligen, kurzzyklischen Tätigkeiten sogar in physischen und/oder psychischen Schädigungen. Zu einer Neuorientierung der Arbeitsorganisation trugen auch mehr technisch-organisatorische Probleme der Fließfertigung bei: die Störungsempfindlichkeit (gegenüber Materialmangel und Betriebsmittelausfall) und die Schwierigkeit der zeitlichen Abstimmung infolge intra- und interpersoneller Schwankungen der Leistungsbereitschaft.

Aus der Forderung nach Einbeziehung der menschlichen Bedürfnisse in die Arbeitsgestaltung ergibt sich für die Arbeitsstrukturierung die Forderung, neben den notwendigen Hygienefaktoren auch genügend Motivatoren in das Arbeitssystem zu integrieren. Der wohl bedeutsamste Motivator ist eine als interessant und abwechslungsreich empfundene Arbeitsaufgabe, die für den Betreffenden eine Herausforderung darstellt und damit zur persönlichen Entfaltung und Weiterentwicklung beiträgt.

Die vier wichtigsten *Grundprinzipien moderner Arbeitsstrukturierung* (neueren Formen der Arbeitsstrukturierung) sind:

▶ Job Enlargement (Arbeitserweiterung),

▶ Job Enrichment (Arbeitsbereichung),

▶ Job Rotation (systematischer Aufgabenwechsel) und

▶ teilautonome Gruppenarbeit.

Job Enlargement ist die Zusammenfassung mehrerer anforderungsmäßig gleichartiger Tätigkeiten zu einer neuen, inhaltlich erweiterten Arbeitsaufgabe. Dadurch wird der Arbeitsumfang quantitativ erweitert und der Arbeitszyklus verlängert. Da ausschließlich Aufgaben der gleichen

---

[32] Vgl. Dörken (1975), S. 7 ff. und Rohmert/Weg (1976), S. 28 ff.

Hierarchieebene zusammengefügt werden, wird auch von horizontaler Arbeitsaufgabenerweiterung gesprochen. Gelingt es, zeitlich vor- oder nachgelagerte Arbeitselemente zu einer sinnvollen, abgeschlossenen Aufgabe zu integrieren (z. B. vollständige Montage einer Baugruppe), so wird dem Mitarbeiter die Identifikation mit dem Arbeitsergebnis erleichtert, was seinem Bedürfnis nach Selbstbestätigung entgegenkommt (Motivator). Darüber hinaus besteht die Möglichkeit, einseitige Belastungen abzubauen, wenn Arbeiten mit wechselnden Belastungen zusammengelegt werden (Hygienefaktor). Die Übernahme umfangreicher und damit länger dauernder Arbeitsvorgänge erfordert in vielen Fällen eine höhere Qualifikation mit entsprechend längeren Anlernzeiten. Arbeitserweiterung lässt sich daher nur dann erfolgreich durchführen, wenn die Betreffenden bereit sind, eine eventuell notwendige höhere Qualifikation auch zu erwerben.

Job Enrichment bedeutet die Zusammenfassung strukturell unterschiedlicher Arbeitsvorgänge zu einer neuen, qualitativ angereicherten Gesamtaufgabe. Da diese – anders als beim Job Enlargement – Arbeitselemente mit Anforderungen einer höheren Hierarchieebene (z. B. Planungs- und Überwachungsfunktionen) enthalten kann, wird auch von vertikaler Arbeitsaufgabenerweiterung gesprochen. Mit der Arbeitsbereicherung soll eine Zunahme an Freiheit und Verantwortung bei der Arbeit erzielt und die Möglichkeit eröffnet werden, dem Streben nach Selbstachtung und Selbstverwirklichung zu entsprechen. Um die Arbeit beispielsweise eines Maschinenbedieners zu bereichern, lassen sich etwa folgende Maßnahmen einsetzen: Einbeziehung der Einrichtaufgaben, Materialbeschaffung, Überwachung des Arbeitsergebnisses (Quantität, Qualität), Instandhaltung der Maschinen etc. Eine Gefahr des Job Enrichment ergibt sich, wenn die Erweiterung des Handlungs- und Entscheidungsspielraumes und die damit verbundene höhere Komplexität der Arbeit die Leistungsfähigkeit des Mitarbeiters übersteigt. Die Folgen wären Frustration und Angst, die anspruchsvollere Aufgabe nicht bewältigen zu können. Aus diesem Grund ist der Anpassung des Qualifikationsniveaus durch einen individuell zu gestaltenden Lernprozess besondere Aufmerksamkeit zu schenken.

Unter *Job Rotation* wird der laufende, regelmäßige oder unregelmäßige Tausch gleichwertiger oder ähnlicher Arbeitsaufgaben zwischen mehreren an dem Wechsel beteiligten Arbeitspersonen verstanden. Je nachdem, ob die Beteiligten den Wechsel frei vereinbaren können oder dieser von Vorgesetzten festgelegt wird, wird neben dem Tätigkeitsspielraum auch die vertikale Dimension des Entscheidungsspielraumes erweitert. Die Länge eines Wechselintervalls beträgt meist mehrere Tage oder Wochen. Job Rotation trägt zur Vermeidung einseitiger Belastungen bei, erweitert die Fähigkeiten der Mitarbeiter, die dadurch flexibler einsetzbar sind, und ermöglicht ihnen einen Einblick in die Zusammenhänge des Produktionsablaufs. Nachteilig wirken sich für den Betrieb anfänglich die zusätzlichen Anlernkosten und bei jedem Wechsel Übungsverluste aus. Es ist zu beachten, dass sich manche Arbeitnehmer durch einen Aufgabenwechsel überfordert oder verunsichert fühlen.

Die dargestellten Arbeitsstrukturierungsmaßnahmen Job Enlargement, Job Enrichment und Job Rotation werden in der Praxis vielfach zusammen mit Gruppenarbeit eingeführt. Durch Experimente in Skandinavien, die auf dem sozio-technischen Ansatz beruhen, ist das Konzept der *teilautonomen Arbeitsgruppen*[33] (auch als selbststeuernde Gruppen bezeichnet) weithin bekannt geworden. Dabei werden Arbeitsgruppen von 4 bis 10 Personen gebildet, die im Rahmen der

---

33 Vgl. auch Pfeiffer/Staudt (1980) und die dort angegebene Literatur.

betrieblichen Zielsetzung über einen längeren Zeitraum weitgehend unabhängig von externer Steuerung und Kontrolle arbeiten können. Eine Gruppe stellt möglichst ein vollständiges Produkt oder Teilprodukt (Baugruppe) her.

Um persönlichen Konflikten innerhalb der Arbeitsgruppe von vornherein entgegenzuwirken, sollte bei der Zusammensetzung darauf geachtet werden, dass das Leistungsniveau der Mitglieder keine zu großen Unterschiede aufweist. Im Übrigen sollten Fragen der Gruppenzusammensetzung von den Betreffenden selbst entschieden werden.[34]

Neben den unmittelbar mit der Fertigung verbundenen Arbeiten können die Gruppenmitglieder alle indirekt damit zusammenhängenden Tätigkeiten (wie Materialbeschaffung, Überwachung des Produktionsablaufs, Wartung der Maschinen etc.) ausführen, sofern nicht eine übergeordnete Koordination notwendig ist oder Spezialisten erforderlich sind. Der Autonomiegrad von Arbeitsgruppen kann unterschiedlich ausgeprägt sein, je nachdem, welcher Entscheidungsspielraum einer Gruppe zugestanden wird (von Fragen der Aufgabenverteilung und Arbeitszeit bis zu Entscheidungen über Veränderungen des Arbeitssystems).

Sowohl im Rahmen des Job Enrichment als auch bei der Einführung teilautonomer Gruppen werden Entscheidungsbefugnisse von einer höheren Hierarchieebene (Vorarbeiter, Meister, Arbeitsvorbereitung) an die ausführend Tätigen übertragen. Damit ist einerseits die Gefahr verbunden, dass der Aufgabenumfang jener Stellen und der von Spezialisten zu stark eingeengt wird; andererseits ist aber auch mit einer Wandlung des Aufgabeninhalts der Meister zur Personalführung und Gruppenkoordination hin zu rechnen.

3.6 Forschungs- und Entwicklungsprogramme

Im Jahre 1974 legten das Bundesministerium für Arbeit und Sozialordnung und das Bundesministerium für Forschung und Technologie ein Aktionsprogramm „Humanisierung des Arbeitslebens" (HdA) vor.[35] Als allgemeines Forschungsziel wurde – ähnlich dem Konzept der Arbeitsstrukturierung – formuliert, „die Möglichkeiten zu untersuchen, wie die Arbeitsbedingungen stärker als bisher den Bedürfnissen der arbeitenden Menschen angepasst werden können."[36] Einen Anstoß zu dem Programm hatte u. a. die Neufassung des Betriebsverfassungsgesetzes von 1972 gegeben, das Arbeitgeber und Betriebsrat auffordert, „die gesicherten arbeitswissenschaftlichen Erkenntnisse über die menschengerechte Gestaltung der Arbeit" (§ 90 Abs. 2 BetrVG) zu berücksichtigen.

Im Rahmen des HdA-Programms wurde eine Vielzahl anwendungsbezogener Forschungsvorhaben gefördert. An den Projekten waren in der Regel die Unternehmensleitung und der Betriebsrat des betreffenden Betriebes sowie Wissenschaftler der Begleitforschung beteiligt, über bestimmte Gremien auch die Tarifvertragsparteien. Die in den einzelnen Projekten gewonnenen Erkenntnisse sollten zur Lösung realtypischer Probleme jeweils der gesamten Branche beitragen (Übertragbarkeit).

---

34 Weitere, detaillierte Gestaltungshinweise für teilautonome Gruppenarbeit geben Rohmert/Weg (1976), S. 96 ff.
35 Zitiert in Froemer (1975), S. 18 - 54.
36 Froemer (1975), S. 19.

Bei den Aktivitäten zur Humanisierung der Arbeit kristallisierten sich zwei Schwerpunkte heraus:

- Verbesserung der Arbeitsorganisation, insbesondere in der industriellen Massenproduktion mit Fließfertigung: Es wurden Wege gesucht, den Arbeitnehmern größere Entfaltungs- und Qualifikationsmöglichkeiten zu eröffnen. Hierbei handelt es sich vor allem um die im vorangegangenen Abschnitt dargestellten Formen der Arbeitsstrukturierung.
- Verbesserung des Arbeitsschutzes und menschengerechte Gestaltung der Betriebsmittel, Arbeitsverfahren und Arbeitsumgebung: Schwachstellen in diesem Bereich waren und sind bis heute besonders häufig in Klein- und Mittelbetrieben zu finden, die oft nicht über die notwendigen Mittel oder das erforderliche Know-how zur Beseitigung von Mängeln verfügen.

1989 wurde das HdA-Programm durch das Forschungsprogramm „Arbeit und Technik"[37] abgelöst. Unter Beteiligung des Bundesministeriums für Forschung und Technologie als drittem Ministerium sind Arbeitsschwerpunkte des Vorgängerprogramms teils übernommen und weiterentwickelt, teils neu gesetzt worden. Die zu untersuchenden Branchen wurden neu definiert, und neben der präventiven Gestaltung des Arbeitsschutzes hat das Ziel der Stärkung der Innovationsfähigkeit von Betrieben größeres Gewicht erhalten.

Das vom Bundesministerium für Bildung und Forschung im Jahr 2001 gestartete Rahmenkonzept „Innovative Arbeitsgestaltung – Zukunft der Arbeit" erweiterte die Perspektive um Probleme der Dienstleistungsproduktion und bezog nicht nur wirtschaftliche und soziale Ziele, sondern auch ökologische mit ein. Das Nachfolgeprogramm „Innovationsfähigkeit in einer modernen Arbeitswelt" seit dem Jahr 2005 „will dazu beitragen, dass

- die Menschen ihr Können, ihre Kreativität und ihre Motivation in die Arbeitswelt einbringen und ihre Kompetenzen dort auch (weiter-)entwickeln.
- Unternehmen die Voraussetzungen für erfolgreiche Kompetenzentwicklungen schaffen und damit zur Quelle neuer Ideen, erfolgreicher Produkte und neuer Beschäftigung werden.
- Netzwerke und Zusammenarbeit gestaltet werden, die Marktchancen und Beschäftigungsmöglichkeiten eröffnen."[38]

---

[37] Vgl. hierzu Bundesminister für Forschung und Technologie/Bundesminister für Arbeit und Sozialordnung/Bundesminister für Bildung und Wissenschaft (1992).
[38] Bundesministerium für Bildung und Forschung (o. J.), S. 3.

3.7 Ausblick

Die technische Entwicklung – sowohl der zunehmende DV-Einsatz in Gestalt von CAD, CAM und CAP (Erläuterungen dazu in Teil D. IV. 4) als auch die Ausrüstung von Werkzeugmaschinen mit Mikroelektronik oder der Einsatz von Industrierobotern – führt zu wesentlichen Veränderungen der Arbeitssituation. Daraus ergeben sich auch neue Aufgaben für die Gestaltung der Arbeit; einen Überblick gibt Abb. 44. So ist insbesondere das Problem der Integration der neuen Techniken in bestehende Arbeitssysteme zu lösen, was nur durch eine interdisziplinäre Vorgehensweise und umfassende Gestaltungskonzepte (Hard- und Softwaregestaltung) zu erreichen ist. Es ist zu erwarten, dass mit dem steigenden Anteil an Arbeitsplätzen im Sektor Informationsverarbeitung und Kommunikation die psychischen Arbeitsbelastungen eine größere Bedeutung bei der Arbeitsgestaltung und in der arbeitswissenschaftlichen Forschung erlangen werden.

Eine weitere Herausforderung an die Gestaltung von Arbeitssystemen resultiert aus dem demografischen Wandel. Die zunehmende Alterung der Bevölkerung und die sich abzeichnende Anhebung des Renteneintrittsalters werden den Anteil älterer Mitarbeiter in den Betrieben ansteigen lassen. Daraus resultiert die Notwendigkeit, in größerem Umfang Arbeitsplätze an die spezifischen Fähigkeiten und Bedürfnisse einer durchschnittlich älter werdenden Belegschaft anzupassen.

KAPITEL C
Teil II — Die produktiven Faktoren

ABB. 44: Auswirkungen neuer Techniken auf die Arbeitssituation und Arbeitsgestaltung

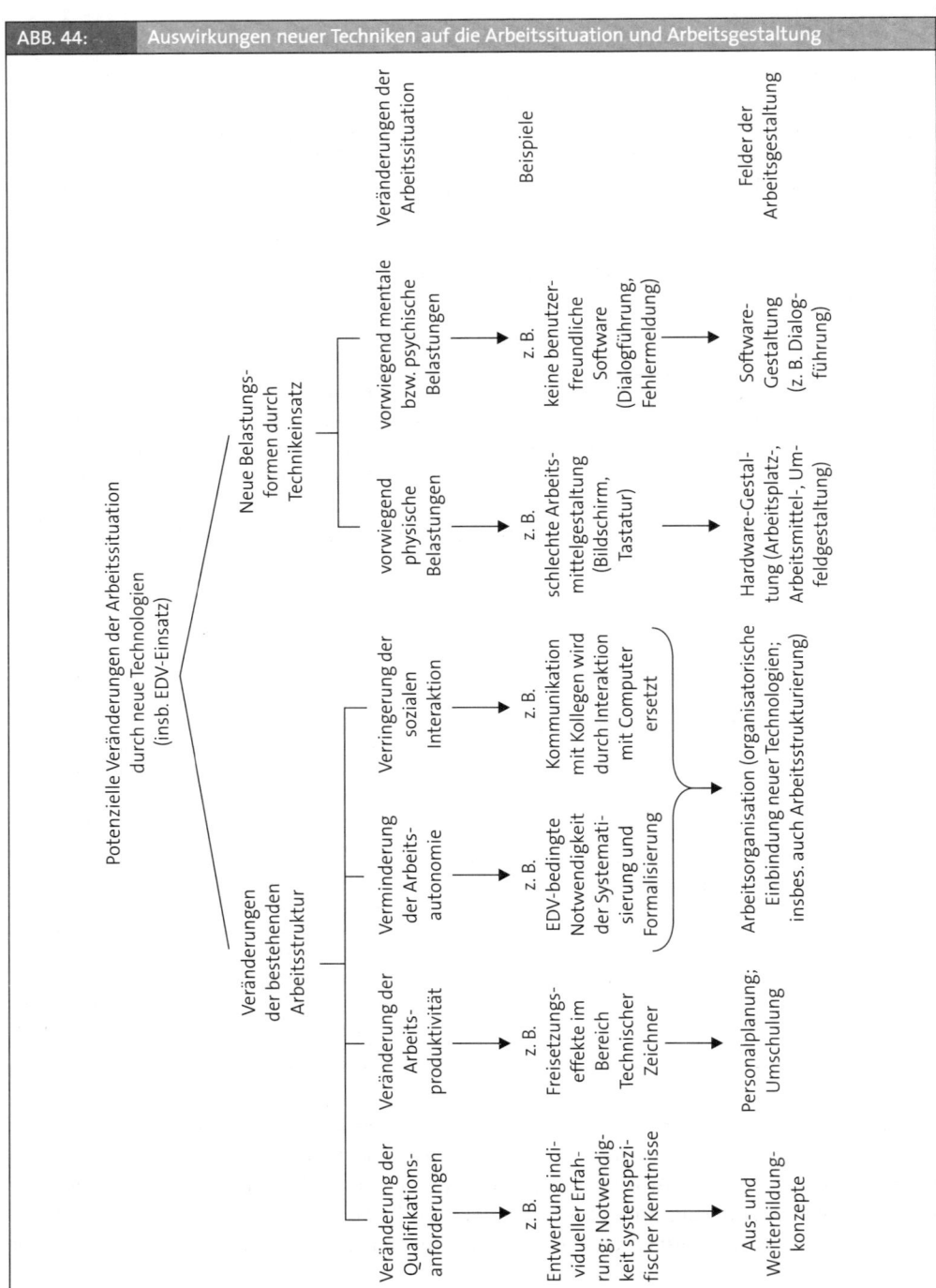

(Quelle: Zink (1985), S. 18 und 20)

4. Arbeitsentgelt

4.1 Überblick

Wertmäßiger Ausdruck der menschlichen Arbeitsleistung ist das in Geldeinheiten gemessene Arbeitsentgelt. Formen des Arbeitsentgelts sind der Lohn (Arbeiter), das Gehalt (Angestellte), die Vergütung (Auszubildende), die Bezüge (Beamte), Honorare, Provisionen, Gratifikationen u. a. m. Im Mittelpunkt der produktionswirtschaftlichen Betrachtung stehen der Lohn und das Gehalt, wobei insbesondere der Lohn im Folgenden ausführlicher behandelt werden soll. Löhne stellen für den Betrieb Kosten dar; eine Untergliederung des Lohnes nach betriebswirtschaftlich-kostenrechnerischen Gesichtspunkten enthält Abb. 45.

ABB. 45:	Gliederung des Lohnes nach betriebswirtschaftlich-kostenrechnerischen Gesichtspunkten	
Gliederungskriterien	Gliederung	Charakteristik
1. Fortschritt in Richtung auf das Produktionsziel	a) Fertigungslöhne („unmittelbar produktive" Löhne)	Fertigungslöhne fallen für die Arbeiten an, die direkt am Werkstück vorgenommen werden und einen unmittelbaren Fortschritt im Hinblick auf das Produktionsziel bewirken (z. B. Drehen, Bohren usw. in der spanabhebenden Fertigung).
	b) Hilfslöhne („mittelbar produktive" Löhne)	Hilfslöhne werden für Arbeiten gezahlt, die nur einen mittelbaren Produktionsfortschritt darstellen (z. B. Transportlöhne im Bereich der Fertigung).
2. Art der Zurechnung auf die Kostenträger, d. h. auf die Leistungsarten, für die die Löhne aufgewendet werden	a) Einzellöhne	Einzellöhne werden den Kostenträgern direkt zugerechnet;
	b) Gemeinkostenlöhne	Gemeinkostenlöhne dagegen nicht, weil sie entweder nicht unmittelbar einer bestimmten Leistung zugerechnet werden können oder weil sich ihre Einzelerfassung nicht lohnt (z. B. Erfassen des Entgratens je Einzelauftrag).
3. Abhängigkeit der Löhne von der Beschäftigung	a) Direkte Löhne	Direkte Löhne sind diejenigen Löhne, die auch kurzfristig mit dem Beschäftigungsgrad variieren. Ihre Höhe hängt vom Umfang der erbrachten Leistung ab.
	b) Indirekte Löhne	Indirekte Löhne bleiben dagegen bei einer kurzfristigen Variation des Beschäftigungsgrades konstant. Sie sind von der Zeit abhängig.

Die Lohnfestsetzung hat sich innerhalb des Rahmens zu bewegen, der durch gesetzliche Bestimmungen, tarifvertragliche Regelungen (z. B. Ecklohn) und Betriebsvereinbarungen gesetzt ist. Gezielt eingesetzt stellt die Entlohnung ein wichtiges Instrument zur Beeinflussung der Arbeitsleistung (Anreizwirkung) und Arbeitszufriedenheit dar. Hierbei stellt sich das *Problem der Lohngerechtigkeit*.[39] Über die absolute Lohngerechtigkeit, d. h. die Frage, ob die Höhe des Arbeitsentgelts für eine bestimmte Arbeit als „gerecht" anzusehen ist, können nur subjektive Werturteile

---

39 Vgl. Berthel (1996), Sp. 399.

abgegeben werden. Die Betriebswirtschaftslehre ist nicht in der Lage, Aussagen über die absolute Lohngerechtigkeit zu machen; sie kann lediglich einen Beitrag zur relativen Lohngerechtigkeit leisten, indem sie Maßstäbe für eine Differenzierung des Entgelts nach den Anforderungen der Arbeit und der erbrachten Arbeitsleistung aufstellt.

Das Arbeitsentgelt, etwa der *Gesamtlohn* eines Arbeiters, kann in folgende *drei Bestandteilgruppen* gegliedert werden:

- anforderungsabhängiger Anteil (Grundlage: Arbeitsbewertung),
- leistungs- und/oder zeitabhängiger Anteil (Grundlage: Leistungsmessung und -bewertung),
- sonstige Anteile (Grundlagen: gesetzliche, tarif- und einzelvertragliche Regelungen).

Für die beiden erstgenannten Anteile hat *E. Kosiol* (1899 – 1990) das *Äquivalenzprinzip*[40] aufgestellt, dem zufolge die individuelle Lohnhöhe den Arbeitsanforderungen und der Arbeitsleistung entsprechen sollte.

Nach der Art der Erfassung der Arbeitsleistung und Berechnung des Arbeitslohnes werden drei elementare *Lohnformen* (Lohnsysteme) unterschieden:

- Zeitlohn
- Prämienlohn
- Akkordlohn (Stücklohn)

Die Zusammenhänge veranschaulicht Abb. 46.

Um Ausgaben, Aufwand und Kosten des Einsatzes des Faktors Arbeit beurteilen zu können, ist neben dem Arbeitsentgelt im engeren Sinne der *Personalzusatzaufwand*[41] (Personalnebenkosten) von Interesse. Angaben über den Anteil des Personalzusatzaufwands an den „originären" Personalkosten weichen stark voneinander ab; der durchschnittliche Wert für die deutsche Industrie wird teils mit ca. 30 %, teils mit ca. 80 % angegeben. Die Erklärung für diesen scheinbaren Widerspruch liegt im *„Basiseffekt"*: Die Bezugsbasis ist jeweils verschieden.

Einmal wird der Personalzusatzaufwand auf die *vergütete* Arbeit bezogen, d. h. auf den in der GuV-Position „Löhne und Gehälter" verrechneten Wert (entspricht den Bruttolöhnen und -gehältern der Beschäftigten). Zum Personalzusatzaufwand gehören so beispielsweise:

- Arbeitgeberbeiträge zur Renten-, Arbeitslosen-, Kranken- und Pflegeversicherung,
- Beiträge zur Berufsgenossenschaft,
- Aufwendungen für soziale Einrichtungen (Kantine, betrieblicher Gesundheitsdienst etc.),
- Vermögenswirksame Leistungen,
- Aufwendungen für die betriebliche Altersversorgung.

Im anderen Fall ist die Bezugsbasis (das so genannte Direktentgelt) nur der Gegenwert der tatsächlich *geleisteten* Arbeit; dies ist die Berechnungsgrundlage des Statistischen Bundesamtes.

---

40 Vgl. Kosiol (1962), S. 7, 29 ff.
41 Zur Abgrenzung und genauen Berechnung vgl. Grünefeld (1980).

Beispiele für demnach nicht mehr in der Basis enthaltene und damit ebenfalls Zusatzaufwand darstellende Größen sind:

- Bezahlte Pausen und Feiertage, bezahlter Urlaub (einschließlich Urlaubsgeld),
- Entgeltfortzahlung im Krankheitsfall,
- Weihnachtsgeld,
- Zahlungen aufgrund des Mutterschutzgesetzes.

Ein Zahlenbeispiel möge den Basiseffekt veranschaulichen:

1. Basis: vergütete Arbeit   1000,– €   (100 %)
   (Löhne und Gehälter)

            1.1 Basis: vergütete und   730,– €   (100 %)
              geleistete Arbeit

            1.2 Vergütete, aber nicht
              geleistete Arbeit
                  270,– € ⎫
2. Sozialaufwand   300,– €   (30 %)   2.   300,– € ⎬ 570,– €   (78 %)
3. Gesamtaufwand   1300,– €   1300,– €

Die Basis der Personalzusatzkostenstatistik des Instituts der Deutschen Wirtschaft enthält seit 2005 abweichend von der Abgrenzung des Statistischen Bundesamtes leistungs- und erfolgsabhängige Sonderzahlungen, da diese Entgeltkomponenten besondere Leistungen honorierten und somit keine Sozialkosten seien.[42]

---

42 Vgl. Institut der Deutschen Wirtschaft (2006), Nicolai (2006), S. 130 f.

KAPITEL C — Die produktiven Faktoren
Teil II

ABB. 46: Zusammensetzung des Arbeitsentgelts

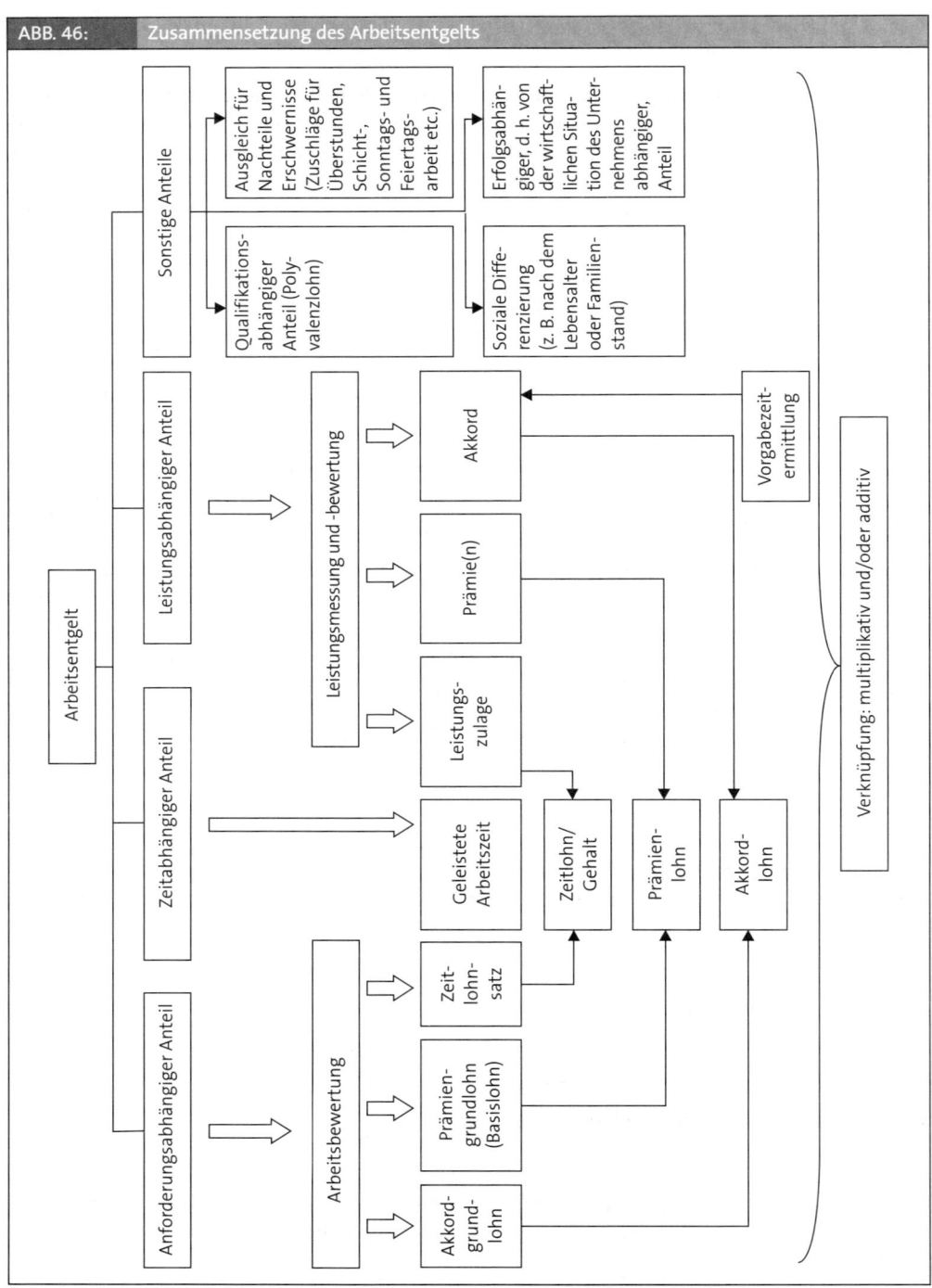

4.2 Verfahren der Arbeitsbewertung[43]

Mit Hilfe der Arbeitsbewertung als Grundlage der anforderungsabhängigen Entgeltdifferenzierung werden die Anforderungen, die eine Arbeit an den Menschen stellt, bestimmt. Dabei geht es um die Feststellung des relativen Schwierigkeitsgrades einer Arbeit (im Verhältnis zu anderen Arbeiten). Betrachtet wird nur die Arbeit als solche, nicht die Leistung einer bestimmten Person, die die Arbeit ausführt. Voraussetzung jeder Arbeitsbewertung ist eine exakte Beschreibung der zu bewertenden Tätigkeit (Beschreibung des Arbeitssystems und seiner Einbindung in die Betriebsorganisation).

In der Praxis werden summarische und analytische Arbeitsbewertungsverfahren angewandt, wobei hinsichtlich der Art der Quantifizierung zwischen Reihung und Stufung unterschieden wird. *Reihung* bedeutet das Ordnen der Tätigkeiten nach der Höhe der Anforderung, *Stufung* die Zuordnung der Tätigkeiten zu vorher festgelegten Anforderungsstufen. Die im Folgenden zu beschreibenden Grundmethoden der Arbeitsbewertung (vgl. Abb. 47) werden in der Praxis häufig nicht in „reiner Form", sondern kombiniert eingesetzt.

Bei den *summarischen* Verfahren werden die Arbeitsanforderungen als Ganzes erfasst, d. h. auf eine Unterteilung nach einzelnen Anforderungsarten wird verzichtet; die Arbeitsschwierigkeit wird durch eine globale Beurteilung der Arbeit festgestellt.

ABB. 47: Grundmethoden der Arbeitsbewertung		
Art der Quantifizierung \ Art der Bewertung	summarisch	analytisch
Reihung	Rangfolgeverfahren	Rangreihenverfahren
Stufung	Lohngruppenverfahren	Stufenwertzahlverfahren

Rangfolgeverfahren:

Alle im Betrieb vorkommenden Arbeiten werden bezüglich des Anforderungsgrades miteinander verglichen und in eine Reihenfolge gebracht, die als Basis für die Lohnsatzdifferenzierung dient.

Merkmale:

▶ geringer Aufwand, leicht verständlich,
▶ nur anwendbar bei einer überschaubaren Zahl von Arbeitsplätzen,
▶ stellt hohe Anforderungen an den Bewerter,
▶ Rangfolge nur betriebsindividuell verwendbar.

Lohngruppenverfahren:

Es wird eine bestimmte Anzahl von Lohngruppen (meist zwischen 6 und 12) vorgegeben und jede durch ein Richtbeispiel (oder eine allgemeine Beschreibung oder eine Normtätigkeit) cha-

---

[43] Vgl. etwa Wibbe (1979), Gaul (1981), REFA (1991a).

rakterisiert. Die im Betrieb anfallenden Arbeiten werden mit den Beschreibungen verglichen und den entsprechenden Lohngruppen zugeordnet. Die Bezeichnungen „Lohngruppen" und „Lohngruppenverfahren" gehen auf den traditionellen Anwendungsschwerpunkt im gewerblichen Bereich zurück; die Bewertung von Angestelltentätigkeiten erfolgt analog mit Hilfe von Gehalts- oder Tarifgruppen. Mit übergreifender Bedeutung wird zunehmend von Entgeltgruppen gesprochen.

Merkmale:

- ▶ leicht verständlich,
- ▶ einfach anwendbar, sofern die Richtbeispiele für die Tätigkeiten des betreffenden Betriebs typisch sind,
- ▶ wird häufig in Tarifverträgen angewendet.

Als Beispiel sei die im Entgeltrahmentarifvertrag Zeitarbeit, in Kraft getreten am 1. Januar 2004, vereinbarte Entgeltgruppeneinteilung (mit einer allgemeinen Beschreibung der Anforderungen) wiedergegeben:[44]

Entgeltgruppen-schlüssel[45]

Entgeltgruppe 1
Ausführung von einfachen gleichbleibenden oder sich wiederholenden Tätigkeiten, die eine Einweisung oder Anlernzeit erfordern. 69,7 %

Entgeltgruppe 2
Ausführung von einfachen Tätigkeiten mit wechselnden Problemstellungen, die eine Einarbeitung erfordern oder für die fachbezogene Berufserfahrung und fachspezifische Kenntnisse oder eine fachspezifische Qualifikation mit Berufserfahrung erforderlich sind. 73,8 %

Entgeltgruppe 3
Ausführung von Tätigkeiten, für die im Regelfall eine abgeschlossene zweijährige Berufsausbildung oder eine fachspezifische Qualifikation und mehrjährige aktuelle Berufserfahrung erforderlich sind. 80,9 %

Entgeltgruppe 4
Ausführung von Tätigkeiten, für die eine abgeschlossene, mindestens dreijährige Berufsausbildung und entsprechende aktuelle Arbeitskenntnisse und Fertigkeiten erforderlich sind. 90,0 %

Entgeltgruppe 5 (Eckentgeltgruppe)
Selbstständige Ausführung von Tätigkeiten, für die eine abgeschlossene, mindestens dreijährige Berufsausbildung, entsprechende aktuelle Arbeitskenntnisse und Fertigkeiten und mehrjährige fachspezifische Berufserfahrung erforderlich sind. 100 %

---

44 o. V. (2003), §§ 3, 6.
45 Der Entgeltgruppenschlüssel gibt die Entgelthöhe in der jeweiligen Entgeltgruppe in Prozent des Eckentgelts an.

Entgeltgruppenschlüssel

Entgeltgruppe 6
Selbstständige Ausführung von Tätigkeiten, für die eine abgeschlossene, mindestens dreijährige Berufsausbildung, entsprechende aktuelle Arbeitskenntnisse und Fertigkeiten, mehrjährige fachspezifische Berufserfahrung sowie zusätzliche spezielle Qualifikationsmaßnahmen erforderlich sind.   110 %

Entgeltgruppe 7
Ausführung von speziellen Tätigkeiten, für die eine Meister-, Fachschul- oder Fachhochschulausbildung erforderlich ist, bei denen die Arbeitnehmer Verantwortung für Personal und Sachwerte zu tragen haben oder selbstständig komplexe Aufgabenstellungen bewältigen müssen.   121 %

Entgeltgruppe 8
Ausführung von Tätigkeiten, für die ein abgeschlossenes Fachhochschulstudium mit mehrjähriger fachspezifischer Berufserfahrung oder ein abgeschlossenes Hochschulstudium erforderlich ist, bei denen selbstständig komplexe Aufgabenstellungen zu bewältigen sind.   132 %

Entgeltgruppe 9
Selbstständige Ausführung von Tätigkeiten, für die ein abgeschlossenes Hochschulstudium und mehrjährige fachspezifische Berufserfahrung erforderlich ist, bei denen die Arbeitnehmer hohe Verantwortung für Personal und Sachwerte zu tragen haben und selbstständig komplexe organisatorische oder innovative Aufgabenstellungen zu bewältigen haben.   157 %

Bei den *analytischen* Verfahren werden die Tätigkeiten in einzelne Anforderungsmerkmale zerlegt. Jede Anforderungsart wird dann einzeln bewertet, sodass man für jede Anforderungsart einen Teilarbeitswert erhält. Die so gewonnenen Ergebnisse werden anschließend zu einem Gesamtarbeitswert (Wertsumme) zusammengefasst. Eine mögliche Aufteilung der Anforderungsmerkmale stellt das *„Genfer Schema"* dar (entwickelt auf einer internationalen Konferenz für Arbeitsbewertung 1950 in Genf):

1. Geistige Anforderungen (Können und Belastung)

2. Körperliche Anforderungen (Können und Belastung)

3. Verantwortung

4. Arbeitsbedingungen

Im Verlauf der praktischen Anwendung wurde das Genfer Schema verfeinert; exemplarisch sei hier die Einteilung der Anforderungsarten nach REFA wiedergegeben:[46]

---

46 Vgl. REFA (1991a), S. 46.

KAPITEL C — Die produktiven Faktoren
Teil II

1. Kenntnisse
2. Geschicklichkeit
3. Verantwortung
    - ▶ für die eigene Arbeit
    - ▶ für die Arbeit anderer
    - ▶ für die Sicherheit anderer
4. Geistige Belastung
5. Muskelmäßige Belastung

6. Umgebungseinflüsse
    - ▶ Klima
    - ▶ Nässe
    - ▶ Öl, Fett, Schmutz
    - ▶ Staub
    - ▶ Gase, Dämpfe
    - ▶ Lärm
    - ▶ Erschütterungen
    - ▶ Blendung oder Lichtmangel
    - ▶ Erkältungsgefahr
    - ▶ Schutzkleidung
    - ▶ Unfallgefährdung

Um die unterschiedliche Bedeutung der einzelnen Anforderungsarten für die gesamte Anforderung einer Arbeit zu berücksichtigen, werden die Anforderungsarten gewichtet. Bei der *gebundenen* Gewichtung ist der Gewichtungsfaktor bereits in die Rangreihen bzw. Stufen integriert (führt beim Rangreihenverfahren zu unterschiedlich langen Rangreihen). *Getrennte* Gewichtung bedeutet, dass die jeweilige Rangnummer bzw. Stufenzahl noch mit dem Gewichtungsfaktor der Anforderungsart multipliziert werden muss.

Rangreihenverfahren:

Für jede Anforderungsart wird eine Rangreihe gebildet, deren oberste und unterste Plätze jeweils von den Arbeitsplätzen belegt werden, die in dieser Anforderungsart die höchsten bzw. geringsten Anforderungen an die Arbeitsperson stellen. Alle anderen Arbeiten werden ihrem Schwierigkeitsgrad entsprechend eingereiht. Je nach Art der Gewichtung erhält man für jede Anforderungsart entweder direkt oder durch Multiplikation mit dem betreffenden Gewichtungsfaktor eine Wertzahl. Die Summe der Wertzahlen ergibt den Arbeitswert, dem ein bestimmter Lohn zugeordnet ist.

In Abb. 48a/b sind beispielhaft die REFA-Rangreihen (getrennte Gewichtung) für die Anforderungsarten „Kenntnisse" und „Umgebungseinflüsse" dargestellt.[47]

Stufenwertzahlverfahren:

Innerhalb der Anforderungsmerkmale sind Anforderungsstufen vorgegeben (charakterisiert z. B. durch Richtbeispiele). Sind den Stufen direkt Punktwerte zugeordnet, wird auch die Bezeichnung Punktbewertungsverfahren verwendet. Oft erweist es sich als zweckmäßig, die Anforderungen innerhalb einer Anforderungsart zusätzlich zu differenzieren. Die Wertzahlen werden in diesem Fall so ermittelt, dass beispielsweise Höhe und Dauer einer Anforderung getrennt bestimmt und nacheinander in die Bewertung einbezogen werden (vgl. das stark vereinfachte Beispiel für die Anforderungsart „muskelmäßige Belastung" in Abb. 49a/b[48]). Der Arbeitswert ergibt sich auch hier als Summe der Wertzahlen aller Anforderungsarten.

---

[47] REFA (1991a), S. 199 und 219; vgl. dazu auch die Arbeitsbeschreibungen der sog. Brückenbeispiele ebenda, S. 107–195. Die Brückenbeispiele stellen eine Art Vergleichsmaßstab dar und sollen die Einordnung des zu bewertenden Arbeitssystems in die Rangreihen erleichtern.

[48] In Anlehnung an das Stufenwertzahlverfahren der Wirtschaftsvereinigung der Eisen- und Stahlindustrie, zitiert in: REFA (1991a), S. 84 f.

Gegenüber den weniger aufwendigen summarischen Arbeitsbewertungsverfahren zeichnen sich die analytischen durch größere Transparenz und bessere Nachvollziehbarkeit aus. Über die Auswahl und Gewichtung der Anforderungsarten sind jedoch auch hier subjektive Einflüsse wirksam. Analytische Bewertungsverfahren besitzen die logische Struktur von Scoring-Modellen, sodass sich die Arbeitsbewertung mit allen für Scoring-Modelle typischen Problemen (z. B. Gefahr der Mehrfachbewertung) auseinanderzusetzen hat.

Die mit Hilfe der Arbeitsbewertung ermittelten Anforderungskennzahlen (Lohngruppe, Arbeitswertsumme o. Ä.) determinieren den Grundlohnsatz, der die Bezugsgrundlage für die leistungsabhängige Lohndifferenzierung darstellt.

KAPITEL C — Teil II — Die produktiven Faktoren

ABB. 48a:	REFA-Rangreihe der Anforderungsart „Kenntnisse"
REFA-Rang-Platz-Nr.	Brückenbeispiele
100	
95	
90	
85	► Eiserzeugungsanlage montieren
80	► Großstücke formen ► Außenmontage Stahlkonstruktion
75	► Maschinenschlosserarbeiten
70	► Analysenwaage montieren ► Drehmaschinenbett formen ► Vorarbeitertätigkeit NC-Maschinen ► Vorarbeiter, Stahlbauschlosserei
65	► Holzmodell anfertigen ► Folgeschneidwerkzeug anfertigen ► Betriebselektrikerarbeiten ► Reparaturdreharbeiten
60	► Elektrische Ausrüstung an Hallenkran montieren ► Rohrschlosserarbeiten ► Ofenmaurerarbeiten
55	► Sanitär-Installationsarbeiten ► Betriebsschreinerarbeiten
50	► Mittagessen zubereiten ► Montage-Tischler
45	► Mähdrescher führen
40	► Pressen einrichten ► NC-Drehmaschinen bedienen
35	► Doppelendprofiler führen ► LKW fahren (Stadtverkehr) ► Stirnräder drehen
30	► Laufkran fahren
25	► Pförtnertätigkeit
20	► Gussputzen ► Transferstraße überwachen
15	► Anstreicherarbeiten ► Elektrokarren fahren
10	► Ständerwicklung anschließen ► NC-Fräsmaschinen bedienen ► Ampullen füllen ► Streifen schneiden
5	
0	

ABB. 48b:	REFA-Rangreihe der Anforderungsart „Umgebungseinflüsse"
REFA-Rang-Platz-Nr.	Brückenbeispiele
100	
95	
90	
85	
80	
75	
70	► Gussputzen
65	
60	► Großstücke formen
55	► Drehmaschinenbett formen ► Ofenmaurerarbeiten
50	
45	► Doppelendprofiler führen ► Außenmontage Stahlkonstruktion
40	► Mähdrescher führen
35	► Anstreicherarbeiten ► Rohrschlosserarbeiten ► LKW fahren (Stadtverkehr) ► Montage-Tischler
30	► Elektrische Ausrüstung an Hallenkran montieren ► Vorarbeiter, Stahlbauschlosserei ► Betriebselektrikerarbeiten ► Maschinenschlosserarbeiten ► Betriebsschreinerarbeiten
25	► Holzmodell anfertigen ► Pressen einrichten ► Elektrokarren fahren
20	► Mittagessen zubereiten ► Transferstraße überwachen ► NC-Fräsmaschinen bedienen ► Streifen schneiden ► Sanitär-Installationsarbeiten
15	► Stirnräder drehen ► Eiserzeugungsanlage montieren ► Reparaturarbeiten
10	► Vorarbeitertätigkeit NC-Maschinen ► NC-Maschinen bedienen ► Laufkran fahren
5	► Ampullen füllen ► Pförtnertätigkeit
0	► Ständerwicklung anschließen Analysenwaage montieren ► Folgeschneidwerkzeug anfertigen

ABB. 49a:	Bewertungstafel für die Einstufung der Anforderungshöhe (Anforderungsart „muskelmäßige Belastung")
Stufe	Stufendefinition	Richtbeispiele
0	Arbeiten ohne besondere Beanspruchung	bei Bereitschaft
I	leichte Arbeiten	Elektrokarrenfahrer
II	mittelschwere Arbeiten	Schlosserarbeiten
III	schwere Arbeiten	Kesselschmied
IV	schwerste Arbeiten	Schlackenlader am Hochofen

ABB. 49b:	Tafel zur Bestimmung der Wertzahl bei zusätzlicher Berücksichtigung der Anforderungsdauer							
Stufe	Dauer der Belastung in Stunden pro Schicht							
	1	2	3	4	5	6	7	8
0	0	0	0	0	0	0	0	0
I	0,1	0,2	0,3	0,4	0,5	0,6	0,8	1,0
II	0,3	0,6	0,9	1,2	1,5	1,8	2,2	2,7
III	0,6	1,2	1,8	2,4	3,1	3,8	4,6	–*)
IV	1,0	2,0	3,0	4,1	5,3	6,5	–*)	–*)

*) Maximale Belastungsdauer bei sonst günstigen Arbeitsbedingungen 7 Stunden (Stufe III) bzw. 6 Stunden (Stufe IV).

Da insbesondere die analytische Arbeitsbewertung eine Beschreibung und Analyse der betreffenden Arbeitssysteme notwendig macht, ergibt sich quasi als Nebeneffekt die Möglichkeit, die gewonnenen Informationen auch für Zwecke der Personalplanung, der Rationalisierung und Humanisierung der Arbeit zu nutzen.

4.3 Lohnformen

Von den drei elementaren Lohnformen Zeit-, Akkord- und Prämienlohn werden die beiden Letzteren auch unter dem Oberbegriff Leistungslohn subsumiert. *Zeitlohn* ist in zwei Ausprägungen anzutreffen: mit und ohne Leistungszulage. Beim Zeitlohn *ohne Leistungszulage* wird allein die am Arbeitsplatz verbrachte Arbeitszeit bezahlt:

Lohn [€] = verbrachte Arbeitszeit [Std.] · Lohnsatz [€/Std.]

Dabei kann der Betrieb vom Arbeitnehmer eine gewisse Mindestleistung (angemessene Leistung, Normalleistung) erwarten. Der Lohnsatz ist anforderungsabhängig festgelegt. Zwischen der Arbeitsleistung – angenommen, diese könne in Mengeneinheiten (ME) pro Zeiteinheit (ZE) ausgedrückt werden – und den Lohnkosten besteht der in Abb. 50 dargestellte Zusammenhang.

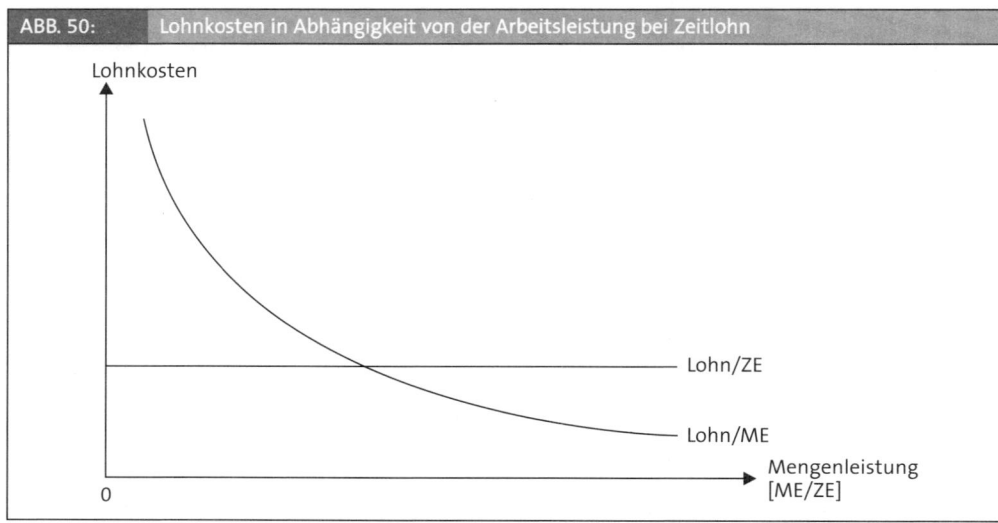

ABB. 50: Lohnkosten in Abhängigkeit von der Arbeitsleistung bei Zeitlohn

Zeitlohn wird notwendiger- bzw. zweckmäßigerweise angewendet, wenn
- die Leistung nicht messbar ist oder die Messung mit zu hohen Kosten verbunden wäre (z. B. bei häufig wechselnden oder unregelmäßig anfallenden Arbeiten),
- der Arbeitnehmer das Arbeitsergebnis nicht (bei Einsatzbereitschaft) oder nur in geringem Maße beeinflussen kann,
- ein besonderer quantitativer Leistungsanreiz nicht erwünscht ist:
  - bei Unfallgefährdung,
  - bei Arbeiten, die besondere Sorgfalt erfordern,
  - wenn Schäden an Betriebsmitteln auftreten können.

Beim Zeitlohn *mit Leistungszulage* wird aufgrund einer Leistungsbeurteilung durch den Vorgesetzten ein zusätzliches Entgelt gezahlt. Eine systematische Beurteilung der persönlichen Leistung kann – analog zur Arbeitsbewertung – mit summarischen oder analytischen Leistungsbewertungsverfahren durchgeführt werden. Kriterien der Leistungsbewertung können sein: Qualität und Quantität des Arbeitsergebnisses, Umgang mit Material und Betriebsmitteln, Flexibilität (vielseitige Einsatzfähigkeit), Verhalten gegenüber Betriebsexternen, Kollegen und Vorgesetzten etc.

Dem gravierenden *Nachteil* des Zeitlohns, dass ein Anreiz für Mehrleistung fehlt und überdurchschnittliche Leistung nicht honoriert wird, stehen folgende *Vorzüge* gegenüber:
- für das Unternehmen: einfache Lohnabrechnung und konstante Lohnsumme,
- für den Mitarbeiter: leicht überschaubare Lohnabrechnung und gleichbleibendes Einkommen.

Im Gegensatz zum Zeitlohn ist der *Akkordlohn* (Stücklohn) unmittelbar von der erbrachten Mengenleistung abhängig, wobei zwischen der Lohnhöhe und der Mengenleistung in der Regel ein proportionaler Zusammenhang besteht (vgl. Abb. 51). Üblicherweise ist ein garantierter Mindestlohn vereinbart, der bei Unterschreiten eines gewissen Leistungsniveaus gezahlt wird.

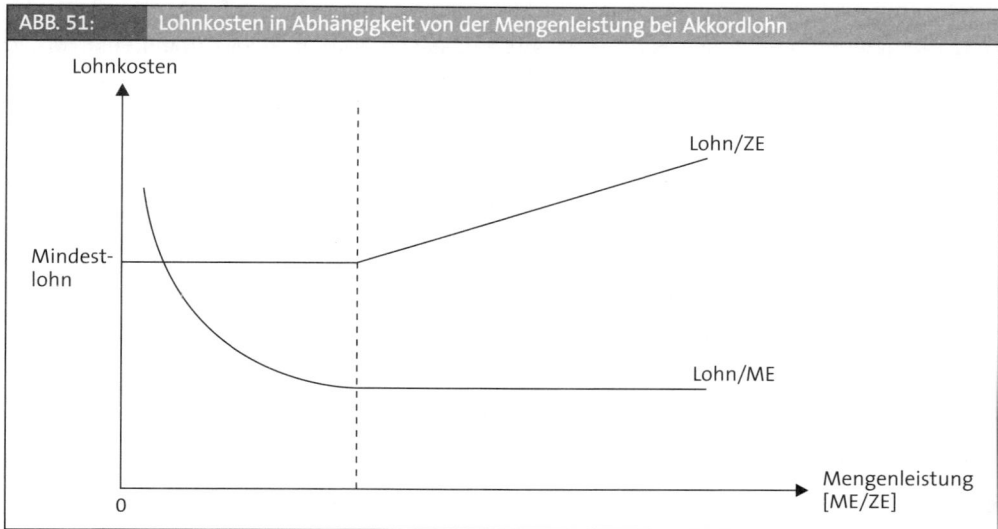

ABB. 51: Lohnkosten in Abhängigkeit von der Mengenleistung bei Akkordlohn

Berechnungsgrundlage für den Akkordlohn ist der *Akkordrichtsatz*, d.h. der Lohnsatz des Akkordarbeiters bei Normalleistung.[49] Dieser setzt sich zusammen aus dem Akkordgrundlohn (entspricht meist dem tariflichen Mindestlohn bei Zeitlohn) und einem Akkordzuschlag zwischen 10 und 25 %.

Hinsichtlich der Art der Berechnung sind der Stückgeld- und der Stückzeitakkord zu unterscheiden. Beim *Geldakkord* wird für jede bearbeitete Mengeneinheit ein Geldbetrag, der Geldsatz (Stücklohnsatz), festgesetzt:

$$\text{Geldsatz [€/ME]} = \frac{\text{Akkordrichtsatz [€/Std.]}}{\text{Normalleistung [ME/Std.]}}$$

Multipliziert mit der Stückzahl ergibt sich der Akkordlohn:

$$\text{Lohn [€]} = \text{geleistete Menge [ME]} \cdot \text{Geldsatz [€/ME]}$$

Beim *Zeitakkord* wird für die Ausführung einer Arbeit eine bestimmte Zeit vorgegeben (Vorgabezeit[50] in min/ME). Jede „verdiente" Vorgabeminute wird entsprechend dem Geldfaktor (Minutenfaktor), d.h. mit dem auf eine Minute umgerechneten Akkordrichtsatz, vergütet:

$$\text{Minutenfaktor [€/min]} = \frac{\text{Akkordrichtsatz [€/Std.]}}{60 \text{ [min/Std.]}}$$

$$\text{Lohn [€]} = \text{geleistete Menge [ME]} \cdot \text{Vorgabezeit [min/ME]} \cdot \text{Minutenfaktor [€/min]}$$

Ein Vergleich der beiden Berechnungsformeln für den Akkordlohn zeigt, dass der Zeitakkord den Geldsatz des Geldakkords wieder in seine zwei Komponenten aufspaltet: in den vom Arbeitsvor-

---

49 Zum Begriff der Normalleistung vgl. den folgenden Abschnitt.
50 Zur Ermittlung von Vorgabezeiten vgl. den folgenden Abschnitt.

gang bzw. Werkstück abhängigen Kehrwert der (auf eine Minute umgerechneten) Normalleistung (Vorgabezeit) und in den auf eine Minute bezogenen Akkordrichtsatz (Minutenfaktor). In der betrieblichen Praxis hat sich der Zeitakkord weitgehend durchgesetzt, da bei Lohnänderungen nur der Minutenfaktor neu festzulegen ist, während beim Geldakkord die Geldsätze für sämtliche Arbeitsvorgänge neu berechnet werden müssen.

Arbeiten mehrere Personen in einer Arbeitsgruppe zusammen, kann *Gruppenakkord* zweckmäßig sein. Der Akkord wird für die Gruppe insgesamt berechnet, sodass die Aufteilung des Verdienstes auf die einzelnen Gruppenmitglieder Schwierigkeiten bereiten kann.

Akkordentlohnung ist nur anwendbar, wenn

- Zeitbedarf und Mengenergebnis der Arbeit mit wirtschaftlich vertretbarem Aufwand messbar sind,
- das Mengenergebnis vom Arbeiter beeinflussbar,
- der Arbeitsablauf im Voraus bekannt und reproduzierbar,
- ein störungsfreier Arbeitsablauf gewährleistet und
- der Arbeiter geeignet und ausreichend eingearbeitet ist.

Vorzüge des Akkordlohns:

- Mehrleistung führt unmittelbar zu höherem Lohn (Leistungsanreiz).
- Das Unternehmen kann mit konstanten Lohnstückkosten kalkulieren.

Nachteile:

- Es besteht die Gefahr, dass der Arbeitende seine Dauerleistungsgrenze überschreitet, Betriebsmittel unzulässig hoch belastet werden, der Materialverbrauch ansteigt.
- Unter Umständen werden zusätzliche Maßnahmen zur Qualitätssicherung notwendig (Fremdkontrolle).
- Die Lohnabrechnung ist aufwendiger (Erfassung der Leistungsdaten) und es entstehen Kosten für die Vorgabezeitermittlung.

Wenn die Voraussetzungen für Akkordlohn nicht erfüllt sind, oder es weniger auf die quantitative als auf die qualitative Arbeitsleistung ankommt, können Leistungsanreize durch *Prämienentlohnung* geschaffen werden. Der Prämienlohn setzt sich aus einem in der Regel anforderungsabhängigen Anteil, dem Grundlohn (Basislohn), und einem leistungsabhängigen Anteil, der Prämie, zusammen. Die Höhe der Prämie beruht – anders als bei den auf einem Vorgesetztenurteil basierenden Leistungszulagen bei Zeitlohn – auf „objektiv und materiell feststellbaren Mehrleistungen".[51]

Die Wahl des Leistungsmerkmals richtet sich nach den betrieblichen Zielvorstellungen; Voraussetzung ist, dass der Arbeitnehmer die Bezugsgröße in ausreichendem Maße beeinflussen kann. Durch die Festlegung der Prämienlohnlinie (vgl. Abb. 52) kann der Betrieb die Anreizwirkung steuern.

---

51 Böhrs (1980), S. 159.

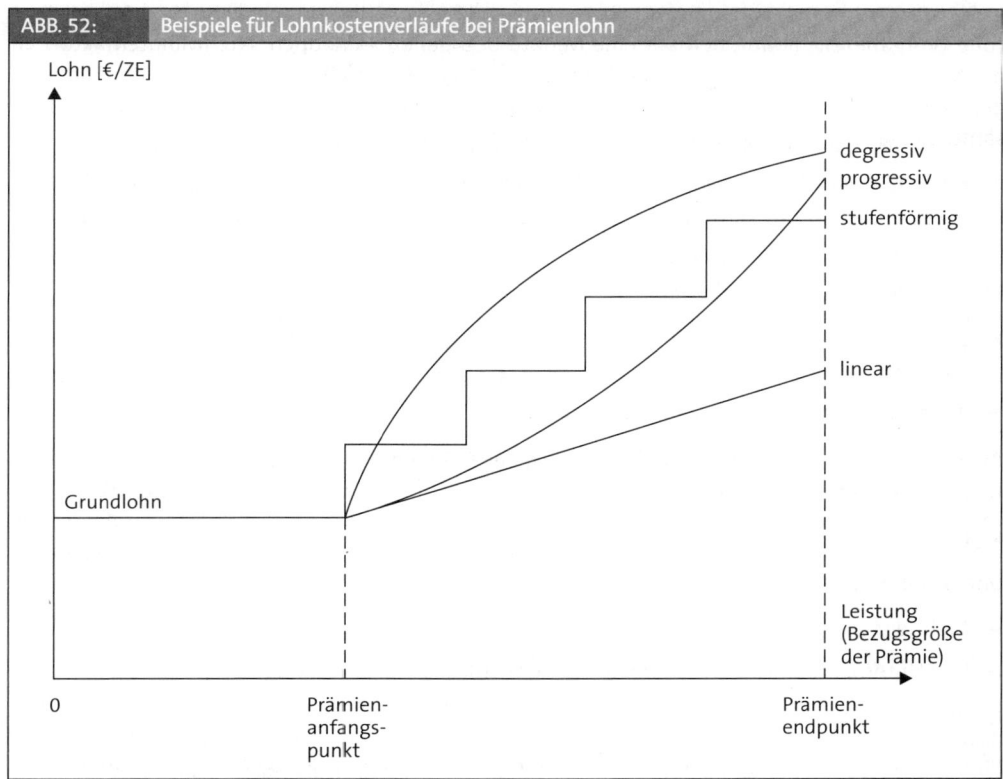

ABB. 52: Beispiele für Lohnkostenverläufe bei Prämienlohn

Nach der Bezugsgröße bzw. dem Zweck der Prämie lassen sich folgende Prämienarten unterscheiden:

▶ *Mengenprämien* werden anstelle von Akkordlohn eingesetzt, wenn dieser nicht anwendbar ist, z. B. weil
  - die Arbeitsabläufe hohe Anteile unbeeinflussbarer Zeiten enthalten,
  - wegen häufig wechselnder Aufgaben keine Vorgabezeiten ermittelt werden können,
  - dem Betrieb die Ermittlung genauer Akkorde nicht möglich ist (Kostengründe, Mangel an Fachpersonal für Zeitstudien),
  - die Arbeitsbedingungen nicht konstant sind.
▶ *Ersparnisprämien* werden für Einsparungen an Repetierfaktoren (Energie, Material, Verschleißwerkzeuge) gewährt. Bezugsgrößen können Produktivitätskennzahlen der Form $\frac{\text{erzeugte Menge}}{\text{Faktorverbrauch}}$ (Ausbeutegrade) sein.
▶ *Nutzungsprämien* sollen zu möglichst hoher Auslastung der Betriebsmittel beitragen; Bezugsgröße kann der Nutzungsgrad (Anteil der Hauptnutzungszeit[52] an der gesamten Einsatzzeit) sein.

---

52 Die Gliederung der Betriebsmittelzeiten ist in Teil C. III. 3.2 dargestellt.

- *Qualitätsprämien* (Güteprämien) sollen die Qualität des Arbeitsergebnisses steigern mit dem Ziel, Ausschuss, Nacharbeit und Erzeugnisse 2. Wahl zu vermeiden. Als Bezugsgröße bieten sich Ausschussquoten (z. B. $\frac{\text{Anzahl der fehlerhaften Werkstücke}}{\text{Gesamtzahl der Werkstücke}}$) an.

- *Terminprämien* werden für die Einhaltung von Terminen oder – soweit sinnvoll – für die vorzeitige Fertigstellung bestimmter Aufträge gezahlt.

Um unterschiedliche betriebliche Zielsetzungen wirksam werden zu lassen und um zu verhindern, dass etwa die Mengenleistung aufgrund von Materialverschwendung oder auf Kosten der Qualität gesteigert wird oder dass Materialersparnis zu höheren Ausschussquoten führt, können *mehrere Bezugsgrößen miteinander kombiniert* werden. Dabei besteht zum einen die Möglichkeit, Teilprämien isoliert zu ermitteln und zur Gesamtprämie zu addieren. Zum anderen können die Bezugsgrößen gekoppelt werden; die Prämie als Funktion der Bezugsgrößen wird z. B. in Tabellen oder Nomogrammen abgelesen.

In den letzten Jahrzehnten hat die Bedeutung des Prämienlohns zu-, die des Akkordlohns abgenommen. Dieser Trend dürfte sich fortsetzen, weil es im Zuge der technischen Entwicklung immer weniger auf die reine Mengenleistung ankommt als auf die optimale Nutzung der immer mehr Kapital bindenden Maschinen, auf Qualität und persönliche Eigenschaften wie Flexibilität und Lernbereitschaft.

4.4 Verfahren der Vorgabezeitermittlung

Entlohnung nach der Mengenleistung setzt die Festlegung von *Vorgabezeiten*, die in Zeitstudien gewonnen werden, voraus. Dabei handelt es sich um Soll-Zeiten für die Ausführung von Arbeitsabläufen; sie entsprechen dem Zeitbedarf bei Normalleistung. Vorgabezeiten beziehen sich entweder auf einen konkreten Auftrag (auftragsabhängige Vorgabezeiten) oder auf eine bestimmte Mengeneinheit wie 1, 100 oder 1000 Stück, kg etc. (auftragsunabhängige Vorgabezeiten).

REFA bezeichnet die Vorgabezeiten für Betriebsmittel als *Belegungszeit*, für den Menschen als *Auftragszeit*. Die Zusammensetzung der Auftragszeit zeigt Abb. 53.

Soll-Zeiten dienen nicht nur der Leistungsentlohnung als Grundlage, sondern auch der Kalkulation und der Produktionsplanung und -steuerung (Arbeitsplanerstellung, Termin- und Maschinenbelegungsplanung, zeitgenaue Materialbereitstellung). In Verbindung mit Ist-Zeiten – z. B. durch Betriebsdatenerfassung aufgezeichnet – liefern Soll-Zeiten Informationen für die Überwachung der Produktion. Zur Festlegung von Vorgabezeiten stehen verschiedene Verfahren zur Verfügung, die sich hinsichtlich Aufwand und Genauigkeitsanspruch unterscheiden; die Wahl eines Verfahrens hängt vom Verwendungszweck der Daten und den betrieblichen Möglichkeiten ab.

Für Entlohnungszwecke zu ungenau ist das *Vergleichen und Schätzen*.[53] Mit dieser vor allem in der Einzel- und Kleinserienfertigung, im Handwerk und Instandhaltungsbereich angewandten Methode wird versucht, den vorliegenden Arbeitsablauf mit einem weitgehend übereinstimmenden Ablauf, dessen Vorgabezeit bestimmt ist, zu vergleichen. Unterschiede werden durch Zeitzuschläge bzw. -abschläge ausgeglichen.

---

53 Vgl. dazu REFA (1992), S. 276 ff.

Zeitanteile, die vom Arbeiter unbeeinflussbar sind, d. h. nur von technischen Parametern abhängige Betriebsmittel-Nutzungszeiten *(Prozesszeiten)*, können per Formel *berechnet* oder mit Hilfe von Nomogrammen ermittelt werden. Das ist zum Beispiel bei spanenden Werkzeugmaschinen (Fräs-, Dreh-, Bohrmaschinen etc.) der Fall.

KAPITEL C — Die produktiven Faktoren
Teil II

ABB. 53: Gliederung der Auftragszeit

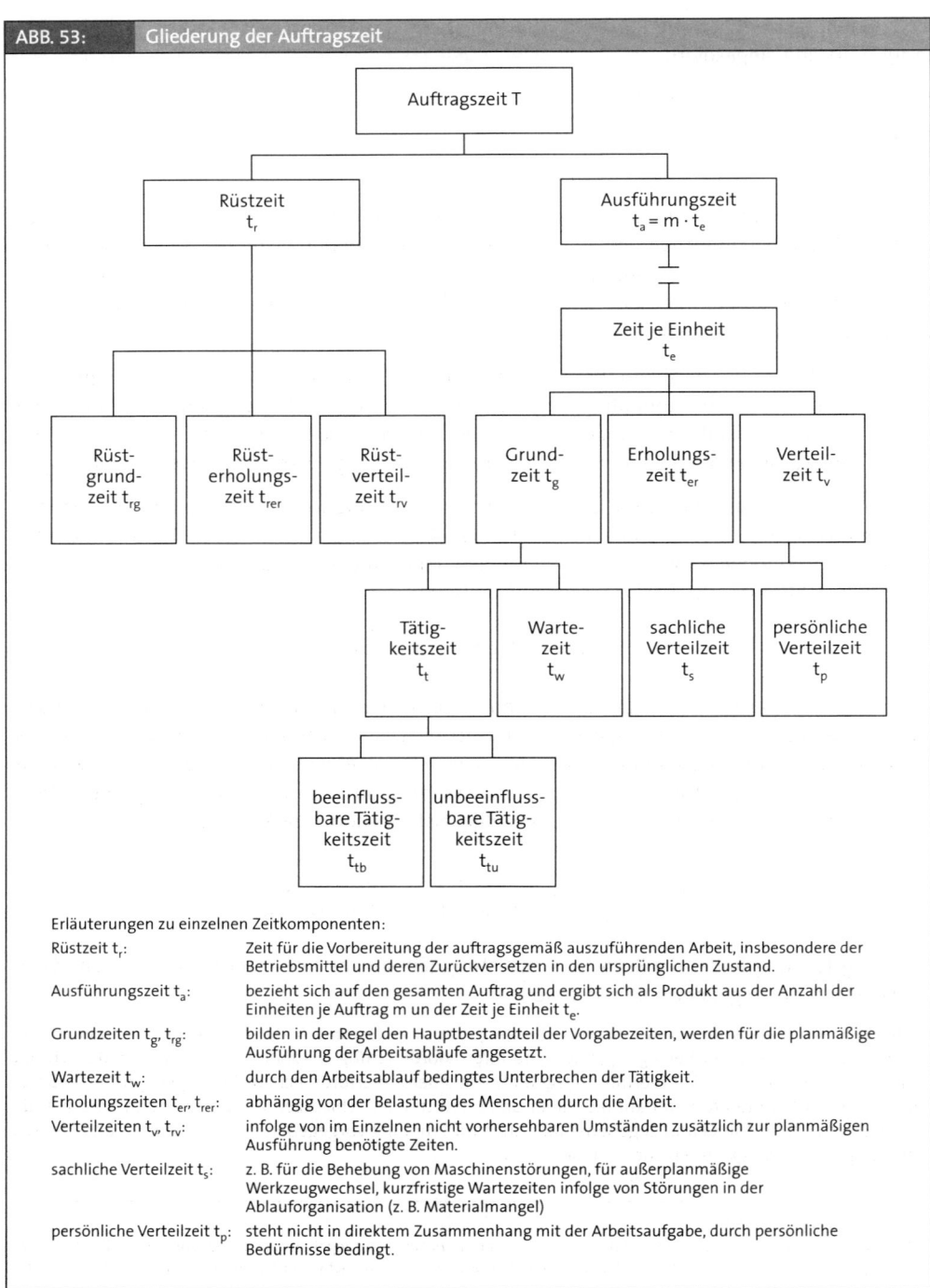

Erläuterungen zu einzelnen Zeitkomponenten:

Rüstzeit t_r:	Zeit für die Vorbereitung der auftragsgemäß auszuführenden Arbeit, insbesondere der Betriebsmittel und deren Zurückversetzen in den ursprünglichen Zustand.
Ausführungszeit t_a:	bezieht sich auf den gesamten Auftrag und ergibt sich als Produkt aus der Anzahl der Einheiten je Auftrag m un der Zeit je Einheit t_e.
Grundzeiten t_g, t_{rg}:	bilden in der Regel den Hauptbestandteil der Vorgabezeiten, werden für die planmäßige Ausführung der Arbeitsabläufe angesetzt.
Wartezeit t_w:	durch den Arbeitsablauf bedingtes Unterbrechen der Tätigkeit.
Erholungszeiten t_{er}, t_{rer}:	abhängig von der Belastung des Menschen durch die Arbeit.
Verteilzeiten t_v, t_{rv}:	infolge von im Einzelnen nicht vorhersehbaren Umständen zusätzlich zur planmäßigen Ausführung benötigte Zeiten.
sachliche Verteilzeit t_s:	z. B. für die Behebung von Maschinenstörungen, für außerplanmäßige Werkzeugwechsel, kurzfristige Wartezeiten infolge von Störungen in der Ablauforganisation (z. B. Materialmangel)
persönliche Verteilzeit t_p:	steht nicht in direktem Zusammenhang mit der Arbeitsaufgabe, durch persönliche Bedürfnisse bedingt.

(Quelle: REFA (1992), S. 42)

Zu Entlohnungszwecken werden folgende Verfahren der Vorgabezeit- (insbesondere Grundzeit-)Ermittlung eingesetzt:

- die Zeitaufnahme nach REFA,
- Systeme vorbestimmter Zeiten und
- Planzeiten.

Die *REFA-Zeitaufnahme*[54] ist dadurch gekennzeichnet, dass die Soll-Zeiten auf der Basis gemessener Ist-Zeiten bestimmt werden. Vor Beginn einer Zeitaufnahme sind der Betriebsrat und die betreffende Arbeitsperson zu unterrichten. Die Zeitstudie, der eine Beschreibung des Arbeitssystems (Arbeitsverfahren, -methode und -bedingungen) vorausgeht, darf nur von einer dazu besonders ausgebildeten Person vorgenommen werden.

Der Arbeitsablauf wird in Ablaufabschnitte gegliedert, für die die vom Arbeiter benötigten Zeiten mehrmals (mit einer Stoppuhr) gemessen werden. Zeiten und Begleitumstände werden in einem speziellen Zeitaufnahmebogen protokolliert. Der nächste Schritt besteht in einer statistischen Auswertung der gemessenen Zeiten (Bereinigen um sog. Ausreißer, Mittelwertbildung).

Der ermittelte Durchschnittswert lässt sich jedoch nicht ohne weiteres als Sollwert verwenden, da die menschliche Leistung und damit die für den Arbeitsablauf benötigte Zeit intra- und interpersonelle Streuungen aufweist. Istzeiten werden daher mit Hilfe des *Leistungsfaktors* oder – in Prozent ausgedrückt – des *Leistungsgrades* in Sollzeiten transformiert:

$$\text{Sollzeit} = \text{Istzeit} \cdot \text{Leistungsgrad}$$

Der Leistungsgrad ist während der Zeitaufnahme zu beurteilen.[55] Dabei vergleicht der Beobachter den tatsächlichen Bewegungsablauf hinsichtlich der Kriterien Intensität (Bewegungsgeschwindigkeit, Kraftanspannung) und Wirksamkeit mit einem Bewegungsablauf, der einer vorgestellten Bezugsleistung entspricht. Der Leistungsgrad setzt also die beobachtete Istleistung zu einer vorgestellten Bezugsleistung, einer Leistungsnorm, ins Verhältnis:

$$\text{Leistungsgrad} = \frac{\text{beobachtete Istleistung}}{\text{vorgestellte Bezugsleistung}} \cdot 100\,\%$$

Als Bezugsleistung findet die REFA-Normalleistung (entspricht einem Leistungsgrad von 100 %) Verwendung, die folgendermaßen definiert ist:

„Unter REFA-Normalleistung wird eine Bewegungsausführung verstanden, die dem Beobachter hinsichtlich der Einzelbewegungen, der Bewegungsfolge und ihrer Koordinierung besonders harmonisch, natürlich und ausgeglichen erscheint. Sie kann erfahrungsgemäß von jedem in erforderlichem Maße geeigneten, geübten und voll eingearbeiteten Arbeiter auf die Dauer und im Mittel der Schichtzeit erbracht werden, sofern er die für persönliche Bedürfnisse und gegebenenfalls auch für Erholung vorgegebenen Zeiten einhält und die freie Entfaltung seiner Fähigkeiten nicht behindert wird."[56]

---

54 Vgl. REFA (1992), S. 79 ff.
55 REFA hat die früher übliche Bezeichnung „Leistungsgradschätzen" aufgegeben, da das Erscheinungsbild der Bewegungsausführung, aufgrund dessen der Leistungsgrad festgestellt wird, nicht durch eine Messung quantitativer Daten erfasst werden kann.
56 REFA (1992), S. 136.

BEISPIEL zur Berechnung der Soll-Zeit

Die gemessene Ist-Zeit betrage im Mittel 4,5 min/Stück; der Leistungsgrad werde mit 120 % beurteilt. Daraus ergibt sich eine Soll-Zeit von 4,5 min/Stück $\cdot \frac{120}{100}$ = 5,4 min/Stück.

Voraussetzung für das Beurteilen des Leistungsgrades ist, dass der Arbeitende die Leistung innerhalb der zu beobachtenden Ablaufabschnitte beeinflussen kann. Da die Leistungsgradbeurteilung auf der Grundlage des nach außen in Erscheinung tretenden Bewegungsablaufs erfolgt, ist es schwierig bzw. unmöglich, den Leistungsgrad bei Arbeiten mit hohem Anteil statischer Muskelarbeit und bei Überwachungsarbeiten (Wahrnehmungs- und Entscheidungstätigkeit) zu beurteilen.

Systeme vorbestimmter Zeiten[57] (SvZ) sind Verfahren, mit denen zumeist manuelle, vom Menschen voll beeinflussbare Tätigkeiten in Bewegungselemente (z. B. Hinlangen, Greifen, Fügen) gegliedert werden (Analyse des Bewegungsablaufs) und jedem dieser Elemente – durch Ablesen aus Bewegungszeittabellen – eine Soll-Zeit zugeordnet wird. Durch Addition dieser elementaren Zeitwerte ergibt sich die Soll-Zeit für den gesamten Bewegungsablauf (Synthese). Die Vorgehensweise beruht auf der *Additivitätshypothese*, d. h. letztlich auf der Annahme, dass sich die einzelnen Bewegungselemente eines Ablaufs (z. B. in Abhängigkeit von ihrer Reihenfolge) gegenseitig nicht beeinflussen, sodass die jeweils erforderlichen Zeiten addiert werden können. Damit wird zugleich unterstellt, dass in einem Bewegungsablauf keine Synergieeffekte auftreten.

Die bekanntesten Systeme vorbestimmter Zeiten sind

- das WF-Verfahren (Work Factor) und
- das MTM-Verfahren (Methods Time Measurement).

Das *WF-Verfahren* verwendet acht, ihrerseits weiter untergliederte, *Standardelemente* (Bewegungselemente):

- Bewegen (Hinlagen, Transportieren),
- Greifen,
- Vorrichten,
- Fügen (Anlegen, Montieren),
- Ausführen,
- Demontieren,
- Loslassen,
- geistige Vorgänge (Augen einstellen, Prüfen, Reagieren).

In den Bewegungszeittabellen sind die Soll-Zeiten für die Standardelemente jeweils in Abhängigkeit von *Einflussgrößen* aufgeführt; für die Ausführung von Bewegungen sind dies:

- bewegter Körperteil,
- zurückgelegter Weg,
- Gewicht oder Bewegungswiderstand und

---

[57] Vgl. REFA (1992), S. 65–78, Brink (1979).

- erforderliche Bewegungsbeherrschung mit den Merkmalen (Work Factors)
  - Sorgfalt/Vorsicht,
  - Richtungsänderung (Umweg),
  - bestimmtes Ziel und
  - Steuern (Einhalten einer engen Zieltoleranz).

Drei Ausprägungen des Work-Factor-Verfahrens sind gebräuchlich. Das *WF-Grundverfahren* (WFG) ermöglicht die detailliertesten Analysen; in den Bewegungszeittabellen werden die Zeiten in Einheiten zu 0,0001 min angegeben. Der mit der tiefgehenden Gliederung der Bewegungen verbundene Aufwand lohnt sich nur bei Massen- und Großserienfertigung. Einfachere Bewegungszeittabellen und leichter zu erlernende Anwendungsregeln kennzeichnen das *WF-Schnellverfahren* (WFS) mit einer Zeiteinheit von 0,001 min. Eine weitere Vereinfachung stellt das *WF-Kurzverfahren* (WFK) dar (Zeiteinheit: 0,005 min).

Das *MTM-Verfahren* basiert auf

- acht Grundbewegungen des Armes und der Hand (Hinlangen, Prüfen, Bringen, Fügen, Loslassen, Drücken, Trennen, Drehen),
- zwei Blickfunktionen und
- neun Fuß-, Bein- und Körperbewegungen (z. B. Körperdrehung, Gehen, Bücken, Setzen).

Ähnlich dem WF-Verfahren werden auch hier für die Bewegungselemente Normzeiten aus Tabellen abgelesen, wobei ebenfalls verschiedene Einflussgrößen, beispielsweise die Bewegungslänge beim Hinlangen, zu berücksichtigen sind. Zeitangaben erfolgen in Time Measurement Units (1 MTU = 0,0006 min). Im Unterschied zum WF-Verfahren, das vorwiegend mit quantitativen Daten und zwingenden Regeln arbeitet, verwertet das MTM-Verfahren in stärkerem Maße qualitative Daten und lässt dem Beurteilenden einen größeren Ermessensspielraum.

Das MTM-Verfahren liegt in mehreren Varianten vor. So lassen sich beispielsweise durch Zusammenfassen von Elementarzeiten zu größeren Zeitbausteinen (Standarddaten) auch für Tätigkeiten in der Einzel- und Kleinserienfertigung Vorgabezeiten wirtschaftlich bestimmen.

Gegenüber dem Zeitaufnahmeverfahren weisen die Systeme vorbestimmter Zeiten folgende *Vorteile* auf:

- Das Problem der Leistungsgradbeurteilung (subjektive Einflüsse) entfällt, da die Bezugsleistung implizit in den Systemen enthalten ist.
- Es sind keine Zeitmessungen erforderlich.
- Die Zeitdaten liegen schon vor Beginn einer neuen Fertigung vor.

Vergleiche haben ergeben, dass die REFA-Normalzeit um einen Faktor von ca. 1,1 bis 1,3 über den Tabellenzeiten nach MTM oder WF liegt. Mithin liegt den Systemen vorbestimmter Zeiten ein Leistungsgrad von 110 % bis 130 % – bezogen auf die REFA-Normalleistung – zugrunde, was bei der Festlegung von Vorgabezeiten berücksichtigt werden muss.

Neben dem Zeitaufnahmeverfahren und den Systemen vorbestimmter Zeiten lassen sich *Planzeiten*[58] (andere Bezeichnungen: Zeitnormative, Richtzeiten) für die Vorgabezeitermittlung einsetzen. Planzeiten sind Soll-Zeiten für bestimmte Ablaufabschnitte, die – einmal festgelegt –

---

58 Vgl. REFA (1992), S. 347–390 und die dort angegebene Literatur.

für die Zeitbestimmung ähnlicher Abschnitte oder gleicher Abschnitte bei wechselnden Arbeitsgegenständen wiederverwendet werden können. Damit erspart man sich für diese Ablaufabschnitte wiederholte Soll-Zeit-Bestimmungen. Voraussetzung ist, dass Arbeitsverfahren, -bedingungen usw. exakt beschrieben und die Anwendungsbedingungen angegeben sind. Die Einflussgrößen des Zeitbedarfs müssen bekannt sein; mit Hilfe von Zeitformeln, Nomogrammen oder Tabellen (sog. Planzeitkatalogen und Kalkulationsblättern) werden die Soll-Zeiten bestimmt, die den jeweiligen Ausprägungen der Einflussgrößen entsprechen.

Nachdem die Grundzeiten mit einem der beschriebenen Verfahren festgelegt worden sind, müssen die Verteil- und Erholungszeiten bestimmt werden. *Verteilzeiten* werden im Allgemeinen durch einen prozentualen Zuschlag zur Grundzeit angegeben (Verteilzeitzuschlag z_v):

$$z_v = \frac{t_v}{t_g} \cdot 100\,\%$$

Als wichtigstes Verfahren zur Ermittlung von Verteilzeitzuschlägen gilt die *Multimomentaufnahme*. Wie bei der Zeitaufnahme orientiert man sich an Ist-Werten. Allerdings werden keine Zeiten gemessen, sondern lediglich die Häufigkeiten, mit denen die einzelnen Zeitarten auftreten, festgestellt. Dazu notiert ein Beobachter auf Rundgängen zu unregelmäßigen (durch Zufallsauswahl bestimmten) Zeitpunkten die augenblickliche Zeitart wie Verteilzeit, Ausführungszeit usw. Mit zunehmender Anzahl der Beobachtungen steigt die Genauigkeit der Stichprobe.

Zur Bestimmung der *Erholzeit* als weiterem Bestandteil der Vorgabezeit steht eine Reihe von Methoden[59] zur Verfügung, die den vielfältigen Unterschieden in der Art und Höhe der Arbeitsbelastung gerecht werden sollen. Die Angabe erfolgt analog der Verteilzeit in Form eines prozentualen Zuschlags z_{er} auf die Grundzeit:

$$z_{er} = \frac{t_{er}}{t_g} \cdot 100\,\%.$$

KONTROLLFRAGEN

(1) Welche Beteiligungsrechte (unterschieden nach ihrer Intensität) stehen dem Betriebsrat nach dem Betriebsverfassungsgesetz zu?

(2) In welchen Angelegenheiten besteht nach dem Betriebsverfassungsgesetz ein Mitwirkungs- bzw. Mitbestimmungsrecht des Betriebsrats?

(3) Welche Vorgehensweise schlägt REFA zur Gestaltung von Arbeitssystemen vor?

(4) Was versteht man unter Flexibilisierung der Arbeitszeit?

(5) Wodurch ist das Konzept der Wissenschaftlichen Betriebsführung gekennzeichnet?

(6) Welche Grundbedürfnisse des Menschen unterscheidet Maslow?

(7) Inwiefern besitzt der Mensch nach Herzberg ein zweidimensionales Bedürfnissystem?

---

59 Zu Einzelheiten vgl. REFA (1992), S. 312 ff.

(8) Welche Gemeinsamkeiten und welche Unterschiede weisen die vier wichtigsten Grundprinzipien der modernen Arbeitsstrukturierung auf?

(9) Aus welchen Bestandteilen setzt sich der Gesamtlohn eines Arbeiters (unabhängig von der Lohnform) zusammen?

(10) Welche Lohnformen werden unterschieden, und wie wird der Lohn bei den einzelnen Lohnformen jeweils berechnet?

(11) Wodurch unterscheiden sich summarische und analytische Arbeitsbewertungsverfahren?

(12) Welche Anforderungen unterscheidet das Genfer Schema?

(13) Welche Verfahren der Vorgabezeitermittlung werden zu Entlohnungszwecken eingesetzt?

Aufgabe 12

Stellen Sie mögliche Vorzüge und Nachteile von Teilzeit- im Vergleich zu Vollzeitarbeit aus betrieblicher Sicht gegenüber.

Aufgabe 13

a) Stellen Sie einen Zusammenhang her zwischen den Aussagen von Herzberg zur Motivationstheorie und der modernen Arbeitsstrukturierung.

b) Grenzen Sie die Arbeitserweiterung (Job Enlargement) von der Arbeitsbereicherung (Job Enrichment) ab.

Aufgabe 14

Geben Sie für jede der folgenden Aussagen an, ob diese nur bzw. auch in das Konzept der Wissenschaftlichen Betriebsführung (WB) bzw. der modernen Arbeitsstrukturierung (mA) passt. Kreuzen Sie hierzu WB und/oder mA an und begründen Sie Ihre Wahl mit ein, zwei kurzen Sätzen, indem Sie die Gemeinsamkeiten und/oder Unterschiede zwischen beiden Konzepten herausstellen.

		WB	mA
a)	Für die Ausführung jeder Aufgabe sollte die Bestmethode vorgeschrieben werden.		
b)	Es gibt ein Optimum der Arbeitsteilung, bei dessen Bestimmung die Wirkung der Monotonie zu berücksichtigen ist.		
c)	Geld schafft den höchsten Leistungsanreiz.		
d)	Arbeitspausen sollen der Arbeitsperson die Möglichkeit zur Erholung geben.		
e)	Arbeitsvorbereitung und Arbeitsausführung sind personell zu trennen.		
f)	Bei der Gestaltung der Arbeit sollen sowohl die Interessen der Arbeitenden als auch des Betriebes berücksichtigt werden.		
g)	Es findet eine Kontrolle der Arbeitsergebnisse statt.		

Aufgabe 15

Ein Arbeiter kann das Mengenergebnis seiner Leistung durch sein Arbeitstempo leicht beeinflussen. Angenommen, er werde durch eine progressive Mengenleistungsprämie entlohnt. Diskutieren Sie mögliche Auswirkungen dieser Entlohnung und skizzieren Sie global einen Ansatz für einen Prämienlohn, durch den das Mengenergebnis in einem bestimmten Bereich gehalten werden kann.

Aufgabe 16

Beschreiben Sie anhand eines selbst gewählten Zahlenbeispiels den Ablauf einer REFA-Zeitaufnahme. Welche Probleme sehen Sie bei dieser Art der Vorgabezeitermittlung?

III. Produktionsfaktor Betriebsmittel

1. Betriebsmittelarten

Zur Erfüllung produktiver Aufgaben sind Betriebsmittel als Elemente der Produktionssysteme erforderlich. Dabei werden komplexe, aus mehreren Komponenten zusammengesetzte Betriebsmittel und aus mehreren Betriebsmitteln zusammengestellte Betriebsmittelgruppen auch als Anlagen bezeichnet. Im Einzelnen zählen zu den Betriebsmitteln, gegliedert nach ihrem Verwendungszweck:

- Grundstücke und Gebäude;
- Maschinen, Apparate, Vorrichtungen, Werkzeuge, Mess- und Prüfeinrichtungen, Modelle etc. für die Erzeugung der Halbfabrikate und Produkte, für die Forschung und Entwicklung;
- Anlagen (Maschinen, Apparate, Leitungen etc.) zur Versorgung des Betriebes mit Wasser, elektrischer Energie, Wärme, Druckluft, Gas etc. und zur Entsorgung und Wiedergewinnung;
- Transportmittel aller Art zur Beförderung von Personen, Stoffen, Halbfabrikaten, Erzeugnissen etc.;
- Lager- und Aufbewahrungseinrichtungen (Silos, Tanks, Regale ...);
- Geräte und Einrichtungen zur Datenerfassung, -verarbeitung, -speicherung, -übertragung und -ausgabe (DV-Anlagen einschließlich Software, Kopiergeräte, Drucker ...) und zur Kommunikation (Telefon, Telefax ...);
- soziale Einrichtungen (z. B. Kantinenausstattung);
- Einrichtungen aller Art für die Sicherheit i.w.S. (Werkschutz, Brand-, Unfall- und Arbeitsschutz).

Differenziert man Betriebsmittel nach der zugrunde liegenden Produktionstechnik, so lassen sich fertigungs-, verfahrens- und energietechnische Betriebsmittel unterscheiden. Einsatzfeld der *Fertigungstechnik* ist die Herstellung von Stückgütern, etwa mit spanabhebenden Werkzeugmaschinen. Bei der *Verfahrenstechnik* steht die chemische Umwandlung und physikalische Behandlung von Fließgütern im Vordergrund, z.B. in Reaktoren, Destillationskolonnen, Rohrleitungssystemen usw. Die *Energietechnik* schließlich dient der Erzeugung und Umwandlung von Nutzenergie, beispielsweise mit Hilfe von Gas- und Dampfturbinen, Generatoren etc. Die drei genannten Betriebsmittelgruppen werden ergänzt durch förder-, mess- und regeltechnische Betriebsmittel.

Um die Ausstattung mit Betriebsmitteln zweckmäßig gestalten zu können, sind Gegenwarts- und Prognosedaten folgender Aspekte zu berücksichtigen:

- ▶ die Finanzierungsmöglichkeiten (u. a. abhängig von der Betriebsgröße, der Rechtsform und der wirtschaftlichen Situation des Unternehmens);
- ▶ Quantität, Qualität, Preise und spezifische Eigenschaften (wie Lagerfähigkeit, Abmessungen, Gewichte etc.) der herzustellenden Erzeugnisse bzw. die Art der zu erbringenden Dienstleistungen;
- ▶ die Art der Erzeugung (insbesondere der Organisationstyp der Fertigung);
- ▶ die Vorratshaltung;
- ▶ das Vertriebssystem (insbesondere, ob Produktion auf Lager oder auf Kundenbestellung);
- ▶ die Absatzsituation (strukturelle Veränderungen des Absatzmarktes, konjunkturelle und/ oder saisonale Schwankungen, Modeabhängigkeiten) unter Berücksichtigung der Branchenentwicklung und des geplanten Betriebswachstums;
- ▶ die Entwicklung des technischen Fortschritts;
- ▶ die maximal zulässigen Kosten bei verschiedenen Beschäftigungsgraden.

2. Anlagenlebenszyklus

Im Lebenszyklus eines Betriebsmittels lassen sich *drei Phasen* (s. Abb. 54) unterscheiden:[60] Der Zyklus beginnt mit einer Vorlaufphase, in der das Nutzungspotenzial aufgebaut wird (Investitionsphase). Es folgt die Phase der Nutzung und Erhaltung des Potenzials. Da die fortgesetzte Nutzung eines Betriebsmittels eine nachteilige Veränderung seiner Eigenschaften bewirkt, versucht man dieser Potenzialverringerung durch Instandhaltungsmaßnahmen entgegenzuwirken. Wenn schließlich das Betriebsmittel nicht weiter genutzt werden soll resp. kann, endet der Lebenszyklus in einer Nachlaufphase, in der das gegebenenfalls noch vorhandene Nutzungspotenzial abgebaut wird (Desinvestitionsphase). Ein neuer Zyklus schließt sich an, wenn die Entscheidung getroffen wird, eine Ersatz-, Rationalisierungs- oder Erweiterungsinvestition durchzuführen.

Jede der drei Lebenszyklusphasen ist durch spezifische anlagenwirtschaftliche *Aufgaben* gekennzeichnet (s. Abb. 54).[61] Ausgangspunkt ist die *Anlagenbedarfsplanung und -projektierung*, die sicherstellen soll, dass die Anforderungen, die an das Betriebsmittel zu stellen sind, erstens auf der Basis der strategisch-taktischen Produktionsprogrammplanung explizit festgestellt werden und zweitens eine möglichst große Übereinstimmung der tatsächlichen Eigenschaften mit dem Anforderungsprofil gegeben ist. Zur Sicherung der Formalziele werden regelmäßig Investitionsrechnungen herangezogen. Im Rahmen der *Anlagenbereitstellung* geht es um die Frage „Eigenerstellung oder Fremdbezug (Kauf oder Leasing)?" und um die Einsatzfähigkeit der Anlage zum richtigen Zeitpunkt, am richtigen Ort im vorgesehenen Zustand. Hierzu gehören die Anlieferung, Montage, Durchführung von Probeläufen, Inbetriebnahme und Personalschulung. Die *Anlagenanordnung/Gestaltung des Layouts* zielt auf die Erfüllung der produktionslogistischen, ergonomischen, instandhaltungsbedingten und sonstigen Anforderungen bei der Festlegung des innerbetrieblichen Standorts.

---

60 Vgl. Nebl/Prüß (2006), S. 30, 32.
61 Vgl. hierzu Adam (1989), S. 10 ff.; Steffen (1993), Sp. 89 ff.; Männel (1996), Sp. 77 ff.; Nebl/Prüß (2006), S. 144 ff.

Mit der *Anlagennutzung* beginnt die zweite und im Sinne der Produktionsziele wichtigste Phase des Lebenszyklus. Nutzungs- und Erhaltungs-(*Instandhaltungs*-)Intervalle wechseln sich i. d. R. mehrfach ab. Während der Nutzungs- und Erhaltungsphase können Maßnahmen der *Anlagenverbesserung* angezeigt sein. Diese sind insbesondere auf die Modernisierung des Betriebsmittels gerichtet, etwa um durch (Teil-)Automatisierung oder Schwachstellenbeseitigung die Wirtschaftlichkeit anzuheben, um die Sicherheit zu erhöhen oder den Umweltschutz zu verbessern. Weitere Ziele einer Anlagenverbesserung bestehen in der Steigerung der quantitativen und/oder qualitativen Kapazität. Während mit Instandhaltungsmaßnahmen das anfänglich vorhandene Leistungsvermögen erhalten oder wiederhergestellt werden soll (Effizienzaspekt: „Läuft die Anlage noch richtig?"), zielt die Anlagenverbesserung auf eine Anhebung des Leistungsvermögens (Effektivitätsaspekt: „Läuft noch die richtige Anlage?").

In der letzten Phase des Anlagenlebenszyklus sind Entscheidungen darüber zu treffen, welche Anlage bzw. welcher Teil eines Anlagenverbunds zu welchem Zeitpunkt endgültig stillgelegt werden soll (*Anlagenaussonderung/-ausmusterung*). Gründe hierfür können (mit Ausnahme der Substanzverringerung im Bergbau) alle in Teil C. III. 4. genannten Wertminderungsursachen sein. Mit dem dann folgenden Aufgabenkomplex *Anlagenverwertung, -recycling, -entsorgung* ist der Zyklus beendet. Wird die Altanlage beim Hersteller in Zahlung gegeben oder an Dritte verkauft, liegt eine außerbetriebliche Verwertung vor, der sich i. d. R. ein durch den Marktpartner veranlasstes Recycling der Anlage oder von Anlagenteilen anschließt. Die außerbetriebliche Entsorgung nicht mehr verwertbarer Anlagen oder Anlagenkomponenten (z. B. Deponierung) stellt eine gegen Entgelt zu beziehende Dienstleistung dar. Als innerbetriebliche Verwertung kommt eine Weiternutzung als Reserveaggregat oder zur Erfüllung von Produktivaufgaben, die geringere Anforderungen stellen, in Frage. Schließlich bleibt noch die Verwertung einsatzfähiger Komponenten als Ersatzteile.

Neben den angesprochenen phasenspezifischen Aufgaben sind in der Anlagenwirtschaft *phasenübergreifende Aufgaben* zu erfüllen. Hierzu gehören die Anlagenverwaltung, d. h. die „Erfassung und Aufbereitung aller Informationen über den jeweils aktuellen Zustand des gesamten Anlagenbestandes und die in Projektierung bzw. Bereitstellung befindlichen Anlagen"[62] einschließlich der Anlagenbuchhaltung (-rechnung), und das Anlagencontrolling. Letzteres ist als informationsbezogener Aufgabenkomplex auf die Planung, Steuerung und Überwachung sämtlicher anlagenwirtschaftlichen Aktivitäten gerichtet; es erfordert und unterstützt die Integration und Koordination der phasenabhängigen Einzelaktivitäten, zwischen denen vielfältige Wechselbeziehungen bestehen. Beispielsweise muss verhindert werden, dass an einer in Kürze auszumusternden Anlage noch eine umfangreiche Instandsetzung vorgenommen wird.

---

62 Steffen (1993), Sp. 93.

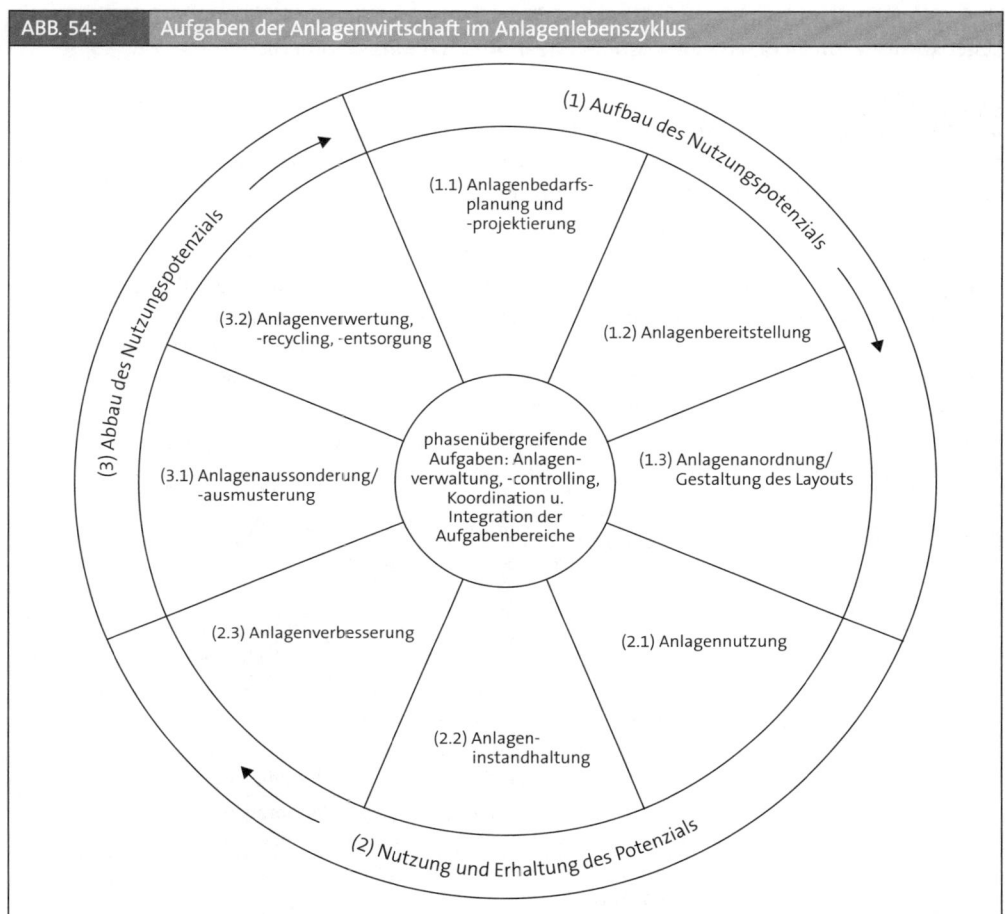

ABB. 54: Aufgaben der Anlagenwirtschaft im Anlagenlebenszyklus

3. Eigenschaften von Betriebsmitteln

Wichtige Eigenschaften einzelner Maschinen, Maschinengruppen oder komplexer Anlagen sind die Flexibilität (Elastizität) und die Kapazität.[63]

3.1 Flexibilität

3.1.1 Dimensionen der Flexibilität

Mit *Flexibilität*[64] wird die Anpassungs- und Umstellungsfähigkeit der Betriebsmittel, bezogen auf ein Anpassungserfordernis (Veränderungen der Produktionsaufgaben, Störungen etc.) bezeichnet. Sie äußert sich zum einen darin, in welchem Umfang eine Anlage an eine veränderte Situation angepasst werden kann (Varietät); zum anderen, in welchem Zeitraum, d. h. mit wel-

---

63 Vgl. beispielsweise Männel (1979) und die dort angegebene Literatur sowie Kaluza (1994), S. 54.
64 Vgl. zur Flexibilität als Systemeigenschaft Seidenberg (1989), S. 35 ff. und die dort angegebene Literatur.

cher Geschwindigkeit sich die Anpassung vollzieht. Da die Bereitstellung von Flexibilität in der Regel Kosten verursacht, ist eine Kosten-Nutzen-Abschätzung erforderlich.

Die Flexibilität von Betriebsmitteln weist mehrere Ausprägungen (Dimensionen) auf (vgl. Abb. 55). Auf der Seite der Ausbringung lassen sich eine quantitative (Anpassung an Mengenänderungen) und eine qualitative Flexibilität (Anpassung an Veränderungen der Art der Erzeugnisse) unterscheiden. Beispielsweise erlaubt eine Fließfertigung die Herstellung nur eines bestimmten Erzeugnisses (unter Umständen in gewissen Varianten), während eine Werkstattfertigung ein breites Erzeugnisspektrum ermöglicht. Je nachdem, ob nur eine oder mehrere Fertigungsaufgaben (wie Drehen, Fräsen, Bohren usw.) mit einer Maschine realisierbar sind, wird von Spezial- bzw. Universalmaschinen gesprochen. So lässt sich zum Beispiel mit einem Bearbeitungszentrum eine ganze Palette von Arbeitsverrichtungen durchführen. Auf der Input-Seite ist etwa die Fähigkeit der Betriebsmittel angesprochen, in unterschiedlichem Maße empfindlich gegenüber Qualitätsschwankungen der Rohstoffe zu sein. Auch die Möglichkeit Stoffe zu substituieren wirkt flexibilitätssteigernd (Vielstoffmotoren; Brenner, die mit verschiedenen Brennstoffen betrieben werden können).

ABB. 55:	Dimensionen der Flexibilität von Betriebsmitteln
Flexibilität bezüglich Mengenänderungen	intensitätsmäßige Anpassungsmöglichkeiten
	zeitliche Anpassungsmöglichkeiten
	quantitative Anpassungsmöglichkeiten: Änderungen des Betriebsmittelbestands durch Stilllegung bzw. Wiederinbetriebnahme und Veräußerung bzw. Beschaffung
Vielseitigkeit	Inputflexibilität: Substitutionsmöglichkeiten bei Einsatzstoffen, Unempfindlichkeit gegenüber qualitativ unterschiedlichen Einsatzstoffen
	Throughputflexibilität (Verrichtungsflexibilität): Verwendungsmöglichkeiten für unterschiedliche Fertigungsprozesse, z. B. Drehen, Fräsen, Bohren
	Outputflexibilität (Objektflexibilität): mögliches Variantenspektrum hinsichtlich der Bearbeitungsobjekte (geometrische Formen, Abmessungen usw.)
	Mobilität: Einsetzbarkeit an verschiedenen Orten, von Bedeutung insbesondere bei Baustellenproduktion
Umrüstbarkeit (Möglichkeiten des Übergangs von einem definierten Betriebszustand zu einem anderen)	Umbaumöglichkeiten: Austauschbarkeit von Funktionseinheiten und -elementen
	Umstellbarkeit von Funktionseinheiten auf veränderte Produktionsaufgaben (z. B. bei Loswechseln)
	Einstellbarkeit von Funktionsparametern (z. B. Vorschub, Drehzahl etc. bzw. Prozesstemperatur, -druck etc.)
	Wiederverwendbarkeit von Funktionseinheiten nach einer umfangreicheren Änderung der Produktionsaufgabe
Durchlauffreizügigkeit	Anzahl alternativ möglicher Bearbeitungspfade für die Bearbeitungsobjekte bei mehrstufiger Produktion
Speicherfähigkeit	Möglichkeiten, Produktion und Absatz bzw. Beschaffung sowie einzelne Produktionsstufen zu entkoppeln, z. B. durch Puffer, Lagerproduktion
Betriebsmittelredundanz	Vorhandensein von Reservekapazitäten und Schnelligkeit ihrer Inbetriebnahme

(vgl. die Gliederungen der Flexibilitätsarten bei Wiendahl/Mende (1981), S. 294 f.; Maier (1982), S. 144 ff. und Horváth/Mayer (1986), S. 71 f.)

3.1.2 Flexible Automatisierung

Fortschreitende Mechanisierung und Automatisierung hatten lange Zeit zu einer zunehmenden Erstarrung des Produktionsapparates insbesondere in den fertigungstechnisch ausgerichteten Betrieben geführt. Durch den Einsatz DV-gestützter Techniken gelingt es jedoch in zunehmendem Maße, die Kostenvorteile der Automatisierung und vergleichsweise hohe produktionstechnische Flexibilität miteinander zu verbinden.

Ziel der flexiblen Automatisierung ist es einerseits, die Einzel-, Klein- und Mittelserienfertigung stärker zu automatisieren, etwa um durch die Komplettbearbeitung von Werkstücken in einer Aufspannung Durchlauf- und Stillstandszeiten zu reduzieren. Andererseits soll die Mittel- und Großserienfertigung insofern flexibilisiert werden, als sich durch eine nachfrageorientierte Fertigung (schnellere Anpassung an den Montagebedarf) die Kapitalbindung verringert (vgl. Abb. 56).

ABB. 56:	Zielsetzungen flexibler Automatisierung in Abhängigkeit von der Mengenleistung			
Zielsetzungen der flexiblen Automatisierung				
Rüstfreier Auftragswechsel zur Vermeidung von Stillstandszeiten durch das Umrüsten der Maschinen				
Selbstüberwachter Automatikbetrieb zur Vermeidung von Stillstandszeiten in personalfreien Zeiten (Wochenenden, Feiertage, Pausen etc.)			Kosteneinsparungen durch **Wiederverwendbarkeit der Anlagenkomponenten** bei einem Produktwechsel	
Verringerung der Durchlauf- und Stillstandszeiten durch **Komplettbearbeitung** von Werkstücken in einer Aufspannung			Erhöhung der Flexibilität bezüglich Nachfrageschwankungen und Verringerung der Kapitalbindung bei losweiser Fertigung durch eine **montagegerechte Fertigung**, d. h. Anpassung der Werkstattbestände an den Bedarf der Montage durch Fertigung in kleinen Auftragslosen	
Einzelfertigung		Kleinserie	Mittelserie	Großserie
Einmalfertigung	Wiederholteile			

(in Anlehnung an Cziudaj/Pfennig (1985), S. 55–75, insbes. S. 62)

Die Betriebsmittel der flexiblen Automatisierung bestehen aus drei Teilsystemen:[65]

▶ Das *Bearbeitungs-* bzw. *Montagesystem* bewirkt die unmittelbar produktiven Funktionen am Werkstück (z. B. Dreh-, Fräs-, Bohrvorgänge). Hierzu zählen die Werkzeugmaschine(n), Werkzeuge, Vorrichtungen, Mess- und Prüfeinrichtungen.

▶ Das *Materialflusssystem* umfasst alle Einrichtungen zum Handhaben, Transportieren, Umschlagen und Lagern der Werkstücke, Werkzeuge und Produktionsrückstände: Fördermittel (Fahr- und Hebezeuge, Handhabungsgeräte), Förderhilfsmittel (Paletten, Werkzeug- und Werkstückmagazine).

▶ Das *Informationssystem* besteht aus der Hardware (Rechner, Datenträger, Eingabegeräte, Bildschirme) und Software (Steuerungs- und Überwachungsprogramme), die zur Datenspeicherung und -verarbeitung erforderlich sind, damit die Elemente des Bearbeitungs- und des

---

[65] Vgl. REFA (1990), S. 41 f.

Materialflusssystems koordiniert werden können und der Fertigungsablauf automatisiert abgewickelt werden kann.

Der Ursprung der flexiblen Automatisierung kann in den numerisch gesteuerten Werkzeugmaschinen gesehen werden.[66] Bei den seit etwa 1960 eingesetzten *NC-Maschinen* (NC = Numerical Control) laufen die Bearbeitungsvorgänge programmgesteuert ab, wobei die Eingabe über externe Datenträger (Lochstreifen, Magnetbänder) erfolgte. Jede Änderung der Werkstückdaten, Bearbeitungsreihenfolge usw. erforderte ein neues Programm. Rüstvorgänge müssen manuell abgewickelt werden. Die seit den 1970er Jahren eingesetzten *CNC-Maschinen* (CNC = Computerized Numerical Control) verfügen über einen programmierbaren Kleinrechner, der die Speicherung mehrerer Bearbeitungsprogramme ermöglicht. Diese werden in der Regel auf separaten Rechnern erstellt und per Datenträger (Magnetbänder, -kassetten) in die Maschine eingelesen. Programmkorrekturen können direkt an der Maschine erfolgen. Da CNC-Maschinen meist keine automatische Werkzeugwechseleinrichtung besitzen, fallen auch hier manuelle Rüsttätigkeiten an. Bei *DNC-Maschinen* (DNC = Direct Numerical Control) handelt es sich um einen Verbund mehrerer (C)NC-Maschinen, die an einen Leitrechner angeschlossen sind. Dieser verwaltet die NC-Programme, steuert die Maschinen online und liefert Auswertungs- und Überwachungsdaten (Betriebsdatenerfassung).

Wie die numerisch gesteuerten Werkzeugmaschinen können auch Industrieroboter und Bearbeitungszentren als Einzelmaschinen eingesetzt werden oder Elemente komplexerer Anlagen sein. Unter *Industrierobotern* werden frei programmierbare Bewegungsautomaten zur Werkzeug- und Werkstückhandhabung verstanden. Ihre bislang wichtigsten Einsatzgebiete sind das Punkt- und Bahnschweißen, Lackieren und Beschichten sowie das Entgraten bzw. die Montage sowie das Beschicken und Entleeren von Maschinen. Der häufigste Anwendungsbereich liegt im Schweißen von Karosserieblechen in der Automobilindustrie. In der Montage werden zunehmend mit Sensoren ausgerüstete Industrieroboter („intelligente Roboter") eingesetzt.

Bearbeitungszentren sind numerisch gesteuerte Werkzeugmaschinen zum Bohren, Fräsen, Drehen, zur Blechbearbeitung etc., die mit einem integrierten, automatischen Werkzeugwechselsystem ausgestattet sind. Damit ermöglicht ein Bearbeitungszentrum die Komplettbearbeitung einzelner Werkstücke in einer Aufspannung (einstufige Bearbeitung) aus einem vorgegebenen Teilespektrum. Vorteile sind die verkürzten Durchlaufzeiten als Folge der verringerten Rüstzeiten, der Wegfall von Transport-, Umschlag- und Lagerprozessen im Vergleich zu einer entsprechenden Werkstättenfertigung und die größere Flexibilität aufgrund der zur Verfügung stehenden verschiedenen Bearbeitungsoperationen. Bearbeitungszentren werden vor allem in der Klein- und Mittelserienfertigung eingesetzt.

Wird ein Bearbeitungszentrum um ein automatisches Werkstückversorgungs- und -handhabungssystem (automatischer Werkstücktransport und automatische Aufspannung) erweitert, handelt es sich um eine *flexible Fertigungszelle* (vgl. Abb. 57). Die unbearbeiteten und bearbeiteten Werkstücke werden in Puffersystemen, z. B. Wechselpaletten, zwischengelagert. Aufgrund der automatisierten Prozessüberwachung lassen sich bislang „unproduktive" Zeiten (Pausen) nutzen und ggf. eine zusätzliche Schicht mit reduzierter Personalstärke einrichten, z. B. zum Abdecken von Nachfragespitzen. Dazu wird im normalen Schichtbetrieb die volle Personalstärke

---

[66] Vgl. zum Folgenden etwa Scheer (1990), S. 49 f., Dangelmaier (2003), S. 69 f.

eingesetzt; die Werkzeug- und Werkstückspeicher werden in diesen „Normalschichten" vorbereitet bzw. entsorgt. Die flexible Fertigungszelle eignet sich wegen ihrer hohen Flexibilität besonders für die Einzel- und Kleinserienfertigung.

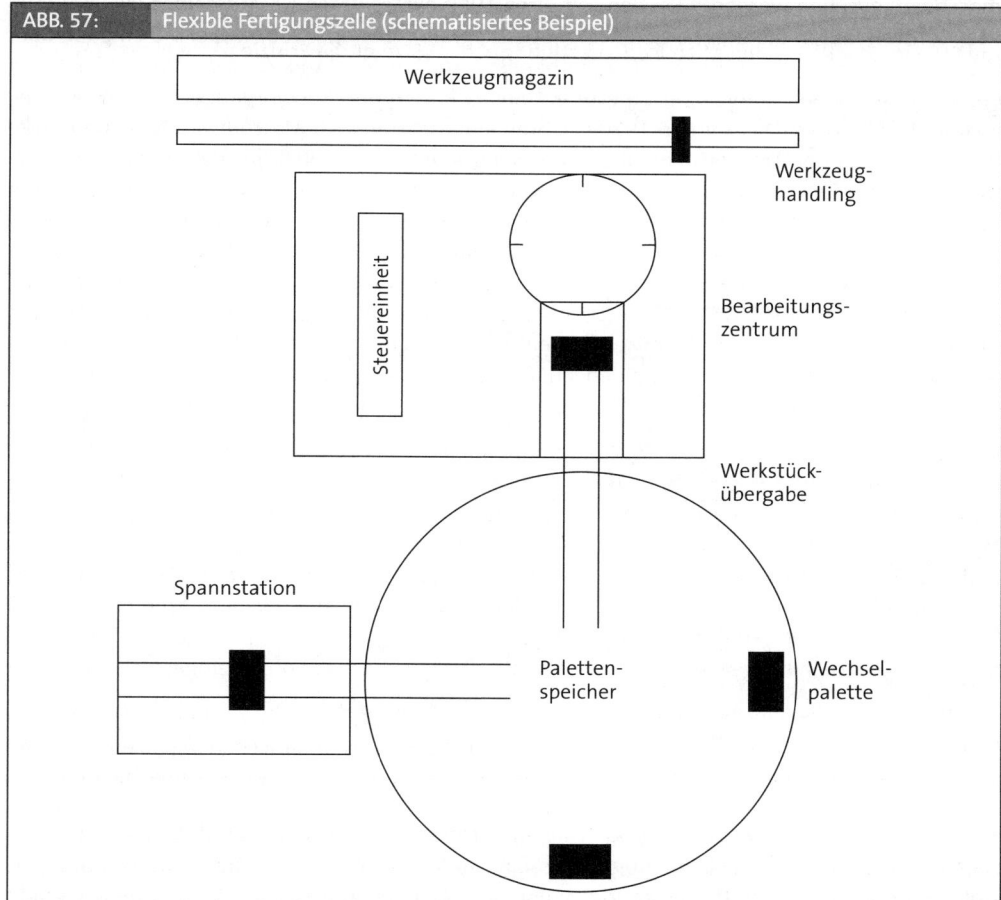

ABB. 57: Flexible Fertigungszelle (schematisiertes Beispiel)

In einem *flexiblen Fertigungssystem* (FFS) sind mehrere automatisierte Fertigungseinrichtungen als Bausteine (z. B. Bearbeitungszentren, flexible Fertigungszellen) durch ein gemeinsames, ungetaktetes, automatisiertes Transportsystem mit wahlfreiem Materialfluss (Außenverkettung) miteinander verknüpft. Damit ist eine automatische Bearbeitung in wahlfreier, ohne Umrüstvorgänge ablaufender Arbeitsfolge möglich. Die Versorgung der Bearbeitungsstationen mit Werkzeugen und Werkstücken erfolgt automatisch. Es lassen sich einstufige und mehrstufige FFS unterscheiden. Erstere erlauben die Komplettbearbeitung von Werkstücken auf einer Bearbeitungsstation, da alle Arbeitsstationen sämtliche Bearbeitungsoperationen vollziehen können (sich ersetzende Maschinen). Auf mehrstufigen FFS müssen die Werkstücke in der Regel mehrere Arbeitsstationen durchlaufen, da die Arbeitsstationen unterschiedlich spezialisiert sind (sich ergänzende Maschinen). In einem kombinierten FFS treten beide Ausprägungen auf. Der gesamte Fertigungsprozess wird über einen zentralen Leitrechner gesteuert. Je nach Komplexität des Systems können dezentrale Rechner einzelne Substeuerfunktionen übernehmen, sodass Rechnerhierarchien entstehen. Neben dem eigentlichen Bearbeitungssystem, dem Transport- und Informationssystem sind vielfach noch Zusatzsysteme wie Mess- und Reinigungsstationen und Nebensysteme der Energieversorgung und der Entsorgung erforderlich.[67] Haupteinsatzgebiete von FFS sind die Klein- und Mittelserienfertigung. Abb. 58 zeigt die Prinzipskizze eines FFS.

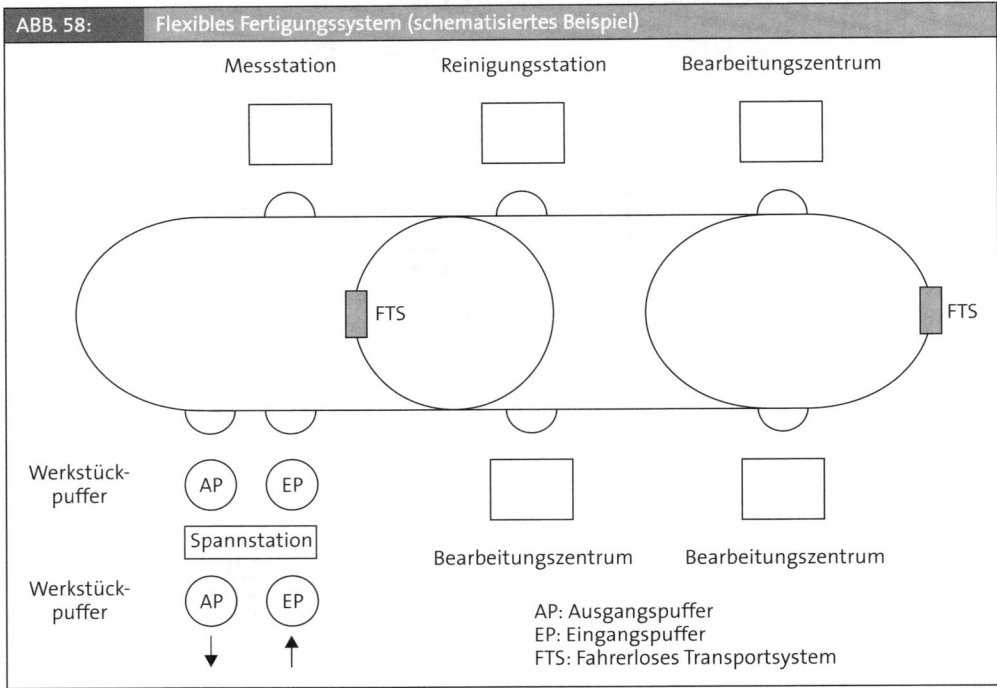

ABB. 58: Flexibles Fertigungssystem (schematisiertes Beispiel)

Bei der Konfiguration von FFS ist eine Reihe von Problemen zu lösen, die mit Arbeitsplan-, Ressourcen- und Kapazitätsoptimierung umrissen werden können.[68] Die *Arbeitsplanoptimierung* stellt eine Voraussetzung für die Konfiguration dar. Sie spiegelt die vergrößerten Freiheitsgrade der Planung im Vergleich zu einer konventionellen Fertigung wider und ist immer dann von Bedeutung, wenn alternative technologische Reihenfolgen zur Bearbeitung mindestens einer Produktart zur Verfügung stehen. Eine typische Fragestellung lautet etwa: Sollen sämtliche Teile der Produktart A entsprechend Arbeitsplan A_1 bearbeitet werden oder nur eine Teilmenge von A nach A_1 und der Rest nach A_2? Bei der *Ressourcenoptimierung* geht es um die Festlegung der Art der Maschinen, die in das FFS zu integrieren sind (z. B. Bohrmaschinen, Waschmaschinen, Spannplätze). Dieses Problem steht in engem Zusammenhang mit der Arbeitsplanoptimierung. Eine typische Fragestellung könnte beispielsweise sein: Soll an einer bestimmten Stelle ein Bearbeitungszentrum oder eine spezialisierte Maschine in das FFS aufgenommen werden? Im An-

---

67 Vgl. Tempelmeier/Kuhn (1993), S. 8 ff.
68 Vgl. hierzu und zu Lösungsmodellen Tempelmeier/Kuhn (1993), S. 328 ff.

schluss an die Festlegung der grundsätzlich aufzunehmenden Ressourcentypen geht es bei der *Kapazitätsoptimierung* um die Frage, wie viele Einheiten jedes Typs zu installieren sind und wie viele Paletten zirkulieren sollen etc. In der Literatur wird allgemein eine Tendenz zur Installation kleinerer Einheiten mit zwei bis vier Maschinen festgestellt.[69]

Wie das FFS so bildet auch die *flexible Transferstraße* einen Verbund mehrerer automatisierter Fertigungseinrichtungen. Diese sind jedoch durch ein getaktetes, automatisiertes Transportsystem mit gerichtetem Materialfluss im Sinne des Fließprinzips miteinander verknüpft. Es besteht daher keine Möglichkeit, von dem vorgegebenen Fertigungsfluss abzuweichen (Innenverkettung), sodass sich das System lediglich für ein begrenztes Teilespektrum umrüsten lässt. Umrüstungen können nur während des Produktionsstillstands, also mit Verlust an Produktionszeit, vorgenommen werden. Prozesssteuerung und -überwachung erfolgen wie beim FFS durch ein gemeinsames Informationssystem. Die flexible Transferstraße eignet sich für die Mittel- und besonders für die Großserienfertigung weitgehend gleichartiger Produkte. Im Vergleich zu herkömmlichen Transferstraßen bietet die flexible Transferstraße eine höhere Flexibilität durch schnellere Umrüstbarkeit.

Die komplexen Konzepte der flexiblen Automatisierung flexible Fertigungszelle, flexibles Fertigungssystem und flexible Transferstraße sind in Abb. 59 zusammenfassend im Vergleich dargestellt.

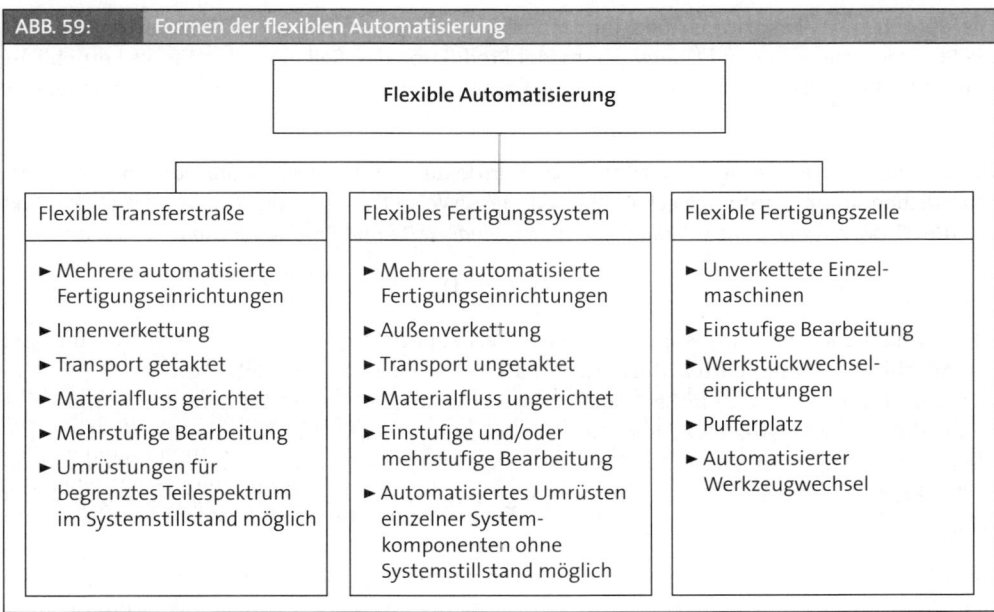

ABB. 59: Formen der flexiblen Automatisierung

(in Anlehnung an Spur/Mertins (1981), S. 441)

Die dargestellten Fertigungskonzepte haben erhebliche Auswirkungen auf die Struktur der Fertigungsorganisation und die Steuerungsprozeduren. Außerdem werden höhere Anforderungen

---

69 Vgl. Spur (1994), S. 636.

an das Können und die Lernfähigkeit des Bedienpersonals gestellt. Darüber hinaus ergeben sich veränderte Rahmenbedingungen hinsichtlich verschiedener betriebswirtschaftlicher Problemstellungen. So verliert beispielsweise das Problem der optimalen Losgröße durch diese Fertigungskonzepte nicht nur tendenziell an Bedeutung, sondern infolge verkürzter Rüstzeiten und damit sinkender Rüstkosten verschiebt sich auch das Losgrößenoptimum in Richtung kleinerer Lose. Die Simulation als Methode zur Ablaufsteuerung findet quasi als Antwort auf die Zunahme der Problemkomplexität infolge größerer Freiheitsgrade bei der Planung stärkere Beachtung.[70] Weiterhin werden veränderte Anforderungen an eine entscheidungsorientierte Kostenrechnung gestellt.[71]

3.2 Kapazität

Das Leistungsvermögen technischer Einheiten in einem definierten Zeitabschnitt wird als *Kapazität* bezeichnet, die in Prozenten ausgedrückte Ausnutzung der Leistungsfähigkeit als *Beschäftigungsgrad* (Kapazitätsausnutzungsgrad):

$$\text{Beschäftigungsgrad} = \frac{\text{tatsächlich in Anspruch genommene Leistung}}{\text{maximal mögliche Leistung (Kapazität)}} \cdot 100\,\%.$$

Die Betriebsmittelkapazitäten und ihre Inanspruchnahme stellen wichtige Informationen für die Planung, Steuerung und Überwachung der Produktion dar. Soll die Kapazität als betriebliche Kennzahl verwendet werden, bedarf es zuvor einer inhaltlichen Klärung des Kapazitätsbegriffs (s. Abb. 60).

Für die Quantifizierung der Kapazität ist eine Zerlegung in ihre technischen und betriebswirtschaftlichen Komponenten zweckmäßig. Auf diese Weise lässt sich die Kapazität K als Produkt der drei Größen *Kapazitanz* C, *Produktionsgeschwindigkeit* I und *Produktionsdauer* D darstellen:[72]

$$K = C \cdot I \cdot D$$

Die technische Komponente Kapazitanz – auch als Kapazitätsquerschnitt bezeichnet – umfasst die Anzahl und Eigenschaften (technische Parameter, Qualität) der Betriebsmittel. Technischwirtschaftlicher Art ist die Größe Produktionsgeschwindigkeit (Intensität der Betriebsmittelnutzung), die häufig innerhalb gewisser Grenzen $I_{min} \leq I \leq I_{max}$ variierbar ist und die Höhe der variablen Kosten beeinflusst. Weiterhin hängt eine Kapazitätsangabe von dem wirtschaftlichen Parameter Produktionsdauer ab, d. h. von der Länge des Zeitraumes, der zur Normierung gewählt wird.

---

[70] Vgl. Marchal (1982), S. 24 ff.
[71] Vgl. Knoop (1986), S. 84 ff.
[72] Vgl. Riebel (1954), S. 10 f.; Schiemann (1969), S. 30 und Männel (1979), Sp. 1471 f.

ABB. 60: Ausprägungen des Kapazitätsbegriffs

Unterscheidungs-merkmal	Kapazitätsbegriff	Definition/Charakterisierung
(1) Teilbarkeit	a) ganzheitliche Kapazität	Die Kapazität des Betriebes wird als unteilbares Ganzes gesehen.
	b) zusammengesetzte Kapazität	Die Kapazität des Betriebes setzt sich aus den Kapazitäten der einzelnen Aggregate zusammen. Bei Aggregaten, die unabhängig voneinander eingesetzt werden (parallel geschaltet sind): Addition der Teilkapazitäten. Bei verbundenen Aggregaten (hintereinander geschalteten): Gesamtkapazität = Kapazität des Engpassaggregats.
(2) Menge und Art der Leistung	a) quantitative Kapazität	Mengenmäßige Leistungsfähigkeit
	b) qualitative Kapazität	Leistungsfähigkeit in Bezug auf die Eigenschaften der abgegebenen Leistungen (z. B. Produktabmessungen, Maßtoleranzen usw.)
(3) Technische Gesichtspunkte	a) technisch maximal mögliche Leistungsfähigkeit	Theoretisch mögliche Leistungsfähigkeit unter den günstigsten Bedingungen bei voller Auslastung sämtlicher Produktionssysteme; Vorzug: feste Vergleichsgröße für die erbrachte Mengenleistung.
	b) durchschnittliche Dauerleistungsfähigkeit	Gegenüber der theoretisch möglichen Leistungsfähigkeit sind hier die normalen Ausfälle infolge Wartung und Reparaturen sowie Abwesenheit von Belegschaftsangehörigen berücksichtigt. Nachteil bei Verwendung als Bezugsgröße: zeitweise Überschreitung durch die tatsächlich erbrachte Leistung möglich (Beschäftigungsgrade über 100%).
	c) momentane (jeweilige) Leistungsfähigkeit	Leistungsfähigkeit in einem bestimmten, in der Regel kurzen Zeitraum (konkreter Tag, konkrete Woche). Wegen ihrer Schwankungen als Bezugsgröße ungeeignet, aber als Vergleichsmaß für die Beurteilung des auf die technische Höchstleistungsfähigkeit bezogenen Beschäftigungsgrades wertvoll.
(4) Bezugszeitraum	a) Totalkapazität	Leistungsfähigkeit während der gesamten technischen oder wirtschaftlichen Nutzungsdauer
	b) Periodenkapazität	Leistungsfähigkeit während einer Rechnungs- oder Planungsperiode

Am Beispiel einer Rohrleitung sei die Interpretation dieser Größen veranschaulicht:

C: Rohrquerschnitt $[cm^2]$

I: Durchflussgeschwindigkeit bei gegebenem Druck $\left[\dfrac{Liter}{cm^2 \cdot sec}\right]$

D: durchschnittliche Einsatzdauer $\left[\dfrac{sec}{Jahr}\right]$

K: Durchsatz pro Jahr $\left[\dfrac{cm^2 \cdot Liter \cdot sec}{cm^2 \cdot sec \cdot Jahr}\right] = \left[\dfrac{Liter}{Jahr}\right]$

KAPITEL C — Die produktiven Faktoren
Teil III

Im Rahmen produktionswirtschaftlicher Problemstellungen (z. B. Ermittlung des maximal möglichen Produktionsprogramms) ist es häufig sinnvoll, die Kapazität auf längere Zeiträume (Monat, Quartal, Jahr) zu beziehen. Die theoretisch maximale Nutzungszeit ist dabei um regelmäßige Ausfallzeiten wie Stillstandszeiten für Wartungen, Sonn- und Feiertage, Urlaubstage etc. zu korrigieren, um die durchschnittliche Nutzungszeit zu erhalten. Darüber hinaus weicht die tatsächliche von der möglichen Laufzeit meist durch stochastisch auftretende, nicht vermeidbare Stillstandszeiten (ungeplante Fehlzeiten der Arbeitskräfte, Instandsetzungsarbeiten etc.) ab. Eine Übersicht über die bei Betriebsmitteln vorkommenden Zeitarten vermittelt Abb. 61.

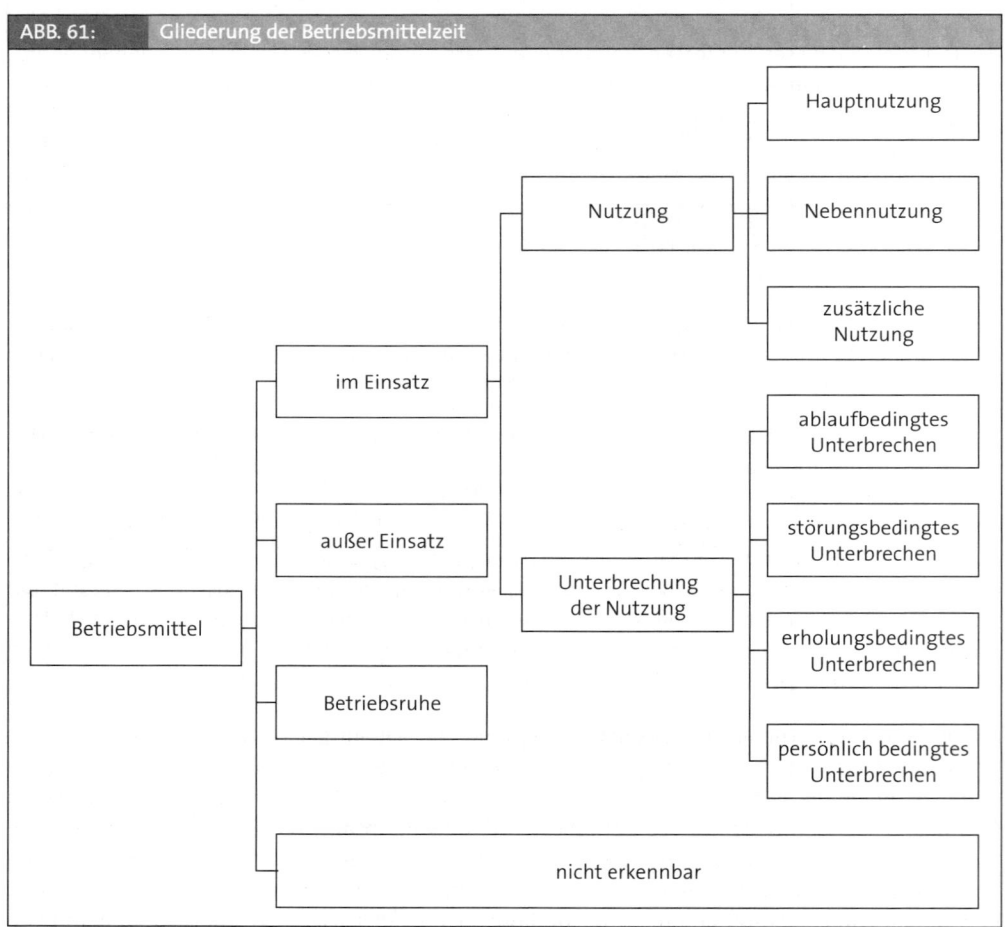

ABB. 61: Gliederung der Betriebsmittelzeit

(Quelle: REFA (1992), S. 29)

Bei der Bestimmung der Kapazität können Zeiten, während derer die Betriebsmittel nicht genutzt werden, durch die Multiplikation mit einem

$$\text{Laufzeitfaktor} = \frac{\text{tatsächliche Laufzeit}}{\text{mögliche Laufzeit}} \leq 1$$

berücksichtigt werden. Die Korrektur mit dem Laufzeitfaktor erübrigt sich, wenn von vornherein von der durchschnittlichen oder jeweiligen Produktionszeit ausgegangen wird.

Eine einfache Messung der Kapazität ist nur möglich, wenn in einem Betrieb, einem abgegrenzten Betriebsteil oder auf einer Anlage *ein einheitliches Produkt* hergestellt wird. Die Kapazität lässt sich dann in Mengeneinheiten wie Stück, Liter, m, m^2, kg etc. pro Zeiteinheit angeben. Bei einer *Sortenfertigung* besteht die Möglichkeit, die verschiedenen Sorten mit Hilfe von Äquivalenzzahlen, die die unterschiedliche Inanspruchnahme der Kapazitäten durch die Sorten abbilden, auf ein Normalprodukt umzurechnen. Die Kapazitätsangabe bezieht sich dann auf das Normalprodukt. Bei der *Kuppelproduktion* genügt es in der Regel, die Kapazität an der Ausbringung des Haupterzeugnisses zu messen. Bei Betrieben, deren Produkte als Einzel- und/oder Serienprodukte in der Regel in *Werkstattfertigung* hergestellt werden, ist eine Quantifizierung der Kapazität auf der Basis von Produktmengen meist nicht möglich. Hier muss die Leistungsfähigkeit auf Ersatzgrößen zurückgeführt werden, wie z. B. zerspante Werkstoffmenge pro Zeiteinheit, Maschinenstunden, Gewicht oder Wert der Ausbringung pro Zeiteinheit, Potenzial an Facharbeiterstunden u. Ä. m. Genaue Kapazitätsangaben sind in der Regel nur für betriebliche Teilbereiche mit zumindest nahezu gleichartigen Betriebsmitteln möglich.

Einfacher ist die Kapazitätsangabe aber auch bei einer komplexer strukturierten Fertigung in solchen betrieblichen Teilbereichen, in denen zwar unterschiedliche Betriebsmittel zu funktionellen Einheiten zusammengefasst sind, diese aber von einheitlichen Produkten in gleicher Weise beansprucht werden. Das ist z. B. bei der *Fließfertigung* der Fall.

Schaffung von Kapazitäten in Form einer Kapazitätsausweitung bedeutet Bindung von Kapital (Investition). Insofern kann die Kapazität bei outputproportionaler Kapitalbindung als Wachstums- und Betriebsgrößenindikator Verwendung finden. Die von vorhandenen Kapazitäten verursachten Fixkosten wie Abschreibung und Verzinsung sind nur bei voller Auslastung Nutzkosten, anderenfalls eventuell abbaubare Leerkosten. Die möglichst volle und gleichmäßige Nutzung der vorhandenen qualitativen und quantitativen Kapazitäten unter Berücksichtigung von Änderungen im Produktionsprogramm ist das kurzfristige Ziel der Kapazitätsplanung. Mittel- und langfristig sind die Kapazitäten den Markterfordernissen und der strategischen Ausrichtung des Unternehmens anzupassen.

Bei der Planung betrieblicher Teilkapazitäten kann eine Quantifizierung insbesondere auf der Basis von Hilfsgrößen zu einem unvorhergesehenen Engpass führen. Ein *Engpass* liegt immer dann vor, wenn die Kapazität eines Betriebsmittels oder einer Betriebsmittelgruppe zur oberen Schranke der Gesamtleistung des Betriebes wird, obwohl in anderen Betriebsbereichen ungenutzte Kapazitäten zur Verfügung stehen. Die Messung der Gesamtkapazität muss sich deshalb am Engpass orientieren. Dies gilt auch für die Planung, etwa im Zuge eines Kapazitätsabgleichs. Der Engpass stellt den Minimumsektor im Sinne des Ausgleichsgesetzes der Planung von Gutenberg (vgl. Teil C. VII. 1.2) bzw. eine Beschränkung im Sinne der Theory of Constraints (TOC) (vgl. Teil D. III. 5.6) dar.

Während bei der Fließfertigung, zumindest bei kurzfristiger Betrachtung, nur eine Teilkapazität zum Engpass werden kann, lassen sich bei der Werkstattfertigung wechselnde Engpässe beobachten. Dies lässt sich durch die wechselnde Auftragszusammensetzung erklären, durch die eine unterschiedliche Belastung der Teilkapazitäten hervorgerufen wird.

4. Nutzungsdauer und Abschreibung

Während der gesamten Nutzungsdauer einer Anlage muss diese wirtschaftlich bleiben. Da jede Produktionsanlage für eine bestimmte Ausbringung je Zeitabschnitt, ein bestimmtes Produktionsprogramm und eine bestimmte Erzeugungsart errichtet wird, kann die Wirtschaftlichkeit der vorhandenen Anlage durch jede Änderung eines dieser drei Faktoren gemindert werden. Wichtigste Ursache für Änderungen ist der technische Fortschritt.

Der technische Fortschritt lässt neue und veränderte Stoffe, Verfahren, Maschinen und Werkzeuge entstehen. Er beeinflusst die Abnehmerbedürfnisse und macht Änderungen an Erzeugnissen und in der Zusammensetzung des Leistungsprogramms notwendig (Produktinnovation[73]). Dadurch wird häufig die Entwicklung neuer Erzeugungsverfahren (Verfahrensinnovation) induziert. Aber auch das Erfordernis, unveränderte Produkte zu niedrigeren Kosten herzustellen, kann den Ersatz herkömmlicher durch neue Verfahren erzwingen.

Auf diese Weise nimmt die Wettbewerbsfähigkeit aller bestehenden Anlagen mit der Zeit ab, sodass die wirtschaftlich zweckmäßige Nutzungsdauer eines Betriebsmittels in der Regel kürzer ist als die technisch mögliche Nutzungsdauer. Die *wirtschaftliche Nutzungsdauer* gibt den Nutzungszeitraum einer Anlage an, innerhalb dessen die Anlage wirtschaftlicher als vergleichbare Anlagen zu arbeiten vermag. Je nach den betrieblichen Erfordernissen und Zielen lässt sich die *technische Lebensdauer* durch Erhaltungsmaßnahmen wie vorbeugende Instandhaltung und Instandsetzungen steuern. Intensive Anlagenwirtschaft (laufende Pflege und Wartung, Ersatz von Verschleißteilen etc.) verlängert, extensive Anlagenwirtschaft (minimierte oder unterlassene Erhaltungsmaßnahmen) verkürzt die Lebensdauer der Betriebsmittel, sodass bei extensiver Bewirtschaftung besonders verschleißempfindlicher Anlagen die technische Lebensdauer wieder in den Vordergrund rückt.

Für die Bemessung der *Abschreibungen* als Ausdruck der Anlagenwertminderung ist nicht die technische Lebensdauer, sondern die (kürzere) wirtschaftliche Nutzungsdauer maßgebend. Damit ist die Abschreibung im Regelfall primär zeitabhängig, d. h. kostenmäßig fix gegenüber der Beschäftigung. Während die kostenrechnerische (kalkulatorische) Abschreibung den produktionsbedingten und sonstigen Werteverzehr zum Ausdruck bringt, wird die bilanzielle Abschreibung (Abschreibung als Aufwand) nach geschäftspolitischen Gesichtspunkten im Rahmen der handels- und steuerrechtlichen Möglichkeiten vorgenommen. Die Nutzung steuerlich zulässiger, den technischen und wirtschaftlichen Notwendigkeiten möglicherweise nicht entsprechender Abschreibungen (AfA = Absetzung für Abnutzung) liegt außerhalb der hier behandelten Thematik.[74]

Die *Wertminderungsursachen* können verschiedener Art sein:

▶ Abnutzung durch Gebrauch (technisch-physischer Verschleiß, z. B. Materialermüdung),

▶ natürlicher Verschleiß (z. B. durch Witterungseinflüsse),

▶ Katastrophen (z. B. Feuer, Überschwemmungen),

▶ technischer Fortschritt (Angebot neuer Maschinen/Verfahren, die eine verbesserte Funktionalität und/oder niedrigere Kosten aufweisen),

---

73 Vgl. hierzu Teil E. V. 2.
74 Vgl. hierzu etwa Zimmermann/Fries/Hoch (2003), S. 77 ff.

- wirtschaftliche Überholung (Nachfrageänderungen, Preisverfall der Erzeugnisse),
- Substanzverringerung (z. B. im Bergbau),
- Fehlinvestition (z. B. infolge unrealistischer Schätzung der Rückflüsse),
- geschäftspolitische Gründe (z. B. Aufgabe des Geschäftsfelds) u. a. m.

Zur Berechnung der Abschreibungen stehen verschiedene *Methoden* zur Verfügung:

a) *Lineare* Abschreibung: Der Anschaffungswert[75] einer Anlage wird – ggf. unter Berücksichtigung eines zu erwartenden Restwertes (Schrottwertes, Liquidationserlöses) – entsprechend ihrer voraussichtlichen Nutzungsdauer in jährlich gleichen Beträgen abgeschrieben:

$$a = \frac{AW - RW}{n} \text{ mit}$$

a: jährlicher Abschreibungsbetrag
n: Nutzungsdauer in Jahren
AW: Anschaffungs- bzw. Wiederbeschaffungswert
RW: Restwert am Ende der Nutzungsdauer

b) *Degressive* Abschreibung: Hierbei handelt es sich um eine Abschreibung mit fallenden Quoten. Diese werden dadurch ermittelt, dass man entweder einen bestimmten Prozentsatz von dem jeweiligen Restwert RW_i (i = 1, 2, ..., n – 1) der Anlage (geometrisch-degressiv) oder mit jährlich um den gleichen Betrag fallenden Sätzen vom Anschaffungswert (arithmetisch-degressiv) abschreibt.

Abschreibungsprozentsatz p bei *geometrisch-degressiver* Abschreibung:

$$p = 100\,\% \cdot \left(1 - \sqrt[n]{\frac{RW}{AW}}\right)$$

mit den jährlichen Abschreibungsbeträgen

$$a_1 = p \cdot AW$$
$$a_2 = p \cdot (AW - a_1)$$
$$a_3 = p \,(AW - a_1 - a_2)$$

.

.

$$a_n = p \cdot (AW - a_1 - a_2 - \ldots - a_{n-1})$$

Um einen Restwert von Null zu erhalten, geht man in der Praxis auf die lineare Abschreibung über, sobald die lineare Verteilung des Restwertes RW_i auf die Restlebensdauer eine höhere Abschreibungsquote ergibt.

---

[75] Häufig wird von „Anschaffungs*kosten*" gesprochen, obwohl es sich zum Beschaffungszeitpunkt lediglich um Anschaffungs*ausgaben* handelt. Erst durch die Verteilung des Betrages auf die einzelnen Perioden der Nutzungsdauer in Form von Abschreibungen werden Kosten verrechnet. (Vgl. auch die Erläuterungen zu den Grundbegriffen des Rechnungswesens im Teil A. III. 1.)

Der Betrag d, um den die Abschreibungsquote bei *arithmetisch-degressiver* (digitaler) Abschreibung jährlich abnimmt (Degressionsbetrag), wird wie folgt berechnet:

$$d = \frac{AW - RW}{\frac{n(n+1)}{2}}$$

$$a_1 = d \cdot n$$

$$a_2 = d \cdot (n-1)$$

$$a_3 = d \cdot (n-2)$$

$$\vdots$$

$$a_n = d$$

Die vorgestellten Abschreibungsmethoden seien anhand eines Zahlenbeispiels gegenüber gestellt:

AW = 15.000,– €; n = 5 Jahre

RW = 0 (bei geometrisch-degressiver Abschreibung RW = 754,50 € ≙ p = 45 %)

ABB. 62:	Abschreibungsmethoden (Berechnungsbeispiel)					
Jahr	lineare Abschreibung		geometrisch-degressive Abschreibung		arithmetisch-degressive Abschreibung	
i	a_i	RW_i	a_i	RW_i	a_i	RW_i
1	3.000,00	12.000,00	6.750,00	8.250,00	5.000,00	10.000,00
2	3.000,00	9.000,00	3.712,50	4.537,50	4.000,00	6.000,00
3	3.000,00	6.000,00	2.042,00	2.495,50	3.000,00	3.000,00
4	3.000,00	3.000,00	1.123,00	1.372,50	2.000,00	1.000,00
5	3.000,00	0,00	618,00	754,50	1.000,00	0,00

c) *Abschreibung entsprechend der Inanspruchnahme* (Leistungsabschreibung): Die Höhe der Abschreibung richtet sich nach der tatsächlichen Inanspruchnahme der Anlage. Als Maßgröße kann z. B. die Laufzeit in Stunden herangezogen werden:

$$a = (AW - RW) \cdot \frac{\text{tatsächliche Laufzeit in dem betreffenden Jahr}}{\text{geschätzte Gesamtlaufzeit}}$$

Ferner lassen sich Abschreibungsbeträge pro Leistungseinheit berechnen:

$$a_L = \frac{AW - RW}{\text{geschätztes Leistungsvolumen}} \quad [\text{GE/LE}]$$

Von den vorgestellten Abschreibungsmethoden besitzt die lineare kalkulatorische Abschreibung die weitaus größte praktische Bedeutung; die gleichmäßige Verrechnung des Werteverzehrs kommt dem Normalisierungsstreben der Kostenrechnung entgegen.

Zum Beschaffungszeitpunkt sollen die kalkulatorischen Abschreibungen möglichst so bemessen werden, dass eine Anlage am Ende ihrer Nutzungsdauer mit ihrem Abbruch- oder Veräußerungswert zu Buche steht und die Wiederbeschaffung mit Hilfe der durch die Abschreibung amortisierten Geldbeträge (Abschreibungsgegenwerte) möglich wäre. Wenn dabei aus Gründen der Substanzerhaltung statt von Anschaffungs- von Wiederbeschaffungswerten ausgegangen wird, besteht bei Anwendung undifferenzierter Bewertungsmethoden (pauschaler Preisindexverfahren) die Gefahr, dass überhöhte Abschreibungen verrechnet werden.[76] Ursächlich dafür ist, dass die Wiederbeschaffungswerte technischer Anlagen in vielen Fällen nicht aufgrund nominaler Preiserhöhungen, sondern infolge eines vergrößerten qualitativen und quantitativen Leistungsvermögens angestiegen sind, mithin die kalkulatorischen Abschreibungen auf der Basis technisch verbesserter, nicht aber der aktuell eingesetzten Betriebsmittel bemessen werden. Darüber hinaus ist zu berücksichtigen, dass die Abschreibungen in der Regel laufend reinvestiert und nicht etwa bis zur Ersatzbeschaffung anlagenobjektweise angespart werden.

5. Investition

5.1 Begriff und Investitionsarten

Dem Einsatz von Betriebsmitteln zu produktiven Zwecken müssen Entscheidungen über deren Beschaffung bzw. Herstellung (bei selbsterstellten Anlagen) vorausgehen. Die langfristige Festlegung finanzieller Mittel in Sachanlagen wird hier als *Investition* bezeichnet; im weiteren Sinne kann unter Investition jede Festlegung von Finanzmitteln (z. B. auch in Form von Wertpapieren, für die Personalausbildung, für Forschung und Entwicklung usw.) verstanden werden.

Investitionen sind dadurch gekennzeichnet, dass in Erwartung zukünftiger Netto-Einnahmen (eines künftigen Nettonutzens) zunächst Ausgaben erfolgen und mit Investitionen längerfristige Folgewirkungen (bezüglich Kosten, Fertigungsprogramm, Flexibilität und Kapazität der Betriebsmittelausstattung etc.) verbunden sind.[77]

Da Investitionsentscheidungen Rentabilität und Wirtschaftlichkeit bis weit in die Zukunft bestimmen, kommt der Investitionsplanung besondere Bedeutung zu. Diese ist abzustimmen mit allen übrigen strategisch-taktischen Teilplanungen, mit denen sie in Zusammenhang steht, insbesondere mit der Finanzplanung[78]; denn güter- und finanzwirtschaftliche Sphäre des Unternehmens bedingen und begrenzen sich gegenseitig. Koordinationsbedarf besteht des Weiteren mit der Produktions-, der Absatz- und der Instandhaltungsplanung. Mit der grundlegenden strategischen Ausrichtung des Unternehmens ist eine besonders enge Verzahnung der Investitionsplanung anzustreben,[79] wenn quantitative und qualitative Überkapazitäten vermieden werden sollen, die leicht zur Errichtung von Ausstiegsbarrieren führen und in einen Preiskampf münden können.[80]

---

76 Vgl. Hahn/Laßmann (1993a), S. 381.
77 Vgl. Blohm/Lüder/Schaefer (2006), S. 1.
78 Finanzierung kann definiert werden als *Bereitstellung* finanzieller Mittel.
79 Etwa hinsichtlich der Optionen Kostenführerschaft und Differenzierung; vgl. hierzu Porter (1999), S. 70 ff. und Porter (2000), S. 37 ff.
80 Vgl. auch Teil E. V. 1.

Hinsichtlich des Investitionszwecks lassen sich die in Abb. 63 dargestellten Arten von Sachinvestitionen unterscheiden.

ABB. 63:	Investitionsarten/-zwecke	
Investitionsart	Investitionszweck	Kennzeichen und Beispiele
1. Erweiterungsinvestition	Erweiterung der Kapazität	a) Erhöhung der Ausbringungsmenge bei gleichbleibendem Produktionsprogramm, Beseitigung von Engpässen (quantitative Erweiterung) b) Änderung des Produktionsprogramms (qualitative Erweiterung)
2. Rationalisierungsinvestition	Rationalisierung	Steigerung des Wirtschaftlichkeit a) Verringerung der Kosten bei annähernd gleich bleibender Leistung (z. B. Substitution menschlicher Arbeit durch Betriebsmittel) b) Erhöhung der Leistung bei annähernd konstanten Kosten (Beispiel: Verbesserung der Produktqualität durch eine modernere Maschine) c) Kostensenkung bei gleichzeitig höherer Leistung (vor allem durch Einsatz von DV-Technik) Häufig (Fälle b) und c)) stellt eine Rationalisierungszugleich eine Erweiterungsinvestition dar.
3. Ersatzinvestition	Erhaltung der bisherigen Produktionsmöglichkeiten	Ersatz technisch obsoleter Anlagen durch gleichartig neue; wegen des technisch-wirtschaftlichen Fortschritts selten in reiner Form, sondern meist mit einem Rationalisierungseffekt verbunden
4. Sozialinvestition	Soziale Zwecke	Schaffung und Erweiterung sozialer Einrichtungen, sofern nicht obligatorisch (siehe 5. Pflichtinvestition)
5. Pflichtinvestition	Erfüllung gesetzlicher Bestimmungen	Umweltschutzinvestitionen (z. B. Filter- und Kläranlagen), Arbeitsschutzinvestitionen

Wichtige Hilfsmittel zur Vorbereitung von Investitionsentscheidungen stellen, soweit es sich um die Berücksichtigung rechenbarer, d. h. monetär erfassbarer Kriterien handelt, Investitionsrechnungen dar. Nicht unmittelbar in Geldeinheiten quantifizierbare Informationen, z. B. über die Unfallsicherheit, Emissionen, Imagewirkungen usw., die im Einzelfall eine ausschlaggebende Rolle spielen können, lassen sich in Investitionsrechnungen nicht verarbeiten. In diesen Fällen bietet sich zur (ergänzenden) Bewertung von Investitionsobjekten die Nutzwertanalyse an.[81]

Einen Überblick über die wichtigsten Investitionsrechenverfahren bei sicheren Erwartungen vermittelt Abb. 64.

---

[81] Vgl. hierzu Blohm/Lüder/Schaefer (2006), S. 153 ff., Nicolai (1994).

Produktionsfaktor Betriebsmittel

KAPITEL C
Teil III

ABB. 64: Überblick über die wichtigsten Investitionsrechenverfahren (Entscheidung unter Sicherheit)

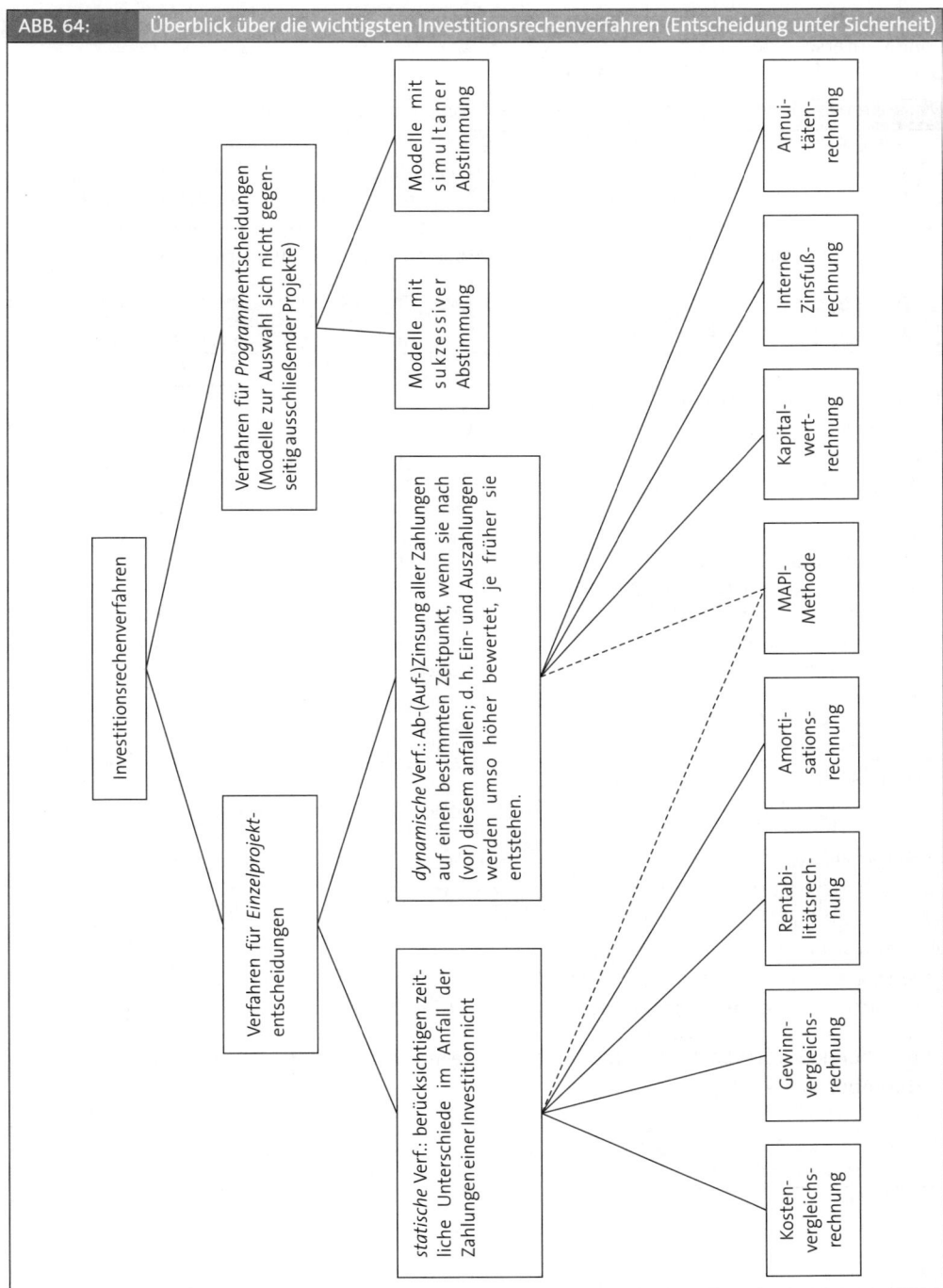

5.2 Statische Investitionsrechenverfahren

5.2.1 Kostenvergleichsrechnung

Die Kostenvergleichsrechnung stellt die Kosten von zwei oder mehr Investitionsalternativen einander gegenüber (bei gleicher mengenmäßiger Leistung: Kosten je Zeitabschnitt; bei unterschiedlicher mengenmäßiger Leistung: Kosten je Leistungseinheit), um die kostenmäßig günstigste Alternative zu ermitteln. Die Kosten fungieren als Ersatzgrößen für die mit den Investitionsalternativen verbundenen Auszahlungen, sodass die Kostenvergleichsrechnung als ein Näherungsverfahren für einen Ausgabenannuitätenvergleich angesehen werden kann.[82]

ABB. 65:	Beispiel 1 zum Auswahlproblem: Vergleich der durchschnittlichen Kosten je Zeitabschnitt (gleiche Auslastung)	
	Anlage I	Anlage II
I. Angaben zur Kostenvergleichsrechnung		
(1) Anschaffungswert (€)	100.000,–	120.000,–
(2) Lebensdauer (Jahre)	8	10
(3) Liquidationserlös am Ende der Lebensdauer (€)	10.000,–	12.000,–
(4) Auslastung (LE/Jahr)	15.000	15.000
(5) Kalkulatorischer Zinssatz (%)	7	7
(6) Sonstige Fixkosten (außer Zinskosten und Abschreibungen) (€/Jahr)	1.000,–	1.100,–
(7) Lohnkosten (€/Jahr)	6.000,–	4.800,–
(8) Materialkosten (€/Jahr)	1.500,–	1.500,–
(9) Proportionale Maschinenkosten einschließlich sonstiger variabler Kosten (€/Jahr)	1.850,–	1.600,–
II. Durchführung des Kostenvergleichs		
(10) Abschreibung (linear) (€/Jahr)	$\frac{100.000 - 10.000}{8} = 11.250,-$	$\frac{120.000 - 12.000}{10} = 10.800,-$
(11) Kalkulatorische Zinsen auf das während der Lebensdauer durchschnittlich gebundene Kapital (€/Jahr) bei kontinuierlicher Amortisation des Kapitaleinsatzes	$\frac{100.000 + 10.000}{2} \cdot 0{,}07 =$ 3.850,–	$\frac{120.000 + 12.000}{2} \cdot 0{,}07 =$ 4.620,–
(12) Summe der Fixkosten (10) + (11) + (6) (€/Jahr)	16.100,–	16.520,–
(13) Summe der variablen Kosten (7) + (8) + (9) (€/Jahr)	9.350,–	7.900,–
(14) Kosten insgesamt (12) + (13) (€/Jahr)	**25.450,–**	**24.420,–**
III. Ergebnis: Gewählt wird Anlage II, da sie bei der gegebenen Auslastung geringere Gesamtkosten pro Jahr verursacht.		

---

[82] Vgl. Blohm/Lüder/Schaefer (2006), S. 135 f.

In den Kostenvergleich sind grundsätzlich alle durch das jeweilige Projekt verursachten Kosten einzubeziehen. Eine Ausnahme bilden nur diejenigen Kostenarten, die für alle verglichenen Alternativen die gleiche Höhe aufweisen. Da sich diese Kostenarten nicht auf das Vergleichsergebnis auswirken, können sie außer Acht gelassen werden.

Die Anwendung des Kostenvergleichs innerhalb der Investitionsrechnung erstreckt sich hauptsächlich auf zwei Problemkreise: das *Auswahlproblem* und das *Ersatzproblem*. Beim Auswahlproblem geht es darum, festzustellen, welche von mehreren funktionsgleichen Anlagen installiert werden soll. Beim Ersatzproblem geht es darum, festzustellen, ob eine vorhandene Anlage zu einem bestimmten Zeitpunkt durch eine neue Anlage ersetzt werden sollte oder ob es zweckmäßiger erscheint, den Ersatzzeitpunkt noch hinauszuschieben.

Ist die zukünftige Auslastung nicht bekannt oder lässt sie sich nur mit großer Unsicherheit abschätzen, so ist die Feststellung, ob eine kritische Auslastung (kritische Stückzahl) existiert, für die Investitionsentscheidung bedeutsam. Als *kritische Auslastung* ist diejenige Stückzahl definiert, bei der die Kosten pro Zeitabschnitt bzw. pro Leistungseinheit für die verglichenen Alternativen jeweils gleich sind.

Die Ermittlung der kritischen Auslastung kann auf rechnerischem oder grafischem Wege mit Hilfe einer *Break-Even-Analyse*[83] erfolgen. Gesucht ist also diejenige Auslastung x_{kr}, für die gilt:

$$K_{ges\,I} \stackrel{!}{=} K_{ges\,II} \quad (1)$$

$$K_{f\,I} + x_{kr} \cdot k_{v\,I} = K_{f\,II} + x_{kr} \cdot k_{v\,II} \quad (2)$$

$$x_{kr} \cdot (k_{v\,I} - k_{v\,II}) = K_{f\,II} - K_{f\,I} \quad (3)$$

$$x_{kr} = \frac{K_{f\,II} - K_{f\,I}}{k_{v\,I} - k_{v\,II}} [LE/ZA] \quad (4)$$

Erläuterungen:
K_{ges} = gesamte Kosten pro Zeitabschnitt [€/ZA]
K_f = Fixkosten pro Zeitabschnitt [€/ZA]
k_v = variable Stückkosten [€/LE]
Die Indizes I und II bezeichnen die Alternativen.

Zulässige Lösungen für x_{kr} müssen die Bedingung

$$0 < x_{kr} < x_{max} \text{ mit } x_{max} = \text{Min}(x_{max\,I}, x_{max\,II})$$

erfüllen, wobei $x_{max\,I}$ bzw. $x_{max\,II}$ die jeweiligen Kapazitätsgrenzen der Anlagen bedeuten. Andernfalls existiert keine kritische Auslastung. Ist im Voraus bekannt, dass $x_{kr} > 0$ ist, d. h. Zähler und Nenner des Quotienten in Gleichung (4) dasselbe Vorzeichen besitzen, so lässt sich mit den Absolutbeträgen der Kostendifferenzen rechnen und Gleichung (4) vereinfacht sich zu

$$x_{kr} = \frac{|\Delta K_f|}{|\Delta k_v|} [LE/ZA].$$

---

83 Mit dem Grundmodell der Break-Even-Analyse lässt sich die kritische Menge m_{kr} bestimmen, bei der die Erlöse gerade die Kosten decken. Der Schnittpunkt von Erlös- und Kostenkurve wird Break-Even-Point (Deckungspunkt, Gewinnschwelle) genannt. Bei Stückzahlen > m_{kr} übersteigen die Erlöse die Kosten (Gewinnzone).

ABB. 66:	Beispiel 2 zum Auswahlproblem: Ermittlung der kritischen Auslastung	
	Anlage I	Anlage II
(1) Fixkosten K_f (€/Jahr)	17.850,–	8.720,–
(2) Variable Stückkosten k_v (€/LE)	0,50	1,15
(3) Fixkostendifferenz / $\triangle K_f$ / (€/Jahr)	9.130,–	
(4) Differenz der variablen Stückkosten / $\triangle k_v$ / (€/LE)	0,65	
(5) Kritische Auslastung x_{kr} (LE/Jahr)	**14.046**	
Ergebnis: Liegt die Ausbringung unter 14.046 LE/Jahr, ist Anlage II vorteilhafter, über 14.046 LE Anlage I.		

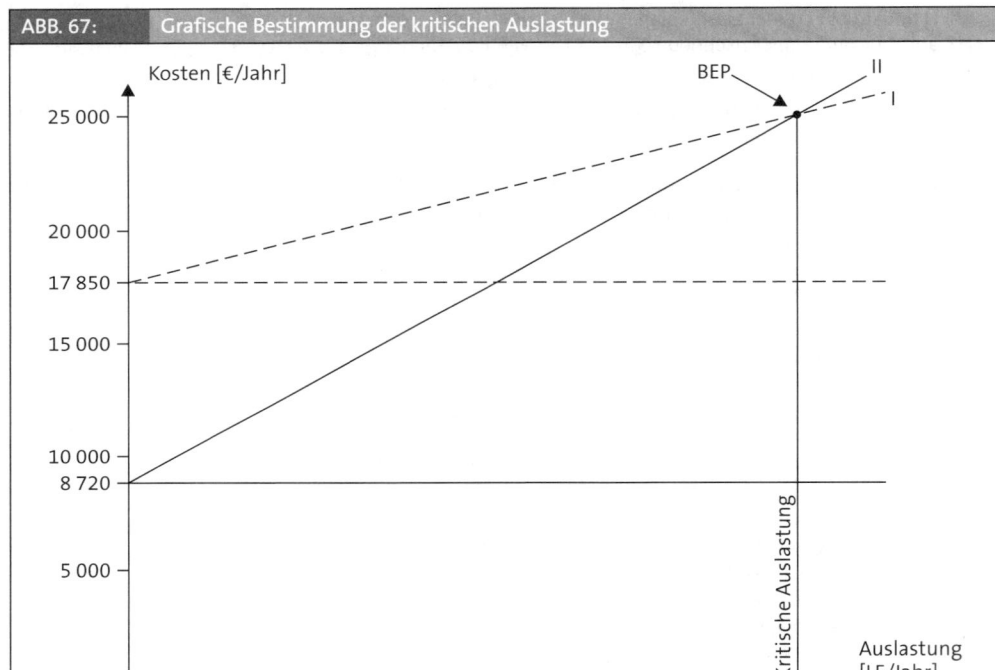

ABB. 67: Grafische Bestimmung der kritischen Auslastung

Beim *Ersatzproblem* lautet die Fragestellung: Ist es zweckmäßig, eine vorhandene Anlage zum jetzigen Zeitpunkt (vor Ablauf ihrer Lebensdauer) oder am Ende einer bestimmten Vergleichsperiode durch eine neue Anlage zu ersetzen?

ABB. 68:	Beispiel zum Ersatzproblem: Vergleich der durchschnittlichen Kosten je Zeitabschnitt (gleiche Auslastung)	
	Alte Anlage	Neue Anlage
I. Angaben zur Kostenvergleichsrechnung		
(1) Anschaffungswert (€)	60.000,–	120.000,–
(2) Lebensdauer (Jahre)	8	6
(3) Restlebensdauer der alten Anlage (Jahre)	3	–
(4) Vergleichsperiode (Jahre)	3	3
(5) Liquidationserlös der alten Anlage zu Beginn der Vergleichsperiode (€)	11.250,–	–
(6) Liquidationserlös der alten Anlage am Ende der Vergleichsperiode (€)	600,–	–
(7) Liquidationserlös der neuen Anlage am Ende ihrer Lebensdauer (€)	–	9.000,–
(8) Auslastung (LE/Jahr)	12.500	12.500
(9) Kalkulatorischer Zinssatz (%)	7	7
(10) Sonstige Fixkosten (außer Zinsen und Wertminderung) (€/Jahr)	1.000,–	800,–
(11) Gesamte variable Kosten (Lohn-, Material-, Maschinen- und sonstige variable Kosten) (€/Jahr)	19.500,–	9.000,–
II. Durchführung des Kostenvergleichs		
(12)* Abschreibung (linear) (€/Jahr)	–	$\frac{120.000 - 9.000}{6} = 18.500,-$
(13)* Durchschnittliche Verringerung des Liquidationserlöses während der Vergleichsperiode (€/Jahr)	$\frac{11.250 - 600}{3} = 3.550,-$	–
(14) Kalkulatorische Zinsen auf das während der Lebensdauer durchschnittlich gebundene Kapital (€/Jahr) bei kontinuierlicher Amortisation des Kapitaleinsatzes	$\frac{11.250 + 600}{2} \cdot 0{,}07 = 414{,}75$	–
a) Bezugsgrundlage bei der neuen Anlage: das während der gesamten Lebensdauer durchschnittlich gebundene Kapital,	–	$\frac{120.000 + 9.000}{2} \cdot 0{,}07 = 4.515,-$
b) das während der Vergleichsperiode durchschnittlich gebundene Kapital	–	$\frac{120.000 + (120.000 - 3 \cdot 18.500)}{2} \cdot 0{,}07$ $= 6.457{,}50$
(15) Summe der Fixkosten (€/Jahr)	(10) + (13) + (14) = 4964,75	(10) + (12) + (14a) = 23.815,– bzw. (10) + (12) + (14b) = 25.757,50
(16) Kosten insgesamt (11) + (15) (€/Jahr)	24.464,75	32.815,– bzw. 34.757,50
III. Ergebnis: Unter den gegebenen Umständen ist es vorteilhaft, die alte Anlage nicht vorzeitig zu ersetzen.		

*) Anmerkung: Bei der alten Anlage wird nicht die kalkulatorische Abschreibung, sondern die durchschnittliche Verringerung des Liquidationserlöses während der Vergleichsperiode angesetzt, da der Restbuchwert zum Entscheidungszeitpunkt in der Regel nicht das noch gebundene Kapital repräsentiert (Aufhebung der Normalisierung bezüglich der Abschreibungen bei objektweisem Vergleich). Es wird davon ausgegangen, dass das zum betrachteten Zeitpunkt (d. h. gegen Ende der Lebensdauer der alten Anlage) durch diese Anlage gebundene Kapital ihrem Liquidationserlös entspricht.

Prämissen:

▶ Die Kostenvergleichsrechnung unterstellt, dass die Erträge der verglichenen Investitionsprojekte gleich hoch sind. Nur unter dieser Voraussetzung führt die Kostenvergleichsrechnung zu einem aussagefähigen Ergebnis, da es der Unternehmung letztlich nicht um Kostenminimierung, sondern um Gewinnerzielung geht.

▶ Die Kostenvergleichsrechnung arbeitet mit Durchschnittswerten. Entweder bildet man „echte" Durchschnitte der voraussichtlichen Kosten während der Lebensdauer der Anlagen, oder man unterstellt, dass die Kosten des ersten Jahres nach Durchführung des Vergleichs die Durchschnittskosten repräsentieren.

▶ Sofern der Kostenvergleich nur für eine bestimmte Auslastung durchgeführt wird (starre Kostenvergleichsrechnung), werden grundsätzlich keine Unterschiede in der Zusammensetzung der Kosten der verglichenen Anlagen berücksichtigt.

▶ Es lässt sich lediglich eine Aussage bezüglich der *relativen* Vorteilhaftigkeit sich gegenseitig ausschließender Investitionsprojekte gewinnen, d. h. die Alternative „Nicht-Investition" wird in den Vergleich nicht einbezogen.

▶ Wie alle statischen Investitionsrechnungen berücksichtigt auch die Kostenvergleichsrechnung zeitliche Unterschiede im Anfall der Kosten wertmäßig nicht.

5.2.2 Gewinnvergleichsrechnung

In den Vergleich der Investitionsalternativen werden zusätzlich zu den Kosten die Erlöse einbezogen, sodass als Vergleichskriterium der mit den verglichenen Anlagen durchschnittlich erzielbare Gewinn herangezogen wird.

Prämissen:

▶ Um einzelnen Anlagen Erträge zurechnen zu können, sind in der Regel bestimmte Annahmen zu treffen.

▶ Wie bei der Kostenvergleichsrechnung und allen anderen statischen Verfahren werden zeitliche Unterschiede im Anfall der Kosten bzw. Erträge nicht berücksichtigt.

5.2.3 Rentabilitätsrechnung

Die statische Rentabilitätsrechnung setzt den durchschnittlichen Jahresgewinn einer Investition zum Kapitaleinsatz ins Verhältnis. Das Ergebnis dieser Rechnung ist die durchschnittliche jährliche Verzinsung des eingesetzten Kapitals:

$$r\ [\%\ \text{pro Jahr}] = \frac{\text{Gewinn}\ [\text{€/Jahr}]}{\text{Kapitaleinsatz}\ [\text{€}]} \cdot 100$$

Je nachdem, wie man die Begriffe Gewinn (vor oder nach Steuer, vor oder nach Zins) und Kapitaleinsatz (Eigen- oder Gesamtkapital) definiert, lassen sich unterschiedliche Rentabilitätsgrößen für das gleiche Projekt errechnen.

ABB. 69: Beispiel zur Rentabilitätsrechnung

	Anlage I	Anlage II
(1) Anschaffungswert (€)	150.000,–	120.000,–
(2) Liquidationserlös (€)	0	0
(3) Durchschnittlicher Kapitaleinsatz (€)	75.000,–	60.000,–
(4) Lebensdauer (Jahre)	6	6
(5) Gewinn (€/Jahr)	12.000,–	8.000,–
(6) Rentabilität (%/Jahr)	16	13,3

Prämissen:

▶ Der Gewinn wird für jede Periode (gewöhnlich ein Jahr) der Lebensdauer des Investitionsprojektes als gleichbleibend angenommen. Entsprechendes gilt für den Kapitaleinsatz.

▶ Bei den Investitionsprojekten handelt es sich um sog. vollständige Alternativen, d. h. das gebundene Kapital ist gleich hoch, die Lebensdauern sind identisch. Sind diese Voraussetzungen nicht gegeben (im vorstehenden Beispiel stimmt der Kapitaleinsatz nicht überein; wäre dies der Fall, genügte ein Gewinnvergleich), kann die relative Vorteilhaftigkeit einer Anlage anhand der Rentabilität einer Differenzinvestition[84] bestimmt werden (im Beispiel nicht durchgeführt).

▶ Wie alle statischen Investitionsrechnungen berücksichtigt auch die Rentabilitätsrechnung zeitliche Unterschiede im Anfall der Gewinne und des Kapitaleinsatzes nicht.

5.2.4 Amortisationsrechnung

Die statische Amortisationsrechnung (andere Bezeichnungen: Kapitalrückflussrechnung, payback-, pay-off- oder pay-out-Rechnung) ermittelt den Zeitraum, in welchem der Kapitaleinsatz einer Investition über die Erlöse wieder in die Unternehmung zurückgeflossen ist. Dabei wird unterstellt, dass der Gewinn und die Abschreibungen der Amortisation des Kapitaleinsatzes dienen. Den auf diese Weise ermittelten Zeitraum bezeichnet man als Amortisations- oder Wiedergewinnungszeit.

Bei konstanten jährlichen Rückflüssen (Gewinn + Abschreibungen) errechnet sich die Amortisationszeit n nach folgender Formel:

$$n \text{ [Jahre]} = \frac{\text{Kapitaleinsatz [€]}}{\text{Rückfluss [€/Jahr]}}$$

ABB. 70: Beispiel zur Amortisationsrechnung

	Anlage I	Anlage II
(1) Kapitaleinsatz (€)	100.000,–	120.000,–
(2) Lebensdauer (Jahre)	10	10
(3) Gewinn (€/Jahr)	5.000,–	8.000,–
(4) Abschreibung (€/Jahr)	10.000,–	12.000,–
(5) Rückfluss (€/Jahr)	15.000,–	20.000,–
(6) Amortisationszeit (Jahre)	6 2/3	6

---

[84] Zu Einzelheiten vgl. Blohm/Lüder/Schaefer (2006), S. 148.

Prämissen:

▶ Die Amortisationsrechnung kann keine Aussage über die Verzinsung des eingesetzten Kapitals machen, da alle Gewinne (oder Verluste), die nach der Rückgewinnung des Kapitaleinsatzes anfallen, bei dieser Rechnung außer Betracht bleiben. Die Amortisationsrechnung gibt einen groben Anhaltspunkt für das mit einer Investition verbundene Risiko.

▶ Wird – wie im vorstehenden Beispiel – mit durchschnittlichen Rückflüssen gerechnet, so ist die Amortisationsrechnung nur in den Fällen zu empfehlen, in denen die Rückflüsse während der Lebensdauer der Anlagen als relativ konstant angenommen werden können.

▶ Auch bei der statischen Amortisationsrechnung werden zeitliche Unterschiede im Anfall der Rückflüsse und des Kapitaleinsatzes wertmäßig nicht berücksichtigt.

5.3 Dynamische Investitionsrechenverfahren

5.3.1 Kapitalwertmethode

Der Kapitalwert einer Investition ist die Differenz zwischen dem Barwert der Einnahmen und dem Barwert der Ausgaben dieser Investition bei einem bestimmten Kalkulationszinssatz. Gleichbedeutend ist die Definition des Kapitalwertes als Differenz zwischen dem Barwert der Rückflüsse und dem Barwert des Kapitaleinsatzes.

Der Kapitalwert errechnet sich nach der folgenden Formel:

$$C = \frac{R_1}{1+i} + \frac{R_2}{(1+i)^2} + \ldots + \frac{R_n + L}{(1+i)^n} - A_0$$

Erläuterungen:
C   = Kapitalwert
$R_1 \ldots R_n$ = jährliche Rückflüsse (Rückfluss = Gewinn + Abschreibung)
L   = Liquidationserlös am Ende der Nutzungsdauer
i   = Kalkulationszinssatz (dezimal)
n   = Lebensdauer in Jahren
A_0 = Kapitaleinsatz zum Zeitpunkt 0

Der Kapitalwert kann folgende Werte annehmen:

C = 0, d. h. der noch nicht amortisierte Kapitaleinsatz verzinst sich in Höhe des Kalkulationszinssatzes.

C < 0, d. h. der noch nicht amortisierte Kapitaleinsatz verzinst sich zu einem Zinssatz, der niedriger ist als der Kalkulationszinssatz.

C > 0, d. h. der noch nicht amortisierte Kapitaleinsatz verzinst sich zu einem Zinssatz, der höher ist als der Kalkulationszinssatz.

BEISPIEL: ▶ Ermittlung des Kapitalwertes einer Investition mit einem Kapitaleinsatz im Zeitpunkt 0 von 69.500 € und einer Lebensdauer von 7 Jahren; Kalkulationszinssatz 10 %.

ABB. 71:	Beispiel zur Kapitalwertmethode				
Jahr	Einnahmen	Laufende Ausgaben	Abzinsungs-faktoren	Rückflüsse	
				Zeitwert (2) − (3)	Barwert (4) · (5)
	[€]	[€]		[€]	[€]
1	2	3	4	5	6
1	25.000	20.000	0,9091	5.000	4.546
2	40.000	27.500	0,8264	12.500	10.330
3	65.000	36.000	0,7513	29.000	21.788
4	64.400	36.000	0,6830	28.400	19.397
5	50.000	31.500	0,6209	18.500	11.487
6	40.000	29.000	0,5645	11.000	6.210
7	30.000	26.500	0,5132	3.500	1.796
Liquidationserlös	6.500	1.500	0,5132	5.000	2.566
Summe	320.900	208.000	−	112.900	78.120

Der Barwert der Rückflüsse beträgt 78.120 €. Daraus errechnet sich ein Kapitalwert von 78.120 € − 69.500 € = 8.620 €. Dieses Ergebnis besagt, dass der Kapitaleinsatz wiedergewonnen wird und sich der noch nicht amortisierte Teil des Kapitaleinsatzes jährlich mit mehr als 10 % verzinst.

Prämissen:

▶ Die Errechnung des Kapitalwertes einer Investition setzt voraus, dass sämtliche mit der Investition verbundenen Einnahmen und Ausgaben sowohl ihrer Höhe als auch ihrer zeitlichen Verteilung nach bekannt sind.

▶ Die Existenz eines so genannten vollkommenen Kapitalmarktes wird vorausgesetzt.

▶ Beim Vergleich mehrerer Alternativen mit Hilfe der Kapitalwertmethode müssen vollständige Alternativen vorausgesetzt werden.

5.3.2 Interne-Zinssatz-Methode

Der interne Zinssatz einer Investition ist derjenige Diskontierungs-Zinssatz, für den sich ein Kapitalwert von Null ergibt. Der Interne-Zinssatz-Methode liegt dieselbe Gleichung zugrunde wie der Kapitalwertmethode; sie wird jedoch hier nicht nach C, sondern nach i bzw. p = i · 100 % aufgelöst. Eine solche Gleichung n-ten Grades löst man am zweckmäßigsten in der Weise, dass man zunächst die Kapitalwerte C_1 und C_2 für zwei „Versuchszinssätze" i_1 bzw. i_2 errechnet und den internen Zinssatz r dann näherungsweise durch lineare Interpolation bestimmt:

$$r = i_1 - C_1 \cdot \frac{i_2 - i_1}{C_2 - C_1}$$

BEISPIEL: ▶ Errechnung des internen Zinssatzes für das im vorhergehenden Abschnitt nach der Kapitalwertmethode durchgerechnete Investitionsprojekt.

KAPITEL C   Die produktiven Faktoren

Teil III

ABB. 72: Beispiel zur Interne-Zinssatz-Methode

Jahr	Rückflüsse (Zeitwert) [€]	Zinsfuß 10 %		Zinsfuß 20 %	
		Abzinsungs-faktoren	Barwerte (2)·(3) [€]	Abzinsungs-faktoren	Barwerte (2)·(5) [€]
1	2	3	4	5	6
1	5.000	0,9091	4.546	0,8333	4.167
2	12.500	0,8264	10.330	0,6944	8.680
3	29.000	0,7513	21.788	0,5787	16.782
4	28.400	0,6830	19.397	0,4823	13.697
5	18.500	0,6209	11.487	0,4019	7.435
6	11.000	0,5645	6.210	0,3349	3.684
7	3.500	0,5132	1.796	0,2791	977
Liquidationserlös	5.000	0,5132	2.566	0,2791	1.396
Barwert der Rückflüsse [€]			78.120		56.818
Kapitaleinsatz [€]			./. 69.500		./. 69.500
Kapitalwert [€]			8.620		− 12.682

Durch lineare Interpolation zwischen den Wertepaaren (10%/ +8.620 €) und (20%/ -12.683 €) erhält man den gesuchten Zinssatz r:

$$r = 0{,}10 - 8620 \cdot \frac{0{,}20 - 0{,}10}{12682 - 8620} = 14{,}0\,\%$$

Prämissen:

Bei der Interne-Zinssatz-Methode wird wie bei der Kapitalwertmethode vorausgesetzt, dass

▶ die Zahlungen isoliert und bis zum Planungshorizont sowohl der Höhe als auch der zeitlichen Verteilung nach prognostiziert werden können;

▶ finanzielle Mittel unbeschränkt am Kapitalmarkt zum Kalkulationszinssatz aufgenommen und angelegt werden können;

▶ beim Alternativenvergleich der Betrachtungszeitraum für die alternativen Investitionen gleich ist.

5.3.3 Annuitätenmethode

Bei der Annuitätenmethode, die als Variante der Kapitalwertmethode aufgefasst werden kann, wird der Kapitalwert C_0 in eine Reihe gleich hoher Zahlungen AN (Annuität) während der Nutzungsdauer n transformiert. Dies geschieht mit Hilfe des Wiedergewinnungsfaktors

$$w = \frac{i \cdot (1+i)^n}{(1+i)^n - 1}$$

bei einem gegebenen Kalkulationszinssatz i:

$$AN = w \cdot C_0.$$

Eine Investition ist vorteilhaft, wenn ihre Annuität nicht negativ ist, d. h. wenn $AN \geq 0$ gilt. Prämissen wie bei der Kapitalwertmethode.

5.4 Investitionsmodelle (Verfahren für Programmentscheidungen)

Investitionsmodelle dienen der Bestimmung optimaler Investitionsprogramme. Finanzierungs-, Produktions- und Absatzprogramm können dabei gegeben oder nicht gegeben, also simultan zu bestimmen, sein:

ABB. 73:	Gliederung der Investitionsmodelle nach dem Umfang des Entscheidungsfeldes		
	Investitionsprogramm	Finanzierungsprogramm	Produktionsprogramm
a)	!	+	+
b)	!	!	+
c)	!	+	!
d)	!	!	!
Gegeben: +			Simultan zu bestimmen: !

Bei einer Gliederung nach den Zielvariablen lassen sich unterscheiden:

a) Kapitalwert-Modelle
b) Zinsertrags-Modelle
c) Einnahmen-Ausgaben-Überschuss-Modelle
d) Nutzwert-Maximierungs-Modelle

Im Folgenden wird ein Investitionsmodell als repräsentatives, bewusst einfach gehaltenes Beispiel (Kapitalwertmodell für vier Investitionsanträge) der mathematischen Programmierung dargestellt:

ABB. 74:	Kapitalwertmodell für vier Investitionsanträge
Mathematischer Ausdruck	Erläuterung
$C_1x_1 + C_2x_2 + C_3x_3 + C_4x_4 \stackrel{!}{=} \max$ $\sum_{j=1}^{4} C_j x_j \stackrel{!}{=} \max$	Zielfunktion: Die Summe der Kapitalwerte C_j der Objekte $j = 1, \ldots, 4$ soll maximiert werden.
$a_{11}x_1 + a_{12}x_2 + a_{13}x_3 + a_{14}x_4 \leq A_1$ $a_{21}x_1 + a_{22}x_2 + a_{23}x_3 + a_{24}x_4 \geq A_2$ $\vdots$ $a_{i1}x_1 + a_{i2}x_2 + a_{i3}x_3 + a_{i4}x_4 \leq A_i$ bzw. $a_{i1}x_1 + a_{i2}x_2 + a_{i3}x_3 + a_{i4}x_4 \geq A_i$ $\vdots$ $a_{n1}x_1 + a_{n2}x_2 + a_{n3}x_3 + a_{n4}x_4 \leq A_n$ bzw. $a_{n1}x_1 + a_{n2}x_2 + a_{n3}x_3 + a_{n4}x_4 \geq A_n$	n Ungleichungen als Nebenbedingungen (z. B. A_1 = Investitionsetat (Oberschranke) A_2 = Anzahl der mind. zu beschäftigenden Arbeitskräfte (Unterschranke) etc.) schränken die Menge der zulässigen Lösungen ein.
$\sum_{j=1}^{4} a_{ij} x_j \leq A_i \ (i = 1, 2, \ldots, n)$	falls A_i Oberschranke ist.
$\sum_{j=1}^{4} a_{ij} x_j \geq A_i \ (i = 1, 2, \ldots, n)$	falls A_i Unterschranke ist
$x_j = \begin{cases} 0, \text{d. h. Investitionsantrag wird nicht durchgeführt.} \\ 1, \text{d. h. Investitionsantrag wird durchgeführt.} \end{cases}$	

6. Instandhaltung

6.1 Aufgaben der Instandhaltung

Unter *Instandhaltung* versteht man alle technischen und administrativen Maßnahmen während des Lebenszyklus einer Anlage oder eines Anlagenelements, die dazu dienen, den funktionsfähigen Zustand (Sollzustand) zu erhalten oder wiederherzustellen.[85] Der Begriff schließt Maßnahmen der Erhebung und Beurteilung des Istzustands ein. Im weiteren Sinne beinhaltet der Instandhaltungsbegriff auch das Instandhaltungsmanagement, das sich mit den betriebswirtschaftlichen Aspekten der Gestaltung und Lenkung der Instandhaltung befasst. Die technischen Instandhaltungsmaßnahmen lassen sich gemäß Abb. 75 klassifizieren.

---

85 Vgl. DIN 31051, S. 3.

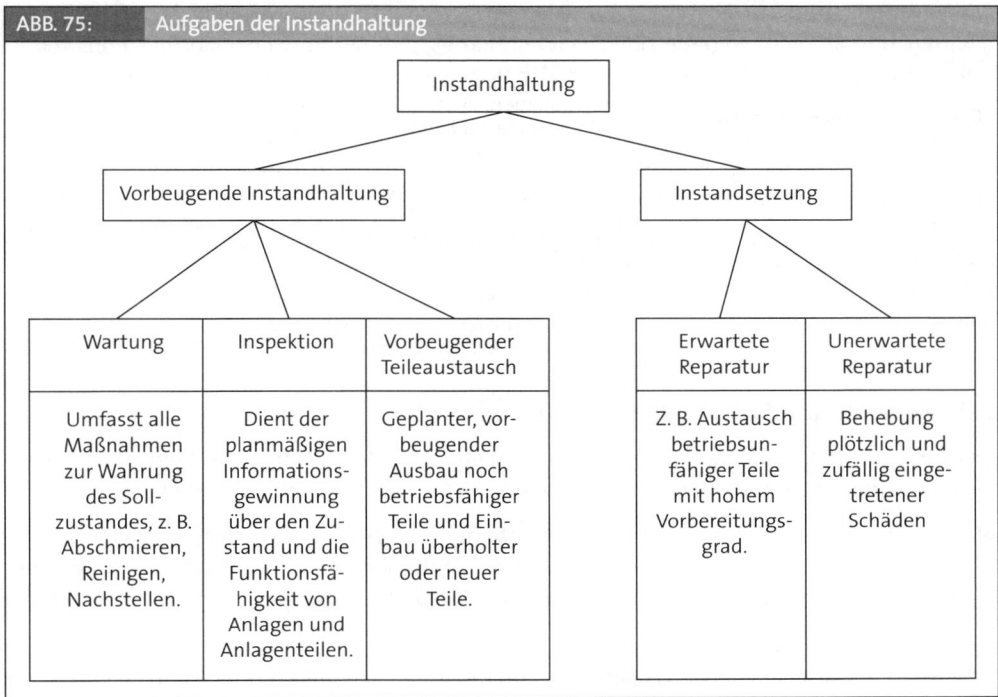

ABB. 75: Aufgaben der Instandhaltung

Inhaltlich werden vorbeugende Instandhaltung und Instandsetzung unterschieden. Bei der *vorbeugenden Instandhaltung* wird durch Präventivmaßnahmen versucht, einen störungsbedingten Schaden, insbesondere einen Systemausfall, zu vermeiden. Dazu dienen Wartungs- und Inspektionsmaßnahmen sowie ein vorbeugender Teileaustausch. Unter *Instandsetzen* versteht man alle Reparaturmaßnahmen bei eingetretenen Systemstörungen.

Bedeutsam ist die Unterscheidung von Instandhaltung einerseits und investiven Maßnahmen andererseits, die zu einer Verbesserung des Istzustands des Betriebsmittels über seinen ursprünglichen Sollzustand hinaus führen (Anlagenverbesserung), da beide Maßnahmenkomplexe nicht nur zu unterschiedlichen kostenrechnerischen, sondern auch unterschiedlichen handels- und steuerrechtlichen Konsequenzen führen. Während Instandhaltungsmaßnahmen in dem betreffenden Jahr in voller Höhe zu verrechnenden Erhaltungsaufwand darstellen, führen Maßnahmen, mit denen die qualitative und/oder quantitative Leistungsfähigkeit einer Anlage erhöht wird, zu aktivierungspflichtigem Herstellungsaufwand und somit zu veränderten Bilanzansätzen.[86] Über die Abschreibungen beeinflusst eine solche „Anlagenaufrüstung" die Höhe der Aufwendungen und somit den Erfolgsausweis in den weiteren Jahren der Nutzung. Die Abgrenzung beider Maßnahmenkomplexe ist in der Praxis nicht immer eindeutig (z. B. Generalüberholung einer Anlage, die auch zu veränderten Einsatzmöglichkeiten führt).

---

86 Vgl. z. B. Zimmermann/Fries/Hoch (2003), S. 63 f.

Wird Instandhaltung in Eigenregie betrieben, muss das dazu erforderliche Fachpersonal beschäftigt und laufend weitergebildet werden, und es sind die notwendigen Instandhaltungswerkstätten zu unterhalten sowie Ersatzteile zu bevorraten. Daraus resultieren eine hohe Fixkostenbelastung und das Risiko nicht ausgelasteter Kapazitäten. Es ist aber auch möglich, Instandhaltungsleistungen als Dienstleistungen am Markt von Dritten zu beziehen. Diese Option ist insbesondere in den Fällen vorteilhaft, in denen der Umfang an Instandhaltungsmaßnahmen starken quantitativen und/oder qualitativen Schwankungen unterliegt. Die Frage *„Eigeninstandhaltung oder Fremdinstandhaltung"* ist anhand von Kostenaspekten, technischen Anforderungen und unternehmenspolitischen Schwerpunkten (Flexibilität, Geheimhaltungs- und Sicherheitsanforderungen) zu beantworten. Vielfach ist eine Kombination beider Vorgehensweisen zweckmäßig.

6.2 Ausfall- und Störungsverhalten

Das *Sachziel* der Instandhaltung besteht allgemein darin, die Funktionsfähigkeit der Betriebsmittel zu erhalten und wiederherzustellen. Daraus lassen sich folgende *Teilziele* ableiten:

▶ Sicherung der aufgrund übergeordneter Unternehmensziele für erforderlich gehaltenen Zuverlässigkeit der Betriebsmittel (Zuverlässigkeit: Maß für die Fähigkeit eines Systems, die vorgesehene Funktionalität unter vorgegebenen Einsatzbedingungen über einen definierten Zeitraum aufrechtzuerhalten),

▶ Sicherung der aufgrund übergeordneter Unternehmensziele für erforderlich gehaltenen Verfügbarkeit der Betriebsmittel (Verfügbarkeit: Anteil der Einsatzzeit, in der ein reparierbares System funktionsfähig ist, an der gesamten möglichen Einsatzzeit),

▶ Beseitigung von Funktionsstörungen,

▶ Behebung von Anlagenausfällen.

Während mit einem *Ausfall* der Totalverlust der Funktionsfähigkeit des betrachteten Systems (gesamte Anlage oder einzelnes Anlagenelement) einhergeht, bedeutet eine *Störung*, dass die Funktion des Systems beeinträchtigt, d. h. fehlerhaft oder unvollständig, ist.[87] So muss der Ausfall eines oder mehrerer Anlagen-Subsysteme nicht den Ausfall der gesamten Anlage nach sich ziehen, sondern kann je nach Art und Anzahl der betroffenen Bauteile zu einer mehr oder minder starken Funktionseinschränkung führen. Zum einen können die produktiven, d. h. die für das Sachziel der Produktion unerlässlichen, Funktionen eingeschränkt sein mit der Folge, dass sich etwa die Ausbringungsmenge reduziert (z. B. wenn die Anlage nur noch mit verminderter Intensität betrieben werden kann), dass die Produktqualität sinkt oder stärker schwankt oder dass die Produktionskoeffizienten ansteigen. Zum anderen können Nebenfunktionen gestört sein, was sich beispielsweise in zunehmender Umweltbelastung oder einem erhöhten Sicherheitsrisiko äußert. Einen Überblick über die Einflussgrößen, die das Ausfall- und Störungsverhalten von Anlagen und Anlagenkomponenten bestimmen, vermittelt Abb. 76.

---

[87] Vgl. Sihn/Specht (1996), S. 10-106 f.

Produktionsfaktor Betriebsmittel

KAPITEL C
Teil III

ABB. 76: Einflussgrößen des Ausfall- und Störungsverhaltens

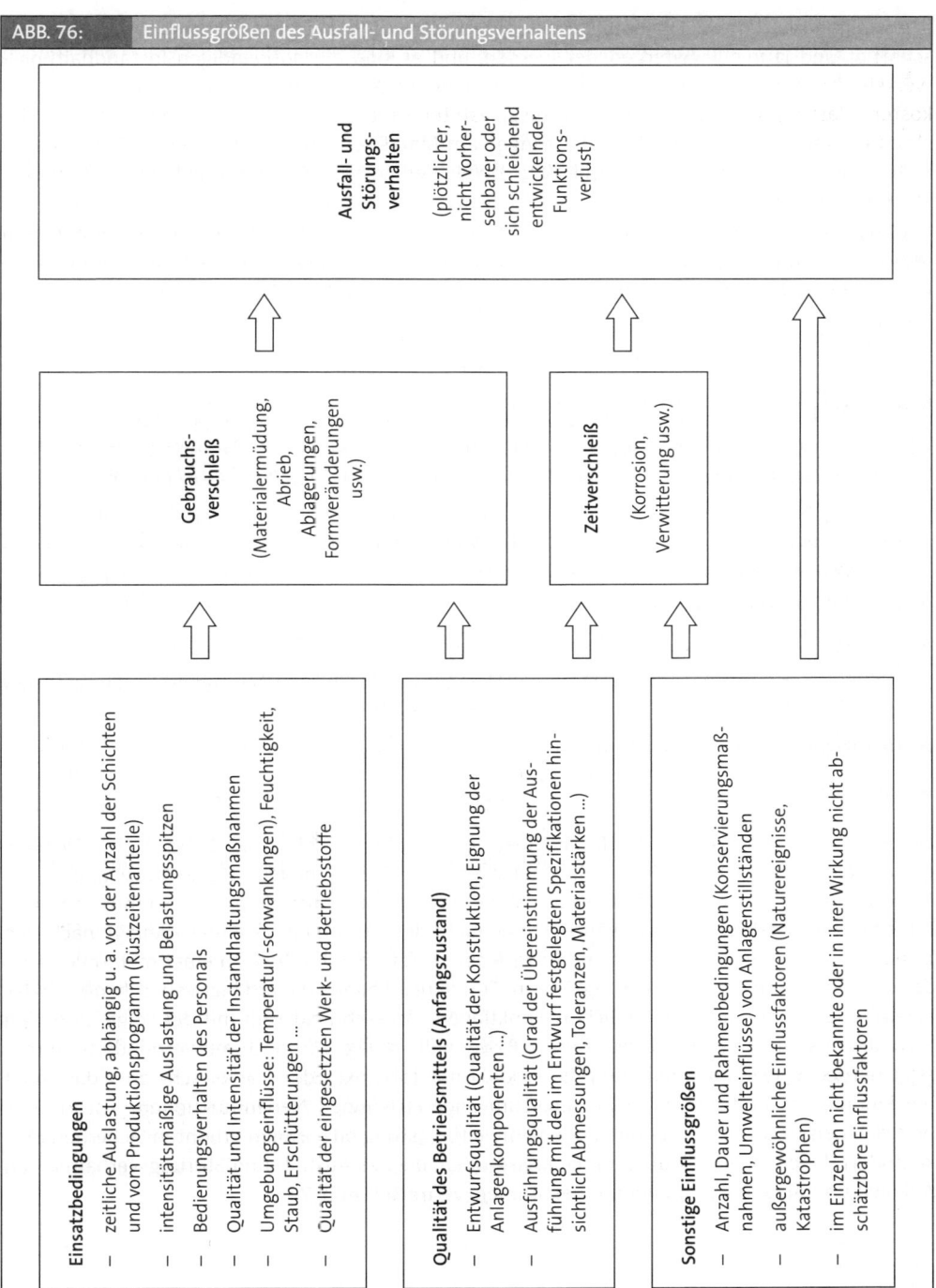

Grundlage einer wirtschaftlichen Instandhaltung sind zum einen Informationen über das Verschleiß-, Störungs- und Ausfallverhalten der Betriebsmittel sowie der sich daraus ergebenden wirtschaftlichen Wirkungen (Ausfall- und Ausfallfolgekosten) und zum anderen Informationen über die ökonomischen Konsequenzen der Instandhaltungsmaßnahmen (z. B. Höhe der direkten Instandhaltungskosten). Zur Beschreibung und Analyse des Ausfall- und Störungsverhaltens steht eine Reihe statistischer Kenngrößen zur Verfügung, von denen im Folgenden die wichtigsten kurz erläutert werden.

Die *Ausfallrate* q (t) quantifiziert das Risiko, dass eine bislang intakte Fertigungseinrichtung zum nächsten Zeitpunkt t ausfallen wird. Damit wird der Tatsache Rechnung getragen, dass sich die Fehleranfälligkeit im Laufe der Nutzungszeit verändern kann.[88]

$$q(t) = \frac{f(t)}{1 - F(t)} = \frac{f(t)}{R(t)} = -\frac{dR(t)/dt}{R(t)} \quad \text{mit}$$

- f (t) als Dichtefunktion der Ausfallverteilung (zur Annäherung an empirische Verteilungen am häufigsten eingesetzt: Normal-, Log-Normal-, Exponential-, Gamma-, Weibull-Verteilung)[89]; gibt die Wahrscheinlichkeit an, dass das System zu einem bestimmten Zeitpunkt t ausfällt;
- F (t) als Verteilungsfunktion der Ausfallverteilung; gibt die Wahrscheinlichkeit an, dass das System bis zum Zeitpunkt t ausgefallen ist;
- R (t) als Zuverlässigkeitsfunktion (Komplement zu 1 der Verteilungsfunktion); gibt die Wahrscheinlichkeit an, dass das System bis zum Zeitpunkt t noch nicht ausgefallen ist.

Hinsichtlich der Ausfallrate lassen sich drei Fälle unterscheiden, die während der Nutzungsdauer auch in einer idealtypischen Reihenfolge auftreten können (vgl. Abb. 77):

(1) *Fallende* Ausfallrate: Eine mit zunehmender Nutzungsdauer sinkende Ausfallrate wird der Beseitigung von *Frühausfällen*, hervorgerufen durch Konstruktions-, Material-, Montagefehler, unsachgemäßen Transport usw., zugeschrieben. Bei hydraulischen Komponenten lässt sich eine rückläufige Ausfallrate, zumindest für einen begrenzten Zeitraum, beobachten.[90]

(2) *Konstante* Ausfallrate: Eine von der Nutzungsdauer weitgehend unabhängige Ausfallrate wird auf *Zufallsausfälle* zurückgeführt, hervorgerufen z. B. durch nicht-systematische Bedienungsfehler. Bei elektronischen Komponenten wird eine technisch bedingte konstante Ausfallrate häufig während des größten Teils der Nutzungsdauer beobachtet.

(3) *Steigende* Ausfallrate: Eine mit zunehmender Nutzungsdauer steigende Ausfallrate ist kennzeichnend für sog. *Altersausfälle*, hervorgerufen durch Gebrauchsverschleiß, Korrosion, Materialermüdung usw. Bei mechanischen Komponenten ist dieser Fall auch während der gesamten Nutzungsdauer zu beobachten.

---

88 Vgl. Dinesh Kumar u. a. (2006), S. 80.
89 Zu den Eigenschaften dieser Verteilungen vgl. bspw. Neumann (1996), S. 320 ff.
90 Vgl. Adam (1989), S. 70.

Produktionsfaktor Betriebsmittel

KAPITEL C
Teil III

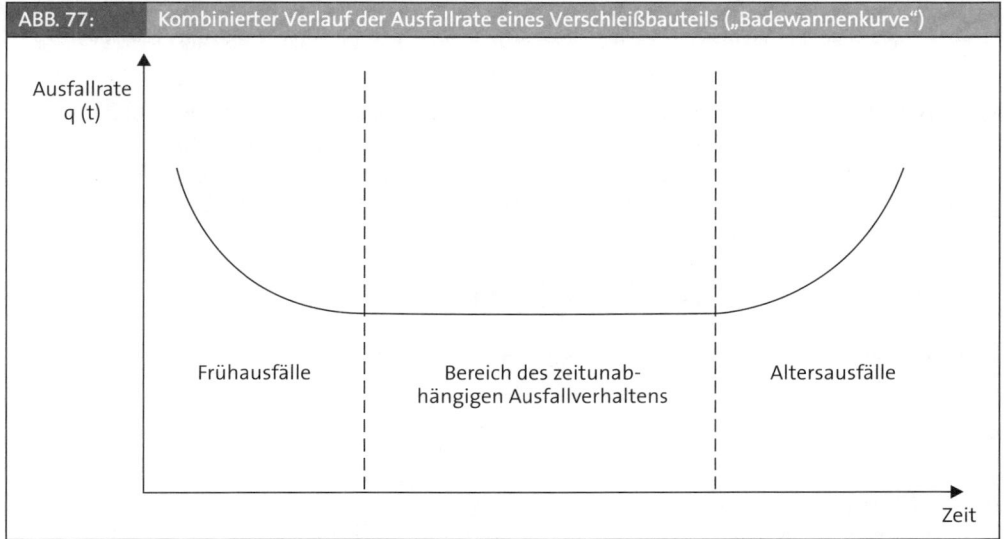

ABB. 77: Kombinierter Verlauf der Ausfallrate eines Verschleißbauteils („Badewannenkurve")

Die Zuverlässigkeit eines aus einzelnen Komponenten zusammengesetzten Anlagensystems wird grundsätzlich durch die Art und Anzahl der Elemente, deren Qualität und die Art und Weise, wie die Elemente miteinander gekoppelt sind, bestimmt.[91] Für die modellhafte Abbildung (Rechnung mit Wahrscheinlichkeiten) wird üblicherweise unterstellt, dass Ausfälle einer Komponente die Funktionalität der anderen nicht beeinflussen (wohl aber möglicherweise die des Gesamtsystems). Analog zur Berechnung der Kapazität sind zwei Fälle zu unterscheiden: Reihenschaltung und Parallelschaltung der Subsysteme.

Bei in *Reihe* (Serie) geschalteten Komponenten müssen alle funktionsfähig sein, damit das System als Ganzes funktionsfähig bleibt. Für n seriell gekoppelte Komponenten ergibt sich – unter der Voraussetzung unabhängiger Ausfallwahrscheinlichkeiten F_i der einzelnen Elemente – die Zuverlässigkeit des Systems R_{ges} als Produkt der Einzel-Zuverlässigkeiten R_i der Subsysteme:

$$R_{ges} = \prod_{i=1}^{n} R_i$$

Die Zuverlässigkeit eines seriell aufgebauten Systems kann niemals größer sein als das Minimum der Zuverlässigkeiten der beteiligten Elemente: $R_{ges} \leq \text{Min}(R_1, R_2, \ldots R_n)$. Am Realmodell der Kette als Prototyp einer Reihenschaltung versinnbildlicht die Redewendung „Eine Kette ist nur so stark wie ihr schwächstes Glied" diesen Sachverhalt.[92]

---

91 Vgl. Dinesh Kumar u. a. (2006), S. 105.
92 Vgl. Warnecke (1995), S. 183.

BEISPIEL Ein flexibles Fertigungssystem (FFS) besteht aus den Teilsystemen (1) Bearbeitungs-, (2) Materialfluss- und (3) Informationssystem. Deren Zuverlässigkeiten werden mit $R_1 = 0{,}97$, $R_2 = 0{,}92$ und $R_3 = 0{,}89$ angegeben. Die Wahrscheinlichkeit, dass das FFS insgesamt funktionsfähig ist, beträgt dann $R_{ges} = R_1 \cdot R_2 \cdot R_3 \approx 0{,}79$.

Parallelschaltung von Komponenten bedeutet, dass das gesamte System seine Funktionsfähigkeit behält, solange noch *ein* Element funktionsfähig ist. Somit lässt sich die Zuverlässigkeit des Systems als Wahrscheinlichkeit dafür interpretieren, dass nicht alle (unabhängigen) Subsysteme gleichzeitig ausfallen. Da die Wahrscheinlichkeit, dass sämtliche n Komponenten funktionsunfähig sind,

$$F_{ges} = \prod_{i=1}^{n} F_i = \prod_{i=1}^{n}(1 - R_i)$$

ist, ergibt sich für die Zuverlässigkeit des Systems

$$R_{ges} = 1 - F_{ges} = 1 - \prod_{i=1}^{n}(1 - R_i)$$

Die Zuverlässigkeit eines parallel aufgebauten Systems ist stets größer als der maximale Zuverlässigkeitswert der beteiligten Elemente: $R_{ges} \geq \text{Max}(R_1, R_2, \ldots R_n)$. Diesen Effekt macht man sich zunutze, wenn es bei sicherheitsempfindlichen Anlagen auf eine Reduzierung der Ausfallwahrscheinlichkeit ankommt. Durch paralleles Zuschalten weiterer Bauelemente werden Redundanzen geschaffen.

BEISPIEL Eine Fahrzeugbremse bestehe aus zwei von einander unabhängigen hydraulischen Bremskreisen mit einer Ausfallwahrscheinlichkeit von $F_1 = F_2 = 2\,\%$ und einer mechanischen Feststellbremse mit $F_3 = 9\,\%$. Das Fahrzeug lässt sich sicher abbremsen, wenn mindestens eines der drei Subsystem funktioniert. Die Wahrscheinlichkeit hierfür beträgt $R_{ges} = 1 - F_1 \cdot F_2 \cdot F_3 = 1 - 0{,}000036 = 99{,}9964\,\%$.

Die Zuverlässigkeit von Systemen, die seriell und parallel verknüpfte Elemente enthalten, kann durch mehrfaches Anwenden der beiden elementaren Rechenregeln bestimmt werden. So lassen sich Subsysteme, die nach einem der beiden Verknüpfungsprinzipien aufgebaut sind, jeweils zu umfangreicheren Einheiten zusammenfassen und auf diese wiederum die Rechenvorschriften anwenden usw.

6.3 Instandhaltungsplanung

Die *Instandhaltungsplanung* soll gewährleisten, dass sowohl die Sachziele der Instandhaltung als auch die Formalziele, wie Wirtschaftlichkeit der Maßnahmen, Einhaltung des Budgets usw., erreicht werden. Die Planungsaktivitäten lassen sich in die drei auftragsunabhängigen Aufgabenbereiche Strategien-, Bereitstellungs- und Arbeitsablaufplanung (s. Abb. 78) sowie die auftragsabhängigen Planungs- und Steuerungsfunktionen (Termin-, Kapazitäts- und Mengenplanung, Auftragsveranlassung usw.) einteilen.[93] Vor allem zur Abwicklung der auftragsabhängigen Funktionen sowie zur Sammlung und Auswertung instandhaltungsbezogener Daten existiert ein umfangreiches Angebot spezialisierter Software (IPS-Systeme).

---

[93] Vgl. Hackstein/Sent (1992), S. 396 ff., Sihn/Specht (1996), S. 10–116 f.

ABB. 78:	Teilbereiche der auftragsunabhängigen Instandhaltungsplanung	
Instandhaltungsplanung		
Strategienplanung	Bereitstellungsplanung	Arbeitsplanerstellung
Wahl einer Instandhaltungsstrategie: ▶ Präventivstrategie (vorbeugende Instandhaltung) ▶ Inspektionsstrategie (zustandsabhängige Instandhaltung) ▶ Ausfallbedingte Strategie	Planung der Ressourcen: ▶ Personalplanung: Bestimmung des quantitativen und qualitativen Personalbedarfs und der Maßnahmen zu dessen Deckung ▶ Planung der Betriebsmittel für die Instandhaltung ▶ Materialplanung: Planung der Ersatzteile (Reserve-, Verbrauchs- und Kleinteile) und Betriebsstoffe	Erstellung von Instandhaltungsarbeitsplänen: ▶ Arbeitsablaufplanung ▶ Zeitermittlung ▶ Ressourcenzuordnung

Eine *Instandhaltungsstrategie* stellt eine konzeptionelle Festlegung dar, welche Art von Instandhaltungsmaßnahmen zu welchen Zeitpunkten an welchen Betriebsmitteln bzw. Teilen davon vorzunehmen sind. Je nach den verfolgten Unternehmenszielen und dem anlagenspezifischen Ausfall- und Störungsverhalten sind verschiedene Strategien, auch in Kombination, zweckmäßig.

Die *vorbeugende* Strategie (Präventivstrategie) ist dadurch gekennzeichnet, dass Instandhaltungsmaßnahmen *vor* Eintritt einer Störung oder eines Ausfalls ergriffen werden. Auf der Grundlage von Erfahrungswerten zum Verschleiß-, Störungs- und Ausfallverhalten werden Hypothesen über den (Verschleiß-)Zustand der in Betrieb befindlichen Anlagen resp. Anlagenteile gebildet. Aufgrund dieser Informationen sind dann Maßnahmen, etwa der vorbeugende Austausch eines Verschleißteils in einem bestimmten zeitlichen Turnus, festzulegen. Die präventive Strategie ist zwingend geboten bei Objekten, die ständig betriebsbereit sein müssen und/oder bei denen ein überraschender Ausfall wegen gravierender Folgen auf jeden Fall vermieden werden muss (Flugzeuge, Kraftwerke), und empfiehlt sich bei einer steigenden Ausfallrate. Das Optimum der Intensität (standardisierter) vorbeugender Instandhaltungsmaßnahmen befindet sich dort, wo die Summe der Kosten für die vorbeugende Instandhaltung (einschließlich der Kosten für geplante Stillstände) einerseits und die Kosten ungeplanter Stillstände und Instandsetzungen andererseits ihr Minimum aufweist.[94]

Kennzeichnend für die *ausfallbedingte* Strategie („Feuerwehrstrategie") ist, dass Instandhaltungsmaßnahmen erst *nach* Eintritt einer Störung oder eines Ausfalls ergriffen werden. Sie bietet sich für Objekte mit konstanter oder sinkender Ausfallrate an, insbesondere dann, wenn die wirtschaftlichen Opfer der vorbeugenden Instandhaltung bedeutend sind und die Auswirkungen von Maschinenausfällen tolerabel erscheinen. Des Weiteren ist die ausfallbedingte Strategie ohne Alternative in den Fällen, in denen sich keine Informationen über den aktuellen Anlagenzustand ermitteln lassen. Damit wird ein *Planungsdilemma* sichtbar: Störungs- und Ausfallereignisse bilden die Auslöser für die Instandhaltungsaktivitäten im Rahmen der Ausfallstrate-

---

94 Vgl. z. B. Hahn/Laßmann (1993a), S. 353.

gie, sodass im Zuge der Anwendung dieser Strategie gleichsam nebenher Informationen über das Ausfall- und Störungsverhalten anfallen bzw. gewonnen werden könnten. Diese Informationen werden bei Verfolgung der Ausfallstrategie jedoch gar nicht benötigt, wohl aber bei vorbeugender Instandhaltung. Präventivmaßnahmen allerdings verhindern weitgehend, dass das Nutzungspotenzial von Anlagenteilen ausgeschöpft wird und damit überhaupt Störungen und Ausfälle eintreten.

Bei der *Inspektions*strategie (zustandsabhängigen Instandhaltung) wird eine Instandhaltungsmaßnahme auf der Grundlage zuvor erhobener Informationen über den tatsächlichen Systemzustand eingeleitet. Die Strategie stellt insofern einen Mittelweg dar, als damit zum einen vorzeitige und somit unnötige Präventivmaßnahmen und zum anderen unerwartete Funktionsbeeinträchtigungen vermieden werden sollen.

Die *Kosten* im Instandhaltungsbereich können den beiden Kategorien direkte und indirekte Instandhaltungskosten zugeordnet werden. Zu den *direkten*, d. h. durch die Erbringung der Instandhaltungsleistungen verursachten, Instandhaltungskosten zählen insbesondere:[95]

- Personalkosten (größter Anteil an den direkten Instandhaltungskosten) für Instandhaltungsarbeiten und -verwaltung,
- Sachkosten (Abschreibungen, Zinsen) für Werkzeuge und maschinelle Einrichtungen,
- Material- und Lagerkosten für Ersatzteile, Hilfs- und Betriebsstoffe,
- Raumkosten,
- Entgelte für fremdbezogene Instandhaltungsleistungen.

Als *indirekte* Instandhaltungskosten werden diejenigen Kosten bezeichnet, die als Folge von Funktionsstörungen oder Ausfällen von Anlagen entstehen, insbesondere:

- Ausfallkosten (z. B. entgehende Deckungsbeiträge, Personalkosten der ausgefallenen Anlage, Verderb von Material),
- Ausweichkosten (erhöhte Kosten für kurzfristige Ausweichmaßnahmen, wie Überstunden, höhere Herstellkosten auf Ausweichmaschinen, Transportkosten),
- Qualitätssicherungskosten (z. B. Kosten für Nacharbeit, Kosten infolge von Ausschuss beim Wiederanlauf einer ausgefallenen Anlage),
- sonstige Ausfallfolgekosten (z. B. Produktionsstörungen/-ausfälle bei verketteten Anlagen, Beschädigungen an Werkzeugen und anderen Anlagenteilen beim Ausfall, Personen- und Umweltschäden).

Die indirekten Instandhaltungskosten besitzen zu einem großen Teil Opportunitätskostencharakter; ihre Höhe kann im Einzelfall je nachdem, ob Produktionsengpässe vorliegen oder nicht, sehr unterschiedlich sein.

KONTROLLFRAGEN

(1) Welche Ausprägungen (Dimensionen) weist die Betriebsmittel-Flexibilität auf?
(2) Aus welchen Teilsystemen bestehen die Betriebsmittel der flexiblen Automatisierung?

---

[95] Vgl. Hahn/Laßmann (1993a), S. 351 f.

(3) Wodurch unterscheiden sich flexible Fertigungszellen, flexible Fertigungssysteme und flexible Transferstraßen?

(4) Von welchen Größen ist eine Kapazitätsangabe grundsätzlich abhängig?

(5) Aus welchen Gründen kann die wirtschaftliche Lebensdauer einer maschinellen Anlage von der technischen abweichen?

(6) Welche Abschreibungsmethoden sind Ihnen bekannt?

(7) Welche Investitionsarten lassen sich unterscheiden?

(8) Worin besteht der Unterschied zwischen statischen und dynamischen Investitionsrechenverfahren?

(9) Was versteht man im Rahmen einer Kostenvergleichsrechnung unter der „kritischen Auslastung"?

(10) Welche Bedeutung hat der Liquidationserlös für die Entscheidung über den vorzeitigen Ersatz einer Anlage?

(11) Was versteht man unter dem Kapitalwert einer Investition?

(12) Welche technischen Aufgaben gehören zur Instandhaltung?

(13) Wie ist die Ausfallrate einer Anlage definiert?

(14) Welche Fälle sind bei der Ermittlung der Zuverlässigkeit von Systemen zu unterscheiden?

(15) Welche grundlegenden Instandhaltungsstrategien werden unterschieden?

Aufgabe 17

Einer automatischen Spritzgießmaschine zur Herstellung von thermoplastischen Kunststoffteilen wird der Kunststoff in Form von Granulat zugeführt. Unter Einwirkung von Druck und Wärme wandelt sich dieses in eine plastische Masse um, die anschließend in einen Formhohlraum eines zweiteiligen Spritzgusswerkzeuges eingespritzt wird (sog. Schuss). Danach wird die Form geöffnet, die Teile werden ausgeworfen.

Pro Minute sind zwei Schuss möglich, pro Schuss fallen vier Teile an. Die Maschine läuft im 2-Schichten-Betrieb zu je acht Stunden. Umrüstvorgänge fallen nicht an, Ausschuss ist zu vernachlässigen.

a) Berechnen Sie die Tageskapazität der Spritzgießmaschine, indem Sie zunächst die in die Berechnung eingehenden Größen Kapazitanz, Produktionsgeschwindigkeit und -dauer bestimmen.

b) Welchen Zusammenhang sehen Sie zwischen diesen Größen und den Anpassungsformen nach Gutenberg?

Aufgabe 18

Die Universal GmbH fertigt ihr Produkt A auf einer Maschine des Typs „Solid", die am Ende der laufenden Periode noch eine Restlebensdauer von einem Jahr hat. Dem Betrieb liegt ein Angebot für eine neu entwickelte Maschine vom Typ „Rapid" vor, die zu Beginn der nächsten Periode einsatzbereit ist. Die Geschäftsleitung steht vor dem Entscheidungsproblem, die alte Anlage weiterhin zu nutzen oder sie vorzeitig durch die neue zu ersetzen.

KAPITEL C
Teil III — Die produktiven Faktoren

	„Solid"	„Rapid"
Anschaffungswert (€)	660.000,–	1.000.000,–
Lebensdauer in Jahren (lineare Abschreibung)	6	5
Restlebensdauer der alten Anlage (Jahre)	1	—
Vergleichsperiode (Jahre)	1	1
Liquidationserlös der alten Anlage zu Beginn der Vergleichsperiode (€)	55.000,–	—
Liquidationserlös der alten Anlage am Ende der Vergleichsperiode (€)	5.000,–	—
Liquidationserlös der neuen Anlage am Ende ihrer Lebensdauer (€)	—	6.000,–
Kalkulatorischer Zinssatz (%)	7	7
Kosten für Wartungsvertrag (€ pro Jahr)	10.000,–	6.500,–
Kapazität (Stück pro Jahr) bei einer max. Laufzeit von 2.000 Stunden im Jahr	150.000	200.000
Prop. Maschinenkosten einschl. Lohn (€ pro Stunde)	180,–	150,–
Prop. Materialkosten (€ pro Stück)	6,07	5,72

Erarbeiten Sie für das skizzierte Ersatzproblem auf der Basis einer statischen Kostenvergleichsrechnung (notwendige Daten in oben stehender Tabelle) eine nachvollziehbare Entscheidungsgrundlage, die folgende Fragen beantwortet:

18.1 Wo liegt der Break-even-Punkt, d. h. bei welcher Stückzahl sind die Kosten der Typen „Solid" und „Rapid" gleich, wenn bei der Berechnung der kalkulatorischen Zinsen der neuen Maschine

   a) das während der *gesamten Lebensdauer* (Variante I: Durchschnittswertverzinsung),

   b) das während der *Vergleichsperiode* (Variante II: Restwertverzinsung)

   durchschnittlich gebundene Kapital zugrunde gelegt wird?

   Kommentieren Sie Ihre Rechenschritte jeweils in einem Satz.

18.2 Soll die alte Maschine vorzeitig ersetzt werden, wenn 140.000 Stück A gefertigt und abgesetzt werden können?

   Wie groß ist der Kostenvorteil absolut und bezogen auf ein Stück?

   Die Ergebnisse sind jeweils für beide in Aufgabe 18.1 bezeichneten Varianten zu ermitteln.

Aufgabe 19

Es liegen vier Investitionsanträge $A_1, \ldots, A_4$ vor. Deren Kapitalwerte C_i sind errechnet:

$C_1 = 300.000\ €$ $\qquad$ $C_3 = 600.000\ €$

$C_2 = 400.000\ €$ $\qquad$ $C_4 = 500.000\ €$

Die Summe der Kapitalwerte der bewilligten Investitionen soll maximiert werden.

Folgende Nebenbedingungen sind zu berücksichtigen:

(1) Die Investitionsausgaben dürfen die Bewilligungssumme von 8 Mio. € nicht überschreiten. Es fallen Ausgaben an für:

A_1: 2 Mio. € $\quad\quad$ A_3: 8 Mio. €

A_2: 3 Mio. € $\quad\quad$ A_4: 2 Mio. €

(2) Die Inanspruchnahme von Gebäudekapazität darf 2.000 m² nicht überschreiten; es werden benötigt für:

A_1: 1.000 m² $\quad\quad$ A_3: 1.200 m²

A_2: 400 m² $\quad\quad$ A_4: 700 m²

Lösen Sie das Optimierungsproblem durch vollständige Enumeration.

Überlegen Sie sich Vereinfachungen des Lösungsweges.

Aufgabe 20

1. Fallbeschreibung[96]

Ein Betrieb der Kunststoffverarbeitung produziert mit einer Extruderanlage Endlosprofile aus Hart-PVC, die für die Herstellung von Fenstern verwendet werden.

Die Anlage kann nur dann wirtschaftlich arbeiten, wenn sie 24 Stunden am Tag an fünf Tagen der Woche ohne Unterbrechung in Betrieb ist. An den anderen beiden Tagen werden die Kalibrierwerkzeuge und die Düsen ausgewechselt und gereinigt, um gemäß dem Produktionsprogramm am Wochenanfang ein neues Profil zu fahren. Notwendige Instandhaltungsmaßnahmen werden während dieser beiden Tage durchgeführt. Die Anlage unterliegt damit einer intensiven Nutzung. Aufgrund der starken Nachfrage werden alle Produkte verkauft. Im Fall eines Anlagenausfalls könnten diese Spezialprodukte weder durch Fremdbezug beschafft noch durch Überstunden „nachgeholt" werden.

Die Anlage produziert bei normaler Verfahrgeschwindigkeit 2 Meter Profil/Minute. Der Verkaufserlös für einen Meter beträgt 20,–€, und die variablen Einzelkosten betragen 6,–€/m. An einem Tag mitten in der Woche fällt eine der drei Vakuumpumpen aus, die für die Einhaltung der Maß- und Formgebung des Profils entscheidend sind. Die Anlage kann in solchen Fällen nur noch mit der Hälfte der normalen Produktionsgeschwindigkeit laufen, da sie sonst Ausschuss produzieren würde (Form- und Maßtoleranzen könnten nicht eingehalten werden).

Der zuständige Betriebsleiter hatte als Ursache des Ausfalls der Vakuumpumpe eine Verstopfung durch Kunststoffspäne festgestellt. Diese Diagnose konnte er nach einer Stunde stellen, in der er alles Notwendige versucht hatte, um eine Unterbrechung der Produktion zu verhindern. In dieser Stunde wurde die Produktionsgeschwindigkeit auf die Hälfte heruntergefahren. Zur Überprüfung der Profile wurde die Qualitätssicherung herangezogen, die feststellte, dass die Profile, die nur mit der Leistung von zwei Vakuumpumpen hergestellt wurden, einen Nacharbeitsbedarf aufwiesen. Die Nacharbeit würde Kosten in Höhe von 5,–€ pro Meter Profil verursachen, wenn das Produktionspersonal mithelfen würde. Der Techniker stellte fest, dass er für

---

[96] Geringfügig verändert übernommen aus Adam (1989), S. 131–133.

die Reparatur einige Schlauchverbindungen vorbereiten und weitere Ersatzteile und Werkzeuge vom Lager holen müsse. Diese Vorbereitungsaktivitäten würden eine weitere Stunde in Anspruch nehmen. Danach könnte die Reparatur in 3 Stunden erledigt werden.

Dem Management werden zwei Alternativen zur Wahl gestellt:

(1) *Sofortige* Stilllegung der Anlage, d. h.:

   (1.1) Stillstandsvorbereitung 1 Stunde (50% der Produktionsgeschwindigkeit),

   (1.2) Stillstandsdauer 4 Stunden,

   (1.3) Nacharbeitsbedarf für die während der einstündigen Stillstandsvorbereitung erzeugten Produkte.

(2) Stilllegung der Anlage *erst nach Beendigung der Reparaturvorbereitungen*, d. h.:

   (2.1) Stillstandsvorbereitung 2 Stunden (50% der Produktionsgeschwindigkeit),

   (2.2) Stillstandsdauer 3 Stunden,

   (2.3) Nacharbeitsbedarf für die während der zweistündigen Stillstandsvorbereitung erzeugten Produkte.

2. Aufgaben

a) Bestimmen Sie die Wochen-Kapazität der Anlage.

b) Zu welcher Entscheidungsalternative raten Sie? Stellen Sie hierzu zunächst die Größen zusammen, die in den Alternativenvergleich eingehen müssen, und berechnen Sie sodann den wirtschaftlichen Vorteil.

Aufgabe 21

Ein aus vier Komponenten bestehendes Maschinen-Bauteil ist entsprechend dem folgenden Blockdiagramm zusammengesetzt. Bei den parallel geschalteten Subsystemen bleibt das übergeordnete System funktionsfähig, wenn mindestens eins dieser Subsysteme intakt ist. Fällt dagegen lediglich eins der seriell geschalteten Subsysteme aus, führt dies zum Versagen des betroffenen Systems. Die Zuverlässigkeiten der Komponenten werden wie folgt angegeben: R_1 = 0,92, R_2 = 0,95, R_3 = 0,93 und R_4 = 0,82.

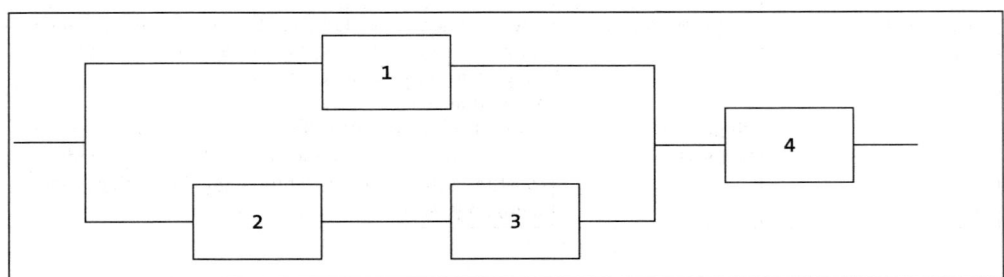

Bestimmen Sie die Zuverlässigkeit des gesamten Bauteils.

IV. Produktionsfaktor Stoffe

Außer der menschlichen Arbeitsleistung und der Nutzung von Betriebsmitteln werden zur Hervorbringung der betrieblichen Leistung Stoffe benötigt, deren Gliederung nach technischen und wirtschaftlichen Gesichtspunkten in Abb. 79 dargestellt ist.

ABB. 79: Gliederung der Stoffe nach technischen und wirtschaftlichen Kriterien

Gliederungskriterium	Gliederung	Charakteristik und Beispiele
1. Fortschritt in Richtung auf das Fertigerzeugnis	Rohstoffe	ungeformte Fertigungsausgangsstoffe wie Roheisen, Rohöl, Holz, Leder, Erze etc.
	Halbzeuge	handelsüblich vorgeformte Rohstoffe wie Bleche, Profilstahl etc., häufig als Normteile beziehbar
	Halbfabrikate	vorgefertigte Teile nach Eigenentwürfen wie Guss- und Schmiedestücke etc., die noch weiter bearbeitet werden
	Fremd-/Zulieferteile	handelsüblich beziehbare Fertigteile und Aggregate, z. B. Lichtmaschinen und Anlasser im Automobilbau
	Handelsware	fertig bezogenes, ohne Bearbeitung absetzbares Erzeugnis, z. B. Zubehör für technische Geräte: Speichermedien, Akkus und Taschen für Digitalkameras
2. Fertigungstechnische Beziehung zum Erzeugnis	Werkstoffe/Rohstoffe	Stoffe, die der Be- oder Verarbeitung unterliegen und als Hauptbestandteil in das Enderzeugnis eingehen; Bspe.: Papier in der Druckindustrie, Holz in der Möbelindustrie
	Hilfsstoffe	Stoffe, die ebenfalls der Be- und Verarbeitung unterliegen und in das Enderzeugnis eingehen, aber wert- und/oder mengenmäßig eine geringe Rolle spielen; Bspe.: Lötzinn bei Montageprozessen, Leim und Schrauben bei der Möbelherstellung
	Betriebsstoffe	Stoffe, die nicht unmittelbar in das Enderzeugnis eingehen. Ihr Ge- oder Verbrauch ist insbesondere zur Nutzung der Betriebsmittel erforderlich. Betriebsstoffe sind also in Bezug auf das Erzeugnis mittelbar an der Produktion beteiligt. Bspe.: Treibstoffe, Schmiermittel
3. Art der Zurechnung auf die Kostenträger	Einzelmaterial Gemeinkostenmaterial	Einzelmaterial wird den Kostenträgern direkt zugerechnet, Gemeinkostenmaterial dagegen nicht, weil es entweder nicht unmittelbar einer bestimmten Leistung zugerechnet werden kann, oder weil sich die Einzelerfassung nicht lohnt (z. B. bei Hilfsstoffen).
4. Abhängigkeit des Verbrauchs von der Beschäftigung	„Direktes" Material	Direktes Material ist derjenige Materialeinsatz, der auch kurzfristig mit der Beschäftigung variiert. Seine Höhe hängt vom Umfang der erbrachten Leistung ab. Bsp.: Papierverbrauch einer Druckerei.
	„Indirektes" Material	Der Verbrauch von indirektem Material bleibt dagegen bei einer kurzfristigen Variation des Beschäftigungsgrades konstant; seine Höhe ist zeitabhängig. Bsp.: Pflege- und Reinigungsmittel.

Gliederungskriterium	Gliederung	Charakteristik und Beispiele
5. Wertanteil der Einsatzgüter	A-Teile	Klassifikation aufgrund einer ABC-Analyse Geringe Anzahl von Teilepositionen, die einen hohen Wertanteil repräsentieren
	B-Teile	Mittlerer mengenmäßiger Anteil, mittlerer Wertanteil
	C-Teile	Große Anzahl von Teilepositionen mit niedrigem Wertanteil
6. Vorhersagbarkeit des Verbrauchs/ Dispositionsfähigkeit	X-Materialien	Klassifikation aufgrund eine XYZ-(RSU-)Analyse regelmäßiger Verbrauch, annähernd konstantes Niveau, d. h. hohe Vorhersagegenauigkeit des Bedarfs
	Y-Materialien	stärkere Schwankungen des Verbrauchs, trendförmiger oder saisonaler Verlauf, d. h. mittlere Vorhersagegenauigkeit
	Z-Materialien	unregelmäßiger Verbrauch, entweder stark schwankend oder sporadisch, d. h. niedrige Vorhersagegenauigkeit.
7. Physische Gestalt (nach Riebel (1963), S. 49)	Fließgüter	Materialien, die (beliebig) teilbar sind und deren Mengen durch Messen und Wiegen bestimmt werden: a) amorph erstarrte Massen und Bruchstücke (Bruchsteine, Erze ...), b) Schüttgüter (Sand, Kohle ...), c) Flüssigkeiten (Wasser, Öl ...), d) Gase (sofern nicht zur Volumenreduzierung – niedrigere Transport- und Lagerkosten! - verflüssigt), e) Phasengemische (Aerosole, Suspensionen, Teige, Pasten etc.), f) 2-dimensional konstruktiv festgelegte „endlose" Güter (band-, stangen-, flächenförmig wie Band- und Profilstahl, Folien ...)
	Stückgüter	nicht unterteilbare, abzählbare Materialien: 3-dimensional konstruktiv festgelegte Einsatzgüter: a) einteilige Stücke (z. B. Gussstücke); b) Aggregate, d. h. zusammengesetzte Stücke (Motoren, Getriebe ...)
8. Stofflicher Ursprung	Primärrohstoffe	Stoffe, die in der vorliegenden Form erstmalig in einem Produktionsprozess eingesetzt werden, z. B. aus Bauxit gewonnenes Aluminium zur Herstellung von Motoren
	Sekundärrohstoffe	Stoffe, die aus Rückständen oder Altprodukten gewonnen wurden und somit ein weiteres Mal eingesetzt werden (substituieren damit Primärrohstoffe), z. B. aus Ausschuss gewonnenes Kunststoffgranulat zur Herstellung von Formteilen
9. Gefahrenpotenzial für Mensch und Umwelt	Stoffe ohne besonderes Gefahrenpotenzial	Stoffe, die keinen Gefahrstoff bedingten Melde- und Kennzeichnungspflichten unterliegen und die hinsichtlich der Gestaltung von Verarbeitungs-, Transport-, Umschlags- und Lagerprozessen keine besonderen Vorsichtsmaßnahmen erfordern
	Gefährliche Stoffe (Gefahrstoffe)	Stoffe, die mindestens ein Gefährlichkeitsmerkmal aufweisen (Gliederung gem. Chemikaliengesetz und Gefahrstoffverordnung): 1. explosionsgefährlich, 2. brandfördernd, 3. hoch-, 4. leichtentzündlich, 5. entzündlich, 6. sehr giftig, 7. giftig, 8. gesundheitsschädlich, 9. ätzend, 10. reizend, 11. sensibilisierend, 12. krebserzeugend, 13. erbgutverändernd, 14. umweltgefährlich

Die Bedeutung des Faktors Stoffe ist u. a. vom Wirtschaftszweig und der Branche abhängig. In der Dienstleistungsproduktion spielen die Stoffe im Allgemeinen eine untergeordnete Rolle; wegen der Immaterialität der Produkte fehlen hier Werkstoffe völlig. Besonders material- und energieintensiv arbeitet dagegen beispielsweise eine Eisenhütte.

Materialbestände können Kapital in beträchtlicher Höhe binden. Um die damit verbundenen negativen Auswirkungen auf die Rentabilität und Liquidität zu verringern, sind seit den 1980er Jahren unter Stichworten wie „produktionssynchrone Zulieferung" und „Just-in-Time-Produktion" verstärkt Anstrengungen unternommen worden, Bestände zu senken.[97] Maßnahmen zur Reduzierung der Rohstoff- und Halbfabrikatebestände setzen Abstimmung und Anpassung im Bereich der inner- und zwischenbetrieblichen Logistik und der Produktionsplanung und -steuerung (vgl. auch die Ausführungen über Kanban in Teil D. III. 5.1) voraus, damit keine Engpässe in der Materialversorgung auftreten. Probleme der Materialwirtschaft werden im Teil D. II. dieses Buches behandelt.

Werden stoffliche resp. energetische Produktionsrückstände oder Altprodukte als Input in einen Produktionsprozess zurückgeführt, spricht man von *Recycling*, das im Teil E. IV. 3. dieses Buches näher behandelt wird. Ein Hauptzweck des Recyclings ist die Schonung der natürlichen Umwelt. Diesem Ziel dienen auch Bestrebungen, *nachwachsende Rohstoffe* wie pflanzliche Fasern (Flachs, Sisal, Baumwolle usw.), beispielsweise für die Innenausstattung von Kraftfahrzeugen, zu verwenden und Möglichkeiten zu erproben, nachwachsende Energieträger (z. B. Rapsöl) einzusetzen. Den Vorzügen der Naturrohstoffe, die vor allem in ihrer biologischen Abbaubarkeit und – aufgrund der Stoffstruktur – in teilweise guten technischen Eigenschaften (Wärme-, Schalldämmung) zu sehen sind, stehen jedoch auch gravierende Nachteile entgegen; genannt seien die schwankende Qualität sowie der aufgrund der porösen Oberflächenstruktur hohe Wassergehalt.

Nach welchen Kriterien lassen sich die Stoffe gliedern?

Aufgabe 22

Nehmen Sie zu der folgenden These kritisch Stellung: „Hohe Bestände an Stoffen ermöglichen dem Unternehmen, auf Änderungen am Markt schnell zu reagieren und erhöhen damit die betriebliche Flexibilität."

V. Der dispositive Faktor Organisieren

1. Gliederungsprinzipien

Das Zusammenwirken der Beschäftigten im Betrieb wird durch die Organisation geregelt. In diesem Sinne ist Organisation die methodische Zuordnung von Menschen und Sachen, um deren bestmögliches Zusammenwirken im Sinne einer dauerhaften Erreichung gesetzter Ziele zu gewährleisten.[98] Eingeschlossen in diesen Organisationsbegriff ist sowohl die Tätigkeit, d. h. die

---

97 Vgl. beispielsweise Wildemann (1989).
98 Vgl. Blohm (1977a), S. 18.

Gestaltung (das Organisieren)[99], wie auch das Resultat der Gestaltung (das Organisationssystem). Organisation kann den strukturellen Aufbau wie auch den Ablauf des Geschehens in der Struktur betreffen. Während in der Gebildestruktur die *Aufgabenzuordnung* und die *hierarchische Gliederung* im Vordergrund stehen, rücken bei den Abläufen die *Arbeitsprozesse* in den Betrachtungsmittelpunkt. Aufbau- und Ablauforganisation bedingen sich gegenseitig, indem die Gebildestruktur den Rahmen für die Abläufe darstellt.

Betriebliche Organisationsformen sind geprägt durch *Arbeitsteilung* und *Koordination*. Arbeitsteilung bedeutet eine Aufteilung der betrieblichen Aufgaben nach Verrichtungsarten oder nach Objekten. Koordination verbindet die arbeitsteilig organisierten Bereiche und Prozesse entsprechend der zielbezogenen Abstimmungserfordernisse. In diesem Sinne bilden Koordination und Arbeitsteilung die beiden grundsätzlichen Gestaltungsprinzipien der Organisation.[100]

Zu unterscheiden sind *eindimensionale* und *mehrdimensionale* Organisationsformen. Dabei wird von der Frage ausgegangen, ob bei der Bildung eines Systems die Zerlegung in Teilsysteme nach einem einzigen oder nach mehreren Kriterien erfolgt.[101] Prägendes Merkmal für die Bezeichnung bzw. für den Typ der jeweiligen Organisationsform des Unternehmens ist die der obersten Leitungsebene unmittelbar folgende Hierarchiestufe.

Nach dem Gestaltungsprinzip der Arbeitsteilung und nach der Anzahl der Dimensionen lassen sich Organisationsformen typischerweise wie folgt gliedern:

a) *ein*dimensionale Organisationsformen:

- ▶ Verrichtungsorganisation (Gliederung nach Funktionen/Verrichtungsarten)
- ▶ Objektorganisation (Gliederung nach Produkten oder Kunden etc.)

b) *mehr*dimensionale Organisationsformen:

- ▶ Matrixorganisation (Gliederung nach Verrichtungsarten *und* nach Produkten oder Kunden etc.)
- ▶ Tensororganisation (Gliederung nach Verrichtungsarten *und* nach Produkten *und* nach Kunden oder Regionen etc.).

1.1 Verrichtungsprinzip

Bei der Strukturierung nach Verrichtungsarten ist die der obersten Leitungsebene unmittelbar folgende Hierarchieebene nach *Grundfunktionen* aufgeteilt. Zu den typischen Grundfunktionen eines Industriebetriebs gehören: Beschaffung, Lagerung, Fertigung, Vertrieb, Finanz- und Rechnungswesen, Forschung und Entwicklung (vgl. Abb. 80). Mit zunehmender Unternehmensgröße ist eine weitere Differenzierung der Funktionsbereiche, z. B. der Fertigung in Arbeitsvorbereitung, mehrere Fertigungsbereiche und ggf. Qualitätswesen notwendig, wobei die Gliederung der Fertigungsbereiche dem Verrichtungsprinzip (Werkstättenfertigung), aber auch dem Objektprinzip (Fließfertigung) folgen kann (vgl. hierzu auch Abschnitt D. I. 2.).

---

99 Zur Tätigkeit des Organisierens als Regel- und Lernprozess vgl. Blohm (1977a), S. 30 ff. und Seidenberg (1989), S. 79 ff.
100 Vgl. Grochla (1978), S. 31.
101 Vgl. Frese (2005), S. 205.

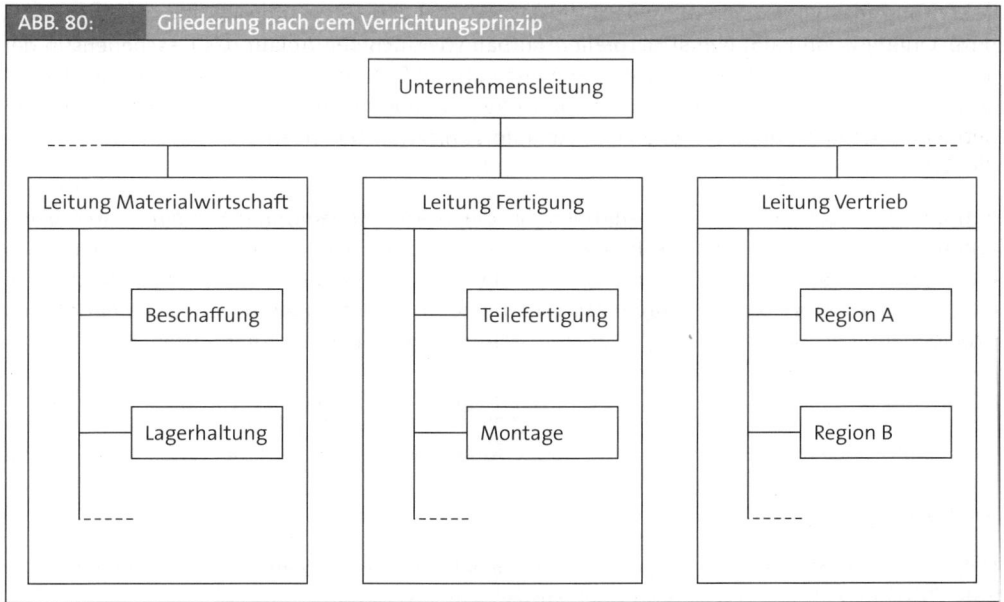

ABB. 80: Gliederung nach dem Verrichtungsprinzip

Die formale Regelung der Koordinationsbeziehungen zwischen den arbeitsteilig organisierten Bereichen ist entweder einlinien- oder mehrlinienorientiert. Das *Einliniensystem* fußt auf dem Fayolschen Konzept der administrativen Organisation. Diesem Prinzip zufolge darf ein Mitarbeiter nur von *einem* Vorgesetzten Anweisungen empfangen. Zur Erweiterung der Instanzenkapazität können allerdings Stabsstellen[102] eingerichtet werden. Beispiel: Der Produktionsleitung ist ein Assistent zugeordnet.

Das Einlinienprinzip bewirkt, dass die bereichsübergreifende Koordination auf ein Mindestmaß reduziert wird, da sie im Wesentlichen dem obersten Leitungsorgan obliegt. Der Vorteil des geringen Koordinationsaufwandes lässt sich nur dann nutzen, wenn relativ *stabile Bedingungen* die Organisationssituation kennzeichnen. Kommt es jedoch zu Situationsveränderungen dergestalt, dass vermehrt komplexe, unstrukturierte und neuartige bereichsübergreifende Problemstellungen zu lösen sind, gelangt die Leitungsspitze zunehmend an die Grenzen der eigenen Informationsverarbeitungs- und Entscheidungskapazität. Die Notwendigkeit zur *bereichsübergreifenden* Koordination auf einer vorgelagerten Hierarchieebene wird dann offenkundig.

Institutionalisierte bereichsübergreifende Abstimmungshandlungen kennzeichnen eine Organisationsgestaltung nach dem *Mehrliniensystem*. Der Grundgedanke entspricht dem Taylorschen Funktionsmeistersystem, bei dem ein Arbeiter von mehreren, auf verschiedene Aufgaben spezialisierten Meistern Weisungen erhält. Durch Verzicht auf die Einheit der Auftragserteilung schafft das Mehrliniensystem eine größere Beweglichkeit und Entlastung des Leitungsorgans; denn Weisungsbefugnisse und Verantwortlichkeiten werden auf mehrere, gleichberechtigte Instanzen mit unterschiedlicher Spezialisierung verteilt.

---

102 Vgl. hierzu Teil C. V. 2.3.

In der Betriebsorganisation werden häufig beide Prinzipien (Ein- und Mehrliniensystem) kombiniert. Zumeist sind die *primären Leistungsbereiche* (wie Beschaffung, Fertigung, Vertrieb) nach dem Einliniensystem strukturiert. Die *administrativen Bereiche* hingegen (wie Personal- und Rechnungswesen) sind nach dem Mehrliniensystem organisiert und verfügen damit über ein direktes fachliches Weisungsrecht gegenüber allen anderen Unternehmensbereichen.

Die Gliederung nach Verrichtungsarten ist insbesondere bei relativ homogenem Produktprogramm zweckmäßig.[103] Allerdings erfordert die unmittelbar kundenorientierte Einzel- und Kleinserienproduktion aufgrund individueller technischer Problemlösungen im Zusammenwirken mit dem Kunden (hohes Maß an Kundenintegration[104]) enge Beziehungen zwischen Absatz und Produktion. Bei mittelbar kundenorientierter Großserien- oder Massenproduktion ist die Produktion von den anderen Verrichtungsbereichen stärker abgegrenzt und erfolgt in größeren Unternehmen u.U. in Werken (vgl. Abschnitt F. III.) an verschiedenen Standorten.[105] Mit der Regionalisierung der Produktion ist häufig auch eine größere Eigenständigkeit, d. h. Divisionalisierung, verbunden.

1.2 Objektprinzip

Neben der Gliederung nach Verrichtungsarten bildet das Objektprinzip das zweite eindimensionale Grundmodell der Organisationsgestaltung. Das Objektprinzip gliedert die der Unternehmensleitung unmittelbar folgende Hierarchieebene z. B. nach Produkten, Regionen, Kundenarten oder Absatzwegen (vgl. Abb. 81). Diese mittels *Objektzentralisation* geschaffenen Unternehmensbereiche werden als Divisions, Sparten oder Geschäftsbereiche bezeichnet.

---

[103] Vgl. Hahn/Laßmann (1999), S. 90.
[104] Mit Kundenintegration wird der Sachverhalt bezeichnet, dass der Kunde, d. h. der Nachfrager einer Sach- oder Dienstleistung, an der Leistungserstellung des Anbieters mitwirkt; vgl. Engelhardt/Freiling (1995), S. 38, Kleinaltenkamp/Marra (1995), S. 103, Fließ (2001), S. IX, 16 f.; Seidenberg (2003), S. 1.
[105] Vgl. Hahn/Laßmann (1999), S. 94.

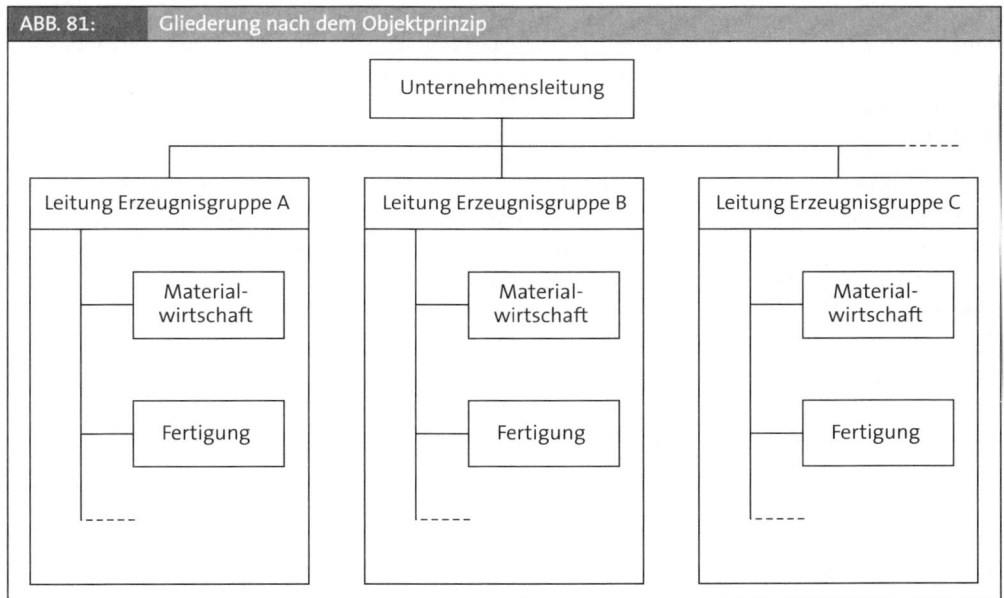

ABB. 81: Gliederung nach dem Objektprinzip

Als Hauptgründe für den Übergang von der Verrichtungs- zur Objektgliederung lassen sich Veränderungen im Diversifikationsgrad, im Unternehmenswachstum, in der Marktposition sowie im technologischen Wandel anführen. Die Objektbereiche können, und hier liegt der Hauptvorteil, wechselnden Gegebenheiten flexibel angepasst werden.

Die formalen Koordinationsbeziehungen in der Objektorganisation sind vorwiegend einlinienorientiert. Objektbereichsübergreifende Abstimmungshandlungen sind gegenüber einer nach dem Mehrliniensystem gestalteten Verrichtungsorganisation stark eingegrenzt. Nach dem Umfang der informations- und entscheidungsbedingten Unabhängigkeit der Objektbereiche lassen sich drei Typen unterscheiden:[106]

1. Im *Cost-Center-Konzept* erhalten die Spartenmanager bereichsbezogene Kostenverantwortung.
2. Beim *Profit-Center-Konzept* werden die Kompetenzen um die Handlungsfreiheit zur Erreichung geplanter Spartengewinne erweitert.
3. Mit dem *Investment-Center-Konzept* schließlich erhalten die Spartenleiter die Möglichkeit, im Rahmen zugewiesener Budgets auch über die bereichsbezogenen Investitionen zu entscheiden.

Idealtypisch lässt sich durch konsequente objektweise Zuordnung sämtlicher Betriebsaufgaben eine weitgehende Spartenautonomie erzielen. Nach diesem Konzept könnten die Spartenleiter ihre Entscheidungen selbstständig aufgrund der eigenen Spartenziele treffen. In der Praxis sind jedoch Aspekte der gesamtbetrieblichen Wirtschaftlichkeit, wie etwa spartenübergreifende Maschinennutzung oder gemeinsame Absatz- und Beschaffungsmärkte, zu beachten. Um entsprechende bereichsübergreifende Koordinationserfordernisse aufbauorganisatorisch zu berücksich-

---

106 Vgl. u. a. Wittlage (1998), S. 129 f.

tigen, wird ein zusätzliches Gliederungskriterium herangezogen, das zur Matrixorganisation führt.

1.3 Matrixprinzip

Durch Verknüpfung von Verrichtungs- und Objektgliederungsmerkmalen wird ein *zweidimensionales* Leitungssystem geschaffen. Die sich an den Schnittstellen matrixartig überlagernden Kompetenzfelder kennzeichnen Mehrfachunterstellungen von Mitarbeitern (vgl. Abb. 82). Im Unterschied zu Taylors rein an Verrichtungen orientiertem Funktionsmeistersystem kann ein Mitarbeiter in der Matrixorganisation Anweisungen von einer Verrichtungs- *und* von einer Objektinstanz erhalten.

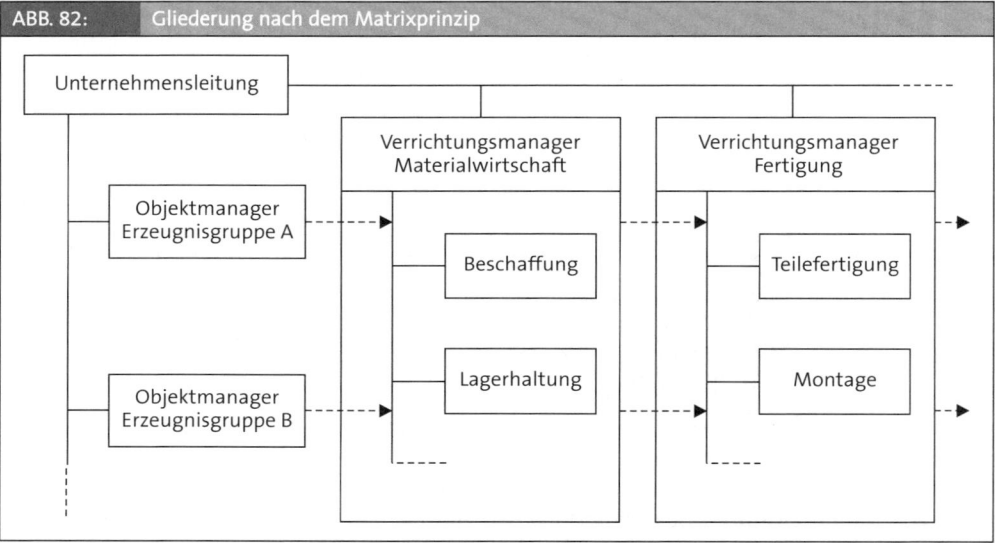

ABB. 82: Gliederung nach dem Matrixprinzip

Vorteile gegenüber eindimensionalen (nur nach *einem* Gliederungskriterium ausgerichteten) Strukturformen liegen in der spezialisierten, problemnahen Weisungsbefugnis fachlich qualifizierter Aufgabenträger, wobei Kompetenzkonflikte bewusst als produktiver, frühzeitig Transparenz über sachliche Probleme herstellender Faktor in Kauf genommen werden.[107]

Zu den typischen Matrixorganen zählen *Verrichtungsmanager* als Träger der Sachmittel- und Personalverantwortung, *Produktmanager* als Verantwortliche für die betriebliche Produkt-/Marktorientierung, *Regionalmanager* mit ihrer kunden- bzw. gebietsorientierten Tätigkeitsausrichtung sowie *Projektmanager* zur Bewältigung zeitlich befristeter Sonderaufgaben. Idealtypisch sind Objekt- und Verrichtungsmanager mit gleichem Kompetenzumfang ausgestattet („echte" Matrixorganisation). Es besteht aber auch die Möglichkeit, eine der Managementfunktionen (z. B. die Verrichtungs- gegenüber der Objektfunktion) bewusst stärker hervorzuheben.

---

107 Vgl. Picot (2005), S. 74.

2. Abwandlungen der Grundmodelle

Reine objekt- oder verrichtungsorientierte Systeme sind in der Praxis kaum anzutreffen. Es handelt sich dabei vielmehr um *Idealmodelle,* die einen allgemein gehaltenen Orientierungsrahmen grundsätzlicher organisatorischer Gestaltungsmöglichkeiten bilden. Auch die Matrixorganisation zählt zur Kategorie der Idealmodelle. Der Grundsatz des gleichberechtigten Anteils der Dimensionen am Leitungsgefüge (Gleichgewichtspostulat der Matrixorganisation)[108] führt dazu, dass die „echte" Matrixorganisation wegen daraus herrührender Probleme (Konfliktträchtigkeit aufgrund der Teilung personenbezogener Weisungskompetenzen) in idealtypischer Form kaum praktikabel ist.

Organisatorische Realmodelle zeichnen sich durch mehr oder weniger starke Modifizierungen der jeweiligen Grundform aus. So entstehen Mischformen, d. h. Objektorganisationen werden mit Verrichtungselementen, Verrichtungsorganisationen mit Objektelementen angereichert, damit aufbauorganisatorisch zunächst vernachlässigte Aspekte ergänzend Berücksichtigung finden. Hieraus erforderlich werdende komplementäre Abstimmungshandlungen werden als *Querschnittskoordination* bezeichnet.[109] Typische Organe zur Querschnittskoordination in Verrichtungsstrukturen sind beispielsweise *Produktmanager,* in Objektstrukturen *Zentralstellenmanager.* Organe, die sowohl in Verrichtungs- wie in Objektorganisationen Querschnittsaufgaben wahrnehmen können, sind *Stabsstellen* und *Kollegien.*

Gestaltungskraft und Ausmaß der Koordination sind von den *Kompetenzen* des jeweiligen Koordinationsorgans abhängig, die auf formalen *Anordnungs-* und *Entscheidungsbefugnissen* oder auf fachlicher oder persönlicher *Autorität* basieren können. So kann der Produktionsleiter z. B. in Engpasssituationen eine Änderung der Produkterstellungstermine festlegen, während Produktmanager ohne Weisungsbefugnisse mit dem Produktionsbereich in Verhandlungen über kundengerechte Fertigstellungstermine treten müssen.

2.1 Produktmanager

Der Produktmanager ist Organ einer primär verrichtungsorientierten Organisationsform. Seine Aufgabe besteht darin, produktbezogene Aktivitäten durch die Verrichtungsbereiche zu lenken und Produktinnovationen voranzutreiben.[110] Der Produktmanager bestimmt, *was* und *wann* dies für „seine" Produkte getan werden muss; der Verrichtungsmanager (z. B. Produktionsleiter) hingegen legt fest, *wie* diese Verrichtungen auszuführen sind.

Je nach Leistungstyp der Produktion kommt entweder eine befristete oder eher unbefristete Tätigkeit von Objektmanagern in Betracht. So findet bei Großserien- und Massenfertigung eher das Organisationsprinzip Produktmanagement, bei Einzel- und Kleinserienfertigung – mit dem Erfordernis kundennaher und einzelfallbezogener Problemlösungen – das Prinzip Projektmanagement Anwendung.[111]

---

[108] Vgl. Grochla/Thom (1977), S. 193.
[109] Vgl. Silber (1985), S. 48 ff.
[110] Vgl. Wild (1973), S. 12.
[111] Vgl. Hahn/Laßmann (1999), S. 101.

2.2 Zentralstellen

Zentralstellen (-bereiche) sind organisatorische Einheiten mit Querschnittsaufgaben. Zentralstellenmanager verfügen in der Regel über formale Kompetenzen zur Durchsetzung ihrer übergreifenden Fachfunktion. Gründe für eine zentralisierte Aufgabenwahrnehmung sind insbesondere:

a) Ressourcenbündelung, Nutzung von Vorteilen der Größendegression und/oder Spezialisierung (Beispiele: Zentrale Forschung, Zentraleinkauf),

b) Berücksichtigung von Marktinterdependenzen (Beispiel: Zentrale Marktforschung),

c) Schaffung unabhängiger Stellen für Prüfungs- und Überwachungsaufgaben (Beispiel: Zentrales Qualitätswesen),

d) Sicherung direkter Einflussnahme durch die Unternehmensleitung (Beispiel: Zentrale Investitionsplanung).

Als typische Zentralbereiche gelten insbesondere administrative Serviceeinheiten wie das Finanz- und Rechnungswesen sowie die Personalverwaltung und Serviceeinheiten in den „indirekten" Bereichen, im industriellen Produktionsbetrieb beispielsweise Instandhaltung und Qualitätswesen.

2.3 Stabsstellen

Stabs- und andere Leitungshilfsstellen werden in Objekt- und in Verrichtungsorganisationen zur Bereitstellung benötigter Fach- und Spezialkenntnisse bei gleichzeitiger Aufgabenentlastung der Instanzeninhaber eingerichtet.[112] Beispielsweise koordiniert der Assistent des Produktionsleiters das dv-gestützte Berichtswesen der verschiedenen Meisterbereiche.

Stabsstellen verfügen in der Regel nicht über eigene Weisungskompetenzen. Ausnahmen bilden Anordnungen innerhalb einer eigenen Stabshierarchie und Kompetenzen eines zentralen Stabes gegenüber Stabsstellen in dezentralen Abteilungen. Weisungsrechte gegenüber Linienmitarbeitern werden hierdurch nicht begründet. Der Koordinationserfolg einer Stabsstelle hängt entscheidend davon ab, in welchem Ausmaß die am Koordinationsprozess Beteiligten von den fachlichen Fähigkeiten und dem Engagement des Stabsstelleninhabers überzeugt sind. Darüber hinaus spielt bei der Wahrnehmung der Stabsstellenfunktion die formale Autorität der übergeordneten Linieninstanz eine wichtige Rolle.

2.4 Kollegien

Kollegien (Ausschüsse) werden gebildet, um bereichsübergreifende Sonderaufgaben zu lösen, die von einem einzelnen Aufgabenträger oder einer Abteilung nicht bewältigt werden können. Kollegien lassen sich wie folgt charakterisieren:

a) Es handelt sich um mehrere Aufgabenträger, die aus verschiedenen betrieblichen Teilbereichen kommen.

---

112 Vgl. hierzu Schwarz (1983), S. 90 ff.

b) Die Kollegienmitglieder tauschen Informationen aus bzw. behandeln Aufgaben, die über den regulären Aufgabenkreis ihrer Stellen hinausgehen.

c) Die Kollegien können in Abhängigkeit von der Aufgabenstellung entweder befristet oder unbefristet tätig werden.

d) Unabhängig von der Position in der Betriebshierarchie sind die Mitglieder innerhalb des Kollegiums (meist) gleichberechtigt.

Idealtypische Formen bereichsübergreifender Ausschüsse bilden die Informations-, Beratungs- und Entscheidungskollegien. Im *Informationskollegium* tauschen die Mitglieder lediglich Erfahrungen aus; Entscheidungen werden nicht getroffen. Im *Beratungskollegium* werden Erfahrungen und Spezialkenntnisse der Mitglieder genutzt, um Entscheidungen sachgerecht vorzubereiten. Im *Entscheidungskollegium* finden sich Inhaber von Leitungsstellen zusammen, um die Realisierung von Problemlösungen vollzugsverbindlich zu beschließen. Qualitätszirkel und Wertanalysegruppen sind Beispiele für Kollegien im Produktionsbereich.

2.5 Q-Funktionsträger

Beim *Q-Funktionsträger* („Q" bedeutet Querschnittskoordination) handelt es sich um die besondere Ausgestaltungsform eines *betrieblichen Verbindungsspezialisten*. Die Besonderheit der von Blohm/Seppeler[113] für spartengegliederte Klein- und Mittelbetriebe entwickelten Q-Funktion besteht darin, dass ein Q-Funktionsträger als Verrichtungsspezialist einer Sparte zugeordnet ist (z. B. Vertriebsbeauftragter der Produktgruppe B), darüber hinaus aber auch als zuständiger Fachkoordinator für den Gesamtbetrieb tätig wird (Koordination der Vertriebsaufgaben in allen Produktgruppen) (vgl. Abb. 83).[114] Diese unipersonale *Doppelzuständigkeit* hat den Vorteil, dass eine zielbezogene Abstimmung wichtiger Funktionen (wie Beschaffung, Entwicklung, Fertigung, Vertrieb) über alle Sparten hinweg erfolgen kann, ohne dass die Personalausstattung im Klein- und Mittelbetrieb unnötig ausgeweitet und zusätzliche Zentralstellenstrukturen eingerichtet werden müssen.

---

113 Vgl. Blohm/Seppeler (1976), S. 65 f. und S. 124 ff.
114 Vgl. hierzu Silber (1985), S. 56 ff.

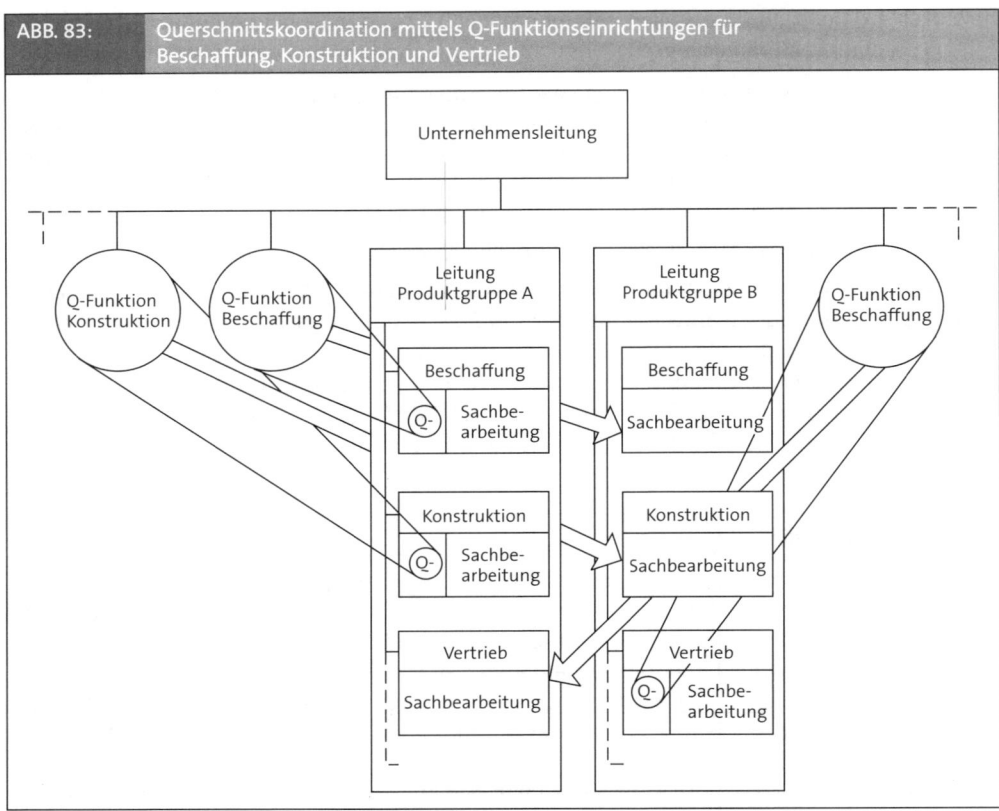

ABB. 83: Querschnittskoordination mittels Q-Funktionseinrichtungen für Beschaffung, Konstruktion und Vertrieb

(Quelle: Silber (1985), S. 58)

3. Dezentrale Organisation des Produktionsbereichs

Dezentrale Konzepte der Produktionsorganisation tendieren zu einer kundenauftragsbezogenen Komplettbearbeitung von Produkten.[115] Nach dem Prinzip der *Objektorientierung* werden möglichst viele Funktionen des Wertschöpfungsprozesses für ein bestimmtes Produkt oder eine Gruppe von Produkten organisatorisch gebündelt. Kern dieser Struktur ist der jeweilige Fertigungs- und Montagebereich, erweitert um produktionsnahe Aufgabenfelder wie Fertigungsplanung, -steuerung, Instandhaltung und Qualitätssicherung. Ausgangspunkt für eine Dezentralisierung des Produktionsbereichs ist die durchgängige Kundenorientierung, die eine deutliche Reduzierung organisatorischer Schnittstellen und eine entsprechende Verringerung der Koordinationserfordernisse bewirkt.

Durch die konzeptbedingte Entflechtung des Produktionsprozesses ergibt sich dort, wo Kapazitäten aufgeteilt werden müssen, ein gesteigerter Betriebsmittelbedarf. Bei der erforderlichen Kapazitätssegmentierung (Aufteilung der Kapazitäten auf die dezentralen Produktionsbereiche) wird jedoch davon ausgegangen, dass die Summe aus „Kapazitätenteilungskosten" und „Schnitt-

---

115 Vgl. Hallwachs (1994), S. 356.

stellenkosten" bei einer dezentralen, stärker produktorientierten Struktur deutlich geringer ausfällt als bei einer herkömmlichen, stark verrichtungsorientierten Produktionsstruktur.[116]

Die Dezentralisierung der produktbezogenen Gesamtverantwortung für Termine, Qualität usw. erfordert eine Verlagerung von Kompetenzen aus zentralen Unternehmensbereichen wie Arbeitsvorbereitung, Qualitätssicherung usw. (dezentrales Prozessmanagement). Es wird erwartet, dass erweiterte Handlungsspielräume bezüglich der Prozessplanung und -kontrolle eine Stärkung der Arbeitsmotivation bei den Mitarbeitern bewirken. Voraussetzung für den Erfolg dieser Konzeption ist ein hohes Maß an Mitarbeiterqualifikation.

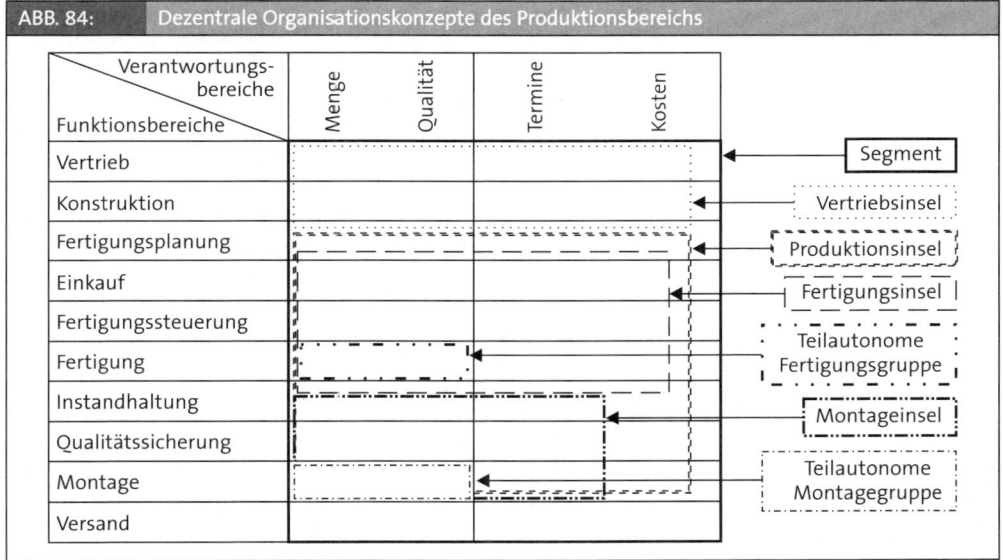

ABB. 84: Dezentrale Organisationskonzepte des Produktionsbereichs

(in Anlehnung an Hallwachs (1994), S. 361)

In Abhängigkeit von den marktorientierten Produktanforderungen zeigen sich Unterschiede in den organisatorischen Ausprägungen, die sich in erster Linie aus dem Autonomiegrad und dem Umfang der zugeordneten Aufgaben herleiten.[117] Den Ausgangspunkt bilden *teilautonome Fertigungsgruppen,* die um die Funktionen Fertigungsplanung, -steuerung, Einkauf und Instandhaltung angereichert, zu *Fertigungsinseln* ausgebaut werden können. Ergänzen lässt sich diese Struktur um die am Fertigprodukt orientierten *Montageinseln.* Fertigungs- und Montageinseln stehen in einem internen Kunden-/Lieferantenverhältnis, d.h. interne Vorleister übernehmen für Menge, Termin und Qualität der benötigten Teile oder Vorprodukte die gleiche Verantwortung wie ein externer Lieferant.

Ergeben sich enge Leistungsverflechtungen in der Wertschöpfungskette eines Produkts oder einer Produktgruppe, so kann es zweckmäßig sein, Fertigungs- und Montageinseln zu größeren Einheiten, d.h. zu *Produktionsinseln,* zusammenzufassen. Sollen darüber hinaus produktspezifische Konstruktions- und Vertriebsaufgaben berücksichtigt werden, so sind die entsprechenden

---

116 Vgl. Hallwachs (1994), S. 356.
117 Vgl. Hallwachs (1994), S. 360.

Funktionen in *Vertriebsinseln* zu bündeln. Durch eine Kombination von Produktions- und Vertriebsinseln werden *Segmente* gebildet. Fertigungssegmente gelten als die umfassendste Strukturform einer dezentral gegliederten Produktion. Ein Fertigungssegment bündelt alle erforderlichen Ressourcen zur Komplettbearbeitung segmentspezifischer Produkte.

KONTROLLFRAGEN

(1) Welche Bedingungen sprechen für eine Organisation nach dem Einliniensystem?

(2) Durch welche Gliederungsprinzipien sind mehrdimensionale Organisationsformen geprägt?

(3) Welchen Zielen dient eine Dezentralisierung des Produktionsbereichs?

Aufgabe 23

Schildern Sie, durch welche Merkmale sich Kollegien von anderen Koordinationsorganen – Produktmanager, Stabsstelle und Zentralstelle – unterscheiden.

VI. Der dispositive Faktor Führen

1. Führung, Leitung, Management

Im Produktionsbereich wirken Mitarbeiter unterschiedlicher Ausbildungsgänge wie Handwerker, Techniker, Ingenieure, Informatiker, Betriebswirte, Wirtschaftsingenieure zusammen. Sie so zu motivieren, dass sie im Sinne der Betriebsziele handeln, gehört zu den für die Wirtschaftlichkeit und Funktionsfähigkeit des Betriebes entscheidenden Aufgaben des Führungspersonals.

Die Begriffe *Führung, Leitung, Management* werden teilweise mit unterschiedlichem Inhalt, teilweise aber auch synonym verwendet. Zu den drei Begriffen lässt sich Folgendes feststellen (s. Abb. 85):

a) Verhältnis Führung zu Leitung

Leitung basiert auf formaler Machtbefugnis, die in der hierarchischen Organisationsstruktur ihren Ausdruck findet. *Führung* dagegen ist ein sozialpsychologisches Phänomen der zwischenmenschlichen Verhaltensbeeinflussung und -steuerung. Ein Führender (leader) besitzt auch ohne offizielle Machtposition in der Betriebshierarchie einen starken Einfluss auf die Organisationsmitglieder.

Erfolgreiche Instanzeninhaber vereinen normalerweise in ihrer Person die Leitungs- und die Führungsfunktion. Während die Leitungsfunktion dabei den formal-bürokratischen Teil, d. h. die *Amtsautorität*, beinhaltet, ergänzt die Führungsfunktion den fachlich-charismatischen Teil, d. h. die *persönliche Autorität* des Vorgesetzten. Beide Aspekte lassen sich zwar gedanklich trennen, sie wirken in der Regel aber als gemeinsamer dispositiver Faktor. In den Fällen, in denen Vorgesetzte ihren Führungsaufgaben nicht gerecht werden, kann es zu einer personellen Aufspaltung der formalen Leitungs- und der personengebundenen Führungsfunktion kommen: Es entstehen „Führungs-Duale"[118], bestehend aus dem formalen und einem informalen Führer.

b) Verhältnis Führung und Leitung zu Management

Mit *Management* werden verschiedenartige Sachverhalte bezeichnet, wie das oberste Leitungsorgan (Unternehmensleitung im institutionalen Sinn), das Beziehungsgefüge zwischen anordnungsberechtigten Personen (Leitungsgefüge), aber auch spezielle Techniken der Aufgabenbewältigung (z. B. Innovationsmanagement) sowie dispositive Teilfunktionen (Managementaufgaben).

In der betrieblichen Praxis wird die strenge Unterscheidung zwischen den Begriffen Führung, Leitung und Management nicht nachvollzogen, was etwa an der regelmäßig synonymen Verwendung der Bezeichnungen Top *Management*, Unternehmens*führung* und oberstes *Leitungs*organ abgelesen werden kann.

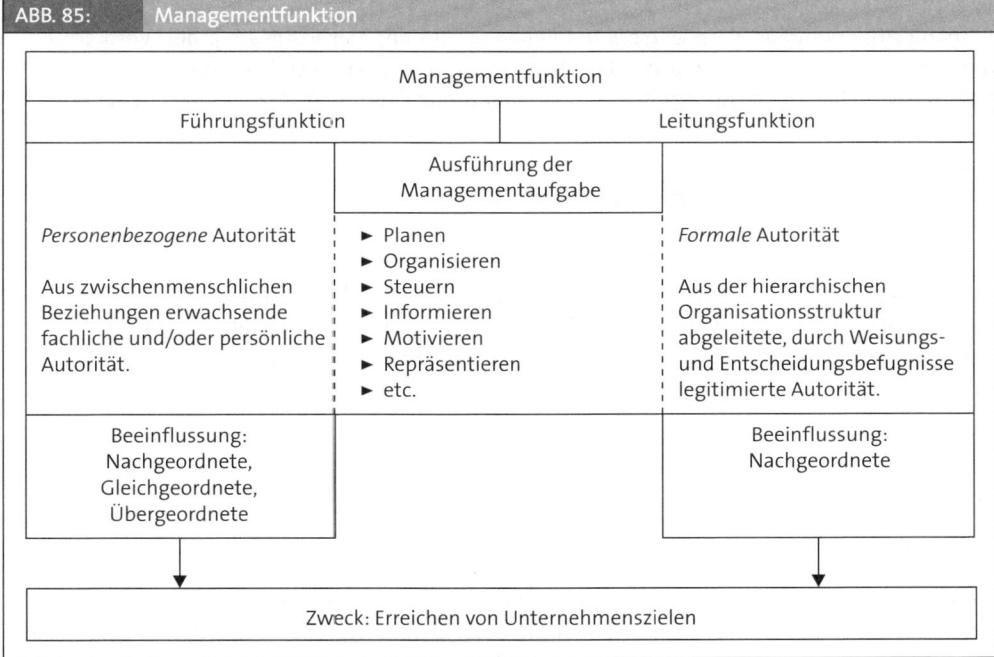

ABB. 85: Managementfunktion

2. Typologien von Führungsstilen

Unter dem Begriff *Führungsstil* kann „... ein zeitlich überdauerndes und in Bezug auf bestimmte Situationen konsistentes Führungsverhalten von Vorgesetzten gegenüber Mitarbeitern"[119] verstanden werden. In der Literatur behandelte Führungsstile orientieren sich in der Regel an einer

---

118 Hentze/Graf (2005), S. 266.
119 Wunderer/Grunwald (1980), Bd. 1, S 221.

umfassenden Grundidee, die von individuellen Aspekten im Führungsverhalten von Führungspersönlichkeiten abstrahiert.

Zu den klassischen Konzepten zur Beschreibung von Führungsstilen zählen insbesondere die entscheidungsorientierte Typologie von Tannenbaum/Schmidt, das Verhaltensgitter von Blake/Mouton und die Typologie aufgrund der Feldstudien der Ohio-Gruppe.

2.1 Die entscheidungsorientierte Typologie von Tannenbaum/Schmidt

Ordnungskriterium im Schema von Tannenbaum/Schmidt ist die *Entscheidungspartizipation*, d. h. der Umfang, in dem die Mitarbeiter an Entscheidungsprozessen beteiligt werden. Zur Illustration werden auf einem Kontinuum sieben Verhaltensweisen abgebildet, wobei die abnehmenden Machtbefugnisse des Vorgesetzten zunehmende Entscheidungsspielräume bei den Mitarbeitern hervorrufen.

Wegen seiner einprägsamen Darstellung (vgl. Abb. 86) hat dieser Ansatz große Verbreitung in der Literatur gefunden. Da jedoch lediglich *ein* Führungsaspekt (Entscheidungspartizipation) betrachtet wird, bleibt die Aussagefähigkeit für praktische Führungskonzeptionen eher gering.

ABB. 86: Entscheidungspartizipation nach Tannenbaum/Schmidt (1958)

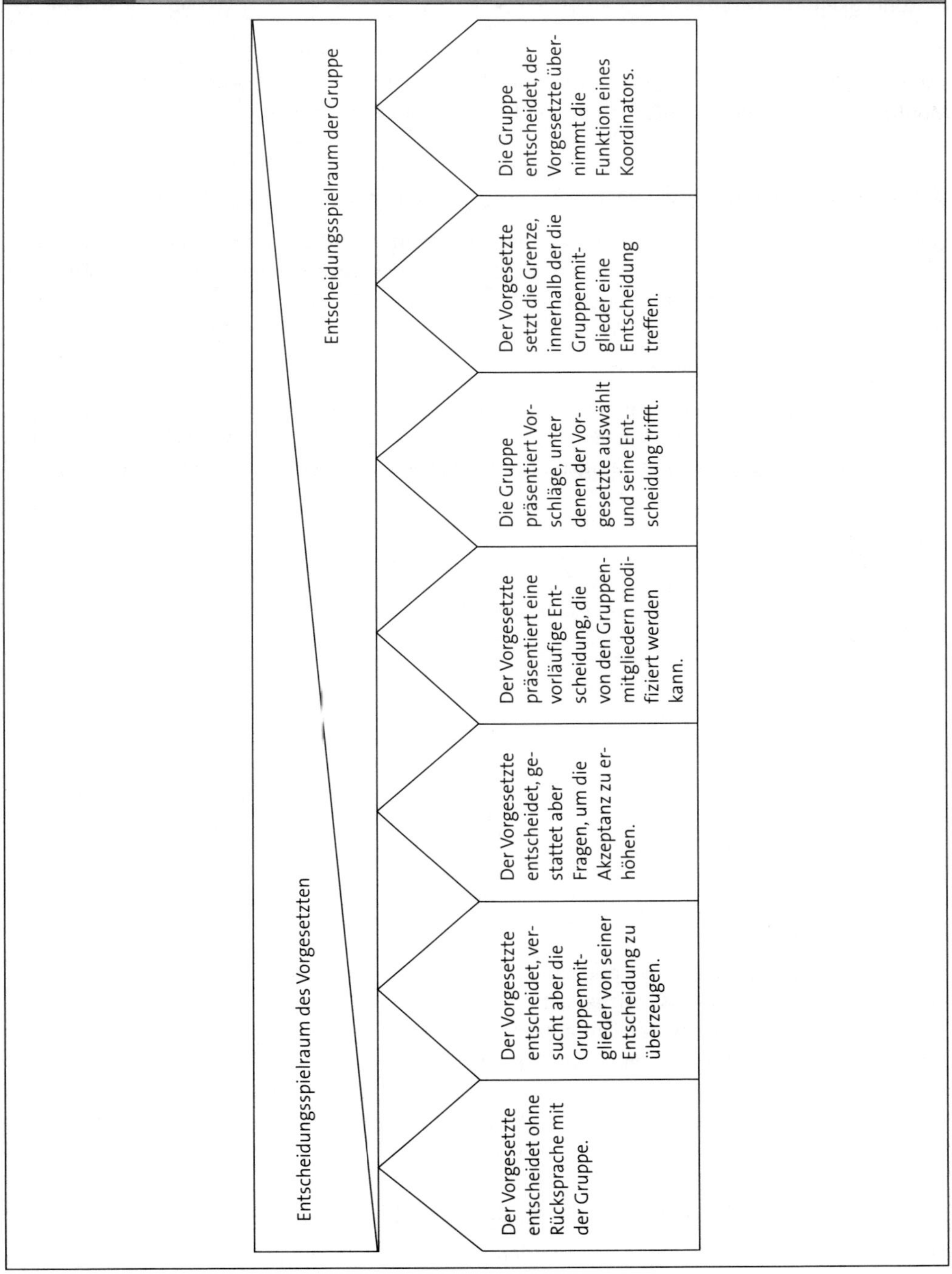

Entscheidungsspielraum des Vorgesetzten ← → Entscheidungsspielraum der Gruppe

- Der Vorgesetzte entscheidet ohne Rücksprache mit der Gruppe.
- Der Vorgesetzte entscheidet, versucht aber die Gruppenmitglieder von seiner Entscheidung zu überzeugen.
- Der Vorgesetzte entscheidet, gestattet aber Fragen, um die Akzeptanz zu erhöhen.
- Der Vorgesetzte präsentiert eine vorläufige Entscheidung, die von den Gruppenmitgliedern modifiziert werden kann.
- Die Gruppe präsentiert Vorschläge, unter denen der Vorgesetzte auswählt und seine Entscheidung trifft.
- Der Vorgesetzte setzt die Grenze, innerhalb der die Gruppenmitglieder eine Entscheidung treffen.
- Die Gruppe entscheidet, der Vorgesetzte übernimmt die Funktion eines Koordinators.

2.2 Das Verhaltensgitter von Blake/Mouton

In einer empirischen Studie haben Blake und Mouton das Führungsverhalten von etwa 5.000 Führungskräften aus Wirtschaft und Verwaltung in den USA untersucht. Die Ergebnisse sind in einem zweidimensionalen Schema (Verhaltensgitter) dargestellt. Dieses Verhaltensgitter beinhaltet die beiden Merkmale *Aufgabenorientierung* und *Mitarbeiterorientierung*. Neun Stufen repräsentieren die Intensität der Merkmalsausprägungen (1 = niedrig, 9 = hoch). Von den somit 81 unterscheidbaren Verhaltensmustern werden die fünf markantesten in dem Konzept von Blake/Mouton näher beschrieben (vgl. Abb. 87).

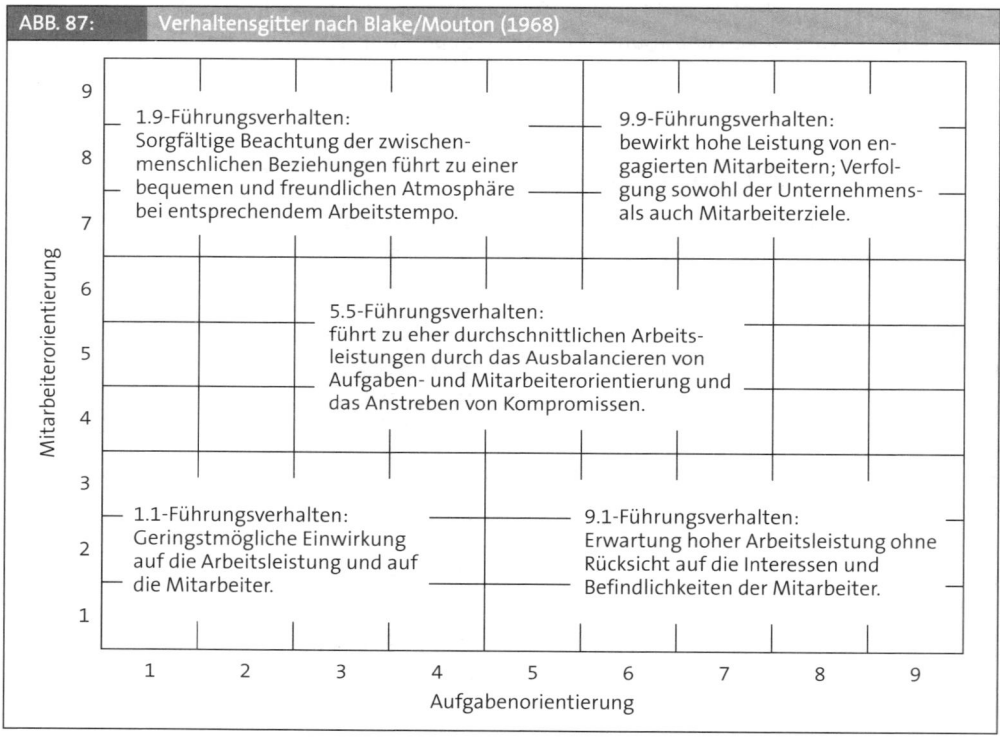

Der Führungsstil 9.9 wird als besonders erstrebenswert herausgestellt. An diese normative Einschätzung knüpft die grundsätzliche Kritik am Vorgehen an. Verschiedene Untersuchungen haben gezeigt, dass Führungsstile nicht automatisch bestimmte Wirkungen hervorrufen. Hohe Arbeitsleistungen von begeisterten Mitarbeitern sind Auswirkungen, die nicht nur durch einen bestimmten Führungsstil, sondern u. a. auch durch spezifische *Arbeitssituationen* hervorgerufen werden können. Trotz dieser Kritik hat das Konzept zur Kennzeichnung idealtypischer Führungsstile Bedeutung erlangt.

2.3 Typologie aufgrund der Feldstudien der Ohio-Gruppe

Unter der Bezeichnung Ohio-Studien wurden empirische Forschungsergebnisse der Ohio State University über das Führungsverhalten von Vorgesetzten veröffentlicht. Die Ergebnisse wurden auf zweierlei Wegen gewonnen. Mittels Fragenkatalog erfolgte eine Einschätzung des Vorgesetztenverhaltens durch die jeweiligen Mitarbeiter. Mit einem weiteren Fragebogen beurteilten sich die Vorgesetzten in verschiedenen Führungssituationen selbst.

Analysen dieser Untersuchungen haben gezeigt, dass sich Führungsverhalten im Wesentlichen durch zwei gegensätzliche Hauptmerkmale charakterisieren lässt, nämlich *Rücksichtnahme* (Consideration) und *Planungsinitiative* (Initiating Structure).

Rücksichtnahme (C) beinhaltet Zustimmung, auch Beteiligung der Mitarbeiter an Handlungen des Vorgesetzten. Sein Führungsstil ist insgesamt gekennzeichnet durch ein auf Achtung, Vertrauen und menschliche Wärme gründendes Vorgesetzten-/Untergebenenverhältnis sowie die Förderung der zweiseitigen Kommunikation und den persönlichen Einsatz für die Interessen der Mitarbeiter.

Planungsinitiative (I) beinhaltet dagegen detaillierte Zielvorgaben durch den Vorgesetzten mit der Maßgabe, sich diesen Zielen unterzuordnen. Änderungsvorschläge der Mitarbeiter werden nicht geduldet, mangelhafte Arbeiten gerügt.

Aus der Kombination der beiden – als voneinander unabhängig angesehenen – Hauptmerkmale C und I lassen sich die folgenden vier Grundtypen von Führungsstilen ableiten:

- Führungsstil mit hoher Planungsinitiative und hoher Rücksichtnahme,
- Führungsstil mit niedriger Planungsinitiative und geringer Rücksichtnahme,
- Führungsstil mit niedriger Planungsinitiative und hoher Rücksichtnahme,
- Führungsstil mit hoher Planungsinitiative und geringer Rücksichtnahme.

3. Innovationsmanagement als Führungsprozess

Globaler Wettbewerb in Verbindung mit neuen Technologien zwingt einzelne Unternehmen und ganze Branchen dazu, ihre Produkte und Produktionsverfahren ständig zu erneuern. „Unternehmen konkurrieren am Markt direkt über ihre Produkte und indirekt über die Verfahren zur Herstellung dieser Produkte."[120] Das Ingangsetzen und die aktive Gestaltung von Neuerungsprozessen im Betrieb ist die zentrale Aufgabenstellung des Innovationsmanagements.

3.1 Innovationsbegriff

Unter Innovationen werden alle bedeutsamen Neuerungen verstanden, die ein Unternehmen zum ersten Mal realisiert. In diesem Sinne können auch Verfahren und Produkte Innovationen sein, die es auf dem Markt bereits gibt. Typische Ergebnisse betrieblicher Neuerungsprozesse sind *Produkt-, Verfahrens-, Struktur-* und *Sozialinnovationen* sowie hieraus gebildete Kombinationen (z. B. kombinierte Produkt- und Verfahrensinnovationen[121]).

Nach dem Neuigkeitsgrad kann zwischen *Basis*innovationen (z. B. Mikroprozessor, Lasertechnik) und *Verbesserungs*innovationen (z. B. Modellwechsel im Automobilbau) unterschieden werden. Der Produktionsbereich bildet aufgrund der Notwendigkeit zum technologischen Wandel ein Zentrum der betrieblichen Innovationstätigkeit.

---

120 Stumpfe (2003), S. 14.
121 Zu den Wechselwirkungen zwischen Produkt- und Verfahrensinnovationen vgl. Stumpfe (2003), S. 51 ff.

Der Innovation zeitlich vorgelagert ist die *Invention,* ihr nachgelagert die *Diffusion.* Invention ist das Resultat eines kreativen Aktes (z. B. einer Erfindung), ohne dass bereits ein primärer Bezug zur wirtschaftlichen Verwertung dieses Forschungs- oder Entwicklungsergebnisses erkennbar sein muss. Diffusion kennzeichnet die Durchsetzung der Neuerung im Betrieb und die Annahme durch den Markt.

3.2 Funktion des Innovationsmanagements

Innovationsmanagement umfasst „alle mit der Entwicklung, Einführung bzw. Umsetzung und Durchsetzung von technischen und sozialtechnischen, unternehmenssubjektiv neuen Produkten und Prozessen verbundenen Initiativen betrieblicher Leitungs- und Führungspersonen".[122] Die Funktion des Innovationsmanagements ist im Wesentlichen auf die Setzung von *Zielen,* die Entwicklung von *Strategien* sowie auf die *Strukturierung* des komplexen und durch große Unsicherheit gekennzeichneten Innovationsprozesses ausgerichtet.

Zielsetzung und Strategieentwicklung

Innovationsziele sind Bestandteile des betrieblichen Gesamtzielsystems. Sie können sich sowohl auf Formalziele des Unternehmens (z. B. langfristige Gewinnsicherung) als auch auf Sachziele (z. B. Umstellung der Produktion auf eine neue Fügetechnik) beziehen. Aufgabe des Managements ist es, geeignete Wege zur Zielerreichung, d. h. Strategien aufzuzeigen. Unter einer *Innovationsstrategie* wird die Erschließung und Sicherung zukünftiger Ertragspotenziale bei Abschätzung damit verbundener Risiken und Chancen verstanden.

Um betriebliche Ressourcen langfristig ertragswirksam einsetzen zu können, sind strategische Grundsatzentscheidungen zu treffen, in größeren Unternehmen in der Regel auf der Ebene der Strategischen Geschäftseinheiten. Die grundsätzliche Strategieentscheidung betrifft im Fall einer Produktinnovation beispielsweise die Wahl zwischen:[123]

- einer offensiven oder eher defensiven Innovationsstrategie mit entsprechend hohem bzw. moderatem Ressourceneinsatz für Forschung und Entwicklung,
- der Innovationsausrichtung auf einen industrieweiten oder segmentspezifischen Markt,
- der Entwicklung standardisierter Neuerungen oder eher individueller Problemlösungen,
- der Wahrnehmung einer Vorreiter- oder einer Folgerrolle hinsichtlich des Markteintritts.

Strukturierung des Innovationsprozesses

Zur Erreichung der mit Innovationen verbundenen Ziele sind die Organisation und das Führungsverhalten zweckentsprechend auszurichten. Hier können drei grundsätzliche *Phasen* des Innovationsprozesses – Ideengenerierung, Ideendurchsetzung und Ideenrealisierung – unterschieden werden.[124]

- In der kreativen Phase der *Ideengewinnung* (vgl. E.V. 2.1) sind lockere, partizipative, Freiräume gewährende Beziehungen der Mitarbeiter zueinander und zu den Vorgesetzten wünschenswert. Projektorganisation, Vorschlagswesen, Total Quality Management, Anwendung

---

[122] Trommsdorff/Schneider (1990), S. 5.
[123] Vgl. auch Gerybadze (2004), S. 153.
[124] Vgl. Trommsdorff/Schneider (1990), S. 15.

von Kreativitäts- und Moderationstechniken, gruppendynamische Prozesse etc. fördern die Anfangsphase der Innovation.

▶ Zur erfolgreichen *Ideendurchsetzung* sind bestehende Innovationsvorbehalte im Unternehmen zu überwinden. Geeignete Maßnahmen, die Bereitschaft für Neuerungen zu fördern, bestehen in einer umfassenden Informationspolitik und soweit möglich, in einer unmittelbaren Mitarbeiterbeteiligung am Innovationsprozess. Den Vorteilen der Akzeptanzerhöhung und Verbesserung der Entscheidungsqualität steht der Nachteil einer möglicherweise verlängerten Entscheidungs- und Durchsetzungsphase gegenüber.

▶ In der *Realisierungsphase* richten sich die Innovationsaktivitäten verstärkt an den Erfordernissen des Marktes aus. Zu den Erfolgsfaktoren von Produktinnovationen zählt neben herausragendem Kundennutzen und einem nachfragestarken Markt insbesondere das professionelle Marketing-Know-How, die überlegene Produktionstechnik und die Vertriebsstärke des Unternehmens. Die Organisation der Zusammenarbeit wird insgesamt gestrafft, die partizipativen Elemente sind daher schwächer als in den vorangegangenen Phasen ausgeprägt.

Es sei betont, dass reale Innovationsprozesse nur zu einem Teil das Resultat einer rationalen und zielorientierten Gestaltung im Sinne des soeben skizzierten Innovationsmanagements sind. „Der Innovationsprozess ist unter Rückgriff auf das Selbstorganisationsprinzip und unter Beachtung der Emergenzannahme dann nicht nur als geplanter, sondern auch als von ‚außen' betrachtet zufälliger, aus interner Systemsicht emergenter Prozess zu sehen."[125]

3.3 Spezielle Funktionsträger im Innovationsmanagement

Zum innovativen Potenzial im Unternehmen zählen Personen oder Personengruppen, die durch Initiative und Kreativität zur Ideengenerierung und/oder Ideendurchsetzung sowie zur Ideenrealisierung beitragen. Besonders hervorzuheben sind folgende Funktionsträger:

„*Gatekeeper*": Torwächterfunktion; Personen, häufig Stabstätigkeiten ausübend, die Vorschläge, Ideen, Beschwerden prüfend bewerten und die Ergebnisse Instanzen zur Entscheidung vorlegen.

„*Intrapreneur*": Unternehmer im Unternehmen, der Mitarbeiter und Kollegen gleichermaßen motiviert, geeignete Wege zur Beschaffung von Innovationsressourcen findet und auftretende Hindernisse erkennt und beseitigt.

„*Sponsor*": Machtpromotor, der hierarchisch auf hoher oder höchster Unternehmensebene angesiedelt ist, das Innovationsvorhaben stützt und schützt.

„*Venture-Management*": Projektgruppen, Neuproduktabteilungen oder ausgelagerte Unternehmenstöchter, die von den Aufgaben des Tagesgeschäftes befreit, auf Dauer oder zeitlich befristet Innovationsaufgaben eigenverantwortlich wahrnehmen.

„*Change Agent*": Interner bzw. externer Berater als Agent des Wandels, der bestehende Widerstände im Unternehmen aufspürt, analysiert und überwindet.

---

[125] Welter (2001), S. 217. Die Aussage ist an der zitierten Stelle zwar auf kleine und mittlere Unternehmen bezogen, aber sicherlich verallgemeinerbar.

3.4 Innovationsmanagement in kleinen und mittleren Unternehmen

Der für kleine und mittlere Unternehmen (KMU) typische Erfolgsfaktor liegt in der schnellen Reaktionsfähigkeit auf differenzierte Kundenbedürfnisse. Andererseits erschwert eine Reihe KMU-spezifischer *Innovationshemmnisse* die Initiierung und Durchführung erfolgreicher Innovationsprozesse.[126] Aufgrund der in KMU häufig dominierenden Rolle der Eigentümerpersönlichkeit besitzen *personen*bezogene Innovationshemmnisse eine große Bedeutung; sie können sich in technischen oder kaufmännischen Qualifikationsdefiziten ebenso zeigen wie in dysfunktionalen Einstellungen (mangelnde Risikobereitschaft) und Verhaltensweisen (eingeschränkte Kommunikations- und Kontaktfähigkeit). *Unternehmens*bezogene Innovationshemmnisse finden sich u. a. in Gestalt von Engpässen in der Versorgung mit Risikokapital, Informationsdefiziten und größenbedingten Nachteilen. Schließlich können sich *umfeld*bezogene Innovationshemmnisse, etwa aufgrund von Abhängigkeitsbeziehungen zu Lieferanten und Abnehmern, ergeben. Teilweise verstärken hemmende Faktoren sich in ihrer Wirkung.

Kooperationen[127] können einen bedeutenden Beitrag zum Abbau von Innovationshemmnissen in KMU leisten. So lassen sich beispielsweise Risiken besser streuen, Größen- und Verbundvorteile sowie erweiterte Finanzierungsspielräume nutzen, technisches Know-how leichter erschließen und mitunter lässt sich nur auf diesem Wege eine für viele Innovationsprojekte erforderliche kritische Größenordnung der Ressourcenbasis erreichen.[128]

4. Qualitätsmanagement

4.1 Qualitätsbegriff

Die internationale Norm DIN EN ISO 9000:2005 definiert den *Begriff „Qualität"* als „Grad, in dem ein Satz inhärenter Merkmale Anforderungen erfüllt".[129] Dabei soll das Adjektiv „inhärent" klarstellen, dass die Merkmale nicht als dem betreffenden Objekt zugeordnet (wie etwa der Preis eines Produkts), sondern als diesem innewohnend aufgefasst werden. Obwohl die Diskussion um die Inhalte des Qualitätsbegriffs nicht als abgeschlossen gelten kann, lassen sich auf der Grundlage des obigen Zitats die folgenden wohl konsensfähigen inhaltlichen Bestandteile identifizieren:

▶ Qualität ist eine *mehrdimensionale* Größe („Satz inhärenter Merkmale"). Selbst einfache Massenprodukte wie Trinkwasser oder elektrischer Strom weisen nicht nur *ein* qualitätsbestimmendes Merkmal auf.[130] In Bezug auf ein Gesamturteil über die Qualität eines Produkts besitzen die einzelnen Merkmale in der Regel ein unterschiedliches Gewicht (dass Trinkwasser frei von Verunreinigungen ist, hat eine größere Bedeutung als der Gehalt einzelner Mineralstoffe).

▶ Qualität bzw. eine Aussage über die Qualität in einem konkreten Fall bezieht sich stets auf (An-)Forderungen, ist also *nichts Absolutes* (ein Charakteristikum übrigens, das auch den in Teil C. III. 3.1 behandelten Flexibilitätsbegriff auszeichnet). Da der Grad der Übereinstimmung

---

126 Vgl. zum Folgenden Pinkwart (2001), S. 195 f.
127 Zum Begriff der Kooperation vgl. Blohm (1980), Sp. 1112 ff.
128 Vgl. Pinkwart (2001), S. 199 ff.
129 DIN EN ISO 9000:2005, S. 18.
130 Vgl. zu den Eigenschaften materieller und immaterieller Produkte Teil E. II. 2.

zwischen vorhandenen und geforderten Merkmalsausprägungen die Qualität bestimmt, ist Qualität keine Eigenschaft des betreffenden Objekts an sich, sondern eine Relation zwischen Objekt und gestellten Anforderungen. Daraus folgt, dass ein und dasselbe Produkt aus der Sicht von Käufern oder Käufergruppen, die unterschiedliche Anforderungen stellen, qualitative Unterschiede besitzt. Anforderungen an Produkte können aus gesetzlichen Vorgaben resultieren, gleichsam als „Hygienefaktoren" Grund- oder Leistungsanforderungen der Kunden (d. h. selbstverständliche bzw. erwartete Anforderungen) im Sinne des Kano-Modells[131] widerspiegeln oder als „Motivatoren" Begeisterungsanforderungen darstellen.

▶ Offen lässt das Zitat, auf welche Art von Objekten sich die Merkmalserfüllung beziehen soll. An anderer Stelle der Norm werden Produkte, Prozesse und Systeme genannt.[132] Da diese Aufzählung nicht überschneidungsfrei ist, sei sie durch die drei Bestandteile *Input (Potenziale)*, *Throughput (Prozesse)* und *Output (Produkte)* des produktionswirtschaftlichen Grundmodells (vgl. Abb. 1) ersetzt. Die Qualität der Prozesse ist Voraussetzung für die Qualität der Produkte, und Prozessqualität ist nur erreichbar, wenn die Potenziale (Personal, Betriebsmittel, Werkstoffe) den Prozessanforderungen entsprechen.

Auf Produkte bezogen sollen die folgenden Zusammenhänge betont werden (vgl. Abb. 88): Je besser die Konstruktion oder allgemein die Konzeption eines Produkts den Markt- resp. Kundenanforderungen entspricht, desto höher ist dessen *Entwurfs*qualität.[133] Soll beispielsweise ein Fahrrad geländetauglich sein, muss es – etwa durch einen stärker dimensionierten Rahmen, breitere Reifen usw. – konstruktiv auf die entsprechenden Anforderungen ausgelegt sein. Diese Designqualität betrifft den Effektivitätsaspekt der Qualität („Stellen wir das richtige Produkt her?"). Demgegenüber wird die *Ausführungs*qualität (Fertigungs- oder Prozessqualität) bestimmt durch das Ausmaß, in dem die Herstellung des Produkts, d. h. seine konkrete Ausführung, die Anforderungen des Entwurfs erfüllt. Die Ausführungsqualität ist umso höher, je größer der Grad der Übereinstimmung mit den Spezifikationen ist, z. B. bezüglich der Einhaltung von Materialstärken, Toleranzen usw. Damit ist der Effizienzaspekt der Qualität angesprochen („Stellen wir das Produkt richtig her?").

---

131 Vgl. hierzu Kano u. a. (1984).
132 Siehe DIN EN ISO 9000:2005, S. 19.
133 Vgl. z. B. Galloway/Rowbotham/Azhashemi (2001), S. 331.

KAPITEL C — Die produktiven Faktoren
Teil VI

ABB. 88: Entwurfs- und Ausführungsqualität

		Definition des Soll	Ist (Erfüllung des Soll)	Abweichungen zwischen Soll und Ist	Wirkungen von Abweichungen
Qualitätsausprägung	Entwurfs-qualität	– Kundenbedürfnisse, -wünsche (z. B. durch Marktforschung erhoben) – gesetzliche Vorgaben – technische Normen	Produktentwurf, -spezifikationen, Pflichtenheft Effektivität: „Die richtigen Produkte herstellen!"	– nicht-marktkonformes Produkt – Konstruktionsfehler	– erschwerter Marktzugang, eingeschränkte Wettbewerbsfähigkeit, Nachfragerückgang bei etablierten Produkten – Produkthaftungsrisiken, Serienschäden
	Ausführungsqualität	– Produktentwurf, -spezifikationen, Pflichtenheft – gesetzliche Vorgaben – technische Normen	Realisierung des Produkts Effizienz: „Die Produkte richtig herstellen!"	Abweichung > Toleranz –> Fabrikationsfehler	– Fehler(folge)kosten, Gewährleistungsfälle, Produkthaftungsrisiken, Kundenabwanderung, Imageschäden, ggf. Beeinträchtigung des Neukundengeschäfts

Werden die beiden Einflussgrößen der Qualität – Anforderungen einerseits und deren Erfüllung andererseits – zeitpunktbezogen betrachtet, liegt ein *statisches* Qualitätsverständnis vor. In diesem Sinne wird die Entwurfsqualität eines Produkts als am Ende der Produktentwicklung und die Ausführungsqualität als zum Lieferzeitpunkt endgültig fixiert angesehen. Im Gegensatz dazu trägt ein *dynamisches* Qualitätsverständnis der Tatsache Rechnung, dass sich sowohl die Entwurfs- als auch die Ausführungsqualität im Zeitablauf ändern kann. Ohne dass irgendwelche Modifikationen am Produktentwurf selbst vorgenommen werden, sinkt dessen Entwurfsqualität aufgrund der technologischen Entwicklung oder unter dem Einfluss von Modetrends. Was gestern noch eine Begeisterungsanforderung im Sinne des Kano-Modells war und einen Vorsprung im Wettbewerb verschaffte, ist heute auf Leistungs- oder gar Basisanforderungsniveau zurückgefallen. Die Verbindung zum Produktlebenszyklusmodell (vgl. Teil E. I. 3.) ist augenfällig. Sind es im Fall der Entwurfsqualität steigende Anforderungen an das Produkt, die seine Qualität im Laufe Zeit verschlechtern, gehen im Fall der Ausführungsqualität Einbußen auf eine verschlechterte Anforderungserfüllung zurück. Durch Gebrauchs- und Zeitverschleiß entfernt sich der tatsächliche Zustand des Produkts mehr und mehr vom Entwurfszustand. Instandhaltungsmaßnahmen – nur lohnend bei Produkten, deren Wert sehr viel größer als der Preis für die Erhaltungsmaßnahmen ist – lassen den Grad der Übereinstimmung zwischen Soll- und Istzustand, d. h. die Qualität, wieder ansteigen. Maße für die dynamische Komponente der Ausführungsqualität sind z. B. die Größen Zuverlässigkeit und Verfügbarkeit (vgl. Teil C. III. 6.2).

Ein Modell zur Veranschaulichung eines weiteren Aspekts des Qualitätsbegriffs stellt der sog. *Qualitätskreis* (Abb. 89) dar. Dieser symbolisiert, dass Qualität in sämtlichen Lebensstadien eines materiellen Produkts „erzeugt" werden muss, womit die Notwendigkeit einer ganzheitlichen Auffassung von Qualität und Qualitätsmanagement hervorgehoben wird.

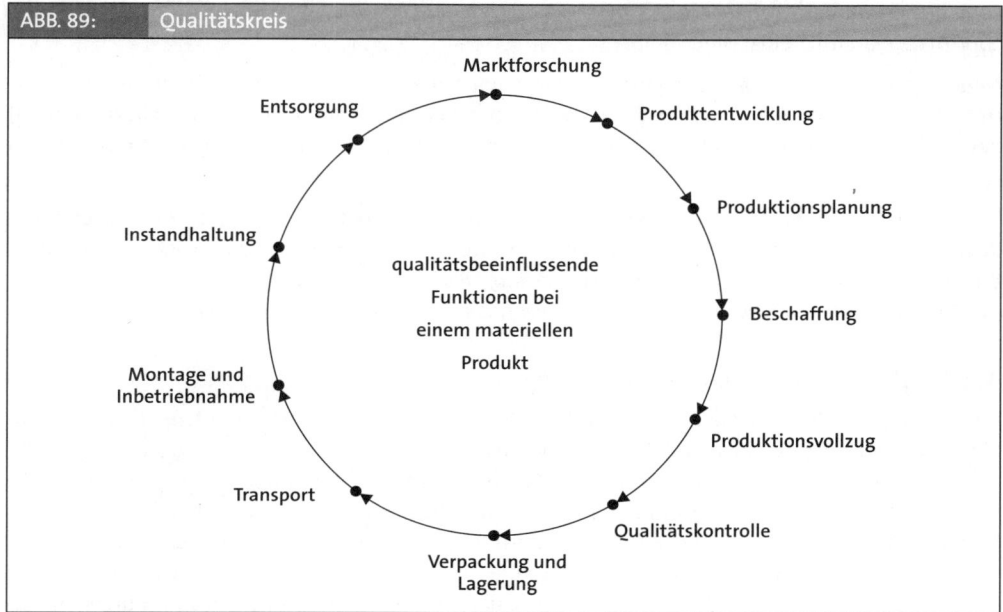

ABB. 89: Qualitätskreis

(in Anlehnung an DIN EN ISO 9004:1994, S. 13)

4.2 Qualitätsprobleme und Instrumente des Qualitätsmanagements

Qualitäts*probleme* resultieren zum einen aus Mängeln der Entwurfsqualität, hervorgerufen etwa durch Nichtbeachtung von Kundenanforderungen und zum anderen aus Schwächen der Ausführungsqualität, die sich in unzulässig großen Abweichungen der Ist-Merkmalsausprägungen von den entsprechenden Sollwerten qualitätsbestimmender Größen äußern. Solche Abweichungen werden als *Fehler* bezeichnet, sie mindern die Qualität.

Zu unterscheiden sind *kritische* Fehler, die beim Eintritt zu gefährlichen Situationen führen (z. B. Versagen einer Bremsanlage); *Hauptfehler* (nicht-kritische Fehler), die für den Ausfall oder eine wesentliche Beeinträchtigung der Funktionsfähigkeit von Produkten verantwortlich sind und *Nebenfehler*, die lediglich unwesentliche Beeinträchtigungen der Produkttauglichkeit hervorrufen.[134]

Die monetären Auswirkungen von Qualitätsproblemen spiegeln sich in den Kosten. Qualitätskosten setzen sich nach traditioneller Auffassung zusammen aus:

- *Fehlerverhütungskosten*, verursacht durch vorbeugende Maßnahmen zur Verhinderung der Fehlerentstehung,
- *Prüfkosten*, verursacht durch Maßnahmen zur Identifizierung von Fehlern und
- *Fehlerkosten*, die durch Maßnahmen zur Fehlerbehebung anfallen.

Während die Fehlerverhütungskosten mit steigendem Qualitätsniveau tendenziell zunehmen, gehen Prüf- und Fehlerkosten in Abhängigkeit vom Qualitätsniveau zurück. So soll sich nach die-

---

[134] Vgl. REFA (1991c), Teil 4, S. 18.

sem nicht unumstrittenen Modell beim Minimum der Summe aller Kostenkomponenten die „optimale Qualität" einstellen.

Neuere Konzepte qualitätsbezogener Kosten stellen die *Kosten der Übereinstimmung* (Konformitätskosten) den *Kosten der Abweichung* (Kosten der Nichtkonformität, Fehlleistungskosten) gegenüber. Die Summe beider Kostenkomponenten hat ihr Minimum bei Abweichungskosten von Null.

Zur Beseitigung bzw. Minderung von Qualitätsproblemen und Dämpfung damit verbundener Kosten dienen Qualitätstechniken. Zu den bekannten anwendungsbezogenen Techniken zählen die Verfahren der *statistischen Qualitätssicherung, Quality Function Deployment (QFD)*, die *Fehlermöglichkeits- und Einflussanalyse (FMEA)* sowie das *Ursache-Wirkungs-Diagramm*.

4.2.1 Statistische Qualitätssicherung

Bei der insbesondere für die Massen- und Großserienproduktion geeigneten *statistischen Qualitätskontrolle (Prozesskontrolle – SPC)*[135] handelt es sich um einen *Regelkreisprozess* (vgl. Abb. 90). Qualitätsbeeinflussende Produkt- und/oder Prozessparameter, die in detaillierten Prüfvorschriften festgelegt sind (z. B. die Abmessungen wichtiger Bauteile oder der Verschleißzustand eines Werkzeugs) werden – gegebenenfalls automatisch – erfasst. Ergibt der Vergleich mit entsprechenden Sollwerten Abweichungen, die ein tolerables Maß überschreiten, sind Maßnahmen einzuleiten (z. B. ein Werkzeugwechsel), um die Qualität des Produktionsprozesses durch Angleichung der Ist- an die Vorgabewerte zu wahren.

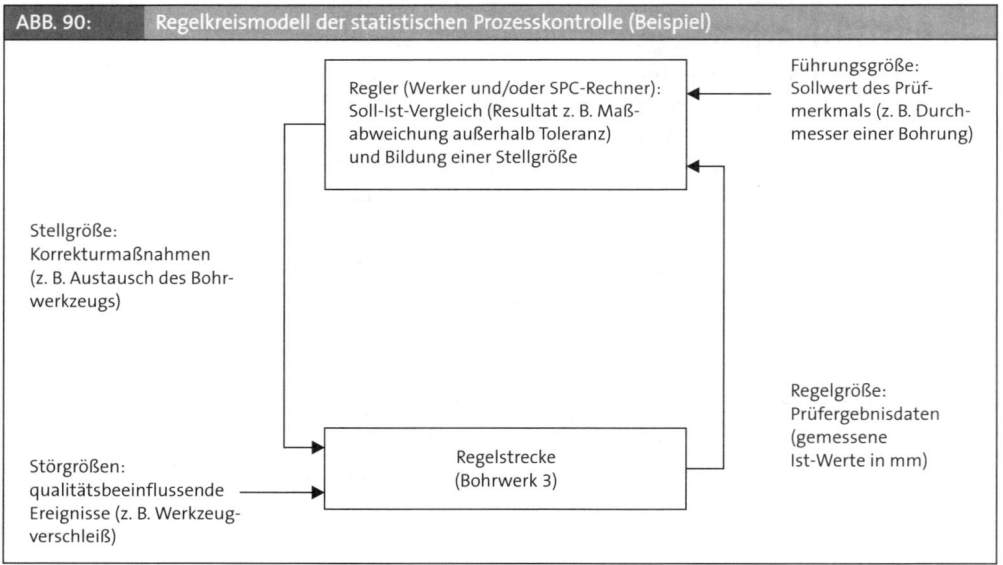

ABB. 90: Regelkreismodell der statistischen Prozesskontrolle (Beispiel)

---

135 Vgl. hierzu Rinne/Mittag (1995).

Der dispositive Faktor Führen

KAPITEL C
Teil VI

Große Bedeutung im Rahmen der statistischen Qualitätsregelung kommt der *Qualitätsregelkarte*[136] (vgl. Abb. 91) zu. Dem Produktionsprozess werden in kurzen Zeitabständen Stichproben vom Umfang n (i. d. R. $3 \leq n \leq 15$) entnommen. Die Einzelwerte des zu prüfenden Qualitätsmerkmals werden direkt oder in weiter verarbeiteter Form (z. B. als Mittelwert, Median usw.) in das Formblatt eingetragen oder – bei automatischer Messung und dv-gestützter Messdatenverarbeitung – auf einem Bildschirm dargestellt.

Drei Fälle bezüglich der Lage der Messwerte sind zu unterscheiden:[137]

1. Streuen die Messwerte zufallsbedingt innerhalb der Warngrenzen, so befindet sich der „Prozess unter statistischer Kontrolle", und es besteht kein Handlungsbedarf.
2. Werte zwischen den Warn- und Eingriffsgrenzen überschreiten die Toleranz zwar noch nicht, jedoch ist erhöhte Aufmerksamkeit geboten. Je nach Tendenz in der Entwicklung der Werte kann ein korrigierender Eingriff zweckmäßig sein.
3. Parameterwerte jenseits der Eingriffsgrenze signalisieren, dass die Produktion nicht mehr „unter statistischer Kontrolle" und daher sofortiges Handeln erforderlich ist.

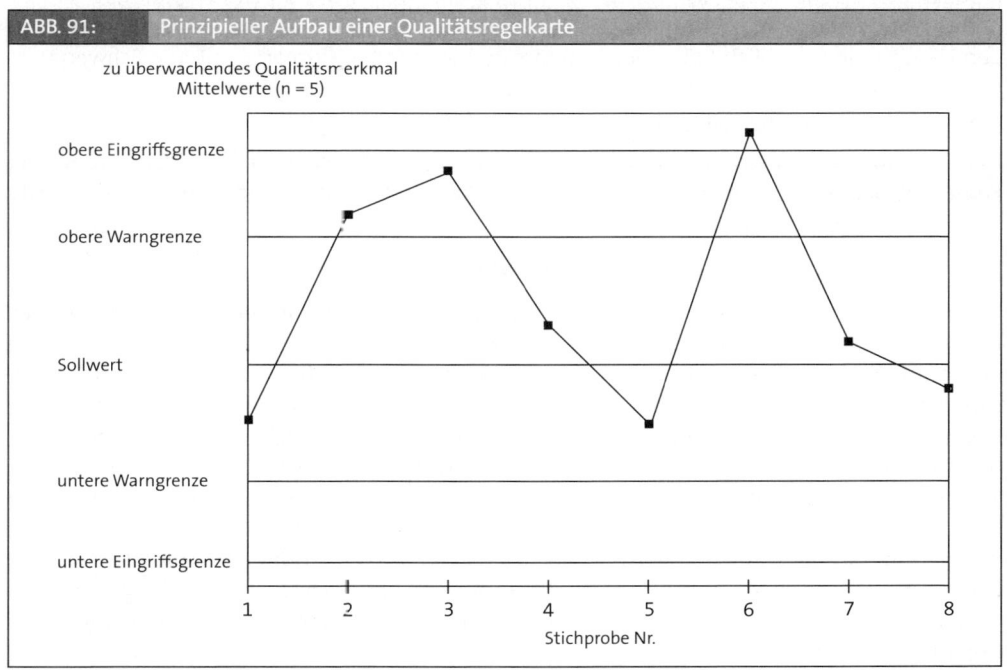

ABB. 91: Prinzipieller Aufbau einer Qualitätsregelkarte

---

[136] Zu Einzelheiten vgl. Mittag (1993), Neumann (1996), S. 280 ff. Qualitätsregelkarten werden nach ihrem Urheber W. A. Shew(h)art (1891 - 1967) auch als Shewhart- bzw. Shewart-Karten bezeichnet (es finden sich beide Schreibweisen des Namens).

[137] Vgl. Hahn/Laßmann (1990), S. 194.

Ziel der statistischen Qualitätsregelung ist es, Abweichungen zwischen Soll- und Istwerten möglichst schnell zu erkennen und daraufhin mit geeigneten Maßnahmen so auf den Prozess einzuwirken, dass sich das Ist rasch wieder an die Vorgabe annähert. Diese Vorgehensweise unterscheidet sich von der ebenfalls mit statistischen Methoden operierenden *Abnahmeprüfung*, die nicht primär auf den Prozess, sondern auf das (Vor-, Zwischen- oder End-)Produkt ausgerichtet ist.[138] Erfüllt eine Stichprobe, die man etwa einem fertig gestellten Los entnimmt, nicht die in entsprechenden *Prüfplänen* festgelegten Bedingungen, wird das Los nicht akzeptiert und als Ausschuss ausgesondert. Hierbei wird die Qualität quasi am Ende des Prozesses „herausgeprüft", statt in den Prozess „eingebaut". In Analogie zur Unterscheidung zwischen integriertem und End-of-pipe-Umweltschutz (vgl. hierzu Teil E. IV. 1.) ließe sich hier von integrierter (Built-in-) bzw. End-of-pipe-Qualität sprechen.

4.2.2 Quality Function Deployment

Quality Function Deployment (QFD)[139] unterstützt die Umsetzung von Kundenanforderungen in Markt- und Produktziele. Aufgrund der Berücksichtigung von Kundenbedürfnissen bereits in der Produktentwicklung lassen sich frühzeitig Arbeits- und Prüfanweisungen für kritische Produkt- und Qualitätsmerkmale bestimmen. Die Durchführung des QFD-Prozesses liegt in der Regel in den Händen eines fachlich heterogen zusammengesetzten Projektteams mit den Schwerpunkten Marketing, Entwicklung, Vertrieb und Produktion. Initiiert und getragen wird der Prozess durch einen QFD-Spezialisten, der als Berater und Moderator fungiert.

Der QFD-Prozess lässt sich in eine von der Komplexität der Problemstellung abhängige Anzahl *Phasen* (in der Regel 3 bis 5) einteilen. Die für den Prozessablauf besonders bedeutsame erste Phase gliedert sich in folgende fünf *Teilschritte*:[140]

(1) Kundenanforderungen an ein neues Produkt erfassen

Informationen über Kundenanforderungen kommen in erster Linie aus dem Bereich Marketing. Die zunächst eher pauschal und qualitativ geäußerten Einzelanforderungen der Kunden an ein neues Produkt (z. B. an einen neuen Kleinwagen) werden durch stufenweise Detaillierung im Zusammenwirken mit den Kunden immer stärker konkretisiert. Die erste Stufe dieser Detaillierung bilden die *primären* Kundenanforderungen. Diese lauten z. B. A: geringe Kosten, B: hohe Sicherheit usw. Hieraus werden in der zweiten Stufe die *sekundären* Anforderungen, z. B. A 1: geringer Wertverlust, A 2: geringe Unterhaltskosten, B 1: Sicherheit in der Bedienung usw., abgeleitet. Die dritte Stufe der Detaillierung bilden die *tertiären* Kundenanforderungen, z. B. A 1.1: geringe Anschaffungsausgabe, A 1.2: hoher Wiederverkaufswert, A 2.1: niedrige Verbrauchskosten usw. Durch ein geeignetes Verfahren, z. B. durch paarweisen Vergleich der Anforderungen auf der Grundlage der Häufigkeit von Nennungen, werden die jeweiligen Kundenanforderungen gewichtet.

(2) Marktbewertung vornehmen

Ausgehend von den tertiären Kundenanforderungen wird im zweiten Schritt das eigene Produkt vergleichbaren Konkurrenzprodukten gegenüber gestellt. Kunden werden gefragt, inwieweit re-

---

138 Vgl. hierzu Neumann (1996), S. 293 ff.
139 Vgl. hierzu Saatweber (1994), S. 445 ff.
140 Vgl. zum Folgenden Mai/Akao (1996), Abschn. 13, S. 8 ff.

lative Schwächen oder Stärken bei den jeweils betrachteten Anforderungen zu verzeichnen sind. Ergebnis dieser Vorgehensweise ist ein Stärken-/Schwächenprofil, das, bezogen auf die Kundenanforderungen, notwendige Verbesserungen, aber auch stärkenbedingte Verkaufsargumente aufzeigt.

(3) Qualitätsmerkmale definieren

Die Kundenanforderungen müssen im dritten Schritt in *technische Produktmerkmale* umgeformt werden. Die Erfüllung von Anforderungen wie geringe laufende Kosten, hoher Wiederverkaufswert usw. sind das Ergebnis bestimmter technischer Produktmerkmale, u. a. Fahrzeuggewicht, Kraftstoffverbrauch, Motorisierung, Formgebung. Die technischen Merkmale müssen mit den Kundenanforderungen übereinstimmen, messbar und dem Kunden gegenüber nachweisbar sein. Da sich die Merkmale hinsichtlich der Kundenanforderungen gegenseitig beeinflussen können, wird geprüft und durch Vergabe von so genannten Beziehungsfaktoren kenntlich gemacht, ob zwei Merkmale zur Optimierung des Kundennutzens stark positiven (2), positiven (1), stark negativen (–2), negativen (–1) oder gar keinen (0) Beitrag leisten. (Beispiel: Bemühungen zur Verringerung des Kraftstoffverbrauchs können deutlich negative Auswirkungen auf die Motorleistung haben.)

(4) Qualitätsmerkmale bewerten

Um die Zusammenhänge zwischen technischen Qualitätsmerkmalen und tertiären Kundenanforderungen abzubilden, ist eine entsprechende Bewertung durch das QFD-Team erforderlich. Der Grad des Zusammenhangs kann beispielsweise über vier Bewertungsstufen (3 = starker, 2 = mittlerer, 1 = geringer, 0 = kein Zusammenhang) dargestellt werden. Eine Vielzahl niedriger Bewertungsfaktoren pro Merkmal besagt, dass die entsprechenden Kundenanforderungen von den technischen Qualitätsmerkmalen nicht ausreichend erfüllt und der Produktentwurf in diesen Feldern überprüft werden muss. Durch Multiplikation des ermittelten Bewertungsfaktors mit dem (im ersten Teilschritt) gebildeten Gewichtungsfaktor ergibt sich die „technische Bedeutung" des jeweiligen Produktmerkmals.

(5) Verkaufsschwerpunkte herausarbeiten

Verkaufsschwerpunkte bilden jene Produktmerkmale, die die Qualitätsanforderungen der Kunden in besonderer Weise erfüllen und außerdem werbewirksam herausgestellt werden können. Dabei handelt es sich beispielsweise um Produkteigenschaften, die besonders innovativ, einzigartig und/oder charakteristisch für das Unternehmen sind. Diesen Eigenschaften wird während des gesamten Produktentstehungsprozesses besondere Aufmerksamkeit geschenkt.

Die Ergebnisse der dargestellten ersten sowie der folgenden Phasen des Prozesses werden jeweils in einer QFD-Matrix, auch als „House of Quality" bezeichnet, abgebildet (vgl. Abb. 92).

ABB. 92:	QFD-Matrix								
Primäre Kundenan-forderungen	Sekundäre Kunden-anforderungen	Technische Produktmerkmale (3) / Tertiäre Kundenanforderungen (1)	Gewichtung	Fahrzeug-gewicht	Kraftstoff-verbrauch	Motorleistung	Formgebung	(2) Markt-bewertung 1-2-3-4-5	(5) Verkaufs-schwer-punkte
A) Geringe Kosten	A1) geringer Wertverlust	A1.1) geringe Anschaffungskosten	7	1	2	3	2		++
		A1.2) hoher Wiederverkaufswert	3	0	3	1	3		+/-
	A2) geringe Unterhaltskosten	A2.1) geringe Verbrauchskosten	8	3	3	2	2		++
		A2.2) geringe Wartungskosten	4	0	1	1	3		-
B) Hohe Sicherheit	B1) Unfallsicherheit	B1.1) guter Seitenaufprallschutz	5	2	0	0	1		+
		B1.2) helle Fahrbahnausleuchtung	3	1	0	0	2		-
	B2) Beschleunigungs-reserven	B2.1) günstige Getriebeabstufung	2	1	3	3	0		-
		B2.2) hohes Drehmoment	4	1	2	2	0		-
	(4) Technische Bedeutung			50	65	58	62		

Beziehungsfaktoren: 1 / 2, 2 / 2, -2, 0

(in Anlehnung an Mai/Akao (1996), Abschn. 13, S. 15)

Die in den Teilschritten der Phase 1 des QFD-Prozesses herausgearbeiteten *technischen Produktmerkmale* werden in der Phase 2 in Beziehung gesetzt zu den Anforderungen an die im Produkt verwendeten *Baugruppen*. Die Baugruppenmerkmale wiederum bilden das Anforderungsprofil für die zu verwendenden *Teile* (Phase 3). Die auf der Teileebene gewonnenen Vorgaben werden in Phase 4 als Anforderungen an den *Produktionsprozess* definiert. Die entwickelten Prozessparameter gehen in Phase 5 in konkrete Pläne und Anweisungen der *Arbeits- und Prüfplanung* ein.

Mit der Integration der einzelnen Produktentstehungsphasen bewirkt der QFD-Prozess, dass erstens die in der Sprache der Kunden formulierten Qualitätsmerkmale identifiziert und in die Sprache der Techniker übersetzt werden und zweitens aus den technischen Anforderungen an das Produkt die Anforderungen an den Produktionsprozess hergeleitet werden können.

4.2.3 Fehlermöglichkeits- und Einflussanalyse

Um bei der Qualitätsoptimierung die vorrangigen Qualitätsmerkmale herauszuarbeiten und diese von den nachrangigen zu trennen, ist die Anwendung einer *Fehlermöglichkeits- und Einflussanalyse* (FMEA) geeignet. Die FMEA ist eine eigenständige Qualitätstechnik, die jedoch in vielen Fällen zur Unterstützung von QFD-Prozessen (insbesondere im Rahmen der o. a. Phasen 2 bis 4) angewendet wird.[141]

Der Zweck der Fehlermöglichkeits- und Einflussanalyse besteht darin, Produkt- und Prozessrisiken bereits im Stadium der Konstruktion zu identifizieren, zu analysieren, zu bewerten und konkrete Maßnahmen zur Risikominimierung festzulegen. Zur Vorbereitung der FMEA wird ein abteilungsübergreifendes Team unter der Leitung eines Moderators zusammengestellt. Die Mitglieder bringen zur Problemlösung Erfahrungen aus ihren jeweiligen Fachgebieten ein. Wegen des relativ hohen Zeitbedarfs für die FMEA-Erstellung ist vorab eine Prioritätenfestlegung hinsichtlich des Untersuchungsgegenstandes (z. B. kritische Bauteile eines Produkts) ratsam. Zur Arbeitserleichterung empfiehlt sich bei wiederkehrenden Produkt- oder Prozessvarianten die Verwendung datenbankmäßig erfasster Standard-FMEAs.

Zu unterscheiden sind drei Ausprägungen der FMEA, die Konstruktions- sowie die Prozess-FMEA, die als Grundanalyseformen gelten, und eine System-FMEA, die hierzu die Ergänzung bildet:[142]

- ▶ Die *Konstruktions*-FMEA dient dazu, geeignete Maßnahmen zur Fehlererkennung und -vermeidung risikobehafteter *Produktbestandteile* zu planen, und zwar für neu konstruierte, aber auch bereits in der Produktion befindliche (z. B. unter neuen Einsatzbedingungen verwendete) Bauteile/-gruppen.
- ▶ Mit der *Prozess*-FMEA erfolgt vor Aufnahme der Produktion eine Analyse der einzelnen Produktionsschritte (z. B. Bremsscheibe drehen) und der damit verbundenen potenziellen Fehlerquellen (z. B. Riefenbildung). Die Prozessqualität hat ihrerseits unmittelbare Auswirkungen auf die Güte der Teile.
- ▶ Durch eine ergänzende *System*-FMEA lassen sich mögliche Auswirkungen fehlerhafter Produktteile (z. B. Bremsscheibe) auf das betrachtete System (z. B. komplette Bremsanlage) erkennen.

Vorgehensweise

Ausgangspunkte bei der Suche nach *potenziellen Fehlern* bilden z. B. Simulationen, Versuchsreihen sowie Hinweise bezüglich artverwandter Teile aus den Bereichen Produktion oder Kundenservice. Die Erfassung möglicher Fehler erfolgt standardisiert in einem FMEA-Formblatt. Eindeutig identifiziert wird dabei das Teil bzw. der Prozess- oder Montageschritt sowie der zuständige Verantwortungsbereich. Hinzu tritt eine Funktionsbeschreibung des einzelnen Konstruktionselements (Konstruktions-FMEA) bzw. des Prozessschrittes (Prozess-FMEA).

Aufgrund der Erfahrungen und Spezialkenntnisse der Teammitglieder werden mögliche Probleme des Betrachtungsgegenstands in dafür vorgesehene Rubriken des FMEA-Formblatts eingetragen. Die entsprechende Dokumentation erfolgt zunächst ungeachtet der Wahrscheinlichkeit (häufig, selten) und der Umstände (Hitze, Kälte, extreme mechanische Beanspruchung usw.) eines eventuellen Fehlereintritts. Nach Auflistung aller potenziellen Fehler werden die möglichen *physikalischen Auswirkungen* dargestellt (Konstruktions-FMEA: z. B. „gebrochen", „verbrannt", „undicht"; Prozess-FMEA: z. B. „fehlende Bohrung", „falsch montiert"). Aufgrund der ermittelten physikalischen Auswirkungen werden die möglichen *Folgen der Fehler für den Produktnutzer*

---

[141] Vgl. im Folgenden Warnecke (1996), Abschn. 4.4 und 4.5.
[142] Vgl. Müller-Böling (1993), Sp. 3630 f.

(z. B. Geräuschentwicklung, Funktionsausfall) beschrieben und schließlich die potenziellen Fehler*ursachen* (z. B. Materialfehler, übergroße Fertigungstoleranzen) ermittelt.

Im Anschluss an die Fehleranalyse erfolgt eine *Risikoanalyse und -bewertung*. Zu diesem Zweck werden die potenziellen Fehler hinsichtlich der *Wahrscheinlichkeit des Auftretens* entsprechender Fehlerursachen (A), der *Fehlerbedeutung* für die Kunden (B) sowie der *Wahrscheinlichkeit der Fehlerentdeckung* (C) analysiert. Die drei Risikofaktoren A, B und C werden unter Zuhilfenahme einer (i. d. R. von 1 bis 10 reichenden) Skala bewertet und zu einer *Risikoprioritätenzahl* (RPZ) multiplikativ zusammengefasst. Je höher die RPZ bei dem betrachteten Teil, Montageabschnitt etc. ist, umso intensiver müssen die Aktivitäten zur Fehlerbehandlung sein.

Auf Grundlage der Risikobewertung erarbeitet das FMEA-Team geeignete Konzepte zur *Risikominimierung*, die entweder als *fehlervermeidende, fehlerentdeckende* oder als *auswirkungsbegrenzende* Maßnahmen eingeleitet werden. Außerdem benennt die Arbeitsgruppe die Verantwortlichen für die konkrete Umsetzung der Fehlerbehandlung. Nach Beseitigung der Schwächen des Produkts und/oder der beteiligten Prozesse wird erneut eine Risikobewertung durchgeführt und die Wirksamkeit der getroffenen Maßnahmen geprüft.

4.2.4 Ursache-Wirkungs-Diagramm

Ein einfach zu handhabendes, heuristisches Hilfsmittel zur Analyse von Qualitätsproblemen stellt das *Ursache-Wirkungs-Diagramm* (Ishikawa-Diagramm[143]) dar (vgl. Abb. 93). Es wurde speziell für die Teamarbeit in Qualitätszirkeln entwickelt und unterstützt die Ursachenanalyse als Voraussetzung für die Erarbeitung von Lösungsvorschlägen. Das Ursache-Wirkungs-Diagramm soll u. a. verhindern, dass ein vorschnell gefasstes Urteil über einen Ursache-Wirkungs-Zusammenhang als einzig mögliche Erklärungshypothese angesehen wird. „Voreilige Hypothesen und Ad-hoc-Theorien entfalten eine gewisse Beharrlichkeit: Erst einmal gefasst, geben wir sie ungern auf. Dies bereitet uns Schwierigkeiten, beispielsweise wenn wir eine Diagnoseaufgabe vor uns haben und voreilige Annahmen über die Fehlermechanismen das Aufdecken der eigentlichen Fehlerursache verhindern."[144]

Grundüberlegung ist, dass sich Fehlerursachen im Wesentlichen auf die vier Faktoren Mensch, Maschine, Material und Methode zurückführen lassen (mitunter um die „Mitwelt", d. h. Umfeldeinflüsse, erweitert zu den „5 M"). In Abhängigkeit vom jeweiligen Einzelfall ist eine angemessen tiefe Aufgliederung der Hauptursachen in potenzielle Einzelursachen vorzunehmen. Die grafische Darstellung der Ursachenhierarchie ergibt ein typisches Fischgrätenmuster.

Das Vorgehen zur Problemanalyse und Ursachenfindung besteht prinzipiell aus folgenden Schritten:[145]

1. Symptom-/Problemdefinition (Beschreibung der Wirkung des Problems),
2. Feststellung der Hauptursachen des Problems,
3. Sammlung möglicher Einzelursachen,
4. Auswahl und nähere Untersuchung der wahrscheinlichsten Einzelursache(n),
5. Überprüfung der wahrscheinlichsten Einzelursache(n).

---

143 Benannt nach seinem Urheber, dem Quality-Circle-Pionier K. Ishikawa (1915 - 1989).
144 Grams (2001), S. 120.
145 Vgl. Engel (1981), S. 46.

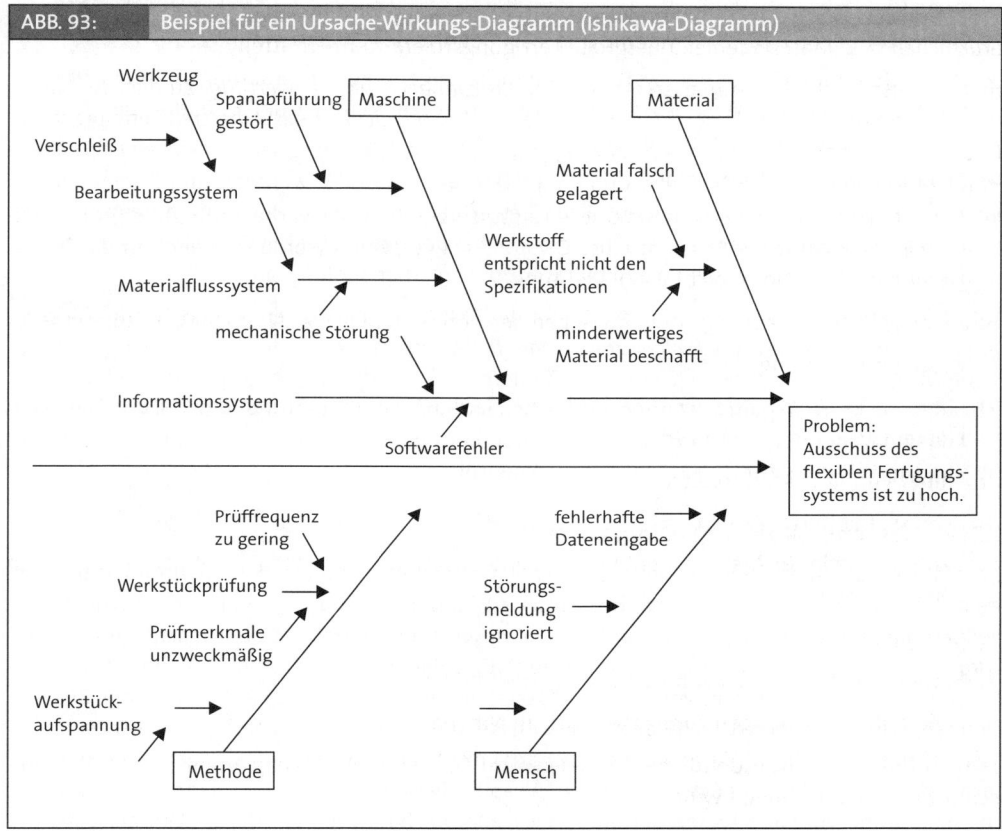

ABB. 93: Beispiel für ein Ursache-Wirkungs-Diagramm (Ishikawa-Diagramm)

4.3 Qualitätsmanagement auf Basis der DIN EN ISO 9000-Reihe

Kunden- und Wettbewerbserfordernisse fördern resp. erzwingen in zunehmendem Maße Qualitätsmanagementsysteme (QM-Systeme) auf der Grundlage standardisierter Richtlinien, wobei die Verbreitung internationaler Normen weiter zunimmt. Die Ausrichtung von QM-Systemen nach Standards geht in großen Teilen auf kanadische, US-amerikanische und britische Normen zurück.[146]

Ausgangsbasis in Europa war vor allem die branchenübergreifende Norm BS 5750 (British Standards Institute) aus dem Jahr 1979, die 1987 nahezu unverändert von der internationalen Organisation für Normung in Genf als ISO 9000-Serie herausgegeben und mit identischem Inhalt vom Europäischen Normungsinstitut als Europäische Normen (EN) verbreitet wurde. Diese europäische Normenreihe hat unter der Bezeichnung DIN EN ISO 9000 ff. den Status deutscher Normen. Sie legt Anforderungen an die Gestaltung und Dokumentation („Darlegung") von QM-Systemen fest. Die DIN EN ISO 9000-Reihe wurde in den Jahren 1990, 1994, 2000 und 2005 überarbeitet und ist folgendermaßen aufgebaut:

---

146 Zur historischen Entwicklung qualitätsbezogener Normungswerke vgl. Zollondz (2006), S. 260 ff.

- *9000* (Qualitätsmanagementsysteme – Grundlagen und Begriffe), geändert im Jahr 2005, definiert Grundlagen für QM-Systeme und klärt Begriffe des Qualitätsmanagements.
- *9001* (Qualitätsmanagementsysteme – Anforderungen) legt Anforderungen an ein QM-System fest, wobei die Wirksamkeit des QM-Systems hinsichtlich der Erfüllung der Kundenanforderungen im Vordergrund steht.
- *9002* und *9003* sind weggefallen.
- *9004* (Qualitätsmanagementsysteme – Leitfaden zur Leistungsverbesserung) liefert Hinweise, wie Effektivität und Effizienz eines QM-Systems gesteigert werden können. Für die Zertifizierung ist diese Norm nicht von Bedeutung.

Folgende acht *Managementgrundsätze* liegen der Normenreihe DIN EN ISO 9000 ff. zugrunde:[147]

1. Kundenorientierung
2. Führung: Es ist Aufgabe der Führungskräfte, Sachziele und Strukturen des Unternehmens in Übereinstimmung zu bringen.
3. Einbeziehung der Mitarbeiter
4. Prozessorientierter Ansatz
5. Systemorientierter Managementansatz: Berücksichtigung der wechselseitigen Beziehungen von Prozessen
6. Ständige Verbesserung
7. Sachbezogener Ansatz zur Entscheidungsfindung
8. Lieferantenbeziehungen zum gegenseitigen Nutzen

Die Grundsätze weisen deutliche Parallelen zum Total Quality Management auf, das im Abschnitt C.VI. 4.4 behandelt wird.

Die Normenreihe DIN EN ISO 9000 ff. bezieht sich auf die Implementierung und Dokumentation qualitätsbedeutsamer unternehmensinterner Abläufe und Regelungen, *nicht* auf die Qualität des einzelnen Produkts. Im Rahmen einer *Zertifizierung* wird auf der Basis eines externen Qualitätsaudits festgestellt, ob das unternehmensindividuell gestaltete QM-System die Forderungen gemäß DIN EN ISO 9001 erfüllt. Das Zertifikat soll Vertrauen in die „Qualitätsfähigkeit" des zertifizierten Unternehmens schaffen (Außenwirkung); zum anderen können die im Rahmen der Vorbereitung auf die Zertifizierung durchzuführenden Schwachstellenanalysen wertvolle Hinweise auf Verbesserungsmaßnahmen des bestehenden QM-Systems geben (Innenwirkung). Akkreditierte Zertifizierungsinstitutionen sind beispielsweise DEKRA Certification GmbH, TÜV CERT, VDE Prüf- und Zertifizierungsinstitut oder die DQS (Deutsche Gesellschaft zur Zertifizierung von Managementsystemen mbH).

Kritik an der DIN EN ISO 9000-Reihe zielt insbesondere auf die *mangelnde Konkretheit* der Normen sowie die mit den umfangreichen Dokumentationspflichten verbundene Gefahr der *Überbürokratisierung*, insbesondere für Klein- und Mittelbetriebe. Kritiker bemängeln darüber hinaus, dass bei den Kunden zertifizierter Unternehmen *falsche Erwartungen* hinsichtlich der *Aussagekraft* des Zertifikats geweckt werden können.

---

[147] Vgl. DIN EN ISO 9000:2005, S. 5 f.

Neben dem branchenneutralen Normenwerk der DIN EN ISO 9000-Reihe existieren branchenbezogene Normen für QM-Systeme. Ein Teil der branchenspezifischen QM-Regelwerke ergänzt die insoweit vorausgesetzten allgemeinen Forderungen der ISO 9001, in der Automobilindustrie z. B. VDA 6.1, QS-9000, und ISO/TS 16949, ein anderer Teil hat keinen unmittelbaren Bezug zur ISO 9000-Normenfamilie.[148] Zu Letzteren gehört aus dem Bereich der Lebensmittelindustrie das HACCP-Konzept[149] (Hazard Analysis Critical Control Points). Der International Food Standard (IFS) verbindet Anforderungen der ISO-Norm 9001 mit denen des HACCP-Konzepts. Die für die Wertschöpfungskette von Lebensmitteln wohl umfassendsten Anforderungen an ein QM-System enthält die Norm DIN EN ISO 22000.

4.4 Total Quality Management

Total Quality Management (TQM) ist ein ganzheitliches Führungsmodell, das alle Unternehmensmitarbeiter sowie die Kunden und Lieferanten in ein qualitätsorientiertes Konzept einbindet. TQM setzt eine *Unternehmenskultur*, die ein gemeinschaftliches, sämtliche Unternehmensbereiche und Hierarchieebenen durchdringendes Qualitätsverständnis formuliert, voraus. Die Führungsfunktion ist nicht auf Qualitätszielsetzung und Zielerreichungskontrolle beschränkt, sie beinhaltet insbesondere auch die aktive Vermittlung von Werten (Handlungsorientierung) und von qualitätsfördernden Umfeldbedingungen. Qualitätsmanagement in diesem Sinne bedeutet, dass die Unternehmensspitze ihren Willen zur Qualität eindeutig bekundet, als strategische Ausrichtung jedem Mitarbeiter unmissverständlich bekannt gibt und persönlich vorlebt. Zur Realisisierung von TQM gehören insbesondere die folgenden Führungsmaßnahmen:[150]

▶ Entwicklung und Umsetzung eines qualitätsorientierten Leitbildes für den Betrieb gemeinsam mit den Mitarbeitern,

▶ nachhaltige Anwendung des TQM-Führungsmodells mit dem Ziel ständiger Verbesserungen bezüglich Qualität und Produktivität,

▶ systematische Nutzung von Qualitätstechniken, um Qualitätsanforderungen in messbare Zielwerte umsetzen zu können.

TQM bedeutet konsequente *Kundenorientierung* unter Einbeziehung aller internen Betriebsteile, die ebenfalls als „Kunden" gelten. Die Qualitätserfordernisse der internen und externen Leistungsbeziehungen sind – unter dem Primat des bezahlbaren Kundennutzens – vollständig zu erfüllen. Erfolgsvoraussetzung dabei ist, Kunden und Lieferanten so eng wie möglich in den betrieblichen Kommunikationsprozess einzubinden, damit auf veränderte Anforderungen im Unternehmen flexibel reagiert werden kann.

Bereichsübergreifende, *prozessorientierte Teamstrukturen* bilden die organisatorische Voraussetzung, um einerseits Abteilungsgrenzen zu überwinden und andererseits mit Kunden, Lieferanten und ggf. auch Wettbewerbern die übergeordneten Qualitätsziele abzustimmen. Die Mitglieder der TQM-Arbeitsteams sind idealtypisch betrachtet unternehmerisch sowie partnerschaftlich handelnde Personen, die über eine breit gefächerte Qualifikation und Handlungskompetenz verfügen. Sie stehen in intensivem Kontakt mit den internen und externen Kunden, denn das

---

148 Vgl. Zollondz (2006); S. 326 ff.
149 Vgl. hierzu etwa Pierson/Corlett (1997).
150 Vgl. Kamiske/Malorny (1994), S. 978.

Credo lautet: Allein der Kunde ist es, der Qualität im Sinne der Erfüllung von Anforderungen definiert.

Die Einführung des Total Quality Management im Unternehmen ist ein langwieriger und schwieriger Prozess. Er erfordert umfassende Kommunikation sowie ein systematisches, für alle Beteiligten nachvollziehbares schrittweises Vorgehen. Zur erfolgreichen Anwendung von Qualitätstechniken bedarf es einer umfassenden Qualifizierung und beständigen Mitarbeitermotivation. Wichtig ist schließlich ausreichendes Stehvermögen der Führung, da die Wirkung des Qualitätsmanagements sonst nicht nachhaltig ist.

5. Lean Management

Idee und Vorbilder der Anfang der 1990er Jahre in Europa viel beachteten „schlanken" Produktion entstammen der japanischen Wirtschaft und dort insbesondere der Automobilindustrie.[151] Ressourcen und Prozesse, die nicht zur Wertschöpfung beitragen, sind im Sinne des Lean Management als Verschwendung (jap. Muda) anzusehen. Ansatzpunkte für eine Straffung der Produktion bilden Just-in-time-Prinzipien, nach Teamstrukturen ausgerichtete Formen der Arbeitsorganisation sowie die ständige Verbesserung der Produkte und Produktionsprozesse (Kaizen).

Just in Time (JIT)

Eine nach JIT-Prinzipien gestaltete Produktion ist dadurch gekennzeichnet, dass sie weitgehend ohne Pufferung, d. h. ohne Reserven an Zeit, Personal, Material usw. auskommt. Zwischen- und Endprodukte sollen möglichst gerade zu dem Zeitpunkt fertig gestellt sein, zu dem sie in der folgenden Produktionsstufe bzw. beim Kunden benötigt werden. Material darf erst dann verfügbar sein, wenn es verarbeitet werden soll. Der JIT-Ansatz lokalisiert die Wurzel für Unwirtschaftlichkeiten insbesondere in den Beständen, die auf zweierlei Weise Kosten verursachen:[152] zum einen durch die Lagerhaltung selbst (vor allem kalkulatorische Zinsen auf das gebundene Kapital) und zum anderen gleichsam durch das „Zudecken" von Management- und/oder Ausführungsdefiziten, die sich in Ausschussproduktion, Verspätungen, Qualitätsmängeln, Maschinenausfällen etc. äußern. Bestände fungieren quasi als Versicherung gegen das Risiko unvorhergesehener Fehlleistungen und tragen dazu bei, den Umgang mit den genannten Problemen zu perfektionieren, statt die Lösung der Probleme in Angriff zu nehmen.

Grundvoraussetzung für die Funktionsfähigkeit von JIT ist die Einhaltung der geforderten Standards durch Mitarbeiter, Betriebsmittel und Lieferanten. In der Konsequenz wird eine Null-Fehler-Zielsetzung angestrebt, zu deren Erreichung wirkungsvolle Qualitätssicherungsmaßnahmen, störungsfreie Produktionsverfahren und vertragliche Absicherungen gegenüber Lieferanten erforderlich sind. Typisch für JIT-Beschaffung und -Produktion ist die Implementierung des Pull- statt des Pushprinzips im Materialfluss; das unter D. III. 5.1 behandelte Kanban-System ist ein Beispiel für die Umsetzung des Ziehprinzips. Senkung der Bestände und Pullprinzip werden flankiert durch Bemühungen, die Rüstzeiten und damit -kosten zu reduzieren, was wiederum kleine wirtschaftliche Losgrößen ermöglicht. Des Weiteren soll ein optimiertes Anlagenlayout Verschwendung infolge langer Transportwege und unnötiger Werkerbewegungen vermeiden.

---

151 Vgl. hierzu insbesondere Womack/Jones/Roos (1994); Schmitz (1994), S. 209 ff.; Jürgens (1994), S. 369 ff.; Bösenberg/Metzen (1995).
152 Vgl. Heizer/Render (2004), S. 602.

Teamstrukturen nach japanischem Vorbild

Idealtypisch bildet die Arbeitsgruppe den organisatorischen Kern der betrieblichen Zusammenarbeit. Auf der Ebene der japanischen Arbeitsgruppe werden wichtige Entscheidungen, insbesondere über Lohn, Aufstiegsmöglichkeiten sowie Sanktionen bei Fehlverhalten getroffen. Innerhalb der Gruppe gibt es hierarchische Strukturen, die im Werksbereich mit vielen Vorgesetztenebenen tendenziell feingliedriger als in westlichen Unternehmen ausgeprägt sein können. Eine wichtige Rolle spielt das *Personalbewertungssystem,* das die Grundlage für Prämienzahlungen bildet und erheblichen Einfluss auf die Karrieremöglichkeiten des einzelnen Gruppenmitglieds ausübt. Zu den Hauptbewertungskriterien zählen Faktoren wie *Gruppenorientierung* (Arbeitseinstellung und -verhalten) sowie die *Beteiligung an Verbesserungsaktivitäten*.

Im Unterschied zur Arbeitsstrukturierung westlicher Prägung, die insbesondere durch größere individuelle Handlungsspielräume bei der Arbeitserledigung, systematischen Aufgabenwechsel und Teilautonomie der Arbeitsgruppen gekennzeichnet ist (vgl. hierzu Abschnitt C. II. 3.5), gelten bei japanischen Teams folgende Gegebenheiten:[153]

- Die Aufgabenausführung ist prinzipiell in vorgefügte Handlungsabläufe eingebunden.
- Flexibilität zielt weniger auf die Erweiterung individueller Handlungsmöglichkeiten (Job Enlargement, Job Enrichment) als vielmehr auf die Erweiterung der Einsatzflexibilität. (Jedes Mitglied innerhalb der Arbeitsgruppe ist prinzipiell ersetzbar.)
- Eine Null-Fehler- und Null-Puffer-Ausrichtung zwingt zu strikter Arbeitsdisziplin und erfordert permanente Verbesserungsaktivitäten.

Kontinuierliche Verbesserung (Kaizen)

Kaizen[154] ist der japanische Begriff für ständige und fortdauernde Verbesserung. Die Verbesserungsaktivitäten beziehen sich auf Produkte und alle Vorgänge, die zur Erstellung und Vermarktung des Produktionsergebnisses notwendig sind. Träger des Konzepts sind mit unterschiedlichen Schwerpunkten alle Mitarbeiter des Unternehmens einschließlich des Topmanagements. Dem Management obliegt die Aufgabe, alle Mitarbeiter dahingehend zu aktivieren, dass sie mit ihrem Wissen und ihrer Erfahrung beständig zur Verbesserung der Problemlösungen im Unternehmen beitragen und erreichte Verbesserungen als Standard halten. Voraussetzung hierfür ist die Stärkung der Eigeninitiative und Motivation auf allen Ebenen durch:

- Einleitung und kontinuierliche Förderung von Verbesserungsaktivitäten und Teamarbeit,
- aktive Beteiligung der Mitarbeiter an Entscheidungsprozessen,
- Ausbildung und Entwicklung des Fähigkeitspotenzials der Mitarbeiter.

Die schrittweise Perfektionierung von Produkten und Prozessen wird wesentlich durch die Eliminierung von Verschwendung vorangetrieben. Entsprechende Maßnahmen setzen insbesondere bei überflüssigen Produktionsflächen, bei Wartezeiten, Transportwegen, Lagerbeständen, Doppelarbeit usw. an. Kaizen unterscheidet sich von westlichen, primär ergebnisbezogenen Innovationskonzepten durch die prozessorientierte Denkweise sowie das inkrementale Vorgehen und bildet eine bedeutsame Grundlage des Lean Management.

---

153 Vgl. Jürgens (1994), S. 375 f.
154 Vgl. hierzu Imai (2002).

Lean Management in europäischen Unternehmen

Lean Management europäischen Zuschnitts ist durch eine Verlagerung von Entscheidungskompetenz an den Ort der Produktion sowie eine Reduzierung der tayloristischen Trennung planender und ausführender Aufgaben gekennzeichnet. Das Rollenverständnis der Mitglieder von Arbeitsgruppen ist eher individualistisch geprägt. Entsprechend resultiert die Mitarbeitermotivation aus einer anspruchsvollen Aufgabenstellung, die unter Nutzung vergleichsweise großer Handlungs- und Entscheidungsspielräume erledigt werden kann. Stärkung der eigenverantwortlichen Tätigkeit in der unteren Hierarchieebene führt tendenziell zur Aufgabenausdünnung in hierarchisch übergeordneten Bereichen. Von diesen Änderungen sind insbesondere zentrale Instanzen, wie etwa die Arbeitsvorbereitung, die traditionelle Qualitätssicherung, und damit die mittlere, aber auch die untere Führungsebene (Meister) betroffen. Deren Funktionen und Dispositionsaufgaben werden zu erheblichen Teilen von entsprechend qualifizierten dezentralen Produktionsteams übernommen.

Die Praxis zeigt, dass Probleme mit Lean Production in deutschen Unternehmen insbesondere zurückzuführen sind auf:[155]

- eine halbherzige Einführungsstrategie und die Beschränkung auf ein isoliertes Projekt (z. B. Gruppenarbeit als Insellösung);
- mangelnde Unterstützung durch die Unternehmensleitung und/oder fehlenden Konsens der Beteiligten;
- unzureichende Konzepte für das mittlere und untere Management;
- fehlende Voraussetzungen (Mitarbeiterqualifikation, Stabilität der Produktionsprozesse, Sicherheit der Materialversorgung ...);
- zu kurzfristige Effizienzerwartungen (vier bis zehn Jahre sind bis zur Realisierung vergleichsweise höherer Wirtschaftlichkeit einzuplanen) und
- unrealistische Hoffnungen hinsichtlich selbstregelnder Gruppendynamik (für leistungsgeminderte Mitarbeiter z. B. müssen gruppenübergreifende Regelungen geschaffen werden).

Kritiker verweisen auf Übertreibungen des Lean Management, die nicht zu schlanken, sondern magersüchtigen Unternehmen geführt hätten. Insbesondere rigoroser Personalabbau hat in manchen Fällen nicht nur Blindleistungen reduziert, sondern auch zu einem letztlich unerwünschten Know-how-Verlust und zur Schwächung wettbewerbskritischer Potenziale geführt.

KONTROLLFRAGEN

(1) Wie können die Begriffe „Führung" und „Leitung" abgegrenzt werden?

(2) Welchen Beitrag leisten Gatekeeper, Intrapreneure und Sponsoren zur Stärkung des innovativen Potenzials?

(3) Welche inhaltlichen Bestandteile lassen sich beim Qualitätsbegriff nach DIN EN ISO 9000 identifizieren?

---

155 Vgl. auch Bösenberg/Metzen (1995), S. 242 f.

(4) Welchen Zwecken dienen die Instrumente des Qualitätsmanagements jeweils?

(5) Durch welche Merkmale ist Lean Management gekennzeichnet?

Aufgabe 24

Erläutern Sie, wie im Unternehmen die *Arbeitsteilung* und *Spezialisierung*, die *Formalisierung* der Aufgaben, die *Entscheidungs(de)zentralisation* und die *Kommunikation* möglichst *innovationsfördernd* gestaltet werden können.

Aufgabe 25

Erläutern Sie, welche Parameter bei der Konzeption von Qualitätsregelkarten festzulegen sind und in welcher Weise sich diese Festlegungen auf die Kosten auswirken.

VII. Der dispositive Faktor Planen

1. Grundlagen der Planung

1.1 Begriff und Arten der Planung

Der Ablauf betrieblicher Prozesse lässt sich grob in die Phasen *Planung, Vollzug* und *Überwachung* gliedern. Planung bedeutet das systematisch-methodische Durchdenken zukünftigen Geschehens unter Einschluss der Festlegung von Zielen und von Mitteln zur Zielerreichung. Demnach ist Planung stets *zukunfts-, ziel-* und *entscheidungsorientiert*. Ferner ist Planung ein *Informationen verarbeitender* und *Ressourcen verbrauchender Prozess*, wobei Prognoseinformationen den wohl wichtigsten Prozessinput bilden. Insofern sind Prognosen als eine Voraussetzung für Planung anzusehen. Der Output eines Planungsprozesses wird als Plan bezeichnet und gibt eine Antwort auf die Frage „Was *soll* sein?" Damit enthält ein Plan im Unterschied zur Prognose („Was *wird* sein?") auch ein normatives Element (Vorgabe). Dieses ermöglicht in Form einer Zielgröße durch die Konfrontation mit der entsprechenden Ist-Größe eine Problemidentifikation (Diskrepanz zwischen Soll und Ist) während des Planungszeitraums oder im Anschluss daran. Es zeigt sich die wechselseitige Beziehung zwischen den Managementphasen Planung und Überwachung/Kontrolle: „Planung ohne Kontrolle ist (…) sinnlos, Kontrolle ohne Planung unmöglich."[156]

Neben der erwähnten Zielausrichtung der Unternehmensaktivitäten und der Problemerkenntnis durch Feststellen von Soll-Ist-Abweichungen dient die Unternehmensplanung folgenden Zwecken:

▶ rechtzeitige Entscheidungsvorbereitung (Gewinnen von Handlungsspielräumen; Risikoreduzierung; Vermeiden kritischer Situationen, in denen nur noch ad hoc reagiert werden kann),

▶ Koordination (wechselseitige Abstimmung und Ausrichtung auf gemeinsame übergeordnete Ziele) arbeitsteilig ablaufender Prozesse und der beteiligten Aufgabenträger,

▶ Motivation von Mitarbeitern durch die Definition herausfordernder Ziele,

▶ Komplexitätsreduktion (solange ein Plan Gültigkeit besitzt, herrscht Klarheit über Ziele und Mittel).

---

156 Wild (1982), S. 44.

Wichtige Gliederungsmerkmale und Merkmalsausprägungen der Planung sind in Abb. 94 dargestellt.

ABB. 94: Merkmale der Planung

Planungsebene/Tragweite der Planung	Verfahren der zeitlichen Koordination
Strategische Planung: Festlegung der langfristigen Unternehmensaufgaben und -ziele, Definition zukunftssichernder Erfolgspotenziale (z. B. Produkt-/Marktkombinationen) auf der Basis von Unternehmens- und Umweltanalysen, Ressourcenaufteilung auf strategische Geschäftseinheiten. *Taktische* Planung: Konkretisierung der strategischen Pläne, z. B. Festlegung der Potenzialfaktorausstattung und des Produktprogramms auf mittlere Sicht. *Operative* Planung: kurzfristige, auf konkrete Maßnahmen ausgerichtete Planung; Merkmale (im Vergleich zur strategischen Planung): stärker quantitativ orientiert, geringerer Abstraktions-, höherer Strukturierungs- und Detaillierungsgrad.	*Anstoßverfahren*: Die Planung wird für einen festgelegten Zeitraum erstellt. Ein neuer Plan schließt unmittelbar an das Ende des geltenden Plans an. Bei Datenänderungen während der Planlaufzeit wird der laufende Plan allenfalls partiell korrigiert, jedoch nicht gänzlich ersetzt. *Rollende Planung*: In festgelegten Zeitabständen (z. B. jährlich) wird der Plan für einen bestimmten Zeitraum (z. B. 5 Jahre) neu aufgestellt bzw. überarbeitet. In dem Beispiel werden in jeder Planungsrunde das unmittelbar folgende erste Planungsjahr detailliert und verbindlich, die restlichen 4 Jahre grob und vorläufig geplant.
Planungsobjekte	**Genauigkeit der Planung**
Produktionswirtschaftlich bedeutsam sind u. a. die folgenden Planungsobjekte: Produktionsprogramm, Durchlaufzeiten, Losgrößen, Kapazitäten, Fristen, Auftragsreihenfolgen, Fertigungskosten, Instandhaltungsmaßnahmen sowie die Beschaffung von Material, Betriebsmitteln und Personal.	*Grob*planung: Globale Planung der Ziele und Wege zur Zielerreichung. *Detail*planung: Planung der Einzelmaßnahmen zur Zielerreichung (konkrete Maßnahmen- und Ressourceneinsatzplanung).
Planungsinstrumente	**Phasen der Planung**
Produktionswirtschaftlich bedeutsam sind u. a. die Instrumente der Produktionsplanung und -steuerung, Investitionsrechnungen, Operations-Research-Verfahren, Netzplantechnik und Simulation.	Beginnend mit den Planungs*zielen* und der *Problemanalyse* sowie der *Alternativensuche* und *-beurteilung* über die Planungs*entscheidung* zur *-realisierung* und der nachgehenden Planungs*kontrolle*.
Zeitliche Reichweite der Planung	**Beteiligte Hierarchieebenen**
Kurzfristige Planung erstreckt sich in der Regel auf einen Zeitraum bis zu einem Jahr. *Mittelfristige* Planung umfasst in der Regel den Zeitraum zwischen einem und drei Jahr(en). *Langfristige* Planung bezieht sich in der Regel auf einen Zeitraum von mehr als drei Jahren. (Die Zeiträume sind branchenabhängig.)	*Horizontaler* Planungsprozess: Planung auf gleicher Hierarchieebene. *Vertikaler* Planungsprozess: Die *Top-down*-Planung verläuft von der Unternehmensspitze zu den nachgeordneten Hierarchieebenen. Die *Bottom-up*-Planung vollzieht den entgegengesetzten Planungsverlauf, d. h. von den unteren zur obersten Ebene. Im *Gegenstromverfahren* werden die beiden erstgenannten Ansätze kombiniert.

1.2 Abstimmung betrieblicher Teilpläne

Abstimmungserfordernisse in Bezug auf Planungsaktivitäten lassen sich auf zwei Gründe zurückführen. Zum einen ist es praktisch unmöglich, sämtliche zeitlichen und sachlogisch-inhaltlichen (Inter-)Dependenzen zwischen den einzelnen Planungsproblemen in einem *Totalmodell* abzubilden und *simultan*[157], d. h. ohne Aufteilung in Teilprobleme, zu berücksichtigen. Dies gilt bereits für die Produktionsplanung und damit erst recht für die noch umfangreichere und komplexere Gesamtplanung auf Unternehmensebene. Zum anderen müssten alle Planungsaufgaben von *einer zentralen* Instanz wahrgenommen werden, damit kein organisationsbedingter Koordinationsaufwand entsteht. Selbst in kleinen und mittleren Unternehmen ist aber erstens dafür der Aufgabenumfang zu groß und zweitens ist das planungsrelevante Wissen auf mehrere Personen verteilt, sodass nur eine arbeitsteilige – und damit zwangsläufig Koordination erfordernde – Abwicklung der Planungsaufgabe in Frage kommt.

Die Simultanplanung, die die Interdependenzen explizit berücksichtigt, bleibt aufgrund der hohen Komplexität der Modelle, der Schwierigkeiten bei der Datenbeschaffung, teilweise fehlender Lösungsalgorithmen oder zu langer Rechenzeiten auf einzelne „Planungsinseln" – wie z. B. die gleichzeitige Bestimmung von Investitions- und Finanzierungsprogramm – beschränkt. Bei der *Sukzessiv*planung[158] wird das gesamte Planungsproblem in leichter lösbare Teilprobleme zerlegt, die zunächst separat gelöst und dann in einem Abstimmungsprozess integriert werden. Die Abstimmung ist notwendig, um die Gefahr der Suboptimierung zu reduzieren, die durch die vorherige Entkopplung der zeitlichen und/oder inhaltlichen Zusammenhänge entstanden ist. Da die Pläne der jeweils vorgelagerten Planung Planungsdaten der jeweils nachgelagerten darstellen, ist die Reihenfolge, in der die Teilplanungen durchgeführt werden, von besonderer Bedeutung.

In *verrichtungs*gegliederten Organisationen beziehen sich die Teilpläne auf die jeweilige Teilfunktion (Planung der Bereiche Entwicklung, Einkauf, Produktion usw.). Die Aggregation zu einem Gesamtplan erfolgt durch die Geschäftsführung oder durch damit beauftragte Gremien. In *objekt*gegliederten (divisionalisierten) Organisationen sind für *einen* Objektbereich *verschiedene* Grundfunktionen zu planen. In diesem Fall ist der betrieblichen Gesamtplanung deshalb eine objektbereichsinterne, das heißt dezentrale Planabstimmung vorgeschaltet.

Aufgrund der *Wechselwirkungen* zwischen den betrieblichen Teilplänen ist die Optimierung der Gesamtplanung schwierig. Geplante Kapazitätsänderungen im Produktionsbereich beispielsweise wirken sich auf andere Bereiche (z. B. die Beschaffungs- und Absatzplanung) aus und umgekehrt. Deshalb wird häufig durch schrittweise Annäherung der Teilpläne versucht, zu einer abgestimmten Gesamtplanung zu gelangen. Orientierungshilfe leistet das *Ausgleichsgesetz der Planung.*[159] Es besagt, dass die unterschiedlichen Ressourcenpotenziale der betrieblichen Teilbereiche auf ein einheitliches Niveau einreguliert werden, indem sich die kurzfristige Planung am sogenannten Minimumsektor, d. h. am *Engpass*, auszurichten hat. Da sich durch betriebliche Anpassungen und/oder außerbetriebliche Umstände der Engpassbereich mittel- bis langfristig ändert, ist auf längere Sicht immer eine Neuausrichtung der Planung erforderlich. Das Ausgleichsgesetz der Planung unterscheidet demnach zwei Effekte: *Kurzfristig* bestimmt der aktuelle Engpass die Gesamtplanung. *Langfristig* besteht die Tendenz, diesen Engpassbereich auf das Niveau der anderen Teilbereiche anzuheben, wodurch an anderer Stelle ein neuer Engpass auftreten kann.

---

157 Zur Simultanplanung vgl. etwa Klein/Scholl (2004), S. 219 f.
158 Vgl. hierzu Klein/Scholl (2004), S. 221.
159 Vgl. Gutenberg (1983), S. 164 f.

> **BEISPIEL** Die verbesserte Auftragslage bedingt Investitionen im Produktionsbereich. Nach erfolgter Kapazitätsausweitung führt die überdurchschnittlich gute Auftragslage zu einem Mehrbedarf an Roh-, Hilfs- und Betriebsstoffen. Schlüsselbereich der Planung ist aufgrund der aktuellen Engpasssituation nun nicht mehr der Produktions-, sondern der Beschaffungsbereich.

2. Strategische Planung

2.1 Grundlegende Zusammenhänge

Die strategische Planung bildet den Entscheidungsrahmen, der durch die taktische und operative Planung ausgefüllt wird. Die Ergebnisse der strategischen Planung sind grundlegend und von großer Tragweite für das Unternehmen und damit zugleich an den langfristigen Unternehmensaufgaben und -zielen orientiert. Zur Charakterisierung reicht das Merkmal „Fristigkeit" allerdings nicht aus. In erster Linie ist mit der strategischen Planung die systematische Suche nach *Erfolgspotenzialen* verbunden mit dem Ziel, die Existenz und den Wert des Unternehmens, den Ertrag, die Rentabilität etc. dauerhaft zu sichern. Voraussetzung hierfür ist eine Analyse vorhandener sowie zukünftiger *Stärken* und *Schwächen* im Vergleich zu Wettbewerbern, die Einschätzung der *Attraktivität* anvisierter Märkte sowie die gezielte Beobachtung der *Umfeldentwicklungen*. Strategische Entscheidungen im Produktionsbereich zielen beispielsweise auf die Standortwahl, die Bestimmung der Produkt- und Produktionstechnologie, die rechtzeitige Bereitstellung geeigneter Produktionskapazitäten, die Festlegung der Fertigungstiefe usw. und tragen somit dazu bei, die *Wettbewerbsfähigkeit* des Unternehmens langfristig zu erhalten und auszubauen.[160]

Besondere Aufmerksamkeit hat die Unterscheidung der drei generischen (idealtypischen) Wettbewerbsstrategien[161] *Kosten-/Preisführerschaft*, *Differenzierung* und *Konzentration auf Schwerpunkte* nach M. E. Porter erlangt. Das Konzept basiert auf folgenden Grundgedanken: Ein Unternehmen bzw. eine strategische Geschäftseinheit[162] kann nur dann langfristig erfolgreich sein, wenn der hervorgebrachte Wert der Produkte die Kosten ihrer Erzeugung nachhaltig übersteigt. Die Hervorbringung des Wertes vollzieht sich in einer Abfolge von Wertschöpfungsaktivitäten, der sog. Wert(schöpfungs)kette[163]. Um einen branchenweiten Wettbewerbsvorteil zu erlangen, muss das Unternehmen die strategisch wichtigen Wertschöpfungsaktivitäten entweder kostengünstiger (strategische Option Kostenführerschaft) oder besser (Differenzierung) als die Wettbewerber ausführen; als dritte Möglichkeit verbleibt die Beschränkung auf ein Marktsegment (Nischenstrategie). Während der eine Anbieter technisch wenig anspruchsvolle, in großen Stückzahlen hergestellte Standardprodukte „über den Preis" verkauft, profiliert sich der andere am Markt mit hochwertigen, unverwechselbaren Produkten, die auf spezielle Kundenwünsche abgestimmt sind. Beide strategischen Vorgehensweisen setzen eine jeweils spezifische Gestaltung der Produktionspotenziale und -prozesse voraus und das Unternehmen muss sich nach Porter für eine entscheiden, wenn es nicht „zwischen den Stühlen sitzen" will. Kritiker dieser Dichotomie wenden ein, dass in der Praxis auch hybride Strategien zu beobachten sind, die aus einer Kombination von Preis-/Kostenführerschaft und Differenzierung bestehen.[164]

---

160 Vgl. Zäpfel (2000a), S. 115 f.
161 Vgl. Porter (1999), S. 70 ff., Porter (2000), S. 37 ff.
162 Zur Erläuterung des Begriffs wird auf Gliederungspunkt 2.2.2 verwiesen.
163 Vgl. hierzu Porter (2000), S. 66 ff.
164 Vgl. Welge/Al-Laham (2003), S. 395 ff.

Um strategische Potenziale wie Forschungs-, Entwicklungs- und Produktionskapazitäten bereitstellen, aufeinander abstimmen und wirkungsvoll einsetzen zu können, sowie finanzielle und andere Ressourcen zielentsprechend zuweisen zu können, sind spezifische Analyse-, Beurteilungs- und Visualisierungsinstrumente sowie Entscheidungshilfen entwickelt worden. Zu den produktionswirtschaftlich bedeutsamen Instrumenten der strategischen Planung zählen insbesondere das *Erfahrungskurvenkonzept*, verschiedene Formen der *Portfolio-Analyse* und die *Balanced Scorecard*. Des Weiteren stehen zur Einschätzung planungsrelevanter zukünftiger Entwicklungen geeignete *Prognosemethoden* zur Verfügung.

2.2 Methoden der strategischen Planung

2.2.1 Erfahrungskurven-Analyse

Eine Erfahrungskurve[165] bildet den Zusammenhang zwischen der *Kostenentwicklung* eines Produkts und der *kumulierten Produktionsmenge* ab. Es wurde empirisch beobachtet, dass die inflationsbereinigten Produktionskosten je Stück mit jeder Verdopplung der kumulierten Ausbringungsmenge um einen konstanten Prozentsatz (ca. 20 bis 30 %) abnehmen.[166]

Ein Teil dieses Effekts basiert auf *Lernprozessen* im Produktionsbereich. Die fortgesetzte Wiederholung bekannter Arbeitsgänge führt tendenziell zur Verringerung der Fertigungszeit und Verminderung der Fehlerquote. Außer der Zeitverkürzung durch zunehmende Erfahrung resultieren sinkende Kosten bei fortdauernder Produktion aus *mengen- und betriebsgrößenabhängigen Kostendegressionen, qualitativen Änderungen der Produkte, verbesserter Produktionstechnik* sowie aus sonstigen *Rationalisierungsmaßnahmen*. Da sich erfahrungsbedingte Kostenrückgänge nicht „von selbst" einstellen, sondern zunächst einmal potenzieller Natur sind, setzt die Realisierung des vollen Kostensenkungspotenzials eine effizienzorientierte Führung voraus, der es gelingt, möglichst sämtliche Rationalisierungsreserven und Innovationsmöglichkeiten zu mobilisieren.

Der Erfahrungskurveneffekt lässt sich durch die Stückkostenfunktion

$$k(n) = k(1) \cdot n^{-b}$$

quantifizieren. Es bedeuten:

n: kumulierte Produktionsmenge
K(1): Stückkosten der ersten Mengeneinheit
K(n): Stückkosten der n-ten Mengeneinheit
b: Degressionskoeffizient

Eine Verdopplung der produzierten Menge führt zu

$$k(2n) = k(1) \cdot (2n)^{-b}.$$

---

165 Das Erfahrungskurvenkonzept wurde Ende der 1960er Jahre von der Boston Consulting Group entwickelt; siehe Henderson (1984).
166 Vgl. Gälweiler (1976), S. 69.

Dabei sei ein Kostenrückgang um p % beobachtet worden; damit lässt sich der Degressionskoeffizient b wie folgt bestimmen:

$$1 - \frac{p}{100} = q = \frac{K(2n)}{K(n)}$$

$$q = \frac{K(1) \cdot (2n)^{-b}}{K(1) \cdot n^{-b}} = \frac{(2n)^{-b}}{n^{-b}} = \left(\frac{2n}{n}\right)^{-b}$$

$$q = 2^{-b}$$

$$\log q = -b \cdot \log 2$$

$$b = -\frac{\log q}{\log 2}$$

Beispielsweise ergibt sich für eine 80%-Erfahrungskurve (q = 0,8), also eine Stückkostenreduktion um 20 % bei jeder Verdopplung der kumulierten Produktmenge, ein Degressionskoeffizient von

$$b = \frac{\log 0,8}{\log 2} = -\frac{-0,09691}{0,30103} = 0,322$$

Abbildung 95 vermittelt folgende, für die strategische Planung nutzbaren Zusammenhänge. Sind etwa die kumulierten Produktionsmengen des Marktführers D zum Betrachtungszeitpunkt doppelt so hoch wie die seines stärksten Konkurrenten C, so beträgt der Stückkostenvorteil von D gegenüber C bei der zugrunde gelegten 70%-Erfahrungskurve 30 %. Die gerade Erfahrungskurve, d. h. der lineare Stückkostenverlauf, ergibt sich aufgrund der üblicherweise doppelt-logarithmischen Darstellung von kumulierter Produktionsmenge (unabhängige Variable) und Stückkosten. Bei einem gegebenen Marktvolumen hängt also das Ausmaß, in dem sich der Erfahrungskurveneffekt nutzen lässt, vom erreichten *Marktanteil* ab. Der Marktführer kann infolge der größeren abgesetzten und produzierten Menge und aufgrund des daraus resultierenden relativen Kostenvorteils Preise vor seinen Wettbewerbern senken oder entsprechend höhere Gewinnmargen erzielen.

Eine weitere Erkenntnis der Erfahrungskurven-Analyse wird unter der Bezeichnung *Marktwachstumsrate* behandelt. Rasch wachsende Märkte verkürzen die Zeit, die zur Verdopplung der kumulierten Produktionsmenge und damit zur Verringerung der Stückkosten führt. Ein strategisches Ziel kann deshalb darin bestehen, möglichst hohe Produktstückzahlen in expandierenden Märkten zu realisieren. Einen – sich weiter vergrößernden – Kostensenkungsvorsprung erzielt ein Unternehmen auch, wenn es ihm gelingt, das eigene Absatzwachstum stets oberhalb des Wachstums seiner Konkurrenten zu halten.

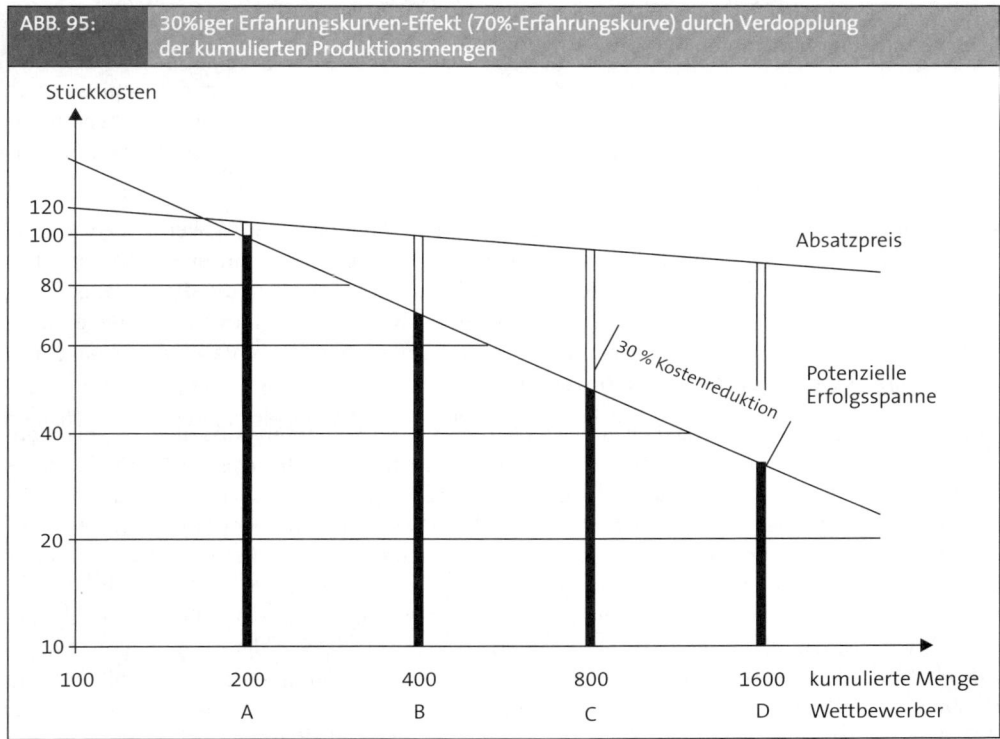

ABB. 95: 30%iger Erfahrungskurven-Effekt (70%-Erfahrungskurve) durch Verdopplung der kumulierten Produktionsmengen

Kritische Stellungnahmen zur Anwendung der Erfahrungskurven-Analyse verweisen darauf, dass andere Determinanten als die kumulierte Produktionsmenge, wie Verbundeffekte mehrerer Produkte (economies of scope), unterschiedlicher Technologieeinsatz, differierende Produktionstiefen, die Branchenzugehörigkeit oder auch eine Verkürzung des Erfahrungsprozesses mittels Nachahmung oder Unternehmenszukäufen, mit dem vorliegenden Analyseinstrument nicht erfasst werden. Beim Erfahrungskurvenkonzept handelt es sich auch weniger um ein exaktes Messverfahren als um die qualitative Interpretation eines statistischen Trends. Das Konzept bedarf daher im Rahmen der strategischen Planung des ergänzenden Einsatzes weiterer Hilfsmittel wie Produktlebenszyklusanalysen (werden im Teil E.I.1. dieses Buches behandelt) und/oder Portfolio-Techniken.

2.2.2 Markt-Portfolio

Portfolio-Techniken liefern das konzeptionelle „Handwerkszeug", um im Rahmen der strategischen Planung Chancen und Risiken verschiedener *Produkt-Markt-Kombinationen* zu erkennen und daraus erfolgversprechende Zukunftsentscheidungen ableiten zu können. Das Grundprinzip des *Produkt-Portfolios* besteht darin, alle auf unterschiedliche Teilmärkte ausgerichteten Unternehmensaktivitäten nach strategischen Gesichtspunkten in einer Matrix zu positionieren und daraus Handlungsempfehlungen abzuleiten. Bekannt ist die Vier-Felder-Matrix der Boston Consulting Group sowie die erweiterte Form der Neun-Felder-Matrix nach McKinsey/General Electric.

KAPITEL C Die produktiven Faktoren
Teil VII

Zur Positionierung der Produkt-Markt-Kombinationen in das Neun-Felder-Schema dienen zwei hoch verdichtete strategisch relevante Sachverhalte:[167]

▶ Die Dimension *Marktattraktivität*, auch als Branchenattraktivität bezeichnet, repräsentiert außerhalb der Unternehmung liegende und von ihr nicht oder allenfalls indirekt beeinflussbare Faktoren. Hierzu zählen: Marktentwicklung, Konkurrenzverhalten, Rechtssituation, Innovationsgeschwindigkeit, Energie- und Rohstoffversorgung.

▶ Die Dimension *relativer Wettbewerbsvorteil*, auch als Stärken der Wettbewerbs- bzw. Unternehmensposition bezeichnet, zeigt auf, wie sich das Unternehmen in einem bestimmten Marktsegment mit den eigenen Möglichkeiten behauptet. Faktoren, die die Wettbewerbsposition bestimmen, sind insbesondere: Marktanteil (absolut und relativ zum stärksten Konkurrenten), Größe, finanzielle, personelle und andere Ressourcen, Rentabilität, Bekanntheit am Markt, Produktqualität, Marketingpotenzial.

Um zu geschäftsbereichsbezogenen und damit hinreichend konkreten Aussagen zu gelangen, werden in Unternehmen mit differenzierten Geschäftsaktivitäten *strategische Geschäftseinheiten* gebildet, die jeweils für ein definiertes Segment der Unternehmensaktivitäten, d. h. für ein einzelnes strategisches Geschäftsfeld (Produkt-Markt-Kombination) oder auch mehrere Geschäftsfelder, verantwortlich sind. Strategische Geschäftseinheiten sind also relativ selbstständig agierende organisatorische Bereiche, für die sich ein eigenständiges Wettbewerbskonzept entwickeln lässt (z. B. in Bezug auf abgegrenzte Teilmärkte, Käufergruppen, Produktlinien). Die Bildung von strategischen Geschäftseinheiten erfolgt unabhängig von der bestehenden Organisationsstruktur (z. B. einer Spartengliederung) als eine Art Parallelorganisation. Damit sind die Geschäftsaktivitäten auf Unternehmensebene in Geschäftsfelder und auf der darunter liegenden Ebene der strategischen Geschäftseinheiten in Produkte gegliedert.

Voraussetzung für die Einordnung der Geschäftsaktivitäten entsprechend den beiden Dimensionen Marktattraktivität und relative Wettbewerbsvorteile ist

▶ eine hinreichend detaillierte Erhebung der politischen, gesellschaftlichen, wirtschaftlichen und technischen Entwicklungen im Aktionsfeld der Unternehmung,

▶ eine Bestandsaufnahme und Prognose der Angebots- und Nachfragesituation in der Branche und

▶ eine realistische Einschätzung der Stellung der eigenen Unternehmung im Markt, insbesondere auch unter Berücksichtigung der erreichten Phase im jeweiligen Produktlebenszyklus (vgl. Teil E. I. 3.).

Die Ausprägungen der beiden genannten Dimensionen für jedes Geschäft werden je nach gewünschter Detaillierung der Analyse entweder durch eine ordinal skalierte Abschätzung (z. B. niedrig, mittel, hoch) oder eine Punktbewertung und Gewichtung der geschäftsfeldrelevanten Erfolgsfaktoren bestimmt. Auf der Basis ermittelter Punktwerte (z. B. 0 bis 32 Punkte: niedrig, 33 bis 66 Punkte: mittel, 67 bis 100 Punkte: hoch) lassen sich die strategischen Geschäftsfelder bzw. Produkte im Schema der *Portfolio-Matrix* positionieren. Die Vorgehensweise fördert:[168]

---

[167] Vgl. hierzu und zum Konzept insgesamt bspw. Hinterhuber (2004), Bd. 1, S. 146 ff., Welge/Al-Laham (2003), S. 349 ff.
[168] Vgl. Hammer (1995), S. 178.

- eine ganzheitliche Analyse der Unternehmensaktivitäten,
- die Berücksichtigung von Interdependenzen zwischen den strategischen Geschäftseinheiten und
- die Klärung erforderlicher Ressourcenzuweisungen in potenzielle Wachstumsfelder.

Die Bestandsaufnahme der aktuellen Produkt-Marktkombinationen ergibt sich aus dem *Ist*-Portfolio, während die zukünftig erwünschten Kombinationen als Ergebnis der strategischen Geschäftsfeldplanung im *Ziel*-Portfolio dargestellt werden.

Im vorliegenden Beispiel der Neun-Felder-Matrix (Abb. 96) zeigt sich folgendes Bild. Geschäftsfeld A verfügt über eine hohe Marktattraktivität, aber geringe relative Wettbewerbsvorteile, während die Punktbewertung für Geschäftsfeld B zu einer genau entgegengesetzten Positionierung führt. Des Weiteren hat Geschäftsfeld C einen niedrigen, Geschäftsfeld D einen hohen und Geschäftsfeld E einen mittleren Wert bezüglich Marktattraktivität und relativem Wettbewerbsvorteil.

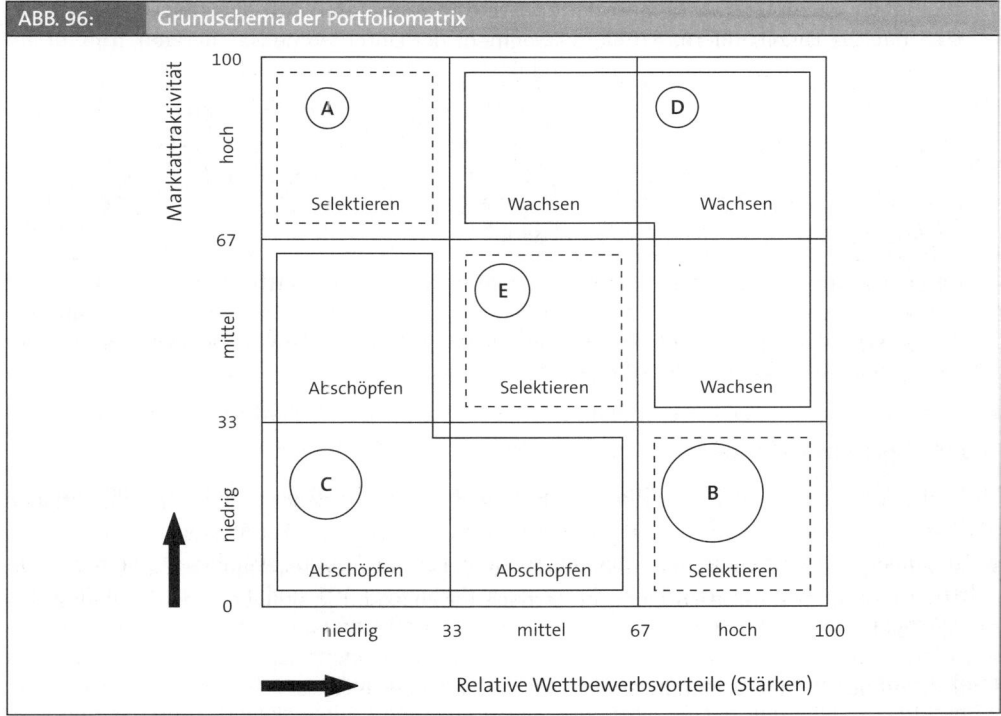

ABB. 96: Grundschema der Portfoliomatrix

Aus der jeweiligen Geschäftsfeldposition (der Kreisdurchmesser der Geschäftsfelddarstellung symbolisiert das Umsatzvolumen) lassen sich *Normstrategien* zur Überführung in ein Ziel-Portfolio ableiten. Diese Normstrategien bestehen aus den drei generellen Handlungsalternativen *Wachsen, Selektieren* sowie *Abschöpfen*.[169]

---

169 Vgl. hierzu im Einzelnen Hinterhuber (2004), Bd. 1, S. 166 ff.

Im Bereich „Wachsen" befinden sich zukunftsträchtige Geschäftsfelder. Produkte im Geschäftsfeld D (vgl. Abb. 96) besitzen hohe Marktattraktivität und verfügen über ausgeprägte Wettbewerbsvorteile. Zum Ausbau dieser Position sind Finanzmittel bereitzustellen, die im Wege der Innenfinanzierung aus dem Bereich „Abschöpfen" fließen.

Im Bereich „Abschöpfen" sind Geschäftsfelder angesiedelt, die im Wesentlichen ohne zusätzliche Investitionen Gewinne, zumindest aber Deckungsbeiträge erwirtschaften. Erzielte Überschüsse dienen der finanziellen Absicherung der erfolgversprechenden Geschäftsfelder. Werden sowohl Markt- als auch Wettbewerbspositionen niedrig bewertet (Feld C), ist aus Gründen der Liquiditätssicherung zu desinvestieren.

Im Bereich „Selektieren" ist eine differenzierte Strategiebetrachtung vorzunehmen:

a) Hohe Marktattraktivität bei relativ niedriger Wettbewerbsposition (Feld A) stellt das Ertragspotenzial zukünftiger Jahre dar. Im Rahmen einer *Offensiv*strategie werden entsprechende Investitionsmittel zum Aufbau von Wettbewerbsvorteilen in die attraktiven Geschäftsfeldpositionen gelenkt. Ist absehbar, dass der Erfolg ausbleibt, sind die entsprechenden Geschäftsfelder auszusondern.

b) Das mittlere Feld (E) der Matrix bildet den *Übergang* zwischen Investitions-/Wachstumsstrategien einerseits und Desinvestitions-/Abschöpfungsstrategien andererseits. Erfahrungsgemäß gruppiert sich in diesem Bereich ein Großteil der Geschäftsfelder. Pauschale Empfehlungen sind im Rahmen der Übergangsstrategie nicht möglich; vielmehr müssen die Faktoren jedes einzelnen Geschäftsfeldes eingehend geprüft werden, um mit maßgeschneiderten Strategiekonzepten den Erfolg zu sichern.

c) Geschäftsfelder mit niedriger Marktattraktivität bei starker Wettbewerbsposition (Feld B) speisen mit entsprechendem Cash-flow die Wachstumsbereiche. Empfehlenswert sind *defensive* Strategien, die auf die Verteidigung der Wettbewerbsvorteile gerichtet sind. Investitionen in einem beschränkten Umfang können noch gerechtfertigt sein.

2.2.3 PIMS-Programm

Unterstützung bei der Beurteilung der Ergebniswirkung verschiedener Unternehmensstrategien können die Erkenntnisse des *PIMS-Programms* (Profit Impact of Market Strategies)[170] bieten. Im Mittelpunkt steht eine Datenbank, die Informationen zu rund 3000 „businesses", die nach ähnlichen Kriterien wie die strategischen Geschäftsfelder abgegrenzt sind, beinhaltet. Im Zuge des PIMS-Programms wurden mehr als 30 Unternehmens- und Marktvariablen (u. a. Marktanteil, Investitionsintensität, Produktqualität, Wertschöpfungstiefe) identifiziert, die einen deutlichen Einfluss auf den ROI (Return on Investment) bzw. Cash-flow aufweisen.

Die Datenanalyse erfolgt auf multisektoraler Basis, d. h. sie differenziert nicht zwischen einzelnen Industriezweigen. Nach den empirischen Untersuchungen unterliegen alle Unternehmen trotz offensichtlicher Unterschiede denselben „Gesetzen des Marktes". Wenn die Konfiguration der in die Untersuchung einbezogenen Unternehmens- und Marktvariablen von zwei verschiedenen Geschäftseinheiten annähernd dieselbe ist, so gleichen sich auch ihre Ergebnisse weit-

---

170 Vgl. hierzu Buzzell/Gale (1989).

gehend, gleichgültig welche Art von Produkten die Einheiten herstellen und welchem Industriezweig sie angehören.

Wichtige Ergebnisse der PIMS-Analyse lassen sich wie folgt zusammenfassen:

1. Der relative *Marktanteil* und die *Produktqualität* korrelieren positiv mit dem ROI.
2. Die *Investitionsintensität* korreliert negativ mit dem ROI.
3. Bei mittlerem *F&E-Aufwand* (bezogen auf den Umsatz) werden die höchsten ROI-Werte beobachtet; insbesondere bei niedrigem relativen Marktanteil ist ein hoher F&E-Aufwand mit einer geringen Rentabilität verbunden.
4. Eine hohe *Produktivität* (gemessen am Umsatz pro Beschäftigten) ist auf Märkten mit mittlerer und hoher Wachstumsrate mit einem hohen ROI korreliert.

Neben diesen allgemeinen Erkenntnissen über die Wirkungen von Unternehmensstrategien stehen den PIMS-Mitgliedsunternehmen weitere Informationen in Form von *Programmreports* zur Verfügung:[171]

Der *Par-Report* spezifiziert den ROI, der für eine gegebene Geschäftseinheit in Abhängigkeit von den Charakteristika des bedienten Marktes und des Umfeldes sowie den eigenen Wettbewerbsmerkmalen (Marktanteil, relative Produktqualität, Investitionsintensität usw.) als normal („par") angesehen werden kann. Auf diese Weise erhält das Unternehmen bzw. die strategische Geschäftseinheit einen *Vergleichsmaßstab*, der zur Einschätzung der strategischen Position und zur Identifizierung von Problemen im strategischen und operativen Bereich genutzt werden kann. Mit Hilfe des Par-ROI lassen sich beispielsweise realistische Gewinnziele für eine Geschäftseinheit setzen, tatsächlich erzielte mit Par-Renditen vergleichen oder, im Fall geplanter Unternehmenskäufe, Erkenntnisse über das strategische Potenzial der Übernahmekandidaten gewinnen. Der Report begründet durch die Darstellung der maßgeblichen Einflussfaktoren sowie des Umfangs ihres Einflusses auch, warum der Par-ROI für eine gegebene Geschäftseinheit hoch oder niedrig ist.

Mit Hilfe des *Strategy Analysis Report* werden mögliche Strategien für die Geschäftseinheit simuliert. Die Konsequenzen der Strategievarianten werden – basierend auf den Entscheidungen und deren Ergebniswirkungen anderer Geschäftseinheiten in ähnlichen Situationen – aufgezeigt. Ziel des *Optimum Strategy Report* ist es, diejenigen Strategien zu identifizieren, die ein vom Management der Geschäftseinheit festgelegtes Kriterium optimieren. Kriterien dieser Art sind u. a. der Cash-flow oder ROI-Ziele.

Kritische Stellungnahmen zum PIMS-Modell beziehen sich insbesondere auf folgende Aspekte:[172]

Vereinfachung der Wirkungszusammenhänge

Es werden fast ausschließlich lineare Abhängigkeiten zwischen einer oder höchstens zwei Variablen und dem ROI unterstellt. Es erfolgt nur eine Querschnittsanalyse (Zeitpunktbetrachtung); dementsprechend fehlen wichtige Längsschnittinformationen, z. B. bei der Verknüpfung von Investitionen und ROI.

---

171 Vgl. Neubauer (1999), S. 488 ff., Hammer (1995), S. 143 f.
172 Vgl. etwa Zäpfel (2000a), S. 60, Adam (1996), S. 333 ff. und Corsten (2007), S. 232.

Empirische Basis

Mit der Bereitschaft zur Teilnahme am PIMS-Programm als Stichprobenkriterium lässt sich keine Repräsentativität gewährleisten; außerdem basieren die gewonnenen Einsichten großenteils auf nordamerikanischen Geschäftseinheiten. Gleichwohl stellt das erhobene Datenmaterial schon aufgrund seines beispiellosen Umfangs eine wertvolle Quelle dar.

Bewertung der empirischen Befunde

Von einer Korrelation lässt sich nicht ohne Weiteres auf eine zugrunde liegende Kausalität schließen. Darüber hinaus können selbst diejenigen unabhängigen Variablen, die die vergleichsweise höchsten Korrelationskoeffizienten aufweisen („Marktanteil", „relative Qualität", „Lagerbestand" und „Fixkapitalintensität") nur zwischen 4 % und 14 % der Streuung des ROI statistisch erklären.[173]

Messprobleme

Die Zurechnung des Unternehmensgewinns auf die einzelnen Geschäftseinheiten ist ebenso wie die Aufspaltung des Gesamtkapitals problematisch.

2.2.4 Technologie-Portfolio

Die Eignung von Produkt-Portfolios für innovations- und technologiespezifische Problemstellungen ist begrenzt, da lediglich bereits am Markt befindliche Produkte betrachtet werden und die technologische Entwicklung als zentraler Faktor der Wettbewerbsfähigkeit nicht entsprechend berücksichtigt wird. Technologische Trends sind aber daraufhin zu untersuchen, inwieweit sie für das Unternehmen bzw. die strategische Geschäftseinheit Chancen oder Bedrohungen darstellen, „weil sie

▶ bestehende Technologien zu substituieren drohen;
▶ zusätzliche Leistungsmerkmale ermöglichen;
▶ die Kosten-/Leistungsrelation verändern werden;
▶ bestehende Produkt- oder Leistungsbegrenzungen zu überwinden versprechen."[174]

Das *Technologie-Portfolio* stellt explizit auf die technologische Wettbewerbssituation ab. Ausgangspunkt für das Analyseverfahren ist die Erkenntnis, dass Technologien ähnlich wie Produkte einem *Lebenszyklus* unterworfen sind. Tendenziell entwickeln sich neue Technologien in der Frühphase langsam, lassen sich dann durch gezielte Forschungs- und Entwicklungsanstrengungen in ihrer Ergiebigkeit steigern, bis ein gewisser Reifegrad eintritt, der auch durch weitere F&E-Investitionen nicht mehr wesentlich verbessert werden kann (S-Kurven-Konzept; vgl. Abb. 97).[175] In dieser Situation erfolgt häufig die Ablösung durch eine neue Technologiegeneration, wiederum mit der Möglichkeit zur Verbesserung und Weiterentwicklung; Beispiel: Ersatz der Röhrentechnik durch Transistoren und später durch integrierte Schaltkreise in Geräten der Unterhaltungselektronik.

---

173 Siehe Buzzell/Gale (1989), S. 238.
174 Arthur D. Little (1994), S. 74.
175 Vgl. Beckurts (1983), S. 21, Hinterhuber (2004), Bd. 2, S. 58 f., Corsten/Gössinger/Schneider (2006), S. 337 ff.

ABB. 97: Technologie-Lebenszyklus

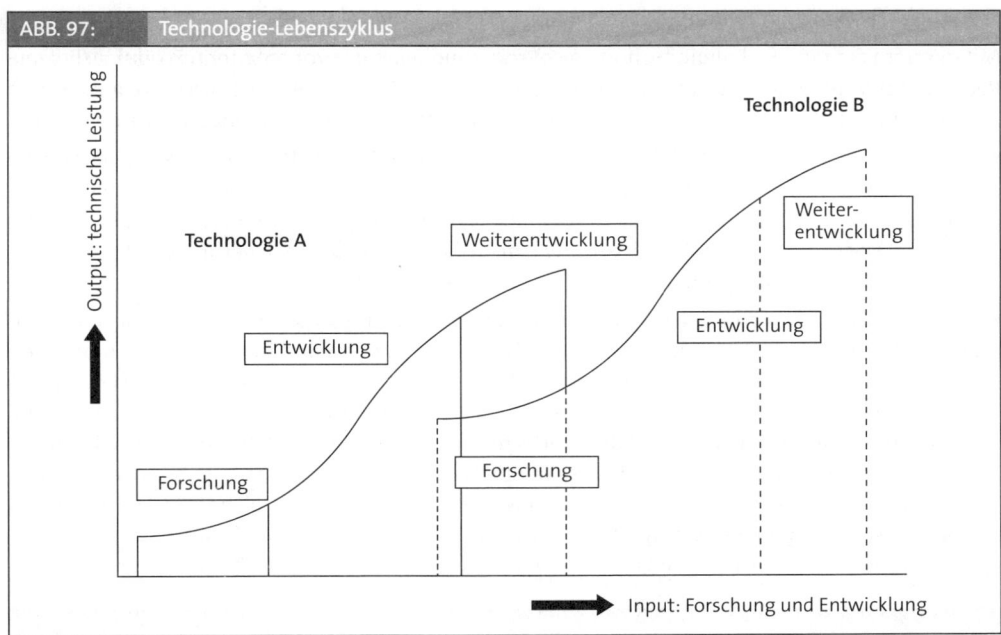

Ziel von Anbietern neuer Technologien ist es, möglichst als erste in einen expandierenden Markt einzutreten, um Effekte der Erfahrungskurve zu nutzen. „Follower" können zwar versuchen Pionierfehler zu vermeiden; diese Strategie bedeutet aber Zeitverzug, der als „Erfahrungsrückstand" zu einem relativen Herstellkostennachteil führen kann.[176] Im Unterschied zur Fokussierung auf Produkte und Produkt-Marktkombinationen berücksichtigt das Technologie-Portfolio technologische Erfolgsaussichten und differenziert nach *Technologie-Attraktivität* (von der Unternehmung weitgehend unbeeinflussbare Umweltsituation im Technologiebereich) und *Ressourcenstärke* (die unternehmenseigene Stärke zur Entwicklung von Technologien im Vergleich zu Wettbewerbern).[177]

Technologieattraktivität setzt sich u. a. zusammen aus:[178]

a) der *Technologiepotenzialrelevanz* (Weiterentwickelbarkeit der Technologie sowie hierfür notwendiger Zeitbedarf) und

b) der *Technologiebedarfsrelevanz* (Anwendungsumfang, Anwendungsarten sowie Diffusionsverlauf der Technologie).

Ressourcenstärke wird gebildet aus:

a) der *Finanzstärke* (Höhe und Kontinuität des technologiebezogenen Budgets) sowie

b) der *Know-how-Stärke* (Stand und Stabilität des technologiebezogenen Wissens im Unternehmen).

---

176 Vgl. Pfeiffer u. a. (1982), S. 46.
177 Vgl. Pfeiffer u. a. (1982), S. 79 f.
178 Vgl. Pfeiffer u. a. (1982), S. 85 ff.

Die *Vorgehensweise* zur Bildung des Technologieportfolios ist folgende:[179]

▶ Im *ersten Schritt* werden die technologischen Grundlagen der vorhandenen Produkte/Prozesse identifiziert und beschrieben. Beispiel: Stufenweise Analyse der Produkttechnologie durch Aufteilung der Technologien von Subsystemen, Baugruppen und Elementen.

▶ Im *zweiten Schritt* werden etablierte, aber auch erst am Beginn des Lebenszyklus befindliche Technologien miteinander verglichen und in eine Rangreihe der Technologieattraktivität (gering, mittel, hoch) gebracht. Diesem Ordnungssystem wird die Aktualität des eigenen technischen Wissens (Know-how-Stärke) sowie die Möglichkeit zur Finanzierung von Forschungs- und Entwicklungsaufgaben (Finanzstärke) gegenübergestellt.

▶ Im *dritten Schritt* wird die Ist-Situation auf einen zukünftigen Zeitpunkt des unternehmerischen Entscheidungshorizontes projiziert. Zu diesem Zweck wird die eigene mit möglichen konkurrierenden, aufgrund des höheren Weiterentwicklungspotenzials ggf. wesentlich attraktiveren Technologien verglichen. Beispiel: Fertigungsverfahren „Trennen" konventionell mechanisch (Trennscheibe, Säge) oder fortschrittlich opto-elektronisch (Laser). Beispielsweise wird wegen der hohen Technologieattraktivität die fortschrittliche Lösung angestrebt, jedoch ist die Ressourcenstärke in dieser zukunftsweisenden Technologie bisher im Unternehmen nur schwach ausgeprägt. Das Know-how-Defizit in der Lasertechnologie ließe sich jedoch zukünftig durch erhebliche Finanzmittelzuweisungen beseitigen (vgl. Abb. 98).

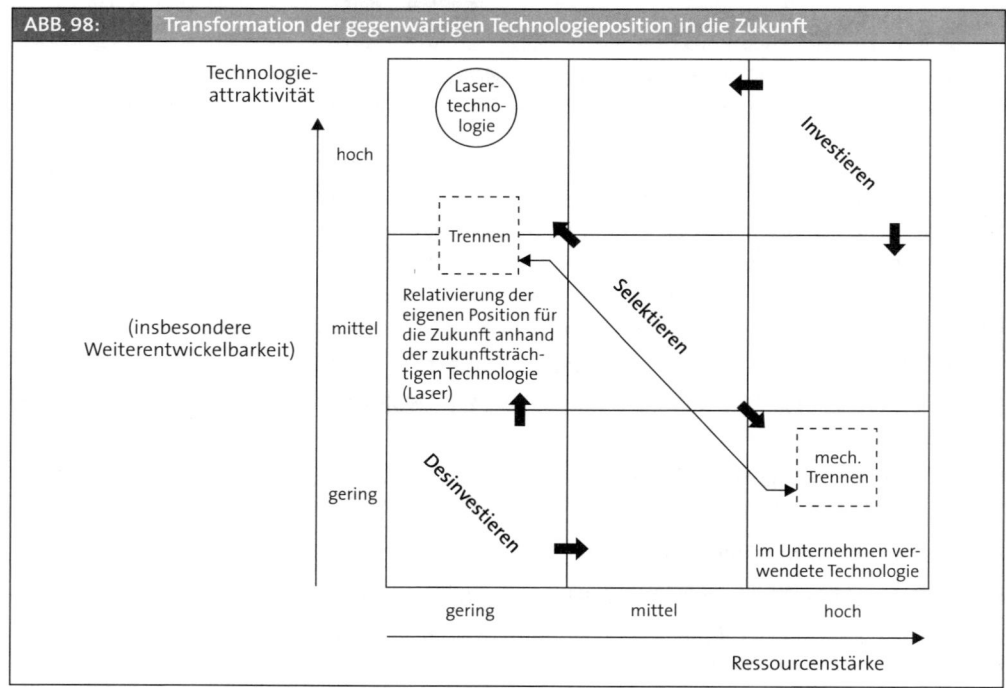

ABB. 98: Transformation der gegenwärtigen Technologieposition in die Zukunft

(Beispiel nach Pfeiffer u. a. (1982))

---

179 Vgl. hierzu und zu den folgenden Ausführungen Pfeiffer u. a. (1982), S. 80 ff.

▶ Im *vierten Schritt* werden Strategieempfehlungen formuliert. Die Technologiebeurteilung erfolgt im Technologieportfolio ähnlich der Geschäftsfeldbeurteilung im Produktportfolio. Danach sind *attraktive* Technologien durch Ressourcenzuweisungen zu stärken, *unattraktive*, „ausgereizte" Verfahren nicht weiter zu fördern. Die in *selektiven Feldern* positionierten Technologien sind einer ergänzenden Betrachtung hinsichtlich der Chancen (z. B. Technology-Push) und der Risiken (z. B. Liquiditätsengpass) zu unterziehen.

Produkt- wie Technologie-Portfolios sind Analyse- und Visualisierungsinstrumente; die Verfahren liefern keine fertigen Lösungen, sondern werfen Fragen auf. „Letztendlich stellt das Portfolio die Frage, wie viele Ressourcen einem Unternehmen langfristig zur Verfügung stehen und wo sie eingesetzt werden sollen."[180] Zur Festlegung strategischer Aktionen ist die Wahrscheinlichkeit des Eintritts der *zukünftigen Entwicklungen* als operable Größe zu bestimmen. Geeignete Instrumente zur Einschätzung zukünftiger Entwicklungen (Prognosetechniken) sind Gegenstand des Abschnitts C.VII. 3.

2.2.5 Balanced Scorecard

Die Anfang der 1990er Jahre von R. S. Kaplan und D. P. Norton entwickelte Balanced Scorecard[181] (BSC) unterstützt nicht nur die Entwicklung, sondern auch die Implementierung von Strategien. Den Ausgangspunkt bildete die Kritik an traditionellen Kennzahlensystemen wie z. B. dem Du-Pont-Schema, die mit ihrer operativen und eher vergangenheitsorientierten Ausrichtung keine Verbindung zur Unternehmensstrategie herstellen. Darüber hinaus finden in den Zahlenwerken der Kosten- und Leistungsrechnung sowie der Finanzbuchhaltung nicht-monetäre Leistungsgrößen keine Berücksichtigung; diese sind aber in Form von Zeit- und Mengengrößen gerade im Produktionsbereich von großer Bedeutung.

Mit dem Begriffsbestandteil „balanced" soll *Ausgewogenheit* in mehrfacher Hinsicht signalisiert werden, nämlich zwischen:

▶ der Berücksichtigung von Formal- und von Sachzielen (z. B. Rentabilität einerseits und Produktqualität andererseits),

▶ strategisch/taktischer und operativer Sichtweise (z. B. Formulierung einer Vision und Strategie einerseits und Transformation in konkrete Ziele andererseits),

▶ dem Einsatz monetärer und nicht-monetärer Kennzahlen (z. B. Herstellkosten einerseits und Ausschussquoten andererseits),

▶ unternehmensexterner und -interner Perspektive (z. B. Ansprüche der Anteilseigner und Kunden einerseits und Anforderungen des Managements an Prozesse etc. andererseits).

Grundlegend für das Konzept der BSC sind vier *Perspektiven*:

▶ *Finanzielle Perspektive:* Welche Erwartungen stellen die Eigentümer an das Unternehmen (z. B. geforderte Eigenkapitalrentabilität)?

▶ *Kundenperspektive:* Wie beurteilen die Kunden die Leistungen des Unternehmens (z. B. hinsichtlich Entwurfsqualität und Lieferzeit)? Welchen Kundennutzen stiften die Produkte?

---

180 Oetinger (1983), S. 48.
181 Vgl. zum Folgenden Kaplan/Norton (1997), Hahn/Hungenberg (2001), S. 251 ff., Welge/Al-Laham (2003), S. 562 ff.

▶ *Interne Prozessperspektive:* Wie wettbewerbsfähig ist das Unternehmen bei Gestaltung und Durchführung wesentlicher Geschäftsprozesse?
▶ *Lern- und Entwicklungsperspektive:* Mit welchen Potenzialen (Mitarbeiter, Systeme) kann das Unternehmen langfristig Wachstum und ökonomische Werte schaffen? Welcher Ressourceneinsatz ist hierzu nötig?

Die Definition der Perspektiven ist als ein konzeptioneller Rahmen zu verstehen, der inhaltlich unternehmensindividuell bzw. fallspezifisch auszufüllen ist. Jeder der vier Perspektiven wird mindestens eine Kennzahl als Leistungsindikator zugeordnet. Die Kennzahlen sollen möglichst Glieder einer *Ursache-Wirkungs-Kette* sein, an deren Ende die finanzwirtschaftliche Zielsetzung steht (vgl. Abb. 99). Hat das Unternehmen bei der Aufstellung der BSC die Kausalbeziehungen zutreffend abgebildet, lassen sich die Konsequenzen strategischer Anpassungen sowie der Umsetzung der Strategie bis hin zur Wirkung auf die obersten Finanzziele lückenlos verfolgen. Auf diese Weise kann die BSC dazu beitragen, die in vielen Unternehmen zu beobachtende Kluft zwischen abstrakten strategischen Vorstellungen und deren Übersetzung in konkrete Maßnahmen zu überbrücken. Insofern ist die BSC ein wichtiges Koordinations- und Kommunikationsinstrument.

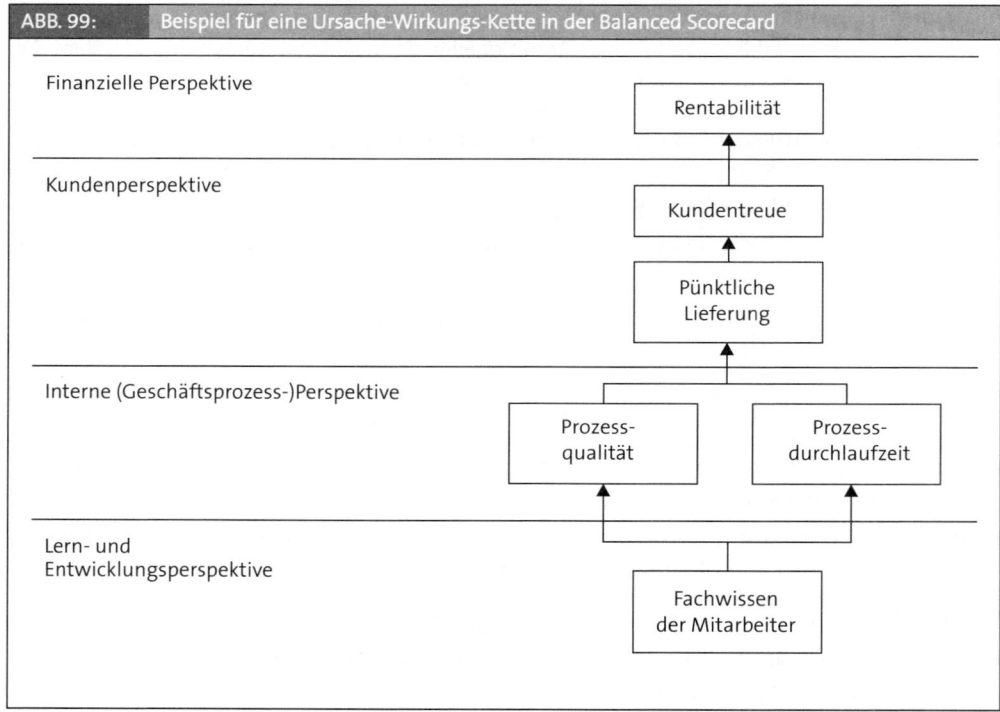

ABB. 99: Beispiel für eine Ursache-Wirkungs-Kette in der Balanced Scorecard

(Quelle: Kaplan/Norton (1997), S. 29, unwesentlich verändert)

Ein eindeutiger Rückschluss von Problemen, die die Leistungsindikatoren ggf. aufzeigen (kritische Leistungsmessgrößen werden bspw. nicht erreicht), auf die zugrunde liegende(n) Ursache(n) ist problematisch, da die Ursachen grundsätzlich auf völlig verschiedenen Ebenen angesiedelt sein können:

- Die operative Umsetzung der strategischen Vorgaben war unzureichend (operative Ebene).
- Die strategischen Vorgaben waren unrealistisch (normative Ebene).
- Die Hypothesen bezüglich der kausalen Beziehungen zwischen den relevanten Größen sind unvollständig oder fehlerhaft (Ebene der Modellbildung).

Gelingt es dem Unternehmen, einen Lernprozess einzuleiten, in dessen Verlauf die Hypothesen über die Kausalbeziehungen immer wieder kritisch überprüft werden und die BSC entsprechend angepasst wird, so resultiert daraus eine Verbesserung der BSC selbst und infolgedessen auch des Anwendungserfolgs. Insofern ist die Funktion der BSC mit der in der Literatur zu findenden Bezeichnung „Performance-Measurement-System" nicht umfassend gekennzeichnet; die BSC ist darüber hinausgehend und insbesondere ein *Performance-Enhancement-System*.

Dem Konzept der BSC wird gelegentlich vorgehalten, es enthalte keine methodische Unterstützung zur Ableitung von Kausalbeziehungen.[182] Hierbei handelt es sich jedoch weniger um eine konzeptionelle Schwäche der BSC als um Defizite der betriebswirtschaftlichen Theorie.

3. Prognosemethoden

3.1 Eignung von Prognoseinstrumenten für die strategische Planung

Unter Prognosen sollen vor dem Hintergrund ihrer Anwendung in der Unternehmensplanung methodisch und nachvollziehbar gewonnene Aussagen über in der Zukunft liegende planungsrelevante Sachverhalte verstanden werden. Das Merkmal der Methodik und Nachvollziehbarkeit grenzt Prognosen ab von Vorgehensweisen, deren Ergebnisse nicht begründbar sind, wie Prophetien, bloßes Raten, „Kaffeesatzlesen" usw. Dem steht jedoch nicht entgegen, dass Prognosen zu einem wesentlichen Teil auf Intuition basieren können, etwa bei systematischen Expertenbefragungen.

Prognoseobjekte sind zukünftige Ereignisse oder Entwicklungen. Das bedeutet, dass Informationen über die Zukunft zu erzeugen sind, obwohl aus der Zukunft keine Daten vorliegen. Aus dieser Sachlage, dass ausschließlich vergangenheitsorientierte Informationen zur Verfügung stehen, um zukunftsorientierte zu generieren, resultiert die prinzipielle Unsicherheit prognostischer Aussagen. Wie „gut" eine Prognose ist, d. h. inwieweit sie Ereignisse bzw. Entwicklungen zutreffend vorhersagt, lässt sich daher auch erst ex post feststellen. Ex ante, d. h. in der Auswahlsituation alternativer Prognosen bzw. Prognoseverfahren, stehen lediglich Gütekriterien[183] zur Verfügung, mit deren Hilfe Anhaltspunkte für die Vertrauens- und Vorziehenswürdigkeit einer Prognose gewonnen werden können (und deren Anwendung im Einzelfall wiederum Prognosen darstellen). Aus betriebswirtschaftlicher Sicht sind im Fall einer Ex-ante-Beurteilung von Prognosen neben der Vorhersagequalität weitere Kriterien wie Kosten, Praktikabilität usw. von Bedeutung.

---

182 Siehe Weber/Schäffer (2000), S. 8.
183 Vgl. hierzu Wild (1982), S. 134 ff.

Ein Teil der Prognosen stützt sich entweder auf eine (mehr oder weniger gut geprüfte) *erfahrungswissenschaftliche Theorie* oder – in der Unternehmensplanung bedeutend häufiger – auf die sog. *Zeitstabilitätshypothese*. Im ersten Fall macht man sich Gesetzesaussagen (allgemeine Wenn-dann-Aussagen) zunutze (trivialisiertes Beispiel: „Immer dann, wenn das Entgelt eines Mitarbeiters um x % angehoben wird, steigt seine Arbeitsleistung innerhalb eines Monats um x/2 %"). In Verbindung mit auf den Einzelfall bezogenen (singulären) Aussagen (auch als Randbedingungen bezeichnet) – beispielsweise „Frau Schmidt bekommt eine Gehaltserhöhung von 3 %." – ergibt sich die Prognose „Die Arbeitsleistung von Frau Schmidt wird im Laufe eines Monats um 1,5 % steigen.", eine ebenfalls singuläre Aussage.[184] Das Beispiel lässt bereits erkennen, dass es in der Betriebswirtschaftslehre an theoretischen Aussagen dieser Art mangelt. Die Zeitstabilitätshypothese unterstellt demgegenüber, dass die Gesetzmäßigkeiten, die in der Vergangenheit die beobachteten Sachverhalte hervorgebracht haben, auch im Prognosezeitraum gültig bleiben werden,[185] ohne dass diese Gesetzmäßigkeiten bekannt sein müssten. Insbesondere bei der Extrapolation von Zeitreihenwerten macht man von der Zeitstabilitätshypothese Gebrauch.

Bei kurzfristigem Planungshorizont kann die Zeitstabilitätshypothese am ehesten Gültigkeit beanspruchen, sodass sich quantitative, *trendorientierte* Prognosemethoden vor allem für die operative Planung eignen. Diese schreiben mit Hilfe mathematisch-statistischer Algorithmen Daten der Vergangenheit fort und kommen damit auch dem im operativen Planungsbereich verbreiteten „Denken in Zahlen" entgegen. Beispiele für diese Prognosemethoden sind die einfache und die (gewogene) gleitende Durchschnittsbildung, die exponentielle Glättung, einfache und multiple Regressionen. Sie sind für die Vorhersage technischer Neuerungen wenig oder überhaupt nicht geeignet, da sich technologische Pfade äußerst verschiedenartig entwickeln können und sich seriös nicht durch bloße Fortschreibung prognostizieren lassen. „Den zu prognostizierenden Neuerungen liegen Forschungs- und Entwicklungsergebnisse bzw. Erfindungen zugrunde; diese zeichnen sich zwar ebenfalls in der Vergangenheit ab (sonst gäbe es keine rationale Basis für eine Vorhersage), doch geben sie sich in anderer Form zu erkennen."[186]

Strategische Planungsüberlegungen erfordern Verfahren, mit denen sich u. a. Trendbrüche aufzeigen und technische Innovationen vorhersagen lassen. Solche qualitativen, *ereignisorientierten* Methoden stellen die Zusammenhänge zu einem großen Teil verbal-argumentativ her. Insbesondere für die Bedürfnisse des Produktionsbereichs sind verschiedene Methoden der „technischen Prognose" entwickelt worden. Zweck dieser Prognosen ist es:

▶ technische Entwicklungen für neue und verbesserte Produkte, Verfahren sowie für neue Anwendungsmöglichkeiten zu erkennen;

▶ Voraussetzungen des Eintritts, die Eintrittswahrscheinlichkeiten sowie die zeitliche Bestimmung des Eintritts von technischen Entwicklungen zu erfassen und

▶ die zu erwartenden Folgen aus diesen Entwicklungen abzuschätzen.

Grundlagen der technischen Prognose sind z. B. Ergebnisse von Forschungs- und Entwicklungsprojekten, noch zu lösende technische Probleme, Forderungen des Gesetzgebers. Um diese und

---

[184] Damit stellt sich die theoretisch fundierte Prognose quasi als logische Umkehrung der kausalen Erklärung gemäß dem *Hempel-Oppenheim-Schema* wissenschaftlicher Erklärungen dar; vgl. hierzu z. B. Raffée (1993), S. 18 f.
[185] Vgl. Wild (1982), S. 93 f.
[186] Blohm (1979), S. 116.

weitere Auslöser des technischen Fortschritts frühzeitig aufzugreifen, ist die Expertenbefragung und fachkundige Ergebnisauswertung ein praktikabler Weg zur technischen Prognose. Anspruchsvollere Methoden zeigen darüber hinaus Abhängigkeiten bei voneinander abweichenden Entwicklungen auf, analysieren alternative technische Leistungsmerkmale und vermitteln Schätzergebnisse über mögliche Eintrittswahrscheinlichkeiten. Die Vorhersageergebnisse dieser Methoden beziehen sich in der Regel auf konkrete technische Entwicklungen, wobei in einigen Verfahren auch die Wechselwirkungen, d. h. hemmende bzw. fördernde Ereignisse, berücksichtigt werden. Da technische Prognosen im Kern technologische Möglichkeiten aufzeigen, lassen sich die hierzu einsetzbaren Verfahren großenteils auch als Kreativitätstechniken (s. Teil E.V. 2.1) nutzen und vice versa.

Aus dem vielfältigen Methodenrepertoire seien in den folgenden Abschnitten die *Szenario-Technik*, die *Delphi-Methode*, die *Morphologische Methode*, die *Relevanzbaumanalyse*, die *Simulationstechnik* und die *Verflechtungsmatrix* (Cross-Impact-Matrix) in ihren Grundzügen dargestellt.

3.2 Szenario-Technik

Die Grundidee der Szenario-Technik besteht darin, nachvollziehbare, aus der gegenwärtigen Situation systematisch abgeleitete *Zukunftsbilder* (Szenarien) zu entwickeln. Zu beachten ist, je weiter in die Zukunft hinein prognostiziert wird, desto geringer wirken die gegenwärtigen Einflussfaktoren, wodurch sich das Spektrum alternativer „Zukünfte" – bildlich betrachtet – wie ein Trichter öffnet.[187]

Ausgangspunkt beim Einsatz der Szenario-Technik ist eine gründliche *Analyse der gegenwärtigen Situation*, die zu einem Verständnis der relevanten Wirkungszusammenhänge führen soll. Mit dem Verfahren werden sowohl plausible Zukunftszustände als auch Wege, die aus der Gegenwart herausführen (Pfadszenarien) beschrieben. Das Ergebnis der Szenario-Technik besteht in mehreren alternativen, in sich konsistenten Zukunftsbildern.

In der Praxis erarbeitet ein Team von 4 bis 15 Fachleuten in mehreren ganztägigen Sitzungen drei bis vier Szenarien, die Zeithorizonte zwischen zehn und zwanzig Jahren aufweisen können. Die Erarbeitung von Szenarien erfolgt in der Regel durch Stabsmitglieder sowie Personen des mittleren Managements; die anschließende Strategieauswahl bleibt dem Management der obersten Ebene vorbehalten.

Vorgehensweise:

Die Erarbeitung von Szenarien lässt sich in *acht Schritte* gliedern. Je nach Zielsetzung, Komplexität der Planungsaufgabe und Verfügbarkeit von Ressourcen sind Abwandlungen des nachfolgenden Grundmusters denkbar.

1. Festlegen und Strukturieren des Untersuchungsfeldes bzw. der Planungsaufgabe sowie Ermittlung von Kenngrößen (sog. Deskriptoren), die das Untersuchungsfeld beschreiben.

2. Identifizieren der auf das Untersuchungsfeld einwirkenden Umfeldfaktoren (z. B. Gesetze, Preisentwicklungen, Wettbewerbsverhalten) und Erkennen der sich hieraus ergebenden Wirkungsbeziehungen untereinander und zum Untersuchungsfeld.

---

187 Vgl. Geschka (1999), S. 521 f.

3. Prognose künftiger Entwicklungen anhand zu bildender Umfelddeskriptoren. Neben unkritischen Kenngrößen (Deskriptoren mit eindeutigem Trend) müssen für Faktoren mit unsicherer Zukunftsentwicklung alternative Werte angenommen werden.
4. Überprüfen der kritischen Deskriptoren auf Konsistenz, d. h. darauf, ob sie untereinander verträglich sind, und Auswahl von zwei bis drei alternativen Annahmenbündeln hinsichtlich bestimmter Kriterien wie Eintrittswahrscheinlichkeit, Plausibilität etc.
5. Hinzufügen unkritischer Deskriptoren und schrittweise Ausarbeitung und Interpretation der Umfeldszenarien.
6. Berücksichtigen trendmäßig bisher nicht erkennbarer, jedoch vorstellbarer Ereignisse („Störereignisse") und Darstellen der damit verbundenen Auswirkungen auf die Szenarien.
7. Ausarbeiten und Darstellen der Untersuchungsfeld-Szenarien.
8. Konzipieren von Maßnahmen und Umsetzungsschritten (im engeren Sinne nicht mehr Gegenstand der Szenario-Technik).

Anwendung:

Die Szenario-Technik dient generell dem Zweck, relevante Einflussparameter zu erfassen, für Transparenz der „Zukunftsmechanismen" zu sorgen, Prämissen für die Langfristplanung abzuleiten und potenzielle Handlungsalternativen aufzuzeigen. Unterstützung leistet das Verfahren bei der strategischen Unternehmensplanung, indem plausible Zukunftsbilder das Umfeld von strategischen Geschäftseinheiten beschreiben und damit transparenter gestalten. Entscheidungshilfe durch Szenario-Technik ist insbesondere bei der Suche nach neuen Geschäftsmöglichkeiten (Identifizieren von Problemfeldern und Erarbeiten von Lösungsansätzen) und bei geplanten Großinvestitionen (Vorbereitet-Sein auf mehrere Bedingungskonstellationen, Investitionsrechnung mit alternativen Daten) zu erwarten.

3.3 Delphi-Methode

Die nach dem klassischen Orakel benannte Delphi-Methode[188] ist eine *formalisierte Expertenbefragung* zur Gewinnung von Basisinformationen. Jeder ausgewählte Teilnehmer der Befragung bekommt dasselbe Problem zur schriftlichen Erörterung vorgelegt. Handelt es sich dabei um einen komplexen, vielschichtigen Problemkreis, werden Experten unterschiedlicher Fachdisziplinen um Stellungnahme gebeten. Die Befragung kann bei einmütigen Ergebnissen nach einem Durchlauf enden; in der Regel erfolgen aber mehrere hintereinander geschaltete Befragungsläufe mit Rückkoppelung der Auswertung an die Teilnehmer.

Vorgehensweise:

Im ersten Durchlauf äußert sich jeder Teilnehmer schriftlich und unabhängig von der Meinung der anderen Gruppenmitglieder zum anstehenden Problem. Erbringt die Auswertung eine weitgehende Übereinstimmung der Einschätzungen, kann das Verfahren mit der Dokumentation der Ergebnisse abgeschlossen werden. Bestehen bedeutsame Unterschiede in den Expertenurteilen, werden die abweichenden Äußerungen, ggf. mit entsprechenden Begründungen, allen Teilnehmern unter Wahrung der Anonymität bekannt gegeben. Mit diesen Zusatzinformationen

---

[188] Vgl. zur Delphi-Methode z. B. Wechsler (1978) und Blohm (1979), S. 117 ff.

wird eine zweite, zur Erkenntnisvertiefung ggf. auch eine dritte und vierte Befragungsrunde gestartet. Nach der (vorher bestimmten) letzten Runde werden die als repräsentativ gewerteten Antworten als verbindliche Ergebnisse der Befragungsaktion dokumentiert.

Anwendung:

Konkrete Fragestellungen aus dem Bereich der strategischen Unternehmensplanung können etwa lauten: Welche Ressourcenstärke besitzt unser Unternehmen bezüglich digitaler Speichermedien? (Zweck: Einordnung bekannter Speichertechniken in das Technologie-Portfolio). Welche Maßnahmen empfehlen Sie im Geschäftsfeld „Standard-Speicherkarten für Digitalkameras"? (Zweck: Strategieempfehlung aufgrund der Position dieses Geschäftsfeldes im Produkt-Markt-Portfolio.)

Aufgrund der *Anonymität* der Befragung und der *Rückkopplung* von Informationen wird die Prognosequalität der Delphi-Methode höher eingeschätzt als Einzel- und unstrukturierte Gruppenurteile.[189] Der generelle Nachteil intuitiver Methoden, die Ergebnisbeeinflussung durch persönliche Interessenlagen, besteht tendenziell fort. Bei ausreichender Gruppengröße und *sachgerechter Expertenauswahl* werden jedoch, so die These der Befürworter, fundierte Argumente und Gegenargumente formuliert, sodass ein insgesamt ausgewogenes Sachverständigenurteil zu erwarten ist.

Die Delphi-Methode lässt sich isoliert, aber auch in Kombination mit anderen Prognoseverfahren anwenden.

3.4 Morphologische Methode

Die morphologische Methode ist ein *Klassifikationsverfahren*, bei dem auf analytisch-logischem Wege ein vorhandenes oder zu gestaltendes Objekt (z. B. ein komplexes Produkt) in seine einzelnen Merkmale und jeweiligen Merkmalsausprägungen zerlegt wird. Durch die Zerlegung lassen sich Informationen beispielsweise über das Spektrum technischer Möglichkeiten gewinnen.[190] Das Verfahren wird häufig zur Ideenfindung verwendet (s. hierzu Teil E.V. 2.1), kann aber auch zur Prognose technischer Entwicklungen genutzt werden.

Vorgehensweise:

Zu Beginn ist das Suchfeld umfassend, dabei aber hinreichend präzise als eine Klasse technischer Systeme zu definieren. Hintergrund dieser Forderung ist, dass neuartige Lösungen nicht bereits im Vorfeld durch ungeeignete Merkmalsformulierungen ausgeschlossen werden. Beispielsweise wäre die Merkmalsformulierung „Design des Zifferblatts" bei der Entwicklung einer Uhr ungeeignet, da sie andere Lösungen wie eine Digitalanzeige von vornherein unbeachtet ließe.

Die Beschreibung eines technischen Systems (Beispiel: portable Audio-Komponente) erfolgt, indem die Teilfunktionen, die sog. *intensionalen* Merkmale, in einer Spalte untereinander angeordnet werden. Die einzelnen Ausprägungen (Realisierungsmöglichkeiten) jeder Teilfunktion, die sog. *extensionalen* Merkmale, bilden dann die Zeilen einer Matrix, des *morphologischen Kastens* (vgl. Abb. 100). Der morphologische Kasten enthält – Vollständigkeit der intensionalen und ex-

---

189 Vgl. Wechsler (1978), S. 193 ff.
190 Vgl. Ropohl (1972), S. 30 f.

tensionalen Merkmale vorausgesetzt – implizit sämtliche technischen Lösungsmöglichkeiten und damit auch die bisher noch nicht bekannten. Sowohl die bekannten als auch zu prognostizierenden Lösungen erhält man durch Kombination geeigneter Merkmalsausprägungen. Technisch nicht realisierbare und ökonomisch nicht sinnvolle Lösungen können dabei frühzeitig erkannt werden.

ABB. 100:	Morphologischer Kasten für eine portable Audio-Komponente		
Teilfunktionen (intensionale Merkmale)	Lösungsprinzipien (extensionale Merkmale)		
Datenspeicher	CD-ROM	Speicherchip	USB-Stick
Empfangsart	terrestrischer Empfang	Satellitenempfang	Terrestrischer und Satelliten-Empfang
Wiedergabesystem	integrierte Lautsprecher	extern anschließbare Lautsprecher	Kopfhörer
Stromversorgung	Einwegbatterie	Akku mit Netzadapter 220 V	Akku mit zusätzlichem 12 V-Adapter
Verbindungen zu externen Geräten	nur Kabelverbindung	zusätzlich optische Übertragung	zusätzlich Funkübertragung
Material (Gehäuse)	Metall	Kunststoff	Verbundwerkstoff
Befestigung der Bauteile	Schraubverbindung	Steckverbindung	Klemmverbindung
	3	2	1
Attraktivität der technischen Lösungen: 1 = hoch, 2 = mittel, 3 = niedrig			

Anwendung:

Durch systematisches Kombinieren bereits bekannter Elemente lassen sich neuartige technische Lösungen entdecken. Viele Innovationen sind aus solchen Kombinationen entstanden. Da eine vollständige Kenntnis aller Merkmale und zukünftig möglicher Merkmalsausprägungen praktisch nicht erreichbar ist und auch die Zahl der Kombinationsmöglichkeiten unüberschaubar groß werden kann, werden meist nicht *alle* Lösungen erkannt. Bei der Anwendung der Methode ist darauf zu achten, dass der morphologische Kasten logisch konsistent ist. Ferner lassen sich mit der morphologischen Methode keine Aussagen über *künftige Realisierungschancen* treffen. Deshalb sollte das Verfahren nicht mit der systematischen Auflistung denkbarer technischer Möglichkeiten enden, sondern um eine Prognose realistischer Einsatzmöglichkeiten ergänzt werden.

3.5 Relevanzbaumanalyse

Der Relevanzbaum ist ein Ordnungsschema in Form eines Graphen, dessen Knoten *Ziele* bzw. *Mittel* zur Zielerfüllung und dessen Kanten die *Beziehungen* zwischen Zielen und Mitteln symbolisieren. Über logische Verknüpfungen wird nach der Bedeutung jedes Mittels zur Verwirklichung des gesetzten Zieles gefragt. Die formale Darstellung wird durch eine *Bewertung* mittels sog. *Relevanzzahlen* ergänzt, um Erkenntnisse über die Bedeutung bestimmter Mittel zur Erfüllung bestimmter Ziele zu erlangen.

Vorgehensweise:

Grundlage für die Entwicklung eines Relevanzbaums bilden Vorhersagen über künftige Zustände, gewonnen z. B. durch Anwendung der Szenario-Technik. Die an der Erstellung des Relevanzbaumes Beteiligten versuchen, durch Ziel-Mittel-Kombinationen Möglichkeiten der Problemlösung bzw. der Zielerreichung zu finden. Zu diesem Zweck werden gleichrangige, sich gegenseitig ausschließende Ziel- bzw. Mittelalternativen auf gemeinsamer hierarchischer Ebene angeordnet. Verbindungen zwischen unterschiedlichen Ebenen ergeben sich aus Relevanzbeziehungen. Dabei wird ein in Bezug auf die Problemfindung oder Zielerreichung als relevant erkanntes *Mittel* der vorangegangenen Ebene *Zielfigur* aller Elemente der nachfolgenden Ebene.

BEISPIEL ▶ Produktionsrückstände fallen u. a. in Form von Lärm, Staub, Abgasen und verschiedenartigen festen Stoffen an. Priorität haben beispielsweise feste Produktionsrückstände. Konzepte zur Vermeidung/Beseitigung bestehen u. a. im Verbrennen, Rezyklieren und im Deponieren. Alternative Deponiekonfigurationen sind Untertagedeponien, Haldendeponien etc. Über die Darstellung der z. B. mit der Haldendeponierung verbundenen technologischen Probleme kommt man zu technischen Lösungen (vgl. Abb. 101).

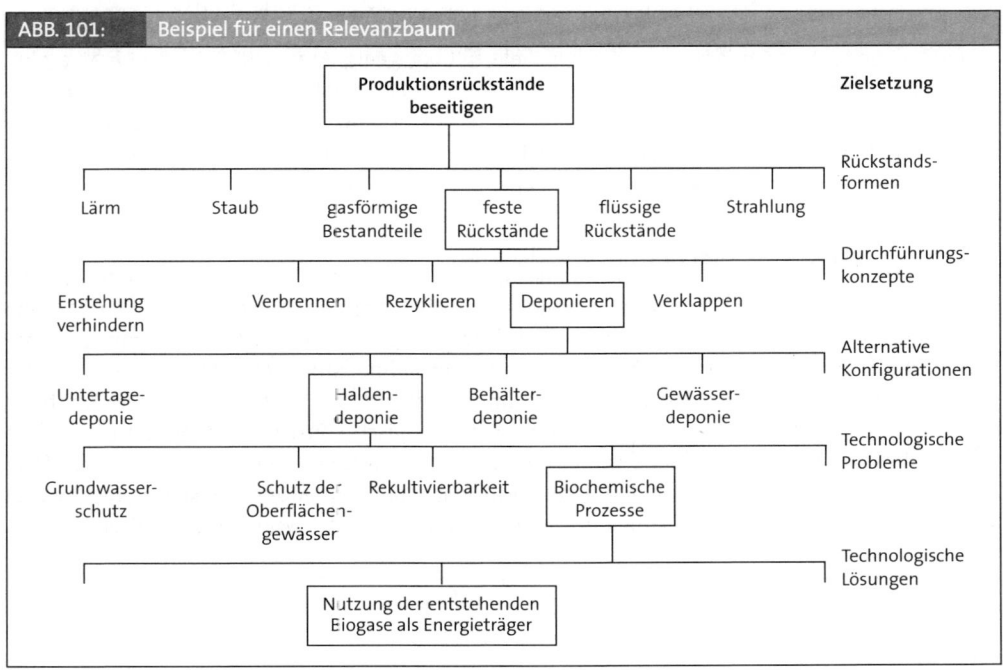

ABB. 101: Beispiel für einen Relevanzbaum

Anwendung:

Durch eine Staffelung der Ziele und Mittel entsprechend ihrer Bedeutung schafft der Relevanzbaum eine umfassende und systematische Informationsstruktur. Informationslücken können erkannt und durch gezielte Datenbeschaffung geschlossen werden.

Bei der Anwendung lassen sich folgende *Schritte* unterscheiden:[191]

1. Hinreichende Abgrenzung und Definition des Untersuchungsgegenstandes.
2. Festlegen der Ziele und der Beurteilungskriterien (z. B. Kostenkriterien oder qualitative Kriterien wie Erfüllung ökologischer Anforderungen) für jede Ebene des Relevanzbaums.
3. Abstecken des relevanten Intensitätsbereichs jedes Beurteilungskriteriums (z. B. tolerierbare Emissionswerte von ... bis ...).
4. Bilden von Skalen (z. B. diskrete Skalenwerte von 0 bis 9) zur Intensitätsmessung der Beurteilungskriterien; Zuordnung jeweils einer Signifikanzkennzahl, d. h. eines Skalenwerts, der die Intensität/Ausprägung des betreffenden Kriteriums abbildet.
5. Kriteriengewichtung zur Kennzeichnung des relativen Beitrags jedes Kriteriums zur Zielerreichung (z. B. hohe Gewichtung bei der Behandlung fester Produktionsrückstände, mittlere Gewichtung beim Abwasser, geringe Gewichtung bei der Behandlung gasförmiger Rückstände).
6. Errechnen von Relevanzzahlen auf der Basis der gewichteten Signifikanzzahlen. Relevanzzahlen kennzeichnen die relative Bedeutung eines Mittels zur Zielerreichung im Vergleich zu allen anderen Bewertungsobjekten (z. B. der Haldendeponie im Verhältnis zu anderen Deponieformen).

Mit der Auswertung des Relevanzbaums ergibt sich eine systematische Gesamtschau aller entscheidungsbedeutsamen Ziele und der zur Zielerfüllung geeigneten Mittel sowie eine vergleichende Bewertung von Zielen und Mitteln im Hinblick auf die Realisierung übergeordneter Ziele. Für technische Prognosen kann dargelegt werden, auf welchen Gebieten „technologische Lücken" bestehen, wobei die entsprechenden Relevanzzahlen Aufschluss über die Dringlichkeit von Forschungs- und Entwicklungsaktivitäten geben.[192]

3.6 Simulation technischer Entwicklungen

Simulation kann als Methode des zielgerichteten Experimentierens bezeichnet werden. Sie ist eine vielseitig einsetzbare Technik, die nicht nur zur Optimierung[193] in Entscheidungssituationen, sondern auch zur Prognose herangezogen werden kann. Grundlage der Simulation ist die Abbildung eines (in der Regel komplexen) realen Systems in einem Modell. „Die weiteste begriffliche Auslegung versteht unter Simulation die an einer Zielfunktion ausgerichtete sukzessive Variation eines dynamischen Modells."[194]

Durch systematisches Verändern der relevanten Parameter, Beobachten der Wirkungen und Analysieren der Zusammenhänge lassen sich Rückschlüsse auf Struktur und Verhalten des rea-

---

[191] Vgl. Strebel (1974), S. 49 ff., Corsten/Gössinger/Schneider (2006), S. 306 ff.
[192] Vgl. Strebel (1974), S. 45.
[193] Vgl. hierzu Biethahn/Lackner/Range (2004), S. 14 ff.
[194] Zwicker (1981), S. 102.

len Systems ziehen. Experimente mit realen Systemen sind häufig zu gefährlich, zu teuer, aus ethischen Gründen nicht vertretbar oder sie bieten unzureichende Möglichkeiten der Manipulation. Die Simulationstechnik ermöglicht, neue Erkenntnisse und Problemlösungen am Modell zu gewinnen.

Als Stärken und Schwächen dieser Methode sind zu nennen:[195]

Stärken:

- geringerer Zeitaufwand und niedrigere Kosten als Experimente in der Realität
- Veränderung von Parametern und Feststellen der Konsequenzen leicht möglich
- anschauliche Darstellung komplexer Systeme; Lerneffekte und tieferes Verständnis der realen Problemstellung durch die Modellbildung
- große Anpassungsfähigkeit an reale Gegebenheiten möglich
- Verringerung von Risiken durch Aufzeigen der Wirkungen von Alternativen

Schwächen:

- bei Optimierungsproblemen in der Regel nur Näherungslösungen
- schwierige Überprüfung der Validität (Gültigkeit)
- ggf. aufwendige Modellbildung und lange Rechenzeiten

Vorgehensweise:

Wegen der vielfältigen Anwendungsmöglichkeiten der Simulation lassen sich nur allgemeine Verfahrensschritte angeben,[196] die es bei der konkreten Nutzung der Methode zu detaillieren bzw. zu modifizieren gilt. Um die Genauigkeit der Untersuchung zu verbessern, kann ein mehrmaliges Durchlaufen einzelner der nachfolgend aufgeführten Schritte erforderlich sein. Für die Durchführung von Simulationsstudien steht bewährte Standardsoftware zur Verfügung.

1. Abgrenzen und Formulieren des Problems
2. Aufstellen eines Anforderungskataloges der möglichen und der gewünschten Eigenschaften des zu untersuchenden Systems (eines Produktes, Produktionsverfahrens etc.)
3. Formalisieren des Problems und Sammeln von Daten der Realität
4. Konzipieren der Vorgehensweise zur methodischen Lösung der Problemstellung
5. Ablaufdiagramm erstellen und Simulationsmodell entwickeln
6. Test- und Simulationsläufe durchführen, Ergebnisse auswerten und analysieren
7. Analyseergebnisse überprüfen, korrigieren und diskutieren
8. Lösungen und Lösungsmethode darstellen
9. Umsetzen der Ergebnisse in die Realität unter Berücksichtigung des Kosten-Nutzen-Verhältnisses

---

195 Zu den Stärken und Schwächen der Simulation vgl. Marchal (1982), S. 22.
196 Vgl. hierzu Marchal (1982), S. 23.

Anwendung:

Im Rahmen der Simulation werden Elemente eines Systems in Bezug auf ihre dynamischen Wechselwirkungen betrachtet. Durch Variation der Eigenschaften dieser Elemente ändern sich die Zustandsgrößen und damit die Voraussetzungen für den Eintritt von Ereignissen.

Die Verformung von Fahrgastzellen beispielsweise ist abhängig von konstruktiven Gegebenheiten, verwendeten Materialien, der Aufprallgeschwindigkeit, dem Aufprallwinkel sowie von weiteren Variablen. Durch Simulationsläufe können die Auswirkungen unterschiedlicher Aufprallgeschwindigkeiten, Materialien usw. auf die Verformung der Fahrgastzelle durchgespielt werden. Kosten oder Schadensfolgen realer Versuche können damit in erheblichem Umfang reduziert bzw. vermieden werden.

Durch Einbeziehung von Methoden zur Beurteilung von *Eintrittswahrscheinlichkeiten* in ein Simulationsverfahren kann die Prognose technischer Innovationen, die mit Instrumenten wie der Szenario- oder Delphi-Technik gewonnen wurde, verfeinert werden. Insofern stellt die Simulation weniger ein eigenständiges Prognoseverfahren als vielmehr eine die anderen Prognosetechniken unterstützende Methodik dar. Die im Folgenden dargestellte Cross-Impact-Methode ermöglicht es z. B., wechselseitige Beeinflussungen in der Entwicklung technischer Verfahren simulativ abzuschätzen.

3.7 Cross-Impact-Methode

Mit der Cross-Impact-Methode[197] lassen sich Veränderungen der Eintrittswahrscheinlichkeit für ein Ereignis oder eine Entwicklung unter dem Einfluss anderer Ereignisse oder Entwicklungen bestimmen.[198] Grundgedanke ist, dass zukünftige Entwicklungen meist nicht unabhängig voneinander verlaufen, sondern dass *Wechselwirkungen* die Entwicklungen fördern oder behindern. Diese bei Expertenprognosen üblicherweise intuitiv berücksichtigten Wechselwirkungen sollen durch Cross-Impact-Analysen systematisch ermittelt, bewertet und die hierdurch hervorgerufenen Veränderungen der Eintrittswahrscheinlichkeiten mittels eines mathematischen Algorithmus berechnet werden.[199]

Vorgehensweise:

Zunächst sind die *Anfangswahrscheinlichkeiten* der betrachteten Ereignisse/Entwicklungen[200] zu schätzen, z. B. mittels Delphi-Befragung. Danach werden die *Wechselwirkungen* zwischen den Ereignissen, d. h. der Einfluss jedes Ereignisses auf jedes andere durch Cross-Impact-Analyse ermittelt. Die Einflussmöglichkeiten zwischen einem Ereignis e_j und einem e_j beeinflussenden Ereignis e_i sind folgende:

$p'_j = p_j$, d. h. kein Einfluss von e_i auf e_j

$p'_j > p_j$, d. h. positiver (fördernder) Einfluss von e_i auf e_j

$p'_j < p_j$, d. h. negativer (hemmender) Einfluss von e_i auf e_j,

---

197 Vgl. grundlegend Gordon/Hayward (1968).
198 Vgl. Blohm (1979), S. 169.
199 Vgl. Schwander (1977), S. 25.
200 Wenn im Folgenden vereinfachend von „Ereignissen" gesprochen wird, sind Entwicklungen ausdrücklich eingeschlossen.

wobei p_j als „ursprüngliche" Eintrittswahrscheinlichkeit des Ereignisses e_j und p'_j als Eintrittswahrscheinlichkeit von e_j nach Eintritt von e_i definiert ist.

Ein *Beispiel* soll die Kombination von Expertenschätzungen der Eintrittswahrscheinlichkeiten und Cross-Impact-Analyse verdeutlichen. Für strategische Planungsüberlegungen sei die Entwicklung der Solartechnik von großer Bedeutung. Nach Ablauf von zehn Jahren, so die Annahme der Experten, wird Sonnenenergie wirtschaftlich nutzbar sein. Die Eintrittswahrscheinlichkeit dieses Ereignisses e_1 wird auf 50 % geschätzt. Diese Wahrscheinlichkeit kann allerdings durch andere Ereignisse beeinflusst werden, falls diese vor e_1 eintreten; die wichtigsten sind in Abb. 102 aufgeführt.

ABB. 102:	Ereigniseintrittswahrscheinlichkeiten
Ereignis	Wahrscheinlichkeit des Eintretens
e_2: Verdopplung des heutigen Ölpreises	50 %
e_3: Einstellung des Neubaus konventioneller Kraftwerke	20 %
e_4: Verstärkte Nutzbarmachung der Abwärme von Kraftwerken zu Heizzwecken im Rahmen von Fernheizungen	30 %

Die Wechselwirkungen zwischen e_1, e_2, e_3 und e_4 wurden von Experten wie in der *Wechselwirkungsmatrix* (Abb. 103) dargestellt geschätzt. In jedem Matrixfeld gibt der *Cross-Impact-Faktor* C die Stärke $0 \leq /C/ \leq 1$ und – durch das Vorzeichen – die Richtung der Wechselbeziehung eines Ereignispaars e_i/e_j an. Es bedeutet also:

C = 0   kein Einfluss,

C = ± 0,5   mittlerer positiver (fördernder) bzw. negativer (hemmender) Einfluss,

C = ± 1   starker (fördernder bzw. hemmender) Einfluss

von e_i auf e_j.

ABB. 103:	Wechselwirkungsmatrix			
e_i wirkt auf e_j	e_1	e_2	e_3	e_4
e_1	–	– 0,5	+ 0,5	– 0,5
e_2	+ 1	–	– 0,5	+ 1
e_3	+ 1	+ 1	–	– 1
e_4	– 0,5	0	– 0,5	–

Die Interpretation der ersten Matrixzeile lautet exemplarisch: Wird Solarenergie wirtschaftlich nutzbar, so wirkt dieses Ereignis mit jeweils mittlerer Stärke (±0,5) a) hemmend auf den Ölpreis, b) fördernd auf die Einstellung von Kraftwerksneubauten und c) hemmend auf die Nutzung von Kraftwerksabwärme.

Die von den Experten geschätzten Anfangswahrscheinlichkeiten werden in den folgenden Berechnungsschritten mit Hilfe des Cross-Impact-Algorithmus in neue, die wechselseitigen Einflüsse abbildende Eintrittswahrscheinlichkeiten umgerechnet:

KAPITEL C Die produktiven Faktoren
Teil VII

1. Festlegung einer zufälligen, d.h. mittels Zufallszahlen bestimmten *Reihenfolge* der Ereignisse; 1. Lauf hier e_4, e_3, e_2, e_1.

2. Festlegen, ob das Ereignis *eingetreten* oder *nicht eingetreten* ist. Dies geschieht ebenfalls mittels Zufallszahl. Ist die Zufallszahl *größer* als die von Experten geschätzte Eintrittswahrscheinlichkeit, wird das Ereignis als „nicht eingetreten" gewertet; ist sie *kleiner oder gleich*, gilt das Ereignis als „eingetreten". 1. Lauf: Zufallszahlen 34, 14, 56, 70. Expertenschätzung für den Eintritt von e_4 30%; Zufallszahl 34, d.h. das Ereignis ist nicht eingetreten. Expertenschätzung für den Eintritt von e_3 20%; Zufallszahl 14, d.h. das Ereignis ist eingetreten (vgl. Abb. 105).

3. Gilt das Ereignis als nicht eingetreten (e_4), wird es entsprechend markiert, aber nicht weiter berücksichtigt. Gilt das Ereignis als eingetreten (e_3), wird es als solches gekennzeichnet. Als erstes eingetretenes Ereignis hat e_3 auf die Eintrittswahrscheinlichkeit der verbleibenden Ereignisse e_2 und e_1 einen fördernden, einen hemmenden oder keinen Einfluss. Zur Berechnung der neuen Eintrittswahrscheinlichkeiten p'_j der verbleibenden Ereignisse wird eine quadratische Funktion angenommen:[201]

$$p'_j = a \cdot p_j^2 + b \cdot p_j + c$$

Dabei gilt:

Wenn $p_j = 0$, dann muss auch $p'_j = 0$ sein; daraus folgt $c = 0$.

Wenn $p_j = 1$, dann muss auch $p'_j = 1$ sein; daraus folgt $a + b = 1 <=> b = 1 - a$, da $c = 0$.

Die Gleichung lässt sich demnach als

$$p'_j = a \cdot p_j^2 + (1 - a) \cdot p_j$$

schreiben und ist im *Wechselwirkungsdiagramm* (Abb. 104) für $a = 0$, $a = \pm 0{,}5$ und $a = \pm 1$ grafisch dargestellt. Zwischen dem Koeffizienten a und dem Cross-Impact-Faktor C besteht der Zusammenhang $C = -a$.

---

[201] Vgl. Blohm (1979), S. 169.

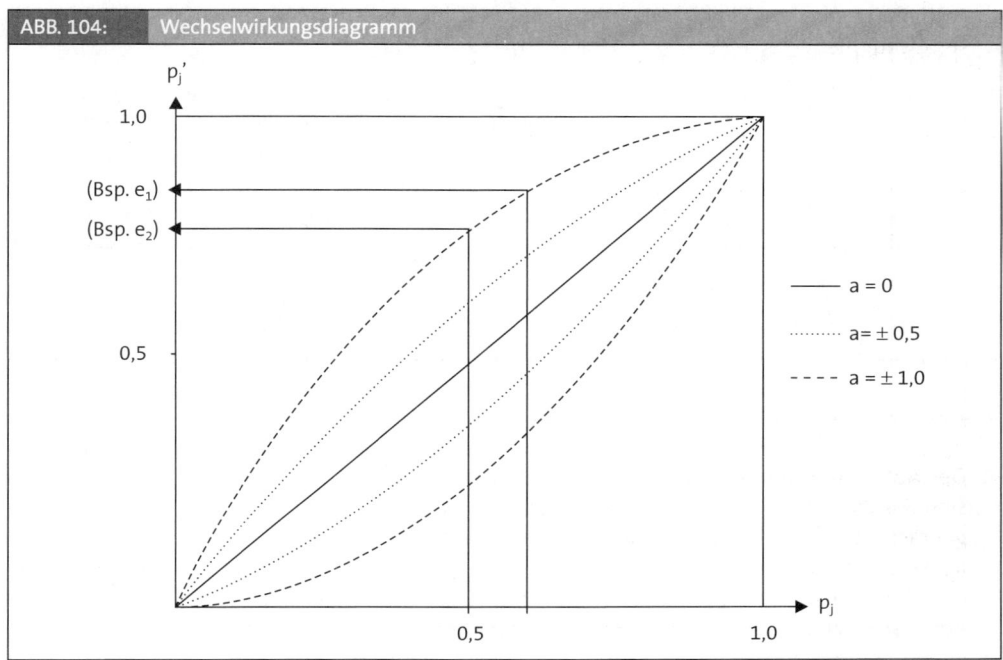

ABB. 104: Wechselwirkungsdiagramm

Werte auf der Diagonalen des Wechselwirkungsdiagramms besagen, dass e_i keinen Einfluss auf e_j ausübt. Der Bereich oberhalb der Diagonalen repräsentiert einen fördernden, der Bereich unterhalb der Diagonalen einen hemmenden Einfluss, der sich entsprechend auf die Eintrittswahrscheinlichkeiten der verbleibenden Ereignisse auswirkt.

Für die Beziehung zwischen p'_j und p_j ergibt sich mit $a = -C$

$$p'_j = -C \cdot p_j^2 + (1 + C) \cdot p_j \text{ bzw.}$$

$$p'_j = C \cdot p_j \cdot (1 - p_j) + p_j.$$

Im Beispiel wirkt das erste eingetretene Ereignis e_3 auf die verbleibenden Ereignisse e_2 und e_1 jeweils mit dem Faktor $C = +1$. Die geschätzte Eintrittswahrscheinlichkeit erhöht sich damit bei e_2 von 50 % auf 75 % [$= 1 \cdot 0{,}5 \cdot (1 - 0{,}5) + 0{,}5$] und bei e_1 von 60 % auf 84 % [$= 1 \cdot 0{,}6 \cdot (1 - 0{,}6) + 0{,}6$] (vgl. Abb. 105).

Diese *neuen Eintrittswahrscheinlichkeiten* bilden die Grundlage für die Berechnung der verbleibenden Ereignisse; also: $p'_2 = 75\,\%$, Zufallszahl 56, d. h. das Ereignis ist eingetreten; $p'_1 = 84\,\%$, Zufallszahl 70, d. h. das Ereignis ist ebenfalls eingetreten. Der erste Durchlauf ist abgeschlossen, wenn jedes Ereignis mit „eingetreten" oder „nicht eingetreten" gekennzeichnet und vom Ereigniseintrittszähler registriert worden ist.

KAPITEL C — Teil VII — Die produktiven Faktoren

ABB. 105: Beispielrechnung zur Cross-Impact-Methode

Durchlauf	Zufallsbestimmte Reihenfolge der Ereignisse e_i	p_i	C	p'_j	Zufallszahl	Ereigniseintrittszähler eingetreten	Ereigniseintrittszähler nicht eingetr.
1	e_4	30 %			34		X
	e_3	20 %			14	X	
	e_2	50 %	+ 1	75 %	56	X	
	e_1	60 %	+ 1	84 %	70	X	
2	e_3	20 %			81		X
	e_1	60 %			41	X	
	e_4	30 %	− 0,5	20 %	15	X	
	e_2	50 %	− 0,5	38 %	72		X
3	e_3	20 %			22		X
	...						

4. Der Ablauf mit den Schritten 1 bis 3 wird so oft wiederholt, bis alle e_i betrachtet worden sind. Zu diesem Zweck werden die Ereignisse e_i wieder in eine neue (zufällige) Reihenfolge gebracht, und es wird wieder mit den (von den Experten geschätzten) Anfangswahrscheinlichkeiten p_i begonnen. Um die Wechselwirkungen zwischen allen Ereignissen mit ausreichender Zuverlässigkeit bestimmen zu können, dürften mindestens 1000 Simulationsläufe nötig sein. Nach einer angemessenen Anzahl von Simulationsläufen, wobei festgehalten wird, wie oft ein Ereignis e_i eintritt, ergeben sich die veränderten *End-Wahrscheinlichkeiten* für den Eintritt der einzelnen Ereignisse nach:

$$p_i^E = \frac{\text{Anzahl der Eintritte von } e_i}{\text{Anzahl der Simulationsläufe}}$$

Anwendung:

Der Cross-Impact-Analyse liegt die Überlegung zugrunde, dass die Eintrittswahrscheinlichkeit eines Ereignisses durch den Eintritt oder Nichteintritt anderer Ereignisse positiv oder negativ beeinflusst werden kann. Damit soll dem Mangel der meisten Prognosemethoden, Ereignisse und Entwicklungen isoliert, also ohne Berücksichtigung der Wechselwirkungen zu betrachten, begegnet werden. Einflussrichtung und -stärke von wahrscheinlichen Entwicklungen können so explizit in die Planungsüberlegungen einbezogen werden. Zwar hängt die Qualität der Analyse in starkem Maße von den subjektiven Expertenschätzungen ab, jedoch lässt sich leicht durchspielen, welche Auswirkungen eine Veränderung der Inputdaten auf die Endwahrscheinlichkeiten hat. Deren Berechnung aus den Anfangswahrscheinlichkeiten anhand der quadratischen Verknüpfungsvorschrift haftet allerdings etwas Willkürliches an. Wie die zuvor vorgestellten Methoden kann auch die Cross-Impact-Analyse sinnvoll mit anderen Methoden kombiniert werden, so lassen sich auf ihrer Grundlage beispielsweise Szenarien erstellen.

KONTROLLFRAGEN

(1) Wodurch unterscheiden sich Planung und Prognose?

(2) Durch welche Merkmale ist die strategische Planung gekennzeichnet?

(3) Welchen Zusammenhang bildet eine Erfahrungskurve ab?
(4) Wie lassen sich die beiden Dimensionen charakterisieren, die der Neun-Felder-Portfoliomatrix zugrunde liegen?
(5) In welcher Weise lässt sich das PIMS-Programm für die strategische Unternehmensplanung nutzen?
(6) Welche Überlegungen können dazu führen, ein Technologie-Portfolio im Unternehmen zu erstellen?
(7) Was unterscheidet eine Balanced Scorecard von herkömmlichen Kennzahlensystemen?
(8) Wodurch unterscheiden sich trend- und ereignisorientierte Prognosetechniken?
(9) Welche Grundidee liegt der Szenario-Technik zugrunde?
(10) Wie ist ein morphologischer Kasten und wie ist ein Relevanzbaum aufgebaut?
(11) Was lässt sich aus einem Cross-Impact-Diagramm ablesen?

Aufgabe 26

Vor einem Jahr hat ein Industriebetrieb die Fertigung eines längerlebigen Produkts aufgenommen, dessen Herstellkosten damals bei 8.500 GE/Stück lagen. Inzwischen wurden 200 Stück erzeugt, wobei man festgestellt hat, dass sich die Herstellkosten offensichtlich gemäß einer 85 %-Erfahrungskurve reduzieren lassen. Für die nächsten Jahre wird eine jährliche Steigerung des Produktionsvolumens um 15 % vorhergesagt.

Auf wieviel Prozent des heutigen Wertes dürften die Stückkosten nach vier weiteren Jahren zurückgegangen sein?

VIII. Substitution der Produktionsfaktoren

Verschiebungen im Faktorpreisgefüge, Umweltschutzanforderungen, technischer Fortschritt, Veränderungen auf den Absatzmärkten u. a. m. lösen mittel- und langfristig Substitutionsvorgänge der Einsatzfaktoren aus.[202] Zu ihrer Beschreibung sind Modelle erforderlich, die Substitutionalität der produktiven Faktoren berücksichtigen, während in kurzfristiger Perspektive, d. h. bei unveränderten Potenzialen und Prozessen sowie unter gegebenen Produktionsbedingungen, unterstellt werden kann, dass limitationale Prozesse vorherrschen (vgl. die Ausführungen zur Produktions- und Kostentheorie). Solche Substitutionsprozesse, die mit einer Veränderung der Faktorqualitäten und/oder des Produktionsverfahrens verbunden sind, werden in der Produktions- und Kostentheorie durch den Übergang auf eine andere Produktions- bzw. Kostenfunktion abgebildet.

Unter sich wandelnden Umfeldbedingungen ist die Produktion laufend daraufhin zu überprüfen, ob sie übergeordneten Zielsetzungen, insbesondere dem Streben nach Wirtschaftlichkeit, noch entspricht. Erforderlichenfalls sind die Produktionssysteme unter Einbeziehung von Substitutionsmöglichkeiten weiterzuentwickeln oder neu zu gestalten. In der Matrix der Abb. 106 sind realtypische Substitutionsvorgänge zusammengestellt; alle Aussagen gelten tendenziell.

---

[202] Von Gutenberg als „alternative Substitution" bezeichnet; vgl. Gutenberg (1983), S. 301 f.

KAPITEL C — Die produktiven Faktoren
Teil VIII

ABB. 106: Realtypische Substitutionsvorgänge

i \\ j		01 objektbezogene Arbeit	02 dispositive Arbeit	03 Betriebsmittel (-Leistungen)	04 Stoffe
	i wird substituiert durch j				
10	objektbezogene Arbeit	----		„Klassische" Rationalisierung: Substitution objektbezogener Arbeit Beispiel: Einsatz von Industrierobotern, der eine höhere, homogenere Qualität des Materials erfordert	Extensive Materialwirtschaft: Verzicht auf hohe Materialausbeute zugunsten von Einsparungen bei den anderen Faktoren.
20	dispositive Arbeit	Atypisch; z. B. Ersatz von Planung durch Trial and Error	----	Neuere Entwicklung: Substitution dispositiver Arbeit: Flexible Automatisierung, „intelligente" Systeme wie CAD etc.	
30	Betriebsmittel (-Leistungen)	Ressourcenschonende Substitution, z. B. intensive Anlagenwirtschaft vorbeugende Instandhaltungsarbeiten	Instandhaltungsplanung	----	Vorbeugender Austausch von Verschleißteilen, Schmierstoffwechsel, im Rahmen intensiver Anlagenwirtschaft
40	Stoffe	Recycling, Mehrfachverpackungen, Energiesparmaßnahmen, intensive Materialwirtschaft usw. Maßnahmen zur Verschnittminderung		Einsatz höherwertiger Betriebsmittel mit weniger Ausschuss	----

Bei der Darstellung von Substitutionsprozessen zwischen einzelnen Faktorarten bleiben die Felder 11, 22, 33 und 44 frei. Allerdings finden auch Substitutionen *innerhalb* einer Faktorart statt. So wurden beispielsweise natürliche Rohstoffe wie Kork, Leder und Holz durch Kunststoffe ersetzt, keramische Werkstoffe lösen Metalle ab, statt eines energieintensiven Verfahrens wird ein materialintensives eingesetzt usw. (44).

Ähnlich verhält es sich mit den Betriebsmitteln (33). Mit jeder „Anlagengeneration" wandeln sich die technischen Eigenschaften und die Kostenstruktur (typischer Fall: relativ niedrige Fixkosten und mit zunehmender Beschäftigung stärker steigende variable Kosten bei der „alten", höhere Fixkosten und flacherer Verlauf der variablen Kosten bei der „modernen" Anlage).

Ergänzend sei bemerkt, dass die Felder 13, 23 und 43 extensive Anlagenwirtschaft repräsentieren, die z. B. dadurch gekennzeichnet ist, dass eine extreme Betriebsmittelnutzung durch den Verzicht auf Wartungsarbeiten (13), das Fehlen einer Instandhaltungsplanung (23) und die Einsparung von Betriebsstoffen (43) vorliegt.

Infolge von Rationalisierungen (12, 13, 14, 23) wird menschliche Arbeit nicht nur durch Betriebsmittelleistungen ersetzt, sondern auch in vielfacher Weise verändert (Arbeitsdauer, -anforderungen etc.). So wurde Muskelarbeit zunehmend durch mentale Leistungen substituiert (11). Das Ersetzen menschlicher, vorwiegend muskulär-energetischer ausführender Arbeit durch technische Betriebsmittel (13) wird als *Mechanisierung* bezeichnet, wobei die vorbereitenden, steuernden und überwachenden (kurz: regelnden) Tätigkeiten beim Menschen verbleiben.[203] Ein Beispiel stellt der Ersatz eines Handbohrers durch eine elektrisch angetriebene Bohrmaschine dar.

Werden auch die regelnden Funktionen durch Betriebsmittel übernommen (23), sodass selbsttätige Abläufe entstehen, wird von *Automatisierung* gesprochen. Der Grad der Automatisierung kann – je nachdem, in welchem Umfang die informationsverarbeitenden Aufgaben an die Maschine übertragen werden – unterschiedlich hoch sein. Treiber der Automatisierung ist nicht nur der Kostendruck, sondern in zahlreichen Fällen auch das Erfordernis höherer quantitativer und/oder qualitativer Leistungen. Die Anforderungen an Prozessstabilität, Präzision und Mengendurchsatz beispielsweise in der Fertigung elektronischer Bauteile und bei verfahrenstechnischen Produktionen sind ohne automatisierte Abläufe nicht realisierbar. Der in der Frühzeit der Automatisierung bestehende Zielkonflikt zwischen erreichbaren Kostenvorteilen und gesteigerter Ausbringung einerseits sowie der fertigungstechnischen Flexibilität andererseits kann durch flexible Automatisierung, die auf der „Computerisierung" der Anlagen basiert, entschärft bzw. ganz aufgehoben werden.

Betriebsmittel und menschliche Arbeit weisen unter dem Aspekt gegenseitiger Substituierbarkeit unterschiedliche Eigenschaften auf (vgl. Abb. 107).

---

203 Vgl. Zäpfel (2000b), S. 107 (dort auch Hinweise auf abweichende Begriffsauffassungen) und REFA (1993b), S. 131.

ABB. 107:	Gegenüberstellung von menschlicher Arbeitsleistung und Betriebsmittelnutzung unter dem Aspekt gegenseitiger Substituierbarkeit	
Vergleichskriterium	Menschliche Arbeitsleistung	Betriebsmittelnutzung
1. Kosten	*voll ausgabewirksame, weitestgehend fixe* Kosten (in gewissen Grenzen variable Kosten, wenn Arbeitskräfte bei einem Beschäftigungsrückgang in einem anderen Betriebsbereich beschäftigt werden können und bei Akkordentlohnung)	*hohe Fixkostenbelastung* (Verzinsung, Abschreibung) mit weiter steigender Tendenz; Ausgabewirksamkeit der Fixkosten abhängig von der Finanzierung (Fremdkapitalzinsen), Abschreibungsanteil nicht ausgabewirksam (kalkulatorische Kosten), beim Leasing von Anlagen konstante Ausgaben in Form von Leasingraten
2. Flexibilität		
2.1 hinsichtlich der Erfüllung verschiedenartiger Aufgaben	*sehr hohe* Flexibilität, die durch Aus- und Weiterbildungsmaßnahmen noch gesteigert werden kann	*geringe bis mittlere* Flexibilität (steigende Tendenz infolge Mikroelektronik); zum Beschaffungszeitpunkt festgelegt, d. h. nur geringe Änderungsmöglichkeiten während der Einsatzdauer
2.2 hinsichtlich zeitlicher Verfügbarkeit	*relativ gering*; bei Bereitschaft zu flexiblen Arbeitszeiten und Schichtarbeit höher	*hoch* (24-Stunden-Betrieb möglich)
3. Leistungsvermögen		
3.1 mechanische Arbeit	durch physiologische Gegebenheiten *stark begrenzt*; in Grenzen durch Training beeinflussbar; große interindividuelle Unterschiede	*keine technologische Begrenzung*
3.2 Informationsverarbeitung	Vorteile bei der Lösung schlecht-strukturierter Probleme; vergleichsweise lange Zugriffszeiten auf Datenbestände; unzuverlässige Speicherung und Wiedergabe, jedoch Fehlerkorrekturroutinen	Vorteile bei der Abarbeitung von Algorithmen; Problemlösung setzt Formalisierung voraus; durch technischen Fortschritt steigende Speicherkapazität und Verarbeitungsgeschwindigkeit bei tendenziell gleich hohen oder sogar sinkenden Investitionsausgaben
4. Leistungsschwankungen	*relativ hoch* (abhängig von der individuellen Leistungsfähigkeit und jeweiligen Leistungsbereitschaft); Arbeitsermüdung	*sehr gering*
5. Verbrauch natürlicher Ressourcen infolge der Inanspruchnahme des Leistungspotenzials	*niedrig*, da die Grundbedürfnisse des Menschen auch ohne die Abgabe von Arbeitsleistung gedeckt werden müssen; zusätzlicher Ressourceneinsatz zur Gewährleistung menschengerechter Arbeitsbedingungen (Lärmschutz, Klimatisierung etc.) und für Sozialeinrichtungen	*hoch* durch Energieverbrauch bei laufendem Betrieb und Ressourceneinsatz zur Herstellung des Betriebsmittels in vorgelagerten Produktionsprozessen

Im Zusammenhang mit Substitutionsentscheidungen tritt häufig die Frage auf, ob Betriebsmittel- oder Arbeitsleistungen wirtschaftlicher von außen bezogen oder im eigenen Unternehmen erbracht werden können (Entscheidung über Eigenerstellung und Fremdbezug). Insbesondere in Klein- und Mittelbetrieben ist der Aufgabenumfang oft so klein, dass es sich wegen der Unteilbarkeit der Faktoren nicht lohnt, Anlagen zu beschaffen oder Personal einzustellen (Beispiele: Forschungs- und Entwicklungsleistungen werden von außen bezogen, die Anlageninstandhaltung wird Externen übertragen). Auch um Spezialisierungsvorteile nutzen zu können oder mit dem strategischen Ziel, sich auf das Kerngeschäft zu konzentrieren, kann es zweckmäßig sein, betriebliche Funktionen auf andere Unternehmen zu übertragen. Damit wird die vertikale Integration (Produktionstiefe) verringert (s. hierzu Teil E.V.1.), eine Vorgehensweise, die unter dem Begriff Outsourcing[204] diskutiert wird. So kann sich beispielsweise ein Hersteller komplexer Konsumprodukte auf ein „Komponentenmanagement" (Marktforschung, F&E, Endmontage und Vertrieb) konzentrieren und die Fertigung der Komponenten seinen Zulieferern überlassen (14, 24, 34).

In welcher Weise unterscheiden sich menschliche Arbeitsleistung und Betriebsmittelnutzung hinsichtlich der Kriterien Kosten, Flexibilität und Leistungsschwankungen?

Aufgabe 27

Stellen Sie in einer Matrix realtypische Substitutionsvorgänge der Produktionsfaktoren dar.

---

204 Vgl. etwa Scherm (1996), S. 47.

D. Der Produktionsprozess

I. Gestaltung von Produktionsprozessen

1. Typologie der Produktion[1]

Die Ausprägungen der Produktion sind in der Realität äußerst vielgestaltig. Um hinreichend konkrete, den jeweiligen Voraussetzungen angepasste betriebswirtschaftliche Aussagen zu ermöglichen, müssen die Charakteristika der Produktion durch *Typisierung* herausgearbeitet werden. Das Ziel ist, Elementartypen zu gewinnen, für die spezielle betriebswirtschaftliche Problemstellungen formulierbar sind, und diese einer wissenschaftlichen Lösung zuzuführen. *Elementartypen* werden gebildet, indem die bestehenden Produktionssysteme hinsichtlich eines Unterscheidungsmerkmals gegliedert und in einem kategorisierenden Ordnungsschema erfasst werden. Zur Beschreibung realer Produktionssysteme reichen einzelne Merkmale allerdings nicht aus, sondern es müssen verschiedene Kriterien zu so genannten Kombinationstypen zusammengefasst werden. Bei der wissenschaftlichen Analyse der einzelnen Elementar- und der möglichen Kombinationstypen hat man sich jeweils auf einige Hauptkriterien bzw. Hauptkombinationen zu beschränken, um die Fülle der möglichen Ausprägungen und Beziehungen überschaubar zu halten.

Abb. 108 enthält eine Übersicht möglicher Elementartypen zur Kennzeichnung der Produktionsprozesse. Aus dieser Auflistung von Elementartypen sollen im Folgenden einige Kriterien beispielhaft herausgegriffen und kurz erläutert werden.

Hinsichtlich des Kriteriums „Güterart" lassen sich materielle und immaterielle Produkte unterscheiden. Materielle Güter sind stofflicher Natur. Es handelt sich beispielsweise um Maschinen, Bauwerke oder Stoffe. Immaterielle Güter sind vor allem Dienstleistungen, z. B. von technischen Planungsbüros, Wirtschaftsprüfungsgesellschaften etc.

Der Elementartyp zur grundlegenden Technologie der Produktion besteht aus den Ausprägungen chemische, biologische, physikalische und geistig-schöpferische Verfahren. Kennzeichen der chemischen Verfahren sind stoffumwandelnde, chemische Reaktionsprozesse (z. B. Ammoniaksynthese, Kohlevergasung), die allerdings meist mit vor- oder nachgeschalteten physikalischen Verfahren zur Stoffvorbereitung oder -aufarbeitung gekoppelt sind (z. B. Zerkleinern, Mischen, Trennen). In der chemischen Industrie überwiegen die zwangsgeführten Fertigungsvorgänge in Einzweckanlagen. Mangelnde Unterbrechbarkeit der Prozesse erfordert eine Produktion rund um die Uhr. Die Einwirkungsmöglichkeiten des Menschen in den Prozess nach Produktionsbeginn sind gering und beschränken sich auf Steuerungs- und Überwachungsfunktionen, insbesondere auf die Einhaltung von Prozessparametern wie Druck und Temperatur. Entstehen bei dem Erzeugungsvorgang technologisch bedingt mehrere qualitativ oder stofflich verschiedene Produkte, so spricht man von einer *Kuppelproduktion*.[2]

---

[1] Vgl. hierzu auch die Erläuterungen in Abschnitt A. I. 1.
[2] Kuppelproduktion beschränkt sich nicht auf die Erzeugung materieller Produkte; auch bei der Dienstleistungsproduktion (Erstellung immaterieller Produkte) kann Kuppelproduktion vorliegen. Beispielsweise bedingt die Personenbeförderung durch Luftfahrtgesellschaften bei gegebenem Fluggerät gleichzeitig auch ein Angebot an Frachtbeförderungsleistungen.

Gestaltung von Produktionsprozessen

KAPITEL D — Teil I

ABB. 108: Typisierung von Produktionsprozessen

Merkmale		Wichtige Ausprägungen (Elementartypen)			
Produkteigenschaften	Güterart	Materielle Produkte	Immaterielle Produkte	Mischformen	
	Gestalt der materiellen Güter	Ungeformte Fließgüter	Geformte Fließgüter	Stückgüter	
	Zusammensetzung der Güter	Einteilige Produkte		Mehrteilige Produkte	
	Beweglichkeit der Güter	Mobilien		Immobilien	
	Spezifizierungsgrad der Güter	Kundenindividuell gestaltete Produkte		Standardisierte Produkte mit Varianten	Standardisierte Produkte ohne Varianten
Programmeigenschaften	Anzahl der Produktarten	Eine Produktart		Mehrere Produktarten	
	Leistungstyp der Produktion	Massenproduktion	Sortenproduktion	Serienproduktion / Einzelproduktion / Chargenproduktion	
	Beziehung der Produktion zum Absatzmarkt	Markt-(Lager-)Produktion		Kunden-(Auftrags-)Produktion	Mischformen
Struktur der Produktion	Organisationstyp der Produktion	Fließfertigung	Gruppenfertigung	Werkstattfertigung	Baustellenfertigung
	Technologie der Produktion	Chemische Verfahren	Biologische Verfahren	Physikalische Verfahren	Geistig schöpferische Arbeit
	Mechanisierungsgrad	Nichtmechanisierte Produktion	Teilmechanisierte Produktion	Vollmechanisierte Produktion	
	Automatisierungsgrad	Nichtautomatisierte Produktion	Teilautomatisierte Produktion	Vollautomatisierte Produktion	
	Art der Stoffverwertung	Analytische Stoffverwertung	Synthetische Stoffverwertung	Durchlaufende Stoffverwertung	Austauschende Stoffverwertung
	Kontinuität der Materialflusses	Kontinuierliche Produktion		Diskontinuierliche Produktion	
	Ortsbindung der Produktion	Örtlich ungebundene Produktion		Örtlich gebundene Produktion	
	Zahl der Arbeitsgänge	Einstufige Produktion		Mehrstufige Produktion	
	Variierbarkeit der Bearbeitungsfolge	Vorgegebene Bearbeitungsfolge		Variierbare Bearbeitungsfolge	
	Verbundenheit der Produktion	Unverbundene Produktion		Verbundene Produktion (Kuppelproduktion)	
	Zuordnung der Produkte zu den Produktionssystemen	Wechselproduktion		Parallelproduktion	
	Flexibilität der Fertigungseinrichtungen	Einzweckanlagen		Mehrzweckanlagen	
	Anteile der Einsatzgüterarten	Materialintensive Produktion	Anlagenintensive Produktion	Arbeitsintensive Produktion	Informationsintensive Produktion
	Konstanz der Werkstoffqualität	Werkstoffbedingt wiederholbare Produktion		Partieproduktion (Werkstoffbedingt nicht wiederholbare Produktion)	

(in Anlehnung an Küpper (1979), Sp. 1643)

KAPITEL D — Der Produktionsprozess
Teil I

Die biologische Produktion erfolgt in oder mit Hilfe lebender Organismen (Tierzucht, Gärprozesse, Hefeerzeugung, Kompostierung). Eine exakte Abgrenzung zu den chemischen Verfahren ist im Allgemeinen nicht möglich, da die biologischen Prozesse vielfach mit chemischen Verfahren gekoppelt sind. Die biologischen Verfahren weisen besondere Eigentümlichkeiten im Hinblick auf Reaktionszeit, Stabilität der Prozesse und Behandlung der Organismen auf. Zu den physikalischen Fertigungsverfahren können eine Reihe von verschiedenartigen Erzeugungsprozessen gezählt werden (z. B. mechanische, thermische, optische, elektrotechnische und kernphysikalische Verfahren). Innerhalb dieser Gruppen besitzen die mechanischen Verfahren die größte Verbreitung. Zu den mechanischen Prozessen gehören beispielsweise die spanenden und spanlosen Formgebungsverfahren, Verbindungs- und Beschichtungsvorgänge sowie verschiedene Misch-, Filtrier- und Zerkleinerungstechniken. Die Fertigungsverfahren zur Herstellung von geometrisch bestimmten festen Körpern sind, systematisiert nach DIN 8580, in Abb. 109 zusammengestellt.

ABB. 109: Systematik der Fertigungsverfahren

Stoffbezogene Sachziele der Verfahren	Form schaffen	Form ändern				Stoffeigenschaften ändern
	Zusammenhalt schaffen	Zusammenhalt beibehalten	Zusammenhalt vermindern	Zusammenhalt vermehren	Zusammenhalt vermehren	
Verfahrens-Hauptgruppen	Urformen	Umformen	Trennen	Fügen	Beschichten	Stoffeigenschaft ändern
Beispiele	▶ Gießen ▶ Pressformen	▶ Walzen ▶ Tiefziehen ▶ Gesenkformen	▶ Schneiden ▶ Drehen ▶ Fräsen ▶ Sägen ▶ Schleifen	▶ Schweißen ▶ Kleben ▶ Löten ▶ Schrauben	▶ Lackieren ▶ Verputzen ▶ Galvanisieren	▶ Härten ▶ Sintern ▶ Magnetisieren ▶ Vergüten

(in Anlehnung an DIN 8580, S. 7)

Zu den geistig-schöpferischen Verfahren gehören alle auf Denkvorgängen beruhenden Erzeugungsprozesse, z. B. in der Konstruktion, der Softwareerstellung u. Ä. Da in diesen Prozessen keine Rohstoffe eingesetzt werden, sind die Produkte immateriell.

Nach der Art der Stoffverwertung unterscheidet man die analytischen, die synthetischen, die durchlaufenden und die austauschenden Verfahren.[3] Analytische (zerlegende) Stoffverwertung liegt vor, wenn ein Ausgangsstoff in mehrere Endprodukte zerlegt wird (z. B. Kuppelproduktion). Beispiele dafür sind Raffinerien, bestimmte Entsorgungsbetriebe oder Sägewerke. Bei der synthetischen (zusammenfassenden) Stoffverwertung werden mehrere Stoffe zu einem Produkt zusammengefügt (z. B. im Maschinenbau, in der Bauindustrie). In der durchlaufenden Stoffverwertung wird ein Produkt in einem Transformationsprozess so veredelt oder verformt, dass keine wesentliche quantitative Änderung der Substanz erfolgt. Dies ist beispielsweise in Walzwerken, Härtereien und in der Druckindustrie der Fall. Ein weiterer Stoffverwertungstyp ist die aus-

---

[3] Vgl. Riebel (1963), S. 53 ff.; Schäfer (1978), S. 19 ff.

tauschende (umgruppierende) Produktion. Hierbei werden mehrere Ausgangsstoffe in einem Umwandlungsprozess zu mehreren Endprodukten verarbeitet. Diese meist auf chemischen oder biologischen Verfahren beruhenden Prozesse finden vor allem in der chemischen Industrie, der landwirtschaftlichen Produktion, aber auch in der Eisenhüttenindustrie Anwendung.

Eine Analyse der Organisations- und Leistungstypen der Produktion erfolgt wegen ihrer Bedeutung gesondert im nächsten Abschnitt.

2. Organisations- und Leistungstypen der Produktion

Zu den *Leistungstypen* der Produktion zählen die Einzel- und Massenfertigung als Extremformen, die Serien- und Sortenfertigung sowie die Chargenfertigung als Zwischenformen. Bei den *Organisationstypen* unterscheidet man grob die Kategorien Werkstatt-, Fließ- und Gruppenfertigung bei beweglichen Erzeugnissen und als Sonderform die Baustellenfertigung für unbewegliche Güter. Abb. 110 und 111 zeigen die wesentlichen Charakteristika sowie die möglichen Beziehungen zwischen den Ausprägungen der beiden Elementartypen.

Im *Werkstättensystem* durchlaufen die einzelnen Aufträge den Fertigungsbereich wegen des meist wechselnden Umfangs der an ihnen auszuführenden Arbeitsverrichtungen auf verschiedenen Wegen (Abb. 112). Die Werkstücke müssen bei jedem neuen Bearbeitungsgang in die jeweils zuständige Werkstatt befördert werden. Der ständige Wechsel in der Bearbeitungsfolge (bei der hier typischen Einzel- oder Kleinserienfertigung) bewirkt erhebliche Probleme für die Arbeitsvorbereitung. Längerfristige Planungen sind schwierig. Wechselnde Engpass-Situationen und lange Transportwege führen zu längeren und stark streuenden Durchlaufzeiten. Eine hohe Kapazitätsauslastung aller Werkstätten ist kaum zu erreichen, da eine Angleichung der vorhandenen Kapazitäten aufgrund der verschiedenartigen Aufträge nicht möglich ist. Allerdings kann ein nach dem Werkstattprinzip gegliedertes Produktionssystem in der Regel sehr flexibel auf Produktveränderungen und Produktwechsel reagieren, da es nicht auf eine bestimmte Fertigungsreihenfolge oder ein bestimmtes Produkt spezialisiert ist. Außerdem ist es möglich, selektiv und unabhängig in den einzelnen Werkstätten Kapazitätsanpassungsmaßnahmen vorzunehmen.

Als ein Beispiel eines *Fließsystems* ist in Abb. 113 das Portlandzement-Herstellungsverfahren dargestellt. Hier handelt es sich um eine Zwangslauffertigung, bei der der fertigungsorganisatorische Ablauf durch den technologischen Prozess festgelegt ist. Zur Fertigung gestalteter Güter wird der Arbeitsprozess in einzelne aufeinander abgestimmte Arbeitstakte (verfügbare Arbeitszeit für ein Erzeugnis je Arbeitsgang) zerlegt. Über die Festlegung von Arbeitstakten wird die geforderte Leistungsfähigkeit eines Arbeitssystems von vornherein determiniert. Eine Änderung dieser Leistungsgrenze ist in der Regel nur über aufwendige Reorganisations- und Anpassungsprozesse möglich.

KAPITEL D

Teil I

Der Produktionsprozess

ABB. 110: Organisationstypen der Produktion

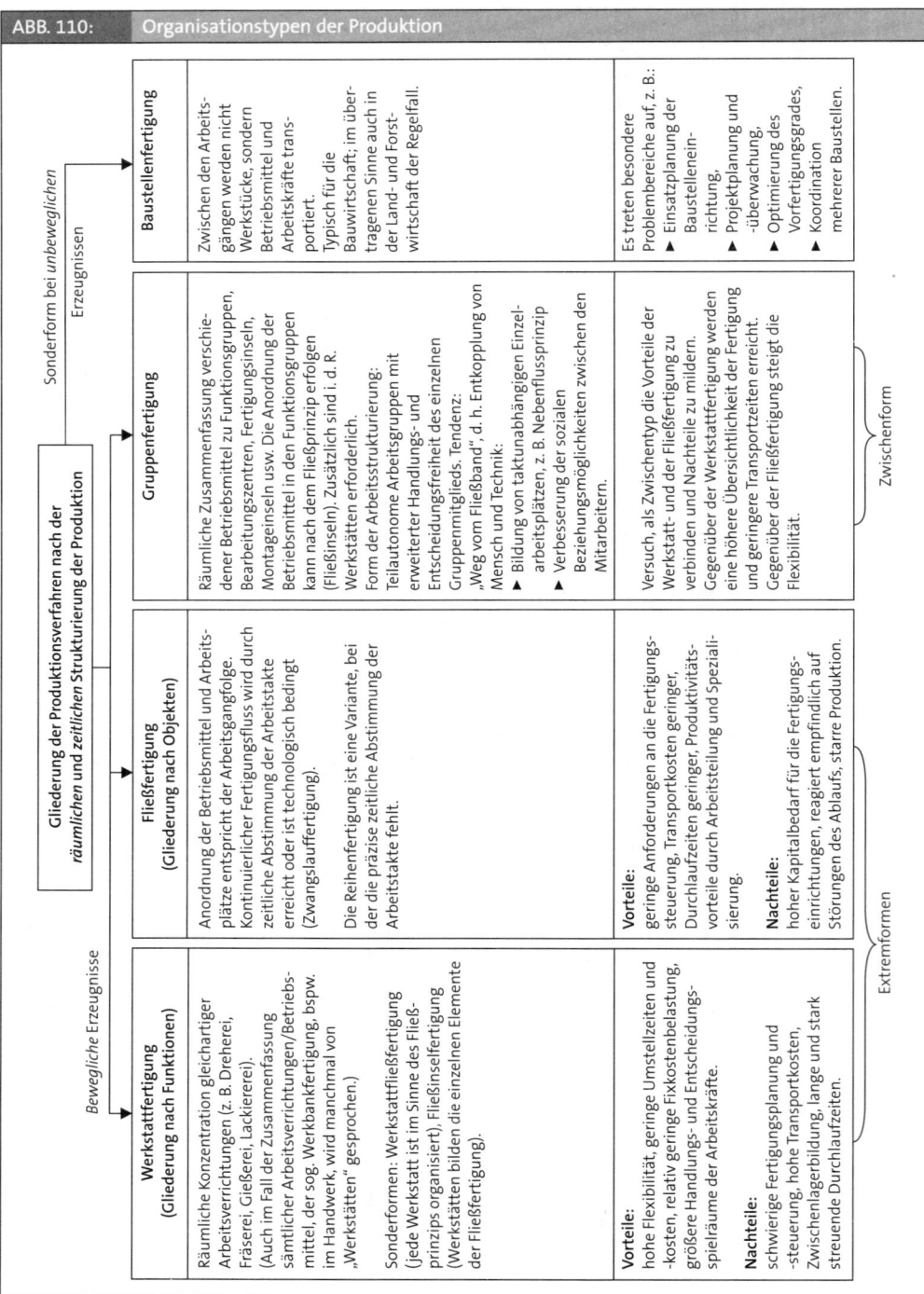

Gestaltung von Produktionsprozessen

KAPITEL D — Teil I

ABB. 111: Leistungstypen der Produktion

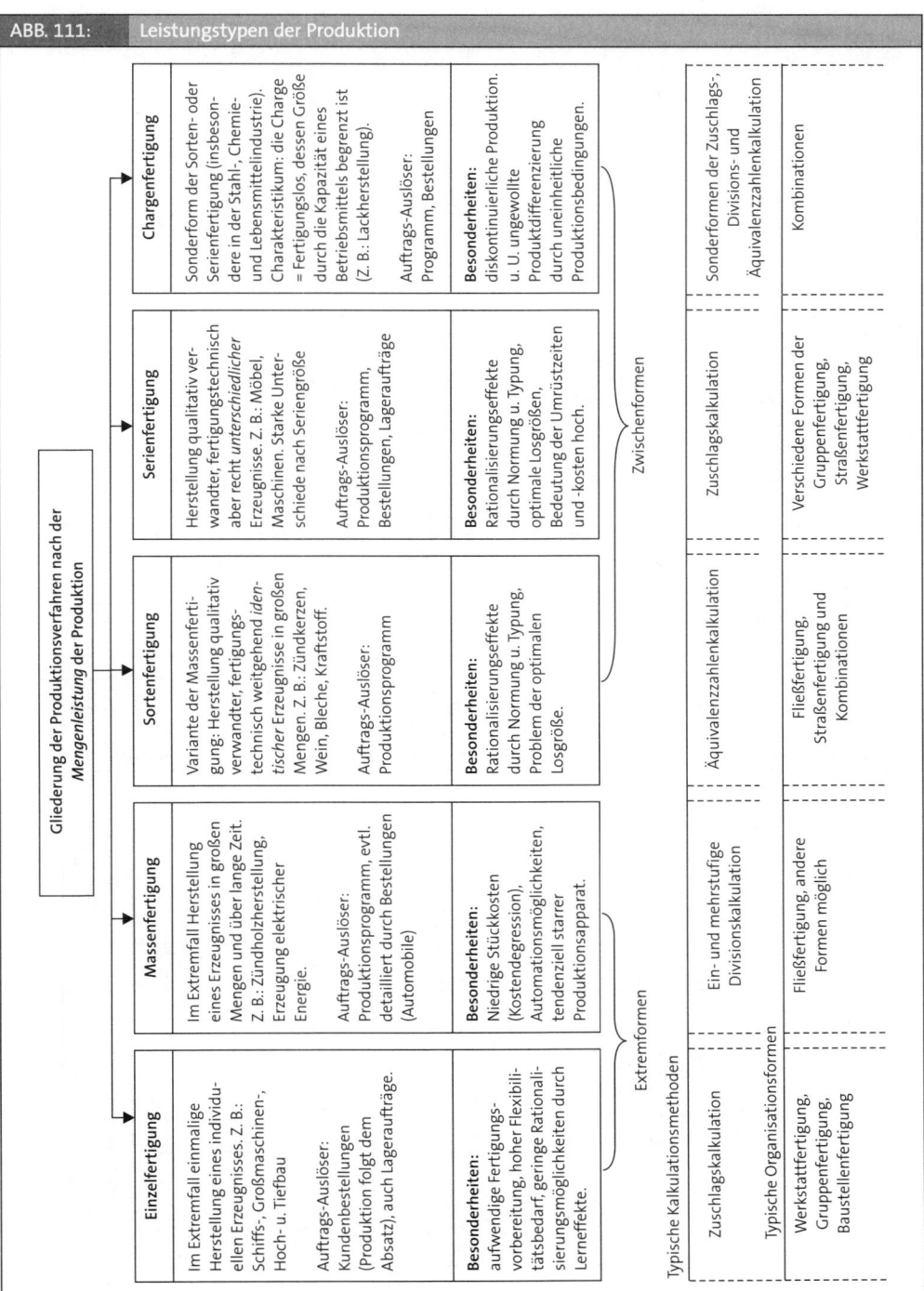

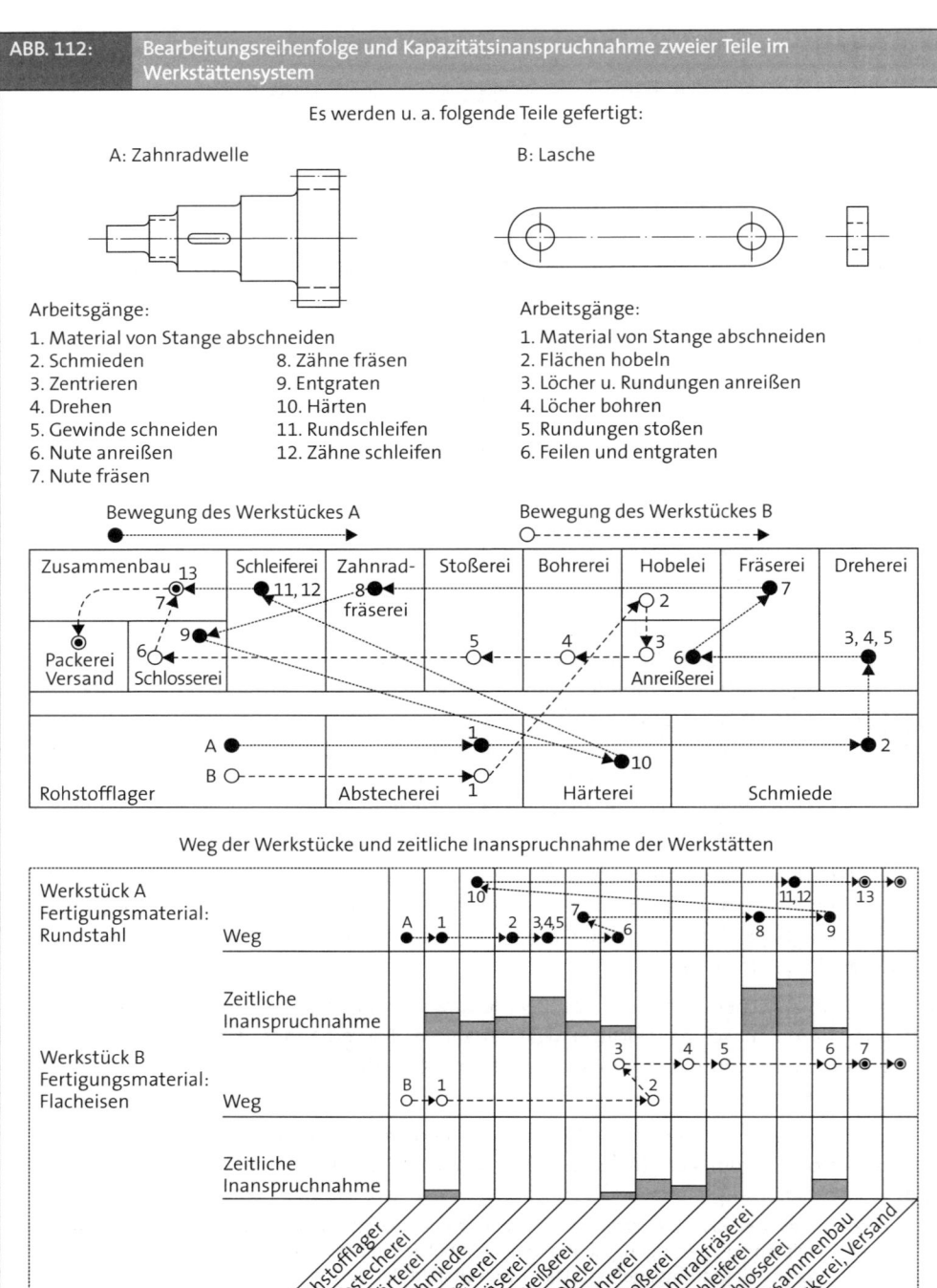

ABB. 112: Bearbeitungsreihenfolge und Kapazitätsinanspruchnahme zweier Teile im Werkstättensystem

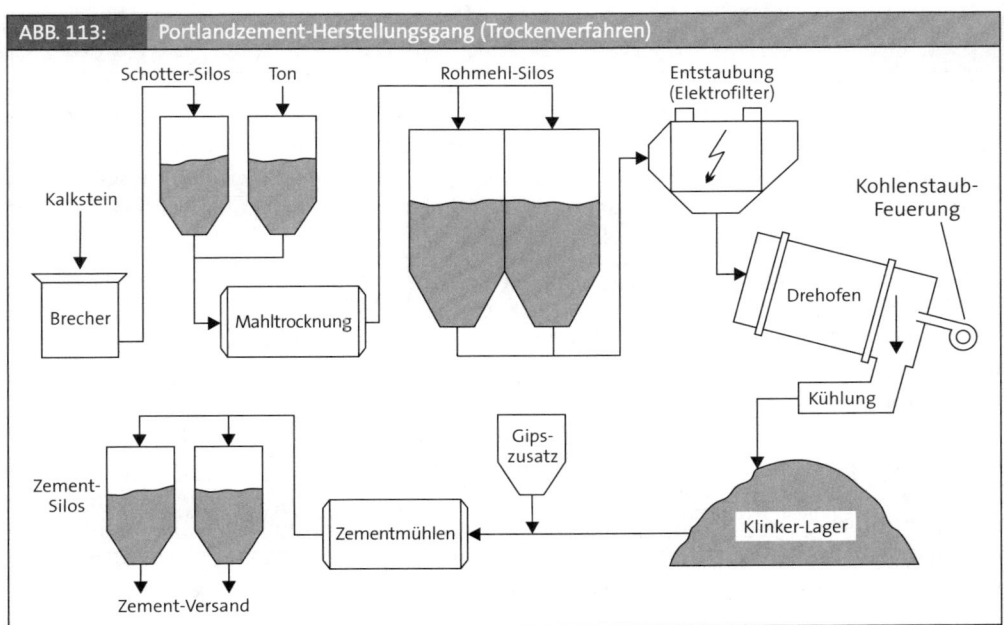

ABB. 113: Portlandzement-Herstellungsgang (Trockenverfahren)

Die Fließfertigung eignet sich vor allem für die Massenfertigung sowie die Großserien- bzw. Großsortenfertigung. Da die Eintypfertigung (Beschränkung einer Fertigungsstraße auf einen Erzeugnistyp) in der synthetischen Stoffverwertung (z. B. Maschinenbau) relativ selten ist, beschränkt sich die Fließfertigung oft nur auf einzelne Fertigungsabschnitte im Produktionsprozess (z. B. die Endmontage, wenn ein Produkt in mehreren Varianten gefertigt wird). Die Fließfertigung wird deshalb vielfach mit anderen für die Einzelteile- und Baugruppenfertigung geeigneten Organisationstypen kombiniert.

Werden Varianten eines Erzeugnisses (z. B. unterschiedliche Abmessungen oder Ausstattung) auf einer Fertigungsstraße produziert, so sind jeweils Umrüstvorgänge (gegebenenfalls auch spezielle Reinigungsprozesse) vorzunehmen (Wechselfertigung). Dabei werden häufig auch neue Arbeitstakte erforderlich.

Der Transport zwischen den einzelnen Bearbeitungsstationen kann von Hand, durch Schwerkraft oder durch maschinelle Mittel (Hängebahnen, Förderbänder) erfolgen. In verketteten Transferstraßen werden die Produkte automatisch gefertigt, transportiert und gegebenenfalls auch kontrolliert.

Eine objektorientierte, dezentralisierte Form der Produktions- und Arbeitsorganisation ist die *Fertigungsinsel*, die vom AWF (Ausschuss für wirtschaftliche Fertigung e.V.) wie folgt definiert wird:

„Die Fertigungsinsel hat die Aufgabe, aus gegebenem Ausgangsmaterial Produktteile oder Endprodukte möglichst vollständig zu fertigen. Die notwendigen Betriebsmittel sind räumlich und organisatorisch in der Fertigungsinsel zusammengefasst. Das Tätigkeitsfeld der dort beschäftigten Gruppe trägt folgende Kennzeichen:

► die weitgehende Selbststeuerung der Arbeits- und Kooperationsprozesse, verbunden mit Planungs-, Entscheidungs- und Kontrollfunktionen innerhalb vorgegebener Rahmenbedingungen und

▶ den Verzicht auf eine zu starre Arbeitsteilung und demzufolge eine Erweiterung des Dispositionsspielraumes für den Einzelnen."[4]

Bei der Fertigungsinsel wird die Prozessorientierung der Produktionsorganisation stärker in den Vordergrund gestellt. Die Grundprinzipien „teilautonome Selbststeuerung" und „Prozess-(Produkt-)Orientierung" können in den Fertigungsinselkonzeptionen höchst unterschiedlich ausgeprägt sein. Die vorgelagerte Produktionsplanung weist den einzelnen Fertigungsinseln Aufträge zu und gibt Endtermine vor. Die unmittelbare Steuerung des Produktionsgeschehens bleibt den Arbeitspersonen der Fertigungsinsel vorbehalten.

Bei konsequenter Umsetzung lassen sich mit Fertigungsinseln Durchlaufzeiten und Lagerbestände reduzieren.[5] Die Flexibilität des Fertigungsbereichs wird erhöht, auf Störungen kann schneller reagiert werden als bei zentraler Steuerung. Die Fertigungsinselkonzeption stellt aber erhöhte Anforderungen an die Kompetenz und Ausbildung der in den Fertigungsinseln tätigen Mitarbeiter. Wichtig für den Erfolg von Fertigungsinseln ist die Durchsetzung des Selbststeuerungsprinzips. Hierin liegt ein großes praktisches Umsetzungsproblem, da zum einen die Abhängigkeiten der Fertigungsinseln von den übrigen Betriebsbereichen mannigfaltig sind, was die (Teil-)Autonomie tendenziell gefährdet, und zum anderen eine ausreichende fachliche Besetzung erforderlich ist, die die dispositive Aufgabenbewältigung gewährleistet. Die Inseln sollten maximal 10 bis 16 Mitarbeiter haben. Gruppendynamische Prozesse können den Arbeitserfolg und die Arbeitsleistung steigern, aber auch beeinträchtigen. Die Mitarbeiter der Fertigungsinseln müssen daher permanent betreut werden.

Bevor eine Fertigungsstruktur auf das Konzept der Fertigungsinsel, je nach Ausgestaltung auch Montage- oder Produktinsel genannt, umgestellt werden kann, müssen einige grundsätzliche *Voraussetzungen* erfüllt sein:

▶ Es sollten systematisch Teilefamilien mit jeweils ähnlichen Fertigungsanforderungen (Gruppentechnologie) gebildet werden.

▶ Für jede Fertigungsinsel ist eine selbstständige Arbeitsgruppe zusammenzustellen, deren Mitglieder vielfältig einsetzbar sind (Personalflexibilität).

▶ Die Fertigungsinseln müssen organisatorisch mit den übrigen Fertigungsbereichen verbunden werden.

Insgesamt ist festzustellen, dass nicht jede Produktion geeignet ist, um Fertigungsinseln einzuführen. Fertigungsinseln stellen jedoch ein Modellprinzip dar, das flache Hierarchien, flexible Abläufe und Dezentralisierung der dispositiven Tätigkeiten ermöglicht.

KONTROLLFRAGEN

(1) Wodurch unterscheiden sich die analytische und synthetische Stoffverwertung?

(2) Welche Beispiele lassen sich für die physikalischen Fertigungsverfahren angeben?

(3) Welche Vor- und Nachteile hat die Fertigung nach dem Verrichtungsprinzip (Werkstattfertigung) gegenüber der Fertigung nach dem Objektprinzip (Fließfertigung)?

---

[4] AWF (1984), S. 5.
[5] Vgl. Hallwachs (1994), S. 367.

(4) Sehen Sie einen Zusammenhang zwischen den Leistungs- und Organisationstypen der Produktion und den Kalkulationsmethoden?

Aufgabe 28

Stellen Sie einer Matrix sinnvolle Zuordnungen zwischen Leistungs- und Organisationstypen der Produktion dar.

Aufgabe 29

Bilden Sie die Produktionsprozesse der Automobil- und der Mineralölindustrie in dem typisierenden Schema der Abb. 108 ab.

II. Grundlagen der Materialwirtschaft

1. Aufgaben der Materialwirtschaft

Aufgabe der Materialwirtschaft ist es, die Versorgung des Unternehmens hinsichtlich der benötigten Produktionsmaterialien sicherzustellen. Unter *Produktionsmaterialien* werden hier alle eingesetzten Rohstoffe, Halbfabrikate, Teile, Hilfs- und Betriebsstoffe, Verpackungen, Etiketten sowie fremdbezogenen Fertigteile verstanden. Die Materialien müssen in der richtigen Menge, in der geforderten Qualität, zum benötigten Zeitpunkt, am entsprechenden Ort bei möglichst geringen Kosten bereitgestellt werden. Hohe Lieferbereitschaft, Liefertermintreue, Flexibilität, geringstmögliche Bestände gehören daher zu den Zielsetzungen der Materialwirtschaft. Dabei sind die jeweiligen – unter Umständen pro Produkt unterschiedlichen – Strukturen der Beschaffungsmärkte zu beachten, um Chancen und Risiken der Märkte ausreichend berücksichtigen zu können und die Versorgungssicherheit des Unternehmens zu gewährleisten. Neben der skizzierten Aufgabe der Versorgung mit dem stofflichen Input der Produktionsprozesse lässt sich der Materialwirtschaft im weiteren Sinne auch der outputorientierte Aufgabenkomplex Lagerung, Verwertung, Entsorgung etc. von Produktionsrückständen zurechnen. Die Entsorgung beschaffter, aber nicht (mehr) benötigter Materialien (Lagerhüter) gehört selbstverständlich ebenfalls dazu.

Die Materialwirtschaft nimmt im Einzelnen die nachstehend aufgeführten Funktionen wahr:

- Materialbeschaffung
- Materialverwaltung
- Materiallagerung
- Materialtransport
- Materialentsorgung

Im Folgenden sollen die dispositiven Aufgaben der Materialbeschaffung, die Lager- und die innerbetriebliche Transportfunktion näher behandelt werden.

Zur Erreichung des *materialwirtschaftlichen Optimums*[6] müssen die bei der Materialbereitstellung und -handhabung anfallenden Kosten (vgl. Abb. 114) erfasst und unter Beachtung der materiellen Versorgungssicherheit (Servicegrad) und einer ausreichenden Qualitätssicherung der

---

[6] Vgl. Grochla (1992), S. 19 ff.

gelagerten Güter optimiert werden. Dabei ist zu berücksichtigen, dass sich einzelne Kostenarten gegenläufig entwickeln. So verursachen kleine Lagermengen geringere *Kapitalbindungskosten*, allerdings nehmen die *Bestellkosten* wegen häufigerer Bestellvorgänge zu. Außerdem steigt das Kostenrisiko aufgrund von *Fehlmengen*. Das materialwirtschaftliche Optimum umfasst die in Abb. 115 erläuterten Teilprobleme, die mit den Erfordernissen der Produktion im Unternehmen abgestimmt werden müssen.

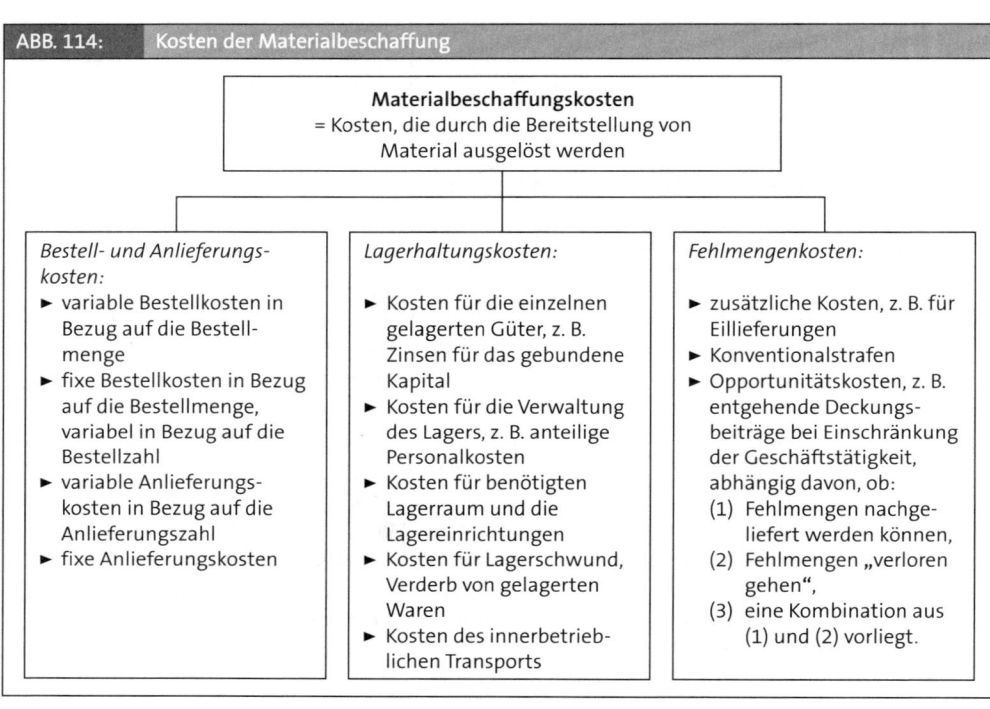

ABB. 114: Kosten der Materialbeschaffung

Grundlagen der Materialwirtschaft **KAPITEL D**
Teil II

ABB. 115:	Teilprobleme des materialwirtschaftlichen Optimums	
Teilproblem	**Beschreibung**	**Kostenauswirkung**
Mengenproblem	Die erforderlichen Materialien müssen in ausreichender Menge zum Produktionszeitpunkt zur Verfügung stehen. Die Bedarfsmengenermittlung muss den Verbrauchsverläufen entsprechen. Außerdem müssen die Lagerrestriktionen berücksichtigt werden, die sich aus den Lagerkapazitäten ergeben.	Große Beschaffungsmengen können zu niedrigen Stückkosten und zu sinkenden Transport- und Bestellkosten führen. Hohe Lagerbestände verursachen hohe Lagerkosten und erhöhen die Gefahr von Lagerschwund, Veralterung und Verderb der Materialien und Rohstoffe.
Sortimentsproblem	Die erforderlichen Materialien sind hinsichtlich Art und Qualität zu optimieren. Dabei muss auch dem Entsorgungsproblem von Vormaterialien und Fertigprodukten Rechnung getragen werden. Um das Sortiment und die Anzahl der Vormaterialien nicht ausufern zu lassen, sollen die Materialien standardisiert und vereinheitlicht werden.	Eine Vielzahl an Rohstoffen und Teilen verursacht hohe Lager- und Zinskosten und verstärkt die Komplexitätskostenproblematik im Unternehmen. Durch Vereinheitlichung von Materialien lassen sich Beschaffungskosten senken. Die Qualität der Rohstoffe und Teile ist auf das erforderliche Niveau zu begrenzen, um die Stück- bzw. Kilogrammpreise zu reduzieren. Spätere Entsorgungskosten sind zu beachten.
Transportproblem	Die Materialien müssen sicher, vollständig, ohne Verzögerungen und unbeschädigt zum Produktionsstandort gebracht werden. Insbesondere bei Lieferungen über große Entfernungen oder aus dem Ausland können Probleme, z. B. durch Zollabfertigung oder lange Transportzeiten, entstehen.	Die Lieferkosten hängen von der Liefermenge, dem Gewicht, dem Volumen, von speziellen Transportanforderungen (z. B. Kühltransport), Handlingsaufwand und der Entfernung ab. Zusätzliche Kosten können durch Verspätungen, Beschädigungen oder Transportverluste entstehen.
Zeitproblem	Die zu beschaffenden Materialien müssen rechtzeitig für die Weiterverarbeitung bereitgestellt werden. Zwischen Bestellung und Materialeinsatz können große Zeitunterschiede bestehen, die sich aus Unsicherheit bei der Bedarfsvorhersage, festgelegten Beschaffungszeitpunkten (z. B. Erntezeiten), Lieferfristen u. Ä. ergeben.	Beschaffungszeitpunkte beeinflussen die Kosten der Kaufmaterialien über Lager- und Zins- sowie Fehlmengenkosten. Das zu verschiedenen Beschaffungszeitpunkten unterschiedliche Preisniveau (z. B. bei saisonaler Herstellung bzw. Verfügbarkeit oder wenn üblicherweise zu feststehenden Zeitpunkten eingekauft wird = Auktionen) beeinflusst unmittelbar die Einkaufskosten.
Kapitalproblem	Bestell- und Lagermengen beanspruchen die Liquidität des Unternehmens.	Die Inanspruchnahme des Kapitals verursacht Zins- und Opportunitätskosten.

(nach Grochla (1992), S. 19 ff.)

Am Beginn des Beschaffungsprozesses steht die so genannte Beschaffungsmarktforschung[7]. Die Beschaffungsmärkte sind zur Erlangung von Markttransparenz zielgerichtet zu analysieren hinsichtlich:

► der Gesetzmäßigkeiten, die auf den einzelnen Märkten herrschen (Saisonalität, Konkurrenzsituation, Kartelle etc.),

---

7 Zur Beschaffungsmarktforschung vgl. beispielsweise Schulte (2001), S. 223 ff.

- der technologischen Veränderungen, der diese Märkte und ihre Produkte unterliegen (neue Anbieterkonzepte, Substitutionsprodukte),
- der Beschaffungswege,
- der zukünftigen Entwicklungen, die für diese Märkte prognostiziert werden (Veränderungen des Nachfrageverhaltens, neue Anbieter aus dem Ausland),
- der Marktteilnehmer und deren Entwicklung (Lieferanten, Wertschöpfungsketten),
- der Bedeutung, die das eigene Unternehmen am Beschaffungsmarkt haben wird,
- der Veränderungen der rechtlichen Rahmenbedingungen, die zu erwarten sind (Entfall von Zöllen, neue gesetzliche Vorschriften),
- der Instabilität von Märkten und Unternehmen,
- der Gefahren hinsichtlich der Versorgungssicherheit, mit denen gerechnet werden muss (Missernten, Lieferengpässe).

Der Beschaffungsmarktforschung kommt eine strategische Bedeutung zu. Das rechtzeitige Erkennen von Marktrisiken kann einem Unternehmen Wettbewerbsvorteile verschaffen, zumindest aber Wettbewerbsnachteile vermeiden helfen. Die Beschaffungsmarktforschung liefert einen wertvollen Input für die Formulierung der Beschaffungsstrategie und -taktik eines Unternehmens.

Aus der Marktanalyse lässt sich eine vom Unternehmen definierte *Beschaffungsstrategie* ableiten. Dazu müssen in Abstimmung mit den Unternehmenserfordernissen und der Situation am Beschaffungsmarkt grundlegende Entscheidungen zum Beschaffungsverhalten getroffen werden. Darunter fallen beispielsweise Festlegungen zu:

- Kriterien der Lieferantenauswahl,
- Anzahl der Lieferanten,
- Beschaffungsweg,
- Kooperation mit Dritten,
- Kriterien der Versorgungssicherheit u. a.

Die Beschaffungsstrategie kann als allgemeine Absichtserklärung verstanden werden, die im Einzelfall je nach der Art des zu beschaffenden Objekts anzupassen ist.[8] Sie kann so formuliert sein, dass letztlich auf den Zukauf von Vorprodukten verzichtet (Alternative: Eigenfertigung) oder sogar ein mögliches Verkaufsprodukt nicht angeboten wird, wenn wesentliche Kriterien der Beschaffungsvorgabe (z. B. eine Mindestanzahl möglicher Lieferanten) nicht erfüllbar sind.

Kriterien der Lieferantenbeurteilung und -auswahl sind:

- der Qualitätsstandard des Lieferanten,
- dessen Innovationsfähigkeit,
- das Preisniveau des Lieferanten,
- seine Lieferfähigkeit, z. B. Lieferung innerhalb von 24 Stunden oder bestimmter Mengen,
- die Sortimentsbreite u. a. m.

---

8 Vgl. dazu auch die Beschaffungsobjekttypisierung von Koppelmann (2004), S. 49 ff., und die sich daraus ergebenden Anforderungen an Märkte, Lieferanten etc.

Verstärkt führen Großunternehmen bei ihren Zulieferern *Lieferantenaudits* durch, das heißt, sie prüfen mit eigenen Spezialisten, z. B. aus dem Qualitätsbereich, ob der potenzielle Lieferant vorgegebene Spezifikationen erfüllen kann. Als Lieferanten werden nur Unternehmen zugelassen, die in dem Audit Mindestkriterien erfüllen (z. B. zur Qualität, Lieferfähigkeit). Anbieter, die nicht nach DIN ISO 9001 (vgl. Abschn. C.VI.4.3) oder einem anderen branchenspezifischen System (z. B. IFS[9]) zertifiziert sind, werden zunehmend als Lieferanten nicht mehr berücksichtigt.

Die Beschaffungsstrategie muss auch Aussagen darüber treffen, ob grundsätzlich mehrere Lieferanten pro Zulieferprodukt vorhanden sein müssen (*Multiple Sourcing*) oder ob eher die Konzentration auf einen einzigen Lieferanten (*Single Sourcing*) angestrebt wird. Es sind Festlegungen zur Teilevielfalt, die zugelassen wird, zu treffen. Vielfach versuchen Unternehmen die Anzahl der zu beziehenden Güter einzugrenzen, um die Komplexität in der Beschaffungs- und Produktionslogistik zu reduzieren oder verlagern Vorproduktionen auf Lieferanten. Damit verändert sich die Arbeitsteilung zwischen den Lieferanten und dem Abnehmer. Eingekauft werden dann nicht mehr nur Einzelteile, sondern Module, also beispielsweise im Automobilbau nicht mehr nur Bremsenteile, sondern komplette Bremssysteme incl. elektronischer Komponenten. Hierdurch reduziert sich die Fertigungstiefe des belieferten Unternehmens und die von ihm zu bewältigende Komplexität kann begrenzt werden. Im Gegenzug steigt die Abhängigkeit von den Lieferanten deutlich an, ebenso der Umfang der erforderlichen Abstimmprozesse. Die Entwicklung vom Teile- zum Modullieferanten kann bis zu einer Systempartnerschaft führen. Lieferanten können weitere Aufgaben, wie Lagerung und Kommissionierung der Teile, übernehmen. In manchen Industriezweigen (z. B. in der Automobilindustrie) geht die Zusammenarbeit soweit, dass der Lieferant auch für den Einbau der Module mit eigenem Personal verantwortlich ist. Konsequenterweise wird eine Zusammenarbeit schon im Entwicklungsstadium angestrebt, was den Vorteil eines frühzeitigen Abgleichs von Kundenwünschen und Lieferantenmöglichkeiten hat. Vorhandene Lieferanten lassen sich in diesen Szenarien allerdings nicht mehr einfach gegen Wettbewerber austauschen; Lieferantenwechsel bedürfen dann intensiver Vorbereitungen.

Ein weiteres Entscheidungsobjekt ist *Global* oder *Local Sourcing*. Global Sourcing erweitert den Suchraum des Einkaufs, was den Preis-, Know-How- und Qualitätswettbewerb intensiviert, stellt aber gleichzeitig hohe Anforderungen an das Beschaffungsmanagement (Sprach- und Mentalitätsprobleme, politische Risiken) und kann zu logistischen, zollrechtlichen, versorgungstechnischen (Nachlieferungen bei Qualitätsproblemen) und finanztechnischen Problemen (Währungsrisiken, Akkreditivabwicklung) führen. Local Sourcing erleichtert kleinen und mittleren Unternehmen die Beschaffungsaufgabe und verkürzt die Transportzeiten, was unter Umständen auch Preisvorteile infolge geringerer Logistikkosten ermöglichen kann.

Für das Global Sourcing eignen sich insbesondere A-Teile, d. h. Beschaffungsgüter, die relativ zum Wert geringe Logistikkosten verursachen sowie Teile bzw. Rohstoffe, die aufgrund eines eingeschränkten Angebots nur schwierig im lokalen Markt zu erhalten sind. C-Teile, Materialien mit hohen Logistikkosten und lokal leicht verfügbare Produkte eignen sich für das Local Sourcing. Multinationale Unternehmen, die weltweit Produktionsstätten unterhalten, sind eher in der Lage, in breitem Umfang Global Sourcing zu betreiben, als kleinere Unternehmen, deren Produktion an einem Standort konzentriert ist und deren Beschaffungsressourcen be-

---

9 IFS = International Food Standard: spezieller Zertifizierungsstandard für Lebensmittelhersteller, der von großen Handelsketten als Voraussetzung für die Aufnahme von Geschäftsbeziehungen gefordert wird.

grenzt sind. In diesem Fall beschränkt sich eine weltweite Beschaffung auf ausgewählte Materialien.

Die Beschaffung kann direkt erfolgen oder indirekt. Bei der *indirekten Beschaffung* werden Großhändler, Importeure oder auch Kommissionäre zwischengeschaltet. Indirekte Beschaffung kann teurer sein als die direkte Beschaffung, da die zwischengeschalteten Großhändler etc. ihre eigene Handelsspanne/Kommission berechnen. Auf der anderen Seite ist es für viele Klein- und Mittelbetriebe nicht möglich, insbesondere im Ausland die erforderlichen Beschaffungskontakte kompetent aufrechtzuerhalten. Darüber hinaus kann durch die Volumenbildung, die einem Großhändler möglich ist, auch ein Preisvorteil gegeben sein.

Die Zusammenarbeit mit anderen Unternehmen im Beschaffungsbereich kann zu *Einkaufskooperationen* oder zu gemeinsamen Einkaufsgesellschaften führen. Hierdurch lassen sich über Volumen- und Kompetenzbündelung Beschaffungsvorteile erzielen. Auf der anderen Seite ist zu prüfen, ob ein gemeinsamer Einkauf – insbesondere mit direkten Konkurrenten – vorhandene Wettbewerbsvorteile schwächt.

In zunehmendem Umfang werden im Rahmen des e-commerce Beschaffungstransaktionen im Business-to-Business-Geschäft (B2B) über das Internet abgewickelt. Grundsätzlich bietet das Internet eine wichtige Basis für die Informationsbeschaffung im Einkauf. So lässt sich relativ leicht zumindest eine grobe Übersicht über Beschaffungsmärkte und Anbieter in diesen Märkten erlangen. Informationen über Preise, Qualitäten und Lieferbedingungen schaffen Transparenz und verbessern die Entscheidungsbasis. Darüber hinaus lassen sich auch Einkaufsverbindungen zu bestehenden und neuen Lieferanten herstellen. Internetbasierte Bestellplattformen schaffen die Grundlage für eine Verbindung der beteiligten ERP-Systeme als Voraussetzung einer rationellen Bestellabwicklung. In vielen Branchen gibt es elektronische Einkaufsmarktplätze oder es werden Internet-Auktionen abgehalten, über die Anbieter und Nachfrager, zum Teil anonym über spezialisierte Auktionsplattformen, ihre Geschäfte abwickeln können. Damit lassen sich rationelle Nachfrage- und Angebotsprozesse realisieren, die in effektiver Weise eine Vielzahl von Teilnehmern einbinden. Internetauktionen und Einkaufsmarktplätze schaffen sowohl für die Nachfrager als auch die Anbieter von Gütern und Dienstleistungen Transparenz am Markt.

2. Materialwirtschaftliche Analysen

Die benötigten Materialien (in der Fertigungsindustrie auch als Teile bezeichnet) sind bedarfs- und termingerecht zu disponieren, was zu einer erheblichen Kostenbelastung für das betroffene Unternehmen werden kann. Da schon in Mittelbetrieben die Zahl der zu verwaltenden Materialarten in die Zehntausende gehen kann, ist es sinnvoll, die verschiedenen Materialien hinsichtlich ihrer Wertigkeit zu gruppieren und nur Teile mit einem hohen Verbrauchswert exakt über Stücklisten zu disponieren, während die Verbrauchsmengen geringwertiger Teile über eine Trendextrapolation ermittelt werden. Diese Vorgehensweise folgt dem ökonomischen Prinzip, indem die aufwendigeren Dispositionsmethoden den Materialien vorbehalten bleiben, die aufgrund ihrer Werthaltigkeit das größte Einsparungspotenzial bei den Kapitalbindungskosten besitzen.

Ein für eine entsprechende Materialklassifizierung geeignetes Verfahren ist die *ABC-Analyse*. Diese liefert eine Aussage über die Verteilung des Wertes der eingesetzten Materialarten. In der Regel repräsentiert nur eine geringe Anzahl von Materialien einen hohen Anteil am Gesamtwert. Man kann davon ausgehen, dass in der Praxis etwa 15–20 % des Teilespektrums 70–80 % des kumulierten Gesamtwerts darstellen (sog. 80/20-Regel).[10] Die Mehrzahl der Teilepositionen hat also nur einen geringen Anteil am Gesamtwert.

Bei der ABC-Analyse erfasst man zunächst alle im Unternehmen zu disponierenden Teile und ermittelt für jede Teileart ihren wertmäßigen Verbrauch in einer Periode:

Periodenbedarfswert (GE) = Periodenbedarfsmenge (ME) · Stückpreis (GE/ME)

Im zweiten Schritt werden die Teile nach ihrem Verbrauchswert in eine Rangfolge gebracht, die einzelnen Werte kumuliert und in drei *Klassen* (A, B, C) eingeteilt. Die Bildung der Klassengrenzen kann nicht theoretisch hergeleitet werden, sondern richtet sich grundsätzlich nach den spezifischen Gegebenheiten im Unternehmen und im Einzelnen nach der Datenkonstellation des konkreten Falls. Eine mögliche Einteilung ist folgende:

A-Güter: sind alle Materialien, die insgesamt 70 % des kumulierten Verbrauchswerts darstellen.

B-Güter: umfassen weitere 20 % des Verbrauchswerts

C-Güter: stellen die restlichen 10 % dar.

Die Ergebnisse der Klassifizierung lassen sich in einer *Lorenzkurve* darstellen (Abb. 118).

Eine ökonomische Nutzung der Unternehmensressourcen wird erreicht, wenn die detaillierten Planungsaktivitäten zur Materialbedarfsermittlung wegen des größeren Einsparungspotenzials (z. B. Senken von Lagerbeständen) auf die A-Güter konzentriert werden. C-Güter hingegen werden wegen ihres geringen Verbrauchswertes nur überschlägig, z. B. mit statistischen Prognoseverfahren, disponiert. Die B-Güter nehmen in diesem Schema eine Mittelstellung ein und werden entweder wie die A- oder wie die C-Güter behandelt.

Im Folgenden soll die Vorgehensweise bei der ABC-Analyse anhand eines *Beispiels* erläutert werden. Es bestehe ein Bedarf für 10 verschiedene Materialarten, die mit ihren mengen- und wertmäßigen Verbrauchsgrößen in Abb. 116 aufgelistet sind:

ABB. 116:	Beispiel zur ABC-Analyse: Ausgangsdaten		
Material Nr.	Verbrauch (ME) pro Periode	Preis (€/ME)	Gesamtwert (€) pro Periode
511	4.000	1,40	5.600
512	1.100	1,20	1.320
513	400	22,10	8.840
514	200	245,50	49.100
515	15.000	0,15	2.250
516	24.500	0,16	3.920
517	1.200	10,20	12.240
518	45.000	0,10	4.500
519	33.000	2,16	71.280
520	700	12,50	8.750

---

10 Es handelt sich um einen Anwendungsfall des Pareto-Prinzips, benannt nach V. Pareto (1848–1923).

KAPITEL D
Teil II

Der Produktionsprozess

Die Materialarten werden hinsichtlich ihres wertmäßigen Verbrauchs sortiert und die kumulierten Gesamtwerte absolut und prozentual errechnet. Anhand dieser Daten kann die Klassenbildung erfolgen (Abb. 117).

ABB. 117:	Beispiel zur ABC-Analyse: Gruppierung der Materialarten				
Rang	Material Nr.	Gesamtwert (€) pro Periode	Gesamtwert (€) kumuliert	Gesamtwert kumuliert in %	Klasseneinteilung (A, B, C)
1	519	71.280	71.280	42,5	A
2	514	49.100	120.380	71,7	
3	517	12.240	132.620	79,0	
4	513	8.840	141.460	84,3	B
5	520	8.750	150.210	89,5	
6	511	5.600	155.810	92,9	
7	518	4.500	160.310	95,5	
8	516	3.920	164.230	97,9	C
9	515	2.250	166.480	99,2	
10	512	1.320	167.800	100,0	

Im vorliegenden Beispiel stellen nur 20 % der Materialien 72 % des Gesamtwertes dar. Die aufwendigere exakte Bedarfsdisposition sollte sich daher vor allem auf diese Teile konzentrieren.

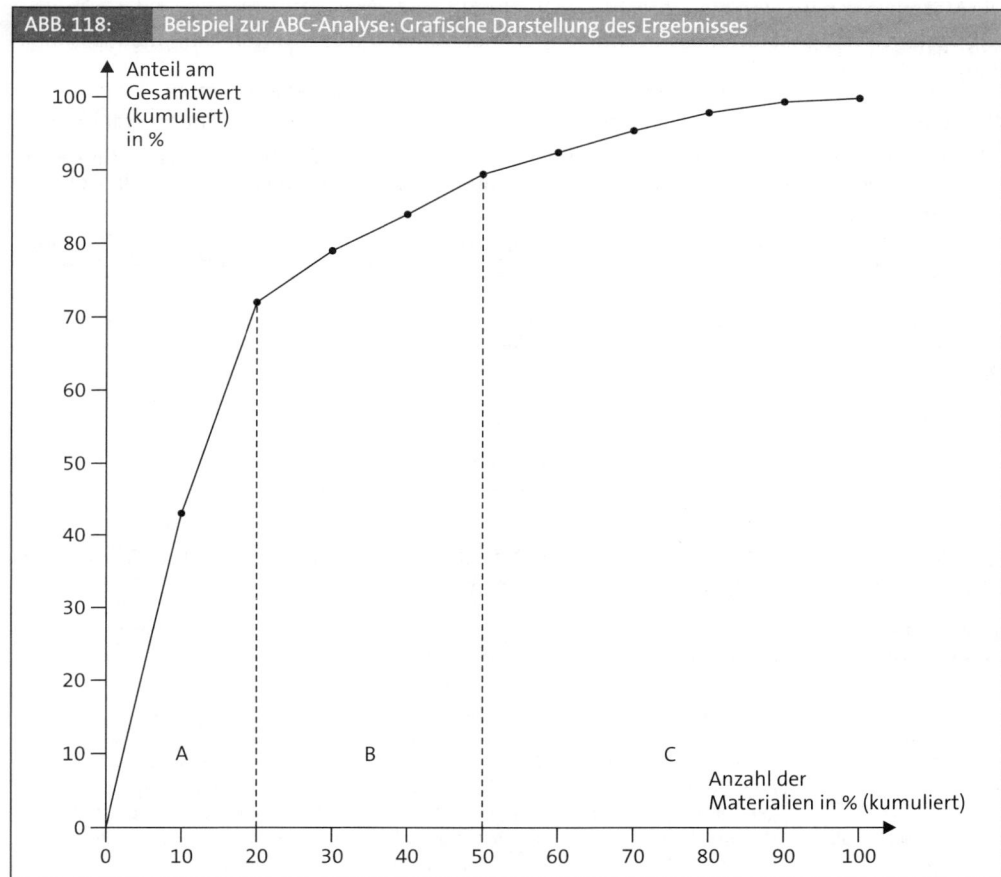

ABB. 118: Beispiel zur ABC-Analyse: Grafische Darstellung des Ergebnisses

ABC-analytische Betrachtungen lassen sich auch auf andere Problemstellungen im Unternehmen übertragen (Lagerbewegungen, Fehlerhäufigkeiten, Verteilung der Deckungsbeiträge u. a.).

Zur Untersuchung der Materialarten hinsichtlich des Kriteriums *Verbrauchsverlauf* eignet sich die *XYZ-Analyse* (auch als RSU-Analyse bezeichnet). X-Güter zeichnen sich durch einen annähernd stetigen Verbrauch aus, der relativ einfach und genau vorhergesagt werden kann. X-Güter eignen sich daher für die fertigungssynchrone Beschaffung. Y-Güter sind durch einen Trend oder durch saisonale Schwankungen gekennzeichnet und daher nur ungenau in ihrem Verbrauchsverhalten zu bestimmen; sie sollten infolgedessen gelagert werden. Die Z-Gruppe enthält Materialien mit zufallsverteilt auftretenden Verbrauchsverläufen, sodass der Bedarf im Voraus nicht zu ermitteln ist. Daher kommen hier fallweise Beschaffung oder Versorgung aus dem Lager in Betracht.

Die Einteilung des Verbrauchsverhaltens kann auf Basis des Variationskoeffizienten des Bedarfs erfolgen.[11] Als Variationskoeffizient v (B) bezeichnet man die relative Standardabweichung, d. h.

---

11 Vgl. Alicke (2005), S. 31.

die Standardabweichung $\sigma(B)$ des Bedarfs bezogen auf den Mittelwert $\mu(B)$ des Bedarfs: $v(B) = \sigma(B)/\mu(B)$.

Zunächst werden anhand von Vergangenheitsdaten die Variationskoeffizienten der einzelnen Artikel berechnet. Hierzu sind zuvor der Mittelwert und die Standardabweichung empirisch zu erheben. Anschließend werden die Artikel nach steigenden Koeffizienten gruppiert und das Ergebnis gegebenenfalls grafisch dargestellt. Die Einteilung erfolgt beispielsweise wie in Abb. 119 wiedergegeben.

ABB. 119:	XYZ-Klassifikation mit Hilfe des Variationskoeffizienten des Bedarfs		
Klasse	X	Y	Z
Kriterium	$0 < v(B) \leq 0{,}2$	$0{,}2 < v(B) \leq 0{,}5$	$v(B) > 0{,}5$
Beispiel:			
$\mu(B)$	108	102	105
$\sigma(B)$	16	29	63
$v(B)$	0,15	0,28	0,60

(in Anlehnung an Alicke (2005), S. 31)

Eine Kombination der ABC-Analyse mit der XYZ-Analyse ist sinnvoll, um für jedes Teil die geeignete Beschaffungsstrategie festzulegen (s. Abb. 120).

ABB. 120:	ABC- und XYZ-Klassifikation			
		ABC-Analyse		
		A-Materialien	B-Materialien	C-Materialien
XYZ-Analyse	X-Materialien	Hoher Verbrauchswert, gute Vorhersagegenauigkeit, stetiger Verbrauch, fertigungssynchrone Beschaffung, Mengenkontrakte	Mittlerer Verbrauchswert, gute Vorhersagegenauigkeit, stetiger Verbrauch, optimale Bestellmenge, Zeitkontrakte	Geringer Verbrauchswert, gute Vorhersagegenauigkeit, stetiger Verbrauch, optimale Bestellmenge
	Y-Materialien	Hoher Verbrauchswert, mittlere Vorhersagegenauigkeit, Trend oder saisonale Schwankung, Mengenkontrakte	Mittlerer Verbrauchswert, mittlere Vorhersagegenauigkeit, Trend oder saisonale Schwankung, Mengenkontrakte	Geringer Verbrauchswert, mittlere Vorhersagegenauigkeit, Trend oder saisonale Schwankung, Lagerbevorratung
	Z-Materialien	Hoher Verbrauchswert, Vorhersage des Bedarfs kaum möglich, zufallsverteilter Bedarf, fallweise Beschaffung, Lagerversorgung	Mittlerer Verbrauchswert, Vorhersage des Bedarfs kaum möglich, zufallsverteilter Bedarf, Lagerbevorratung	Geringer Verbrauchswert, Vorhersage des Bedarfs kaum möglich, zufallsverteilter Bedarf, Lagerbevorratung

3. Stücklisten, Rezepturen, Teileverwendungsnachweise

Stücklisten sind Verzeichnisse in tabellarischer Form, die angeben, welche Rohmaterialien, Einzelteile und Baugruppen in welchen Mengen in ein Erzeugnis eingehen. Stücklisten werden im Rahmen der betrieblichen Planungsprozesse in den verschiedensten Organisationsbereichen eingesetzt. So benötigt die Materialdisposition Stücklisten zur Bedarfsmengenplanung, die Arbeitsvorbereitung plant u. a. mit ihrer Hilfe den Fertigungsablauf, die Fertigungssteuerung braucht sie zur Verfügbarkeitskontrolle und der Kundendienst für alle Servicefunktionen. Außerdem dient die Stückliste im Controlling als Kalkulationsunterlage. Die Vielzahl der Stücklistenverwendungen hat zu unterschiedlichen Stücklistenarten geführt, von denen einige in Abb. 121 exemplarisch dargestellt werden.

ABB. 121:	Übersicht einiger wichtiger Stücklistenarten		
Klassifizierung	Stücklistenart	Beschreibung	Einsatzbereich
Grundformen	Aufzählungsstückliste (Mengenübersichtsstückliste)	Die Aufzählungsstückliste gibt alle Bestandteile eines Erzeugnisses mit ihren jeweiligen Gesamtmengen, d. h. den Gesamtbedarf, ohne Darstellung der Erzeugnisstruktur an. Sofern überhaupt zwischen Aufzählungs- und Mengenübersichtsstückliste differenziert wird, kann i. d. R. davon ausgegangen werden, dass Letztere ausschließlich Einzelteile aufführt.	Diese Stücklisten werden als Unterlage in der Materialdisposition nur bei einfachen Fertigungs- oder Montagestrukturen eingesetzt, außerdem zur Kalkulation. Eine zeitlich differenzierte (terminierte) Materialdisposition ist nicht möglich.
	Strukturstückliste	Die Strukturstückliste bildet die Erzeugnisstruktur eines Produkts ab. Sie enthält alle Einzelteile und Baugruppen des Produkts und gibt die eingehenden Mengen entweder bezogen auf die jeweilige Stufe, also die Produktionskoeffizienten, oder bezogen auf alle Stufen des entsprechenden Zweiges im Strukturbaum an.	Die Strukturstückliste dient besonders konstruktiven und fertigungstechnischen Zwecken und ist zur terminierten Bedarfsplanung geeignet. Nachteilig ist die wiederholte Darstellung von mehrfach verwendeten Teilen und Baugruppen (beeinträchtigte Übersichtlichkeit und aufwendiger Änderungsdienst).
	Baukastenstückliste	Die Baukastenstückliste enthält für ein Enderzeugnis oder eine Baugruppe nur die Teile und Baugruppen, die jeweils direkt untergeordnet sind. Zur vollständigen Darstellung eines aus mehreren Baugruppen bestehenden Erzeugnisses ist daher ein System von Baukastenstücklisten, ein sog. Stücklistensatz, erforderlich.	Baukastenstücklisten lassen sich redundanzfrei abspeichern und bilden daher die Basis der Stücklistenorganisation mit EDV (Stücklistenprozessor oder relationale Datenbanken der ERP-Systeme). Aus Baukastenstücklisten können alle anderen Stücklistenformen problemlos generiert werden. Sie sind dort vorteilhaft einsetzbar, wo Erzeugnisse nach dem Baukastenprinzip gefertigt werden.
Mischform	Baukastenstrukturstückliste	Die Baukastenstrukturstückliste gibt wie die Strukturstückliste die Erzeugnisstruktur an. Es werden aber mehrfach vorkommende Baugruppen nicht vollständig aufgelöst dargestellt. Für diese Baugruppen werden gesonderte Baukastenstücklisten geführt.	Dieser Stücklistentyp vereinigt die Vorteile der Struktur- und der Baukastenstückliste. Die Baukastenstrukturstückliste ist sehr gut für die Disposition von Baugruppen geeignet.

Klassifizie-rung	Stücklisten-art	Beschreibung	Einsatzbereich
Sonder-formen	Varianten-stückliste (Typenstück-liste)	Eine Variantenstückliste enthält mehrere ähnliche Erzeugnisse eines Grundtyps, indem in separaten Mengenspalten für jede einzelne Variante die erforderliche Anzahl der Teile und Baugruppen auf-geführt wird. Die Variantenstücklis-te lässt sich in allen Stücklisten-grundformen ausführen.	Diese Stückliste wird eingesetzt, wenn strukturell ähnliche Erzeugnisse gefer-tigt werden, die eine große Zahl glei-cher Teile besitzen.
	Gleichteile-stückliste	Die Gleichteilestückliste enthält alle Teile und Baugruppen, die in den Varianten einer Erzeugnisgruppe in derselben Menge enthalten sind. Um ein vollständiges Produkt abbil-den zu können, müssen noch Ergän-zungsstücklisten eingeführt wer-den. Diese enthalten die übrigen Teile und Baugruppen.	Die Gleichteilestückliste ist für die Se-rienfertigung feststehender und über einen längeren Zeitraum gleich blei-bender Varianten geeignet.
	Plus-Minus-mit Grund-Stückliste	Eine Plus-Minus-Stückliste bezieht sich auf einen in einer Grundstück-liste abgebildeten Grundtyp. Sie enthält nur noch die in der Variante zusätzlich vorkommenden und die entfallenden Teile und Baugruppen.	Diese Stücklistenart wird in der Seri-enfertigung eingesetzt, um spezielle Kundenwünsche aus der Grundaus-führung ableiten zu können. Der Än-derungsdienst für neue oder abge-änderte Varianten ist einfach und übersichtlich.

Am Beispiel der Erzeugnisstruktur aus Abb. 122 sind in Abb. 123 die Stücklistengrundformen dargestellt.

ABB. 122: Beispiel für einen Erzeugnisstrukturbaum

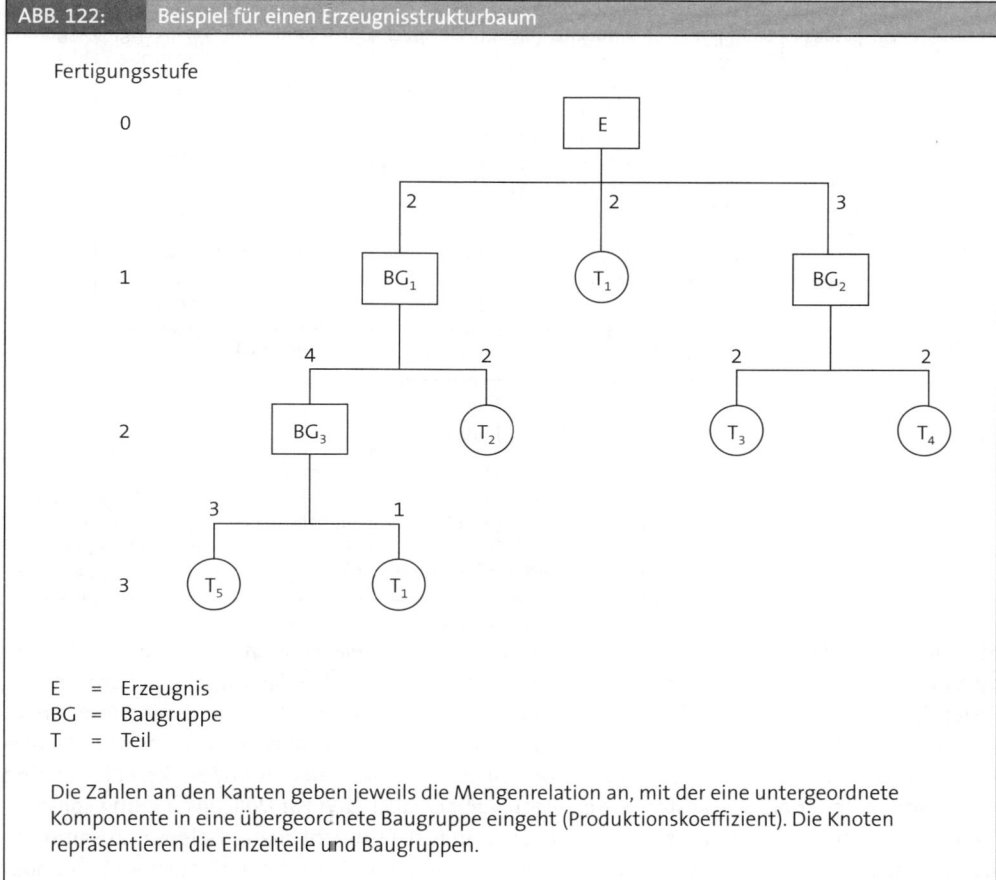

E = Erzeugnis
BG = Baugruppe
T = Teil

Die Zahlen an den Kanten geben jeweils die Mengenrelation an, mit der eine untergeordnete Komponente in eine übergeordnete Baugruppe eingeht (Produktionskoeffizient). Die Knoten repräsentieren die Einzelteile und Baugruppen.

KAPITEL D
Teil II
Der Produktionsprozess

ABB. 123: Stücklistenarten (Grundformen)

Erzeugnis E		
Fertigungsstufe	Teile-Nr.	Menge
. 1	BG 1	2
. . 2	BG 3	4
. . . 3	T 5	3
. . . 3	T 1	1
. . 2	T 2	2
. 1	T 1	2
. 1	BG 2	3
. . 2	T 3	2
. . 2	T 4	2

Strukturstückliste

Erzeugnis E	
Teile-Nr.	Menge
BG 1	2
BG 2	3
BG 3	8
T 1	10
T 2	4
T 3	6
T 4	6
T 5	24

Aufzählungsstückliste

Baugruppe 1	
Teile-Nr.	Menge
BG 3	4
T 2	2

Baukastenstückliste für Baugruppe 1

Stücklisten werden vor allem in der Montageindustrie eingesetzt. In verschiedenen Industriezweigen (z. B. in der chemischen Industrie) übernehmen *Rezepturen* die Aufgabe der Stücklisten. Rezepturen enthalten eine Liste mit sämtlichen Erzeugnisbestandteilen und deren Einsatzmengen. Oft enthalten die Rezepturen auch Arbeitsvorschriften, technische Vorschriften, Sicherheitsanweisungen und die Angabe der erforderlichen Erzeugniseinrichtungen. Rezepturen sind daher umfassender als Stücklisten, sie ersetzen vielfach auch den zur Vollzugsplanung sonst erforderlichen Arbeitsplan.[12] In der metallurgischen Industrie spricht man in diesem Zusammenhang auch von Gattierungslisten und Bemöllerungsplänen (z. B. im Hochofenprozess). In anderen Industriezweigen werden Materiallisten eingesetzt (z. B. in der Bauindustrie).

ABB. 124: Schematische Darstellung einer Rezeptur

Rezeptur für Produkt X	
A	Allgemeine Angaben im Kopfteil
B	Beschreibung der chemischen Reaktion
C	Liste der Einsatzstoffe
D	Verarbeitungsvorschriften
E	Sicherheitserfordernisse
F	Kontrollanweisungen

(in Anlehnung an Kölbel/Schulze (1967), S. 76)

---

12 Vgl. Fallaschinski (1979), Sp. 1811 ff.

Während Stücklisten eine Übersicht aller für ein Erzeugnis benötigten Teile darstellen (analytische Betrachtungsweise), können (*Teile-*)*Verwendungsnachweisen* alle Baugruppen und/oder Endprodukte entnommen werden, die ein bestimmtes Teil oder einen bestimmten Rohstoff enthalten (synthetische Betrachtungsweise). Teileverwendungsnachweise werden in denselben Grund-Strukturierungsformen (Abb. 125) erstellt, wie sie auch für Stücklisten verwendet werden. Sie dienen beispielsweise dem Disponenten im Rahmen des Änderungsdienstes und bei Störungen des Fertigungsablaufs (Maschinenausfälle) oder des Materialbezugs als Hilfsmittel, um festzustellen, welche übergeordneten Komponenten bzw. Enderzeugnisse betroffen sind.

ABB. 125: Teileverwendungsnachweise

Struktur-Teileverwendungsnachweis T 1	
übergeordnete Teile-Nr.	Menge
E	2
BG 3	1
. BG 1	4
. . E	2

Struktur-Teileverwendungsnachweis

Baukasten-Teileverwendungsnachweis T 1	
übergeordnete Teile-Nr.	Menge
E	2
BG 3	1

Baukasten-Teileverwendungsnachweis

Mengenübersichts-Teileverwendungsnachweis T 1	
übergeordnete Teile-Nr.	Menge
E	10
BG 1	4
BG 3	1

Mengenübersichts-Teileverwendungsnachweis

4. Materialdisposition

Unter Materialdisposition versteht man die Aufgabe, den für die Aufrechterhaltung der Leistungserstellung erforderlichen Bedarf an Materialien festzustellen und für eine mengen- und termingerechte Bereitstellung zu sorgen. Dazu muss aus dem vorgegebenen Fertigungs- oder Absatzprogramm der entsprechende Materialbedarf ermittelt, mit den verfügbaren Lagerbeständen abgestimmt und der daraus resultierende Bestellbedarf festgestellt werden. Anschließend ist für eine termingerechte Bestellung (bei Fremdbezug) bzw. Fertigung (bei Eigenerstellung) zu sorgen.

Die Materialdisposition lässt sich in die folgenden Aufgabengebiete gliedern:
- Bedarfsplanung
- Bestandsrechnung
- Bestellrechnung

4.1 Materialbedarfsplanung

Ausgangspunkt der Materialbedarfsbestimmung ist das Absatzprogramm, aus dem sich unter Berücksichtigung der Zukaufprodukte das Fertigungsprogramm der Planungsperiode ableiten lässt. Den Bedarf an verkaufsfähigen Erzeugnissen (Fertigerzeugnisse, Ersatzteile) bezeichnet man als *Primärbedarf*. Der *Sekundärbedarf* ist die Menge an Rohstoffen, Einzelteilen und Baugruppen, die zur Erzeugung des Primärbedarfs benötigt wird. Unter dem *Tertiärbedarf* versteht man den zur Aufrechterhaltung der Produktion erforderlichen Bedarf an Hilfs- und Betriebsstoffen sowie Verschleiß-Werkzeugen.

4.1.1 Deterministische Bedarfsermittlung

Bei der deterministischen Bedarfsermittlung, auch bedarfs- bzw. programmgesteuerte Materialbedarfsermittlung genannt, wird der Sekundärbedarf einer Periode termin- und mengenmäßig aus dem jeweiligen Fertigungsprogramm mit Hilfe entsprechender Fertigungsunterlagen (Stücklisten, Rezepturen, Teileverwendungsnachweise) exakt ermittelt. Die Verfahren der deterministischen Bedarfsermittlung sind vor allem für A- und B-Teile bedeutsam. Sie lassen sich grob folgendermaßen gliedern:

1. Analytische Methoden (Stücklistenauflösung)
    a) Fertigungs- oder Baustufenverfahren
    b) Dispositionsstufenverfahren
2. Synthetische Methoden (Teilebedarfsermittlung mittels Teileverwendungsnachweisen)
    a) nach Fertigungsstufen
    b) nach Dispositionsstufen
3. Gozinto-Verfahren
    a) Matrizenverfahren
    b) Gozintolistenverfahren

Im Rahmen der *analytischen Methoden* wird das Fertigerzeugnis anhand von Stücklisten über alle Fertigungs- oder Dispositionsstufen hinweg in seine Einzelbestandteile mengen- und termingerecht aufgelöst (Stücklistenauflösung). Die *Fertigungs*stufen ergeben sich dabei aus dem hierarchischen Aufbau des Erzeugnisses. *Dispositions*stufen hingegen weisen die unterste Fertigungsstufe aus, auf der ein Teil zum ersten Mal benötigt wird. Abb. 126 zeigt die Strukturdarstellung eines Erzeugnisses nach Fertigungs- und nach Dispositionsstufen.

Grundlagen der Materialwirtschaft

KAPITEL D
Teil II

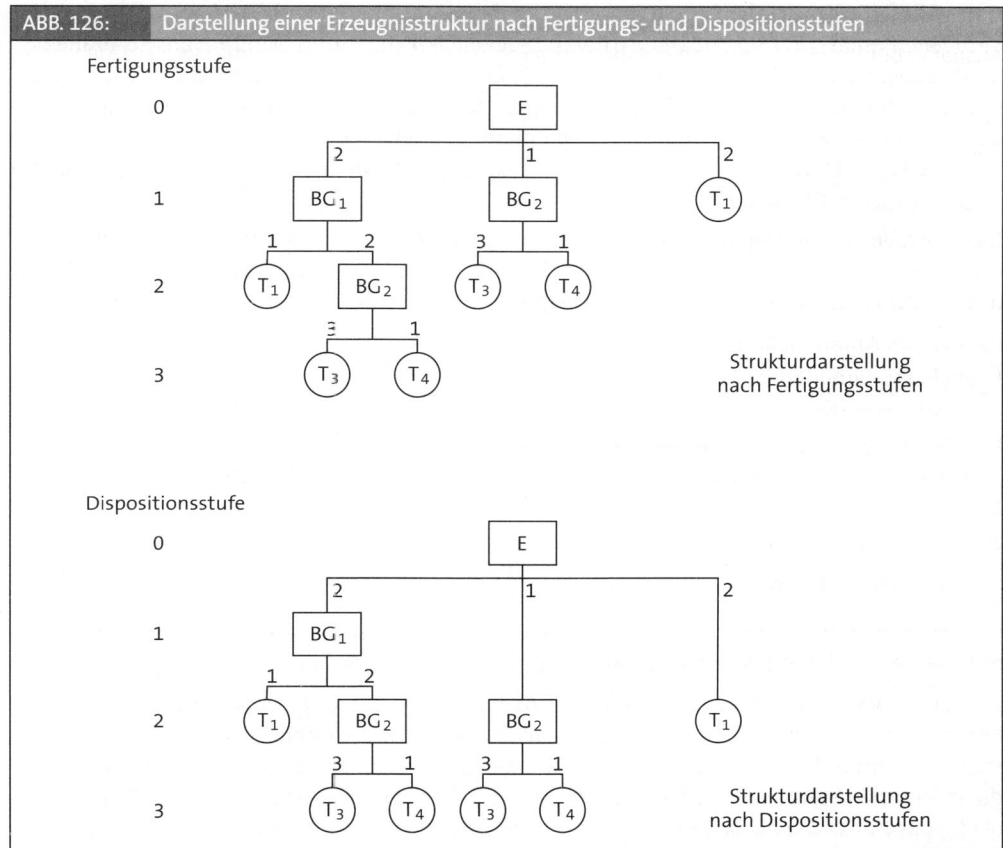

ABB. 126: Darstellung einer Erzeugnisstruktur nach Fertigungs- und Dispositionsstufen

Die *synthetische Methode* geht nicht vom Fertigerzeugnis, sondern von den Einzelteilen aus. Mit Hilfe von Teileverwendungsnachweisen wird festgestellt, ob und wie oft ein Teil direkt in die jeweils übergeordnete Komponente eingeht. Diese Vorgehensweise wird über alle Stufen hinweg fortgeführt, bis der vollständige Bedarf ermittelt ist.

Im Folgenden werden das Dispositionsstufenverfahren und die Gozintoverfahren näher erläutert. Vor allem das Dispositionsstufenverfahren hat in der Praxis große Bedeutung.

4.1.1.1 Dispositionsstufenverfahren[13]

Beim Dispositionsstufenverfahren werden im Gegensatz zum Fertigungsstufenverfahren Teile oder Baugruppen, die auf verschiedenen Fertigungsstufen auftreten, nur einmal erfasst, und zwar auf der jeweils zugeordneten Dispositionsstufe. Dies ist die unterste Auflösungsstufe, in der ein Teil innerhalb der Erzeugnisstruktur auftritt. Die Auflösung einer Baugruppe wird solange zurückgestellt, bis über die stufengerechte Bedarfsbestimmung die entsprechende Disposi-

---

13 Vgl. Schmidt (1970), S. 586 ff.

tionsstufe erreicht ist. Der für die einzelnen Stufen ermittelte Bruttobedarf, also der periodenbezogene Primär- und Sekundärbedarf wird periodengerecht zum Gesamtbedarf zusammengefasst. Dabei ist unter Umständen noch eine *Vorlaufverschiebung* zu berücksichtigen: Erzeugnisstrukturmäßig untergeordnete Teile und Baugruppen werden eher benötigt als die zugehörigen übergeordneten Baugruppen, daher müssen diese Teile um eine entsprechende Vorlaufzeit früher bereitgestellt werden. Diese ergibt sich aus der Durchlaufzeit in der Produktion oder bei Fremdbezug aus den Lieferfristen.

Die *Brutto*bedarfsbestimmung lässt vorhandene Lagerbestände unberücksichtigt, der Bruttobedarf ist deshalb noch in einen Nettobedarf zu überführen. Das kann für den Sekundärbedarf nach folgendem Rechenschema geschehen (gilt für den Primärbedarf analog):

	Bruttosekundärbedarf
+	evtl. Primärbedarf (Ersatzteile)
=	Gesamtbruttobedarf
−	Lagerbestand (ausgenommen reservierter Lagerbestand)
−	Bestellbestand (soweit rechtzeitig verfügbar)
+	Sicherheitsbestand
+	Ausschusszuschlag
=	Nettosekundärbedarf

Das Vorgehen bei der Nettobedarfsermittlung soll am Beispiel der Erzeugnisstruktur aus Abb. 126 kurz erläutert werden (vgl. Abb. 127).

Ausgehend von dem vorgegebenen Primärbedarf des Erzeugnisses E wird der Nettobedarf unter Berücksichtigung der verfügbaren Lagerbestände periodenweise ermittelt. Im 1. Schritt, der Auflösung der Stufe 0, werden die Bruttobedarfsmengen aller in der Baukastenstückliste des Produkts E enthaltenen Teile und Baugruppen über die Produktionskoeffizienten[14] ermittelt. Sofern die Dispositionsstufe des Teils anzeigt, dass es auf keiner tieferen Stufe mehr auftritt (das ist bei Auflösung der Stufe 0 für die Dispositionsstufe 1 der Fall) wird über den Lagerbestand auch der Nettobedarf berechnet. Alle anderen Teile werden zunächst mit ihren Bruttowerten ausgewiesen. Außerdem wird im Beispiel eine Vorlaufverschiebung von einer Periode zwischen den Bedarfszeitpunkten von über- und untergeordneten Teilen und Baugruppen berücksichtigt.

Im Anschluss daran erfolgt die Auflösung der Dispositionsstufe 1 (BG 1) nach dem gleichen Schema. Alle Bruttowerte werden kumuliert und bei Erreichen der entsprechenden Dispositionsstufe in den Nettobedarf überführt. Das Verfahren wird fortgesetzt, bis alle Bedarfswerte ermittelt sind.

Der Vorteil des Dispositionsstufenverfahrens liegt darin begründet, dass eine Mehrfachauflösung von Baugruppen, die auf verschiedenen Fertigungsstufen eines Erzeugnisses vorkommen, entfällt. Außerdem werden die Lagerbestände automatisch auf der untersten, also der zeitlich nächstliegenden Fertigungsstufe zuerst berücksichtigt. Dadurch lässt sich ein verfrühter, vorzeitige Bereitstellungsmaßnahmen auslösender Bedarfsausweis verhindern, wie er bei Anwendung des Fertigungsstufenverfahrens gegebenenfalls eintritt. Nachteilig ist, dass vor der Rechnung jeweils zunächst die Dispositionsstufen bestimmt werden müssen.

---

14 Vgl. die Erläuterung zu Abb. 122.

Grundlagen der Materialwirtschaft

KAPITEL D
Teil II

ABB. 127:	Beispielrechnung für die Nettobedarfsermittlung nach dem Dispositionsstufenverfahren (Ausschnitt)						
Enderzeugnis E	Teil: E Lagerbestand: 40 Dispositionsstufe: 0	Planperiode Bruttobedarf Nettobedarf	1	2	3	4 54 14	5 83 83
Auflösung Stufe 0	Teil: BG 1 Lagerbestand: 50 reservierter Lagerbestand: 20 Dispositionsstufe: 1	Planperiode Bruttobedarf Nettobedarf	1	2	3 28 –	4 166 164	5
	Teil: BG 2 Lagerbestand: 130 reservierter Lagerbestand: 50 Bestellbestand: 40 Dispositionsstufe: 2	Planperiode Bruttobedarf	1	2	3 14	4 83	5
	Teil: T 1 Lagerbestand: 80 Dispositionsstufe: 2	Planperiode Bruttobedarf	1	2	3 28	4 166	5
Auflösung Stufe 1	Teil: T 1 Lagerbestand: 80 Dispositionsstufe: 2	Planperiode Bruttobedarf Nettobedarf	1	2	3 28 + 164 192 112	4 166 166 166	5
	Teil: BG 2 Lagerbestand: 130 reservierter Lagerbestand: 50 Bestellbestand: 40 Dispositionsstufe: 2	Planperiode Bruttobedarf Nettobedarf	1	2	3 14 + 328 342 222	4 83 83 83	5
Auflösung Stufe 2							

4.1.1.2 Gozintoverfahren

Der *Gozinto-Graph*[15] verknüpft alle in ein Erzeugnis eingehenden Einzelteile und Baugruppen mit Hilfe graphentheoretischer Methoden derart, dass alle Komponenten nur einmal in Erscheinung treten (redundanzfreie Darstellung von Erzeugnisstrukturen). Die *Knoten* des Gozinto-Graphen repräsentieren die Erzeugnisse und Komponenten und die *Pfeile* (Kanten) die technologi-

---

[15] A. Vazsonyi (1916–2003) prägte diesen Begriff durch ein Wortspiel, indem er scherzhaft das Verfahren dem angeblichen italienischen Mathematiker Zepartzat Gozinto zuschrieb, dessen erfundener Name jedoch eine Verfremdung der Bezeichnung „the part that goes into" darstellen soll (s. Vazsonyi (1962), S. 385 ff.).

schen Mengenbeziehungen Die Erzeugnisstruktur aus Abb. 126 ergibt den Gozinto-Graphen in Abb. 128.

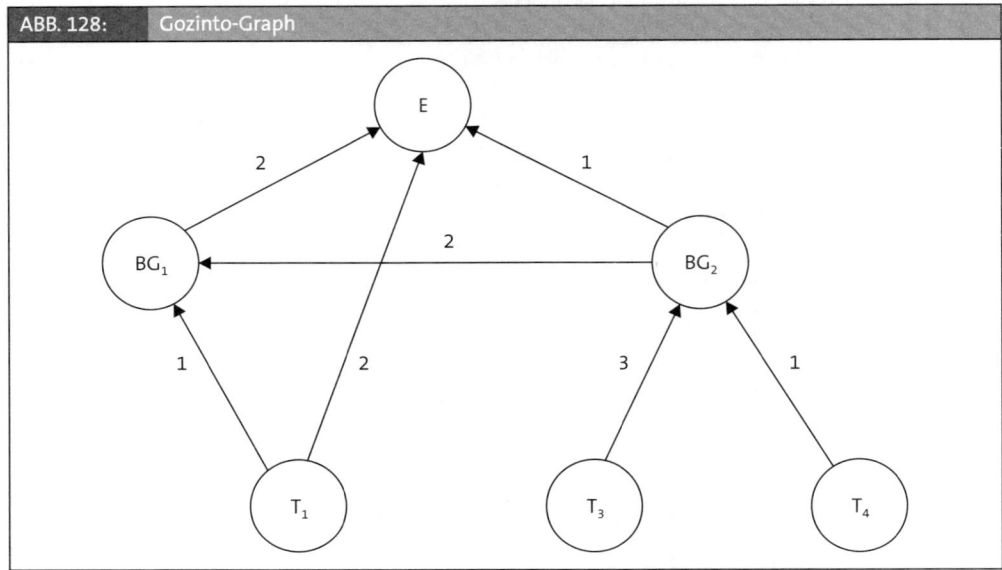

ABB. 128: Gozinto-Graph

Die Bedarfsermittlung am Gozinto-Graphen erfolgt immer entgegen der Pfeilrichtung, da die Berechnung von der jeweils übergeordneten Baugruppe, deren Bedarf schon feststeht, ausgehen muss. Der Bruttobedarf von untergeordneten Teilen und Baugruppen lässt sich daher erst dann bestimmen, wenn der Nettobedarf aller Baugruppen und Endprodukte vorliegt, in die von dem betrachteten Teil aus ein Pfeil führt.

Bei komplexen Erzeugnisstrukturen, wie sie in der Praxis häufig auftreten, wird der Gozinto-Graph sehr schnell unübersichtlich.

Matrizenverfahren (Matrizeninversion)

Eine mit einem Gozinto-Graphen wiedergegebene Erzeugnisstruktur lässt sich auch als *lineares Gleichungssystem* darstellen. Dabei ergeben sich so viele Gleichungen wie der Gozinto-Graph Knoten hat – Endknoten, also Knoten, von denen kein Pfeil ausgeht, nicht mitgezählt. Notiert man die (gesuchte) Einsatzmenge einer Erzeugniskomponente auf der linken Seite der Gleichung, so entspricht die Anzahl der Summanden auf der rechten Gleichungsseite der Anzahl der Teileverwendungen dieser Komponente. Für das obige Beispiel erhält man folgende Gleichungen:

$$BG_1 = 2 \cdot E$$
$$BG_2 = E + 2 \cdot BG_1$$
$$T_1 = 2 \cdot E + BG_1$$
$$T_3 = 3 \cdot BG_2$$
$$T_4 = BG_2$$

Der Zusammenhang zwischen der Anwendung des linearen Gleichungssystems zur Bedarfsrechnung und der Bedarfsermittlung direkt am Gozinto-Graphen geht aus Abb. 129 hervor (beispielhaft dargestellt für einen Primärbedarf von E = 80).

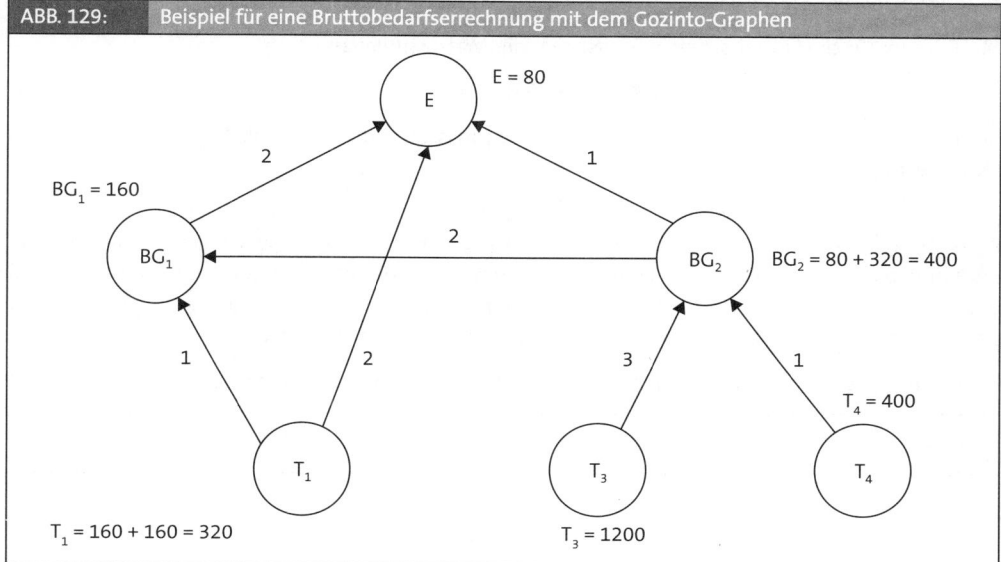

ABB. 129: Beispiel für eine Bruttobedarfserrechnung mit dem Gozinto-Graphen

Um eine EDV-gesteuerte Materialbedarfsermittlung zu ermöglichen, kann das Gleichungssystem in eine Matrizendarstellung überführt werden. Ausgangspunkt ist die *Direktbedarfsmatrix*, die für alle Über-/Unterordnungsbeziehungen der Erzeugnisstruktur jeweils den Produktionskoeffizienten enthält. Jedes von Null verschiedene Matrixelement entspricht damit einem Pfeil im Gozinto-Graphen. Zeilenweise kann die Direktbedarfsmatrix als Baukasten-Teileverwendungsnachweis, spaltenweise als Baukasten-Stückliste interpretiert werden.

Anschließend lässt sich über eine Matrizenberechnung (Matrizeninversion) der Gesamtbedarf ermitteln,[16] für den gilt:

Gesamtbedarf eines Erzeugnisses = Sekundärbedarf + Primärbedarf

Für das oben herangezogene Beispiel kann bei einem Primärbedarf von E = 80 der Gesamtbedarf durch folgendes Gleichungssystem dargestellt werden:

$$
\begin{aligned}
T_1 &= 1 \cdot BG_1 & & + 2 \cdot E & +\,0 \\
T_3 &= & + 3 \cdot BG_2 & & +\,0 \\
T_4 &= & + 1 \cdot BG_2 & & +\,0 \\
BG_1 &= & & + 2 \cdot E & +\,0 \\
BG_2 &= 2 \cdot BG_1 & & + 1 \cdot E & +\,0 \\
E &= & & & +\,80
\end{aligned}
$$

---

16 Vgl. z. B. Fandel (1980), S. 452 ff.

KAPITEL D — Der Produktionsprozess
Teil II

Allgemein gilt

$$x = A \cdot x + y$$

Dabei symbolisiert x den Gesamtbedarfsvektor aller Teile und y den Primärbedarfsvektor der Erzeugnisse. A stellt die Direktbedarfsmatrix der Produktionskoeffizienten dar.

Mit $E \cdot x = x$ für die Einheitsmatrix E lässt sich die Matrizengleichung zu

$$(E - A) \cdot x = y$$

umformen. Die Auflösung der Gleichung nach x muss über die Multiplikation mit der inversen Matrix erfolgen:

$$x = (E - A)^{-1} \cdot y$$

Zunächst wird also die Direktbedarfsmatrix A, d. h. die Matrix der Produktionskoeffizienten, von der Einheitsmatrix E subtrahiert. Durch Invertieren der so erhaltenen Koeffizientenmatrix (E‑A) entsteht die Gesamtbedarfsmatrix $(E-A)^{-1}$. Durch Multiplikation der Gesamtbedarfsmatrix mit dem Primärbedarfsvektor y kann der Gesamtbedarfsvektor x ermittelt werden.

Für das Beispiel ergibt sich folgende Direktbedarfsmatrix A mit den Koeffizienten a_{ij}:

f_i \ e_j	e_1	e_2	e_3	e_4	e_5	e_6
f_1				1		2
f_2					3	
f_3					1	
f_4						2
f_5				2		1
f_6						

Tableau I: Direktbedarfsmatrix A

Durch Subtraktion der Direktbedarfsmatrix von der Einheitsmatrix ergibt sich die *Koeffizientenmatrix* (E–A):

f_i \ e_j	e_1	e_2	e_3	e_4	e_5	e_6
f_1	1			−1		−2
f_2		1			−3	
f_3			1		−1	
f_4				1		−2
f_5				−2	1	−1
f_6						1

Tableau II: Koeffizientenmatrix (E − A)

Die Inverse $(E-A)^{-1}$ wird über den Austausch der Basisvektoren e_j gegen die Vektoren f_i des Tableaus ermittelt. Dies erfolgt über die nachfolgend dargestellten Rechenregeln.[17]

---

[17] Vgl. Beckmann/Künzi (1972), S. 67 f.

1) Es wird ein Pivotelement $a_{ij} \neq 0$ ausgewählt. Die übrigen Koeffizienten in der entsprechenden Zeile heißen Elemente der Pivotzeile a_{ik} mit $k \neq j$. Analog werden die Elemente der Pivotspalte a_{lj} mit $l \neq i$ definiert. Das Pivotelement kennzeichnet jeweils eine Spalte und Zeile, die noch nicht Pivotspalte oder -zeile war.

2) Das Pivotelement wird in seinen reziproken Wert überführt:

$$a_{ij}^{(1)} = \frac{1}{a_{ij}}$$

3) Die übrigen Elemente der Pivotzeile werden durch das Pivotelement dividiert und mit -1 multipliziert:

$$a_{ik}^{(1)} = -\frac{a_{ik}}{a_{ij}}; \; k = 1, \ldots, n; \; k \neq j$$

4) Die übrigen Elemente der Pivotspalte werden durch das Pivotelement dividiert:

$$a_{lj}^{(1)} = -\frac{a_{lj}}{a_{ij}}; \; l = 1, \ldots, n; \; l \neq i$$

5) Von den verbleibenden Elementen der Nicht-Pivotspalten und -zeilen wird jeweils das durch das Pivotelement a_{ij} dividierte Produkt aus dem in der Pivotzeile stehenden Element a_{ik} und dem in der Pivotspalte stehenden Element a_{lj} abgezogen:

$$a_{lj}^{(1)} = a_{lk} - a_{lj}\frac{a_{ik}}{a_{ij}}$$

6) Die Umformung erfolgt solange, bis alle Spaltenvektoren e_j überführt worden sind.

Zur Lösung des Gleichungssystems muss noch der Primärbedarfsvektor $y = (0, 0, 0, 0, 0, 80)$ mit der invertierten Matrix (der *Gesamtbedarfsmatrix*) multipliziert werden:[18]

$$(E-A)^{-1} \qquad y \qquad x$$

1	0	0	1	0	4		0		320	T1
0	1	0	6	3	15		0		1200	T3
0	0	1	2	1	5		0		400	T4
0	0	0	1	0	2	×	0	=	160	BG1
0	0	0	2	1	5		0		400	BG2
0	0	0	0	0	1		80		80	E

Damit ergibt sich der Gesamtbedarf zu $T_1 = 320$, $T_3 = 1200$, $T_4 = 400$, $BG_1 = 160$, $BG_2 = 400$ und $E = 80$.

Aus der Gesamtbedarfsmatrix $(E-A)^{-1}$ lässt sich zeilenweise die Teileverwendung der einzelnen Erzeugnisse über alle Stufen direkt ablesen. So geht T_3 mit 6 Einheiten in BG_1, mit 3 Einheiten in BG_2 und mit 15 Einheiten indirekt in das Endprodukt E ein. Liest man die Gesamtbedarfsmatrix spaltenweise, ergeben sich die Mengenübersichtsstücklisten der Baugruppen und Enderzeugnisse.

---

18 Die Inversion wird für das Beispiel in Aufgabe 30 im Detail erläutert.

Sinnvoll einsetzen lässt sich die Matrizeninversion zur Lösung linearer Gleichungssysteme immer dann, wenn wiederholt eine konstante Matrix A, d. h. eine unveränderte Erzeugnisstruktur, und ein sich von Auftrag zu Auftrag verändernder Primärbedarfsvektor y vorliegen.

Gozintolistenverfahren

Ein weiteres von der Gozinto-Graphen-Darstellung ausgehendes Verfahren zur Bedarfsermittlung ist das *Gozintolistenverfahren* nach Müller-Merbach.[19] Anstelle der Fertigungs- bzw. Dispositionsstufen wird hier das Kriterium „Pfeilzähler" als Auflösungsmerkmal verwendet.

Jedes Teil erhält einen Pfeilzähler z, der angibt, in wie viele Baugruppen und Enderzeugnisse es direkt eingeht (Anzahl der Teileverwendungen). Man sucht zu Beginn der Auflösung ein Produkt mit dem Pfeilzähler Null. Das ist immer ein Enderzeugnis. Anschließend wird der Bedarf der jeweils direkt untergeordneten Teile und Baugruppen berechnet. Dabei werden Zwischensummen gebildet, falls ein Teil mehrmals Verwendung findet. Lagerbestände sind als negative Werte zu berücksichtigen. Gleichzeitig wird der Wert des Pfeilzählers der betrachteten Teile und Baugruppen um eins reduziert. Immer wenn der Pfeilzähler den Wert Null erreicht, ist der Gesamtbedarf eines Teiles ermittelt. Haben alle im Endprodukt enthaltenen Teile den Pfeilzählerwert Null, so ist die Auflösung abgeschlossen.

In Abb. 130 ist das Gozintolistenverfahren an einem Beispiel demonstriert (Erzeugnisstruktur aus Abb. 126).

ABB. 130:	Beispiel für das Gozintolistenverfahren							
		Auflösung der untergeordneten Baustufen						
Erzeugnis-pfeilzähler Null	Netto-bedarf	Vor-pro-dukt	Pfeil-zähler	Ausgangs-bedarf	Produktions-koeffizient	Sekundär-bedarf	Korrigierter Pfeilzähler	Netto-bedarf
E	120	BG_1	1	− 80	2	160	0	160
		BG_2	2	− 40	1	80	1	−
		T_1	2	0	2	240	1	−
BG_1	160	BG_2	1	80	2	400	0	400
		T_1	1	240	1	400	0	400
BG_2	400	T_3	1	0	3	1200	0	1200
		T_4	1	− 450	1	− 50	0	0

Primärbedarf E: 120 Stück   Lagerbestände: BG_1:   80 Stück
                                               BG_2:   40 Stück
                                               T_4:   450 Stück

4.1.2 Stochastische Bedarfsermittlung

Die *stochastische Bedarfsermittlung*, auch verbrauchsgesteuerte Materialbedarfsermittlung genannt, wird vor allem bei C-Teilen und Hilfs- und Betriebsstoffen angewendet; sie basiert auf den Verbrauchswerten der Vergangenheit. Diese werden mit Hilfe mathematisch-statistischer Prognosemethoden in die Zukunft extrapoliert. Die verbrauchsgesteuerte Bedarfsplanung geht also nicht vom aktuellen Produktionsprogramm aus, sondern versucht über Vorhersagemodelle mög-

---

[19] Vgl. Müller-Merbach (1968), S. 109 ff. und auch Schmidt (1969), S. 588.

lichst genaue, Zufallsschwankungen ausschließende Aussagen über den zukünftigen Bedarf zu treffen. Bei der Extrapolation von Zeitreihenwerten macht man von der so genannten Zeitstabilitätshypothese Gebrauch. Diese unterstellt, dass die Gesetzmäßigkeiten, die in der Vergangenheit die beobachteten Entwicklungen hervorgebracht haben, auch im Prognosezeitraum gültig bleiben werden, ohne dass diese Gesetzmäßigkeiten bekannt sein müssten.[20] Um systematische Vorhersagefehler zu vermeiden, müssen die eingesetzten Prognosemodelle den jeweiligen Bedarfsverlaufstypen angepasst sein. Es lassen sich idealtypisch die in Abb. 131 gezeigten Verlaufsmodelle unterscheiden. Einen Überblick über jeweils geeignete Prognoseverfahren gibt Abb. 132.

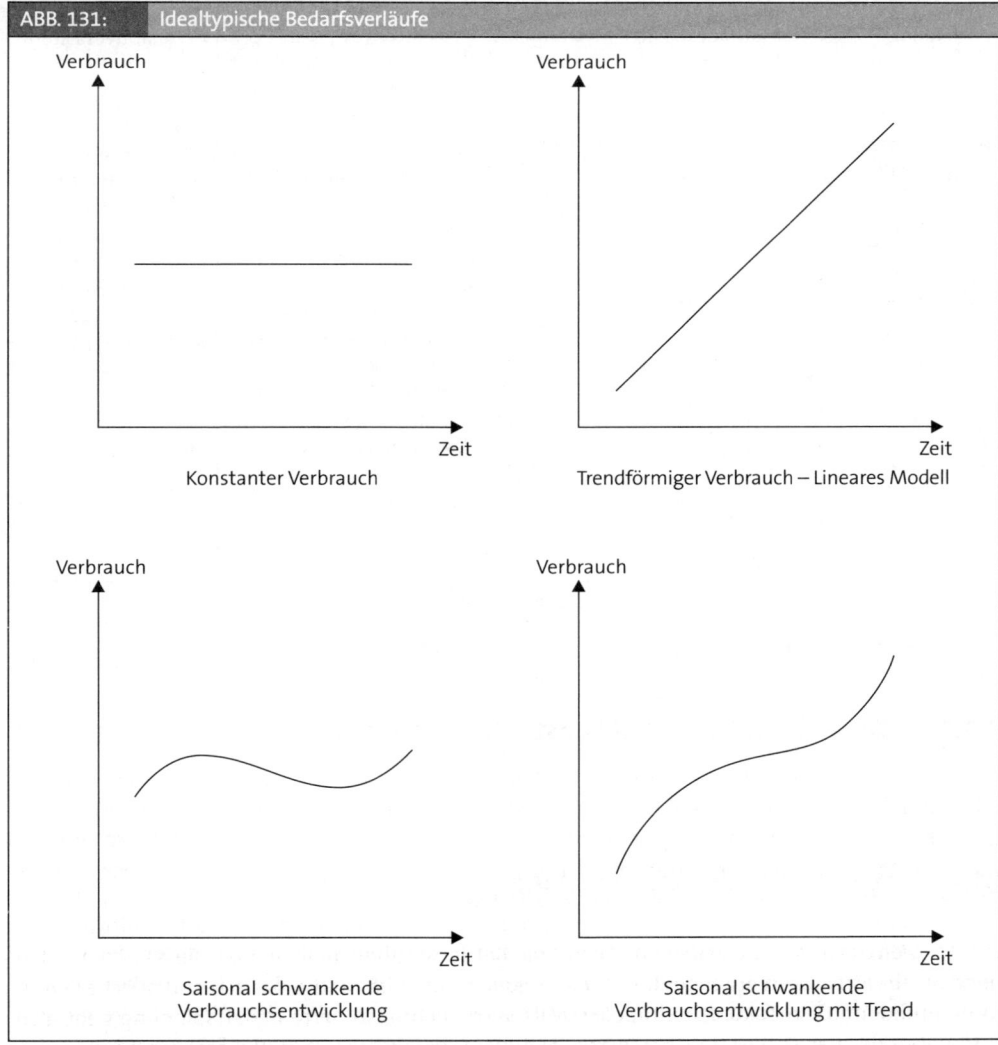

ABB. 131: Idealtypische Bedarfsverläufe

20 Vgl. Wild (1982), S. 93.

ABB. 132:	Übersicht Vorhersageverfahren					
Vorhersageverfahren (verbrauchsgesteuerte Bedarfsermittlung)						
Konstanter Bedarfsverlauf	Trendförmiger Bedarfsverlauf		Nichtlinearer Trend	Saisonal schwankender Bedarfsverlauf		Kein Bedarfsmuster vorhanden
	Linearer Trend			Konstanter Grundverlauf	Trendförmiger Grundverlauf	
▶ Einfache Mittelwertbildung ▶ Gleitende Mittelwertbildung ▶ Gewichtete gleitende Mittelwertbildung ▶ Exponentielle Glättung 1. Ordnung	▶ Trendrechnung mit der Methode der kleinsten Quadrate ▶ Gleitender Durchschnitt 2. Ordnung ▶ Exponentielle Glättung mit Trendkorrektur bzw. exponentielle Glättung 2. Ordnung ▶ Exponentielle Glättung mit mehreren Glättungsfaktoren ▶ Verfahren von Holt (1957)		▶ Exponentielle Glättung 2. Ordnung mit logarithmierter Trendfunktion ▶ Exponentielle Glättung höherer Ordnung	*Saisonbereinigung auf Basis gleitender Durchschnitte:* ▶ Verfahren nach Winters (1960) ▶ Zeitreihendekomposition ▶ Bundesbankverfahren ▶ Census Methode II bis X12-Arima *Saisonbereinigung auf Basis trigonometrischer Funktionen:* ▶ Verfahren von Harrison (1965) ▶ Spektralanalyse ▶ Berliner Verfahren (BV I bis BV IV)		▶ Box-Jenkins-Verfahren (Arima) ▶ Adaptives Filtern *Spezialfall sporadischer Bedarf:* ▶ Verfahren von Trux (1972) ▶ Verfahren von Wedekind (1968) ▶ Verfahren von Croston (1972) ▶ Tempelmeier (2006)
Stochastische Zeitreihenverfahren						

(in Anlehnung an Hansmann (1983), S. 27 ff. und Küpper/Helber (2004), S. 125)

4.1.2.1 Bedarfsermittlung bei konstantem Verbrauch

Bei dieser Bedarfskonstellation bleibt der Verbrauch bis auf Zufallsschwankungen über alle Perioden annähernd gleich. Geeignete „Prognoseverfahren" für diesen Bedarfstyp – die Methoden der einfachen Mittelwertbildung, der gleitenden Mittelwertbildung, der gewichteten gleitenden Mittelwertbildung und der exponentiellen Glättung 1. Ordnung – haben den Zweck, aus der Zeitreihe zufallsbedingte Schwankungen zu eliminieren.

Bei der *gleitenden Mittelwertbildung* wird aus den bekannten Ist-Verbrauchsdaten der Vergangenheit ein Mittelwert errechnet, der als Prognosegröße für den zukünftigen Bedarf Verwendung findet. Im Gegensatz zur einfachen Mittelwertbildung werden aber nicht alle Vergangenheitsdaten berücksichtigt, sondern nur die Daten aus den jeweils letzten n Perioden:[21]

---

21 Vgl. z. B. Stevenson (2007), S. 75.

Grundlagen der Materialwirtschaft

KAPITEL D
Teil II

$$\bar{y}_t = \frac{1}{n}\sum_{i=1}^{n} B_{t-i}$$

$\bar{y}_t$ = gleitender Mittelwert = Vorhersagewert für die Periode t
B_{t-i} = tatsächlicher Bedarf in der Periode t – i
n = konstante Periodenzahl, die berücksichtigt werden soll

BEISPIEL (n = 5):

Periode t	1	2	3	4	5	6	7	8	9	10
Ist-Verbrauch	70	80	65	75	70	78	75	80	85	80

Vorhersage (Periode 6) = (70 + 80 + 65 + 75 + 70)/5 = 72
Vorhersage (Periode 7) = (80 + 65 + 75 + 70 + 78)/5 = 73,6
Vorhersage (Periode 8) = (65 + 75 + 70 + 78 + 75)/5 = 72,6
Vorhersage (Periode 9) = (75 + 70 + 78 + 75 + 80)/5 = 75,6
Vorhersage (Periode 10) = (70 + 78 + 75 + 80 + 85)/5 = 77,6

Durch die Festlegung der Periodenzahl n ist es möglich, den Einfluss der jüngeren Verbrauchsdaten auf den Rechengang zu steuern. Bei einer geringen Periodenzahl n passt sich der Vorhersagewert eher an aktuelle Verbrauchsentwicklungen an, bei einer großen Periodenzahl n bleibt der Vorhersagewert sehr stabil.[22]

Die gleitende Mittelwertbildung kann zur *gewichteten gleitenden Mittelwertbildung* abgewandelt werden, indem die Verbrauchswerte der Vergangenheit mit unterschiedlicher Gewichtung in die Durchschnittsberechnung eingehen. In der Regel misst man den jüngeren Ist-Werten eine größere Bedeutung für die Prognose bei als den älteren, sodass letztere kleinere Gewichtungsfaktoren erhalten. Für die Vorhersage wird dann das gewogene arithmetische Mittel der letzten n Perioden herangezogen.

Das Verfahren der *exponentiellen Glättung 1. Ordnung*[23] hat in der Praxis wegen des relativ einfachen Rechengangs große Bedeutung erlangt. Der Vorhersagewert der exponentiellen Glättung 1. Ordnung berechnet sich nach folgender Rekursionsformel:

$$\bar{y}_{t+1} = \bar{y}_t + \alpha \cdot (x_t - \bar{y}_t) = (1 - \alpha) \cdot \bar{y}_t + \alpha \cdot x_t$$

mit
$\bar{y}_{t+1}$ = Vorhersagewert der Periode t + 1
$\bar{y}_t$ = Vorhersagewert der Periode t
x_t = Istwert der Periode t
α = Glättungsfaktor (mit $0 \leq \alpha \leq 1$)

Bei der exponentiellen Glättung gehen alle Vergangenheitsdaten in die Rechnung ein, wobei die Gewichtung der Daten mit zunehmendem Alter exponentiell fallend mit dem Faktor $\alpha \cdot (1 - \alpha)^i$ abnimmt (i als Anzahl der einbezogenen Perioden).

---

22 Zur Veranschaulichung vgl. etwa das Beispiel bei Gaither/Frazier (2002), S. 83.
23 Vgl. bspw. Müller-Merbach (1973), S. 444 ff.

Der Glättungsfaktor α bestimmt die Reagibilität bzw. Stabilität des Verfahrens. Bei einem hohen α-Wert werden die jüngeren Vergangenheitswerte stärker gewichtet, der Prognosewert passt sich bei Bedarfsschwankungen schnell an. Ein kleiner α-Wert bedeutet, dass ältere Verbrauchswerte die Rechnung stärker beeinflussen, das Verfahren bleibt in diesem Fall stabil und reagiert sehr langsam. In der Regel werden α-Werte zwischen 0,1 und 0,3 gewählt. Ein höherer Glättungsfaktor ist dann zu empfehlen, wenn eine deutliche Veränderung der Zeitreihe erwartet wird. Der Speicheraufwand der exponentiellen Glättung ist gering.

Beispiel zur exponentiellen Glättung 1. Ordnung, α = 0,2:

Periode	1	2	3	4	5	6	7	8	9	10
Ist-Verbrauch	80	100	90	110	90	120	125	110	100	105
ermittelter Prognosewert $\bar{y}_t$	(80)	80	84	85,2	90,2	90,2	96,2	102	103,6	102,9

Das Verfahren benötigt einen Startwert für $\bar{y}_t$. Als Einstieg wurde in der Beispielrechnung angenommen, Ist-Verbrauchswert und Prognosewert der 1. Periode seien identisch.

Durch eine ergänzende Fehlerrechnung kann sichergestellt werden, dass der Vorhersagewert den tatsächlichen Bedarf mit einer vorgegebenen Wahrscheinlichkeit auch tatsächlich deckt.

4.1.2.2 Bedarfsermittlung bei trendförmigem Verbrauch

Die Verbrauchsentwicklung kann im Zeitablauf einem Trend unterliegen. Mögliche Verlaufstypen sind der linear steigende oder fallende Bedarf und nicht-lineare Verbrauchsfunktionen (z. B. ein quadratisches Modell). Für lineare Trendverläufe lassen sich *Regressionsanalysen*, die *exponentielle Glättung mit Trendkorrektur* und die *exponentielle Glättung 2. Ordnung* einsetzen. Für nicht-lineare Verbrauchsfunktionen sind zahlreiche theoretische Vorhersagemodelle entwickelt worden, die aber in der Praxis kaum von Bedeutung sind.

Bei der *exponentiellen Glättung 2. Ordnung* wird über den Mittelwert 1. Ordnung ein nochmals geglätteter Mittelwert 2. Ordnung berechnet:

$$\bar{y}_t^{(2)} = \bar{y}_{t-1}^{(2)} + \alpha \cdot \left(\bar{y}_t^{(1)} - \bar{y}_{t-1}^{(2)} \right)$$

$\bar{y}_t^{(1)}$ = Geglätteter Mittelwert 1. Ordnung der Periode t
$\bar{y}_t^{(2)}$ = Geglätteter Mittelwert 2. Ordnung der Periode t

Da das durchschnittliche Alter der Daten der geglätteten Mittelwerte theoretisch um $\frac{1-\alpha}{\alpha}$ Perioden voneinander abweicht, kann mit Hilfe der beiden Mittelwerte eine Geradengleichung des Typs

$$\bar{y}_{t+1} = a_t + b_t \cdot i$$

i = Zeitvariable
b_t = Steigung
a_t = Achsenabschnitt

ermittelt werden. Die Parameter a_t und b_t der Gleichung errechnen sich nach:

$$a_t = 2 \cdot \bar{y}_t^{(1)} - \bar{y}_t^{(2)}$$
$$b_t = \frac{\alpha}{1-\alpha} \left(\bar{y}_t^{(1)} - \bar{y}_t^{(2)} \right)$$

Da die exponentielle Glättung 1. Ordnung bei trendförmigem Verbrauchsverlauf zu einem systematischen Prognosefehler führt, lässt sich durch die Methode der exponentiellen Glättung 2. Ordnung bei einem linearen Trend ein besseres Prognoseergebnis erreichen. Gegenüber der exponentiellen Glättung 1. Ordnung ist der Rechen- und Speicheraufwand allerdings deutlich höher.

Beispiel zur exponentiellen Glättung 2. Ordnung:

Auf der Grundlage des obigen Beispiels soll für Periode 8 eine Vorhersage mit dem Verfahren 2. Ordnung erfolgen, α beträgt 0,2; für den doppelt geglätteten Wert in Periode 6 wird der Wert 90,2 angenommen.

$$\bar{y}_7^{(1)} = 96,2$$
$$\bar{y}_7^{(2)} = \bar{y}_6^{(2)} + \alpha \cdot \left(\bar{y}_7^{(1)} - \bar{y}_6^{(2)} \right) = 90,2 + 0,2 \cdot (96,2 - 90,2) = 91,4$$
$$b_7 = \frac{\alpha}{1-\alpha} \left(\bar{y}_7^{(1)} - \bar{y}_7^{(2)} \right) = \frac{0,2}{1-0,2} \cdot (96,2 - 91,4) = 1,2$$
$$a_7 = 2 \cdot \bar{y}_7^{(1)} - \bar{y}_7^{(2)} = 2 \cdot 96,2 - 91,4 = 101$$

Die Zeitvariable i beträgt 1 Periode; damit ergibt sich für

$$\bar{y}_8 = a_7 + b_7 \cdot 1 = 101 + 1,2 = 102,2$$

4.1.2.3 Bedarfsermittlung bei saisonal schwankendem Verbrauch

Bei saisonal schwankenden Verbrauchstypen treten in periodischen Abständen strukturell ähnliche Verbrauchsverläufe auf (z. B. Verbrauchsspitzen). Viele Schwankungen unterliegen täglichen, wöchentlichen, monatlichen oder jährlichen Zyklen. Mögliche Ursachen dieses Nachfrageverhaltens sind beispielsweise fixierte Ferien- und Urlaubszeiträume, die unterschiedliche Verteilung von Feiertagen, Kalendereffekte oder die jahreszeitliche Entwicklung. Zur Berücksichtigung von Saisoneinflüssen ist eine Reihe von Verfahren entwickelt worden, z. B. das *Prognosemodell von Winters*[24], welches aus dem Verfahren von Holt[25] abgeleitet wurde. In dem Verfahren von Winters wird ein lineares Zeitreihenmodell mit einem Saisonfaktor verknüpft. Dieser laufend anzupassende Saisonfaktor korrigiert den linearen Verlaufstrend entsprechend den zu erwartenden Saisonschwankungen.

Das Verfahren von Winters berücksichtigt die Niveaukomponente k_t des Verbrauchsverlaufs (Achsenabschnitt der Trendgeraden), die Trendkomponente t_t (Steigung der Trendgeraden) und eine Saisonkomponente s_t (zyklische Schwankung). Für jede Komponente der Funktion wird ein separater Glättungsfaktor α, β, γ zwischen 0 und 1 berücksichtigt. Die Trend- und die Saisonkomponente können entweder additiv oder multiplikativ miteinander verknüpft werden.[26]

---

24 Vgl. Winters (1960), S. 324 ff.
25 Vgl. Holt (1957).
26 Vgl. Stier (2001), S. 29.

Im multiplikativen Modell[27] wird der Vorhersagewert der Periode t + 1 nach folgender Formel berechnet:

$$\bar{y}_{t+1} = (k_t + t_t) \cdot s_{t-z+1}$$

mit folgenden Rekursionsgleichungen für die Zeitreihenkomponenten:

$$k_t = \alpha \cdot \frac{x_t}{s_{t-z}} + (1 - \alpha) \cdot (k_{t-1} + t_{t-1})$$
$$t_t = \beta \cdot (k_t - k_{t-1}) + (1 - \beta) \cdot t_{t-1}$$
$$s_t = \gamma \cdot \frac{x_t}{k_t} + (1 - \gamma) \cdot s_{t-z}$$

x_t = Istwert der Periode t
z = Periodenanzahl des Zyklus

Zur Initialisierung des Verfahrens werden Startwerte für die Niveau-, Trend- und Saisonkomponente benötigt. Hierfür können unterschiedliche Ansätze gewählt werden. Mögliche Verfahren sind das Phasendurchschnittsverfahren, die Methode der kleinsten Quadrate oder die Methode der gleitenden Durchschnitte. Zu Beginn der Berechnung kann der Trendfaktor t auch gleich Null gesetzt werden unter der Annahme, dass zunächst noch kein Trend vorliegt. Die Glättungsfaktoren können mittels Testserien zur Minimierung der Summe der quadrierten Prognosefehler der Kombinationen der Faktoren bestimmt werden.[28]

Dem Verfahren von Winters werden gute Prognoseeigenschaften zugeschrieben. Das Modell ist einfach zu programmieren und benötigt relativ wenige Rechenoperationen. Die verschiedenen Glättungsfaktoren machen das Verfahren flexibel. Allerdings liegt hier auch einer der Nachteile. Die Ermittlung der Glättungsfaktoren beruht in der Regel auf dem Prinzip „Trial and Error".[29]

4.1.2.4 Beurteilung der Prognosequalität

Trotz größter Sorgfalt bei der Auswahl und dem Einsatz von Prognosemodellen lassen sich Prognosefehler nicht ausschließen. Ursachen für Prognosefehler können sein:

▶ Zufallsbedingte Einflüsse
▶ Ungeeignetes Prognoseverfahren
▶ Die so genannte Zeitstabilitätshypothese trifft nicht zu.

Die Güte einzelner Prognosen und von Prognoseverfahren wird anhand der Eigenschaften des Prognosefehlers, des Fehlerniveaus und der Fehlerstreuung, beurteilt. Das absolute Fehlerniveau ist wesentlich für die Beurteilung der Auswirkungen der fehlerbehafteten Prognose auf die davon abhängenden betrieblichen Prozesse. Die Streuung des Fehlers ist ein Maß für die Zuverlässigkeit von Prognosen und damit ein Auswahlkriterium für Prognoseverfahren.

---

27 Einige Autoren sprechen dem multiplikativen Modell eine gewisse Überlegenheit zu; vgl. Stier (2001), S. 32.
28 Vgl. Schlittgen/Streitberg (2001), S. 49.
29 Vgl. Hansmann (1983), S. 52 f.

Gebräuchliche statistisch fundierte Maße zur Beurteilung der Streuung sind:[30]

▶ der *mittlere quadratische Fehler* (Mean Square Error) $MSE_n = \frac{1}{n} \cdot \sum_{t=1}^{n}(X_t - Y_t)^2$

und

▶ die *mittlere absolute Abweichung* (Mean Absolute Deviation) $MAD_n = \frac{1}{n} \cdot \sum_{t=1}^{n}|X_t - Y_t|$.

X_t = tatsächlicher Bedarf der Periode t
Y_t = prognostizierter Bedarf der Periode t
n = Anzahl der berücksichtigten Perioden

Um einen Ausgleich von Prognosefehlern mit positivem und negativem Vorzeichen zu verhindern, was zu Fehlbeurteilungen der Prognosegüte führen würde, wird mit den quadrierten Fehlern bzw. den Absolutbeträgen gearbeitet. Durch eine Normierung der absoluten Prognosefehler auf den jeweiligen Beobachtungswert lässt sich ein mittlerer absoluter prozentualer Fehler (MAPE) definieren. Dies ermöglicht den Vergleich mit Prognosen anderer Zeitreihen, Systeme etc. und eine entsprechende Beurteilung.

Abschließend lässt sich zu den Prognosemodellen Folgendes feststellen:[31]

▶ Der Rationalisierungseffekt einer Prognoserechnung, der durch eine DV-gestützte Berechnung erreicht wird, kann wichtiger sein als die gegenüber menschlichen Schätzungen zu erzielende Genauigkeitssteigerung.

▶ Die Kombination verschiedener Prognosemodelle kann Verbesserungen der Prognosequalität ermöglichen.

▶ Einfache, durchschaubare Verfahren werden eher akzeptiert.

▶ Komplizierte Methoden rechtfertigen oft den Mehraufwand nicht.

4.1.3 Bereitstellungsprinzipien

Ein wichtiger Aspekt der Materialwirtschaft ist die Festlegung des Bereitstellungsprinzips. Diese grundlegende Entscheidung, die durch die Fertigungsstruktur, das langfristige Fertigungsprogramm und Branchenbedingungen beeinflusst wird, hat wiederum Auswirkungen auf die Unternehmensorganisation (z. B. Lager, Materialfluss). Oberste Zielsetzung ist die Erreichung des materialwirtschaftlichen Optimums[32]. Es lassen sich folgende drei Bereitstellungsprinzipien unterscheiden:

Bedarfsbezogene Einzelbeschaffung

Der Bestellvorgang wird erst dann ausgelöst, wenn ein Auftrag vorliegt und der konkrete Bedarf bekannt ist. Dieser Beschaffungstyp findet sich häufig in Unternehmen mit auftragsorientierter Einzelfertigung (z. B. Großmaschinenbau). Vorteilhaft sind die geringen Zins- und Lagerhaltungskosten. Der Nachteil liegt in den meist höheren Beschaffungskosten und der Gefahr der nicht termingerechten Bereitstellung des benötigten Materials.

---

30 Vgl. hierzu Schroeder (2000), S. 208.
31 Vgl. Mertens (1983), S. 482.
32 Vgl. Teil D. II. 1.

Fertigungssynchrone Beschaffung

Bei der fertigungssynchronen Beschaffung (Just-in-Time-Prinzip) werden die Liefertermine und -mengen des Lieferanten möglichst exakt mit dem Fertigungsprozess des Abnehmers abgestimmt. Möglich ist beispielsweise eine tägliche oder schichtbezogene Anlieferung der Materialien. Die Lagerfunktion für das bestellende Unternehmen kann damit – bis auf erforderliche Sicherheitsbestände – weitestgehend entfallen. Im Idealfall erfolgt die Zulieferung, ohne weitere Qualitätskontrolle durch den Abnehmer, direkt in den Fertigungsprozess.

Ziel der fertigungssynchronen Beschaffung ist eine Minimierung der Kapitalbindungskosten durch den Abbau von Lagerbeständen. Gegenzurechnen sind die Kosten möglicher Fehlmengen, bis hin zum Umsatzausfall bei zu später Lieferung, da kein Lagerbestand vorhanden ist, auf den kurzfristig zurückgegriffen werden kann. Andererseits ergibt sich als positiver Nebeneffekt, dass organisatorische Schwachstellen der Materialversorgung nicht durch erhöhte Lagerbestände verdeckt werden können. Die Verpflichtung zu termingerechter Anlieferung kann durch Vereinbarung von Konventionalstrafen und ähnliche Haftungsverpflichtungen gestärkt werden.

Die fertigungssynchrone Beschaffung stellt sehr hohe Ansprüche an die Lieferanten-Abnehmerbeziehung. Die Liefer- und Fertigungsplanung beider Partner muss exakt aufeinander abgestimmt sein. Da in der Regel langfristige Rahmen-Lieferverträge mit festgelegten Abnahmemengen und groben Periodenvorgaben abgeschlossen werden, muss dem Abnehmer sein künftiger Fertigungsbedarf in etwa bekannt sein. Der Lieferant wiederum muss seinen Fertigungsrhythmus auf den des Kunden abstimmen und sehr flexibel reagieren, um kurzfristige Schwankungen im Abnahmeverhalten des Kunden ausgleichen zu können, insbesondere dann, wenn die vollständige Synchronisation der Fertigungsprozesse beider Unternehmen schwierig ist.

Zwischen den Partnern entsteht ein Netz von Abhängigkeiten. Der Informationsfluss muss gewährleistet sein, was vielfach durch eine Verbindung der EDV-Systeme erreicht wird. Der Abnehmer muss sicher sein, dass sein Lieferant rechtzeitig und in der vereinbarten Qualität liefern kann. Zur Absicherung werden daher vielfach Lieferantenaudits durchgeführt, insbesondere wenn beim Abnehmer keine Qualitätseingangskontrolle mehr stattfindet. Der Lieferant hingegen muss sicher sein, dass sein Kunde die bestellte Menge zu den vereinbarten Konditionen tatsächlich abnimmt.

Fertigungssynchrone Beschaffung lässt sich vor allem in der Massen- oder Großserienindustrie realisieren, da hier die künftigen Fertigungsbedarfe relativ gut zu bestimmen sind und die aus verminderten Kapitalbindungskosten zu erreichenden Einsparungen lohnenswert sein können. Für die fertigungssynchrone Beschaffung sind AX-, ggf. auch BX- und AY-Teile besonders geeignet. Insbesondere in der Automobilindustrie hat die fertigungssynchrone Beschaffung Bedeutung erlangt. Die Zusammenarbeit kann soweit gehen, dass sich Zulieferbetriebe auf dem Werksgelände des Abnehmers ansiedeln oder bei ihren Kunden Konsignationslager unterhalten, aus denen diese die benötigten Materialien fertigungssynchron entnehmen.

Beschaffung auf Vorrat

Unabhängig vom Fertigungsablauf werden die benötigten Materialien vorsorglich beschafft und auf Lager gelegt. Die Versorgung der Fertigung erfolgt ab Lager, das heißt, Beschaffung und Fertigung sind zeitlich entkoppelt. Damit kann, ohne dass schon die genauen Termine und Mengen des Bedarfs bekannt sein müssen, eine aktive Beschaffungspolitik betrieben werden, z. B. Ausnutzung von Mengenrabatten, Kauf bei niedrigem Preisniveau, rechtzeitige Beschaffung bei unsicheren Lieferanten usw. Dieser Beschaffungstyp verursacht relativ hohe Lager- und Zinskosten. Er ist dort unabdingbar, wo die zu beschaffenden Rohstoffe und Materialien nur saisonal zur Verfügung stehen, z. B. im Bereich der Nahrungsmittelindustrie.

Alle erläuterten Prinzipien haben idealtypischen Charakter und treten im Unternehmen, je nach Branche, meist in verschiedenen Kombinationen auf. So herrscht beispielsweise im Groß-Schiffbau die bedarfsbezogene Einzelbeschaffung vor; geringwertige, stets verfügbar zu haltende Normteile (z. B. Schrauben) müssen jedoch stets bevorratet werden. Darüber hinaus muss sich der gewählte Beschaffungstyp an der Produkt- und Marktsituation orientieren. Dazu sind beispielsweise für die zu beschaffenden Materialien folgende Aspekte zu prüfen:[33]

- Lagerfähigkeit der Teile, Rohstoffe,
- verfügbare Lagerkapazität,
- erforderliche eigene Lieferfähigkeit.

4.2 Bestands- und Bestellrechnung

Die Bestandsrechnung ermöglicht es dem Materialdisponenten, jederzeit den aktuellen Materialbestand abzufragen und damit weitergehende Dispositionen zu treffen (Bestellauslösungen, Materialreservierungen). Dazu müssen:

- alle Bestandsänderungen mengen- und wertmäßig erfasst werden (Materialentnahmescheine, Lieferscheine),
- Materialreservierungen und -bestellungen ständig aktualisiert werden,
- Statistiken ausgewertet und Kennzahlen gebildet werden.

Die Bestellrechnung setzt die in der Bedarfsplanung ermittelten Materialmengen in Bestellgrößen um. Dazu sind die entsprechenden Bestelltermine und -mengen festzulegen. Die Bestellrechnung hat daher folgende Aufgaben:

- Ermittlung der Bestellmengen (Bestellmengenrechnung)
- Ermittlung der Bestelltermine (Bestellterminrechnung).

4.2.1 Bestellmengenrechnung

Grundmodell

Ziel der Bestellmengenrechnung ist es, diejenige Bestellmenge zu ermitteln, bei der die gesamten Bereitstellungskosten (im Wesentlichen Beschaffungs- und Lagerhaltungskosten) je Mengeneinheit bzw. je Periode ein Minimum annehmen. Außerdem müssen die sonstigen Einflussfaktoren berücksichtigt werden, dazu gehören beispielsweise handelsübliche Bestellmengen, Lagerbeschränkungen, Fehlmengen, finanzielle Restriktionen u. a. m.

Da die Struktur des Bestellmengenproblems dem der Ermittlung der optimalen Losgröße entspricht, das im Abschn. D. III. 4.2 genauer behandelt wird, sei im Folgenden das Problem nur gestreift und auf die umfangreiche Literatur verwiesen.[34]

---

[33] Vgl. Schulte (1994), S. 200.
[34] Vgl. z. B. Grochla (1992), S. 79 ff., Arnolds/Heege/Tussing (1998), S. 63 ff., Hartmann (2002), S. 390 ff.

KAPITEL D — Der Produktionsprozess
Teil II

Die optimalen, d. h. kostenminimalen, Bestellmengen können nach folgender Formel ermittelt werden (Grundmodell):

$$x_{B\,opt.} = \sqrt{\frac{200 \cdot A \cdot b_f}{p_e \cdot e}}$$

A   = Gesamtbedarf der Planperiode   [ME]
b_f = bestellfixe Kosten   [€ pro Bestellung]
e   = Einstandspreis je ME   [€/ME]
p_e = Lagerkostensatz   [%]

Die Berechnung der optimalen Bestellmenge ist (analog zum Losgrößenmodell) nur unter einschränkenden Prämissen möglich. Dazu gehören:

- deterministischer Bedarf mit konstanten Raten,
- Beschaffungszeit = 0; Beschaffung bei Lagerbestand = 0; keine Fehlmengen,
- konstante Bestellmenge; beliebig teilbare Beschaffungsmengen,
- unbegrenzte Liefer- und Beschaffungsmenge; konstante Lager- und Beschaffungskosten,
- im Voraus bekannter Periodenbedarf, keine Berücksichtigung von Lager- und Sicherheitsbeständen.

Modellerweiterung: Rabattstufen

Während das Grundmodell unter anderem von festen Einstandspreisen ausgeht, kommt es in der Praxis häufig vor, dass Lieferanten ab einer bestimmten Mindestabnahmemenge einen Rabatt gewähren oder Rabattstufen vorsehen. Für jedes Rabatt-Intervall i = 1, 2, ..., n gilt dann ein spezieller Einstandspreis e_i = const. In diesem Fall kann das Optimum durch Vergleich aller Kostenminima der vorhandenen Rabattstufen ermittelt werden. Dabei müssen die Kostenfunktionen in Abhängigkeit von den Bestellmengen x und die Rabattgrenzen in den Vergleich einbezogen werden.

Für die einzelnen mengenabhängigen Preisstufen

e_1 im Intervall $0 < x < x_1$

über e_2 für $x_1 \leq x < x_2$

bis e_n für $x \geq x_{n-1}$

mit $e_1 > x_2 > e_n$ werden jeweils die Kostenfunktionen (Gesamtkosten K = Gesamtkosten der Bestellung des Periodenbedarfs + Kosten der Lagerhaltung in der Periode) ermittelt und miteinander verglichen.[35] Die Bestellkosten umfassen in diesem Fall auch die unmittelbaren Einkaufskosten $A \cdot e$ der Periodenmenge A sowie die durch die Anzahl der Bestellungen ausgelösten bestellabhängigen Kosten $\frac{b_f \cdot A}{x}$ in der Periode.

Da die gewährten Rabatte zu Preisstufen, d. h. Sprungstellen der Kostenkurve führen, ist, ausgehend vom Intervall mit dem höchsten Rabatt, zunächst nur die jeweilig nächste rabattierte Preisstufe auf ein Minimum zu prüfen. Es wird also für die höchste Rabattstufe die optimale

---

35 Vgl. Kilger (1986), S. 330 f., Corsten (2007), S. 450.

Bestellmenge ermittelt und geprüft, ob sich diese in dem entsprechenden Mengenintervall befindet. Ist dies der Fall, ist das Optimum bereits gefunden.

Liegt das berechnete Optimum in dem nächsten Intervall, werden die Kosten ermittelt, die der unteren Grenze des Mengenintervalls entsprechen und mit den Kosten der optimalen Bestellmenge der nächsten Preisstufe verglichen. Gewählt wird die Bestellmenge mit den niedrigeren Kosten. Liegt das rechnerische Optimum dagegen nicht im nächsten Rabattintervall, ist der Verfahrensschritt solange zu wiederholen, bis entweder das absolute Kostenminimum innerhalb eines Intervalls identifiziert wird oder mit einem Randminimum übereinstimmt. Dies tritt häufig ein, da die Wirkung der reduzierten Einstandspreise auf die Gesamtkosten meist stärker ist als die der damit verbundenen höheren Lager- und Bestellkosten.

Die Kostenfunktionen, die für die einzelnen Rabattstufen i gelten, lauten:

$$K_i = A \cdot e_i + \frac{b_f \cdot A}{x} + \frac{e_i \cdot p_e \cdot x}{200}$$

Grafisch lässt sich das Optimierungsproblem wie in Abb. 133 dargestellt veranschaulichen. Für die verschiedenen Preisstufen sind die optimalen Beschaffungsmengen $x_{01}, x_{02} \ldots$ entsprechend dem Grundmodell zu bestimmen. Die optimalen Beschaffungsmengen entsprechen dabei jeweils dem Schnittpunkt der Lagerhaltungs- mit der Beschaffungskostenkurve. Dabei sind allerdings nur die optimalen Mengen zu beachten, die in die jeweilige Rabattzone fallen (x_{01} und x_{02} in Abb. 133). Den Ausgangspunkt der Prüfung stellt die größte zulässige optimale Bestellmenge dar. Hinsichtlich der übrigen Rabattzonen ist noch zu prüfen, ob die jeweilige Menge der unteren Grenze des Rabatt-Intervalls oder die zugehörige optimale Bestellmenge zu geringeren Kosten führt. Die optimale Menge ist erreicht, wenn die Prüfung der verbleibenden Rabattzonen keine niedrigeren Kosten mehr ergibt.

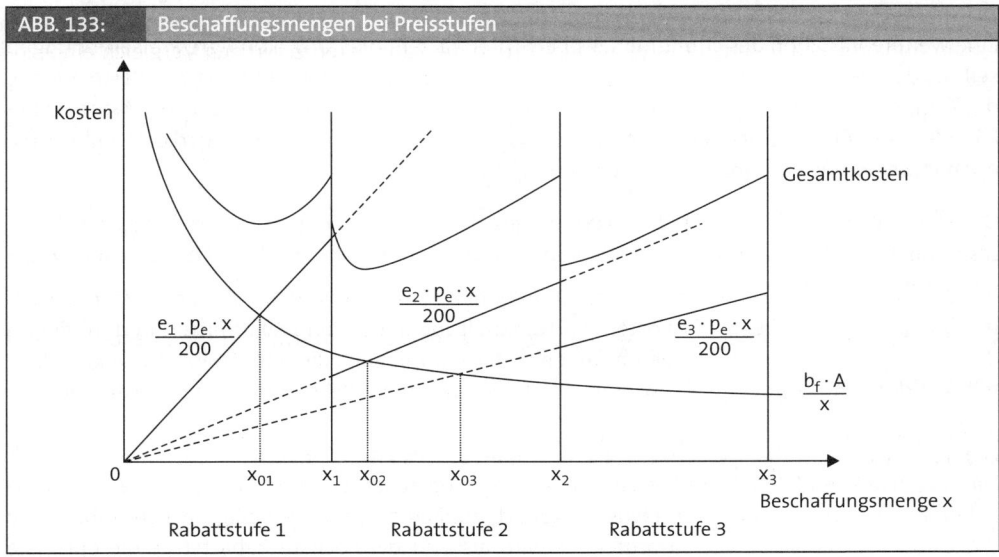

ABB. 133: Beschaffungsmengen bei Preisstufen

(Quelle: Grochla (1992), S. 84, geringfügig verändert)

BEISPIEL A = 2023 Stück, b_f = 20 €/Bestellung, p_e = 5 %, e = 14 €/Stück

Daraus ergibt sich für die optimale Bestellmenge: $x_{opt.} = \sqrt{\dfrac{200 \cdot 2023 \cdot 20}{5 \cdot 14}} = 340$ [Stück]

Wenn der Lieferant bei einer Mindestabnahmemenge von 1000 Stück 2 % und bei 2000 Stück 3 % Rabatt gewährt, ist folgender Kostenvergleich anzustellen:

Die optimale Bestellmenge für die Preisstufe ab 2000 Stück und den rabattierten Preis von 13,58 €/Stück liegt bei $x_{opt.} = \sqrt{\dfrac{200 \cdot 2023 \cdot 20}{5 \cdot 0,97 \cdot 14}} = 345$ [Stück], also außerhalb des ersten Mengenintervalls $x \geq 2000$ Stück. Daher sind grundsätzlich die Kosten K_3 an der Bestellgrenze mit den Minimalkosten des Intervalls 2 zu vergleichen. Da – anders als in dem in Abb. 133 dargestellten Fall – auch in diesem Mengenintervall die entsprechend dem Grundmodell ermittelte optimale Bestellmenge unterhalb der zulässigen Grenze liegt, erfolgt ein Vergleich der Kosten K_2 an der Bestellgrenze mit dem Kostenminimum des Intervalls 1:

$$K_3(2000 \text{ Stück}) = 2023 \cdot 13,58 + \frac{20 \cdot 2023}{2000} + \frac{13,58 \cdot 5 \cdot 2000}{200} = 28.172 \text{ [€]}$$

$$K_2(1000 \text{ Stück}) = 2023 \cdot 13,72 + \frac{20 \cdot 2023}{1000} + \frac{13,72 \cdot 5 \cdot 1000}{200} = 28.139 \text{ [€]}$$

Wert der Kostenfunktion bei optimaler Bestellmenge des Intervalls 1:

$$K_1(340 \text{ Stück}) = 2023 \cdot 14 + \frac{20 \cdot 2023}{340} + \frac{14 \cdot 5 \cdot 340}{200} = 28.560 \text{ [€]}$$

Es zeigt sich, dass die Bestellmenge von 1000 Stück die vorteilhafteste ist.

Modellerweiterung: Preiserhöhung

Eine weitere Variation des Grundmodells betrifft erwartete oder angekündigte Preiserhöhungen seitens des Lieferanten. In diesem Fall ist zu prüfen, ob durch eine Erhöhung der Bestellmenge die Kompensation der Kostensteigerung durch die in den Verbrauchszeitraum des Materials fallende Preiserhöhung trotz der mit steigender Lagermenge zunehmenden Lagerkosten über eine Ausnutzung des noch günstigeren Preises möglich ist.[36]

Die Überprüfung erfolgt über die Maximierung der Gewinnfunktion, die sich aus der Preisersparnis P durch Nutzung des günstigeren, „alten" Preises und den dadurch verursachten Lagerkosten K_L zusammensetzt:

$G = P - K_L \rightarrow$ Max., wobei $K_L = \dfrac{x}{2} \cdot \dfrac{x}{A} \cdot \dfrac{e_a}{100} \cdot p_e$ mit dem durchschnittlichen Lagerbestand $\dfrac{x}{2}$ und der Lagerreichweite $\dfrac{x}{A}$.

$$G = (e_n - e_a) \cdot x - \frac{e_a \cdot p_e}{200 \cdot A} \cdot x^2 \text{ mit } e_n \text{ als neuem und } e_a \text{ als altem Einstandspreis.}$$

---

36 Vgl. Müller-Merbach (1973), S. 72, Schulte (2001), S. 193 ff.

Nach Differenzierung der Gewinnfunktion, Nullsetzen ihrer 1. Ableitung (notwendige Bedingung für ein Maximum) und Auflösung der Gleichung nach x erhält man die optimale Bestellmenge

$$x_{opt.} = \left(\frac{e_n}{e_a} - 1\right) \cdot \frac{100 \cdot A}{p_e}.$$

BEISPIEL In dem Ausgangsbeispiel finde in der betrachteten Periode eine Preiserhöhung von 14 €/Stück auf 14,50 €/Stück statt. Damit ergibt sich die neue optimale Bestellmenge

$$x_{opt.} = \left(\frac{14,5}{14} - 1\right) \cdot \frac{100 \cdot 2023}{5} = 1445 \text{ [Stück]}.$$

4.2.2 Bestellterminrechnung (Bestellpolitiken)

Mittels der Bestellterminrechnung wird der Zeitpunkt ermittelt, zu dem die Bestellung erfolgen oder der Fertigungsauftrag erteilt werden soll. Die Bestimmung des Bestellzeitpunkts muss im Zusammenhang mit der Bestellmengenrechnung gesehen werden. Im Wesentlichen lassen sich zwei grundlegende Verfahren unterscheiden: das Bestellpunkt- und das Bestellrhythmussystem. Beide Grundverfahren existieren in verschiedenen Ausprägungen.

Bestellpunktverfahren (s-Politik)

Beim Bestellpunktverfahren (vgl. die schematisierte Darstellung in Abb. 134 f.) ist nach jedem Lagerabgang zu prüfen, ob ein vorher bestimmter Schwellenwert der Lagermenge (Meldebestand s) unterschritten wird. Ist das der Fall, wird eine Bestellung in der Höhe der optimalen Bestellmenge q aufgegeben (s,q-Politik), oder es wird so viel bestellt, dass ein festgelegter Sollbestand S im Lager erreicht wird (s,S-Politik).

Der Meldebestand s (ME) in diesem System wird durch den durchschnittlichen Verbrauch des Materials x_v (ME/ZE) in der nötigen Wiederbeschaffungszeit t_w (ZE) und einen geplanten Sicherheitsbestand x_s (ME), der das Fehlmengenrisiko ausschalten soll, bestimmt:

$$s = x_v \cdot t_w + x_s$$

Die Größenordnungen der stochastisch schwankenden Einflussfaktoren x_v und t_w können mit Hilfe statistischer Verfahren unter Berücksichtigung geeigneter Wahrscheinlichkeitsverteilungen ermittelt werden.

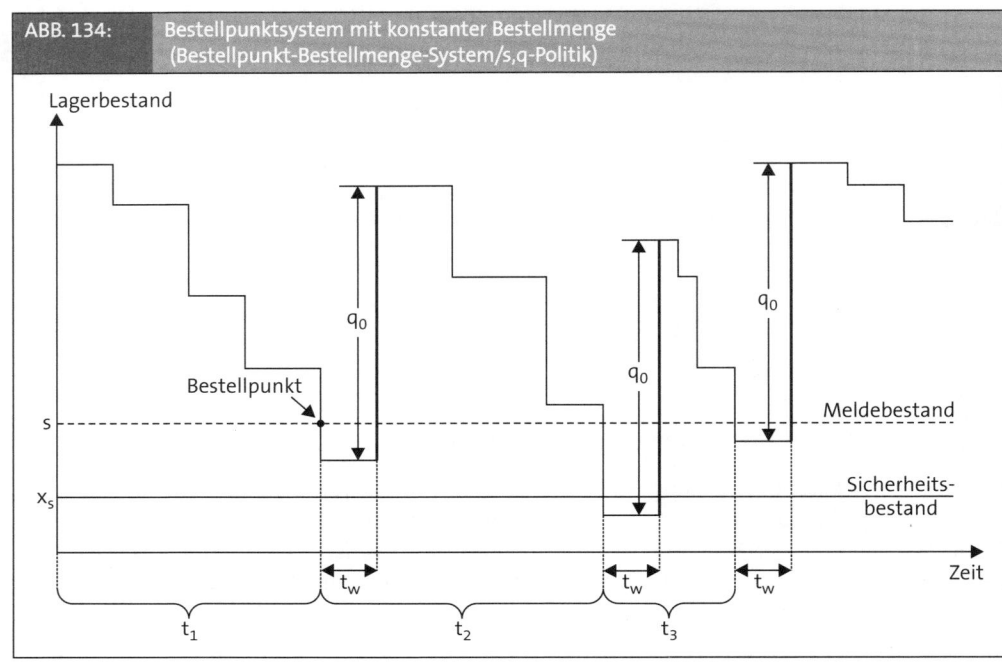

ABB. 134: Bestellpunktsystem mit konstanter Bestellmenge (Bestellpunkt-Bestellmenge-System/s,q-Politik)

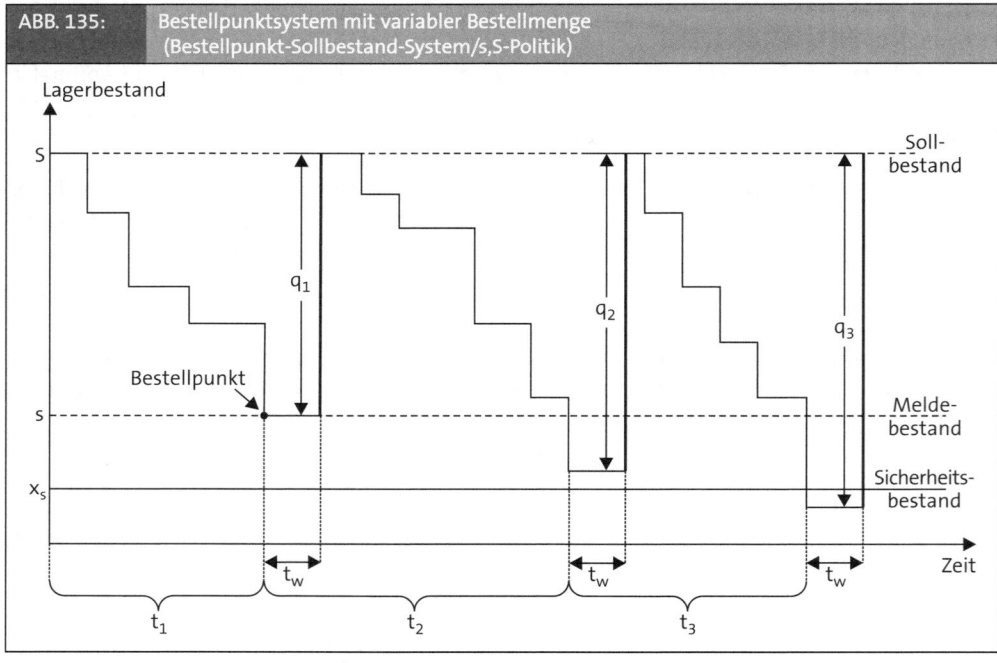

ABB. 135: Bestellpunktsystem mit variabler Bestellmenge (Bestellpunkt-Sollbestand-System/s,S-Politik)

Bestellrhythmusverfahren (t-Politik)

Das Bestellrhythmusverfahren (vgl. die schematisierte Darstellung in Abb. 136 f.) ist dadurch gekennzeichnet, dass in bestimmten, fest definierten Zeitabständen t eine Bestellung in Höhe einer vorher festgelegten, fixen (optimalen) Bestellmenge q (t,q-Politik) oder einer variablen Bestellmenge erfolgt, mit der das Lager zu einem Sollbestand S aufgefüllt werden soll (t,S-Politik).

Das Verfahren kann variiert werden, indem zu festgesetzten Zeitpunkten zunächst eine Prüfung erfolgt, ob eine definierte Meldemenge erreicht ist oder nicht. Bei Unterschreiten der Meldemenge wird der Lagerbestand bis zum Sollbestand ergänzt. Ist die Meldemenge noch nicht erreicht, so wird von einer Bestellung abgesehen. Eine erneute Bestandskontrolle erfolgt erst zum nächsten festgelegten Prüfzeitpunkt (Optionalsystem).

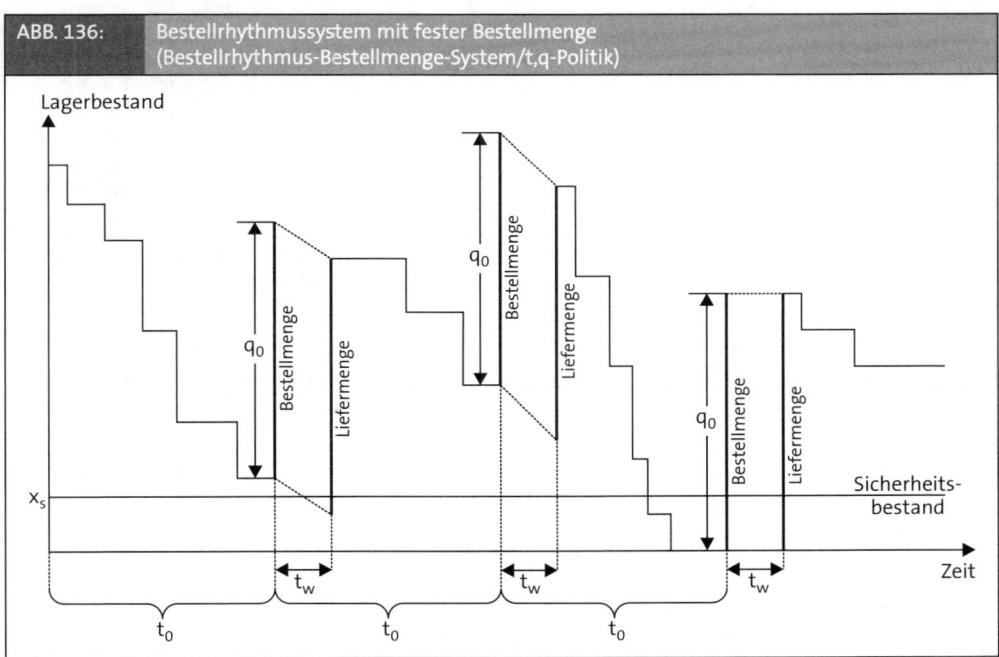

ABB. 136: Bestellrhythmussystem mit fester Bestellmenge (Bestellrhythmus-Bestellmenge-System/t,q-Politik)

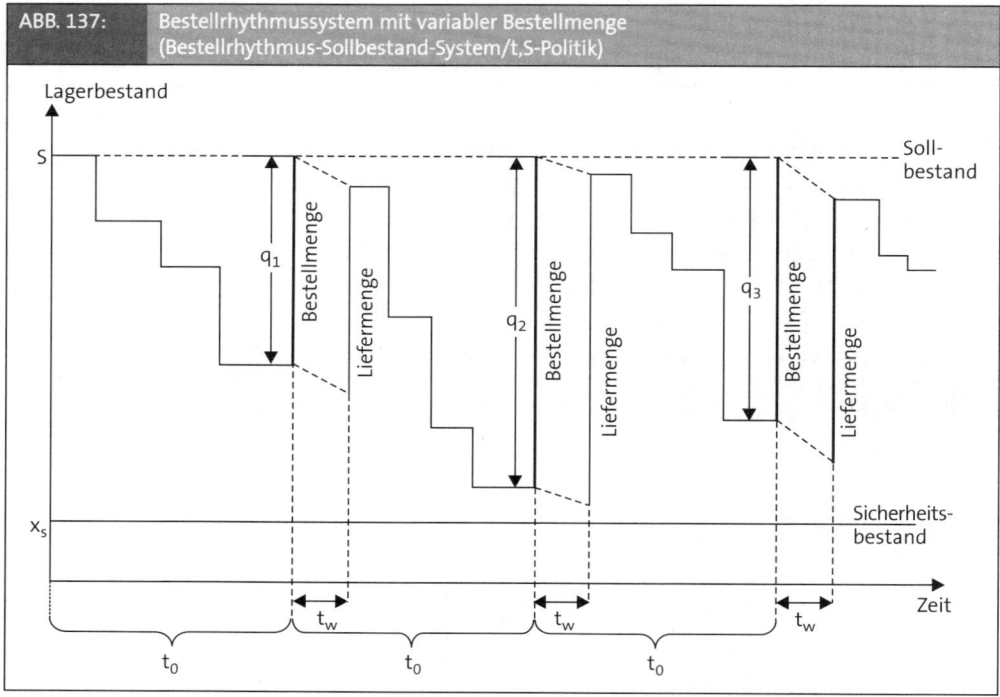

ABB. 137: Bestellrhythmussystem mit variabler Bestellmenge (Bestellrhythmus-Sollbestand-System/t,S-Politik)

Eine zusammenfassende Übersicht der grundlegenden Bestellpolitiken zeigt Abb. 138.

ABB. 138: Bestellpolitiken

		Bestellperiode		
		fix	variabel	Kombination
		Bestellrhythmusverfahren	Bestellpunktverfahren	Mischsysteme
Bestellmenge	fix	**t,q-Politik** Beschreibung: In festen Bestellintervallen t werden fixe Mengen q bestellt. Beurteilung: Nur bei kontinuierlichem Verbrauch geeignet. Bei Bedarfsschwankungen entstehen Fehlmengen bzw. zu hohe Lagerbestände. Geringer Dispositionsaufwand durch Anwendung des Prinzips der Steuerung, nicht der Regelung (fehlende Rückmeldungen).	**s,q-Politik** Beschreibung: Bei Erreichen des Meldebestands s wird eine fixe Menge q bestellt. Beurteilung: Hohe (niedrige) Bedarfe werden über kürzere (längere) Bestellintervalle berücksichtigt. Nach jeder Lagerbewegung müssen die Bestände überprüft werden.	**t,s,q-Politik** Beschreibung: Zu festen Bestellintervallen t wird geprüft, ob der Meldebestand s erreicht ist. Ist das der Fall, wird eine fixe Menge q bestellt. Beurteilung: Bei dieser Politik können Fehlmengen auftreten; der durchschnittliche Lagerbestand ist tendenziell niedriger als bei der t,q-Politik.
	variabel	**t,S-Politik** Beschreibung: In regelmäßigen, fixen Bestellintervallen t erfolgt eine Auffüllung des Lagerbestands bis zum Sollbestand S. Beurteilung: Bei unregelmäßigem Bedarf können Fehlmengen auftreten. Die Höhe der Lagerbestände wird begrenzt, was insbesondere bei sehr werthaltigen Materialien und/oder knappen Lagerkapazitäten von Bedeutung ist.	**s,S-Politik** Beschreibung: Bei Erreichen des Meldebestands s wird eine Bestellung ausgelöst und der Lagerbestand bis zur Höhe des Sollbestands S aufgefüllt. Beurteilung: Fehlmengen und zu hohe Lagerkosten können vermieden werden. Der Dispositionsaufwand des Verfahrens ist hoch, da der Lagerbestand nach jeder Änderung neu erfasst werden muss.	**t,s,S-Politik** Beschreibung: Der Bestand wird in festen Bestellintervallen t geprüft. Ist der Meldebestand s erreicht oder unterschritten, wird das Lager bis zum Sollbestand S aufgefüllt. Beurteilung: Kann bei unregelmäßigem Bedarf zu Fehlmengen führen. Der durchschnittliche Lagerbestand ist tendenziell niedriger als bei der s,S-Politik.

(zusammengestellt nach Grün (1994), S. 487 ff., Corsten (2007), S. 463 ff.)

5. Lagerhaltung

Die Hauptaufgabe der Lagerhaltung besteht darin, einen Ausgleich sowohl in mengenmäßiger als auch in zeitlicher Hinsicht zwischen der Bereitstellung (Anlieferung, Fertigstellung) und dem Bedarf von Einsatzgütern, Fertigerzeugnissen und Werkzeugen aller Art zu ermöglichen. Dabei kann es sich um einen kurzfristigen Ausgleich handeln, dessen Erfordernis sich aus den unterschiedlichen Kapazitätsquerschnitten zweier aufeinander folgender Fertigungsstufen ergibt (Pufferlager), möglicherweise aber auch um einen längerfristigen Saisonausgleich, z. B. bei Naturprodukten, bei dem es darum geht, ein saisonbedingtes Überangebot an Einsatzstoffen mit einer über das Jahr konstanten Nachfrage zu harmonisieren (z. B. in der Nahrungsmittelindustrie). Neben der reinen *Ausgleichsfunktion* spielen noch die *Sicherungsfunktion* und die *Spekulationsfunktion* eine Rolle. Vorhersehbare Risiken auf dem Beschaffungsmarkt können es ratsam erscheinen lassen, Reservelager anzulegen. Erwartete, einschneidende Preiserhöhungen der Ausgangsstoffe führen unter Umständen zu spekulativ gebildeten Lagerbeständen. Versteht man unter Lagerhaltung jegliches Aufbewahren oder Lagern von Gütern, so übernimmt in bestimmten Bereichen die Lagerhaltung auch eine *produktive Funktion*. Aufgabe der Lagerung ist es in diesen Fällen, eine Qualitätsänderung bei Produkten zu erreichen (Weinbrand, Käse).

Hinsichtlich der *Lagertypen* lassen sich weitere, im morphologischen Kasten in Abb. 139 gezeigte Ausprägungen unterscheiden. Nach dem Kriterium der „Phase im Betriebsprozess" sind *Beschaffungs-*, *Zwischen-* und *Absatzlager* zu unterscheiden. Beschaffungslager haben eine Ausgleichsfunktion zwischen dem Materialzufluss aus der Umwelt des Unternehmens (Zulieferanten) und dem Verbrauch im Produktionsprozess. Zwischenlager dienen als Puffer zwischen den unterschiedlich dimensionierten Fertigungsstufen und Absatzlager schließlich synchronisieren den Fertigungs- und den Absatzprozess.

Bei der Lagerhaltung sind vor allem die chemischen, biologischen und physikalischen Eigenschaften der aufzubewahrenden Güter zu berücksichtigen. Bestimmte Stoffe müssen unter besonderen Sicherheitsvorkehrungen aufbewahrt werden (z. B. toxische Stoffe), andere sind licht- oder feuchtigkeitsempfindlich. Diese Materialien lassen sich in stofforientierten (enthalten nur Bestände einer Güterart), teilweise zentralisierten Lagern zusammenfassen. Der Vorteil *zentralisierter* Lager liegt in den tendenziell geringeren Beständen (geringere Kapitalbindung), der besseren Übersicht und dem geringeren Personalbedarf. *Dezentralisierte* Lager werden häufig verbrauchsorientiert ausgelegt (gütermäßige Zusammensetzung nach dem erwarteten Bedarf). Sie sind bei räumlich weit auseinander liegenden Fertigungsstätten erforderlich.

Grundlagen der Materialwirtschaft

KAPITEL D — Teil II

ABB. 139: Morphologische Lagersystematik

Merkmale	Ausprägungen						
Phase im Betriebsprozess	Beschaffungslager			Zwischenlager		Absatzlager	
Lagerorganisation	Zentrallager				dezentralisierte Lager		
Lagersortierung	stofforientiertes Lager				verbrauchsorientiertes Lager		
Art der Lagerobjekte	Rohstofflager	Hilfsstofflager	Betriebsstofflager	Werkzeuglager	Halb- und Fertigfabrikatelager	Ersatzteillager	Abfalllager
Lagerhierarchie	Hauptlager				Nebenlager		
Funktion des Lagers	Ausgleichsfunktion		Spekulationsfunktion		Sicherungsfunktion	produktive Funktion	
Lagerordnung	feste Lagerordnung		Querverteilung		freie (chaotische) Lagerordnung		
Eigentumsrechte	Eigenlager				Fremdlager (z. B. Konsignationslager)		
Standort	internes Lager				Außenlager		
Eigenschaften der Lagerobjekte	Stückgutlager			Schüttgutlager		Flüssiggutlager	
Bauart	offenes Lager (Freilager)			halboffenes Lager	geschlossenes Lager	Speziallager	
Technische Ausgestaltung	Bodenlager	Blocklager	Fachregallager	Einfahrregallager	Durchlaufregallager	Verschieberegallager	Hochregallager	Sonderformen
Ladehilfsmittel	Palettenlager	Behälterlager		Containerlager	Lagerung ohne Ladehilfsmittel	Sonstiges	
Transportmittel	schienenlose Flurfördermittel		schienengebundene Flurfördermittel (Regalförderzeuge)		flurfreie Fördermittel	Stetigförderer	
Lagersteuerung	manuell			DV-unterstützt		automatisiert	
Materialausgabe	Holsystem				Bringsystem		

Die technische Gestaltung eines Lagers richtet sich nach der Beschaffenheit des Lagerguts einerseits und nach den Anforderungen des Betriebes an Schnelligkeit, Kostengünstigkeit, Flexibilität und Übersichtlichkeit der Lagervorgänge andererseits. Schüttgüter (z. B. Kohle) werden meist in Freilagern aufbewahrt. Für Stückgüter kommt in der Regel die „Innenlagerung" in Betracht. Dazu eignen sich besonders die verschiedenen Formen der Regallagerung, z. B. Fachregallager, Durchlaufregallager, Hochregallager.

Als wichtige Zielsetzung im Lagerhaltungsbereich kann das Bestreben angesehen werden, die Lagerhaltungskosten möglichst gering zu halten. Eine weitere wichtige Zielvariable ist die Einhaltung eines unter den jeweiligen Bedingungen angemessen hohen Lieferbereitschaftsniveaus, um Fehlmengen zu vermeiden. Eine Kennzahl, die als Ist-, Prognose- oder Vorgabegröße Auskunft über die Lieferfähigkeit eines Lagers innerhalb eines definierten Zeitabschnitts gibt, ist der *Lieferbereitschaftsgrad (Servicegrad)*. Es existiert eine Reihe von Definitionen für den Lieferbereitschaftsgrad, von denen hier exemplarisch zwei genannt seien:

$$\alpha = \frac{\text{Anzahl erfolgreicher Nachfragen}}{\text{Gesamtzahl der Nachfragen}} \cdot 100\%$$

$$\beta = \frac{\text{gedeckter Bedarf}}{\text{Gesamtbedarf}} \cdot 100\%$$

Je höher der verlangte Servicegrad ist, desto größere Sicherheitsbestände müssen unter sonst gleichen Bedingungen gehalten werden, was die Lagerhaltungskosten überproportional ansteigen lässt. Der Sicherheitsbestand[37] stellt einen Mengenpuffer dar, der Vorhersagefehler, Transport- oder Produktionsverzögerungen, Fehllieferungen, ungewöhnliche Nachfrageschwankungen, Lagerschwund oder sonstige Bestandsunsicherheiten abdeckt.

Der optimale Sicherheitsbestand bzw. Servicegrad wäre erreicht, wenn die Summe aus den Lagerhaltungskosten für den Sicherheitsbestand einerseits und den Fehlmengenkosten andererseits minimal ist. Jedoch ist eine rechnerisch exakte Bestimmung des – zudem im Zeitablauf veränderlichen – Optimums schwierig, da nicht alle zu berücksichtigenden Größen leicht quantifizierbar sind. Insbesondere die Auswirkungen von Fehlmengen sind wegen ihres Opportunitätskostencharakters (entgangene Umsätze, Konventionalstrafen) schwer berechenbar.

Der Sicherheitsbestand lässt sich – bei unterschiedlichem Niveau der Lösungsqualität –

▶ mit Faustformeln,
▶ aus Erfahrungswerten, beispielsweise über Analysen der Auswirkungen „versuchsweise" gewählter Werte im Rahmen eines methodischen Lernprozesses,
▶ durch Simulation und/oder
▶ auf statistischer Grundlage

bestimmen.

Im Folgenden wird ein statistisch fundiertes Verfahren zur Bestimmung des Sicherheitsbestands, einmal unter Berücksichtigung eines stochastisch schwankenden Bedarfs und einmal unter Berücksichtigung einer stochastisch schwankenden Lieferzeit erläutert. Grundsätzlich gilt für beide Anwendungsfälle die Voraussetzung, dass der Lieferbereitschaftsgrad (Servicegrad) vom Unternehmen als Ziel vorgegeben wird. Weiterhin werden Bedarf bzw. Lieferzeit als normalverteilt unterstellt.

Bestimmung des Sicherheitsbestands bei stochastischem Bedarf

Der Bedarfsverlauf einer Periode ist nicht gleichmäßig, sondern unterliegt Schwankungen entsprechend einer Verteilungsfunktion, die bekannt sein muss. Als akzeptable Näherung an die empirische Verteilung eignet sich insbesondere die Normalverteilung, sofern nicht beobachtete Vergangenheitswerte eine andere Verteilungsfunktion nahelegen.

---

[37] Vgl. dazu bspw. Grochla (1992), S. 109 ff.

Zu bestimmen sind die folgenden Größen:

- der für erforderlich gehaltene Servicegrad α bzw. die tolerierte Fehlmengenwahrscheinlichkeit $(1-\alpha)$,
- der Durchschnittsbedarf $(x_v \cdot t_w)$ während der als konstant angenommenen Wiederbeschaffungszeit t_w,
- die Standardabweichung σ des Bedarfs.

Die Höhe des Sicherheitsbestands hängt dann ab von einem Sicherheitsfaktor SF als Funktion des gewünschten Servicegrades und dem Streuungsparameter σ des Bedarfs:[38]

$$\text{Sicherheitsbestand } x_s = SF(\alpha) \cdot \sigma$$

Der Sicherheitsfaktor entspricht dem α-Quantil der Normalverteilung und kann entsprechenden Tabellen der Normalverteilung entnommen werden (Abb. 140). Im Folgenden ist SF für ausgewählte α-Werte angegeben:

SF (α = 85,0 %) = 1,0364   SF (α = 90,0 %) = 1,2816
SF (α = 92,5 %) = 1,4395   SF (α = 95,0 %) = 1,6449
SF (α = 97,5 %) = 1,9600   SF ($\alpha \approx$ 97,72 %) = 2,000
SF (α = 99,0 %) = 2,3263   SF ($\alpha \approx$ 99,87 %) = 3,000

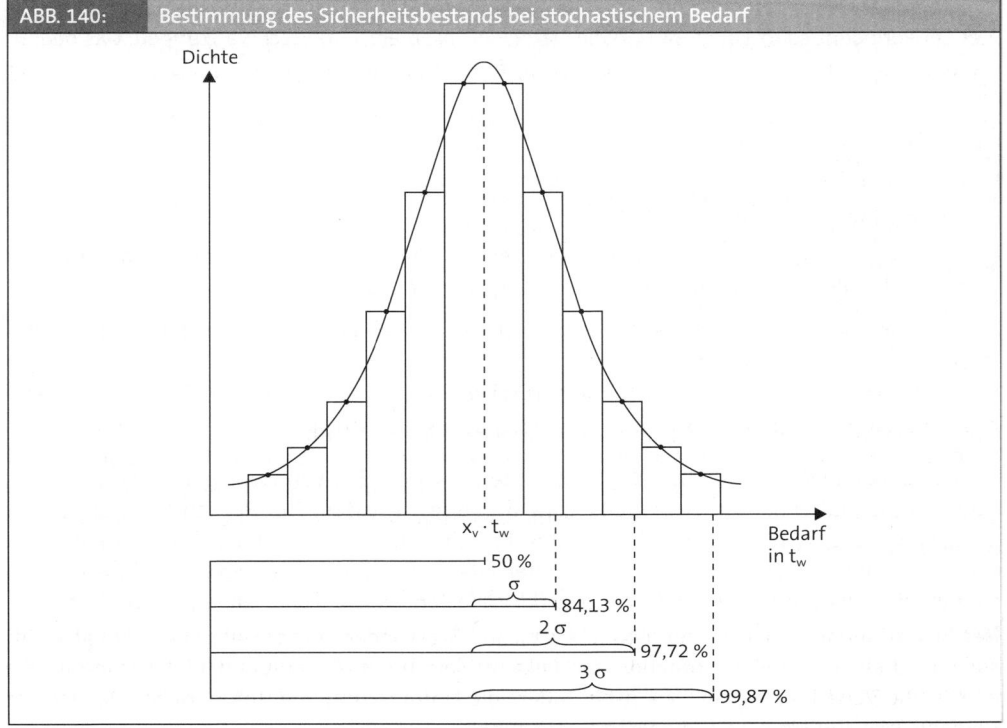

ABB. 140: Bestimmung des Sicherheitsbestands bei stochastischem Bedarf

---

38 Vgl. Kilger (1986), S. 357 f.

Grundsätzlich hat ein Betrieb also zwei Möglichkeiten, die Sicherheitsbestände und somit die dadurch verursachten Kosten zu reduzieren: durch Absenkung des Anspruchsniveaus bezüglich der Lieferfähigkeit (niedrigerer Servicegrad α) und/oder durch eine Verstetigung des Bedarfs (kleinere Streuung σ). Dabei gilt es zu beachten, dass aufgrund der Charakteristik der Normalverteilung kein linearer Zusammenhang zwischen α und SF besteht, sondern mit zunehmendem Servicegrad der Sicherheitsfaktor und damit der erforderliche Sicherheitsbestand und die Lagerkosten immer stärker ansteigen.

BEISPIEL zur Berechnung des Sicherheitsbestands

durchschnittlicher Bedarf während der Wiederbeschaffungszeit ($x_v \cdot t_w$) = 10.000 ME

Standardabweichung σ = 2.500 ME

geforderte Servicegrade: a) α = 90,0 %, b) α = 92,5 %, c) α = 95,0 %

Daraus ergeben sich folgende Sicherheitsbestände x_s = SF · σ

und Meldebestände s = $x_v \cdot t_w + x_s$:

a) x_s = 1,2816 · 2.500 ME = 3.200 ME, s = 10.000 ME + 3.200 ME = 13.200 ME.
b) x_s = 1,4395 · 2.500 ME = 3.600 ME, s = 10.000 ME + 3.600 ME = 13.600 ME.
c) x_s = 1,6449 · 2.500 ME = 4.110 ME, s = 10.000 ME + 4.110 ME = 14.110 ME.

Bestimmung des Sicherheitsbestands bei stochastischer Lieferzeit[39]

Die Vorgehensweise ist prinzipiell die Gleiche wie im Fall des stochastischen Bedarfs, nur ist hier der Periodenbedarf konstant und die Lieferzeit unterliegt Zufallsschwankungen. Das bedeutet, dass nun für die Lieferzeit eine Verteilungsfunktion zu unterstellen ist, in der Regel wieder die Normalverteilung.

Eingangsgrößen sind:

▶ der Servicegrad α bzw. die Fehlmengenwahrscheinlichkeit (1 − α),

▶ der konstante Periodenbedarf A [ME/ZA],

▶ die Standardabweichung σ_t [ZE] der effektiven Lieferzeit $t_{eff} = t + t_e$ mit t als geplanter Lieferzeit und t_e als Zufallsvariable der Abweichung von der geplanten Lieferzeit.

Die Berechnung des Sicherheitsbestands x_s erfolgt unter den beiden Prämissen normalverteilte Störungen und konstanter Bedarf zu:

$$x_s = SF(\alpha) \cdot A \cdot \sigma_t,$$

wobei SF (α) wiederum das α-Quantil der Normalverteilung bedeutet.

Da der Periodenbedarf ein Datum darstellt, bestehen wie im Fall von zufälligen Bedarfsschwankungen zwei Optionen den Sicherheitsbestand gering zu halten: Der Betrieb kann die Lieferfähigkeit des Lagers auf ein aus ablauforganisatorischen, marktlichen und anderen Gründen unbedingtes Minimum senken und/oder die Lieferzeitschwankungen minimieren. Just-in-Time-Bedingungen etwa führen zu einem Anstieg der Lieferfähigkeitsanforderungen, sodass die erste Möglichkeit insoweit kaum zum Zuge kommen dürfte. Größere Realisierungschancen hat dagegen die Möglichkeit, die Varianz der Lieferzeiten zu beschränken, etwa durch eine entsprechende Vertragsgestaltung mit den Zulieferern oder die Stabilisierung interner Produktions- und Logistikprozesse infolge einer verbesserten Planung.

---

39 Vgl. Hansmann (2006), S. 320 ff.

BEISPIEL zur Berechnung des Sicherheitsbestands
verlangter Servicegrad $\alpha = 90\,\% \Rightarrow SF = 1{,}2816$
monatlicher Bedarf $A = 500$ ME/Tag $\cdot 20$ Tage $= 10.000$ ME
Lieferfrist 6 Tage, zufallsbedingte Schwankung von 1 Tag

$\Rightarrow x_s = 1{,}2816 \cdot (10.000$ ME/20 Tage$) \cdot 1$ Tag $= 641$ ME
Bestellmenge $= 500$ ME/Tag $\cdot 6$ Tage $= 3.000$ ME

6. Innerbetrieblicher Transport

Während die Lagerhaltung der Überbrückung von Zeitdifferenzen in Bezug auf Objekte dient (Verfügbarkeit zum Zeitpunkt t_3, Bedarf zu einem späteren Zeitpunkt t_1), überbrückt der Transport *räumliche* Distanzen in Bezug auf Objekte (Verfügbarkeit am Ort A, Bedarf am Ort B). Unter innerbetrieblichem Transport wird das Befördern von Gütern, wie Roh-, Hilfs-, und Betriebsstoffen, aber auch Ausschuss, Abfall, Packmaterial, Werkzeugen sowie Halb- und Fertigerzeugnissen, anderen Gegenständen (z. B. Proben, Datenträgern etc.) und Personen mit Fahrzeugen oder Förderanlagen innerhalb des Betriebes verstanden. Im weiteren Sinne kann auch der Transport zwischen Werken eines Unternehmens dem innerbetrieblichen Transport zugerechnet werden. In die unmittelbare Transportfunktion sind in der Regel noch Nebenfunktionen und Hilfsprozesse wie Umschlagen, Sammeln, Handhaben, Verteilen, Sortieren usw. integriert. Der Transport von Personen wird im Folgenden nicht behandelt.

Die Anlieferung durch Lieferanten erfolgt bis zur Endladestation, Rampe oder Aufgabestation des Kunden. Dieser Anlieferungsverkehr wird meist über Bahn, Lkw oder Schiff abgewickelt. Im Anschluss daran erfolgt die Transportgutübergabe und die Einlagerung der Güter mit unter Umständen mehreren Transport- und Handhabungsvorgängen. Im Folgenden sollen kurz einige Beispiele typische Ausprägungen verdeutlichen:

- Chemische Grundstoffe und Nahrungsmittelgrundstoffe werden vielfach von der Übergabestation direkt über pneumatische Fördereinrichtungen an den Lagerort transportiert (z. B. Mehl, Zucker).
- Ankommende Paletten können von Gabelstaplern entladen werden. Die Stapler bringen die Paletten direkt an den Lagerort oder zu einer Übergabestation, wo diese von Regalbediengeräten übernommen und in ein Palettenregallager eingestellt werden.
- Schüttgüter werden beispielsweise über Kräne entladen; z. B. kann Kohle, die per Schiff angeliefert wird, über Krananlagen in ein Bulklager überführt werden.

Die *Förderhilfsmittel* – auch als Lade- oder Transporthilfsmittel bezeichnet – (Abb. 141) nehmen das Transportgut auf, schützen es und gegebenenfalls die Umgebung während des Transports und ermöglichen erforderlichenfalls die Zusammenfassung zu größeren Ladeeinheiten (etwa durch Stapelbarkeit). Um Rationalisierungsvorteile nutzen zu können, werden Förderhilfsmittel in zunehmendem Maße normiert. Vom Eingangslager müssen die Güter in die Produktion überführt werden. In unseren Beispielen etwa

- vom Lagerort über eine pneumatische Fördereinrichtung oder Förderschnecken in die Verarbeitungsstufen,
- vom Palettenregallager über das Regalförderzeug (z. B. Teleskopgabel-Hochregalstapler) zu einer Rollenbahn, die die Paletten in die Produktion führt,
- vom Bulklager mit Trogkettenförderer in die Aufgabestation des Kraftwerks.

KAPITEL D — Teil II
Der Produktionsprozess

ABB. 141: Förderhilfsmittel

Förderhilfsmittel		
für Flüssigkeiten, Gase, staubförmige Güter, Schüttgüter	für Schütt- oder Stückgüter	zur Bildung von Ladeeinheiten
Fässer	Säcke	Flachpaletten
Flaschen	Netze	▶ Eindeckpaletten
Dosen	Kisten	▶ Doppeldeckpaletten
Kanister	Körbe	Behälterpaletten
Tanks	Steigen	▶ Gitterboxpaletten
Kessel	Stapelbehälter	▶ Vollwandboxpaletten
	Schachteln	▶ Bunkerpaletten
	Kästen	▶ Tankpaletten
	▶ Gitterwandkästen	Rungenpaletten
	▶ Vollwandkästen	Lade-, Rollpritschen
	Sichtkästen	Rollbehälter, Bahnbehälter
	▶ Gitterwandsichtkästen	Klein-, Großcontainer z. B.
	▶ Vollwandsichtkästen	▶ Tankcontainer (z. B. für Gas)
		▶ Tiltcontainer
		▶ Clip-on Container (z. B. für Kühlcontainer)
		▶ Collico (zusammenlegbar)
		▶ Stück-/Schüttgutcontainer

(in Anlehnung an REFA (1985), S. 303)

Innerhalb der Produktion kann ein einheitlich gestaltetes Transportsystem vorhanden sein, möglicherweise ist aber auch auf jeder Fertigungsstufe ein separates Transportsystem erforderlich, welches sich an der Veränderung der Eigenschaften der Transportobjekte im Produktionsprozess orientiert. So werden beispielsweise im Automobilbau aufgrund der stufenweisen Formgebung in den Eingangsproduktionsstufen, z. B. Karosserieteilerohbau, Transportsysteme benötigt, die Einzelteile befördern können (z. B. Schleppkreisförderer), während in der Endmontage das fast fertige Fahrzeug zu bewegen ist. Die Zulieferung der Rohteile in den Montagebereich stellt wiederum andere Anforderungen an das Transportsystem (z. B. Kleinteiletransport für Schrauben etc.).

Im Gesamtsystem der Materialflussgestaltung wird versucht, eine Vereinheitlichung der Ladeeinheiten für die Lagerung, den Transport, die Produktion und den Zulieferfluss zu erreichen. Die Forderung lautet:

Bestelleinheit = Lagereinheit = Transporteinheit = Produktionseinheit.

Die Realisierung dieser Forderung erspart zusätzliche Arbeitsoperationen im Materialflusssystem (z. B. Umladen).

Der Transport kann über unterschiedliche Verkehrsarten (Transportwegestrukturen) organisiert sein. Beispielsweise ist die unmittelbare Anbindung der einzelnen Fertigungsbereiche oder Arbeitsstationen über einen Direktverkehr möglich. Es kann aber auch ein Sternverkehr mit zentralem Umschlagplatz zur Transportübergabe an andere Transporteinrichtungen, ein Ringverkehr mit stufenweiser Bedienung der Arbeitsstationen, ein Linienverkehr zwischen bestimmten Bereichen oder ein Pendelverkehr vorliegen.

Eine Abgrenzung von Transport- und unmittelbarer Bearbeitungsfunktion ist vielfach nicht exakt möglich (z. B. Fließbandproduktion). Auch werden zum Teil Prüfvorgänge in den Transport integriert (Wiegen, Messen etc.). Oder der Transport wird mit einer Lagerung (z. B. Pufferung vor einer Bearbeitungsstation) verbunden.

Aus dem Produktionsbereich heraus erfolgt der Transport in das Fertigwarenlager und von dort zum Kunden oder direkt zum Kunden. Hierfür gelten ähnliche Erfordernisse wie bei den eingehenden Gütern und der Zuführung zur Produktion.

Die Wahl der Fördermittel richtet sich u. a. nach:[40]

- der Materialflussrichtung (horizontal, vertikal),
- dem Produktions-/Gebäudelayout (z. B. eine/mehrere Geschossebenen)
- der Transportentfernung,
- den Transportwegen (z. B. Straße, Schiene; hoch/gering belastbar),
- der Transportwegestruktur (z. B. Ringverkehr, Sternverkehr, Direktverkehr etc.),
- der Fertigungsorganisation (z. B. Werkstatt-, Fließfertigung),
- dem Fertigungsablauf (z. B. kontinuierlich, diskontinuierlich),
- der Fertigungstechnologie (Automatisierungsgrad),
- den Eigenschaften der zu transportierenden Güter (z. B. Schüttgüter, Einzelgüter; empfindlich, unempfindlich; gefährlich, ungefährlich),
- der zu transportierenden Menge (Stückzahl, Volumen, Gewicht)
- der Transportrichtungsstruktur (z. B. reine Vorwärtsstruktur, Vor- und Rückwärtsstruktur),
- der vorhandenen Energieform,
- der gewünschten Transportleistung,
- rechtlichen Bestimmungen,
- Anschaffungsausgaben und laufenden Kosten.

Die aufgeführten Faktoren setzen die Grenzen für die Auswahl der Fördermittel. In einem Werkstättensystem mit Einzelfertigung werden flexiblere Transportmittel benötigt als bei einer Fließfertigung. Umgekehrt hat aber auch die Wahl des Fördermittels Einfluss auf den Fertigungsablauf. Werden automatisierte Transporteinrichtungen gewählt, müssen reproduzierbare und stabile Produktionsabläufe vorliegen. Beim diskontinuierlichen Transport wiederum, z. B. mit Gabelstaplern, können kurzfristig spezifische Anforderungen erfüllt werden. Die Planung von Transport- und Fertigungssystemen muss daher simultan erfolgen und sich sowohl an den produktionstechnischen als auch an den Kunden-/Markterfordernissen (z. B. Möglichkeit von Eilaufträgen) orientieren. Bei der Festlegung des innerbetrieblichen Transportsystems sind die entsprechenden Voraussetzungen für die Förderwege-Infrastruktur (Gleise, Straßen, Rohre u. a.) zu schaffen. Dabei ist auch die Möglichkeit von eventuell erforderlichen Rücktransporten innerhalb der Produktion (z. B. in der Werkstattfertigung oder bei Nacharbeiten) zu berücksichtigen. Aus Kostengründen sollte das Transportsystem so ausgestaltet sein, dass möglichst wenig Umlade-,

---

[40] Vgl. auch REFA (1985), S. 302.

Sortier-, Sammel- oder sonstige Handhabungsvorgänge nötig sind. Gegenläufige Bewegungen sollten möglichst vermieden werden, ebenso überflüssige Verpackungen, Ausschuss, Abfall, Verschnitt etc., da dafür weitere kostenintensive Transportvorgänge erforderlich sind.

Ziel der Gestaltung des innerbetrieblichen Transports muss es sein, eine wirtschaftliche Beförderung unter Berücksichtigung von Nebenbedingungen wie Sicherheit, Zuverlässigkeit, Einhaltung vorgegebener Transportzeiten und Erfüllung der Flexibilitätserfordernisse zu erreichen. Steht etwa eine flexible Verbindung der Produktionsanlagen im Vordergrund der Planung, so wird man unstetige, flexible Fördermittel bevorzugen wie Hängebahnen, Stapler oder fahrerlose Transportsysteme. Diese Transportsysteme sind universell einsetzbar und für wechselnde Transportaufgaben geeignet. Allerdings werden hohe Ansprüche an das Steuerungssystem gestellt. Gegenüber flexiblen Fördermitteln haben Stetigförderer wirtschaftliche Einsatzvorteile, verbunden mit hoher Betriebssicherheit (z. B. Rollenbahnen, pneumatische Förderer), sodass sie sich zur kontinuierlichen Versorgung weitgehend automatisierter Produktionseinrichtungen eignen. Der Nachteil der Stetigförderer liegt in ihrer begrenzten Anpassbarkeit an veränderte Förderaufgaben.

Eine Übersicht über die verschiedenen Transportsysteme geben die Abb. 142 und 143.[41]

---

41 Zu Einzelheiten vgl. Aßmann (2004), S. C2-4 ff.

ABB. 142:	Übersicht über Transportsysteme: Stetigförderer
System	Ausprägungen (Beispiele)
Schwerkraftförderer	Fallrohre Rutschen
Rollen- und Kugelbahnen	Rollenbahnen Scheibenrollenbahnen Kugelrollenbahnen
Schwingförderer	Schüttelrutschen Schwingrinnen
Förderer mit Schnecken	Schneckenförderer Schneckenrohrförderer
Bandförderer	Gurtbandförderer Stahlbandförderer Drahtgurtförderer Schleuderbandförderer
Kettenförderer	Tragkettenförderer Gliederbandförderer Kreisförderer Schleppkreisförderer (Power-and-Free-System) Schleppkettenförderer Schaukelförderer Umlaufförderer Tragkettenförderer
Becherwerke	Kettenbecherwerk Gurtbecherwerk
Hydraulische Förderer	
Pneumatische Förderer	Pneumatische Rohrförderer Pneumatische Rinne Lufttische Kapseltransportanlagen
Seilbahnen	

ABB. 143:	Übersicht über Transportsysteme: Unstetigförderer
System	Ausprägungen (Beispiele)
Schlepper	
Wagen	Plattformwagen Kipper Hubwagen Gabelhubwagen Portalhubwagen Verschiebehubwagen
Karren	
Stapler	Hochhubwagen Gabelstapler
Fahrerlose Transportsysteme	

Krane	Kranwagen
	Krananlagen
	    Auslegerkran
	    Drehkran
	    Portalkran

Lader	Frontlader Überkopflader Schwenklader Wurflader
Bagger	Löffelbagger Universalbagger Eimerkettenbagger Schaufelradbagger
Aufzüge	Seilaufzug hydraulischer Aufzug
Etagenförderer	
Tische	Drehtisch Schwenktisch Hubtisch
Regalbediengeräte	
Hebezeuge	Handzüge hydraulische Hebezeuge
Sonstige	Bandwagen Waggon, Lore Schiff Lkw Flugzeuge

Im Lager- und Transportwesen zeigen sich u. a. folgende *Entwicklungslinien*.[42]

---

42 Vgl. Baumgarten (1984), S. 85, Pfohl (2004), S. 63 ff.

Grundlagen der Materialwirtschaft

KAPITEL D
Teil II

Transportbereich:

- Einsatz mechanisierter und automatisierter Anlagen zum Be- und Entladen im Warenein- und -ausgang und bei den Ladehilfsmitteln,
- Transport der Ladeeinheiten mittels automatisierter Transportsysteme,
- verstärkter Einsatz von Informationssystemen zur Optimierung,
- neue Technologien in den Bereichen Transport und Umschlag,
- Integration automatisierter Transportsysteme in den Fertigungsprozess,
- Intensivierung und Individualisierung der Lieferservicefunktion für den Kunden,
- unternehmensübergreifende Kooperation beim Transport (Nutzung vereinheitlichter Ladehilfsmittel, Behälter-Mietsysteme).

Lagerbereich:

- Übergang von komplexen Lagersystemen zu kleinen, automatisierten Lagern,
- Prozessrechnergeführte Steuerung der Lagerauftragsabwicklung.

KONTROLLFRAGEN:

(1) Welche Kosten sind hinsichtlich der Materialbereitstellung bedeutsam?

(2) In welchen Schritten wird eine ABC-Analyse durchgeführt und welchen Nutzen stiftet diese im Rahmen der Materialdisposition. Wofür lässt sich die ABC-Analyse außerdem einsetzen?

(3) Was ist eine XYZ-Analyse? Wie lässt sie sich mit der ABC-Analyse kombinieren?

(4) Wodurch unterscheiden sich Struktur- und Baukastenstückliste?

(5) Wozu werden Teileverwendungsnachweise benötigt? Welche Arten von Verwendungsnachweisen gibt es?

(6) Was versteht man unter einem Sekundärbedarf?

(7) Worin besteht der Unterschied zwischen verbrauchs- und bedarfsgesteuerter Materialbedarfsermittlung? Wie würden Sie C-Teile disponieren?

(8) Wie kann der Sicherheitsbestand bestimmt werden?

(9) Von welchen Bedingungen hängt die Wahl der Bereitstellungsprinzipien Einzelbeschaffung, fertigungssynchrone Beschaffung, Beschaffung auf Vorrat ab?

(10) Wodurch unterscheidet sich das Bestellpunkt- vom Bestellrhythmusverfahren?

(11) Welches sind mögliche Lagerhaltungsfunktionen?

(12) Welche Vorteile haben zentralisierte Lager?

(13) Welche Einflussfaktoren sind bei der Auswahl der Fördermittel zu berücksichtigen?

Aufgabe 30

Führen Sie aufgrund folgender Daten eine ABC-Analyse durch:

Material-Nr.	Periodenbedarf in Stück	Preis je Stück in €
1411	80	560,20
1412	1.600	40,00
1413	10	860,30
1414	60.000	0,08
1415	6.000	110,20
1416	1.200	11,30
1417	400	40,30
1418	17.000	0,22
1419	22.000	0,12
1420	30.000	1,10

Aufgabe 31

Gegeben ist folgender Erzeugnisstrukturbaum:

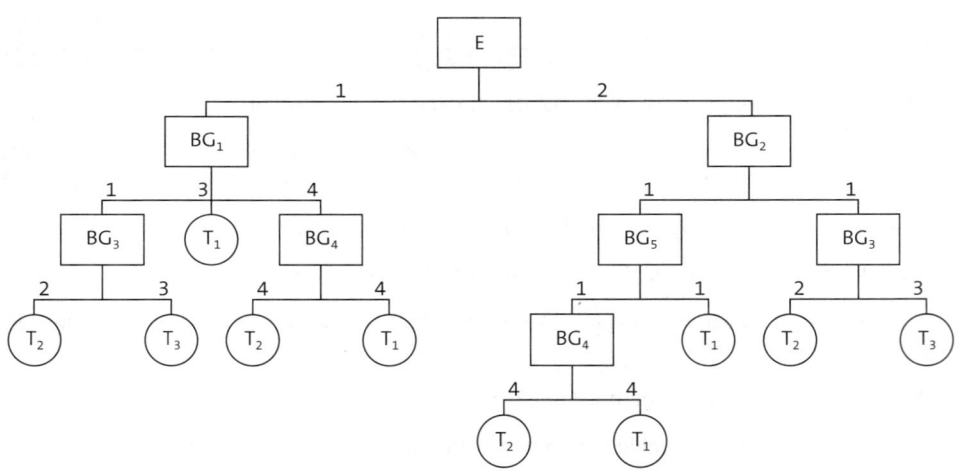

a) Erstellen Sie für das Erzeugnis E eine Strukturstückliste.

b) Führen Sie eine Nettobedarfsermittlung für die Einzelteile nach dem Dispositionsstufenverfahren durch. Gehen Sie von folgenden Fertigungsaufträgen für E aus: Periode 6: 50 Stück, Periode 5: 30 Stück, Periode 4: 40 Stück; die Perioden 1 bis 3 bleiben unberücksichtigt.

Die Lagerbestände betragen: E = 20 Stück, BG_1 = 40 Stück, BG_2 = 60 Stück, BG_4 = 30 Stück, T_1 = 150 Stück.

Berücksichtigen Sie eine Vorlaufverschiebung von jeweils einer Periode.

c) Stellen Sie die Erzeugnisstruktur von E als Gozinto-Graph dar.

d) Berechnen Sie den Nettobedarf an Einzelteilen mit Hilfe des Gozinto-Graphen unter folgenden Bedingungen:

Primärbedarf:
E = 100 Stück
BG_2 = 20 Stück
BG_3 = 3 Stück

Lagerbestände:
E = 5 Stück
BG_3 = 20 Stück
BG_4 = 10 Stück
T_2 = 30 Stück
T_3 = 10 Stück

Aufgabe 32

Aus dem Vorjahr liegen folgende Materialbedarfsmengen vor:

Jan.	Feb.	März	April	Mai	Juni	Juli	Aug.	Sept.	Okt.	Nov.	Dez.
60	72	65	80	75	73	70	80	85	90	87	90

Geben Sie die jeweiligen Monatsbedarfsvorhersagewerte nach der exponentiellen Glättung 1. Ordnung (α = 0,2) und nach der gleitenden Mittelwertbildung (n = 4 Perioden) an. Prognose- und Istwert für Januar stimmen überein.

Aufgabe 33

Ein Unternehmen hat bezüglich einer Materialart den folgenden prognostizierten Verbrauch im nächsten Jahr:

1. Quartal: 7.500 Stück
2. Quartal: 10.300 Stück
3. Quartal: 12.000 Stück
4. Quartal: 8.500 Stück

Der Bedarf soll in mehreren Bestellungen gedeckt werden. Die Kosten für einen Bestellvorgang betragen 120 €, der Zinssatz beträgt 10 %, der Lagerkostensatz 16 %. Als Preis werden 24 € pro Stück veranschlagt.

a) Berechnen Sie die optimale Bestellmenge.

b) Bei einer Bestellung über 2.000 Stück wird ein Rabatt von 10 % gewährt. Soll diese Rabattstufe genutzt werden?

Aufgabe 34

Führen Sie für das im Kapitel D. II. 4.1.1.2 dargestellte Beispiel einer Direktbedarfsmatrix (Tableau I) eine Matrizeninversion durch.

III. Planung und Steuerung von Produktionsprogrammen und -prozessen

1. Aufgabenüberblick

Die Aufgaben der Planung und Steuerung des Produktionsgeschehens sollen im Folgenden entsprechend Abb. 144 nach der Planungs*ebene* und nach dem Planungs*objekt* gegliedert werden.[43] Die Planungsebene orientiert sich an der Dauer und Wirkung der mit der Planung verbundenen Festlegungen und wird hier in die Segmente strategische, taktische und operative Steuerungsebene eingeteilt.[44] Der Differenzierung in eine strategische und eine taktische (Produktions-)Planung wird in der Literatur nicht immer gefolgt (daher ist in Abb. 144 die entsprechende Trennlinie gestrichelt gezeichnet).

Die *strategische* Planungsebene umfasst alle Maßnahmen, mit denen der langfristige Erfolg eines Unternehmens erreicht und gesichert werden soll. Die strategische Planung im Produktionsbereich muss sich an der generellen Strategie des Unternehmens orientieren und wird von den strategischen Planungen der anderen Unternehmensbereiche (Marketing, Vertrieb, Finanzen) flankiert. Ausgewählte Methoden der strategischen Planung werden in Kapitel C.VII.2 behandelt. Die Planung der Erfolgspotenziale betrifft aus produktionswirtschaftlicher Sicht die grundlegenden Festlegungen zu den Produktfeldern, in denen das Unternehmen aktiv sein will, und zu dem daraus abzuleitenden Produktionsprogramm, also der Spezifizierung des Teilsegments, für das Produktionsfähigkeiten aufzubauen sind. Parallel dazu müssen der produktionstechnische Rahmen und die erforderlichen Ressourcen bestimmt werden. Dazu gehören beispielsweise die Planungen zum Standort, zum Fabriklayout, zur Produktionsorganisation, zur Verfahrens- und grundlegenden Betriebsmittelwahl sowie zu den generellen Vorgaben für die Beschaffung.

Die *taktische* Planung überführt die im strategischen Rahmen festgelegten grundlegenden Vorgaben in konkrete Teilpläne wie Produktionsprogrammplanung der folgenden Planungsperiode (z. B. Jahres- oder Zweijahresplanung), Rationalisierungs- und Investitionsplanungen oder Planungen des Instandhaltungswesens.

Die *operative* Planungs- und Steuerungsebene umfasst alle Planungen und Maßnahmen der unmittelbaren Vorbereitung und Umsetzung der Produktion, die sich aus den taktischen Planungen ergeben. Dazu gehören beispielsweise die kurzfristige Programmplanung (z. B. der folgenden Woche), die Planung der Maschinenbelegung, die Losgrößenplanung, die Materialbedarfsplanung für die kommende Produktionsperiode u. a. m.

Die Planungs*objekte* können in die Kategorien Output, Throughput und Input unterteilt werden (vgl. dazu auch Abb. 1). Dabei betrifft die Planung des Outputs die zu erstellenden Produkte, die Planung des Throughputs bezieht sich auf den Kombinationsprozess der Produktionsfaktoren und der Input umfasst die Planung der produktiven Faktoren.

---

[43] Vgl. auch die Systematiken bei Jahnke/Biskup (1999), S. 13, Zahn/Schmid (1996), S. 156 und Hoitsch (1993), S. 34. Zur Erweiterung des Katalogs um spezifisch recycling- bzw. stoffstrombezogene Aufgaben vgl. Schultmann (2003), S. 50 f.
[44] Vgl. Zäpfel (2000b), S. 2 ff.

Planung und Steuerung — KAPITEL D, Teil III

ABB. 144: Überblick über die Aufgaben der Produktionsplanung und -steuerung

		Planungsebene		
		strategische	**taktische**	**operative und Steuerungs-Ebene**
Planungsobjekte	**Output**	Programmplanung mit einem Zeithorizont von mehreren Jahren: Festlegung von Produktfeldern	Programmplanung mit einem Zeithorizont von mehreren Monaten bis Jahren: Konkretisierung der Produktfelder, Festlegung von Programmbreite und -tiefe Produktgestaltung	Programmplanung mit einem Zeithorizont von Quartalen, Monaten, Wochen und Tagen
	Throughput	Standortplanung Bestimmung von Organisations- und Leistungstyp	Erstellen von Stücklisten und Arbeitsplänen Festlegung der Lagerhaltungspolitik Rationalisierung der Prozesse Verfahrenswahl Planung des Anlagenlayouts	Termin-, Kapazitäts-, Maschinenbelegungsplanung Losgrößenoptimierung Auftragsfreigabe
	Input	strategische Beschaffungsplanung	Festlegung der Fertigungstiefe Lieferantenauswahl Materialklassifikation/ Wahl des Bedarfsermittlungsverfahrens Entscheidungen über Ersatz- und Rationalisierungsinvestitionen Instandhaltungsplanung Potenzialgestaltung: Betriebsmittel- und Personalkapazitäten	Lagerdisposition Materialbedarfsplanung (Sekundärbedarfsermittlung) Bestellmengenoptimierung, Bestellauslösung, Bestandsführung

KAPITEL D — Der Produktionsprozess
Teil III

Für die Begriffe *Produktionsplanung* und *Produktionssteuerung* bietet die Literatur keine einheitliche Abgrenzung an. Zum einen werden die verschiedenartigsten Bezeichnungen für einzelne Funktionen parallel verwendet, z. B. Fertigungsplanung, Arbeitsplanung, Produktionsplanung, Produktionsdurchführungsplanung, Arbeitsvorbereitung usw. Zum anderen sind auch die Begriffsinhalte nicht eindeutig geregelt.

Die Abgrenzung von Produktionsplanung und -steuerung einerseits sowie Fertigungsplanung und -steuerung andererseits wurde in einem Einigungsversuch verschiedener Fachverbände (VDI, REFA, RKW, AWF, DIN) vorgenommen.[45] Die Produktionsplanung und -steuerung gliedert sich nach diesem Vorschlag zur Vereinheitlichung der Definition in die drei Aufgabenbereiche Bestell- und Lagerwesen sowie Fertigungsplanung und -steuerung. Unter der *Fertigungsplanung* werden hierbei all jene Tätigkeiten zusammengefasst, die den Leistungserstellungsprozess und die ihn determinierenden Faktoren, wie Stücklistenerstellung und Arbeitsplanerstellung, auftragsunabhängig vorausschauend festlegen. Die *Fertigungssteuerung* betrifft infolgedessen alle Funktionen, die zur termin- und mengenmäßigen sowie qualitäts- und kostengerechten Abwicklung konkreter Aufträge dienen, z. B. Auftragsfreigabe und -überwachung.

Eine eindeutige Abgrenzung der Begriffe Fertigungsplanung und -steuerung ist wohl kaum zu erzielen, da erstens beide Funktionsbereiche ineinander greifen und zweitens die Bedeutung der einzelnen Teilfunktionen branchenbezogen recht unterschiedlich ausgeprägt ist. In der chemischen Industrie (Zwangslauffertigung) sind mit der Fabrik- und der Ablaufplanung in der Regel die Probleme der Fertigungsvorbereitung im Wesentlichen gelöst, die Fertigungssteuerung beschränkt sich dort auf die Einhaltung der Prozessparameter. Die für Maschinenbauunternehmen typische Einzel- und Kleinserienfertigung im Werkstättenprinzip wiederum stellt erhöhte Anforderungen gerade an die unmittelbare Beeinflussung des Fertigungsablaufs. Da die Fertigungsaufträge, die Arbeitsreihenfolgen usw. ständig wechseln, können die einzelnen Auftragsdurchläufe nicht im Voraus vollständig geplant, sondern müssen situationsbezogen kurzfristig aufeinander abgestimmt werden.

Zunehmend orientiert sich die Definition der Begriffe Produktionsplanung und -steuerung an der Ablaufstruktur der PPS-Systeme (Abb. 145). Danach umfasst die Produktions*planung* die Aufgaben zur Festlegung des Materialbedarfs (Primärbedarf), der Zeit- und Kapazitätsplanung, der Losgrößen- und Reihenfolgeplanung. Zur Produktions*steuerung* – auch Werkstattsteuerung genannt – gehören die Überwachung und die Sicherung des Durchlaufs der freigegebenen Aufträge durch die Produktion einschließlich der laufenden Kapazitätsüberwachung und laufenden Überprüfung des Produktionsfortschritts. Notwendig dafür sind geeignete Rückmeldesysteme (Betriebsdatenerfassungssysteme), die den jeweiligen Ist-Zustand der Prozesse (z. B. Ausschussquoten) des einzelnen Auftrags (z. B. Bearbeitungsstand) und der Fertigungseinrichtungen (z. B. Störungsmeldungen) zeitnah zurückmelden.

---

45 Vgl. VDI u. a. (1992), S. 12.

Planung und Steuerung — KAPITEL D, Teil III

ABB. 145:	Aufgaben der operativen Produktionsplanung und -steuerung	
Produktionsplanung	Produktionsprogrammplanung	▶ Prognoserechnung ▶ Absatzplanung ▶ Lieferterminbestimmung ▶ Kundenauftragsverwaltung
	Materialbedarfsplanung	▶ Bedarfsermittlung ▶ Bestellmengenrechnung ▶ Bestellterminrechnung ▶ Bestellschreibung und -verwaltung ▶ Bestellüberwachung ▶ Bestandsführung ▶ Lieferantenbewertung
	Termin- und Kapazitätsplanung	▶ Durchlaufterminierung ▶ Losgrößenermittlung ▶ Kapazitätsterminierung ▶ Reihenfolgeplanung
	Auftragsvorbereitung	▶ Erstellung der Fertigungsunterlagen, wie Arbeitspläne, Materialentnahmescheine etc.
	Auftragsfreigabe: Verfügbarkeitsprüfung der erforderlichen Fertigungsressourcen und Freigabe des Auftrags	
Produktionssteuerung	Auftragssteuerung	▶ Feinterminierung ▶ Arbeitsverteilung ▶ Maschinenbelegung
	Auftragsüberwachung	▶ Überwachung des Stands der Fertigung ▶ Überprüfung der Termineinhaltung und Kapazitätsauslastung ▶ Erfassung der Fertigmeldungen, Störungsmeldungen sowie Ausschussquoten und -mengen (Betriebsdatenerfassung)

(in Anlehnung an Hackstein (1989), S. 5)

Als Bindeglied zwischen der Produktionsplanung und der Produktionssteuerung fungiert die *Auftragsfreigabe*. Im Rahmen der Auftragsfreigabe wird auf Basis der Festlegungen der Produktionsplanung die kurzfristige Realisierbarkeit der Aufträge geprüft. Dazu wird nachvollzogen, ob alle für die Erledigung des Auftrags erforderlichen Ressourcen, wie Material, Personal, Betriebsmittel in ausreichendem Maße zur Produktion bereitgestellt werden können. Diese erforderlichen Ressourcen werden – sofern der Auftrag nicht sofort, sondern erst in Kürze abgearbeitet werden soll – reserviert. Außerdem wird festgestellt, ob alle benötigten Informationen, z. B. die produktionsbegleitenden Unterlagen wie Arbeitspläne, Materialentnahmescheine, Lohnscheine, Stücklisten etc., verfügbar sind.

Der Prozess der Auftragsfreigabe bildet somit die Schnittstelle von der planerischen Ebene, auf der zu jedem Zeitpunkt noch relativ einfach Veränderungen in Form von Mengenkorrekturen, Terminverschiebungen oder Abweichungen von der Maschinenbelegung erfolgen können, zur Ausführungsebene, auf der sämtliche Ressourcen bereits bereitgestellt oder reserviert sein müssen (z. B. Lagerentnahmen, ausgelöste Bestellungen) und auf der jede Änderung im Ablauf erhebliche Auswirkungen auf Kapazitätsauslastung, Kosten etc. nach sich ziehen kann.

2. Produktionsprogrammplanung

2.1 Aufgaben der Produktionsprogrammplanung

Im Rahmen der *Produktionsprogrammplanung* wird festgelegt, welche Erzeugnisse in welchen Mengen in welchen Zeiträumen und gegebenenfalls welcher zeitlichen Aufteilung hergestellt werden sollen. Die Programmplanung besitzt demnach einen *qualitativen*, einen *quantitativen* und einen *zeitlichen* Aspekt. Sie lässt sich in eine langfristig-strategische, eine mittelfristig-taktische und eine kurzfristig-operative Planung einteilen.

Die *strategische* Programmplanung bezieht sich auf die Frage, welche Produktfelder die Angebotspalette des Unternehmens generell umfassen soll. Entscheidungsvorbereitende und -unterstützende Instrumente bietet das Methodenrepertoire der Marktforschung und der strategischen Planung. Ziel der strategischen Programmplanung ist es, den Aufbau und die Sicherung langfristiger Erfolgspotenziale für Märkte und Programmfelder, in denen das Unternehmen tätig sein will, zu gewährleisten. Dazu gehört neben der Untersuchung der Marktattraktivität, der Markt- und Absatzchancen, der Lebenszyklusanalyse auch eine abgestimmte Marketing- und Innovationsstrategie.

Die *taktische* Programmplanung bezieht sich auf das im Rahmen einer Jahres- oder Mittelfristplanung erwartete Produktionsprogramm. Es erfolgt eine Konkretisierung der Produktpalette, die mittelfristig realisiert werden soll (Tiefe und Breite des Produktionsprogramms), der Produktionstiefe (Festlegungen zu den Fertigungsstufen und Zukaufteilen), der Varianten sowie der Produktionsmengen, für die Kapazitäten bereitgehalten werden müssen. Daraus lassen sich Vorgaben für die Investitionsplanung und für die Entscheidung Eigenfertigung oder Zukauf ableiten. Typische Instrumente im Rahmen der taktischen Programmplanung sind Investitionsrechnungen, die Kostenrechnung, Wertanalyse und Kreativitätstechniken. Die Planung muss mit anderen Teilplanungen wie Finanz-, Investitions-, Absatz- und Personalplanung abgestimmt werden.

Ergebnis der *kurzfristigen, operativen* Programmplanung ist das für einen definierten und überschaubaren Zeitraum, z. B. eine Woche, einen Monat oder ein Quartal, festgelegte, nach Art und Mengen konkretisierte Produktionsprogramm. Hierzu kommen insbesondere die Deckungsbeitragsrechnung und die lineare Optimierung zum Einsatz. Bei der Ermittlung des kurzfristigen Produktionsprogramms müssen in der Regel verschiedenartige Aspekte simultan betrachtet werden. Das Produktionsprogramm wird durch Gewinn- und Risikoerwartungen, finanz- und absatzwirtschaftliche Rahmenbedingungen, aber auch durch kapazitative Restriktionen beeinflusst.

Die Probleme der operativen Produktionsprogrammplanung sind stark vom Typ der Programmbildung (auftragsorientiert, marktorientiert) und vom Leistungstyp der Fertigung (Einzelfertigung auf der einen Seite, Massen-, Sorten- und Serienfertigung auf der anderen Seite) abhängig. Bei Kundenaufträgen beispielsweise pflegt man umsatzstarke Stammkunden („A-Kunden") im Vergleich zu B- und C-Kunden, von denen nur gelegentlich Aufträge verbucht werden, bevorzugt zu berücksichtigen. Kundenaufträge sind bei der Einzelfertigung normalerweise nur als Ganzes, d. h. mit einer vorab definierten Stückzahl, anzunehmen oder abzulehnen (Ja-/Nein-Entscheidung auf der Basis des Deckungsbeitrags). Bei Fertigung auf Lager können dagegen die herzustellenden Mengen innerhalb einer gewissen Bandbreite festgelegt werden, wobei häufig verschiedene Produkte um knappe Fertigungskapazitäten konkurrieren. In diesen Fällen gilt es die Zusammensetzung des Produktionsprogramms auf der Grundlage von Deckungsspannen (Stückdeckungsbeiträgen) festzulegen. Grundsätzlich ist in Abhängigkeit von der spezifischen Entscheidungssituation die jeweils adäquate Ausprägung der Deckungsbeitragsrechnung anzuwenden. Dabei können im Einzelfall Verbundeffekte innerhalb des Programms zu berücksichtigen sein: Ein Produkt kann ein vom Kunden gewünschtes Sortiment abrunden und damit den Absatz des eigentlichen Erlösträgers fördern oder erst ermöglichen. Computerhersteller beispielsweise bieten oft schon deshalb auch Peripheriegeräte (Drucker usw.) an, weil Kunden vielfach alles von einem Hersteller kaufen wollen. Allerdings können diese Produkte auch fremdbezogen und unter dem eigenen Handelsnamen vertrieben werden – ein Beispiel, das zugleich den engen Zusammenhang zwischen Produktions- und Absatzprogrammplanung verdeutlicht (vgl. auch Teil E. I. 2.).

2.2 Lösungsansätze zur Bildung von kurzfristigen Produktionsprogrammen

Die im Folgenden vorgestellten Optimierungsmodelle der kurzfristigen Programmplanung setzen die eingesetzten Fertigungstechnologien und die Kapazität der Produktionseinrichtungen als unveränderliches Planungsdatum voraus. Die Prämisse entspricht nicht immer der Realität, da z. B. durch Überstunden und andere Anpassungsmaßnahmen auch die Kapazität kurzfristig zur Disposition stehen kann. Unter Berücksichtigung dieser und weiterer Prämissen wird das Produktionsprogramm gesucht, das den Gesamtgewinn der Planperiode maximiert.

Als Optimierungskriterium fungiert in der Regel nicht der Stückgewinn; denn der auf Vollkostenbasis berechnete Stückgewinn kann zu nicht-optimalen Programmentscheidungen führen. Der Grund dafür liegt in zwei Besonderheiten der fixen Kosten (vgl. Kap. A. III. 2.3 und B. I.):

1. Die fixen Kosten werden durch die Programmentscheidung der Planperiode meist nicht berührt und sind daher für die Entscheidung irrelevant.
2. Die fixen Kosten sind großenteils Gemeinkosten und als solche den Produkten nicht oder zumindest nicht verursachungsgerecht zurechenbar.

BEISPIEL ▶ Zur Erläuterung mag folgendes *Beispiel* dienen. Ein Unternehmen stellt von 3 Produktarten a, b, c je ein Enderzeugnis her. Produkt a erwirtschaftet einen Gewinn von 100 €, Produkt b von 80 €, und Produkt c verursacht einen Verlust in Höhe von 60 €. Der Gesamtgewinn beträgt also 120 €. Eine Analyse aufgrund der Selbstkostenansätze müsste zu der Entscheidung führen, die Produktion von c einzustellen. Der Gewinn würde dadurch auf 180 € ansteigen. Eine Analyse des Kostenblocks von c könnte aber ergeben, dass die Gesamtkosten von c in Höhe von 250 € aus 150 € fixen und 100 € variablen Kosten bestehen. Da kurzfristig die fixen Kosten nicht zu beeinflussen sind, erhöht sich durch diese Entscheidung der Gesamtgewinn nicht auf 180 €, sondern sinkt auf 30 €.

Um Fehlentscheidungen dieser Art zu verhindern, müssen statt der Stückgewinne daher im Planungsprozess die auf den *entscheidungsbedeutsamen* Teilkosten beruhenden Deckungsbeiträge pro Stück (je nach Entscheidungssituation die Gesamtdeckungsbeiträge oder die Deckungsspannen pro Engpasszeiteinheit) herangezogen werden. Deckungsbeitrag und Deckungsspanne sind folgendermaßen definiert:

Deckungsbeitrag [GE/ZA] = Erlös − variable Kosten

KAPITEL D — Der Produktionsprozess
Teil III

Deckungsbeitrag pro Stück (Deckungsspanne) [GE/LE] = Stückerlös − variable Stückkosten

Jedes Produkt mit einer positiven Deckungsspanne leistet einen Beitrag zur Deckung des Fixkostenblocks und erhöht infolgedessen den Gesamtgewinn bzw. mindert einen Verlust. Ein Produkt mit einem Deckungsbeitrag von Null bleibt ohne Auswirkung auf das Betriebsergebnis, ein negativer Deckungsbeitrag mindert den Gewinn.

2.2.1 Ermittlung des gewinnmaximalen Produktionsprogramms ohne Kapazitätsbeschränkungen

Reicht die Fertigungskapazität in der Planperiode aus, um die gewünschten Fertigungsmengen, die sich beispielsweise aus den Absatzschätzungen ergeben, zu produzieren, so bleibt der Deckungsbeitrag oder die Deckungsspanne das entscheidende Optimierungskriterium. Erzeugnisse mit einem positiven Deckungsbeitrag werden gefertigt, alle anderen Produkte aus dem Programm gestrichen, sofern nicht andere Entscheidungskriterien (vgl. D. III. 2.1) in Ausnahmefällen aus absatzpolitischen Erwägungen auch die Erzeugung von Produkten mit negativen Deckungsbeiträgen geraten erscheinen lassen.

Die Zielsetzung lautet Maximierung des Deckungsbeitrags. Daraus resultiert folgende Zielfunktion:

$$D(x) = \sum_{j=1}^{n} d_j \cdot x_j \rightarrow \max.! \Rightarrow d_j > 0$$

d_j = Deckungsspanne des Produktes j
x_j = Menge des Produktes j

Da definitionsgemäß keine Faktorbeschränkungen existieren, sind keine Nebenbedingungen zu formulieren.

2.2.2 Ermittlung des gewinnmaximalen Produktionsprogramms bei Kapazitätsbeschränkungen

Reicht die Kapazität nicht aus, um sämtliche Aufträge zu bearbeiten, dann muss die Deckungsbeitragsanalyse modifiziert werden. Entscheidend sind nicht mehr die Deckungsspannen, sondern die Gesamtdeckungsbeiträge. *Beispiel*: Ein Möbelhersteller stelle zwei Schranktypen, einen Schlafzimmer- und einen Wohnzimmerschrank her. Der Schlafzimmerschrank erbringt einen Stückdeckungsbeitrag von 300 €, der Wohnzimmerschrank von 500 €. Die Analyse ist erst dann vollständig, wenn die aufgrund des Engpasses möglichen Herstellmengen einbezogen werden. Lassen sich vom Schlafzimmerschrank 100 oder alternativ vom Wohnzimmerschrank 50 Stück in der Planperiode produzieren, so ergibt das einen Gesamtdeckungsbeitrag von 25.000 € für den Wohnzimmerschrank im Vergleich zu 30.000 € für den Schlafzimmerschrank. Wie das Beispiel zeigt, führt die Planung mit Hilfe der Deckungsbeiträge pro Stück bei Kapazitätsbeschränkungen nicht zum optimalen Produktionsprogramm, wenn die Produkte die Engpasskapazitäten in unterschiedlichem Maße beanspruchen.

Ein Engpassaggregat

Sofern in der Fertigung nur *ein* Kapazitätsengpass vorliegt, können zur optimalen Ausnutzung der knappen Produktionszeiten die Deckungsbeiträge pro Stück auf die pro Stück benötigten Fertigungszeiten der Engpasseinheit bezogen werden (relative Deckungsspanne). Die sich daraus ergebende Rangreihe der relativen Deckungsspannen bildet die Fertigungsprioritäten der einzelnen Erzeugnisse ab.

Auch hier lautet die Zielfunktion

$$D(x) = \sum_{j=1}^{n} d_j \cdot x_j \rightarrow \max.!,$$

wobei allerdings folgende Kapazitätsrestriktion als Nebenbedingung zu beachten ist:

$$\sum_{j=1}^{n} a_{ej} \cdot x_j \leq K_e$$

a_{ej} = Einsatz des e-ten Produktionsfaktors (Engpassaggregat) zur Erzeugung einer Einheit des j-ten Artikels (Produktionskoeffizient),
K_e = Kapazitätsgrenze des e-ten Produktionsfaktors.

Abb. 146 zeigt ein Beispiel für die Ermittlung der relativen Deckungsspanne.

ABB. 146: Ermittlung der relativen Deckungsspanne bei einem Engpassaggregat			
	\multicolumn{3}{c}{Erzeugnis}		
	A	B	C
Verkaufspreis pro Stück (€/Stück)	130	80	96
Variable Kosten pro Stück (€/Stück)	64	53	41
Deckungsspanne (€/Stück)	66	27	55
Fertigungszeit auf dem Engpassaggregat (min./Stück)	11	3	6,5
relative Deckungsspanne (€/min.)	6	9	8,5

Für den Fall, dass das Engpassaggregat in der Planperiode eine maximale Fertigungskapazität von 75.000 Minuten aufweist und die geschätzten Absatzmengen von A 2.000 Stück, von B 13.300 Stück und von C 4.000 Stück betragen, ergibt sich folgendes Produktionsprogramm:

Erzeugnis B: 13.300 Stück
Erzeugnis C: 4.000 Stück
Erzeugnis A: 827 Stück

Der Deckungsbeitrag des gewinnmaximalen Produktionsprogramms beträgt 633.682 €. Dabei wird unterstellt, dass die Aufträge beliebig teilbar sind.

Mehrere Engpassaggregate

Wenn mehrere oder je nach Auftragssituation wechselnde Engpässe vorliegen, lässt sich die Analyse nicht mehr mit Hilfe der relativen Deckungsspanne durchführen. In diesem Fall muss eine simultane Planung erfolgen. Dazu kann die *lineare Optimierungsrechnung* eingesetzt werden.[46] Bei der linearen Optimierung geht es darum, eine lineare Zielfunktion, z. B. die Funktion der Deckungsbeiträge aller Produkte, unter Beachtung der den Lösungsraum einschränkenden Nebenbedingungen zu maximieren bzw. minimieren. Die Nebenbedingungen resultieren im Fall der Programmplanung vor allem aus Kapazitäts- und Absatzbeschränkungen, aber auch aus finanzwirtschaftlichen Restriktionen u. Ä. Lineare Optimierungsprobleme werden mit Hilfe der *Simplex-Methode*[47] gelöst. Zur Berechnung komplexer Planungsprobleme stehen Softwarelösungen zur Verfügung.

Die Simplex-Methode soll an folgendem Beispiel erläutert werden.

Ein Unternehmen stellt die Produkte 1, 2 und 3 her. Die Fertigung erfolgt auf vier Maschinen A, B, C, D. Die Belastung der Fertigungseinrichtungen durch die Produkte und die Gesamtkapazität der Maschinen zeigt Abb. 147.

ABB. 147:	Stückzeiten der Erzeugnisse und Kapazitätsangebot			
Maschinen	Stückzeiten der Erzeugnisse auf den Maschinen (Std./Stück)			Kapazität (Std./Woche)
	1	2	3	
A	4	4	2	40
B	6	2	0	50
C	2	6	3	70
D	0	4	8	60

Die Deckungsspannen d betragen

für Produkt 1:   10 GE/Stück
für Produkt 2:   8 GE/Stück
für Produkt 3:   5 GE/Stück

Mit diesen Angaben lässt sich ein Optimierungsmodell zur Maximierung des Deckungsbeitrags, bestehend aus der *Zielfunktion*, den *Kapazitätsbeschränkungen* und *Nichtnegativitätsbedingungen*, erstellen. Aus der allgemeinen Zielfunktion

$$D(x) = \sum_{j=1}^{n} d_j \cdot x_j \rightarrow \text{max.!}$$ lässt sich in diesem Beispiel die konkrete Zielfunktion

$z = 10x_1 + 8x_2 + 5x_3 \rightarrow$ max.! ableiten.

---

46 Zur linearen Optimierung (Programmierung) vgl. etwa Runzheimer/Cleff/Schäfer (1996), S. 9 ff., Zimmermann/Stache (2001), S. 48 ff., Bloech u. a. (2004), S. 156 ff.
47 Der Simplex-Algorithmus wurde von G. B. Dantzig (1914–2005) entwickelt.

Allgemein werden die Kapazitätsrestriktionen wie folgt formuliert:

$$\sum_{j=1}^{n} a_{ij} \cdot x_j \leq K_i \ (i = 1, 2, \ldots n)$$

mit
- $i =$ Index der knappen Produktionsfaktoren und $j =$ Index der Produkte,
- $a_{ij} =$ Produktionskoeffizient des j-ten Produktes auf dem i-ten Produktionsaggregat,
- $K_i =$ Kapazität des i-ten Produktionsfaktors.

Die Kapazitätsrestriktionen des Beispiels (Abb. 147) lassen sich als Ungleichungen formulieren:

$$4x_1 + 4x_2 + 2x_3 \leq 40$$
$$6x_1 + 2x_2 + 0x_3 \leq 50$$
$$2x_1 + 6x_2 + 3x_3 \leq 70$$
$$0x_1 + 4x_2 + 8x_3 \leq 60$$

Da keine negativen Produktmengen auftreten dürfen, gilt $x_j \geq 0$ (Nichtnegativitätsbedingung).

Durch Einführung von nichtnegativen *Schlupfvariablen* x_4, x_5, x_6, x_7 lassen sich die Ungleichungen in ein Gleichungssystem überführen. Die Schlupfvariablen zeigen an, in welchem Umfang die Größen der rechten Gleichungsseiten (Kapazitäten) bei einem bestimmten Programm ungenutzt bleiben.

$$4x_1 + 4x_2 + 2x_3 + x_4 = 40$$
$$6x_1 + 2x_2 + 0x_3 + x_5 = 50$$
$$2x_1 + 6x_2 + 3x_3 + x_6 = 70$$
$$0x_1 + 4x_2 + 8x_3 + x_7 = 60$$

Der Rechengang erfolgt im so genannten Simplextableau, in welches die Koeffizienten sämtlicher Gleichungen eingetragen werden (vgl. Abb. 148).

ABB. 148:   Simplextableau I (Ausgangstableau)

i \ j	x_1	x_2	x_3	x_4	x_5	x_6	x_7	
x_4	4	4	2	1	0	0	0	40
x_5	[6]	2	0	0	1	0	0	50 ← Pivotzeile
x_6	2	6	3	0	0	1	0	70
x_7	0	4	8	0	0	0	1	60
z	-10	-8	-5	0	0	0	0	0 ← Zielfunktionszeile

↑ Pivotzeile   [6] = Pivotelement   ↑ Ergebnisspalte

Das Tableau enthält zeilenweise die Restriktionen, die Zielfunktionszeile, die Schlupfvariablen im rechten Teil der Matrix und die Ergebnisspalte.

Die Elemente der Zielfunktionszeile sind mit negativen Vorzeichen versehen. Sie lassen sich als entgangene Deckungsbeiträge interpretieren, die entstehen, wenn das zugehörige Produkt nicht im Programm erscheint.

Die Elemente x_i stellen die *Basisvariablen* dar, die den Lösungsraum des Optimierungsmodells angeben. Im Verlauf des Algorithmus werden solange *Nichtbasisvariablen* $x_j = 0$ in die Lösung aufgenommen, also in Basisvariablen umgewandelt, bis alle Elemente der Zielfunktionszeile einen positiven Wert angenommen haben. Mit Hilfe *elementarer Zeilentransformationen* (modifizierter Gaußscher Algorithmus) werden die einzelnen Zeilen so umgeformt, dass in den Spalten der – im Zuge des Austausches der Nichtbasisvariablen – neu aufgenommenen Basisvariablen Einheitsvektoren entstehen. Die Werte der Basisvariablen lassen sich unmittelbar in der Ergebnisspalte ablesen.

Die Ausgangslösung lautet:

$$x_4 = 40 \text{ (Std./Woche)}, \quad x_5 = 50 \text{ (Std./Woche)}, \quad x_6 = 70 \text{ (Std./Woche)},$$
$$x_7 = 60 \text{ (Std./Woche)} \text{ mit } Z = 0 \text{ (GE)}.$$

Der weitere Ablauf des Verfahrens wird durch folgende *Rechenschritte* geprägt (dabei handelt es sich um eine von mehreren möglichen Varianten):

1. Wähle die Spalte mit dem kleinsten Wert in der Zielfunktionszeile (*Pivotspalte*, hier Spalte x_1, da $-10 < -8 < -5$).

2. Wähle die Zeile, bei der der Quotient aus dem Koeffizienten in der Ergebnisspalte und dem Koeffizienten in der Pivotspalte den geringsten positiven Wert annimmt (*Pivotzeile*, hier x_5, die einzelnen Quotienten lauten: $40/4 = 10$; $50/6 = 8^{1}/_{3}$; $70/2 = 35$; $60/0$).

3. Die Basisvariable der Pivotzeile wird aus der Lösung entfernt und die Nichtbasisvariable der Pivotspalte in die Lösung aufgenommen.

4. Es werden elementare Zeilenoperationen zur Bestimmung der Basislösung durchgeführt:

   a) Die Koeffizienten der Pivotzeile werden durch das Pivotelement dividiert, damit das Pivotelement den Wert 1 annimmt (im Beispiel muss die Pivotzeile durch 6 dividiert werden).

   b) Um die übrigen Koeffizienten der Pivotspalte auf den Wert Null zu bringen, werden die Zeilen nach folgender Rechenregel umgeformt:

$$\frac{\text{Koeffizient der}}{\text{neuen Zeile}} = \frac{\text{Koeffizient der}}{\text{alten Zeile}} - \left(\text{Zeilenkoeffizient in der alten Pivotspalte} \cdot \frac{\text{Koeffizient der alten Pivotzeile}}{\text{Pivotelement alt}} \right)$$

Planung und Steuerung

KAPITEL D
Teil III

BEISPIEL

$$x_{(4/1)\text{Tab.II}} = x_{(4/1)\text{Tab.I}} - x_{(4/1)\text{Tab.I}} \cdot \frac{x_{(5/1)\text{Tab.I}}}{x_{(5/1)\text{Tab.I}}}$$

$$0 = 4 - 4 \cdot \frac{6}{6}$$

$$x_{(4/2)\text{Tab.II}} = x_{(4/2)\text{Tab.I}} - x_{(4/1)\text{Tab.I}} \cdot \frac{x_{(5/2)\text{Tab.I}}}{x_{(5/1)\text{Tab.I}}}$$

$$\frac{8}{3} = 4 - 4 \cdot \frac{2}{6}$$

ABB. 149: Simplextableau II

i \ j	x_1	x_2	x_3	x_4	x_5	x_6	x_7	C
x_4	0	8/3	[2]	1	-2/3	0	0	20/3 ←
x_1	1	1/3	0	0	1/6	0	0	25/3
x_6	0	16/3	3	0	-1/3	1	0	160/3
x_7	0	4	8	0	0	0	1	60
z	0	-14/3	-5	0	5/3	0	0	250/3

                      ↑

Nach zwei Rechenoperationen erhält man das in Tableau III dargestellte Ergebnis. Da alle Werte der Zielfunktionszeile positiv sind, ist das Optimum erreicht.

ABB. 150: Simplextableau III (Endtableau)

i \ j	x_1	x_2	x_3	x_4	x_5	x_6	x_7	C
x_3	0	4/3	1	1/2	-1/3	0	0	10/3
x_1	1	1/3	0	0	1/6	0	0	25/3
x_6	0	4/3	0	-3/2	2/3	1	0	130/3
x_7	0	-20/3	0	-4	8/3	0	1	100/3
z	0	2	0	5/2	0	0	0	100

Das Ergebnis lässt sich folgendermaßen interpretieren: Das optimale Programm umfasst die Produktion von $x_1 = \frac{25}{3}$ Stück, $x_2 = 0$ und $x_3 = \frac{10}{3}$ Stück in der Planperiode mit einem maximalen Deckungsbeitrag von 100 GE. Die Lösung ist allerdings nicht ganzzahlig, sodass entweder auf die nächste ganzzahlige Lösung zu runden ist, wodurch man sich vom Optimum entfernt, oder es müssen zur Erzielung ganzzahliger optimaler Kombinationen ergänzende Algorithmen der ganzzahligen Optimierung herangezogen werden (z. B. Gomory-Algorithmus[48]). Dem Tableau lässt sich außerdem entnehmen, dass die Maschine C eine nicht genutzte Restkapazität von $\frac{130}{3}$ Std./Woche und D von $\frac{100}{3}$ Std./Woche hat.

Da das Endtableau in einer Spalte, die zu einer Nichtbasisvariablen gehört, eine Null in der Zielfunktionszeile aufweist (Spalte 5), existieren noch weitere (unendlich viele) optimale Lösungen.[49] In diesem Fall gehört mit x_1 = 8 Stück, x_2 = 0 Stück und x_3 = 4 Stück auch (mindestens) eine ganzzahlige optimale Lösung dazu.

2.2.3 Ermittlung des gewinnmaximalen Produktionsprogramms unter Berücksichtigung der Fremdvergabe von Produktionsaufträgen

Das folgende Entscheidungsmodell berücksichtigt nur die in der operativen Programmplanung zu beachtenden monetären Faktoren. Bei Fremdbezug muss der volle Einstandspreis einschließlich sonstiger Kosten (Transport, Versicherung) angesetzt werden. Bei Eigenfertigung sind als Vergleichskriterien nur die zusätzlich entstehenden (bzw. entfallenden) variablen Kosten entscheidungsbedeutsam, soweit keine zusätzlichen fixen Kosten anfallen.

Die Ermittlung des aktuellen optimalen Programms bei Vorliegen eines Kapazitätsengpasses sei an einem *Beispiel* verdeutlicht. Das potenzielle Produktionsprogramm eines Unternehmens umfasst vier Produkte A, B, C, D, von denen A, B und D auch fremdbezogen werden können. Die Produktions- und Absatzdaten enthält Abb. 151. Die Kapazität der Planperiode beträgt 4.400 min.

ABB. 151:	Produktions- und Absatzdaten				
Produkt	Verkaufspreis pro Stück (€/Stück)	Variable Stückkosten		Zeitbedarf bei Eigenfertigung im Engpassbereich (min./Stück)	Absatzgrenze (Stück)
		Eigen-fertigung (€)	Fremd-bezug (€)		
A	400	250	350	5	400
B	350	100	150	10	250
C	160	60	–	2	1.000
D	275	150	140	8	800

Alle Produkte mit positiven Deckungsspannen bei Fremdbezug werden in jedem Fall in das Absatzprogramm aufgenommen. Entscheidungsbedeutsam für das Produktionsprogramm ist die *Differenz der Deckungsspanne* bei Eigenfertigung und Fremdbezug der einzelnen Produkte. Nur diese könnte durch Eigenherstellung zusätzlich realisiert werden. Bezogen auf die Engpassbelastung durch die jeweiligen Produkte stellt diese Differenz das die Eigenfertigungspriorität angebende Kriterium dar (s. dazu Abb. 152).

---

[48] Vgl. Müller-Merbach (1973), S. 370 ff.
[49] Die hier vorliegende Mehrdeutigkeit der optimalen Lösung ist einer von mehreren Sonderfällen, die bei der Anwendung der Simplexmethode auftreten können; vgl. hierzu etwa Runzheimer/Cleff/Schäfer (1996), S. 35 f., Bloech u. a. (2004), S. 169.

ABB. 152:	Ermittlung der relativen Deckungsspannendifferenz					
Produkt	Deckungsspanne		Differenz der Deckungsspannen (€/Stück)	Engpass-belastung (min./Stück)	relative Deckungsspan-nendifferenz (€/min)	Rangfolge für Eigenfertigung
	Eigen-fertigung (€/Stück)	Fremdbezug (€/Stück)				
	(1)	(2)	(3) = (1) − (2)	(4)	(5) = (3) : (4)	(6)
A	150	50	100	5	20	2
B	250	200	50	10	5	3
C	100	–	100	2	50	1
D	125	135	-10	8	–	–

Produkt D wird in vollem Umfang fremdbezogen, da dies einen höheren Deckungsbeitrag als die Eigenfertigung erbringt. Die Produkte A, B, C werden in der angegebenen Reihenfolge (6) solange eingeplant, bis die Gesamtkapazität von 4.400 Fertigungsminuten ausgeschöpft ist. Das Absatzprogramm sieht daher folgendermaßen aus:

C: 1.000 Stück (Eigenfertigung)
A: 400 Stück (Eigenfertigung)
B: 40 Stück (Eigenfertigung)
B: 210 Stück (Fremdbezug)
D: 800 Stück (Fremdbezug)

Der Deckungsbeitrag dieses Programms beträgt 320.000 €.

Sofern mehrere Produktionsengpässe vorliegen, müssen wieder Modelle der linearen Optimierung eingesetzt werden. Hierauf soll aber nicht weiter eingegangen werden; es sei lediglich auf die einschlägige Literatur verwiesen.[50]

3. Strategische und taktische Produktionsplanung

3.1 Aufgaben im Überblick

Im Rahmen der strategisch-taktischen Fertigungsplanung werden vor dem eigentlichen Leistungserstellungsprozess alle Verfahren, Methoden, Abläufe, Materialien usw. festgelegt, die zur Durchführung der Fertigung erforderlich sind. Einige Planungsaktivitäten sollen im Folgenden kurz erläutert werden.

3.1.1 Fertigungsablaufplanung

Bei der Fertigungsablaufplanung werden die Fertigungsverfahren, die einzelnen Arbeitsgänge und die Arbeitsabläufe für die Erstellung einzelner Werkstücke vorausschauend bestimmt. Dazu müssen für jeden Arbeitsgang die benötigten Fertigungseinrichtungen und Hilfsmittel festgelegt werden. Außerdem sind mögliche Verfahrensalternativen zu bestimmen und zu vergleichen. Die Aktivitäten der Fertigungsablaufplanung münden in die Erstellung des Arbeitsplans.

---

[50] Vgl. Jacob (1990), S. 527 ff.

Die *Planung der Fertigungsverfahren* hat nach technischen und nach wirtschaftlichen Erwägungen zu erfolgen. Sie hat sich einerseits an den vorhandenen Fertigungseinrichtungen zu orientieren, andererseits ist die zukünftige Entwicklung der Fertigungstechnik in die Überlegungen einzubeziehen. Die einzelnen Arbeitsgänge müssen zu einer Arbeitsgangfolge kombiniert werden. Dabei ist insbesondere zu prüfen, welche Arbeitsgänge sukzessive ausgeführt werden müssen und welche parallel erfolgen können. Aus der Planung der Arbeitsgangfolgen können Transportpläne entwickelt werden.

Im Zuge der *Transportplanung* werden die Transportmittel und -strecken für den Durchlauf der Erzeugnisse durch die Fertigung festgelegt. Besonders bei der Einzel- und Kleinserienfertigung nach dem Werkstättenprinzip bereitet die Transportplanung wegen der ständig variierenden Anforderungen (Transportwege, -kapazitäten) große Probleme und kann insofern nur zu groben Festlegungen führen, die in der operativen Planungs- und der Steuerungsphase zu konkretisieren sind. Bei der Fließfertigung kommt der taktischen Planung, die in diesem Fall einen vergleichsweise großen Detaillierungsgrad besitzt, besondere Bedeutung zu, da der Betrieb beispielsweise an eine Leistungsabstimmung längerfristig gebunden ist und in der laufenden Produktion keine Korrekturen mehr vorgenommen werden können.

Mit Hilfe der Arbeitspläne und der Transportpläne kann die Planung der Durchlaufzeiten erfolgen. Während die Bearbeitungs- und die Transportzeiten weitgehend technologisch determiniert sind und daher verhältnismäßig zuverlässig geplant werden können, gilt dies für die Übergangszeiten im Werkstättensystem, d. h. insbesondere für die Auftragswartezeiten, nicht. In der Praxis zieht man für die Planung dieser Anteile an der Durchlaufzeit üblicherweise Durchschnittswerte der Vergangenheit heran. In der Durchführungsphase streuen aber die tatsächlichen Durchlaufzeiten in Abhängigkeit vom aktuellen Kapazitätsnutzungsgrad sehr stark, sodass Plandurchlaufzeiten auf Durchschnittsbasis als problematisch anzusehen sind.

Eine weitere Problemstellung, die im Rahmen der strategisch-taktischen Produktionsplanung gelöst werden muss, ist die Entscheidung über *Eigenfertigung oder Fremdbezug* von Erzeugnissen und Einzelteilen. Sie gehört zu den grundlegenden betrieblichen Problemen und gewinnt im Zuge der Globalisierung der Märkte immer mehr an Bedeutung. Außer den reinen Kostenwirkungen, die im operativen Bereich im Vordergrund stehen, ist auf längere Sicht eine Reihe von nicht-monetären Aspekten zu berücksichtigen. Dazu gehören beispielsweise Qualitätsanforderungen, Prestige, Schutzrechte, Lagerrestriktionen u. a. m. (vgl. Abb. 153).

Planung und Steuerung

KAPITEL D

Teil III

ABB. 153: Entscheidungskriterien der Wahl zwischen Eigenfertigung und Fremdbezug

Entscheidungskriterien 1. Ordnung: Vorentscheidung (ohne Wahlmöglichkeit)

Für Eigenfertigung	Für Fremdfertigung

(1) Geheimhaltung
(2) Unmöglichkeit der externen Abwicklung (z. B. fehlende Lieferanten, nicht transportierbare Beschaffungsobjekte)
(3) Qualitätsanforderungen fremd nicht erfüllbar
	(1) Bestehende Schutzrechte
	(2) Technisches Wissen (Forschung und Entwicklung) nicht verfügbar
	(3) Engpässe
	  a) finanzieller Art
	  b) personeller Art
	  c) fertigungstechnischer Art
	  d) räumlicher Art
	(4) Wirtschaftliche Stückzahlen (Mindestlosgrößen) nicht erreichbar
	(5) Qualitätsanforderungen selbst nicht erfüllbar

Entscheidungskriterien 2. Ordnung: Ökonomische Kriterien (Wahlmöglichkeit)

(1) Kostenvorteile (2) Rentabilitätsvorteile	(1) Kostenvorteile (2) Rentabilitätsvorteile

Entscheidungskriterien 3. Ordnung: Zusatzkriterien (schwer quantifizierbar)

(1) Unabhängigkeit/Sicherheit bezüglich
  ▶ Terminvorgaben
  ▶ Produktgestaltung
  ▶ Preispolitik usw.
(2) Prestige/Image
(3) Nutzung vorhandener Kapazitäten
(4) Nutzung des Erfahrungskurveneffekts
	(1) Geschäftspolitische Vorteile
	  ▶ mögliche Gegengeschäfte
	  ▶ Sortimentsgestaltung u. a. (Breite und Tiefe)
	(2) Minderung des mit dem technischen Fortschritt verbundenen Risikos
	(3) reduzierte oder entfallende Lagerhaltung (JiT-Belieferung)
	(4) Erfüllung gesetzlicher Vorschriften

3.1.2 Bedarfsplanung

Unter Bedarfsplanung werden im Wesentlichen die Planung der Produktionspotenziale Personal und Betriebsmittel sowie die Planung der Repetierfaktoren der Produktion, d. h. die Materialbedarfsplanung, verstanden.

Mittels der *Personalplanung* wird der für die Fertigung erforderliche Personalstand in quantitativer und qualitativer Hinsicht ermittelt. Die von der Fertigung gestellten Anforderungen an Kapazität und Fähigkeiten des Personals müssen mit den im Betrieb vorhandenen Ressourcen in Einklang gebracht werden. Der Schwierigkeitsgrad und der Umfang der Tätigkeiten lassen sich aus dem Arbeitsplan ableiten. Die Personalplanung bildet die Grundlage für alle erforderlichen Anpassungsmaßnahmen, z. B. Personalbeschaffung und -entwicklung.

Gegenstand der *Betriebsmittelplanung* ist die Festlegung von Art und Anzahl erforderlicher Betriebsmittel sowie die am Arbeitsablauf orientierte räumliche Anordnung der Fertigungseinrichtungen (Layout-Planung). Maschinenplanungen sind vor allem bei der Errichtung einer Fertigungsanlage, aber auch bei Betriebserweiterungen, -umstellungen und Verfahrensänderungen durchzuführen. Die Bedarfsplanung der übrigen Betriebsmittel, z. B. von Spezialwerkzeugen und sonstigen Fertigungshilfsmitteln, kann auch bei einzelnen Aufträgen erforderlich werden.

Ein weiterer Planungskomplex ist die Vorbereitung von Instandhaltungsmaßnahmen. Unter *Instandhaltung* versteht man alle Maßnahmen, die dazu dienen, die Funktionsfähigkeit (den Sollzustand) eines technischen Produktionssystems zu sichern oder wiederherzustellen oder den Istzustand zu beurteilen (s. Teil C. III. 6.).

Zu den Aufgaben der *Materialplanung* gehört es, den Materialbedarf nach Art, Menge und Qualität zu bestimmen. Materialarten und Rohabmessungen sind zumeist konstruktiv vorgegeben. Die Materialplanung hat dann zu prüfen, ob die vorgesehenen Materialien (Eigenschaften, Abmessungen) mit den zur Verfügung stehenden Fertigungsverfahren in technischer und wirtschaftlicher Hinsicht in Einklang zu bringen sind. Um durch optimale Ausnutzung der Rohmaterialien die Herstellkosten niedrig zu halten, muss der Verschnitt (Abfall) mit Hilfe entsprechender Optimierungsrechnungen minimiert werden. Weiterhin ist festzulegen, welche Materialarten auf Lager genommen werden sollen. Eine enge Zusammenarbeit mit dem Beschaffungs- und Lagerwesen ist deshalb erforderlich. Die Planung kann pro Fertigungseinheit, pro Auftrag oder für eine jährliche Bedarfsmenge erfolgen.

Ergänzend beinhaltet die Fertigungsplanung die Planung von Rationalisierungsmaßnahmen im Fertigungsbereich. In den folgenden Abschnitten werden einige besondere Probleme der Fertigungsplanung eingehender erläutert und entsprechende Planungsinstrumente vorgestellt.

3.2 Arbeitsplanung

Eine wichtige Informationsbasis für einen Großteil der Funktionen der Fertigungsvorbereitung ist der Arbeitsplan. Dieser enthält detaillierte Anweisungen zur Fertigung einzelner Erzeugnisse: Angaben zu den Arbeitsgängen, zu der Arbeitsgangfolge, zu den benötigten Fertigungseinrichtungen, den Werkzeugen, zu Vorgabezeiten, den erforderlichen Materialien usw. Die Aufstellung der Arbeitspläne erfordert viel Erfahrung, genaue Betriebskenntnis und kostenrechnerische Fähigkeiten. Arbeitspläne können auftragsbezogen oder auftragsunabhängig erstellt werden. Im ersteren Fall sind sie eine wichtige Informationsunterlage der Fertigungssteuerung, im zweiten Fall können sie der langfristigen Betriebsmittelplanung als Datenbasis bei der Planung der Ausstattung der Fertigung dienen.

Für die Arbeitsplanerstellung haben sich eine Reihe von Verfahren herausgebildet, wobei im Wesentlichen zu unterscheiden ist, ob die Pläne in derselben oder ähnlicher Form schon einmal entwickelt wurden oder ob es sich um eine Neuplanung handelt.[51] Die Arbeitsplanerstellung wird zumeist computergestützt durchgeführt. Dazu werden alle fertigungsbezogenen Angaben EDV-technisch gespeichert. Die Erfassung der Auftragsspezifika kann beispielsweise unter Zuhilfenahme von Entscheidungstabellen (Entscheidungstabellentechnik) erfolgen. Der Computer setzt im Anschluss alle Eingabedaten in auftragsbezogene Arbeitspläne um. Eine andere Vorgehensweise besteht analog zur Stücklistengenerierung darin, einzelne Grundarbeitspläne abzuspeichern und diese je nach Auftrag mit Variantenarbeitsplänen zu kombinieren.

---

51 Vgl. Eversheim/Steudel (1979), Sp. 138 ff.

Der Arbeitsplan gliedert sich üblicherweise in einen Kopfteil, der allgemeine Angaben über das Produkt enthält, einen Arbeitsgangteil mit den fertigungsspezifischen Informationen und einen Fußteil für verwaltungsorganisatorische Angaben. Die erforderlichen Daten sind von der Fertigungsstruktur und vom Verwendungszweck abhängig. Abb. 154 zeigt beispielhaft einen Arbeitsplan.

ABB. 154: Arbeitsplan (schematisiertes Beispiel)

Arbeitsplan		XYZ GmbH		Teile-Benennung: Kolbenring B Erzeugnis-Gruppe: II	
Teile-Nr. (Kostenträger) 2631708	Zeichnungs-Nr. B 12004	Stücklisten-Nr. B 1460		Auftrags-Nr. 005-634	Besteller
Auftragsmenge: 16.000	Fertigungsmenge: 17.000	Werkstoff: E 83	Abmessungen Innen: 52 Außen: 56 Höhe: 2		Fertigungsbeginn: _____ Fertigungsende: _____

Arb.-Gang Nr.	Kostenstelle	Maschinengruppe	Arbeitsgang	Betriebsmittel Werkzeuge	Lohngruppe	Rüstzeit	Vorgabezeit	Bemerkung
1	14	060	Vorschleifen Schleifmaß 2,01	Schleifscheibe 40	4	11,0	0,70	
2	14	070	Fertig Schleifen Schleifmaß 2,00	Schleifscheibe 45	4	18,0	0,80	
3	14	170	Waschen	C 14	2	5,0	2,60	
4	73	010	Sichtkontrolle Spiel 1 Kurve VB 42	Spannscheibe 60 B 311 Kalibervorr. 13 – 12	2	6,0	1,80	
5	18	230	Innen ausdrehen Wand 2,5 + 0,03	Drehbuchse 4612 Drehmeißel 11 – 12	5	22,0	9,25	
6	18	270	Seite fräsen Spiel 0,06 + 0,17	Fräsersatz B 42 – 001 Anschlag 12	5	17,0	13,20	
7	73	020	Endkontrolle	Kalibr.-Vorr. 13 – 08	5	5,0	4,10	

erstellt: _____ geprüft: _____ Bemerkungen: _____

Aus den Arbeitsplänen werden alle weiteren im Rahmen der Fertigungssteuerung benötigten *Auftragsunterlagen* abgeleitet. Dabei handelt es sich um

▶ Fertigungsaufträge (enthalten alle für die Fertigung wichtigen Arbeitsanweisungen und Auftragsangaben),
▶ Auftragsverfolgungskarten, Terminkarten (dienen zur Terminüberwachung des Arbeitsfortschritts und zur Fertigmeldung von Arbeitsprozessen),
▶ Materialentnahmescheine (dienen zur mengengerechten Materialentnahme aus dem Lager und als Abrechnungsunterlagen),
▶ Lohnscheine (dienen der auftragsbezogenen Lohnabrechnung, enthalten Angaben über Zeitvorgaben, Termine u. Ä.).

Außerdem gibt es je nach Bedarf eine Reihe von ergänzenden Begleitpapieren, wie Ausschussaufstellungen u. Ä., auf die hier nicht weiter eingegangen werden soll.

3.3 Durchlaufzeitenplanung (Fristenplanung)

Die Aufgabe der Fristenplanung liegt in der vorbereitenden Bestimmung der Fertigungszeiten eines Erzeugnisses unabhängig von einem bestimmten Auftrag, einer terminlichen Fixierung oder einer speziellen Kapazitätsbelastung. Die Ergebnisse der Durchlaufzeitenplanung sind für die Terminplanung und die Maschinenbelegung von Bedeutung, sie werden aber auch in der Kostenrechnung benötigt.

Der Begriff der *Durchlaufzeit* eines Auftrags ist in der Literatur nicht eindeutig definiert. Aus Kundensicht entspricht die Durchlaufzeit der Zeitspanne zwischen der Bestellung beim Lieferanten und der Bereitstellung im Lager des Kunden. Aus Sicht der Produktionsabteilung des Herstellers handelt es sich bei der Durchlaufzeit um die Periode, die zwischen der Einlastung des Auftrags in die Fertigung und der Ablieferung im Auslieferungslager liegt. Dabei wäre noch zu definieren, ob die Durchlaufzeit mit der Bestellung des Materials im Lager, der Bereitstellung eben dieses Materials an der Fertigungsstation oder der Auftragsfreigabe beginnt. Die Sicht der einzelnen Fertigungsbereiche wiederum bezieht sich nur auf die Zeitspanne zwischen Ankunft des Materials im eigenen Fertigungsbereich und Bereitstellung der bearbeiteten Materialien für die folgenden Fertigungsstationen.

Die Durchlaufzeit ist situationsspezifisch dem Betrachtungsobjekt und Analysezweck entsprechend zu definieren. Im Folgenden wird unter der Durchlaufzeit eines Fertigungsauftrags die Zeitspanne vom Fertigungsbeginn (Materialausgabe) bis zur Ablieferung des hergestellten Produkts verstanden.

Zur Planung der Durchlaufzeiten muss zunächst die fertigungsgerechte (technologische) Bearbeitungsreihenfolge bekannt sein. Darauf aufbauend wird das gesamte Zeitgerüst bestimmt. Dabei sind sämtliche Zeitverbräuche zu erfassen, die durch die Fertigung verursacht werden, also Bearbeitungszeiten an den einzelnen Maschinen und Arbeitsplätzen einschließlich Rüstzeiten für die Umrüstung von Fertigungseinrichtungen, Transportzeiten, Kontrollzeiten und fertigungsbedingte Liegezeiten. Zu den fertigungsbedingten Liegezeiten gehören die Zeiten für das Abkühlen und Trocknen, den Spannungsabbau in Gussteilen u. Ä. Außerdem sind die organisatorisch bedingten Wartezeiten vor den Transport- oder Fertigungseinrichtungen und in Zwischenlagern zu berücksichtigen. Von der Durchlaufzeit ist die Gesamtbearbeitungszeit zu unterscheiden. Letztere bezieht sich nur auf die wertschöpfenden Prozesse an den Arbeitsobjekten, d. h. nur auf die reinen Bearbeitungs-, Transport- und fertigungsbedingten Liegezeiten. Die Gesamtbearbeitungszeit lässt sich im einfachsten Fall durch Addition der Teilarbeitszeiten aus dem Arbeitsplan ermitteln.

Abb. 155 zeigt die Ergebnisse einer empirischen Untersuchung zu den Durchlaufzeiten in der Einzel- und Kleinserienfertigung der Metall verarbeitenden Industrie.

ABB. 155:	Zusammensetzung der Durchlaufzeit	
▶ Bearbeitungszeit		10 %
▶ Transportzeit		2 %
▶ Kontrollzeit		3 %
▶ Liegezeit		85 %
davon:		
▶ Lagerungszeit		5 %
▶ arbeitsablaufbedingte Liegezeit		75 %
▶ störungsbedingte Liegezeit		3 %
▶ durch den Menschen bedingte Liegezeit		2 %

(nach Stommel (1976), S. 143)

Die Ermittlung der einzelnen Teilzeiten mit Ausnahme der ablaufbedingten Liegezeiten kann durch Zeitaufnahmen (z. B. REFA-Zeitaufnahme), durch Systeme vorbestimmter Zeiten (z. B. MTM-Verfahren), durch Multimomentaufnahmen, durch Schätzen oder durch eine rechnerische Ermittlung der Prozesszeiten erfolgen (vgl. Teil C. II. 4.4).

Der Zeitbedarf und die Folge der Arbeitsschritte zur Fertigung eines Teils werden im so genannten *Fristenplan* niedergelegt. Der Fristenplan muss auf die besonderen Bedingungen des Unternehmens zugeschnitten werden. Wo ein möglicher Zeitmehrbedarf zu besonderen Problemen in der Fertigung führen kann, müssen Sicherheitszuschläge berücksichtigt werden. Beim Anlauf neuer Serien ist der fehlende Übungseffekt, der sich erst im Laufe der Zeit einstellt (Lernkurve), angemessen einzuplanen.[52]

Die Fristenplanung dient als Grundlage der Terminplanung. Unter Berücksichtigung der vorhandenen Kapazitäten lassen sich darauf aufbauend die Lieferfristen der einzelnen Erzeugnisse bestimmen. Die Aufstellung des Fristen- oder Durchlaufzeitenplans erfolgt in der Regel in Form eines Balkendiagramms oder mit Hilfe von Netzplänen. Die Ausführungen zur Durchlaufzeitenplanung lassen die Problemstellung erkennen, die sich daraus für die nachfolgenden Planungsschritte ergibt. Es wird unterstellt, dass sich konstante mittlere Solldurchlaufzeiten ermitteln lassen, die dem realen Produktionsprozess entsprechen. Die normalerweise auftretenden, nicht planbaren Streuungen der Durchlaufzeiten führen aber im Einzelfall zu Abweichungen vom Soll, die wiederum die Kapazitätsterminierung beeinflussen. Die sich daraus ergebenden Anpassungsmaßnahmen führen möglicherweise zu einer Verlängerung der mittleren Durchlaufzeiten der Aufträge, sodass die ursprüngliche Planung zu korrigieren ist.

3.4 Ablaufplanung bei der Fließfertigung

Die Aufgabe der taktischen Ablaufplanung bei der Fließfertigung besteht darin, die Leistung und den Arbeitsumfang der einzelnen Produktionssysteme so miteinander zu kombinieren, dass einerseits eine hohe und gleichmäßige Auslastung der Systeme erreicht wird und andererseits die gewünschte Fertigungsmenge realisiert werden kann.

---

[52] Vgl. auch den Erfahrungskurven-Effekt, Teil C. VII. 2.2.1.

KAPITEL D Der Produktionsprozess
Teil III

Bei der Zwangslauffertigung wird der Prozess durch das gewählte Fertigungsverfahren und die Größe der Anlage vollständig determiniert. Die Gesamtkapazität, der zeitliche und technologische Ablauf sind daher schon mit der Planung der Fertigungsanlage festgelegt. Einflussmöglichkeiten auf den Prozess sind später kaum noch gegeben. Ähnliches gilt für automatisierte verkettete Fließfertigungssysteme (Transferstraßen), bei denen sich ablauforganisatorische Änderungen nur in bestimmten Grenzen realisieren lassen. Einzelne Arbeitsvorgänge sind in der Regel an bestimmte Arbeitsstationen gebunden. Da auch die technologische Bearbeitungsreihenfolge vielfach festliegt, gibt es nur einen engen Planungsspielraum.

Diese Einschränkungen sind bei arbeitsintensiven Fertigungslinien mit überwiegend manuellen Montagearbeiten (Fließband) nicht so ausgeprägt, da einerseits die Ortsgebundenheit geringer und andererseits auch die Flexibilität bezüglich der Reihenfolge stärker ausgeprägt ist.[53]

Für die getaktete (zeitlich abgestimmte) Fließfertigung ergeben sich zwei spezifische Problemstellungen:

a) *Abtaktung der Fließfertigung (Fließbandabstimmung)*, sodass ein reibungsloser, kontinuierlicher Materialfluss gewährleistet ist und die Abstimmungsverluste (Differenz von Taktzeit und Summe der Bearbeitungszeiten an den einzelnen Arbeitsstationen) minimiert werden.

b) *Dimensionierung von Pufferlagern* an den Arbeitsstationen, um Stillstandszeiten infolge von Störungen zu minimieren.

3.4.1 Fließbandabstimmung

Die Aufgabenstellung der Fließbandabstimmung lässt sich durch zwei alternative Formulierungen des Problems der klassischen Leistungsabstimmung konkretisieren:[54]

▶ Für eine gegebene Betriebszeit und Erzeugnismenge soll für die daraus resultierende Taktzeit die *minimale Anzahl der Arbeitsstationen* ermittelt werden, sodass die Summe der Leerzeiten aller Stationen ein Minimum annimmt. (Die Taktzeit t ist die Zeitspanne, die jeder Arbeitsstation für die Bearbeitung einer Erzeugniseinheit zur Verfügung steht.)

▶ Für eine vorgegebene Zahl von Arbeitsstationen und eine vorgegebene Betriebszeit ist die *minimale Taktzeit* zu bestimmen, sodass die Summe aller Leerzeiten minimal ist.

Beide Problemstellungen lassen sich mit demselben Methodenrepertoire lösen.

Über die in der Planungsperiode zu fertigende Erzeugnismenge kann die maximale Taktzeit bestimmt werden:

$$\text{maximale Taktzeit } t_{max} = \frac{\text{Betriebszeit pro Periode}}{\text{Soll} - \text{Erzeugnismenge pro Periode}} \cdot b$$

Der *Bandwirkungsfaktor* $b \leq 1$ ist als Ausgleichsfaktor für Systemstörungen zu berücksichtigen. Nur im Idealfall erreicht er den Wert 1, da kurzfristige Betriebsunterbrechungen kaum zu vermeiden sind.

Beispielsweise ergibt sich bei einer Betriebszeit von 40 Stunden pro Woche und einer geplanten Erzeugnismenge von 240 Stück in dieser Fertigungsperiode eine maximale Taktzeit von

---

53 Vgl. Hahn (1972), S. 28.
54 Vgl. Steffen (1977), S. 33, Domschke/Scholl/Voß (1997), S. 181 ff., Zäpfel (2000b), S. 197.

$$t_{max} = \frac{60 \text{ min/h} \cdot 40 \text{ h/Woche}}{240 \text{ Stück/Woche}} = 10 \text{ min/Stück für } b = 1.$$

t_{max} stellt eine obere Grenze dar, die nicht überschritten werden darf, um die Mindesterzeugnismenge in der Periode fertigen zu können.

Das Planungsproblem der Fließbandabstimmung liegt darin, die Arbeitsvorgänge den Fertigungsstationen unter Beachtung der einzuhaltenden Fertigungsreihenfolge so zuzuordnen, dass insgesamt möglichst wenig Leerzeiten an den Arbeitsstationen auftreten, d. h. die mit der Taktzeit zur Verfügung gestellte Bearbeitungszeit möglichst vollständig genutzt wird.

Die Beurteilung des Ergebnisses einer Leistungsabstimmung erfolgt anhand des *Bandwirkungsgrades* BW (Kapazitätsnutzungsgrades), der die für eine Erzeugniseinheit insgesamt benötigte Bearbeitungszeit zur tatsächlich „verbrauchten" ins Verhältnis setzt:

$$BW = \frac{\text{Summe der Bearbeitungszeiten der Arbeitselemente}}{\text{Anzahl der Arbeitsstationen} \cdot \text{Taktzeit}}$$

Ein Bandwirkungsgrad von 100 % stellt einen meist nicht erreichbaren Idealfall dar und würde bedeuten, dass

1. keine Leerzeiten auftreten:

    gesamte Leerzeit = Anzahl der Arbeitsstationen · Taktzeit - Σ Bearbeitungszeiten = 0

und damit

2. die Durchlaufzeit eines Erzeugnisses vollständig produktiv genutzt wird (keine Wartezeiten auftreten):

    Durchlaufzeit = Anzahl der Arbeitsstationen · Taktzeit = Σ Bearbeitungszeiten

Berücksichtigt man, dass im Modell der klassischen Leistungsabstimmung die Bearbeitungszeiten feststehen und als Planungsparameter ausschließlich die Zahl der Arbeitsstationen und die Taktzeit verbleiben, so ergibt sich aus den obigen Gleichungen folgende Konsequenz: Minimiert man das Produkt (Anzahl der Arbeitsstationen · Taktzeit), so wird dadurch nicht nur die Kapazitätsauslastung maximiert (die Leerzeit minimiert), sondern auch die Durchlaufzeit der Erzeugnisse durch das Fließsystem minimiert. Mit anderen Worten: Das Dilemma der Ablaufplanung – die Zielkonkurrenz zwischen Auslastungsmaximierung und Durchlaufzeitenminimierung bei der Werkstättenfertigung –[55] tritt beim getakteten Fließsystem nicht auf.[56]

Die in einem Fließsystem erforderliche *Personalstärke* lässt sich abschätzen, indem die für die geforderte Mengenleistung benötigte Arbeitszeit durch die je Arbeitsperson nutzbare Arbeitszeit dividiert wird:[57]

---

[55] Vgl. hierzu Gutenberg (1983), S. 216 und die Erläuterungen im Abschnitt 4.1.3.
[56] Vgl. Zäpfel (2000b), S. 200.
[57] Vgl. REFA (1985), S. 285.

Anzahl Arbeitspersonen =

$$\frac{\Sigma \text{ Bearbeitungszeiten je Erzeugnis} \cdot \text{Soll-Mengenleistung}}{\text{Arbeitszeit je Person} \cdot \text{Bandwirkungsfaktor} \cdot \text{zeitlicher Auslastungsgrad}}$$

BEISPIEL

Σ Bearbeitungszeiten = 3,8 min/Stück (gemäß Arbeitsplan)
Soll-Mengenleistung = 950 Stück pro Schicht (gemäß Produktionsprogramm)
Arbeitszeit = 7,5 h pro Schicht und Person
Bandwirkungsfaktor b = 0,9
zeitlicher Auslastungsgrad der Arbeitspersonen = 100 %

Damit erhält man die Anzahl der benötigten Arbeitspersonen zu

$$\frac{3,8 \text{ min/Stück} \cdot 950 \text{ Stück/Schicht}}{7,5 \text{ h/Schicht} \cdot \text{Person} \cdot 60 \text{ min/h} \cdot 0,9 \cdot 100\%} = \frac{3610 \text{ min/Schicht}}{405 \text{ min/Schicht} \cdot \text{Person}} \approx 9 \text{ Personen}$$

Die technologischen Reihenfolgebedingungen können mittels eines *Vorranggraphen* (Abb. 156) dargestellt werden. Die Knoten des Graphen symbolisieren die Arbeitsvorgänge. Die zugehörigen Pfeile geben die technologischen Abhängigkeiten an.

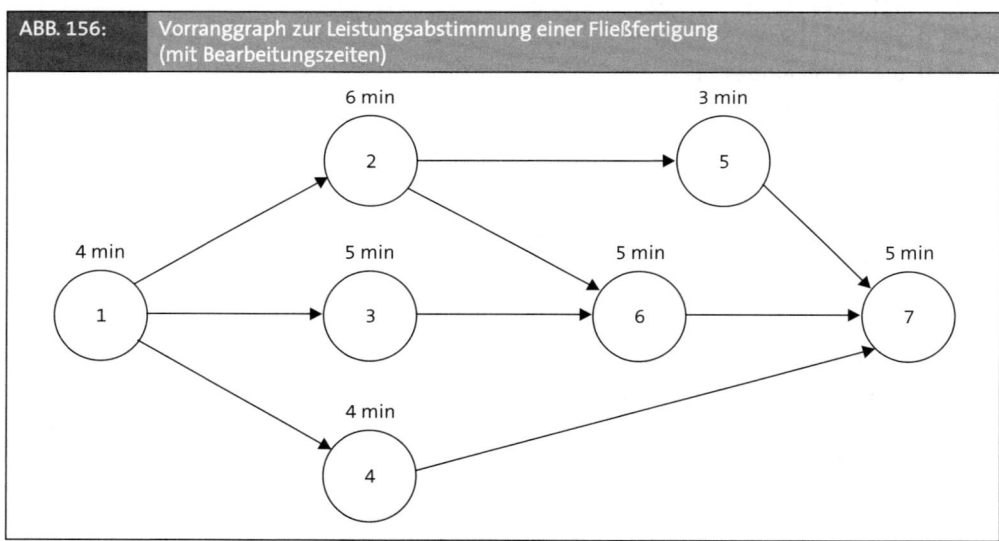

ABB. 156: Vorranggraph zur Leistungsabstimmung einer Fließfertigung (mit Bearbeitungszeiten)

Arbeitsvorgang 6 im Beispiel der Abb. 156 kann erst dann durchgeführt werden, wenn die Arbeitselemente 3 und 2 beendet sind. Arbeitsvorgang 4 hingegen kann unabhängig von diesen ausgeführt werden, setzt aber voraus, dass Vorgang 1 bereits abgewickelt ist. Bestimmte Arbeitsvorgänge sind voneinander abhängig, andere wiederum lassen sich relativ freizügig in den gesamten Fertigungsprozess einordnen.

Zur Lösung des Abstimmungsproblems ist eine Reihe von analytischen und heuristischen Verfahren entwickelt worden.[58] Als Beispiele für die erste Gruppe seien insbesondere Branch-and-Bound, aber auch die dynamische Optimierung genannt. Die Heuristiken (z. B. die Verfahren von Tonge sowie Helgeson/Birnie) verwenden größenteils Prioritätsregeln. Prioritätsregelverfahren bieten sich vor allem dann an, wenn in vertretbarer Zeit und mit begrenztem Rechenaufwand eine befriedigende, aber nicht unbedingt optimale Lösung angestrebt wird.

Die Berechnungsverfahren gehen in der Regel von bestimmten *Prämissen* aus, insbesondere davon, dass

- die Arbeitsvorgänge,
- die Bearbeitungszeiten,
- die technologische Bearbeitungsreihenfolge und
- Betriebszeit und Erzeugnismenge

als Planungsdaten festgelegt sind.

Mögliche Anpassungsmaßnahmen zur Harmonisierung der Leistungserfordernisse setzen aber oft gerade an diesen Prämissen an. Dazu gehören folgende Möglichkeiten:

- Zerlegung, Zusammenfassung oder Umlegung von Arbeitsvorgängen,
- Einrichtung paralleler Arbeitsstationen,
- konstruktive Änderungen u. a.[59]

Nachfolgend soll ein einfach anwendbares heuristisches Verfahren der Fließbandabstimmung, das *Rangwert-Regel-Verfahren* (Vorrangregel)[60], vorgestellt werden. Es gehört zu den Prioritätsregelverfahren. Deren Grundprinzip besteht darin, die Arbeitselemente mit Hilfe der eingesetzten Prioritätsregel in eine Reihenfolge zu bringen und anschließend schrittweise entsprechend der ermittelten Reihenfolge den Arbeitsstationen zuzuordnen. Dabei ist sicherzustellen, dass die technologische Reihenfolge eingehalten wird und die verfügbare Kapazität der Arbeitsstation jeweils ausreicht. Ziel ist es, ausgehend von einer Basistaktzeit die Arbeitselemente so zusammenzufassen und auf die Arbeitsstationen zu verteilen, dass sich ein möglichst hoher Auslastungsgrad (Bandwirkungsgrad) des Gesamtsystems ergibt. Die Taktzeit wird dabei unter Berücksichtigung der erforderlichen Anzahl Arbeitsstationen so lange schrittweise verringert, bis keine weitere Steigerung des Bandwirkungsgrades mehr erfolgt. Dazu sind folgende Schritte erforderlich:

(1) Es werden die Rangwerte der Arbeitselemente ermittelt, und zwar durch Summation der Bearbeitungszeit des jeweiligen Arbeitselements und der Rangwerte seiner direkten Nachfolger gemäß dem Vorranggraphen. Die Berechnung erfolgt retrograd. Abb. 157 zeigt ein Berechnungsbeispiel für den Vorranggraphen aus Abb. 156.

(2) Die Arbeitselemente werden unter Beachtung der Vorrangbeziehungen in der Reihenfolge abnehmender Rangwerte so zugeteilt, dass auf keiner Station die maximale Taktzeit (im Beispiel 10 min.) überschritten wird (vgl. Abb. 158). Arbeitselemente mit höheren Rangwerten, deren Bearbeitungszeiten die Taktzeit überschreiten ließen, werden dabei solange zu-

---

58 Vgl. hierzu Steffen (1977), S. 52 ff., Zäpfel (2000b), S. 202 und 210.
59 Vgl. Hammer (1977), S. 65.
60 Vgl. Hahn (1972), S. 45 ff., Lutz (1974), S. 32 f., Küpper/Helber (2004), S. 152 ff.

rückgestellt, bis sie, ohne dass die Restriktionen verletzt werden, einplanbar sind. Die Ausgangslösung (Taktzeit 10 min.) ergibt 4 Arbeitsstationen bei einem Bandwirkungsgrad von 80 %.

(3) Es wird versucht, die Lösung sukzessive zu verbessern. Man gibt eine um eine Einheit verringerte Taktzeit vor (untere Grenze: größte Bearbeitungszeit aller Arbeitselemente) und ermittelt die Zuordnung neu gemäß Schritt (2). Die Beurteilung der Lösungen erfolgt anhand des Bandwirkungsgrades.

(4) Wenn die Anzahl der Arbeitsstationen erhöht werden muss, um eine Zuteilung zu ermöglichen, wird das Verfahren abgebrochen. Das ist hier bei einer Taktzeit von 8 min. der Fall. Die Arbeitselementezuordnung mit dem höchsten Bandwirkungsgrad stellt die mit dem Verfahren zu erreichende bestmögliche Lösung dar.

ABB. 157:	Rangwertermittlung der einzelnen Arbeitselemente			
Arbeitselement	Bearbeitungszeit in min.	Rangwerte der direkten Nachfolger	Rangwert des Arbeitselements	Rang
7	5	0	5	7
6	5	5	10	4
5	3	5	8	6
4	4	5	9	5
3	5	10	15	3
2	6	10 + 8	24	2
1	4	24 + 15 + 9	52	1

Weitere zur Leistungsabstimmung anwendbare Prioritätsregeln sind z. B.:[61]

► *Maximales Positionsgewicht*[62]

Höchste Priorität erhält der Arbeitsgang, bei dem die Summe aus eigener Bearbeitungszeit und der aller nachfolgenden Arbeitsgänge maximal ist.

► *Maximale Anzahl aller direkten Nachfolger:*

Höchste Priorität erhält der Arbeitsgang, der die meisten direkten Nachfolger hat.

► *Maximale Elementzeit:*

Höchste Priorität erhält der Arbeitsgang, der die längste Bearbeitungszeit aufweist.

---

61 Vgl. Zäpfel (2000b), S. 210.
62 Vgl. dazu auch das Beispiel bei Zäpfel (2000b), S. 209 ff.

ABB. 158: Beispiel für eine Leistungsabstimmung nach dem Rangwert-Regel-Verfahren (Vorrangregel)

Taktzeit	Arbeitsstation	Arbeitselement	Bearbeitungszeit (min.)	Verfügbare Zeit vor Zuordnung (min.)	Leerzeit nach Zuordnung (min.)	Belegungszeit (min.)	Bandwirkungsgrad
10 min.	1	1 2	4 6	10 6	6 0	10	$\frac{32}{10 \cdot 4} = 80\,\%$
	2	3 6	5 5	10 5	5 0	10	
	3	4 5	4 3	10 6	6 3	7	
	4	7	5	10	5	5	
9 min.	1	1 3	4 5	9 5	5 0	9	$\frac{32}{9 \cdot 4} = 88{,}89\,\%$
	2	2 5	6 3	9 3	3 0	9	
	3	6 4	5 4	9 4	4 0	9	
	4	7	5	9	4	5	
8 min.	1	1 4	4 4	8 4	4 0	8	$\frac{32}{8 \cdot 5} = 80\,\%$
	2	2	6	8	2	6	
	3	3 5	5 3	8 3	3 0	8	
	4	6	5	8	3	5	
	5	7	5	8	3	5	

3.4.2 Dimensionierung von Pufferkapazitäten

Um bei einem störungsbedingten Ausfall oder Leistungsschwankungen der Arbeitsstationen zu verhindern, dass das gesamte Fertigungssystem zum Stillstand kommt oder der Fertigungsfluss ins Stocken gerät, können Pufferkapazitäten vorgesehen werden. Diese Pufferung kann durch zeitliche Reserven oder durch Mengenpuffer erreicht werden und hebt die strenge Kopplung der Arbeitsstationen untereinander zu einem gewissen Grade auf. *Zeitreserven* lassen sich beispielsweise durch „Risikozuschläge" auf die Bearbeitungszeiten an den Arbeitsstationen bilden. Zur Optimierung sollten Wahrscheinlichkeitsverteilungen zugrunde gelegt werden. Eine zu hohe Pufferkapazität setzt die Effizienz des Gesamtsystems herab und schwächt den in geringen Leerzeiten bestehenden prinzipiellen Vorteil der Fließfertigung.

Mengenpuffer werden in Form von Pufferlagern realisiert, aus denen für begrenzte Zeit die nicht ausgefallenen Bandstationen versorgt werden können. Diese Pufferlager verursachen einerseits Lager- und Kapitalbindungskosten, auf der anderen Seite vermeiden sie Verluste durch Fertigungsausfall (Opportunitätskosten).

Das Dimensionierungsproblem liegt darin, die Zahl, den Ort und die Kapazität dieser Pufferlager so zu bestimmen, dass die Gesamtkosten aus störungsbedingten Stillstandskosten einerseits und Lagerhaltungskosten andererseits minimiert werden. Aufgrund der zahlreichen Einflussgrößen und Wechselwirkungen lässt sich dieses Optimierungsproblem zweckmäßigerweise mit Hilfe der Simulation lösen. Analytische Verfahren können nur bei sehr einfachen Problemstellungen eingesetzt werden, da die Berücksichtigung der wahrscheinlichkeitsverteilten Parameter Bearbeitungszeiten und Ausfallrate, von Engpasssituationen, Leistungsschwankungen etc. den Rahmen einer beherrschbaren Problemstellung sprengt. Aus Simulationsstudien wurden für verschiedene Grundproblemstellungen Approximationsformeln für die Ermittlung von Pufferplätzen abgeleitet.[63]

Zur Vermeidung kurzfristiger störungsbedingter Stillstände der Fließfertigung müssen auch *personelle Reservekapazitäten* vorhanden sein. Dazu werden universell ausgebildete Mitarbeiter benötigt, die kurzfristig an allen Arbeitsstationen eingesetzt werden können („Springer"). Mit Hilfe der „Springer" können Schwankungen des Kapazitätsangebots in gewissem Umfang ausgeglichen werden.

4. Operative Produktionsplanung und Produktionssteuerung

4.1 Zielsystem

Aufgabe der operativen *Produktionsplanung und -steuerung* ist es, das aktuelle Fertigungsprogramm zu verwirklichen. Dazu müssen, aufbauend auf den Ergebnissen der Arbeitsplanung, der Fertigungsprogrammplanung und unter Einbeziehung der Erzeugnisstrukturinformationen, die Reihenfolge und die zeitliche Verteilung (Termine) der Fertigungsaufträge festgelegt werden. Bei der Lösung der dabei auftretenden Teilprobleme (z. B. Festlegung der Auftragsreihenfolge) sind die übergeordneten Unternehmenszielsetzungen[64] zu berücksichtigen. Da die monetären Wirkungen der dispositiven Entscheidungen im Rahmen der Planung in der Regel nicht unmittelbar abzuschätzen sind, werden *ersatzweise Zeitziele* herangezogen, bei denen eine gewisse Korrelation zu der Kostenentstehung und den Erträgen vermutet wird. Im Folgenden sollen die fertigungsbezogenen Kosten- und Zeitziele analysiert werden.

Es handelt sich dabei vor allem um folgende Kostenziele:

▶ Minimierung der Rüstkosten
▶ Minimierung der Leerkosten,
▶ Minimierung der Lagerkosten,
▶ Minimierung der Kosten für die Über- oder Unterschreitung von Lieferterminen

und folgende Zeitziele:

▶ Minimierung der Durchlaufzeiten
▶ Maximierung der Kapazitätsauslastung
▶ Minimierung von Terminabweichungen (Einhaltung von Lieferfristen).

4.1.1 Kostenziele

Rüstkosten werden durch das Vorbereiten der Fertigungseinrichtungen auf die zu erfüllenden Produktionsaufgaben und gegebenenfalls das Rückversetzen in den ursprünglichen Zustand ver-

---

[63] Vgl. hierzu Küpper/Helber (2004), S. 169 ff.
[64] Vgl. hierzu auch Abschnitt A. II. 1.

ursacht. Rüsttätigkeiten betreffen beispielsweise das Einrichten, Umstellen und Reinigen von Maschinen. Weiterhin gehören dazu Probeläufe, Anwärmprozesse u. Ä. Die Rüstkosten lassen sich in direkte und indirekte Kosten gliedern. Zu den *direkten* Rüstkosten gehören alle beim Rüstvorgang anfallenden Personal-, Material- und Werkzeugkosten. Die direkten Rüstkosten sind auflagefix, sodass mit steigenden Auftragsgrößen die pro Erzeugniseinheit zu verrechnenden Rüstkosten sinken. Rüstkosten können bei Serien- und Sortenfertigung auch von der Reihenfolge der Umrüstung abhängen.

Unter *indirekten* Rüstkosten ist der Deckungsbeitragsentgang infolge der Nichtnutzung der Produktiveinheiten während des Stillstands beim Umrüsten (Opportunitätskosten) zu verstehen. Der Ansatz dieser indirekten Rüstkosten ist aber nur dann gerechtfertigt, wenn die zusätzlich produzierten Erzeugniseinheiten auch absetzbar sind bzw. der Betrieb sich in einer Engpasssituation befindet. Das Gleiche gilt für *Leerkosten,* bei denen es sich ebenfalls um entgangene Deckungsbeiträge für zusätzlich in den Maschinenstillstandszeiten produzierbare Erzeugniseinheiten handelt. Auch die Leerkosten haben nur dann praktische Bedeutung, wenn in den Leerzeiten zusätzliche Aufträge realisier- und im Endeffekt auch am Markt absetzbar sind.

Infolge der innerbetrieblichen *Lagerhaltung* ergeben sich weitere Kostengrößen. Bei diesen Kosten handelt es sich vor allem um Zinsen für das im Lager gebundene Kapital, um die Kosten der Lagerverwaltung und des Lagerraums. Dazu gehören weiterhin Versicherungsprämien und die eher indirekten Kosten durch Schwund und dauernde Wertminderung der Lagergüter. Die genannten Lagerhaltungskosten sind teils mengen-, teils wert- und teils zeitabhängig. Darüber hinaus können die Kosten der Ein- und Auslagerung von Bedeutung sein, die sich zum Teil stückfix verhalten können und variabel bezüglich der Anzahl der Ein- und Auslagerungsvorgänge (z. B. Kosten der Verbuchung etc.). Stückproportionale Ein- und Auslagerungskosten treten beispielsweise bei im Akkord entlohnten Lager- und Kommissionierarbeiten auf.

Aus dem *Über-*, aber auch dem *Unterschreiten von Lieferterminen* können Zusatzkosten resultieren. Ein Teil dieser Kosten lässt sich direkt quantifizieren. Das sind beispielsweise Konventionalstrafen oder notwendig gewordene Preisnachlässe, um die entsprechenden Erzeugnisse doch noch am Markt abzusetzen. Die sich möglicherweise aus dem Good-will-Verlust ergebenden Kosten können allerdings nur geschätzt werden, obwohl gerade diese Kosten für das Unternehmen ein nicht zu unterschätzendes Risiko darstellen. Weitere Kosten können entstehen, wenn terminlich gefährdete Aufträge durch besondere Anpassungsmaßnahmen (z. B. Überstunden, Eillieferungen) beschleunigt werden müssen. Zu frühe Fertigstellung von Aufträgen kann Kosten der Lagerung der Erzeugnisse bis zum Liefertermin verursachen.

4.1.2 Zeitziele

Die *Minimierung der Durchlaufzeiten* kann sich auf die Zykluszeit (= Zeitspanne zur Bearbeitung eines festgelegten Programms *mehrerer* Aufträge) oder eine mittlere Durchlaufzeit eines Stroms *einzelner* Aufträge beziehen. Ersatzweise kann auch eine Minimierung der Auftragswartezeiten angestrebt werden. Von der Minimierung der Durchlaufzeit verspricht man sich eine Verringerung der Kapitalkosten durch die Minderung der Kapitalbindungsdauer.

Mit dem Ziel der *Maximierung der Kapazitätsauslastung* soll eine möglichst gute Nutzung der betrieblichen Potenziale gewährleistet werden. Kurzfristig können durch bessere Nutzung der Fertigungseinrichtungen zusätzliche Deckungsbeiträge erzielt werden, wenn bislang verdrängte

Aufträge gefertigt werden können. Langfristig lässt sich durch bessere Auslastung der Maschinen das gebundene Kapital des Unternehmens senken (Abbau von Kapazitäten und damit verbundenen Fixkosten).

Ein weiteres Zeitziel ist die *Minimierung von Terminabweichungen*. Neben Preis- und Qualitätsaspekten kann insbesondere die Einhaltung von Lieferterminen oder die Zusage kurzer Lieferzeiten einen entscheidenden Wettbewerbsvorteil darstellen. Kunden müssen sich auf vereinbarte Liefertermine verlassen können und bevorzugen daher Lieferanten, die dies sicherstellen können. Dabei spielen nicht nur die schon dargestellten Kostenaspekte eine Rolle. Eine Lieferung, die beim Abnehmer zu früh eintrifft, kann bei diesem zu Lagerengpässen führen. Darüber hinaus hängen Zahlungsziele in der Regel vom Lieferzeitpunkt/Rechnungsdatum ab, sodass sich für den Kunden eher als ursprünglich geplant ein Finanzbedarf ergibt. Lieferverzögerungen sind insbesondere bei Just-in-time-Lieferungen zu vermeiden, da sie den Produktionsstillstand ganzer Fertigungsbereiche des Kunden nach sich ziehen können.

Weitere Zeitziele sind denkbar, z. B. Minimierung der Rüstzeiten.

4.1.3 Zielbeziehungen

Für die Werkstattfertigung kann zwischen den Zielen

▶ Minimierung der Durchlaufzeiten

▶ Maximierung der Kapazitätsauslastung

eine *Zielkonkurrenz* gesehen werden. Dieser von Gutenberg dargestellte Zielkonflikt ist unter dem Begriff „Dilemma der Ablaufplanung" bekannt geworden.[65]

Nachstehend sind beide Ziele als mathematische Funktionen formuliert:

(1) Die Summe der Durchlaufzeiten aller Aufträge soll möglichst gering sein:

$$t = \sum_{i=1}^{n} \sum_{j=1}^{m} b_{ij} + \sum_{i=1}^{n} \sum_{j=1}^{m} f_{ij} + \sum_{i=1}^{n} \sum_{j=1}^{m} w_{ij} \stackrel{!}{=} \text{Min.}$$

(2) Die Kapazitätsauslastung der Werkstätten soll maximiert werden:

$$k = \frac{\sum_{i=1}^{n} \sum_{j=1}^{m} b_{ij}}{\sum_{i=1}^{n} \sum_{j=1}^{m} b_{ij} + \sum_{i=1}^{n} \sum_{j=1}^{m} l_{ij}} \stackrel{!}{=} \text{Max.}$$

---

65 Vgl. Gutenberg (1983), S. 216.

n = Anzahl der Aufträge
m = Anzahl der Werkstätten
b_{ij} = Bearbeitungszeit des Auftrags i in der Werkstatt j
f_{ij} = Transportzeit des Auftrags i zur Werkstatt j
w_{ij} = ablaufbedingte Wartezeit des Auftrags i vor Bearbeitung in der Werkstatt j
l_{ij} = ablaufbedingte Leerzeit in der Werkstatt j vor Bearbeitung des Auftrags i
t = Durchlaufzeit
k = Kapazitätsauslastung der Werkstätten

Der Zielkonflikt lässt sich folgendermaßen erklären: Wenn b_{ij} und f_{ij} von der gewählten Reihenfolge der Aufträge unabhängig und keine weiteren Parameter zu berücksichtigen sind, so verbleiben als zu beeinflussende Variablen w_{ij} und l_{ij}. Das Minimum der Durchlaufzeit wäre bei $w_{ij} = 0$ erreicht. Um eine möglichst hohe Kapazitätsauslastung k zu erreichen, muss wegen der unterschiedlichen, stochastisch verteilten Bearbeitungsreihenfolgen und der verschiedenen Bearbeitungszeiten der Aufträge jeweils eine Warteschlange vor den Fertigungsstationen eingeplant werden, da sonst mit Leerzeiten der Maschinen zu rechnen ist. Eine solche Strategie führt aber automatisch zu Wartezeiten der Aufträge und damit zu höheren Durchlaufzeiten. Im Rahmen der getakteten Fließfertigung ist dieser Zielkonflikt nicht von Bedeutung, da idealtypisch die Leerzeiten der Arbeitsstationen mit den Wartezeiten der Werkstücke übereinstimmen.[66]

Obwohl die Existenz des postulierten Dilemmas in der Literatur nicht unumstritten ist, kann davon ausgegangen werden, dass eine Zielkonkurrenz der Forderungen nach maximaler Kapazitätsauslastung und nach Minimierung der mittleren Durchlaufzeit möglich ist.[67] Erweitert man das Zielbündel um weitere Anforderungen, wie Minimierung der Zwischenlagerkosten u. Ä., so kann aus dem Dilemma ein Trilemma oder gar Polylemma entstehen.[68]

4.2 Statische Losgrößenplanung

4.2.1 Problembeschreibung

Bei der Sorten- und Serienfertigung sind zwischen den einzelnen Fertigungsaufträgen Rüstvorgänge an den Bearbeitungsstationen erforderlich, um die Fertigungseinrichtungen auf die Anforderungen der neuen Serie oder Sorte einzustellen. Die Umrüstung einer Maschine verursacht direkte Rüstkosten und führt, sofern kein hauptzeitparalleles Rüsten möglich ist, zu Stillstandszeiten in der Fertigung. Eine grundlegende Problemstellung liegt daher in der Festlegung einer geschlossen zu fertigenden Auftragsgröße eines Erzeugnisses (Losgrößenplanung). Je kleiner die Losgröße, desto häufiger muss bei gegebener Gesamtfertigungsmenge je Periode umgerüstet werden. Viele kleine Lose führen daher tendenziell zu hohen Rüstkosten. Wenige große Lose senken zwar die Rüstkosten, da aber in der Regel die Erzeugnisse nicht unmittelbar weiterverarbeitet oder ausgeliefert, sondern zwischengelagert werden, nehmen die Lagerkosten infolge längerer Lagerdauer (Kapitalbindung), höherer Lagerbestände und größerer Lagerrisiken (Schwund, Verderb) zu.

---

66 Vgl. Günther (1971), S. 49.
67 Vgl. Zäpfel (1982), S. 253.
68 Vgl. Schweitzer (1973), S. 177, Schweitzer (1994), S. 698.

Der Grundgedanke der Bestimmung optimaler Losgrößen liegt darin, die in Abhängigkeit von der Losgröße gegenläufigen Kostengrößen so miteinander zu verbinden, dass in Bezug auf vorgegebene Prämissen die Gesamtkosten einer Periode minimiert werden.

4.2.2 Statisches Grundmodell der Losgrößenplanung

Dem auf F. W. Harris (1913) und K. Andler (1929) zurückgehenden Grundmodell der Losgrößenplanung liegen u. a. folgende *Prämissen* zugrunde:

(1) Jedes Produkt wird isoliert betrachtet. Interdependenzen, wie sie sich bei knappen Kapazitäten ergeben, werden nicht berücksichtigt.

(2) Es gibt keinerlei Beschränkungen hinsichtlich der Lagerkapazität oder der Lagerfähigkeit der Produkte.

(3) Es wird nur eine Fertigungsstufe berücksichtigt.

(4) Fehlmengen sind nicht zugelassen.

(5) Der Gesamtbedarf pro Periode ist bekannt, die daraus zu bildenden Lose sind gleich groß.

(6) Der Lagerbestand wird auf Null abgebaut, bevor ein neues Los eingelagert wird.

(7) Die Lagerabgangsgeschwindigkeit ist konstant.

(8) Die Produktionsperiode für ein Los beträgt Null Zeiteinheiten (unendlich große Lagerauffüllgeschwindigkeit).

Abb. 159 zeigt den grafischen Zusammenhang des Optimierungsproblems. Die losvariablen Kosten (Bestandskosten) nehmen mit wachsender Losgröße zu, die losfixen Umrüstkosten (Prozesskosten) sinken hingegen bezogen auf eine zu fertigende Mengeneinheit. Das Kostenminimum liegt in dem Punkt, in dem der Absolutwert der Steigung beider Kurven gleich ist.

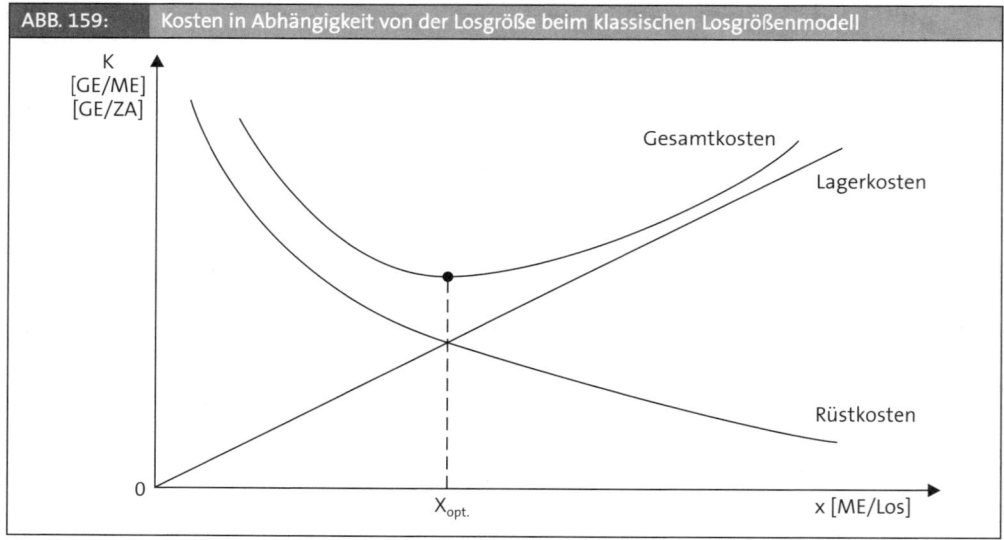

ABB. 159: Kosten in Abhängigkeit von der Losgröße beim klassischen Losgrößenmodell

Die Herleitung des Grundmodells der optimalen Losgröße (sog. Andler-Formel) soll im Folgenden erläutert werden.

Als Eingangsgrößen des Modells müssen bekannt sein:

A: Gesamtbedarf der Planperiode [ME]
l_v: variable Herstellkosten [GE/ME]
p: Lagerkostensatz incl. Zins [%]
l_f: losfixe Kosten je Loswechsel [GE]

Gesucht ist die optimale Losgröße x_{opt} [ME], die dadurch gekennzeichnet ist, dass die entscheidungsrelevanten Gesamtkosten, bestehend aus den losfixen Kosten der Periode K_F und den Lagerkosten K_L, minimal sind: $K_{ges} = K_F + K_L \to$ Min.

$K_F = l_f \cdot n$ mit $n = A/x$ als Anzahl der Umrüstungen in der Planperiode (Rüsthäufigkeit).

Wird der maximale Lagerbestand x kontinuierlich auf Null abgebaut, ergibt sich ein durchschnittlicher Lagerbestand von x/2. Die Lagerkosten K_L erhält man durch Multiplikation des Lagerbestandswerts $\frac{x}{2} \cdot l_v$ mit dem Lagerhaltungskostensatz p:

$$K_L = \frac{l_v \cdot x}{2} \cdot \frac{p}{100}$$

Daraus folgt für die Gesamtkosten:

$$K_{ges} = \frac{l_f \cdot A}{x} + \frac{l_v \cdot p \cdot x}{200}$$

Hinreichende Bedingung für ein Minimum von K_{ges} ist, dass die 1. Ableitung nach x Null und die 2. Ableitung positiv ist:

$$\frac{d K_{ges}}{dx} = 0 \quad \text{und} \quad \frac{d K'_{ges}}{dx} > 0$$

$$\frac{d K_{ges}}{dx} = -\frac{l_f \cdot A}{x^2} + \frac{l_v \cdot p}{200} = 0; \quad \frac{d K'_{ges}}{dx} = \frac{2 \cdot l_f \cdot A}{x^3} > 0$$

Durch Umformen der notwendigen Minimumbedingung erhält man die Losgrößenformel:

$$\frac{l_f \cdot A}{x^2} = \frac{l_v \cdot p}{200} \Leftrightarrow x^2 = \frac{200 \cdot l_f \cdot A}{l_v \cdot p} \Rightarrow x_{opt.} = \sqrt{\frac{200 \cdot l_f \cdot A}{l_v \cdot p}}$$

BEISPIEL Ein *Beispiel* soll die Anwendung der Formel erläutern. Für ein Produkt bestehe ein Gesamtbedarf für die folgende Periode von 20 Stück. Die losfixen Kosten (Rüstkosten) betragen 50 €, die Herstellkosten 100 € pro Stück. Gerechnet wird mit einem Lagerkostensatz von 10 %. Aus diesen Angaben lässt sich die optimale Losgröße zu

$$x_{opt.} = \sqrt{\frac{200 \cdot 50 \cdot 20}{100 \cdot 10}} = 14 \text{ [Stück] berechnen.}$$

Anm.: Bei dezimaler statt prozentualer Angabe des Lagerkostensatzes ist die „Andler-Formel" in der Fassung

$$x_{opt.} = \sqrt{\frac{2 \cdot l_f \cdot A}{l_v \cdot p}} \text{ zu verwenden.}$$

Die Häufigkeit der Losbildung pro Periode ergibt sich nach:

$$n = \frac{A}{x_{opt.}} = \frac{20}{14} = 1,4$$

Aufgrund der dämpfenden Wirkung der Wurzel in der Losgrößenformel ändert sich bei einer Variation der Eingangsgrößen die optimale Losgröße nur wenig.

Im Zuge der Beschäftigung mit Konzepten wie Just in time, Lean Management usw. werden die Rüstkosten nicht länger als Planungsdatum aufgefasst, sondern ihrerseits zur Zielgröße. Gelingt es, die Rüstkosten zu senken, führt dies zu einer Verschiebung der Rüstkostenkurve in Richtung Ursprung mit der Folge, dass das Optimum bei kleineren Losen liegt. Gleichzeitig sinken die Lagerkosten.[69]

4.2.3 Erweiterung des Grundmodells

Da die den Rahmen des Losgrößenmodells festlegenden Prämissen selten den realen Gegebenheiten der Praxis Rechnung tragen, sind im Laufe der Zeit zahlreiche Varianten entwickelt worden, die die Berücksichtigung zusätzlicher Einflussgrößen ermöglichen.

Eine erste Erweiterung der klassischen Losgrößenformel ergibt sich, wenn man die Voraussetzung der unendlich großen Produktionsgeschwindigkeit aufgibt und Produktionsdauern > 0 zulässt. Dabei kann der Lagerabgang schon während der Produktionszeit beginnen. Der durchschnittliche Lagerbestand wird daher von der Produktions- und der Absatzgeschwindigkeit determiniert. Abb. 160 zeigt den Lagerbestandsverlauf.

---

[69] Vgl. Davis/Heineke (2005), S. 358 ff., auch Morton (1999), S. I-94.

Planung und Steuerung — KAPITEL D, Teil III

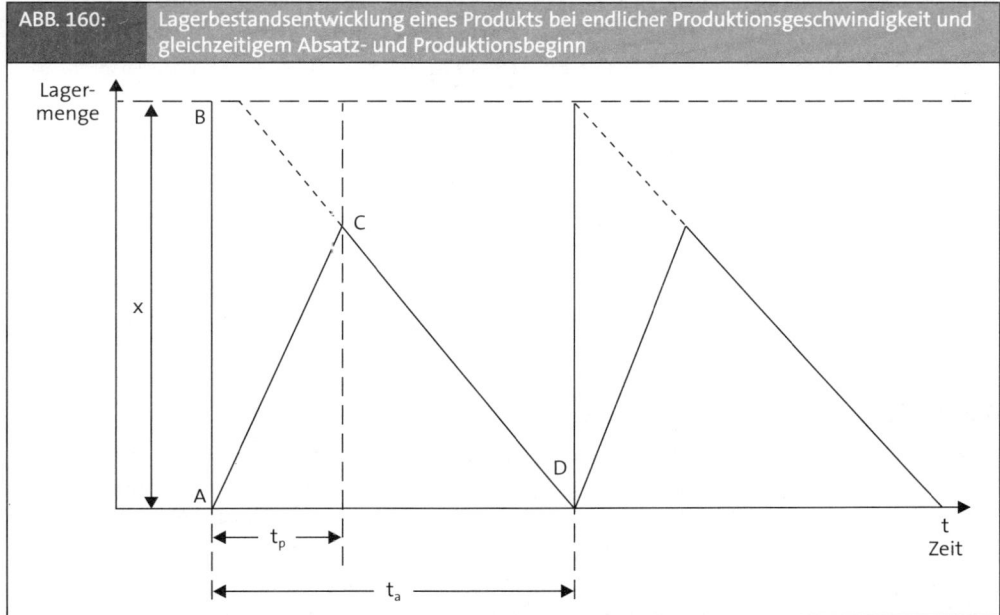

ABB. 160: Lagerbestandsentwicklung eines Produkts bei endlicher Produktionsgeschwindigkeit und gleichzeitigem Absatz- und Produktionsbeginn

t_p: Produktionsdauer [ZE]
t_a: Absatzdauer [ZE]
B_{max}: maximaler Lagerbestand [ME]

g: Produktionsgeschwindigkeit [ME/ZE]
v: Absatzgeschwindigkeit [ME/ZE] ($v < g$)

Der maximale Lagerbestand (vgl. Abb. 160, Punkt C) errechnet sich in Abhängigkeit von der Absatz- und der Produktionsdauer nach

$$B_{max} = f(t_p, t_a) = t_p \cdot g - t_p \cdot v = t_p \cdot \left(\frac{x}{t_p} - \frac{x}{t_a}\right) = x \cdot \left(1 - \frac{t_p}{t_a}\right)$$

mit $g = \dfrac{x}{t_p}$ und $v = \dfrac{x}{t_a}$

Der durchschnittliche Bestand beträgt daher:

$$⌀\ B = \frac{B_{max}}{2} = \frac{x}{2} \cdot \left(1 - \frac{t_p}{t_a}\right) = \frac{x}{2} \cdot \left(1 - \frac{v}{g}\right)$$

Gegenüber dem klassischen Modell gibt es außer dem Korrekturfaktor

$$1 - \frac{t_p}{t_a} = 1 - \frac{v}{g}$$

keinen Unterschied, sodass die weitere Berechnung wie unter 4.2.2 dargestellt erfolgt:

$$K_L = \frac{l_v \cdot x}{2} \cdot \left(1 - \frac{t_p}{t_a}\right) \cdot \frac{p}{100}$$

$$K_{ges} = \frac{l_f \cdot A}{x} + \frac{l_v \cdot p \cdot x}{200} \cdot \left(1 - \frac{t_p}{t_a}\right)$$

Die notwendige Bedingung für das Minimum der Funktion lautet $\frac{dK_{ges}}{dx} = 0$

Daraus folgt:

$$\frac{l_f \cdot A}{x^2} = \frac{l_v \cdot p}{200} \cdot \left(1 - \frac{t_p}{t_a}\right) \Leftrightarrow x^2 = \frac{200 \cdot l_f \cdot A}{l_v \cdot p \cdot \left(1 - \frac{t_p}{t_a}\right)} \Rightarrow x_{opt} = \sqrt{\frac{200 \cdot l_f \cdot A}{l_v \cdot p \cdot \left(1 - \frac{t_p}{t_a}\right)}}$$

4.2.4 Gewinnmaximale Losgröße

Im klassischen Modell der Losgrößenplanung sind alle Kapazitätsbeschränkungen durch Prämissen ausgeschlossen. Sofern man mit Engpässen im Produktionsbereich rechnen muss, können sich die zwischen den einzelnen Aufträgen liegenden Rüstzeiten in Form eines entgangenen Mehrerlöses (Opportunitätskosten) durch Produktionsausfallzeiten auswirken.

Diesem Interdependenzproblem zwischen dem Produktionsprogramm und der Losgrößenplanung kann man Rechnung tragen, indem statt der kostenminimalen die gewinnmaximale Losgröße berechnet wird. Die *gewinnmaximale Losgröße* ermittelt sich zu:[70]

$$x_{g\,max} = -g \cdot t_r + \sqrt{\frac{(d - l_v)g \cdot t_r + l_f}{\frac{p \cdot l_v}{2 \cdot v} \cdot \left(1 - \frac{v}{g}\right)} + g^2 \cdot t_r^2}$$

Darin gibt t_r den Rüstzeitbedarf pro Umrüstvorgang an, und d stellt den Preis einer Erzeugnismengeneinheit dar.

Über die Berücksichtigung der begrenzten Produktionskapazitäten wird mit der gewinnmaximalen Losgröße ein wesentlich realitätsnäheres Modell entwickelt. Die übrigen Beschränkungen der Losgrößenplanung (z. B. Lagerhöchstmengen) werden dadurch allerdings nicht berührt.

4.3 Dynamische Losgrößenplanung

Eine einschränkende Bedingung des statischen Losgrößenproblems liegt darin begründet, dass der Periodenbedarf konstant sein muss. Realitätsnäher ist die Annahme, dass der Bedarf im Betrachtungszeitraum (stark) schwankend verläuft. Für das Optimierungsproblem des variablen Periodenbedarfs sind verschiedene dynamische Losgrößenverfahren entwickelt worden. Dabei kann unterschieden werden zwischen:[71]

▶ dem dynamischen, einstufigen Einproduktlosgrößenproblem,
▶ dem dynamischen, einstufigen Mehrproduktlosgrößenproblem,
▶ dem dynamischen, mehrstufigen Mehrproduktlosgrößenproblem.

---

[70] Vgl. Adam (1990), S. 881.
[71] Vgl. Tempelmeier (2006), S. 137 ff.

Im Folgenden sollen einige Verfahren des dynamischen, einstufigen Einproduktlosgrößenproblems vorgestellt werden. Ein auf dem Prinzip der dynamischen Programmierung beruhendes exaktes Verfahren ist der Wagner/Whitin-Algorithmus. Zu den heuristischen – also nicht unbedingt zu optimalen Lösungen führenden – Verfahren gehören beispielsweise der Stückperiodenausgleich, das Silver-Meal-Verfahren, das Verfahren der gleitenden wirtschaftlichen Losgröße und das Verfahren nach Groff. Die Problemformulierung enthält dabei jeweils folgende *Prämissen*:

▶ Der Gesamtbedarf ist bekannt, und eine Aufteilung auf die einzelnen Perioden liegt vor.
▶ Die Beschaffungs- und Produktionszeit wird vernachlässigt, der Zugang findet jeweils zu Beginn einer Periode statt.
▶ Fehlmengen sind nicht erlaubt.
▶ Kapazitätsbeschränkungen liegen nicht vor.

4.3.1 Wagner/Whitin-Algorithmus

Wagner/Whitin zeigen auf der Basis der dynamischen Programmierung, dass eine optimale Losgröße im dynamischen Problem nur vorliegen kann, wenn

▶ jeweils ein Periodenbedarf A oder eine ganzzahlige Anzahl von Periodenbedarfen produziert wird und
▶ nur dann ein Los aufgelegt wird, wenn der Lagerbestand der Vorperiode Null ist.[72]

Durch die genannten Beschränkungen lässt sich der Lösungsraum erheblich einengen. Zu Beginn einer jeden Periode muss geprüft werden, ob ein Produktionslos aufgelegt wird und wenn ja, in welcher Höhe. Gesucht ist somit die kostenminimale Folge von Produktionslosen. Die Rekursionsformel zur Berechnung der Kosten, die zwischen dem Beginn der Planungsperiode und dem Ende des Planungshorizonts anfallen, lautet:[73]

$$K_{ij} = K_{i(j-1)} + (j-i) \cdot A_j \cdot p \cdot l_v \qquad \text{für } i < j$$
$$K_{ij} = K_{min(j-1)} + l_f \qquad \text{für } i = j$$

mit i = Fertigungszeitpunkt, j = Planungshorizont (= Index der letzten der in die Planung einbezogenen Perioden), A_j = Periodenbedarf, p = Lagerkostensatz, l_v = Wert je Teil, l_f = Rüstkosten.

In einer Vorwärtsrechnung werden die losgrößenabhängigen Kosten ermittelt und in der folgenden Rückwärtsrechnung die optimale Losgröße und die Liefertermine bestimmt. In der Vorwärtsrechnung wird der Betrachtungszeitraum in jedem Rechenschritt iterativ um eine Periode erweitert. Die Gesamtkosten K_{ij} werden dabei jeweils festgestellt. Daraus folgend können das Kostenminimum und die sich somit ergebende Losgröße bestimmt werden.

Der Algorithmus soll an einem einfachen *Beispiel* erläutert werden. Folgender Periodenbedarf ist gegeben:

Periode i	1	2	3	4
Bedarf A_i	20	25	30	20

---

[72] Vgl. Wagner/Whitin (1958), S. 89 ff.
[73] Vgl. Zimmermann/Stache (2001), S. 399.

KAPITEL D
Teil III

Der Produktionsprozess

Die Rüstkosten l_f betragen 50 €, der Lagerkostensatz p = 2,5 % und der Wert der Teile l_v ergibt sich zu 90 € pro Stück (variable Herstellkosten).

j = 1

Da in der Periode 1 der Bedarf 20 Stück beträgt und kein Bestand vorhanden ist, ist die Produktionsmenge mit dem Bedarf identisch: x_1 = 20 Stück.

$$k_{min1} = K_{11} = 50 \; €$$

j = 2

Unter Einbezug der Periode 2 ergeben sich zwei Vorgehensmöglichkeiten:

▶ Fertigung des Bedarfs der Perioden 1 und 2 in der Periode 1. Dabei fallen Lagerkosten für den Bedarf von Periode 2 (in Periode 1) an.
▶ Fertigung des Bedarfs der Perioden jeweils pro Periode. Lagerkosten entfallen damit.

Im ersten Fall entstehen folgende Kosten:

$$K_{12} = K_{11} + A_2 \cdot p \cdot l_v = 50 \; € + 25 \cdot 0{,}025 \cdot 90 \; € = 106{,}25 \; €$$

Für die 2. Strategie ist mit folgenden Kosten zu rechnen:

$$K_{22} = K_{11} + l_f = 50 \; € + 50 \; € = 100 \; €$$

Die optimale Strategie unter Einbeziehung der 2. Periode lautet wegen

$$K_{min2} = \min (K_{12}; K_{22}) = \min (106{,}25 \; €; 100 \; €) = 100 \; €$$

daher: x_1 = 20; x_2 = 25.

j = 3

Die Ausdehnung des Planungshorizonts auf Periode 3 ermöglicht drei Alternativen:

▶ A_1, A_2, A_3 werden in der 1. Periode produziert.
▶ A_2 und A_3 werden zu Beginn der 2. Periode produziert.
▶ A_3 wird zu Beginn der 3. Periode gefertigt.

Dabei ergeben sich folgende Kosten:

$$K_{13} = K_{12} + 2 \cdot A_3 \cdot p \cdot l_v = 106{,}25 \; € + 2 \cdot 30 \cdot 0{,}025 \cdot 90 \; € = 241{,}25 \; €$$
$$K_{23} = K_{22} + A_3 \cdot p \cdot l_v = 100 \; € + 30 \cdot 0{,}025 \cdot 90 \; € = 167{,}50 \; €$$
$$K_{33} = K_{min2} + l_f = 100 \; € + 50 \; € = 150 \; €$$

Das Minimum lautet:

$$K_{min3} = \min (K_{13}; K_{23}; K_{33}) = K_{33} = 150 \; €$$

$$x_1 = 20; x_2 = 25; x_3 = 30$$

j = 4

Unter Einbezug der 4. Planperiode ergeben sich für die verschiedenen Strategien folgende Berechnungen:

$$K_{14} = K_{13} + 3 \cdot A_4 \cdot p \cdot l_v = 241,25\ € + 3 \cdot 20 \cdot 0,025 \cdot 90\ € = 376,25\ €$$

$$K_{24} = K_{23} + 2 \cdot A_4 \cdot p \cdot l_v = 167,50\ € + 2 \cdot 20 \cdot 0,025 \cdot 90\ € = 257,50\ €$$

$$K_{34} = K_{33} + A_4 \cdot p \cdot l_v = 150\ € + 20 \cdot 0,025 \cdot 90\ € = 195\ €$$

$$K_{44} = K_{min3} + l_f = 150\ € + 50\ € = 200\ €$$

Die Kostenwerte (in €) lassen sich in einer Matrix darstellen:

Fertigungsperiode i	Planungshorizont j			
	1	2	3	4
1	50,–	106,25	241,25	376,25
2	–	100,–	167,50	257,50
3	–	–	150,–	195,–
4	–	–	–	200,–

Auf der Basis der Matrix können die optimalen Lose und die entsprechenden Fertigungstermine ermittelt werden:

Periode i	1	2	3	4
Bedarf A_i	20	25	30	20
Fertigungslos x_i	20	25	50	–

Die Gesamtkosten betragen 195 € für die optimale Losfolge.

Der Wagner/Whitin-Algorithmus führt nur dann zu optimalen Ergebnissen, wenn ein endlicher Betrachtungszeitraum unterstellt wird. Bezieht man jedoch – wie es bei einer praxisgerechten rollierenden Planung üblich ist – die folgenden Perioden sukzessive in den Planungsprozess ein, so wird nur zufällig das Optimum erreicht.[74] Da der Rechenaufwand relativ hoch ist, werden vielfach heuristische Verfahren vorgeschlagen.

4.3.2 Gleitende wirtschaftliche Losgröße

Bei dem Verfahren der gleitenden wirtschaftlichen Losgröße handelt es sich um ein heuristisches Modell.[75] Die Grundidee besteht darin, aufeinander folgende Bedarfe unter Berücksichtigung der Kosten solange zu einem Los zusammenzufassen, bis die Stückkosten auf ein Minimum reduziert sind. Lässt sich durch Einplanen eines weiteren Periodenbedarfs keine Verringerung der Kosten mehr erreichen, so wird der Rechenschritt abgebrochen, und für ein weiteres Produktionslos wird wieder neu gerechnet.

Die Idee des Vorgehens beruht auf der Tatsache, dass im Grundmodell der Losgrößenplanung die durchschnittlichen Kosten bei der optimalen Losgröße ein Minimum aufweisen. Die im dynamischen Fall zu minimierende Kostenfunktion lautet:[76]

---

74 Vgl. Tempelmeier (2006), S. 150.
75 Vgl. z. B. Glaser/Geiger/Rohde (1992), S. 64 ff. (dort als Stückkostenverfahren bezeichnet).
76 Vgl. etwa Bloech u. a. (2004), S. 227.

$$k_{ij} = \frac{l_f + p \cdot l_v \cdot \sum_{t=i}^{j} A_t \cdot (t-i)}{\sum_{t=i}^{j} A_t}$$

Für das Beispiel aus dem vorigen Abschnitt ergibt sich damit folgender Berechnungsmodus:

Produktionslos 1

Bedarfsperiode j = 1: k_{11} = l_f : A_1 = 50 : 20 = 2,5 [€/Stück]
Bedarfsperiode j = 2: k_{12} = (l_f + ($A_2 \cdot p \cdot l_v$)) : ($A_1 + A_2$) = (50 + (25 · 0,025 · 90)) : 45 = 2,4 [€/Stück]
Bedarfsperiode j = 3: k_{13} = (50 + 0,025 · 90 · (25 + 2 · 30)) : 75 = 3,2 [€/Stück]

Das weitere Einplanen von Periodenbedarfen führt offensichtlich nicht zu einer weiteren Verringerung der durchschnittlichen Kosten, sodass der Rechenschritt hier beendet wird.

Minimum für j = 2 mit x_1 = 20 + 25 = 45

Produktionslos 2

Bedarfsperiode j = 3: k_{33} = 50 : 30 = 1,7 [€/Stück]
Bedarfsperiode j = 4: k_{34} = 95 : 50 = 1,9 [€/Stück]

Minimum für j = 3 mit x_2 = 30.

Damit entspricht die Größe des 3. Loses dem Bedarf von Periode 4. Das Optimum des Wagner/Whitin-Algorithmus wird verfehlt.

K_{ges} = 106,25 € + 50 € + 50 € = 206,25 €

4.3.3 Silver-Meal-Verfahren

Beim Silver-Meal-Verfahren wird ein Minimum der Kosten pro Periode angestrebt. Die Gesamtkosten der Losbildung werden durch die Planungsperiodenzahl dividiert. Dabei wird die Losgröße solange sukzessive erhöht, wie sich durch die erhöhte Produktionsmenge pro Losauflage die durchschnittlichen Periodenkosten verringern lassen.[77]

Die durchschnittlichen Kosten pro Planperiode betragen dann:[78]

$$K_{ij} = \frac{l_f + l_v \cdot p \cdot \sum_{t=i}^{j} A_t \cdot (t-i)}{j - i + 1}$$

---

77 Vgl. Silver/Meal (1973), S. 64 ff.
78 Vgl. etwa Bloech u. a. (2004), S. 231.

Für das Beispiel aus Abschnitt 4.3.1 ergibt sich folgende Berechnung:

Produktionslos 1
Bedarfsperiode j = 1: $K_{11} = 50 : 1 = 50$ [€/Periode]
Bedarfsperiode j = 2: $K_{12} = (50 + 90 \cdot 0{,}025 \cdot 25) : 2 = 53$ [€/Periode]

Kostenminimum bei j = 1 mit $x_1 = 20$.

Der Rechenschritt kann abgebrochen werden. Das nächste Produktionslos ist zu errechnen.

Produktionslos 2
Bedarfsperiode j = 2: $K_{22} = 50 : 1 = 50$ [€/Periode]
Bedarfsperiode j = 3: $K_{23} = (50 + 90 \cdot 0{,}025 \cdot 30) : 2 = 59$ [€/Periode]

Kostenminimum bei j = 2 mit $x_2 = 25$.

Produktionslos 3
Bedarfsperiode j = 3: $K_{33} = 50 : 1 = 50$ [€/Periode]
Bedarfsperiode j = 4: $K_{34} = (50 + 90 \cdot 0{,}025 \cdot 20) : 2 = 47{,}50$ [€/Periode]

Kostenminimum bei j = 4 mit $x_3 = 50$.

Alle Bedarfe sind damit verplant. Es ergeben sich Gesamtkosten in Höhe von 190 €. Hier wird das Optimum des Wagner/Whitin-Algorithmus also erreicht.

Die heuristischen Verfahren haben in die DV-Systeme zur Produktionsplanung und -steuerung Eingang gefunden. Allerdings ist zu berücksichtigen, dass in der Praxis zumeist ein mehrstufiges Losgrößenproblem vorliegt, für das diese Verfahren nicht konzipiert wurden. Für das mehrstufige, dynamische Losgrößenproblem sind wiederum spezielle Modelle formuliert worden, auf die hier nicht näher eingegangen werden soll. Diese Verfahren werden in der Praxis selten eingesetzt.

Über die Effizienz der heuristischen Losgrößenverfahren liegen diverse Simulationsstudien vor.[79] Allgemeine Aussagen über die Güte der zurzeit bekannten Verfahren lassen sich hieraus kaum ableiten, da die jeweiligen Untersuchungsvoraussetzungen die Ergebnisse der Studien zu stark beeinflussen. Für das Silver-Meal-Verfahren wurden jedoch in verschiedenen Studien gute Ergebnisse ermittelt.

4.4 Terminplanung

Die Aufgabe der *Terminplanung* besteht darin, aufbauend auf den Vorgaben der Arbeitsplanung, der Produktionsprogrammplanung und der Losgrößenplanung, das Zeitgerüst der Produktion für die nächste Planungsperiode festzulegen. Dazu müssen die Start- und Endtermine der einzelnen Arbeitsschritte so bestimmt werden, dass die übergeordnete betriebliche Zielsetzung (z. B. Termintreue) erreicht wird. Da die Realisierbarkeit erwünschter Terminvorgaben von der Kapazitätsinanspruchnahme der Fertigungseinrichtungen durch einzelne Aufträge einerseits und dem Kapazitätsangebot andererseits abhängt, müssen die Fertigungstermine auf die vorhandenen Fertigungskapazitäten abgestimmt werden.

Die Terminplanung erfolgt in der industriellen Praxis in der Regel nacheinander in zwei Schritten:

(1) Durchlaufterminierung
(2) Kapazitätsterminierung.

---

79 Vgl. Tempelmeier (2006), S. 159 f.

Als Hilfsmittel für die Terminplanung eignet sich vor allem die *Balkendiagrammtechnik (Gantt-Diagramme)*[80], aber auch die *Netzplantechnik*. Grundsätzlich lassen sich zwei Ausprägungen der Gantt-Diagramme unterscheiden: das betriebsmittelorientierte (Maschinenbelegungsdiagramm) und das auftragsorientierte (Auftragsfortschrittsdiagramm) Diagramm. Ersteres erlaubt das Ablesen der Belegungs- und Leerzeiten der Produktionssysteme. Aus dem Auftragsfortschrittsdiagramm sind die Auftragsbearbeitungs- und -wartezeiten direkt ablesbar (s. jeweils Abb. 161).

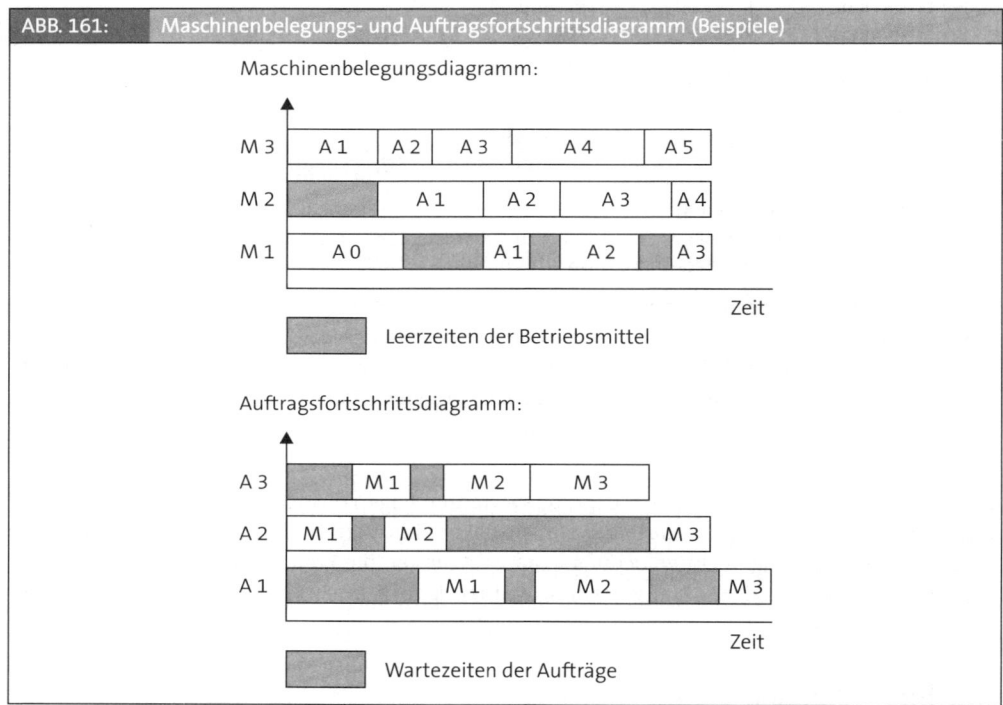

ABB. 161: Maschinenbelegungs- und Auftragsfortschrittsdiagramm (Beispiele)

Mathematische Modelle zur Termin- und Kapazitätsplanung haben aufgrund der Komplexität der Aufgabe, insbesondere in der Serienfertigung, keine nennenswerte Verbreitung in der Praxis gefunden. „Deshalb setzte sich in den letzten Jahren zunehmend die Erkenntnis durch, dass der Sachverstand der Fertigungsdisponenten und Meister vor Ort bessere Lösungen verspricht als ein Abgleichsalgorithmus."[81]

---

80 Benannt nach H. L. Gantt (1861 – 1919).
81 Kurbel (2005), S. 158.

4.4.1 Durchlaufterminierung

In der Durchlaufterminierung werden die Start- und Endtermine der für die einzuplanenden Aufträge anfallenden Arbeitsschritte *ohne Berücksichtigung der verfügbaren Kapazitäten* bestimmt. Dazu müssen folgende Informationen vorliegen:

- Art, Menge und Ablieferungstermine der Teile,
- die Arbeitsvorgänge, die technologische Reihenfolge für jeden Fertigungsprozess,
- die Durchlaufzeiten für jeden Arbeitsvorgang.[82]

Die Qualität der Terminplanung hängt von der Genauigkeit der angenommenen Durchlaufzeiten ab. Da den größten Anteil an den Durchlaufzeiten nicht die exakt zu bestimmenden Bearbeitungszeiten haben, sondern die in Abhängigkeit von der Auslastung stark schwankenden und daher schwer schätzbaren Liegezeiten ca. 85 % der Durchlaufzeit ausmachen (vgl. Kap. D. III. 3.3), ist die Terminplanung mit erheblicher Unsicherheit belastet.

Die Durchlaufterminierung kann nach folgenden Methoden erfolgen:

(1) Vorwärtsterminierung

(2) Rückwärtsterminierung.

Vielfach werden beide Terminierungsverfahren kombiniert eingesetzt.

Vorwärtsterminierung

Bei der Vorwärtsterminierung geht man vom frühestmöglichen Starttermin (evtl. Gegenwartszeitpunkt) aus und berechnet in die Zukunft gerichtet die frühestmöglichen Start- und Endtermine der einzelnen Arbeitsschritte einschließlich des frühesten Endtermins des Fertigungsauftrags. Fertigungsaufträge, die nach diesem Verfahren terminiert werden, führen unter Umständen zu erhöhten Kapitalbindungskosten, wenn die geplanten Fertigungstermine zeitlich vor den Ablieferungsterminen der Aufträge liegen und eine frühere Auslieferung nicht möglich ist. Die Vorwärtsterminierung wird daher meist in Kombination mit einer Rückwärtsterminierung eingesetzt. Bei Eilaufträgen kommt allerdings auch eine alleinige Vorwärtsterminierung in Betracht.

In Abb. 162 wird mit Hilfe eines Balkendiagramms (Gantt-Tafel) ein Beispiel für eine Vorwärtsterminierung gegeben. In der Gantt-Tafel wird die Ablaufstruktur eines Auftrags, aufgeschlüsselt in die Einzelarbeitsschritte, der technologischen Reihenfolge entsprechend und mit Durchlaufzeiten bewertet, über eine Zeitachse aufgetragen. Der zeitliche Umfang sowie Beginn- und Endtermin eines Arbeitsschritts werden jeweils durch einen Balken symbolisiert.

---

82 Vgl. Stommel (1976), S. 142.

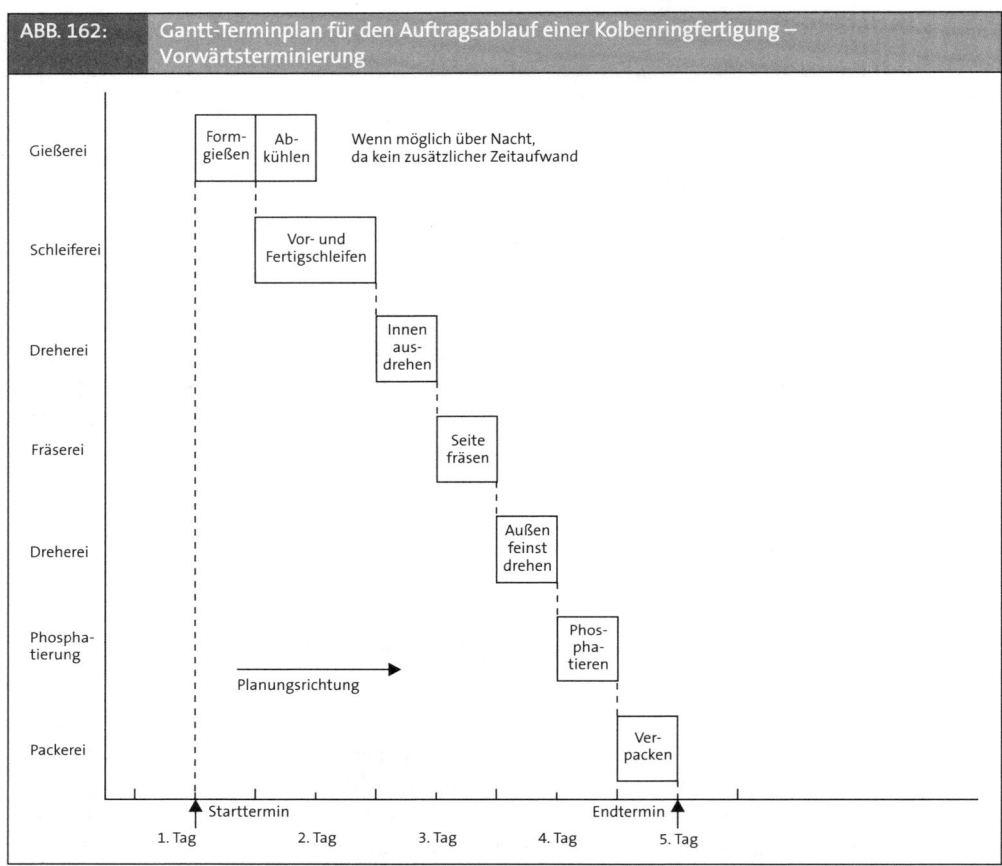

ABB. 162: Gantt-Terminplan für den Auftragsablauf einer Kolbenringfertigung – Vorwärtsterminierung

Der Vorteil dieses Verfahrens liegt in seiner Einfachheit und Anschaulichkeit; besondere Kenntnisse sind nicht erforderlich. Nachteilig wirkt sich aus, dass bestehende Abhängigkeiten zwischen einzelnen Tätigkeiten nicht darstellbar sind. Der Änderungsaufwand bei Terminverschiebungen ist hoch.

Rückwärtsterminierung

Steht der erforderliche Endtermin der Fertigung fest (z. B. Ablieferungstermin der Aufträge), so ist die Rückwärtsterminierung ein geeignetes Verfahren. Die Rückwärtsterminierung legt ausgehend vom gewünschten Endtermin alle spätestmöglichen Starttermine der einzelnen Arbeitsschritte einschließlich des spätesten Beginnzeitpunktes des Fertigungsauftrags fest. Mit diesem Verfahren können unnötige Lagerzeiten von Halb- und Fertigerzeugnissen vermieden werden. Um aber Terminproblemen durch unvorhergesehene Verzögerungen im Fertigungsablauf vorzubeugen, müssen Reservezeiten eingeplant werden.

Abb. 163 veranschaulicht die Rückwärtsterminierung des Auftragsablaufs aus Abb. 162.

Planung und Steuerung

KAPITEL D
Teil III

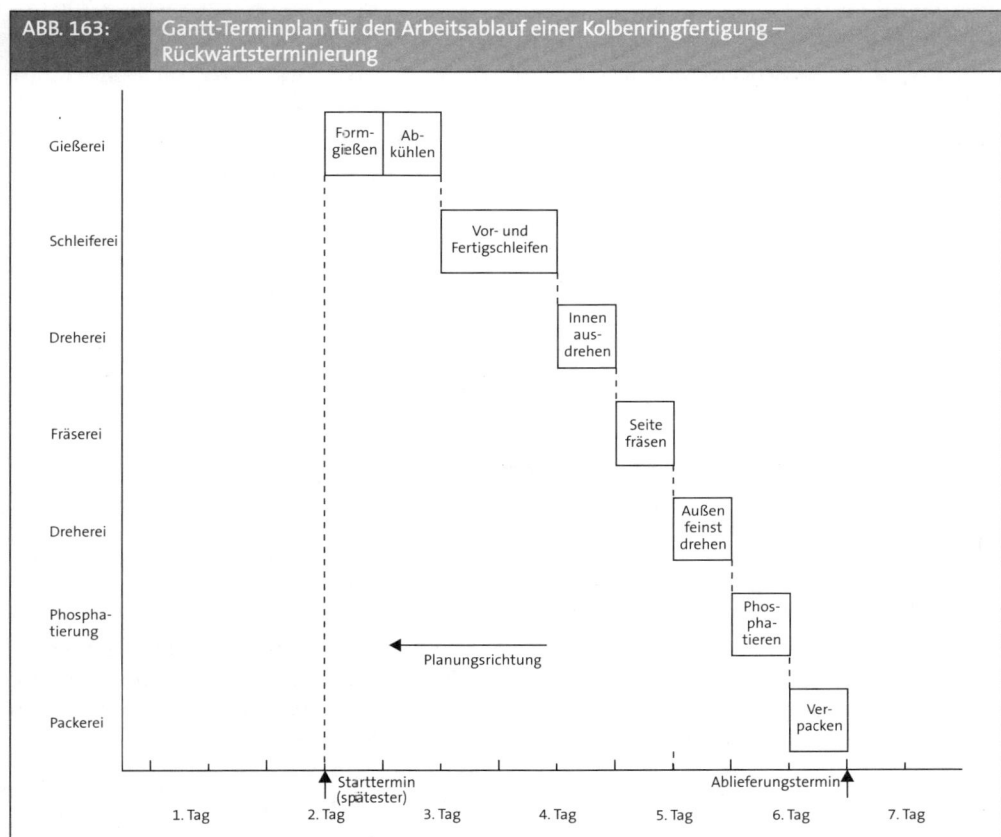

ABB. 163: Gantt-Terminplan für den Arbeitsablauf einer Kolbenringfertigung – Rückwärtsterminierung

Das Ergebnis der Durchlaufzeitenterminierung wird häufig ein Auseinanderfallen der Starttermine von Rückwärts- und Vorwärtsterminierung sein. Liegt der Fertigungsstarttermin der Rückwärtsterminierung noch in der Zukunft, so hat der Auftrag eine Pufferzeit. Ein rechnerischer Starttermin in der Vergangenheit bedeutet, dass der gewünschte Fertigstellungstermin unter den zugrunde gelegten Planungsprämissen nicht eingehalten werden kann. Um den Endtermin dennoch zu erreichen, müssen Maßnahmen zur *Durchlaufzeitreduktion* ergriffen werden. Folgende Möglichkeiten kommen dazu in Betracht:

▶ Splittung
▶ Überlappung
▶ Übergangszeitenverkürzung.

Splittung

Sind im Unternehmen mehrere für eine bestimmte Fertigung geeignete Fertigungseinrichtungen einschließlich Personal und Fertigungszubehör (Werkzeuge usw.) vorhanden, so kann durch Aufteilung eines Auftrags in mehrere Teilaufträge und eine parallele Bearbeitung dieser Teilaufträge die Durchlaufzeit erheblich verkürzt werden. Dieses Splitten genannte Vorgehen führt allerdings zu erhöhten Rüstkosten.

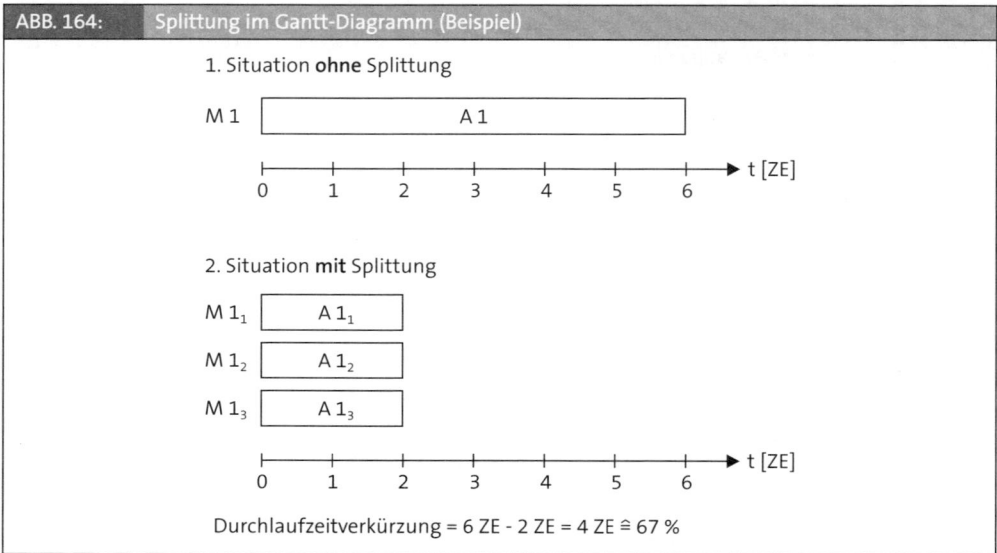

ABB. 164: Splittung im Gantt-Diagramm (Beispiel)

Durchlaufzeitverkürzung = 6 ZE - 2 ZE = 4 ZE ≙ 67 %

Überlappung

Bei der Überlappung[83] werden fertig bearbeitete Teilmengen eines Fertigungsloses schon zur nächsten Fertigungsstätte transportiert, um dort weiter bearbeitet zu werden, während andere Teilmengen des gleichen Loses noch beim vorangehenden Arbeitsvorgang bearbeitet werden oder auf ihre Bearbeitung warten. Nachteilig sind die erhöhten Transportkosten.

---

83 Vgl. zur Überlappung die grundlegende Arbeit von Feldmann (2005).

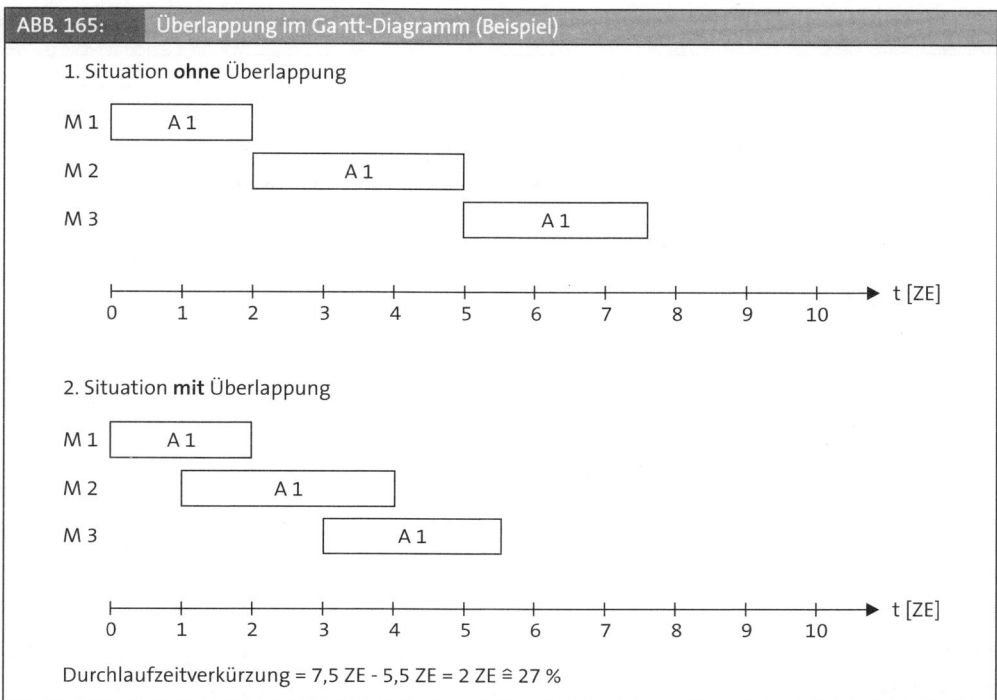

ABB. 165: Überlappung im Gantt-Diagramm (Beispiel)

Durchlaufzeitverkürzung = 7,5 ZE - 5,5 ZE = 2 ZE ≙ 27 %

Übergangszeitenverkürzung

Da der Hauptbestandteil der Durchlaufzeit nicht aus den reinen Bearbeitungs- und Rüstzeiten, sondern aus so genannten Übergangszeiten (insbesondere Liege- und Transportzeiten) besteht, sollten Maßnahmen zur Durchlaufzeitreduktion vor allem bei diesen Zeitbestandteilen ansetzen. Dazu bieten sich intensive Planungen der Auftragsreihenfolge, organisatorische Maßnahmen und technologische Verbesserungen an.

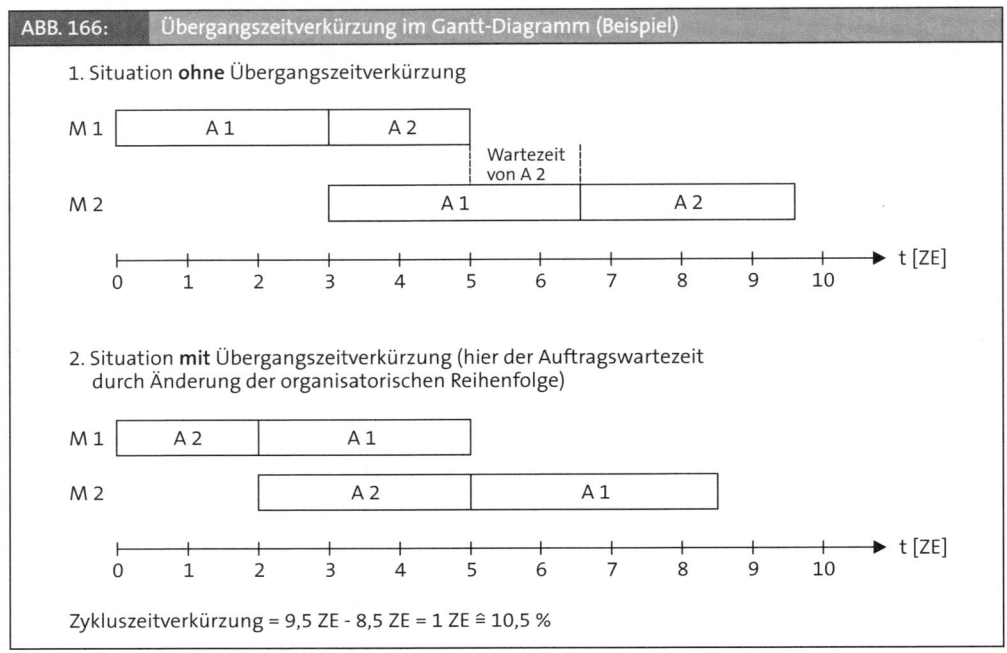

ABB. 166: Übergangszeitverkürzung im Gantt-Diagramm (Beispiel)

Kombinierte Terminierung

Ein Verfahren für eine kombinierte Vorwärts-/Rückwärtsterminierung ist die *Netzplantechnik*[84]. Die Netzplantechnik eignet sich für die Terminplanung von Projekten, z. B. in der Einzelfertigung von Großmaschinen, Schiffen, der Erstellung von Produktionsanlagen, Hoch- und Tiefbauten. Die Planung der Termine in der Einzelfertigung ist in der Regel wesentlich komplexer als im Beispiel in Abb. 162 dargestellt, da neben der Vielzahl der einzelnen Arbeitsgänge, die parallel und aufeinander folgend zu realisieren sind, Abhängigkeiten der Arbeitsgänge untereinander und in Bezug auf die Ecktermine der verschiedenen Baustufen berücksichtigt werden müssen.

Ein Netzplan ist ein gerichteter Graph, bestehend aus einer Folge von Pfeilen, die jeweils zwei Knoten miteinander verbinden. Die Ausprägungsformen der Netzplantechnik lassen sich grob in die Typen

▶ *Vorgangspfeilnetzplan* (vorgangsorientierter, deterministischer Netzplan), Vorgänge werden durch Pfeile symbolisiert; z. B. CPM (Critical Path Method),

▶ *Vorgangsknotennetzplan* (vorgangsorientierter, deterministischer Netzplan), Vorgänge werden durch Knoten dargestellt; z. B. MPM (Metra Potenzial Method),

▶ *Ereignisknotennetzplan* (ereignisorientierter, deterministisch-stochastischer Netzplan), Ereignisse (Beginn bzw. Abschluss von Arbeitsgängen) werden durch Knoten abgebildet; z. B. PERT (Program Evaluation and Review Technique),

gliedern.

---

[84] Zur Netzplantechnik vgl. z. B. Küpper/Lüder/Streitferdt (1975), Zimmermann/Stache (2001), S. 6 ff., Runzheimer/Cleff/Schäfer (2005), S. 145 ff.

Mit Hilfe der Netzplantechnik können verschiedene Planungsstufen durchlaufen werden, die zum Teil inhaltlich aufeinander aufbauen. Zunächst erfolgt eine *Strukturanalyse* des Projektablaufs, in der die Anordnungsbeziehungen (Verknüpfungen und Abhängigkeiten) zwischen den Vorgängen dokumentiert werden. Die Strukturanalyse schließt mit der Erstellung des Netzplans ab. Im Anschluss daran werden in der *Zeitplanung* durch eine Vorwärts- und Rückwärtsrechnung die frühest- und spätestmöglichen Start- und Endtermine der einzelnen Arbeitsschritte ermittelt. In einer weiteren Stufe, der *Zeit-Kosten-Planung*, wird beispielsweise untersucht, welche Auswirkungen die Verkürzung einzelner Arbeitsschritte auf die Gesamtprojektkosten haben. Ziel ist es, das Gesamtprojekt kostenminimal zu verkürzen. In der *Kapazitätsplanung* wird versucht, durch Verschiebung einzelner Arbeitsgänge einen Ausgleich von Kapazitätsangebot und Kapazitätsnachfrage zu schaffen.

Für einen *CPM-Netzplan* gelten folgende *Grundregeln*:[85]

(1) Ein Pfeil symbolisiert einen Vorgang, ein Knoten ein Ereignis. Jeder Pfeil beginnt und endet mit einem Knoten.

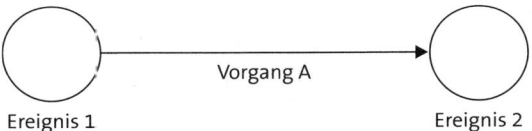

(2) Bevor ein Vorgang (C), dessen Pfeil einem bestimmten Knoten (3) entspringt, beginnen kann, müssen alle Vorgänge (A, B), deren Pfeile zu dem Knoten (3) führen, beendet sein.

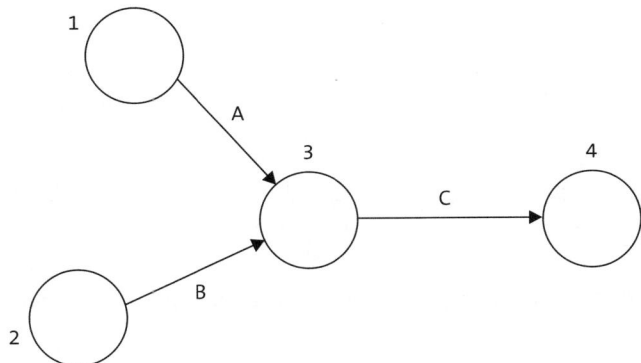

---

85 Vgl. Runzheimer/Cleff/Schäfer (2005), S. 152 ff.

(3) Zwei Knoten dürfen nur durch *einen* Pfeil miteinander verbunden werden.

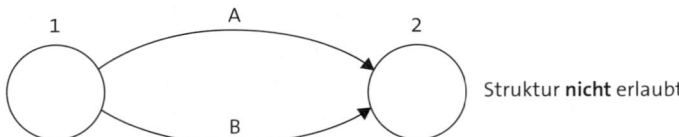

Verlaufen zwei Vorgänge parallel, so wird ein *Scheinvorgang* (fiktiver Vorgang) und ein weiteres Ereignis eingeführt, um eine eindeutige Ablaufstruktur zu gewinnen. Der Scheinvorgang hat einen Zeitverbrauch von Null.

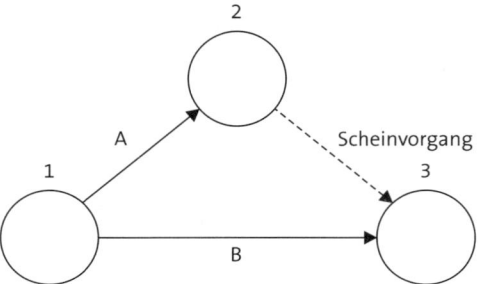

(4) Zyklen sind im Netzplan nicht zugelassen.

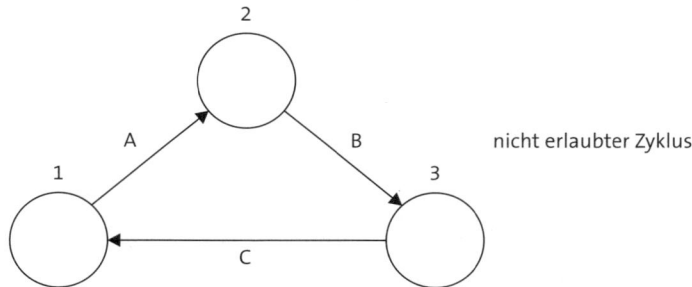

Im Folgenden soll die Terminierung mittels der Netzplantechnik an einem einfachen *Beispiel* gezeigt werden.

In einem Unternehmen des Sondermaschinenbaus liegt ein Auftrag für eine Spezialmaschine (Variante eines Standardtyps) vor. Die Terminplanungsgruppe hat den in Abb. 167 dargestellten Grobablaufplan entwickelt und versucht mit Hilfe des CPM-Verfahrens den zeitlichen Ablauf, den möglichen Endtermin und vorhandene Pufferzeiten festzustellen. Dazu wird zunächst entsprechend der oben erläuterten Vorgehensweise der Strukturplan des Fertigungsablaufs erstellt (Abb. 169). Anhand dieses Strukturplans erfolgt die konkrete Terminplanung. In der Vorwärtsterminierung werden die frühesten Anfangs- und Endzeitpunkte der einzelnen Arbeitsvorgänge ermittelt. Da ein Projekt erst dann abgeschlossen ist, wenn sämtliche Arbeitsschritte erledigt sind, wird die minimale Projektdauer durch den zeitlich längsten Weg im Netzplan festgelegt.

Planung und Steuerung — KAPITEL D, Teil III

ABB. 167: Grobarbeitsplan für die Fertigung einer Sondermaschine

Arbeitsgang	Benennung	Dauer in Stunden	Vorhergehender Arbeitsgang
A	Konstruktion	120	–
B	Beschaffung Fremdmaterial	140	A
C	Vorfertigung Eigenteile	112	A
D	Vormontage Baugruppe A, Werkstattgruppe 1	24	B
E	Vormontage Baugruppe B, Werkstattgruppe 2	36	B, C
F	Vormontage Baugruppe C, Werkstattgruppe 1	34	D
G	Montage Baugruppen A und B, Werkstattgruppe 2	16	D, E
H	Justierung Baugruppen A und B	10	G
I	Endmontage	25	H, F
J	Endkontrolle	6	I
K	Schutzanstrich auftragen	5	J

ABB. 168: Aufbaustruktur der Netzplansymbole

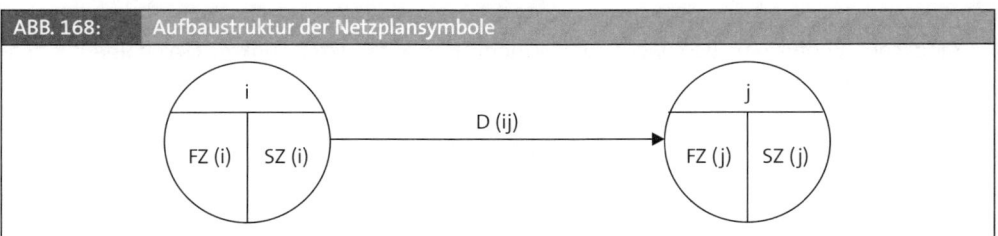

Der Planungsablauf erfolgt in folgenden Schritten:

1. Zunächst wird der frühestmögliche Eintrittszeitpunkt aller Ereignisse bestimmt (führen mehrere Wege zum Ereignis j, so legt der längste Weg diesen Zeitpunkt fest) nach:

   $FZ(j) = \max_i [FZ(i) + D(ij)]$ mit $i < j$

   $FZ(j)$: frühester Ereigniseintrittszeitpunkt von j
   $D(ij)$: Dauer des Vorgangs ij

> **BEISPIEL**
>
> $FZ(4) = \max[FZ(2) + D(24); FZ(3) + D(34)] = \max[120 + 112; 260 + 0]$
> $= \max[232; 260] = 260$

Im Anschluss an die Vorwärtsplanung erfolgt die Rückwärtsterminierung:

2. Der spätestmögliche Ereigniseintrittszeitpunkt des letzten Ereignisknotens wird festgelegt (z. B. Ablieferungstermin). Liegen darüber keine besonderen Informationen vor, gilt

   $$SZ(n) = FZ(n)$$

   $SZ(n)$: spätester Ereigniseintrittszeitpunkt von n

KAPITEL D — Teil III
Der Produktionsprozess

BEISPIEL

SZ (11) = FZ (11)

SZ (11) = 358

3. In einer Rückwärtsrechnung werden, ausgehend vom spätesten Ereigniseintrittszeitpunkt des Ereignisses n, die jeweiligen spätesten Ereigniseintrittszeitpunkte der vorhergehenden Ereignisse errechnet nach:

$$SZ\ (i) = \min_{j}\ [SZ\ (j) - D\ (ij)]\ \text{mit}\ i < j$$

BEISPIEL

SZ (3) = min [SZ (5) – D (35); SZ (4) – D (34)] = min [288 – 24; 260 – 0]
= min [264; 260] = 260

Die Analyse eines Netzplans zeigt, dass es Ereignisse gibt, bei denen die frühest- und spätestmöglichen Ereigniseintrittszeitpunkte gleich sind. Eine zeitliche Verschiebung dieser Ereignisse in die Zukunft würde den Endtermin verändern. Es gibt aber auch Ereignisse, die einen gewissen zeitlichen Puffer aufweisen. Diese Ereigniseintrittszeitpunkte sind in gewissen Grenzen variierbar, ohne dass sich daraus Auswirkungen auf den Endtermin ergeben.

Die Ermittlung des frühestmöglichen Anfangszeitpunktes des Vorgangs ij (FAZ_{ij}), des frühestmöglichen Endtermins (FEZ_{ij}), des spätestmöglichen Anfangszeitpunktes (SAZ_{ij}) und des spätesten Endtermins (SEZ_{ij}) erfolgt nach folgenden Formeln:

$$FAZ\ (ij) = FZ\ (i)$$

$$FEZ\ (ij) = FAZ\ (ij) + D\ (ij)$$

$$SEZ\ (ij) = SZ\ (j)$$

$$SAZ\ (ij) = SEZ\ (ij) - D\ (ij)$$

4. Im letzten Schritt wird der *„kritische Weg"* im Netzplan bestimmt. Der kritische Weg ist durch diejenigen Arbeitsvorgänge festgelegt, deren lückenlose Folge den längsten Weg durch den Netzplan bildet. Eine Nichteinhaltung der Zeitvorgaben auf diesem Weg würde den geplanten Endtermin hinausschieben. Daraus leitet sich das Erfordernis ab, diese Vorgänge bei der Projektüberwachung besonders zu kontrollieren. Andererseits kann eine Beschleunigung des Projekts nur auf dem kritischen Weg erfolgen (dabei können sich aber jederzeit neue kritische Wege ergeben). Insofern handelt es sich bei der Projektplanung mit Netzplantechnik um einen Anwendungsfall des Ausgleichsgesetzes der Planung nach Gutenberg[86] bzw. der Theory of Constraints nach Goldratt (vgl. Abschn. D. III. 5.6.).

Für den kritischen Weg gilt:

$$SZ\ (j) - FZ\ (j) = 0\ \textit{und}\ FZ\ (j) - FZ\ (i) = D\ (ij)\ \text{bzw.}\ SZ\ (j) - FZ\ (i) = D\ (ij)$$

---

[86] Vgl. Gutenberg (1983), S. 164 f. und Teil C. VII. 1.2 dieses Buches.

Planung und Steuerung   **KAPITEL D**
Teil III

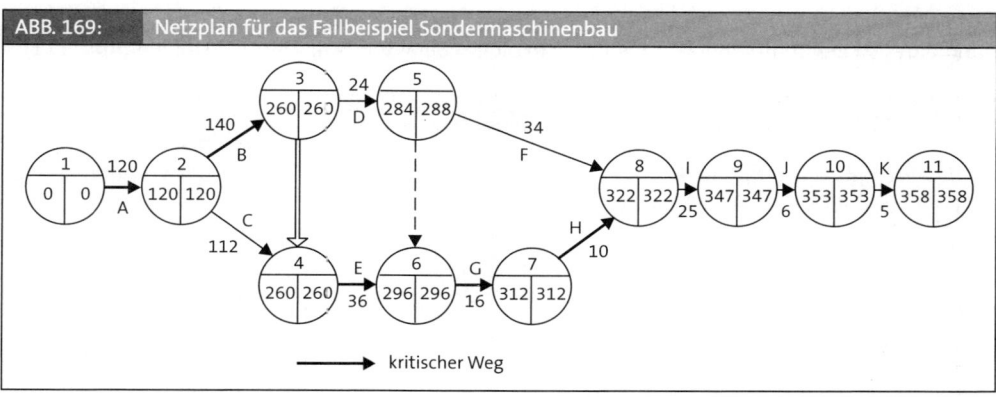

ABB. 169: Netzplan für das Fallbeispiel Sondermaschinenbau

→ kritischer Weg

ABB. 170: Zeitanalyse des Beispiels

Ereignis		Arbeitsvorgang	Dauer	FAZ	FEZ	SAZ	SEZ	Pufferzeiten	
i	j							GP	FP
1	2	A	120	0	120	0	120	0	0
2	3	B	140	120	260	120	260	0	0
2	4	C	112	120	232	148	260	28	28
3	5	D	24	260	284	264	288	4	0
4	6	E	36	260	296	260	296	0	0
5	8	F	34	284	318	288	322	4	4
6	7	G	16	296	312	296	312	0	0
7	8	H	10	312	322	312	322	0	0
8	9	I	25	322	347	322	347	0	0
9	10	J	6	347	353	347	353	0	0
10	11	K	5	353	358	353	358	0	0

Neben der *Gesamtpufferzeit*, innerhalb derer der Starttermin eines Vorgangs verschoben werden kann, ohne den Endtermin des Projekts zu gefährden, lassen sich weitere zeitliche Puffer zur Analyse und Überwachung des Projektablaufs ermitteln, z. B. die *freie Pufferzeit* FP (ij) eines Vorgangs:

$$FP (ij) = FZ (j) - FZ (i) - D (ij).$$

Die freie Pufferzeit gibt an, wie weit sich ein Vorgang gegenüber seinem frühestmöglichen Anfangszeitpunkt verschieben lässt, ohne damit die frühesten Anfangszeitpunkte nachfolgender Arbeitsvorgänge zu beeinflussen.

4.4.2 Kapazitätsterminierung

In der ersten Stufe der Terminplanung, der Durchlaufterminierung, erfolgte die Bestimmung der Anfangs- und Endtermine der Arbeitsvorgänge ohne Rücksicht auf die vorhandenen und benötigten Kapazitäten der Fertigungseinrichtungen und Arbeitsplätze. Aufgabe der Kapazitätsterminierung ist es, die endgültigen Termine unter Berücksichtigung des Kapazitätsbedarfs und -angebots (meist in Fertigungsstunden angegeben) zu ermitteln. Dabei werden zunächst die für den Fertigungsprozess benötigten Kapazitäten mit den vorhandenen verglichen. Dies kann anhand eines so genannten Belastungsprofils in einem Belastungsdiagramm erfolgen (Abb. 171).

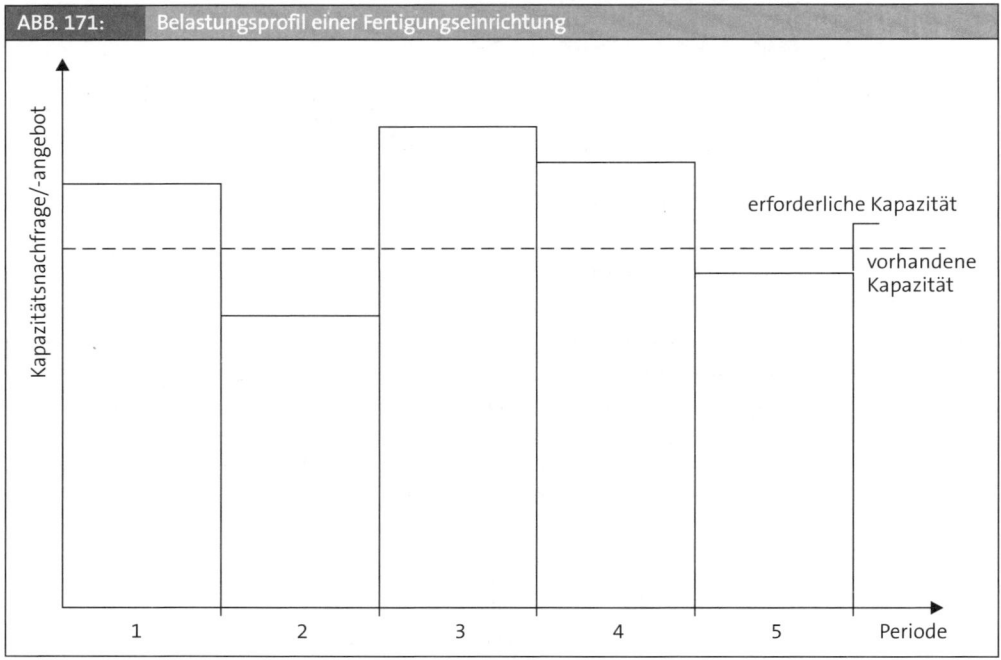

ABB. 171: Belastungsprofil einer Fertigungseinrichtung

Im Normalfall stimmen Kapazitätsangebot und -nachfrage in den einzelnen Perioden und bezogen auf die einzelnen Fertigungseinrichtungen und Arbeitsplätze nicht überein. Es kann sowohl eine ständige *Überauslastung* als auch eine *Unterauslastung* vorherrschen oder, wie Abb. 171 zeigt, sich eine wechselnde Unter- und Überauslastung in den einzelnen Perioden ergeben. Um einen Ausgleich zwischen Kapazitätsnachfrage und -angebot zu schaffen, bieten sich drei Maßnahmegruppen an:

(1) *Anpassung des Kapazitätsbestands an den Bedarf:*
   ▶ zeitliche Anpassung durch Überstunden, Kurzarbeit usw.,
   ▶ Inbetriebnahme von Reservekapazitäten (quantitative Anpassung),
   ▶ intensitätsmäßige Anpassung,
   ▶ langfristige Anpassung durch Auf- oder Abbau des Betriebsmittelbestands

(2) *Anpassung des Kapazitätsbedarf an den Bestand:*
   ▶ Fremdvergabe von Aufträgen,
   ▶ Akquisition zusätzlicher Aufträge.

(3) *Kapazitätsabgleich:*
   Verschieben von Aufträgen aus Perioden mit Überbelastung in Perioden mit freien Kapazitäten bzw. Ausweichen auf andere Aggregate

Bei der Kapazitätsterminierung müssen die Leerkosten unterbeschäftigter Fertigungseinheiten, die Kosten, die sich aus Terminverzögerungen ergeben, und die Kosten möglicher Anpassungsmaßnahmen berücksichtigt werden. Bislang wurden keine Lösungsalgorithmen veröffentlicht, die eine kostenminimale Kapazitätsabstimmung mit einem vertretbaren Rechenaufwand für praktische Problemstellungen erlauben. Für die industrielle Praxis kommen daher vor allem heuristische Planungsverfahren in Betracht. Diese Verfahren führen zwar in der Regel nicht zu optimalen Ergebnissen, besitzen aber den Vorteil, dass sie infolge ihres relativ geringen Rechenaufwands auch für komplexe Praxisprobleme einsetzbar sind.

Kapazitätsabgleich in der Einzelfertigung

Ein einfaches Planungsverfahren für einen Kapazitätsabgleich in der Einzelfertigung (Einprojektfall) soll an einem leicht verständlichen Beispiel demonstriert werden, bei dem nur eine Kapazitätsart (Anzahl Arbeitskräfte) zu berücksichtigen ist (Abb. 172). Unter Nutzung von Pufferzeiten wird versucht, eine Nivellierung von Belastung und Kapazitätsangebot zu erzielen. Dazu werden Arbeitsvorgänge aus Perioden hoher Belastung in Perioden geringer Belastung verschoben. Soweit der geplante Fertigungsendtermin dabei nicht eingehalten werden kann, treten Lieferterminverschiebungen auf. Das Problem der Minimierung von Lieferterminverschiebungen unter Einhaltung gegebener Kapazitätsgrenzen kann mit Hilfe heuristischer Verfahren gelöst werden. Entsprechende EDV-Programme sind seit Langem verfügbar.[87]

---

87 Vgl. Stommel (1976), S. 82 ff.

KAPITEL D
Teil III — Der Produktionsprozess

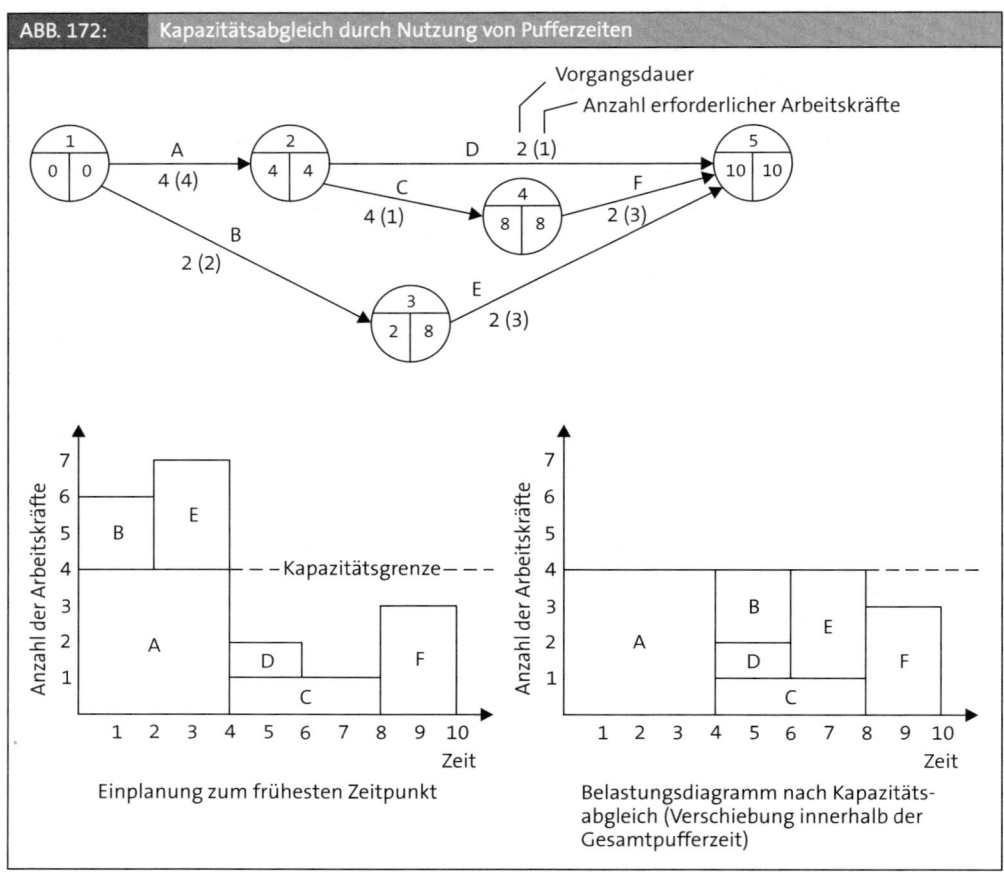

ABB. 172: Kapazitätsabgleich durch Nutzung von Pufferzeiten

Kapazitätsabgleich in der Serienfertigung

Beim Kapazitätsabgleich durch Verlagerung von Arbeitsvorgängen aus Perioden hoher Kapazitätsbelastung in Perioden mit Leerzeiten der Fertigungseinrichtungen müssen in der Serienfertigung auch die Auswirkungen auf die Terminplanung anderer Serien berücksichtigt werden. Zudem stellt sich in der Praxis vielfach das Problem, verschiedene Kapazitätsfaktoren (unterschiedliche Betriebsmittel, Personal etc.) simultan aufeinander abstimmen zu müssen, da nicht nur eine Kapazitätsart den Engpassfaktor darstellt. Dabei können sich Auswirkungen bei der Kapazitätsterminierung bezüglich einer Kapazitätsart auf die Einhaltung von Kapazitätsgrenzen einer anderen Kapazitätsart ergeben. Bezieht man in dieses Planungsproblem noch die verschiedenen Anpassungsmaßnahmen (Überstunden, Fremdvergabe von Aufträgen, aber auch minimale Lieferterminverschiebung) unter Kostengesichtspunkten ein, so wird deutlich, dass es sich hier um ein komplexes Optimierungsproblem handelt, das analytische Modellansätze sprengt und bislang nur auf heuristischem Weg lösbar ist.

Aus der Vielzahl der möglichen Vorgehensstrategien soll hier eine repräsentativ vorgestellt werden. Es handelt sich um ein heuristisches Planungsvorgehen, bei dem die Aufträge hinsichtlich ihrer Bedeutung für das Unternehmen gewichtet werden. Die Planung läuft in folgenden Schritten ab:

(1) Festlegen der Reihenfolge der Aufträge über eine Prioritätswertziffer
(2) Einplanung der Aufträge entsprechend ihrer Dringlichkeit (zunächst Einlastung des Auftrags mit der höchsten Dringlichkeit)
(3) Versuch, durch Verschieben der Arbeitsvorgänge innerhalb der Pufferzeiten die Kapazitätsnachfrage zu nivellieren.
(4) Einplanung der weiteren Aufträge gemäß (2) und (3), bis alle Aufträge berücksichtigt sind.
(5) Feststellung der Über- oder Unterauslastung im Planungszeitraum.
(6) Überprüfung von Ausweichmaßnahmen (Fremdbezug, Überstunden) oder, soweit dies nicht möglich ist, Anpassung der Start- und Endtermine einzelner Aufträge.[88]

Der Kapazitätsabgleich in der Serienfertigung kann auch mit Hilfe der Netzplantechnik erfolgen (Mehrprojektplanung). Dazu sind entsprechende DV-gestützte Verfahren einzusetzen.

4.5 Planung der Auftragsreihenfolge (Maschinenbelegungsplanung)

4.5.1 Problemüberblick

In der Produktionsplanung und -steuerung ist zwischen der organisatorischen und der technologischen Reihenfolge der Fertigung zu unterscheiden. Die *technologische* Reihenfolge (auch Maschinenfolge genannt) zeigt die sich aus dem Fertigungsverfahren ergebende und im Arbeitsplan dokumentierte Folge der einzelnen Arbeitsschritte eines Auftrags an. Die Maschinenfolge ist im Rahmen der operativen Produktionsplanung in der Regel ein Datum und lässt sich nicht oder nur in eng umrissenen Grenzen kurzfristig beeinflussen. Die *organisatorische* Reihenfolge (auch Auftragsfolge genannt) gibt das Aufeinanderfolgen der Aufträge auf den Maschinen an. Die Festlegung der Auftragsfolge ist ein Dispositionsproblem, bei dessen Lösung die in Teil D. III. 4.1 erläuterten Zielsetzungen (z. B. Termintreue) zugrunde gelegt werden. Die Planung der Auftragsfolge wird in der Regel kurzfristig vorgenommen, dabei werden auch die endgültigen Fertigungstermine festgelegt. Es handelt sich also um eine Feinplanung.

Die Planung der Auftragsfolge entspricht dem in der Literatur als Maschinenbelegungsplanung beschriebenen Problemtyp. Schwierigkeitsgrad und Lösungsmöglichkeiten des Maschinenbelegungsproblems hängen von der Anzahl der Bearbeitungsstufen (Maschinenzahl), der Anzahl der zu berücksichtigenden Aufträge und der Fertigungsstruktur (gleiche oder verschiedene technologische Reihenfolge der einzelnen Aufträge) ab. Bei einer Anzahl von m Maschinen, an denen jeder der n Aufträge einmal bearbeitet wird, beträgt die *Anzahl N möglicher Auftragsreihenfolgen* für eine nichtidentische Bearbeitungsreihenfolge der Aufträge

$$N = (n!)^m.$$

Für 6 Aufträge und 6 Maschinen ergeben sich schon $N = 1{,}39 \cdot 10^{17}$ verschiedene Auftragsfolgen. Das Beispiel demonstriert, warum eine Vollenumeration (Durchrechnung aller möglichen Auftragsreihenfolgen) für praktische Problemstellungen nicht in Frage kommt. Auch bei einer iden-

---

[88] Vgl. Stommel (1976), S. 87 f.

tischen Bearbeitungsreihenfolge der Aufträge existieren noch N = n! mögliche Kombinationen. Zur grafischen Darstellung der Maschinenbelegung und der Auswirkungen einzelner Auftragsfolgen auf Maschinenleer- und Auftragswartezeiten wird vielfach die Balkendiagrammtechnik (Gantt-Diagramme, Plantafeln) eingesetzt.

Idealtypisch lassen sich zwei Grundstrukturen der Fertigung, die für Lösungsansätze der Reihenfolgeplanung besondere Bedeutung haben, unterscheiden. Das ist zum einen der Fall der identischen Maschinenfolge der Fertigungsaufträge *(flow-shop-Problem)*, z. B. in der Fließfertigung, und zum anderen das Problem der unterschiedlichen Maschinenfolge *(job-shop-Problem)*, beispielsweise in der Werkstattfertigung. Für beide Grundstrukturen sind unter Berücksichtigung verschiedener Anwendungserfordernisse (Anzahl der Maschinen, Anzahl der Aufträge) eine Reihe von Lösungsverfahren entwickelt worden (s. Übersicht Abb. 173). Die Lösungsverfahren lassen sich in *Optimierungs-* und in *Näherungs*verfahren (heuristische Verfahren) einteilen. In der Praxis haben vor allem die heuristischen Verfahren, insbesondere Prioritätsregeln, große Bedeutung, da die Optimierungsverfahren für reale Problemdimensionen, gerade in der Werkstattfertigung (Einzel- und Kleinserienfertigung), nicht mehr handhabbar sind.

ABB. 173:		Lösungsverfahren für das Maschinenbelegungsproblem
Problemumfang*)		**Verfahren**
Flow Shop-Problem	m = 1, n beliebig	– Verfahren zur Lösung des Travelling-Salesman-Problems: heuristische Verfahren, Optimierungsverfahren (dynamische Programmierung, Branch-and-Bound, begrenzte Enumeration), – spezielle Optimierungsverfahren (Smith, Emmons)
	m = 2, m = 3, n beliebig	kombinatorische Verfahren (Johnson)
	m beliebig, n beliebig	– Branch-and-Bound – Überführung in ein Travelling-Salesman-Problem – heuristische Verfahren (Campbell/Dudek/Smith, Gupta, Zimmermann/Gerhardt)
Job Shop-Problem	m = 2, n beliebig	spezielle Optimierungsverfahren (Jackson, Szwarzc)
	m beliebig, n = 2	grafische Optimierungsverfahren (Akers, Szwarzc, Mensch, Riedesser)
	m beliebig, n beliebig	– heuristische Verfahren, u. a. Prioritätsregeln – Branch-and-Bound – gemischt-ganzzahlige Optimierung – nicht lineare Optimierung
*) m: Anzahl der Maschinen/Fertigungsstufen, n: Anzahl der Aufträge		

(Quellen: Zäpfel (1982), S. 263, Hoitsch (1993), S. 479, 500, Zahn/Schmid (1996), S. 503)

4.5.2 Minimierung reihenfolgeabhängiger Rüstkosten

Im Folgenden werden an einem vereinfachten Beispiel exemplarisch Verfahren der Reihenfolgeplanung demonstriert.

Problemstellung:

Auf einem Bearbeitungszentrum können in Serienfertigung verschiedene Typen eines Erzeugnisses hergestellt werden. Die Fertigungsabteilung erhält wöchentlich Vorgaben über das zu fertigende Typenprogamm. Es ist eine Auftragsreihenfolge mit minimalen Gesamtumstellkosten zu ermitteln. Terminliche Restriktionen sind nicht zu beachten. Am Ende der Arbeitswoche ist die Maschine zur Reinigung und Wartung wieder in die Grundposition zu bringen.

Für das Produktionsprogramm der folgenden Woche (5 Aufträge mit jeweils unterschiedlichen Serientypen) gilt die in Abb. 174 wiedergegebene Umrüstkostenmatrix.

ABB. 174:	Umrüstkostenmatrix (Angaben in € pro Umrüstvorgang)				
von Serientyp i \ auf Serientyp k	A	B	C	D	E
A (Grundposition)	–	400	150	650	170
B	600	–	450	320	480
C	150	500	–	260	200
D	800	320	240	–	220
E	170	480	210	190	–

Für das obige Beispiel ergeben sich aufgrund der Einschränkung einer festen Ausgangs- und Endposition (n −1)! = 4! = 24 mögliche Reihenfolgen.

4.5.2.1 Heuristische Verfahren

Ein sehr einfaches heuristisches Modell ist das *Verfahren des besten Nachfolgers*.[89] Ausgehend von der Grundposition wird der Umrüstvorgang gewählt, der die niedrigsten Kosten verursacht. Von diesem Auftrag wechselt man unter Berücksichtigung des günstigsten noch möglichen Umrüstvorgangs auf den nächsten Auftrag und so weiter. Das Verfahren führt allerdings nicht unbedingt zu guten Lösungen, da aufgrund der kurzsichtigen (myopischen) Vorgehensweise stets nur die „nächstbeste", nicht aber die hinsichtlich *aller* Umrüstungen beste Lösung gewählt wird. Im Laufe des Verfahrens nehmen die Freiheitsgrade stark ab, sodass gegen Ende des Planungsvorgangs eventuell auch sehr ungünstige Lösungen eingeplant werden müssen.

Für das Beispiel ergibt sich von der Grundposition ausgehend folgende Reihenfolge:

$$A - C - E - D - B - A \triangleq 1.460 \text{ €} \text{ Umrüstkosten}$$

Ein heuristisches Eröffnungsverfahren, das bei geringem Rechenaufwand recht brauchbare Lösungen liefert, ist das *Verfahren der sukzessiven Einbeziehung von Stationen*.[90] Bei diesem Eröffnungsverfahren werden, ausgehend von einem beliebigen Kurzzyklus für die Umstellungsfolge, nach und nach die übrigen Stationen möglichst vorteilhaft (geringe Rüstkosten) eingeplant:

---

[89] Vgl. etwa Hoitsch (1993), S. 503, Zimmermann/Stache (2001), S. 151.
[90] Vgl. etwa Zimmermann/Stache (2001), S. 151 ff.

KAPITEL D — Der Produktionsprozess
Teil III

Ausgehend vom Kurzzyklus der Umstellung A – B – A mit insgesamt 1.000 € Umrüstkosten, wird der nächste Serientyp so eingeplant, dass die Umrüstkosten minimal sind, also entweder

(1) A – C – B – A ≙ 1.250 € Umrüstkosten

oder

(2) A – B – C – A ≙ 1.000 € Umrüstkosten

Die Umrüstfolge (2) ist kostenminimal und bildet daher die Grundlage für die Einplanung des nächsten Serientyps, z. B. D:

(3) A – D – B – C – A ≙ 1.570 €

(4) A – B – D – C – A ≙ 1.110 €

(5) A – B – C – D – A ≙ 1.910 €

Hier sind die Rüstkosten der Reihenfolge (4) minimal. Als letzter Serientyp ist E einzuplanen, wobei vier Möglichkeiten zu vergleichen sind:

(6) A – E – B – D – C – A ≙ 1.360 €

(7) A – B – E – D – C – A ≙ 1.460 €

(8) A – B – D – E – C – A ≙ 1.300 €

(9) A – B – D – C – E – A ≙ 1.330 €

Eine günstige, aber nicht unbedingt optimale Lösung ist damit in der Reihenfolge A – B – D – E – C – A mit 1.300 € Umrüstkosten gefunden.

Insgesamt sind für n Serientypen $1 + 2 + 3 + \ldots + (n-1) = 0{,}5 \cdot (n-1) \cdot n = 0{,}5 \cdot (n^2 - n)$ Alternativen zu berechnen und zu vergleichen.[91] Mit zunehmender Zahl der zu berücksichtigenden Serien n nimmt der Anteil der zu berechnenden und zu vergleichenden alternativen Reihenfolgen an der Gesamtzahl möglicher Reihenfolgen stark ab (vgl. Abb. 175).

ABB. 175:	Rechenaufwand beim Verfahren der sukzessiven Einbeziehung von Stationen		
(A) n	(B) mögliche Reihenfolgen	(C) zu berechn. Reihenfolgen	(D) = (C)/(B)
4	6	6	100,00 %
5	24	10	41,67 %
6	120	15	12,50 %
7	720	21	2,92 %
8	5.040	28	0,56 %
9	40.320	36	0,09 %
10	362.880	45	0,01 %

(A): Anzahl der Serien = n

(B): Anzahl möglicher Reihenfolgen = $(n-1)!$

(C): Anzahl der zu berechnenden und zu vergleichenden alternativen Reihenfolgen = $0{,}5 \cdot (n-1) \cdot n$

---

91 Vgl. Müller-Merbach (1973), S. 296.

(D): Anteil der zu berechnenden und zu vergleichenden alternativen Reihenfolgen an der Anzahl

$$\text{möglicher Reihenfolgen} = \frac{0,5 \cdot (n-1) \cdot n}{(n-1)!} = \frac{0,5 \cdot n}{(n-2)!}$$

Durch Modifikation, z. B. Wahl des Anfangszyklus mit den geringsten Umrüstkosten, lässt sich das Verfahren noch „verbessern". Allerdings steigt damit auch der Rechenaufwand.

4.5.2.2 Ein exaktes Verfahren (Branch and Bound)

Die optimale Lösung eines Reihenfolgeproblems lässt sich mit Hilfe des *Branch-and-Bound-Verfahrens* ermitteln.[92] Die verschiedenen Algorithmen des Branch-and-Bound gehören zu den Entscheidungsbaummethoden. Beim Branch-and-Bound wird die Menge aller möglichen Lösungen in zwei Teilmengen gespalten, von denen die eine die optimale Lösung mit großer Wahrscheinlichkeit enthält, während die andere Menge die nichtoptimalen Lösungen umfasst. Man versucht die Lösungsmenge mit der optimalen Reihenfolge möglichst klein zu halten. Der weitere Rechenweg konzentriert sich dann im Wesentlichen nur auf diese Lösungsmenge.

Dieses Verfahren lässt sich bei nicht zu umfangreichen Problemen in der Praxis einsetzen. Mit einem modifizierten Abbruchkriterium kann es als heuristisches Lösungsverfahren mit entsprechend geringerem Rechenaufwand eingesetzt werden.

Der Algorithmus wird im Folgenden dargestellt.

1. Schritt:

Jede Zeile der Umrüstkostenmatrix wird um ihr kleinstes Kostenelement reduziert. Anschließend geschieht dasselbe mit der bereits zeilenweise reduzierten Matrix für alle Spalten. Man erhält zweierlei:

a) Die Summe all dieser kleinsten Elemente stellt eine untere Grenze (Bound) für die Kosten einer Umrüstfolge dar. Es gibt keine Lösung mit geringeren Umrüstkosten.

b) In jeder Zeile und Spalte tritt mindestens ein Nullelement auf. Diese Nullelemente repräsentieren mögliche Umrüstvorgänge, die in die Lösung aufgenommen werden können, da sie den bisherigen Boundwert nicht erhöhen.

2. Schritt:

Auswahl eines Kostenelements $d_{ik} = 0$, das sich im Hinblick auf die Suche nach einer optimalen Lösung als besonders günstig erweist. In der Zeile i und der Spalte k für jedes $d_{ik} = 0$ der reduzierten Rüstkostenmatrix sucht man das *kleinste* Element (außer d_{ik} selbst), addiert beide Größen und schreibt die Summe als Marke neben das jeweilige Element d_{ik}. Das Nullelement d_{ik} mit der *größten* Marke wird in die Lösung aufgenommen.

Damit teilt man die Menge aller Lösungen in eine Teilmenge auf, die die Umrüstfolge ik enthält, und eine Menge, die nur Lösungen ohne die Umrüstung ik umfasst (Branch-Schritt). Das Nullelement d_{ik} mit der größten Marke erhöht den Bound der Teilmenge von Lösungen, die den Umrüstvorgang ik nicht enthalten, am stärksten.

---

92 Vgl. zum Folgenden Hoitsch (1993), S. 505 ff., Zimmermann/Stache (2001), S. 156 ff.

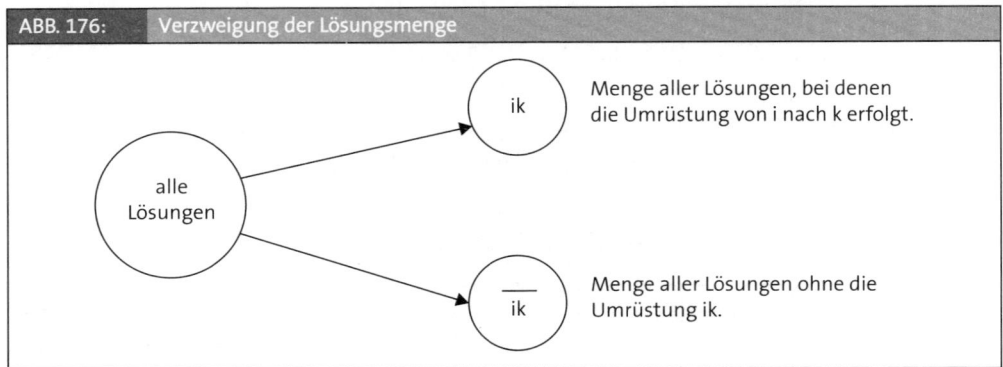

ABB. 176: Verzweigung der Lösungsmenge

3. Schritt:

Die Marke des Elements d_{ik}, also die Summe des Zeilen- und Spaltenminimums, wird zum Bound des im Lösungsbaum übergeordneten Knotens addiert und ergibt das Bound für die Lösungsmenge $\overline{ik}$ (Branch nach $\overline{ik}$).

4. Schritt:

Zeile i und Spalte k werden gestrichen. Die Dimension des Problems nimmt um 1 ab; aus der n x n-Matrix wird eine (n–1) x (n–1)-Matrix. Der Umrüstvorgang ki („Rückweg") muss gesperrt werden (z. B. durch Setzen eines Symbols wie ∞, – o. Ä.), damit keine Schleife entsteht.

5. Schritt:

Nach Schritt 4 kann es sein, dass die Matrix wiederum reduzierbar ist. Man reduziert die Matrix und addiert zur Berechnung des Lösungsbounds ik die Summe der Zeilen- und Spaltenminima zum übergeordneten Bound (Branch nach ik). Anschließend fährt man mit Schritt 2 fort.

Abbruchkriterien:

Nach n – 2 Berechnungen verbleibt eine 2 x 2-Matrix mit zwei gesperrten Elementen in einer Diagonalen und zwei Nullelementen in der anderen Diagonalen (1. Abbruchkriterium). Diese Nullelemente repräsentieren die restlichen Umrüstvorgänge, durch die sich eine zulässige geschlossene Folge ergibt. Ist das zugehörige Bound kleiner oder gleich den Bounds für sämtliche anderen Lösungsmengen, so ist die gefundene Folge optimal (2. Abbruchkriterium).

Der Lösungsalgorithmus soll im Folgenden anhand des Fallbeispiels erläutert werden. In Abb. 177 sind Schritt 1 (Reduktion der Matrix) und Schritt 2 (Ermittlung des Nullelements mit der größten Marke) durchgeführt worden. Die Umrüstung BD wird in die Lösung aufgenommen. Alternativ könnte auch die Umrüstfolge DB gewählt werden, da sie ebenso wie BD eine Markierung von 150 € aufweist. Die absolute untere Kostenschranke, d. h. die Summe aus den Zeilen- und Spaltenminima, beträgt 1.110 €.

Planung und Steuerung

KAPITEL D
Teil III

ABB. 177: Reduzierte Rüstkostenmatrix I und Verzweigungsbaum

von i \ auf k	A	B	C	D	E	Zeilenminima (Ausgangsmatrix)
A	–	150	0^{40}	500	20	150
B	280	–	130	!0^{150}!	160	320
C	0^{50}	250	–	110	50	150
D	580	0^{150}	20	–	0^{20}	220
E	0^{20}	210	40	20	–	170
Spaltenminima nach zeilenweiser Reduzierung	0	100	0	0	0	$\sum = 1110$

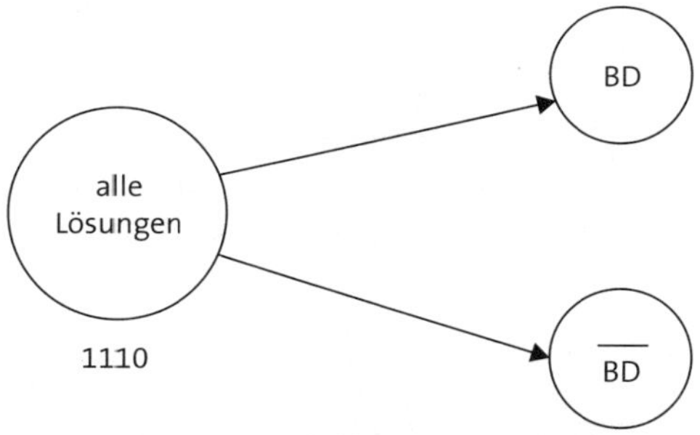

```
              ┌──→ ( BD )
( alle
  Lösungen )
   1110
              └──→ ( $\overline{BD}$ )
```

Die Marke des in die Lösung aufgenommenen Umrüstelements BD (150 €) wird zum Bound der übergeordneten Lösungsmenge addiert, sodass man für die Menge der Lösungen, die BD *nicht* enthält ($\overline{BD}$), ein Bound von 1.110 € + 150 € = 1.260 € erhält. Zeile B und Spalte D werden gestrichen und der Rückweg DB ausgeschlossen. Die wiederum mögliche Reduktion der Matrix ergibt ebenfalls ein Kostenelement von 150 €, wodurch das Bound der Lösungsmenge, die das Element BD enthält, gleichfalls 1.260 € erreicht (Abb. 178).

KAPITEL D
Teil III
Der Produktionsprozess

ABB. 178: Reduzierte Rüstkostenmatrix II und Verzweigungsbaum

von i \ auf k	A	B	C	D	E	Zeilenminima
A	–	150	0^{40}	500	20	0
~~B~~	~~280~~	~~–~~	~~130~~	~~10^{150}!~~	~~160~~	~~–~~
C	0^{50}	250	–	110	50	0
D	580	–	20		0^{20}	0
E	0^{20}	210	40	20	–	0
Spaltenminima	0	150	0		0	$\Sigma = 150$

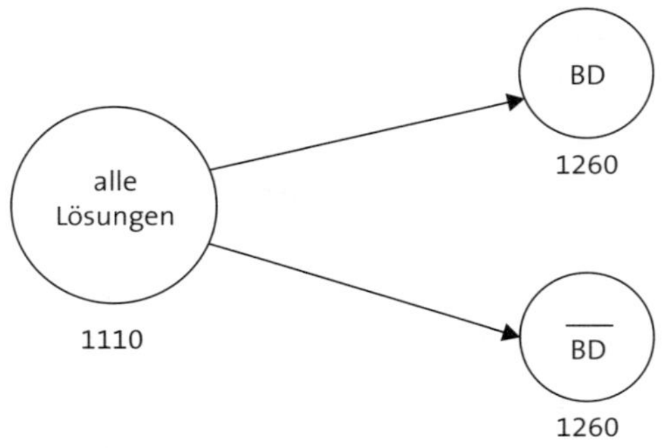

alle Lösungen 1110 → BD 1260
alle Lösungen 1110 → $\overline{BD}$ 1260

Anschließend folgt wieder Schritt 2 (Abb. 179). Das Umrüstelement AB wird in die Lösung aufgenommen. Die Berechnung wird solange fortgeführt, bis eine 2 x 2-Matrix erreicht ist. Dabei muss sichergestellt sein, dass jeweils n gesperrte Kostenelemente in der Matrix vorhanden sind. In Matrix IV beispielsweise muss die Verbindung DA gesperrt werden, da sich sonst ein Kurzzyklus ergibt und eine geschlossene Umrüstfolge, die sämtliche Serientypen umfasst, nicht mehr möglich ist.

ABB. 179: Reduzierte Rüstkostenmatrix III und Verzweigungsbaum

von i \ auf k	A	B	C	E
A	–	!0⁶⁰!	0^{20}	20
C	0^{50}	100	–	50
D	580	–	20	0^{40}
E	0^{40}	60	40	–

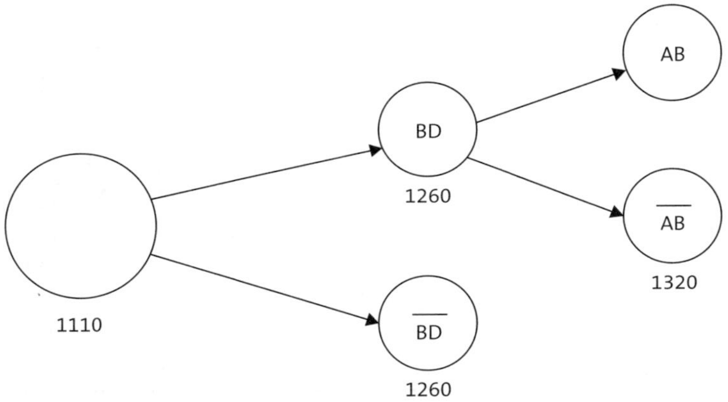

Verzweigungsbaum:
- Wurzel: 1110
  - BD: 1260
    - AB
    - $\overline{AB}$: 1320
  - $\overline{BD}$: 1260

Die Reduktion von Matrix IV ergibt den Wert 20. Dieses Kostenelement erhöht den Bound der Lösungsmenge mit AB. In Matrix V wird im 2. Schritt die Umrüstfolge CA ausgewählt. Nach Anwendung des 3. und 4. Schritts erhöht sich der Bound von $\overline{CA}$ um 50, und die Dimension des Problems nimmt um 1 ab.

KAPITEL D
Teil III — Der Produktionsprozess

ABB. 180: Reduzierte Rüstkostenmatrix IV und Verzweigungsbaum

von i \ auf k	A	C	E	Zeilenminima
C	0	–	50	0
D	–	20	0	0
E	0	40	–	0
Spaltenminima	0	20	0	$\Sigma = 20$

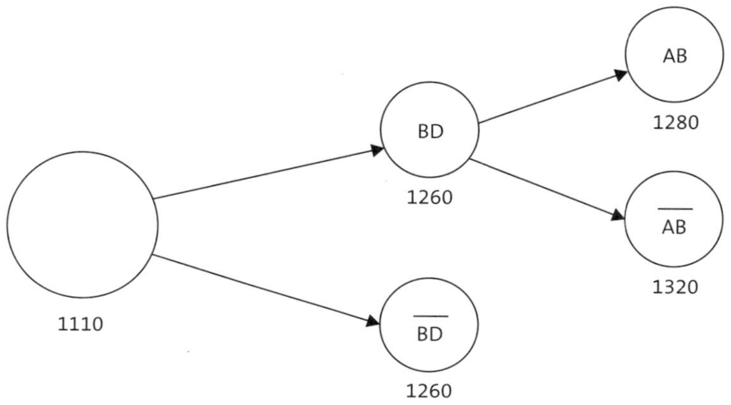

Verzweigungsbaum:
- Wurzelknoten: 1110
- → BD: 1260
  - → AB: 1280
  - → $\overline{AB}$: 1320
- → $\overline{BD}$: 1260

ABB. 181: Reduzierte Rüstkostenmatrix V

von i \ auf k	A	C	E
C	!0⁵⁰!	–	50
D	–	0^{20}	0^{50}
E	0^{20}	20	–

Matrix VI zeigt die beiden letzten Umrüstvorgänge, mit denen sich eine geschlossene Umrüstfolge ergibt. Das Kostenelement 20 von EC erhöht noch einmal den Bound der Lösungsmenge. Das 1. Abbruchkriterium ist erfüllt.

Als Ergebnis ergibt sich eine Rüstfolge von A–B–D–E–C–A mit Rüstkosten von insgesamt 1.300 €. Da es einen Knoten mit geringeren Rüstkosten gibt ($\overline{BD}$), kann man noch keine Aussage treffen, ob es sich hierbei um die optimale Lösung handelt. Eine Weiterverfolgung der Lösungsmenge mit $\overline{BD}$ zeigt, dass die Reihenfolge A–E–D–B–C–A mit Rüstkosten von 1.280 € optimal ist. Bricht man mit der ersten gefundenen Lösung (1. Abbruchkriterium) den Rechengang ab, so wird das Branch-and-Bound-Verfahren zu einem sehr guten heuristischen Verfahren.

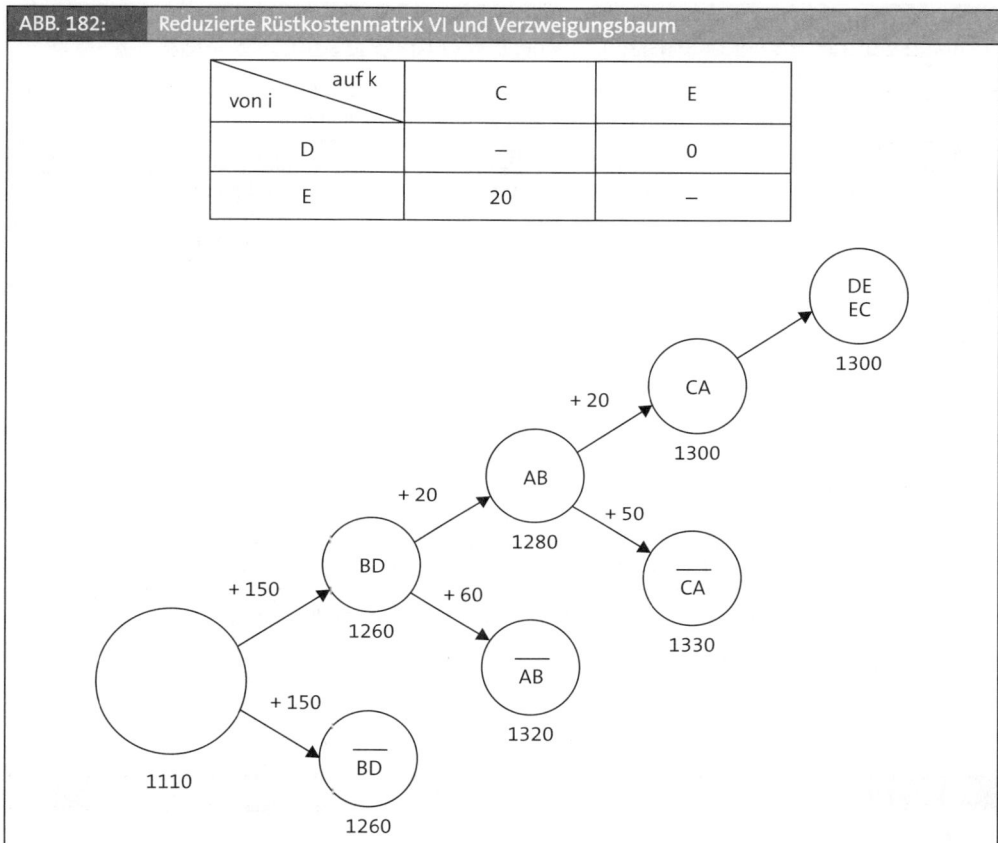

ABB. 182: Reduzierte Rüstkostenmatrix VI und Verzweigungsbaum

4.5.3 Minimierung der Zykluszeit bei zweistufiger Fertigung (Johnson-Algorithmus)

Für eine zweistufige Produktion bei gleicher Bearbeitungsreihenfolge der Aufträge auf den Maschinen hat Johnson ein Optimierungsverfahren entwickelt, das mit der Zielfunktion Minimierung der Zykluszeit arbeitet.[93]

Das Verfahren läuft nach folgendem Schema ab:

1. Zunächst werden der Auftrag und die zugehörige Fertigungsstufe mit der kleinsten Bearbeitungszeit bestimmt.
2. Erfolgt der Fertigungsvorgang mit der kleinsten Bearbeitungszeit auf Fertigungsstufe 1, so wird der entsprechende Auftrag auf die erste freie Stelle in der Auftragsfolge eingeplant. Erfolgt der Fertigungsvorgang auf Stufe 2, so plant man den Auftrag an die letzte freie Stelle ein.

---

93 Vgl. zu dem Verfahren Johnson (1954), S. 61 ff.

KAPITEL D
Der Produktionsprozess
Teil III

3. Entsprechend 1. und 2. wird mit den übrigen Aufträgen verfahren, nachdem der schon eingeplante Auftrag aus der Liste der einzuplanenden Aufträge gestrichen wurde.

BEISPIEL: Für eine zweistufige Produktion sei die in Abb. 183 dargestellte Auftragslage gegeben; alle Aufträge müssen die Fertigungsstufen in der Reihenfolge 1 vor 2 durchlaufen.

ABB. 183:	Bearbeitungszeiten der Aufträge	
Auftrag	Fertigungsstufe 1 (Vormontage) Bearbeitungszeiten in min.	Fertigungsstufe 2 (Endmontage) Bearbeitungszeiten in min.
A	40	40
B	10	20
C	40	35
D	30	40
E	50	15
F	25	35

Die kleinste Bearbeitungszeit ergibt sich für Auftrag B in der ersten Fertigungsstufe mit 10 min. Entsprechend Schritt 2 wird der Auftrag an die erste freie Stelle der Auftragsfolge gesetzt (vgl. das Gantt-Diagramm in Abb. 184). Auftrag B ist damit verplant. Das neue Minimum wird für Auftrag E mit 15 min. in Fertigungsstufe 2 bestimmt. Auftrag E wird an die letzte Stelle der Auftragsfolge gesetzt. F wird an die zweite Stelle, D an die dritte, C an die vorletzte und A an die vierte Stelle gesetzt.

Ergebnis:
Zykluszeit: 210 min.
Stillstandzeit Fertigungsstufe 2: 25 min.
Wartezeit (Aufträge D, A, C): 15 min.

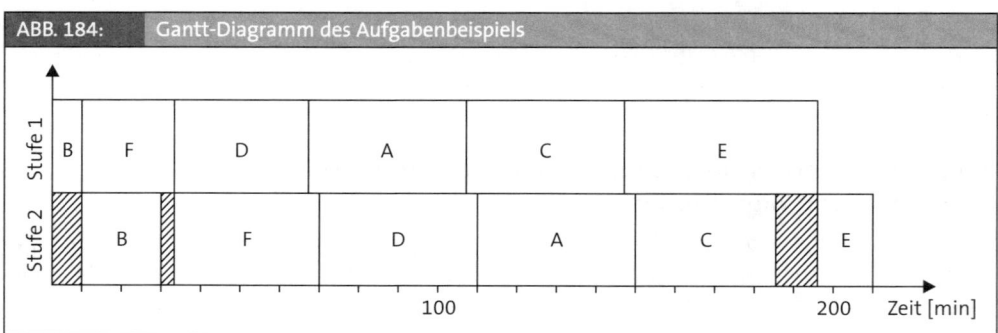

ABB. 184: Gantt-Diagramm des Aufgabenbeispiels

Beurteilung:

Das Verfahren optimiert nur die Maschinenstillstandszeit von Fertigungsstufe 2, nicht aber die Wartezeit von Aufträgen oder etwa die Kapitalbindungskosten. Das Verfahren unterliegt den engen, oben erwähnten Prämissen, es hat aber den Vorteil, dass es recht einfach und schnell durchführbar ist. Mit kleinen Variationen lässt es sich bei Vorliegen spezieller Bedingungen auch auf eine dreistufige Fertigung übertragen.

4.5.4 Reihenfolgeplanung mit Prioritätsregeln

Prioritätsregeln sind allgemeine Festlegungen darüber, in welcher Reihenfolge eine Warteschlange von Aufträgen o. Ä. abzuarbeiten ist. Prioritätsregeln liegt mindestens ein Reihenfolgekriterium zugrunde, bei dessen Anwendung den einzelnen Aufträgen Prioritätszahlen zugeordnet werden, die die Reihenfolge der aus der Warteschlange auszuwählenden Aufträge bestimmen. Die Reihenfolgeplanung mit Prioritätsregeln ist ein heuristisches Verfahren, welches eine Annäherung an die Optimallösung anstrebt, diese aber in der Regel nicht erreicht. Der Einsatz von Prioritätsregeln unterliegt keinen weiteren Beschränkungen. Weder ist eine gleiche Bearbeitungsreihenfolge der Aufträge Voraussetzung für ihre Anwendung, noch muss an allen Maschinen dieselbe Regel eingesetzt werden. Aufgrund der zuletzt genannten Eigenschaft eignen sich Prioritätsregeln insbesondere auch für dezentrale Produktionsplanungskonzepte.

ABB. 185:	Auswahl elementarer Prioritätsregeln
Bezeichnung	Erläuterung
F C F S First come first served	Die Reihenfolge der Bearbeitung richtet sich nach der Reihenfolge der Ankünfte an der jeweiligen Maschine.
K O Z Kürzeste Operationszeit	Der Auftrag mit der kürzesten Bearbeitungszeit auf der jeweiligen Maschine besitzt die höchste Priorität (analog LOZ-Regel: längste Bearbeitungszeit zuerst).
K R B Kürzeste Restbearbeitungszeit	Die höchste Priorität hat der Auftrag mit der geringsten Bearbeitungszeit auf allen noch benötigten Maschinen (analog: GRB-Regel).
Wert-Regel	Der Auftrag erhält die höchste Priorität, der den höchsten Produktendwert hat oder alternativ dessen Produktwert vor der jeweiligen Bearbeitung der höchste ist (dynamische Wertregel).
Z U F Zufalls-Regel	Jedem Auftrag wird bei seiner Ankunft eine Zufallszahl zugeordnet, die die Priorität des Auftrags repräsentiert.
W A A Wenigste noch auszuführende Arbeitsvorgänge	Der Auftrag mit den wenigsten noch auszuführenden Arbeitsvorgängen erhält die höchste Priorität (analog MAA-Regel: höchste Priorität für die meisten noch auszuführenden Arbeitsvorgänge).
F L T Frühester Liefertermin	Der Auftrag mit dem frühesten Liefertermin erhält die höchste Priorität.
Schlupfzeit-Regel	Der Auftrag, bei dem die Differenz zwischen der verbleibenden Zeit bis zum Liefertermin und der restlichen Bearbeitungszeit am geringsten ist, hat die höchste Priorität.
G G B Größte Gesamtbearbeitungszeit	Dem Auftrag, der die größte Gesamtbearbeitungszeit auf allen Maschinen hat, wird die höchste Priorität zugeordnet (analog KGB-Regel: kürzeste Gesamtbearbeitungszeit).

Es lassen sich *einfache* und *kombinierte* Prioritätsregeln unterscheiden. Bei einfachen (elementaren) Regeln wird nur *ein* Reihenfolgekriterium verfolgt, bei den kombinierten Regeln werden *mehrere* elementare Prioritätsregeln verknüpft, sodass verschiedene Reihenfolgekriterien und damit auch Zielsetzungen berücksichtigt werden können. Die Regeln können dabei additiv oder multiplikativ – jeweils mit der Möglichkeit einer Gewichtung – verknüpft werden, wobei die einbezogenen Reihenfolgekriterien gleichzeitig wirksam werden. Oder die Kombination erfolgt durch eine alternative Verknüpfung mehrerer Prioritätsregeln, wobei stets nur ein Kriterium wirksam ist. In diesem Fall bedarf es einer „Metaregel", die festlegt, unter welchen Bedingungen welche Prioritätsregel zum Zuge kommt. Eine alternative Verknüpfung ist einer additiven bzw. multiplikativen im Allgemeinen vorzuziehen, da sich die Zielwirksamkeit Letzterer kaum noch abschätzen lässt und sich deren negative Wirkungen verstärken können. Sowohl elementare als auch kombinierte Prioritätsregeln sind vielfach in PPS-Software integriert.[94] Prioritätsregeln können für den gesamten Fertigungsdurchlauf oder nur für einzelne Fertigungseinrichtungen gelten. Aus der Vielzahl anwendbarer Prioritätsregeln ist in Abb. 185 eine Auswahl der wichtigsten einfachen Regeln zusammengestellt.

Die Wirksamkeit von Prioritätsregeln zur Erreichung des vorgegebenen Zielsystems der Fertigungssteuerung kann mit Hilfe der *Simulation* getestet werden. In den vergangenen Jahrzehnten ist eine größere Anzahl von Simulationsstudien durchgeführt worden. Mehrere Untersuchungen zeigen eindeutige Vorteile der KOZ-Regel bezüglich Durchlaufzeit und Kapazitätsauslastung sowie eine deutliche Schwäche bei der Termineinhaltung. Regeln, die die längste Bearbeitungszeit als Kriterium enthalten (LOZ, GGB), wird eine geringe Leistungsfähigkeit bescheinigt. Andere Studien hingegen kommen zu dem Ergebnis, dass keine der untersuchten Prioritätsregeln eindeutige Vorteile aufweist.[95] Da die Vergleichbarkeit der Ergebnisse dieser Simulationsstudien aus unterschiedlichen Gründen eingeschränkt ist, lassen sich kaum allgemeingültige Angaben machen, die über Tendenzaussagen hinausgehen. Die simulative Beurteilung der Zielwirksamkeit einzelner Regeln im konkreten Einzelfall besitzt dagegen große Bedeutung.

Exkurs: Warteschlangen[96]

Warteschlangen sind dadurch gekennzeichnet, dass vor einer oder mehreren Abfertigungsstationen wegen des unregelmäßigen Eintreffens der abzufertigenden Einheiten bzw. wegen ihrer unregelmäßigen Abfertigungszeiten Stauungen entstehen *(Zugangswarteschlange)* oder aber bei fehlender Zufuhr der Abfertigungseinheiten Wartezeiten (Leerzeiten) in den Arbeitsstationen auftreten *(Abgangswarteschlange)*.[97] Warteschlangenprobleme treten sowohl in der Fertigung als auch in der Dienstleistungsproduktion, z. B. in Call-Centern, an Abfertigungsschaltern, Supermarktkassen usw., auf.

Auf Basis der Warteschlangentheorie sollen unter Berücksichtigung bestimmter übergeordneter Zielsetzungen die Zugangs- und Abgangswarteschlangen in ein optimales Verhältnis gebracht werden. Das kann über die Dimensionierung des Engpasses und/oder über die Festlegung einer geeigneten Bedienungsstrategie geschehen.

Die Lösung eines Warteschlangenproblems erfolgt über folgende Stufen:

1. Erfassung und Aufbereitung der den Prozess beeinflussenden Faktoren, Ermittlung der Parameter des speziellen Problems,

2. Wahl der Lösungsmethode und Festlegung der Zielsetzung,

3. Berechnung des Modells.

---

[94] Vgl. hierzu Fandel/François/Gubitz (1997), S. 378 f.
[95] Vgl. Berr/Tangermann (1976), S. 11 f.; Haupt/Schilling (1993), S. 614 ff.
[96] Zu Grundlagen der Warteschlangentheorie vgl. etwa Zimmermann/Stache (2001), S. 361 ff., Davis/Heineke (2005), S. 589 ff., Thonemann (2005), S. 169 ff., 510 ff.
[97] Vgl. Angermann (1963), S. 241.

Ad 1

Bei den den Prozess bedingenden Faktoren handelt es sich vor allem um:

a) die Art des Engpasses,

b) den Prozess der Zugänge,

c) den Prozess der Abfertigung,

d) die Bedienungsstrategie,

e) die Schlangendisziplin.

Der Engpass wird einmal durch die Anzahl der Bedienungsstellen festgelegt (Einkanalmodell: eine Bedienungsstation; Mehrkanalmodell: mehrere Bedienungsstationen). Zum anderen ist es bei mehreren Abfertigungsstationen von Bedeutung, ob diese parallel oder in Serie geschaltet sind. Weiterhin muss die Größe eventuell vorhandener Warteräume bekannt sein, und es ist zu klären, ob sich die Parameter im Laufe der Zeit ändern können.

Der Prozess der Zugänge und/oder der Abfertigungsprozess sind beim Warteschlangenproblem stochastisch verteilt. Der Zugangsprozess wird durch die durchschnittliche *Ankunftsrate* λ (Ankünfte pro Zeitabschnitt), der Abgangsprozess durch die durchschnittliche *Abfertigungsrate* μ (Abfertigungen pro Zeitabschnitt) beschrieben. Der Kehrwert der Ankunftsrate λ^{-1} wird als *Zwischenankunftszeit* bezeichnet und gibt die durchschnittliche Zeitspanne zwischen zwei Ankünften an. Der Kehrwert der Abfertigungsrate μ^{-1} stellt die durchschnittliche *Bedienungszeit* (Abfertigungs- oder Servicezeit) dar. Der Quotient $\frac{\lambda}{\mu}$ gibt die auch als *Verkehrsdichte* bezeichnete Auslastung des Systems wieder. Langfristig muss die Ankunftsrate im Durchschnitt kleiner als die Abfertigungsrate sein: $\frac{\lambda}{\mu} < 1$, da andernfalls die Warteschlange immer länger würde oder zumindest konstant bliebe, d. h. eine Verkürzung der Warteschlange nicht möglich wäre.

Die *Bedienungsstrategie* wird mittels Prioritätsregeln (s. Abb. 185) festgelegt. Mögliche Abfertigungsfolgen sind etwa FCFS (first come – first served, d. h. der zuerst eintreffende Auftrag, Kunde o. Ä. wird zuerst abgefertigt, auch als FIFO – first in, first out – bezeichnet) und KOZ (kürzeste Operationszeit zuerst).

Die *Schlangendisziplin* charakterisiert das Verhalten der Einheiten in der Warteschlange. So kann es sein, dass Warteschlangeneinheiten die Warteschlange ohne Abfertigung verlassen, da sie nach einer gewissen Zeit nicht mehr zu warten gewillt sind. In diesem Fall muss eine obere Zeitschranke T als Parameter in das Modell eingebaut werden. Im einfachsten Fall warten die Abzufertigenden ohne zeitliche Begrenzung, bis sie bedient werden.

Zur Klassifikation von Warteschlangensystemen dient eine *Notation* der Form A/B/s/N/x (wobei häufig nur die Merkmale A/B/s angegeben werden): [98]

---

98 Vgl. Dangelmaier (2003), S. 382.

A: gibt die Wahrscheinlichkeitsverteilung der Zwischenankunftszeit an; verwendete Symbole:
   M: Exponentialverteilung (Markov-Prozess)
   E: Erlang-Verteilung
   G: beliebige Verteilung (general distribution)
   D: deterministischer Fall
B: gibt die Wahrscheinlichkeitsverteilung der Bedienungzeit an; Symbole wie bei A
s: Anzahl paralleler Bedienungskanäle
N: maximale Länge der Warteschlange (Anzahl wartender Einheiten)
x: gibt die Bedienungsstrategie (Abfertigungsregel) an

So bezeichnet beispielsweise M/M/1/∞/FIFO ein Einkanalsystem mit exponentialverteilten Zwischenankunfts- und Bedienungszeiten, unbeschränkter Warteschlangenlänge und einer Abfertigung entsprechend der Reihenfolge der Ankunft.

Ad 2

Warteschlangenprobleme lassen sich grundsätzlich mit mathematisch-analytischen Lösungsverfahren und mit der Simulationstechnik bearbeiten. Bei einer analytischen Lösung geht man, Unabhängigkeit der Ankunfts- und Abfertigungsraten vorausgesetzt, häufig von einer Poissonverteilung der Ankünfte, d. h. einer Exponentialverteilung der Zwischenankunftszeiten, und exponentialverteilten Abfertigungszeiten aus. Die die Warteschlangen charakterisierenden Größen können bei Vorliegen dieser oder anderer Verteilungen anhand entsprechender Formeln berechnet werden. Beispielsweise lassen sich für den Einkanalprozess mit Poisson-verteilten Ankünften, exponentialverteilten Abfertigungszeiten, unbeschränkter Länge der Warteschlange und der Bedienungsregel FCFS, d. h. für M/M/1/∞/FIFO, u. a. folgende Größen errechnen:

a) die durchschnittliche *Schlangenlänge* $\overline{m}$ (Anzahl der wartenden Einheiten)

$$\overline{m} = \frac{\lambda^2}{\mu(\mu - \lambda)}$$

b) die durchschnittliche *Anzahl von Einheiten* $\overline{n}$ im System (Summe aus der Anzahl wartender und gerade bedienter Einheiten)

$$\overline{n} = \frac{\lambda}{\mu - \lambda}$$

c) die durchschnittliche *Wartezeit* einer Einheit $\overline{w}$

$$\overline{w} = \frac{\lambda}{\mu(\mu - \lambda)}$$

d) die durchschnittliche *Verweilzeit* einer Einheit im System $\overline{v}$ (Summe aus durchschnittlicher Wartezeit und durchschnittlicher Abfertigungszeit)

$$\overline{v} = \frac{\lambda}{\mu(\mu - \lambda)} + \frac{1}{\mu} = \frac{1}{\mu - \lambda}$$

Zwischen diesen Größen bestehen Beziehungen. So ist die Anzahl der wartenden und in Bearbeitung befindlichen Einheiten bei konstanter Ankunftsrate proportional zur Verweilzeit einer Einheit im System (*Littles Gesetz*)[99]:

$$\bar{n} = \lambda \cdot \bar{v}$$

Die Wartezeit einer Einheit ergibt sich als Quotient von Schlangenlänge und Ankunftsrate, aber auch dadurch, dass man die Anzahl der im System befindlichen Einheiten durch die Abfertigungsrate dividiert:

$$\bar{w} = \frac{\bar{m}}{\lambda} = \frac{\bar{n}}{\mu}$$

An der zuletzt formulierten Gleichung wird auch deutlich, dass Schlangenlänge und Bestand an Einheiten im System über die Auslastung verknüpft sind:

$$\bar{m} = \frac{\lambda}{\mu} \cdot \bar{n}$$

Wenn die vorgefundenen empirischen Verteilungen der Ankünfte und Abfertigungen nicht durch bekannte statistische Verteilungen abbildbar sind oder sich für das konkrete Warteschlangenproblem eine derart komplexe Struktur ergibt, dass diese nicht mehr in mathematische Modelle gefasst werden kann, dann kommt als Lösungsmethode die stochastische Simulation (Monte-Carlo-Methode) in Betracht. Bei der Monte-Carlo-Methode können mit Hilfe von Zufallszahlen die empirischen Verteilungen der Ankunfts- und Abfertigungsprozesse simuliert werden. In jedem Simulationslauf werden durch Kombination der zufällig vorgegebenen Ausgangswerte die interessierenden Größen der Warteschlange wie durchschnittliche Schlangenlänge, Wartezeit usw. ermittelt (quasi „ausgewürfelt"). Aus den Ergebnissen der Simulation werden Schätzwerte für die Situation des Ausgangsproblems abgeleitet. Aus der Zahl aller Möglichkeiten wird in diesem Sinne künstlich eine Stichprobe gezogen. Diese Stichprobe liefert eine Näherungslösung, von der auf die reale Warteschlangensituation zu schließen ist.

4.6 Werkstattsteuerung

Im Rahmen der Termin-, der Kapazitäts- und der Maschinenbelegungsplanung wurde die Fertigungsdurchführung planerisch vorweggenommen. Die Aufgaben der Werkstattsteuerung liegen in der Auslösung des Fertigungsvollzugs und der Lenkung der Aufträge im Fertigungsablauf. Aufträge, deren Starttermine innerhalb der nächsten Planungsperiode liegen, stehen zur *Fertigungsfreigabe* (= Auftragsfreigabe) an. Vor der endgültigen Freigabe der Aufträge muss geprüft werden, ob die notwendigen Materialien verfügbar sind bzw. termingerecht eintreffen. Außerdem ist dafür zu sorgen, dass die erforderlichen Ressourcen (Personal, Werkzeuge, Maschinen) zur Verfügung stehen. Ist beides gewährleistet, kann der Auftrag zur Durchführung in den Fertigungsbereich übergeben werden. Bei Fertigungsbeginn müssen alle den Fertigungsprozess begleitenden Unterlagen (Arbeitspläne, Terminkarten, Lohnscheine u. Ä.) fertig gestellt sein. Vor dem eigentlichen Bearbeitungsprozess ist die *Aufgaben-* oder *Arbeitsverteilung* zu organisieren. Dabei sind die einzelnen Aufträge oder Tätigkeiten den geeigneten Arbeitsstationen oder Bear-

---

99 Vgl. Little (1961), S. 383.

beitern zuzuweisen. Es handelt sich um die Feinplanung (Reservierung) der erforderlichen Ressourcen.

Es kann eine vorwiegend zentrale und eine vorwiegend dezentrale Arbeitsverteilung unterschieden werden. Die zentrale Arbeitsverteilung erfolgt häufig über einen so genannten *Leitstand*. Der Leitstand betreut den gesamten Auftragsbestand des zu leitenden Betriebsteils (oder des gesamten Betriebs). Er umfasst Einrichtungen zur Kommunikation mit den Werkstätten (z. B. Funk, optische Einrichtungen), zur Erfassung der Daten des Fertigungsablaufs (Betriebsdatenerfassung) und Instrumente zur Planung und Überwachung des Fertigungsablaufs (z. B. Plantafeln).[100]

Die Leitstandsteuerung kann auch von einem DV-System (Arbeitsplatzrechner) unterstützt werden (sog. elektronischer Leitstand). DV-organisatorisch bilden elektronische Leitstände die Schnittstelle zwischen einem zentralen, auf die Grobplanung ausgerichteten PPS-System und der an kurzfristigen Feinsteuerungsfunktionen orientierten BDE- und Prozesssteuerungsebene.[101] Neben der von konventionellen Leitständen bekannten Visualisierung der Maschinenbelegung gehören im Allgemeinen zum Funktionsumfang:[102]

▶ Maschinenbelegungsfeinplanung aus einem Auftragsvorrat, teilweise mit der Möglichkeit, alternative Belegungspläne simulativ zu testen (z. B. bei kurzfristigen Änderungen oder Störungen),

▶ Verfügbarkeitsprüfung,

▶ Auftragsfreigabe und -veranlassung,

▶ Verarbeitung von Rückmeldungen (Betriebs- und Prozessdaten), Weitergabe an das PPS-System in aggregierter Form oder bei dezentral nicht behebbaren Störungen.

Die dezentrale Arbeitsverteilung wird vor allem bei der Meisterorganisation angewendet. Die Meister übernehmen neben ihren Hauptaufgaben Menschenführung, Anleitung und Kontrolle sowie technische Ausbildung der Mitarbeiter auch die Aufgaben Arbeitsverteilung und Auftragsauslösung. Daneben spielt die dezentrale Arbeitsverteilung auch bei den neueren Formen der Arbeitsstrukturierung, z. B. den teilautonomen Gruppen, eine bedeutsame Rolle.

Ein Vorteil der dezentralen Arbeitsverteilung liegt darin, dass durch die unmittelbare Nähe der beauftragten Mitarbeiter zum Fertigungsgeschehen Reibungsverluste und Kommunikationsprobleme gemildert sind und eine direkte Reaktion auf Störungen oder veränderte Situationen erfolgen kann. Dazu muss ein ausreichendes Ausbildungsniveau der mit dispositiven Tätigkeiten beauftragten Mitarbeiter auf breiter Basis gegeben sein und die Mitarbeiter müssen über die erforderlichen Kompetenzen verfügen (z. B. zur Vertretungsregelung). Darüber hinaus hat eine übergeordnete Stelle die Grobplanungsfunktion zu übernehmen (z. B. Zuteilung der Aufträge auf einzelne Fertigungsinseln, Materialversorgung, Koordination der Terminvorgaben etc.), sodass sich die dezentral ausgerichtete Arbeitsverteilung auf ihre unmittelbare Steuerungsaufgabe und gegebenenfalls Koordinationsfunktion mit angrenzenden Bereichen konzentrieren kann.

---

100 Vgl. Streitferdt (1979), Sp. 216.
101 Vgl. Herterich (1994), S. 805 f.
102 Vgl. Becker/Rosemann (1993), S. 190 ff.

Eine wichtige Aufgabe innerhalb der Werkstattsteuerung ist die *Auftragsüberwachung*. Dazu müssen die Auftragsfortschrittsdaten, wie augenblicklicher Bearbeitungsstand, Terminrückstände, Ausschussgrößen u. Ä., über ein spezielles Fertigungsinformationssystem rückgemeldet werden (Betriebsdatenerfassung). Die Rückmeldung kann über Funk, Telefon, EDV (on-line, off-line) erfolgen. Früher gab es „Terminjäger", deren Aufgabe darin bestand, für eine termingerechte Abwicklung der Aufträge zu sorgen. Vielfach wird in der Produktion mit Betriebsdatenerfassungssystemen (BDE-Systemen)[103] gearbeitet. Dabei handelt es sich um technische Einrichtungen an den Maschinen, die selbsttätig Auftrags-, Fertigungs-, Material-, Personal- und Prozessdaten erfassen, auswerten und zurückmelden (vgl. Teil D. IV. 4). Nachdem die Daten ausgewertet wurden, d. h. Abweichungen des Istzustands vom Soll festgestellt und ggf. analysiert worden sind, können entsprechend dem Regelkreismodell erforderliche Korrekturmaßnahmen eingeleitet werden.

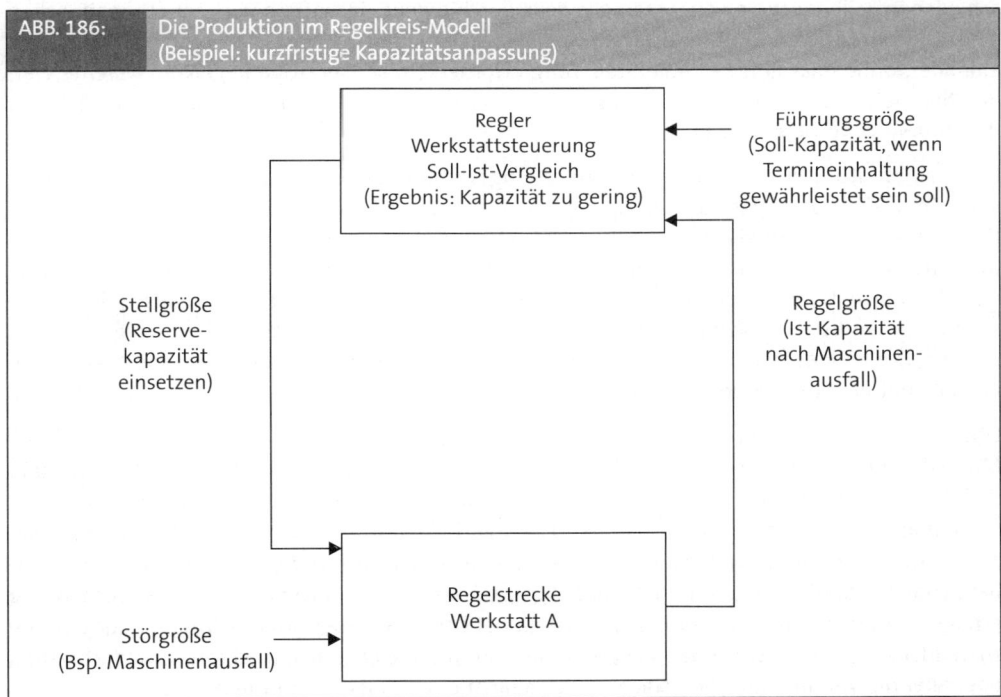

ABB. 186: Die Produktion im Regelkreis-Modell (Beispiel: kurzfristige Kapazitätsanpassung)

Die Wirkfunktion der Werkstattsteuerung lässt sich anschaulich am *kybernetischen Regelkreismodell* demonstrieren (Abb. 186). Der Werkstattsteuerung als verantwortlicher Institution sind im Zuge der vorbereitenden Planungsmaßnahmen gewisse Sollgrößen vorgegeben worden (z. B. Termine, Losgrößen). Auf den Durchführungsprozess wirken Störgrößen ein. Diese Störungen können werkstoff-, personal-, umwelt-, betriebsmittel- oder dispositionsbedingt sein. Die Werkstattsteuerung erfasst laufend die Istdaten (= Rückmeldungen) und vergleicht sie mit den ent-

---

103 Vgl. Scheer (1994), S. 337 f.

sprechenden Sollgrößen. Aus der Abweichungsanalyse werden gegebenenfalls geeignete Gegenmaßnahmen entwickelt und entsprechende Stellgrößen veranlasst. Die Werkstattsteuerung der gesamten Fertigung kann als ein System vermaschter Regelkreise interpretiert werden.

Die Häufigkeit der Rückmeldungen muss vom Umfang der erfassten Daten, von der Störanfälligkeit des Systems und von den Kosten eines Überwachungssystems abhängig gemacht werden. Die Art und Häufigkeit von Rückmeldungen bestimmen auch die Wahl der technischen Einrichtungen des Rückmeldeprozesses (z. B. Wechselsprechanlage, Bildschirm). Bei vollständig automatisierter Fertigung werden die Prozessdaten direkt an den Fertigungsstationen erfasst, an einen Prozessrechner weitergeleitet, von diesem verarbeitet und im Rahmen einer Echtzeitverarbeitung sofort entsprechende Stellgrößen zurückgeleitet. Dabei geraten allerdings in komplexen Systemen auch leistungsfähige Rechner an die Grenzen ihrer technischen Möglichkeiten. Um hier Abhilfe zu schaffen, können dezentrale Regelkreise entwickelt werden, in denen die verschiedenen Teilbereiche eines Systems jeweils durch eigene dezentrale Rechner zu überwachen sind. Die dezentralen, automatisierten Regelkreise arbeiten parallel, sie kommunizieren miteinander, ohne dass eine zentrale Steuerung erforderlich ist. Derartige Regelkreissysteme werden beispielsweise in Stahlwerken eingesetzt, um Hochöfen zu regeln, in denen Stahlblöcke für das Walzwerk vorbereitet werden.

Die Ausgestaltung des operativen Überwachungssystem der Fertigung ist weiterhin abhängig vom Zentralisierungsgrad der Fertigungsorganisation. Bei dezentralen Systemen (z. B. Fertigungsinseln) werden die Überwachungsfunktionen zum Teil auf die ausführenden Stellen übertragen. Sind beispielsweise bei Störungen Endtermine nicht gefährdet, brauchen entsprechende Informationen in der Regel nicht weitergegeben zu werden. Entsprechendes gilt für Maschinenzustandsdaten, wenn kleinere Reparaturen oder Nachjustierungen direkt vorgenommen werden. Die Meldepflicht beschränkt sich dann auf eingetretene oder abzusehende Maschinenausfälle mit weit reichenden Auswirkungen.

Um unvermeidliche *Störgrößen* schon im Vorfeld des Auftretens zu berücksichtigen, können Maßnahmen im Sinne einer Ex-ante-Regelung getroffen werden. REFA spricht von „Sichern" und definiert: „Sichern ist das Veranlassen und Durchführen von Maßnahmen zum Vermeiden oder Vermindern von Abweichungen zwischen Ist- und Solldaten."[104] Durch Sicherungsmaßnahmen sollen Störungen antizipiert werden, z. B. durch Sicherheitsbestände, Reservekapazitäten, vorbeugende Instandhaltung. Sicherungshandlungen können aber auch nach Eintreten der Störung erfolgen, entweder um die Störungsursache zu beheben oder aber um die Wirkung der Störung zu mildern, z. B. Justieren oder Auswechseln von Werkzeugen bei Qualitätsverschlechterung oder aber die Veranlassung von Nacharbeit an nicht qualitätsgerechten Teilen.

5. Konzepte der Produktionsplanung und -steuerung

Die Vielfältigkeit der Probleme und organisatorischen Ausprägungen des Fertigungsbereichs in der Praxis zwingt die Unternehmen zur Realisierung speziell angepasster Konzeptionen der operativen Fertigungsplanung und -steuerung. Deren Ausgestaltung richtet sich beispielsweise danach, ob eine Werkstatt- oder Fließfertigung, ein flexibles Fertigungssystem oder verschiedene Fertigungsinseln gelenkt werden sollen.

---

104 REFA (1991c), Teil 1, S. 22.

Planung und Steuerung	**KAPITEL D**
	Teil III

Der automatisierte Fertigungsablauf in flexiblen Fertigungssystemen beispielsweise setzt ein geeignetes EDV-Informationssystem voraus. Dazu wird eine hierarchische Rechnerkonzeption aufgebaut, bei der die einzelnen Rechner über Schnittstellen miteinander kommunizieren. Drei Ebenen der Informationsverarbeitung lassen sich dabei unterscheiden: die Produktionsleitebene, die Prozessführungsebene und die Steuerungsebene.[105] Auf der *Produktionsleitebene* werden auf Rechnersystemen der Arbeitsvorbereitung oder mit PPS-Systemen die vorbereitenden Tätigkeiten wie Verwaltung der Fertigungsaufträge, die Feindisposition usw. durchgeführt. Die hierarchisch nächsttiefere *Prozessführungsebene*, die hardwareseitig durch einen Prozessrechner realisiert werden kann, stellt in Echtzeitverarbeitung die Verbindung zwischen den Maschinen- und Transportsteuerungen dar und koordiniert die Bearbeitungsabläufe und Materialflüsse. Auf der *Steuerungsebene* schließlich erfolgt mit Hilfe von NC-Steuerungen die unmittelbare technische Steuerung der Lager-, Bearbeitungs- und Transportvorgänge, d. h. das „Abarbeiten" der Steuerdaten.

Bei dezentralen Arbeitsstrukturen, wie den teilautonomen Gruppen, kommt eine rein zentrale Steuerung nicht in Betracht. Bei diesen Strukturierungskonzepten erfolgt die Werkstattsteuerung weitestmöglich dezentral in den einzelnen Fertigungsgruppen. Der Umfang der Steuerungsaufgaben variiert je nach Autonomiegrad der Gruppe. Eine zentrale Steuerungsinstitution muss die Koordination der Gruppen übernehmen und übergeordnete Zielsetzungen vorgeben.

Im Folgenden werden die wichtigsten Systematisierungsansätze von Planungs- und Steuerungsmethoden der Produktion vorgestellt.[106]

Die Konzepte lassen sich hinsichtlich der Materialflusssteuerung in das Zieh- und das Schiebeprinzip einteilen. Beim *Ziehprinzip (pull)* wird die Produktion durch einen Kundenauftrag am Ende der Produktionskette angestoßen. Die weitere Auslösung der erforderlichen Vorproduktionen setzt sich kaskadenförmig auf die vorgelagerten Produktionsstufen fort (realisiert z. B. beim Kanban-System). Die Auftragsauslösung erfolgt *entgegen* der Materialflussrichtung. Demgegenüber stellt das *Schiebeprinzip (push)* den Input als fertigungsauslösenden Faktor in den Vordergrund. Hierzu wird der für einen Auftrag erforderliche Materialinput über alle Produktionsstufen hinweg vordisponiert (z. B. MRP-Prinzip). Die Auftragsauslösung erfolgt in Materialflussrichtung, z. B. durch eine übergeordnete Planungsinstanz.

Die dargestellten Formen der Anstoßlogik werden mit folgenden Grundprinzipien der Fertigungssteuerung verbunden:[107]

Betriebsauftragssteuerung:	Ein erteilter oder prognostizierter Kundenauftrag wird hinsichtlich Termin und Menge in einen Betriebsauftrag aufgelöst und der Fertigung vorgegeben (MRP II-Logik).
Durchsatzsteuerung:	Es wird kurzfristig beim Auftreten eines tatsächlichen Kundenbedarfs produziert, wobei auch die vorgelagerten Produktionsstufen die erforderlichen Mengen bereitstellen müssen (z. B. Kanban, belastungsorientierte Auftragsfreigabe).

---

105 Vgl. hierzu REFA (1990), S. 262 ff.
106 Die folgenden Ausführungen basieren auf Wiendahl (1998), S. 79 ff.
107 Vgl. Sainis (1985), S. 561 ff., Müller (1991), S. 339 ff.

Zwangssteuerung: Es werden lediglich Einsteuerungsparameter vorgegeben. Der zwangsverkettete Materialfluss entsprechender Produktionslinien benötigt dann keine weiteren Steuerungsvorgaben mehr.

Vielfach wird eine Typenbildung auch durch Kombination von Merkmalen versucht. Ergänzend zur Anstoßlogik „push" und „pull" kann die Ablauflogik der Reihenfolge von Auftragseingang, Fertigung und Lieferung als Definitionskriterium herangezogen werden, z. B. mit den Ausprägungen „verbrauchsorientiert" und „bedarfsorientiert" hinsichtlich der Bevorratungsstrategie. Darüber hinaus sind die Verantwortlichkeiten an den Schnittstellen zwischen zwei Produktionsstufen für eine Systematisierung von Bedeutung. Hier können die Ausprägungen „Holpflicht" und „Bringschuld" festgestellt werden. Bei der Holpflicht muss sich jede Fertigungseinheit selbst um termingerechte Material- und Informationsversorgung von der vorgelagerten Produktionsstufe kümmern. Bei der Bringschuld steht die Vorstufe in der Pflicht.

Bezüglich der Verteilung der Entscheidungskompetenzen lassen sich zentrale und dezentrale Steuerungskonzepte unterscheiden.[108] Bei der *zentralen* Steuerung erfolgen alle Entscheidungen durch eine übergeordnete Planungsstelle, bei den *dezentralen* Modellen werden alle Entscheidungen in den einzelnen Arbeitsbereichen getroffen.

Andere Klassifikationen gliedern in bestandsregelnde und engpassorientierte Verfahren bzw. in input- und outputorientierte Ansätze.[109] Die *bestandsregelnden* Verfahren orientieren sich an dem Zusammenhang von Bestand, mittlerer Durchlaufzeit und Kapazitätsbelegung (z. B. Kanban). Die mittlere Durchlaufzeit hängt unmittelbar von den an der Bearbeitungsstation wartenden Aufträgen (= Belastung) ab. Je höher die Bestände sind, desto höher ist die mittlere Durchlaufzeit. Durch Regelung der Bestände im Produktionssystem kann daher die mittlere Durchlaufzeit gesteuert werden. Die *engpassorientierten* Konzepte (OPT-System) setzen an der Erkenntnis an, dass der Engpass im System den gesamten Prozess beschränkt. Alle Planungen und Anpassungsmaßnahmen müssen sich daher konsequent am Engpass ausrichten. Die übrigen Fertigungsaggregate haben keinen oder nur einen untergeordneten Einfluss auf die Leistungsfähigkeit des Gesamtsystems.

Die nachstehend aufgelisteten speziellen PPS-Konzepte, die in den folgenden Abschnitten näher erläutert werden, sind in Abb. 187 anhand ausgewählter Kriterien systematisiert und in Abb. 188 mit ihren jeweiligen Anwendungsschwerpunkten dargestellt:

► das Kanban-System
► CONWIP
► die belastungsorientierte Auftragsfreigabe
► das Fortschrittszahlenkonzept
► Input/Output-Control, einschließlich kostenorientierter Input/Output-Control
► das OPT-System
► die retrograde Terminierung

---

108 Vgl. Zäpfel/Missbauer (1987), S. 882 ff.
109 Vgl. Corsten (2007), S. 547.

Planung und Steuerung

KAPITEL D
Teil III

ABB. 187: Spezielle Konzepte der Produktionsplanung und -steuerung

Konzept	Unterscheidung nach ...							
	... dem Fokus der Planungs- und Steuerungsaktivitäten		... dem Prinzip der Materialflusssteuerung/ der Anstoßlogik		... der Verteilung der Entscheidungskompetenzen		... dem Ansatzpunkt von Steuerungsmaßnahmen	
	bestandsorientiert	engpassorientiert	Pull-Prinzip	Push-Prinzip	zentral	dezentral	inputorientiert	outputorientiert
Kanban	X		X			X		X
CONWIP	X		X	(X)	(X)	X	X	X
BOA	X			X	X	(X)	X	
FZ	X		(X)	X	X	X	X	X
I/O-C	X	(X)		X	X	X	X	X
OPT		X		X	X	(X)	X	
RT				X	X	X	X	

Erläuterungen:
CONWIP: Constant Work In Process
BOA: Belastungsorientierte Auftragsfreigabe
FZ: Fortschrittszahlenkonzept
I/O-C: Input/Output-Control
OPT: Optimized Production Technology
RT: Retrograde Terminierung

X: zutreffende Ausprägung
(X): mit Einschränkung zutreffende Ausprägung

ABB. 188: Eignung von PPS-Konzepten

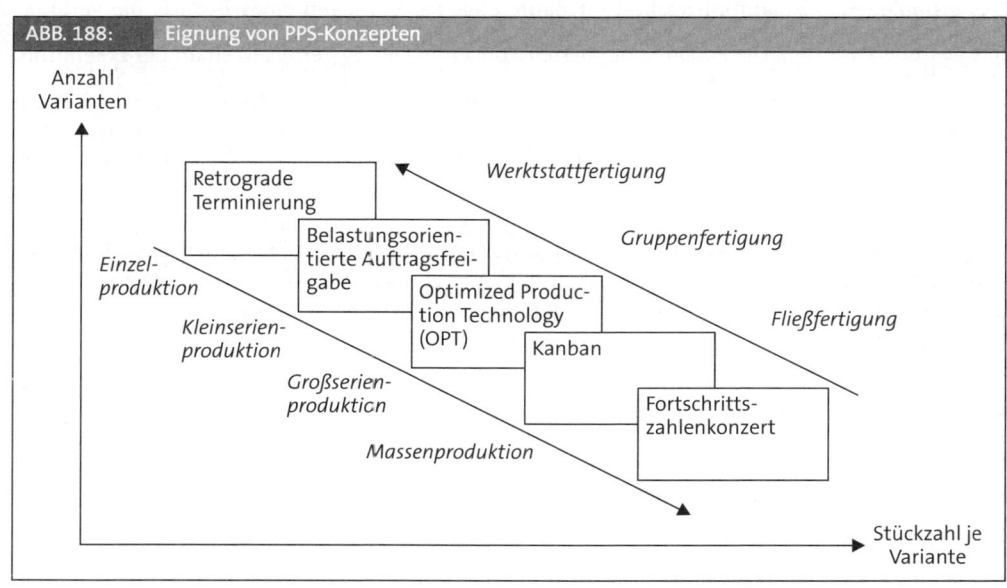

(in Anlehnung an Hoitsch/Lingnau (1992), S. 311)

5.1 Kanban-System

Das Kanban-System gehört zu den Bestandsregelungsverfahren.[110] Es wurde in Japan entwickelt, um eine Produktion auf Abruf (Just-in-Time-Produktion) zu ermöglichen. Die Hauptziele der Einführung einer Kanban-Steuerung sind: Bestandsreduzierung, Senkung der Durchlaufzeiten und Erhöhung der Flexibilität im Fertigungsbereich. Die wichtigsten *Steuerungsprinzipien* des Kanban-Systems sind:

▶ Schaffung vermaschter, selbststeuernder Regelkreise, die ohne direkte Eingriffe zentraler, übergeordneter Instanzen arbeiten,

▶ Durchsetzung des Hol-Prinzips durch die jeweils nachfolgende Verbrauchsstelle,

▶ Einsatz eines speziellen Informationsträgers zur Steuerung (als Kanban bezeichnet),

▶ Übertragung der unmittelbaren Steuerungsaufgaben an die produzierenden Stellen.

Das Kanban-System beruht auf der Idee, eine Produktion erst dann auszulösen, wenn für ein Teil eine vordefinierte Bestandsmenge auf der vorherigen Produktionsstufe unterschritten wird. Auslöser der Produktion ist jeweils die nachgelagerte Verbrauchsstelle, die durch ihre Teileabrufe einen neuen Produktionsanstoß gibt. Dazu werden die so genannten Kanbans (spezielle Karten) eingesetzt. Diese Karten enthalten alle erforderlichen Steuerungsinformationen, z. B. Teiledaten, Abnehmerdaten, Bestellmenge, Transportart, Behälter. Jeder Kanban entspricht einem festgelegten Behälterinhalt. Daher gibt es für jeden Materialbehälter einen speziellen Kanban. Ein Kanban entspricht damit einem (Teil-)Auftrag.

Das grundlegende Ablaufprinzip besteht darin, dass bei Vorliegen eines Bedarfs die verbrauchende Stelle („Senke") einen gefüllten Behälter aus dem Pufferlager entnimmt. Dabei wird ein Produktionskanban bereitgestellt, der der vorgelagerten Stufe („Quelle") einen erneuten Produktionsanstoß für eine genau definierte Losgröße gibt (ein Behälterinhalt). Diese produziert die vorgesehene Menge und stellt einen neuen Behälter mit Produktionskanban im Pufferlager bereit. Damit ist die vorgegebene Bestandsmenge im Pufferlager wieder erreicht (Supermarkt-Prinzip).

Aufgrund der ausgelösten Produktion hat die fertigende Stufe ebenfalls einen Bedarf, den sie dem dargestellten Ablauf entsprechend auf ihrer Vor-Fertigungsstufe anmeldet. Der erste Produktionsanstoß erfolgt also am Ende der Produktionskette und setzt sich über alle Materialflussstufen bis zur ersten Fertigungsstufe fort (vgl. Abb. 189).

---

110 Vgl. Wildemann u. a. (1989), S. 33 ff.

Planung und Steuerung

KAPITEL D
Teil III

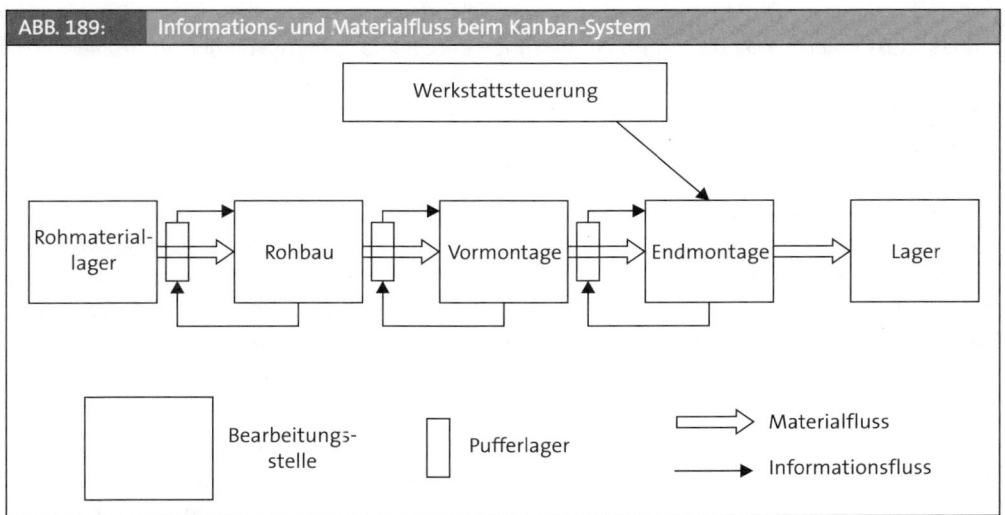

ABB. 189: Informations- und Materialfluss beim Kanban-System

(in Anlehnung an Wildemann u. a. (1989), S. 34)

Während beim Ein-Karten-System zwischen der produzierenden und der verbrauchenden Stelle lediglich ein Kanban eingesetzt wird, unterscheidet man im Zwei-Karten-System Produktions- und Transportkanbans.[111] Produktionskanbans regeln den Materialfluss zwischen Produktionsstelle und Pufferlager, Transportkanbans den Abruf von verbrauchender Stelle und vorgeschaltetem Pufferlager.

Damit das Kanban-System funktionieren kann, müssen folgende *Verfahrensregeln* eingehalten werden:

▶ Jeder Verbraucher holt bedarfsbezogen nur die benötigte Menge aus dem Pufferlager ab (z. B. ein Tageslos).
▶ Jeder Produzent stellt nur die benötigte Menge her (entsprechend Produktionskanban).
▶ Es dürfen nur qualitätsgerechte Teile bereitgestellt werden.

Über die Anzahl der Kanbans im System wird die Bestandshöhe der Fertigung gesteuert. Die Mindestzahl der benötigten Karten bzw. Behälter lässt sich nach folgender Formel ermitteln:[112]

$$\text{Anzahl Kanbans} = \frac{b \cdot t_w}{s}$$

mit

b: Tagesbedarf in Stück pro Tag $\quad$ t_w: Wiederbeschaffungszeit in Tagen
s: Standardfüllmenge pro Behälter in Stück

Zusätzlich ist ein Sicherheitsbestand zu berücksichtigen. Multipliziert man beide Seiten der Gleichung mit s, so erhält man auf der linken Seite den im System befindlichen Teilebestand und auf der rechten Seite den Bedarf in der Wiederbeschaffungszeit. Interpretiert man den Teilebe-

---

[111] Zu den Unterschieden im Verfahrensablauf vgl. etwa Glaser/Geiger/Rohde (1992), S. 263 ff.
[112] Vgl. Adam (1998), S. 630.

stand als Meldebestand, dann zeigt sich, dass das Kanban-System auf der Basis eines Bestellpunkts funktioniert.[113] Da die Pufferlagerbestände in regelmäßigen Abständen kontrolliert werden und erforderlichenfalls bis zum Sollbestand nachproduziert wird, lässt sich das Kanban-System mit einer (t,s,S)-Politik (vgl. Teil D. II. 4.2.2) vergleichen. Dabei sind die Bestellmengen entsprechend der jeweils gesammelten Kartenzahl bzw. entnommenen Behälterzahl ganzzahlige Vielfache von s.

Da ein enger Zusammenhang zwischen Bestand und mittlerer Durchlaufzeit existiert, kann über die Anzahl der Kanbans im System auch die mittlere Durchlaufzeit der Aufträge reguliert werden. Je mehr Kanban-Karten in den Fertigungsprozess eingesteuert werden, desto länger werden die Durchlaufzeiten. Die Bestimmung der Anzahl Kanbans stellt daher einen wichtigen Planungsparameter dar. Zum einen muss ein Abreißen des Produktionsflusses vermieden werden (zu wenig Karten), zum anderen sollen die Bestände nicht zu stark ansteigen (zu viele Karten).

Voraussetzung für die Funktionsfähigkeit des Kanban-Systems ist eine ablauforientierte Betriebsmittelgestaltung und eine Harmonisierung der Kapazitäten der Fertigungsstufen. Die Pufferlager sind entsprechend den Produktionserfordernissen und -bedingungen zu dimensionieren. Je gleichmäßiger die Nachfrage und je stabiler der Produktionsprozess ist, d. h. je weniger Störungen auftreten, desto geringer können die Pufferbestände sein.

Die Aufgaben der zentralen Produktionssteuerung im Kanban-System sind:

▶ Durchführung der übergeordneten Termin- und Kapazitätsgrobplanung

▶ Einlastung neuer Aufträge

▶ Auftragsfortschrittsüberwachung durch Kontrolle der Kartenumläufe

▶ Festlegung des Fertigungsprogramms pro Periode

▶ Ermittlung der Behälterzahl (entspricht Anzahl Kanbans) und Behälterinhalte für neue Fertigungsaufträge.

Das Kanban-System kann dort sinnvoll eingesetzt werden, wo gleiche oder ähnliche Teile mit hoher Verbrauchsstetigkeit (kontinuierliche Kapazitätsbelastung) gefertigt werden. Entsprechend der ABC- und der XYZ-Klassifizierung sind insbesondere AX- und BX-Teile als kanbangeeignet zu bezeichnen. Neben einer relativ hohen Universalität und Verfügbarkeit der Betriebsmittel sind ein hohes Ausbildungsniveau und die Motivation der Mitarbeiter als wichtige Einsatzvoraussetzung zu nennen. Ein Vorteil des Kanban-Systems liegt in dem einfachen und leicht zu überschauenden Steuerungsverfahren, das Störungen geringen Umfangs flexibel ausgleicht.

5.2 Conwip-Steuerung

Die Conwip-Steuerung[114] (Conwip steht für Constant Work in Process) setzt, ähnlich wie die Kanban-Steuerung, Karten als Steuerungselemente ein,[115] mit denen die Bereitstellung von Material für Fertigungsaufträge ausgelöst wird. Der Grundsatz, auf dem der Conwip-Ansatz beruht,

---

113 Vgl. Glaser/Geiger/Rohde (1992), S. 260 f.
114 Vgl. Spearman/Woodruff/Hopp (1990), S. 879 ff.
115 Grundsätzlich sind natürlich auch elektronische Signale möglich.

lautet: Ein neuer Auftrag kann immer nur dann in das Fertigungssystem eingesteuert werden, wenn ein fertiger Auftrag das System verlässt.

Die Nachfrage nach einem Endprodukt löst im Gegensatz zum Kanban-Prinzip einen Auftrag am *Anfang* der Fertigungslinie aus, der mit einer Karte in das System eingelastet wird. Im Unterschied zum Kanban-System wird ein Kartenkontingent nicht ausschließlich zwischen zwei aufeinander folgenden Arbeitsstationen eingesetzt, sondern dient über die gesamte Produktionslinie bzw. über eine festgelegte Reihe von Arbeitsstationen hinweg als Informations- und Steuerungsmedium. Die Auftragssteuerung erfolgt also nicht dezentral an der einzelnen Arbeitsstation, sondern übergreifend über die gesamte Fertigungslinie hinweg. Wenn der Auftrag die Linie verlässt, wird die Karte für einen neuen Auftrag frei. Neue Aufträge werden nur bei freien Conwip-Karten in die Fertigungslinie eingeschleust, auch dann, wenn an einzelnen Fertigungsstationen freie Kapazitäten vorhanden sind. Dadurch soll ein gleichmäßiger Arbeitsbestand im gesamten System erreicht werden. Am Ende der Fertigungslinie gibt eine freie Karte das Pull-Signal an den Startpunkt, z. B. das Rohmateriallager, innerhalb des Fertigungssystems fließen die Aufträge aber nach dem Push-Prinzip.[116] Somit bindet die vom Grundsatz her als „Pull-System" ausgelegte Conwip-Steuerung auch „Push-Elemente" ein.

Mit dem Ziel, einen möglichst gleichmäßigen Materialfluss zu erreichen, sind folgende *Parameter* festzulegen:[117]

▶ die Produktionsrate, d. h. die zu produzierende Menge pro Zeitabschnitt

▶ die Anzahl der Karten, durch die der Fertigungsbestand und die Auslastung der Kapazitäten beeinflusst werden; die „richtige" Kartenzahl kann nicht analytisch bestimmt werden, sondern ist im Wege eines Lernprozesses sukzessive zu ermitteln

▶ die maximale Vorarbeit, ein Grenzwert, bei dessen Erreichen die Produktion gestoppt wird, um den Bestand an Endprodukten zu begrenzen

▶ der Rückstand, ein unterer Grenzwert der kumulierten Ausbringungsmenge, bei dessen Erreichen Anpassungsmaßnahmen, wie Überstunden, Bereitstellung zusätzlicher Kapazität etc., einzuleiten sind

Vor der Auftragseinlastung muss die Reihenfolge der Aufträge unter der Zielsetzung einer gleichmäßigen Verteilung der Arbeitsinhalte festgelegt werden. Bei homogener Auftragsstruktur spricht nichts gegen die Anwendung der Prioritätsregel „First come – first served". Da eine unterschiedliche Auftragszusammensetzung – ähnlich der Situation, wie sie für die Werkstättenfertigung typisch ist – zu wechselnden Engpässen führen kann, erscheinen andere Auftragsprioritäten, die sich an den Arbeitsinhalten orientieren, sinnvoll zu sein. [118]

Das Conwip-System ist einfach und gut überschaubar. Es lässt sich bei einer Variantenproduktion einsetzen und verkraftet auch Veränderungen im Produktionsfluss bzw. im Produktmix gut.

---

116 Vgl. Günther/Tempelmeier (2005), S. 320.
117 Vgl. Spearman/Woodruff/Hopp (1990), S. 884, Kistner/Steven (2001), S. 311 f.
118 Vgl. hierzu Kistner/Steven (2001), S. 313 f.

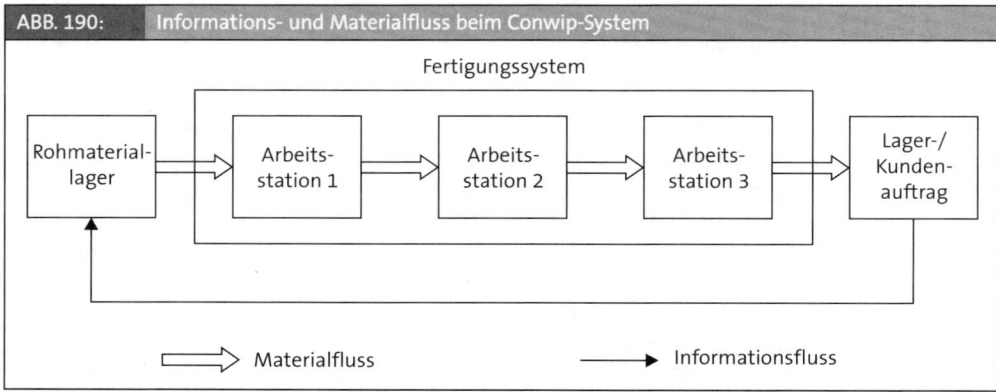

ABB. 190: Informations- und Materialfluss beim Conwip-System

5.3 Belastungsorientierte Auftragsfreigabe

Die belastungsorientierte Auftragsfreigabe[119] wurde für die Werkstattfertigung mit dem Ziel entwickelt, eine termingerechte Fertigung mit geringen Durchlaufzeiten und angemessener Auslastung der Fertigungseinrichtungen sicherzustellen. Das Konzept basiert auf der Überlegung, dass die Fertigungskapazität der Arbeitsstationen ein Datum darstellt, welches sich kurzfristig kaum beeinflussen lässt. Daher verbleiben der Fertigungssteuerung zwei Ansatzpunkte zur Einflussnahme auf den Fertigungsfluss: die Auftragsfreigabe und die Fertigungsreihenfolge an den Arbeitsstationen.

Schwierigkeiten bei der Terminplanung sollen nicht durch höhere Bestände oder längere Plandurchlaufzeiten „bekämpft" werden. Vielmehr soll mittels Überwachung des Auftragsbestands im System und einer kontrollierten Auftragsfreigabe (d. h. der Einschleusung der Aufträge in den Fertigungsprozess) gearbeitet werden. Der Fertigungsbestand an der Arbeitsstation wird damit zur Steuergröße. Der Zusammenhang kann am so genannten Trichtermodell erläutert werden (vgl. Abb. 191).

---

[119] Vgl. zum Folgenden Kettner/Bechte (1981), S. 459 ff. und Wiendahl (1997), S. 284 ff.

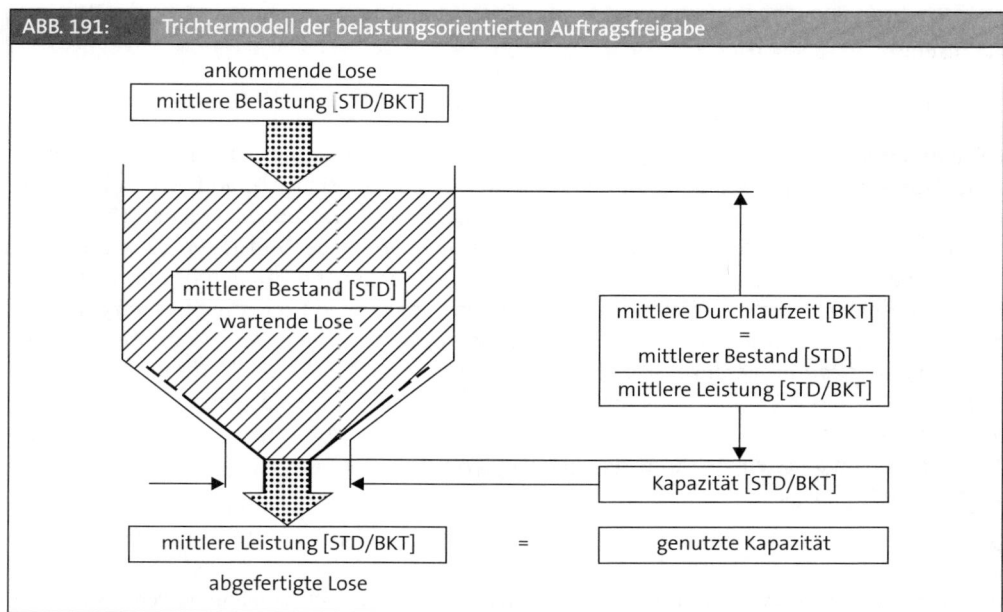

(Quelle: Wiendahl (1987), S. 58)

Die vor einem Arbeitsplatz wartenden Aufträge entsprechen dem mittleren Bestand, während die ankommenden Aufträge die Belastung darstellen. Die untere Öffnung des Trichters bildet die Kapazität der Arbeitsstation ab. Die in Tagen gemessene mittlere Durchlaufzeit ist das Verhältnis aus mittlerem Bestand und mittlerer Leistung. Dieser Zusammenhang entspricht der Definition der aus der Lagerhaltung bekannten Kennzahl

Reichweite [ZE] = Bestand [ME] : Verbrauch [ME/ZE].

In der Literatur wird in diesem Kontext auch Littles Gesetz[120] zitiert,[121] wobei sich das Gesetz von Little allerdings auf Zugangswarteschlangen (gekennzeichnet durch die Zugangsrate λ) bezieht, hier aber auf die Outputrate μ abgestellt wird (vgl. den Exkurs zu Warteschlangen in Teil D. III. 4.5).

Ziel muss es sein, den Zustrom zum Auftragsbestand so zu steuern, dass dieser auch bei Störungen des Systems ausreichend dimensioniert ist, andererseits aber nicht so hoch, dass die mittleren Durchlaufzeiten wesentlich ansteigen. Die Höhe des mittleren Bestands hat somit eine wichtige Pufferfunktion. Da die Kapazität der Arbeitsstation kurzfristig fix ist, kann der mittlere Auftragsbestand nur über die Auftragsfreigabe gesteuert werden, wobei die belastungsorientierte Auftragsfreigabe mit *zwei Steuerungsparametern* arbeitet:

▶ der *Terminschranke* und
▶ der *Belastungsschranke*.

---

[120] Siehe Little (1961), S. 383 ff.
[121] So von Letmathe (2002), S. 96, Jammernegg/Unterweger/Poiger (2006), S. 135 ff. und Stevenson (2007), S. 544.

KAPITEL D
Teil III
Der Produktionsprozess

Der Steuerungsablauf der belastungsorientierten Auftragsfreigabe vollzieht sich in folgenden Schritten:

1. Schritt

Für eine im statistischen Mittel gute Termineinhaltung müssen zunächst mittels retrograder Durchlaufterminierung und einer Terminschranke die dringenden Aufträge bestimmt werden. Die Terminierung erfolgt gemäß statistisch gewonnener mittlerer Durchlaufzeiten (Plandurchlaufzeiten) ausgehend vom erforderlichen Ablieferungstermin der Aufträge. Als praktikabler Vorgriffshorizont, d. h. als Zeitspanne zwischen dem Planungszeitpunkt und der Terminschranke, haben sich ca. 3 bis 4 Planperioden erwiesen. Eine analytische Herleitung des Vorgriffshorizonts bzw. der Terminschranke wird bisher nicht angegeben. Liegt der ermittelte Auftragsbeginn vor der Terminschranke, so handelt es sich um einen dringenden Auftrag, anderenfalls liegt ein nicht dringlicher Auftrag vor, über dessen Freigabe in der nächsten Planperiode entschieden wird. Das Verfahren soll zum einen sicherstellen, dass Aufträge nicht zu früh eingelastet werden, zum anderen aber trotzdem genügend Aufträge zur Auslastung der Fertigungskapazität zur Verfügung stehen.

2. Schritt

Aufträge werden des Weiteren nur dann in das Fertigungssystem eingelastet, wenn eine vorgegebene Belastungsschranke (ein prozentuales Vielfaches der Kapazität der Planperiode, z. B. 200 bis 300 %) eines jeden am Auftrag beteiligten Arbeitsplatzes nicht überschritten wird. Damit wird verhindert, dass eine Werkstatt insgesamt überlastet wird und sich die Durchlaufzeiten verlängern.

Die Belastungsschranke (BS) ergibt sich aus der Summe des geplanten mittleren Auftragsbestands (MB) und dem Planauftragsabgang der Periode (AB):

$$BS = MB + AB$$

Mit dem Einlastungsprozentsatz (EPS):[122]

$$EPS[\%] = \frac{BS}{AB} \cdot 100 = \frac{(AB + MB)}{AB} \cdot 100 = (1 + \frac{MB}{AB}) \cdot 100$$

wird ein Steuerungsparameter vorgegeben, der sich nicht auf eine festgelegte Belastungsschranke bezieht, sondern an der (variablen) Kapazitätssituation orientiert. Den Zusammenhang vermittelt Abb. 192.

---

[122] Vgl. Wiendahl (1987), S. 210.

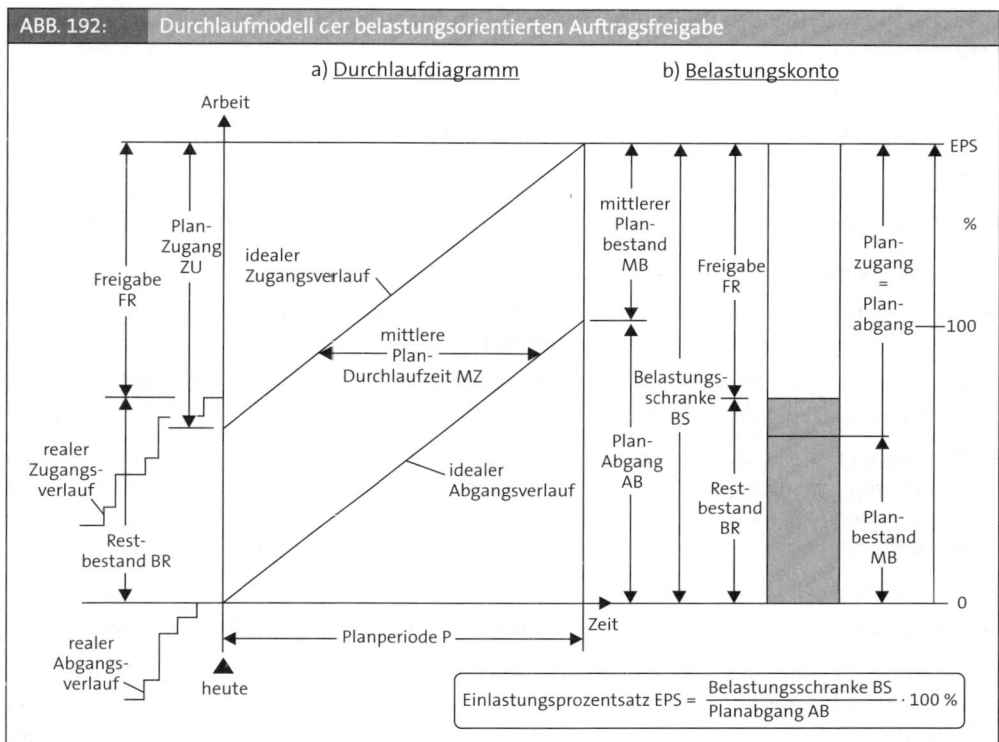

(Quelle: Wiendahl (1987), S. 209)

3. Schritt

Die Aufträge, die nach dem 2. Schritt noch nicht freigegeben sind, haben in der nächsten Periode mit gestiegener Dringlichkeit eine höhere Chance freigegeben zu werden.

Jeder Auftrag wird entsprechend der Anzahl der zu durchlaufenden Fertigungsstationen mit einem Gewichtungsfaktor GF abgewertet. Denn in einem mehrstufigen Fertigungsprozess kann nicht davon ausgegangen werden, dass sämtliche dringlichen Aufträge die betreffende Station in der Planungsperiode erreichen. „Mit der Abwertung soll die Frage beantwortet werden, mit welcher Wahrscheinlichkeit ein Auftrag in der nächsten Periode an einem Arbeitsplatz zur Verfügung steht, wenn er vorher noch andere Arbeitsplätze durchlaufen muss."[123] Der Abwertungsfaktor entspricht dem Produkt der Kehrwerte der Einlastungsprozentsätze EPS_i aller Produktionssysteme $i = 1, \ldots, (p - 1)$, die der Auftrag zu durchlaufen hat, bevor er in p ankommt:

$$GF_p = \prod_{i=1}^{p-1} \frac{100}{EPS_i}$$

Auf diese Weise kann der unterschiedlichen zu erwartenden Belastung der Fertigungskapazitäten durch die einzelnen Aufträge Rechnung getragen werden.

---

[123] Wiendahl (1997), S. 291.

Folgende *Voraussetzungen* müssen bei der belastungsorientierten Auftragsfreigabe u. a. vorliegen:[124]

1. Die Ablieferungstermine stehen fest.
2. Material, Werkzeuge usw. müssen einsatzbereit sein (Verfügbarkeitsprüfung).
3. Die verfügbaren Kapazitäten sind bekannt.
4. Die Belastung durch freigegebene und im System befindliche Aufträge muss bekannt sein.

Als *Kritikpunkte* an dem dargestellten Verfahren lassen sich folgende Aspekte nennen:

► Die belastungsorientierte Auftragsfreigabe bedarf einer vorgeschalteten Grobkapazitäts- und -terminplanung, die relativ stabil bleiben muss.
► Die Festlegung der Parameter Belastungs- und Terminschranke gestaltet sich schwierig und wird vom Konzept methodisch nicht unterstützt.
► Der Ansatz von Plandurchlaufzeiten auf der Basis von Durchschnittswerten führt nur dann zu befriedigenden Planungsergebnissen, wenn die späteren Ist-Durchlaufzeiten nicht zu sehr von den Durchschnitten abweichen. Dies ist aber gerade in der Werkstättenfertigung, für die das Verfahren eigentlich konzipiert ist, wegen starker Streuungen kaum gewährleistet.
► Eine Vielzahl von Eilaufträgen stört das System stark.
► Der Planungshorizont umfasst nur eine Periode, somit liegt ein statischer Ansatz vor.

Insgesamt stellt der heuristische Ansatz der belastungsorientierten Auftragsfreigabe für einfach strukturierte Fertigungen (gleiche technologische Reihenfolgen, weitgehend kontinuierlicher Materialfluss ohne Verzweigungen und Knoten) mit stabilen Bedingungen (möglichst parallele Verläufe der Auftragszugangs- und -abgangskurven, wenig Engpässe) eine sinnvolle Ergänzung zum MRP II-Konzept dar.[125] Konsequenterweise ist daher dieses Verfahren in PPS-Systeme integriert worden.

5.4 Fortschrittszahlenkonzept

Ein insbesondere für den Bereich der Automobilindustrie bekannt gewordenes Steuerungssystem stellt das Fortschrittszahlenkonzept[126] dar. Bei diesem Konzept werden die Bedarfs- und Fertigungsmengen (z. B. in Stück) aller Bereiche über einen längeren Zeitraum kumulativ fortgeschrieben. Die Fertigung eines Unternehmens wird dazu in „Kontrollblöcke" eingeteilt (z. B. Wareneingang, Rohbau, Montage).[127] Jeder Kontrollblock ist ein sich selbst steuerndes, separat zu betrachtendes Teilsystem, für das über Zählpunkte (Systemgrenzen) jeweils eine Eingangs- und eine Ausgangsfortschrittszahl ermittelt werden kann. Die *Eingangsfortschrittszahl* gibt die Belastung und die *Ausgangsfortschrittszahl* den Output des Kontrollblocks zu einem bestimmten Zeitpunkt t an. Die Differenz stellt den Bestand im Kontrollblock dar:

$$\text{Bestand (t)} = \text{Eingangsfortschrittszahl (t)} - \text{Ausgangsfortschrittszahl (t)}$$

---

124 Vgl. Kettner/Bechte (1981), S. 463.
125 Vgl. Adam (1998), S. 627.
126 Vgl. Heinemeyer (1984), S. 844 ff.
127 Vgl. Heinemeyer (1994), S. 223.

Abb. 193 zeigt, wie sich Bestand und mittlere Durchlaufzeit eines Kontrollblocks aus der Fortschrittszahlenentwicklung ableiten lassen. Die Fortschrittszahlen werden ermittelt, indem jeweils die ankommenden bzw. abgehenden Mengen summiert werden. Hat beispielsweise die Montage vom Rohbau im Januar 1.000 Teile, im Februar 4.000 Teile und im März 3.000 Teile erhalten, so ergibt sich für die Montage eine Eingangsfortschrittszahl von 8.000 per Ende März. Während die vertikalen Abstände zwischen den Kurvenverläufen der Eingangs- und der Ausgangsfortschrittszahl die Bestände zu den jeweiligen Zeitpunkten repräsentieren, stellen die horizontalen Abstände als Zeitdifferenz zwischen Abgang und Zugang die mittlere Durchlaufzeit dar. Durch Division des mittleren Bestandsniveaus durch die Ausgangsrate (= Ausgangsfortschrittszahl pro Zeiteinheit) ergibt sich rechnerisch die mittlere Durchlaufzeit.

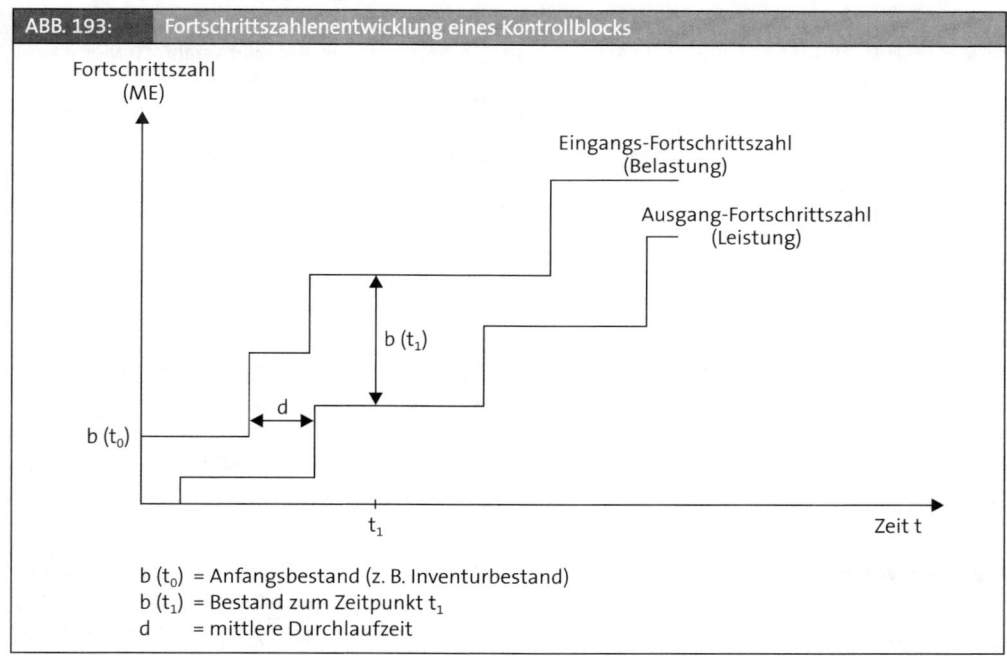

ABB. 193: Fortschrittszahlenentwicklung eines Kontrollblocks

$b(t_0)$ = Anfangsbestand (z. B. Inventurbestand)
$b(t_1)$ = Bestand zum Zeitpunkt t_1
d = mittlere Durchlaufzeit

Ausgangspunkt der Steuerung ist der Wareneingang (Wareneingangsfortschrittszahl). Hiervon ausgehend werden über die einzelnen Kontrollblöcke bis zum Versand Fortschrittszahlen gebildet. Um vergleichbare Fortschrittszahlen im Unternehmen zu gewährleisten, müssen diese regelmäßig auf einen Ausgangswert normiert werden. Eine separate Bestandsführung ist nicht mehr erforderlich, da die Lagerbestände sich jeweils aus der Differenz von Ausgangs- und Eingangsfortschrittszahl zweier aufeinander folgender Kontrollblöcke ergeben, z. B.:

Bestand (t) Pufferlager Montage = AFZ (t) Rohbau − EFZ (t) Montage

Für den geplanten Produktionsfortschritt werden den Kontrollblöcken Soll-Fortschrittszahlen zugewiesen. Dazu müssen mit den aus der Vertriebsplanung vorliegenden Ablieferungsterminen und den über Stücklistenauflösung ermittelten Teilebedarfen Vorgaben für die Ausgangsfortschrittszahl ermittelt werden. Es ist dabei gleichgültig, ob es sich um eigenproduzierte oder Zukaufteile handelt. Unter Berücksichtigung der mittleren Durchlaufzeiten lassen sich dann Vorgaben für die Eingangsfortschrittszahl ableiten. Durch den Vergleich von Soll- und Ist-Fortschrittszahl lässt sich jederzeit ein Vorlauf oder Rückstand der einzelnen Kontrollblöcke ermitteln (Abb. 194).

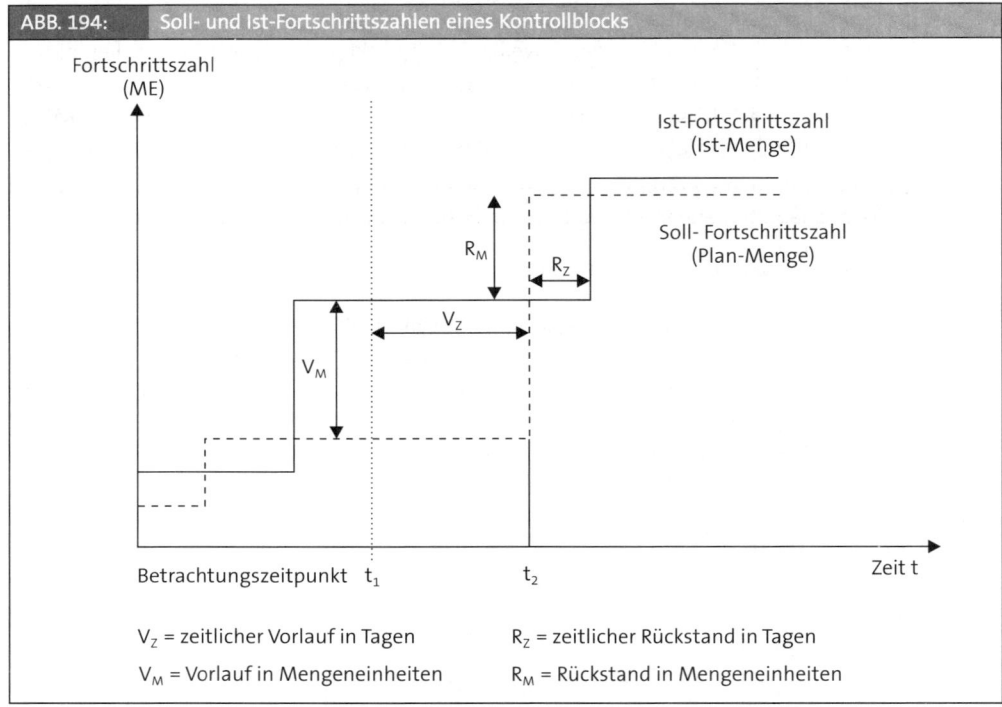

ABB. 194: Soll- und Ist-Fortschrittszahlen eines Kontrollblocks

V_Z = zeitlicher Vorlauf in Tagen
V_M = Vorlauf in Mengeneinheiten
R_Z = zeitlicher Rückstand in Tagen
R_M = Rückstand in Mengeneinheiten

Über den Vorlauf und den Planbestand kann der Materialfluss in der Produktion gesteuert werden. Durch Vergleich der Ist-Ausgangsfortschrittszahl eines Kontrollblocks mit der Soll-Eingangsfortschrittszahl des folgenden Kontrollblocks lassen sich Aussagen über die *Reichweite* eines bestimmten Teils treffen. Der *Nettobedarf* einer Periode ergibt sich aus der Differenz der Ist-Fortschrittszahl und der Soll-Fortschrittszahl am Ende der betrachteten Periode. Die mengenmäßigen *Bestände* lassen sich leicht aus der Differenz der Ist-Fortschrittszahlen der einzelnen Kontrollblöcke ermitteln. Dazu ist jeweils der Anfangsbestand (Inventurbestand) und ggf. ein Korrekturfaktor für Ausschuss etc. zu berücksichtigen. Der Bestandswert kann dann aus der Multiplikation der Differenzfortschrittszahl (in Stück) mit den Bewertungsgrößen (€ pro Stück) abgeleitet werden.

Der Vorteil des Fortschrittszahlenkonzepts liegt in der Einfachheit und Durchschaubarkeit des für alle Teilbereiche gleichen und gleichzeitig koordinierenden Steuerungsinstruments „Fortschrittszahl". Die Feinplanung wird den einzelnen Fertigungsbereichen überlassen. Daher sind Änderungen leichter durchführbar, und eine Demotivation der Mitarbeiter durch zu enge Vorgaben wird verhindert. Das Fortschrittszahlenkonzept eignet sich für die Mittel- bis Großserienfertigung unter stabilen Produktionsbedingungen. Der Einsatzbereich ist bislang auf die Automobilindustrie beschränkt, wo es in Verbindung mit Rahmenverträgen und abgestimmten Informationssystemen auch unternehmensübergreifend eingesetzt werden kann.

5.5 Input/Output-Control

Das Konzept der Input/Output-Control[128] basiert darauf, die mittleren Auftragsbestände für die folgenden Planperioden festzustellen und mit den vorhandenen Kapazitäten abzustimmen. Ziel ist ein kontinuierlicher Auftragszu- und -abfluss, um den Auftragsbestand vor den Arbeitsstationen niedrig zu halten. Aus dem Abgleich ergeben sich automatisch auch die mittleren Durchlaufzeiten der Aufträge. Bekannt zum Zeitpunkt t ist der Anfangsbestand eines Fertigungsbereichs. Darauf aufbauend werden in den einzelnen Planperioden die geplanten Zugänge und Abgänge entsprechend folgender Bilanzgleichung berücksichtigt:

$$\text{Planbestand } (t+1) = \text{Endbestand } (t) + \text{Zugang } (t+1) - \text{Abgang } (t+1)$$

Abb. 195 zeigt einen Input/Output-Plan. Aus dem Tableau lassen sich sehr einfach Kapazitätsüber- und -unterdeckungen in den einzelnen Planperioden in Bezug auf vorgegebene Sollbestände ersehen. Auf der Grundlage dieser Informationen sind Anpassungsmaßnahmen zu planen, deren Auswirkungen wiederum direkt im Tableau ablesbar sind. So kann iterativ ein durchführbarer Produktionsplan entwickelt werden. Liegt der Produktionsplan der Perioden fest, so lassen sich hieraus die mittleren Bestandshöhen und mittleren Durchlaufzeiten ablesen.

ABB. 195:	Beispiel zur Input/Output-Control						
Ende Periode t			1	2	3	4	5	6
Planzugang	h		–	180	50	83	90	140
Planabgang	h		–	100	100	100	100	100
Planbestand	h	Inventurwert: 100	180	130	113	103	123
Plandurchlaufzeit	h		–	1,8	1,3	1,1	1,0	1,2

(vgl. Zäpfel/Missbauer (1988), S. 31)

Planzugang = Belastung

Planabgang = geplante Kapazität

Planbestand (t) = Planbestand (t–1) + Planzugang (t) – Planabgang (t)

Plandurchlaufzeit (t) = Planbestand (t) : Planabgang (t)

Mittels der Input/Output-Control können auch Systemengpässe identifiziert werden. Die Auswirkungen dieser Engpässe auf den Auftragsdurchlauf (Bestände, Durchlaufzeiten) lassen sich mit den Konsequenzen entsprechender Anpassungsmaßnahmen (z. B. Investitionen, Überstunden) abstimmen. Die Input/Output-Control gibt jedoch keine separate Unterstützung für die auszuwählenden Anpassungsmaßnahmen und ermöglicht keine Änderung der Auftragsgröße. Das Verfahren ist einfach zu handhaben, sodass es sich leicht in bestehende Produktionsplanungs- und -steuerungssysteme integrieren lässt. Ansätze zur Weiterentwicklung des Planungsschemas werden in der Literatur diskutiert.

---

[128] Vgl. Belt (1976), S. 9 ff., Zäpfel/Missbauer (1988), S. 31 ff.

KAPITEL D
Teil III
Der Produktionsprozess

Zäpfel/Missbauer erweitern das Konzept der Input/Output-Control zu einer so genannten *kostenorientierten Input/Output-Control*.[129] Dabei gehen sie von zwei Grundmodellen aus, die gekennzeichnet sind durch:

► die *Entkopplung* der Mengen- von der Termin- und Kapazitätsplanung bzw.
► eine *simultane Planung* von Mengen, Terminen und Kapazitäten.

Beide Modelltypen werden in den verschiedenen Planungsebenen eingesetzt. Das Gesamtproblem wird für die einzelnen Fertigungsstufen separat optimiert, da eine parallele Planung aller Stufen zu komplex wäre.

In der *mittelfristigen* Planung (z. B. 1 Jahr) werden simultan Mengen, Termine und Kapazitäten bestimmt. Für die einzelnen Perioden des Mittelfristzeitraums sind Aufträge und Losgrößen (z. B. über den Wagner/Whitin-Algorithmus) zu bestimmen, wobei Normalkapazitäten unterstellt werden. Mit Hilfe des Input/Output-Modells kann dann die Zulässigkeit der ermittelten Fertigungslose getestet werden.

Ist der Plan aufgrund von Kapazitätsrestriktionen nicht zulässig, wird über einen komplexen Algorithmus in einem iterativen Prozess ein zulässiger Plan erarbeitet. Dazu sind in jedem Planungsschritt neue Losgrößen unter Berücksichtigung von neben den üblichen Rüst- und Lagerkosten anfallenden zusätzlichen Lenkkosten (Lenkpreise) für Rüst- und Bearbeitungszeiten (marginale Lenkpreise für die Belastung der Arbeitseinheiten) zu errechnen.

Durch die zusätzlichen Kosten werden entweder einzelne Perioden auftragsmäßig entlastet, oder es steigen die Losgrößen an. Die neuen Losgrößen gehen in einen neuen Planungslauf der Kapazitätsabstimmung ein etc. Der Planungsprozess wird solange iterativ durchgeführt, bis eine befriedigende Abstimmung von Losgrößen und Kapazität gefunden ist. Die Losgrößen werden Dispositionsstufe für Dispositionsstufe entsprechend dem Algorithmus und dem Ergebnis der Vorstufe ermittelt.

In der *kurzfristigen* Planung müssen die exakten Freigabezeitpunkte der Aufträge festgelegt und die daraus resultierende Kapazitätsbelegung festgestellt werden. Diese Planungsphase wird mittels einer entkoppelten Mengen- und Kapazitätsplanung durchgeführt:

(1) Der Planungszeitraum ist in Unterperioden aufzuteilen.

(2) Es wird eine Plandurchlaufzeit pro Arbeitssystem definiert, die für alle das System durchlaufenden Aufträge gleich ist. Jedem Arbeitssystem kann darauf aufbauend ein Sollbestand vorgegeben werden.

(3) Die Freigabezeitpunkte der Aufträge werden durch Rückwärtsterminierung, ausgehend vom Ablieferungstermin, festgestellt.

(4) Die Zulässigkeit der Lösung wird mittels der Input-Output-Systematik geprüft.

(5) Ist die Lösung nicht zulässig, so können als Anpassungsmaßnahmen vorgesehen werden:

► kapazitätserhöhende Maßnahmen,
► Vorziehen der Freigabezeitpunkte einzelner Aufträge.

---

[129] Vgl. Zäpfel/Missbauer (1988), S. 37 ff.

Mit Hilfe eines Optimierungsalgorithmus, auf den hier nicht weiter eingegangen sei, wird aus beiden Maßnahmen, wiederum unter Berücksichtigung von Lenkpreisen, die optimale Kombination ausgewählt. Probleme wirft die Optimierungsrechnung auf, wenn die Kapazitätsrestriktionen zu stark einschränkend sind.

5.6 Optimized Production Technology (OPT)

Das engpassorientierte Steuerungskonzept OPT[130] beruht auf der Theory of Constraints[131] von E. M. Goldratt. Diese aus der Systemtheorie entwickelte Theorie der Beschränkungen, zum Teil auch Engpasstheorie genannt, geht davon aus, dass Systeme in ihrer Entwicklung durch Engpässe begrenzt werden. Deshalb ist es wichtig, sich bei Optimierungen auf diese Engpässe (= Constraints) zu konzentrieren, da sie die Leistung des Gesamtsystems begrenzen. Wenn ein Constraint beseitigt ist, kann sich das System weiterentwickeln, bis es durch einen neuen Constraint begrenzt wird. Der Ansatz entspricht insofern dem von Gutenberg formulierten Ausgleichsgesetz der Planung.[132]

Folgende auf den Engpass bezogene Prozessschritte sind nach der Theory of Constraints durchzuführen:

1. Identifizieren des Engasses
2. den Engpass maximal nutzen
3. alle Aktivitäten dem Engpass unterordnen
4. die Kapazität des Engpasses erhöhen
5. beim nächsten Engpass wieder mit Schritt 1 beginnen

Das OPT-Konzept ist in einem inzwischen nicht mehr angebotenen Softwarepaket mit speziellen Planungsalgorithmen für den Produktionsbereich umgesetzt. Das Programm stellt ein Planungskonzept zur Abbildung von Produktionssystemen und zur Datenverwaltung zur Verfügung. Das OPT-System soll als Produktionsplanungsinstrument sowohl in der kurzfristigen Ablaufplanung als auch zur längerfristigen Produktions- und Kapazitätsplanung einsetzbar sein.[133] Da die der OPT-Software zugrunde liegenden Algorithmen nicht offen gelegt wurden, ist eine Würdigung der Effizienz der Algorithmen nur eingeschränkt möglich.

Ziel des Verfahrens ist, die Engpasseinheiten optimal zu nutzen und die übrigen Fertigungsbereiche auf diese das Gesamtsystem beschränkenden Faktoren abzustimmen. Dazu werden in einem ersten Planungslauf die Engpasseinheiten bestimmt. Darauf aufbauend sind Anpassungsmaßnahmen einzuplanen. Da diese Kapazitätsanpassungsmaßnahmen wiederum zu veränderten Engpässen führen können, muss der Planungslauf ein weiteres Mal gestartet werden, damit diese neuen Engpässe identifiziert werden. Im OPT-System erfolgt auf diese Weise ein iterativer Abgleich von Produktionsprogramm und Kapazitätsangebot unter Berücksichtigung von Anpassungsmaßnahmen einer bestimmten Planungsperiode.

Die Konzeption des OPT-Systems wird mit den so genannten 9 OPT-Regeln erklärt (Abb. 196).

---

130 Vgl. Goldratt (1990), S. 433 ff., Fox (1987), S. 107 ff., Adam (1998), S. 637 ff.
131 Vgl. Goldratt (1990), S. 433 ff.
132 Vgl. Gutenberg (1983), S. 164 f. und Teil C.VII. 1.2 dieses Buches.
133 Vgl. Kleeberg (1993), S. 86.

ABB. 196: OPT-Regeln

OPT-Regeln
1. Der Produktdurchsatz muss ausgeglichen werden, nicht die Kapazitäten.
2. Der Nutzungsgrad von Nicht-Engpässen wird nicht durch die eigene Leistung, sondern durch andere Bedingungen in der Fertigung determiniert, z. B. durch die Kapazitäten der Engpässe.
3. Wirtschaftliche Nutzung und bloße Auslastung der Systeme sind nicht das Gleiche.
4. Eine am Engpass verlorene Stunde ist eine verlorene Stunde für die gesamte Fertigung.
5. Eine an einem Nicht-Engpass eingesparte Stunde ist für die Fertigung belanglos.
6. Engpässe bestimmen Systemdurchsatz und -bestände.
7. Die Transportlosgröße muss nicht mit der Prozesslosgröße übereinstimmen.
8. Die Prozesslosgröße sollte variabel sein.
9. Produktionspläne sollten unter gleichzeitiger Berücksichtigung aller Nebenbedingungen erstellt werden. Durchlaufzeiten sind nicht vorherbestimmbar, sondern das Ergebnis der Produktionsplanung.

(zitiert nach Kleeberg (1993), S. 88)

Regel 1 betont die Bedeutung der Optimierung des Materialflusses gegenüber der Erhöhung der Kapazitätsauslastung. In der Regel 2 wird postuliert, dass eine über die zur vollen Auslastung der Engpasseinheiten hinausgehende Beschäftigung der Nicht-Engpasseinheiten zu einer nicht erforderlichen Erhöhung der Bestände führt. Dies wird durch Regel 3 nochmals unterstrichen. Die Regeln 4, 5 und 6 belegen konsequent die Bedeutung der Engpassorientierung. Die Engpässe sind ständig mit Aufträgen zu versorgen. Zusätzlich gewonnene Kapazitäten an den Engpässen (z. B. durch Rüstzeitminimierung) sind zusätzliche Kapazitäten für das Gesamtsystem. Gemäß Regel 7 brauchen im OPT-System Fertigungslose nicht den Transportlosen zu entsprechen. Es wird an Engpasseinheiten mit größeren Losen gearbeitet als im nicht-kritischen Bereich, um Rüstzeiten zu reduzieren. Die Fertigungslosgröße kann den Notwendigkeiten entsprechend variiert werden (Regel 8). Regel 9 besagt, dass eigentlich eine simultane Produktionsplanung unter Berücksichtigung aller Restriktionen erforderlich ist. Durchlaufzeiten sind nicht Zielgröße, sondern Ergebnis der Planung.

Die einzelnen OPT-*Planungsschritte* lassen sich wie folgt grob skizzieren:

▶ Ausgehend vom Auftragsbestand wird für eine feste Periode ein Produkt-Netzwerk unter Zuhilfenahme der Arbeitspläne, Stücklisten und Kapazitätsübersichten über alle Fertigungsbereiche erstellt (vgl. Abb. 197). Dieses Produkt-Netzwerk bildet den erforderlichen Produktionsprozess vollständig ab. Die aufwendige und schwierige Erstellung des Produkt-Netzwerks muss theoretisch nur bei Einführung des Systems (bzw. Neuproduktplanung) erfolgen. Das Produkt-Netzwerk ist allerdings bei wechselnden Engpässen permanent zu pflegen. Daneben wird eine Beschreibung aller für den Bearbeitungsprozess benötigten Ressourcen (Betriebsmittel, Arbeitskräfte etc.) erstellt. Beide Übersichten ergeben zusammen ein Fertigungsnetzwerk.

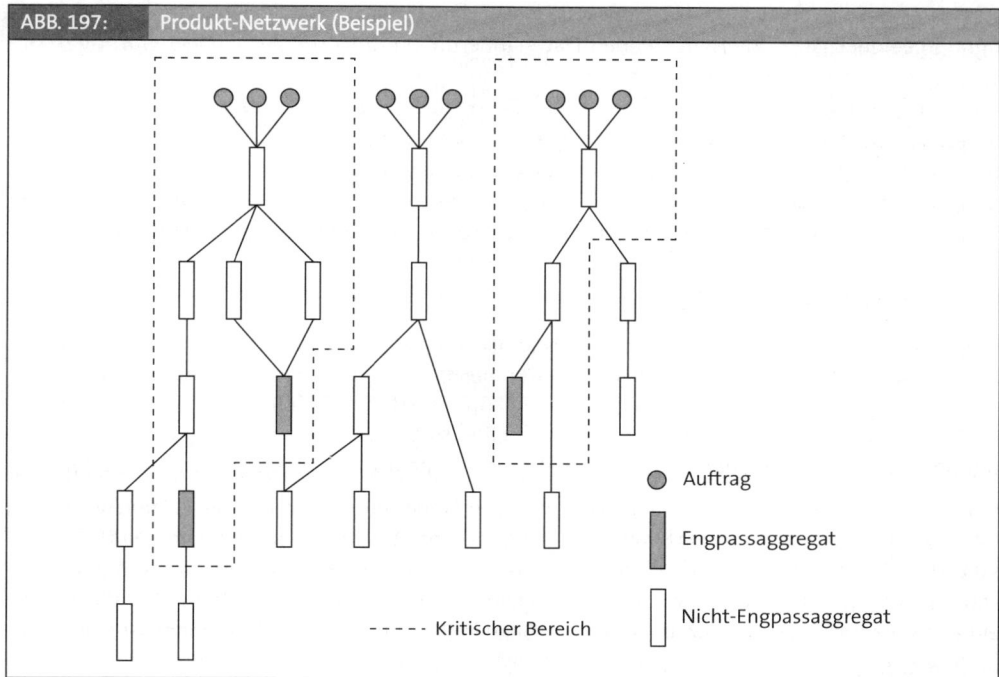

ABB. 197: Produkt-Netzwerk (Beispiel)

- In einer Rückwärtsterminierung, ausgehend von den geplanten Endterminen der Aufträge, werden die Engpasseinheiten im Produkt-Netzwerk bestimmt. Bei Überschreiten der Kapazitätsgrenzen können zunächst Anpassungsmaßnahmen (Splittung der Aufträge; Überlappung von Fertigungslosen etc.) vorgesehen werden. Führen die vorgeschlagenen Maßnahmen nicht zum Erfolg, so ist ein Engpass identifiziert.
- Das Netzwerk wird anschließend in einen kritischen und einen unkritischen Bereich unterteilt. Der kritische Bereich des Netzwerks umfasst die Engpasseinheiten und die im Produktionsfluss folgenden Bereiche. Der unkritische Teil enthält die vorgelagerten, nicht voll ausgelasteten Fertigungsbereiche.
- Zunächst wird der kritische Teil des Netzwerks betrachtet und die Belegung der Engpasseinheiten detailliert geplant. Gegebenenfalls werden dabei Pufferbestände vor Engpasseinheiten vorgesehen, um eine permanente Materialversorgung dieser kritischen Fertigungsstationen sicherzustellen.

  Der Materialfluss über die nachgelagerten Arbeitsstationen wird mittels Vorwärtsterminierung geplant. Diese dient zur Einplanung der Aufträge, zur Festlegung von Sicherheitsbeständen und zur Bestimmung von Transport- und Fertigungslosgrößen. Ergeben sich aus dem Planungslauf unbefriedigende Fertigstellungstermine der Aufträge, ist ein neuer Planungslauf aufzusetzen.

- Für den nicht-kritischen Teil des Netzwerks führt man anschließend eine Rückwärtsterminierung, ausgehend von den Engpassaggregaten, durch. Ziel ist die bestmögliche Versorgung der Engpasseinheiten. Werden daraufhin weitere Engpässe identifiziert, wird ein neuer Planungslauf gestartet.

Das OPT-Konzept stellt eine Planungssystematik dar, die grundsätzlich für die Werkstattfertigung geeignet ist.[134] Allerdings haben Datenänderungen (unvorhergesehene Eilaufträge), Datenungenauigkeiten (Bearbeitungszeiten) und Störungen des Systems (Maschinenausfall) empfindliche Auswirkungen auf den Planungslauf. Da es sich um ein im Wesentlichen zentrales Planungskonzept handelt, lassen sich Anpassungsmaßnahmen nicht besonders schnell und flexibel einleiten. Darüber hinaus sollte das Produktionsprogramm relativ stabil sein, um den Änderungsbedarf möglichst gering zu halten. Das Verfahren dürfte nur für Fertigungen mit hohen Stückzahlen, großen Losen und einer begrenzten Anzahl von Arbeitsgängen in Frage kommen.

5.7 Retrograde Terminierung

Die retrograde Terminierung[135] ist ein Fertigungssteuerungskonzept für eine komplexe Werkstattsteuerung mit diskontinuierlichem Materialfluss, das eine DV-gestützte, zentrale Grobsteuerung mit einer dezentralen Feinsteuerung kombiniert. Ziel ist, die Einsatzterminierung der Aufträge unter Berücksichtigung der Auftragsreihenfolgewirkung auf die Kapazitäten der Fertigungsbereiche so zu steuern, dass die Soll-Liefertermine der Aufträge eingehalten werden.

Der Fertigungsbereich wird in so genannte Steuereinheiten eingeteilt. Diese Steuereinheiten sind zusammengefasste gleichartige oder mehrere unmittelbar aufeinander folgende Arbeitsstationen, für die per EDV ein grober Rahmenplan erstellt werden soll. Dem Fertigungssteuerer stehen verschiedene Parameter zur Verfügung, mit denen er den Auftragsfluss über die Steuereinheiten beeinflussen und simulieren kann. Bei den *Steuerungsparametern* handelt es sich um:

▶ den Auftragsfreigabezeitpunkt,
▶ die Losgröße,
▶ die Einplanung von Sicherheitszuschlägen für Störungen,
▶ die Variation von Ablieferungsterminen,
▶ Maßnahmen zur Kapazitätsanpassung.

Die Auswirkungen auf den Fertigungsfluss werden analysiert und können wieder zu neuen Vorgaben führen. Der Fertigungssteuerer kann direkt im Dialog mit dem System kommunizieren. Die retrograde Terminierung läuft in drei *Planungsschritten* ab:

(1) Ausgehend von den Soll-Lieferterminen wird mittels einer Rückwärtsterminierung auf Basis der Vorgabezeiten festgestellt, wann die Aufträge an den Arbeitsstationen spätestens abgearbeitet werden müssen. Dabei wird unterstellt, dass keine Kapazitätsrestriktionen vorliegen („Wunschtermine"). In der Regel ergibt der 1. Schritt einen nicht zulässigen Fertigungsplan.

(2) Im 2. Schritt soll eine vorläufige, aber zulässige Belegung der Arbeitsstationen gefunden werden, die die Einhaltung der Kapazitätsrestriktionen gewährleistet. Dazu wird ein Belegungsplan retrograd (bei identischer Arbeitsgangfolge) oder progressiv (bei unterschiedlich strukturierter Arbeitsgangfolge) entwickelt. Die jeweils gewählte Heuristik ist also auf die Produktionsverhältnisse abzustimmen. Die retrograde Belegung führt tendenziell zu geringen Durchlaufzeiten kombiniert mit deutlichen Stillstandszeiten an den Arbeitsstationen

---

134 Vgl. Adam (1990), S. 833 f.
135 Vgl. zum Folgenden Adam (1998), S. 641 ff.

(Steuereinheiten). Die progressive Belegung führt zwar zu geringen Stillstandzeiten, jedoch verbunden mit hohen Lagerzeiten.

(3) Im letzten Schritt erfährt der vorläufige Belegungsplan eine Modifizierung, sofern dadurch eine Verbesserung des angestrebten Ergebnisses erreicht werden kann. Bei einer retrograden Belegungsplanung wird der Auftragsstart in Richtung Gegenwart verschoben, um Verzugszeiten zu minimieren. Bei der vorwärts gerichteten Planung wird die Auftragsplanung gestreckt in Richtung Abliefertermin, wodurch sich Lagerzeiten reduzieren lassen.

Im Steuerungsprozess der retrograden Terminierung können herkömmliche PPS-Systeme genutzt werden. Die retrograde Terminierung gibt für die Steuereinheiten grundsätzlich nur Rahmenpläne vor, sodass die Werkstattmitarbeiter die Auftragsreihenfolge im Rahmen der Vorgaben frei bestimmen können. Über Praxiserfahrungen mit der retrograden Terminierung wird in der Literatur bislang kaum berichtet.

6. Integration der Planungsbereiche

Die in den vorangegangenen Abschnitten dargestellten Verfahren und Systeme der (operativen) Produktionsplanung und -steuerung setzen unterschiedliche Schwerpunkte in der Bearbeitung der verschiedenartigen Planungs- und Steuerungsaufgaben. Kein Konzept deckt sämtliche Aufgaben von der Programm- über die Materialbedarfs-, Zeit- und Kapazitätsplanung bis hin zur Auftragsfreigabe und Prozesssteuerung ab. Die genannten Planungsteilbereiche sind dabei nicht unabhängig voneinander, sondern zwischen ihnen bestehen wechselseitige Beziehungen.

Die Losgrößenplanung beispielsweise beeinflusst durch die Vorgabe der Umrüsthäufigkeit (und damit der Umrüstdauer) die in einer Planperiode verfügbaren Fertigungskapazitäten. Sind infolge vorhandener Absatzmöglichkeiten die Fertigungskapazitäten knapp, so können die produktiven Bearbeitungszeiten z. B. durch eine Losvergrößerung gesteigert werden. Da andererseits die Lagerhaltungskosten steigen, sind Aussagen über die Kostenwirkung insgesamt und damit die Vorteilhaftigkeit der Entscheidungsalternativen nur bei *simultaner* Betrachtung der Einflussgrößen möglich.

Die Planung des Produktionsprogramms muss mit einer Bedarfs- oder Beschaffungsplanung synchronisiert werden, aus der Faktorpreise und Beschaffungshöchstmengen hervorgehen. Darüber hinaus aber ist die Programmplanung wieder Voraussetzung für den Bedarfsplan (z. B. für die Rabattgestaltung beim Einkauf von Vorräten). Die Beschaffungsplanung hat Einfluss auf die Losgrößen- und Lagerplanung, die Losgrößenplanung auf die Terminplanung und diese wiederum auf die Maschinenbelegungsplanung. Neben diesen und weiteren sachlichen Interdependenzen der Teilplanungen im Produktionsbereich existieren noch zeitliche Abhängigkeiten, die sich aus vorangehenden oder zukünftigen Entscheidungen und Planungen ergeben. Deshalb wird eine *Integration* der einzelnen Planungsteilbereiche *gefordert*. Nur eine ganzheitliche produktionsbezogene Planung ermöglicht eine optimale Harmonisierung der Teilsysteme.

Als Lösungsmöglichkeiten für die Problematik kommen grundsätzlich die simultane und die sukzessive Planung in Betracht. Bei der aus theoretischer Sicht erstrebenswerten *simultanen* Planung werden alle berechenbaren Variablen des Planungsproblems in einem geschlossenen Entscheidungsmodell gleichzeitig berücksichtigt. Dazu müssen die Zusammenhänge der Einzelproblemstellungen und alle Entscheidungsoptionen bekannt sein. Für die simultane Produktions- und Produktionsprogrammplanung ist eine Reihe von Planungsansätzen auf der Grundlage der mathematischen Programmierung entwickelt worden.[136] Der Einsatz dieser und ähnlicher Konzeptionen ist in der Praxis auf Grund der Komplexität der Problemstellung bislang nur in Ausnahmefällen möglich. Der Wert dieser Modelle liegt daher eher in der Erläuterung der grundlegenden Strukturen des jeweiligen Problems.

Der *sukzessive* Planungsansatz als second best Lösung basiert auf der Zerlegung des Gesamtplanungsproblems, das wegen seiner Komplexität nicht simultan lösbar ist, in überschaubare Teilprobleme. Für diese werden die erforderlichen Teilpläne aufeinander folgend konzipiert. Die Ergebnisse der vorangehenden Planungen gehen als Planungsinput in die folgenden Planungen ein. Das Problem der sukzessiven Planung liegt darin begründet, dass den vielfältigen Interdependenzen der Einzelpläne nicht in vollem Umfang Rechnung getragen werden kann, sodass sich aus den einzeln optimierten Teilplänen nicht zwangsläufig ein Gesamtoptimum ergibt. Die Koordination der Einzelpläne und ihrer Ergebnisse stellt daher eine wichtige Problemstellung der Sukzessivplanung dar. In der Praxis wird das sukzessive Vorgehen in der Regel mit Hilfe handelsüblicher Anwendungssoftware der Produktionsplanung und -steuerung (PPS- und ERP-Systeme) umgesetzt.

KONTROLLFRAGEN

(1) Worin bestehen die Aufgaben der Produktionsplanung und -steuerung?

(2) Was versteht man unter kurzfristiger Produktionsprogrammplanung und welche Rolle spielt dabei der Deckungsbeitrag?

(3) Welche Informationen liefern a) Arbeitspläne und b) Stücklisten für die Planung, Steuerung und Überwachung der Produktion?

(4) Worin besteht das Problem der optimalen Losgröße? Wie lauten die Prämissen des klassischen Losgrößenmodells?

(5) Was versteht man unter einem dynamischen Losgrößenproblem?

(6) Welche operationalen Subziele werden bei der Auftragsreihenfolgeplanung aus den Gesamtzielen der Unternehmung abgeleitet? Welche Probleme tauchen bei der Verfolgung dieser Subziele auf?

(7) Von welchen Einflussfaktoren ist die Durchlaufzeit eines Auftrags durch ein Werkstättensystem abhängig?

(8) Was versteht man unter dem Begriff Kapazitätsterminierung?

(9) Worin besteht der Unterschied zwischen Durchlauf- und Kapazitätsterminierung?

(10) Wozu dienen Prioritätsregeln im Rahmen der Ablaufplanung?

(11) Durch welche Größen ist ein Warteschlangenproblem charakterisiert?

(12) Wie lässt sich die Werkstattsteuerung anhand des Regelkreismodells erläutern?

(13) Wodurch unterscheiden sich Kanban-Systems und Conwip-Steuerung?

(14) Warum ist eine Integration der produktionsbezogenen Planungsaufgaben anzustreben?

---

136 Vgl. Hoitsch (1993), S. 551 ff.

Aufgabe 35

Ein Kleinunternehmen stellt 2 Produkte A und B her, die jeweils an 3 Maschinen M_1, M_2 und M_3 bearbeitet werden. Die Deckungsspannen der Produkte betragen: d_A = 1.500 €/Stück, d_B = 1.350 €/Stück. Die Beanspruchung der Fertigungseinrichtungen in Stunden pro Stück (h/Stück) durch die Produkte A und B zeigt die folgende Tabelle:

	A	B
M_1	1	2
M_2	2	2
M_3	3	2

An den Maschinen stehen folgende Kapazitäten zur Verfügung:

M_1: 160 h/Monat

M_2: 150 h/Monat

M_3: 180 h/Monat

Für den folgenden Monat sind die maximal möglichen Absatzzahlen geschätzt worden:

A: 80 Stück

B: 60 Stück

Ermitteln Sie das optimale kurzfristige Produktionsprogramm mit Hilfe eines Ansatzes der linearen Optimierung.

Aufgabe 36

Ein Unternehmen fertigt zwei Produkte:

Produkt	Variable Kosten je Stück	Menge pro Jahr	Rüstkosten je Los	Lagerkostensatz	Produktionsgeschwindigkeit (Stück pro Tag)
A	20 €	40.000	600 €	25 %	600
B	30 €	50.000	400 €	$23^{1/3}$ %	700

Verkauft wird an 200 Tagen pro Jahr mit konstanter Absatzgeschwindigkeit. Wie groß ist die jeweilige optimale Losgröße, wenn angenommen werden kann, dass der Verkauf parallel mit der laufenden Produktion erfolgt?

Aufgabe 37

Folgende Bedarfe eines Produkts für 5 Produktionsperioden sind bekannt: Periode 1: 60 Stück; Per. 2: 100 Stück; Per. 3: 140 Stück; Per. 4: 80 Stück, Per. 5: 100 Stück. Die Rüstkosten betragen 150 Geldeinheiten; die Lagerkosten pro Periode 0,6 Geldeinheiten pro Stück. Bestimmen Sie die optimale Losgröße

a) mit dem Verfahren der gleitenden wirtschaftlichen Losgröße,

b) mit dem Silver-Meal-Verfahren,

c) mit dem Wagner/Whitin-Verfahren.

Aufgabe 38

Wenden Sie auf das Beispiel aus Abb. 156 die Prioritätsregel „Maximales Positionsgewicht" an. Bei dieser Prioritätsregel erhält das Arbeitselement die höchste Priorität, dessen Wert aus der Elementzeit aller nachfolgenden Arbeitselemente und der eigenen Elementzeit den höchsten Wert erreicht. Die Taktzeit ist mit 10 min. vorgegeben.

Aufgabe 39

Wegen Geschäftsausweitung muss ein Fertigungsbereich ausgelagert werden. Die erforderlichen Tätigkeiten sind mit den geschätzten Zeitbedarfen im Folgenden dargestellt. Zusätzlich sind die Ereignisse angegeben.

	Liste der Tätigkeiten		
Tätigkeit	Bezeichnung der Tätigkeit	Vorhergehende Tätigkeit	Zeiterwartung (Arbeitstage)
A	Auswahl der umziehenden Maschinen und Einrichtungen	—	5
B	Bestellung der Ergänzungsmaschinen und Einrichtungen	A	10
C	Lieferung der Maschinen und Einrichtungen	B	40
D	Notwendige Umbauten	—	55
E	Demontage der umziehenden Maschinen und Einrichtungen	A	2
F	Umzugsdurchführung	D, E	3
G	Montage Altmaschinen	F	3
H	Einlaufen Altmaschinen	G	1
J	Montage Neumaschinen	C, F (S)	2
K	Einlaufen Neumaschinen	J	3
L	Schlusskontrolle	H, K	1

	Liste der Ereignisse
Ereignis Nr.	Bezeichnung des Ereignisses
1	Beschluss der Unternehmensleitung: Verlegung einer Fertigungsstätte in ein anderes (leer stehendes) Gebäude
2	Umbauten und Demontagen abgeschlossen
3	Umziehende Maschinen und Einrichtungen ausgewählt
4	Umzug durchgeführt
5	Altmaschinen montiert
6	Neumaschinen bestellt
7	Neumaschinen geliefert
8	Neumaschinen montiert
9	Maschinen eingelaufen
10	Schlusskontrolle beendet

a) Führen Sie mit diesen Angaben eine CPM-Strukturplanung durch.

b) Erstellen Sie auch eine Zeitplanung, und ermitteln Sie den kritischen Weg.

c) Geben Sie die Gesamtpufferzeiten der einzelnen Tätigkeiten an.

Aufgabe 40

Gegeben ist ein Produktionsprogramm mit fünf verschiedenen Aufträgen und einer für alle Aufträge gleichen Arbeitsgangfolge M1 – M2 – M3. Weitere Daten sind in der folgenden Matrix zusammengestellt:

		Auftrag				
		A1	A2	A3	A4	A5
Fertigungszeit [h] auf Maschine	M1	8	10	6	7	11
	M2	5	6	2	3	4
	M3	4	9	8	6	5
Liefertermin [Tage]		5	12	6	2	4
Verspätungskosten [GE pro Tag je Auftrag]		120	80	100	200	90

Aus der Auftragsfolge A1 – A2 – A3 – A4 – A5 resultieren folgende Größen:

Durchlaufzeit des Fertigungsprogramms:		52 h	Wartezeiten der Aufträge:	A1: 0 h
Stillstandszeiten der Maschinen:	M1:	0 h		A2: 0 h
	M2:	18 h		A3: 7 h
	M3:	7 h		A4: 7 h
				A5: 1 h

Die Liefertermine von A4 und A5 sind überschritten. Es fallen Verspätungskosten von 1.070 GE an.

a) Wie viele verschiedene Auftragsfolgen gibt es?

b) Versuchen Sie eine Auftragsfolge mit einer Durchlaufzeit von weniger als 52 h zu erarbeiten, und ermitteln Sie die dabei auftretenden Stillstands- und Wartezeiten. Stellen Sie Ihre Lösung auch in einem Gantt-Diagramm dar.

c) Wenden Sie die Prioritätsregeln KOZ und FLT an.

Welche Auswirkungen ergeben sich jeweils auf die Durchlaufzeit, die Stillstandszeiten sowie auf Liefertermin und Verspätungskosten? Gehen Sie von einem 8-h-Tag aus.

Stellen Sie die Auftragsfolge auch in einem Gantt-Diagramm dar.

Aufgabe 41

An einem Prüfarbeitsplatz kommen pro Stunde im Durchschnitt 120 Werkstücke an. Die Abfertigungszeit für ein Werkstück beträgt durchschnittlich $1/3$ Minute.

Die durchschnittliche Ankunfts- und Abfertigungsrate sind unabhängig von der Zeit, der Schlangenlänge und anderen Zufallseigenschaften des Systems. Die Abfertigung erfolgt in der Reihenfolge, in der die abzufertigenden Einheiten ankommen. Ein Pufferlager für die ankommenden Werkstücke ist in jederzeit ausreichender Größe vorhanden; die Möglichkeit eines vorzeitigen Ausscherens von Einheiten aus der Menge der zu prüfenden Werkstücke ist ausgeschlossen. Zwischenankunfts- und Abfertigungszeiten sind exponential verteilt.

Berechnen Sie die durchschnittliche Schlangenlänge, die durchschnittliche Wartezeit und die durchschnittliche Bedienungszeit.

IV. Einsatz EDV-gestützter Systeme

1. PPS-Systeme

Wohl in den meisten Unternehmen wird die Produktionsplanung und -steuerung über computergestützte Systeme abgewickelt. Es liegt inzwischen ein kaum überschaubares Angebot an Standard-Anwendungssoftware zur Lösung bzw. Lösungsunterstützung sämtlicher Aufgaben vor. Dabei kann es sich um Stand-alone-Lösungen handeln, die nur Teilbereiche der Produktionsplanung und -steuerung abwickeln, z. B. die Fertigungssteuerung, oder um integrierte Gesamtkonzepte, die den gesamten Aufgabenkomplex abdecken, so genannte PPS-Systeme. PPS-Systeme unterstützen die Planung, Steuerung und Überwachung des Produktionsgeschehens und beruhen in ihrer Grundstruktur auf der so genannten MRP-Systematik (Material Requirement Planning). Funktionale Erweiterungen, wie Absatzplanung, Kostenrechnung usw., die letztlich die Geschäftsprozesse des gesamten Unternehmens abbilden sollen, führten zu den ERP-(Enterprise Resource Planning-)Systemen.[137] Bei diesen Anwendungen handelt es sich nicht mehr um PPS-Systeme, sondern sie enthalten ein PPS-System als Element.

1.1 Referenzmodell

Zur systematischen Beschreibung der Aufgaben/Funktionen, Prozesse, Architektur und Daten der Produktionsplanung und -steuerung wurden verschiedene Referenzmodelle erarbeitet. Das bedeutendste Modell ist das vom Forschungsinstitut für Rationalisierung (FIR) der RWTH Aachen entwickelte Aachener PPS-Modell[138]. Das Modell unterscheidet die Referenzsichten Aufgaben, Prozessarchitektur, Prozesse und Funktionen. Die Verknüpfung der verschiedenen Sichtweisen und Grundmodelle ermöglicht eine umfassende Modellierung der erforderlichen Planungs- und Steuerungsfunktionen und unterstützt damit konkrete Vorhaben, wie Entwicklung, Gestaltung, Integration und Auswahl von PPS-Systemen oder Reorganisations- bzw. Optimierungsmaßnahmen. Allerdings sind Referenzmodelle nicht in der Lage, sämtliche Auswahl- und Anwendungsaspekte zu berücksichtigen, sodass für besondere Anforderungen oder praktische Einsatzzwecke ergänzende Modelle erforderlich sein können.

---

137 Vgl. etwa Kurbel (2005), S. 3.
138 Vgl. Schotten (1998), S. 9 ff.

Einsatz EDV-gestützter Systeme

KAPITEL D
Teil IV

Aufgabensicht

Die Aufgabensicht bildet die Basis des Aachener PPS-Modells. Für diese Referenzsicht werden die Hauptaufgaben der Produktionsplanung und -steuerung hierarchisch in Kern- und Querschnittsaufgaben sowie in überbetriebliche Netzwerkaufgaben strukturiert (Abb. 198).

Die Erfüllung der *Kernaufgaben* bewirkt jeweils einen Arbeitsfortschritt im Herstellungsprozess. Die Kernaufgaben umfassen die Produktionsprogrammplanung, die Bedarfsplanung, die kurzfristige Eigenfertigungsplanung und -steuerung sowie die kurzfristige Fremdbezugsplanung und -steuerung. Die *Netzwerkaufgaben* erweitern den Ansatz des internen PPS-Modells um einen überbetrieblichen strategischen Aspekt. Die Netzwerkaufgaben beziehen sich auf die Netzwerkkonfiguration, die Netzwerkabsatzplanung und die Netzwerkbedarfsplanung.

Die *Querschnittsaufgaben* ermöglichen die Integration und Optimierung der Netzwerk- und Kernaufgaben. Dazu gehören die Auftragskoordination, das Bestandsmanagement und das PPS-Controlling. Daneben ist eine Datenverwaltung erforderlich.

ABB. 198:	Aufgabensicht des Aachener PPS-Modells				
Netzwerkaufgaben	Kernaufgaben		Querschnittsaufgaben		
Netzwerkkonfiguration	Produktionsprogrammplanung		Auftrags-koordina-tion	Bestands-manage-ment	Controlling
Netzwerkabsatzplanung	Produktionsbedarfsplanung				
Netzwerkbedarfsplanung	Fremdbezugs-planung und -steuerung	Eigenfertigungs-planung und -steuerung			
Datenverwaltung					

(nach Schuh/Gierth (2006), S. 21)

Prozessarchitektursicht

Neu im Aachener PPS-Modell ist die Prozessarchitektursicht.[139] Sie verbindet die Aufgabenreferenzsicht mit der nach unterschiedlichen Branchen strukturierten Prozesssicht. Die Prozessarchitektursicht beschreibt die Verteilung und Koordination der Prozesse und Prozesselemente auf der Netzwerkebene und definiert damit die Verbindung der eher überbetrieblich ausgelegten Netzwerkebene mit den auf der Unternehmensebene festgelegten Querschnittsaufgaben.

Prozesssicht

Die Prozesssicht verbindet Aufgaben und Arbeitsschritte zu Prozessen und legt deren logische und zeitliche Verknüpfung fest. Da die Auftragsabwicklungsprozesse je nach Branche sehr unterschiedlich sein können, werden in dieser Referenzsicht vier verschiedene Grundtypen unterschieden:

- Auftragsfertiger
- Rahmenauftragsfertiger
- Variantenfertiger
- Lagerfertiger

In der Praxis können für ein Unternehmen auch mehrere dieser Grundtypen relevant sein.

---

139 Vgl. Schuh/Gierth (2006), S. 21.

Funktionssicht

Die Funktionssicht definiert die Teilaufgaben und Programmbausteine, die zur Abwicklung aller erforderlichen Aktivitäten im Unternehmen nötig sind und EDV-technisch unterstützt werden sollen. Die Grundaufgaben ergeben sich aus der Aufgabenreferenzsicht und werden wie in Abb. 199 gezeigt konkretisiert.

ABB. 199:	Funktionsreferenzsicht des Aachener PPS-Modells
Kernaufgaben	
Produktionsprogrammplanung	▶ Absatzplanung ▶ Bestandsplanung ▶ Primärbedarfsplanung ▶ Ressourcengrobplanung (auftragsanonym)
Produktionsbedarfsplanung	▶ Bruttosekundärbedarfsermittlung ▶ Nettosekundärbedarfsermittlung ▶ Beschaffungsartzuordnung ▶ Durchlaufterminierung ▶ Kapazitätsbedarfsermittlung ▶ Kapazitätsabstimmung
Fremdbezugsplanung und -steuerung	▶ Bestellrechnung ▶ Angebotseinholung/-bewertung ▶ Lieferantenauswahl ▶ Bestellfreigabe ▶ Bestellüberwachung
Eigenfertigungsplanung und -steuerung	▶ Losgrößenrechnung ▶ Feinterminierung ▶ Ressourcenfeinplanung ▶ Reihenfolgeplanung ▶ Verfügbarkeitsprüfung ▶ Auftragsfreigabe ▶ Auftragsüberwachung ▶ Ressourcenüberwachung
Querschnittsaufgaben	
Auftragskoordination	▶ Angebotsbearbeitung ▶ Auftragsklärung ▶ Auftragsgrobterminierung ▶ Ressourcengrobplanung (auftragsbezogen) ▶ Auftragsführung
Lagerwesen	▶ Lagerbewegungsführung ▶ Bestandssteuerung ▶ Lagerort- und Lagerplatzverwaltung ▶ Chargenverwaltung ▶ Lagerkontrolle ▶ Inventur
PPS Controlling	▶ Informationsaufbereitung ▶ Informationsbewertung ▶ Konfiguration

Datenverwaltung	
	▶ Teileverwaltung
	▶ Stücklistenverwaltung
	▶ Arbeitsplanverwaltung
	▶ Produktionsmittelverwaltung
	▶ Plandatenverwaltung
	▶ Auftragsverwaltung
	▶ Kundenverwaltung
	▶ Lieferantenverwaltung

1.2 Aufbaustruktur

PPS-Systeme werden in der Regel als Modularprogramme angeboten. Der modulare Aufbau erlaubt es, die verschiedenen Programmteile je nach Bedarf als Einzelprogramme einzusetzen oder den gesamten Programmkomplex als geschlossenes System zu nutzen. Dabei arbeiten die Programme nach dem *Prinzip der sukzessiven Planung*. Die einzelnen Planungsaufgaben werden durch die Programmmodule stufenweise abgearbeitet, wobei die Teillösung eines Moduls als Ausgangsbasis für die Rechenschritte des folgenden Moduls dient. Die zwischen den Planungsbereichen bestehenden Interdependenzen können dabei nur unzureichend berücksichtigt werden. Ein Simultanplanungskonzept für PPS-Systeme scheitert jedoch an der Komplexität eines solchen Gesamtsystems.

Darüber hinaus ist eine sehr detaillierte Vorabplanung des Fertigungsprozesses nur dann sinnvoll, wenn die Produktionsbedingungen stabil und gut vorhersehbar sind. Störungen wie ungeplante Eilaufträge, nicht erwarteter Maschinenausfall, Kapazitätsengpässe etc. lassen die ursprüngliche Planung schnell obsolet werden. Planungskonzepte müssen daher flexibel sein und eine kurzfristige Reaktion im Rahmen der Werkstattsteuerung ermöglichen. Unter den Bedingungen einer Einzel- und Kleinserienfertigung im Werkstättensystem kann der Verzicht auf eine taggenaue Planung auf der Ebene der Einzelanlagen die Realitätsnähe der Planung wesentlich erhöhen. Mit dem Übergang auf ein groberes Planungsraster hinsichtlich der organisatorischen Einheit (z. B. Werkstatt) und der zeitlichen Struktur (z. B. Wochenplanung) geht dann auch eine Dezentralisierung der Feinplanungs- und Steuerungsaufgaben einher.[140]

Auf die Flexibilität von PPS-Systemen wirkt es sich positiv aus, wenn die Einzelmodule eine Auswahl mehrerer Planungsverfahren bereitstellen. So kann beispielsweise im Rahmen der Bedarfsprognose ein dem tatsächlichen Bedarfsverlauf angepasstes Prognosemodell gewählt werden. In der Software mySAP ERP und APO sind beispielsweise die Verfahren gleitender Mittelwert, exponentielle Glättung 1. und 2. Ordnung, die saisonale lineare Regression, die Verfahren nach Holt und Winters u. a. m. integriert. Hinsichtlich der Losgrößenplanung steht dem Anwender ebenfalls eine Vielzahl von Verfahren zur Verfügung, darunter die gleitende wirtschaftliche Losgröße, der Stückperiodenausgleich, das Verfahren nach Groff und die dynamische Losgrößenplanung.

Grundlegend für PPS-Systeme ist die Speicherung und Verwaltung der benötigten Daten mit Hilfe von *Datenbanken*. Dabei handelt es sich einerseits um auftragsneutrale Daten, wie sie für

---

140 Vgl. Adam (1988), S. 20.

die Erzeugung von Stücklisten, Rezepturen und Arbeitsplänen benötigt werden (Grunddaten in Form von Struktur- und Stammdaten) und andererseits um auftragsbezogene Daten, beispielsweise Kundenaufträge, Fertigungsaufträge usw. (vorgangsbezogene Daten). Basis moderner PPS-Systeme sind relationale Datenbankkonzepte.[141] In Zukunft dürften objektorientierte Modelle[142] an Bedeutung gewinnen. Für Datenbanken sind spezielle Abfragesprachen entwickelt worden, wobei sich SQL (Structured Query Language) als Standard herauskristallisiert hat.

Das Prinzip der Datenbank beruht auf der zentralen Zusammenfassung der Einzeldaten zu einem integrierten Datenbestand. Die Forderung an ein Datenbanksystem lautet: Unabhängig vom formalen Aufbau des Systems muss eine universelle Auswertbarkeit und Kombinierbarkeit der Einzeldaten möglich sein. Die Datenbestände werden in Dateien gespeichert, die jeweils Datensätze gleichen Typs enthalten. Die Anzahl der Datensätze kann beispielsweise in Unternehmen des Maschinenbaus sechsstellige Größenordnungen erreichen.

Die Dateien sind in herkömmlichen Systemen über ein Adressverkettungsprogramm miteinander verbunden, sodass mit Hilfe dieser *Prozessortechnik* Fertigungsunterlagen, z. B. Stücklisten, Teileverwendungsnachweise, Arbeitspläne und Arbeitsplatzverwendungsnachweise, generiert werden können. Für ein Produktionsinformationssystem sind mindestens folgende Dateien erforderlich, die ggf. um weitere Dateien, z. B. Auftragsdatei, Personal-, Kunden- und Lieferantenstammdateien, zu ergänzen sind:[143]

Teilestammdatei:

Alle im Erzeugungsprozess erforderlichen Teile, Baugruppen und Enderzeugnisse werden in der Teilestammdatei mit den jeweiligen teilespezifischen Daten gespeichert. Dabei handelt es sich beispielsweise um Identifizierungsdaten, Angaben zu Wertgrößen, um Bestands-, Bestell- und Bedarfsgrößen sowie um technologische und verwaltungstechnische Informationen.

Erzeugnisstrukturdatei:

Für jeden Strukturzusammenhang im Erzeugnisaufbau, d. h. für jeden Pfeil im Gozinto-Graphen, wird ein Struktursatz gebildet. Der Struktursatz enthält dispositive Angaben, z. B. Mengenangaben, strukturabhängige Ausschussfaktoren sowie verkettungstechnische Adressdaten.

Arbeitsplatzstammdatei:

Die Stammdaten eines Arbeitsplatzes sind in der Arbeitsplatzstammdatei enthalten. Zu den gespeicherten Daten gehören: Kapazitätsangaben, mittlere Transport- und Liegezeiten vor oder nach dem Arbeitsplatz, Maschinenstundensätze, Ausweicharbeitsplätze u. a.

Arbeitsgangstrukturdatei:

In der Arbeitsgangstrukturdatei wird für jeden Arbeitsgang ein Struktursatz gebildet. Dieser enthält beschreibende Angaben wie Arbeitsgangnummer, variantenspezifische Informationen und

---

141 Relationen sind Mengen von Elementen gleicher Struktur. Relationale Datenbanksysteme versuchen, über Tabellen als Datenstruktur diese Relationen unter Vermeidung von Redundanzen und der Beschränkung von funktionalen und mehrwertigen Abhängigkeiten ihrer Entitäten (Attribute) abzubilden.
142 Objektorientierung bedeutet die Integration des daten- und funktionsorientierten Systemansatzes zu einer neuen Strukturkomponente, dem abstrakten „Objekt". In der objektorientierten Programmierung beispielsweise kann ein Objekt sowohl Daten als auch Methoden repräsentieren. Sollen z. B. Daten geändert oder Programmfunktionen aufgerufen werden, so muss das diesen Datenbereich/diese Funktion repräsentierende Objekt angesprochen werden.
143 Vgl. Glaser/Geiger/Rohde (1992), S. 6.

eine Arbeitsgangbeschreibung. Außerdem werden dispositive Informationen berücksichtigt. Dazu gehören unter Umständen Gültigkeitsdaten, Rüst- und Stückzeiten, Überlappungsmengen sowie Übergangszeiten.

Im Folgenden wird das „Zusammenspiel" der Datenbanken am Beispiel des so genannten *Stücklistenprozessors* erklärt. Der Stücklistenprozessor ist ein spezielles Verwaltungsprogramm, das nach dem Prinzip der Adressverkettung arbeitet und die erforderlichen Informationen über eine Verknüpfung der Teilestamm- und der Erzeugnisstrukturdatei abruft. Exemplarisch soll das Vorgehen zur Erstellung der Baukastenstückliste für das Erzeugnis E aus Abb. 126 und 128 gezeigt werden (vgl. zum Folgenden Abb. 200).

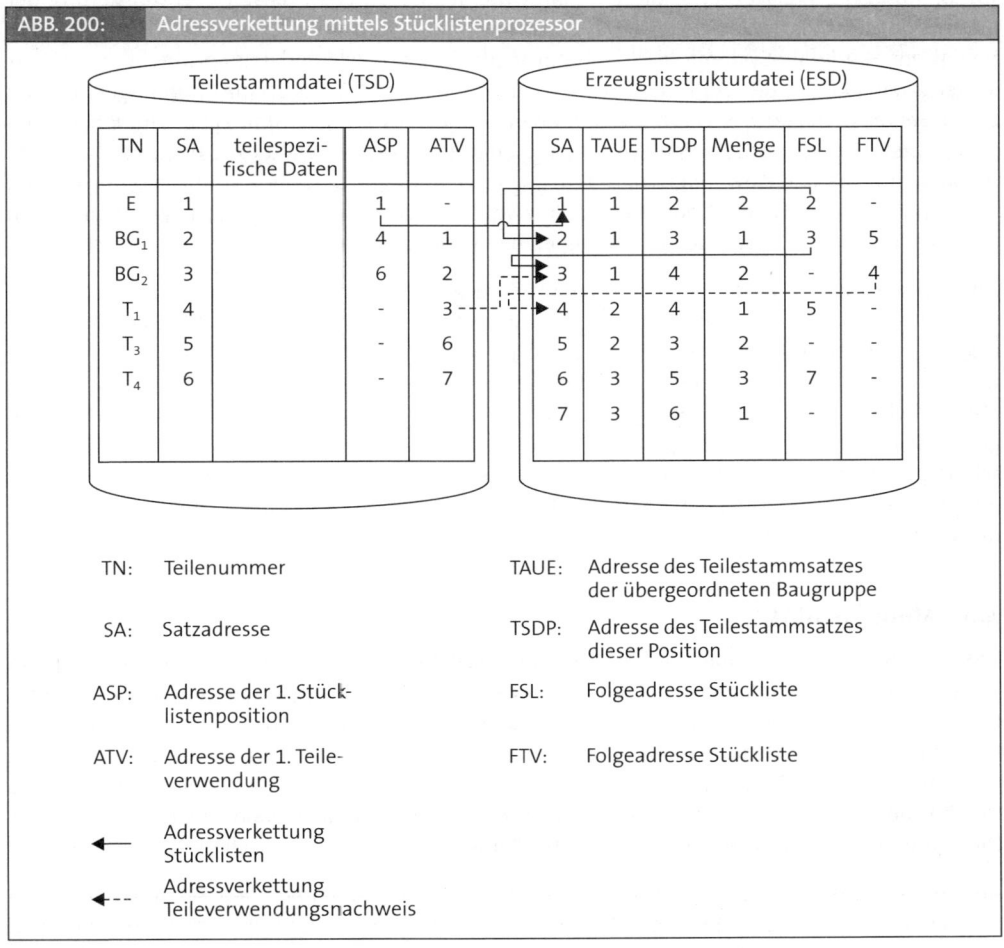

Im Teilestammsatz des Erzeugnisses E findet sich neben den teilespezifischen Daten die Adresse der 1. Stücklistenposition (ASP). Diese gibt den 1. Struktursatz in der Erzeugnisstrukturdatei (ESD) an. Der Struktursatz enthält die Teilestammsatzadressen der jeweils über- und untergeordneten Teile (TAUE, TSDP), die entsprechenden Mengenbeziehungen und die Folgeadresse der nächsten Stücklistenposition (FSL), aus der die weiteren Strukturbeziehungen der Baugruppe E hervorgehen. Über die Verkettungslogik können jederzeit auch die Teilestammsätze der erzeugnisstrukturbedingten, untergeordneten Teile (TSDP) abgerufen werden, in denen die zugehörigen teilespezifischen Daten, aber auch die Struktursatzadressen enthalten sind. Der Struktursatz der letzten Position (SA 4) enthält anstelle der Folgeadresse ein Endesymbol (-). Die Teileverwendungsnachweise werden analog mittels eines entsprechend abgewandelten Verkettungsmechanismus erzeugt.

Hinsichtlich der Entwicklung der Hardware für PPS-Systeme besteht eine Tendenz zu verstärkter Anwendung von Systemen in *Client/Server-Architektur.* Die sehr leistungsfähigen PC und Workstations und der Preisverfall in diesem Hardware-Segment haben diese Dezentralisierung der Anwendungsinstallationen ermöglicht. Durch den modularen Aufbau und die verteilten Funktionen der Hardware-Systeme lässt sich ein Vielfaches der Rechnerleistung durchschnittlicher Server erreichen, um den Anforderungen der modernen Software-Systeme zu genügen. Bei der Client/Server-Architektur werden die Aufgaben den jeweils geeignetsten Hardware-Ressourcen zugeordnet. Eine leistungsfähige Workstation oder ein Server verwaltet die übergeordnete Datenbank, auf die alle Anwender zugreifen; die Anwendungsprogramme und Dialogfunktionen laufen auf PC oder Workstations, die per Netzwerk gekoppelt sind. Bei großen Systemen sind in der Regel noch Anwendungsserver, auf denen die Anwendungslogik läuft, zwischengeschaltet.

Die Weiterentwicklung der Anwendungssoftware geht verstärkt in Richtung *integrierter Programmpakete,* die eine durchgängige Bearbeitung aller Geschäftsprozesse im Unternehmen ermöglichen. Innerhalb dieser Programmpakete, die von der Finanzbuchhaltung bis zum Personalwesen das Gesamtunternehmen abbilden, stehen auch die Module für Produktionsplanung, Materialwirtschaft, Instandhaltung etc. zur Verfügung. Die Vorteile dieser integrierten Programmsysteme liegen in der parallelen Verarbeitung der Wert- und Mengenflüsse des Geschäftsprozesses, der Redundanzfreiheit und erleichterten Aktualisierung des Datenbestands und der schnittstellenfreien Übergabe der Daten eines Teilsystems (z. B. Vertrieb) an andere unmittelbar tangierte Bereiche (z. B. Produktion).

1.3 Ablaufstruktur

Der Programmablauf beginnt im Sukzessivplanungskonzept der PPS-Systeme mit der Funktion *„Produktionsprogrammplanung",* deren Aufgabe es ist, den zukünftigen Primärbedarf der zu produzierenden Erzeugnisse nach Art, Menge und Termin zu bestimmen und mit der Absatzplanung abzustimmen. Dazu werden entweder feste Kundenaufträge verarbeitet oder durch die Programmfunktion „Prognoserechnung" Absatzschätzungen für die kommende Periode erstellt. Der Planungshorizont beträgt dabei in der Regel zwischen wenigen Monaten und einem Jahr. Die Planung erfolgt in Form einer rollierenden Planung.

Ausgehend vom Primärbedarf ermittelt das Modul *„Bedarfsplanung"* den Sekundärbedarf an Rohmaterialien und Halbfabrikaten. Dazu müssen die Methoden der deterministischen und stochastischen Bedarfsermittlung verfügbar sein (Stücklistenauflösung bzw. Prognoseverfahren). Der Sekundärbedarf wird mit den Lagerbeständen abgeglichen und zu Fertigungs- bzw. Beschaffungslosen zusammengefasst. Für Eigenfertigungsaufträge wird eine grobe losgrößenabhängige Vorlaufverschiebung durchgeführt. In der Regel erfolgt hierzu schon eine Grobplanung der erforderlichen Fertigungsressourcen. Die Fremdbezugsplanung koordiniert die Maßnahmen des

Bezugs von Fremdteilen nach Art, Menge, Qualität, Termin und Kosten. Dazu gehören die Ermittlung von Bestellmengen und Bestellzeitpunkten, gegebenenfalls unter Berücksichtigung von speziellen Anforderungen an die Lagerfähigkeit von Teilen, Just-in-time Belieferung etc.

Den Zeitaspekt der Auftragssteuerung berücksichtigt die *„Termin- und Kapazitätsplanung"*. Die Terminplanung ermittelt die Start- und Endtermine der Aufträge mittels vorgegebener Bearbeitungs- und Übergangszeiten. Die Terminplanung wird vielfach in Form einer kombinierten Rückwärts- und Vorwärtsterminierung durchgeführt. Damit stehen die frühest- und spätestmöglichen Starttermine für die Fertigungsaufträge und Bedarfstermine für die Rohteile fest. Ausgangspunkt ist der geforderte Ablieferungstermin der Fertigungslose. Zeigt die Terminplanung, dass sich die angestrebten Endtermine nicht halten lassen, so können durch Verkürzung der Übergangszeiten (z. B. Lagerzeiten), Splittung und Überlappung der Fertigungslose Maßnahmen zur Durchlaufzeitverkürzung eingeleitet werden.

Der sich aus den eingeplanten Fertigungslosen ergebende Fertigungsbedarf wird den Fertigungseinrichtungen zugewiesen. Innerhalb der frühest- und spätestmöglichen Belegungstermine können für jede Fertigungseinrichtung entsprechende Belastungsprofile ermittelt werden. Aus dem Vergleich des Kapazitätsbedarfs und -angebots zeigen sich mögliche Engpässe bzw. ein Kapazitätsüberangebot. Bei Kapazitätsengpässen nimmt das Programm einen Abgleich durch die Verlegung von Fertigungsaufträgen in Zeiten mit einem Kapazitätsüberangebot vor. Im Grunde wäre jedoch in diesem Fall eine völlige Neuplanung erforderlich, da aus der Terminverschiebung Auswirkungen auf vor- oder nachgelagerte Fertigungsstufen zu erwarten sind. Darüber hinaus besteht die Gefahr, dass durch kapazitätsbedingte Auftragsverschiebungen die angestrebten Fertigstellungstermine überschritten werden. Eine entsprechende planerische Rückkopplung ist daher erforderlich. Im Programm müssen die Voraussetzungen vorliegen, Maßnahmen der Kapazitätserhöhung und Kapazitätsanpassung (z. B. Ausweichmaschinen, Überstunden, intensitätsmäßige Anpassung, Fremdvergabe) zu prüfen. Ein automatischer Kapazitätsabgleich ist in der Regel allerdings noch nicht möglich. Ergänzt wird die Planung der Eigenfertigung um eine Grobplanung der noch erforderlichen Produktionsressourcen wie Personal, Betriebs- und Hilfsstoffe.

Mit der Funktion *„Auftragsfreigabe"* wird überprüft, ob wegen zwischenzeitlich wirksam gewordener Störeinflüsse Änderungen im Planablauf notwendig sind. Sofern die aktuelle Termin- und Kapazitätssituation der Werkstatt es erlaubt und die geforderten Materialien und Werkzeuge verfügbar sind, werden die eingeplanten Aufträge freigegeben. Außerdem erstellt das Programmmodul *„Auftragsvorbereitung"* die erforderlichen Fertigungsunterlagen (Lohnscheine, Terminkarten und Materialentnahmescheine etc.).

Die *„Auftragssteuerung"* dient der Feinterminierung und der Arbeitsverteilung in den einzelnen Produktionsbereichen. Darüber hinaus erfolgt die Zuordnung der Aufträge zu den konkreten Fertigungseinrichtungen. Vielfach wird für diesen Aufgabenbereich die Erfahrung der Produktionsmitarbeiter genutzt. Störungen und kurzfristige Änderungen sind auf dieser Ebene zu berücksichtigen.

Die abschließende Funktionsgruppe umfasst die *„Auftragsüberwachung"*. Hierunter fallen u. a. die Auftragsfortschrittsüberwachung, Wareneingangsmeldungen und die Kapazitätsüberwachung (z. B. Maschinenausfälle). Voraussetzung einer Überwachung mit schneller Reaktionsfähigkeit sind dezentralisierte Rückmeldesysteme mit Echtzeitverarbeitung, die sog. Betriebsdaten-Erfassungssysteme (BDE-Systeme). Die Datenerfassung kann automatisch im Prozess (z. B. über Sensoren), über Funk, manuelle Dateneingabe oder über normierte Dateneingabesysteme (Strichcodeleser) erfolgen.

Parallel dazu wird im *„Lagerwesen"* die Ein- und Auslagerung von Gütern abgewickelt und die Zuordnung von Gütern zu einzelnen Lagerorten und gegebenenfalls auch zu definierten Lagerplätzen organisiert. Ziel ist das kostengünstige und effektive Lagern und das schnelle Auffinden und Bereitstellen der erforderlichen Materialien.

Abb. 201 fasst die Aufgabenabwicklung im PPS-System zusammen.

Das Stufenkonzept der PPS-Systeme funktioniert nur dann zufriedenstellend, wenn die zugrunde liegende Informationsbasis relativ sicher ist. Dazu müssen die Durchlaufzeiten, Übergangszeiten und Bearbeitungszeiten der Aufträge möglichst genau bekannt sein. Das künftige Produktionsprogramm muss exakt festliegen, es darf keine außerplanmäßigen Ausfälle der Fertigungseinrichtungen geben, und es dürfen keine Fertigungsengpässe vorliegen. Diese Voraussetzungen liegen jedoch in realen Fertigungssituationen in der Regel nicht vor, sodass sich negative Auswirkungen auf Durchlaufzeiten und Bestände nicht vermeiden lassen, was die Effektivität traditioneller PPS-Systeme einschränkt und zu enttäuschten Erwartungen der Anwender führt.

Folgende bekanntere PPS-Systeme werden derzeit in der industriellen Praxis eingesetzt (nur auszugsweise):

R/3 PP u. MM	(SAP)
my SAP ERP	(SAP)
Navision	(Microsoft)
Psipenta	(PSI)
Oracle Manufacturing	(Oracle)
J. D. Edwards	(Oracle)

Einsatz EDV-gestützter Systeme

KAPITEL D
Teil IV

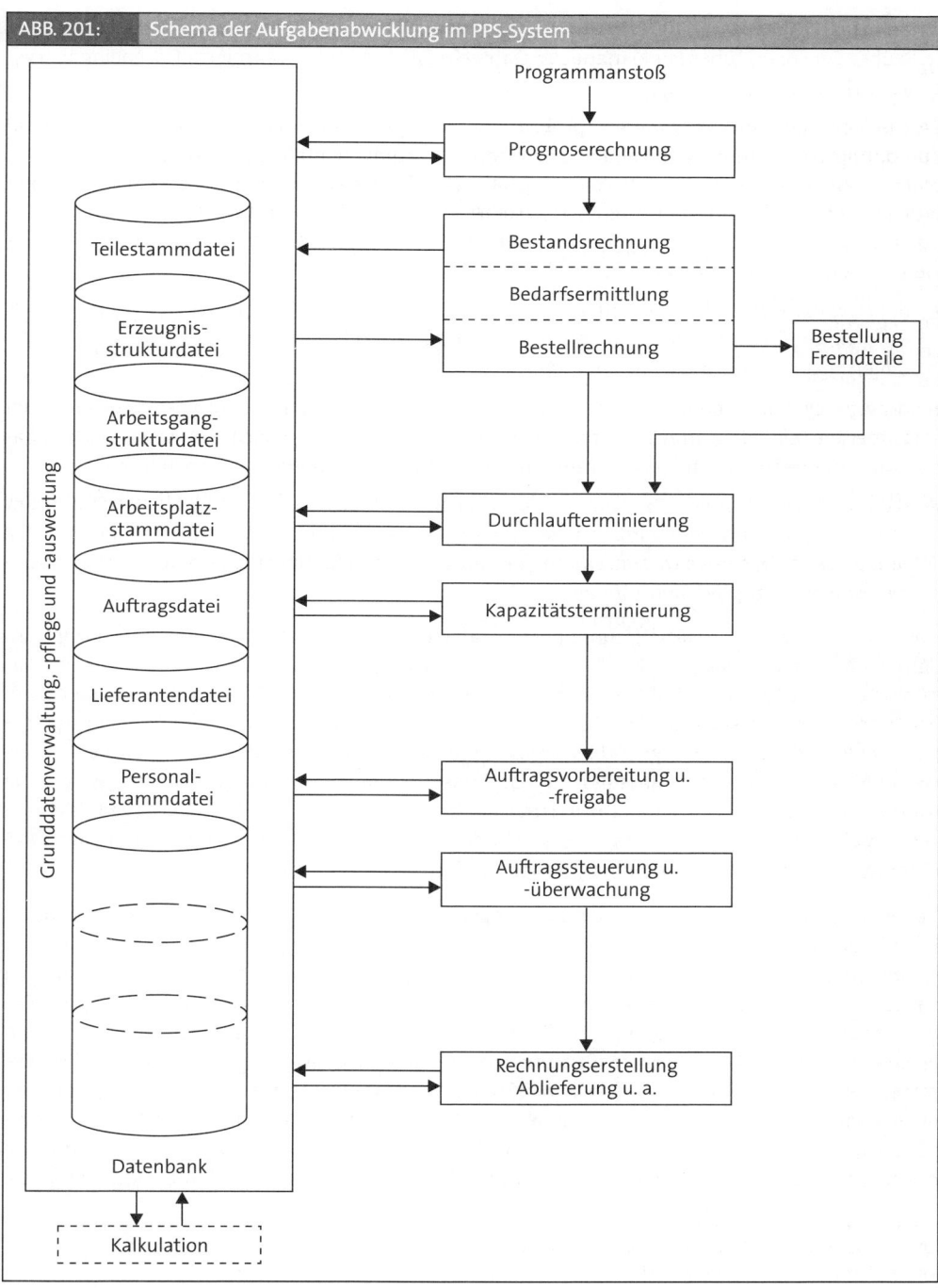

ABB. 201: Schema der Aufgabenabwicklung im PPS-System

2. MRP-II-Konzept und Weiterentwicklungen

Das sukzessive Planungsmodell traditioneller PPS-Systeme kann zu einem hierarchischen Planungssystem[144] erweitert werden. Bei einem hierarchischen Planungssystem wird ein Gesamtproblem in mehrere Teil- bzw. Unterprobleme aufgeteilt, die in einer hierarchischen Beziehung (hinsichtlich des Detaillierungsgrades der Daten, des Planungshorizonts und der Tragweite der Entscheidungen) stehen. Die jeweils untergeordneten Planungsebenen erhalten aus der übergeordneten Ebene Vorgaben, während umgekehrt Rückkopplungsinformationen von unten nach oben fließen.[145] Neben dieser *Hierarchisierung* werden im Rahmen der hierarchischen Planung weitere Verfahren der Problemvereinfachung angewendet:[146]

- ▶ die *Dekomposition*, d. h. die Zerlegung eines interdependenten Problemzusammenhangs so, dass mehrere Teilprobleme entstehen, separat gelöst und die Teillösungen über einen Koordinierungsmechanismus zusammengeführt werden,
- ▶ die *Aggregation* von Daten, d. h. die Zusammenfassung von Planungsobjekten zu größeren Einheiten (z. B. Programmplanung auf der Ebene von Produktgruppen statt Produkten, Bildung von Betriebsmittelgruppen zur Kapazitäts- und Instandhaltungsplanung),
- ▶ die *rollierende Planung*, die dadurch gekennzeichnet ist, dass der gesamte Planungszeitraum in Teilperioden unterteilt wird und die weiter in der Zukunft liegenden Perioden nur vorläufig und grob beplant werden, sodass von Planungsrunde zu Planungsrunde aktuelle Informationen berücksichtigt werden können.

Das MRP-II-Konzept[147] realisiert zumindest ansatzweise das hierarchische Planungskonzept, indem ein hierarchisch aufgebautes PPS-System mit Rückkopplungsbeziehungen (Net Change-Planung) ausgestattet ist. Im MRP-II-System werden alle unternehmerischen Teilplanungen entlang der Wertschöpfungskette in das Gesamtkonzept einbezogen (integrativer Ansatz). Ausgangspunkt einer jeden Teilplanung ist die jeweils vorgelagerte Planungsstufe. Dabei stellt der Unternehmensplan die oberste Planungsstufe dar. Dessen Rahmenbedingungen bilden die Vorgabe für die folgende Planungsstufe (z. B. Vertriebsprogrammplanung). Auf Basis der Ergebnisse dieser vorgelagerten Unternehmensplanungsstufen erfolgt der Einstieg in die traditionellen PPS-Module, beginnend wiederum mit der Produktionsprogrammplanung.

Auf jeder Planungsstufe werden Veränderungen oder Ressourcenrestriktionen berücksichtigt. Restriktionen abhängiger Teilplanungen führen über die Rückkopplungsbeziehungen zu einer Neuplanung der vorgelagerten Module. Aus den Planungsläufen pro Fertigungsstufe kann sich ein zusätzlicher Bedarf an Personal, Maschinenzeit, Rohstoffen etc. ergeben, der zu entsprechenden Bestellungen oder Anpassungsmaßnahmen führen muss. Eine Rückkopplung kann dann beispielsweise eine Anpassungsmaßnahme in Form einer Investitionsplanung auslösen. Die einzelnen PPS-Programmteile sind also untereinander in beide Richtungen gekoppelt und darüber hinaus mit den übrigen Planungsmodulen des Unternehmens (Auftragsabwicklung, Beschaffung, Liquiditätsplanung etc.) verbunden. Insofern wird versucht, auf jeder Planungsstufe eine bestmögliche Lösung zu finden. Ist dies aufgrund vorhandener Einflussfaktoren nicht möglich,

---

144 Zur hierarchischen Planung vgl. Klein/Scholl (2004), S. 223 ff.
145 Vgl. Kistner/Steven (2001), S. 209 f., Zäpfel (1994), S. 733 ff.
146 Vgl. Kistner/Steven (2001), S. 211 ff.
147 Zu MRP II (= Manufacturing Resource Planning) vgl. Kurbel (2005), S. 137 ff.

muss über eine veränderte Problemstellung auf der hierarchisch übergeordneten Planungsebene eine neue Ausgangsbasis für die aktuelle Planungsstufe gefunden werden.

Indem das MRP-II-Konzept eine umfassende Steuerung des gesamten betrieblichen Wertschöpfungsprozesses über alle Planungsebenen hinweg ermöglichen soll, steht die produktionswirtschaftliche Sichtweise nicht mehr allein im Mittelpunkt. Der Ausbau in Richtung funktional vollständig integrierter Softwaresysteme wird mit den Enterprise-Resource-Planning-Systemen (ERP-Systemen)[148] fortgesetzt. Sie enthalten Softwaremodule für die wichtigsten Unternehmensfunktionen und Geschäftsprozesse und bilden damit die Basis einer umfassenden Ressourcenplanung für das gesamte Unternehmen. Dazu gehören typischerweise die Funktionen:

- Finanz- und Rechnungswesen sowie Controlling,
- Produktion, incl. Instandhaltungsplanung,
- Materialwirtschaft, incl. Einkauf und Logistik,
- Vertrieb und Marketing
- Forschung und Entwicklung
- Qualitätsmanagement
- Personalwesen etc.

Moderne ERP-Systeme sind mandantenfähig und skalierbar. Es besteht die Möglichkeit über Parametrisierung (sog. Customizing) die Systeme auf die individuellen Anforderungen im Unternehmen einzustellen. Sind die Systeme internet-basiert, können auch unternehmensexterne Bereiche, z. B. Geschäftspartner, in die Geschäftsprozesse eingebunden werden. Inzwischen stehen zahlreiche Softwarelösungen für spezielle Branchen (z. B. für Handelsbetriebe), für einzelne Funktionsbereiche (z. B. Controllingsysteme) und auch an unterschiedliche Betriebsgrößen angepasste Lösungen zur Verfügung.

3. SCM- und APS-Systeme

Klassische PPS-Systeme und auch ERP-Systeme planen, steuern und optimieren die Prozesse *eines* Unternehmens. Neue Herausforderungen an Unternehmen – wie Internationalisierung, Konzentration auf Kernkompetenzen und damit verbunden die Reduktion von Fertigungsstufen, Outsourcing, die intensivere Vernetzung mit Kunden und Lieferanten – lassen zunehmend unternehmensübergreifende Wertschöpfungsketten (Abb. 202) und Produktions-/Logistiknetzwerke entstehen. Diese Strukturen erfordern geeignete Planungs- und Steuerungssysteme auf der Basis des aktuellen Stands der Informations- und Kommunikationstechnologien, mit deren Hilfe die Material- und Informationsflüsse aller beteiligten Zulieferer, Kunden, Handels- und Serviceorganisationen über Werks- oder Unternehmensgrenzen hinweg gesteuert und optimiert werden können. Die entsprechenden Gestaltungs- und Lenkungsaktivitäten sind unter dem Begriff Supply Chain Management (SCM) bekannt geworden.

---

148 Vgl. hierzu etwa Kurbel (2005), S. 241 ff.

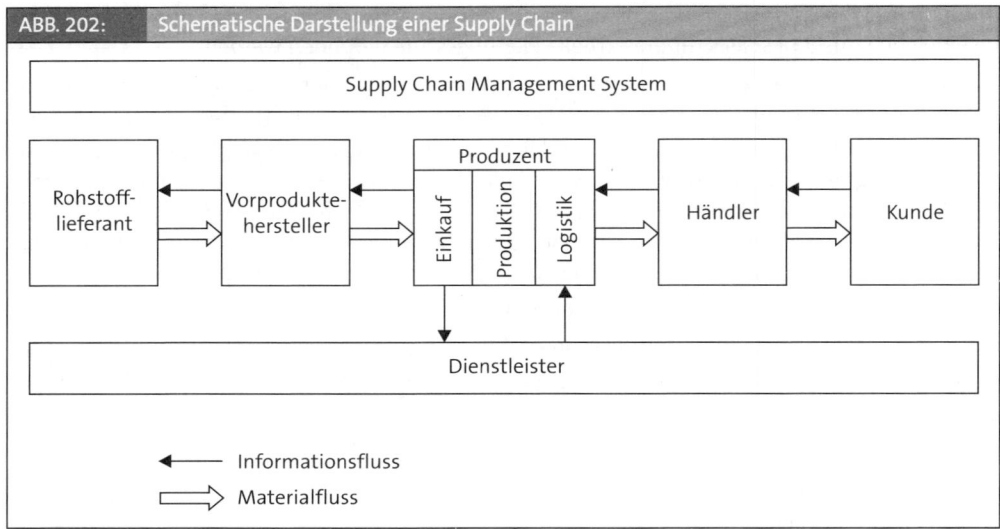

ABB. 202: Schematische Darstellung einer Supply Chain

SCM-Systeme müssen die sich im Rahmen der aufgezeigten Entwicklung ergebenden zusätzlichen Schnittstellen zu anderen Unternehmen, die stärkere Verknüpfung der Produktion, z. B. infolge der Just-in-time-Belieferung, und die sich daraus ergebende zusätzliche Komplexität abbilden können. Zielsetzung ist in der Regel die Ergänzung oder Erweiterung bestehender ERP-Systeme durch prozessorientierte Abbildung und Steuerung der logistischen Kette bzw. des Netzwerks. Durch die Verknüpfung der ERP-Systeme der Geschäftspartner sollen die sich aus Informationsdefiziten ergebenden Nachteile, wie der sog. Bullwhip-Effekt[149], doppelte Bestandshaltung, Kapazitätsunter- oder -überauslastung etc., vermieden und gleichzeitig ein Höchstmaß an Flexibilität und Versorgungssicherheit erreicht werden. Genutzt werden dabei auch die Möglichkeiten des Internet, welches als Vernetzungsmedium die Aktivitäten des Einkaufs (Bestellung über Internet), des Vertriebs (Online-Shops, Marktplätze), der Kommunikation (Information über die Bestandssituation, Lieferzeiten) beschleunigen und effektiver gestalten kann.

Die Darstellung der Grundstruktur von SCM-Systemen orientiert sich im Folgenden an dem vom Forschungsinstitut für Rationalisierung der RWTH Aachen (FIR) entwickelten Funktionenmodell.[150] Grundsätzlich wird in dem Modell zwischen folgenden Ebenen unterschieden (vgl. Abb. 203):

▶ Konfiguration (Supply Chain Configuration)
▶ Planung (Supply Chain Planning)
▶ Steuerung (Supply Chain Execution)

---

149 Vgl. hierzu etwa Alicke (2005). S. 99 ff.
150 Vgl. Kipp/Roesgen (2004), Pillep/von Wrede (1999), S. 9 f.

Einsatz EDV-gestützter Systeme **KAPITEL D**
Teil IV

ABB. 203: Planungsebenen des Supply Chain Management

Ebene	Aufgaben	Funktionen			
		Source	Make	Deliver	Sell
Supply Chain Configuration	Konzeption der Produktions- und Logistikstrukturen des Netzwerks und Simulation der langfristigen Auswirkungen	Modellierung der Elemente und Relationen des Netzwerks			
		Strategische Optimierung des Netzwerks			
Supply Chain Planning	Planungsmaßnahmen des Liefer- und Produktionsnetzwerks	Lieferantenmanagement	Produktionsprogrammplanung	Bestandsplanung und Lagermanagement	Absatz-/Bedarfsplanung
		Beschaffungsplanung	Feinplanung	Distributions- und Transportplanung	Verfügbarkeitsprüfung
Supply Chain Execution	Maßnahmen zur Unterstützung der Disposition, Auftragsveranlassung und Auftragsabwicklung	Bestellauftragsabwicklung	Produktionsauftragsabwicklung	Transportauftragsabwicklung	Kundenauftragsabwicklung

(in Anlehnung an Heidrich (2004), S. 62, Kipp/Roesgen (2004), S. 44)

Unter Supply Chain *Configuration* wird die Abbildung der Produktions- und Logistikstrukturen des Unternehmens und der mit ihm verbundenen Partnerunternehmen im Rahmen eines strategischen Netzwerkdesigns verstanden. Ziel ist eine realitätsnahe Abbildung der Prozesse und Lieferketten im Hinblick auf Kunden- und Produktionsbedürfnisse sowie Kosten, Produktions- und Lieferzeiten und sonstige Restriktionen. Bei Berücksichtigung aller relevanten Daten lässt diese Phase auch eine Simulation und Bewertung alternativer Modelle zu (z. B. Anzahl von Lagern).

Die Ebene Supply Chain *Planning* kann in einen langfristigen und einen operativen Teil gegliedert werden. In einer strukturübergreifenden Planung werden die planerischen Rahmenbedingungen der logistischen Kette definiert. Darauf aufbauend können langfristige Programmplanungen, basierend auf Absatzprognosen, die mit Grobplanungen hinsichtlich Beschaffung, Produktion und Logistik zu kombinieren sind, erstellt werden. Diese Planungen lassen sich mit Simulationsmodellen auf Realisierbarkeit prüfen. Die operative Planung umfasst die auf einen üblichen Planungszeitraum von einigen Wochen oder Monaten ausgerichtete Planung der Materialbedarfe sowie der Produktions- und Distributionsaktivitäten.

Unter Supply Chain *Execution* wird die Auftragsabwicklungsebene mit der Umsetzung der im Planungsschritt vorgegebenen Vorgänge verstanden. Dazu gehören die unmittelbare Abwicklung des jeweiligen Kunden-, Bestell-, Produktions- und Transportauftrages und das Berichtswesen. Es werden die Aufträge erfasst, die Bestätigungen und Lieferpapiere erstellt, die unmittelbaren Produktionsaufträge ausgelöst und verwaltet, Materialbewegungen gebucht, Bestellungen und Transportaufträge erzeugt und über das Berichtswesen die Nutzung der erforderlichen Informationen für alle Anwender gesteuert. Diese Funktionen sind typischerweise Aufgaben von ERP-Systemen.

Die für Supply Chain Management Systeme erforderliche integrierte Informationsverarbeitung wird in der Regel über so genannte APS-Systeme (APS: Advanced Planning and Scheduling, auch Advanced Planning Systems)[151] realisiert. Diese Systeme verfügen über standardisierte Schnittstellen, wodurch sie in ihrer Funktion über die unternehmenseigenen ERP-Systeme und deren Planungsmethodik erweitert werden können.

APS-Systeme bieten Unterstützungsfunktionen für diverse Planungsaufgaben und unterschiedliche Zeithorizonte. Die oft eingeschränkten Planungsmöglichkeiten der Standard-ERP-Systeme werden deutlich ergänzt und um lineare Optimierungsmodelle und heuristische Verfahren (z. B. genetische Algorithmen) verstärkt. Die Daten werden zwischen den verschiedenen Basissystemen Datawarehouse, ERP-System und APS-System ausgetauscht. In der Regel sind alle am Prozess Beteiligten in den Ablauf integriert. Dazu werden die Möglichkeiten unternehmensinterner Intranets und des Internets genutzt.[152]

Für APS-Systeme sind Spezialanbieter am Markt vorhanden, deren Produkte sich teilweise nur auf ausgewählte Planungsfunktionen konzentrieren (z. B. Icon). Andere Softwarehersteller bieten umfassende Systeme mit einer Vielzahl von Modulen an, z. B. i2 Technologies, Manugistics. Neben den spezialisierten Anbietern haben auch die ERP-Systemanbieter wie SAP und Oracle den Funktionsumfang ihrer Software erweitert und bieten spezielle Module für APS-Anwendungen an, die in die Gesamtfunktion des Systems integriert sind.

Ein inzwischen bewährtes Beispiel eines SCM-Systems ist das für die Konsumgüterindustrie und den Handel entwickelte Konzept des Efficient Consumer Response (ECR)[153]. Beim ECR-Konzept handelt es sich um eine Brancheninitiative zur gemeinschaftlichen Ausrichtung von Geschäftsprozessen nach einheitlichen Standards und Empfehlungen. Mit Hilfe definierter Technologien, z. B. EAN-Code, EDI oder auch RFID,[154] logistischer Standardprozesse (z. B. Vorgaben für Transportverpackungen), definierter Informationsstandards und gemeinsamer Planungsprozesse sollen Ineffizienzen, die entlang der Wertschöpfungskette auftreten können (z. B. Warenengpässe), verhindert und der Kundennutzen maximiert werden. Der ECR-Prozess standardisiert den Waren- und Datenverkehr und ermöglicht eine kooperative Analyse und Planung zwischen Produzent und Händler.

Unterschieden werden im ECR-Konzept die logistikgeprägten Supply-side-Prozesse, die für die rationelle Warenversorgung entwickelt wurden (Efficient Replenishment) und die eher marketingbezogenen Demand-side-Prozesse, wie das Category Management (Warengruppenmanagement), welches das bedarfsgerechte Angebot von Handel und Produzent unterstützen soll.

---

151 Zu APS vgl. z. B. Kurbel (2005), S. 367 ff.
152 Ergänzend werden dazu so genannte Lösungs- und Integrationsplattformen eingesetzt, die eine Integration und Verknüpfung von Informationen, Prozessen und Anwendungen aus heterogenen Systemen auf einer Oberfläche ermöglichen, z. B. SAP Netweaver.
153 Vgl. Beckmann (2004).
154 EAN: European Article Number, dient der Identifikation von Produkten. EDI: Electronic Data Interchange, papierloser, elektronischer Datenaustausch von Aufträgen, Lieferscheinen etc. RFID: Radio Frequency Identification, Methode zum berührungslosen Lesen und Speichern von Daten auf Transpondern.

Die Integration von SCM-Systemen in ERP-Systeme, der weitere Ausbau in Richtung Customer Relationship Management (CRM)[155] und die Ergänzung um internet-basierte Anwendungen im Zuge des e-Business wie e-Procurement (elektronische Beschaffung über online-Marktplätze o. Ä.) hat in ihrem Leistungsumfang deutlich erweiterte Softwaresysteme entstehen lassen, die ungefähr seit der Jahrtausendwende als *ERP II* bezeichnet werden.

4. Computer Integrated Manufacturing (CIM)

In den 1980er Jahren entstand das Konzept des Computer Integrated Manufacturing (CIM). Ziel war, die kaufmännischen und technischen DV-Lösungen für den Produktions- und produktionsnahen Bereich zu einem Gesamtkonzept der computergestützten, integrierten Fertigung zu verknüpfen (Abb. 204), sodass ein durchgängiger Informationsfluss und ein einheitlicher, redundanzfreier Datenbestand entstehen. Das Rationalisierungspotenzial des Konzepts basiert auf der Vorgangs- und der Datenintegration.[156] Komponenten von CIM sind CAD/CAE, CAP, CAQ, BDE und PPS.

---

[155] Als Customer Relationship Management (CRM) bezeichnet man das softwaregestützte Kundenbeziehungs-Management, das der Kundengewinnung und -betreuung sowie der Steigerung der Kundenzufriedenheit durch ganzheitliche Marketing-, Vertriebs- und Servicekonzepte dient; vgl. Dangelmaier (2003), S. 141.

[156] Vgl. Scheer (1990), S. 3 ff.

KAPITEL D
Teil IV
Der Produktionsprozess

ABB. 204: Computer Integrated Manufacturing

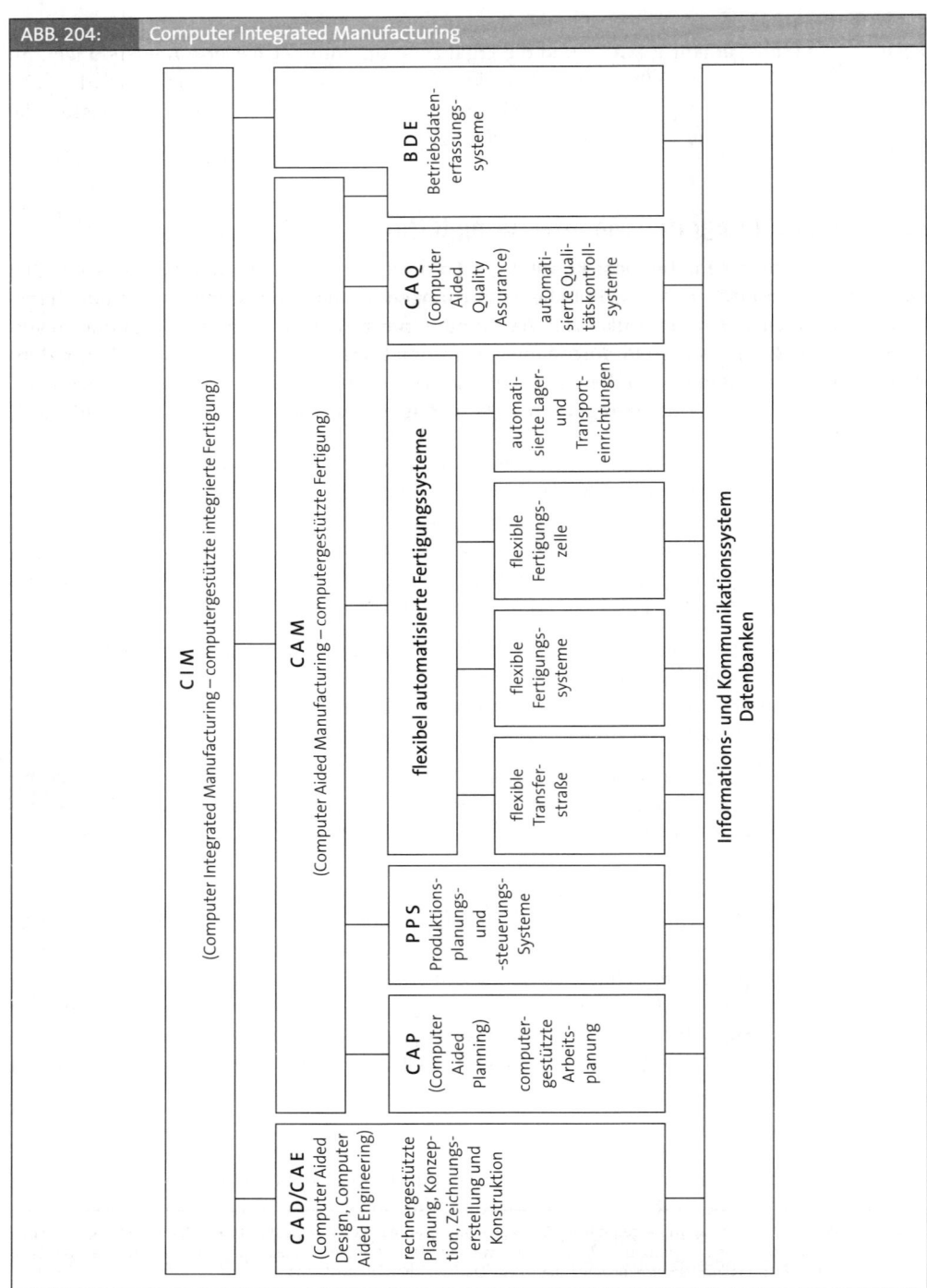

CAD/CAE

Die computergestützte Entwicklung und Konstruktion (CAD/CAE) umfasst alle entwicklungs- und konstruktionsbedingten Tätigkeiten. Die Palette der Aufgaben reicht von der Konzeption von Entwicklungsentwürfen, Neuberechnungen, Simulationen direkt am Bildschirm bis hin zur grafischen Darstellung des Gesamtentwurfs und des Ausdrucks der fertigen Zeichnung. Die Arbeit des Entwicklers wird durch vom System vorgegebene Standardelemente bzw. abgespeicherte Grundmodule oder Varianten erleichtert. Auf diese kann der Entwickler zurückgreifen, ohne sie jedes Mal erneut konzipieren zu müssen. Sonst zeitaufwendige Neuberechnungen lassen sich über das EDV-System im On-Line-Dialog-Betrieb einfach abwickeln. Die Objekte lassen sich in der Regel auch dreidimensional darstellen, wodurch vielfach auf ein physisches Modell verzichtet werden kann. Eine wichtige Weiterentwicklung stellt die Möglichkeit der direkten Weiterverarbeitung der in der Entwicklungsphase erzeugten Daten in den nachfolgenden Modulen dar.

CAP

Die computerunterstützte Arbeitsplanerstellung hat die Aufgabe, ausgehend von den Arbeitsergebnissen des CAD-Prozesses die erforderlichen Arbeitsgänge und Bearbeitungsfolgen (Arbeitspläne, Rezepturpläne), die Kapazitätserfordernisse (Vorgabezeiten) und die benötigten Ressourcen festzulegen. Darüber hinaus werden die Qualitätserfordernisse aller Materialien sowie die erforderlichen Prozessprüfpläne bestimmt. Insgesamt werden damit sämtliche Prozessparameter im CAP-Modul rechnergestützt erarbeitet und verwaltet.

Die automatisierte Verwaltung der CAP-Ergebnisse bietet die Ausgangsbasis für weitere Rationalisierungseffekte. Bei fertigungstechnisch ähnlichen Produkten (Varianten, Baukastenprinzip) kann dialogorientiert auf gespeicherte Arbeitspläne zurückgegriffen und mit geringem Arbeitsaufwand ein neuer detaillierter Arbeitsplan generiert werden.

Bei flexiblen Fertigungseinrichtungen kann im CAP-Modul die automatische Programmierung der NC-Maschinen und Industrieroboter hinzukommen. Im Idealfall ist bei einer on-line-Verbindung der Systeme eine erhebliche Durchlaufzeitverkürzung möglich.

CAQ

Die computergestützte Qualitätskontrolle (CAQ) beinhaltet sowohl die Erstellung von statistischen Prüfplänen auf der Basis der CAP-Ergebnisse als auch die automatisierte Ausführung von Mess- und Prüfvorgängen einschließlich der Dokumentation der Prüfergebnisse in allen Stufen des Produktionsprozesses. Die computergestützte Qualitätskontrolle muss eine Schnittstelle zum Steuerungssystem der Fertigung (CAM) besitzen, da aufgrund festgestellter Abweichungen vom Qualitätsstandard im Sinne des Regelkreismodells unmittelbar Korrekturmaßnahmen am Produktionsprozess auszulösen sind.

CAM

Unter CAM versteht man im engeren Sinne die vollautomatisierte Steuerung des Fertigungsprozesses, also die rechnergestützte Steuerung der Transport-, Lager- und Bearbeitungssysteme, z. B. im Rahmen von flexiblen Fertigungssystemen. Im weiteren Sinne sind hier aber auch CAQ-, CAP- und PPS-Systeme einzubeziehen, da sie unmittelbaren Einfluss auf die Abwicklung des Fertigungsprozesses ausüben.

KAPITEL D
Teil IV — Der Produktionsprozess

Voraussetzung für eine umfassende Prozesssteuerung ist die Kenntnis des jeweils aktuellen Systemzustands. Daher sind CAM-Systeme mit entsprechenden Rückkopplungssystemen (Maschinendatenerfassungssystemen) zu verknüpfen, die eine Echtzeit-Informationsversorgung des Steuerungssystems sicherstellen.

BDE-Systeme

Mittels Betriebsdaten-Erfassungssystemen werden Fertigungs-Istdaten an die einzelnen Module zurückgemeldet. Sie besitzen im Sinne des Regelkreismodells die Funktion von Messgliedern. Zu erfassen sind insbesondere folgende Informationen:

- Auftragsdaten (Start- und Endtermine, Mengen, Ausschussquoten),
- Fertigungsdaten (Maschinenlaufzeiten, Werkzeugverschleiß, Störungen),
- Materialdaten (qualitätsbedingte Sperrungen, Lagerbewegungen, Materialverbrauch),
- Personaldaten (Anwesenheitszeiten, Leistungsdaten für die Akkord- und Prämienentlohnung).
- Prozessdaten (Zeitgrößen, Prozesstemperaturen, -drücke)

Die gemeldeten Daten dienen der Steuerung des Gesamtsystems und können in vorgelagerten oder nachgelagerten Modulen Anpassungs- oder Bearbeitungsprozesse auslösen. So kann die Fertigmeldung eines Auftrags die nächsten Programmschritte im PPS-System anstoßen, Rückmeldungen über Qualitätsabweichungen können zu kurzfristiger Nachjustierung oder einem Wechsel der Werkzeuge in einem Bearbeitungszentrum führen. Die gemeldeten Daten lassen sich darüber hinaus für Kostenberechnungen (Kalkulationen), Statistiken etc. dokumentieren.

KONTROLLFRAGEN

(1) Welche „Sichten" werden im Aachener PPS-Modell unterschieden?

(2) Welche Dateien mit welchen Dateninhalten sind in einem PPS-System erforderlich?

(3) In welchen Schritten vollzieht sich der Sukzessivplanungsablauf eines PPS-Systems?

(4) Was versteht man unter einem hierarchischen Planungskonzept?

(5) Worin bestehen die Erweiterungen der ERP-Systeme gegenüber dem MRP-II-Konzept?

(6) Welche Aufgaben unterstützt ein SCM-System?

(7) Welche Inhalte stehen hinter den Abkürzungen CIM, CAD/CAE, CAP, CAQ, CAM, PPS und BDE?

V. Überwachung der Produktion

Die technischen und betriebswirtschaftlichen Daten des Produktionsprozesses müssen, um die Ziele der Produktion zu gewährleisten, ständig überwacht werden. Dazu sind laufend oder fallweise Rückmeldungen aus dem Prozess zu erfassen und entsprechend dem Regelkreismodell in einem Soll-Ist-Vergleich gegebenenfalls Abweichungen zu ermitteln. Aus der Analyse der Abweichungen und dem Vergleich mit dem Zielsystem werden Anpassungsmaßnahmen (Stellgrößen) abgeleitet. Diese prozessbezogenen Informationser- und -verarbeitungsaufgaben erfolgen zum Teil automatisiert (Betriebsdatenerfassung) im Rahmen der Produktionssteuerung, die insoweit Überwachungshandlungen („Sichern") beinhaltet. Die Aufgabe eines Produktionsüberwachungssystems besteht jedoch nicht nur in der laufenden Erfassung und Auswertung von Fertigungszeiten, Auslastung, Terminen und Qualitätsdaten. Vielmehr gehört dazu auch die kritische Analyse

- der Fertigungsverfahren
- der Eignung und des Verbrauchs von Werkstoffen
- der Arbeitsbedingungen
- der Materialbestände
- der Investitionen
- des Energieverbrauchs
- der Kostenentstehung
- der Rationalisierungsmaßnahmen

u. a. m.

Neben der Eigenüberwachung eines Produktionsbereichs durch Organisation eines arbeitsplatz-, abteilungs- oder werksbezogenen internen Kontrollsystems (IKS) sind geeignete übergeordnete Überwachungssysteme aufzubauen. Diese unterstützen sowohl die jeweilige Bereichsleitung (z. B. Werksleitung) als auch die obersten Leitungsorgane eines Unternehmens.

Die Institutionalisierung eines geeigneten Überwachungssystems findet in der Ausgestaltung eines Produktionscontrollingsystems und der Internen Revision (insbesondere der Technischen Revision) ihren Niederschlag.[157]

1. Produktionscontrolling

Controlling[158] ist eine Management-Unterstützungsfunktion, die alle Maßnahmen zur Planung, Steuerung und Überwachung des Unternehmensgeschehens umfasst, die erforderlich sind, um die Erreichung der Unternehmensziele zu gewährleisten. Damit sind die Planung, die Kontrolle und Wirtschaftlichkeitsüberwachung, die Sicherstellung der Informationsversorgung, die Koordination von Entscheidungsbereichen und die Analyse wesentliche Grundlagen der Controllingtätigkeit. Das Produktionscontrolling als eine Spezialfunktion des Unternehmenscontrolling hat für die Planung, Steuerung und Überwachung (kurz: Regelung im kybernetischen Sinn) des Produktionsbereichs den geeigneten informationsbezogenen und organisatorischen Rahmen zu schaffen.

Zu unterscheiden ist zwischen der Funktion und der Institution „Produktionscontrolling". Die *Funktion* Produktionscontrolling beschreibt die zugehörige Managementaufgabe, unabhängig davon, von welchen Personen oder Stellen im Unternehmen diese wahrgenommen wird. Bei der

---

157 Im Unterschied zur Internen Revision beinhaltet das Controlling nur zu einem Teil Überwachungsaufgaben.
158 Zum Controllingbegriff vgl. beispielsweise Reichmann (2001), S. 1 ff., Hoch (2003), S. 7 ff.

Institution „Produktionscontrolling" handelt es sich um eine organisatorische Einheit, die Controllingaufgaben (allein oder arbeitsteilig) wahrnimmt, z. B. der Produktionsleiter, Produktionscontroller (Stabsstelle), Unternehmer. In großen Unternehmen existiert entweder eine separate Produktionscontrolling-Abteilung oder die Aufgaben sind der Abteilung „Unternehmenscontrolling" zugewiesen. Möglich ist auch eine Doppelunterstellung, z. B. in rechtlich unselbstständigen Werken: Der Werkscontroller untersteht disziplinarisch dem Werkleiter, aber funktional über die fachliche Anweisungsbefugnis dem Zentralcontrolling. In Klein- und Mittelbetrieben werden Controllingaufgaben im Produktionsbereich üblicherweise durch den Unternehmenscontroller (sofern eine allgemeine Controllingstelle eingerichtet ist) oder durch eine Führungsperson direkt wahrgenommen.

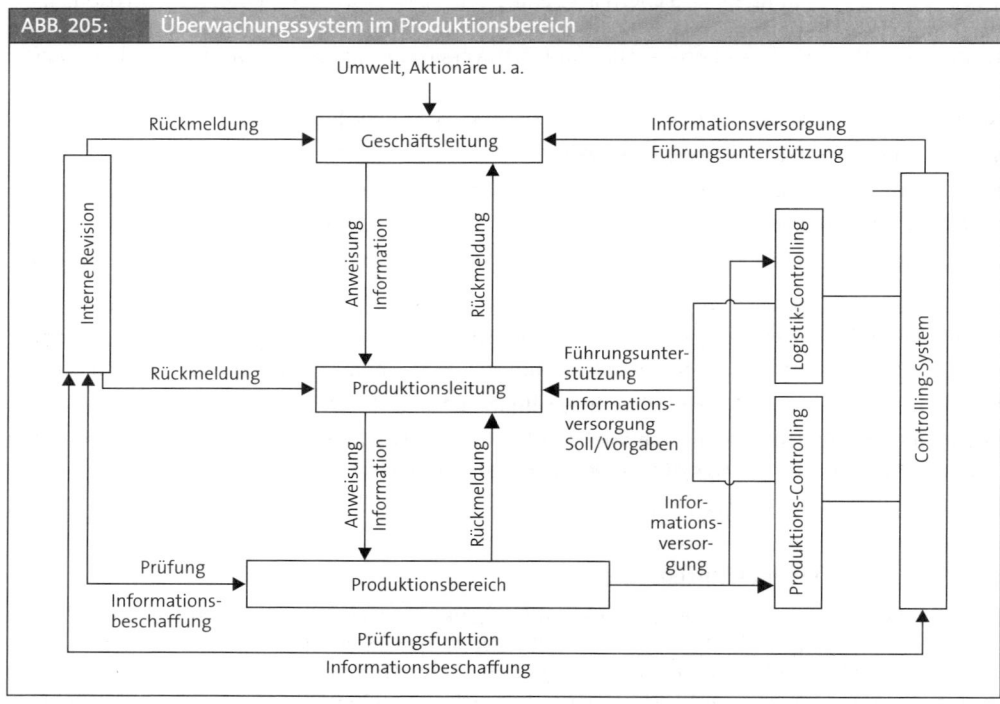

ABB. 205: Überwachungssystem im Produktionsbereich

Eine wesentliche Voraussetzung für ein erfolgreiches Produktionscontrolling ist ein auf die Unternehmenserfordernisse abgestimmtes Berichtswesen, das eine Planungs-, Kosten- und Erlösrechnung umfasst (s. auch Teil A. III.). Der Aufbau, die Pflege, Weiterentwicklung und systematische Auswertung dieses Informationssystems ist vorrangige Controllingverantwortung. Das Informationssystem muss die betriebswirtschaftlich relevanten Sachverhalte der Produktion und gegebenenfalls wichtige Sachverhalte des Umfelds abbilden, monetär bewerten und damit transparent und vergleichbar machen. Die ermittelten Ist-Daten können mit Vorgaben oder Standards verglichen werden. Abweichungen sind zu analysieren und müssen als Auslöseinformation[159] zu entsprechenden Anpassungsmaßnahmen im Sinne des Regelkreismodells führen.

---

159 Vgl. hierzu Seidenberg (1989), S. 88 ff., 153 ff.

KAPITEL D
Überwachung der Produktion
Teil V

Der Controller hat zunächst den Informationsbedarf zu ermitteln. Jeder Leitungsstufe im Unternehmen sollen die Informationen nach Form, Inhalt und Zeitpunkt so vorliegen, wie sie zur zielorientierten Arbeit erforderlich sind.[160] Durch die geeignete Informationsversorgung aller Unternehmensbereiche kann eine Koordination der Bereichsaktivitäten unterstützt werden. Basis dafür ist der Unternehmensplan bzw. entsprechende Teilpläne. Der Controller muss darüber hinaus durch regelmäßige und anlassbezogene Detailanalysen der Unternehmensbereiche Hilfestellung bei der Interpretation der zur Verfügung gestellten Informationen geben und bei der Einleitung von Anpassungsmaßnahmen Unterstützung leisten.

Die Controllingaufgaben können in einen strategischen und in einen operativen Teil gegliedert werden.[161]

In *strategischer* Hinsicht hat das Produktionscontrolling dazu beizutragen, dass ausreichende Erfolgspotenziale im Produktionsbereich entwickelt werden, die eine Basis für die langfristige Existenzsicherung des Unternehmens bilden. Die dazu erforderlichen Maßnahmen hängen von der Unternehmensstrategie, der Umweltentwicklung und den spezifischen Stärken eines Unternehmens ab. Zu den gewählten Strategien können beispielsweise gehören:

- Konzentration auf Hochleistungsanlagen, verbunden mit einer gezielten Senkung der spezifischen Herstellkosten (Kostenführerschaft)
- Ausbau der qualitativen Produktionskapazität zur Fertigung einer erweiterten Produktpalette
- Einsatz von Spezialmaschinen zur Erhöhung der Fertigungsqualität, für Sonderanfertigungen etc. (Differenzierung)

Die Wahrnehmung strategischer Planungsaufgaben durch das Produktionscontrolling ist durch ein geeignetes Instrumentarium zu unterstützen (z. B. Technologieportfolioanalysen, Risikoanalysen, Technisches Benchmarking, Erfahrungskurvenkonzept, Stärken-/Schwächenanalyse).

Das *operative* Produktionscontrolling muss im Rahmen der kurz- und mittelfristigen Planung und Steuerung das Produktionsmanagement hinsichtlich einer wirtschaftlichen und marktangepassten Produktion unterstützen. *Ziele* sind dabei beispielsweise:

- die Rentabilität des in den Fertigungsanlagen gebundenen Kapitals sicherzustellen,
- die Durchlaufzeiten niedrig zu halten,
- eine möglichst hohe Kapazitätsauslastung zu erreichen und damit Leerkosten zu vermeiden,
- den Lagerbestand auf das zur Aufrechterhaltung der Produktion (Rohstoffe) und der Lieferbereitschaft (Fertigware) erforderliche Niveau zu begrenzen,
- Ausschussquoten, Ausfallquoten und Fehlzeiten niedrig zu halten,
- auf die Einhaltung eines angestrebten Qualitätsniveaus zu achten,
- die Instandhaltungs- und Wartungskosten niedrig zu halten,
- die mit der Produktion und einem Ausfall der Produktion verbundenen Risiken zu minimieren.

---

160 Vgl. zu diesem und weiteren Gesichtspunkten der Gestaltung des Berichtswesens Blohm (1974), S. 45 ff.
161 Vgl. Hoitsch (1994), S. 425.

KAPITEL D
Teil V — Der Produktionsprozess

Der Produktionscontroller hat ein Informationssystem aufzubauen und im Sinne eines Lernprozesses schrittweise zu verbessern, welches den einzelnen Bereichen entsprechend den aufbauorganisatorischen Gegebenheiten (z. B. Werken) eine Selbststeuerung erlaubt. Dieses Informationssystem bildet die Basis für die laufende Steuerung sowie die problembezogene Analyse wechselnder Aufgabenstellungen. Zum Informationssystem des Produktionscontrollings gehören vor allem:

- das Planungssystem im Produktionsbereich,
- das Kostenrechnungssystem der Produktion,
- die Ergebnisrechnung (z. B. in Form einer Werksergebnisrechnung),
- das Investitionsrechnungssystem (Vor- und Nachrechnungen),
- das Kalkulationssystem,
- das produktionsbezogene Kennzahlensystem.

Die Grundinformationen werden aus der Buchhaltung (Kosten- und Erlösdaten) und dem Produktionsbereich (Mengendaten, Anlagendaten etc.) über das ERP-System bzw. das BDE-System gewonnen und vom Controlling entsprechend dem Auswertungszweck verdichtet und ausgewertet. Aus den aufbereiteten Informationen lassen sich beispielsweise Unterlagen für folgende Entscheidungen ableiten:

- Preis- und programmpolitische Entscheidungen,
- Rezeptur-/Verfahrensentscheidungen,
- Investitions- und Desinvestitionsentscheidungen,
- Entscheidungen zu Eigen-/Fremderstellung u. a. m.

Das Aufgabenspektrum des Produktionscontrollings zeigt beispielhaft Abb. 206.

ABB. 206: Aufgaben des Produktionscontrollings

Aufgaben	Anwendungsbereiche (beispielhaft)	Instrumente (beispielhaft)
Wirtschaftlichkeitsrechnungen	▶ Produkte ▶ Aufträge ▶ Projekte ▶ Verfahrenstechnik ▶ Fertigungsberichte	Statische und dynamische Investitionsrechenverfahren (Vor- und Nachrechnungen) Operations-Research-Verfahren
Planung	▶ strategische Planung ▶ taktische Planung ▶ operative Planung	Potenzialanalyse, PIMS-Studie, Portfolio-Konzepte (Technologie-Portfolio), Netzplantechnik
Kostenerfassung und -dokumentation	▶ Kostenstellenrechnung ▶ Kostenartenrechnung	Ist-Kostenrechnung, flexible und starre Plankostenrechnung, Standardkostenrechnung, Relative Einzelkostenrechnung
Kalkulation	▶ Preiskalkulation Produkte ▶ Preiskalkulation Aufträge ▶ Kostenkalkulation Verfahren/Prozesse ▶ Kostenkalkulation Fertigungsbereiche ▶ Ermittlung Verrechnungspreise	Prozesskostenrechnung, Activity-based-Costing, Target-Costing, Kalkulationsverfahren – Zuschlagskalkulation – Divisionskalkulation – Äquivalenzziffernkalkulation Wertanalyse, Break-Even-Analyse
Gemeinkosten-Controlling	▶ Produktion ▶ Forschung und Entwicklung ▶ Materialwirtschaft ▶ Instandhaltung	Zero-Base-Budgeting, Gemeinkostenwertanalyse, Komplexitätskostenanalyse, Prozesskostenrechnung
Erfolgsrechnung	▶ Werksergebnisrechnung	Voll- und Teilkostenrechnung, stufenweise Fixkostendeckungsrechnung
Risikocontrolling	▶ Projekte	Risikoanalyse, Sensitivitätsanalyse
Kennzahlenrechnung	▶ Produktion ▶ Qualitätswesen	technische Kennzahlensysteme, betriebswirtschaftliche Kennzahlensysteme
Bewertung	▶ Bestandsbewertung ▶ Bewertung Anlagevermögen ▶ Produktbewertung	Bewertungsverfahren, Deckungsbeitragsrechnung
Gestaltung des regelmäßigen Produktionsberichtswesens	▶ Inhalt, Form, Adressaten, Periodizität von Berichten ▶ Auswertungsmethoden und -hilfsmittel	Regelkreismodell
Durchführung des regelmäßigen Produktionsberichtswesens	▶ Kostenberichte ▶ Werksberichte	Investitionsstatus Bestandsübersichten Kostenanalyse, Soll-Ist-Vergleiche
Sonderanalysen	▶ Durchlaufzeitanalysen ▶ Kapazitätsanalysen ▶ Bestandsanalysen ▶ Standortanalysen ▶ Technische Analysen	Simulationsrechnungen, Belastungsdiagramme, technisches Benchmarking, Nutzwertanalyse

2. Technische Revision[162]

Eingang in ein technisch-wirtschaftliches Überwachungssystem sollte auch die Technische Revision finden. Diese kann als ein unabhängiges „Metaüberwachungsorgan" dem Management tiefergehende Analysen der technischen und kaufmännischen Subsysteme liefern.

Technische Revision bedeutet die Wahrnehmung revisionsspezifischer Aufgaben durch eine unabhängige, für die geprüften Arbeitsprozesse nicht unmittelbar verantwortliche Stelle in den technischen und technisch-wirtschaftlichen Bereichen des Unternehmens (Auditing). Die Technische Revision arbeitet ähnlich wie die kaufmännisch orientierte Innenrevision.[163] Abb. 207 zeigt das Vorgehen. Ausgehend von einem mittelfristigen Revisionsplan des Gesamtunternehmens werden die technischen Prüfbereiche für die Kurzfristplanung bestimmt. Bei der Auswahl der Prüfobjekte sind die Unternehmensschwerpunkte, aber auch die Ergebnisse von vorhergehenden Schwachstellenuntersuchungen zu berücksichtigen. Da die Technische Revision nicht kontinuierlich Prozesse begleitet, sondern diskontinuierlich zeitnah sich jeweils wechselnden Prüffeldern widmet, muss sie sich auf wesentliche Schwerpunkte konzentrieren, um effizient zu arbeiten.

Die Technische Revision muss, um ihrer Aufgabenstellung gerecht zu werden, auch unmittelbare technische Prüf- und Kontrollhandlungen durchführen. Eine exemplarische Auswahl ist in Abb. 208 dargestellt.

Nach Durchführung der Prüfungen und Analysen wird ein Bericht über den Prüfungskomplex erstellt, der die Schwachstellen aufdeckt und Verbesserungsmaßnahmen initiieren hilft. Wichtig ist, dass die Erarbeitung von optimierten Prozessen und Strukturen – in der Regel gemeinsam mit den geprüften Bereichen – im Mittelpunkt der Revisionsarbeit steht.

Die generellen *Ziele* einer Technischen Revision lassen sich folgendermaßen zusammenfassen:

- Sicherung der Funktionsfähigkeit sowie Wirksamkeit der internen Kontroll- und Informationssysteme im technischen Bereich,
- Überprüfung der Ordnungsmäßigkeit, Wirtschaftlichkeit und Zweckmäßigkeit der innerbetrieblichen technischen Arbeitsabläufe und organisatorischen Regelungen,
- Sicherung der Einhaltung interner Zielsysteme, Richtlinien, Normen, Arbeitsanweisungen.

Darüber hinaus können bei der Konkretisierung des speziellen Revisionskonzepts noch weitere Zielsetzungen verfolgt werden. Beispielhaft wären hier zu nennen:

- Sicherung und Verbesserung der Innovationstätigkeit im technischen Unternehmensbereich,
- Überprüfung der Effektivität des technischen Managements.

---

162 Vgl. zum Folgenden Beer (1986), S. 20 ff.
163 Vgl. hierzu Blohm (1977b), S. 88 ff.

Überwachung der Produktion — KAPITEL D, Teil V

ABB. 207: Ablauf einer Technischen Revision

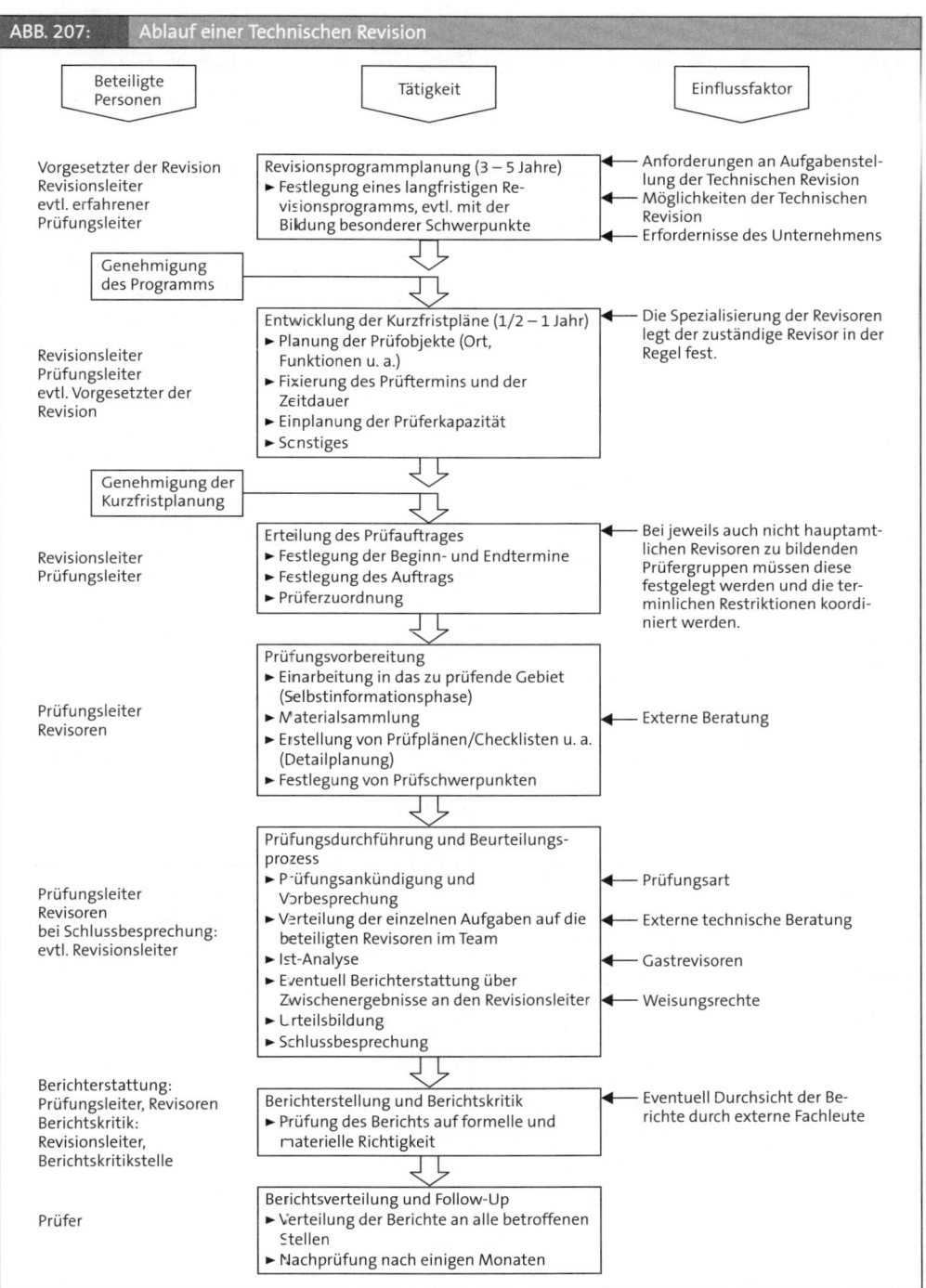

ABB. 208: Prüfungs- und Kontrollhandlungen im Rahmen der Technischen Revision

Prüf- und Kontrollhandlungen	Beispiele aus der Praxis	Prüfgebiet	Mögliches Instrumentarium
Beobachtung/ Inaugenscheinnahme/Zählen	▶ Überprüfung des Baufortschritts ▶ Ermittlung der vorhandenen Laboreinrichtung ▶ Ermittlung der Art und Weise, wie Qualitätskontrollen durchgeführt werden	Baurevision Forschungs- und Entwicklungsrevision Qualitätsrevision	Anlagenkartei, sonst. Unterlagen, evtl. Fotoapparat
Messhandlungen	▶ Qualitätsmessungen (z. B. Einhaltung von Toleranzen) ▶ Energieverbrauchsmessungen ▶ Zeitaufnahmen – Rüstzeiten – Fertigungszeitvorgaben ▶ Dickenmessungen von Schutzanstrichen ▶ Gewichtsmessungen von Abfallmaterial	Qualitätsrevision Energierevision Lohnrevision/Revision der Fertigungsverfahren Baurevision/Revision der Instandhaltung Revision der Produktionsverfahren	Lehren, spezielle Prüfgeräte, statistische Unterlagen, Checklisten Wärmemessgeräte, Messgeräte für den Verbrauch von Strom, Heißdampf u. a. Tabellenwerke, Stoppuhren Messinstrumente zur zerstörungsfreien Werkstoffprüfung Tabellen, Waagen
Analysen	▶ Chemische Analysen zur Werkstoffzusammensetzung ▶ Bohrkernprobenentnahme zur Feststellung der Baustoffzusammensetzung ▶ Schwachstellenanalyse	Prüfung des Materialeinsatzes Baurevision z. B. Prüfung der Instandhaltung	Labor Geräte zur Bohrprobenentnahme (Kernbohrer)
Nachvollzug von Arbeitsunterlagen	▶ Abrechnungsprüfung von Investitionsvorhaben ▶ Auswertung des Qualitätsmanagementhandbuchs	Investitionsprüfung Qualitätsrevision	Entsprechende Unterlagen (Pläne, Richtlinien, Anweisungen u. a.)
Berechnungen	▶ Statikprüfungen ▶ Verschnittminimierung beim Blechzuschnitt ▶ Input-Output-Berechnungen Rezeptureinsatz ▶ Wärmebedarfsrechnungen	Baurevision Prüfung des Materialeinsatzes Energierevision	Tabellenwerke, Pläne (externes Statikbüro) Spezielle Operations-Research-Programme, Unterlagen, Rechner Richtlinien, Tabellenwerke
Befragungen/ Interviews	▶ Datenerhebung für alle Arten von Prüfungen	alle möglichen Prüfbereiche	Fragebögen, Interviewleitfaden

Ein weiterer wichtiger Aspekt der Technischen Revision sind die Beratungsfunktion und die Projektmitarbeit. Aufgrund der Erfahrung sowie des Gesamtüberblicks im technischen Bereich und im Unternehmen ist die Technische Revision in der Lage, Schwachpunkte aufzuzeigen und Lösungsstrukturen zu erarbeiten. Damit übernimmt sie auch eine Funktion im laufenden Innovationsprozess des Unternehmens, in dem sie bei der Erarbeitung von Rahmenbedingungen für den kontinuierlichen Erneuerungsprozess im Unternehmen Unterstützung leistet. Sie fungiert damit als eine Art „institutionalisierter Auslösemechanismus" für Lernprozesse im Unternehmen, indem sie allen Hierarchieebenen die für den Innovations- und Steuerungsprozess wesentlichen Rückkopplungsinformationen aus übergeordneter Sicht zur Verfügung stellt.

Das Gesamtspektrum der Prüffelder der Technischen Revision ist sehr umfangreich und wird in der spezifischen Fachliteratur ausführlich behandelt.[164]

Im *Produktionsbereich* prüft die Technische Revision beispielsweise:

- die Einführung neuer Produktionsverfahren,
- die Einhaltung von Umweltschutzvorschriften,
- den rationellen Einsatz der produktiven Faktoren,
- die Minimierung von Ausschuss, Abfall und Nacharbeit,
- die Optimierung der Produktqualität und der Arbeitsbedingungen,
- die Optimierung des technischen Berichtswesens.

Im *Instandhaltungsbereich* sind technische, organisatorische, aber auch wirtschaftliche Fragestellungen zu überprüfen. Im Sicherheitswesen müssen beispielsweise

- die Sicherheitseinrichtungen der technischen Anlagen,
- die Eignung und Einhaltung der technischen Vorschriften,
- aber auch Unfallursachen

analysiert werden.

Im *Energiebereich* werden beispielsweise

- die Energieerzeugung (Formen der Wärmerückgewinnung),
- der Energiebezug (Verträge),
- die Energieverteilung (z. B. Leitungsnetze),
- der Energieverbrauch (Einsatz Produktionsenergie)

analysiert.

KONTROLLFRAGEN

(1) Was versteht man unter dem Begriff Produktionscontrolling?
(2) Welche Aufgaben umfasst das Produktionscontrolling?
(3) Wodurch ist die Arbeitsweise der Technischen Revision gekennzeichnet?
(4) Welche generellen Ziele verfolgt die Technische Revision?
(5) Wie lässt sich der Aufgabenkomplex der Technischen Revision von dem des Produktionscontrollings abgrenzen?

---

164 Vgl. Beer (1986), S. 108–113.

E. Das Produkt

I. Grundlegende Begriffe und Zusammenhänge

1. Bedeutung und Arten von Produkten

Marktfähige Produkte als der erwünschte Output der Produktionsprozesse verkörpern das Sachziel des produzierenden Unternehmens und sind insofern Mittel zur Erreichung übergeordneter Formalziele wie Umsatz-, Deckungsbeitrags- und Gewinnerzielung. Die Produkte besitzen für ein Unternehmen existenzielle Bedeutung. „Sind die Produkte und Leistungen eines Unternehmens im Markt überflüssig, dann ist auch das Unternehmen überflüssig. Da hilft kein Marketing, kein Finanzmanagement und keine noch so zackige Führung."[1]

Idealtypisch lassen sich *materielle* Produkte, d.h. Sachgüter (z.B. Investitionsgüter wie Maschinen sowie Konsumgüter wie Nahrungsmittel und Bekleidung) einerseits und *immaterielle* Produkte, d.h. Dienstleistungen (z.B. Transport-, Versicherungs-, Beratungsleistungen) andererseits unterscheiden (vgl. zu weiteren Gliederungsmöglichkeiten von Produkten auch Abb. 108). In der Praxis kommen vor allem auch aus materiellen und immateriellen Komponenten zusammengesetzte, komplexe Produkte (Leistungsbündel) vor,[2] etwa wenn eine umfangreiche Produktionsanlage vom Lieferanten kundenspezifisch konzipiert, gebaut, installiert, das Bedienungspersonal des Kunden geschult und die Wartung übernommen wird.

Neben dem primär bezweckten Produkt, dem *Haupt*produkt, tritt – insbesondere in der chemischen Produktion – häufig zwangsläufig noch weiterer Output auf, der als *Neben*produkt vermarktet werden kann. Haupt- und Nebenprodukt(e) – die Zuordnung ist im Einzelfall nicht immer eindeutig – werden zusammenfassend als Kuppelprodukte bezeichnet (vgl. zur Kuppelproduktion Teil D.I.1.).

Bei nahezu jedem Produktionsprozess entsteht neben dem erwünschten auch unerwünschter Output in Form von Rückständen und gegebenenfalls Ausschuss. *Rückstände* können energetischer (Abwärme, Lärm, Strahlung, Vibrationen) oder stofflicher Art (organischen oder anorganischen Ursprungs; fest, flüssig oder gasförmig) sein. Je nach Branche findet sich ein mehr oder minder großer Teil des energetischen und stofflichen Inputs in den Rückständen wieder. Die Materialeffizienz, definiert als Quotient aus Endprodukt- und Materialeinsatzmengen, wird in der Literatur[3] mit 50 bis 70% (Elektrogeräte, Druckmaschinen) bzw. lediglich 20 bis 30% (Feinchemie mit mehrstufigen Syntheseprozessen) angegeben. Insoweit Rückstände unvermeidbar anfallen, lassen sie sich im weiteren Sinne als Kuppelprodukte auffassen.[4] Durch zusätzliche Investitionen ist es in manchen Fällen möglich, Produktionsanlagen so zu erweitern, dass Rückstände zu marktfähigen Erzeugnissen aufgearbeitet werden können. Andere Rückstände lassen sich als Input (Sekundärrohstoffe) wieder in die Produktion des eigenen oder eines anderen Betriebes zurückführen (Recycling), der Rest muss als Abfall entsorgt werden oder gelangt als Emission in die Umwelt.

---

1 Arthur D. Little (1994), S. 95.
2 Vgl. Corsten (2007), S. 154.
3 Vgl. Fischer (2001), S. 1.
4 Vgl. die grundlegende Untersuchung von Riebel (1955), S. 42 und 126 ff.

Mit *Ausschuss*, d. h. Erzeugnissen oder Erzeugnisteilen, die aufgrund von Fehlleistungen, mangelnder Beherrschbarkeit des Produktionsprozesses usw. fehlerhaft sind, wird in analoger Weise verfahren wie mit Rückständen. Durch Nacharbeit lässt sich ein Teil dieser Produkte soweit nachbessern, dass sie die Qualitätsanforderungen erfüllen. Ein anderer Teil mag, was beispielsweise bei Haushaltswaren, Textilien usw. üblich ist, unter Inkaufnahme von Preisnachlässen als „2. Wahl" abgesetzt werden. Der nicht verwertbare Rest muss auch in diesem Fall entsorgt werden.

Aus Sicht des Konsumenten stellen Produkte Problemlösungen dar, die seinen Bedürfnissen in mehr oder minder großem Maße entsprechen. Ähnlich dem Produzenten besitzt auch für ihn das Produkt Mittelcharakter, wobei weniger der Gegenstand oder die Dienstleistung selbst, als vielmehr die Funktionserfüllung oder der mit dem Erwerb verbundene Grund- oder Zusatznutzen im Vordergrund steht. Zwischen dem Abnehmer und dem Hersteller eines Produkts bestehen i. d. R. Interessenkonflikte, die sich in divergierenden Vorstellungen etwa hinsichtlich der Haltbarkeit des Erzeugnisses, der Lieferkonditionen, vor allem jedoch in Bezug auf den Produktpreis äußern. Der Interessenausgleich kommt über den Markt zustande, wobei derjenige Produzent, dessen Produkte den höchsten Kundennutzen aufweisen, auch am leichtesten vergleichsweise hohe Preise durchsetzen kann.

Ist der Käufer/Abnehmer eines Produkts nicht mit dem Verwender identisch, kann ebenfalls ein Interessengegensatz bestehen. So ist beispielsweise der Eigentümer einer Mietwohnung an einer niedrigen Investitionsausgabe für die Heizungsanlage interessiert, ein Ziel, das – wenn es mit dem Einbau eines Gerätes mit geringem Wirkungsgrad erreicht wird – den Zielvorstellungen des Mieters nach niedrigen laufenden Heizkosten widerspricht. Je nach den Einflussmöglichkeiten des Verwenders auf die Kaufentscheidung des Abnehmers hat der Hersteller in solchen Fällen einen Kompromiss anzustreben.

Auch die Interessen Dritter, die weder an der Herstellung noch der Nutzung eines Produkts beteiligt sind, können berührt sein, etwa infolge von Umweltbeeinträchtigungen (Lärm, Verbrauch natürlicher Ressourcen usw.) oder Sicherheitsrisiken. In diesen Fällen kommt ein Interessenausgleich durch gesellschaftliche Konventionen in Gestalt ethischer Grundsätze, gesetzlicher Vorschriften o. Ä. zustande.

Während das Produktionssystem auf der Betrachtungsebene des Gesamtbetriebes bzw. -unternehmens *Endprodukte* für den Markt hervorbringt, besteht der Output von Subsystemen, z. B. der einzelnen Fertigungsstufen, in *Zwischenprodukten*. Letztere stellen Produktionsfaktoren der jeweils nachgelagerten Produktionsstufe dar. Wenn allerdings Zwischenprodukte – etwa als Ersatzteile – abgesetzt werden, handelt es sich insofern ebenfalls um Endprodukte.

2. Produktions- und Absatzprogramm

Unter einem *Produktionsprogramm* wird die Zusammenstellung aller Produkte verstanden, die die Unternehmung in einer Planperiode herzustellen beabsichtigt, und zwar sowohl bezüglich der Produktfelder, -linien, -arten und Ausführungsformen *(„Was* soll hergestellt werden?") als auch der Mengen *(„Wieviele* Einheiten jeder Produktart etc. sollen hergestellt werden?"). Damit beinhaltet ein Produktionsprogramm einen *zeitlichen*, einen *qualitativen* und einen *quantitativen* Aspekt. Das aktuelle Produktionsprogramm ist eine Teilmenge des *potenziellen* Produktionsprogramms, das angibt, welche Produkte in welchem Mengenrahmen die Unternehmung mit den verfügbaren Potenzialen an Anlagen und Personal in dem betrachteten Zeitraum überhaupt erzeugen *kann*.

Das *Absatz*programm (Vertriebs-, Verkaufs-, Produktprogramm) umfasst demgegenüber diejenigen Produkte nach Arten und Quantitäten, die im Planungszeitraum abgesetzt werden sollen und braucht mit dem Produktionsprogramm nicht identisch zu sein (vgl. Abb. 209). Abweichungen zwischen Produktions- und Absatzprogramm können sich in zeitlicher, qualitativer und quantitativer Hinsicht ergeben. So werden nicht immer alle verkauften Erzeugnisse selbst hergestellt (Handelswaren), nicht alle angebotenen Produkte immer noch hergestellt („Auslaufmodelle") und nicht immer alle selbsterstellten Güter und Leistungen am Markt abgesetzt (z. B. Prototypen oder selbststellte Werkzeuge für die eigene Fertigung).

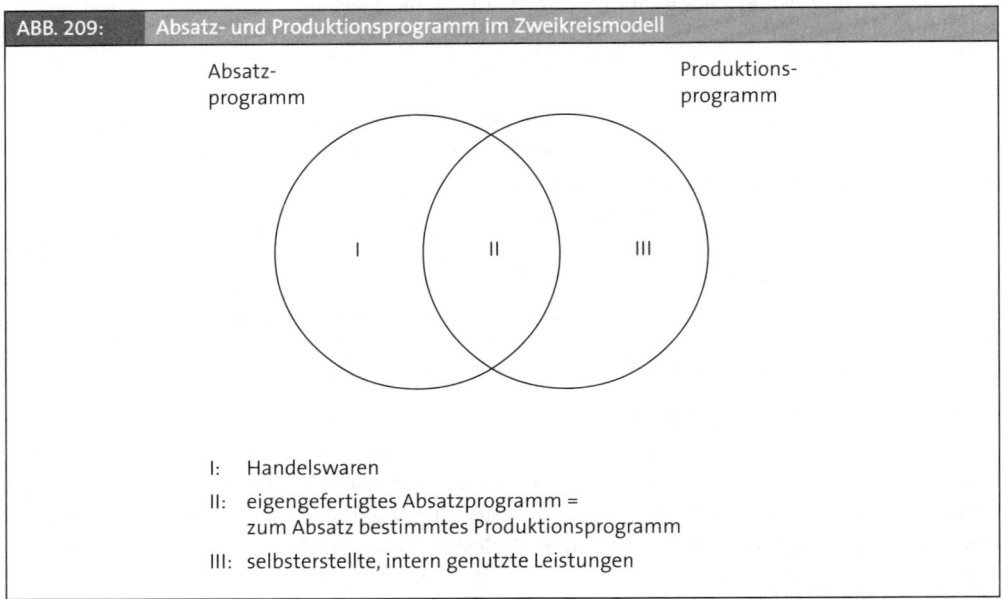

ABB. 209: Absatz- und Produktionsprogramm im Zweikreismodell

I: Handelswaren
II: eigengefertigtes Absatzprogramm = zum Absatz bestimmtes Produktionsprogramm
III: selbsterstellte, intern genutzte Leistungen

Insbesondere bei saisonalen Schwankungen können sich Absatz- bzw. Kundenerfordernisse einerseits und Produktionsgegebenheiten beim Hersteller (Kapazitätsrestriktionen) andererseits widersprechen. Diesem für die *marktorientierte* Fertigung standardisierter Produkte typischen Problem lässt sich bei lagerfähigen Gütern durch Lagerbestandsänderungen begegnen. Temporäre Diskrepanzen zwischen Produktions- und Absatzprogramm werden so, über mehrere Perioden betrachtet, ausgeglichen. Bestimmend für die marktorientierte Programmbildung sind Absatzprognosen und eine Produktion „auf Vorrat".

Bei der *auftragsorientierten,* oft an speziellen Kundenanforderungen ausgerichteten Produktion, etwa im Großanlagenbau, in der Bauwirtschaft oder der Dienstleistungsproduktion, geht der Absatz der Produktion nicht nur zeitlich voraus, sondern determiniert auch weitestgehend das Produktionsprogramm.

Die Produktions- bzw. Absatzprogrammplanung wird üblicherweise in die drei Ebenen strategische, taktische und operative Programmplanung gegliedert. Ziel der *strategischen* Programmplanung ist der Aufbau und die langfristige Sicherung von Wettbewerbspositionen, indem Märkte und Produktfelder festgelegt werden. Ein Produktfeld beinhaltet alle Produktgruppen, die sich gedanklich auf ein gemeinsames Grundprodukt zurückführen lassen[5] (z. B. Pkw, Lebensversicherungen, Möbel). Zur Entscheidungsunterstützung können Methoden der strategischen Planung (vgl. Teil C. VII. 2.) und der Marktforschung eingesetzt werden. Abstimmungsbedarf des Produktionsbereichs besteht mit dem F&E-Management (Bestimmung der Innovationserfordernisse bezüglich der Verfahren und Produktfelder) und dem Marketing.

Auf der Grundlage der groben Rahmenvorgaben der strategischen Programmplanung müssen die zu produzierenden Erzeugnisse einschließlich der erforderlichen Produktionspotenziale abgeleitet und konkretisiert werden. Dies ist Aufgabe der *taktischen* Programmplanung, in deren Verlauf Festlegungen über die Breite und die Tiefe des Produktions- und Absatzprogramms sowie – unter Berücksichtigung der angestrebten Fertigungstiefe – über die mittelfristig benötigten Kapazitäten zu treffen sind.

Die Programm*breite* wird durch die Anzahl der Produktfelder und die Zahl der unterschiedlichen Produktgruppen und -arten innerhalb der Produktfelder bestimmt. Ist beispielsweise ein Produktfeld „elektrotechnische Haushaltsgeräte" abgesteckt, so könnte es aus den Produktgruppen „Waschmaschinen", „Geschirrspülmaschinen", „Kühlschränke" usw. bestehen. Enthält die Produktgruppe „Waschmaschinen" lediglich die Produktart „Frontlader", ist dieses Programm schmaler als eines, das außerdem die Produktart „Toplader" umfasst. Mit der *Tiefe* des Programms wird die Anzahl der verschiedenen Ausführungen, d. h. Varianten, einer Produktart (Modelle, Sorten, Größen, Farben etc.) bezeichnet.[6] Im Beispielsfall können sich die Varianten in Art und Umfang der Ausstattungsmerkmale unterscheiden.

Die *Fertigungstiefe* (Leistungs-, Produktionstiefe, vertikale Integration) ist ein Maß für den Anteil der Eigenfertigung, bezogen auf ein Produkt bzw. das gesamte Programm und gibt damit Auskunft über den Grad der zwischenbetrieblichen „Arbeitsteilung". Je größer der Eigenfertigungsanteil, d. h. je kleiner der Fremdfertigungs- (Zukauf-)Anteil ist, desto größer ist die Fertigungstiefe und desto geringer die Arbeitsteilung zwischen den an der Wertschöpfungskette beteiligten Unternehmen. Je nach Untersuchungszweck lässt sich die Fertigungstiefe auf verschiedene Weise operationalisieren. Bei mehrstufiger Produktion eines Erzeugnisses kann der Quotient

$$\frac{\text{Anzahl der im eigenen Betrieb durchzuführenden Teilprozesse}}{\text{Gesamtzahl der erforderlichen Teilprozesse}}$$

einen groben Anhaltspunkt liefern. Kennzahlen auf Basis monetärer Größen wie der Wertschöpfungsquotient (vgl. zur Wertschöpfungs-Kennzahl Teil A. II. 1.)

$$\frac{\text{Wertschöpfung durch eigene Produktion}}{\text{insgesamt erforderliche Wertschöpfung}}$$

---

[5] Vgl. Hoitsch (1993), S. 75, Corsten (2007), S. 233.
[6] Vgl. Zäpfel (2000b), S. 75, Marr/Picot (1991), S. 678 f., Hoitsch (1993), S. 75 f.

liefern präzisere Aussagen. Der Integrationsgrad

$$\frac{\text{Wertschöpfung}}{\text{Umsatz}}$$

misst die Fertigungstiefe strategischer Geschäftseinheiten oder ganzer Betriebe (auf Anwendungsprobleme dieser Kennzahl sei hier nicht eingegangen).

Bei der Programmplanung „verwandter" Erzeugnisse sollten folgende Gesichtspunkte berücksichtigt werden:[7]

- *Fertigungs*verwandtschaften: Können Produkte mit den gleichen fertigungstechnischen Einrichtungen bzw. dem gleichen Know-how hergestellt werden, sodass sich Kostendegressionseffekte durch eine bessere Auslastung oder Optimierung der Betriebsgröße ergeben?
- *Material*verwandtschaften: Lassen sich Erzeugnisse aus gleichen oder ähnlichen Materialien oder Vorprodukten herstellen, sodass sich im Beschaffungsbereich durch die Abnahme größerer Mengen Preisvorteile ergeben und sich die Lagerhaltung vereinfacht?
- *Absatz*verwandtschaften: Können die gleichen Vertriebskanäle genutzt werden? Ist mit komplementären oder substitutionalen Verbundwirkungen im Sortiment zu rechnen?
- *F&E*-Verwandtschaften: Lässt sich auf das gleiche Forschungs- und Entwicklungspotenzial zurückgreifen? Sind Synergieeffekte zu erwarten (z. B. Verwertung von F&E-Ergebnissen in anderen Produktfeldern)?

Problematisch erscheinen die Fälle, bei denen die einzelnen Verwandtschaftstypen nicht gleichzeitig gegeben sind. So lassen sich Erzeugnisse mit Fertigungsverwandtschaft produktionstechnisch gut in einem Programm kombinieren, eventuell kann sogar der Erfahrungskurveneffekt genutzt werden. Wenn aber nicht zugleich eine Absatzverwandtschaft vorliegt und zusätzliche Vertriebswege geschaffen werden müssen, können die Vorteile der Fertigungsverwandtschaft von den Nachteilen einer nicht vorhandenen Absatzverwandschaft überkompensiert werden.

Da im Rahmen der taktischen Programmplanung über Personal- und Betriebsmittelbedarfe sowie die zu erzeugenden Produktarten zu entscheiden ist, kommen als Instrumente u. a. Investitionsrechnungen einschließlich Risikoanalysen, Produktbewertungsverfahren, Wertanalyse und Methoden zur Unterstützung von Make-or-buy-Entscheidungen in Betracht. Aufgrund des engen Zusammenhangs zu den anderen Planungsbereichen im Unternehmen bestehen Abstimmungserfordernisse nicht nur mit der Absatz-, sondern insbesondere auch mit der Investitions-, Finanz- und Personalplanung. Zielsetzungen und Interessen der verantwortlichen Funktionsbereiche sind allerdings nicht immer deckungsgleich (vgl. Abb. 210. Anm.: Die Bereichsziele stehen jeweils teilweise nicht gleichrangig nebeneinander, sondern in einem Zweck-/Mittelverhältnis.). Geradezu als „klassisch" kann der Zielkonflikt zwischen dem Vertriebs- und dem Produktionsbereich bezeichnet werden. Während der Vertrieb an großer Variantenvielfalt interessiert ist, um möglichst viele Kundenwünsche abdecken zu können, ist der Produktion an einem beschränkten Produktionsprogramm geringer Komplexität gelegen, das eine hohe, gleichmäßige Kapazitätsauslastung und niedrige Fertigungskosten ermöglicht.

---

7 Vgl. Zäpfel (1982), S. 51 f.

ABB. 210: Beispiele für Zielsetzungen der einzelnen Funktionsbereiche bei der Programmplanung

Geschäftsleitung	
Unternehmensziele: ▶ langfristige Existenzsicherung ▶ Steigerung des Unternehmenswertes ▶ hoher (angemessener) Gewinn ▶ hohe Rentabilität ▶ Liquiditätssicherung	

Produktion/Logistik	Vertrieb
Bereichsziele ▶ geringe Fertigungskosten ▶ hohe Kapazitätsauslastung ▶ geringe Variantenvielfalt ▶ große Fertigungslose ▶ Wirtschaftlichkeit von Investitionen	Bereichsziele: ▶ hoher Umsatz ▶ hoher Marktanteil ▶ große Produktpalette ▶ geringe Lieferzeiten (hohe Lieferbereitschaft) ▶ hohe Deckungsbeiträge
Einkauf	Finanzen
Bereichsziele: ▶ kostenminimale Beschaffungsmengen ▶ termingerechte Materialbereitstellung ▶ freie Lieferantenwahl ▶ Versorgungssicherheit	Bereichsziele: ▶ hohe Liquidität ▶ geringes finanzielles Risiko ▶ kurze und geringe Kapitalbindung

(in Anlehnung an Zäpfel, G. (1982), S. 65)

Die Aufgabe der *operativen* Produktionsprogrammplanung besteht darin, für eine gegebene Betriebsmittelausstattung das kurzfristige, d. h. das für den unmittelbar folgenden Planungszeitraum von z. B. einem Quartal, Monat oder einer Woche vorgesehene Programm festzulegen. Als Zielgröße bei simultan zu planendem Absatz- und Produktionsprogramm wird der (zu maximierende) Deckungsbeitrag herangezogen, da die Fixkosten wegen der als unveränderlich angenommenen Potenziale[8] nicht entscheidungsrelevant sind. Entscheidungsinstrumente, die hierzu eingesetzt werden können, sind die Deckungsbeitragsrechnung und die Lineare Programmierung (vgl. Teil D. III. 2.).

3. Produktlebenszyklus

Die meisten Produkte können nur eine begrenzte Zeit Bestandteil des Absatz- und damit auch des Produktionsprogramms bleiben. Veränderungen sowohl auf der Nachfrageseite wie Marktsättigungstendenzen, Modetrends, Wandel der Wertmaßstäbe, Veränderungen des verfügbaren Einkommens usw. als auch auf der Angebotsseite, insbesondere der technische Fortschritt, der Prozess- und Produktinnovationen und damit verbesserte Lösungsmöglichkeiten für Kundenprobleme ermöglicht, beschränken die Lebensdauer eines vorhandenen Produkts. Innerhalb der Zeitspanne, während derer sich ein Produkt am Markt befindet, durchläuft es idealtypisch einen

---

[8] Die die Fixkosten beeinflussenden Potenzialentscheidungen sind regelmäßig bereits im Rahmen der strategischen und taktischen Planung getroffen worden.

Produktlebenszyklus, der in üblicherweise vier oder fünf Phasen eingeteilt wird. Im hier vorzustellenden 5-Phasen-Modell (vgl. Abb. 211 und 212) werden die

- Einführungs-,
- Wachstums-,
- Reife-,
- Sättigungs- und
- Degenerationsphase

unterschieden. Bei den als Lebenszykluskurve in Abhängigkeit von der Zeit dargestellten Größen handelt es sich insbesondere um den Absatz, Umsatz, Cash-flow und Deckungsbeitrag des Produkts.

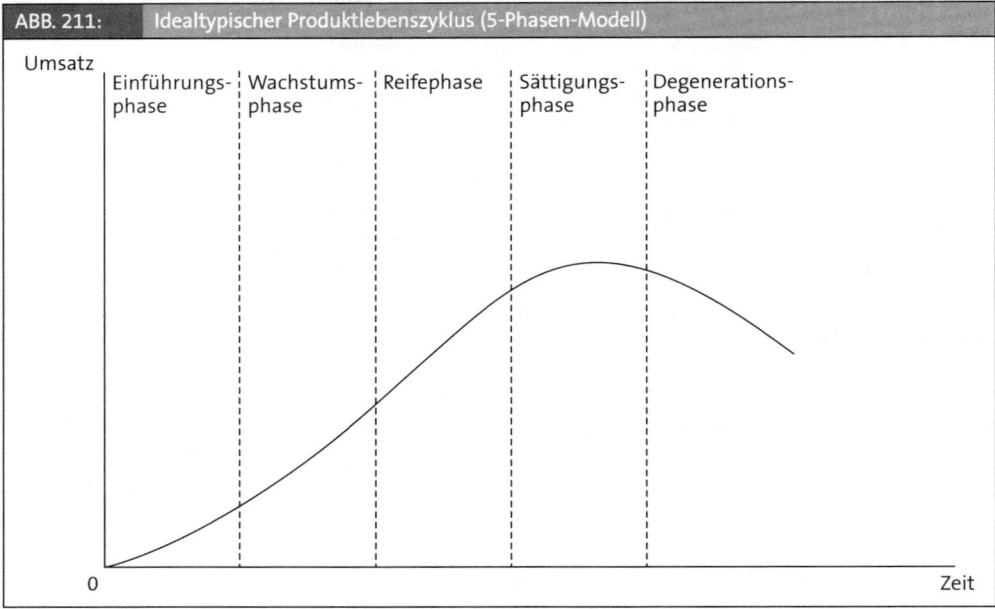

ABB. 211: Idealtypischer Produktlebenszyklus (5-Phasen-Modell)

Die Länge des gesamten Zyklus und der einzelnen Phasen können mit mehreren Wochen bis zu einigen Jahrzehnten von Produkt zu Produkt stark differieren und werden von der Art des Produkts (z. B. Modeartikel), den Marktbedingungen (wie Intensität des Wettbewerbs) und absatzpolitischen Maßnahmen (z. B. Werbung) beeinflusst. Die Dauer der Lebenszyklen geht bei vielen Produkten, insbesondere des Konsumgüterbereichs, ständig zurück.[9] Dadurch verkürzt sich der Zeitraum, der zur Amortisation der Auszahlungen zur Verfügung steht, die für Produktentwicklung, Markterschließung, Betriebsmittelinvestitionen usw. getätigt wurden.

---

9 Vgl. z. B. Hahn/Laßmann (1993b), S. 189.

ABB. 212: Phasen des Produktlebenszyklus (Marktzyklus)

lfd. Nr.	Phasenbezeichnung	Kennzeichen	Managementschwerpunkte
1	Einführung	▶ hoher Kapitalbedarf, ▶ langsam steigender Absatz und Umsatz, ▶ negativer Deckungsbeitrag	▶ Werbung, Aufbau der Vertriebsorganisation ..., ▶ Behebung von Anlaufproblemen in der Produktion
2	Wachstum	▶ starker Absatz-/Umsatzanstieg bis zum Maximum von $U'(t)$, ▶ positiver Deckungsbeitrag	▶ Gewinnen von Marktanteilen, ▶ Verfahrensverbesserungen
3	Reife	▶ Abschwächung des Absatz-/Umsatzanstiegs	▶ Ausschöpfen von Rationalisierungspotenzialen, möglichst ohne Investitionen
4	Sättigung	▶ Umsatzniveau annähernd konstant, d.h. $U'(t) \approx \pm 0$, ▶ sinkender Deckungsbeitrag	▶ Prüfen, ob durch stärkere Kundenorientierung und/oder Erschließung neuer Märkte das Umsatzniveau gehalten werden kann
5	Degeneration	▶ sinkender Absatz und Umsatz, ▶ sinkender Deckungsbeitrag	▶ Bestimmung des Zeitpunktes der Ablösung des Produkts, ▶ Desinvestition

Produktionswirtschaftlich bedeutsam sind ferner Probleme, die aus der möglichen Diskrepanz zwischen der Lebenszyklusdauer eines Produkts und der technischen oder wirtschaftlichen Lebensdauer der zu seiner Herstellung beschafften Betriebsmittel resultieren. Ist etwa die Dynamik des technischen Fortschritts im Bereich der benötigten Anlagen hoch, d. h. deren wirtschaftliche Lebensdauer kürzer als der Produktlebenszyklus, so stellt sich die Frage, ob sich eine Ersatzinvestition lohnt. Im umgekehrten Fall, wenn die Anlagen länger wirtschaftlich einsetzbar sind als es dem Lebenszyklus der damit hergestellten Produkte entspricht, ist beispielsweise über Nachfolgeprodukte oder Desinvestition zu entscheiden (vgl. Abb. 213, Felder 1.2 und 2.1).

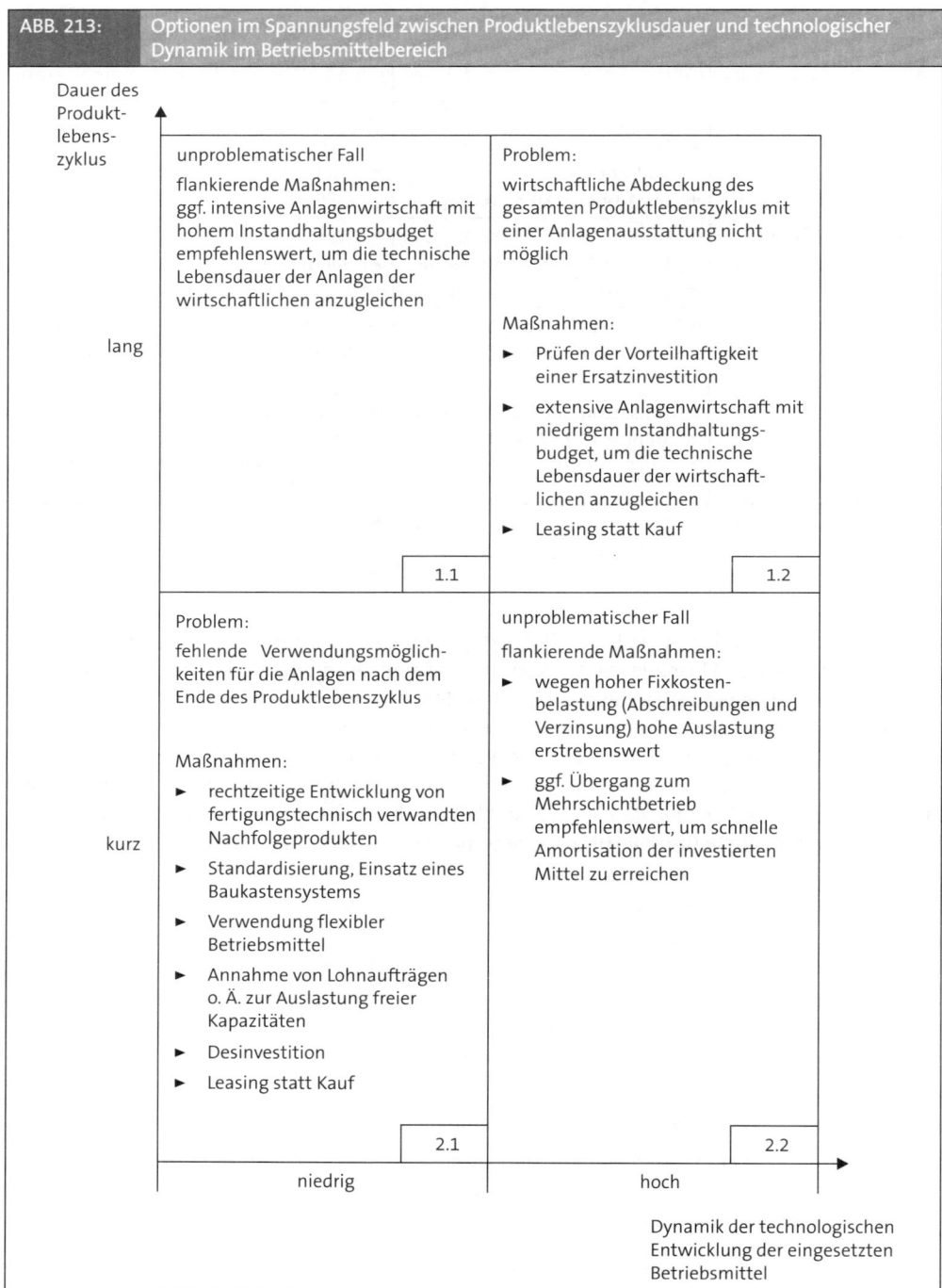

ABB. 213: Optionen im Spannungsfeld zwischen Produktlebenszyklusdauer und technologischer Dynamik im Betriebsmittelbereich

(nach J. Grimm, Universität Siegen, mit dessen Genehmigung)

Grundlegende Begriffe und Zusammenhänge

KAPITEL E

Teil I

Wie die Zykluslänge, so ist auch der Kurvenverlauf der Beobachtungsgröße von einer Reihe von Einflussfaktoren abhängig. So kann etwa der „Relaunch" eines Produkts zu einem weiteren Maximum der Absatzkurve führen. Ein Beispiel für die weitgehende Übereinstimmung eines empirischen mit dem idealtypischen Verlauf der Lebenszykluskurve stellt die Absatzentwicklung des VW Käfers der Jahre 1945 bis 1980 dar.[10]

Sofern das Konzept des Produktlebenszyklus im konkreten Fall als geeignetes Beschreibungs- und ggf. Erklärungsmodell angesehen werden kann, ergeben sich für die Produktions- und Absatzprogrammplanung folgende *Konsequenzen*:

- ▶ Das Lebenszykluskonzept weist anschaulich auf die Notwendigkeit einer ausgewogenen Altersstruktur des Absatzprogramms hin. Ein Übergewicht neuer Produkte erhöht nicht nur das Risiko von Fehlschlägen in unvertretbarer Weise, sondern überfordert auch die Finanzkraft des Unternehmens. (Auf den engen Zusammenhang mit der unter C. VII. 2.2.2 behandelten Portfoliotechnik sei ausdrücklich hingewiesen.) Bei verspäteter oder unterlassener Erneuerung des Programms erleidet das Unternehmen im Extremfall dasselbe Schicksal wie seine Produkte: Es verschwindet vom Markt.
- ▶ Da sich die Gesamtumsatzkurve des Unternehmens aus der Überlagerung der Umsatzkurven der einzelnen Produkte ergibt, lässt sich die Einhüllende als langfristiger Wachstumspfad des Unternehmens auffassen und planen.
- ▶ Gelingt es, die aktuelle Phase oder gar die Position innerhalb der Phase zu identifizieren, in der sich ein Produkt befindet, kann das Konzept als Orientierungshilfe für
  - die (qualitative) Absatz-/Umsatzprognose,
  - den Einsatz des absatzpolitischen Instrumentariums,
  - Programmbereinigungen sowie
  - F&E-Aktivitäten

  dienen.

Eine *kritische Würdigung* des Produktlebenszykluskonzepts setzt an folgenden Punkten an:[11]

- ▶ Die Phaseneinteilung des Modells ist willkürlich.
- ▶ Das Konzept macht keine Aussagen darüber, unter welchen Bedingungen und bei welcher Art von Produkten der idealtypische Kurvenverlauf zu erwarten ist.
- ▶ Der Verlauf eines Produktlebenszyklus wird von den absatzpolitischen Entscheidungen beeinflusst und kann erst ex post genau identifiziert werden.
- ▶ Da ex ante weder die gesamte Dauer eines Lebenszyklus noch die Länge der einzelnen Phasen bekannt sind, sind Prognosen aufgrund des Konzepts mit erheblichen Unsicherheiten behaftet.
- ▶ Die Definition des „Produkts" hat Einfluss auf den Verlauf des Lebenszyklus. Es besteht generell das Problem der Abgrenzung zu verwandten bzw. „neuen" Produkten.
- ▶ Das Konzept beschränkt sich auf den *Marktzyklus,* d. h. den Zeitraum, in dem das Produkt am Markt ist. Es unterstellt mithin erstens, dass das betreffende Produkt bereits vorhanden ist, d. h. der vorgelagerte Produktentstehungsprozess wird nicht einbezogen, und zweitens, dass

---

10 Vgl. Hansmann (2006), S. 66 ff., insbesondere Abb. 14.
11 Vgl. Corsten (2007), S. 207.

die Produktnutzung, die in der Regel über den Marktzyklus hinausreicht, und z. B. die sich noch weiter in die Zukunft erstreckende Phase der Entsorgung der Altprodukte für das Unternehmen belanglos sind.

An dem letztgenannten Kritikpunkt setzen die *integrierten* Lebenszykluskonzepte[12] an, die den Marktzyklus als Element beinhalten. Sie berücksichtigen explizit einen dem Marktzyklus vorausgehenden Entstehungszyklus, der seinerseits einem Beobachtungszyklus folgt (vgl. Abb. 214). Der Beginn des Beobachtungs- und damit des integrierten Produktlebenszyklus insgesamt lässt sich selten exakt bestimmen; er setzt noch während der Marktphase des jeweiligen Vorgängerprodukts mit im Wesentlichen ungerichteten Beobachtungsaktivitäten (Märkte, Technologieentwicklungen usw.) und/oder Forschungsaktivitäten ein. Mit der Ideensuche für ein neues Produkt, in die potenzielle Kunden einbezogen werden können und die sich durch Kreativitätstechniken methodisch unterstützen lässt, beginnt der Produktentstehungszyklus. Diese Informationser- und -verarbeitungsprozesse sind mit dem Verbrauch zeitlicher und finanzieller Ressourcen verbunden; als Beobachtungsgröße können die (kumulierten) Auszahlungen im Zeitablauf gewählt werden. In der sich anschließenden Phase der Produktentwicklung können – verursacht durch Modell- und Prototypenbau, Versuche usw. – bereits erste Rückstände entstehen, womit der Rückstands- und Entsorgungszyklus einsetzt. Da sowohl bei der Herstellung und dem Ge- bzw. Verbrauch des Produkts als auch bei dessen Beseitigung im Anschluss an die Verwendungsphase Rückstände entstehen, ist dieser Zyklus erst beendet, wenn die vermarkteten Erzeugnisse stofflich restlos beseitigt sind. Beobachtungsgrößen des Rückstands- und Entsorgungszyklus sind Rückstands- bzw. Emissionsmengen.[13]

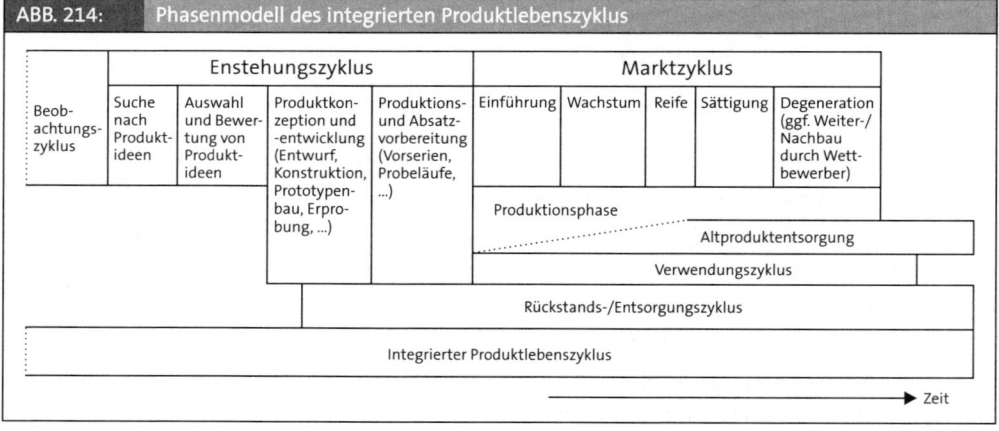

ABB. 214: Phasenmodell des integrierten Produktlebenszyklus

---

[12] Vgl. hierzu Pfeiffer u. a. (1982), S. 26 ff. und Hahn/Laßmann (1993b), S. 186 f.
[13] Vgl. Strebel/Hildebrandt (1989), S. 104.

KONTROLLFRAGEN

(1) Inwiefern können sich Produktions- und Absatzprogramm unterscheiden?

(2) Welche Teilaufgaben sind im Rahmen der Produktionsprogrammplanung zu lösen?

(3) Wie lässt sich die Fertigungstiefe definieren?

(4) Welche Aufgabenschwerpunkte ergeben sich in den einzelnen Phasen eines Produktlebenszyklus?

(5) Wodurch zeichnet sich ein integrierter Produktlebenszyklus aus?

Aufgabe 42

Stellen Sie Kriterien zusammen, die geeignet erscheinen, die Phase im Marktzyklus zu identifizieren, in der sich ein Produkt gegenwärtig befindet.

II. Produktgestaltung

1. Einflussgrößen und Wirkungen der Produktgestaltung

Aufgabe der Produktgestaltung ist die Festlegung der Eigenschaften der Produkte. Dabei kann sich die Produktgestaltung beziehen auf:

▶ die Entwicklung völlig neuer Produkte,

▶ die Anpassung „alter" Produkte an

– veränderte Kundenbedürfnisse,

– den technischen Fortschritt (z. B. durch Verwendung billigerer oder umweltfreundlicherer Werkstoffe und funktional verbesserter Bauelemente, durch Umgestaltung infolge des Einsatzes wirtschaftlicherer Produktionsverfahren),

– zu erwartende oder bereits eingetretene Änderungen gesetzlicher Bestimmungen (z. B. auf dem Gebiet der Altproduktbeseitigung),

– taktisch oder strategisch ausgerichtete marktpolitische Entscheidungen (z. B. Einführung eines reifen Produkts auf einem Auslandsmarkt)

usw.

Produkte mit hinreichend langem Lebenszyklus können als Gegenstand eines *Lernprozesses* aufgefasst werden: Die beteiligten Funktionsbereiche (Marketing, F&E, Produktion) suchen kontinuierlich nach Möglichkeiten zur Produktverbesserung. Bestehende Produktlösungen werden als lediglich vorläufig angesehen, über Erfahrungen mit der Produktverwendung werden Rückmeldungen (z. B. Kundenreklamationen, Berichte des Vertriebs- und Servicepersonals) systematisch ausgewertet, Konkurrenzprodukte analysiert und unablässig Verbesserungspotenziale aufgespürt und genutzt.

Die Gestaltung der Produkte unterliegt einer Reihe von Einflussfaktoren, die sich zum einen der unternehmensexternen, zum anderen der -internen Sphäre zuordnen lassen.[14] Die *externen* Einflussgrößen wirken in Form von Anforderungen zielbestimmend auf die Produktgestaltung ein. Hierzu gehören insbesondere die Anforderungen des Marktes, die weitgehend durch die Kundenbedürfnisse, aber auch durch produktpolitische Maßnahmen von Wettbewerbern bestimmt werden, und die zu beachtenden Normen und gesetzlichen Vorschriften (gewerbliche Schutzrechte, Produkthaftungs-, Umweltschutzrecht, länder- und branchenspezifische Vorschriften). Zu den *internen* Einflüssen, die in erster Linie in Form von Nebenbedingungen auf die Produktgestaltung einwirken und damit den Gestaltungsspielraum einschränken, zählen Vorgaben aus vorgelagerten Planungen (z. B. Kostenziele im Sinne eines Target Costing), kurzfristig nicht veränderbare qualitative Produktionskapazitäten, das Know-how und Qualifikationsniveau der Mitarbeiter, langfristige Abnahmeverpflichtungen bei Materialien usw. (vgl. Abb. 215).

ABB. 215: Einflüsse und Wirkungen der Produktgestaltung

Die extern und intern bedingten Anforderungen, die ein Produkt zu erfüllen hat, lassen sich in einem *Anforderungskatalog* (Pflichten- oder Lastenheft) zusammenfassen, der neben den produktspezifischen auch projektspezifische Festlegungen (Termin- und Kostenvorgaben, Projektorganisation) des betreffenden Produktplanungsprozesses enthalten kann.[15]

Auf den Prozess der Produktgestaltung wirken nicht nur Einflussfaktoren ein, sondern er entfaltet seinerseits unternehmensinterne und -externe *Wirkungen* (vgl. Abb. 215). Aus strategischer Sicht beeinflusst die Produktgestaltung die Wettbewerbsfähigkeit des Unternehmens, indem

---

14 Vgl. auch Zäpfel (2000b), S. 33 f.
15 Vgl. Zäpfel (2000b), S. 34.

mit Hilfe „unverwechselbarer" und auf den Kundennutzen hin gestalteter Produkte Wettbewerbsvorteile erzeugt werden sollen. Dadurch lassen sich vergleichsweise hohe Preise erzielen und/oder die Absatzmengen steigern mit langfristig positivem Effekt auf Ergebnis und Rentabilität. Aus operativer Sicht stehen die Kostenwirkungen, die über die Wahl der verwendeten Werkstoffe, die Dimensionierung von Bauteilen, die Festlegung von Maßtoleranzen, die Montagefreundlichkeit, Transport- und Lagergerechtigkeit usw. eines Erzeugnisses zu erzielen sind, im Vordergrund. Unternehmensexterne Wirkungen betreffen zum einen die natürliche Umwelt infolge des Ressourcenverbrauchs bei der Herstellung und Nutzung sowie die Umweltbelastung durch die Beseitigung des ausgedienten Erzeugnisses. Zum anderen beeinflusst die Produktgestaltung die Sicherheit und Wirtschaftlichkeit der Produktverwendung, z. B. über die Störanfälligkeit und Reparaturfreundlichkeit eines technischen Erzeugnisses.

2. Produkteigenschaften als Objekte der Produktgestaltung

Die Bedeutung einzelner Produkteigenschaften hängt vor allem von der Art des Produkts ab. Während bei Investitionsgütern technische Leistungsmerkmale und die spezifische Eignung für den vorgesehenen Verwendungszweck im Vordergrund stehen, spielen bei Konsumgütern das Design i. e. S. und Gesichtspunkte des Zusatznutzens, wie mit dem Produkt zu befriedigende Bedürfnisse nach Abgrenzung von und Zugehörigkeit zu sozialen Gruppen usw., eine größere Rolle. Materielle Produkte zeichnen sich durch andere Eigenschaften aus als immaterielle.

Dass ein Produkt die Eigenschaften, die der Kunde verlangt, tatsächlich aufweist, ist eine notwendige, nicht jedoch hinreichende Bedingung für den „Produkterfolg". Das Produkt-Marketing hat dafür Sorge zu tragen, dass diese Eigenschaften kommuniziert, d. h. vom potenziellen Abnehmer auch wahrgenommen werden. Das Maß, in dem ein Produkt die gestellten – möglicherweise sich widersprechenden – Anforderungen erfüllt, bestimmt dessen Qualität (vgl. Teil C.VI. 4.1). Der Preis wird hier nicht als Produkteigenschaft, sondern die Gesamtheit der nachgefragten, vorhandenen und wahrgenommenen Produkteigenschaften als eine Determinante des Preises aufgefasst.

Auch wenn die Abgrenzung zwischen materiellen (Sachgütern) und immateriellen Produkten (Dienstleistungen) im Einzelfall problematisch sein mag,[16] bestehen zwischen beiden Produktarten charakteristische Unterschiede, die eine separate Behandlung qualitätsbestimmender Produkteigenschaften nahelegen. Abb. 216 gibt einen Überblick über Eigenschaften materieller Produkte.[17]

Immaterielle Produkte lassen sich beispielsweise[18] danach unterscheiden, ob sie als Dienstleistungen an materiellen Objekten (einschließlich dem menschlichen Körper) vorgenommen werden, d. h. auf die Nutzung oder Zustandsänderung materieller Objekte gerichtet sind, oder nicht. Zur ersten Gruppe gehören z. B. das Reinigen eines Kleidungsstücks, eine Transportleistung, die Wartung von Maschinen, die Autovermietung, ärztliche Behandlungen. Beispiele für Dienstleistungen, deren Nutzenstiftung sich nicht an materiellen Objekten vollzieht bzw. nicht auf materielle, sondern insbesondere auf kognitive und informationelle Zustandsänderungen gerichtet ist, sind Theateraufführungen und Konzerte, das Erteilen von Unterricht, Beratungsleistungen,

---

16 Vgl. hierzu Gerhardt (1987), S. 86 ff., Maleri (1997), S. 42 ff.
17 Vgl. auch den Eigenschaftenkatalog bei Marr/Picot (1991), S. 675 ff.
18 Vgl. zu einer Übersicht über Unterscheidungsmerkmale Corsten/Gössinger (2007), S. 32 ff.

KAPITEL E — Das Produkt

Teil II

Softwareerstellung, das Erarbeiten einer Werbekonzeption, Finanzierung und Finanzierungsvermittlungen. Sofern in diesem Fall materielle Trägermedien (Papier, CD-ROM usw.) eingesetzt werden, dienen diese lediglich als Hilfsmittel zum Transport oder zur Speicherung („Lagerung") ihres informationellen und damit immateriellen Inhalts. Der Wertanteil der Trägermedien ist regelmäßig gering, sodass die Gefahr, dass zu vernachlässigbaren Grenzkosten Raubkopien angefertigt werden, groß ist.

ABB. 216: Eigenschaften materieller Produkte	
Produkteigenschaft	**Bemerkung, Beispiel**
Funktionseignung:	bezieht sich stets auf erwartete Anwendungs- bzw. Verwendungsbedingungen
▶ Leistungsfähigkeit	Erfüllung technischer Spezifikationen, teilweise in Normen festgelegt, Beispiel PKW: Zuladung, Kraftstoffverbrauch, Höchstgeschwindigkeit usw.; Beispiel technisches Bauteil: Oberflächenbeschaffenheit, Materialeigenschaften usw.
▶ Gebrauchstüchtigkeit/-tauglichkeit	Eignung für den vorgesehenen Einsatzzweck („fitness for use"); Beispiel: Bauteile müssen so dimensioniert sein, dass sie bei „normalen" Belastungen nicht brechen.
▶ Design	Form- und Farbgebung nach ästhetischen und funktionalen Gesichtspunkten (ggf. Wettbewerbsvorteil)
▶ sensorische Eigenschaften	Geschmack, Geruch z. B. bei Nahrungsmitteln, Betriebsgeräusch bei technischen Produkten
▶ ...	
Funktionsumfang bzgl. des Grundnutzens	bestimmt die Einsatzflexibilität Ein Bearbeitungszentrum z. B. weist einen größeren Einsatzbereich auf als eine Fräsmaschine.
Zusatznutzen	Insbesondere das Produktimage, unterstützt durch Markenname und -zeichen, beeinflusst den Geltungsnutzen (z. B. Sozialprestige), der mit einem Produkt in Verbindung gebracht wird.
Kompatibilität	bei technischen Gütern die Systemfähigkeit in Bezug auf das Zusammenwirken mit Produkten anderer Hersteller, z. B. durch Einhaltung von Industriestandards oder Normen
Flexibilität bzgl. Änderungen der Anwendungsbedingungen, technischem Fortschritt etc.	Möglichkeiten der „Aufrüstung", z. B. bei DV-Anlagen
Zuverlässigkeit und Ausfallverhalten	Zeitraumbezogene Betrachtung der Erhaltung der Funktionseignung bei technischen Produkten (z. B. angegeben durch Ausfallwahrscheinlichkeiten); entscheidende Gesichtspunkte sind Ausfallhäufigkeit und -folgen, beispielsweise bei Verkehrsmitteln sowie das Verhalten von Maschinen im Dauerbetrieb und bei zeitweiser Überlastung.
Reparatur- und Wartungsfreundlichkeit	von Bedeutung bei höherwertigen Erzeugnissen (Wiederbeschaffungspreis >> Reparaturaufwand); Aspekte: ▶ Wartungsfrequenz technischer Erzeugnisse (z. B. wartungsfreie Batterien) ▶ Wartungs- und reparaturfreundliche Konstruktion (lösbare Verbindungen, Modulbauweise, ...)

Produkteigenschaft	Bemerkung, Beispiel
Lebensdauer und Wertbeständigkeit	ebenfalls bei höherwertigen und langlebigen Produkten von Bedeutung. Für den Verwender ist von Interesse, wie die Wertabfallkurve verläuft. Die Festlegung der technischen und modischen Lebensdauer stellt für den Hersteller ein Optimierungsproblem dar: Zu lange Lebensdauern hemmen den Absatz neuer Produkte, zu kurze Lebensdauern („geplante Obsoleszenz") führen zu enttäuschten Kundenerwartungen und zum Wechsel des Herstellers. Die Komponenten eines komplexen Produkts sind hinsichtlich ihrer Lebensdauer auf die des gesamten Produkts abzustimmen.
Sicherheit	Tritt aufgrund eines Produktmangels ein Personen-, Sach- oder Vermögensschaden beim Verwender oder bei einem Dritten ein, ist der Hersteller bzw. Händler auch ohne Verschulden zum Schadensersatz verpflichtet (Produkthaftung). Besondere Risiken durch unerwünschte Nebenwirkungen bei Medikamenten.
Umweltfreundlichkeit	besondere Bedeutung teils aufgrund gesetzlicher Vorschriften, teils aufgrund sich ändernden Nachfrageverhaltens infolge eines gesellschaftlichen Wertewandels
Bedienungs- und Benutzungsfreundlichkeit	Handlichkeit, ergonomische Gestaltung, Auswirkungen von Bedienungsfehlern (Fehlertoleranz), Komplexität der Handhabung, Verständlichkeit von Gebrauchsinformationen
Verpackungsform, -farbe, -größe, -material, -beschriftung usw.	Anforderungen: Werbewirksamkeit, Schutzfunktion, Regalfähigkeit, Umweltverträglichkeit, ...
Spezifische Produkteigenschaften aus Sicht des Herstellers und des Handels	Bearbeitungsfreundlichkeit, Materialwirtschaftlichkeit (Normung!), Umweltverträglichkeit des Herstellungsprozesses, Transportfähigkeit (hinsichtlich Gewicht, Abmessungen, Schadensanfälligkeit), Lagerfähigkeit (Stapelbarkeit, Haltbarkeit)
Ausstattung mit zusätzlichen Dienstleistungen	Art und Umfang ergänzender immaterieller Produktbestandteile – entweder gegen zusätzliches Entgelt oder im Preis enthalten – betonen den Problemlösungscharakter eines Produkts; zunehmende Bedeutung im Rahmen von Produktdifferenzierungsstrategien (Wettbewerbsvorteil).

Beiden genannten Gruppen immaterieller Produkte ist eine gewisse *Irreversibilität* gemeinsam, d. h. eine einmal erbrachte Dienstleistung kann, da sie nicht materialisiert ist, praktisch nicht zurückgegeben bzw. -genommen werden. Weil eine Rückabwicklung so gut wie ausgeschlossen ist, sind mit der Dienstleistung – je nach Konstellation im Einzelfall – entsprechende *Risiken* entweder für den Dienstleistungsabnehmer oder den -erbringer verbunden (vgl. Abb. 217).

Dienstleistungen werden teils von spezialisierten Anbietern, also Dienstleistungsunternehmen wie Banken, Versicherungsgesellschaften sowie den öffentlichen Verwaltungen[19], teils von Sachgüterproduzenten im Verbund mit Sachgütern am Markt angeboten. In beiden Fällen können Dienstleistungen auch in Gestalt von Zwischenprodukten unternehmensintern als Input nachgelagerter Produktionsprozesse verwendet werden (eigene Logistik-, Instandhaltungsleistungen usw.). Wohl ein großer – möglicherweise der größte – Teil sämtlicher am Markt angebotener Produkte besteht aus einer „Mischung" materieller und immaterieller Komponenten.

---

19 Zum Verständnis öffentlicher Dienstleistungen als Produkt vgl. Silber (1995).

ABB. 217: Eigenschaften immaterieller Produkte	
Produkteigenschaft	**Bemerkung, Beispiel**
1. Eigenschaften mit zeitlichem Bezug	
Zeitliche Verfügbarkeit von Dienstleistungen	Dauer und Lage von Nutzungs-, Öffnungs- und Sprechzeiten; über zeitlich gestaffelte Preisdifferenzierung Verstetigung der Kapazitätsauslastung möglich (Hotels, Restaurants, Telekommunikation, ...)
Wartezeiten für Kunden und Zeitbedarf für die Ausführung	insbesondere abhängig von der vorgehaltenen Betriebsmittel- und Personalkapazität
zeitgerechte Bereitstellung der Leistung	pünktlicher Beginn von Veranstaltungen, Einhaltung zugesagter Termine usw.
2. Nutz- und Nebeneffekte	
Präzision und Vollständigkeit der Ausführung	Einflussgrößen auf die Erfüllung der nebenstehend genannten Anforderungen:
Dauerhaftigkeit/Nachhaltigkeit des Nutzens	a) Qualifikation des/der Dienstleistenden (Fachwissen, Erfahrung usw.)
Fehlerquote	b) qualitative Eigenschaften der eingesetzten Betriebsmittel, Hilfs- und Betriebsstoffe
	c) Personal- bzw. Betriebsmittelintensität der Dienstleistungsproduktion, d. h. unterschiedlich starker Einfluss durch a) und b) (Extremfälle: juristische Beratung auf der einen, Geldauszahlung per Geldautomat auf der anderen Seite)
	d) Eigenschaften des externen Faktors, d. h. des zu reparierenden, transportierenden etc. Gegenstands bzw. des Kunden (Fähigkeiten, Engagement, Informationsstand usw.)
	e) Grad der aktiven wie passiven Beteiligung des externen Faktors am Dienstleistungserstellungsprozess (besonders hohe aktive Mitwirkung z. B. bei der Inanspruchnahme ärztlicher Leistungen und bei Unterrichtsveranstaltungen)
Eigenschaften eines zugehörigen Trägermediums einschließlich Verpackung	Qualitätsprobleme des Trägermediums (z. B. eines Datenträgers) können auf das immaterielle Produkt „ausstrahlen". Die Grenzen zum Sachgut sind fließend (Bücher, Zeitungen).
Ausstattung mit zusätzlichen Sachgütern oder Dienstleistungen	Art und Umfang ergänzender materieller oder immaterieller Produktbestandteile, die branchenüblich sind oder mit dem Ziel, mit solchen Verbundprodukten Synergien für den Kunden bzw. Präferenzen zu schaffen („alles aus einer Hand"). Beispiele für die Integration materieller Produkte: Das bei Reparaturen und Installationen benötigte Material wird vom Dienstleister mitgeliefert. Eine Werbeagentur verfügt über Druckereikapazität und entwirft nicht nur die Werbekonzeption, sondern stellt auch die Werbemittel her. Beispiel für die Integration weiterer immaterieller Produkte: Kreditkarte mit zusätzlichen Versicherungen; Reisebüros vermitteln neben Beförderungs- und Hotelleistungen auch Reisekranken- und Reisegepäckversicherungen.

Produkteigenschaft	Bemerkung, Beispiel
Risiken sowie Art und Ausmaß unerwünschter Nebenwirkungen	resultieren im Wesentlichen aus der Irreversibilität von Dienstleistungen; aus Kundensicht: ▶ Risiko des Fehlschlagens einer Dienstleistung, wobei der entstehende ideelle oder materielle Schaden im Vergleich zum Wert der Dienstleistung unverhältnismäßig groß sein kann (z. B. ärztlicher Kunstfehler) ▶ aufgrund des immateriellen Charakters der Dienstleistung Schwierigkeiten bzw. Unmöglichkeit, deren Qualität vor dem Erwerb zu prüfen (Beispiel: Leistungsverhalten einer Versicherung im Schadensfall) ▶ unzureichende Informationen über Gefahren (z. B. bei medizinischen Eingriffen) aus Anbietersicht: ▶ Risiko, dass der Abnehmer nach Inanspruchnahme der Dienstleistung das vereinbarte Entgelt nicht zahlt (kein Eigentumsvorbehalt möglich, jedoch Pfandrecht an eingebrachten Gegenständen, z. B. einem reparierten Fahrzeug) ▶ Risiko, dass Urheberrechte durch unerlaubtes Kopieren verletzt werden (bei Software, Musik, Filmen)
Gewährleistung und Kulanz	z. B. als „Erfolgsgarantie" zur Minderung des Fehlschlagrisikos (s. o.); bei unüblichem Umfang Differenzierungsmöglichkeit
3. Umfeldbedingungen	
Kommunikationsverhalten des Personals	besitzt besondere Bedeutung für die vom Kunden wahrgenommene Dienstleistungsqualität; Kriterien: Höflichkeit, Ansprechbarkeit, Reaktion auf Reklamationen, Sonderwünsche und „schwierige" Kunden
ästhetische, hygienische, sicherheitstechnische, klimatische usw. Bedingungen am Ort der Dienstleistungserbringung	insbesondere von Bedeutung für das Gesundheitswesen und die Gastronomie
Umgang mit Kundeneigentum	Schutz vor Beschädigungen, Verschmutzung usw. des zu wartenden Fahrzeugs, zu ändernden Kleidungsstücks ...
Einhaltung gesetzlicher Vorschriften, Beachtung berufsspezifischer Maßstäbe und der Berufsethik	Einhaltung allgemeiner und berufsspezifischer Vorschriften (z. B. Makler- und Bauträgerverordnung), Verschwiegenheitspflicht (z. B. Ärzte, Steuerberater), Neutralität und Objektivität (z. B. wissenschaftliche Gutachter)

Abb. 217 gibt einen Überblick über qualitätsbestimmende Eigenschaften immaterieller Produkte. Die Messung der Dienstleistungsqualität gilt im Vergleich zur Bestimmung der Sachgüterqualität als problematischer, u. a. weil objektive, an stofflichen Produkteigenschaften ansetzende Maßstäbe fehlen und der *externe Faktor* (s. Teil C. I.) die Qualität des Dienstleistungsprozesses und -ergebnisses in vielen Fällen wesentlich beeinflusst. Externe Faktoren sind beispielsweise Gegenstände, die der Dienstleistungsabnehmer in den Produktionsprozess einbringt (z. B. das Umzugsgut bei einem Möbeltransport) oder der Körper des zu behandelnden Patienten, vor allem aber auch Mitwirkungsleistungen des Abnehmers, der in mehr oder minder starkem Maß an der Produktion der Dienstleistung beteiligt ist.

KAPITEL E — Das Produkt
Teil III

KONTROLLFRAGEN

(1) Welche Einflussfaktoren sind bei der Produktgestaltung zu berücksichtigen?

(2) Inwiefern hängt die Bedeutung einzelner Produkteigenschaften von der Art des Produkts ab?

III. Produkthaftung

1. Rechtliche Grundlagen

Unter Produkthaftung (Produzentenhaftung) wird die Pflicht eines Unternehmens verstanden, für Mangelfolgeschäden seiner Produkte einzustehen.[20] Mangelfolgeschäden sind Personen-, Sach- und ggf. Vermögensschäden, die durch fehlerhafte Produkte verursacht werden. Demgegenüber beziehen sich die Rechte Nacherfüllung, Rücktritt, Minderung und Schadensersatz bei Mangelschäden, die dem Käufer aufgrund des Kaufvertrages nach § 437 BGB zustehen, auf den Produktfehler bzw. das fehlerhafte Produkt selbst.[21] Aber auch ein Schadensersatz wegen Mangelfolgeschäden kann aufgrund § 437 III BGB geltend gemacht werden.

Gegebenenfalls bestehen *weiter reichende vertragliche* Ansprüche oder Ansprüche aus § 241 II i.V. mit §§ 280 ff. BGB (früher: positive Vertragsverletzung[22]), wobei die Beweislast jeweils beim Käufer liegt. Ein solcher Anspruch des Abnehmers kommt in Betracht, wenn beispielsweise ein Schaden an einer Werkzeugmaschine entsteht, weil ein Lieferant fehlerhaftes Material geliefert hat. Da zwischen Geschädigtem und dem für den Schaden verantwortlichen Hersteller – etwa aufgrund des zwischengeschalteten Handels im Konsumgüterbereich – häufig kein Vertragsverhältnis besteht, besitzt die vertragliche Produkthaftung nur vergleichsweise geringe Bedeutung.[23]

Grundlage der *deliktsrechtlichen* Produkthaftung ist § 823 I BGB. Demnach müssen für einen Schadensersatz folgende *Voraussetzungen* vorliegen: Infolge eines *Produktfehlers* (Rechtswidrigkeit in Form einer Verletzung der Sorgfaltspflichten) ist ein *absolutes Recht* (Leben, Körper, Gesundheit etc.) *verletzt* worden und ein *Schaden* entstanden. Der Produktfehler muss ursächlich für den Schaden sein (Kausalität und Adäquanz). Darüber hinaus setzt eine Haftung des Produzenten dessen *Verschulden* voraus. Während nach deutschem Recht grundsätzlich derjenige, der einen Anspruch geltend macht, sämtliche den Anspruch begründenden Voraussetzungen beweisen muss, hat die Rechtsprechung in Produkthaftungsstreitigkeiten eine Ausnahme vorgesehen: Da der Produktverwender aufgrund fehlender Kenntnisse des Produktionsprozesses

---

20 Vgl. Standop (1993), Sp. 3321.

21 In diesem Zusammenhang ist bemerkenswert, dass das BGB hinsichtlich der Sachmängelfreiheit vom wirtschaftlichen Zweck des Kaufvertrages ausgeht, indem es auf die Eignung der Sache für die beabsichtigte oder zu erwartende Verwendung abstellt, falls nicht ausdrücklich eine spezifische Beschaffenheit der Sache vereinbart ist (s. § 434 I). Darüber hinaus ist eine Falsch- oder Zuweniglieferung nach § 434 III einem Sachmangel gleichgestellt, sodass dem Gesetz implizit ein ähnliches Qualitätsverständnis zugrunde liegt, wie es in Teil C.VI. 4.1 dieses Buches vorgestellt wurde. Dass ein Sachmangel nach § 434 II auch dann vorliegt, wenn eine vereinbarte Montage seitens des Verkäufers unsachgemäß durchgeführt wurde, zeigt, dass materielle und immaterielle Produktbestandteile – vergleichbar dem in Teil E. I. 1. entwickelten betriebswirtschaftlichen Produktbegriff – rechtlich ebenfalls als Einheit aufgefasst werden.

22 Vgl. hierzu z. B. Fries (1998), S. 123 ff.

23 Vgl. Koch (1995), S. 25 f.

Produkthaftung

KAPITEL E
Teil III

praktisch nicht in der Lage ist, dem Hersteller ein Verschulden nachzuweisen, muss der Hersteller beweisen, dass ihn kein Verschulden trifft (Beweislastumkehr), da nur er die Herstellung des Produkts zu überblicken vermag. „An einen Entlastungsbeweis des Herstellers werden hohe Anforderungen gestellt. Er muß darlegen, dass der Produktionsprozess keiner Störung durch individuelle Fehlleistungen ausgesetzt ist und ihn auch kein Organisationsverschulden trifft, er die gesamte Produktion also lückenlos organisiert und überwacht hat."[24] Damit kommt dem betrieblichen Berichtswesen im Bereich des Qualitätsmanagements (vgl. Teil C.VI. 4.) eine entscheidende Bedeutung zu.

Im Unterschied zur deliktischen Produkthaftung nach BGB sieht das *Produkthaftungsgesetz* (ProdHaftG) eine verschuldens*un*abhängige Haftung vor. Wie bei ersterem hat der Geschädigte nachzuweisen a) den Produktfehler, b) den Schaden und c) die Kausalität zwischen Fehler und Schaden. Produkt im Sinne des ProdHaftG ist jede bewegliche Sache, auch wenn sie Bestandteil einer anderen Sache wird, und elektrische Energie (§ 2 ProdHaftG). Entsprechend der Schutzintention des ProdHaftG stellt der Fehlerbegriff des Gesetzes ausschließlich auf die *Sicherheit* des Produkts ab, die nach der Gesamtumständen (Präsentation, üblicher Verwendungszweck usw.) „berechtigterweise erwartet werden kann". (§ 3 ProdHaftG) Andere Qualitätsmängel kommen nicht in Betracht. Zur Haftung verpflichtet ist nach § 4 ProdHaftG nicht nur der Hersteller des Endprodukts, sondern für die Teilprodukte auch die jeweiligen Zulieferer über alle Produktionsstufen hinweg, der Quasi-Hersteller (d. h. derjenige, der seinen Namen, sein Warenzeichen o. Ä. auf einem zugekauften Erzeugnis anbringt), der Importeur, der Waren in die EU einführt und – soweit ein Hersteller nicht feststellbar ist – der Händler.

Im Streitfall hat das betreffende Unternehmen eine Reihe von *Entlastungsmöglichkeiten* (s. § 1 II ProdHaftG), wobei es die Beweislast trägt. Eine Haftung kommt nicht zum Zuge, wenn das Produkt

- nicht vom Hersteller in Verkehr gebracht wurde,
- zum Zeitpunkt des „Inverkehrbringens" fehlerfrei war, d. h. der Fehler erst später entstanden ist,
- gar nicht zu kommerziellen Zwecken hergestellt wurde,
- deswegen fehlerhaft ist, weil der Hersteller bei der Produktion zwingende Rechtsvorschriften (technische Regelwerke wie DIN-Normen gehören nicht dazu) eingehalten hat,
- einen Fehler aufweist, der zum Zeitpunkt des Inverkehrbringens des Produkts nach dem Stand von Wissenschaft und Technik nicht erkennbar war (Haftungsausschluss für sog. Entwicklungsfehler; im Bereich der Arzneimittelherstellung dagegen ist aufgrund § 84 Arzneimittelgesetz als Spezialgesetz auch eine Haftung für Entwicklungsrisiken vorgesehen).

Der Zulieferer ist nach § 1 III ProdHaftG von der Haftung frei, wenn das an sich fehlerfreie Zulieferprodukt erst durch den Einbau in ein konstruktiv ungeeignetes Endprodukt fehlerhaft wird oder wenn ein Fehler auf Vorgaben des Endproduktherstellers beruht. Dadurch soll ausgeschlossen werden, dass der Zulieferer für Produktfehler, die außerhalb seiner Einflusssphäre verursacht werden, haften muss.[25]

---

24 Koch (1995), S. 78.
25 Vgl. Koch (1995), S. 105.

KAPITEL E — Das Produkt
Teil III

Im Gegensatz zur deliktischen Produkthaftung nach BGB beschränkt das ProdHaftG die Haftung für Personenschäden (auf 85 Mio. €) und gewährt keinen Anspruch auf Schmerzensgeld. Beim Ersatz von Sachschäden (Schäden am fehlerhaften Produkt werden nicht ersetzt) ist eine Selbstbeteiligung des Geschädigten bis zu 500 € vorgesehen, sodass sich die Haftung für Sachschäden nicht auf Bagatellschäden erstreckt.[26]

Abb. 218 gibt einen zusammenfassenden Überblick über die rechtlichen Grundlagen der Produkthaftung.

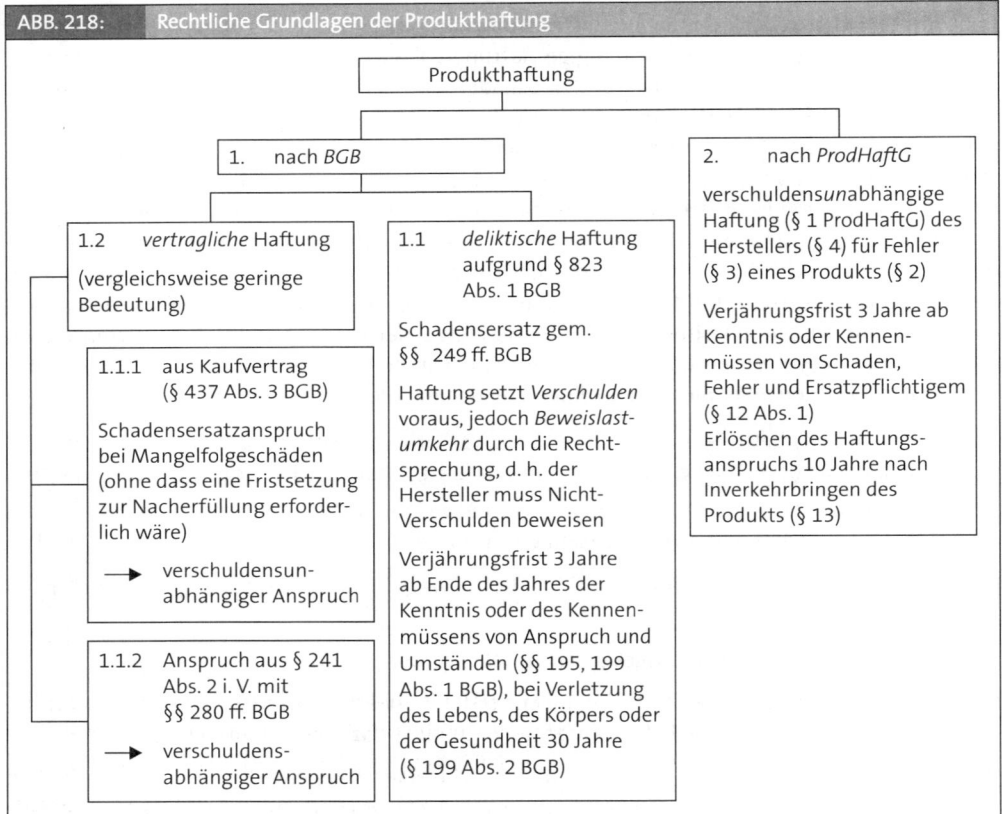

ABB. 218: Rechtliche Grundlagen der Produkthaftung

2. Ursachen und Handhabung des Produkthaftungsrisikos

Die Produkthaftung setzt sowohl nach dem Deliktsrecht des BGB als auch nach dem ProdHaftG einen Produktfehler voraus, wobei üblicherweise vier Fehlerkategorien und damit auch Ursachen des Produkthaftungsrisikos unterschieden werden:[27] Konstruktions-, Fabrikations-, Instruktions- und Produktbeobachtungsfehler (s. Abb. 219).

---

26 Vgl. zu Einzelheiten des Haftungsumfangs §§ 6 – 11 ProdHaftG.
27 Vgl. etwa Fries (1998), S. 172 f., Koch (1995), S. 58 ff.

Der gesetzlich geforderte Umfang der Maßnahmen zur Verhütung von Produktfehlern ist grundsätzlich abhängig von dem Gefahrenpotenzial[28] eines Produkts für einen durchschnittlichen Verwender, wobei je nach angesprochenem Personenkreis (Fachleute, private Endverbraucher) unterschiedliche Maßstäbe anzulegen sind.

Eine sachgerechte Handhabung des Produkthaftungsrisikos setzt neben der Identifizierung möglicher Ursachen die Bewertung des Risikos voraus. Folgende Bewertungskriterien können herangezogen werden:[29]

- die potenzielle *Schadenshöhe* im Haftungsfall,
- die *Eintrittswahrscheinlichkeit* potenzieller Produkthaftungsfälle,
- die *Kosten eines Rechtsstreits*,
- ein *Imageschaden* für das Unternehmen,
- die *Kosten einer Rückrufaktion*,
- *ethische Gesichtspunkte*.

Wahrscheinlichkeiten für den Eintritt von Haftungsfällen einerseits und monetäre Größen wie die Höhe eines Schadens, Kosten usw. andererseits lassen sich grundsätzlich zu Erwartungswerten kombinieren und risikoanalytisch auswerten. Allerdings ist die Gewinnung der hierzu erforderlichen quantitativen Informationen mit großen Schwierigkeiten verbunden. Eine zumindest qualitative Abschätzung des Risikos sollte aber möglich sein.

Ein methodisches Hilfsmittel zur Abschätzung des Fehlerrisikos schon während der Produktentwicklung stellt die *Fehlermöglichkeiten- und -einflussanalyse* (FMEA) dar (vgl. C. VI. 4.2.3). Eine Risikoprioritätszahl bildet a) die Wahrscheinlichkeit für das Auftreten eines Fehlers, b) dessen Folgen (Schwere des Fehlers) und c) die Entdeckungswahrscheinlichkeit ab. Während mit Hilfe der FMEA, ausgehend von Bauteilen oder Funktionen eines Produkts, potenzielle Fehler und deren Konsequenzen aufgespürt und analysiert werden können, setzt die *Fehlerbaumanalyse*[30] bei einem schadenstiftenden Ereignis an. Für dieses Ereignis (Beispiel: Fernsehgerät fängt Feuer) werden systematisch mögliche Ursachen, d. h. Produktfehler (z. B. Kurzschluss durch defektes elektronisches Bauteil), Umgebungsbedingungen (z. B. Überhitzung infolge Fehlbedienung) usw. und deren logische Verknüpfungen ermittelt und in einer Baumstruktur[31] dargestellt. FMEA und Fehlerbaumanalyse lassen sich vorteilhaft kombinieren.

---

28 Vgl. Hahn/Laßmann (1990), S. 208.
29 Vgl. die Untersuchung des Gefährdungspotenzials am Beispiel elektrischer Haushaltsgeräte bei Zinkann (1989), S. 64 ff.
30 Vgl. DIN 25424.
31 Vgl. auch die Ausführungen zum Relevanzbaum unter C. VII. 3.5.

ABB. 219: Fehlerarten in Bezug auf die Produkthaftung

Bezeichnung	Charakteristik	Beispiele
Konstruktionsfehler	Fehler infolge mangelhafter technischer Konzeption des Produkts, unzureichender Produktplanung, -entwicklung usw. Das Produkt ist für den vorgesehenen Verwendungszweck konstruktiv nicht geeignet. Betroffen sind alle Erzeugnisse, die aufgrund des fehlerhaften Entwurfs hergestellt wurden.	▶ fehlerhafte Konstruktionsberechnungen ▶ Fehleinschätzung von Materialbelastungen, daher beispielsweise Unterdimensionierung von Materialstärken, falsche Formgebung tragender Bauelemente ... ▶ Auswahl von ungeeignetem Material (z. B. nicht-korrosionsfeste Metalle in aggressiver Umgebungsluft) ▶ fehlende Sicherheitseinrichtungen (Abdeckungen von Antriebselementen ...)
Fabrikationsfehler	entstehen während des Herstellungsprozesses. Betroffen sind einzelne Erzeugnisse, Chargen etc.	▶ fehlerhafte Be- bzw. Verarbeitung von Rohstoffen und Zwischenprodukten ▶ Montagefehler (z. B. Verwechseln der Einbaurichtung, Vertauschen der Montagereihenfolge ...) ▶ mangelnde Prozessbeherrschung ▶ unzureichende Qualitätskontrolle ▶ Verarbeitung von Material, das den konstruktiv festgelegten Spezifikationen nicht entspricht ▶ Nichteinhalten von spezifischen Umgebungsbedingungen: Staubfreiheit (Elektronikbauteile), Hygiene (Arznei-, Lebensmittel)
Instruktionsfehler	resultieren aus unzureichender Information der Produktverwender über die korrekte Handhabung und besondere Gefahren des Produkts (nicht nur bei bestimmungsgemäßem Gebrauch, sondern auch bei einer vorhersehbaren, nicht völlig fern liegenden Fehlverwendung). Besondere Aufklärungspflichten hat der Gesetzgeber z. B. bei chemischen Stoffen (§§ 13 ff. Chemikaliengesetz), Gefahrstoffen (§§ 4 ff. Gefahrstoffverordnung), technischen Arbeitsmitteln und Verbraucherprodukten (§§ 4 ff. Geräte- und Produktsicherheitsgesetz) sowie Arzneimitteln (§§ 10 f. Arzneimittelgesetz) vorgesehen.	fehlende, unvollständige oder fehlerhafte ▶ Montageanleitungen ▶ Warnhinweise ▶ Gebrauchsanweisungen
Produktbeobachtungsfehler	bestehen in Versäumnissen hinsichtlich der Pflicht des Herstellers, seine Produkte während deren Verwendungsdauer (also auch noch nach Einstellung der Produktion) laufend auf ihre Bewährung im Gebrauch zu beobachten. Das schließt u. a. die Pflicht ein, die technisch-wissenschaftliche Entwicklung auf dem betreffenden Gebiet zu verfolgen.	▶ unterlassene oder unzureichende Informationssammlung und -auswertung im Hinblick auf Sicherheitsdefizite, die sich nach der Markteinführung herausstellen ▶ unterlassene Warnung der Produktverwender oder unterlassene Rückrufaktion nach Bekanntwerden von Sicherheitsproblemen

Gelingt es dem Hersteller aufgrund seiner besonderen Produktkenntnis, verlässliche Anhaltspunkte über die Häufigkeit von Produktfehlern zu gewinnen, so ist damit die Frage nach der Schadenshöhe noch nicht beantwortet. Denn das Ausmaß eines Schadens hängt im Einzelfall von zufallsbestimmten Begleitumständen ab und ist daher vom Hersteller nur schwer kalkulierbar und nicht beeinflussbar. Versagen beispielsweise bei einem Pkw infolge eines Produktfehlers die Bremsen, wird die Schadenshöhe von der momentan gefahrenen Geschwindigkeit, der Verkehrsdichte, der Anzahl der Fahrzeuginsassen u. a. m. bestimmt.

Abb. 220 gibt in Form eines Netzwerk- (Feedback-)Diagramms[32] idealtypisch vereinfacht das Geflecht von Beziehungszusammenhängen im Bereich der Produkthaftung wieder. Die wechselseitigen Einwirkungen sind durch Pfeile abgebildet. Ein Pluszeichen besagt dabei, dass der entsprechende Einflussfaktor c. p. verstärkend wirkt, während ein Minuszeichen einen abschwächenden Einfluss anzeigt. Auf diese Weise ergibt sich ein Netzwerk gegenseitiger Beeinflussungen, wobei letztlich die wirtschaftlichen Belastungen des Herstellers (nur ankommende, keine abgehenden Pfeile) im Mittelpunkt des Interesses stehen.

Die Analyse des Produkthaftungsrisikos bleibt wirkungslos, wenn keine Festlegung von Maßnahmen zur Risikohandhabung folgt. Folgende Handlungsmöglichkeiten, die teils alternativ, teils parallel einsetzbar sind, bieten sich an:[33]

▶ Maßnahmen zur Risiko*vermeidung:*
  – Verzicht auf eine geplante Markteinführung eines Produkts, weil das Risiko nicht beherrschbar erscheint
  – Verschiebung einer geplanten Markteinführung, bis das Risiko abschätzbar ist oder auf ein für vertretbar gehaltenes Maß gesenkt werden konnte (z. B. durch Produkt- und/oder Verfahrensmodifikationen auf der Basis einer FMEA); Nachteil: Zeitverzug, der zum Verlust eines Wettbewerbsvorteils führen kann
  – Produktelimination mit/ohne Rückrufaktion

▶ Maßnahmen zur Risiko*minderung:*
  – Beschränkung auf Teilmärkte mit vergleichsweise niedrigem Risiko (z. B. kein Angebot in den USA oder Verkauf ausschließlich an gewerbliche Kunden)
  – Aufbau und Weiterentwicklung eines Qualitätsmanagementsystems, das sämtliche Elemente des Qualitätskreises (vgl. C.VI. 4.1) umfasst
  – Gestaltung des innerbetrieblichen Berichtswesens mit der Zielsetzung, sicherheitsrelevante Informationen über die eigenen und ggf. auch über ähnliche fremde Produkte zu sammeln, auszuwerten und in sicherheitserhöhende Maßnahmen umzusetzen
  – Gestaltung der nach außen gerichteten Kommunikation mit der Zielsetzung, Instruktionsfehler zu vermeiden; Beispiele: Reduzieren/Vermeiden von Werbeaussagen, die besondere Sicherheitserwartungen beim Konsumenten hervorrufen, Verbessern der Gebrauchsinformationen
  – verdeckter (d. h. ohne Wissen des Kunden) oder offener, möglicherweise sogar werbewirksamer Rückruf

---

32 Vgl. hierzu Gomez/Probst (1987), S. 35 ff.
33 Vgl. auch Hahn/Laßmann (1990), S. 209 f.

KAPITEL E — Das Produkt
Teil III

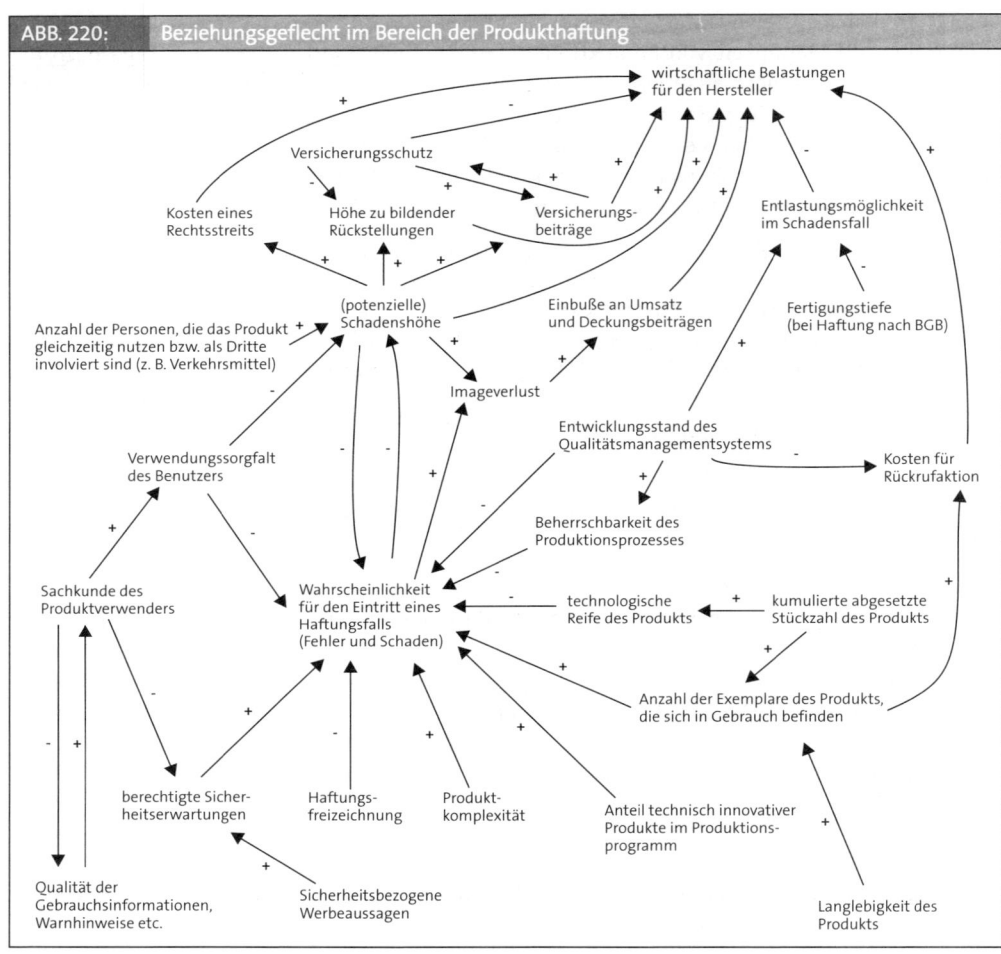

ABB. 220: Beziehungsgeflecht im Bereich der Produkthaftung

▶ Maßnahmen zur Risiko*überwälzung*:
- Versicherung des Produkthaftungsrisikos
- Risikoabwälzung auf Zulieferer
- Risikoabwälzung auf Kunden durch Haftungsfreizeichnung (ausgeschlossen nach dem ProdHaftG)
- haftungsbegrenzende Rechtsformwahl (nur geringe Bedeutung wegen Durchgriffshaftung)

▶ *Selbsttragen* des Risikos (ggf. nur des durch eine Versicherung nicht gedeckten „Restrisikos"); als flankierende Maßnahme Bildung von Rückstellungen im Rahmen des handelsrechtlich Zulässigen (nur begrenzte Möglichkeiten).

KONTROLLFRAGEN

(1) Unter welchen Voraussetzungen entsteht ein Produkthaftungsfall?

(2) Welche Fehlerarten werden in Bezug auf die Produkthaftung unterschieden?

(3) Welche Maßnahmen zur Handhabung der Produkthaftungsrisiken kann ein Unternehmen ergreifen?

IV. Produktbezogener Umweltschutz

1. Umweltschutz als produktionswirtschaftliche Zielsetzung

Die Kehrseite des werteschaffenden Charakters der Produktion bilden die damit verbundenen und aus naturgesetzlichen Gründen nicht völlig vermeidbaren Beeinträchtigungen der Umwelt, die nach allgemeiner Auffassung durch die Verrechnung des Werteverzehrs in Gestalt von (internen) Kosten nur unzureichend berücksichtigt werden. Analog der Entwicklung im Zusammenhang mit dem Einsatz menschlicher Arbeitskraft, nämlich der Erweiterung des produktionswirtschaftlichen Zielsystems um außerökonomische Ziele aufgrund gesellschaftlichen Wertewandels und gesetzgeberischer Aktivitäten (vgl. Teil C. II.), treten in verstärktem Maße umweltbezogene Ziele neben ökonomische.[34] In der Regel stellen sowohl soziale als auch ökologische Ziele Nebenbedingungen des Wirtschaftens dar. Steigende umweltschutzbedingte Anforderungen an die Unternehmen entfalten aber auch direkte ökonomische Wirkungen, etwa durch die Nachfrage nach Produkten, die ihren Zweck (vermeintlich) umweltfreundlich erfüllen, durch entsprechende wettbewerbspolitische Maßnahmen von Konkurrenten, durch steigende Entsorgungskosten und neu entstehende Märkte im Bereich des vor- und nachsorgenden Umweltschutzes. Hersteller von Sachgütern stehen dabei naturgemäß vor größeren Herausforderungen als Anbieter immaterieller Produkte.

Vorsorgender (integrierter) Umweltschutz zielt darauf ab, in allen Entscheidungen des Produktionsbereichs von vornherein die Umweltziele mit zu berücksichtigen, etwa bei der Verfahrenswahl oder anlässlich von Ersatz- und Erweiterungsinvestitionen (prozess- oder produktionsintegrierter Umweltschutz).[35] Häufig liegt Komplementarität von Umweltschutz- und Wirtschaftlichkeitszielen vor, beispielsweise wenn eine Anlage, die sich auf dem Stand der Technik befindet, Energie einspart und damit sowohl niedrigere Emissions- als auch Produktionskoeffizienten aufweist. Produktintegrierte Umweltschutzmaßnahmen setzen bei der Produktgestaltung (Materialwahl, Festlegung von Rezepturen usw.) und der Gestaltung des (langfristigen) Produktionsprogramms an. Integrierter Umweltschutz harmoniert besonders mit offensiven, proaktiven Strategien des Umweltmanagements, die Risiken antizipieren und Chancen erkennen und nutzen, die sich im Umweltschutzsektor bieten.

---

34 Vgl. Seidel/Menn (1988), S. 40 f.
35 Zum integrierten und additiven Umweltschutz vgl. etwa Fischer (2001), S. 71 f., Wöhe/Döring (2005), S. 421 f., 441 ff.

KAPITEL E — Das Produkt
Teil IV

Der *additive (End-of-pipe-)* Umweltschutz hat demgegenüber nachsorgenden Charakter und ist dadurch gekennzeichnet, dass Umweltschutzbelange erst nachträglich, d. h. nachdem die wesentlichen Entscheidungen bereits getroffen wurden, zum Zuge kommen. Beispielsweise werden Produktionsanlagen mit Filtern, Kläranlagen usw. nachgerüstet, i. d. R. lediglich, um gesetzlich vorgegebene Standards einhalten zu können. Dieser Ansatz ist eher mit einer defensiven Umweltstrategie verträglich, die umweltschutzbezogene Aktivitäten auf das Notwendigste beschränkt. Er führt zu zusätzlichen Investitionsausgaben, aus denen zusammen mit den bereits getätigten Investitionen in der Summe schnell eine höhere Kapitalbindung resultieren kann als für integrierte Maßnahmen.

Im Folgenden wird ein Überblick über die produkt- bzw. outputbezogenen[36] Aspekte des betrieblichen Umweltschutzes gegeben, d. h. es werden der „umweltgerechte" Umgang mit Produktions- und Konsumrückständen (vgl. Abb. 221) sowie Gestaltungsmerkmale „umweltfreundlicher" Produkte einschließlich ihrer Verpackung behandelt.

---

36 Zur inputseitigen Umweltbeanspruchung durch den Verbrauch natürlicher Ressourcen vgl. Teil C. IV.

Produktbezogener Umweltschutz — KAPITEL E, Teil IV

ABB. 221: Systematik stofflicher Rückstände

stoffliche Rückstände							
Produktionsrückstände				Konsumrückstände			
potenzialfaktorbedingte Rückstände		repetierfaktorbedingte Rückstände		Verpackungen		während der Produktnutzung anfallende Rückstände	nach der Produktnutzung anfallende Rückstände
aufgrund von Desinvestitions-entscheidungen ausgesonderte Betriebsmittel	aufgrund von Instandhaltungsmaßnahmen ausgetauschte Anlagen, Anlagenteile und Betriebsstoffe	störungs- und fehlleistungsbedingte Rückstände	Rückstände des Normalbetriebs	Transportverpackungen	Umverpackungen / Verkaufsverpackungen	Emissionen / Altteile	Produktreste / Altprodukte

Rückstände des Normalbetriebs:
- Outputseitige Rückstände, z. B. nicht vermarktbare Kuppelprodukte
- Prozessrückstände, z. B. genehmigte Emissionen
- Materialrückstände, z. B. Stanzreste

Störungs- und fehlleistungsbedingte Rückstände:
- Outputseitige Rückstände, z. B. Ausschuss, Retouren
- Prozessrückstände, z. B. u. normalen Umständen nicht auftretende Zwischenprodukte
- Materialrückstände (Inputreste), z. B. Lagerhüter

(in Anlehnung an Rudolph (1999), S. 9–12)

KAPITEL E — Das Produkt
Teil IV

2. Gesetzliche Bestimmungen

An dieser Stelle wird das einschlägige Umweltrecht auf Bundesebene angesprochen, das wesentlich vom EU-Recht beeinflusst ist; die Vielzahl der nachrangigen landesrechtlichen Regelungen bleibt unberücksichtigt.

2.1 Kreislaufwirtschafts- und Abfallgesetz

Grundlegende Bedeutung kommt dem *Kreislaufwirtschafts- und Abfallgesetz* (KrW-/AbfG)[37] zu, das 1996 das bis dahin geltende Abfallgesetz (AbfG) abgelöst hat und dessen *Zweck* „die Förderung der Kreislaufwirtschaft zur Schonung der natürlichen Ressourcen und die Sicherung der umweltverträglichen Beseitigung von Abfällen" (§ 1 KrW-/AbfG) ist. Der Abfallbegriff ist gegenüber dem des „alten" AbfG, der die zur Verwertung bestimmten Reststoffe ausschloss, erweitert: Unter Abfällen i. S. des Gesetzes werden sowohl Stoffe, die verwertet werden („Abfälle zur Verwertung") als auch solche, die nicht verwertet werden (können) („Abfälle zur Beseitigung") verstanden. Dabei handelt es sich um die im Anhang I des KrW-/AbfG (Abb. 222) aufgeführten Gruppen beweglicher Sachen, „deren sich ihr Besitzer entledigt, entledigen will oder entledigen muss". (§ 3 I). Das KrW-/AbfG gilt nicht für Stoffe, die Spezialvorschriften (z. B. dem Atomgesetz) unterliegen, für bergbauspezifische Abfälle, nicht in Behälter gefasste Gase, Abwässer sowie Kampfmittel. An die Entsorgung und Überwachung *gefährlicher*[38] Abfälle (häufig auch als „Sonderabfall" oder „-müll" bezeichnet) werden nach § 41 besondere Anforderungen gestellt. Unternehmen, die gefährliche Abfälle erzeugen, besitzen, sammeln, transportieren und entsorgen, unterliegen besonderen Nachweispflichten gegenüber der zuständigen Behörde (§ 43).

---

37 Zu Erläuterungen zum KrW-/AbfG vgl. z. B. Pschera (2003).
38 Welche Abfälle als gefährlich gelten, kann den einschlägigen Rechtsverordnungen (Abfallverzeichnis-, Altholz-Verordnung usw.) entnommen werden.

Produktbezogener Umweltschutz

KAPITEL E
Teil IV

ABB. 222:	Abfallgruppen im Wortlaut des Anhangs I Kreislaufwirtschafts- und Abfallgesetz
lfd. Nr.	Abfallgruppe
1	nachstehend nicht näher beschriebene Produktions- oder Verbrauchsrückstände
2	nicht den Normen entsprechende Produkte
3	Produkte, bei denen das Verfalldatum überschritten ist
4	unabsichtlich ausgebrachte oder verlorene oder von einem sonstigen Zwischenfall betroffene Produkte einschließlich sämtlicher Stoffe, Anlageteile usw., die bei einem solchen Zwischenfall kontaminiert worden sind
5	infolge absichtlicher Tätigkeiten kontaminierte oder verschmutzte Stoffe (z. B. Reinigungsrückstände, Verpackungsmaterial, Behälter usw.)
6	nichtverwendbare Elemente (z. B. verbrauchte Batterien, Katalysatoren usw.)
7	unverwendbar gewordene Stoffe (z. B. kontaminierte Säuren, Lösungsmittel, Härtesalze usw.)
8	Rückstände aus industriellen Verfahren (z. B. Schlacken, Destillationsrückstände usw.)
9	Rückstände von Verfahren zur Bekämpfung der Verunreinigung (z. B. Gaswaschschlamm, Luftfilterrückstand, verbrauchte Filter usw.)
10	bei maschineller und spanender Formgebung anfallende Rückstände (z. B. Dreh- und Fräsespäne usw.)
11	bei der Förderung und der Aufbereitung von Rohstoffen anfallende Rückstände (z. B. im Bergbau, bei der Erdölförderung usw.)
12	kontaminierte Stoffe (z. B. mit PCB verschmutztes Öl usw.)
13	Stoffe oder Produkte aller Art, deren Verwendung gesetzlich verboten ist
14	Produkte, die vom Besitzer nicht oder nicht mehr verwendet werden (z. B. in der Landwirtschaft, den Haushaltungen, Büros, Verkaufsstellen, Werkstätten usw.)
15	kontaminierte Stoffe oder Produkte, die bei der Sanierung von Böden anfallen
16	Stoffe oder Produkte aller Art, die nicht einer der oben erwähnten Gruppen angehören.

Als zentraler Bestandteil der „Grundsätze" und „-pflichten" der Kreislaufwirtschaft schreibt das KrW-/AbfG die *Rangordnung Vermeidung, Verwertung, Beseitigung* von Abfällen (vgl. Abb. 223) vor (§§ 4 I, 5 II). Neben der „anlageninterne(n) Kreislaufführung von Stoffen" werden als Maßnahmen zur Abfall*vermeidung* ausdrücklich „die abfallarme Produktgestaltung" (§ 4 II) erwähnt. Ob Stoffe vorrangig stofflich oder energetisch zu *verwerten* sind, bestimmt sich nach der umweltverträglicheren Verwertungsart (§ 6 I). Ihre Grenzen findet die Pflicht zur Verwertung im Einzelfall in der *technischen Realisierbarkeit* und *wirtschaftlichen Zumutbarkeit*[39] (§ 5 IV). Darüber hinaus entfällt der Vorrang der Abfallverwertung vor der -beseitigung, wenn Letztere die umweltverträglichere Lösung darstellt, wobei die folgenden Kriterien heranzuziehen sind: 1. zu erwartende Emissionen[40], 2. Schonung der natürlichen Ressourcen, 3. einzusetzende oder zu gewinnende Energie und 4. Anreicherung von Schadstoffen in Abfällen zur Verwertung und in (daraus hergestellten) Produkten (§ 5 V). Wegen fehlender Gewichtung und Operationalität der Kriterien ist es jedoch schwierig, diese als Entscheidungshilfe zu nutzen.

---

39 "Die wirtschaftliche Zumutbarkeit ist gegeben, wenn die mit der Verwertung verbundenen Kosten nicht außer Verhältnis zu den Kosten stehen, die für eine Abfallbeseitigung zu tragen wären." (§ 5 IV, Satz 3 KrW-/AbfG)

40 Mit *Emissionen* werden die von einer Produktionsanlage oder von Produkten an die Umweltmedien abgegebenen festen, flüssigen und gasförmigen Stoffe sowie energetischen Rückstände wie Lärm, Abwärme, Erschütterungen, Strahlung usw. bezeichnet. Unter *Immissionen* sind die in der jeweiligen (z. B. örtlich unterschiedlichen) Konzentration bzw. Intensität auf Menschen, Tiere, Pflanzen, Gebäude usw. einwirkenden Emissionen zu verstehen.

KAPITEL E — Teil IV
Das Produkt

ABB. 223: Umgang mit Abfällen nach dem Kreislaufwirtschafts- und Abfallgesetz

Kreislaufwirtschaft						
1.*) Abfall*vermeidung*		2.*) Abfall*verwertung* (Verwertungsverfahren nach Anh. II B KrW-/AbfG)		3.*) Abfall*beseitigung* (Beseitigungsverfahren nach Anh. II A KrW-/AbfG)		
anlageninterne Stoffkreisläufe	abfallarme Produktgestaltung ...	stofflich	energetisch	Deponieren	Einleiten in Gewässer	Verbrennen an Land, auf See ...
		einschließlich der logistischen Aktivitäten Bereitstellen, Sammeln, Befördern, Lagern, Behandeln, …				
		Abfallentsorgung				

*) Priorität

Aufgrund § 7 KrW-/AbfG können *Rechtsverordnungen* erlassen werden, die u. a.

▶ die Einbindung von Abfällen in Erzeugnisse beschränken,
▶ Anforderungen an die Abfalllogistik (Getrennthalten, Transport, Lagerung, Hol- und Bringsysteme) festlegen,
▶ Verwertungseinschränkungen und -verbote für besonders umweltgefährdende Abfälle vorsehen und
▶ Kennzeichnungspflichten für Abfälle festlegen.

Auf dieser Ermächtigungsgrundlage beruht u. a. der Erlass der Altöl- und der Altfahrzeug-Verordnung. Letztere ist wegen der dort festgelegten umfassenden Rücknahmepflichten von besonderer wirtschaftlicher Bedeutung für die Automobilindustrie, die sich vor allem in den Bereichen Produktgestaltung und –dokumentation sowie Entsorgungslogistik (Kooperation mit dezentral tätigen, spezialisierten Verwertern) Herausforderungen zu stellen hat.

Abfälle, die nicht verwertet werden können, sind dauerhaft von der Kreislaufwirtschaft auszuschließen und – zur Vermeidung des sog. Mülltourismus grundsätzlich im Inland – so zu *beseitigen,* dass das Wohl der Allgemeinheit (menschliche Gesundheit, Tiere, Pflanzen, Gewässer, Boden, Luft, Naturschutz- und Städtebaubelange, öffentliche Sicherheit und Ordnung) nicht beeinträchtigt wird (§ 10 KrW-/AbfG).

Weiteres wesentliches und produktionswirtschaftlich relevantes Element des KrW-/AbfG ist die Festlegung einer *Produktverantwortung* (§§ 22 – 26) im Sinne des Verursacherprinzips: „Wer Erzeugnisse entwickelt, herstellt, be- und verarbeitet oder verteilt, trägt zur Erfüllung der Ziele der Kreislaufwirtschaft die Produktverantwortung." (§ 22 I, Satz 1) Diese erstreckt sich auf alle Phasen des integrierten Produktlebenszyklus (vgl. Teil E. I. 3), indem gefordert wird, dass die Produkte möglichst so zu gestalten sind, „dass bei deren Herstellung und Gebrauch das Entstehen von Abfällen vermindert wird und die umweltverträgliche Verwertung und Beseitigung der nach deren Gebrauch entstandenen Abfälle sichergestellt ist." (§ 22 I, Satz 2) Die allgemeinen Grenzen der Produktverantwortung ergeben sich aus § 5 IV (technische Realisierbarkeit und wirtschaftliche Zumutbarkeit). Zu Art und Umfang der Produktverantwortung sei auf die – nicht als abschließend zu betrachtende – Auflistung in Abb. 224 verwiesen, aus der zugleich hervorgeht, wie weit das Gesetz grundsätzlich in die betrieblichen Gestaltungsfelder eingreifen kann. Eine Konkretisierung hinsichtlich der verpflichteten Unternehmen, der in Betracht kommenden Erzeugnisse usw. ist mittels Rechtsverordnungen vorgesehen (§ 22 IV). So kann beispielsweise auf dem Verordnungswege (s. Altöl-, Batterie- und Verpackungsverodnung) festgelegt werden, dass bestimmte Produkte

- nur in bestimmter Beschaffenheit oder für bestimmte Verwendungszwecke,
- überhaupt nicht,
- nur in Mehrwegverpackungen oder leicht zu verwertenden Verpackungsmaterialien,
- besonders gekennzeichnet (betrifft schadstoffhaltige sowie nach § 24 rücknahme-, rückgabe- oder pfandpflichtige Erzeugnisse)

auf den Markt gebracht werden dürfen (vgl. § 23).

ABB. 224: Produktverantwortung nach § 22 Kreislaufwirtschafts- und Abfallgesetz

Produktverantwortung	
Gegenstand/Bereich	Umfang
Produktgestaltung (Entwicklung, Herstellung, „Inverkehrbringen")	Anforderungen an das Produkt: ▶ mehrfach verwendbar ▶ technisch langlebig ▶ nach Gebrauch zur ordnungsgemäßen und schadlosen Verwertung bzw. umweltverträglichen Beseitigung geeignet
Produktgestaltung, Produktionsplanung, Herstellung	Wahl der Einsatzstoffe: vorrangiger Einsatz von ▶ verwertbaren Abfällen oder ▶ Sekundärrohstoffen
Produktkennzeichnung	▶ Kennzeichnung schadstoffhaltiger Erzeugnisse ▶ Hinweise auf Rückgabe-, Wiederverwendungs- und Verwertungsmöglichkeiten oder -pflichten und Pfandregelungen

Altprodukte	▶ Rücknahme
	  – der Erzeugnisse und
	  – der nach Gebrauch der Erzeugnisse verbleibenden Abfälle sowie
	▶ deren nachfolgende Verwertung bzw. Beseitigung

Bestellung, Aufgaben und Rechte des betrieblichen *Abfallbeauftragten* sind in den §§ 54 f. geregelt.

Abschließend ist festzuhalten, dass das KrW-/AbfG auf die betrieblichen Entscheidungen des Produktionsbereichs im Wesentlichen indirekt über die Rechtsverordnungen einwirkt, für die es die Ermächtigungsgrundlage bildet. Eine dieser Verordnungen, die Verpackungsverordnung, sei wegen ihrer großen Bedeutung im Geschäft mit Endkunden etwas näher betrachtet.

2.2 Verpackungsverordnung und duales System

In § 12 der Verordnung über die Vermeidung und Verwertung von Verpackungsabfällen, kurz *Verpackungsverordnung* (VerpackV), sind die folgenden *allgemeinen Anforderungen* an Verpackungen festgelegt:

KAPITEL E — Teil IV — Das Produkt

1. Verpackungen sind volumen- und gewichtsmäßig auf das Mindestmaß zu beschränken, das zur Erfüllung der Verpackungsfunktionen notwendig ist.
2. Wiederverwendung oder Verwertung sollen möglich sein und die Umweltauswirkungen bei der Verwertung bzw. Beseitigung sind auf ein Mindestmaß zu beschränken.
3. Schädliche und gefährliche Stoffe bei der Beseitigung sind auf ein Minimum zu reduzieren.

Unterschieden werden *Transport-, Verkaufs-* und *Umverpackungen* (§ 3 I VerpackV). Transportverpackungen (Fässer, Kanister, Säcke, Paletten, Kartons usw.) fallen beim Handel an und dienen den logistischen Erfordernissen auf dem Weg der Ware vom Hersteller zum Handel. Verkaufsverpackungen (Umhüllungen von Waren wie Becher, Dosen, Flaschen, Schachteln, Tuben usw.) werden vom Endverbraucher zum Transport der Waren oder zur Aufbewahrung bis zum Verbrauch benutzt. Umverpackungen sind zusätzliche Verpackungen um Verkaufsverpackungen, die „nicht aus Gründen der Hygiene, der Haltbarkeit oder des Schutzes der Ware vor Beschädigung oder Verschmutzung" (§ 3 I) erforderlich sind. Sie erleichtern dem Handel die Warenpräsentation (Ermöglichen von Selbstbedienung, Verhindern von Diebstählen, Einsatz als Werbemedium).

Hersteller und Handel sind verpflichtet, *Transport*verpackungen zurückzunehmen (§ 4 I) und erneut zu verwenden oder stofflich zu verwerten (§ 4 II). Für den Handel besteht ferner die Pflicht, *Um*verpackungen zu entfernen oder dem Endverbraucher die Gelegenheit zum Entfernen und zur unentgeltlichen Rückgabe zu geben. Die erneute Verwendung oder stoffliche Verwertung von Umverpackungen ist obligatorisch (§ 5). *Verkaufs*verpackungen muss der Handel grundsätzlich am Verkaufsort unentgeltlich zurücknehmen und einer Verwertung zuführen (§ 6 I f.). Diese Pflicht entfällt bei der Teilnahme an einem *flächendeckenden System zur regelmäßigen Sammlung* gebrauchter Verkaufsverpackungen, das bestimmte Verwertungsquoten bei Glas, Weißblech, Aluminium, Papier/Pappe/Karton, Kunststoff und Verbundstoffen erfüllt (§ 6 III in Verbg. m. Anh. I). Darüber hinaus besteht für den Handel eine Pfanderhebungs- und Rücknahmepflicht für bestimmte Einweggetränkeverpackungen (§ 8) sowie grundsätzlich eine Pfanderhebungspflicht für Verpackungen von Wasch- und Reinigungsmittel und von Dispersionsfarben, die aber bei Beteiligung an einem Sammelsystem nach § 6 III entfällt (§ 9).

Die *Duales System Deutschland AG* (DSD) unterhält ein Sammelsystem im Sinne der Verpackungsverordnung und bildet in Kooperation mit der kommunalen Abfallentsorgung das duale Entsorgungssystem. Die DSD koordiniert und überwacht die Sammlung und Sortierung der gebrauchten Verpackungsmaterialien. Diese werden Verwertungsbetrieben für die stoffliche Verwertung (Recycling) und ggf. (Verpackungsmaterialien aus nachwachsenden Rohstoffen) für die energetische Verwertung überlassen. Nicht verwertbare Reste werden an die öffentliche Abfallentsorgung zur Beseitigung (Deponierung und Verbrennung) weitergeben. Des Weiteren wirbt die DSD beim Verbraucher um Akzeptanz und tätige Mithilfe.

Zur Finanzierung ihrer Aktivitäten erhebt die DSD Lizenzgebühren von den Herstellern, die ihre Verpackungen daraufhin mit dem „Grünen Punkt" kennzeichnen dürfen. Die Gebühr orientiert sich an den Sammel- und Sortierkosten und damit an Gewicht, Stückzahl und Volumen der Verpackungen. Probleme bereiten „Fehlwürfe" von Nutzern, die andere als mit dem Grünen Punkt versehene Abfälle über das System entsorgen sowie „Trittbrettfahrer", d. h. Hersteller, die keine Gebühren entrichten, deren Verpackungen jedoch vom Verbraucher in das Sammelsystem der DSD eingespeist werden.

Engpässe bei der stofflichen Verwertung sowie Schwierigkeiten bezüglich der Abgrenzung gewerblicher Abfälle und solcher aus privaten Haushalten stellen weitere Probleme des dualen Systems dar. Kritiker wenden außerdem ein, dass der Grüne Punkt als ein Gütezeichen einer umweltfreundlichen Verpackung missverstanden werden könne, wirksame Anreize für eine *Vermeidung* von Verpackungen fehlten und dass die DSD AG eine marktbeherrschende Stellung einnehme.

Der Markteintritt der Landbell AG im Jahr 2003, durch deren Dienstleistungen sich Verpackungshersteller und -vertreiber ebenfalls von ihren Rücknahme- und Verwertungspflichten nach § 6 III VerpackV befreien lassen können, beendete die monopolartige Marktstellung der DSD („zweites duales System"). Landbell nutzt die bestehende Sammel- und Verwertungsinfrastruktur gegen Entgelt und rechnet mit ihren Kunden im Unterschied zur DSD ausschließlich nach Gewicht pro Verpackungsart ab.

2.3 Überblick über weitere einschlägige Rechtsvorschriften

Neben dem vorgestellten Kreislaufwirtschafts- und Abfallgesetz und der Verpackungsverordnung existiert eine Reihe weiterer produkt- bzw. outputbezogener umweltschutzrechtlicher Bestimmungen.[41] Wegen ihres jeweils spezifischen Anwendungsbereichs seien das *Wasch- und Reinigungsmittelgesetz* und das *Chemikaliengesetz* (einschließlich Gefahrstoffverordnung und Chemikalien-Verbotsverordnung) mit teils einer Vielzahl zusätzlicher Rechtsverordnungen hier nur erwähnt. Von eher branchenübergreifender Bedeutung sind demgegenüber das *Bundes-Immissionsschutzgesetz*, die beiden Verwaltungsvorschriften Technische Anleitung zur Reinhaltung der Luft *(TA Luft)* und Technische Anleitung zum Schutz gegen Lärm *(TA Lärm)*, das *Treibhaus-Emissionshandelsgesetz* sowie das *Umwelthaftungsgesetz*, die daher mit ihren wesentlichen Inhalten in Abb. 225 tabellarisch zusammengefasst sind.

Sind Umweltschutzvorschriften sowie die Überwachung ihrer Einhaltung international nicht harmonisiert, so resultieren daraus Wettbewerbsverzerrungen, die Standortverlagerungen von Produktionsbetrieben nach sich ziehen können. Zwar ist eine große Zahl umweltrechtlicher Regelungen durch EU-Richtlinien beeinflusst, doch besteht bei der Umsetzung in nationales Recht Gestaltungsspielraum, sodass eine vollständige Vereinheitlichung selbst im EU-Raum nicht zu erwarten ist.

Abschließend sei auf strafrechtliche Konsequenzen hingewiesen, die das Management für umweltgefährdende Handlungen oder Unterlassungen gegebenenfalls zu tragen hat (vgl. insbesondere den 29. Abschnitt des StGB – Straftaten gegen die Umwelt).

---

41 Vgl. die Auflistung bei Wicke (1992), S. 622 f.

ABB. 225:	Synopse ausgewählter Umweltgesetze
Rechtsnorm	**Inhalt/Bemerkungen*)**

1.1 Bundes-Immissions-schutzgesetz (BImSchG)	▶ Zweck: „Menschen, Tiere und Pflanzen, den Boden, das Wasser, die Atmosphäre sowie Kultur- und sonstige Sachgüter vor schädlichen Umwelteinwirkungen zu schützen und dem Entstehen schädlicher Umwelteinwirkungen vorzubeugen." (1 I)
	▶ Pflicht, genehmigungsbedürftige Anlagen (aufgelistet im Anhang zur 4. Bundes-Immissionsschutzverordnung) so zu errichten und zu betreiben, dass keine schädlichen Umwelteinwirkungen und sonstigen Gefahren, erheblichen Nachteile und erheblichen Belästigungen hervorgerufen werden können, dass Vorsorgemaßnahmen getroffen werden (z. B. zur Emissionsbegrenzung nach dem Stand der Technik), Abfälle vermieden, ordnungsgemäß verwertet bzw. beseitigt werden (vgl. KrW-/AbfG) und Energie sparsam und effizient verwendet wird (5 I).
	▶ Pflicht, nicht genehmigungsbedürftige Anlagen so zu errichten und zu betreiben, dass schädliche Umwelteinwirkungen verhindert und soweit unvermeidbar (Rekurs auf den Stand der Technik) minimiert werden und Abfälle ordnungsgemäß beseitigt werden können (22).
	▶ Pflicht der Betreiber genehmigungsbedürftiger Anlagen,
	  – regelmäßig eine Emissionserklärung abzugeben, die Angaben über Art, Menge, räumliche und zeitliche Verteilung der Luftverunreinigungen enthält (27),
	  – ggf. einen Betriebsbeauftragten für Immissionsschutz (53–58) und einen Störfallbeauftragten (58 a–d) zu bestellen.
	▶ Ermächtigung der Bundesregierung, per Rechtsverordnung Vorschriften über die Beschaffenheit von Produkten zu erlassen: serienmäßig hergestellte Anlagen und Anlagenteile, Maschinen, Geräte (32) –> Geräte- und MaschinenlärmschutzVO (32. BImSchV), Brenn-, Treib- und Schmierstoffe sowie Zusätze zu diesen Stoffen (34) –> Verordnung über den Schwefelgehalt bestimmter flüssiger Kraft- oder Brennstoffe (3. BImSchV), andere Stoffe und Erzeugnisse (35), Fahrzeuge aller Art (38).

1.2 Bundes-Immissions-schutzverord-nungen (BImSchV)	insgesamt mehr als 30 Verordnungen zur Durchführung des BImSchG, u. a.:
	▶ Verordnung über genehmigungsbedürftige Anlagen (4. BImSchV): Verzeichnis der genehmigungsbedürftigen Anlagen
	▶ Verordnung über Immissionsschutz- und Störfallbeauftragte (5. BImSchV)
	▶ Verordnung über das Genehmigungsverfahren (9. BImSchV):
	  – enthält u. a. Bestimmungen zur Umweltverträglichkeitsprüfung (UVP), vgl. hierzu auch das Gesetz über die Umweltverträglichkeitsprüfung (UVPG)
	  – Antragsunterlagen müssen Angaben zu Zwischen-, Neben- und Endprodukten sowie anfallenden Abfällen, möglichen Stofffreisetzungen bei Störungen und Emissionen enthalten (4 a), außerdem einen Plan zum Umgang mit den Abfällen (4 c)
	▶ Verordnung über Emissionserklärungen und Emissionsberichte (11. BImSchV): regelt Zeitpunkt, Erklärungszeitraum, Inhalt, Umfang und Form der Emissionserklärung (3 f., Anh. 2) und des Emissionsberichts (3 f., Anh. 3); enthält die produktionswirtschaftlich bedeutsamen Begriffsbestimmungen (2)
	für Emissionsfaktoren =
	$$\frac{\text{Masse der Emissionen}}{\text{Masse der erzeugten Stoffe}} \text{ oder}$$
	$$\frac{\text{Masse der Emissionen}}{\text{Masse der verarbeiteten Stoffe}}$$

Rechtsnorm	Inhalt/Bemerkungen*)
	und für Energie- und Massebilanzen ▶ Störfall-Verordnung (12. BImSchV): – Vorschriften zur Störfallvorsorge und -abwehr sowie zu Meldepflichten bei genehmigungsbedürftigen Anlagen, – Anwendungsbereich abgegrenzt nach der Art der Anlage, der verarbeiteten bzw. gelagerten Stoffe und Mengenschwellen ▶ Verordnung über Großfeuerungs- und Turbinenanlagen (13. BImSchV): enthält vor allem Grenzwerte für Emissionen und Messvorschriften ▶ Verordnung über die Verbrennung und die Mitverbrennung von Abfällen (17. BImSchV): enthält u. a. emissionsbezogene Anforderungen an Anlieferung und Zwischenlagerung der Einsatzstoffe (3) sowie Emissionsgrenzwerte (5) und Vorschriften zur Behandlung der Reststoffe wie Schlacken, Filter- und Kesselstäube (7) ▶ Verordnung zur Begrenzung der Emissionen flüchtiger organischer Verbindungen bei der Verwendung organischer Lösemittel in bestimmten Anlagen (31. BImSchV): enthält emissionsbezogene Anforderungen an die Errichtung und den Betrieb von Anlagen, in denen Lösemittel eingesetzt werden (Textilreinigung, Lackieren etc.)
2.1 Technische Anleitung zur Reinhaltung der Luft (TA Luft)	▶ Verwaltungsvorschrift aufgrund § 48 BImSchG ▶ Inhalt: – Anforderungen zum Schutz vor schädlichen Umwelteinwirkungen, u. a. Immissionsgrenzwerte (Nr. 4) – Anforderungen zur Vorsorge gegen schädliche Umwelteinwirkungen, u. a. Emissionsgrenzwerte (Nr. 5) – Anforderungen an bestehende Anlagen (Nr. 6)
2.2 Technische Anleitung zum Schutz gegen Lärm (TA Lärm)	▶ Verwaltungsvorschrift aufgrund § 48 BImSchG ▶ Inhalt: – allgemeine Grundsätze für genehmigungsbedürftige (Nr. 3) und für die Prüfung nicht genehmigungsbedürftiger (Nr. 4) Anlagen – Anforderungen an bestehende Anlagen (Nr. 5) – Immissionsrichtwerte (Nr. 6)
3. Treibhausgas-Emissionshandelsgesetz (TEHG)	▶ Zweck: Schaffen der Grundlagen für den Handel mit Emissionsberechtigungen für Treibhausgase (CO_2, CH_4, N_2O, Fluorkohlenwasserstoffe, perfluorierte Kohlenwasserstoffe, SF_6), „um damit durch eine kosteneffiziente Verringerung von Treibhausgasen zum weltweiten Klimaschutz beizutragen" (1 I), Bezugnahme auf das Kyoto-Protokoll (1 II) ▶ Emission von Treibhausgasen bedarf einer Berechtigung, grundlegende Regelungen zur Zuteilung von (6 ff.) und zum Handel mit (15 ff.) Berechtigungen; Festlegung nationaler Emissionsziele und detaillierter Zuteilungsregeln im ZuteilungsG und in der ZuteilungsVO, die jeweils für eine Zuteilungsperiode gelten
4. Umwelthaftungsgesetz (UmweltHG)	▶ Gefährdungshaftung (verschuldensunabhängige Haftung) für Personen- und Sachschäden durch Umwelteinwirkungen, die von bestimmten, in den Anhängen 1 und 2 des Gesetzes abschließend aufgeführten Produktionsanlagen ausgehen (1); keine Haftung für Bagatellschäden (5); Haftungshöchstgrenzen (jeweils 85 Mio. € für Personen- und Sachschäden) (15); anders als bei der Produkthaftung Einschluss des Entwicklungsrisikos, d. h. z. B. Haftung auch dann, wenn zum Zeitpunkt einer Emission deren Gefährlichkeit nicht bekannt war. Fallunterscheidung hinsichtlich der Haftungsvoraussetzungen: 1. Bestimmungsgemäßer (6 II) Anlagenbetrieb (Normalbetrieb einschließlich Probeläufen, An- und Abfahrvorgängen, Instandhaltungen):

Rechtsnorm	Inhalt/Bemerkungen*)
	Geschädigter muss Kausalität zwischen Emission und Schaden beweisen; 2. Störfall: Ursachenvermutung (6 I Satz 1) ausreichend, vom Anlagenbetreiber widerlegbar durch Beweis des Gegenteils. ▶ Risikohandhabung: Dokumentation entsprechender Betriebsdaten und Versicherungsschutz (gem. § 19 I obligatorisch bei Anlagen nach Anhang 2). ▶ Verschuldensunabhängige Haftung für Emissionen auch aus § 906 II Satz 2 BGB und § 22 Wasserhaushaltsgesetz möglich.

*) Die Zahlen in Klammern bezeichnen die jeweiligen Paragraphen.

3. Recycling

3.1 Formen des Recyclings

Recycling wurde im Abschnitt C. IV. definiert als Rückführung von Produktionsrückständen und Altprodukten (Abfällen im Sinne des KrW-/AbfG, Abwärme usw.) in einen Produktionsprozess. Damit werden hier nur stoffliche und energetische Rückführungen in Betrieben, nicht jedoch in Haushalten (z. B. Wiederverwendung von Einkaufstüten, Weiterverwendung eines Altreifens in einer Kinderschaukel) betrachtet. Das Recycling erfüllt schwerpunktmäßig die im Kreislaufwirtschafts- und Abfallgesetz mit zweiter Priorität versehene Forderung nach Abfall*verwertung*. Da anlageninterne Stoffkreisläufe aus der Sicht des KrW-/AbfG unter Abfall*vermeidung* (erste Priorität) subsumiert werden, unterstützt das Recycling insofern auch diese Forderung.

Die Formen des inner- und zwischenbetrieblichen Recyclings sind vielfältig, die Begriffsbildung ist uneinheitlich (s. Abb. 226[42] und 227). So dient das Begriffspaar Verwertung/Verwendung einerseits zur Kennzeichnung von Recyclingvorgängen, bei denen die Produktgestalt aufgelöst wird (z. B. Verwertung von gebrauchten Kunststofffenstern durch Zerkleinerung der Fenster und Trennen der Stofffraktionen zum Wiedereinsatz) bzw. die Produktgestalt erhalten bleibt (z. B. Reinigen von wiederzuverwendenden Transportbehältern). Andererseits wird die Notwendigkeit einer Aufarbeitung, d. h. physikalischen, chemischen oder biologischen Behandlung der Reststoffe – vor ihrem Einsatz als Sekundärrohstoffe oder Absatz an Endverbraucher (Recyclingprodukte) – als Differenzierungsmerkmal herangezogen (Verwertung: z. B. Kompostieren organischer Abfälle vor deren Einsatz als Dünger; Verwendung: z. B. direkte Verfütterung organischer Abfälle in der Tiermast). Aufarbeitungsvorgänge sind somit spezielle Produktionsprozesse, die sich durch das Sachziel der Sekundärstoff- bzw. Recyclingprodukterzeugung auszeichnen. Wie bei allen Typisierungen gibt es Grenzfälle, die keine eindeutige Zuordnung erlauben.

---

[42] Vgl. Corsten (2007), S. 253, Dyckhoff/Darmstädter/Soukal (1994), S. 1072 f., Strebel (1994), S. 804 f., 813 ff., Vaterrodt (1995), S. 9 ff.

Produktbezogener Umweltschutz — KAPITEL E, Teil IV

ABB. 226: Recyclingformen in morphologischer Darstellung

Merkmale des Recyclings	Merkmalsausprägungen			
1. Herkunft des Recyclinginputs	Betriebe (Produktionsprozesse): Produktionsrückstände, ausgesonderte Betriebsmittel … [1.1]			Haushalte (Konsum): Altprodukte, gebrauchte Verpackungen … [1.2]
2. vorherige Aufarbeitung des Recyclinginputs	ja: indirektes Recycling [2.1]			nein: direktes Recycling [2.2]
3. Auflösung der Produktgestalt	mit Auflösung der Produktgestalt, d. h. analytische Verfahren: Demontieren, Zerkleinern, Zerlegen in Stofffraktionen … (Verwertung) [3.1]			Beibehaltung der Produktgestalt, d. h. durchlaufender Stoffeinsatz (Verwendung), z. B. Reinigen von Mehrwegflaschen [3.2]
4. Produktionsprozess, in den der zu recycelnde Stoff eingesetzt wird	ursprünglicher, bereits durchlaufener Prozess: primäres Recycling (Wieder-Verwertung bzw. -Verwendung) [4.1]			anderer als der ursprüngliche Prozess: sekundäres Recycling (Weiter-Verwertung bzw. -Verwendung) [4.2]
5. Anwendungsbereich/Verwendungszweck des Einsatzstoffes	bisheriger Anwendungszweck: Wieder-Verwertung bzw. -Verwendung [5.1]			anderer Anwendungsbereich, z. B. im Falle von „Downcycling": Wieder-Verwertung bzw. -Verwendung [5.2]
6. Art des gewonnenen Rezyklats	Energie: energetisches Recycling (Abwärme, Strom) [6.1]	Sekundärstoff(e): stoffliches Recycling		gestaltetes, komplexes Produkt: Produktrecycling (z. B. runderneuerter Reifen) [6.3]
		Werkstoff-Recycling, z. B. aus Schrott umgeschmolzene Metalle [6.2.1]	Betriebsstoff-Recycling, z. B. aufgearbeitete Kühl-/Schmierstoffe [6.2.2]	
7. Elemente des Recyclingsystems (Systemgrenzen)	einzelne Produktionsanlage: anlageninternes Recycling [7.1]	einzelner Betrieb mit mindestens zwei einbezogenen Anlagen: innerbetriebliches Recycling [7.2]		mindestens zwei beteiligte Betriebe: zwischenbetriebliches Recycling [7.3]

KAPITEL E — Teil IV Das Produkt

ABB. 227: Stoffflüsse bei den verschiedenen Recyclingformen

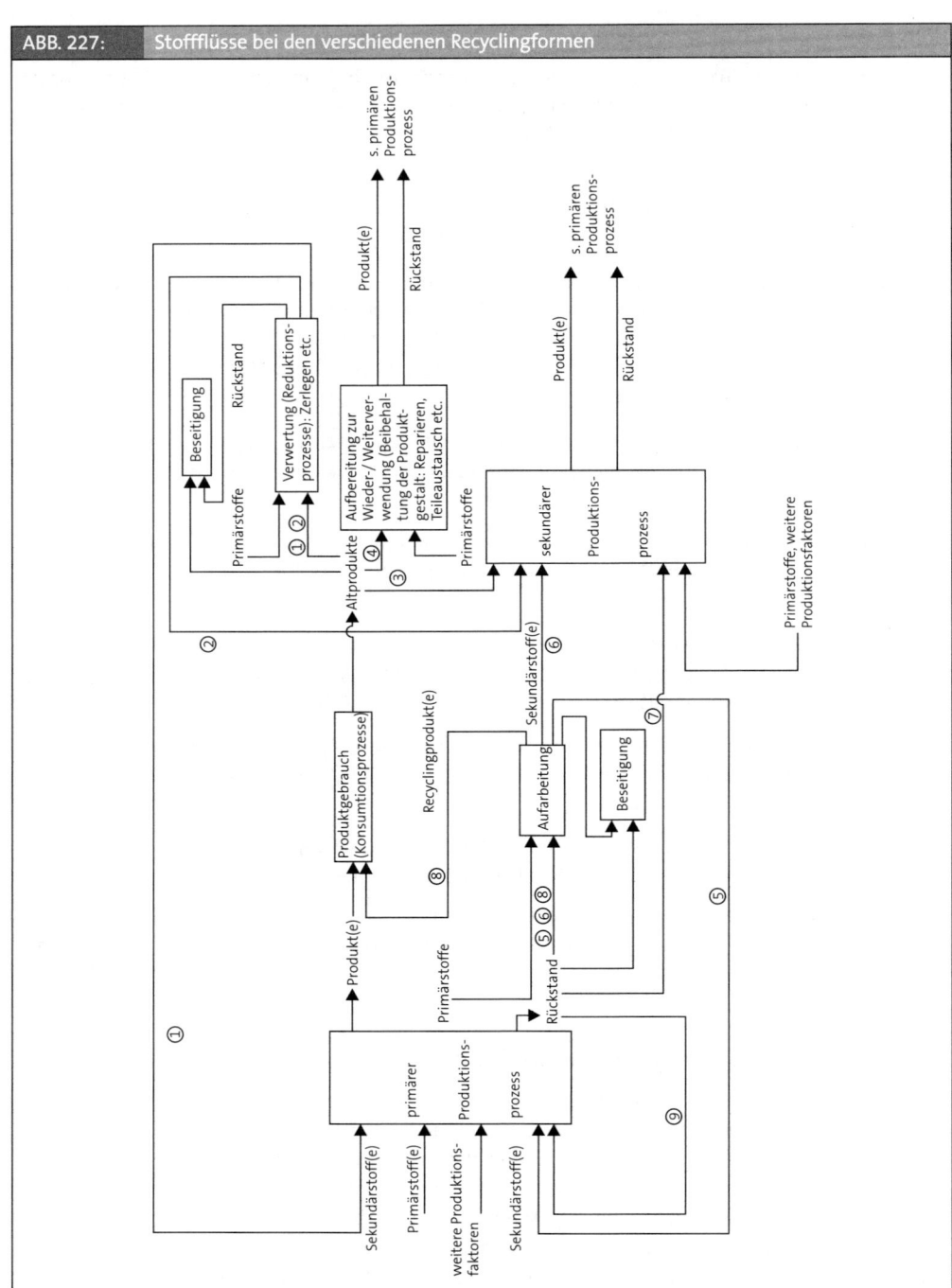

Erläuterungen zu Abb. 227:

①: Indirektes Altproduktrecycling mit Wiedereinsatz im ursprünglichen Produktionsprozess nach Durchlaufen eines analytischen Behandlungsprozesses, z. B. *stoffliches Recycling von Glasflaschen* (vgl. Abb. 226, Fallkombination 1.2 – 2.1 – 3.1 – 4.1 – 5.1 – 6.2.1).

②: Indirektes Altproduktrecycling mit Weiterverwertung in einem anderen Produktionsprozess nach Durchlaufen eines analytischen Behandlungsprozesses, z. B. *Herstellung von Flaschen aus Autoglasscheiben* (vgl. Abb. 226, Fallkombination 1.2 – 2.1 – 3.1 – 4.2 – 5.2 – 6.2.1).

③: Direktes Altproduktrecycling mit Weiterverwertung/-verwendung in einem anderen Produktionsprozess, z. B. *Verbrennung von Altreifen zur Energieerzeugung bei der Zementherstellung* (vgl. Abb. 226, Fallkombination 1.2 – 2.2 – 3.1 – 4.2 – 5.2 – 6.1) bzw. *Weiterverwendung von Altreifen zum Fixieren von Abdeckplanen in der Landwirtschaft* (Fallkombination 1.2 – 2.2 – 3.2 – 4.2 – 5.2 – 6.3).

④: Aufbereitung gebrauchter Produkte zur Wiederverwendung, z. B. *Rücknahme eines defekten Pkw-Motors im Austausch gegen ein überholtes Exemplar* (vgl. Abb. 226, Fallkombination 1.2 – 2.2 – 3.2 – 4.2 – 5.1 – 6.3).

⑤: Indirektes Rückstandsrecycling mit Wiedereinsatz im ursprünglichen Produktionsprozess, z. B. *Granulieren von Ausschussteilen aus thermoplastischem Kunststoff und anschließende Wiederverwertung* (vgl. Abb. 226, Fallkombination 1.1 – 2.1 – 3.1 – 4.1 – 5.1 – 6.2.1).

⑥: Indirektes Rückstandsrecycling mit Stoffeinsatz in einem anderen Produktionsprozess, z. B. *Einsatz des bei der Rauchgasentschwefelung in Kraftwerken entstehenden Gipses als Baustoff* (vgl. Abb. 226, Fallkombination 1.1 – 2.1 – 3.1/3.2 – 4.2 – 5.2 – 6.2.1).

⑦: Direktes Rückstandsrecycling mit Stoffeinsatz in einem anderen Produktionsprozess, z. B. *Einsatz von Sägespänen zur Herstellung von Spanplatten* (vgl. Abb. 226, Fallkombination 1.1 – 2.2 – 3.2 – 4.2 – 5.2 – 6.2.1).

⑧: Aufarbeitung von Rückstand und anschließende Vermarktung als Produkt, z. B. *Nachbearbeitung von Ausschuss* (vgl. Abb. 226, Fallkombination 1.1 – 2.1 – 3.2 – 5.1/5.2 – 6.3).

⑨: Direktes Rückstandsrecycling (anlageninternes Recycling), z. B. *Nutzung von Abwärme im selben Produktionsprozess* (vgl. Abb. 226, Fallkombination 1.1 – 2.2 – 3.2 – 4.1 – 5.1 – 6.1 – 7.1).

3.2 Bewertung von Recyclingmaßnahmen

Mit Recycling werden wirtschaftliche und/oder ökologische Ziele angestrebt (s. Abb. 228). Die Ziele können sich komplementär zueinander verhalten, beispielsweise Ressourcenschonung und geringere Material- und Energiekosten infolge der Substitution eines Primärrohstoffes durch Rückstand (z. B. Rohstoff- und Energieeinsparung beim Aluminiumrecycling). Die Ziele können aber auch in konkurrierender Beziehung stehen, was etwa beim Recycling bestimmter Metalle der Fall ist, das zwar ökologisch sinnvoll sein mag, wegen zu geringer Stoffmengen oder -konzentrationen jedoch nicht wirtschaftlich ist (z. B. beim Elektronikschrottrecycling). Da Recycling seinerseits umweltbelastende und Kosten verursachende Sammel-, Trennungs-, Lager-, Transport-, Aufbereitungs- und Informationsvorgänge voraussetzt, hat eine ökonomische und ökologische Beurteilung von Recyclingaktivitäten positive und negative Effekte zu saldieren. Aus betriebswirtschaftlicher Sicht muss folgende Bedingung erfüllt sein:[43]

$$K_M^S + K_F^S + A^S + \Delta U^S \overset{!}{<} K_M^P + K_F^P + A^P - E$$

Erläuterung der Formelzeichen:

Die hochgestellten Indizes S und P bezeichnen die Alternativen Einsatz von Sekundärstoffen (S) bzw. Einsatz von Primärstoffen (P).

K_M: Materialkosten
K_F: Fertigungskosten
A: Entsorgungskosten
ΔU^S: Erlösänderungen bei den Produkten infolge des Recyclings
(positives Vorzeichen z. B. bei Qualitätsmängeln des Recyclingprodukts, negatives Vorzeichen z. B. bei Nutzung eines Preisspielraumes aufgrund eines positiven Produktimages als „umweltfreundlich")
E: Erlös aus Rückstandsverwertung
(Annahme: kein verwertbarer Rückstand bei Einsatz von Sekundärstoffen)

ABB. 228:	Ziele des Recyclings	
Bezugsobjekt	wirtschaftliche Ziele	ökologische Ziele
Input	▶ Verringerung von Material- und Energiekosten	▶ Ressourcenschonung (Verringerung des Verbrauchs natürlicher Ressourcen in Form von Produktionsfaktoren)
Output	▶ Einsparung von Entsorgungskosten (z. B. Deponiegebühren) ▶ zusätzliche Erlöse/Deckungsbeiträge aus dem Verkauf von Rückständen ▶ Erschließen neuer Märkte mittels Recyclingprodukten (ggf. Wettbewerbsvorteil)	▶ Verringerung der Umweltbelastung durch Reduzieren der Stoff-/Energieabgabe an die Umweltmedien
sonstige	▶ Verbesserung des Unternehmensimages in der Öffentlichkeit ⇒ Schaffen von Präferenzen ⇒ Erhöhen des Marktanteils ▶ Vermeiden von Sanktionen bei Verletzung umweltrechtlicher Vorschriften	

Während sich die wirtschaftlichen Konsequenzen des Recyclings im Einzelfall – zumindest ex post – einigermaßen zuverlässig aufzeigen lassen, gilt dies für die Darstellung der ökologischen Effekte nicht. Es fehlt an einer Normierung ökologischer Wirkungen, die von den Änderungen der Stoffmengen ausgehen. Lassen sich beispielsweise durch Recyclingmaßnahmen die Emissionen einer Stoffart senken und ist damit zugleich ein höherer Energieeinsatz verbunden, so kann der Nettoeffekt mangels einer ökologischen Recheneinheit, die beide Auswirkungen „gleichnamig" machen könnte, nicht angegeben werden. Einen Lösungsansatz für dieses Problem stellt die *ökologische Buchhaltung* dar.[44] Mit Verrechnungsgrößen (Äquivalenzkoeffizienten), die die

---

43 Vgl. Strebel (1994), S. 831.
44 Vgl. hierzu Müller-Wenk (1978).

relative ökologische Knappheit der einzelnen Produktionsfaktoren bzw. das Schädigungspotenzial der jeweiligen Emissionen widerspiegeln, wird versucht, die zuvor mengenmäßig erfassten Umweltwirkungen vergleichbar zu machen. Für jede Art der Umwelteinwirkung ergibt sich dann durch Multiplikation der Stoffmenge [ME] mit dem jeweiligen Äquivalenzkoeffizienten [RE/ME] die Anzahl der Rechnungseinheiten [RE], die das Ausmaß der ökologischen Wirkung abbilden. Durch Addition der ökologischen Rechnungseinheiten sämtlicher Belastungsarten erhält man ein Maß für die gesamte Umweltbelastung einer Entscheidungsalternative.

3.3 Probleme des Recyclings

Recyclingvorhaben stehen folgende *Schwierigkeiten*, die die Erreichung der wirtschaftlichen bzw. ökologischen Ziele erschweren, gegenüber:[45]

- *Vollständig geschlossene* Stoff- und Energie*kreisläufe* sind aus physikalischen Gründen nicht realisierbar.
- Mehrfach-Recycling ist in der Regel nur als sog. *Downcycling* möglich, d. h. die Qualität der Rezyklate nimmt – z. B. durch Kumulation von Verunreinigungen oder Veränderung der Stoffeigenschaften – mit jedem Umlauf ab. Beispielsweise werden beim Altpapierrecycling die Fasern verkürzt, sodass laufend nicht mehr recycelfähiges Material aus dem Kreislauf ausgeschleust und durch Primärrohstoff (Zellstoff, Holzschliff) ersetzt werden muss.
- *Vermischung* mit anderen Materialien, *Verunreinigungen* und *heterogene Qualität* der zu recycelnden Stoffe beeinträchtigen die Wirtschaftlichkeit.
- Insbesondere folgende *Informationsdefizite* erschweren das Recycling:
  - Beschaffungs- und Abgabemöglichkeiten für recycelbare Reststoffe (Abhilfe durch Abfallbörsen von Verbänden, Industrie- und Handelskammern usw.),
  - Einsatzmöglichkeiten für die erzeugten Sekundärrohstoffe bzw. Absatzmöglichkeiten für Recyclingprodukte
  - Zusammensetzung von Stoffgemischen,
  - fehlende Stoffkennzeichnungen
- Recyclingprodukte stoßen beim Konsumenten auf *Akzeptanzprobleme*.
- Rückstandsquellen und -senken sind räumlich zu weit voneinander entfernt *(hohe Umweltbelastung* und *Kosten* durch *Transporte).*
- Aufbau und Betrieb eines Recyclingsystems erfordern als komplexes organisatorisches und logistisches Problem den *Einsatz erheblicher Ressourcen.*

4. Umweltschutzbezogene Anforderungen an Produkte

Da jede Produktion mit umweltbeeinträchtigenden Wirkungen verbunden ist, können Bezeichnungen wie „ökologisch", „umweltgerecht", „-freundlich", „-verträglich", „-schonend" usw. keine absoluten Produkteigenschaften, sondern lediglich graduelle Unterschiede im Sinne eines Mehr oder Weniger an Umweltbelastung beschreiben. Dies gilt auch für Produkte, deren Hauptzweck auf den Umweltschutz gerichtet ist, wie Filter, Katalysatoren usw. Der Nutzen solcher Produkte

---

45 Vgl. Dyckhoff/Darmstädter/Soukal (1994), S. 1073 f.

KAPITEL E Das Produkt
Teil IV

besteht in der Regel darin, die von anderen Produkten und Produktionsprozessen ausgehenden unerwünschten Nebenwirkungen auf die Umwelt zu reduzieren.

Zugleich wird damit deutlich, dass ein ökologischer Produktvergleich[46] umfassend angelegt sein muss,[47] d. h. sämtliche Produktionsstufen und sämtliche Phasen des integrierten Produktlebenszyklus (vgl. Teil E. I. 3.) einzubeziehen hat. Letztlich dürfte ein „Totalvergleich" der ökologischen Wirkungen von Produkten nicht bei den Produkten an sich stehenbleiben, sondern müsste als Systemvergleich bei den Alternativen der Erfüllung der Produkt*funktionen* ansetzen. Beispielsweise wären im Fall des Geschirrspülens beim ökologischen Vergleich der Varianten „manuell" und „maschinell" nicht nur die Wirkungen der jeweils einzusetzenden Spülmittel zu untersuchen, sondern insbesondere auch der Wasser- und Energieverbrauch sowie die stoffliche und energetische Umweltinanspruchnahme durch die Herstellung und Entsorgung der Spülmaschine. Es ist offensichtlich, dass derartige Ökobilanzen erstens nur mit sehr großem Aufwand zu erstellen und zweitens aufgrund der jeweils zugrunde gelegten Prämissen interpretationsbedürftig sind. Hinzu kommen zwei weitere, bisher im Wesentlichen ungelöste Probleme:

▶ Der *Kenntnisstand* bezüglich der ökologischen Wirkungen ist, sowohl was den Ressourcenverbrauch als auch was die Abgabe von Emissionen angeht, lückenhaft (Fehlen naturwissenschaftlicher Erkenntnisse). Dies gilt in besonderem Maße für Verbundwirkungen, z. B. gegenseitige Verstärkungen, und für Substitutionseffekte (ökologischer Wirkungssaldo z. B. im Fall der Zunahme einer Schadstoffart bei gleichzeitigem Rückgang einer anderen).

▶ Soweit die Wirkungszusammenhänge bekannt sind, ist ihre *Bewertung* umstritten. Für jede input- und outputseitige Art der Umweltbelastung müsste ein gesellschaftlich-politischer Konsens hinsichtlich des tolerierbaren Ausmaßes gefunden werden. Ansätze hierzu beschränken sich bislang auf die Vorgabe von Grenzwerten (s. z. B. TA Luft).

Der folgende *Anforderungskatalog*[48] für umweltfreundliche Produkte einschließlich Verpackungen bezieht sich zum einen ausschließlich auf die Eigenschaften des Produkts selbst, berücksichtigt also keine Systemwirkungen und ist zum anderen unbewertet, d. h. er enthält keine Präferenzordnung bezüglich der einzelnen Kriterien:

1. Verringerung der Produktionskoeffizienten für Material und Energie; Maßnahmen und Instrumente: Verschnittminimierung, Wertanalyse, Miniaturisierung, „Entstofflichung" der Produkte durch Erhöhen ihres immateriellen Anteils (z. B. Verwendung kompakter und leichter Datenträger wie CD-ROM statt Broschüren, Kataloge usw.)

2. Verringerung der Emissionskoeffizienten; Maßnahmen: Wahl emissionsarmer Produktionsverfahren, umweltbezogene Verfahrensoptimierung

3. Einsatz ressourcenschonender Roh-, Hilfs- und Betriebsstoffe, z. B. Substitution von Primärstoffen durch Sekundärstoffe, verstärkter Einsatz nachwachsender Rohstoffe (Fasern, Tier- und Pflanzenöle)

4. Verzicht auf den Einsatz von Schadstoffen, z. B. Ersetzen lösemittelhaltiger Lacke durch Wasserlacke

---

46 Vgl. zur ökologischen Produktbewertung insbesondere Türck (1991).
47 Vgl. Strebel (1994), S. 780, Türck (1991), S. 36 ff.
48 Vgl. etwa Adam (1993), S. 25 ff., Böhm (1995), S. 162, Kreibich (1994), S. 17 ff., Strebel (1994), S. 780 ff., VDI-Richtlinie 2243.

5. Berücksichtigung des Ressourcenverbrauchs in den vorgelagerten Produktionsstufen
6. Reduzierung des Raum- und Energiebedarfs bei der Lagerung und beim Transport des Produkts, z. B. durch Miniaturisierung der Produkte (vgl. Anforderung 1), raumsparenden Versand im zerlegten Zustand und Montage beim bzw. durch den Verbraucher (Mitnahmemöbel), …
7. Produktgestalterische Maßnahmen zur Reduzierung des Stoff- und Energieverbrauchs bei der Produktverwendung, z. B. Leichtbauweise (ggf. Zielkomplementarität mit den Anforderungen 1 und 6 sowie Zielkonkurrenz zu den Anforderungen 3 und 9), gezielte Verbraucherinformationen (beispielsweise zur Dosierung von Waschmitteln, Haushaltsreinigern usw.)
8. Optimierung der technischen und wirtschaftlichen Produktlebensdauer, d. h.
    - Verlängerung der Lebensdauer des gesamten Produkts, sofern dies nicht zu einem unvertretbaren zusätzlichen Einsatz an Stoffen und/oder Energie bei der Herstellung oder beim Gebrauch führt (Zielkonflikte mit den Anforderungen 1 und 7) oder die durch technischen Fortschritt mögliche Reduzierung der Umweltbelastung hemmt (Zielkonflikt mit Anforderung 7) oder das Recycling erschwert (Zielkonflikt mit Anforderung 9);
    - Abstimmung der Lebensdauer der einzelnen Produktkomponenten bzw. Sicherstellen der Austauschbarkeit von Bauteilen mit kurzer Lebensdauer (Wartungs- und Reparaturfreundlichkeit, z. B. durch Modulbauweise), bei kurzen wirtschaftlichen Lebensdauern (DV-Hardware) ggf. Möglichkeiten zur Aufrüstung, d. h. Anpassung an den Stand der Technik
9. Recyclinggerechte Konstruktion/Produktgestaltung:
    - Demontagefreundlichkeit:
        - leicht lösbare Verbindungen, z. B. Schraub- statt Klebe- oder Schweißverbindungen
        - gute Zugänglichkeit der Bauteile (möglicher Zielkonflikt mit Produktminiaturisierung)
    - Kennzeichnung der verwendeten Materialien zur Erleichterung der sortenreinen Stofftrennung
    - Reduzieren von Materialvielfalt (möglicherweise Komplementarität mit den wirtschaftlichen Zielen Material- und Komplexitätskostensenkung)
    - Verwendung sortenreiner (Verzicht auf Verbundwerkstoffe) und recyclingtauglicher Werkstoffe (ggf. Zielkonflikt mit Anforderung 3)
    - Vorsehen eines Anschlussnutzens für das Produkt nach dessen ursprünglicher Verwendung.

Produkte, die sich im Vergleich zu anderen, dem selben Zweck dienenden Produkten durch besondere Umweltfreundlichkeit auszeichnen, ohne dass sich deren Gebrauchstauglichkeit dadurch wesentlich verschlechtert, können mit dem *Umweltzeichen* („Blauer Umweltengel") versehen werden.[49] Das Umweltzeichen wird vom Bundesumweltamt (Jury Umweltzeichen) auf Antrag des Herstellers befristet – in der Regel auf drei Jahre – vergeben. Es enthält im Schriftzug den jeweiligen Grund für die Vergabe des Zeichens („Umweltzeichen, weil …"). Im Rahmen des

---

49 Vgl. zum Umweltzeichen Wicke (1992), S. 145 f., 441 ff.

KAPITEL E — Das Produkt
Teil IV

Prüfverfahrens begutachten die zuständigen Landesbehörden auch die Produktionsstätte und den Produktionsprozess.

KONTROLLFRAGEN

(1) Welche Maßnahmen und in welcher Rangfolge sieht das Kreislaufwirtschafts- und Abfallgesetz im Umgang mit Abfällen vor?
(2) Worin besteht die Produktverantwortung nach dem KrW-/AbfG?
(3) Welche Anforderungen an Verpackungen stellt die Verpackungsverordnung?
(4) Wie funktioniert das Duale System?
(5) Welche Formen des Recyclings lassen sich unterscheiden?
(6) Welche Anforderungen sollen Produkte mit Blick auf den Umweltschutz erfüllen?

Aufgabe 43

Fallstudie: Nutzung von Lösemitteldämpfen in einem Verpackungswerk
(nach einem Bericht des Handelsblattes[50])

Die Nordenia Verpackungswerke in Steinfeld stellen Folien aus Polyäthylen und Polypropylen her. Im Produktionsprozess entstehen Lösemitteldämpfe, die früher abgesaugt und ungefiltert über das Dach abgeblasen wurden. Dadurch wurde die Umwelt mit ca. 400 t/Jahr Lösemitteln belastet. Aufgrund verschärfter Umweltauflagen stand Nordenia vor der Aufgabe, diese Emissionen um mehr als 90 % zu reduzieren.

Das Unternehmen entschied sich für den Einsatz eines mit Erdgas betriebenen Blockheizkraftwerks (BHKW). (Blockheizkraftwerke arbeiten nach dem Prinzip der Kraftwärmekopplung, d. h. ein möglichst großer Teil der bei der Erzeugung der elektrischen Energie anfallenden Abwärme wird nutzbar gemacht.) Zusammen mit dem Erdgas verbrennt der Gas-Dieselmotor des BHKW die Lösemitteldämpfe, die seiner Verbrennungsluft zu diesem Zweck zugemischt werden. Auf diese Weise werden stündlich 40 kg Lösemittel energetisch genutzt. Damit ist die emittierte Lösemittelmenge auf weniger als 15 t/Jahr zurückgegangen; die erlaubten Grenzwerte werden erheblich unterschritten. Die im Rauchgas des Motors enthaltenen Stickoxide werden in einer katalytischen Abgasreinigung weitgehend reduziert und liegen ebenfalls weit unter den zulässigen Werten.

Das BHKW hat eine elektrische Leistung von 5.120 kW und eine Wärmeleistung von 5.575 kW. Es wird mit einer durchschnittlichen elektrischen Leistung von 75 % der Volllast mehr als 8.000 h/Jahr betrieben. Die Abwärme des Motors wird für Prozess- und Heizzwecke sowie zur Kälteerzeugung – unter anderem für die Kühlung der Folien – in einer Absorptionskälteanlage genutzt. Die Abwärme der Kälteanlage wird in einem benachbarten landwirtschaftlichen Betrieb eingesetzt, wo ein 9 ha großes Spargelfeld ganzjährig beheizt wird.

Infolge des hohen Gesamtwirkungsgrades des BHKW von 88 %, bezogen auf den Heizwert der eingesetzten Brennstoffe, halbierte sich die für den Strom- und Wärmebedarf des Werkes anfal-

---

50 Vgl. Vogt (1993), S. 25.

Produktbezogener Umweltschutz   **KAPITEL E**
Teil IV

lende CO_2-Menge. Staub- und Schwefeldioxidemissionen konnten nahezu vollständig vermieden werden.

Die Investitionsausgaben für das BHKW lagen bei ca. 11 Mio. €, für die Anlagen zur Abluftreinigung, Heizungseinbindung, Kälteerzeugung und Wärmeauskopplung für die Spargelproduktion bei weiteren 4 Mio. €. Die jährlichen Kosten für Bedienung und Wartung betragen 400.000 €. Als Amortisationszeit der gesamten Anlage werden fünf Jahre angegeben.

a) Um welche Form(en) des Recyclings handelt es sich?
b) Welche anderen Möglichkeiten der Emissionsminderung kämen grundsätzlich in Betracht? (Hinweis: Gehen Sie von den drei elementaren Optionen Vermeidung, Verwertung und Beseitigung aus.)
c) Worauf beruht der wirtschaftliche Effekt der Investition?
d) Wie hoch sind nach den obenstehenden Angaben die jährlichen Einsparungen, die sich durch den Betrieb der Anlage ergeben?
e) Wie würden Sie eine Investitionsentscheidung vorbereiten, wenn sich ökonomische und ökologische Zielsetzungen nicht wie in diesem Fall komplementär, sondern konkurrierend verhielten?

Aufgabe 44

Drei Produktionsverfahren A, B, und C, die dieselbe Mengenleistung aufweisen, aber unterschiedliche Kosten- und Umweltwirkungen besitzen, stehen zur Auswahl. Die verfügbaren Daten der drei Alternativen sind der nachstehenden Tabelle zu entnehmen. Das Unternehmen setzt einen kalkulatorischen Zinssatz von 8 % an (kontinuierliche Amortisation des eingesetzten Kapitals unterstellt) und schreibt linear ab.

	Verfahren			Preis	ÄK
	A	B	C	(GE/ME)	(RE/ME)
Investitionsausgabe (GE)	500.000	680.000	600.000		
Nutzungsdauer (Jahre)	10	9	11		
fixe Kosten (außer Abschreibungen und kalkulatorischen Zinsen) (GE/Jahr)	2.900	3.200	3.100		
Verbrauch elektrischer Energie (MWh/Jahr)	380	410	350	120	1,9
Verbrauch Rohstoff 1 (t/Jahr)	89	102	95	220	0,247
Verbrauch Rohstoff 2 (t/Jahr)	80	79	73	720	3,482
schadstoffhaltiges Abwasser (m³/Jahr)	10.000	11.200	10.500	1,2	0,0115
fester Abfall (t/Jahr)	50	45	54	30	0,239
Abwärme (MWh/Jahr)	266	308	280		0,5

(ÄK = Äquivalenzkoeffizient, ME = Mengeneinheit, RE = ökologische Rechnungseinheit, GE = Geldeinheit)

a) Bestimmen Sie das wirtschaftlich vorteilhafteste Produktionsverfahren mit Hilfe einer Kostenvergleichsrechnung.
b) Bestimmen Sie das ökologisch günstigste Verfahren mit Hilfe der ökologischen Buchhaltung. Welche Probleme sehen Sie bei der Anwendung der ökologischen Buchhaltung?
c) Stellen Sie Kosten- und Umweltwirkungen der drei Alternativen in einem Koordinatensystem dar. Für welches Produktionsverfahren entscheiden Sie sich?
d) Schlagen Sie weitere Lösungsansätze für das Auswahlproblem vor.

V. Produkt- und programmbezogene Strategien und Instrumente

1. Integrations-, Konzentrations- und Kooperationsstrategie

Die *Fertigungstiefe* (allgemein: Produktionstiefe oder vertikale Integration) wurde im Abschnitt E.I.2. definiert als der auf das eigene Unternehmen entfallende Anteil an der insgesamt für ein Produkt oder das gesamte Absatzprogramm erforderlichen Wertschöpfung. Damit spiegelt die Produktionstiefe das Verhältnis von Eigen- bzw. Fremdleistung zur gesamten Leistung wider (vgl. zu den Entscheidungskriterien der Wahl zwischen Eigenerstellung und Fremdbezug Teil D. III. 3.1.1).[51] Maximal wäre beispielsweise die Fertigungstiefe eines Unternehmens, das die gesamte Wertschöpfungskette von der Urproduktion der Rohstoffe über deren Aufbereitung und Bearbeitung, die Teilefertigung, bis hin zur Vor- und Endmontage in eigener Regie unterhält. Je größer dagegen der Anteil von Handelsware am Absatzprogramm ist und je weniger Produktionsschritte die zugekauften Materialien vom Endprodukt trennen, desto geringer ist die Fertigungstiefe. Selbstverständlich wird die Produktionstiefe nicht nur durch „Make-or-Buy"-Entscheidungen bei Produktkomponenten, sondern auch bei den mittelbar zur Produktentstehung beitragenden Dienstleistungen (Marktforschung, F&E, Anlageninstandhaltung usw.) beeinflusst. Werden Betriebsvergleiche bezüglich der vertikalen Integration angestellt, sind bei der Interpretation branchenspezifische Unterschiede, die auf unterschiedlichen Faktorintensitäten beruhen, zu berücksichtigen.

Bezüglich der Fertigungstiefe lassen sich die in Abb. 229 im Überblick dargestellten strategischen Grundrichtungen unterscheiden.[52]

---

51 Vgl. zum Entscheidungsproblem Eigenerstellung/Fremdbezug Männel (1996).
52 Vgl. Zäpfel (2000a), S. 134 und Hoitsch (1993), S. 145 f.

Produkt- und programmbezogene Strategien und Instrumente   **KAPITEL E**
Teil V

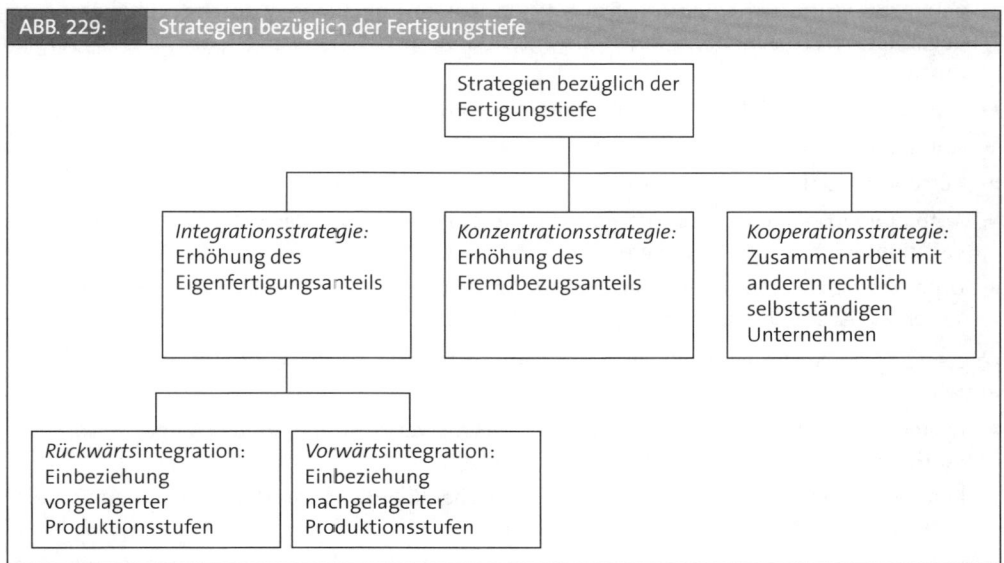

ABB. 229: Strategien bezüglich der Fertigungstiefe

Verfolgt ein Unternehmen eine *Integrationsstrategie,* so vergrößert es seinen Eigenfertigungsanteil. Beispielsweise werden bisher über die Beschaffungsmärkte bezogene Vorprodukte selbst hergestellt, was den Aufbau entsprechender Produktionskapazitäten voraussetzt. Dies könnte etwa durch die Gründung oder Übernahme von Vorstufenbetrieben geschehen (Beispiel: Ein Möbelhersteller betreibt künftig auch ein Sägewerk). Eine solche Ausweitung der Aktivitäten auf Bereiche bisheriger Lieferanten wird als *Rückwärts*integration bezeichnet. Für den Fall, dass die Produkte nicht bereits für den Endverbraucher bestimmt sind, kann ein Betrieb bisher von seinen Abnehmern wahrgenommene Funktionen selbst übernehmen (*Vorwärts*integration). Beispielsweise stellt ein Zulieferbetrieb nicht mehr (nur) standardisierte Einzelteile her, sondern komplexere Bauteile, oder ein Hersteller vertreibt seine Produkte zukünftig über eine eigene Groß- oder Einzelhandelskette.

Mit einer Integrationsstrategie werden insbesondere die folgenden *Ziele* verfolgt:[53]

► Kostensenkung:
  – niedrigere Transportkosten (Voraussetzungen: aufeinander abgestimmte Materialflusssysteme, räumliche Zentralisation der Produktionsstätten)
  – niedrigere Transaktionskosten, u. a. für die Informationsbeschaffung (Preise, Lieferkonditionen), entfallende Verhandlungen und Zahlungsvorgänge, vereinfachte Abwicklung von Kontroll- und Lagervorgängen
  – ggf. niedrigere direkte Beschaffungskosten bei Rückwärtsintegration infolge des Wegfalls der Verwaltungs- und Vertriebskosten sowie des Gewinnanteils des Lieferanten
► Umsatz-, ggf. Deckungsbeitrags- und Ergebnissteigerung bei Vorwärtsintegration (Wegfall der Margen des Abnehmers)

---

[53] Vgl. Zäpfel (2000a), S. 135 f., Buzzell/Gale (1989), S. 139 ff., Adam (1998), S. 201 f.

- verbesserte Differenzierungsmöglichkeiten (Anpassung an Kundenwünsche und Abgrenzung gegenüber Wettbewerbern) durch die Entwicklung und Herstellung spezialisierter Vorprodukte
- Schutz des eigenen Know-how (Rückwärtsintegration)
- Aufbau neuen Know-hows (Vorwärtsintegration)
- Versorgungssicherheit (Rückwärtsintegration)
- Aufbau von Markteintrittsbarrieren für potenzielle neue Wettbewerber durch größeres Investitionsvolumen und umfangreicheres Know-how
- Unternehmenswachstum in benachbarte Tätigkeitsfelder, insbesondere wenn eine Diversifikation zu riskant oder nicht erfolgversprechend ist.

Folgende *Restriktionen* können sich bremsend auf die Verfolgung einer Integrationsstrategie auswirken:

- Kosten(struktur)nachteile und Verlust von Wettbewerbsvorteilen durch Aufgabe zwischenbetrieblicher Spezialisierung und Arbeitsteilung
- Komplexitätserhöhung infolge gestiegener interner Koordinationserfordernisse und größerer Variantenvielfalt auf vorgelagerten Produktionsstufen
- negative Rentabilitäts- und Liquiditätswirkungen infolge zu beschaffender und vorzuhaltender Potenziale (Betriebsmittel, Personal), z. B. Gefahr von Leerkosten wegen schwierigerer Kapazitätsabstimmung der verschiedenen Produktionsstufen
- Inflexibilität bei technologischem Wandel und bei Nachfrageschwankungen durch vorhandene Potenziale (Ausstiegsbarrieren)
- umweltrechtliche Vorschriften (wenn Emissionsobergrenzen auf eine Erzeugniseinheit bezogen sind)
- unterschiedliche Anforderungen in den einzelnen Gliedern der Wertschöpfungskette hinsichtlich kostengünstiger Betriebsgrößen, Managementfähigkeiten, Organisationsstrukturen usw.
- unerwünschte Kundenreaktionen bei partieller Vorwärtsintegration (Konkurrenzbeziehung mit Kunden, wenn z. B. der Absatz über eine eigene Großhandelsorganisation erfolgt, aber nicht der gesamte Markt abgedeckt werden kann)

Nach den empirischen Befunden der PIMS-Studie zu den Ergebniswirkungen strategischer Entscheidungen kommt es für den Erfolg einer Integrationsstrategie entscheidend darauf an, dass sie nicht mit umfangreichen Investitionen „erkauft" werden muss.[54] Darüber hinaus weisen nach der PIMS-Untersuchung Geschäftsbereiche, die über einen hohen Marktanteil verfügen, eine überdurchschnittlich hohe Rentabilität auf, wenn sie *entweder* eine vergleichsweise geringe *oder* eine hohe vertikale Integration besitzen; der Mittelweg scheint nicht empfehlenswert zu sein. Geschäftsbereiche mit kleinem Marktanteil erzielen den höchsten ROI bei einem geringen bis mittleren Integrationsgrad.[55]

Eine *Konzentrations*strategie ist dadurch gekennzeichnet, dass ein Unternehmen seine Produktionstiefe reduziert, indem es den Anteil des Fremdbezugs erhöht. Dies kann durch die Ausglie-

---

54 Vgl. Buzzell/Gale (1989), S. 142–144 und 148.
55 Vgl. Buzzell/Gale (1989), S. 12 und 144 f.

derung einzelner Elemente der Wertschöpfungskette (Outsourcing) oder die Aufgabe von Randaktivitäten, d. h. Konzentration auf das sog. Kerngeschäft, geschehen. Mit einer Konzentrationsstrategie sollen vor allem folgende *Ziele* erreicht werden:[56]

▶ Kostensenkung:
  - dauerhaft niedrigerer Einstandspreis bei Fremdbezug im Vergleich zu den eigenen Herstellkosten (Beispiele für Ursachen: Stückkostendegressions- und/oder Erfahrungskurveneffekte bei spezialisierten Lieferanten, Lohnniveauunterschiede infolge verschiedener Branchentarifverträge, eigene Standortnachteile)
  - verringerte Zinsbelastung infolge des reduzierten Kapitalbedarfs
  - niedrigere Komplexitäts- und Leerkosten
▶ verbesserte Kostenstruktur:
  - steigender Anteil variabler Kosten (Material/Vorprodukte)
  - sinkender Anteil fixer Kosten (Abschreibungen, Personalkosten)
    daraus resultierend: Anpassungsvorteile bei Beschäftigungsschwankungen und Änderungen des Produktionsprogramms
▶ Anstreben einer Technologieführerschaft ist in ausgewählten Technologiebereichen Erfolg versprechender.

Auch auf die Verfolgung einer Konzentrationsstrategie können sich *Restriktionen* bremsend auswirken:[57]

▶ produktionstechnische Restriktionen: untrennbare Teilprozesse, Kuppelproduktion, fehlende Lager- oder Transportfähigkeit von Zwischenprodukten
▶ Nichtverfügbarkeit benötigter Leistungen oder Vorprodukte auf externen Märkten
▶ Abhängigkeit von Lieferanten
▶ Local-content-Vorschriften in bestimmten Ländern, d. h. Beschränkung des Anteils importierter Komponenten eines Produkts
▶ u. U. Beeinträchtigung des Firmenimages (Zweifel an der technologischen Kompetenz) oder des Markenimages (wenn bekannt wird, dass das Hochpreisprodukt oder wesentliche Komponenten in einem Niedriglohnland hergestellt werden)
▶ u. U. Know-how-Verlust und Gefahr des Auftretens neuer Konkurrenz durch vorwärtsintegrierende Zulieferer.

In den vergangenen Jahren ist in einer Reihe von Branchen, insbesondere in der Automobilindustrie und im Maschinenbau, eine abnehmende vertikale Integration und damit eine Entwicklung hin zu verstärkter zwischenbetrieblicher Arbeitsteilung zu beobachten gewesen (während übrigens gleichzeitig die Arbeitsteilung *innerhalb* der Unternehmen – zunächst als Folge von Bestrebungen zur Arbeitshumanisierung und später im Zuge der Verwirklichung von Ideen der Lean Production – zurückgegangen ist). Welches Ausmaß an vertikaler Integration im Einzelfall angemessen ist, hängt von einem Bündel von Faktoren ab, so von der strategischen Grundausrichtung des Unternehmens (Kostenführerschaft oder Differenzierung nach M. E. Porter), sei-

---

[56] Vgl. Zäpfel (2000a), S. 136 f., Adam (1998), S. 201 f.
[57] Vgl. auch Bohr/Weiß (1994), S. 345 f.

nen Stärken und Schwächen, den Marktgegebenheiten (Wettbewerbsdruck, Dynamik) usw. Tendenziell scheint eine umso *geringere* Fertigungstiefe zweckmäßig zu sein,[58]

▶ je geringer die Bedeutung der betreffenden Teilleistung bzw. der Produktkomponente für die eigene Wettbewerbsposition (Differenzierung) ist,

▶ je weniger innovativ, komplex und spezifisch (d. h. je leichter „austauschbar" und höher standardisiert) die betreffende Teilleistung bzw. Produktkomponente ist,

▶ je dynamischer die Marktverhältnisse sind.

Neben einer Integrations- oder einer Konzentrationsstrategie kommt als dritte Option die *Kooperation* mit anderen rechtlich selbstständigen Unternehmen in Betracht. Das Spektrum möglicher Kooperationsformen reicht von stillschweigenden Übereinkünften über kurz- und langfristige Lieferverträge bis zu strategischen Allianzen und Kapitalbeteiligungen (z. B. in Form von Joint Ventures). Die produktionssynchrone Beschaffung (Just-in-time-Beschaffung) stellt ein bekanntes Beispiel einer Kooperation zwischen Zulieferer und Abnehmer dar.

Während sich die in diesem Abschnitt behandelten strategischen Optionen auf die Produktionstiefe beziehen, beeinflussen die im Folgenden darzustellenden Aktionsrichtungen der Produktpolitik Breite und Tiefe des Produktions- und Absatzprogramms.

2. Produktinnovation

Bei der Produkt*innovation* handelt es sich neben der Produkt*variation* und *-elimination* um eine der drei grundlegenden Aktionsrichtungen im Rahmen der Produktplanung (s. Abb. 230).[59]

Produktinnovationen als spezielle Innovationsform (vgl. zum Innovationsbegriff Teil C.VI. 3.1) besitzen insofern besondere Bedeutung, als bei begrenzten Produktlebenszyklen immer wieder neue Produkte angeboten werden müssen, wenn die Wettbewerbsfähigkeit des Unternehmens erhalten oder gesteigert werden soll. Die Festlegungen der strategischen Planung, die u. a. auf der Identifikation der eigenen Stärken sowie der Abwägung von Chancen und Risiken am Markt beruhen, bilden den Rahmen für die Suche nach Produktinnovationen.

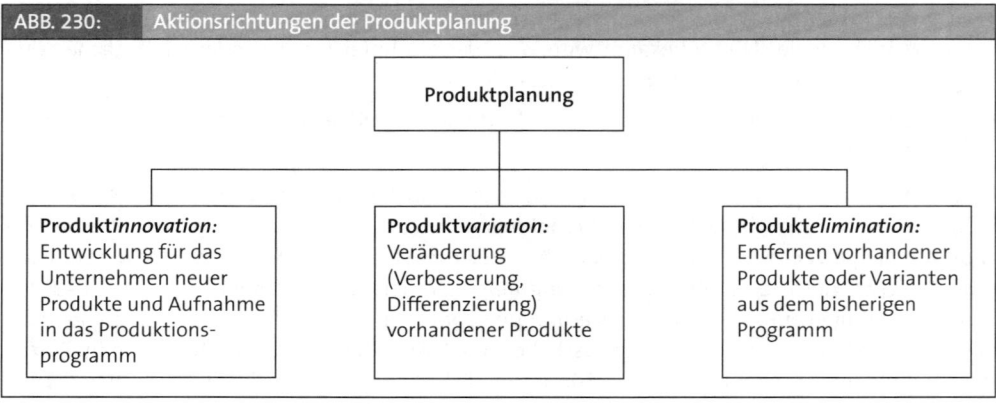

ABB. 230: Aktionsrichtungen der Produktplanung

---

58 Vgl. Reichwald/Dietel (1991), S. 431.
59 Vgl. z. B. Pohmer/Bea (1994), S. 214.

Produkt- und programmbezogene Strategien und Instrumente

KAPITEL E

Teil V

Neue Produkte können auf eigenen F&E-Aktivitäten, der Nutzung von F&E-Ergebnissen Dritter durch Lizenznahme oder Kooperation oder auch auf Imitation beruhen, d.h. der Nachahmung von Konkurrenzprodukten. Bei einer bloßen Imitation besteht nicht nur die Gefahr, dass Schutzrechte der Wettbewerber verletzt werden, sondern es lassen sich auch keine Wettbewerbsvorteile, die auf Differenzierung basieren, erreichen. „Intelligentes Kopieren", also eine Imitation, die geschickt mit einer eigenen Produktverbesserung, die nur geringe Entwicklungs-„Grenzkosten" verursacht, kombiniert wird, ist daher als besonders vorteilhaft einzuschätzen.

Der Prozesscharakter von Produktinnovationen wird in der Literatur in Phasenmodellen abgebildet. Im Folgenden werden die Ideensuche sowie die Auswahl und Bewertung von Produktideen näher betrachtet.

2.1 Ideensuche

Anregungen für Produktideen können sowohl aus dem Unternehmen selbst als auch von Externen kommen. Zu den betriebs*internen Quellen* zählen vor allem:

▶ die F&E-Abteilung

▶ Mitarbeiter aus den Bereichen Vertrieb, Kundendienst und Produktion

▶ Wertanalyse-Teams

▶ Qualitätszirkel

▶ das betriebliche Vorschlagswesen

▶ …

Insbesondere die folgenden *externen Quellen* lassen sich nutzen:

▶ Kunden

▶ Testinstitute

▶ Handelsvertreter

▶ Gesetzgeber (als Initiator)

▶ Wettbewerber (durch Analyse von Konkurrenzprodukten, Informationsmaterial usw.)

▶ spezielle Dienstleister ([Markt-]Forschungsinstitute, Beratungsunternehmen)

▶ Kooperationspartner

▶ Datenbanken, Fachliteratur

▶ Messen, Tagungen

▶ …

Die Ideengenerierung für neue Produkte lässt sich methodisch durch *Kreativitätstechniken* (vgl. Abb. 231) unterstützen. Bislang muss die Verbreitung von Kreativitätstechniken in der Unternehmenspraxis allerdings als gering eingestuft werden.[60]

---

60 Vgl. Knieß (2006), S. 51.

ABB. 231: Übersicht über Kreativitätstechniken		
Methodengruppe	**Grundgedanke**	**Beispiele**
A. Intuitive Methoden		
1. Intuitive Assoziation		
a) Methoden des Brainstorming	Ungezwungene Diskussion ohne Kritik, spontane Einfälle und Assoziationen sollen ausgedrückt werden, Quantität vor Qualität.	► Klassisches Brainstorming ► Imaginäres Brainstorming ► Diskussion 66
b) Methoden des Brainwriting	Spontane Ideen werden auf Formulare oder Zettel geschrieben, Weitergabe gemäß bestimmter Regeln	► Brainwriting-Pool ► Methode 635 ► Mind-Mapping ► Galerie-Methode
2. Intuitive Orientierung	Suche nach problemfremden Bereichen zur Ideenfindung	► Inkubation ► Bionik
3. Intuitive Konfrontation	Verwendung der Methode der Analogiebildung, Erzeugung von Reizobjekten, die mit dem Problem nicht im Zusammenhang stehen und Konfrontation dieser Reizobjekte mit dem Problem, woraus Ideen abgeleitet werden können	► Synektik ► TILMAG ► Visuelle Synektik ► BBB-Methode ► Reizwort-Analyse ► Force-Fit-Spiel ► Sechs-Denkhüte-Methode
B. Systematisch-analytische Methoden		
1. Systematisch-analytische Assoziation	Zerlegung eines Problems in eine Vielzahl unabhängiger Teilprobleme, um diese jeweils für sich zu lösen. Durch Kombination der Einzellösungen bzw. durch Strukturierung und Variation wird dann eine Gesamtlösung zusammengefügt	► Morphologische Methode ► Sequentielle Morphologie
2. Systematisch-analytische Konfrontation	Wie 1., aber unter Verwendung der Methode der Analogiebildung	► Morphologische Matrix
3. Systematisch-analytische Problemspezifizierung	Systematische Zerlegung eines Problems und hierarchische Strukturierung, um die Kernfragen eines Problems oder Einzelprobleme sichtbar werden zu lassen, die dann zur Problemlösung führen	► KJ-Methode ► NN-Methode ► Relevanzbaum

(Quelle: Knieß (2006), S. 39)

Von den bekannteren zur Hervorbringung von Ideen für Produktinnovationen geeigneten Kreativitätstechniken sind in Abb. 232 das Brainstorming, die Methode 635, die Synektik und die morphologische Methode[61] jeweils in einer Kurzbeschreibung dargestellt.[62]

---

61 Vgl. zum Einsatz der morphologischen Methode als Prognoseinstrument Teil C. VII. 3.4.
62 Vgl. auch die Verfahrensbeschreibungen bei Schlicksupp (1977), Anh. 2.

Produkt- und programmbezogene Strategien und Instrumente

KAPITEL E
Teil V

ABB. 232: Charakteristika ausgewählter Kreativitätstechniken

Brainstorming	Methode 635
Urheber: A. F. Osborn	*Urheber:* B. Rohrbach
Merkmale:	*Merkmale und Ablauf:*
▶ Gruppensitzung (ca. 5–15 Teilnehmer aus verschiedenen Bereichen; ungezwungene Atmosphäre)	▶ gehört zur Klasse der Brainwriting-Verfahren, verwandt mit Brainstorming
▶ Grundgedanke: Teilnehmer sollen dazu angeregt werden, spontan und ungehemmt eine große Zahl von Ideen zu generieren	▶ 6 Teilnehmer, denen eine möglichst genau definierte Problemstellung schriftlich vorgelegt wird
▶ Sitzungsdauer zwischen 20 und 40 Minuten	▶ je 3 Lösungsvorschläge, die in ein spezielles Formular eingetragen werden
▶ Moderator bereitet die Sitzung vor, stimuliert ggf. die Ideenproduktion, achtet insbesondere auf die Einhaltung der Regeln (vgl. Osborn (1963), S. 156):	▶ 5 Minuten Zeit für die drei Lösungsvorschläge
1. Kritik an geäußerten Ideen ist während der Sitzung nicht erlaubt	▶ nach dem 1. Durchgang Weitergabe der Formulare; jeder Teilnehmer nimmt erhaltene Lösungen zur Kenntnis und fügt drei neue Ideen hinzu oder entwickelt die vorhandenen weiter
2. freier Lauf der Assoziationen; jede Anregung ist erwünscht	▶ erneuter Austausch der Formblätter nach 5 Minuten usw.
3. Ideenquantität geht vor -qualität	▶ Verfahren ist beendet, wenn jeder Teilnehmer seine Ideen auf jedem Formular dokumentiert hat
4. Aufgreifen, Kombinieren und Abwandeln der geäußerten Lösungsvorschläge sind erwünscht (Nutzen von Synergieeffekten durch die Gruppe)	▶ Maximale Zahl der Lösungen nach 6 Durchgängen (30 Minuten): $6 \cdot 3 \cdot 6 = 108$
▶ Ideenbewertung (2. Schritt) ist von der Ideenproduktion abgekoppelt	▶ Anwendungsbereich: wie beim Brainstorming
▶ Anwendungsbereich: klar definierte, nicht besonders komplexe Problemstellungen	*Literatur:* Rohrbach (1969), S. 74 – 76
▶ Qualität der Lösungsvorschläge stark zufallsbestimmt	
Literatur: Osborn (1963)	

Synektik	Morphologische Methode
Urheber: W. J. J. Gordon	*Urheber:* F. Zwicky
Merkmale und Ablauf:	*Merkmale und Vorgehensweise:*
▶ Begriff „Synektik" (griech.): In-Verbindung-bringen scheinbar nicht zusammenhängender Dinge ▶ Gruppensitzung (ca. 5 bis 8 Teilnehmer mit unterschiedlichem fachlichen Hintergrund) ▶ Sitzungsdauer ca. 1/2 bis 2 Stunden ▶ Grundgedanke: Erfahrungstatsache, dass kreative Prozesse großenteils unterbewusst ablaufen und emotionale und irrationale Elemente (Einfühlungsvermögen, Intuition, Unvoreingenommenheit, das Spiel mit vordergründig Irrelevantem usw.) eine große Rolle spielen. Da diese Vorgänge aber keiner gezielten Nutzung zugänglich sind, Anwendung von vier „operationalen Mechanismen", die alle auf *Analogiebildungen* beruhen (Ziel: Vertrautes verfremden) ▶ Ablauf (vereinfacht): – Darlegung und Analyse des Problems (Fremdes vertraut machen) – Verfremden des Problems durch Analogiebildungen, z. B. aus der Natur – Gewinnung von Lösungsideen durch Analyse der Analogien und Übertragungen der festgestellten Strukturelemente auf das Problem („Force Fit") ▶ Anwendungsbereich: anspruchsvollere, insbesondere technische Problemstellungen ▶ Voraussetzungen: qualifizierte Teilnehmer und besonders geschulter Moderator *Literatur:* Gordon (1961)	▶ Grundgedanke: Zerlegung des Problems in seine Problemelemente (Parameter); Suche nach Lösungen für die einzelnen Elemente; Ermittlung einer Lösung für das gesamte Problem durch Kombination der Lösungselemente → Systematik ▶ Vorgehensschritte: – Problembeschreibung – Ermittlung der Problemparameter (sog. intensionalen Merkmale), z. B. der Teilfunktionen bzw. funktionalen Bestandteile eines Produkts – Aufstellen eines morphologischen Kastens, indem den Elementen mögliche Lösungen (sog. extensionale Merkmale) zugeordnet werden – Analyse und Bewertung der Lösungsalternativen, die sich durch Kombination der Lösungselemente ergeben. (Der morphologische Kasten enthält implizit *alle* möglichen Lösungen.) – Auswahl der weiterzuverfolgenden oder zu realisierenden Lösung(en) ▶ Anwendungsbereich: komplexere Probleme, die sich logisch vollständig in ihre Problemelemente zerlegen lassen ▶ höhere Anforderungen an die fachliche Qualifikation der Teilnehmer als Brainstorming und Methode 635 *Literatur:* Zwicky (1989), S. 114 ff.

2.2 Auswahl und Bewertung von Produktideen

Im Anschluss an die Ideensuche für neue Produkte sind die Produktideen, die die Unternehmenszielsetzungen am besten erfüllen, auszuwählen und davon diejenigen zu bestimmen, die weiterverfolgt und letztlich realisiert werden sollen. Zu diesem Zweck lassen sich unterschiedlich aufwendige Methoden einsetzen, deren Eignung einerseits vom Fortschritt des Auswahl- und Bewertungsprozesses und damit vom Informationsstand (s. Abb. 233) und andererseits von der Bedeutung des Produkts abhängt.

Eine erste grobe Vorauswahl, die die Zahl der in Frage kommenden Vorschläge normalerweise drastisch reduziert, lässt sich mit Hilfe von *Checklisten* durchführen. Dabei handelt es sich um Fragenkataloge, die i. d. R. die Mindestanforderungen an neue Produkte enthalten. Einige Beispiele für abzufragende Anforderungen seien aufgezählt:[63]

---

63 Vgl. z. B. Hüttel (1998), S. 193.

Produkt- und programmbezogene Strategien und Instrumente

KAPITEL E
Teil V

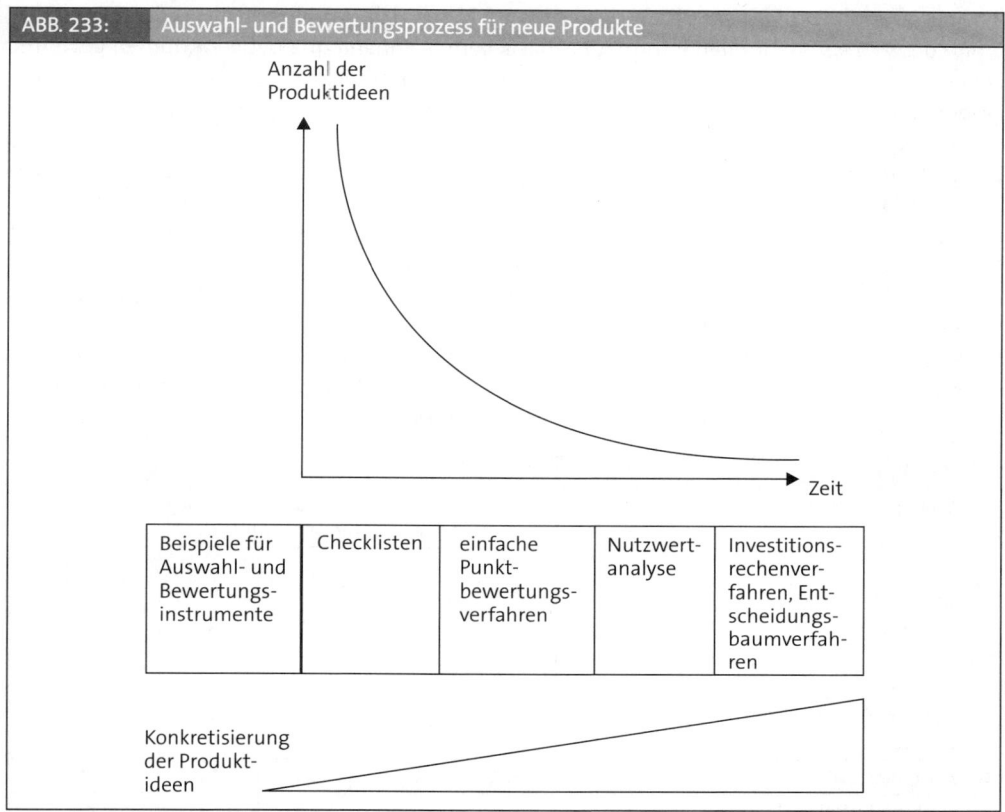

ABB. 233: Auswahl- und Bewertungsprozess für neue Produkte

(vgl. auch Steinbuch/Olfert (1999), S. 191)

- rechtliche Zulässigkeit
- Vereinbarkeit mit den Unternehmenszielen
- Vereinbarkeit mit der Corporate Identity
- Vereinbarkeit mit dem derzeitigen Produktions- und Absatzprogramm (interne Konkurrenz?)
- Realisierbarkeit hinsichtlich
  - personeller und finanzieller Ressourcen
  - technologischem Know-how
  - der vorhandenen Betriebsmittelausstattung
  - ...
- Akzeptanz bei potenziellen Kunden
- Einhaltung von Untergrenzen bei Umsatz- und Deckungsbeitragserwartungen
- Wettbewerbsvorsprung
- ...

Die Anwendung von Checklisten birgt die Gefahr, dass auch erfolgversprechende Ideen durch den groben Raster fallen, wenn sie auf den ersten Blick als nicht realisierbar erscheinen.

KAPITEL E — Das Produkt
Teil V

In einer zweiten Stufe des Evaluationsprozesses können die verbliebenen Produktideen aufgrund der sich verbreiternden Informationsbasis bereits anhand qualitativer Kriterien bewertet werden. Hierzu eignen sich einfache Punktbewertungsverfahren, die in unterschiedlichen Ausprägungen zur Verfügung stehen. Beispielhaft sei das Punktbewertungsmodell nach C. M. Mottley und R. D. Newton vorgestellt, dem fünf Bewertungskriterien zugrunde liegen (vgl. Abb. 234).[64] In diesem Modell werden aufgrund qualitativer Merkmalsausprägungen Punktzahlen vergeben (3 Punkte: höchste Bewertung; 1 Punkt: niedrigste Bewertung) und multiplikativ verknüpft. Damit liegt die Gesamtpunktzahl für eine Produktidee/ein Projekt zwischen 1 und $3 \cdot 3 \cdot 3 \cdot 3 \cdot 3 = 243$. Durch das Einbeziehen von anderen oder weiteren Kriterien, die additive Verknüpfung der Punktzahlen oder eine Verbreiterung der Punktespanne (z. B. 1 bis 5 Punkte) kann das Modell entsprechend den Bedürfnissen abgewandelt werden. Ferner lassen sich durch Verbinden der Markierungen Produktbewertungs*profile* erzeugen, wenn nicht nur der Gesamtpunktwert von Interesse ist, sondern auch dessen Zustandekommen, etwa um die (Un-)Ausgewogenheit der Merkmalsausprägungen zu verdeutlichen.

ABB. 234: Punktbewertungsmodell für Produktideen (Beispiel)					
Beurteilungskriterium	Projekt/Produktvorschlag (nach erreichter Gesamtpunktzahl sortiert)				
	D	A	C	E	B
Erfolgsaussichten des Entwicklungsprojekts	3	3	3	2	2
Entwicklungsdauer	2	3	2	2	1
Projektkosten	3	3	2	1	2
Strategische Notwendigkeit	3	2	1	2	1
Gewinnpotenzial	3	2	3	2	1
Gesamtpunktzahl	**162**	**108**	**36**	**16**	**4**
erforderliche Mittel (GE)	102	71	80	67	43
erf. Mittel, kumuliert (GE)	102	173	253	320	363

(in Anlehnung an Mottley/Newton (1959), S. 746)

Werden die Beurteilungskriterien entsprechend ihrer Bedeutung gewichtet, so wird der Schritt zu *Scoringmodellen* (nutzwertanalytischen Modellen) vollzogen. In Abb. 235 ist ein vereinfachtes Beispiel eines Scoringmodells zur Bewertung von zwei Produktvorschlägen A und B dargestellt, um die grundsätzliche Vorgehensweise zu demonstrieren. Bezüglich methodischer Einzelheiten der Nutzwertanalyse wird auf Teil F. II. 4. dieses Buches und die dort angegebene Literatur verwiesen. Im vorliegenden Fall erreicht Vorschlag B mit 307 Punkten 61 % der maximalen Punktzahl und damit von beiden Alternativen den höheren Punktwert. (Bei der *ungewichteten* Punktzahl ist es umgekehrt.)

---

64 Vgl. hierzu Mottley/Newton (1959), S. 742 ff.

ABB. 235:	Scoringmodell zur Produktbewertung (Beispiel)					
Bewertungskriterium		Kriterien-gewichtung	Punktzahl (1 ... 5)		gewichtete Punktzahl	
			A	B	A	B
1. F & E		(8)				
1.1 voraussichtliche Entwicklungsdauer		4	5	2	20	8
1.2 geschätzter Entwicklungsaufwand		4	2	1	8	4
2. Absatzmarkt		(32)				
2.1 jährliches Absatzvolumen		9	4	4	36	36
2.2 erzielbarer Stück-Deckungsbeitrag		9	2	1	18	9
2.3 erwartete Dauer des Marktlebenszyklus		6	5	5	30	30
2.4 Wechselwirkung mit bestehendem Absatzprogramm		3	3	1	9	3
2.5 Innovationsvorsprung vor Wettbewerbern		5	3	2	15	10
3. Produktion		(29)				
3.1 erforderliche Betriebsmittelinvestitionen		8	3	4	24	32
3.2 erforderliche Personalqualifizierungsmaßnahmen		10	1	5	10	50
3.3 technische Beherrschbarkeit der Prozesse		5	2	3	10	15
3.4 Umweltwirkungen		6	5	5	30	30
4. Beschaffung		(19)				
4.1 Verfügbarkeit der Rohstoffe		10	1	4	10	40
4.2 Inanspruchnahme von Lagerkapazität		9	3	1	27	9
5. Sonstiges		(12)				
5.1 Recyclingfähigkeit		7	2	3	14	21
5.2 Produkthaftungsrisiko		5	4	2	20	10
	∑	100	45	43	281	307
	Anteil an der Maximalpunktzahl		60 %	57 %	56 %	61 %

Die aussagekräftigsten Produktbewertungen liefern Verfahren, die quantitative Inputgrößen verarbeiten. Hierzu zählen neben *Break-even-Analysen* vor allem *Investitionsrechenkalküle* (vgl. Teil C. III. 5.). Allerdings sind die benötigten Informationen (Einzahlungen aufgrund zu schätzender Umsätze, Entwicklungs- und Investitionsauszahlungen usw.) besonders in dieser frühen Projektphase noch sehr lückenhaft und unsicher, sodass die Anwendung quantitativer Entscheidungshilfen Probleme bereitet. Ein Verfahren, das explizit unsichere Erwartungen und zustandsabhängige Folgeentscheidungen einbezieht, ist das stochastische *Entscheidungsbaumverfahren*.[65] Es beruht auf der Ermittlung von Erwartungswerten des Kapitalwerts für alternative mögliche Umweltzustände.

Es ist offensichtlich, dass der Einsatz aufwendiger Methoden wie der Nutzwertanalyse oder des Entscheidungsbaumverfahrens nur bei Entscheidungen über Produktinnovationen gerechtfertigt ist, die für das Unternehmen einen hohen Stellenwert besitzen. Anhaltspunkte hierfür lie-

---

65 Vgl. zu Einzelheiten Blohm/Lüder/Schaefer (2006), S. 263 ff.

fern z. B. die vermutete strategische Bedeutung eines Produkts, das geschätzte Investitionsvolumen, voraussichtliche Entwicklungszeiten u. a. m.

Steht fest, welche Produktidee(n) realisiert werden soll(en), sind im Rahmen einer Produktstudie die möglicherweise noch vagen Vorstellungen bezüglich der Produkteigenschaften zu konkretisieren. Ergebnis dieser Aktivitäten sollte ein Pflichtenheft sein (vgl. oben Teil E. II.), das der Produktentwicklung als Richtschnur dient.

2.3 Forschung und Entwicklung (F&E)

Wichtige Grundlage für Produkt- und damit eng zusammenhängend auch Verfahrensinnovationen bilden Forschungs- und Entwicklungsergebnisse.[66] Forschung und Entwicklung sei definiert als Gesamtheit der Aktivitäten mit dem Ziel der Gewinnung neuer wissenschaftlicher Kenntnisse und deren Umsetzung in wirtschaftlich verwertbare Innovationsvorhaben (neue und verbesserte Produkte, Produktkomponenten sowie Produktionsverfahren, neue Anwendungsmöglichkeiten für bestehende Produkte).[67] *Forschung* wird üblicherweise in Grundlagen- und angewandte Forschung gegliedert, *Entwicklung* in die drei Teilbereiche Neu-, Weiterentwicklung und Erprobung (vgl. Abb. 236), wobei die inhaltlichen Abgrenzungen in der Literatur unterschiedlich gehandhabt werden.

F&E-Prozesse lassen sich als spezielle Produktionsprozesse interpretieren, die durch folgende Merkmale gekennzeichnet sind:[68]

▶ Der Produktionsfaktor kreative menschliche Arbeit spielt eine dominierende Rolle.

▶ Es handelt sich um eine „Einzelfertigung" immaterieller Produkte in Form von Forschungsergebnissen.

---

[66] Zur Vermeidung von Überschneidungen wird F&E hier im Rahmen der Produktinnovation behandelt, auch wenn ein großer Teil der Produktvariationen (s. hierzu Teil E. V. 3.) ebenfalls auf F&E-Ergebnissen basiert.
[67] Vgl. zur Problematik des F&E-Begriffs Brockhoff (1999), S. 48 ff.
[68] Vgl. Brockhoff (1999), S. 48 ff., Corsten (2007), S. 165.

Produkt- und programmbezogene Strategien und Instrumente **KAPITEL E** Teil V

ABB. 236: Teilbereiche der Forschung und Entwicklung

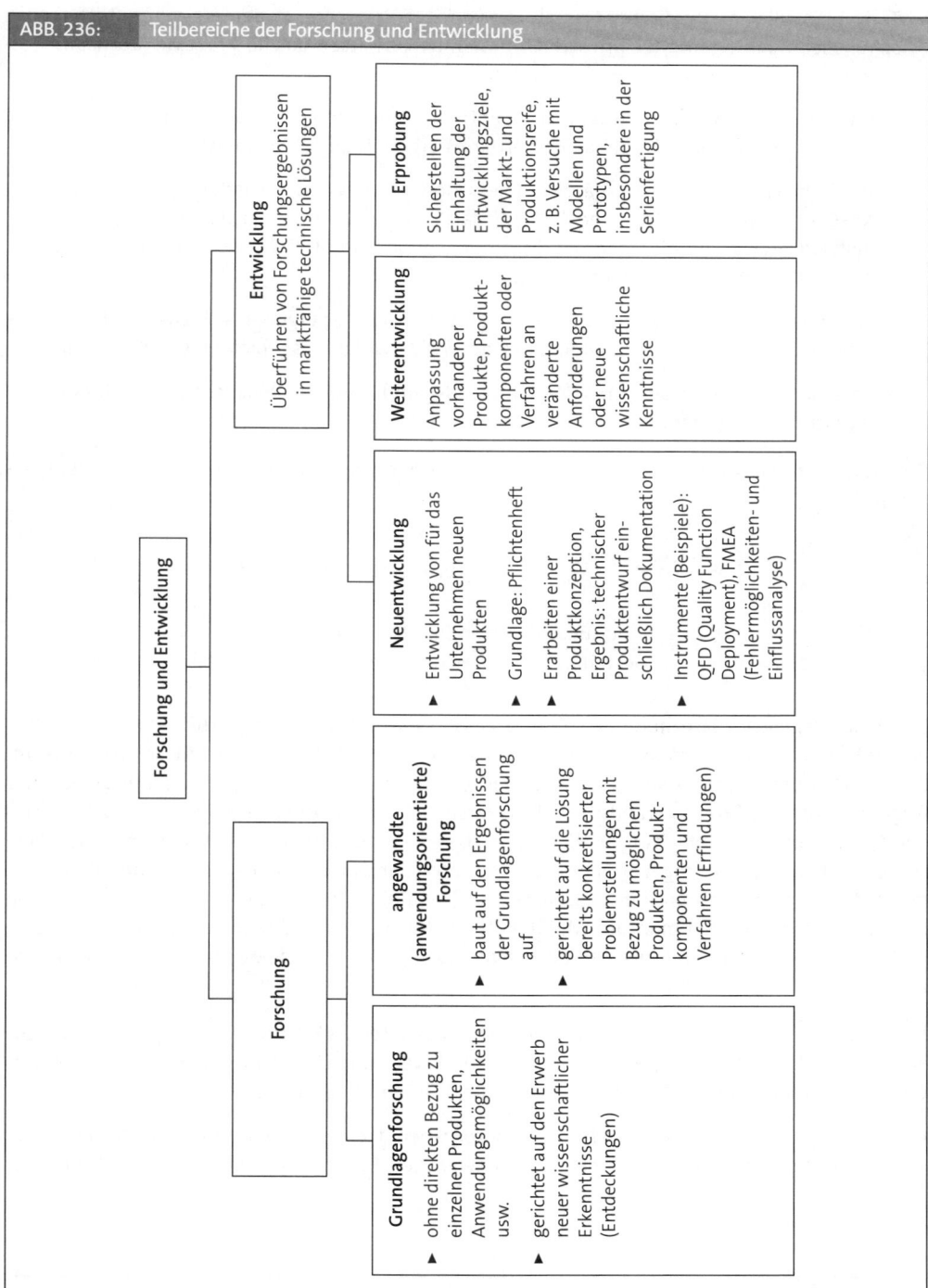

- Trotz planvoller methodischer Gestaltung von F&E-Prozessen in der Regie öffentlicher Forschungseinrichtungen oder privater Unternehmen besitzen solche Prozesse *stochastischen* Charakter, der sich folgendermaßen äußert:
  - Das Resultat des F&E-Prozesses ist ex ante im Einzelnen nicht bekannt. Es besteht sogar Unsicherheit, ob überhaupt ein verwertbares Ergebnis zustande kommt.
  - Vielfach wird nicht das Ausgangsproblem, sondern ein anderes gelöst. (Beispiel Pharmaforschung: Ein neu entdeckter Wirkstoff lässt sich zwar nicht zur Behandlung der Krankheit einsetzen, derentwegen das Forschungsprojekt initiiert wurde, sondern eignet sich zur Therapie einer anderen Krankheit.)
  - Es können unerwartete Kuppelprodukte auftreten, d. h. es ergeben sich zusätzlich Erkenntnisse, die sich in verwandten oder entfernteren Anwendungsgebieten verwerten lassen.
  - Bezüglich des erforderlichen Zeitaufwands und anderer einzusetzender Ressourcen herrscht Unsicherheit.

Gebräuchliche Maßstäbe für die *F&E-Intensität* von Unternehmen stellen insbesondere die Kennzahlen

$$\frac{\text{F\&E} - \text{Aufwendungen}}{\text{Umsatz}} \cdot 100\% \text{ (F\&E-Quote) und}$$

$$\frac{\text{Anzahl der Beschäftigten im F\&E-Bereich}}{\text{Gesamtzahl der Beschäftigten}} \cdot 100\%$$

dar. Eine vergleichsweise hohe F&E-Quote weisen die Industriezweige Luft- und Raumfahrt, Elektrotechnik und Elektronik, Chemie/Pharma sowie Kraftfahrzeug- und Maschinenbau auf. Bei zwischenbetrieblichen Kennzahlenvergleichen ist das Problem möglicher unterschiedlicher Abgrenzungen des F&E-Aufwands bzw. F&E-Personals zu beachten. Gemeinsamer Nachteil beider Kennzahlen ist deren Inputorientierung, d. h. sie sagen nichts über die Wirksamkeit der Ressourcennutzung aus. Demgegenüber drücken Innovationsraten, d. h. der Umsatzanteil, der auf die in den letzten n Jahren (beispielsweise $n \leq 5$) neu eingeführten Produkte entfällt, aus, wie „innovativ" ein Unternehmen am Markt auftritt. Nachteilig an dieser Kennzahl ist ihre ausschließliche Outputorientierung und die Schwierigkeit, „neue" Produkte von anderen abzugrenzen.

Aufgabe des *F&E-Managements* ist es, die oben skizzierten F&E-Aktivitäten zu planen, zu steuern und zu überwachen. Folgende Managementschwerpunkte, die zum Teil aus den aufgezeigten Besonderheiten der F&E-Prozesse resultieren, lassen sich feststellen:[69]

- Abstimmung der F&E-Aktivitäten mit den Vorgaben der strategischen Planung bezüglich genereller Zielsetzungen (z. B. höherer Stellenwert von F&E bei strategischer Ausrichtung auf

---

[69] Vgl. zu einzelnen Schwerpunkten Hahn/Laßmann (1990), S. 148 ff.

Produkt- und programmbezogene Strategien und Instrumente — KAPITEL E, Teil V

Technologieführerschaft und Differenzierung)[70], Prioritätensetzung, Auswahl konkurrierender F&E-Projekte, Ressourcenallokation usw.

- Entscheidungen über Eigen- und Fremd-F&E einschließlich Kooperationen (Gemeinschaftsforschung) und Lizenzerwerb
- Koordination der beteiligten Stellen F&E-Bereich, Marketing, Produktion, ggf. Externe (z. B. Lieferanten)
- Führung der hoch qualifizierten, jedoch weniger dispositiv tätigen F&E-Mitarbeiter
- Controlling der einzelnen F&E-Projekte:
  - Zeit- und Kostenplanung sowie -überwachung; Instrumente: Netzplantechnik, Budgetierung, Target Costing, Simultaneous Engineering (möglichst parallele statt sequentieller Abwicklung der Projektteilaufgaben)
  - Festlegen von Meilensteinen und Abbruchkriterien
  - Sicherstellen des für erforderlich gehaltenen Produktreifegrades bzw. der Prozesssicherheit bei möglichst kurzen Produktentwicklungszeiten.

Mit Optimierungsarbeiten am neuen Produkt bzw. Verfahren, Test- und Vorserien mündet die letzte Entwicklungsphase, die Erprobung, ein in die Vorbereitung der Produktionsaufnahme.

2.4 Schutzrechte für neue Produkte

F&E-Ergebnisse können vor Nachbildung, Nachahmung und Verwertung durch Wettbewerber rechtlich geschützt werden. Der beabsichtigte wirtschaftliche Zweck der gewerblichen Schutzrechte[71] liegt vor allem darin, dem Inhaber des Schutzrechts, d. h. etwa dem Unternehmen, das Mittel in die Entwicklung eines neuartigen Produkts investiert hat, eine Zeit lang die alleinige Herstellung und kommerzielle Nutzung zu ermöglichen. Durch die temporäre Monopolstellung soll ein gesamtwirtschaftlich erwünschter Anreiz zu innovativem Verhalten aufrechterhalten werden.

Technische Erfindungen lassen sich durch das *Patent* bzw. das *Gebrauchsmuster* schützen (vgl. zu Einzelheiten Abb. 237). Das Gebrauchsmuster ist nicht auf Produktionsverfahren anwendbar und wird wegen seiner geringeren Anforderungen an die „Erfindungshöhe", der lediglich formellen Prüfung und der kürzeren Schutzdauer zuweilen auch als „kleines Patent" bezeichnet. Unter Umständen kann es zweckmäßig sein, für denselben „Schutzgegenstand" sowohl ein Patent als auch ein Gebrauchsmuster zu beantragen.

Anders als die beiden Schutzrechte Patent und Gebrauchsmuster beinhaltet das *Geschmacksmuster* den Schutz des Produktdesigns, d. h. der ästhetischen Farb- und Formgestaltung von gewerblichen Gegenständen wie Schmuck, Bekleidung, Geschirr, Bodenbelägen, Tapeten usw. (vgl. wiederum Abb. 237). Zeichen, also Signets, Logos, Wörter, Melodien, dreidimensionale Gebilde

---

[70] So stellte M. Knieß in einer empirischen Untersuchung fest, dass Unternehmen, die eine Nischenpolitik betreiben, eine wesentlich höhere F&E-Quote aufweisen als der jeweilige Branchendurchschnitt (s. Knieß (1992), S. 147 ff.).
[71] Zu den rechtlichen Grundlagen vgl. beispielsweise Ilzhöfer (2007), Nirk/Ullmann (2007).

etc., die geeignet sein müssen, Waren bzw. Dienstleistungen von denen anderer Unternehmen zu unterscheiden, können als *Marke* (früher Warenzeichen) geschützt werden. Zur Unterscheidung eingetragener Marken von Gattungsnamen dient das Kennzeichen®, vergleichbar mit dem im Ausland gebräuchlichen™ (Trademark).

Die behördlichen Aufgaben im Zusammenhang mit den in Deutschland Rechtswirkung besitzenden gewerblichen Schutzrechten nimmt das Deutsche Patent- und Markenamt mit Sitz in München wahr. Es ist u. a. zuständig für die Prüfung und Erteilung von Patenten, die Eintragung von Gebrauchs-, Geschmacksmustern und Marken sowie die Führung der entsprechenden Register. Im Zuge fortschreitender weltwirtschaftlicher Verflechtungen gewinnt ein über die Staatsgrenzen hinaus reichender Rechtsschutz zunehmend an Bedeutung. Das ebenfalls in München ansässige Europäische Patentamt bietet die Möglichkeit, durch eine einzige Patentanmeldung Patentschutz in mehreren oder sämtlichen Vertragsstaaten der Europäischen Patentorganisation zu erlangen *(europäisches Patent)*. Europäische Patente entfalten in den vom Anmelder benannten Staaten dieselbe Schutzwirkung wie entsprechende nationale Patente.

Für neu gezüchtete Nutz- und Zierpflanzen existiert mit dem *Sortenschutz* ein spezielles, 25 Jahre (in Ausnahmefällen 30 Jahre) dauerndes Schutzrecht. Es gewährt dem Inhaber das ausschließliche Recht, entsprechendes Saatgut und Stecklinge zu erzeugen und zu vertreiben. Beim *Halbleiterschutzgesetz* handelt es sich um eine weitere Spezialvorschrift. Sie entspricht in wesentlichen Teilen dem Gebrauchsmustergesetz und schafft die Möglichkeit, „Topographien", d. h. die dreidimensionalen Strukturen von mikroelektronischen Halbleitererzeugnissen, schützen zu lassen.

ABB. 237: Produktbezogene Schutzrechte

Schutz-recht	gesetzliche Grundlage	Gegenstand des Schutzes	Vorgehensweise zur Erlangung des Schutzrechts	rechtliche Wirkung	
				Nutzungsbefugnis	Schutzdauer
Patent	Patentgesetz (PatG)	technische Erfindungen (Erzeugnisse, Vorrichtungen oder Verfahren), die (§ 1 I, §§ 3–5) ▶ neu sind, d. h. nicht zum Stand der Technik gehören, ▶ auf erfinderischer Tätigkeit beruhen, d. h. sich für einen Experten nicht in nahe liegender Weise ergeben, sondern durchschnittliches Können übersteigen und ▶ gewerblich anwendbar sind Nicht patentfähig sind: Entdeckungen, Theorien, Produktdesign, Software ... (§ 1 III)	▶ Ermittlung des neuesten Standes der Technik vom Erfinder selbst in den Auslegehallen des Patentamtes oder gebührenpflichtig durch das Patentamt im Rahmen der Anmeldung ▶ gebührenpflichtige Anmeldung der Erfindung beim Patentamt mittels Erteilungsantrag, Anmeldungsunterlagen (sog. Patentansprüche, Beschreibung und ggf. Zeichnungen), Zusammenfassung (dient nur der technischen Information, ist nicht Bestandteil der Anmeldung), ggf. Modelle und Proben (nur auf Anforderung des Patentamtes), Erfinderbenennung ▶ es sind Jahresgebühren zu entrichten, die im Zeitablauf ansteigen	die ausschließliche, übertragbare Befugnis des Patentinhabers, die Erfindung zu nutzen; d. h. jedem Dritten ist es verboten, 1. das geschützte Erzeugnis herzustellen, anzubieten, in Verkehr zu bringen und zu gebrauchen, 2. das geschützte Verfahren anzuwenden, 3. durch ein geschütztes Verfahren unmittelbar hergestellte Erzeugnisse anzubieten etc. (§ 9)	maximal 20 Jahre, ergänzender Schutz im unmittelbaren Anschluss gem. EU-Verordnung möglich (§ 16 I und § 16a I)
Gebrauchsmuster	Gebrauchsmustergesetz (GbrMG)	technische Erfindungen (Erzeugnisse oder Vorrichtungen), die (§ 1 I, § 3 I) ▶ neu sind (s. o.), ▶ auf einem erfinderischen Schritt beruhen, d. h. nicht nur auf rein handwerkliches Können zurückzuführen sind, und ▶ gewerblich anwendbar sind Nicht gebrauchsmusterfähig sind: Verfahren, Entdeckungen, Theorien, Produktdesign, Software, Pflanzensorten und Tierarten ... (§ 1 II, § 2)	▶ gebührenpflichtige Anmeldung der Erfindung beim Patentamt zur Eintragung in die Gebrauchsmusterrolle mittels Eintragungsantrag, Anmeldungsunterlagen (Schutzansprüche, Beschreibung, Zeichnungen) ▶ Im Unterschied zur Patentanmeldung lediglich Prüfung der formellen Voraussetzungen (Neuheit, erfinderischer Schritt, gewerbliche Anwendbarkeit) ▶ Zahlung von im Zeitablauf ansteigenden Gebühren, wenn Schutzdauerverlängerung erwünscht	das ausschließliche, übertragbare Recht des Inhabers, den Gegenstand des Gebrauchsmusters zu nutzen; d. h. jedem Dritten ist es verboten, das geschützte Erzeugnis herzustellen, anzubieten, in Verkehr zu bringen und zu gebrauchen oder zu diesen Zwecken zu importieren oder zu besitzen (§ 11 I)	3 Jahre, verlängerbar um weitere 3, danach jeweils 2 Jahre, maximale Schutzdauer 10 Jahre (§ 23)

KAPITEL E — Teil V: Das Produkt

Schutzrecht	gesetzliche Grundlage	Gegenstand des Schutzes	Vorgehensweise zur Erlangung des Schutzrechts	rechtliche Wirkung	
				Nutzungsbefugnis	Schutzdauer
Geschmacksmuster	Geschmacksmustergesetz (GeschmMG)	Farb- und Formgestaltungen zwei- oder dreidimensionaler gewerblicher Gegenstände (ästhetische Muster bzw. Modelle), also das Design von Erzeugnissen, sofern es (§ 2) ▶ neu ist, d. h. vor dem Anmeldetag kein identisches Muster bekannt geworden ist, und ▶ Eigenart hat, d. h. beim informierten Benutzer einen unterscheidbaren Gesamteindruck hervorruft	▶ gebührenpflichtige Anmeldung des Geschmacksmusters zur Eintragung in das Musterregister beim Patentamt mittels Eintragungsantrag und Wiedergabe des Musters oder Modells (Sammelanmeldung, bei der bis zu maximal 100 Muster oder Modelle in einer Anmeldung zusammengefasst sind, möglich) ▶ Zahlung von im Zeitablauf ansteigenden Gebühren, wenn Schutzdauerverlängerung erwünscht ist	das ausschließliche Recht des Inhabers, das Geschmacksmuster zu benutzen und Dritten zu verbieten, es ohne seine Zustimmung zu benutzen. (§ 38)	5 Jahre, verlängerbar um jeweils 5 Jahre, maximale Schutzdauer 25 Jahre (§ 27 II und § 28 I)
Marke	Markengesetz (MarkenG)	Zeichen, insbesondere Wörter einschließlich Personennamen, Abbildungen, Buchstaben, Zahlen, akustische Zeichen, dreidimensionale Gestaltungen (z. B. Verpackungen), die geeignet sein müssen, Waren oder Dienstleistungen eines Unternehmens von denjenigen anderer Unternehmen zu unterscheiden (§ 3 I) nicht schutzfähig: „Zeichen, die ausschließlich aus einer Form bestehen, 1. die durch die Art der Ware selbst bedingt ist, 2. die zur Erreichung einer technischen Wirkung erforderlich ist oder 3. die der Ware einen wesentlichen Wert verleiht." (§ 3 II) nicht eintragungsfähig: z. B. Marken, die das Publikum über das Produkt täuschen könnten (§ 8)	▶ gebührenpflichtige Anmeldung der Marke zur Eintragung in das beim Patentamt geführte Register, beizufügende Wiedergabe der Marke und Angabe aller Waren und Dienstleistungen, die mit der Marke gekennzeichnet werden sollen (§ 32) ▶ Zahlung von Verlängerungsgebühren, wenn die Marke nochmals für zehn Jahre geschützt werden soll	für den Zeicheninhaber entsteht die ausschließliche Befugnis, Waren der angemeldeten Art oder ihre Verpackung oder Umhüllung mit dem Zeichen zu versehen, die so bezeichneten in Verkehr zu bringen sowie auf Ankündigungen, Preislisten, Geschäftsbriefen usw. das Zeichen anzubringen (§ 14)	10 Jahre, praktisch jedoch unbegrenzt, da der Schutz beliebig oft um 10 Jahre verlängert werden kann (§ 47 I f.)

Gewerbliche Schutzrechte können nicht nur dazu beitragen, dass sich F&E-Investitionen amortisieren, sondern sie besitzen auch eine wichtige Informationsfunktion. So ist beispielsweise durch die Offenlegung der Patentschriften der Stand der Technik ablesbar, womit Parallel-F&E mehrerer Unternehmen vermieden werden kann. Allerdings ist die obligatorische Offenlegung auch einer der wichtigsten Gründe dafür, auf eine Patentanmeldung zu *verzichten*, um Wettbewerbern keine Anhaltspunkte für Imitationen zu liefern. In solchen Fällen wird mit Hilfe von *Geheimhaltungsmaßnahmen*, einer frühen Produktionsaufnahme und damit schnellen Rückflüssen über den Umsatzprozess versucht, den Know-how-Vorsprung möglichst intensiv zu nutzen, solange die Geheimhaltung noch aufrechterhalten werden kann.

Ein Unternehmen, das Inhaber eines gewerblichen Schutzrechts ist, hat die Wahl, das Recht selbst zu nutzen oder – z. B. wegen fehlender Ressourcen oder mangelnder Kompatibilität mit dem bisherigen Tätigkeitsbereich – *Lizenzen* zu vergeben. Der Lizenznehmer erwirbt das Recht, den Inhalt des Schutzrechts allein (ausschließliche Lizenz) oder neben anderen Lizenznehmern (einfache Lizenz) zu verwerten. Dabei kann der Umfang des Nutzungsrechts z. B. geografisch oder zeitlich eingeschränkt werden (beschränkte Lizenz). Aus der Sicht des Lizenznehmers stellt die Lizenznahme eine Inanspruchnahme von F&E-Fremdleistungen dar. Damit „vermeidet das Unternehmen das Entwicklungsrisiko und erhöht die Chancen, in kürzester Zeit auf dem Markt zu sein".[72]

3. Produktvariation

3.1 Formen der Produktvariation

Im Unterschied zu Produktinnovationen lassen sich Produkt*variationen*, d. h. Veränderungen vorhandener Produkte, mit einem regelmäßig kürzeren Planungsvorlauf, geringerem Einsatz finanzieller Mittel (weitgehende Nutzung der vorhandenen Anlagen) und entsprechend niedrigerem Risiko realisieren. Insofern stellt sich die Veränderung von Produkteigenschaften im Vergleich zur grundlegenden Innovation als „kleine Lösung" dar, deren wirtschaftlich nutzbarer Neuigkeitseffekt andererseits ebenfalls geringer ausfällt.

Der Anstoß zu Änderungen an einem bestehenden Produkt kann direkt vom Absatzmarkt ausgehen, etwa wenn das Umsatzwachstum eines reifen Konsumerzeugnisses stagniert (vgl. zum Marktlebenszyklus Teil E. I. 3.) und eine Produktmodifikation einen neuen Kaufanreiz schafft. Dabei reicht die Spanne möglicher Änderungen von technisch leicht zu realisierenden optischen Retuschen bis hin zur qualitativen Produktaufwertung, sodass die Grenze zur Produktinnovation nicht immer eindeutig zu identifizieren ist. Da typischerweise in diesen Fällen das veränderte Produkt das bisher angebotene ersetzt, liegt zugleich eine Produktelimination vor. Vorhandene Lagerbestände des Auslaufmodells sind dann meist nur noch zu Sonderkonditionen absetzbar.

Eine Produktvariation kann aber auch aufgrund einer Verfahrensinnovation, eines gesetzlichen Verwendungsverbots für einen Einsatzstoff o. Ä. notwendig werden oder sich aus beschaffungswirtschaftlichen Gründen anbieten, wenn im Zuge von Preisverschiebungen bei Einsatzstoffen Stoffe substituiert werden (z. B. veränderte Rezepturen bei Nahrungsmitteln und Kosmetika). Unter diesen Umständen ist dem Unternehmen anders als im Fall einer absatzmarktorientierten Produktvariation häufig daran gelegen, das physisch veränderte Erzeugnis dem Abnehmer – möglichst unter Beibehaltung der eingeführten Marke – als das bewährte „alte" Produkt zu präsentieren.

Eine dritte Form der Produktvariation liegt vor, wenn – ausgehend von einem Grundprodukt – nun mehrere Varianten (bezüglich Formen, Farben, Ausstattungen usw.) hergestellt werden und diese gleichzeitig Elemente des Absatzprogramms sind. Diese Vorgehensweise erhöht die Tiefe des Produktions- bzw. Absatzprogramms (vgl. oben Teil E. I. 2.) und wird in der Regel als Mittel einer Differenzierungsstrategie mit dem Ziel eingesetzt, Wettbewerbsvorteile zu erlangen, indem unterschiedlichen Kundenwünschen besser entsprochen werden kann. Ansatzpunkte für Produktdifferenzierungen bieten alle vom Kunden bewusst wahrnehmbaren Produkteigenschaften (s. Abb. 216 und 217).

---

[72] Beckurts (1983), S. 30.

Als Instrumente der Produktvariation werden im Folgenden die *Wertanalyse* (zur Produktverbesserung aus Kunden- und Herstellersicht) sowie die *Standardisierung* einschließlich des *Baukastenprinzips* (zur wirtschaftlichen Erzeugung von Produktvarianten) behandelt.

3.2 Wertanalyse

Die ursprüngliche Zielsetzung der auf L. D. Miles (1904–1985) zurückgehenden und zuerst bei General Electric praktisch erprobten *Wertanalyse*[73] bestand – ausgelöst durch Materialknappheiten in der Zeit nach dem 2. Weltkrieg – darin, die Materialkosten von Produkten zu senken, ohne deren Qualität zu verschlechtern.[74] Im Laufe der Zeit ist die Wertanalyse zu einem Rationalisierungsinstrument mit breitem Anwendungsspektrum weiterentwickelt worden, das in der zurückgezogenen DIN-Norm 69910 treffend als „ein System zum Lösen komplexer Probleme, die nicht oder nicht vollständig algorithmierbar sind"[75] umschrieben wurde.[76] Zu dieser Klasse von Problemen gehört sowohl die Gestaltung neuer, d. h. noch in der Konzeptionsphase befindlicher Produkte (oder anderer Wertanalyseobjekte wie Verfahren, ablauforganisatorische Regelungen o. Ä.) als auch die Verbesserung bereits vorhandener Wertanalyseobjekte. Die Anwendung auf den erstgenannten Problemkreis (Ausgangspunkt sind Vorgaben bzw. ein Sollzustand) wird als Wert*gestaltung*, auf den zweiten Problemkreis (Ausgangspunkt ist ein Istzustand bzw. ein bestehendes immaterielles oder materielles Produkt) als Wert*verbesserung* bezeichnet.[77] Im Folgenden wird die Wertanalyse als Instrument zur Wertverbesserung von Produkten, d. h. der Produktvariation, dargestellt.

Die Wertanalyse wird heute als eine von mehreren Methoden angesehen, die unter dem Dach eines umfassenderen Value Managements[78] zusammengefasst sind. Ihr wesentliches Merkmal ist die konsequente *Orientierung an Funktionen*, d. h. an den Wirkungen, die ein Wertanalyseobjekt hervorbringen soll (Zweck/Sollfunktion) bzw. tatsächlich aufweist (Istfunktionen einschließlich nicht bezweckter Nebenwirkungen). In diesem Sinne besteht die Funktion beispielsweise eines Haushaltskühlschranks nicht nur darin, Lebensmittel durch Kühlung frisch zu halten, sondern auch darin, Wärme und Geräusch an die Umgebung abzugeben. Dabei beschränkt sich die Analyse der Funktionen nicht nur auf das Produkt als Ganzes, sondern umfasst auch dessen einzelne Bestandteile. Bezüglich der Unterscheidung gebräuchlicher Funktionenkategorien wird auf Abb. 238 verwiesen.

---

[73] Vgl. Miles (1969).
[74] Vgl. Zäpfel (2000b), S. 56.
[75] DIN 69910, S. 1. Es handelt sich also um ein heuristisches Verfahren zur Lösung sog. schlecht strukturierter Probleme; zu deren Kennzeichnung vgl. Rieper (1992), S. 57 ff.
[76] Die Wertanalyse-Definition der als Ersatz für die DIN 69910 verabschiedeten DIN EN 1325-1 lautet: „Organisierter und kreativer Ansatz, der einen funktionenorientierten und wirtschaftlichen Gestaltungsprozess mit dem Ziel der Wertsteigerung eines WA-Objektes zur Anwendung bringt." (DIN EN 1325-1, S. 3)
[77] Vgl. VDI-Zentrum Wertanalyse (1995), S. 17.
[78] Vgl. hierzu DIN EN 1325-2, S. 4 und DIN EN 12973, S. 7 ff.

ABB. 238:	Funktionskategorien bei Wertverbesserungen von Produkten	
Unterschei-dungskriterium	Funktionsausprägung und Erläuterung	
1. Status bezüglich Realisierung	*Soll*funktion(en) ▶ z. B. dokumentiert in einem Pflichtenheft, enthält benötigte/verlangte Funktionen (aus Abnehmersicht) bzw. Vorgaben (aus Anbietersicht) ▶ häufig weitere Unterteilung sinnvoll: – *Muss*-Funktionen, deren Fehlen das Produkt unverkäuflich macht; Beispiel (Haushaltskühlschrank): Abtauen des Verdampfers ermöglichen – *Standard*-Funktionen, die aufgrund des technischen Fortschritts, der Wettbewerbssituation etc. üblicherweise erwartet werden; Bsp.: Automatisches Abtauen ermöglichen – *wünschenswerte* Funktionen (Differenzierungsmöglichkeiten!); Bsp.: Energieverbrauch reduzieren ▶ sofern Soll- nicht mit Istfunktion(en) übereinstimmend → fehlende Funktion(en) → Nutzensteigerungspotenzial!	*Ist*funktion(en) ▶ tatsächlich vorhandene Funktionen ▶ sofern nicht mit Sollfunktion(en) übereinstimmend → *überflüssige*, d. h. keinen Nutzen stiftende Funktion(en) (Kostensenkungspotenzial!); ungünstigenfalls *unerwünschte*, d. h. den Nutzen beeinträchtigende Funktion(en) (Nutzensteigerungspotenzial!)
2. Relative Bedeutung	*Haupt*funktion(en) ▶ bilden den Hauptzweck des Produkts (den Produktkern) und sind insofern unabdingbar ▶ Bsp.: Lebensmittel durch Kühlung frisch halten	*Neben*funktion(en) ▶ ergänzen die Hauptfunktionen ▶ Bsp.: Kühlgut nach dem Öffnen der Tür beleuchten
3. Stellung in der Strukturhierarchie	*Gesamt*funktion ▶ umfasst sämtliche Wirkungen der untergeordneten Teilfunktionen ▶ Bsp.: s. 2.	*Teil*funktion(en) ▶ ergeben im Zusammenwirken die Gesamtfunktion ▶ Bspe.: – Wärme aus dem Kühlraum transportieren – Kühlraum isolieren – Zugriff auf Kühlgut gewährleisten – ...

KAPITEL E Das Produkt
Teil V

Unterschei-dungskriterium	Funktionsausprägung und Erläuterung	
4. Wirkungs-bezug	*Produkt*bezogene Funktionen ▶ interne Funktionen des Wertanalyseobjekts selbst mit nur mittelbarem Verwendungsbezug, häufig technisch bedingt ▶ Bspe.: Energie zuführen, Kältemittel komprimieren, Kühlraum isolieren usw.	*Verwendungs*bezogene Funktionen ▶ finale Funktionen des Wertanalyseobjekts mit unmittelbarem Verwendungsbezug (Perspektive des Nutzers): – *Gebrauchs*funktion(en): originäre Funktionen primär technisch-wirtschaftlicher Art (Grundnutzen), hoher Anteil bei Investitionsgütern und langlebigen Haushaltsgeräten; Bsp.: s. 2. – *Geltungs*funktion(en): derivative Funktionen primär psychologisch bedingter Art: Befriedigung von Bedürfnissen nach Gruppenzugehörigkeit bzw. -abgrenzung etc. (Zusatznutzen), hoher Anteil z. B. bei Schmuck, hochmodischer Kleidung usw.; Bsp.: leicht wahrnehmbaren Eindruck eines Premiumprodukts vermitteln

(z. T. in Anlehnung an die Begriffsbildung der DIN 69910 zusammengestellt)

Funktionen lassen sich wie Aufgaben formal beschreiben durch ein Substantiv, das den zu beeinflussenden bzw. beeinflussten Objektbereich abgrenzt, und ein Verb im Infinitiv, das angibt, was mit dem Objektbereich zu geschehen hat bzw. geschieht (ggf. ergänzt um quantitative Angaben); Beispiel: Funktion einer Lesebrille: „Sehfehler ausgleichen". Das Beispiel zeigt zugleich, dass dieselbe Funktion meist auch mit anderen Mitteln, in diesem Fall mit einem anderen Produkt (hier Kontaktlinsen), erfüllt werden kann. Darüber hinaus wird sichtbar, dass alternative Lösungen für Funktionsanforderungen besondere Chancen – sofern es sich um eigene Produktinnovationen bzw. -variationen handelt – , aber auch hohe Risiken im Wettbewerb beinhalten (plötzliche Entwertung von Lagerbeständen, Betriebsmitteln und Standorten infolge grundsätzlich neuer technischer Lösungen). Grundlegend für die Wertanalysemethodik ist die Unterscheidung zwischen der abstrakten Funktion einerseits und den (technischen) Realisierungsmöglichkeiten bzw. der Realisation in Form eines Produkts und seiner Bestandteile andererseits. Das funktionenorientierte Vorgehen soll sicherstellen, dass die Produktgestaltung vom Zweck des Produkts ausgeht und nicht von den bekannten Mitteln der Zweckerfüllung. Auf diese Weise wird der Tendenz entgegengewirkt, bei der Problemlösung ausschließlich auf vorhandene Lösungen zurückzugreifen und innovative Alternativen auszuschließen.

Ziel einer produktbezogenen Wertanalyse ist die Steigerung des *Wertes* des untersuchten Produkts. Auch wenn hier auf eine eingehende Diskussion des vieldeutigen Wertbegriffs verzichtet wird, soll festgehalten werden, dass der Produktwert zum einen aus der Sicht des Herstellers, z. B. in Form eines Deckungsbeitrags, und zum anderen aus der Sicht des Kunden, z. B. in Form des Nutzens, bestimmt werden kann.[79] Es stellt sich aus beiden Blickwinkeln die Frage, welchen Preis Kunden für die Funktionserfüllung des betreffenden Produkts im Vergleich zu ähnlichen zu

---

79 Vgl. Miles (1969), S. 14, Zäpfel (2000b), S. 57 f.

zahlen bereit sind. Das Target Cost Management beispielsweise (vgl. oben Teil A. III. 3.) versucht diesem Sachverhalt Rechnung zu tragen, indem Produkteigenschaften, Planverkaufspreis und Gewinnbeitrag als in enger gegenseitiger Wechselbeziehung stehend aufgefasst und nahezu simultan festgelegt werden.

Zwischen Produktwert und -funktionen bestehen u. a. die folgenden Zusammenhänge:[80]

▶ Für den *Kunden* ist der Wert unter sonst gleichen Bedingungen umso höher,

- je mehr erwünschte Funktionen das Produkt – für den Kunden wahrnehmbar – abdeckt und
- je besser die einzelnen Funktionen erfüllt werden.

Vom Kunden nicht benötigte oder nicht wahrnehmbare Funktionen sind für den Wert des Produkts ohne Belang, erhöhen jedoch im Regelfall die Herstellkosten. Letztlich ist der Abnehmer an einem günstigen „Preis-/Leistungsverhältnis" interessiert, d. h. am Maximum der Kennzahl

$$\frac{\text{vom Kunden bewerteter Nutzen aufgrund der Funktionserfüllung}}{\text{Marktpreis}},[81]$$

die den Charakter einer Wirtschaftlichkeitskennzahl (vgl. Teil A. II. 2.) besitzt und mit W_K (der Index K steht für „Kunde") bezeichnet werden soll.

Hat der Kunde neben dem Anschaffungspreis während der Produktnutzungsdauer Folgezahlungen, beispielsweise für Wartungen, an den Hersteller zu entrichten, so sollten diese entsprechend dem Gedanken des Product Life Cycle Costing[82] abgezinst in den Marktpreis einbezogen werden. Anderenfalls wären Produktalternativen aus der Sicht des Nachfragers nicht vergleichbar, da er u. U. einen niedrigeren Anschaffungspreis mit erhöhten Folgekosten „erkaufen" muss.

▶ Auf Seiten des *Herstellers* bestimmt den Wert eines Produkts dessen Beitrag zur Erreichung der Unternehmensziele. Der Produktwert ist unter sonst gleichen Bedingungen umso höher,

- je höher der Preis ist, zu dem das Produkt verkauft werden kann, was wiederum davon abhängt, wie gut die nachgefragten Funktionen erfüllt sind (s. o.) und
- je niedriger die Kosten sind, die zur Realisierung des nachgefragten (und ggf. gesetzlich vorgeschriebenen) Funktionsumfangs anfallen.

---

80 Vgl. Seidenberg (2000), S. 355 ff.
81 Vgl. VDI-Zentrum Wertanalyse (1995), S. 422, wo eine kundenbezogene Kennzahl $\frac{\text{Qualität}}{\text{Aufwand}}$ definiert wird, sowie die in den einschlägigen Normenwerken verwendete Definition von Wert als der „Beziehung zwischen der Befriedigung von Bedürfnissen und den Ressourcen, die für diese Befriedigung zum Einsatz kommen" (DIN EN 12973, S. 12, ähnlich DIN EN 1325-1, S. 3).
82 Vgl. hierzu Coenenberg/Fischer/Schmitz (1994), S. 29 f.

KAPITEL E — Das Produkt
Teil V

Mithin ist der Produzent daran interessiert, den Quotienten

$$\frac{\text{Marktpreis}}{\text{zur Realisierung der Funktionserfüllung anfallende \textit{Kosten}}}^{83}$$

zu maximieren, eine produktbezogene Wirtschaftlichkeitskennzahl, die mit W_H bezeichnet sei.

Aus übergeordneter Sicht lassen sich die positiven Effekte einer Wertverbesserung darstellen in Form einer Gesamtwirtschaftlichkeit

$$W = W_K \cdot W_H = \frac{\text{Produktnutzen}}{\text{Herstellkosten}},$$

in der der Marktpreis des Produkts als reiner Tauschwert, der von keiner der beteiligten Seiten autonom festgelegt werden kann, keine Rolle spielt.

Der Nutzen, den das Produkt für den Kunden besitzt, ist in Geldeinheiten schwierig zu quantifizieren, insbesondere wenn in einem einzigen Schritt ein Gesamtwert angegeben werden soll. Daher kann es sinnvoll sein, zunächst die Teilfunktionen einzeln zu bewerten und anschließend daraus einen aggregierten Gesamtwert zu bestimmen:

$$W_K = \frac{\text{Produktnutzen}}{\text{Marktpreis}} = \frac{\sum_{i=1}^{n} g_i \cdot t_i}{\text{Marktpreis}} \quad \text{mit}$$

t_i: Nutzenbeitrag der Teilfunktion GE/LE
n: Anzahl der Nutzen stiftenden Teilfunktionen
g_i: Erfüllungsgrad der Teilfunktionen wobei $0 \leq g_i \leq 1$

Diese Vorgehensweise erscheint besonders bei Grenzbetrachtungen angebracht, etwa wenn es darum geht, die Wertveränderung durch ein zusätzliches, zu einem bestimmten Aufpreis angebotenes Ausstattungsmerkmal zu bestimmen. Gelingt eine monetäre Bewertung des Produktnutzens nicht, bieten sich als Bewertungsalternative Scoringmodelle an. Damit erhält man für W_K eine Beziehungszahl (Zähler dimensionslos, Nenner in Geldeinheiten), wie sie von Kosten-Wirksamkeits-Analysen her bekannt ist.

Die Bemühungen um eine Steigerung des Verhältnisses von Kundennutzen und Herstellkosten lassen sich bei einer Wertverbesserung zusammengesetzter materieller Produkte durch folgende beispielhaft aufgelistete *kritische Fragen* wirksam unterstützen:[84]

▶ Ist die fragliche Funktion zur Erfüllung der übergeordneten Produktfunktionen überhaupt erforderlich?

▶ Welche bisher nicht vorhandenen Funktionen erhöhen den Produktwert?

---

[83] Anders definiert das VDI-Zentrum Wertanalyse (1995), S. 425, die Zählergröße des Herstellerwerts: $\frac{\text{Qualitätsmerkmale und deren Erfüllungsgrad}}{\text{Realisierungskosten für diese Merkmale}}$.

[84] Vgl. den systematischen, noch schwerpunktmäßig auf Kostensenkung zielenden Fragenkatalog bei Orth (1968), S. 42–49.

KAPITEL E
Produkt- und programmbezogene Strategien und Instrumente
Teil V

- Welche Funktionen ermöglichen es, das Produkt von vergleichbaren Konkurrenzprodukten wertmäßig abzuheben?
- Welche alternativen Realisierungsmöglichkeiten gibt es für die Funktion?
- Wird das fragliche Bauteil zur Erfüllung der Funktion tatsächlich benötigt?
- Lassen sich mit dem vorhandenen Teil zusätzliche wertsteigernde Funktionen realisieren?
- Könnte die Funktion von einem anderen in der Konstruktion enthaltenen Teil mit übernommen werden?
- Lässt sich das Teil durch ein anderes, kostengünstiger herzustellendes oder zu beschaffendes Teil (Normteil?, Fremdbezug?) ersetzen?
- Ist das Teil zweckentsprechend dimensioniert?
- Lässt sich durch Formänderung Material/Gewicht oder Volumen einsparen?
- Kann billigeres Material eingesetzt werden, das die Funktion(en) gleich gut erfüllt (Substitution von Stoffen)?
- Lassen sich ähnliche Teile durch ein einheitliches Teil ersetzen (Vereinheitlichung)?
- Können Teile mit geringeren Qualitätsanforderungen (Maßtoleranzen, Güte von Materialoberflächen ...) verwendet werden, ohne deren Funktion und die Funktionen anderer Komponenten zu beeinträchtigen?
- Lässt sich das Teil mit einem kostengünstigeren Verfahren herstellen?
- Bestehen Möglichkeiten zur Reduzierung von Rückständen?
- ...

Neben der Funktionenorientierung sind als weitere Merkmale der Wertanalyse ihr einheitlicher *methodischer Ablauf* gemäß dem sog. Wertanalyse-Arbeitsplan sowie der zeitlich limitierte Einsatz einer interdisziplinär zusammengesetzten *Arbeitsgruppe* im Sinne einer Projektorganisation hervorzuheben. Die Teamarbeit soll insbesondere die Informationsbasis verbreitern und die Kreativität beim Entwickeln neuer Lösungsvorschläge fördern; Kreativitätstechniken (vgl. Teil E.V. 2.1) gehören daher zum Standardrepertoire der in der Wertanalyse eingesetzten Arbeitstechniken. Der Wertanalyse-Arbeitsplan nach DIN EN 12973 besteht aus 10 Grundschritten (einschließlich Projektvorbereitung und Realisation), die jeweils in Teilschritte untergliedert sind (vgl. Abb. 239). Im Hinblick auf die Reihenfolge der Schritte und die Bearbeitungsintensität der Teilschritte können projektspezifische Abweichungen von der formalen Ablauflogik (z. B. mehrfaches Durchlaufen einzelner Schritte) angezeigt sein.

Als wichtige Aufgaben innerhalb des 2. Grundschritts (Objektsituation analysieren) seien die vollständige Beschreibung der Teilfunktionen des Produkts, die Analyse der Funktionsstruktur (Abbildung des hierarchischen Strukturzusammenhangs zwischen Gesamt- und Teilfunktionen, z. B. in einem Strukturbaum[85]) und die Analyse der Funktionskosten herausgestellt. Die *Funktionskostenanalyse* stellt den Zusammenhang zwischen den Funktionen und den Kosten der einzelnen Produktbestandteile her, der sich in einer *Funktionskostenmatrix* (Abb. 240) darstellen lässt.[86] Bei einem zusammengesetzten materiellen Produkt beispielsweise werden zunächst die Herstellkosten der Einzelteile j, die etwa vorhandenen Kostenrechnungsunterlagen entnommen

---

[85] Vgl. hierzu Jehle (1993), Sp. 4652 f.
[86] Vgl. hierzu und zu der im Folgenden zu erläuternden Vorgehensweise Schröder (1994), S. 161–163.

KAPITEL E

Teil V — Das Produkt

ABB. 239: Wertanalyse-Arbeitsplan

Grundschritt	Teilschritt
0. Projekt vorbereiten	1) Projekt beschreiben
	2) Durchführbarkeit untersuchen, Risiken analysieren
	3) Wirtschaftlichkeitsstudie erstellen
	4) Entscheidungsträger und Projektleiter auswählen
1. Projekt definieren	1) WA-Objekt definieren
	2) einzuhaltende Nebenbedingungen klären
	3) Informationsbedarf (Bedürfnisse, Marktdaten …) ermitteln
	4) markt- und wettbewerbsbezogene Ziele festlegen
	5) allgemeine Ziele (Grobziele bzgl. Kosten, Eigenschaften des WA-Objekts, Entscheidungskriterien, Fristen) formulieren
	6) strategischen und wirtschaftlichen Stellenwert klären
	7) Ressourcenbedarf (Personal usw.) ermitteln
	8) Kreis der Mitwirkenden festlegen
	9) Projekt- und Produktrisiken abschätzen
2. Projekt planen	1) Arbeitsteam bilden
	2) ersten Zeitplan ausarbeiten
	3) Arbeitsraum festlegen
3. Daten sammeln	1) technische Daten zum WA-Objekt, Informationen über die Wettbewerbssituation und den Stand der Technik sammeln
	2) detaillierte Marktforschung betreiben
	3) Hintergrundinformationen (Literatur, Patente, Gesetze, Normen usw.) beschaffen
4. Funktionen und Kosten analysieren, Detailziele festlegen	1) Funktionenanalyse durchführen
	2) Funktionskosten ermitteln
	3) Detailziele und Bewertungskriterien festlegen
5. Lösungsideen erzeugen	1) existierende Ideen sammeln
	2) neue Ideen entwickeln
	3) Ideen kritisch prüfen (nach unnötigen und unerwünschten Funktionen suchen)
6. Lösungsideen bewerten	1) Ideen bewerten und kombinieren
	2) Entwicklungsaufgaben auswählen
	3) Arbeitsprogramme für die Entwicklung erstellen
7. ganzheitliche Vorschläge entwickeln	1) Studien, Prüfungen und Entwicklung durchführen
	2) Vorschläge weiter verfolgen und Aktivitäten koordinieren
	3) Lösungen bewerten
8. Vorschläge präsentieren	1) vorzuschlagende Lösungen auswählen
	2) Realisierungsprogramme ausarbeiten
	3) Vorschläge erläutern
	4) Entscheidung des Entscheidungsträgers erwirken
	5) WA-Team informieren, WA-Team auflösen bzw. in Warteposition halten
9. die ausgewählten Vorschläge realisieren	1) Realisierung unterstützen
	2) in Ausnahmefällen Tätigkeit des WA-Teams reaktivieren
	3) erreichte Ergebnisse evaluieren
	4) erreichte Ergebnisse im Unternehmen bekannt machen
	5) ggf. Feedback-System erstellen

(nach DIN EN 12973, S. 32–37)

Produkt- und programmbezogene Strategien und Instrumente

KAPITEL E
Teil V

ABB. 240: Schema einer Funktionskostenmatrix für materielle Produkte

Teilfunktionen i \ Bauteile j	Teil 1	Teil 2	Teil 3	...	Teil n	
Teilfunktion 1	K_{11}	K_{12}	K_{13}	...	K_{1k}	$\sum_{j=1}^{n} K_{1j}$
Teilfunktion 2	K_{21}	K_{22}	K_{23}	...	K_{2k}	$\sum_{j=1}^{n} K_{2j}$
Teilfunktion 3	K_{31}	K_{32}	K_{33}	...	K_{3n}	$\sum_{j=1}^{n} K_{3j}$
...	...	...	...	...	...	...
Teilfunktion m	K_{m1}	K_{m2}	K_{m3}	...	K_{mn}	$\sum_{j=1}^{n} K_{mj}$
	$\sum_{i=1}^{m} K_{i1}$	$\sum_{i=1}^{m} K_{i2}$	$\sum_{i=1}^{m} K_{i3}$	...	$\sum_{i=1}^{m} K_{in}$	$\sum_{j=1}^{n}\sum_{i=1}^{m} K_{ij} = \sum_{i=1}^{m}\sum_{j=1}^{n} K_{ij}$

Erläuterungen:

Matrixelemente K_{ij} = anteilige Kosten des Teils j an den Kosten der Teilfunktion i

Spaltensummen $\sum_{i=1}^{m} K_{ij}$ = Kosten des jeweiligen Bauteils j

Zeilensummen $\sum_{j=1}^{n} K_{ij}$ = Kosten der jeweiligen Teilfunktion i

Kosten sämtlicher Teile $\sum_{j=1}^{n}\sum_{i=1}^{m} K_{ij}$ = Kosten sämtlicher Teilfunktionen $\sum_{i=1}^{m}\sum_{j=1}^{n} K_{ij}$

werden können, zusammengestellt. Dabei ist die Frage zu beantworten, welche Kosten(bestand-teile) des Produkts bzw. seiner Komponenten überhaupt entscheidungsbedeutsam und damit in die Betrachtung einzubeziehen sind. Sodann werden die Kosten jedes Teils auf diejenigen Teilfunktionen i aufgeteilt, zu deren Erfüllung es jeweils beiträgt, sodass der Kostenbeitrag jedes Bauteils zu jeder Teilfunktion K_{ij} sichtbar wird. Unterstützt ein Bauelement mehrere Funktionen, treten Funktionsgemeinkosten und damit das Problem der verursachungsgerechten Umlage auf. Schließlich werden die Kostenelemente K_{ij} funktionsweise addiert, sodass sich als Summe jeweils die Kosten der Teilfunktionen $\sum_{j=1}^{n} K_{ij}$ ergeben, die sich gegebenenfalls zu Kosten übergeordneter Funktionen aggregieren lassen. Die Summe der Kosten sämtlicher Teile stimmt mit der Kostensumme sämtlicher Teilfunktionen überein. Die beschriebene Vorgehensweise unterstellt, dass zwischen den Funktionen keine gegenseitigen Abhängigkeiten hinsichtlich ihrer Kosten- und Nutzenwirkungen bestehen,[87] also auch keine Synergieeffekte auftreten.

---

[87] Vgl. Schröder (1994), S. 168.

KAPITEL E — Das Produkt
Teil V

Damit die Wertanalyse erfolgreich eingesetzt werden kann, sind neben der Beherrschung der Methode insbesondere folgende Voraussetzungen zu schaffen:[88]

- Sicherstellen der Unterstützung durch die Unternehmensleitung
- Einführung der Wertanalyse im Unternehmen zweckmäßigerweise im Rahmen eines Pilotprojekts, gegebenenfalls unterstützt von einem erfahrenen externen Berater
- Information, Aus- und Weiterbildung aller Beteiligten bezüglich Zielsetzung und Methoden der Wertanalyse mit verhaltensbezogenen Zielen wie:
  - Problembewusstsein entwickeln
  - im Team kooperieren
  - möglicherweise ungewohnte Vorgehensweisen und Problemlösungen akzeptieren
- geeignete Zusammensetzung der Wertanalyse-Teams hinsichtlich Fachwissen und sozialem Verhalten
- Qualifikation der Teamleiter:
  - Fähigkeit zur Motivation der Teammitglieder
  - Verhinderung des Entstehens bzw. Abbau von einseitigem Ressortdenken, Prestigestreben, persönlichen Machtkämpfen usw.
  - Fähigkeit zur Präsentation der Wertanalyseergebnisse.

Der wirtschaftliche Erfolg von Wertanalyseprojekten lässt sich mit Kennzahlen, wie z. B.

<u>Ergebnisverbesserung durch Wertanalyse</u>
Kosten der Wertanalyse[89]

beurteilen, wobei jedoch die verursachungsgerechte Zurechnung wertanalysebedingter Kosten- und Erlösänderungen problematisch ist.

Die Methodik und – sehr viel ausgeprägter – die Anwendung der Wertanalyse weisen eine Reihe von *Schwachstellen* auf, die im Folgenden einschließlich entsprechender Verbesserungsmöglichkeiten kurz angesprochen werden:[90]

- Den Fokus der Wertanalyseaktivitäten in der Praxis bilden Kostensenkungsprojekte und damit die Inputseite der Produktionsprozesse, womit das Potenzial der Wertanalyse nur zum Teil genutzt wird. Mit der Wandlung von Verkäufer- zu Käufermärkten, der stärkeren Differenzierung der Kundenbedürfnisse und der Rollenverschiebung des Kunden vom eher passiven Abnehmer zum Ko-Produzenten hat sich das Erfordernis verstärkt, den Schwerpunkt auf die Outputseite und damit die Produkteigenschaften hin zu verlagern.
- Obwohl der Herstellerwert W_H direkt vom Produktpreis abhängt, ist dieser nicht Gegenstand der herkömmlichen Wertanalysearbeit. Ohne explizite Einbeziehung von Marktpreisen aber mangelt es der Wertanalyse an Markt- und Kundenorientierung. Daher ist es unerlässlich,

---

88 Vgl. Hahn/Laßmann (1990), S. 172.
89 Vgl. Hahn/Laßmann (1999), S. 257.
90 Vgl. Seidenberg/Stuhlert (2000), Seidenberg (2000), insbes. S. 365 ff.

die Analyse konsequent auf die Gestaltung der Produktmerkmale und des Preises, also den Kundenwert W_K, auszudehnen.

- Um die Defizite der traditionellen Wertanalyse im Bereich Markt- und Kundenorientierung zu beheben, empfiehlt es sich, der eigentlichen Wertanalyse geeignete Methoden, beispielsweise eine Conjoint-Analyse oder ein Target Costing, vorzuschalten. Im Rahmen des Value Managements ist ausdrücklich vorgesehen, bei Bedarf weitere Instrumente einzusetzen.[91] Das situative Öffnen des Wertanalyseablaufs für ergänzende Methoden und die Auswahl des geeigneten Methodenmix stellt eine große Herausforderung für das Projektmanagement dar.

- Ein weiterer Problempunkt ist die Abgrenzung der Wertanalyseobjekte. Die übliche isolierte Untersuchung einzelner Bauteile bzw. Produkte birgt die Gefahr der Suboptimierung. Werden etwa Materialstärken teilespezifisch minimiert, eignen sich diese Teile u. U. nicht für modulare produktgestalterische Konzepte wie das Baukastensystem. Andererseits führt das Erfordernis der Kombinierbarkeit der Bausteine dazu, dass diese in Bezug auf den Einzelfall möglicherweise überdimensioniert sind. Es kann jedoch wirtschaftlich sein, diesen Nachteil – im Sinne einer Prämie für die durch das Baukastensystem geschaffenen Standardisierungsvorteile – bewusst in Kauf zu nehmen. Das Baukastensystem ist dann als Ganzes einer Wertanalyse zu unterziehen, nicht dessen Elemente. Darüber hinaus verfügt die Wertanalyse über das Potenzial, zur Reduzierung der variantenindizierten Teilevielfalt und Komplexität beizutragen. Auch für diesen Einsatzzweck bedarf es einer Erweiterung der Objektabgrenzung, in diesem Fall auf das Produktionsprogramm.

3.3 Problem der Variantenvielfalt

Die Problematik der Produkt- und Variantenvielfalt, die als Folge der Produktdifferenzierung sowohl bei der Sachgüter- als auch bei der Dienstleistungsproduktion zu beobachten ist, steht in direktem Zusammenhang mit dem bereits angesprochenen Zielkonflikt zwischen dem Vertriebs- und Produktionsbereich (vgl. Teil E.I.2.). Sie besteht letztlich darin, aus Wettbewerbsgründen am Markt eine genügend große Zahl an Varianten für die jeweiligen Hauptprodukte anzubieten,[92] andererseits aber nicht in eine Komplexitäts- oder Variantenfalle zu geraten. Hiervon wird gesprochen, falls die Mehrkosten, die aufgrund steigender Variantenvielfalt und Komplexität entstehen, nicht mehr oder nur noch zum Teil durch zusätzliche Erlöse am Markt abgedeckt werden können.[93]

Unbestritten ist, dass Variantenvielfalt für das Unternehmen positive Wirkungen auf den Erfolg haben *kann*, da sich mit zunehmender Variantenzahl die Chance erhöht, eine verbesserte Marktposition zu erreichen. Dies erfordert allerdings eine bewusste Positionierungsstrategie und ein gezieltes Variantenmanagement, da neue Varianten auch zu unerwünschten Überschneidungen im Sortiment führen können (Kannibalisierungseffekt). Vor allem auf stagnieren-

---

[91] Vgl. den Katalog zusätzlicher Methoden und Werkzeuge der DIN EN 12973, S. 62.
[92] Inwieweit Variantenvielfalt überhaupt nachfrageinduziert ist, ist bislang kaum untersucht worden. Es ist aber offensichtlich, dass eine unüberschaubare Variantenzahl auch bei Abnehmern unerwünschte Komplexitätseffekte, wie mangelnde Vergleichbarkeit von Angeboten, Intransparenz, aufwendigere Informationsbeschaffungs- und Entscheidungsprozesse etc. hervorruft.
[93] Vgl. Fischer (1992), S. 30.

KAPITEL E
Teil V — Das Produkt

den oder schrumpfenden Märkten lässt sich ein mehr oder weniger ungezielt gewachsenes Angebot differenzierter Produkte mit einer hohen Anzahl an Varianten beobachten.[94] Darüber hinaus lassen sich viele hochpreisige Konsumgüter (wie z. B. Automobile) nur mit Wahlmöglichkeiten bei den Ausstattungsmerkmalen verkaufen. Dies führt schnell zu einer fast unüberschaubar großen Zahl von Varianten pro Hauptprodukt, wie das folgende Beispiel zeigt.

Für einen Pkw sollen drei verschiedene Karosserien (Kombi, Cabrio und Stufenheck), fünf Motoren (drei Benzin- und zwei Dieselmotoren) und sieben Ausstattungspakete (z. B. L, GL, LS etc.) angeboten werden. Hieraus ergibt sich eine mögliche Variantenzahl von $3 \cdot 5 \cdot 7 = 105$. Gibt es zusätzlich 10 Sonderausstattungsmöglichkeiten, wie z. B. Navigationssystem, spezielle Felgen, Nebelscheinwerfer etc., die beliebig untereinander kombiniert werden können, so beträgt die Zahl der Kombinationsmöglichkeiten hier

$$\sum_{n=1}^{10} \binom{10}{n} = 2^n - \binom{10}{0} = 1024 - 1 = 1023.$$

Betrachtet man jetzt noch 40 verschiedene Farben, ergeben sich rechnerisch insgesamt $105 \cdot 1.023 \cdot 40 = 4.296.600$ Kombinationsmöglichkeiten, d. h. ca. 4,3 Millionen verschiedene Varianten für ein Produkt (Modell). In der Praxis liegt die Zahl der maximal möglichen Varianten mitunter im Milliardenbereich. Allerdings werden diese Obergrenzen tatsächlich meist nicht erreicht, da aufgrund mangelnder Kompatibilität regelmäßig nicht *alle* Einzelvarianten beliebig miteinander kombinierbar sind.[95]

Große Variantenvielfalt bedingt in der Regel eine Erhöhung der Komplexität und des Flexibilitätsbedarfs im Unternehmen, die sich aufgrund steigender Kosten negativ auf den Erfolg auswirken. Beispielhaft seien folgende Kosten, getrennt nach Funktionsbereichen, genannt:[96]

▶ Im *Absatz*bereich muss häufig ein komplexer Prozess, ausgehend von der Ideenfindung bis zur Einführung einer neuen Variante durchlaufen werden, es sei denn, das Unternehmen verfolgt eine reine Imitationsstrategie. Neben den Kosten für die Marktforschung und die Erstellung eines Pflichtenheftes fallen oft sehr hohe Kosten für die Durchführung variantenspezifischer Produkt- und/oder Markttests an.

▶ Der *Produktions*bereich ist von einer steigenden Variantenzahl normalerweise besonders stark betroffen.[97] Beispielsweise steigen die Kosten infolge der aufwendigeren Produktionsplanung und -steuerung (schwierigere Prognose des Primärbedarfs, variierende Kapazitätsnachfrage pro Leistungseinheit ...), häufigerer Rüstvorgänge (Betriebsmittelstillstände), höherer Lagerbestände sowie der komplexeren Qualitätssicherung.

▶ Im *Beschaffungs*bereich führt eine zunehmende Variantenvielfalt häufig zu geringeren Stückzahlen bei den einzukaufenden Komponenten mit dem Verlust von Mengenrabatten. Bewirken neue Varianten allerdings eine Erhöhung der insgesamt verkauften Stückzahl des

---

94 Vgl. Fischer (1992), S. 29.
95 Vgl. Schlegel (1978), S. 66 f.
96 Vgl. Lingnau (1994), S. 127 ff.
97 Vgl. hierzu Rosenberg (1996), Sp. 2121 ff.

Produkt- und programmbezogene Strategien und Instrumente

KAPITEL E
Teil V

Produkts, können hiervon auch positive Effekte durch Erhöhung der Bestellmengen bestimmter Komponenten ausgehen. Im Fall variantenspezifischer Komponenten ist mit höheren Lagerbeständen zu rechnen.

Als Möglichkeiten, dem Problem steigender Kosten infolge einer höheren Variantenanzahl wirksam zu begegnen, werden u. a. genannt:[98]

- Fertigungssegmentierung und Teilefamilienbildung
- Einsatz von Just-in-time-Verfahren und flexibel automatisierten Produktionsanlagen
- variantenfreundliche Konstruktion der Produkte, sodass die Variantenmerkmale im Verlauf des Produktionsprozesses möglichst spät festgelegt werden können (Postponement[99])
- intensive Verwendung von Normteilen
- verstärkter Zukauf von Fertigteilen
- Anwendung des Baukastenprinzips.

Aufgabe des Variantenmanagements ist es, die Erfolgswirkungen der Variantenvielfalt zu optimieren. Bei jeder zusätzlichen Variante ist im Fall unveränderlicher Produktionspotenziale danach zu fragen, wieviel zusätzliche Kosten entstehen und wie hoch der zusätzliche Erlös ist, den die Variante erbringt. Ist mit zusätzlichen Varianten der Aufbau von Produktionspotenzialen verbunden, die mehrere Perioden genutzt werden sollen, erfordert dies die Anwendung von Investitionsrechenverfahren. Die derzeit gefertigten Varianten sind solchen Analysen ebenfalls zu unterziehen. In kurzfristiger Perspektive kann mit Hilfe der ABC-Analyse untersucht werden, wie hoch der Anteil der einzelnen Varianten am Deckungsbeitrag der betreffenden Produktgruppe ist. Es sind dann diejenigen Varianten zu eliminieren, die keinen zufriedenstellenden Beitrag erbringen, wobei sich mehrere Probleme ergeben:

- Können die Kostenwirkungen bei Produktion bzw. Aufgabe einer Variante dieser exakt zugerechnet werden oder existieren „Variantengemeinkosten"?
- Welche ggf. entfallenden Synergieeffekte sind bei Aufgabe einer bestimmten Variante im Sortiment zu beachten?
- Hätte die Aufgabe einer Variante für das Unternehmen bei anderen Produkten negative Folgen?

Die letzten beiden Punkte weisen darauf hin, dass es u.U. zweckmäßig sein kann, auch Varianten zu fertigen, die für sich gesehen einen negativen Deckungsbeitrag erbringen, aus weitergehenden Überlegungen aber für das Unternehmen wichtig sind.

3.4 Standardisierung

Der Tendenz zu unangemessen hoher interner Komplexität und Kostensteigerungen infolge übermäßiger Vielfalt bei Produkten und Vorprodukten lässt sich durch *Standardisierung* entgegenwirken. Standardisierung bedeutet Vereinheitlichung und ist sowohl auf der Ebene der

---

98 Vgl. Fischer (1992), S. 29 f., Rosenberg (1996), Sp. 2125 f.
99 Vgl. hierzu etwa Alicke (2005), S. 135 ff.

KAPITEL E — Das Produkt
Teil V

Produktbestandteile (Einzelteile und Werkstoffe) als auch auf der Ebene der Fertigprodukte anwendbar. Im erstgenannten Fall wird üblicherweise von *Normung*, im zweiten Fall von *Typung* gesprochen.[100] „Während Typisierung in erster Linie die Schnittstelle zwischen Produzenten und Konsumenten berührt, bezieht sich Normung auf die Abstimmung von Objekten im Produktionsprozess, die weiterverarbeitet werden, also prinzipiell auf die Koordination zwischen Lieferanten und Abnehmern von Teilen."[101] Die Differenzierung ist insofern problematisch, als ein Normteil aus der Sicht seines Herstellers ein Endprodukt, aus der Sicht des Abnehmers aber lediglich ein Einzelteil darstellt. Andererseits ist ein komplexes Aggregat wie z. B. ein Automobilmotor oder -getriebe als solches nicht Gegenstand von Normung, nur weil es sich letztlich um ein Bauteil handelt. Offensichtlich werden bei der Begriffsbildung implizit noch weitere Kriterien wie etwa die Komplexität des Standardisierungsobjekts zugrunde gelegt. Je nach Geltungsbereich der Standardisierungsmaßnahmen lassen sich inner- und überbetriebliche Normung bzw. Typung unterscheiden (vgl. Abb. 241).

---

100 Vgl. z. B. Wiese/Geisler (1996), Sp. 1897.
101 Reese (1993), Sp. 3943.

ABB. 241: Formen der Standardisierung

Geltungsbereich der Standardisierung \ Gegenstand der Standardisierung	(einfacher) Produktbestandteil (→ Normung)	(komplexes) Produkt und Produktsysteme (→ Typung)
innerbetrieblich	*Werk*normen: besitzen Geltung für das einzelne Unternehmen; entweder abgewandelte überbetriebliche Normen oder ursprüngliche Werknormen, die eine „Normungslücke" füllen	▶ Typung durch Anwendung des *Baukastenprinzips*: Aus einer begrenzten Anzahl definierter „Bausteine" wird durch Kombination eine Vielzahl unterschiedlicher Produkte herstellbar. ▶ *Beschränkung* auf gängige Typen mit hoher Produktflexibilität, d. h. solche, die unterschiedliche Marktanforderungen erfüllen können; Beispiel (Automobilindustrie): Ein Fahrzeugtyp mit reichhaltiger Ausstattung deckt – ohne oder mit wenig Varianten – das Nachfragespektrum mehrerer Exportländer ab.
überbetrieblich	▶ *Verbands*normen: besitzen Geltung für einzelne Wirtschaftszweige, herausgegeben von Fachverbänden, z. B. vom – Verein Deutscher Ingenieure: VDI-Richtlinien – Verband der Elektrotechnik, Elektronik und Informationstechnik: VDE-Normen – Verband Deutscher Maschinen- und Anlagenbau: VDMA-Einheitsblätter ▶ *nationale* Normen: in Deutschland die vom Deutschen Institut für Normung e.V. herausgegebenen DIN-Normen ▶ *internationale* Normen, z. B.: – die EN-Normen des CEN (Comité Européen de Coordination de Normes) auf europäischer Ebene (müssen in die nationalen Normenwerke der Mitgliedsländer übernommen werden) – die ISO-Normen der International Organization for Standardization	▶ *Industriestandards*: kristallisieren sich ohne formelle Verfahren durch Markteinflüsse heraus, z. B. IBM-Standard bei Personal Computern ▶ *Kooperationen*, z. B. in Form von Absprachen und Kartellen ▶ *Ausrichtung* der Wettbewerber auf das Nachfrageverhalten von privaten und öffentlichen Großkunden (z. B. durch Vergaberichtlinien bei Ausschreibungen)

KAPITEL E

Teil V — Das Produkt

Die Zwecke der Standardisierung im Allgemeinen und Normung im Besonderen kommen in der folgenden Umschreibung der DIN-Norm 820 zum Ausdruck:

„Normung ist die planmäßige, durch die interessierten Kreise gemeinschaftlich durchgeführte Vereinheitlichung von materiellen und immateriellen Gegenständen zum Nutzen der Allgemeinheit. Sie darf nicht zu einem wirtschaftlichen Sondervorteil Einzelner führen.

Sie fördert die Rationalisierung und Qualitätssicherung in Wirtschaft, Technik, Wissenschaft und Verwaltung. Sie dient der Sicherheit von Menschen und Sachen sowie der Qualitätsverbesserung in allen Lebensbereichen.

Sie dient außerdem einer sinnvollen Ordnung und der Information auf dem jeweiligen Normungsgebiet."[102]

Außer dem Sicherheits-, dem Qualitäts- und dem Koordinationszweck wird der beabsichtige *Rationalisierungseffekt* herausgestellt und betont, dass durch Normung der Wettbewerb nicht beschränkt werden soll (wie dies etwa bei willkürlichen technischen Standards zur Erschwerung von Importen der Fall ist).

Normen lassen sich als schriftlich fixierte Vereinbarungen der an der Normungsarbeit beteiligten Kreise auffassen, durch die die Gestaltungsfreiheit hinsichtlich des technisch Möglichen bewusst beschränkt wird, um die angesprochenen Ziele zu erreichen. Sie enthalten beispielsweise detaillierte Festlegungen von Formen, Abmessungen, Toleranzen, zu verwendenden Werkstoffen und anderen Eigenschaften für Einzelteile und einfache technische Erzeugnisse wie Schrauben, Muttern, Stifte, Federn, Niete usw. Ebenfalls genormt sind die jeweils verwendeten Begriffe sowie der Anwendungsbereich einer Norm. Im Hinblick auf die Normeninhalte lassen sich die in Abb. 242 zusammengestellten Normenarten unterscheiden.

---

[102] DIN 820-1, S. 1.

Produkt- und programmbezogene Strategien und Instrumente

KAPITEL E
Teil V

ABB. 242:	Arten produktbezogener Normen (inhaltliche, nicht überschneidungsfreie Gliederung)
Art der Norm	**Inhalt**
Dienstleistungsnorm	Festlegung von Anforderungen, die die Zweckdienlichkeit (frühere Bezeichnung: „Gebrauchstauglichkeit") von Dienstleistungen sicherstellen sollen
Zweckdienlichkeitsnorm	Festlegung objektiv feststellbarer Eigenschaften in Bezug auf die Zweckdienlichkeit eines Gegenstandes, z. B. von bestimmten Haushaltsgeräten
Liefernorm	Festlegung technischer Grundlagen und Bedingungen für Lieferungen
Maßnorm	Festlegung von Maßen und Toleranzen materieller Gegenstände, z. B. von Wellen und Lagern
Planungsnorm	Festlegung von Planungsgrundsätzen und Grundlagen für Entwurf, Berechnung, Aufbau, Ausführung und Funktion von Anlagen, Bauwerken und Erzeugnissen, z. B. Planungsgrundlagen für den Wohnungsbau
Prüfnorm	Festlegungen zu Prüfverfahren und Prüfungen (Probenentnahme, statistische Methoden usw.), die dem Nachweis bestimmter Eigenschaften von Stoffen oder technischen Erzeugnissen dienen, z. B. Verfahren zur Prüfung der Klopffestigkeit von Kraftstoffen
Qualitätsnorm	Beschreibung der für die Verwendung eines materiellen Gegenstandes wesentlichen Eigenschaften sowie Festlegung objektiver Beurteilungskriterien, z. B. Gütevorschriften für Feinbleche aus unlegiertem Stahl
Sicherheitsnorm	Festlegungen zur Abwendung von Gefahren für Menschen, Tiere und Sachen (Anlagen, Bauwerke, Erzeugnisse usw.)
Stoffnorm	Festlegung von physikalischen, chemischen und technologischen Eigenschaften von Stoffen, z. B. Zusammensetzung von Legierungen
Verfahrensnorm	Festlegung von Anforderungen, die von Verfahren zum Herstellen, Behandeln und Handhaben von Erzeugnissen erfüllt werden müssen, um die Zweckdienlichkeit sicherzustellen
Produktnorm	Festlegung von Anforderungen, die von einem Produkt oder einer Gruppe von Produkten erfüllt werden müssen, um deren Zweckdienlichkeit sicherzustellen, wobei auch zusätzliche Aspekte (Anforderungen an Prüfung, Prozesse usw.) enthalten sein können
Schnittstellennorm	Festlegung von Anforderungen, die auf die Kompatibilität von Erzeugnissen oder Systemen an Schnittstellen gerichtet sind

(zusammengestellt nach DIN 820-3, S. 4, DIN EN 45020, S. 37, REFA (1991c), Teil 1, S. 310 f.)

Der Anwendungsschwerpunkt der *Typung* (vgl. auch Abb. 241) liegt bei den komplexen Erzeugnissen der Montageindustrien, wie des Maschinen- und Fahrzeugbaus, der Elektroindustrie usw. Wie bei der Normung geht es auch hier um eine ökonomisch gebotene Beschränkung der technisch möglichen Vielfalt, in diesem Fall der Produktvielfalt und Programmtiefe. Statt kostentreibender beliebig feiner Differenzierung bestimmter Produkteigenschaften (Abmessungen, Formen, Farben, Ausstattungsumfänge usw.) werden abgestufte Merkmalsausprägungen so festgelegt, dass zwar einerseits unterschiedlichen Kundenwünschen entsprochen werden kann, andererseits jedoch eine unnötige Vielzahl sich nur graduell unterscheidender Produkte vermieden wird. So findet man beispielsweise bei technischen Konsumgütern häufig drei Typen hinsichtlich des Funktions- oder Ausstattungsumfangs („Einsteiger-", „Fortgeschrittenen-" und „Profimodell").

KAPITEL E
Teil V — Das Produkt

Mit Standardisierungsmaßnahmen sind im Allgemeinen die nachstehend stichwortartig aufgeführten Wirkungen verbunden.[103]

a) Vorteile:

- Vereinfachung/Verbilligung von Produktentwicklung und Konstruktion
- Produktion höherer Stückzahlen gleicher oder ähnlicher Teile mit der Folge kostengünstigerer Beschaffung, kostengünstigerer Herstellung durch Spezialisierungsvorteile, weniger Umstellungen und anderer Größendegressionseffekte sowie des Erfahrungskurveneffekts
- geringere Kapitalbindung durch niedrigere Lagerbestände
- Kosteneinsparung bei Werk- und Messzeugen
- Verwendung kostengünstigerer, ebenfalls standardisierter Transport- und Lagerbehälter
- Verbesserung der Recyclingeignung durch reduzierte Materialvielfalt
- Flexibilitätssteigerung durch Austauschbarkeit von Komponenten (Kompatibilität) mit Vorteilen für den Kunden bei der Instandhaltung und der Teilhabe am technischen Fortschritt (Aufrüstungsmöglichkeit) und beim Hersteller durch erleichterten Lieferantenwechsel
- vereinfachte Kalkulation und Vorgabezeitermittlung

b) Nachteile/Gefahren:

- marktinadäquate Einengung des Produktionsprogramms
- Wettbewerbsnachteile infolge von Beschränkungen bei der Produktgestaltung durch die Verwendung von Normteilen
- Tendenz zur Bürokratisierung und Erstarrung im Falle eines ausufernden Normungswesens

Eine spezifische Ausprägung der Standardisierung stellt das *Baukastenprinzip* dar, das – ausgehend von einer möglichst geringen Anzahl von Baugruppen und Einzelteilen (Bausteinen) – durch Kombination dieser Bausteine eine große Zahl an Endprodukten ermöglicht.[104] „Baukästen zielen darauf, die Vorteile der Standardisierung zu nutzen und die nachteiligen Wirkungen der Typbeschränkung möglichst gering zu halten."[105] Die Verwendung identischer Komponenten für möglichst viele Produkte und Produktvarianten wird begünstigt, wenn die Differenzierung erst in den Endstufen des Produktionsprozesses erfolgt (Postponement).[106] Voraussetzung für diese auf dem Systemdenken basierende Konzeption ist, dass die Bauelemente zusammenpassen, d. h. mit einheitlichen Schnittstellen ausgestattet sind, sodass sie miteinander kombiniert werden können (Modulbauweise).

Das Erfordernis der Austauschbarkeit der Bausteine kann dazu führen, dass diese in manchen Einsatzfällen überdimensioniert sind. Soll beispielsweise im Automobilbau eine Kraftübertragung (Getriebe, Antriebswellen usw.) mit Motoren unterschiedlicher Leistung kombinierbar sein, so muss der Antrieb auf die stärkste Motorvariante hin ausgelegt werden. Bei Ausstattung

---

103 Vgl. z. B. Ebel (2003), S. 155, 158 f.
104 Vgl. Zäpfel (2000b), S. 69.
105 Wiese/Geisler (1996), Sp. 1902.
106 Nicht mehr von Baukastenprinzip, sondern von Preisdifferenzierung wird gesprochen, wenn man die Vorgehensweise konsequent über das Ende des Produktionsprozesses im engeren Sinne hinaus auf die gesamte Wertschöpfungskette überträgt. So lässt sich ein Produkt z. B. über verschiedene Absatzkanäle oder auf voneinander abgegrenzten Märkten zu unterschiedlichen Preisen absetzen. Die Grenzen zwischen Baukastenprinzip und Preisdifferenzierung sind fließend, wie beispielsweise die Abfüllung eines Erzeugnisses in unterschiedlich große Gebinde zeigt.

des Fahrzeugs mit einem der schwächeren Motoren ergibt sich dann eine technische Leistungsreserve, die bei individueller Abstimmung der Komponenten Motor und Kraftübertragung zu vermeiden gewesen wäre und im Sinne der wertanalytischen Denkweise Einsparungspotenzial bedeutet. Dieses nicht nutzbare Einsparungspotenzial kann als Preis für die Flexibilität des Baukastensystems angesehen werden und darf den Wert des erzielten Rationalisierungsvorteils nicht übersteigen.

Allgemein kann mit folgenden Vorteilen und Problemen des Baukastenprinzips gerechnet werden:[107]

Vorteile:

- Bei der Angebotserstellung kann auf vorhandene Stücklisten, Arbeitspläne und Kalkulationsunterlagen zurückgegriffen werden, sodass Angebote schneller erstellt werden können und sich das Risiko „falscher" Preisbildung reduziert.
- Die Durchlaufzeiten für Konstruktion und Arbeitsvorbereitung verringern sich.
- Die geringere Zahl der einzuplanenden Komponenten vereinfacht die Produktionsplanung und -steuerung sowie die Lagerhaltung.
- Da sich die Bausteine eher auftragsunabhängig in wirtschaftlichen Losgrößen (vor-)fertigen lassen, steigt die Wirtschaftlichkeit der Fertigung.

Probleme:

- Die Konzeption eines Baukastensystems erfordert einen hohen planerischen Aufwand, der das Unternehmen ähnlich einer Sachinvestition auf längere Zeit bindet.
- Es besteht die Gefahr, den technischen Fortschritt zu verpassen, da bei Neukonstruktionen stets auf dieselben Bauelemente zurückgegriffen wird.

4. Produktelimination

Abgesehen von Ausnahmefällen (Einproduktunternehmen, ein allein aufgrund von Kuppelproduktion zustande gekommenes Produktionsprogramm) stellt sich jedem Unternehmen früher oder später die Frage nach der *Produktelimination,* d. h. der endgültigen Aussonderung von Produkten aus dem aktuellen Produktionsprogramm. Das Problem umfasst zwei Dimensionen. Zum einen geht es darum festzulegen, *welches* Produkt bzw. welche Produkte ausscheiden sollen und zum anderen darum, *wann,* d. h. zu welchem Zeitpunkt oder in welchem Zeitraum, dies geschehen soll.

Die weitreichendsten Konsequenzen besitzen Eliminationsentscheidungen, die ganze Produktfelder (vgl. zum Begriff Teil E. I. 2.) betreffen. Häufig ist damit auch die Stilllegung oder Veräußerung von Betrieben oder Betriebsteilen verbunden, wenn sich die vorhandenen Kapazitäten nicht anderweitig nutzen lassen. Mit der Aufgabe eines Produktfeldes geht, sofern nicht gleichzeitig mit einem neuen Produktfeld Ersatz geschaffen wird, eine Verringerung der Produktionsprogramm*breite* einher. Schmaler wird ein Programm auch durch die Elimination von Produktgruppen und -arten. In allen Fällen kann das Absatzprogramm von der Produktionsaufgabe unberührt bleiben, wenn ein entsprechender Fremdbezug möglich und dauerhaft wirtschaftlicher

---

107 Vgl. Zäpfel (1989b), S. 70 und 72.

ist. Die *Tiefe* des Produktionsprogramms reduziert sich, wenn *Varianten* eliminiert werden, etwa – wie oben dargelegt – aus Kostengründen.

Ein zu beachtender Gesichtspunkt bei Eliminationsentscheidungen sind mögliche *Verbundwirkungen* innerhalb des Absatz- bzw. Produktionsprogramms. So kann ein vom Markt genommenes Erzeugnis andere „mitziehen", was mit einer Zeitverzögerung regelmäßig bei Zubehör und Ersatzteilen der Fall ist. Besonders vorteilhaft wirkt sich eine Programmbereinigung dann aus, wenn sich damit „interne Konkurrenz" beseitigen und die Produktion eines anderen Erzeugnisses ausweiten lässt.

Folgende *Gründe,* die eine Produktelimination zweckmäßig erscheinen oder erforderlich werden lassen, seien beispielhaft angeführt:

▶ Der Lebenszyklus des Produkts befindet sich vor seinem „natürlichen" Ende. Als Indikator und Entscheidungsinstrument lässt sich insbesondere der Deckungsbeitrag (absolute Höhe und zeitlicher Verlauf) heranziehen.

▶ Der Lebenszyklus findet kurz nach der Markteinführung des Produkts ein vorzeitiges Ende (Flop), z. B. wegen unzureichender Entwurfsqualität oder infolge von Managementfehlern im Marketingbereich.

▶ In einer Engpasssituation blockiert ein Produkt mit vergleichsweise niedrigem Deckungsbeitrag ein anderes, das einen höheren Deckungsbeitrag erzielen könnte (Handlungsalternative: Engpassbeseitigung durch Kapazitätserweiterung).

▶ Gelegentlich muss ein bislang erfolgreiches Produkt aufgrund von Einflüssen aus dem betrieblichen Umfeld (Gesetzesänderungen u. a. m.) vom Markt genommen werden.[108] Schnelles Handeln ist geboten, wenn bekannt wird, dass die Sicherheit von Kunden und Dritten gefährdet ist (Produkthaftungsrisiko) oder negative Testurteile veröffentlicht worden sind.

KONTROLLFRAGEN

(1) Welche Strategien bezüglich der Fertigungstiefe werden unterschieden?
(2) Welche Quellen lassen sich zur Ideensuche für Produktinnovationen nutzen?
(3) Mit welchen Instrumenten können Auswahl und Bewertung von Produktideen methodisch unterstützt werden?
(4) Wie können Produkte vor Nachahmung geschützt werden?
(5) Durch welche Merkmale ist die Wertanalyse gekennzeichnet?
(6) Inwiefern stellt Variantenvielfalt ein Problem dar?
(7) Welche Zielsetzungen werden mit Standardisierungsmaßnahmen verfolgt?

Aufgabe 45

In einem Unternehmen, das elektrotechnische Haushaltsgeräte herstellt, konkurrieren vier potenzielle Wertanalyseobjekte, die Produkte A, B, C und D, um die knappe Kapazität des Wertanalyseteams, die ca. sechs Personenmonate beträgt.

---

108 Vgl. Hoitsch (1993), S. 75.

Produkt- und programmbezogene Strategien und Instrumente

KAPITEL E
Teil V

a) Unterbreiten Sie einen begründeten Vorschlag für die *Auswahl* des Produkts bzw. der Produkte, die einer Wertanalyse unterzogen werden sollen. Folgende Informationen liegen vor:

	Produkt			
	A	B	C	D
voraussichtlicher Absatz im laufenden Jahr [Stück]	10.000	2.000	7.000	5.000
erreichte Phase im Marktlebenszyklus	Sättigungsphase	Einführungsphase	Reifephase	Wachstumsphase
Verkaufspreis [GE/Stück]	1.000,–	1.200,–	1.500,–	1.800,–
variable Herstellkosten [GE/Stück]	500,–	900,–	1.000,–	1.300,–
früher durchgeführte Wertanalysen	–	–	1	–
geschätzter Aufwand für eine Wertanalyse [Personenmonate]	3	4	3	6

b) Welche (weiteren) Informationen werden für die *Durchführung* der Wertanalyse benötigt?

F. Standorte und Produktionsstrukturen

I. Hierarchische Struktur der Produktionssysteme

Bisher wurde „Produktion" in diesem Buch durch die drei für offene Systeme (hier speziell Produktionssysteme) charakteristischen Größen Input (Produktionsfaktoren, Kap. C), Throughput (Produktionsprozess, Kap. D) und Output (Produkt, Kap. E) dargestellt (vgl. auch Abb. 1). In diesem Kapitel wird die Betrachtung um zwei Aspekte erweitert: Zum einen ist der Tatsache Rechnung zu tragen, dass sich die Produktion nicht nur zeitlich, sondern auch räumlich strukturiert vollzieht, womit das Problem der Standortwahl angesprochen ist. Zum anderen sind die Beziehungen zwischen den Produktionssystemen zu thematisieren.

Ein Vorteil der systemtheoretischen Sicht ist die Möglichkeit, Systeme je nach Untersuchungszweck in kleinere Einheiten zu untergliedern (Subsystembildung) oder zu größeren Einheiten zusammenzufassen (Bildung von Supersystemen). Die kleinsten produktiven Einheiten befinden sich auf der Ebene der einzelnen Arbeitsplätze und Maschinen (1)[1]. Mehrere dieser Elemente bilden je nach dem vorliegenden Organisationsprinzip Produktionssegmente (2) wie Teilefertigung, Oberflächenbehandlung, Vormontage, Endmontage oder Fertigung Produkt A, Fertigung Produkt B usw.[2] Die nächst höhere Aggregationsstufe (3) kann eine Fabrik/ein Werk sein und hierarchisch darüber ist die Unternehmensebene (4) angesiedelt. Eine Anzahl von Unternehmen wiederum kann durch ein Unternehmensnetzwerk oder einen Konzern verbunden sein (5).

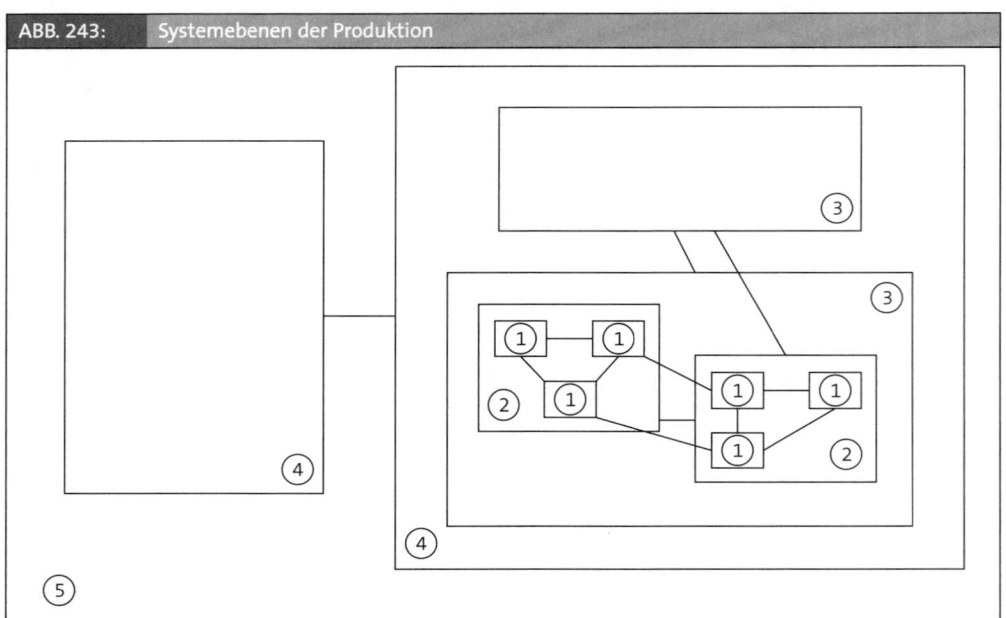

ABB. 243: Systemebenen der Produktion

---

[1] Die Zahlen in Klammern beziehen sich auf Abb. 243.
[2] Zur Hierarchie der Produktionssysteme vgl. auch die Beispiele bei Westkämper (2006), S. 55 f., Zäpfel (2000b), S. 104 f., Zahn/Schmid (1996), S. 120.

II. Standortplanung

1. Problemstellung

Unternehmensteile können zentral an einem Ort zusammengefasst oder auf mehrere Orte verteilt, d. h. räumlich dezentralisiert sein. Räumliche Dezentralisierung findet sich insbesondere in größeren Unternehmen mit heterogener Fertigung und im Handel (Filialen). Produzierende, dezentrale Teilbetriebe, betriebswirtschaftlich „Werke", werden in der Terminologie der Steuergesetzgebung als Betriebsstätten bezeichnet. Vom Produktionsstandort zu unterscheiden ist der „Sitz", d. h. der rechtliche Mittelpunkt einer Unternehmung.

Die räumliche Dezentralisierung von Betriebsteilen kann historisch begründet sein, etwa durch Übernahme eines ehemals selbstständigen Unternehmens, sie kann aber auch aus einer bewussten Gestaltung resultieren. Diese simultane Planung mehrerer Standorte wird im Folgenden nicht behandelt.

Wichtige *Anlässe* der Standortplanung sind:

► Neugründung

► Unternehmenswachstum/Erweiterungsinvestitionen

► Unternehmensschrumpfung/Aufgabe von Geschäftsfeldern

► wahrgenommene Probleme/Risiken im Zusammenhang mit einem bestehenden Standort

► erkannte Chancen im Zusammenhang mit einem potenziellen neuen Standort.

Ebenfalls abzugrenzen von dem im Folgenden zu behandelnden Aspekt der betrieblichen Standortwahl auf Unternehmens- oder Werksebene sind Fragen der innerbetrieblichen Standortwahl, d. h. der Anordnung von Betriebsmitteln im Rahmen der *Layout-/Fabrikplanung*[3]. Diese Problemstellung ist eng mit der Festlegung des Organisations- und Leistungstyps der Produktion verbunden. In der Praxis erfolgt die Layout-Planung normalerweise mittels heuristischer Verfahren oder auf dem Wege der Simulation. Für begrenzte Problemumfänge (maximale Anzahl anzuordnender Maschinen ca. 15 bis 20) können auch exakte Verfahren eingesetzt werden.

Am bekanntesten ist das Dreieckverfahren, bei dem die Arbeits- bzw. Maschinenplätze in den Eckpunkten eines Dreiecknetzes platziert werden. Man geht davon aus, dass die Transportkosten zu minimieren sind. Die Entfernung der Maschinenstandorte soll umgekehrt proportional zu den zwischen ihnen zu transportierenden Mengen sein.

Eine Übersicht über Verfahren der Layoutplanung vermittelt Abb. 244.

---

[3] Zur Layoutplanung vgl. beispielsweise Wäscher (1993), Wäscher (1998).

KAPITEL F
Teil II — Standorte und Produktionsstrukturen

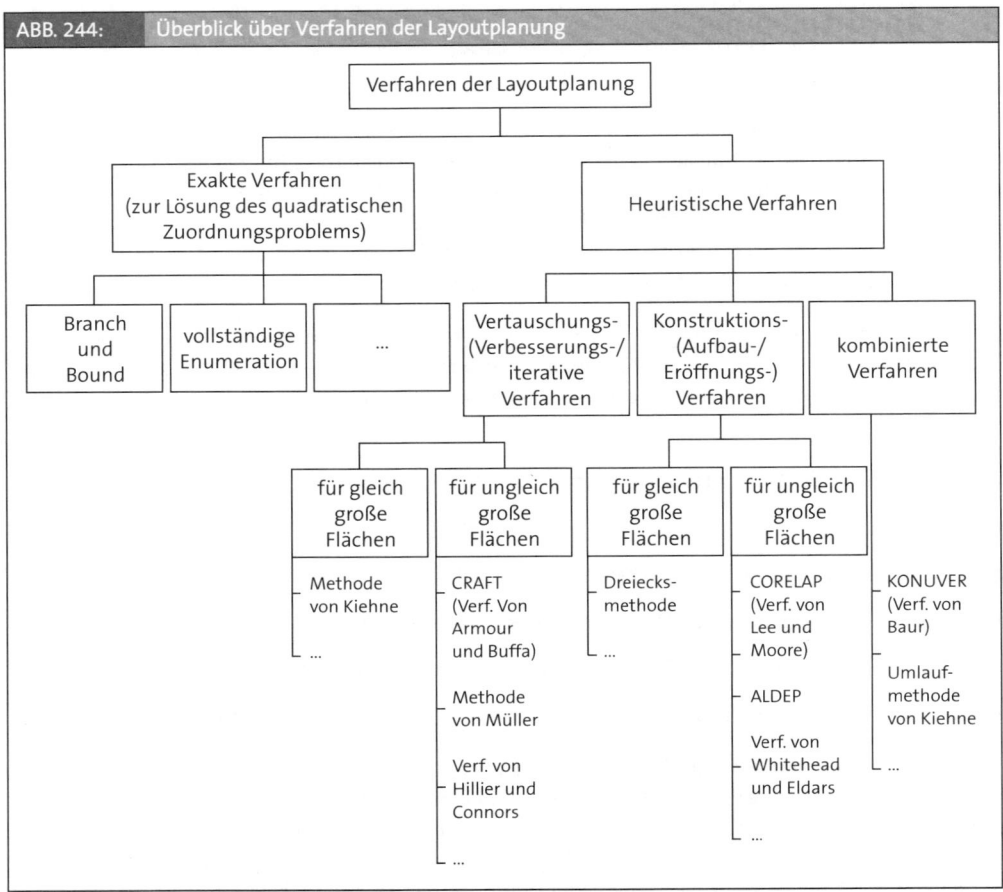

ABB. 244: Überblick über Verfahren der Layoutplanung

(in Anlehnung an Zäpfel (2000b), S. 180 und REFA (1991c), Teil 6, S. 194)

2. Aspekte der Standortwahl

Die Wahl des Standortes zählt zu den Grundsatzentscheidungen mit großer Tragweite, die – einmal getroffen – nur schwer revidierbar sind. Auf die Zielgrößen des Unternehmens wirkt sich die Standortentscheidung über die zahlreichen Beziehungen zwischen dem Unternehmen und seiner Umwelt aus, wobei leider nur ein geringer Anteil der Zielwirkungen in einer Entscheidungssituation monetär quantifiziert werden kann. Standortspezifische Einflussgrößen, die sich auf die Erreichung der Unternehmensziele auswirken, werden auch als Standortfaktoren bezeichnet.

Grundsätzlich sind folgende Aspekte bei einer Standortentscheidung zu berücksichtigen:

1. Handelt es sich um *gebundene* Standorte (z. B. Schiffswerften an Seehäfen) oder um *(relativ) freie* Standorte (z. B. Rechenzentren, Call Center)?

2. Ist die Standortsuche *regional* oder *national begrenzt*, oder erstreckt sie sich auch auf *internationale* Liegenschaften?

3. Ist das Preisniveau für Erwerb oder Miete des potenziellen *Grundstücks* angemessen, und bestehen Optionen für zukünftige *Betriebserweiterungen*?

4. Ist eine ausreichende Anzahl von *Arbeitskräften* mit der benötigten *Qualifikation* und zu annehmbaren *Lohnforderungen* verfügbar?

5. Ist die Versorgung mit *Materialien* und *Energie* sowie die Unterstützung durch *Hilfs-* und *Servicebetriebe* im Ansiedlungsgebiet gesichert?

6. Ist die *Entsorgung* der *Produktionsrückstände* zu vertretbaren Kosten gewährleistet, und welche Anforderungen hinsichtlich des *Umweltschutzes* sind zu erfüllen?

7. Welche *steuerlichen Belastungen* (z. B. Gewerbesteuerhebesatz), *Auflagen und Beschränkungen* (Vorschriften der Gewerbeaufsicht usw.), aber auch *Vergünstigungen* (staatliche Fördermaßnahmen) sind zu erwarten?

8. Sind *Absatzbedarf, Kaufkraft* und *Abnehmerdichte* sowie *Verkehrsverbindungen* zu den potenziellen Kunden im erforderlichen Umfang vorhanden?

9. Wie ist das *wirtschaftspolitische Klima* in der örtlichen Verwaltung, der Region und dem Land sowie die Einstellung der Bevölkerung zum Unternehmen einzuschätzen?

Für Hersteller materieller Produkte besonders bedeutsame Aspekte der Standortwahl sind insbesondere die Versorgungssicherheit hinsichtlich Personal, Material und Energie sowie die geregelte Entsorgung der im eigenen Betrieb nicht verwertbaren Produktionsrückstände.

3. Überblick über Modelle der Standortwahl

Zur Entscheidungsvorbereitung der Standortwahl sind verschiedene Modelle entwickelt worden, die dazu beitragen sollen, einen möglichst optimalen Standort zu ermitteln. Im einfachsten Fall orientiert sich die Vorgehensweise an *einem* maßgeblichen Standortfaktor, der in seiner Bedeutung alle anderen Standortfaktoren dominiert.

In dem klassischen Werk von A. Weber (1868 – 1958) zur Standorttheorie werden die Lohnkosten (Arbeitskosten) und die Transportkosten betrachtet.[4] Orte mit niedrigen Löhnen können beispielsweise höhere Kosten beim Transport ausgleichen und umgekehrt. Transportkosten werden in Relation zum Warenwert gesetzt, d. h. teure Güter (z. B. Edelmetalle) können weiter entfernt produziert bzw. konsumiert werden als vergleichsweise billige Güter (z. B. Kohle). Das in der Literatur unter der Bezeichnung Steiner-Weber-Ansatz[5] bekannt gewordene Entscheidungsmodell minimiert die Transportentfernungen bzw. -kosten als einzigen dort berücksichtigten Parameter. Kritisch ist anzumerken, dass die Reduzierung des Problems der Standortsuche auf lediglich eine zu optimierende Größe die Komplexität des Auswahlproblems nur unzureichend erfasst.

Differenziertere Standortmodelle lassen sich folgendermaßen systematisieren:[6]

▶ Nach der *Homogenität der Fläche* (und damit der Einschränkung der potenziellen Lösungen) lassen sich *kontinuierliche* Standortmodelle (homogene Fläche mit einer unendlichen Anzahl möglicher Standorte und infinitesimal kleinen räumlichen Standortvariationen) sowie *räum-*

---

4 Siehe Weber (1909).
5 Vgl. hierzu etwa Hansmann (2006), S. 113 ff.
6 Vgl. Bestmann (1996), S. 44 f.

KAPITEL F Standorte und Produktionsstrukturen

Teil II

lich diskrete Modelle (inhomogene Fläche mit einer endlichen Zahl potenzieller Standorte) unterscheiden.

► Für unterschiedliche betriebliche *Funktionsbereiche* sind spezielle Modelle, so für *Verarbeitungszentren* (Produktionsstätten), für *Lagerhaussysteme* (Lagerortverteilungen) und für *Verkaufsstellen* und *Verkehrsnetze* entwickelt worden.

► Nach dem *Sicherheitsgrad der Information* kann zwischen *deterministischen* Standortmodellen (es liegen vollkommene Information über alle relevanten Standortfaktoren vor), *stochastischen* Standortmodellen (es liegen Wahrscheinlichkeitsverteilungen über relevante Standortfaktoren vor) und *spieltheoretischen* Ansätzen (Einbeziehung möglicher Aktionen und Reaktionen der Konkurrenz) differenziert werden.

► Nach dem *Optimierungsumfang* lassen sich *Partialmodelle* (nur die Standortentscheidung wird optimiert, andere betriebliche Entscheidungen sind vorgegeben bzw. bleiben außer Ansatz) und *Totalmodelle* (neben der Standortentscheidung werden auch andere damit zusammenhängende Entscheidungen einbezogen) unterscheiden.

Als ein praktikables Instrument zur Unterstützung der Standortwahl haben sich *Scoringmodelle (nutzwertanalytische Modelle)* herausgebildet. Da die Nutzwertanalyse ein generelles heuristisches Lösungsprinzip für Entscheidungen unter Mehrfachzielsetzung darstellt, ist sie auch in anderen betrieblichen Entscheidungssituationen anwendbar.

4. Nutzwertanalyse als Instrument der Standortwahl

Die Vorgehensweise der Standortbestimmung mittels Nutzwertanalyse lässt sich in fünf *Verfahrensschritte* gliedern:[7]

1. Zielkriterienbestimmung
2. Zielkriteriengewichtung
3. Teilnutzenbestimmung
4. Nutzwertermittlung
5. Beurteilung der Vorteilhaftigkeit

4.1 Zielkriterienbestimmung

Im ersten Schritt werden in einem Katalog alle für die Standortentscheidung relevanten Zielkriterien, d. h. *bedeutsamen Eigenschaften,* aufgelistet. Bedeutsame Standorteigenschaften können neben dem Grundstückspreis beispielsweise die „Energieversorgung", „Verkehrsanbindung" sowie „Entfernung zum Großkunden" sein. Bei der Aufstellung des Kriterienkatalogs sollte ggf. Expertenrat (z. B. mittels Delphi-Methode) eingeholt werden. Bei Bedarf sind die relevanten Standortkriterien in eine zwei- oder mehrstufige *Zielkriterienhierarchie* zu gliedern. Beispiel: Das Hauptkriterium „Energieversorgung" lässt sich aufgliedern in die Teilkriterien: „Versorgung mit Festbrennstoffen" „… mit Heizöl", „… mit Gas", „… mit Strom". Sofern zu berücksichtigende Eigenschaften zunächst nur vage umschrieben worden sind (z. B. „Verkehrsanbindung"), müssen diese als operationalisierbare Kriterien formuliert werden (z. B. „Entfernung zum nächsten Autobahnanschluss").

---

7 Vgl. hierzu und zu den folgenden Ausführungen Blohm/Lüder/Schaefer (2006), S. 155 ff.

Bei der Kriterienauswahl ist darauf zu achten, dass *gleiche Eigenschaften nicht durch mehrere Kriterien* erfasst werden. Beispielsweise sind die Kriterien „Stromversorgung" und „Wärmeversorgung" substitutiv, wenn Wärme mit Elektroenergie erzeugt wird. In diesen Fällen ist eines der Kriterien zu eliminieren. Weiterhin ist auf eine weitgehende kausale und nutzentheoretische Unabhängigkeit der Zielkriterien zu achten.

Kausale oder technologische Abhängigkeiten zwischen Kriterien sind objektiv gegeben, aber im Einzelfall nicht immer leicht zu identifizieren. Eine kausale Abhängigkeit liegt vor, wenn die Veränderung der Zielausprägung eines Kriteriums die Ausprägungen mindestens eines anderen Kriteriums beeinflusst. Dabei kann die Beeinflussung entgegengesetzt/negativ oder gleichgerichtet/positiv sein. Preise für Industriegrundstücke beispielsweise sind im besonderen Maße abhängig von der Qualität der Infrastruktur, sodass die beiden Größen nicht zusammen in das nutzwertanalytische Modell aufgenommen werden sollten. Da monetäre Größen stets in dem einen oder anderen (im Einzelnen jedoch nicht immer bekannten) Zusammenhang mit relevanten nicht-monetären Kriterien stehen, sollten monetäre Kriterien vorsichtshalber keine Berücksichtigung in der Nutzwertanalyse finden, sondern separat gewürdigt werden. Notfalls lassen sich kausale Abhängigkeiten, die trotz sorgfältiger Zielkriteriendefinition nicht vermieden werden können, durch eine entsprechend angepasste Kriteriengewichtung (s. hierzu 4.2) ausgleichen.

Nutzentheoretische Abhängigkeit/Unabhängigkeit lässt sich nur aus der Präferenzstruktur des Entscheidungsträgers heraus beurteilen. Es kann beispielsweise der Fall sein, dass die Standortkriterien „Nähe zur Autobahn" und „Entfernung zum Großkunden" nicht vollkommen nutzenunabhängig sind, weil es für das Unternehmen nicht gleichgültig ist, welchen Beitrag die beiden Kriterien jeweils zur Gesamtzielerfüllung leisten. Immer wenn Gesichtspunkte wie die Ausgewogenheit der Alternativen hinsichtlich der Zielerfüllung eine Rolle für die Entscheidung spielen, ist keine nutzentheoretische Unabhängigkeit gegeben. Für die praktische Anwendung des Verfahrens kann durch Beschränkung auf einzuhaltende Grenzen und Intervalle bezüglich der Kriterienausprägungen (z. B. Entfernung zum nächsten Autobahnanschluss max. 30 km; Entfernung zum Großkunden max. 600 km) *bedingte* Nutzenunabhängigkeit[8] zwischen den Kriterien erreicht werden. Außerhalb der gesetzten Schwellenwerte besteht keine Nutzenunabhängigkeit zwischen diesen beiden Kriterien, d. h. selbst Standorte mit unmittelbarem Autobahnanschluss kommen nicht in Betracht, sofern die Entfernung zum Großkunden den Schwellenwert 600 km überschreitet („K.o.-Kriterium").

4.2 Zielkriteriengewichtung

Die Bedeutung der einzelnen Kriterien für die Standortwahl ist in der Regel nicht gleich groß. Die preiswerte Versorgung mit dem Energieträger Strom ist für die Standortbestimmung eines Aluminiumwerkes wichtiger als beispielsweise eine preiswerte Wasser- und Gasversorgung. Um die relative Bedeutung der Zielkriterien Z_i im Auswahlverfahren zu berücksichtigen, sind entsprechende *Gewichtungsfaktoren* g_i zu bestimmen. Dieser Vorgehensschritt ist in erheblichem Maße durch subjektive Einschätzungen geprägt.

---

8 Vgl. Zangemeister (1976), S. 78 f.

Eine konsistente Verteilung der Gewichte auf alle Teil- und Unterkriterien erfolgt in der Weise, dass eine zur Normierung festgelegte Obergrenze (z. B. 100 % bzw. 1) in der Summe nicht überschritten wird.

Beispiele für eine praktikable Gewichtung von Zielkriterien stellen die direkte und die indirekte Intervallskalierung dar.[9]

4.3 Teilnutzenbestimmung

Um den Beitrag, d. h. das Ausmaß der Zielerreichung, jedes Kriteriums in Bezug auf die zu beurteilenden Standortalternativen zu bestimmen, ist zunächst festzulegen, mit welcher *Nutzenskala* die Zielerreichung ermittelt werden soll. Als Möglichkeiten bieten sich an:

- *Nominal*skalen (Beispiel Kriterium „Verkehrsanbindung": Standort A: ausreichend, Standort B: nicht ausreichend).
- *Ordinal*skalen (z. B. Standort A: sehr gut erfüllt, Standort B: gut erfüllt, Standort C: unzureichend erfüllt).
- *Kardinal*skalen (Intervall- und Verhältnisskala). Bei der Intervallskala sind die Skalenintervalle, d. h. die Abstände zwischen zwei benachbarten Skalenwerten, konstant (Beispiel: Einordnung der Zielausprägungen auf einer Prozentskala: 1 %: niedrigster, 100 %: höchster Skalenwert). Bei der Verhältnisskala ist zusätzlich ein absoluter Nullpunkt definiert, sodass auch Relationen bestimmt werden können (Beispiel: Standort A erfüllt das Kriterium doppelt so gut wie Standort B).

Für sämtliche Zielkriterien ist die gleiche Skalierungsart anzuwenden. Es sollte sich dabei zumindest um eine Ordinalskala, besser (aber auch mit höherem Aufwand verbunden) um eine Kardinalskala handeln.

Des Weiteren ist der *Teilnutzen jedes Standortkriteriums* für alle in Betracht gezogenen Standorte zu bestimmen. Dies geschieht unter Zuhilfenahme von *Nutzen-Transformationsfunktionen*, die die Zielmerkmalsausprägungen in Teilnutzenwerte (Punktwerte) überführen. Drei grundlegende *Typen* von Transformationsfunktionen lassen sich unterscheiden:

1. *Diskrete* Transformationsfunktionen ordnen jeder Zielerreichungsklasse (z. B. „sehr gut", „mittelmäßig", „ungenügend") einen Teilnutzenwert zu (z. B. sehr gut: 10, mittelmäßig: 5, ungenügend: 0). Hierfür genügt eine ordinale Skalierung der Zielerreichungswerte.

2. *Abschnittsweise konstante* Transformationsfunktionen ordnen festgelegten Intervallen von Zielerreichungsgraden jeweils konstante Teilnutzenwerte zu (z. B. von 10 % bis 19 % Zielerreichung 6 Punkte, von 20 % bis 29 % 9 Punkte). Voraussetzung ist eine Kardinalskala der Zielerreichungsgrade.

3. *Stetige* Transformationsfunktionen bilden beliebig feine Nutzenunterschiede ab. (Die Länge der einzelnen Intervalle tendiert gegen Null bzw. die Anzahl der Intervalle gegen unendlich.) Vorausgesetzt wird eine kardinale Skalierung.

Stetige Transformationsfunktionen beinhalten und erhalten bei ihrer Anwendung ein Maximum an Information über die Zielerreichnug. Allerdings reichen in der praktischen Anwendung häufig

---

9 Zu Einzelheiten vgl. Blohm/Lüder/Schaefer (2006), S. 158 f.

durchaus auch abschnittsweise konstante Transformationsfunktionen aus. Ergänzend sei angemerkt, dass je nach den Präferenzen der Entscheider Nutzen-Transformationsfunktionen nicht unbedingt linear zu sein brauchen.

4.4 Nutzwertermittlung

Bei der Nutzwertermittlung werden die Teilnutzen zu einem Gesamtnutzen verdichtet (amalgamiert), und zwar für jeden in den Vergleich einbezogenen Standort. Gesucht ist der Standort mit dem höchsten Gesamtnutzwert. Als *Amalgamierungsverfahren* können die *Additions-* oder die *Multiplikations*regel angewendet werden. Die Nutzwertermittlung nach der Multiplikationsregel bedingt, dass die Nutzwerte mit den jeweiligen Gewichtungsfaktoren der Kriterien potenziert werden. Stärken und Schwächen einzelner Standorte gehen dadurch entsprechend verstärkt in den Gesamtscore ein. Im Extremfall, d. h. wenn ein Teilnutzenwert Null ist, ist auch der Wert des Gesamtnutzens Null.

Ein einfaches *Beispiel* mit drei Zielkriterien Z_i (i = 1, 2, 3) und drei Standortalternativen S_j (j = 1, 2, 3) soll die Vorgehensweise verdeutlichen. Die Skala der Teilnutzenwerte n_{ij} reicht von 0 (niedrigster Punktwert) über 1 und 2 bis 3 (höchster Punktwert). Die Kriteriengewichte g_i wurden unter Beachtung der Bedingung zu $\sum g_i = 1$ zu $g_1 = 0{,}3$; $g_2 = 0{,}2$ und $g_3 = 0{,}5$ festgelegt. Die operationalisierten Zielkriterien und die Transformationsfunktionen gehen aus Abb. 245 hervor.

ABB. 245:	Zielkriterien und Transformationsfunktionen			
i	Zielkriterium Z_i	Gewichtungsfaktor g_i	Zielerreichungsintervalle	Teilnutzenwerte n_i
1	Grundstücksgröße (in qm)	0,3	< 10 000 10 000 ... 12 000 > 12 000 ... 14 000 > 14 000	0 1 2 3
2	Verkehrsanbindung: Entfernung zum nächsten Autobahnanschluss (in km)	0,2	> 30 30 ... 20 < 20 ... 10 < 10	0 1 2 3
3	Absatznähe: Entfernung zum Großkunden (in km)	0,5	> 600 600 ... 400 < 400 ... 200 < 200	0 1 2 3

Für alle drei Standortalternativen sind die erforderlichen Informationen hinsichtlich der Zielerfüllung erhoben und in Abb. 246 dokumentiert worden.

ABB. 246:	Matrix der Zielerfüllungswerte		
	Z_1	Z_2	Z_3
S_1	11.000 qm	18 km	510 km
S_2	11.800 qm	22 km	130 km
S_3	15.300 qm	26 km	470 km

Aus der Matrix der Zielerfüllungswerte ergibt sich unter Anwendung der festgelegten Transformationsfunktionen die Matrix der (ungewichteten) Teilnutzenwerte n_{ij} (Abb. 247).

ABB. 247:	Matrix der Teilnutzenwerte		
	Z_1	Z_2	Z_3
S_1	1	2	1
S_2	1	1	3
S_3	3	1	1

Durch Multiplikation der ungewichteten Teilnutzenwerte n_{ij} mit den Gewichtungsfaktoren g_i der Zielkriterien erhält man die Matrix der gewichteten Teilnutzen ($n_{ij} \cdot g_i$) und durch anschließende Addition der Teilnutzen jeder Standortalternative den Gesamtnutzen N_j der Alternativen (Abb. 248).

ABB. 248:	Matrix der gewichteten Teilnutzen und Gesamtnutzen			
	Z_1	Z_2	Z_3	N_j
S_1	0,3	0,4	0,5	**1,2**
S_2	0,3	0,2	1,5	**2,0**
S_3	0,9	0,2	0,5	**1,6**

4.5 Beurteilung der Vorteilhaftigkeit

Im Beispiel ist für den Standort S_2 mit $N_2 = 2,0$ der höchste Gesamtnutzwert und damit S_2 als der vorteilhafteste Standort ermittelt worden. Die Ergebnisse müssen allerdings kritisch interpretiert werden. Sowohl die Zielkriterienauswahl als auch die -gewichtung und Nutzwertermittlung sind subjektiv geprägt, sodass die Ergebnisse, je nach Präferenzen und Einschätzungen der beteiligten Personen, mitunter deutlich variieren.

Empfehlenswert ist es deshalb, die Ergebnisse von Nutzwertanalysen bei bedeutsamen Entscheidungen wie der betrieblichen Standortwahl durch eine ergänzende *Sensitivitätsanalyse* kritisch zu prüfen, insbesondere, wenn Alternativen nur geringe Gesamtnutzen-Differenzen aufweisen. In diesen Fällen können geringfügig variierende Eingabeparameter (z. B. eine leichte Gewichtungsverschiebung) bereits eine Veränderung der Rangfolge bewirken, sodass eine weitergehende Analyse angeraten erscheint. Bleibt die Rangfolge jedoch stabil, ist dies ein Indiz für ein akzeptables Ergebnis. Durch eine ergänzende Simulation lassen sich mögliche Wechselwirkungen zwischen den Zielkriterien verdeutlichen.

Insgesamt betrachtet ist die Nutzwertanalyse ein praktikables Hilfsmittel, um Entscheidungsprobleme mit Mehrfachzielsetzung, insbesondere wenn nicht-monetäre Kriterien zu berücksichtigen sind, zu analysieren, eine Lösung vorzubereiten und transparent zu machen. Die Ergebnisse der Nutzwertanalyse dürfen allerdings nicht als vorweggenommene Entscheidung interpretiert werden, sondern besitzen eher Empfehlungscharakter.

Werke

KAPITEL F
Teil III

(1) Welche weiteren Bestimmungsfaktoren können neben den Transportkosten bei der Standortwahl von Bedeutung sein?

(2) Welche Verfahrensschritte sind für eine Standortermittlung mittels Nutzwertanalyse durchzuführen?

(3) Warum ist ein durch Nutzwertanalyse ermittelter Standort nicht unbedingt gleichbedeutend mit einem „optimalen" Standort?

Aufgabe 46

Erörtern Sie beispielhaft die Bedeutung der Standortbestimmungsfaktoren

- Materialorientierung
- Arbeitsorientierung
- Abgabenorientierung
- Energieorientierung
- Verkehrsorientierung
- Absatzorientierung

für einzelne Wirtschaftszweige.

III. Werke

Örtlich zusammengefasste Betriebseinheiten, deren *Hauptaufgabe* in der *Produktion* besteht, bezeichnet man als Werke. Ein Werk ist normalerweise *rechtlich unselbstständig*. Es ist Teil eines Unternehmens mit ihm übergeordneten Leitungs- und Zentralstellen (z. B. Vertrieb, Personal). Auch wenn die Bezeichnung „Werk" in Unternehmensbezeichnungen eingegangen ist (z. B. „Rietbergwerke KG"), deutet sie im Normalfall die begrenzte organisatorische Selbstständigkeit einer Produktionseinheit im Rahmen eines Unternehmens oder Unternehmensverbundes an, z. B. „Kabelwerk" als Produktionseinheit der Siemens AG. Werksnamen können wie in diesem Beispiel auf das Produkt bezogen sein, sich aber auch an regionalen oder geografischen Bezeichnungen orientieren (Beispiel BMW: „Werk Dingolfing" und „Werk Regensburg").

Im Werk stehen zahlreiche Organisationsprobleme aus dem Überschneidungs- und Spannungsbereich von Wirtschaft und Technik zur Lösung an. Zunächst sei die *Werkleitung* als Problemfeld skizziert. Es kann ein Werkleiter für alle technischen und wirtschaftlichen Aufgabengebiete verantwortlich sein. Es ist auch möglich, zwei Werkleiter nebeneinander einzusetzen, von denen der technische Werkleiter z. B. für die Produktionsabläufe, möglicherweise auch für Beschaffung und Lagerwesen, der kaufmännische Werkleiter für das Rechnungswesen, möglicherweise für das Personalwesen und, soweit diese Aufgabe nicht zentralisiert ist, für den Vertrieb zuständig ist. Soweit ein Werk Forschung und Entwicklung betreibt, liegt deren Ansiedlung im technischen Bereich nahe.

Beide Werkleiter können gleichberechtigt sein, es kann aber auch einer dem anderen unterstellt sein. Je nach dem „technischen Gehalt" des Produktionsprozesses und/oder des Produkts ergibt sich ein Übergewicht der technischen oder der kaufmännischen Aufgabenbereiche, was auch eine entsprechende Bevollmächtigung in der Leitung verlangt. Ein Getränke-Abfüllbetrieb beispielsweise ist vorwiegend kaufmännisch, eine Werkzeugmaschinenfabrik vorwiegend technisch orientiert.

Mehrfachunterstellungen im Sinne des Mehrliniensystems (vgl. Kap. C.V.1.) sind im Werk üblich, indem beispielsweise der kaufmännische dem technischen Werkleiter unterstellt ist, im Bereich des Rechnungswesens aber von der Zentrale direkt Anweisungen erhält, wobei er in diesen Fachfragen auch keine Anweisungen des technischen Werkleiters entgegenzunehmen braucht.

Ein großer Problembereich, der hier nur angedeutet werden kann, ergibt sich aus der *Aufgabenzuordnung an das Werk* einerseits und den *Zuständigkeitsbereichen der Zentralstellen* andererseits. Haben Letztere nur ein Aufsichtsrecht, Richtlinienkompetenz, direkte Anweisungsbefugnis oder ist gar die Aufgabendurchführung dort zentralisiert? Die Lösung hängt im Einzelfall von der Unternehmensstruktur und der Erzeugnischarakteristik ab. So ist der Vertrieb eines technisch anspruchsvollen, erklärungsbedürftigen und wartungsintensiven Investitionsgutes enger mit der Produktionsstätte zu verbinden als ein einfaches Massenerzeugnis aus dem Konsumgüterbereich. Andererseits können erforderliche Kundennähe, mangelnde Lagerfähigkeit und Transportempfindlichkeit der Produkte es nahelegen, für Konsumgüter den Vertrieb an den Ort der Produktion zu koppeln, also an die Werke zu delegieren, wie es in der Nahrungsmittelindustrie zu finden ist. Mit der technischen Entwicklung in Produktion und Verwaltung ändern sich auch die Bedingungen. So tendierte man im Bereich der Datenverarbeitung zunächst zu einer Zentralisierung, um die Anlagen wirtschaftlicher einsetzen zu können. Später haben vernetzte PCs und Workstations die Bedingungen für eine ausgeprägte Dezentralisierung geschaffen. Das gilt insbesondere auch in Verbindung mit Bestrebungen, ausführenden Mitarbeitern durch Arbeitsbereicherung (Job Enrichment) dispositive Aufgabenelemente zuzuordnen.

Zu der Kernfrage Zentralisierung oder Dezentralisierung (Aufgabenzuordnung an die Werke) seien noch einige repräsentative Beispiele gegeben. *Forschung und Entwicklung* bei den Werken stört unter Umständen den reibungslosen Produktionsablauf, wenn z.B. im Interesse der Verfahrensentwicklung im laufenden Produktionsprozess experimentiert wird. Andererseits setzt die Verbesserung des Produktionsprozesses einen engen Kontakt mit der laufenden Produktion voraus.

Im kaufmännischen Bereich ist die Zentralisierung von wesentlichen Teilen des *Rechnungswesens* in Verwaltungszentralen außerhalb der Werke häufig anzutreffen. Richtlinienkompetenz für Bilanz, Geschäftsbuchhaltung, Kosten- und Leistungsrechnung und Statistik ist als Mindestmaß an Zentralisierung anzusehen. Die Bilanzerstellung und die Gewinn- und Verlustrechnung sind wegen zugrunde liegender Standards in höherem Maße für die Zentralisierung geeignet als die Kosten- und Leistungsrechnung, die eigentlich ein Managementinstrument der Werkleitung ist und deshalb auch von ihr nach ihren Bedürfnissen gestaltet werden sollte. Allerdings muss stets die Vergleichbarkeit der Kostenrechnungsunterlagen gewährleistet sein, sodass auch hier auf eine Richtlinienkompetenz der Zentrale nicht verzichtet werden kann.

Ein idealtypisches Beispiel vernünftigen Zusammenwirkens bietet die Aufgabenteilung auf dem Gebiet der *Investitionsentscheidungen*. Hier kann den Werken das Recht zugestanden werden, im Rahmen eines bestimmten Budgets über so genannte Kleininvestitionen (Investitionshöhe je Objekt begrenzt) selbst zu entscheiden. Größere Investitionen werden jedoch zentral bearbeitet, um die Produktionspotentiale im Sinne der Gesamtziele des Unternehmens – idealerweise auf der Grundlage einer strategischen Planung – entwickeln zu können. Die Frage einer ausgewogenen Zentralisations- und Dezentralisationspolitik ist die Grundlage einer wirtschaftlichen Werksorganisation.

Viele Wege des Zusammenwirkens von Zentralstellen und Werken sind möglich und werden praktiziert. Das gilt auch für weitere Aufgabenbereiche wie Beschaffung, Lagerwesen, Personal- und Sozialwesen. In einzelnen Fällen kann den rechtlich unselbstständigen Werken größere Entscheidungs- und Handlungsfreiheit eigen sein als den unter eigener Firma arbeitenden Tochter- und Enkelunternehmen eines straff geführten Konzerns. Obwohl die Werksorganisation eines der bedeutendsten Organisationsprobleme des Produktionsbereichs ist, wird diesem Problemkreis in der Literatur kaum Aufmerksamkeit geschenkt.

Zusammenfassend lässt sich feststellen, dass die Werksorganisation wesentliche Merkmale eines *Produktionsnetzwerks* aufweist, wenn man ein systemtheoretisch fundiertes, weites Begriffsverständnis zugrunde legt: „Unter einem Produktionsnetzwerk ist ein strukturiertes, offenes, sozio-technisches, polyzentrisches System zu verstehen, das gebildet wird, um seinen Hauptzweck, die zielorientierte verteilte Verrichtung produktionswirtschaftlicher Aufgaben zu erfüllen."[10] Es handelt sich um ein dauerhaft angelegtes, unternehmensinternes Netzwerk, dessen Knoten bzw. Elemente von den Werken und der Unternehmenszentrale gebildet werden. Dabei besitzt das System neben heterarchisch-polyzentrischen Struktureigenschaften in Bezug auf die Werke untereinander vor allem auch hierarchische Strukturen im Verhältnis zwischen den einzelnen Werken und der Zentrale. Die verteilte Aufgabenerfüllung bezieht sich in jedem Fall auf die örtliche Verteilung der Produktionsaufgaben, je nach realisiertem Integrationsprinzip auf der Unternehmensebene auch auf die Verteilung aufgrund horizontaler (z. B. Werk A für Produkt A, Werk B für Produkt B) oder vertikaler (Werke für die Teilefertigung und Montagewerk) Integration. Art und Umfang der Materialflussbeziehungen zwischen den Werken hängen entscheidend vom Integrationsprinzip ab. Zwischen den Werken und der Zentrale sind die Aufgaben komplementär verteilt, d. h. alle von den Werken nicht zu erfüllenden Aufgaben obliegen der Zentralverwaltung.

KONTROLLFRAGEN

(1) Wodurch ist ein Werk als produktionswirtschaftliche Einheit charakterisiert?

(2) Was spricht für und gegen die Zuordnung von Forschungs- und Entwicklungsaufgaben an die Kompetenz der Werke?

(3) Inwiefern lässt sich die Organisationsform „Werke" als Produktionsnetzwerk auffassen?

---

10 Röhrs (2003), S. 13.

IV. Unternehmensübergreifende Strukturen

1. Gründe für Unternehmensverbindungen

Unternehmen können sich durch im Einzelnen sehr vielgestaltige Verbindungen mit anderen Unternehmen zu größeren Wirtschaftseinheiten zusammenschließen. Dabei ist die wirtschaftliche und rechtliche Selbstständigkeit jedes der beteiligten Unternehmen von der Intensität der vereinbarten Zusammenarbeit abhängig.

Vorteile aus der wirtschaftlichen Zusammenarbeit zielen insbesondere auf die:

1. Verbesserung der *Produktionsbedingungen* durch: Festlegung gemeinsamer Standards; Abstimmung des Produktionsprogramms; gleichmäßige Auslastung bestehender Fertigungskapazitäten; verbundene Forschung und Entwicklung; gemeinsame Verwertung von Patenten, Verfahrensinnovationen etc.
2. Verbesserung der *Wettbewerbssituation* durch: Verdrängung von Konkurrenten; Einflussnahme auf Lieferanten und Abnehmer; Aufbau einer gemeinsamen Vertriebsorganisation; Regelung von Absatzgebieten, -mengen, Preisen und Konditionen; Bündelung von Einkaufsmengen etc.
3. Verbesserung der *Finanzsituation* durch: Bereitstellung größerer Kapitalbeträge; Möglichkeiten zu Gemeinschaftsinvestitionen; Verbesserung der Kreditwürdigkeit; Ausnutzung unterschiedlicher Besteuerungen; Verteilung von Risiken etc.

2. Ausprägungen von Unternehmensverbindungen

Unternehmensverbindungen lassen sich u. a. unterscheiden:

1. nach der *Integrationsrichtung in Bezug auf die Wertschöpfungskette*:
    a) *horizontale* Verbindungen (Betriebe gleicher Wertschöpfungsstufe, z. B. Automobilhersteller),
    b) *vertikale* Verbindungen (Betriebe vor- oder nachgelagerter Wertschöpfungsstufen, z. B. Stahlproduzent und Automobilhersteller),
    c) *diagonale* (laterale, anorganische) Verbindungen (Betriebe unterschiedlicher Wertschöpfungsstufen und/oder Branchen, z. B. Automobilhersteller und Geschäftsbank);
2. nach der *Dauer*:
    a) vorübergehende, zeitlich *befristete* Verbindungen (z. B. Arbeitsgemeinschaften, Konsortien),
    b) dauerhafte, zeitlich *unbefristete* Verbindungen (z. B. Strategische Allianzen, Konzerne);
3. nach der *wettbewerbsbeschränkenden Wirkung*:
    a) *ohne* beabsichtigte Wettbewerbsbeschränkung (z. B. Strategische Allianzen),
    b) *mit* beabsichtigter Wettbewerbsbeschränkung (z. B. Kartelle).

4. nach dem *Umfang* der verbleibenden *wirtschaftlichen Selbstständigkeit*:

   a) Erhaltung oder Einschränkung der wirtschaftlichen Selbstständigkeit (*Kooperations*formen, z. B. Netzwerke, Kartelle),

   b) Aufgabe der wirtschaftlichen Selbstständigkeit (*Konzentrations*formen, z. B. Fusionen).

Hauptmerkmal der *Konzentration* ist die einheitliche Leitung der zusammengeschlossenen Unternehmen. Die einheitliche Leitung kann auf vertraglicher oder kapitalmäßiger (Mehrheitsbeteiligung) Bindung beruhen. Das wirtschaftliche Dispositionsrecht der verbundenen Unternehmen geht damit teilweise oder vollständig an ein gemeinsames Leitungsorgan (Obergesellschaft, Konzernverwaltung) über. Mit der zentralen Anordnungsbefugnis in einem *Konzern* ist eine wirksame Koordination der zusammengeschlossenen, rechtlich unabhängig bleibenden Unternehmen verbunden. Der Verlust der rechtlichen Selbstständigkeit erfolgt bei der *Fusion*. Die fusionierten Unternehmen verschmelzen in der Weise, dass entweder eine Gesellschaft eine weitere Gesellschaft aufnimmt oder zwei (oder mehr) Gesellschaften eine neue Unternehmung bilden.

Die *kooperativen* Formen der Unternehmensverbindungen werden im Folgenden separat erläutert.

3. Kooperative Unternehmensverbindungen

Bei der *Kooperation*[11] handelt es sich um die freiwillige Zusammenarbeit rechtlich selbstständiger Unternehmen (z. B. gemeinsame Motorenentwicklung zweier Automobilhersteller für die Pkw-Produktion). Der wirtschaftliche Entscheidungsspielraum der beteiligten Unternehmen wird lediglich im Bereich der Kooperationsbeziehungen durch Absprachen oder vertragliche Vereinbarungen insoweit eingeschränkt. Zu den mit Kooperationen verfolgten (Formal-)Zielen gehören insbesondere:[12] Ertragssteigerung, Kostensenkung, Risikominderung und sonstige, auch außerökonomische Ziele (z. B. Prestigezuwachs).

Kartelle

Kartelle sind vertragliche Zusammenschlüsse rechtlich selbstständiger Unternehmen, die auf eine Beschränkung des Wettbewerbs gerichtet sind. Historisch gesehen haben sich Kartelle u. a. wegen zunehmender Inflexibilität von Unternehmen aufgrund gestiegener Fixkostenbelastungen (als Folge der Maschinisierung, Mechanisierung und Automatisierung der Produktion) und der Tendenz zur Spezialisierung auf wenige Erzeugnisse mit hoher Stückzahl (mangelnde Ausweichmöglichkeiten auf andere Märkte bei Absatzrückgang) herausgebildet. Absprachen und vertragliche Vereinbarungen sollten und sollen die hieraus für das Einzelunternehmen resultierenden Risiken mindern. Einen engen Bezug zum Produktionsbereich besitzen insbesondere Normungs- und Typungskartelle, die wettbewerbsbeeinträchtigende Absprachen hinsichtlich der Gestaltung von technischen Produkten und Produktbestandteilen beinhalten.

Arbeitsgemeinschaften

Arbeitsgemeinschaften (Konsortien) sind zeitlich limitierte Zusammenschlüsse rechtlich selbstständiger Unternehmen, die in der Regel zur Abwicklung von Großprojekten (Bauindustrie: Fern-

---

11 Zum Begriff der Kooperation vgl. Blohm (1980).
12 Vgl. Staudt/Kriegesmann/Behrendt (1996), Sp. 924.

straßen- und Flughafenbau, Banken: Wertpapieremission) gebildet werden. Häufig übersteigen die Anforderungen, die das Projekt stellt, die Ressourcen (Finanzkraft, Kapazitäten) einzelner Unternehmen, oder die Reduktion des Risikos steht im Vordergrund.

Interessengemeinschaften

Interessengemeinschaften sind auf die Verfolgung eines gemeinsamen wirtschaftlichen Zwecks gerichtete, vertraglich geregelte Zusammenschlüsse rechtlich selbstständiger Unternehmen. In Abgrenzung zum Kartell liegen die Ziele der Interessengemeinschaft nicht in wettbewerbsbeschränkenden Maßnahmen, sondern in der abgestimmten Wahrnehmung betrieblicher (Teil-)Funktionen. In Abgrenzung zur Arbeitsgemeinschaft ist die Zusammenarbeit längerfristig angelegt.

Interessengemeinschaften mit produktionswirtschaftlicher Bedeutung können beispielsweise folgende Formen annehmen:

- *Spezialisierungs*gemeinschaften: z. B. zur Aufteilung des Fertigungsprogramms, zum Erfahrungs- und Arbeitskräfteaustausch,
- *Verwaltungs*gemeinschaften: z. B. für gemeinsame Projektierung, Konstruktion, Forschung und Entwicklung, gemeinsame Nutzung von Labors, Rechenzentren, Büros etc.,
- *Einkaufs*gemeinschaften: zur Bündelung von Beschaffungsmengen, um Größenvorteile nutzen zu können (Mengenrabatte, Lager- und Transportkostenvorteile), z. B. im Handwerk,
- *Erzeuger*gemeinschaften: zur vorteilhaften Vermarktung von Produkten über einen gemeinsamen Pool, z. B. in der Landwirtschaft.

Joint Ventures

Unter der Bezeichnung *Joint Venture* wird eine spezifische Form der dauerhaften Zusammenarbeit auf internationaler Ebene verstanden, die durch die Gründung oder auch den Erwerb eines Gemeinschaftsunternehmens gekennzeichnet ist.[13] Diese Kooperationsform beruht also auf einer gemeinsamen Kapitalbeteiligung von mindestens zwei Unternehmen an dem Joint Venture. Derartige Gemeinschaftsunternehmen werden in unterschiedlicher Rechtsform gegründet, wobei typischerweise eine gemeinsame Leitung und eine Ergebnisbeteiligung (entsprechend den Kapitalanteilen) zwischen den Partnern vereinbart wird. Die Zielsetzung ist im Produktionsbereich u. a. gerichtet auf Kostenvorteile (aufgrund von Standort- oder Größenvorteilen), die Nutzung moderner Fertigungstechnologie (Know-how), die dem Partner sonst nicht zur Verfügung stünde (mit der Gefahr opportunistischen Verhaltens), Beschaffungsvorteile (ortsansässige Zulieferer), die Erschließung ausländischer Absatzmärkte und möglicherweise staatliche Förderungen.

Virtuelle Unternehmen

Das Attribut „virtuell" ist hier im Sinne von „scheinbar vorhanden" und damit so zu verstehen, wie es in der Physik (virtuelles Bild beim ebenen Spiegel) oder in der Informatik (virtueller Speicher) benutzt wird. Gegenüber Externen tritt das virtuelle Unternehmen als Unternehmen in Erscheinung, im Gegensatz zu einem realen Gemeinschaftsunternehmen (Joint Venture) existiert es aber nur scheinbar, weil es über kein Kapital, Personal etc. verfügt. Aus der Vielzahl der in der Literatur vorgeschlagenen Definitionen sei hier folgende ausgewählt: „Bei einem virtuellen Un-

---

[13] Vgl. bspw. Wöhe/Döring (2005), S. 297 f.

ternehmen handelt es sich um einen zeitlich befristeten, freiwilligen Zusammenschluss von rechtlich und wirtschaftlich selbstständigen Unternehmen, die auf der Basis gegenseitigen Vertrauens und unter Einsatz hochentwickelter Informations- und Kommunikationstechnologie die Leistungserstellung in Form einer über Unternehmensgrenzen hinausgehenden Zusammenarbeit organisieren."[14] Die Vorteile dieser Kooperationsform liegen in der Flexibilität, schnell auf sich ändernde Marktchancen reagieren zu können, und in den Synergieeffekten durch die Zusammenführung der jeweiligen Kernkompetenzen der Partner.

Strategische Netzwerke

Die wohl am häufigsten zitierte allgemeine Netzwerk-Definition ist die von Sydow; danach stellt ein Unternehmensnetzwerk „eine auf die Realisierung von Wettbewerbsvorteilen zielende, eher polyzentrische, aber oft durch eine oder mehrere fokale Unternehmungen strategisch geführte Organisationsform ökonomischer Aktivitäten dar, die sich durch komplex-reziproke, eher kooperative denn kompetitive und relativ stabile Beziehungen zwischen rechtlich selbstständigen, wirtschaftlich jedoch zumeist abhängigen Unternehmungen auszeichnet".[15] Netzwerke lassen sich als eine hybride, d. h. Markt (über den Preismechanismus) und Hierarchie (über Weisungen einer Instanz) kombinierende, Koordinationsform ökonomischer Aktivitäten auffassen. Ein strategisches Netzwerk zeichnet sich dadurch aus, dass ein oder mehrere fokale Unternehmen eine führende Rolle einnehmen und dem längerfristig bestehenden Netzwerk damit eine hierarchische Prägung geben.[16] Strategische Netzwerke finden sich typischerweise in der Automobilindustrie (Zuliefernetzwerke) mit den Fahrzeugherstellern als fokale Unternehmen. Franchisesysteme stellen eine Erscheinungsform dar, die besonders stark durch das fokale Unternehmen, den Franchisegeber, dominiert wird.

KONTROLLFRAGEN

(1) Nach welchen Merkmalen lassen sich Unternehmensverbindungen unterscheiden?

(2) In welchem inhaltlichen Zusammenhang stehen die Begriffe „Konzentration", „Konzern" und „Fusion"?

(3) Wie sind die Formen der kooperativen Unternehmensverbindungen abgegrenzt?

Aufgabe 47

Schildern Sie an Beispielen, welche Maßnahmen im Rahmen von Unternehmensverbindungen zu wirtschaftlichen Vorteilen in der Produktion führen können.

---

14 Kistner/Steven (2001), S. 341.
15 Sydow/Möllering (2004), S. 209.
16 Vgl. Sydow/Möllering (2004), S. 250 f.

ANHANG
Teil 1

Anhang

1. Problemstellungen und Lösungsmethoden im Produktionsbereich

Eine Übersicht zu wesentlichen Problemstellungen im Produktionsbereich und ihren Lösungsmethoden zeigt Abb. 249.

ABB. 249: Eine repräsentative Auswahl von Optimierungsproblemen im Produktionsbereich

Alphabetische Problemübersicht	Kurze Erläuterung	Hinweis auf Lösungsmethoden und Theorien
1. Abfertigungs- und Bestellregeln (Prioritätsregeln) festlegen	Zur Reihenfolgebestimmung werden Regeln entwickelt, z. B. First come – first served	Testen der Zielwirkungen der Regeln durch Simulation (vgl. Reihenfolgebestimmung)
2. Ablaufplanung	Verfahren, Arbeitsgänge und Arbeitsabläufe werden hinsichtlich ihrer zeitlichen Reihenfolge und Zuordnung zu Ressourcen bestimmt.	Kosten-, Rentabilitätskriterien, Simulation, Netzplantechnik, Wertanalyse
3. Entscheidung Eigen-/ Fremdleistung	Soweit Festlegung nicht zwingend (z. B. durch Schutzrechte) Bestimmung durch Kosten-, Rentabilitäts- und andere Kriterien	Kosten-, Rentabilitätsvergleiche einschließlich Break-even-Analysen, Scoring-Modelle, Simulation
4. Instandhaltungsplanung	Festlegung von Instandhaltungsmaßnahmen für maschinelle Anlagen (s. auch Eigen-/Fremdleistung)	Kostenrechnung, Wahrscheinlichkeitstheorie, ABC-Analyse
5. Investitions(programm)planung	Festlegung von Finanzmitteln in Anlagen zur mittel- und langfristigen Maximierung des Kapitalwerts/der Rentabilität	Mathematische Optimierung, Simulation, Risikoanalyse, spezielle Modelle der Investitionsplanung, Scoring-Modelle
6. Verhalten in Konflikt- und Konkurrenzsituationen	Aktionen und Reaktionen im Wettbewerbsumfeld	Spieltheorie
7. Lagerhaltungsprobleme	Optimaler Ausgleich zwischen Anlieferung und Bedarf von Materialien, (Zwischen-)Produkten und Werkzeugen hinsichtlich Menge und Zeit	Heuristiken, Simulation, Wahrscheinlichkeitstheorie
8. Layoutplanung	Planung der Konfiguration und räumlichen Anordnung der Anlagen	Mathematische Programmierung, Simulation, Näherungsverfahren
9. Lieferantenauswahl	Auswahl der/des geeignetsten Lieferanten	Scoring-Modelle
10. Losgrößen- und Bestellmengenbestimmung	Minimierung der Gesamtkosten für Lagerhaltung und Umrüstung bzw. Beschaffung	Modelle der Losgrößenplanung, mathematische Programmierung, Simulation, Näherungsverfahren
11. Preisplanung, Preisänderungen	Festlegung und Änderung von Preisen, auch innerbetrieblicher (konzerninterner) Verrechnungspreise	Kosten-/Deckungsbeitragsrechnung einschl. Target Costing, Simulation, Spieltheorie, Berücksichtigung der Steuergesetzgebung für konzerninterne Verrechnungspreise

ANHANG
Teil 1

Alphabetische Problemübersicht	Kurze Erläuterung	Hinweis auf Lösungsmethoden und Theorien
12. Produktgestaltung	Festlegung der Eigenschaften (qualitativen Merkmale) von Produkten	Kosten-, Rentabilitätskriterien, Wertanalyse, Kreativitätstechniken, QFD, FMEA
13. Programmplanung (Erzeugnisse)	Festlegung, welche Produkte produziert werden sollen und Aufstellung von detaillierten Programmen für die Produktion in bestimmten Planungsperioden (vgl. Eigen-/Fremdleistung)	Kostenanalysen, lineare Programmierung, Simulation, Näherungsverfahren, ABC-Analyse
14. Projektplanung (Planung der Einführung neuer Produkte, von Bauten, Umbauten u. Ä.)	Planung der einzelnen Schritte: inhaltlich/strukturell, zeitlich, ggf. kapazitäts- und kostenmäßig	Netzplantechnik
15. Reihenfolgebestimmung	Bestimmung der Reihenfolge der Produktion (organisatorische Folge), von Lieferungen etc., insbesondere in Engpasssituationen	Abfertigungs- und Bestellregeln (vgl. o.), mathematische Programmierung
16. Standortbestimmung von Werken, Niederlassungen, Lagern	Festlegung der Standorte als grundlegende, mittel- bis langfristig wirkende Entscheidung	Mathematische Programmierung, heuristische Verfahren, Scoring-Modelle
17. Teilebedarfsermittlung	Ermittlung der Einzelteile und Rohstoffe zur Herstellung des aktuellen Produktionsprogramms	Statistische Prognoserechnungen (gleitende Mittelwerte, exponentielle Glättung, ...) bei verbrauchsorientierten Verfahren; produktionstheoretische Grundlagen, Graphentheorie bei bedarfsorientierten Verfahren; ABC-Analyse
18. Transportplanung	Minimierung der Transportkosten unter gegebenen Bedingungen	Spezielle Transportalgorithmen, mathematische Programmierung, Näherungsverfahren
19. Travelling-Salesman-Problem	Bestimmung der Reihenfolge der Sorten, Aufträge, Serien usw. mit minimalen Rüstkosten; Planung von Rundreisen	Mathematische Programmierung, Simulation, Näherungsverfahren
20. Prognosen	Einschätzung zukünftiger Entwicklungen und Ereignisse	Statistische Verfahren, Delphi-Methode, Szenario-Technik, morphologische Methode, Relevanzbaumanalyse, Simulation
21. Warteschlangenprobleme	Z. B. Dimensionierung von Engpässen bei zufallsabhängigen Ankünften und/oder Bearbeitungs-/Abfertigungszeiten	Warteschlangentheorie, analytische Verfahren, Simulation
22. Zuordnungsprobleme	Zuordnung von Aufgaben zu Personen, von Mitteln zu organisatorischen Einheiten u. Ä.	Mathematische Programmierung, Simulation, Näherungsverfahren

ANHANG
Teil 2

2. Verfahren des Operations Research und angrenzender Gebiete

Bei den in Abb. 250 aufgeführten Verfahren handelt es sich um Lösungsmethoden des Operations Research, d. h. um quantitative Methoden zur Entscheidungsvorbereitung.[1] Beim Operations Research werden Modelle deterministischer und probabilistischer Systeme als Abbild der Realität entwickelt, um Optimal- oder Näherungslösungen zu erreichen.

Die Vorgehensweise lässt sich nach Hillier/Lieberman wie folgt charakterisieren:

„1. Strukturierung der Realität durch ein mathematisches Modell und Herausarbeitung entscheidungsrelevanter Elemente, so dass eine den Zielsetzungen des Entscheidungsträgers entsprechende Lösung bestimmt werden kann. Dazu muss das Entscheidungsproblem im Zusammenhang mit dem Gesamtsystem betrachtet werden.

2. Erforschung von Lösungsstrukturen und Entwicklung systematischer Verfahren zur Ermittlung einer Lösung.

3. Entwicklung einer Lösung, und wenn notwendig der zugehörigen mathematischen Theorie, die für das Zielkriterium des Systems einen optimalen Wert erreicht (oder aber Vergleich mehrerer Handlungsalternativen durch Evaluierung ihres Grades der Zielerreichung)."[2]

Die praktische Bedeutung von *Operations-Research-Verfahren* liegt in ihrer Aufgabe als Dispositionshilfe. Sie können den Führungskräften zusätzliche Informationen liefern, sie können ihnen aber nicht die Entscheidung selbst abnehmen. Der Grund hierfür liegt erstens darin, dass nur die quantifizierbaren Aspekte eines Problems mit Hilfe von Operations-Research-Verfahren untersucht werden können. Zweitens bestehen aber auch hinsichtlich der Erfassung quantifizierbarer Faktoren Grenzen unterschiedlicher Art, wie z. B. der Verfügbarkeit von entsprechenden Modelltypen mit praktikablen Lösungsmethoden, Wirtschaftlichkeitsüberlegungen, personelle Begrenzungen und dergleichen mehr. So genannte Entscheidungsmodelle, wie etwa lineare Optimierungsmodelle, treffen also keineswegs Entscheidungen. Sie liefern lediglich Informationen über Extremwerte eines Modells, das ein reales System in vereinfachter Form abbildet. Bei der Übertragung der Modelllösung auf die Wirklichkeit ist daher immer zu beachten, inwieweit die Modellstruktur mit den tatsächlichen Gegebenheiten übereinstimmt.

Einen Überblick über einige wesentliche Verfahren des Operations Research und angrenzende Gebiete vermittelt Abb. 250.

---

[1] Vgl. Zimmermann/Stache (2001), S. 2; zum Begriff des Operations Research vgl. auch Runzheimer/Cleff/Schäfer (1996), S. 2 f.
[2] Hillier/Lieberman (1997), S. 4.

ANHANG
Teil 2

ABB. 250: Übersicht zu Verfahren des Operations Research und angrenzender Gebiete

Verfahren (teilweise überlappend)	Charakteristische Merkmale
I. Mathematische Optimierung (Programmierung) Dazu zählen:	Maximierung oder Minimierung einer Zielfunktion unter Einhaltung von Nebenbedingungen. Die Nebenbedingungen werden i. d. R. in Form von Ungleichungen angegeben. Ein allgemeines Lösungsverfahren gibt es nicht. Am bekanntesten ist das Simplex-Verfahren der linearen Optimierung.
1. Lineare Optimierung	Ziele und Nebenbedingungen sind als lineare Funktionen dargestellt; sämtliche Größen besitzen feste Werte, d. h. sie sind nicht stochastischer, zufallsbedingter Art.
2. Nichtlineare Optimierung	Die funktionalen Abhängigkeiten einzelner Größen sind nicht linear.
3. Stochastische Optimierung	Einige oder alle Größen unterliegen Wahrscheinlichkeitsverteilungen.
4. Dynamische Optimierung	Sequentielle Vorgehensweise zur Lösung insbesondere komplexer (nichtlinearer) Probleme. Die Optimierung erfolgt nicht für alle Variablen gleichzeitig, sondern in mehreren aufeinander folgenden Schritten.
5. Ganzzahlige Optimierung	Beschränkung auf ganzzahlige Lösungswerte, z. B.: Investitionsantrag angenommen ($x_i = 1$) oder Investitionsantrag abgelehnt ($x_i = 0$)
6. Parametrische Optimierung	Die Konstanten der Zielfunktion und/oder Nebenbedingungen werden parametrisiert. Für den bzw. die Parameter werden Intervalle ermittelt, in denen die in die Rechnung eingehenden Parameter variieren dürfen. Für jedes Intervall wird eine optimale Lösung bestimmt.
II. Heuristische Verfahren	Heuristiken dienen zur Lösung von komplexen Problemen, die mit Hilfe der mathematischen Optimierung nicht lösbar sind oder deren Berechnung einen unvertretbar hohen Aufwand erfordert. Heuristische Verfahren sind zumeist spezifisch an die Problemstellung angepasst und ergeben Näherungslösungen, die unter Berücksichtigung des Rechenaufwands zu zulässigen und mindestens befriedigenden, aber nur in Sonderfällen zu den optimalen Lösungen führen. Der Rechenaufwand liegt unter dem der exakten Verfahren. Nachteilig ist die bei einigen Verfahren kurzsichtige (myopische) Vorgehensweise, bei der immer nur die Teillösung des jeweils bearbeiteten Schrittes „optimiert" wird, ohne dass die Konsequenzen für die Folgeschritte abgeschätzt werden.
III. Theorie der Warteschlangen	Untersuchungen von Warteschlangensituationen. Warteschlangen bilden sich, wenn Personen oder Sachen einen oder mehrere Engpässe passieren müssen und die Ankünfte und/oder die Abfertigungszeiten Wahrscheinlichkeitsverteilungen unterliegen. Mit Hilfe der Warteschlangentheorie lassen sich insbesondere folgende Fragestellungen (als Optimierungsgrundlagen) beantworten: ▶ Wie groß ist die durchschnittliche Schlangenlänge? ▶ Wie groß ist die durchschnittliche Wartezeit? ▶ Wie groß ist die Wahrscheinlichkeit, dass ein Objekt länger als eine bestimmte Zeitspanne warten muss? ▶ Wie lange sind die Abfertigungsstellen durchschnittlich ohne Beschäftigung? Die zentrale Problemstellung ist die optimale Dimensionierung von Engpässen. Lösung i. d. R. mit Hilfe von Simulationstechniken, analytische Lösung in Sonderfällen.

ANHANG
Teil 2

Verfahren (teilweise überlappend)	Charakteristische Merkmale
IV. Graphentheorie	Mit Hilfe graphentheoretischer Methoden werden Strukturen, Abläufe u. Ä. abgebildet und anschaulich dargestellt. Für die Berechnung bestimmter Eigenschaften von Graphen existieren besondere Algorithmen. So können u. a. kürzeste und längste Wege und Flüsse (maximal, minimal) in Graphen berechnet werden. Beispiele produktionswirtschaftlich bedeutsamer Anwendungen: Gozinto-Graph, Entscheidungsbaumverfahren.
wichtiger Anwendungsfall der Graphentheorie: Netzplantechnik	Methode zur Ablaufplanung von Projekten, bei denen zahlreiche Einzelprozesse zu koordinieren sind. Als Phasen der Netzplantechnik sind zu unterscheiden: 1. Strukturanalyse und –planung: Zerlegung des Projektes in die einzelnen Arbeitsgänge und Darstellung des gesamten Arbeitsablaufs in einem Netzwerk-Diagramm, dessen Elemente „Ereignisse" und „Tätigkeiten" sind. 2. Zeitanalyse und –planung: Für jede Tätigkeit wird die erwartete Zeitdauer entweder als deterministischer oder stochastischer Wert geplant. Erweiterung insbesondere durch Einbeziehung von Kosten- und Kapazitätsplanung und durch simultane Multiprojektplanung.
V. Spieltheorie	Verfahren zur Ermittlung optimaler Verhaltensweisen (Strategien) in bestimmten Konfliktsituationen. Ein Spiel (eine Konfliktsituation) umfasst mindestens zwei Personen bzw. Personengruppen, die unterschiedliche Zielsetzungen verfolgen. Das Ergebnis eines Spiels hängt sowohl von der eigenen Verhaltensweise als auch von derjenigen der Gegenspieler und vielfach einer Zufallskomponente ab.
VI. Prognoseverfahren	Trendorientierte Prognosen auf mathematisch/statistischer Grundlage, z. B. Verfahren zur Berechnung von Mittelwerten (exponentielle Glättung usw.), Regressionsanalysen. Ereignisorientierte Prognosemethoden (z. B. Delphi-Methode, Morphologische Methode, Cross-Impact-Analyse).
VII. Simulation	In einem Modell wird die reale Problemsituation abgebildet. Die Modellparameter werden durch Berechnung oder „Durchspielen" einer größeren Anzahl alternativer Einzelfälle variiert. Das Modellverhalten lässt Rückschlüsse auf das reale System zu. Modellierung und Simulationsläufe werden durch entsprechende Software unterstützt. Simulation findet Anwendung, wenn komplexe Problemstellungen mit Hilfe mathematisch-analytischer Methoden nicht bzw. nur unwirtschaftlich gelöst werden können.
VIII. Sonstiges	Entscheidungstheorie, Wahrscheinlichkeitstheorie, Scoring-Modelle, Risikoanalyse
Anmerkung: Kombinationen von analytischen Optimierungsverfahren, Näherungsverfahren und Simulation zur Lösung quantitativer Entscheidungsprobleme sind möglich.	

3. Heuristische Verfahren

Während die Verfahren der mathematischen Optimierung nach endlich vielen Rechenschritten aus der Menge der zulässigen Lösungen die optimale(n)[3] herausfinden,[4] stellen heuristische Verfahren Regeln und Strategien dar, die unter Beachtung der Zielfunktion und der Nebenbedingungen zu Erfolg versprechenden zulässigen Lösungen führen.[5] Die heuristischen Verfahren können das Auffinden der optimalen Lösung (sofern existent) also nicht garantieren. Dafür ist der Rechenaufwand begrenzt. Für Entscheidungsprobleme im Produktionsbereich haben Heuristiken eine große Bedeutung erlangt, da eine Vielzahl von Optimierungsproblemen nicht oder nur mit unverhältnismäßig großem Aufwand mittels exakter Verfahren zu lösen ist.[6]

Grundsätzlich werden Heuristiken in Eröffnungs- und Verbesserungsverfahren untergliedert (vgl. Abb. 251). Eine dritte, in Abb. 251 nicht aufgeführte, Klasse von Heuristiken ist dadurch abgegrenzt, dass exakte Verfahren an einer bestimmten Stelle abgebrochen werden und man sich mit der besten bis dahin gefundenen Lösung zufrieden gibt (etwa beim Branch and Bound Algorithmus nach dem 1. Abbruchkriterium).

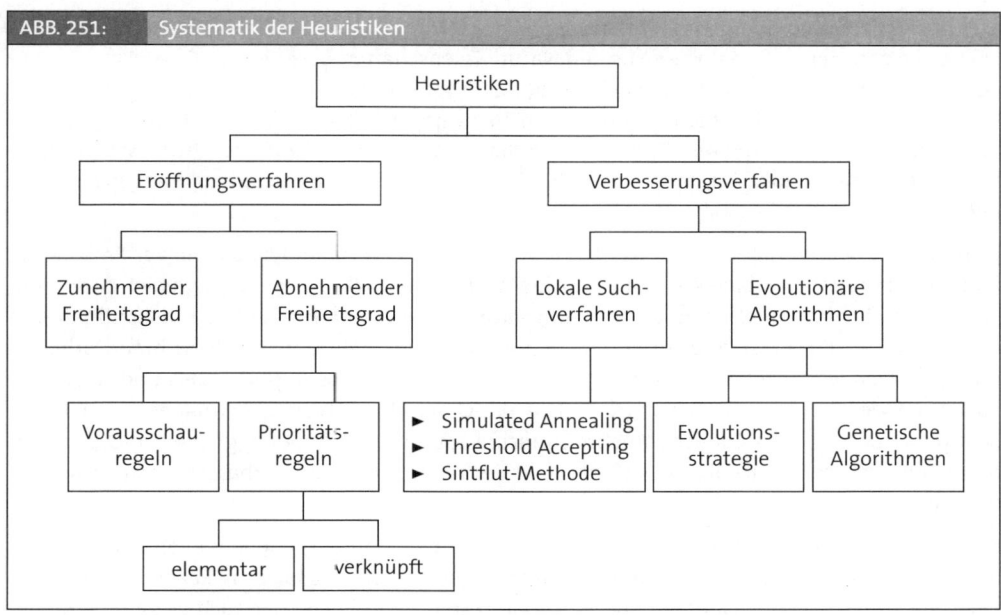

ABB. 251: Systematik der Heuristiken

(Quelle: Käschel/Teich (2001), S. 244)

---

3 Optimal ist eine Lösung, die die Zielfunktion maximiert bzw. minimiert. Es ist im konkreten Problemfall möglich, dass 1. kein Optimum existiert, 2. genau eine Lösung optimal ist und 3. mehr als eine Lösung (möglicherweise unendlich viele) optimal sind.
4 Vgl. Berens/Delfmann/Schmitting (2004), S. 43.
5 Vgl. Domschke/Häselbarth/Scholl (2003), S. IV, Klein/Scholl (2004), S. 433.
6 Das Traveling Salesman Problem beispielsweise hat (n-1)! mögliche Lösungen. Bei n = 17 Anlaufpunkten sind das schon $2{,}09 \cdot 10^{13}$ mögliche Touren.

ANHANG
Teil 3

Eröffnungsverfahren[7] ermitteln im ersten Schritt eine zulässige Anfangslösung eines Optimierungsproblems. Im weiteren Bearbeitungsprozess wird durch sukzessive Ergänzung von Lösungselementen die heuristische Lösung konstruiert, beispielsweise bei der Lösung des Traveling Salesman Problems mit Hilfe des Verfahrens des besten Nachfolgers durch Übergang auf die jeweils nächstgelegene Station. Die Eröffnungsverfahren gliedern sich in Verfahren mit zunehmenden beziehungsweise mit abnehmenden Freiheitsgraden. Zum ersten Typ gehört beispielsweise das Verfahren der sukzessiven Einbeziehung von Stationen. Zu der Gruppe der Verfahren mit abnehmenden Freiheitsgraden zählen z. B. die meisten Prioritätsregeln und das Verfahren des besten Nachfolgers (Greedy- oder myopische Heuristiken).[8]

Verbesserungsverfahren gehen von einer zulässigen Ausgangslösung aus und suchen den Lösungsraum durch den Übergang auf eine benachbarte Lösung sukzessive nach einer besseren, ebenfalls zulässigen Lösung ab. Die Iteration wird solange fortgesetzt, bis keine Verbesserung des Zielfunktionswertes mehr auftritt. Dabei besteht bei einfachen Algorithmen die Gefahr, in einem lokalen Optimum stecken zu bleiben. Um dies zu verhindern, sind Metaheuristiken entwickelt worden.

Metaheuristiken sind übergeordnete Strategien zur Informationsauswertung und Lenkung einer Suche, die zum Teil auf Analogien aus den Naturwissenschaften basieren. Im Gegensatz zu konventionellen Heuristiken sind sie also nicht auf eine spezifische Problemstellung zugeschnitten. Es gibt Metaheuristiken, die auf einem lokalen Suchverfahren beruhen, und andere, die mit evolutionären Strategien arbeiten. Dabei können diese Strategien im Laufe des Prozesses hinsichtlich ihrer Vorgaben und Parameter dem Problem entsprechend verändert und angepasst werden.

Unter evolutionären Algorithmen werden Lösungsverfahren verstanden, die bei der Problembehandlung Prozesse der biologischen Evolution nachahmen. Wichtiges Einsatzgebiet dieser stochastischen Suchverfahren sind Optimierungsprobleme, für die aufgrund von Diskontinuitäten und Nichtlinearitäten andere Verfahren ungeeignet sind. Evolutionäre Algorithmen arbeiten mit einer Menge von zulässigen Lösungen, probieren mehrere Lösungswege aus und setzen die Suche mit den besten Lösungen fort, sodass die Qualität der Lösung permanent über kleine Schritte verbessert wird. Dieses Vorgehensprinzip liegt auf einer höher aggregierten Organisationsebene auch den Konzepten des Kaizen und der Kontinuierlichen Verbesserungsprozesse zugrunde.

Bei den *Evolutionsstrategien* und *genetischen Algorithmen* wird ausgehend von einer Population (Pool von Lösungen) durch *Selektion* (Auswahl der geeignetsten Lösungen), *Rekombination* (Gewinnung von Nachfolgelösungen) und *Mutation* (zumeist zufällige oder auch gezielte Veränderung von Nachfolgelösungen) sowie den erneuten Durchlauf des Evolutionskreislaufs eine permanente Verbesserung der Lösungen bewirkt, bis ein definiertes Abbruchkriterium erfüllt ist.[9] In nicht-formalisierter Weise findet sich die Anwendung einzelner Evolutionsprinzipien beispielsweise auch bei bestimmten Kreativitätstechniken (z. B. die beiden bewusst getrennt gehaltenen Phasen Mutation – Hervorbringen möglichst vieler und unterschiedlicher Ideen – und Selektion derselben beim Brainstorming).

---

7 Vgl. dazu auch Domschke/Drexl (2004), S. 128 ff.
8 Vgl. Klein/Scholl (2004), S. 464 f.
9 Vgl. etwa Berens/Delfmann/Schmitting (2004), S. 413 ff., Hansmann (2006), S. 27 f.

ANHANG
Teil 3

Zu den wichtigsten Metaheuristiken zählen die Lokalen Suchverfahren (Akzeptanzalgorithmen) Simulated Annealing und Threshold Accepting mit der (Rechenzeit sparenden) Variante Sintflut-Methode (Great Deluge), außerdem Tabu Search. Metaheuristiken mit breitem Einsatzspektrum (kombinatorische Optimierungsprobleme wie Reihenfolge- und Zuordnungsprobleme) sind die *Ameisenalgorithmen*[10].

Das Verfahren *Simulated Annealing*, welches dem physikalischen Vorgang der Abkühlung eines Kristalls (metallurgische Vergütung) nachempfunden ist, stellt eine Metaheuristik dar, die ausgehend von einer zulässigen Basislösung Nachbarlösungen untersucht.[11] Dabei können mit einer bestimmten Wahrscheinlichkeit auch den Ausgangspunkt verschlechternde Lösungen akzeptiert werden, um die Gefahr zu verringern, in einem lokalen Minimum den Algorithmus beenden zu müssen. Je größer der Grad der Verschlechterung, desto geringer die Wahrscheinlichkeit für die Akzeptanz dieser neuen Lösung. Am Anfang des Verfahrens werden höhere Verschlechterungsgrade akzeptiert. Im Laufe des Verfahrens nimmt dieser Freiheitsgrad aber ab, und es werden nur geringe oder gar keine negativen Entwicklungen mehr akzeptiert. Zur Vorbereitung des Berechnungsverfahrens müssen die Funktion der Akzeptanzwahrscheinlichkeit für die Zulässigkeit von schlechteren Lösungen in Abhängigkeit von der absoluten Verschlechterung und ein Steuerungsparameter für die planmäßige Reduzierung der Akzeptanzwahrscheinlichkeit formuliert werden. Von diesen Festlegungen hängen sowohl die Güte des Algorithmus als auch der Rechenaufwand zum Auffinden akzeptabler Lösungen ab.

Das Verfahren des *Threshold Accepting* begrenzt die Lösungsverschlechterung mit einem Schwellenwert (Threshold), der im Laufe des Lösungsprozesses so angepasst wird, dass im Endeffekt wie beim Simulated Annealing in späteren Stadien kaum noch temporäre Verschlechterungen zugelassen werden.

Bei beiden Verfahren kann das Problem auftreten, dass die Lösungssuche um ein lokales Extremum kreist. Um dies zu verhindern und auszuschließen, dass bereits zuvor ermittelte Lösungen immer wieder evaluiert werden, werden bei der *Tabu Search* so genannte Tabulisten geführt, in denen „verbotene" Lösungen – genauer: Attribute der in den letzten Iterationen ausgeführten und aktuell nicht zulässigen Modifikationen –[12] vermerkt sind. Das so genannte Tabulisten-Management beeinflusst entscheidend die Lösungsqualität und hat ein Optimierungsproblem zu lösen: Ist die Tabuliste sehr kurz, steigt die Wahrscheinlichkeit, ein lokales Optimum nicht mehr verlassen zu können; ist die Tabuliste hingegen sehr lang, sinkt die Wahrscheinlichkeit, verbesserte Lösungen in der untersuchten Umgebung aufzufinden.[13] Das Verfahren endet, wenn ein Abbruchkriterium (z. B. vorgegebene Anzahl an Iterationen oder maximale Rechenzeit) erfüllt ist.

---

10 Vgl. hierzu Boysen (2005), Hansmann (2006), S. 367 ff., Käschel/Teich (2007), S. 363 ff.
11 Vgl. etwa Jahnke/Biskup (1999), S. 221 ff.
12 Vgl. Pesch (1998), S. 365.
13 Vgl. Klein/Scholl (2004), S. 471.

Lösungshinweise zu den Aufgaben

Aufgabe 1

Maschinenstunden(verrechnungs)sätze werden gebildet, indem man die Maschinenkosten einer Periode (im Wesentlichen kalkulatorische Abschreibungen, kalkulatorische Zinsen, Raumkosten, Energiekosten, Kosten der Wartung und Instandhaltung) durch die in diesem Zeitraum geplante oder durchschnittlich anfallende betriebliche Nutzungszeit dividiert. Die entstehende Größe ist ein Maß für die Kostenverursachung einer Maschine pro Nutzungsstunde.

Der wesentliche Vorteil der Maschinenstundensätze liegt darin begründet, dass Fertigungsgemeinkosten wie Einzelkosten verrechnet werden können. Das führt zu geringeren Gemeinkostenzuschlägen und einer genaueren Kostenzurechnung. Daneben liefert die Maschinenstundensatzrechnung gleichzeitig wichtige Kennzahlen für die Steuerung und Überwachung des Produktionsbereichs.

Aufgabe 2

- „Welche Kostenbestandteile entfallen, wenn auf die Herstellung einer bestimmten Produktart verzichtet wird?"
- „Wo liegt die kurzfristige Preisuntergrenze für eine bestimmte Produktart, wenn mindestens die variablen Kosten erwirtschaftet werden sollen?"
- „Welche Aufträge sollen angenommen werden, wenn der Betrieb noch über freie Kapazitäten verfügt?"
- „Bei welchem Lieferantenpreis ist für den Fall, dass die Kapazität unverändert ist und keine Engpässe auftreten, Eigenfertigung bzw. Fremdbezug günstiger?"
- „Wie weit darf der Preis bei gegebener Absatzmenge gesenkt werden, um ein geplantes Ergebnis zu erzielen?"

Aufgabe 3

Während die „klassische" Kostenrechnung in erster Linie ein Instrument der Überwachung darstellt, treten beim Target Costing Planungs- und Gestaltungsaspekte in den Vordergrund. Es werden Kostenziele in Bezug auf die Produktgestaltung vorgegeben und auch Wege zur Zielerreichung gewiesen. Kosten sind nicht Resultat, sondern Grundlage des Produktplanungsprozesses.

Aufgabe 4

a) Gesamtkosten $K(x) = 20.000 + 1{,}5\,x$ [€/Jahr]

Durchschnittskosten $k(x) = \dfrac{20\,000}{x} + 1{,}5$ [€/Stück]

b)

Besch.-grad	x [Stück]	K (x)	k (x)
0 %	0	20.000,–	–
25 %	2.500	23.750,–	9,50
50 %	5.000	27.500,–	5,50
75 %	7.500	31.250,–	4,17
100 %	10.000	35.000,–	3,50

Aufgabe 5

Kostenfunktion: $K = r_1 \cdot q_1 + r_2 \cdot q_2$

Notwendige Bedingung für ein Minimum:

$$\frac{dK}{dr_1} = \frac{dr_1}{dr_1} \cdot q_1 + \frac{dr_2}{dr_1} \cdot q_2 = 0 \quad \text{und}$$

$$\frac{dK}{dr_2} = \frac{dr_1}{dr_2} \cdot q_1 + \frac{dr_2}{dr_2} \cdot q_2 = 0$$

Durch Umformung lassen sich die Gleichungen in die Form

$$-\frac{dr_2}{dr_1} = \frac{q_1}{q_2} \quad \text{bzw.} \quad \frac{dr_1}{dr_2} = -\frac{q_2}{q_1} \quad \text{bringen.}$$

Unter Berücksichtigung der in Teil B. II. 1. hergeleiteten Beziehung

$$-\frac{dr_2}{dr_1} = \frac{\partial x}{\partial r_1} : \frac{\partial x}{\partial r_2} \quad \text{ergibt sich}$$

$$\frac{\partial x}{\partial r_1} : \frac{\partial x}{\partial r_2} = q_1 : q_2 = -dr_2 : dr_1.$$

Aufgabe 6

Kosten, auf 100 Autobahn-km bezogen (Durchschnittskostenfunktion): $k = \rho_1 \cdot q_1 + \rho_2 \cdot q_2$

Einsetzen der Verbrauchsfunktionen ergibt:

$$k(v) = (0,004v^2 - 0,5v + 27) \cdot 1,3 + \frac{100}{v} \cdot 30$$

$$= 0,0052v^2 - 0,65v + 35,1 + 3000 \cdot \frac{1}{v}$$

Notwendige Bedingung für ein Minimum: k' (v) = 0

$$k'(v) = 0,0104v - 0,65 - 3000 \cdot \frac{1}{v^2}$$

$$= 0,0104v^3 - 0,65v^2 - 3000 = 0$$

Nach wenigen Iterationen erhält man v ≈ 95, d. h. bei einer Geschwindigkeit von 95 km/h sind die Kosten minimal.

LÖSUNGSHINWEISE

Lösungshinweise zu den Aufgaben

Aufgabe 7

Aufgabe 7

a) Durchschnittskosten:

$$k(d) = \sum_{i=1}^{3} q_i a_i = 9 \cdot \frac{2}{3} + 5 \cdot (3 - \frac{1}{2}d + \frac{1}{10}d^2) + 3 \cdot (\frac{1}{6}d + \frac{1}{30}d^2)$$

$$= 6 + 15 - 2{,}5d + \frac{1}{2}d^2 + \frac{1}{2}d + \frac{1}{10}d^2$$

$$= 21 - 2d + \frac{6}{10}d^2 = \frac{3}{5}d^2 - 2d + 21$$

b) Optimale Intensität

$$k(d) \to \text{Min!} \Rightarrow k'(d) = 0$$

$$k'(d) = \frac{6}{5} \cdot d - 2 = 0 \Rightarrow d_{opt} = \frac{5}{3} \text{ LE/ZE}$$

c) Gesamtkostenfunktion bei d_{opt}:

$$K(x) = k(d_{opt.}) \cdot x = k(5/3) \cdot x$$

$$= \left[\frac{3}{5} \cdot \left(\frac{5}{3}\right)^2 - 2 \cdot \frac{5}{3} + 21\right] \cdot x = \left(\frac{5}{3} - 2 \cdot \frac{5}{3} + 21\right) \cdot x = 19\frac{1}{3} \cdot x$$

d) Ausbringungsmenge bei d_{opt} und Maschineneinsatz von 6 ZE:

$$x = d_{opt} \cdot t = 5/3 \text{ LE/ZE} \cdot 6 \text{ ZE} = 10 \text{ LE}$$

Aufgabe 8

Anpassungsform	Vorteile	Nachteile
intensitätsmäßige Anpassung	▶ keine zusätzlichen Investitionen erforderlich ▶ hohe Flexibilität, da in kürzester Zeit einsetzbar ▶ in Engpasssituationen Verkürzung der erforderlichen Betriebsmittelzeiten	▶ Kostenentwicklung bei Erhöhung der Intensität über das „normale" Maß hinaus u. U. schwer vorhersehbar, da nicht immer alle Verbrauchsfunktionen bekannt sind ▶ eventuell höherer Verschleiß (Anstieg von Reparatur- und Wartungskosten) ▶ eventuell stärkere Belastung der Arbeitskräfte (schnellere Ermüdung, größere Unfallgefahr) ▶ möglicherweise Anstieg der Ausschussquoten ▶ für große und dauerhafte Beschäftigungsänderungen nicht geeignet
zeitliche Anpassung	▶ je nach Anpassungsmaßnahme noch relativ hohe Flexibilität (Überstunden z. B. sind bei Bedarf schnell einsetzbar und können kurzfristig wieder zurückgeführt werden; Übergang zu einer 2. oder 3. Schicht problematischer) ▶ zusätzlich anfallende Kosten leicht bestimmbar ▶ Abbau von Leerkosten	▶ Kostenanstieg durch Überstundenzuschläge u. Ä. ▶ Ausmaß der zeitlichen Anpassung durch gesetzliche und/ oder tarifvertragliche Regelungen eingeschränkt (Kurzarbeit, Überstunden, Arbeitszeitflexibilisierung)
quantitative Anpassung	▶ Anpassung an Beschäftigungsänderungen größeren Umfangs möglich (abhängig vom Einzelfall) ▶ schafft die Voraussetzungen, um auf höherem Produktionsniveau intensitätsmäßig und zeitlich anpassen zu können	▶ für sehr kurzfristige Beschäftigungsänderungen nicht geeignet ▶ unter Umständen Kostenremanenz (Bei rückläufiger Beschäftigung gehen die Kosten nicht vollständig zurück.) ▶ Anpassung nur in diskreten Schritten möglich (Unteilbarkeit der Potenzialfaktoren)

Aufgabe 9

a)

$$r_1 = \rho_1 \cdot x$$

$$r_1 = 0{,}8 \text{ kg/LE} \cdot 3{,}5 \text{ LE} = 2{,}8 \text{ kg}$$

$$r_2 = \rho_2 \cdot x$$

$$r_2 = 10 \text{ l/LE} \cdot 3{,}5 \text{ LE} = 35 \text{ l}$$

(1 LE = 100 Portionen)

LÖSUNGSHINWEISE

Lösungshinweise zu den Aufgaben

Aufgabe 9

b) $\quad x = \text{Min}\left(\dfrac{r_1}{\rho_1}; \dfrac{r_2}{\rho_2};\right)$

$x = \text{Min}\left(\dfrac{5 \text{ kg}}{0{,}8 \text{ kg/LE}}; \dfrac{45 \text{ l}}{10 \text{ l/LE}}\right) = \text{Min }(6{,}25 \text{ LE}; 4{,}5 \text{ LE}) = 450 \text{ Portionen}$

c) $K = q_1 \cdot r_1 + q_2 \cdot r_2 = q_1 \cdot \rho_1 \cdot x + q_2 \cdot \rho_2 \cdot x = (q_1 \cdot \rho_1 + q_2 \cdot \rho_2) \cdot x$

$K = (4 \text{ GE/kg} \cdot 0{,}8 \text{ kg/LE} + 1 \text{ GE/l} \cdot 10 \text{ l/LE}) \cdot 6 \text{ LE} = 13{,}2 \text{ GE/LE} \cdot 6 \text{ LE} = 79{,}2 \text{ GE}$

d) $\quad K = q_1 \cdot r_1 + q_2 \cdot r_2 \Leftrightarrow r_2 = \dfrac{K}{q_2} - \dfrac{q_1}{q_2} \cdot r_1$

$r_2 = 100 - 4 \cdot r_1$

e) $\quad r_2 = 100 - 3 \cdot r_1$

f) Prozessstrahl: $r_2/r_1 = \rho_2/\rho_1 \Leftrightarrow r_2 = \dfrac{\rho_2}{\rho_1} \cdot r_1$

$r_2 = 10/0{,}8 \cdot r_1 = 12{,}5 \cdot r_1$

d), e), f)

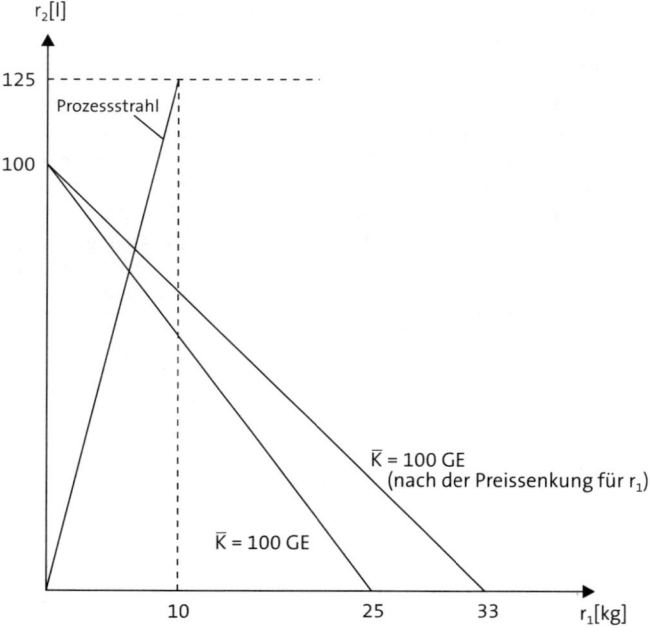

Aufgabe 10

a) Richtig ist die *dritte* Aussage. Die Produktionsfunktion vom Typ A erfasst ausschließlich substitutionale, Typ B ausschließlich limitationale und Typ C sowohl limitationale als auch substitutionale Faktoreinsatzverhältnisse.

b) Richtig ist die *zweite* Aussage. Das Outputniveau einer outputfixen E-Kombination, d. h. der Output bei einem einmaligen Vollzug der E-Kombination, ist ex definitione konstant. Da im Fall einer outputfixen, limitationalen E-Kombination keine Substitutionsmöglichkeiten bestehen, verbleibt als einziger Parameter die Kombinationszeit, d. h. die Zeitdauer der E-Kombination.

c) Richtig ist die *dritte* Aussage. Der Momentanverbrauch eines Faktors wird durch eine technische Verbrauchsfunktion, die Anzahl der Wiederholungen einer E-Kombination durch eine Wiederholungsfunktion dargestellt. Mit Ausnahme der technischen Leistung, deren Verlauf über der Zeit in einem Zeitbelastungsbild abgebildet werden kann, nimmt Heinen im Rahmen der produktionstheoretischen Analyse alle übrigen Einflussgrößen, so auch die z-Situation, als konstant an.

Aufgabe 11

Beispiele für Argumente, die für bzw. gegen die These sprechen:

Pro:
- ▶ entspricht dem wissenschaftlichen Streben nach Allgemeingültigkeit;
- ▶ kann einen Beitrag zur Vereinheitlichung der Terminologie in der Betriebswirtschaftslehre leisten.

Contra: Gefahr, dass das Faktorsystem
- ▶ entweder zu umfangreich und unübersichtlich wird (weil es auch Produktionsfaktoren enthält, die für einen gegebenen Untersuchungszweck eventuell gar nicht von Bedeutung sind)
- ▶ oder zu abstrakt und damit wenig aussagefähig wird.

Aufgabe 12

Mögliche *Vorzüge* der Teilzeitarbeit:
- ▶ höhere Flexibilität durch bessere Anpassung an (wechselnden) Arbeitsanfall, dadurch Vermeidung erhöhter Kosten für Mehrarbeit bzw. Vermeidung/Verminderung von Personalabbau durch temporären Übergang von Vollzeit- auf Teilzeitarbeit bei vorübergehendem Beschäftigungsrückgang (Erhaltung des Know-how);
- ▶ Kostenvorteile infolge Ausweitung der Betriebszeit;
- ▶ größere Arbeitsleistung – hauptsächlich bei arbeitstäglich verkürzter Arbeitszeit – infolge geringerer Ermüdung;
- ▶ geringere Fehlzeiten;
- ▶ leichtere Akquisition von Personal und niedrigere Fluktuation aufgrund von Arbeitszeiten (Lage, Dauer), die den Wünschen von Arbeitnehmern besser entsprechen.

Mögliche *Nachteile* der Teilzeitarbeit:
- ▶ höherer Aufwand für Personalverwaltung, Mitarbeiterführung, Organisation, Einarbeitung, Fortbildung, Koordination usw.;

- größerer Anteil von Vorbereitungs- und Anlaufzeiten, insbesondere bei arbeitstäglich verkürzter Arbeitszeit;
- höhere Personal(neben)kosten („arbeitszeitfixe", „kopfzahlvariable" Kosten – z. B. für persönliche Schutzausrüstungen, Fahrgeldzuschüsse – oder in Form von Opportunitätskosten, soweit die Beitragsbemessungsgrenzen bei einem vergleichbaren Vollzeitarbeitsplatz überschritten würden);
- zusätzliche gesetzliche Verpflichtungen bei Überschreitung von Schwellenwerten der Belegschaftsgröße, z. B. erhöhte Zahl von Betriebsratsmitgliedern (§ 9 BetrVG) und freigestellten Betriebsratsmitgliedern (§ 38 Abs. 1 BetrVG), Anspruch auf Verringerung der Arbeitszeit (§ 8 Abs. 7 TzBfG).

Aufgabe 13

a) Mit der modernen Arbeitsstrukturierung wird das Ziel verfolgt, den Bedürfnissen des arbeitenden Menschen so weit wie möglich Rechnung zu tragen. Herzberg hat für die praktische Anwendung eine theoretische Grundlage in Gestalt der Zweifaktorentheorie geschaffen. Da Arbeitsstrukturierungsmaßnahmen nicht nur auf den Abbau von Arbeitsunzufriedenheit gerichtet sind, sondern auf eine Steigerung der Arbeitszufriedenheit, ergibt sich nach Herzberg die Notwendigkeit, neben den nötigen Hygienefaktoren auch Motivatoren in die Arbeit zu integrieren.

b) Siehe Teil C. II. 3.5.

Aufgabe 14

a) WB

Das Konzept der modernen Arbeitsstrukturierung sucht dem Einzelnen ein möglichst hohes Maß an Freiheit bei der Arbeitsausführung zu sichern, sodass die Arbeitsmethode nicht vorgeschrieben wird.

b) mA

Nach Taylor ist eine hohe Arbeitsleistung und -effizienz nur mit einem Höchstmaß an Arbeitsteilung zu erzielen. Das Problem der Monotomie wurde noch nicht erkannt.

c) WB

Im Gegensatz zur Wissenschaftlichen Betriebsführung (vgl. das Differentiallohnsystem Taylors) spielt die Entlohnung im Rahmen der modernen Arbeitsstrukturierung, die auch nichtmaterielle Anreize berücksichtigt, keine *zentrale* Rolle.

d) WB und mA

Eine optimale Pausengestaltung soll die Leistungsfähigkeit in möglichst kurzer Zeit wiederherstellen (WB); individuell gestaltbare Arbeitspausen schaffen einen Freiraum bei der Arbeit (mA).

e) WB

Um hohe Arbeitsleistungen zu erzielen, sind dispositive und ausführende Tätigkeiten nach Taylor strikt zu trennen (WB). Die Einbeziehung dispositiver Tätigkeiten wirkt als Motivator (mA).

f) WB und mA

Objektivierte Zeitvorgaben, höchste Arbeitsleistung (als Voraussetzung für niedrige Preise der Erzeugnisse) bei mäßiger Arbeitsanstrengung sollten die Interessen der Arbeitnehmer und -geber in Übereinstimmung bringen (WB). Höhere Zufriedenheit bei der Arbeit wirkt sich sowohl für den Arbeitnehmer als auch für den Betrieb positiv aus (mA).

g) WB und mA

Kontrollaufgaben werden durch Vorgesetzte wahrgenommen (WB); Überprüfung der Arbeitsergebnisse durch die einzelnen Arbeitspersonen bzw. Gruppenmitglieder selbst wirkt als Motivator (mA).

Aufgabe 15

Die Progression bedeutet einen starken Anreiz zur Mehrleistung. Mögliche Folgen sind daher: Selbstüberbeanspruchung des Arbeiters (eventuell mit gesundheitlichen Schäden), erhöhte Unfallgefahr, übermäßiger Ausschuss, großer Maschinen- und Werkzeugverschleiß. Um solche Folgen auszuschließen, wäre eine Prämie mit wechselndem Kurvenverlauf denkbar: Bis zur gewünschten Mengenleistung steigt das Entgelt progressiv, darüber nur noch degressiv.

Aufgabe 16

▶ Vorbereiten der Zeitaufnahme (Information der Arbeitsperson, Gliederung des Arbeitsablaufs in Ablaufabschnitte usw.);

▶ mehrmaliges Messen der Ist-Zeit und gleichzeitiges Beurteilen des Leistungsgrades;

▶ statistische Auswertung, Beispiel: Mittelwert der Ist-Zeit 4 min/Stück, Leistungsgrad 110 %;

▶ Berechnung der Soll-Zeit: 4 min/Stück $\cdot \frac{110}{100}$ = 4,4 min/Stück.

Probleme: Qualität der Vorgabezeitermittlung hängt von der Erfahrung des Beobachters ab, subjektive Einflüsse sind nicht auszuschließen.

Aufgabe 17

a) Kapazitanz C = 4 Stück/Schuss
Produktionsgeschwindigkeit I = 2 Schuss/min
tägliche Produktionsdauer D = 2 · 8 Std. = 960 min
Tageskapazität K = C · I · D = 7.680 Stück

b) Gutenberg unterscheidet die intensitätsmäßige, zeitliche und quantitative Anpassung an Beschäftigungsänderungen. Darüber hinaus werden Betriebsgrößenvariationen betrachtet. Intensitätsmäßige Anpassung würde – innerhalb der technischen Grenzen – eine Veränderung der Schusszahl pro Minute bedeuten. Zeitliche Anpassung wäre durch eine Änderung der täglichen Produktionsdauer vorzunehmen; bei einem nachhaltigen Beschäftigungsrückgang z. B. könnte der Übergang zum Einschichtbetrieb erwogen werden. Quantitative Anpassung (Stilllegung bzw. Wiederinbetriebnahme stillgelegter Spritzgießmaschinen) und Betriebsgrößenvariation (Kauf weiterer bzw. Veräußerung bisher eingesetzter Maschinen) bewirken eine Kapazitanzänderung. Im vorliegenden Beispiel wäre darüber hinaus zu prüfen, ob beispielsweise durch geänderte Werkzeuge die Anzahl der Teile/Schuss, d. h. die Kapazitanz bezogen auf *eine* Maschine, verringert (evtl. auch erhöht) werden kann.

LÖSUNGSHINWEISE

Lösungshinweise zu den Aufgaben

Aufgaben 18 u. 19

Aufgabe 18

18.1

	„Solid"	„Rapid"
fixe Kosten (€/Jahr):		
Abschreibung	–	198.800,–
Verringerung des Liquidationserlöses	50.000,–	–
Kalkulatorische Zinsen	2.100,–	35.210,– (Variante I)
		bzw. 63.042,– (Variante II)
Wartung	10.000,–	6.500,–
Fixkosten insgesamt	**62.100,–**	**240.510,– (I) bzw.**
		268.342,– (II)
proportionale Kosten (€/Stück):		
Maschinenkosten einschließlich Lohn	$180 \cdot \frac{2\,000}{150\,000} = 2,40$	$150 \cdot \frac{2\,000}{200\,000} = 1,50$
Material	6,07	5,72
prop. Kosten insgesamt	**8,47**	**7,22**

Stückzahl des Break-Even-Punktes:

$$\frac{240\,510 - 62\,100}{8,74 - 7,22} = 142\,728 \text{ (I) bzw.}$$

$$\frac{268\,342 - 62\,100}{8,47 - 7,22} = 164\,994 \text{ (II)} > 150\,000 \text{ (Kapazitätsgrenze)}$$

18.2

Entscheidung: *kein* vorzeitiger Ersatz

Gesamtkosten (€) für 140.000 Stück

„Solid":   62.100,– + 140.000 · 8,47 = 1.247.900,–

„Rapid":   240.510,– + 140.000 · 7,22 = 1.251.310,– bzw.

268.342,– + 140.000 · 7,22 = 1.279.142,–

Kostendifferenz   absolut 3.410,– € (I) bzw. 31.242,– € (II),

bezogen auf ein Stück 2,4 Cent (I) bzw. 22,3 Cent (II)

Aufgabe 19

Zielfunktion Z: $3x_1 + 4x_2 + 6x_3 + 5x_4 \overset{!}{=} \text{Max}$

Nebenbedingung N_1: $2x_1 + 3x_2 + 8x_3 + 2x_4 \leq 8$

Nebenbedingung N_2: $x_1 + 0{,}4x_2 + 1{,}2x_3 + 0{,}7x_4 \leq 2$

Lösungshinweise zu den Aufgaben

LÖSUNGS-HINWEISE

Aufgabe 19

x_1	x_2	x_3	x_4	N_1	N_2	Z
0	0	0	0	0	0	0
0	0	0	1	2	0,7	5
0	0	1	0	8	1,2	6
0	0	1	1	XX	1,9	–
0	1	0	0	3	0,4	4
0	1	0	1	5	1,1	9
0	1	1	0	XX	1,6	–
0	1	1	1	XX	XX	–
1	0	0	0	2	1,0	3
1	0	0	1	4	1,7	8
1	0	1	0	XX	XX	–
1	0	1	1	XX	XX	–
1	1	0	0	5	1,4	7
1	1	0	1	7	XX	–
1	1	1	0	XX	XX	–
1	1	1	1	XX	XX	–

XX: Nebenbedingung verletzt

Die Anträge A_2 und A_4 werden realisiert, da Z ($x_2 = 1$, $x_4 = 1$) = Z_{Max} = 9.

Vereinfachungen:

▶ nicht alle, sondern nur die zulässigen Lösungen bestimmen (s. Tab.)

▶ Lineare Programmierung: LP-Modell bilden, Lösung z. B. mit Simplex-Algorithmus.

LÖSUNGSHINWEISE

Lösungshinweise zu den Aufgaben

Aufgaben 20–22

Aufgabe 20

a) Wochen-Kapazität K = C · I · D = 2 m/min · 5 Tage · 24 h/Tag · 60 min/h = 14.400 m

b) Alternativenvergleich:

		Alternative 1	Alternative 2
Dauer der Stillstandsvorbereitung [min]	(1)	60	120
Nacharbeitskosten für die während der Stillstandsvorbereitung produzierte Menge [€/m]	(2)	5,–	5,–
Produktionsgeschwindigkeit während der Stillstandsvorbereitung [m/min]	(3)	1	1
Stillstandsdauer [min]	(4)	240	180
Produktionsgeschwindigkeit im Normalbetrieb [m/min]	(5)	2	2
Entgehende Produktions- und Absatzmenge [m]	(6) = (1) · (3) + (4) · (5)	540	480
Erlöse [€/m]	(7)	20,–	20,–
variable Einzelkosten [€/m]	(8)	6,–	6,–
Deckungsspanne [€/m]	(9) = (7) − (8)	14,–	14,–
Entgehender Deckungsbeitrag [€]	(10) = (9) · (6)	7.560,–	6.720,–
Nacharbeitskosten [€]	(11) = (1) · (2) · (3)	300,–	600,–
Wirtschaftliche Einbuße [€]	(12) = (10) + (11)	7.860,–	7.320,–

Alternative 2 ist um 540,– € günstiger. Es sollten bei der Entscheidung für diese Alternative folgende Voraussetzung vorliegen: 1. Die Schadensursache muss bekannt sein, damit bei der Instandsetzung keine unkalkulierbaren Verzögerungen auftreten. 2. Durch die Verzögerung der Stilllegung dürfen keine negativen Auswirkungen an benachbarten Anlagenteilen oder verbundenen Anlagen auftreten.

Aufgabe 21

Zuverlässigkeit des gesamten Bauteils

$R_{ges} = \{1 - [(1 - R_1) \cdot (1 - R_2 \cdot R_3)]\} \cdot R_4 = \{1 - [(1 - 0,92) \cdot (1 - 0,95 \cdot 0,93)]\} \cdot 0,82 = 0,812$

Aufgabe 22

Hohe Bestände

► erhöhen nicht generell die Flexibilität; z. B. nützt ein hoher Bestand der Materialart A nichts, wenn gerade die Materialien B und C benötigt werden;

► können Inflexibilitäten und andere Schwachstellen im Bereich der Fertigung, Materialwirtschaft usw. verdecken;

► binden finanzielle Mittel und führen auf diese Weise sogar zu einer Einengung von Entscheidungsspielräumen;

▶ erhöhen das Risiko, dass die Bestände veralten; um dies zu verhindern, besteht unter Umständen die Tendenz, dass erforderliche Produkt- und Verfahrensinnovationen verzögert werden oder ganz unterbleiben.

Aufgabe 23

Ein organisatorisches Unterscheidungsmerkmal im Vergleich zu den anderen Koordinationsorganen (Produktmanager, Stabsstelle, Zentralstelle) besteht darin, dass Kollegienmitglieder zwar der Primärorganisation entstammen, durch Konstituierung eines Kollegiums aber eine eigene Sekundärorganisation geschaffen wird. Die Kollegientätigkeit erfolgt nebenamtlich; Produktmanager, Stabs- und Zentralstellenmitglieder sind hauptamtlich tätig.

Aus der Kollegientätigkeit kann auch eine differenzierte hierarchische Einordnung erwachsen. Ein Beispiel: Als Leiter des Rechnungswesens hat Stelleninhaber A in der Primärorganisation Weisungsbefugnisse, während er innerhalb des Investitionskollegiums (in der Sekundärorganisation) nur eine Beratungsfunktion ausübt.

Bezogen auf die Aufgabenstellung handelt es sich beim Kollegium um ein ergänzendes Koordinationsorgan, das besonders bei komplexen, unvorhersehbaren und schwer programmierbaren Problemstellungen wirksam wird. Im Gegensatz hierzu basiert die Koordinationsfunktion von Zentralstellen primär auf vorgegebenen Regelvereinbarungen (Programmaufgaben). Stabsstellenmitglieder wiederum werden eher zur Koordination von Sonderaufgaben herangezogen. Die Koordinationstätigkeit von Produktmanagern schließlich wird durch die Art des Produkts bestimmt. Innovative, technisch anspruchsvolle Produkte bedürfen einer häufigen, hinsichtlich Inhalt und Umfang nur schwer planbaren Koordinationsaktivität, während die Abstimmungsprozeduren bei Standardprodukten durchaus programmmäßig erfolgen können.

Aufgabe 24

Starke *Arbeitsteilung* und *Spezialisierung* wirken der Kreativitätsentfaltung entgegen. Die Aufgabenvielfalt wird eingeschränkt, die Suche nach alternativen Handlungs- und Lösungsmöglichkeiten begrenzt. Bei der Suche nach neuartigen technischen Lösungen wird insbesondere in der Phase der Ideengewinnung eine möglichst geringe Spezialisierungstendenz gefordert, damit die Aufgabenkomplexität ganzheitlich erfasst werden kann.

Auch ein hohes Maß an *Standardisierung* und *Formalisierung* führt dazu, dass die ausgetretenen Pfade der Aufgabenerfüllung nicht verlassen werden. *Flexibilität* in der Wahl der Handlungsalternativen motiviert die Mitarbeiter eher zu neuartigen Problemlösungen.

Zentrale Entscheidungsgewalt sollte der grundsätzlichen Legitimation von Innovationsmaßnahmen im Unternehmen (Zieldefinition) vorbehalten sein. Entscheidungen über Einzelaktivitäten im Innovationsprozess (Wege zum Ziel) hingegen sollten weitgehend delegiert, zum Beispiel dem Wissenschaftler im Forschungslabor übertragen werden.

Die *Kommunikation* zwischen den Organisationsmitgliedern schließlich sollte durch weitgehende Offenheit der Informationskanäle gekennzeichnet sein. Austausch und Verfügbarkeit benötigter Daten gehören zu den Grundvoraussetzungen für die wirksame Gestaltung von Innovationsprozessen.

LÖSUNGSHINWEISE
Lösungshinweise zu den Aufgaben

Aufgaben 25–29

Aufgabe 25

Bei der Konzeption von Qualitätsregelkarten festzulegende Parameter:

- *Prüfmerkmale* (Beispiele: Abfüllvolumina und Füllgewichte in der Nahrungsmittelindustrie; Teileabmessungen, Oberflächengüte, Maßhaltigkeit von Bohrungen u. Ä. im Maschinenbau): Konzentration auf ein wesentliches Prüfmerkmal bzw. wenige Prüfmerkmale begrenzt die Prüfkosten, ohne dass die Fehlerkosten entsprechend ansteigen.

- *Stichprobenumfang:* Je geringer der Stichprobenumfang, desto niedriger die Prüfkosten (Untergrenze: statistische Aussagefähigkeit).

- *Zeitabstand zwischen Stichprobenentnahmen:* Je größer der zeitliche Abstand zwischen den Stichproben, desto kürzer die hierdurch bedingten Produktionsunterbrechungen, desto niedriger die Prüfkosten und desto größer die Wahrscheinlichkeit, dass die Fehlerkosten aufgrund unentdeckter Störungen ansteigen.

- *Warn- und Eingriffs-(Kontroll-)Grenzen* (üblich: Warngrenzen = ± 2 · Standardabweichung des Prüfmerkmals; Eingriffsgrenzen = ± 3 · Standardabweichung): Werden die Grenzen zu eng gewählt, besteht die Gefahr, dass häufig „falscher Alarm" ausgelöst wird (Kostenanstieg infolge Produktionsunterbrechungen). Sind die Grenzen zu weit gezogen, steigt die Gefahr, dass nicht rechtzeitig erkannt wird, wann der Prozess „außer Kontrolle" gerät; die Wahrscheinlichkeit für Fehler(folge)kosten nimmt zu.

Aufgabe 26

$q = 0{,}85 \Rightarrow b = -\log 0{,}85 : \log 2 = 0{,}2345$

$k(200 \text{ Stück}) = 8.500 \text{ GE/Stück} \cdot 200^{-0{,}2345} = 2.454 \text{ GE/Stück}$

$n(5) = \dfrac{200 \cdot (1{,}15^5 - 1)}{1{,}15 - 1} = 1\,348 \text{ [Stück]}$

$k(1.348 \text{ Stück}) = 8.500 \text{ GE/Stück} \cdot 1.348^{-0{,}2345} = 1.568 \text{ GE/Stück}$

$k(1.348 \text{ Stück}) : k(200 \text{ Stück}) = 1.568 \text{ GE/Stück} : 2.454 \text{ GE/Stück} = 63{,}9\,\%$

Aufgabe 27

Siehe Abb. 106 in Teil C. VIII.

Aufgabe 28

Vgl. Abb. 111.

Aufgabe 29

Automobilindustrie: Materielle Produkte, mehrteilige Produkte, Serienprodukte, Fließfertigung, Kundenproduktion, synthetische Stoffverwertung, unverbundene Produktion, Wechselproduktion.

Mineralölindustrie: Materielle Produktion, Massenproduktion, Fließfertigung, chemisches Verfahren, analytische Stoffverwertung, verbundene Produktion, Einzweckanlagen.

Aufgabe 30

Material-Nr.	Periodenbedarf (€)	Periodenbedarf kumuliert (€)	Periodenbedarf kumuliert (%)	Wertgruppe
1415	661.200	661.200	77,6	A
1412	64.000	725.200	85,1	
1411	44.816	770.016	90,3	B
1420	33.000	803.016	94,2	
1417	16.120	819.136	96,1	
1416	13.560	832.696	97,7	C
1413	8.603	841.299	98,7	
1414	4.800	846.099	99,3	
1418	3.740	849.839	99,7	
1419	2.640	852.479	100,0	

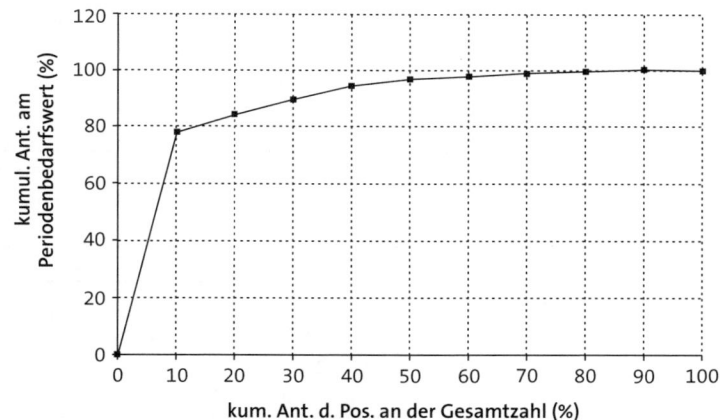

Aufgabe 31

a)

Erzeugnis E		
Fertigungsstufe	Teile-Nr.	Menge
.1	BG_1	1
..2	BG_3	1
...3	T_2	2
...3	T_3	3
..2	T_1	3
..2	BG_4	4
...3	T_2	4
...3	T_1	4
.1	BG_2	2
..2	BG_5	1
...3	BG_4	1
....4	T_2	4
....4	T_1	4
...3	T_1	1
..2	BG_3	1
...3	T_2	2
...3	T_3	3

b)

Nettobedarf	Periode				
	1	2	3	4	5
T_1		490	930	150	
T_2	40	660	1.100		
T_3		150	450		

c)

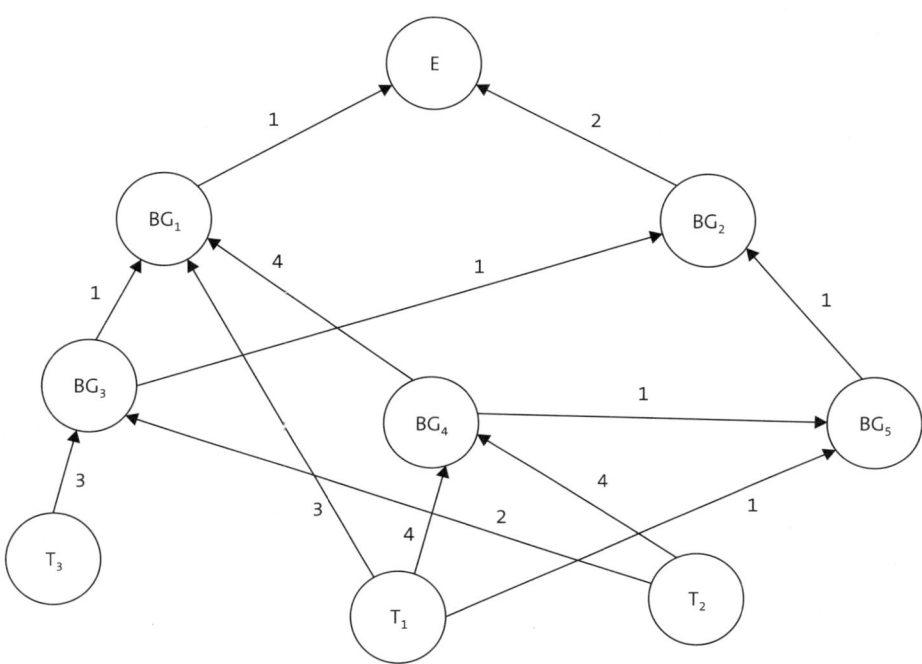

d) Nettobedarf: T_1 = 2.815 Stück, T_2 = 2.866 Stück, T_3 = 854 Stück.

Aufgabe 32

	Febr.	März	April	Mai	Juni	Juli	Aug.	Sept.	Okt.	Nov.	Dez.
Exp. Glättung	60,0	62,4	62,9	66,3	68,1	69,1	69,2	71,4	74,1	77,3	79,2
Gl. Mittelwert				69,3	73,0	73,3	74,5	74,5	77,0	81,3	85,5

Aufgabe 33

a) $x_{opt.} = \sqrt{\dfrac{200 \cdot 38300 \cdot 120}{24 \cdot (10 + 16)}} = 1214$ [Stück pro Bestellung]

b) $x_{opt.2} = \sqrt{\dfrac{200 \cdot 38300 \cdot 120}{0,9 \cdot 24 \cdot 26}} = 1279$ [Stück pro Bestellung]

Da die optimale Bestellmenge des Einstandspreises 2 unter der Mindestbestellmenge für den Rabatt liegt, muss noch geprüft werden, ob die Ersparnis aufgrund des geringeren Preises und der niedrigeren Bestellkosten höher ist als die zusätzlichen Zins- und Lagerkosten.

LÖSUNGSHINWEISE

Lösungshinweise zu den Aufgaben

Aufgabe 34

Jahresersparnis beim Einstandspreis: $\Delta P = 38\,300$ Stück $\cdot$ 0,1 $\cdot$ 24 €/Stück = 91 920 €

Lager- und Bestellkostendifferenz:

$$\Delta K = 2000 \cdot \frac{0,26}{2} \cdot 21,6 - 1214 \cdot \frac{0,26}{2} \cdot 24 - \left(\frac{38300}{1214} - \frac{38300}{2000}\right) \cdot 120 = 340 \;[€]$$

Da $\Delta P > \Delta K$, wird der Rabatt genutzt.

Aufgabe 34

ij	e_1	e_2	e_3	e_4	e_5	e_6
f_1				1		2
f_2					3	
f_3					1	
f_4						2
f_5				2		1
f_6						

Tableau I: Direktbedarfsmatrix A

ij	e_1	e_2	e_3	e_4	e_5	e_6
f_1	1			−1		__−2__
f_2		1			−3	
f_3			1		−1	
f_4				1		−2
f_5				−2	1	−1
f_6						1

Tableau II: Koeffizientenmatrix (E − A)

ij	e_1	e_2	e_3	e_4	e_5	f_1
e_6	1/2	0	0	−1/2	0	−1/2
f_2	0	1	0	0	−3	0
f_3	0	0	1	0	__−1__	0
f_4	−1	0	0	2	0	1
f_5	−1/2	0	0	−3/2	1	1/2
f_6	1/2	0	0	−1/2	0	−1/2

Tableau III: Austausch e_6 gegen f_1

ij	e_1	e_2	e_3	e_4	f_3	f_1
e_6	1/2	0	0	−1/2	0	−1/2
f_2	0	__1__	−3	0	3	0
e_5	0	0	1	0	−1	0
f_4	−1	0	0	2	0	1
f_5	−1/2	0	1	−3/2	−1	1/2
f_6	1/2	0	0	−1/2	0	−1/2

Tableau IV: Austausch e_5 gegen f_3

Lösungshinweise zu den Aufgaben

LÖSUNGS-HINWEISE

Aufgabe 34

ij	e_1	f_2	e_3	e_4	f_3	f_1
e_6	1/2	0	0	−1/2	0	−1/2
e_2	0	1	3	0	−3	0
e_5	0	0	1	0	−1	0
f_4	−1	0	0	2	0	1
f_5	−1/2	0	**1**	−3/2	−1	1/2
f_6	1/2	0	0	−1/2	0	−1/2

Tableau V: Austausch e_2 gegen f_2

ij	e_1	f_2	f_5	e_4	f_3	f_1
e_6	1/2	0	0	−1/2	0	−1/2
e_2	3/2	1	3	9/2	0	−3/2
e_5	1/2	0	1	3/2	0	−1/2
f_4	**−1**	0	0	2	0	1
e_3	1/2	0	1	3/2	1	−1/2
f_6	1/2	0	0	−1/2	0	−1/2

Tableau VI: Austausch e_3 gegen f_5

ij	f_4	f_2	f_5	e_4	f_3	f_1
e_6	−1/2	0	0	1/2	0	0
e_2	−3/2	1	3	15/2	0	0
e_5	−1/2	0	1	5/2	0	0
e_1	−1	0	0	2	0	1
e_3	−1/2	0	1	5/2	1	0
f_6	−1/2	0	0	**1/2**	0	0

Tableau VII: Austausch e_1 gegen f_4

ij	f_4	f_2	f_5	f_6	f_3	f_1
e_6	0	0	0	1	0	0
e_2	6	1	3	15	0	0
e_5	2	0	1	5	0	0
e_1	1	0	0	4	0	1
e_3	2	0	1	5	1	0
e_4	1	0	0	2	0	0

Tableau VIII: Austausch e_4 gegen f_6

ij	f_1	f_2	f_3	f_4	f_5	f_6
e_1	1	0	0	1	0	4
e_2	0	1	0	6	3	15
e_3	0	0	1	2	1	5
e_4	0	0	0	1	0	2
e_5	0	0	0	2	1	5
e_6	0	0	0	0	0	1

Tableau IX: Umformung des Tableaus

Aufgabe 35

Zielfunktion:

$$D = 1500\, x_1 + 1350\, x_2 \rightarrow \text{max!}$$

Kapazitätsbeschränkungen:

$$x_1 + 2 x_2 + x_3 = 160$$
$$2 x_1 + 2 x_2 + x_4 = 150$$
$$3 x_1 + 2 x_2 + x_5 = 180$$

Absatzbeschränkungen:

$$x_1 + x_6 = 80$$
$$x_2 + x_7 = 60$$

Nichtnegativitätsbedingungen: $x_j \geq 0$

Ausgangstableau:

	x_1	x_2	x_3	x_4	x_5	x_6	x_7		
x_3	1	2	1	0	0	0	0	160	
x_4	2	2	0	1	0	0	0	150	
x_5	[3]	2	0	0	1	0	0	180	←
x_6	1	0	0	0	0	1	0	80	
x_7	0	1	0	0	0	0	1	60	
Z	−1.500	−1.350	0	0	0	0	0	0	

↑

Zwischentableau:

	x_1	x_2	x_3	x_4	x_5	x_6	x_7		
x_3	0	$1^1/_3$	1	0	$-^1/_3$	0	0	100	
x_4	0	$^2/_3$	0	1	$-^2/_3$	0	0	30	←
x_1	1	$^2/_3$	0	0	$^1/_3$	0	0	60	
x_6	0	$-^2/_3$	0	0	$-^1/_3$	1	0	20	
x_7	0	1	0	0	0	0	1	60	
Z	0	−350	0	0	500	0	0	90.000	

↑

suboptimale Zwischenlösung: $x_1 = 60$ St., $x_2 = 0$

Kap.-Nachfrage (M_1) = 1 h/St. · 60 St. + 0 = 60 h = 160 h − 100 h

Kap.-Nachfrage (M_2) = 2 h/St. · 60 St. + 0 = 120 h = 150 h − 30 h

D = 1.500 €/St. · 60 St. = (0 · 160 + 0 · 150 + 500 · 180) €/h · h = 90.000 €

Lösungshinweise zu den Aufgaben

Aufgaben 36 u. 37

Ergebnistableau:

	x_1	x_2	x_3	x_4	x_5	x_6	x_7	
x_3	0	0	1	-2	1	0	0	40
x_2	0	1	0	$3/2$	-1	0	0	45
x_1	1	0	0	-1	1	0	0	30
x_6	0	0	0	1	-1	1	0	50
x_7	0	0	0	$-1\frac{1}{2}$	1	0	1	15
Z	0	0	0	525	150	0	0	105.750

optimale Lösung: $x_1 = 30$, $x_2 = 45$

nicht genutztes Absatzpotenzial: $50 = 80 - 30$ (A) bzw. $15 = 60 - 45$ (B)

nicht genutzte Kapazität: 40 h (M_1)

$D = 0 \cdot 160 + 525 \cdot 150 + 150 \cdot 180 = 105.750$ [€]

Aufgabe 36

Absatzgeschwindigkeit von A: $\dfrac{40\,000}{200} = 200$ [Stück/Tag]

$$x_{opt.A} = \sqrt{\dfrac{2 \cdot 40000 \cdot 600}{5 \cdot (1 - \dfrac{200}{600})}} = 3794{,}7 \approx 3795 \text{ [Stück]}$$

Absatzgeschwindigkeit von B: $\dfrac{50\,000}{200} = 250$ [Stück/Tag]

$$x_{opt.B} = \sqrt{\dfrac{2 \cdot 50000 \cdot 400}{7 \cdot (1 - \dfrac{250}{700})}} = 2981{,}4 \approx 2981 \text{ [Stück]}$$

Aufgabe 37

a) $x_1 = 300$; $x_2 = 0$; $x_3 = 0$; $x_4 = 180$; $x_5 = 0$;

   $K_{ges} = 588$ GE

b) $x_1 = 160$; $x_2 = 0$; $x_3 = 220$; $x_4 = 0$; $x_5 = 100$;

   $K_{ges} = 588$ GE

c) $x_1 = 160$; $x_2 = 0$; $x_3 = 320$; $x_4 = 0$; $x_5 = 0$;

   $K_{ges} = 528$ GE

Aufgabe 38

Für das Beispiel aus Abb. 156 ergeben sich die Positionsgewichte und damit die Reihenfolge wie folgt:

(1) Arbeitselement 1: 32
(2) Arbeitselement 2: 19
(3) Arbeitselement 3: 15
(4) Arbeitselement 6: 10
(5) Arbeitselement 4: 9
(6) Arbeitselement 5: 8
(7) Arbeitselement 7: 5

Vorgehensweise:

1. Das Arbeitselement mit der höchsten Priorität (Arbeitselement 1) wird zuerst eingeplant. Die Leerzeit der ersten Arbeitsstation vor der Einplanung entspricht der Taktzeit von 10 min.

2. Die nach der ersten Einplanung verbleibende Leerzeit wird durch Subtraktion der Bearbeitungszeit des eingeplanten Arbeitselements von der aktuellen Leerzeit ermittelt.

3. Das nächste Arbeitselement (entsprechend der Priorität) wird eingeplant. Dabei ist zu prüfen, ob aufgrund der verbleibenden Leerzeit genug Kapazität auf dieser Arbeitsstation für das Arbeitselement verfügbar ist (Bearbeitungszeit ≤ Leerzeit) und ob die technologische Reihenfolge (vgl. Vorranggraph) ein Einplanen erlaubt.

4. Ist die Bearbeitungszeit größer als die verfügbare Leerzeit der Arbeitsstation, so ist das Arbeitselement zurückzustellen und das in der Prioritätenliste nächste Arbeitselement hinsichtlich einer Einplanung zu prüfen. Kann aufgrund der technologischen Restriktionen der Arbeitsstation kein Arbeitselement mehr zugeordnet werden, ist eine weitere Arbeitsstation zu eröffnen. Dabei wird wieder mit Arbeitsschritt 1 begonnen.

Lösungshinweise zu den Aufgaben

LÖSUNGS-HINWEISE

Aufgabe 38

5. Die Einplanung ist solange fortzusetzen, bis alle Arbeitselemente berücksichtigt sind.

Arbeitsstation 1

Arbeitselement	Bearbeitungszeit	Leerzeit	eingeplant
1	4	10	ja
2	6	6	ja
		0	Ende

Arbeitsstation 2

Arbeitselement	Bearbeitungszeit	Leerzeit	eingeplant
3	5	10	ja
6	5	5	ja
		0	Ende

Arbeitsstation 3

Arbeitselement	Bearbeitungszeit	Leerzeit	eingeplant
4	4	10	ja
5	3	6	ja
7	5	3	nein
		3	Ende

Arbeitsstation 4

Arbeitselement	Bearbeitungszeit	Leerzeit	eingeplant
7	5	10	ja
		5	Ende

Es werden also 4 Arbeitsstationen benötigt. Der Kapazitätsnutzungsgrad des Arbeitssystems beträgt:

$$K = \frac{\text{Summe der Bearbeitungszeiten}}{\text{Anzahl Arbeitsstationen} \cdot \text{Taktzeit}} = \frac{32}{40} = 0,8 = 80\%$$

Aufgabe 39

Aufgabe 39

a), b)

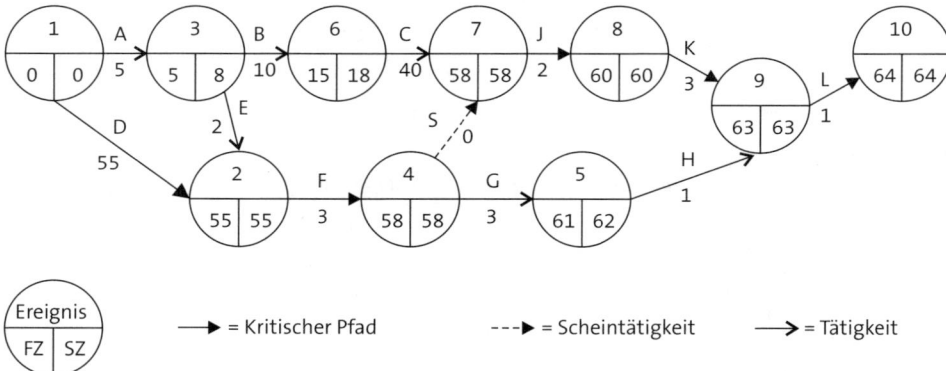

b), c)

Ereignis		Vorgang	FAZ	SEZ	SAZ	FEZ	GP	FP
i	j							
1	3	A	0	8	3	5	3	0
3	6	B	5	18	8	15	3	0
6	7	C	15	58	18	55	3	3
1	2	D	0	55	0	55	0	0
3	2	E	5	55	53	7	48	48
2	4	F	55	58	55	58	0	0
4	5	G	58	62	59	61	1	0
5	9	H	61	63	62	62	1	1
7	8	J	58	60	58	60	0	0
8	9	K	60	63	60	63	0	0
9	10	L	63	64	63	64	0	0

Aufgabe 40

a) N = n! = 5! = 120 Auftragsfolgen

b) Auftragsfolge A2 - A1 - A3 - A4 - A5

Durchlaufzeit: 51 h

Stillstandszeiten:	M1: 0 h	Wartezeiten:	A1: 2 h
	M2: 16 h		A2: 0 h
	M3: 3 h		A3: 3 h
			A4: 3 h
			A5: 0 h

c) KOZ: A3 - A4 - A1 - A2 - A5

Durchlaufzeit: 51 h

Liefertermine von A4 und A5 sind überschritten.

Verspätungskosten: A4 (1 Tag) und A5 (3 Tage) => 470 GE

Stillstandszeiten: M2: 20 h, M3: 11 h

FLT: A4 - A5 - A1 - A3 - A2

Durchlaufzeit: 57 h

Alle Liefertermine werden eingehalten.

Stillstandszeiten: M2: 21 h, M3: 15 h

Aufgabe 41

Ankunftsrate λ = 120 Einheiten : 60 min. = 2 Einheiten/min.

Abfertigungsrate μ = 1 Einheit : $1/3$ min. = 3 Einheiten/min.

Für den stationären Fall (d.h. nachdem die Einlaufphase beendet ist und sich ein Gleichgewichtszustand eingespielt hat) errechnen sich die charakteristischen Größen der Warteschlangen nach folgenden Formeln:

a) durchschnittliche Schlangenlänge (Anzahl wartender Einheiten)

$$\overline{m} = \frac{\lambda^2}{\mu(\mu - \lambda)} = \frac{4}{3 \cdot (3-2)} = \frac{4}{3} \text{ [Einheiten]}$$

b) durchschnittliche Wartezeit

$$\overline{w} = \frac{\lambda}{\mu(\mu - \lambda)} = \frac{2}{3 \cdot (3-2)} = \frac{2}{3} \text{ [min.]}$$

c) durchschnittliche Bedienungszeit

$$\bar{v} = \frac{\lambda}{\mu(\mu - \lambda)} + \frac{1}{\mu} = \frac{2}{3 \cdot (3-2)} + \frac{1}{3} = 1 \text{ [min.]}$$

Aufgabe 42

Entwicklung folgender Größen seit der Markteinführung (ggf. Zeitreihenanalyse):

▶ Absatzmenge

▶ Verkaufspreis

▶ Deckungsbeitrag bzw. -spanne

▶ Lagerbestand

ferner: aktueller Auftragsbestand und Prognoseinformationen bezüglich der oben aufgeführten Größen, soweit verfügbar.

Aufgabe 43

a) Entsprechend den Feldern des morphologischen Kastens, der im Teil E. IV. 3.1 dieses Buches zur Klassifikation des Recyclings vorgestellt wurde, handelt es sich um folgende Recyclingformen:

  ▶ Recycling von Produktionsrückstand (Lösemitteldämpfen) → Feld 1.1

  ▶ Aufarbeitung bzw. sekundärer Produktionsprozess (Kuppelprodukte: Strom, Prozess-/Heizwärme → Feld 6.1), d. h. indirektes Recycling → Feld 2.1 unter Einsatz des Primärrohstoffs Erdgas im Blockheizkraftwerk

  ▶ Auflösung des Stoffzusammenhangs durch energetische Verwertung → Feld 3.1

  ▶ sowohl Wiederverwertung im ursprünglichen Produktionsprozess (Folienkühlung, Strom) → Feld 4.1 als auch Weiterverwertung in anderen Prozessen (Strom, Wärme zur Spargelfeldbeheizung) → Feld 4.2

  ▶ energetisches Downcycling: zunächst Strom sowie Wärme auf höherem Temperaturniveau (Prozesswärme), dann auf weiter abnehmendem Niveau (Wärme für Absorptionskälteanlage, Niedertemperaturwärme für die landwirtschaftliche Nutzung) → Feld 5.2

  ▶ sowohl inner- als auch zwischenbetriebliches Recycling → Felder 7.1 und 7.2

b) Abgas*vermeidung*: z. B. durch Verfahrenssubstitution, falls technisch/wirtschaftlich möglich.

  Abgas*verwertung*:

  ▶ stoffliche Verwertung, d. h. die Lösemittel werden erneut als Rohstoff eingesetzt, entweder in demselben Prozess (Einsatz einer Lösemittelrückgewinnungsanlage wurde im vorliegenden Fall geprüft) oder zur Herstellung anderer Produkte

  ▶ thermische Verwertung: die gewählte Alternative

  Abgas*beseitigung*: z. B. mit einem Nachverbrennungsverfahren unter Zufuhr von Energie (wurde im vorliegenden Fall geprüft)

c)
- ▶ Einsatz des „kostenlosen" Brennstoffs Lösemittel
- ▶ Nutzung der Abwärme durch Kraftwärmekopplung (höherer Wirkungsgrad) als:
  - – Prozessheizung,
  - – Gebäudeheizung,
  - – Kälteerzeugung, wobei die dabei anfallende Abwärme an den landwirtschaftlichen Betrieb verkauft wird
- ▶ eventuell (der Fallbeschreibung nicht zu entnehmen) niedrigere Kosten für elektrische Energie
- ▶ vermiedene Entsorgungskosten

d) Amortisationsdauer n bei statischer Amortisationsrechnung:

$$n \text{ (Jahre)} = \frac{\text{Kapitaleinsatz (€)}}{\text{Rückfluss (€/Jahr)}} = \frac{K}{R} \Leftrightarrow R = \frac{K}{n}$$

Rückfluss: Einsparung, d. h. Saldo aus Bruttoeinsparungen (3,4 Mio. €/Jahr) und Ausgaben (0,4 Mio. €/Jahr)

$$R = \frac{15 \text{ Mio. €}}{5 \text{ Jahre}} = 3 \text{ Mio. €/Jahr}$$

e) Fallunterscheidung:
- ▶ „Muss-Investition", z. B. aufgrund gesetzlicher Auflagen → Anwendung von Investitionsrechenkalkülen, d. h. die Alternative, die die Auflagen zu den geringsten wirtschaftlichen Lasten erfüllt, ist vorzuziehen, auch wenn das Kriterium absoluter Vorteilhaftigkeit nicht erfüllt ist.
- ▶ „Kann-Investition" → Ist keine Alternative absolut vorteilhaft, sollte eine Investition unter Wirtschaftlichkeitsgesichtspunkten unterbleiben, es sei denn, sie wird aus anderen, z. B. ethischen, Gründen befürwortet.

Aufgabe 44

a) Kostenvergleichsrechnung:

	Produkt A	Produkt B	Produkt C
Abschreibung	50.000,–	75.556,–	54.545,–
kalkulatorischer Zins	20.000,–	27.200,–	24.000,–
sonstige Fixkosten	2.900,–	3.200,–	3.100,–
Zwischensumme 1	72.900,–	105.956,–	81.645,–
Strom	45.600,–	49.200,–	42.000,–
Rohstoff 1	19.580,–	22.440,–	20.900,–
Rohstoff 2	57.600,–	56.880,–	52.560,–
Abwasser	12.000,–	13.440,–	12.600,–
fester Abfall	1.500,–	1.350,–	1.620,–
Zwischensumme 2	136.280,–	143.310,–	129.680,–
Summe	**209.180,–**	**249.266,–**	**211.325,–**

(Werte in GE/Jahr)

b) Ökologischer Vergleich:

ökologische Rechnungseinheit = Mengenbelastung · Äquivalenzkoeffizient

	Produkt A	Produkt B	Produkt C
Strom	722	779	665
Rohstoff 1	22	25	23
Rohstoff 2	279	275	254
Abwasser	115	129	121
fester Abfall	12	11	13
Abwärme	133	154	140
Summe	**1.283**	**1.373**	**1.216**

(Werte in Rechnungseinheiten/Jahr)

Anwendungsprobleme:

▶ Bestimmung der Äquivalenzkoeffizienten (durch unabhängige Stellen), z. B. in Abhängigkeit von der Relation zwischen jährlichem Verbrauch und den bekannten Rohstoffvorkommen bzw. zwischen Emissionen und Aufnahme-/Regenerationsfähigkeit der Umwelt, da Kenntnisse über Wirkungszusammenhänge fehlen oder lückenhaft sind

▶ Sicherstellen der Vergleichbarkeit des Einflusses unterschiedlicher Faktoren (Normierungsproblem)

▶ Gefahr, dass Umweltinanspruchnahmen doppelt berücksichtigt werden:
  – ökologisch *und* ökonomisch
  – input- *und* outputseitig

- unzureichende Berücksichtigung regionaler und jahreszeitlicher Besonderheiten bezüglich der Aufnahmekapazität der Umweltmedien, der ökologischen Knappheit usw.
- ständige Anpassung der Äquivalenzkoeffizienten an neue Erkenntnisse notwendig, um Verzerrungen bei der Abbildung der Struktur ökologischer Knappheit zu vermeiden

c)

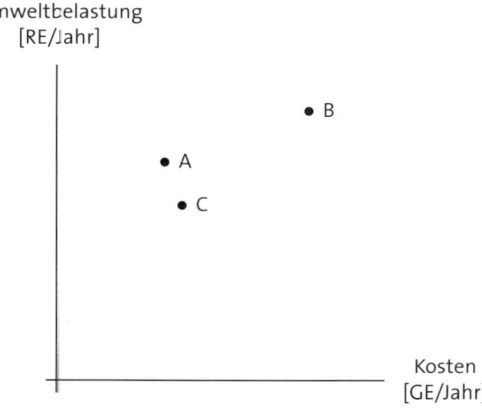

Verfahren B ist sowohl wirtschaftlich als auch ökologisch unvorteilhafter als die beiden anderen Verfahren. C verursacht zwar um 1 % höhere Kosten, weist jedoch eine um 5 % geringere Umweltbelastung auf.

d)
- Scoringmodelle (setzen im Vergleich zur ökologischen Buchhaltung keine quantitativen Informationen als Modellinput voraus)
- verbale Begründungen/Argumentebilanz

Aufgabe 45

a)

Produkt A: Da sich das Produkt bereits in der Sättigungsphase befindet, ist zu erwarten, dass sein – derzeit recht hoher – Absatz künftig zurückgehen wird und damit auch ein ggf. vorhandenes Einsparungspotenzial. Es stellt sich die Frage, ob sich die Investition in eine Wertanalyse innerhalb der restlichen Produktlebensdauer noch amortisiert. Obwohl das Produkt noch keiner Wertanalyse unterzogen wurde, ist anzunehmen, dass nach der längeren Produktionsdauer im Wege ständiger Verbesserungen das meiste Rationalisierungspotenzial ausgeschöpft worden ist. Andererseits könnte eine wesentliche Wertsteigerung des Produkts einen „Relaunch" bewirken, der zugleich eine Anhebung des Verkaufspreises zuließe.

Produkt B: Dieses Produkt ist erst seit Kurzem auf dem Markt, sodass unter normalen Umständen eine Wertanalyse zum jetzigen Zeitpunkt nicht erforderlich ist.

> **LÖSUNGS-HINWEISE** Lösungshinweise zu den Aufgaben

Aufgabe 46

Produkt C: Produkt C wurde bereits früher einmal wertanalytisch untersucht, sodass keine bedeutsamen Einsparungseffekte mehr zu erwarten sind. Andererseits wäre aber auch der Aufwand für eine Wertanalyse von C vergleichsweise gering. Für die Durchführung einer Wertanalyse spricht das große Absatzvolumen.

Produkt D: Die im Verhältnis zum Verkaufspreis hohen Herstellkosten lassen eine Wertanalyse mit dem Ziel einer Kostensenkung lohnenswert erscheinen. Diese Empfehlung wird gestützt durch eine günstige Absatzprognose aufgrund des geringen Produktlebensalters. Die starke Beanspruchung der Ressourcen durch eine Wertanalyse dieses Produkts erlaubt jedoch keine anderweitigen Wertanalyseaktivitäten.

b)

▶ Produktgliederung (technische Zeichnung, Stückliste),

▶ Herstellkosten der einzelnen Bauteile,

▶ Funktionengliederung.

Aufgabe 46

Beispiele für die Bedeutung von Standortbestimmungsfaktoren für einzelne Wirtschaftszweige:

▶ *Material*orientierung

Dieser Faktor spielt vor allem eine Rolle in Industriezweigen, deren Rohstoffe hohe Transportkosten verursachen. Das ist insbesondere der Fall, wenn in der Produktion gewichtsmäßig wesentlich mehr Rohstoffe benötigt werden, als im Endprodukt enthalten sind (Gewichtsverlustmaterial, z. B. Koks bei Hüttenwerken). Dabei sind die Verkehrs-, insbesondere Tarifverhältnisse zu berücksichtigen.

▶ *Arbeits*orientierung

Dieser Standortfaktor besitzt vor allem im Dienstleistungssektor sowie in Industriezweigen, in denen der Anteil der Lohnkosten an den gesamten Produktionskosten groß ist (z. B. optische Industrie, Textilindustrie), und in Wirtschaftszweigen mit spezifischen Qualifikationsansprüchen (Glasbläserei, Glasschleiferei, Feinwerktechnik) eine große Bedeutung.

▶ *Abgaben*orientierung

Steuerliche Vorteile einschließlich Subventionen können für Betriebe aller Branchen und Größen Anziehungskraft haben. So kann die Standortwahl von niedrigen Hebesätzen der Gemeindesteuern bestimmt werden. Im internationalen Rahmen kann das gesamte Steuersystem (einschließlich Doppelbesteuerungsabkommen und tatsächlicher Handhabung der Vorschriften) bedeutsam sein.

▶ *Energie*orientierung

Der Strompreis ist ausschlaggebend für Betriebe mit hohem Stromverbrauch (z. B. chemische Industrie, Aluminiumindustrie); Kohleversorgung ist für die Eisenhüttenindustrie unabdingbar.

▶ *Verkehrs*orientierung

Eine gute Anbindung an die Verkehrsinfrastruktur ist vor allem für Handelsbetriebe (z. B. Kaffee- und Tabakversandgeschäfte an traditionellen Umschlagplätzen), aber auch für Industriebetriebe, die sperrige Güter herstellen oder bearbeiten (z. B. Verzinkereien), bedeutsam.

▶ *Absatz*orientierung

Räumliche Nähe zu den Absatzmärkten spielt besonders im Dienstleistungssektor und in Industriezweigen, die einen engen Kontakt mit ihren Absatzgebieten halten müssen (z. B. Brauereien, Hochbau, Tiefbau), eine bedeutende Rolle.

Aufgabe 47

Durch Unternehmenszusammenschlüsse können Projekte und/oder betriebliche Funktionen gemeinsam, d. h. unternehmensübergreifend bearbeitet bzw. wahrgenommen werden.

Vorteile im Produktionsbereich können erzielt werden, indem die Fertigungskapazitäten der beteiligten Unternehmen besser ausgelastet werden (Stückkostensenkung). Beispielsweise wird die Fertigung nach Erzeugnisgruppen auf die Kooperationspartner verteilt, der Vertrieb des Gesamtangebots aber gemeinsam durchgeführt.

Eine andere Möglichkeit besteht darin, vorhandene Kapazitäten im Verbund anzubieten (Verkehrsverbund, Elektrizitätsverbund).

Für Großprojekte bieten Arbeitsgemeinschaften Vorteile durch Nutzung unternehmensübergreifenden Fertigungs-Know-hows und komplementärer Ressourcen.

Die Zusammenarbeit kann sich aber auch auf betriebliche Teilfunktionen beschränken, wie Normung und Typung, verbundene Forschung und Entwicklung, gemeinsame Patentauswertung.

LITERATURVERZEICHNIS

A

Adam, D.: Aufbau und Eignung klassischer PPS-Systeme, in: *Adam, D. (Hrsg.):* Fertigungssteuerung I, SzU, Bd. 38, Wiesbaden 1988, S. 5–21

Adam, D.: Produktionsdurchführungsplanung, in: *Jacob, H. (Hrsg.):* Industriebetriebslehre, 4. Aufl., Wiesbaden 1990, S. 673–918

Adam, D.: Ökologische Anforderungen an die Produktion, in: *Adam, D. (Hrsg.):* Umweltmanagement in der Produktion, SzU, Bd. 48, Wiesbaden 1993, S. 5–31

Adam, D.: Planung und Entscheidung, 4. Aufl., Wiesbaden 1996

Adam, D.: Produktions-Management, 9. Aufl., Wiesbaden 1998

Adam, S.: Optimierung der Anlageninstandhaltung, Berlin 1989

Aggteleky, B.: Fabrikplanung, Werksentwicklung und Betriebsrationalisierung; Bd. 1: Grundlagen, Zielplanung, Vorarbeiten, 2. Aufl., München/Wien 1987; Bd. 2: Betriebsanalyse und Feasibility-Studie; 2. Aufl., München/Wien 1990, Bd. 3: Ausführungsplanung und Projektmanagement, München/Wien 1990

Agthe, K./Blohm, H./Schnaufer, E. (Hrsg.): Industrielle Produktion, Baden-Baden/Bad Homburg 1967

Albach, H.: Strategische Unternehmensplanung bei erhöhter Unsicherheit, in: ZfB, 48 (1978) 8, S. 702–715

Alicke, K.: Planung und Betrieb von Logistiknetzwerken, 2. Aufl., Berlin/Heidelberg/New York 2005

Andreas, D./Reichle, W.: Das Rechnen mit Maschinenstundensätzen, 6. Aufl., Frankfurt a. M. 1987

Angermann, A.: Industrielle Planungsrechnung, Bd. 1: Entscheidungsmodelle, Frankfurt 1963

Arnolds, H./Heege, F./Tussing, W.: Materialwirtschaft und Einkauf, 10. Aufl., Wiesbaden 1998

Arthur D. Little (Hrsg.): Management erfolgreicher Produkte, Wiesbaden 1994

Aßmann, R.: Stückgutförderer in Logistiksystemen, in: *Arnold, D. u. a.:* Handbuch Logistik, 2. Aufl., Berlin/Heidelberg/New York 2004, S. C2-1 – C2-34

AWF (Hrsg.): Flexible Fertigungsorganisation am Beispiel von Fertigungsinseln, Eschborn 1984

B

Bauer, M.: Das Erfahrungskurvenkonzept. Möglichkeiten und Problematik der Ableitung strategischer Handlungsalternativen, in: WiSt, 15 (1986) 1, S. 1–10

Baumgarten, H.: Entwicklungstendenzen technologischer Systeme in der Logistik, in: FB/IE, 33 (1984) 2, S. 85–89

Bea, F. X./Dichtl, E./Schweitzer, M.: Allgemeine Betriebswirtschaftslehre, Bd. 3: Leistungsprozess, 5. Aufl., Stuttgart 1991

Bechmann, A.: Nutzwertanalyse, Bewertungstheorie und Planung, Bern/Stuttgart 1978

Bechte, W.: Steuerung der Durchlaufzeit durch belastungsorientierte Auftragsfreigabe bei Werkstattfertigung, Hannover 1980

Becker, J./Rosemann, M.: Logistik und CIM, Berlin/Heidelberg/New York/Tokyo 1993

Beckmann, H.: Efficient Consumer Response (ECR), in: *Arnold, D. u. a. (Hrsg.)*: Handbuch Logistik, 2. Aufl., Berlin/Heidelberg/New York 2004, S. B2-22 – B2-28

Beckmann, M. J./Künzi, H. P.: Mathematik für Ökonomen II, Berlin/Heidelberg/New York 1972

Beckurts, K. H.: Forschungs- und Entwicklungsmanagement – Mittel zur Gestaltung der Innovation, in: *Blohm, H./Danert, G. (Hrsg.)*: Forschungs- und Entwicklungsmanagement, Stuttgart 1983, S. 15–39

Beer, T.: Die Revision des energiewirtschaftlichen Bereichs im Unternehmen, in: *Kresse, W. (Hrsg.)*: Jahrbuch für Betriebswirte 1986, Stuttgart 1986, S. 315–319

Beer, T.: Die Revision im technischen Bereich – Aufgaben und organisatorische Eingliederung in das System der Unternehmensüberwachung, Berlin 1986

Beer, T.: Die Funktion Technische Revision – Ergebnisse einer empirischen Untersuchung, in: ZIR, 22 (1987) 2, S. 74–100

Belt, B.: Integrating Capacity Planning and Capacity Control, in: Production and Inventory Management, 17 (1976) 1, S. 9–25

Berens, W./Delfmann, W./Schmitting, W: Quantitative Planung, 4. Aufl., Stuttgart 2004

Berr, U./Tangermann, H.-P.: Einfluss von Prioritätsregeln auf die Kapazitätsterminierung der Werkstattfertigung, in: Wt–Z ind. Fertig., 66 (1976) 1, S. 7–12

Berthel, J.: Entlohnung, in: *Kern, W./Schröder, H.-H./Weber, J. (Hrsg.)*: HWProd, 2. Aufl., Stuttgart 1996, Sp. 397–407

Berthel, J./Becker, F. G.: Personal-Management, 8. Aufl., Stuttgart 2007

Biethahn, J./Lackner, A./Range, O.: Optimierung und Simulation, München/Wien 2004

Blake, R. R./Mouton, J. S.: Verhaltenspsychologie im Betrieb, Düsseldorf 1968 (4. Aufl., Düsseldorf/Wien 1992)

Bloech, J. u. a.: Einführung in die Produktion, 5. Aufl., Berlin/Heidelberg/New York 2004

Blohm, H.: Gewinnplanung, in: *Agthe, K./Schnaufer, E. (Hrsg.)*: Unternehmensplanung, Baden-Baden 1963, S. 411–433

Blohm, H.: Die Gestaltung des betrieblichen Berichtswesens als Problem der Leitungsorganisation, 2. Aufl., Herne/Berlin 1974

Blohm, H.: Organisation, Information und Überwachung, 3. Aufl., Wiesbaden 1977a

Blohm, H.: Systemrevision – Herausforderung und Verpflichtung für die Interne Revision, in: ZIR, 12 (1977b) 1a, S. 88–98

Blohm, H.: Methoden zur Prognose technischer Entwicklungen I und II, in: WISU, 8 (1979) 3, S. 115–120 und 8 (1979) 4, S. 167–173

Blohm, H.: Kooperation, in: *Grochla, E. (Hrsg.)*: HWO, 2. Aufl., Stuttgart 1980, Sp. 1112–1117

Blohm, H.: Flexible Arbeitszeit – Arbeitszeitverkürzung, in: *Kresse, W./Rössle, W. (Hrsg.)*: Jahrbuch für Betriebswirte 1985, Stuttgart/Wien/Zürich 1985, S. 106–109

Blohm, H.: Das „Wirtschaften" aus der Fülle als Fülleprinzip, in: technologie & management, 37 (1988) 2, S. 40–43

Blohm, H./Beer, T.: Zero-Base Budgeting, in: *Kresse, W. (Hrsg.):* Jahrbuch für Betriebswirte 1984, Stuttgart 1984, S. 291–298

Blohm, H./Danert, G. (Hrsg.): Forschungs- und Entwicklungsmanagement, Stuttgart 1983

Blohm, H./Lüder, K.: Planungsgrundlagen der Betriebstechnik: Wirtschaftlichkeit, VDI-Richtlinie 2800, Düsseldorf 1966

Blohm, H./Lüder, K./Schaefer, C.: Investition, 9. Aufl., München 2006

Blohm, H./ Seppeler, W.: Neue Impulse durch Sparten- und Matrixorganisation – auch für Klein- und Mittelbetriebe, in: ZfO, 45 (1976) 2, S. 65–71 und 3, S. 124–132

Blohm, H./Steinbuch, K. (Hrsg.): Technische Prognosen in der Praxis, Düsseldorf 1972

Böhm, E.: Entwicklungstendenzen in der Umwelttechnologie, in: *Zahn, E. (Hrsg.):* Handbuch Technologiemanagement, Stuttgart 1995, S. 151–168

Böhrs, H., Leistungslohngestaltung, 3. Aufl., Wiesbaden 1980

Bösenberg, D./ Metzen, H.: Lean Management, 5. Aufl., Landsberg a. L. 1995

Bohr, K.: Produktionsfaktorsysteme, in: *Kern, W. (Hrsg.):* HWProd., 1. Aufl., Stuttgart 1979, Sp. 1481–1493

Bohr, K./Weiß, M: Bestimmung der optimalen Fertigungstiefe (I) und (II), in: WISU, 23 (1994) 4, S. 341–350 und 5, S. 437–444

Boysen, N.: Ameisenalgorithmen, in: WiSt, 34 (2005) 11, S. 607–612

Brink, H.-J.: Vorgabezeitermittlung mit Systemen vorbestimmter Zeiten, in: *Kern, W. (Hrsg.):* HWProd, 1. Aufl., Stuttgart 1979, Sp. 2186–2202

Brockhoff, K.: Prognoseverfahren für die Unternehmensplanung, Wiesbaden 1977

Brockhoff, K.: Forschung und Entwicklung, 5. Aufl., München/Wien 1999

Bundesministerium für Bildung und Forschung: BMBF-Förderprogramm Innovationsfähigkeit in einer modernen Arbeitswelt, o. O. o. J.

Bundesminister für Forschung und Technologie/Bundesminister für Arbeit und Sozialordnung/Bundesminister für Bildung und Wissenschaft (Hrsg.): Forschungs- und Entwicklungsprogramm Arbeit und Technik, 4. Aufl., Bonn 1992

Busse von Colbe, W./Laßmann, G.: Betriebswirtschaftstheorie, Bd. 1: Grundlagen, Produktions- und Kostentheorie, 5. Aufl., Berlin/Heidelberg/New York/Tokyo 1991

Buzzell, R. D./Gale, B. T.: Das PIMS-Programm, Wiesbaden 1989

C

Coenenberg, A. G./Fischer, T./Schmitz, J.: Target Costing und Product Life Cycle Costing als Instrumente des Kostenmanagements, in: Zeitschrift für Planung, 5 (1994) 1, S. 1–38

Corsten, H.: Die Produktion von Dienstleistungen, Berlin 1985

Corsten, H.: Produktionswirtschaft, 11. Aufl., München/Wien 2007

Corsten, H./Gössinger, R.: Dienstleistungsmanagement, 5. Aufl. München/Wien 2007

Corsten, H./Gössinger, R./Schneider, H.: Grundlagen des Innovationsmanagements, München 2006

Croston, J. D.: Forecasting and stock control for intermittent demands, in: Operational Research Quarterly, 23 (1972) 3, S. 289–303

Cziudaj, M./Pfennig, V.: Flexible Automatisierung beim Bohren und Fräsen – Chancen und aktuelle Grenzen –, in: *Below, F. v./Borges, A./Hildebrandt, F. (Hrsg.):* Moderne Fabrikorganisation, Berlin/Heidelberg/New York/Tokyo 1985, S. 55–75

D

Dangelmaier, W.: Produktion und Information, Berlin/Heidelberg/New York 2003

Davis, M. M./Heineke, J.: Operations Management: Integrating Manufacturing and Services, 5. Aufl., Boston 2005

Deelen, H. van: Kostenoptimale Arbeits- und Betriebszeiten, Berlin 1987

Dellmann, K.: Betriebswirtschaftliche Produktions- und Kostentheorie, Wiesbaden 1980

DIN 820-1: Normungsarbeit – Grundsätze, April 1994

DIN 820-3: Normungsarbeit – Begriffe, Juli 1998

DIN 8580: Fertigungsverfahren, September 2003

DIN 25424: Fehlerbaumanalyse, Teil 1: Methode und Bildzeichen, September 1981

DIN 31051: Grundlagen der Instandhaltung, Juni 2003

DIN 69910: Wertanalyse, August 1987 (zurückgezogen)

DIN EN 1325-1: Value Management, Wertanalyse, Funktionenanalyse, Wörterbuch – Teil 1: Wertanalyse und Funktionenanalyse, November 1996

DIN EN 1325-2: Value Management, Wertanalyse, Funktionenanalyse, Wörterbuch – Teil 2: Value Management, November 2004

DIN EN ISO 9000:2005: Qualitätsmanagementsysteme – Grundlagen und Begriffe, Dezember 2005

DIN EN ISO 9001:2000: Qualitätsmanagementsysteme – Anforderungen, Dezember 2000

DIN EN ISO 9004:1994: Qualitätsmanagement und Elemente eines Qualitätsmanagementsystems, Teil 1: Leitfaden, August 1994

DIN EN ISO 9004:2000: Qualitätsmanagementsysteme – Leitfaden zur Leistungsverbesserung, Dezember 2000

DIN EN 12973: Value Management, Februar 2002

DIN EN ISO 22000: Managementsysteme für die Lebensmittelsicherheit – Anforderungen an Organisationen in der Lebensmittelkette, November 2005

DIN EN 45020: Normung und damit zusammenhängende Tätigkeiten – Allgemeine Begriffe (ISO/IEC Guide 2:2004); dreisprachige Fassung EN 45020:2006, März 2007

Dinesh Kumar, U. u. a.: Reliability and Six Sigma, New York 2006

Dinkelbach, W./Rosenberg, O.: Erfolgs- und umweltorientierte Produktionstheorie, 2. Aufl., Berlin/Heidelberg/New York 1996

Domschke, W./Drexl, A.: Einführung in Operations Research, 6. Aufl., Berlin/Heidelberg/New York 2004

Domschke, W./Häselbarth, L./Scholl, A.: WISU-Lexikon Operations Research, in: WISU, 32 (2003), Beihefter zur Juni-Ausgabe, S. I–XV

Domschke, W./Scholl, A./Voß, S.: Produktionsplanung, 2. Aufl., Berlin/Heidelberg/New York/Tokyo 1997

Dörken, W.: Formen der Arbeitsstrukturierung, Schriftenreihe Leistung und Lohn Nr. 56/57, Bergisch Gladbach 1975

Dörken, W.: Arbeitsgestaltung, in: *Kern, W. (Hrsg.):* HWProd, 1. Aufl., Stuttgart 1979, Sp. 115–130

Dyckhoff, H.: Betriebliche Produktion, 2. Aufl., Berlin/Heidelberg/New York/Tokyo 1994

Dyckhoff, H.: Grundzüge der Prcduktionswirtschaft, 4. Aufl., Berlin/Heidelberg/New York 2003

Dyckhoff, H./Darmstädter, A./Soukal, R.: Recycling, in: *Corsten, H. (Hrsg.):* Handbuch Produktionsmanagement, Wiesbaden 1994, S. 1069–1086

E

Ebel, B.: Produktionswirtschaft, 8. Aufl., Ludwigshafen 2003

Ehrke, K.: Die Übererzeugung in der Zementindustrie von 1858–1913, Jena 1933

Ellinger, T./Haupt, R.: Produktions- und Kostentheorie, 3. Aufl., Stuttgart 1996

Engel, P.: Japanische Organisationsprinzipien, Zürich 1981

Engelhardt, W. H./Freiling, J.: Integrativität als Brücke zwischen Einzeltransaktion und Geschäftsbeziehung, in: MARKETING ZFP, 17 (1995), S. 37–43

Eversheim, W./Steudel, M.: Arbeitsplanung, in: *Kern, W. (Hrsg.):* HWProd, 1. Aufl., Stuttgart 1979, Sp. 130–147

F

Fallaschinski, K.: Rezepturen, in: *Kern, W. (Hrsg.):* HWProd, 1. Aufl., Stuttgart 1979, Sp. 1811–1820

Fandel, G.: Teilebedarfsrechnung in der Mehrstufenfertigung, in: WiSt, 9 (1980) 10, S. 449–456

Fandel, G.: Die Erfassung produktiver Gesetzmäßigkeiten durch Technologien, in: WiSt, 14 (1985) 2, S. 57–62

Fandel, G.: Produktion I, Produktions- und Kostentheorie, 6. Aufl., Berlin/Heidelberg/New York 2005

Fandel, G./François, P./Gubitz, K.-M.: PPS- und integrierte betriebliche Softwaresysteme, 2. Aufl., Berlin/Heidelberg/New York 1997

Feldmann, M.: „Losüberlappung", Berlin 2005

Fiedler, F./Chemers, M./Mahar, L.: Improving leadership effectiveness, New York 1976 (dt. Der Weg zum Führungserfolg, Stuttgart 1979)

Fischer, H.: Reststoff-Controlling, Berlin/Heidelberg/New York 2001

Fischer, T. M.: Variantenvielfalt und Komplexität als betriebliche Kostenbestimmungsfaktoren?, in: Kostenrechnungspraxis, 37 (1992) 1, S. 27–31

Fleishman, E. A.: Twenty Years of consideration and structure, in: *Fleishman, E. A., Hunt, J. G. (Eds.):* Current developments in the study of leadership, Carbondale 1973, S. 1–37

Fließ, S.: Die Steuerung von Kundenintegrationsprozessen, Wiesbaden 2001

Fox, R. E.: OPT Leapfrogging the Japanese, in: *Voss, C. A. (Hrsg.):* Just-In-Time Manufacture, Berlin usw. 1987, S. 107–122

Frese, E.: Grundlagen der Organisation, 9. Aufl., München 2005

Fries, H.-P.: Betriebswirtschaftslehre des Industriebetriebes, 5. Aufl., München/Wien 1999

Fries, H.-P.: Wirtschaftsprivatrecht, 2. Aufl., München/Wien 1998

Froemer, F. (Hrsg.): Arbeitshumanisierung, Opladen 1975

Funke, H.: Die Betriebswirtschaft im Maschinenbau und in verwandten Industrien, 3. Aufl., Freiburg i. Br. 1957

Funke, H./Blohm, H.: Allgemeine Grundzüge des Industriebetriebes, 2. Aufl., Essen 1969

G

Gälweiler, A.: Produktionskosten und Produktionsgeschwindigkeit, Wiesbaden 1960

Gälweiler, A.: Strategische Unternehmensplanung, in: FB/IE, 25 (1976) 2, S. 67–72

Galloway, L./Rowbotham, F./Azhashemi, M.: Operations Management in Context, Oxford 2001

Gaither, N./Frazier, G.: Operations Management, 9. Aufl., Cincinnati, Ohio 2002

Gaugler, E.: Flexibilisierung der Arbeitszeit, in: zfbf, 35 (1983) 10, S. 858–872

Gaul, D.: Die Arbeitsbewertung und ihre rechtliche Bedeutung in Wirtschaft und Verwaltung, 4. Aufl., Berlin/Köln 1981

Gerhardt, J.: Dienstleistungsproduktion, Bergisch Gladbach/Köln 1987

Gerybadze, A.: Technologie- und Innovationsmanagement, München 2004

Gerlach, H. H.: Stücklisten, in: *Kern, W. (Hrsg.):* HWProd, 1. Aufl., Stuttgart 1979, Sp. 1903–1916

Geschka, H.: Die Szenario-Technik in der strategischen Unternehmensplanung, in: *Hahn, D./Taylor, B. (Hrsg.):* Strategische Unternehmungsplanung – Strategische Unternehmungsführung, 8. Aufl., Heidelberg 1999, S. 518–545

Glaser, H./Geiger, W./Rohde, V.: PPS – Produktionsplanung und -steuerung, 2. Aufl., Wiesbaden 1992

Goldratt, E. M.: Computerized Shop Floor Scheduling, in: International Journal of Production Research, 26 (1988) 3, S. 443–455

Goldratt, E. M.: Theory of Constraints, Great Barrington 1990

Gomez, P./Probst, G. J. B.: Vernetztes Denken im Management, in: Die Orientierung, Nr. 89, Bern 1987

Gordon, T. J./Hayward, H.: Initial Experiments with the Cross Impact Matrix Method of Forecasting, in: Futures, 1 (1968) 2, S. 100–116

Gordon, W. J. J.: Synectics, New York/Evanston/London 1961

Grams, T.: Grundlagen des Qualitäts- und Risikomanagements, Braunschweig 2001

Grauer, M./Merten, U.: Multimedia, Berlin/Heidelberg/New York 1997

Grochla, E.: Einführung in die Organisationstheorie, Stuttgart 1978

Grochla, E.: Grundlagen der Materialwirtschaft, 3. Aufl., Wiesbaden 1978 (Nachdr. 1992)

Grochla, E./Thom, N.: Die Matrixorganisation – Chancen und Risiken einer anspruchsvollen Strukturierungskonzeption, in: zfbf, 29 (1977) 11, Kontaktstudium, S. 193–203

Gronau, N.: Management von Produktion und Logistik mit SAP R/3, München/Wien 1996

Grün, O.: Industrielle Materialwirtschaft, in: *Schweitzer, M. (Hrsg.):* Industriebetriebslehre, 2. Aufl., München 1994, S. 447–568

Grünefeld, H. G.: Personalzusatzaufwand, Teil I–II, in: Kostenrechnungspraxis (1980) 5, S. 225–233 und 6, S. 265–274

Günther, H.: Das Dilemma der Arbeitsablaufplanung, Berlin 1971

Günther, H.-O./Tempelmeier, H.: Produktionsmanagement, 2. Aufl., Berlin/Heidelberg/ New York 1995

Günther, H.-O./Tempelmeier, H.: Produktion und Logistik, 6. Aufl., Berlin/Heidelberg/ New York 2005

Gutenberg, E.: Grundlagen der Betriebswirtschaftslehre, Bd. 1: Die Produktion, 24. Aufl., Berlin/Heidelberg/New York 1983

H

Haberbeck, H.-R.: Zur wirtschaftlichen Ermittlung von Verbrauchsfunktionen, Diss. Köln 1967

Hackstein, R.: Produktionsplanung und -steuerung, 2. Aufl., Düsseldorf 1989

Hackstein, R./Sent, B.: Arbeitsvorbereitung in der Instandhaltung, in: *Warnecke, H.-J. (Hrsg.):* Handbuch Instandhaltung, Bd. 1: Instandhaltungsmanagement, 2. Aufl., Köln 1992, S. 391–420

Hahn, D./Hungenberg, H.: PuK – Wertorientierte Controllingkonzepte, 6. Aufl., Wiesbaden 2001

Hahn, D./Laßmann, G.: Produktionswirtschaft – Controlling industrieller Produktion, Bd. 1, 2. Aufl., Heidelberg 1990

Hahn, D./Laßmann, G.: Produktionswirtschaft – Controlling industrieller Produktion, Bd. 3, Erster Teilband: Personal, Anlagen, Heidelberg 1993a

Hahn, D./Laßmann, G.: Produktionswirtschaft – Controlling industrieller Produktion, Bd. 3, Zweiter Teilband: Informationssystem, Heidelberg 1993b

Hahn, D./Laßmann, G.: Produktionswirtschaft – Controlling industrieller Produktion, Bd. 1 und 2, 3. Aufl., Heidelberg 1999

Hahn, R.: Produktionsplanung bei Linienfertigung, Berlin/New York 1972

Hallwachs, U.: Fertigungsinseln und -segmente als dezentrale Strukturkonzepte der Produktion, in: *Corsten, H. (Hrsg.):* Handbuch Produktionsmanagement, Wiesbaden 1994, S. 351–368

Hammer, E.: Industriebetriebslehre, 2. Aufl., München 1977

Hammer, R. M.: Unternehmungsplanung, 6. Aufl., München/Wien 1995

Hansmann, K.-W.: Industrielles Management, 8. Aufl., München/Wien 2006

Hansmann, K.-W.: Kurzlehrbuch Prognoseverfahren, Wiesbaden 1983

Hartmann, H.: Materialwirtschaft, 8. Aufl., Gernsbach 2002

Harrison, P. J.: Short term sales forecasting, in: Applied Statistics, 14 (1965), S. 102 ff.

Haupt, R.: Produktionstheorie und Ablaufmanagement, Stuttgart 1987

Haupt, R./Schilling, V.: Simulationsgestützte Untersuchung neuerer Ansätze von Prioritätsregeln in der Fertigung, in: WiSt, 22 (1993) 12, S. 611–616

Hedrich, P. u. a.: Flexibilität in der Fertigungstechnik durch Computereinsatz, München 1983

Heidebroek, E.: Industriebetriebslehre, Berlin 1923

Heidrich, J.: Implementierung von Supply-chain-Management-Systemen in der Stahlindustrie, Diss. Technische Universität Berlin 2004

Heinemeyer, W.: Fortschrittszahlen als Instrument zur Fertigungsplanung und -steuerung bei der Daimler Benz AG, in: *Bundesvereinigung Logistik (Hrsg.):* Produktivität – Flexibilität durch Logistik, München 1984, S. 844–880

Heinemeyer, W.: Die Fortschrittszahlen als logistisches Konzept in der Automobilindustrie, in: *Corsten, H. (Hrsg.):* Handbuch Produktionsmanagement, Wiesbaden 1994, S. 221–236

Heinen, E.: Betriebswirtschaftliche Kostenlehre, 6. Aufl., Wiesbaden 1983

Heinen, E. (Hrsg.): Industriebetriebslehre, 9. Aufl., Wiesbaden 1991

Heinrich, L. J./Lüder, K. (Hrsg.): Angewandte Betriebswirtschaftslehre und Unternehmensführung, Festschrift zum 65. Geburtstag von Hans Blohm, Herne/Berlin 1985

Heizer, J./Render, B.: Operations Management, 7. Aufl., New Jersey 2004

Henderson, B. D.: Die Erfahrungskurve in der Unternehmensstrategie, 2. Aufl., Frankfurt a. M./New York 1984

Hentze, J./Graf, A.: Personalwirtschaftslehre 2, 7. Aufl., Bern/Stuttgart/Wien 2005

Herterich, R. P. G.: Leitstände in der Produktionssteuerung, in: *Corsten, H. (Hrsg.):* Handbuch Produktionsmanagement, Wiesbaden 1994, S. 803–820

Herzberg, F.: Work and the nature of man, Cleveland 1966

Herzberg, F./Mausner, B./Snyderman, B. B.: The Motivation to Work, 2. Aufl., New York usw. 1962

Hettinger, T./Kaminsky, G./Schmale, H.: Ergonomie am Arbeitsplatz, 2. Aufl., Ludwigshafen 1980

Heymann, H.-H./Seiwert, L. J. (Hrsg.): Job Sharing, Grafenau/Stuttgart/Zürich 1982

Hillier, F. S./Lieberman, G. J.: Operations Research, 5. Aufl., München/Wien 1997

Hilke, W.: Zielorientierte Produktions- und Programmplanung, 2. Aufl., Neuwied 1986

Hinterhuber, H. H.: Strategische Unternehmungsführung, 2 Bde., 7. Aufl., Berlin/New York 2004

Hirt, K./Reineke, B./Sudkamp, J.: FFS-Management, Köln 1991

Hoch, G.: Erfolgs- und Kostencontrolling, München/Wien 2003

Hoitsch, H.-J.: Produktionswirtschaft, 2. Aufl., München 1993

Hoitsch, H.-J.: Ziele und Aufgaben des Produktionscontrolling, in: *Corsten, H. (Hrsg.):* Handbuch Produktionsmanagement, Wiesbaden 1994, S. 421–438

Hoitsch, H.-J./Lingnau, V.: Neue Ansätze der Fertigungssteuerung – Ein Vergleich, in: WISU, 21 (1992) 2, S. 300–312

Hoitsch, H.-J./Lingnau, V.: Kosten- und Erlösrechnung, 5. Aufl., Berlin usw. 2004

Holt, C.: Forecasting seasonals and trends by exponentially weighted moving averages, Technical Report 42, Carnegie Institute of Technology, Pittsburgh 1957

Horváth, P./Mayer, R.: Produktionswirtschaftliche Flexibilität, in: WiSt, 15 (1986) 2, S. 69–76

Hoss, K.: Fertigungsablaufplanung mittels operationsanalytischer Methoden, Würzburg/Wien 1965

Hüttel, K.: Produktpolitik, 3. Aufl., Ludwigshafen 1998

I

Ilzhöfer, V.: Patent-, Marken- und Urheberrecht, 7. Aufl., München 2007

Imai, M.: Kaizen, 2. Aufl., München 2002

Institut der deutschen Wirtschaft (Hrsg.): Zahlen zur wirtschaftlichen Entwicklung der Bundesrepublik Deutschland. Köln (erscheint jährlich)

Institut der deutschen Wirtschaft (Hrsg.): Personalzusatzkosten – Das unsichtbare zweite Gehalt, iwd Nr. 21 v. 25.05.2006

J

Jacob, H.: Industriebetriebslehre, in: *Kern, W. (Hrsg.):* HWProd, 1. Aufl., Stuttgart 1979, Sp. 753–766

Jacob, H.: Die Planung des Produktions- und Absatzprogramms, in: *Jacob, H. (Hrsg.):* Industriebetriebslehre, 4. Aufl., Wiesbaden 1990, S. 401–590

Jahnke, H./Biskup, D.: Planung und Steuerung der Produktion, Landsberg a. L. 1999

Jammernegg, W./Unterweger, A./Poiger, M.: Produktion, in: *Kummer, S./Grün, O./Jammernegg, W. (Hrsg.):* Grundzüge der Beschaffung, Produktion und Logistik, München 2006, S. 127–187

Jehle, E.: Wertanalyse, in: *Wittmann, W. u. a. (Hrsg.):* HWB, Teilband 3, 5. Aufl., Stuttgart 1993, Sp. 4647–4659

Johnson, S. M.: Optimal Two- and Three-Stage Production Schedules with Setup-Times Included, in: Naval Research Logistics Quarterly, 1 (1954) March, S. 61–68

Jürgens, U.: Lean Production, in: *Corsten, H. (Hrsg.):* Handbuch Produktionsmanagement, Wiesbaden 1994, S. 369–379

K

Kahle, E.: Produktion, 4. Aufl., München/Wien 1996

Kaiser, K.: Operative Kennzahlenrechnung – ein Weiterentwicklungsansatz der Kosten- und Leistungsrechnung bei automatisierten Produktionsprozessen, in: zfbf, 46 (1994) 9, S. 751–772

Kaluza, B.: Rahmenentscheidungen zu Kapazität und Flexibilität produktionswirtschaftlicher Systeme, in: *Corsten, H. (Hrsg.):* Handbuch Produktionsmanagement, Wiesbaden 1994, S. 51–72

Kamiske, G. F./Malorny, C.: Total Quality Management – Führen und Organisieren benötigt eine ganzheitliche, qualitätsorientierte Perspektive, in: *Corsten, H. (Hrsg.):* Handbuch Produktionsmanagement, Wiesbaden 1994, S. 965–982

Kano, N. u. a.: Attractive Quality and Must-be-Quality, in: Quality, 14 (1984) 2, S. 39–48

Kaplan, R. S., Norton, D. P.: Balanced Scorecard, Stuttgart 1997

Käschel, G./Teich, T.: Reihenfolgeplanung in Produktionsnetzwerken, in: *Jahnke, B./Wall, F. (Hrsg.):* IT-gestützte betriebswirtschaftliche Entscheidungsprozesse, Wiesbaden 2001, S. 239–259

Käschel, G./Teich, T.: Produktionswirtschaft, Bd. 1: Grundlagen, Produktionsplanung und -steuerung, 2. Aufl., Chemnitz 2007

Kern, W.: Industrielle Produktionswirtschaft, 5. Aufl., Stuttgart 1992

Kern, W./Schröder, H.-H.: Konzept, Methode und Probleme der Wertanalyse I, in: WISU, 7 (1978) 8, S. 375–381

Kern, W./Schröder, H.-H./Weber, J. (Hrsg.): HWProd, 2. Aufl., Stuttgart 1996

Kettner, H./Bechte, W.: Neue Wege der Fertigungssteuerung durch belastungsorientierte Auftragsfreigabe, in: VDI-Z, 123 (1981) 11, S. 459–466

Kettner, H./Schmidt, J./Greim, H.-R.: Leitfaden der systematischen Fabrikplanung, München/Wien 1984

Kilger, W.: Produktions- und Kostentheorie, Wiesbaden 1958

Kilger, W.: Die Theorie der industriellen Produktion auf der Grundlage dispositiv variierbarer Prozessparameter, in: *Koch, H. (Hrsg.):* Neuere Entwicklungen in der Unternehmenstheorie, Wiesbaden 1982, S. 99–148

Kilger, W.: Industriebetriebslehre, Bd. 1, Wiesbaden 1986

Kipp, R./Roesgen, R.: Marktübersicht Supply Chain Management, in: is report, 8 (2004) 1+2, S. 44–47

Kirchhoff, B./Gutzan, P.: Die Lernstatt, Grafenau 1982

Kistner, K.-P.: Produktions- und Kostentheorie, 2. Aufl., Heidelberg 1993

Kistner, K.-P./Steven, M.: Produktionsplanung, 3. Aufl., Heidelberg 2001

Kleeberg, K.: Kapazitätsorientierte Produktionssteuerung, Wiesbaden 1993

Klein, R./Scholl, A.: Planung und Entscheidung, München 2004

Kleinaltenkamp, M./Marra, A.: Institutionenökonomische Aspekte der ‚Customer Integration', in: Schmalenbachs Zeitschrift für betriebswirtschaftliche Forschung, Sonderheft 35, 1995

Klingler, B. F.: Target Cost Management, in: Controlling, (1993) 4, S. 200–207

Knauth, P./Hornberger, S.: Schichtarbeit und Nachtarbeit, 4. Aufl., München 1997

Knieß, M.: Nischenpolitik für Produktionsunternehmen der Bundesrepublik Deutschland, Münster/Hamburg 1992

Knieß, M.: Kreativitätstechniken, München 2006

Knoop, J.: Online-Kostenrechnung für die CIM-Planung, Berlin 1986

Koch, D.: Produkthaftung, Berlin 1995

Kölbel, H. /Schulze, J.: Fertigungsvorbereitung in der Chemischen Industrie, Wiesbaden 1967

Koppelmann, U.: Beschaffungsmarketing, 4. Aufl., Berlin/Heidelberg/New York 2004

Kosiol, E.: Leistungsgerechte Entlohnung, Wiesbaden 1962

Kreibich, R.: Ökologische Produktgestaltung und Kreislaufwirtschaft, in: UWF, (1994) 4, S. 13–22

Kruschwitz, L.: Investitionsrechnung. 10. Aufl., Berlin/New York 2005

Krycha, K.-T.: Produktionswirtschaft, 2. Aufl., Bielefeld/Köln 1985

Krycha, K.-T.: Materialwirtschaft, München 1986

Kühn, G.: Die Zementindustrie, Jena 1927

Küpper, H.-U.: Produktionstypen, in: *Kern, W. (Hrsg.):* HWProd, 1. Aufl., Stuttgart 1979, Sp. 1636–1647

Küpper, H.-U./Helber, S.: Ablauforganisation in Produktion und Logistik, 3. Aufl., Stuttgart 2004

Küpper, W./Lüder, K./Streitferdt, L.: Netzplantechnik, Würzburg/Wien 1975

Kurbel, K.: Produktionsplanung und -steuerung im Enterprise Resource Planning und Supply Chain Management, 6. Aufl., München/Wien 2005

L

Lebefromm, U.: Produktionsmanagement, 2. Aufl., München/Wien 1995

Letmathe, P.: Flexible Standardisierung, Wiesbaden 2002

Lewin, K./Lippit, R./White, R. K.: Patterns of aggressive behavior in experimentally created, social climates, in: Journal of Social Psychology, (1939) 10, S. 271–299

Lieb, M.: Arbeitsrecht, 8. Aufl., Heidelberg 2003

Lingnau, V.: Variantenmanagement, Berlin 1994

Little, J. D. C.: A proof for the queuing formula: $L = \lambda \cdot W$, in: Operations Research, 9 (1961), S. 383–387

Lüder, K.: Standortwahl von Fertigungsstätten, in: *Agthe, K./Blohm, H./Schnaufer, E. (Hrsg.):* Industrielle Produktion, Baden-Baden/Bad Homburg 1967, S. 413–425

Lutz, L.: Abtakten von Montagelinien, Mainz 1974

M

Mai, C./Akao, Y.: Quality Function Deployment, in: *Warnecke, H. J. u. a. (Hrsg.):* Handbuch Qualitätstechnik, Loseblattausgabe, 2. Aufl., Landsberg 1992, 21. Nachlieferung 1996

Maier, K.: Die Flexibilität betrieblicher Leistungsprozesse, Thun/Frankfurt a. M. 1982

Maleri, R.: Grundlagen der Dienstleistungsproduktion, 4. Aufl., Berlin/Heidelberg/New York 1997

Männel, W.: Eignung von Produktionsanlagen, in: *Kern, W. (Hrsg.):* HWProd, 1. Aufl., Stuttgart 1979, Sp. 1465–1481

Männel, W.: Anlagenwirtschaft, in: *Kern, W./Schröder, H.-H./Weber, J. (Hrsg.):* HWProd, 2. Aufl., Stuttgart 1996, Sp. 72–87

Männel, W.: Die Wahl zwischen Eigenfertigung und Fremdbezug, 2. Aufl., Stuttgart 1996

Manz, K./Müller, G.: Produktionstheorie, München 1993

Marchal, G.: Die Simulation als Instrument der Fertigungsplanung, -steuerung und Prozessoptimierung – dargestellt am Modell der Feuerverzinkung, Berlin 1982

Marr, R./Picot, A.: Absatzwirtschaft, in: *Heinen, E. (Hrsg.):* Industriebetriebslehre, 9. Aufl., Wiesbaden 1991, S. 623–728

Maslow, A. H.: Motivation and Personality, 2. Aufl., New York/Evanston/London 1970 (dt. Motivation und Persönlichkeit, 10. Aufl., Reinbek b. Hamburg 2005)

Mellerowicz, K.: Kosten und Kostenrechnung, Bd. 1: Theorie der Kosten, 5. Aufl., Berlin/New York 1973

Mellerowicz, K.: Betriebswirtschaftslehre der Industrie, Bd. 1 und 2, 7. Aufl., Freiburg i. Br. 1981

Mertens, P.: Prognoserechnung im Überblick, in: BFuP, 35 (1983) 6, S. 469–483

Miles, L. D.: Value Engineering, 3. Aufl., München 1969

Mittag, H.-J.: Qualitätsregelkarten, München/Wien 1993

Morton, T. E.: Production Operations Management, Cincinnati, Ohio 1999

Mottley, C. M./Newton, R. D.: The Selection of Projects for Industrial Research, in: Operations Research, 7 (1959) Nov./Dez., S. 740–751

Müller, J.: Werkstattsteuerungsprinzipien im Vergleich: Schwerpunkt Belastungsorientierte Auftragsfreigabe, in: *Wiendahl, H.-P. (Hrsg.):* Anwendung der Belastungsorientierten Fertigungssteuerung, München 1991, S. 339–360

Müller, W./Krink, J. (Hrsg.): Rationelle Betriebswirtschaft, Neuwied/Berlin 1973

Müller-Böling, D.: Qualitätsmanagement, in: *Wittmann, W. u. a. (Hrsg.):* HWB, Bd. 2, 5. Aufl., Stuttgart 1993, Sp. 3625–3638

Müller-Merbach, H.: Die Berechnung des unterminierten und terminierten Teilebedarfs mit dem Gozinto-Graph, in: *Bussmann, K. F./Mertens, P. (Hrsg.):* Operations Research und Datenverarbeitung bei der Produktionsplanung, Stuttgart 1968, S. 109–120

Müller-Merbach, H.: Operations Research, 3. Aufl., München 1973

Müller-Merbach, H.: Die Konstruktion von Input-Output-Modellen, in: *Bergner, H. (Hrsg.):* Planungs- und Rechnungswesen in der Betriebswirtschaftslehre, Berlin 1981, S. 19–113

Müller-Wenk, R.: Die ökologische Buchhaltung, Frankfurt a. M./New York 1978

N

Nebl, T.: Produktionswirtschaft, 6. Aufl., München/Wien 2007

Nebl, T./Prüß, H.: Anlagenwirtschaft, München/Wien 2006

Neubauer, F. F.: Das PIMS-Programm und Portfolio-Mangement, in: *Hahn, D./Taylor, B. (Hrsg.):* Strategische Unternehmungsplanung – Strategische Unternehmungsführung, 8. Aufl., Heidelberg 1999, S. 469–496

Neumann, K.: Produktions- und Operations-Management, Berlin/Heidelberg/New York 1996

Nicolai, C.: Die Nutzwertanalyse, in: WISU, 23 (1994) 5, S. 423–425

Nicolai, C.: Personalmanagement, Stuttgart 2006

Nirk, R./Ullmann, E.: Patent-, Gebrauchsmuster- und Sortenschutzrecht, 3. Aufl., Heidelberg 2007

O

Oetinger, B. v.: Wandlungen in den Unternehmensstrategien der 80er Jahre, in: zfbf 1983 (Sonderheft 15), S. 42–51

Opitz, C.: Vertrauensarbeitszeit, in: WISU, 35 (2006) 2, S. 185

Orth, H. F.: Die Wertanalyse als Methode industrieller Kostensenkung und Produktgestaltung, Wiesbaden 1968

Osborn, A. F.: Applied Imagination, 3. Aufl., New York 1963

o. V.: Entgeltrahmenvertrag Zeitarbeit vom 29. Mai 2003

P

Pesch, E.: Einlastungsstrategien in der Werkstattfertigung, in: *Isermann H. (Hrsg.):* Logistik, 2. Aufl., Landsberg a. L. 1998, S. 353–367

Peters, T./Waterman, R. H.: Auf der Suche nach Spitzenleistungen, 15. Aufl., Landsberg a. L. 1992

Pfeiffer, W. u. a.: Technologie-Portfolio zum Management strategischer Zukunftsgeschäftsfelder, Göttingen 1982 (6. Aufl. 1991)

Pfeiffer, W./Staudt, E.: Teilautonome Arbeitsgruppen, in: *Grochla, E. (Hrsg.):* HWO, 2. Aufl., Stuttgart 1980, Sp. 112–118

Pfohl, H.-C.: Logistiksysteme, 7. Aufl., Berlin/Heidelberg/New York 2004

Pillep, R./von Wrede, P.: Grundlagen des Supply Chain Management, in: *Luczak, H./Eversheim, W./Stich, V. (Hrsg.):* Marktspiegel Supply Chain Management Software, Aachen 1999, S. 1–16

Picot, A.: Organisation, in: *Bitz, M. u. a. (Hrsg.):* Vahlens Kompendium der Betriebswirtschaftslehre, Bd. 2, 5. Aufl., München 2005, S. 43–121

Pierson, M. D./Corlett jr., D. (Hrsg.): HACCP – Grundlagen der produkt- und prozessspezifischen Risikoanalyse, Hamburg 1997

Pinkwart, A.: Förderung von Innovationen in KMU durch Kooperation, in: *Meyer, J.-A. (Hrsg.):* Innovationsmanagement in kleinen und mittleren Unternehmen, München 2001, S. 191–212

Prion, W.: Die Lehre vom Wirtschaftsbetrieb, 1. Bd., Berlin 1935

Pohmer, D./Bea, F. X.: Produktion und Absatz, 3. Aufl., Göttingen 1994

Porter, M. E.: Wettbewerbsstrategie, 10. Aufl., Frankfurt a. M./New York 1999

Porter, M. E.: Wettbewerbsvorteile, 6. Aufl., Frankfurt a. M./New York 2000

Pschera, T.: Kreislaufwirtschafts- und Abfallgesetz, 3. Aufl., Berlin 2003

R

Raffée, H.: Gegenstand, Methoden und Konzepte der Betriebswirtschaftslehre, in: *Bitz, M. u. a. (Hrsg.):* Vahlens Kompendium der Betriebswirtschaftslehre, Bd. 1, 3. Aufl., München 1993, S. 1–46

Reese, J.: Standardisierung, Typisierung, Normung, in: *Wittmann, W. u. a. (Hrsg.):* HWB, Teilband 3, 5. Aufl., Stuttgart 1993, Sp. 3940–3949

REFA (Hrsg.): Methodenlehre des Arbeitsstudiums (MLA), Teil 2: Datenermittlung, 7. Aufl., München 1992, Teil 3: Kostenrechnung, Arbeitsgestaltung, 7. Aufl., München 1985

REFA (Hrsg.): Methodenlehre der Betriebsorganisation (MLBO),
Anforderungsermittlung (Arbeitsbewertung), 2. Aufl., München 1991a
Entgeltdifferenzierung, 3. Aufl., München 1991b
Planung und Steuerung, Teile 1–6, München 1991c
Grundlagen der Arbeitsgestaltung, 2. Aufl., München 1993a

Arbeitsgestaltung in der Produktion, 2. Aufl., München 1993b
Arbeitsgestaltung im Bürobereich, München 1991d
Planung und Gestaltung komplexer Produktionssysteme, 2. Aufl., München 1990

Reichmann, T.: Controlling mit Kennzahlen und Managementberichten, 6. Aufl., München 2001

Reichwald, R.: Arbeit als Produktionsfaktor, München/Basel 1977

Reichwald, R./Dietel, B.: Produktionswirtschaft, in: *Heinen, E. (Hrsg.):* Industriebetriebslehre, 9. Aufl., Wiesbaden 1991, S. 395–622

Riebel, P.: Die Elastizität des Betriebes, Köln/Opladen 1954

Riebel, P.: Die Kuppelproduktion, Köln/Opladen 1955

Riebel, P.: Industrielle Erzeugungsverfahren in betriebswirtschaftlicher Sicht, Wiesbaden 1963

Rieper, B.: Betriebswirtschaftliche Entscheidungsmodelle, Herne/Berlin 1992

Rieper, B./Witte, T.: Grundwissen Produktion, 5. Aufl., Frankfurt a. M. usw. 2005

Rinne, H./Mittag, H.-J.: Statistische Methoden der Qualitätssicherung, 3. Aufl., München/Wien 1995

Rinza, P./Schmitz, H.: Nutzwert-Kosten-Analyse, 2. Aufl., Düsseldorf 1992

Röbke, R.: Wesen menschengerechter Arbeitsgestaltung, in: *Institut für angewandte Arbeitswissenschaft (Hrsg.):* Taschenbuch der Arbeitsgestaltung, 3. Aufl., Köln 1980

Rohmert, W./Weg, F. J.: Organisation teilautonomer Gruppenarbeit, München/Wien 1976

Rohrbach, B.: Kreativ nach Regeln. Methode 635 – eine neue Technik zum Lösen von Problemen, in: absatzwirtschaft, (1969) 10, S. 73–76

Röhrs, A.: Produktionsmanagement in Produktionsnetzwerken, Frankfurt a. M. 2003

Ropohl, G.: Systematische Ansätze bei der Anwendung der morphologischen Methode in der technischen Prognostik, in: *Blohm, H./Steinbuch, K. (Hrsg.):* Technische Prognosen in der Praxis, Düsseldorf 1972, S. 29–39

Rosenberg, O.: Variantenfertigung, in: *Kern, W./Schröder, H.-H./Weber, J. (Hrsg.):* HWProd, 2. Aufl., Stuttgart 1996, Sp. 2119–2129

Rudolph, A.: Altproduktentsorgung aus betriebswirtschaftlicher Sicht, Heidelberg 1999

Rühl, G.: Arbeitszufriedenheit, in: *Grochla, E. (Hrsg.):* HWO, 2. Aufl., Stuttgart 1980, Sp. 162–179

Rühl, G.: Wissenschaftliche Betriebsführung, in: *Grochla, E./Wittmann, W. (Hrsg.):* HWB, Bd. 3, 4. Aufl., Stuttgart 1976, Sp. 4662–4673

Runzheimer, B./Cleff, T./Schäfer, W.: Operations Research 1: Lineare Planungsrechnung und Netzplantechnik, 8. Aufl., Wiesbaden 2005

S

Saatweber, J.: Quality Function Deployment (QFD), in: *Masing, W. (Hrsg.):* Handbuch Qualitäts-Management, 3. Aufl., München/Wien 1994, S. 445–468

Sainis, P.: Die neuesten Tendenzen in der Fertigungssteuerung und ihre Anwendung in der Praxis, in: ZwF, 80 (1985) 12, S. 561–566

Schäfer, E.: Der Industriebetrieb, 2. Aufl., Wiesbaden 1978

Schaub, G.: Arbeitsrechts-Handbuch, 11. Aufl., München 2005

Scheer, A.-W.: CIM: Der computergesteuerte Industriebetrieb, 4. Aufl., Berlin/Heidelberg/New York/Tokyo 1990

Scheer, A.-W.: Wirtschaftsinformatik, 4. Aufl., Berlin 1994

Scherm, E.: Outsourcing – Ein komplexes, mehrstufiges Entscheidungsproblem, in: Zeitschrift für Planung, 7 (1996) 1, S. 45–60

Schiemann, W.: Die Messung der Produktions-Kapazität bei konkurrierender Mehrprodukte-Fertigung unter besonderer Berücksichtigung der plastic-verarbeitenden Industrie, Diss. Karlsruhe 1969

Schierenbeck, H.: Grundzüge der Betriebswirtschaftslehre, 16. Aufl., München/Wien 2003

Schlegel, H.: Betriebswirtschaftliche Konsequenzen der Produktdifferenzierung – dargestellt am Beispiel der Variantenvielfalt im Automobilbau, in: WiSt, 7 (1978) 2, S. 65–73

Schlicksupp, H.: Kreative Ideenfindung in der Unternehmung, Berlin/New York 1977

Schlittgen, R./Streitberg, B.: Zeitreihenanalyse, 9. Aufl., München/Wien 2001

Schmalenbach, E.: Kostenrechnung und Preispolitik, 8. Aufl. (bearbeitet von *R. Bauer),* Köln/Opladen 1963

Schmid, H. D./Trenk-Hinterberger, P.: Grundzüge des Arbeitsrechts, 2. Aufl., München 1994

Schmidt, W. P.: Grundlagen, Verfahren und Datenorganisation für die Teilebedarfsermittlung (Stücklistenauflösung), in: elektronische datenverarbeitung, Teil I, 11 (1969) 12, S. 580–591, Teil II, 12 (1970) 5, S. 193–203, Teil III, 12 (1970) 6, S. 253–260

Schmitz, C.: Fünf Schritte auf dem Weg zur Schlanken Produktion – Chancen für Mitarbeiter und Unternehmen, in: *Faix, W. G./Buchwald, C./Wetzler, R. (Hrsg.):* Der Weg zum Schlanken Unternehmen, Landsberg 1994, S. 209–223

Schneeweiß, C.: Einführung in die Produktionswirtschaft, 6. Aufl., Berlin/Heidelberg/New York 1997

Schotten, M.: Aachener PPS-Modell, in: *Luczak, H./Eversheim, W. (Hrsg.).:* Produktionsplanung und -steuerung: Grundlagen, Gestaltung und Konzepte, Berlin/Heidelberg/New York 1998, S. 9-28

Schröder, H.-H.: Wertanalyse als Instrument optimierender Produktgestaltung, in: *Corsten, H. (Hrsg.):* Handbuch Produktionsmanagement, Wiesbaden 1994, S. 151–169

Schroeder, R. G.: Operations Management, Boston 2000

Schroer, J.: Produktions- und Kostentheorie, 6. Aufl., München/Wien 1995

Schuh, G./Gierth, A.: Aachener PPS-Modell, in: *Schuh, G. (Hrsg.):* Produktionsplanung und -steuerung, 3. Aufl., Berlin/Heidelberg /New York 2006, S. 11–27

Schulte, C.: Konzepte der Materialbereitstellung, in: *Corsten, H. (Hrsg.):* Handbuch Produktionsmanagement, Wiesbaden 1994, S. 189–205

Schulte, G.: Material- und Logistikmanagement, 2. Aufl., München/Wien 2001

Schultmann, F.: Stoffstrombasiertes Produktionsmanagement, Berlin 2003

Schusser, W. H.: Flexibilisierung der Arbeitszeit, Köln 1983

Schwander, F.: Methoden der ereignisorientierten Prognose als Hilfsmittel der betrieblichen Absatzmarktforschung, dargestellt für langlebige Gebrauchsgüter am Beispiel der Möbelindustrie, Diss. Karlsruhe 1977

Schwarz, H.: Betriebsorganisation als Führungsaufgabe, 9. Aufl., Landsberg a. L. 1983

Schweitzer, M.: Einführung in die Industriebetriebslehre, Berlin/New York 1973

Schweitzer, M.: Industrielle Fertigungswirtschaft, in: *Schweitzer, M. (Hrsg.):* Industriebetriebslehre, 2. Aufl., München 1994, S. 569–746

Schweitzer, M./Küpper, H.-U.: Produktions- und Kostentheorie, 2. Aufl., Wiesbaden 1997

Seelbach, H. u. a.: Ablaufplanung, Würzburg/Wien 1975

Seidel, E./Menn, H.: Ökologisch orientierte Betriebswirtschaft, Stuttgart/Berlin/Köln/Mainz 1988

Seidel, E./Jung, R. H./Redel, W.: Führungsstil und Führungsorganisation, 2 Bde., Darmstadt 1988

Seidel, E./Redel, W.: Führungsorganisation, 2. Aufl., München/Wien 1994

Seidenberg, U.: Auslöseinformationen im organisatorischen Gestaltungsprozess – Voraussetzung einer flexiblen Organisation, Frankfurt a. M./Bern/New York/Paris 1989

Seidenberg, U.: Auslöseinformationen beim Organisieren, in: (zfo), 59 (1990) 4, S. 256–264

Seidenberg, U.: Ist Information als eigenständiger Produktionsfaktor aufzufassen?, Arbeitspapier, Universität GH Siegen 1998, DBW-Depot 99-4-1 (Abstract in: Die Betriebswirtschaft (DBW), 59 (1999) 4, S. 549 f.)

Seidenberg, U.: Wertanalyse im reagiblen Unternehmen – Defizite und Entwicklungsperspektiven einer traditionellen Methode, in: *Dangelmaier, W./Felser, W. (Hrsg.):* Das reagible Unternehmen, Paderborn 2000, S. 351–373

Seidenberg, U.: Ein erweitertes Modell der Kundenintegration, Arbeitspapier Universität Siegen 2003

Seidenberg, U.: Produktions- und Kostentheorie – Eine Einführung anhand von Schaubildern, Aachen 2004

Seidenberg, U./Stuhlert, M.: Wertanalyse zeitgemäß – Expertenbefragung zeigt Nutzen für das Qualitätsmanagement auf, in: Qualität und Zuverlässigkeit, 45 (2000) 6, S. 764–767 und 45 (2000) 8, S. 1002

Siegel, T.: Optimale Maschinenbelegungsplanung, Berlin 1974

Siemens AG (Hrsg.): ISI – Industrielles Steuerungs- und Informationssystem, Teil 1: *Blanke, W./Zimmermann, G.:* Grunddatenverwaltung und -auswertung, Teil 2: *Skutta, W.:* Materialdisposition, Teil 3: *Bacher, M./Goldrian, W.:* Terminierung, München o. J.

Sihn, W./Specht, D.: Instandhaltung von Produktionssystemen, in: *Eversheim, W./Schuh, G. (Hrsg.):* Produktion und Management, Teil 2, 7. Aufl., Berlin usw. 1996, S. 10-103 – 10-127

Silber, H.: Matrixmanagement im Klein- und Mittelbetrieb. Die Querschnittskoordination als spezielles Element der Matrixorganisation, Frankfurt a. M./Thun 1985

Silber, H.: Leistungen einer Stadt: Der Berliner Produktkatalog, in: Die innovative Verwaltung, (1995) 3, S. 10–16

Silver, E. A./Meal, H. C.: A Heuristic for Selecting Lot Size Quantities for the Case of a Deterministic Time Varying Demand Rate and Discrete Opportunities for Replenishment, in: Production and Inventory Management, 14 (1973) 2, S. 64–74

Söllner, A.: Grundriss des Arbeitsrechts, 13. Aufl., München 2003

Spearman, M. L./Woodruff, D. L./Hopp, W. J.: CONWIP: A Pull Alternative to KANBAN, in: International Journal of Production Research, 28 (1990) 5, S. 879–894

Spur, G.: Systeme flexibler Automatisierung, in: *Corsten, H. (Hrsg.):* Handbuch Produktionsmanagement, Wiesbaden 1994, S. 621–638

Spur, G./Mertins, K.: Flexible Fertigungssysteme, Produktionsanlagen der flexiblen Automatisierung, in: ZwF, 76 (1981) 9, S. 441–448

Standop, D.: Produkthaftung, in: *Wittmann, W. u. a. (Hrsg.):* HWB, Bd. 2, 5. Aufl., Stuttgart 1993, Sp. 3321–3328

Staudt, E./Kriegesmann, B./Behrendt, S.: Kooperationen, zwischenbetriebliche, in: *Kern, W./Schröder, H.-H./Weber, J. (Hrsg.):* HWProd, 2. Aufl., Stuttgart 1996, Sp. 922–935

Steffen, R.: Produktionsplanung bei Fließbandfertigung, Wiesbaden 1977

Steffen, R.: Anlagenwirtschaft, in: *Wittmann, W. u. a. (Hrsg.):* HWB, Bd. 1, 5. Aufl., Stuttgart 1993, Sp. 84–96

Steffen, R./Schimelpfeng, K.: Produktions- und Kostentheorie, 4. Aufl., Stuttgart/Berlin/Köln 2002

Steinbuch, P. A./Olfert, K.: Fertigungswirtschaft, 7. Aufl., Ludwigshafen 1999

Steven, M.: Hierarchische Produktionsplanung, 2. Aufl., Heidelberg 1994

Stevenson, W. J.: Operations Management, 9. Aufl., Boston 2007

Stier, W.: Methoden der Zeitreihenanalyse, Berlin/Heidelberg/New York 2001

Stommel, H. J.: Betriebliche Terminplanung, Berlin/New York 1976

Strebel, H.: Relevanzbaumanalyse als Planungsinstrument, in: BFuP, 26 (1974), S. 34–52

Strebel, H.: Industriebetriebslehre, Stuttgart/Berlin/Köln/Mainz 1984

Strebel, H.: Industrie und Umwelt, in: *Schweitzer, M. (Hrsg.):* Industriebetriebslehre, 2. Aufl., München 1994, S. 747–848

Strebel, H./Hildebrandt, T.: Produktlebenszyklus und Rückstandszyklen, in: zfo, 58 (1989) 2, S. 101–106

Streitferdt, L.: Auftragsverteilung, in: *Kern, W. (Hrsg.):* HWProd, 1. Aufl., Stuttgart 1979, Sp. 211–221

Stumpfe, J.: Interdependenzen von Produkt- und Prozessinnovationen in industriellen Unternehmen, Frankfurt a. M. usw. 2003

Sydow, J./Möllering, G.: Produktion in Netzwerken, München 2004

T

Tannenbaum, R./Schmidt, W.: How to choose a leadership pattern, in: Harvard Business Review, 36 (1958) 2, S. 95–101

Taylor, F. W.: The Principles of Scientific Management, New York 1911 (dt. Die Grundsätze wissenschaftlicher Betriebsführung, München 1913, Nachdruck, Weinheim 1995)

Tempelmeier, H.: Material-Logistik, 6. Aufl., Berlin/Heidelberg/New York/Tokyo 2006

Tempelmeier, H./Kuhn, H.: Flexible Fertigungssysteme, Berlin/Heidelberg/New York/Tokyo 1993

Thom, N.: Betriebliches Vorschlagswesen, 5. Aufl., Bern usw. 1996

Thonemann, U.: Operations Management, München 2005

Trist, E. L./Bamforth, K. W.: Some social and psychological consequences of the longwall method of coal-getting, in: Human Relations, 4 (1951), S. 3–38

Trommsdorff, V./Schneider, P.: Grundzüge des betrieblichen Innovationsmanagement, in: *Trommsdorff, V. (Hrsg.):* Innovationsmanagement in kleinen und mittleren Unternehmen, München 1990, S. 1–25

Trux, W. R.: Einkauf und Lagerdisposition mit Datenverarbeitung, 2. Aufl., München 1972

Türck, R.: Das ökologische Produkt, 2. Aufl., Ludwigsburg/Berlin 1991

V

Vahrenkamp, R.: Produktions- und Logistikmanagement, 2. Aufl., München/Wien 1996

Vaterrodt, J. C.: Recycling zwischen Betrieben, Berlin 1995

Vazsonyi, A.: Die Planungsrechnung in Wirtschaft und Industrie, Wien/München 1962

VDI u. a. (Hrsg.): Lexikon der Produktionsplanung und -steuerung, 4. Aufl., Düsseldorf 1992

VDI-Richtlinie 2243: Konstruieren recyclinggerechter technischer Produkte, Berlin 1991

VDI-Zentrum Wertanalyse (Hrsg.): Wertanalyse, 5. Aufl., Düsseldorf 1995

Vogt, B.: Ökonomisch und ökologisch beispielhafte Lösung überzeugte die Jury, in: Handelsblatt Nr. 133 v. 14. 7. 93, S. 25

Vollmann, T. E.: OPT as an enhancement to MRP II, in: Production and Inventory Management, 27 (1986) 1, S. 26–47

Voß, E.: Industriebetriebslehre für Ingenieure, 6. Aufl., München 1991

W

Wagner, H. M./Whitin, T. M.: Dynamic Version of the Economic Lot Size Model, in: Management Science, 5 (1958) 1, S. 89–96

Waller, D. L.: Operations Management, London 1999

Warnecke, H.-J.: Der Produktionsbetrieb 2: Produktion, Produktionssicherung, 3. Aufl., Berlin 1995

Warnecke, H.-J. u. a. (Hrsg.): Handbuch Qualitätstechnik, Loseblattausgabe, 2. Aufl., Landsberg 1992, 21. Nachlieferung 1996

Wäscher, G.: Logistikorientiertes Layout von Fertigungssystemen, in: *Milling, P./Zäpfel, G. (Hrsg.):* Betriebswirtschaftliche Grundlagen moderner Produktionsstrukturen, Herne/Berlin 1993, S. 77–104

Wäscher, G.: Layoutplanung für Produktionsysteme, in: *Isermann H. (Hrsg.):* Logistik, 2. Aufl., Landsberg a. L. 1998, S. 312–351

Weber, A.: Über den Standort der Industrien, Erster Teil: Reine Theorie des Standorts, Tübingen 1909, 2. Aufl., Tübingen 1922

Weber, H. K.: Zum System produktiver Faktoren, in: zfbf, 32 (1980) 12, S. 1056–1071

Weber, H. K.: Industriebetriebslehre, 3. Aufl., Berlin/Heidelberg/New York 1999

Weber, J./Schäffer, U.: Balanced Scorecard & Controlling, 3. Aufl., Wiesbaden 2000

Wechsler, W.: Delphi-Methode, München 1978

Wedekind, H.: Ein Vorhersagemodell für sporadische Nachfragemengen bei der Lagerhaltung, in: Ablauf- und Planungsforschung, 9 (1968), S. 1–11

Welter, F.: Innovationsprozesse in KMU – konzeptionelle Überlegungen, in: *Meyer, J.-A. (Hrsg.):* Innovationsmanagement in kleinen und mittleren Unternehmen, München 2001, S. 213–220

Welge, M. K./Al-Laham, A.: Strategisches Management, 4. Aufl., Wiesbaden 2003

Westkämper, E.: Einführung in die Organisation der Produktion, Berlin/Heidelberg/New York 2006

Wibbe, J.: Arbeitsbewertung, Methoden der, in: *Kern, W. (Hrsg.):* HWProd, 1. Aufl., Stuttgart 1979, Sp. 104–115

Wicke, L. u. a.: Betriebliche Umweltökonomie, München 1992

Wiendahl, H.-P.: Belastungsorientierte Fertigungssteuerung, München/Wien 1987

Wiendahl, H.-P.: Fertigungsregelung, München/Wien 1997

Wiendahl, H.-P.: Zentralistische Planung in dezentralen Strukturen? – Orientierungshilfen für die Praxis, schriftliche Fassung des Vortrags zum 3. Stuttgarter PPS-Seminar F31 am 18. Juni 1998, in: *Westkämper, E./Schraft, R. (Hrsg.):* Auftrags- und Informationsmanagement in Produktionsnetzwerken – Konzepte und Erfahrungsberichte; Fraunhofer IRB, Stuttgart 1998, S. 79–107

Wiendahl, H.-P./Lorenz, W./Holzkämper, R.: Sichere Fertigungstermine, in: io, 52 (1983) 1, S. 36–40

Wiendahl, H.-P./Mende, R.: Produkt- und Produktionsflexibilität, in: wt, 71 (1981), S. 293–296

Wiese, H./Geisler, M.: Standardisierung, in: *Kern, W./Schröder, H.-H./Weber, J. (Hrsg.):* HWProd, 2. Aufl., Stuttgart 1996, Sp. 1897–1911

Wild, J.: Grundlagen der Unternehmungsplanung, 4. Aufl., Opladen 1982

Wild, J.: Product Management. Ziele, Kompetenzen und Arbeitstechniken des Produktmanagers, 2. Aufl., München 1973

Wildemann, H.: Produktionsbereich, Führung im, in: *Kieser, A./Reber, G./Wunderer, R. (Hrsg.):* HWFü, Stuttgart 1987, Sp. 1719–1731

Wildemann, H.: Fertigungsstrategien, München 1993

Wildemann, H. (Hrsg.): Just-in-Time-Produktion + Zulieferung, 2, Aufl., München 1989

Wildemann, H. u. a.: Flexible Werkstattsteuerung durch Integration von Kanban-Prinzipien, 2. Aufl., München 1989

Winters, P. R.: Forecasting sales by exponentially weighted moving averages, in: Management Science, 6 (1960) 3, S. 324–342

Wittlage, H.: Unternehmensorganisation, 6. Aufl., Herne/Berlin 1998

Wittmann, W.: Produktionstheorie, in: *Grochla, E./Wittmann, W. (Hrsg.):* HWB, Bd. 2, 4. Aufl., Stuttgart 1975, Sp. 3131–3156

Wöhe, G./Döring, U.: Einführung in die Allgemeine Betriebswirtschaftslehre, 22. Aufl., München 2005

Womack, J. P./Jones, D. T./Roos, D.: Die zweite Revolution in der Autoindustrie, 8. Aufl., Frankfurt a. M./New York 1994

Wunderer, R./Grunwald, W.: Führungslehre, Bd. 1: Grundlagen der Führung, Bd. 2: Kooperative Führung, Berlin/New York 1980

Z

Zahn, E./Schmid, U.: Produktionswirtschaft I: Grundlagen und operatives Produktionsmanagement, Stuttgart 1996

Zangemeister, C: Nutzwertanalyse in der Systemtechnik, 4. Aufl., München 1976

Zäpfel, G.: Produktionswirtschaft, Berlin/New York 1982

Zäpfel, G.: Strategisches Produktions-Management, 2. Aufl., Berlin/New York 2000a

Zäpfel, G.: Taktisches Produktions-Management, 2. Aufl., Berlin/New York 2000b

Zäpfel, G.: Entwicklungsstand und -tendenzen von PPS-Systemen, in: *Corsten, H. (Hrsg.):* Handbuch Produktionsmanagement, Wiesbaden 1994, S. 719–745

Zäpfel, G./Missbauer, H.: Produktionsplanung und -steuerung für die Fertigungsindustrie – ein Systemvergleich, in: ZfB, 57 (1987) 9, S. 882–900

Zäpfel, G./Missbauer, H.: Bestandskontrollierte Produktionsplanung und -steuerung, in: *Adam, D. (Hrsg.):* Fertigungssteuerung I, SzU, Bd. 38, Wiesbaden 1988, S. 23–48

Zentralverband Elektro- und Elektronikindustrie e.V. (ZVEI) (Hrsg.): ZVEI-Kennzahlensystem, 4. Aufl., Mindelheim 1989

Zimmermann, G.: PPS-Methoden auf dem Prüfstand, Landsberg a. L. 1987

Zimmermann, W./Stache, U.: Operations Research, 10. Aufl., München/Wien 2001

Zimmermann, W./Fries, H.-P./Hoch, G.: Betriebliches Rechnungswesen, 8. Aufl., München/Wien 2003

Zink, K. J.: Differenzierung der Theorie der Arbeitsmotivation von F. Herzberg zur Gestaltung soziotechnologischer Systeme, Frankfurt a. M./Zürich 1975

Zink, K. J.: Die Auswirkungen neuer Technologien auf die Arbeitsorganisation, in: Der Technologie-Manager, 34 (1985) 1, S. 18–22

Zink, K. J./Schick, G.: Quality Circles (Problemlösungsgruppen). Qualitätsförderung durch Mitarbeitermotivation, München/Wien 1984

Zinkann, R. C.: Die Reduzierung der Produkthaftungsrisiken, Berlin 1989

Zollondz, H.-D.: Grundlagen Qualitätsmanagement, 2. Aufl., München/Wien 2006

Zwicker, E.: Simulation und Analyse dynamischer Systeme in den Wirtschafts- und Sozialwissenschaften, Berlin/New York 1981

Zwicky, F.: Entdecken, Erfinden, Forschen im Morphologischen Weltbild, 2. Aufl., Glarus 1989

STICHWORTVERZEICHNIS

Die Zahlen verweisen auf die Seiten.

A

Aachener PPS-Modell   438 ff.
ABC-Analyse   288 ff.
Abfall   494 ff.
Abfallentsorgung   495 f.
Abfallvermeidung   495 f., 502
Abfallverwertung   495 f., 502
Ablaufplanung   351 f., 357 ff., 568
– Dilemma der   366 f.
Absatzprogramm   468 ff.
Abschnittskosten (Gesamtkosten)   60
Abschreibung   172 ff.
– degressive   173 f.
– lineare   173
Additivitätshypothese   154
Adressverkettung   443 f.
Advanced Planning Systeme   452
Akkordlohn   146 ff.
Amalgamierungsverfahren   559
Amortisationsrechnung   183 f.
Anlagenlebenszyklus   159 ff.
Annuitätenmethode   186 f.
Anpassung   81 ff.
– intensitätsmäßige   81 f.
– quantitative   83 f.
– selektive   83 ff.
– zeitliche   82 f.
APS   452
Äquivalenzprinzip   136
Arbeit (Produktionsfaktor)   111 ff.
Arbeitsbeanspruchung   117
Arbeitsbelastung   117
Arbeitsbewertung(sverfahren)   139 ff.
– analytische   141 ff.
– summarische   139 ff.
Arbeitsentgelt   135 ff.
Arbeitsgangstrukturdatei   442
Arbeitsgemeinschaften   565 f.
Arbeitsgestaltung   117 ff., 134
– anthropometrische   119
– Entwicklungsschritte der   124 ff.
– physiologische   119
– sicherheitstechnische   119
– Vorgehensweise bei der   117 ff.
Arbeitsleistung   116
Arbeitsorganisation   120
Arbeitsplan   354 f.
Arbeitsplatzstammdatei   442
Arbeitsrecht   111 ff.
Arbeitsschutzrecht   112 f.
Arbeitsstrukturierung   129 ff.
Arbeitssystem   117
Arbeitsumgebung, Gestaltung der   121
Arbeitsunzufriedenheit   127
Arbeitsverteilung
– dezentrale   410
– zentrale   410
Arbeitsvertragsrecht   112
Arbeitszeitgestaltung   120 ff.
Arbeitszeitkonto   124
Arbeitszeitkorridor   123
Arbeitszufriedenheit   127
Artteilung   120
Auftragsfreigabe   341, 469
Auftragsreihenfolgeplanung   393 ff.
Auftragszeit   150, 152
Aufwendungen   46
Ausfallrate   192 f.
Ausführungsqualität   223 f.
Ausführungszeit   152
Ausgaben   45
Ausschuss   210 f., 467
Auswahlproblem (Investitionsrechnung)   179
Automatisierung   271
– flexible   163 ff.
Autorität   214

B

Balanced Scorecard   253 ff.
Balkendiagramm   378
Bandwirkungsfaktor   358
Bandwirkungsgrad   359
Basiseffekt   136 f.
Baukastenstückliste   293, 296
Baukastensystem   548 f.
Baustellenfertigung   278
Bearbeitungszentrum   164
Bedarfsermittlung
– bedarfsgesteuerte/deterministische   298 ff.
– stochastische/verbrauchsgesteuerte   306 ff.
Bedarfsplanung   353 f.
Bedarfsverlaufstypen   307
Bedürfnisse   126 f.
Belastungsfunktion   98
Belastungsorientierte Auftragsfreigabe   420 ff.
Belegungszeit   150
Bereitstellungsprinzipien   313 ff.
Berichtswesen   32, 44 ff.
Beschaffung
– auf Vorrat   314 ff.
– fertigungssynchrone   314
Beschaffungsmarktforschung   285 f.
Beschaffungsstrategie   286
Beschäftigte   35
Beschäftigung(sgrad)   60, 168
Bestellmengenrechnung   315 ff.
Bestellpolitiken   319 ff.
Bestellpunktverfahren   319 f.
Bestellrhythmusverfahren   321 f.
Bestellterminrechnung   319 ff.
Betrieb   27
Betriebsabrechnungsbogen (BAB)   48 f.
Betriebsdatenerfassung (BDE)   411, 456
Betriebsgröße (Kosteneinflussgröße)   87 f.
Betriebsgrößenvariation   87
– multiple   87
– mutative   87

Betriebsmittel
– Ausfall- und Störungsverhalten der   190 ff.
– Flexibilität der   161 ff.
– Kapazität der   168 ff.
– Nutzungsdauer der   172
Betriebsmittelarten   158
Betriebsrat(s)   113 ff.
– Beteiligungsrechte des   114 f.
Betriebsverfassungsgesetz   113 ff.
Brainstorming   519
Branch-and-Bound   397 ff.
Break-even-Analyse   179 f.
Bruttobedarf   300
Bundesimmissionsschutzgesetz   500

C

CAD   454 f.
CAM   454 ff.
CAP   454 f.
CAQ   454 f.
Change Agent   221
Chargenfertigung   279
Checklisten   520 f.
CIM   453 ff.
Conwip-Steuerung   418 ff.
CPM-Netzplan   385 ff.
Cross-Impact-Methode   264 ff.

D

Datenbank   441 f.
Deckungsbeitrag   53, 344
Deckungsspanne   344 f.
Delphi-Methode   258 f.
Dezentralisierung   212 f., 562
Dienstleistungen   27, 479 f., 482 f.
Diffusion   220
Direct Costing   53
Direktbedarfsmatrix   304
Dispositionsstufen   298 f.
Dispositionsstufenverfahren   299 ff.
Duales System Deutschland (DSD)   498 f.
Durchlaufterminierung   379 ff.
Durchlaufzeit   356 f., 359, 365

Durchschnittsertrag   76 ff.
Durchschnittskosten   60, 64 f.

E

Efficient Consumer Response (ECR)   452
Eigen-/Fremdleistung   350 f., 352 f., 568
Einliniensystem   205
Einnahmen   45
Einzelfertigung   279
Elementarkombination(en)   95 ff.
– Typen von   96
– Wiederholungstypen von   100 f.
Energietechnik   158
Engpass   171, 345 f.
Entgelt   135 ff.
Entscheidungspartizipation   216
Entwurfsqualität   223 f.
Erfahrungskurven-Effekt   243 ff.
Erfolg   45
Erhol(ungs)zeit   152, 156
Eröffnungsverfahren   574
ERP   449
Ersatzproblem (Investitionsrechnung)   179 ff.
Erträge   46
Ertragsgesetz   67 ff.
– Prämissen   70
Erzeugnisstrukturbaum   295, 299
Erzeugnisstrukturdatei   442 f.
Euro-Betriebsrat   115 f.
Evolutionsstrategien   574
Exponentielle Glättung   309 f.

F

Fabrikationsfehler   488
Faktor(en)   106 ff.
– derivative   106
– dispositiver   106
– elementare   106
– externer   109, 483
– originäre   106
Faktoreinsatzfunktion   74
Faktorpreise (Kosteneinflussgröße)   86
Faktorqualitäten (Kosteneinflussgröße)   85 f.
Fehler   225
Fehlermöglichkeits- und Einflussanalyse (FMEA)   230 ff.
Fehlmengenkosten   284 f., 326
Fertigung   29
Fertigungsablaufplanung   351 f.
Fertigungsinsel   213, 281 f.
Fertigungsplanung   340
Fertigungssegmente   214
Fertigungssteuerung   340
Fertigungsstufen   298 f.
Fertigungsstufenverfahren   299
Fertigungstechnik   158
Fertigungstiefe   469 f., 512
Fertigungsverfahren   276
Fixkosten   60 ff.
Flexibilisierung der Arbeitszeit   122 ff.
Flexibilität   161 ff.
Flexible Automatisierung   163 ff.
Flexible Fertigungssysteme   165 f.
Flexible Fertigungszelle   164 f.
Flexible Transferstraße   167
Fließbandabstimmung   358 ff.
Fließfertigung   171, 278, 281, 357 ff.
Flow-Shop-Problem   394
Förderhilfsmittel   329 f.
Forschung und Entwicklung (F&E)   524 ff.
Fortschrittszahlenkonzept   424 ff.
Fristenplan   357
Führung   214 ff.
Führungsstile   215 ff.
Füllefaktoren   108 f.
Funktionskostenanalyse   537
Funktionskostenmatrix   537, 539

G

Gantt-Diagramm   378
Gatekeeper   221
Gebrauchsmuster   527, 529
Geldakkord   147
Genfer Schema   141
Gesamtbedarf   303, 305

Gesamtbedarfsmatrix 305
Geschäftsbuchhaltung 46
Geschäftsfeld, strategisches 246 ff.
Geschmacksmuster 527 f., 530
Gewichtung 142
– gebundene 142
– getrennte 142
Gewinn 33
Gewinnmaximierung 33 f.
Gewinnung 29
Gewinnvergleichsrechnung 182
Gleitzeit 122
Gliederungsprinzipien, organisatorische 203 ff.
Global Sourcing 287
Gozinto-Graph 301 f.
Gozintolistenverfahren 306
Grenzertrag 68
Grenzkosten 60
Grenzproduktivität 67 ff.
Grundzeit 152
Gruppenfertigung 278
Gutenberg-Produktionsfunktion 73 ff.

H

Hawthorne-Experimente 125
Heuristiken 395 f., 571, 573 f.
Humanisierung des Arbeitslebens (HdA) 131 f.
Human-Relations-Lehre 125
Hygienefaktor 127

I

Industriebetrieb 28
Industriebetriebslehre 31
Industrieroboter 164
Informationswesen 32, 54 ff.
Innovation 219 f.
Innovationsmanagement 220 ff.
Input 27, 59, 339
Input-Output-Beziehungen 59
– mittelbare 73
– unmittelbare 73

Input-Output-Control 427 ff.
– kostenorientierte 428
Instandhaltungsaufgaben 188 f.
Instandhaltungskosten 196
Instandhaltungsplanung/-strategie 194 ff., 568
Instruktionsfehler 488
Integrationsstrategie 513 f.
Intensität 74 ff., 168
– optimale 77 f.
Interessengemeinschaften 566
Interne Revision 462
Interne-Zinssatz-Methode 185 f.
Intrapreneur 221
Invention 220
Investition 175 ff.
Investitionsrechenverfahren 177 ff.
– dynamische 184 ff.
– statische 178 ff.
Ishikawa-Diagramm 232 f.
Isoquante 91

J

Job Enlargement 129 f.
Job Enrichment 130
Job Rotation 130
Job Sharing 123
Job-Shop-Problem 394
Johnson-Algorithmus 403 f.
Joint-Venture 566
Just-in-time 236

K

Kaizen 237
Kalkulation 49 ff.
– Divisions- 50, 279
– Äquivalenzzahlen- 50, 279
– Zuschlags- 51 f., 279
Kanban-System 416 ff.
Kapazität 168 ff.
Kapazitätsabgleich 390 ff.
Kapazitätsterminierung 389 ff.
Kapazitanz 168
Kapitalgeber 35

Stichwörter **VERZEICHNIS**

Kapitalwertmethode 184 f.
Kartelle 565
Kausale Abhängigkeit 557
Kennzahlen 56 f.
Koeffizientenmatrix 304
Kollegien 210 f.
Kombinationszeit 98 f.
Konstruktionsfehler 488
Konzentrationsstrategie 513 ff.
Kooperation 565
Kooperationsstrategie 513, 516
Koordination 204, 209
Kosten 46, 59 ff.
– degressive 64 f.
– Elastizität der 60
– fixe 60 ff.
– progressive 64 f.
– proportionale 64 f.
– regressive 63
– sprungfixe 62
– variable 63 ff.
Kostenartenrechnung 46 f.
Kosteneinflussgrößen 60, 81 ff.
Kostenfunktion 59
– ertragsgesetzliche 71 f.
Kostenisoquante 93
Kostenremanenz 66
Kostenstellenrechnung 47
Kostenträgerrechnung 47
Kostenvergleichsrechnung 178 ff.
Kostenverläufe 64 f.
Kreativitätstechniken 518 ff.
Kreislaufwirtschafts- und Abfallgesetz 494 ff.
Kritische Auslastung 179 f.
Kritischer Weg 388
Kunde(n) 30, 35
Kundenintegration 37
Kuppelproduktion 274, 276

L

l-Situation 96
Lagerhaltung 323 ff.
Lagerhaltungskosten 284, 325, 363

Lagersystematik 325
Laufzeitfaktor 170 f.
Layout-Planung 553 f., 568
Lean Management 236 ff.
Leerkosten 61 f.
Leistungen 46
Leistungsabstimmung (Fließfertigung) 358 ff.
Leistungsbereitschaft 116
Leistungsfähigkeit 116
Leistungsgrad 153
Leistungslohn 145
Leistungstypen der Produktion 277, 279
Leitstand 410
Leitung 214 f.
Leontief-Produktionsfunktion 90 ff.
Lieferanten 35 f.
Lieferantenaudit 287
Lieferbereitschaftsgrad 326
Limitationalität 71
Lineare Optimierung 346 ff., 571
Lizenz 531
Local Sourcing 287
Lohn(s) 135
– Zusammensetzung des 136, 138
Lohnformen 136, 145 ff.
Lohngerechtigkeit 135 f.
Lohngruppenverfahren 139 ff.
Lorenzkurve 289, 291
Losgröße, gleitende wirtschaftliche 375 f.
Losgrößenplanung 367 ff.
– gewinnmaximale 372
– Grundmodell der 368 ff.
– Verfahren der dynamischen 372 ff.

M

MAD 313
Management 214 f.
Marke 528, 530
Marktattraktivität 246 ff.
Maschinenbelegungsproblem 393 f.
Maschinenstundenverrechnungssatz 52
Massenfertigung 279
Materialbedarfsplanung 298 ff.

631

Materialbeschaffungskosten 284
Materialwirtschaft 283 ff.
Materialwirtschaftliches Optimum 283 ff.
Matrixorganisation 208
Mechanisierung 271
Mehrliniensystem 205
Mengenteilung 120
Mengenübersichtsstückliste 293
Metaheuristiken 574 f.
Methode 519
Minimalkostenkombination 69 f.
Mittelwertbildung, gleitende 308 f.
Modularprogramme 441
Momentanleistung 97 ff.
Momentanverbrauch 97, 99
Montageindustrie 30
Morphologische Methode 259 f., 520
Motivationstheorie 126 f.
Motivator 127
MRP II 448 f.
MTM-Verfahren 155
Multimomentaufnahme 156
Multiple Sourcing 287

N

Nettobedarfsermittlung 300 f.
Netzplantechnik 384 ff., 572
Normalleistung (REFA) 153
Normen 546 f.
Normung 544 ff.
Nutzentheoretische (Un)abhängigkeit 557
Nutzentransformationsfunktion 558 f.
− diskrete 558
− abschnittsweise konstante 558
− stetige 558
Nutzkosten 61 f.
Nutzwertanalyse 522 f., 556 ff.

O

Objektprinzip 206 f., 212, 278
Öffentlichkeit 35
Ökologische Buchhaltung 506 f.
Operations Research 570 ff.

Optimized Production Technology (OPT) 429 ff.
Organisation 203 ff.
− Abwandlung der Grundmodelle der 209 ff.
− eindimensionale 204 ff.
− mehrdimensionale 204, 208
Organisationstypen der Produktion 277 ff.
Output 27, 59, 339
Outputniveau 98

P

Patent 527, 529
Personalzusatzaufwand 136 f.
PIMS-Programm 248 ff., 514
Planung 47, 239 ff.
− Ausgleichsgesetz der 241 f.
− Ebenen der 240, 339
− Interdependenz der 240 f.
− hierarchische 448
− Merkmale der 239
− Objekte der 240, 339
− operative 240, 338 f.
− simultane 241, 433 f.
− strategische 240, 242 ff., 338 f.
− sukzessive 241, 434
− taktische 240, 338 f.
Planzeiten 155 f.
Portfoliomatrix 247, 252
Potenzialfaktor 107
PPS-Systeme 438 ff.
− Ablaufstruktur 444 ff.
− Aufbaustruktur 441 ff.
Prämienlohn 148 ff.
Primärbedarf 298
Prioritätsregeln 362, 405 f., 568
Prioritätsregelverfahren 361 f.
Produktbeobachtungsfehler 488
Produkte 466 ff.
− immaterielle 466, 479, 481 ff.
− materielle 466, 479 ff.
− umweltfreundliche 508
Produkteigenschaften 479 ff.
Produktelimination 516, 549 f.

Produktfeld 469
Produktfunktionen 508, 533 f.
Produktgestaltung 477 ff., 508 f., 569
Produkthaftung 484 ff.
Produktinnovation 516 ff.
Produktion 27
– Leistungstypen der 279
– Organisationstypen der 278
Produktionscontrolling 457 ff.
Produktionsfaktoren 59, 106 ff.
– Substitution der 269 ff.
Produktionsfunktion 59
– Gutenberg- 73 ff.
– Leontief- 90 ff.
– vom Typ A 67 ff.
– vom Typ B 73 ff.
– vom Typ C 95 ff.
– vom Typ D 104
Produktionsnetzwerk 563
Produktionsplanung 338 ff.
Produktionsprogramm 88, 467 ff.
Produktionsprogrammplanung 342 ff., 468 ff.
Produktionsprozess 27, 101
Produktionssteuerung 340 f., 364 ff.
Produktionssystem 27, 552
Produktionstheorie 59
Produktionstypen 275
Produktionswirtschaft 27
Produktionswirtschaftslehre 23
Produktivität 43
Produktlebenszyklus 471 ff.
Produktmanager 209
Produkt-Portfolio 245 ff.
Produktvariation 516, 531 f.
Produktverantwortung 496 f.
Prognosemethoden 255 ff., 569
– ereignisorientierte 256 ff.
– trendorientierte 256, 308 ff.
Programmbreite 469
Programmfunktion 102
Programmtiefe 469
Projektmanager 208
Prozesskostenrechnung 56, 461
Prozessstrahl 90 f., 93

Prozesszeiten 151
Pull-Prinzip 413
Punktbewertungsverfahren 522
Push-Prinzip 413

Q

Q-Funktionsträger 211
Qualität 222 ff.
Qualitätskreis 225
Qualitätsmanagement 222 ff.
Qualitätsregelkarte 227
Qualitätssicherung, statistische 226 ff.
Quality Function Deployment (QFD) 228 ff.
Querschnittskoordination 212

R

Rangfolgeverfahren 139
Rangreihenverfahren 142, 144
Rangwert-Regel-Verfahren 361 ff.
Rationalisierung 121, 145, 176, 243, 270 ff., 313, 453, 455, 457, 546, 549
Rechnungswesen 44 ff.
Recycling 203, 502 ff.
REFA-Zeitaufnahme 153 f.
Regelkreismodell 55, 226, 411 f.
Reihenfolgeplanung 405 ff.
Relevanzbaum 261 f.
Rentabilität 33, 42
Rentabilitätsrechnung 182 f.
Repetierfaktor 107
Retrograde Terminierung 432 f.
Rezeptur 296
Rückstand 466, 493
Rückwärtsterminierung 380 f.
Rüstkosten 394
Rüstzeit 152

S

Schichtarbeit 120, 123
Schutzrechte, gewerbliche 527 ff.
Scientific Management 124 f.
Sekundärbedarf 298
Serienfertigung 279

VERZEICHNIS — Stichwörter

Servicegrad 326
Sicherheitsbestand 326 ff.
Silver-Meal-Algorithmus 376 f.
Simplex-Methode 346 ff.
Simulated Annealing 575
Simulation 262 ff., 572
Single Sourcing 287
Sortenfertigung 279
Sozialbilanzen 37
Sozio-technische Systeme 136
Splittung 381 f.
Sponsor 221
Sprecherausschussgesetz 114
Stabsstellen 210
Standardisierung 543 ff.
Standortfaktoren 554 f.
Standortwahl, Modelle der 555 ff.
Stetigförderer 333
Stoffe 110, 201 ff., 283 ff.
Stoffumwandlung 29
Stoffverarbeitung 29
Stoffverwertung
– analytische 276
– austauschende 276 f.
– durchlaufende 276
– synthetische 276
Strategische Geschäftseinheit 246
Strategische Netzwerke 567
Strukturstückliste 293, 296
Stückkosten 60
Stückliste 292 ff.
Stücklistenauflösung 298 ff.
Stücklistenprozessor 443 f.
Stufenwertzahlverfahren 142, 145
Substitution
– alternative 68
– Grenzrate der 70
– periphere 68
Substitutionalität 67 f.
Supply Chain Management 449 ff.
Synektik 520
Systeme produktiver Faktoren 106 ff.
Systeme vorbestimmter Zeiten (SvZ) 154 f.
Szenario-Technik 257 f.

T

Tabu Search 575
Taktzeit 358 f.
Target Cost Management 56 f.
Technische Revision 462 ff.
Technologie-Lebenszyklus 251
Technologie-Portfolio 250 ff.
Teilautonome Gruppen 130 f.
Teilestammdatei 442 f.
Teileverwendungsnachweis 297
Teilnutzenbestimmung 558 f.
Teilzeitarbeit 123
Terminplanung 377 ff.
Tertiärbedarf 298
Theory of Constraints 429
Throughput 27, 339
Total Quality Management (TQM) 235 f.
Transformation 27, 30
Transport, innerbetrieblicher 329 ff.
Transportsysteme 330 ff.
Typologie der Produktion 274 ff.
Typung 544 f., 547

U

u-Situation 96
Übergangszeitenverkürzung 383 f.
Überlappung 382 f.
Umweltschutz 491 ff.
– integrierter 491
– additiver 492
Unstetigförderer 334
Unternehmenskonzentration 565
Unternehmensverbindungen 564 ff.
Ursache-Wirkungs-Diagramm 232 f.

V

Value Management 532
Variantenstückliste 294
Variantenvielfalt 541 ff.
Verbesserungsverfahren 574
Verbrauchsfunktion 74 ff.
– ökonomische 98
– technische 97

Veredelung 30
Verfahrenstechnik 158
Verfügbarkeit 190
Verhaltensgitter 218
Verpackungsverordnung 497 f.
Verrichtungsprinzip 204 ff., 278
Verteilzeit 152, 156
Vertrauensarbeitszeit 122
Virtuelle Unternehmen 566 f.
Vorgabezeitermittlung 150 ff.
Vorlaufverschiebung 300
Vorranggraph 360
Vorteilhaftigkeitsbeurteilung 560
Vorwärtsterminierung 379 f.

W

Wagner/Whitin-Verfahren 373 ff.
Warteschlangen 406 ff., 571
Wartezeit 152
Wechselwirkungsdiagramm 267
Wechselwirkungsmatrix 265
Werke 27, 561 ff.
Werkleitung 561 f.
Werkstattfertigung 171, 277 f., 280
Werkstattsteuerung 409 ff.
Wertanalyse 532 ff.
Wertschöpfung 37 f.
Wettbewerbsvorteil, relativer 246 f.
WF-Verfahren 154 f.
Wiederholungsfunktion 101 f.

Winters, Verfahren nach 311 f.
Wirtschaftlichkeit 38 ff., 535 f.
− externe 41 f.
− interne 41 f.
Wirtschaftlichkeitsprinzip 38 f.
Wissenschaftliche Betriebsführung 124 f.

X

XYZ-Analyse 291 f.

Z

z-Situation 73 f., 96
Zeitakkord 147
Zeitaufnahme nach REFA 153 f.
Zeitbelastungsbild 97 f.
Zeitlohn 145 f.
Zeitverbrauchsbild 99
Zentralisierung 562
Zentralstellen 210
Zertifizierung (nach DIN ISO 9001) 234
Zielbeziehungen 366 f.
Ziele, produktionswirtschaftliche 33 ff., 364 ff.
Zielkriterienbestimmung 556 f.
Zielkriteriengewichtung 557 f.
Zuverlässigkeit 190, 193 f.
Zweifaktorentheorie 127 f.